TOEIC® L&Rテスト TOEIC® S&Wテスト わかる・使える4000単語

音声無料DL付き

デイビッド・セイン

語研

【装丁】 山田英春

【音源制作】 ELEC 録音事業部
Neil DeMaere
Nadia McKechnie
Jack Merluzzi
Stuart O
Rachel Walzer

【著者写真】 ©TETSUYA YASUKOCHI

TOEIC® テストの本来の目的は「実践で使える総合的な英語力」を評価することです。そこで，【聴く・読む・話す・書く】という 4 技能に必要な語彙を 1 冊にまとめて TOEIC® L&R テスト，TOEIC® S&W テストの両方に対応する対策書として，この本を刊行することにしました。4 技能に対応する語彙の学習は，英語学習者の皆さんにとって実用のための語彙力の強化に直結し，結果として TOEIC® テストスコアの向上に大いに役立つはずです。

多くの英語教育者が TOEIC® L&R テストで必要とされる語彙（英語で伝えられる情報を理解するための受信語彙）を分析しています。それらの研究によれば，「7,000 語の語彙力があれば，TOEIC® L&R テストで出題される語彙はほぼ完全に理解できる」とされています。ここで言う 7,000 語のうち，3,000 語はすでに高校までの英語教育で学んでいるはずの語彙です。したがって，**さらに 4,000 語を学んで増やす**ことで，TOEIC® L&R テストの頻出語彙のほとんどをマスターできることになります。

一方，TOEIC® S&W テストで必要とされる語彙力（英語で情報を伝えるための発信語彙）は TOEIC® L&R テストより少なくてすみます。TOEIC® S&W テストは，ノンネイティブの英語使用者による【話す・書く】という言語活動に特化した表現力評価テストです。ネイティブ，ノンネイティブの英語使用者はともに，日常の言語活動では受信語彙数に比べて発信語彙数は少ない傾向にあります。TOEIC® L&R テストで 7,000 語の理解力が目標とすれば，TOEIC® S&W テストでは 4,000-5,000 語程度が使えればよいでしょう。そのうち，高校までで 3,000 語はすでに学んでいるはずですから，発信語彙として増やすべき語彙は 1,000-2,000 語と，ハードルがグッと下がりますね。ただし，英語を話す，書くという発信のための語彙ですから，意味がわかっているだけでは十分とは言えません。文脈に応じて適切な語彙を選び，正しい発音で話し，正しいスペリングを用いて，正しい構文で書けなければなりません。自動詞・他動詞の使い分けや，前置詞との結び付き，コロケーション（連語）に関する知識（動詞と名詞，動詞と副詞，名詞と形容詞の適切な組み合わせなど）を身につける必要も生じます。

本書の 4,000 語には，高校までで学んだはずの語彙の一部も含んでいます。「【聴く・読む】ときに意味がわかる語彙だからといって，それを【話す・書く】ために使えるとは限らない」からです。皆さん自身のこれまでのスピーキング，ライティングの経験を振り返れば，そのことはよくわかっていただけると思います。

本書は「Ⅰ TOEIC® L&R テストのためのフレーズ学習」と「Ⅱ TOEIC® S&W テストにも役立つ例文学習」の 2 部構成になっています。どちらも同一の 4,000 語を同一の配列順にまとめています。前者では 4,000 語をフレーズ学習で効率よく学んで，TOEIC® L&R テストのために「意味がわかる語彙」を増やします。後者では，同じ 4,000 語の使い方を例文（4,500 強）と語法情報（☞で示す）で学んで，TOEIC® S&W テストのために「自分で使える語彙」として定着させます。

本書が皆さんの TOEIC® テストのスコアアップにつながると同時に，【聴く・読む・話す・書く】という**英語の 4 技能に対応する語彙力を身につける**ための一助になることを願います。単語への理解を深めて，それをコミュニケーションの実践にもぜひ活かしていってもらえたらと思います。

デイビッド・セイン
David Thayne

目 次

Ⅱ　TOEIC® S&W テストにも役立つ例文学習

「7,000 語の語彙力があれば，TOEIC® L&R テストで出題される語彙はほぼ完全に理解できる」という英語教育者の方々の研究成果と，独自に収集・集計した語彙データに基づいて，本書では高校までの英語教育ですでに学んでいる 3,000 語に加えて，4,000 語を学んで増やすことを目標にしています。

Ⅰ　TOEIC® L&R テストのためのフレーズ学習

4,000 語をフレーズ学習で効率よく学んで，TOEIC® L&R テストのために「意味がわかる語彙」を増やします。

学習する 4,000 語は，基本的にやさしい語から難しい語へと 82 のグループ（最大 50 語）に分けています。そして，その 82 グループを目標スコアレベル 350，470，600，730，860 以上の 5 段階に分けて，無理なくレベルアップできるようになっています。

各グループは見開き 2 ページでひとつの学習単位となっています。左ページに【見出し語を用いた学習用フレーズの日本語訳→見出し語を用いた学習用フレーズ】（シリアル番号付き），右ページに見出し語の意味・発音を示します。2 つの学習単位，つまり 4 ページを学習して 1 グループの学習を終えます。

Ⅱ　TOEIC® S&W テストにも役立つ例文学習

同じ 4,000 語の使い方を例文（4,500 強）と語法情報（☞で示す）で学んで，TOEIC® S&W テストのために「自分で使える語彙」として定着させます。「Ⅰ TOEIC® L&R テストのためのフレーズ学習」と同一のグループ分け，見出し語の配列（シリアル番号付き），目標スコアレベル別 5 段階学習になっています。見出し語，意味に加えて，例文と語法情報を学ぶことにより，英語を【話す・書く】ために必須であるコロケーション（連語）の知識と正しい語法を身につけることができます。日常生活とビジネスに直結する例文により，本書の学習対象には含まない TOEIC 語彙も学べます。

◎ 索引

見出し語（赤色）と関連語（派生語など）の 5,300 語強とその収録ページをアルファベット順に配列しています。

◎ 語法リスト

動詞（原則として自動詞用法は除く），名詞，形容詞を中心とする見出し語とその語法情報をリスト化してアルファベット順に配列しています。英語を【話す・書く】ための必須語をどのように使えばよいかがすぐに確認できます。

◎ 付属音声（ダウンロード配布）

本書の付属音声は，見出し語とフレーズ，例文のすべてを【見出し語→フレーズ】【見出し語→例文】の形式により，自然な速度の英語（米・英・カナダ・オーストラリア）で1回だけ読み上げています。本書が手元になくても，モバイル端末などを利用して耳から学ぶだけで語彙学習，リスニング技能の向上が可能です。収録時間は約14時間42分です。

フレーズ音声は「PH_0001_make.mp3」から「PH_4010_eclectic.mp3」までの4,010ファイル，例文音声は「SE_0001_make.mp3」から「SE_4010_eclectic.mp3」までの4,010ファイルです。

フレーズ音声，例文音声ともに1語1ファイルですから，自由にプレイリストを作成して，シャッフル再生などにも活用できます。①好きなところから学習を始めて，好きなところで学習を停止する，②常に異なる配列で学習するなど，柔軟で飽きのこない学習が可能です。

◎ 音声ダウンロードについて

本書の付属音声は無料でダウンロードできます。次のURLにアクセスして，ダウンロードしてご利用ください。

https://www.goken-net.co.jp/catalog/card.html?isbn=978-4-87615-374-9

または，右のQRコードからもアクセス可能です。

- 本書では，各グループのタイトル部分に▶マークとシリアル番号，国旗アイコンで音声の収録範囲と英語音の種類を表示しています。
- 収録時間は約14時間42分です。

音声は【見出し語→フレーズ】【見出し語→例文】を自然な速度の英語（米・英・カナダ・オーストラリア）で1回だけ読み上げています。

注意事項

- ダウンロードで提供する音声は，複数のファイル・フォルダをZIP形式で1ファイルにまとめています。ダウンロード後に復元してご利用ください。ダウンロード後に，ZIP形式に対応した復元アプリを必要とする場合があります。
- 音声ファイルはMP3形式です。モバイル端末，パソコンともに，MP3ファイルを自由な組み合わせで再生できるアプリを利用できます。
- インターネット環境によってダウンロードできない場合や，ご使用の機器によって再生できない場合があります。
- 本書の音声ファイルは，一般家庭での私的使用の範囲内で使用する目的で頒布するものです。それ以外の目的で本書の音声ファイルの複製・改変・放送・送信などを行いたい場合には，著作権法の定めにより，著作権者等に申し出て事前に許諾を受ける必要があります。

I

TOEIC® L&Rテストのための フレーズ学習

Score Level 350

スコアレベル
350

GROUP 1

0001 - 0048

0001	□□ 自動車の**型**	the **make** of a car
0002	□□ 欠陥のあるコーヒー**メーカー**	a defective coffee **maker**
0003	□□ よりよい**方法**を見つける	find a better **way**
0004	□□ **通り**をまっすぐ行く	go down the **street**
0005	□□ **年間**収入	a **yearly** income
0006	□□ **月**給	a **monthly** salary
0007	□□ **週刊**誌	a **weekly** journal
0008	□□ **平日**に	on a **weekday**
0009	□□ **週末**にかけて	over the **weekend**
0010	□□ **日刊**新聞	a **daily** newspaper
0011	□□ 使えるお金が**ほとんどない**	have **little** money to spend
0012	□□ 事業経費が**少なくて**すむ	cost **less** to run a business
0013	□□ **最小の**金額	the **least** sum of money
0014	□□ 健康上のリスクを**軽減する**	**lessen** the health risks
0015	□□ **これまでで**もっとも成功した商品	the most successful product **ever**
0016	□□ 尋ねてみても**けっして**損にはならない。	It **never** hurts to ask.
0017	□□ **各**会員	**each** member
0018	□□ 商品のユーザー**ひとりひとり**	**every** user of the product
0019	□□ オフィスの**全員**	**everybody** in the office
0020	□□ 東アジアの**いたるところで**	**everywhere** in East Asia
0021	□□ **毎日の**仕事を完了する	complete **everyday** tasks
0022	□□ 朝食を**食べる**	**eat** breakfast
0023	□□ たっぷりの**飲み**水	a big **drink** of water
0024	□□ **時間**給で支払う	pay by the **hour**
0025	□□ **時**給	an **hourly** wage
0026	□□ 20 **分**後に	in 20 **minutes**

□□	**make** [méik]	名 製，型，形式，種類　動 ～を作る，～を造る，～を創作する
□□	**maker** [méikər]	名 作る人，製作者，製造企業　☞ 名 making (製作，製造)
□□	**way** [wéi]	名 方法，手段，道，経路，観点　副 はるかに
□□	**street** [strí:t]	名 街路　☞ 名 boulevard (大通り)
□□	**yearly** [jíərli]	形 毎年の，例年の　副 毎年，一年ごとに　☞ 名 year (年)
□□	**monthly** [mʌ́nθli]	形 月1回の，毎月の，1か月有効の　副 毎月，一月ごとに ☞ 名 month (月)
□□	**weekly** [wí:kli]	形 1週間の，週に1回の　副 週1回で，毎週に　名 週刊誌 ☞ 名 week (週)
□□	**weekday** [wí:kdèi]	名 形 平日 (の)，週日 (の)
□□	**weekend** [wí:kènd]	名 形 週末 (の)
□□	**daily** [déili]	形 毎日の，日単位の　副 毎日，一日ごとに　☞ 名 day (日)
□□	**little** [lítl]	形 小さい，年少の，少ない，ほとんどない　副 少ししかない，ほとんど～ない　代 少量，(わずかの) 時間 [距離] ☞ 形 few (少しの)
□□	**less** [lés]	副 より少なく，～を下回る　形 より少ない，より小さい　代 より少ない量
□□	**least** [lí:st]	形 最小の，もっとも低い，わずかな　副 もっとも少なく　代 最少量，最小限　☞ 熟 at least (少なくとも)
□□	**lessen** [lésn]	動 減少する，～を減少させる，～を弱める
□□	**ever** [évər]	副 かつて，これまでに，ずっと，さらに
□□	**never** [névər]	副 いまだかつて～ない，一度も～ない，決して～ない，ひとつも～ない，まさか～でない
□□	**each** [í:tʃ]	形 それぞれの，めいめいの　副 それぞれが　代 それぞれ
□□	**every** [évri]	形 あらゆる，どの～も，すべての，～ごとに
□□	**everybody** [évribàdi]	代 みんな，すべての人，だれでも
□□	**everywhere** [évri(h)wèər]	副 いたるところで，どこにも，どこへ～しても　代 あらゆる場所
□□	**everyday** [évridèi]	形 毎日の，日々の　☞ 副 every day (毎日)
□□	**eat** [í:t]	動 ～を食べる，～を侵食する，(心) を蝕む，～を使い尽くす
□□	**drink** [dríŋk]	名 飲み物，酒類，ひと飲み　動 (飲み物など) を飲む
□□	**hour** [áuər]	名 1時間，時間，時間帯　☞ 名 minute (分)　名 second (秒)
□□	**hourly** [áuərli]	形 1時間に1度の，1時間当たりの　副 1時間ごとに，毎時
□□	**minute** [mínət; mainjú:t]	名 (時間単位としての) 分，瞬間，覚え書き，《minutes で》議事録 形 微小な，詳細な，ささいな

0027	□□	音量を**上げる**	turn **up** the volume
0028	□□	気持ちが**落ち込む**	feel **down**
0029	□□	的**はずれで**	**beside** the point
0030	□□	時間とコスト**に加えて**	**besides** time and cost
0031	□□	相違点を**脇へ**置く	set **aside** differences
0032	□□	期待を**下回って**	**below** expectations
0033	□□	表面**下で**	**beneath** the surface
0034	□□	統制**できなく**なる	go **out** of control
0035	□□	100人**を超える**人々	**over** a hundred people
0036	□□	2日間の**休暇**を取る	take two days **off**
0037	□□	現実から注意を**そらす**	draw attention **away** from the reality
0038	□□	目標**に向かって**進む	move **toward** the goal
0039	□□	時代の流れの**逆を**行く	go **against** the trend of the times
0040	□□	私たちの**間**だけの話で	just **between** you and me
0041	□□	予定より**遅れて**	**behind** schedule
0042	□□	チームの能力を**超えて**	**beyond** the team's capability
0043	□□	ショートメッセージサービスとして**も**知られる	**also** known as SMS
0044	□□	**いつもの**とおりに	as **always**
0045	□□	そう**かもしれない**し，そうでない**かもしれない**	**maybe** or **maybe** not
0046	□□	**うまく**いく	go **well**
0047	□□	3 週間**前**に	three weeks **ago**
0048	□□	**ほかの**可能性を考慮する	consider **other** possibilities

□□	**up** [ʌ́p]	副前 上方へ，近づいて，進行中で　形 上に向かう，起きている， 終わりで
□□	**down** [dáun]	形 停止して，落ち込んで，頭金の　副 下方へ，向こうへ
□□	**beside** [bisáid]	前 ～のかたわらに，～の脇に，～と比べると
□□	**besides** [bisáidz]	前 ～に加えて，～を除いて　副 そのうえ，そのほかに
□□	**aside** [əsáid]	副 脇へ，反れて，別にして
□□	**below** [bilóu]	前 ～の下に，～より低く，～未満で　副 下に，下記に
□□	**beneath** [biní:θ]	前 ～の下に，～の下方に　副 下に
□□	**out** [áut]	副 外に（出て），外で，公になって，すたれて，故障して
□□	**over** [óuvər]	前 ～を越えて，～の間に　副 終わって，あふれて，越えて，何度も， じっくりと
□□	**off** [ɔ́(:)f]	副前 止まって，離れて，切れて，仕事を休んで，割引いて
□□	**away** [əwéi]	副 遠くに，離れて，向こうへ
□□	**toward** [tɔ́:rd, təwɔ́:rd]	前 ～に向かって，～を向いて，～をめざして
□□	**against** [əgénst, əgéinst]	前 ～に反対して，～に逆らって，～に背いて，～に不利に ☞ 前 for（～に賛成して）
□□	**between** [bitwí:n]	前（2つ，2人）の間で　☞ 前 among（〔3つ以上，3人以上〕の間で）
□□	**behind** [biháind]	前 ～の後ろに，～の後方に，～より遅れて，～を支援して 副 遅れて，後ろで
□□	**beyond** [bijɑ́nd]	前 ～の向こう側に，～を越えて，～に及ばない　副 向こうに，以 降に
□□	**also** [ɔ́:lsou]	副 また，そのうえ　☞ 熟 as well（同様に）
□□	**always** [ɔ́:(l)weiz]	副 常に，いつも，いつまでも，以前からずっと ☞ 副 sometimes（ときどき）
□□	**maybe** [méibi(:)]	副 おそらく，たぶん，もしかしたら
□□	**well** [wél]	副 うまく，健康で　形 健康な　名 井戸，源泉
□□	**ago** [əgóu]	副（現在から見て）～前に
□□	**other** [ʌ́ðər]	形 他の，もう一方の　代 もう一方，別の人［もの］，片方，他方 ☞ 形 another（もうひとつの，別の）

0049	□□	**ほかに**何かありますか。	Anything **else**?
0050	□□	東京や**ほかのところで**	in places like Tokyo and **elsewhere**
0051	□□	来週の**いつか**	**sometime** next week
0052	□□	**ときどき** 1 日休暇を取る	take a day off **sometimes**
0053	□□	**だれか**頼れる人を必要とする	need **somebody** to count on
0054	□□	**いつの日か**もう一度ともに働く	work together again **someday**
0055	□□	**なんとかして**返金する	return money **somehow**
0056	□□	**いくらか**改善する	improve **somewhat**
0057	□□	オフィスの**どこかに**	**somewhere** in the office
0058	□□	**忙しい** 1 週間である	have a **busy** week
0059	□□	**本題**に入る	get down to **business**
0060	□□	成功を収めた**実業家**	successful **businesspeople**
0061	□□	**とにかく**やってみる	try it **anyway**
0062	□□	その仕事に興味のある人なら **だれでも**受け入れる	accept **anyone** interested in the job
0063	□□	困窮している人なら**だれでも**助ける	help **anybody** in need
0064	□□	**もはや**時間がない	have no time **anymore**
0065	□□	行けるところなら**どこへでも**行く	go **anywhere** possible
0066	□□	**とにかく**それをする	do it **anyhow**
0067	□□	**いつでも**私に電話する	call me **anytime**
0068	□□	**だれも**全試合に勝つことはでき**ない**。	**Nobody** wins every game.
0069	□□	私たちの**だれも**成功**しなかった**。	**None** of us succeeded.
0070	□□	頼るところが**どこにもない**	have **nowhere** to turn to
0071	□□	**小さい**点を詳細に述べる	state the **small** points in detail
0072	□□	**高い**柵	a **tall** fence
0073	□□	**内部**情報を漏らす	leak **inside** information
0074	□□	**外部の**専門家	an **outside** expert

□□	**else** [éls]	副 そのほかに，代わりに，さもないと
□□	**elsewhere** [éls(h)wèər]	副 どこかほかのところで
□□	**sometime** [sʌ́mtàim]	副 いつか，そのうち，あるとき，かつて
□□	**sometimes** [sʌ́mtàimz]	副 ときには，ときどき，たまに
□□	**somebody** [sʌ́mbàdi]	代 ある人，だれか
□□	**someday** [sʌ́mdèi]	副 いつか，いつの日か
□□	**somehow** [sʌ́mhàu]	副 何とかして，どうにか（して），とにかく
□□	**somewhat** [sʌ́m(h)wàt]	副 やや，いくぶん，多少
□□	**somewhere** [sʌ́m(h)wèər]	副 どこかに，どこか，（数量，時刻，年齢など）おおよそ
□□	**busy** [bízi]	形 忙しい，活気がある，予定が入っている
□□	**business** [bíznəs]	名 ビジネス，企業，事業，課題
□□	**businesspeople** [bíznəspì:pl]	名 企業人，企業家，実業家
□□	**anyway** [éniwèi]	副 とにかく，何としても，いずれにせよ
□□	**anyone** [éniwʌ̀n]	代 だれか，だれにも，だれでも
□□	**anybody** [énibàdi]	代 だれか，だれでも
□□	**anymore** [ènimɔ́:r]	副《否定文で用いて》もはや（～ない，しない）
□□	**anywhere** [éni(h)wèər]	副 どこにも，どこへでも，どこかに
□□	**anyhow** [énihàu]	副 とにかく，何としても，いずれにせよ
□□	**anytime** [énitàim]	副 どんなときでも，いつでも
□□	**nobody** [nóubədi, -bàdi]	代 だれも～ない
□□	**none** [nʌ́n]	代（…の）いずれも～ない，どれも～ない，だれも～ない
□□	**nowhere** [nóuhwèər]	副 どこにも～ない，どの場所も～ない　代 ～するところがない，名もない場所
□□	**small** [smɔ́:l]	形 小さい，細かい，小型の，狭い，少ない，わずかな，少人数の ☞ 名 smallness（小ささ）
□□	**tall** [tɔ́:l]	形 背が高い，法外な　☞ 名 tallness（高さ，高いこと）
□□	**inside** [insáid]	形 内部の　副 内部に　名 内部，内側，内部事情
□□	**outside** [àutsáid]	形 屋外の，外側の，外部の　副 屋外に，外部に　名 外側，外見，外部

0075	□□ 仕事を持つ**親**	working **parents**
0076	□□ 下の**娘**	a younger **daughter**
0077	□□ 年下の**いとこ**	a younger **cousin**
0078	□□ **壁**を塗る	paint the **wall**
0079	□□ 高い**塀**	a tall **fence**
0080	□□ 材木**置き場**	a lumber **yard**
0081	□□ オフィスの休憩**エリア**	an office relaxation **area**
0082	□□ 両者の**橋**渡し	a **bridge** between both parties
0083	□□ 正確な**地図**	an accurate **map**
0084	□□ 器材を**試す**	**test** the equipment
0085	□□ 不平を言うのを**やめる**	**stop** complaining
0086	□□ 新たな時代の始まりの**印となる**	**mark** the beginning of a new era
0087	□□ 金を**ためておく**	**pool** some money
0088	□□ すばらしい**人**	a wonderful **guy**
0089	□□ 社用**トラック**	a company **truck**
0090	□□ 縮小**模型**	a scale **model**
0091	□□ **スピード**を増す	pick up **speed**
0092	□□ **席**につく	have a **seat**
0093	□□ **鏡**を見る	look in the **mirror**
0094	□□ **窓**を閉じる	close a **window**
0095	□□ **パイプ**の漏れ	a leak in the **pipe**

□□	**parent** [péərənt]	[名] 親
□□	**daughter** [dɔ́:tər]	[名] 娘
□□	**cousin** [kʌ́zn]	[名] いとこ
□□	**wall** [wɔ́:l]	[名] 壁，さえぎるもの，障害　[動] ～を壁などで取り囲む，～を仕切る，～を閉ざす，～を閉じ込める
□□	**fence** [féns]	[名] フェンス，柵，障害物　[動] ～を柵で囲う
□□	**yard** [jɑ́:rd]	[名] 庭，庭園，置き場
□□	**area** [éəriə]	[名] 地域，エリア，領域
□□	**bridge** [brídʒ]	[名] 橋，繋がり，架け橋　[動] ～の橋渡しをする，～を乗り越える
□□	**map** [mǽp]	[名] 地図，天体図，星座図，図解，図表
□□	**test** [tést]	[動] 試験を受ける，検査を行う，～を試す，～を検査する，～を分析する　[名] 試験，検査，試練　☞ [名] testing（検査すること）
□□	**stop** [stɑ́p]	[動] ～を止める，～を中断する，止まる，やめる，自制する　[名] 停止，休止，立ち寄り，停留所
□□	**mark** [mɑ́:rk]	[動] ～に印をつける，～を示す，～を記録する　[名] 跡，傷跡，記号
□□	**pool** [pú:l]	[動] ～をためる，～を持ち寄る，～を共同出資する　[名] 水たまり，共同出資
□□	**guy** [gái]	[名] 男，きみたち，みんな
□□	**truck** [trʌ́k]	[名] トラック，運搬車
□□	**model** [mɑ́dl]	[名] 模型，ひな形，原形，型　[形] 模範の，典型的な　[動] ～の手本を示す，～の模型を作る　☞ [動] remodel（～を改修する）
□□	**speed** [spí:d]	[名] 速度，速さ　☞ [形] speedy（すばやい）
□□	**seat** [sí:t]	[名] 座席，議席，台座　[動] ～を座らせる，座る，～人分の座席を有する，位置する
□□	**mirror** [mírər]	[名] 鏡，写し出すもの　[動] ～を写す，～を反射する，～を反映する，～に鏡をはめ込む
□□	**window** [wíndou]	[名] 窓，窓口 ☞ [名] window seat（窓側の席）　[名] window-shopping（ウィンドーショッピング）
□□	**pipe** [páip]	[名] パイプ，管　[動]（管楽器）を吹く，～をパイプで送る，～に配管する

0096	□□	**一語**で言えば	in a **word**
0097	□□	週刊**報告**	a weekly **report**
0098	□□	デジタル**雑誌**	a digital **magazine**
0099	□□	熱心な**学生**	an eager **student**
0100	□□	**大学**に入る	enter a **university**
0101	□□	**大学**に進む	go to **college**
0102	□□	よい**授業**	a good **lesson**
0103	□□	**山**登りに行く	go **mountain** climbing
0104	□□	**丘**を登る	climb up a **hill**
0105	□□	**朝食**	a morning **meal**
0106	□□	**朝食**付きの会議	a **breakfast** meeting
0107	□□	**昼食時**の会議	a **lunchtime** meeting
0108	□□	**昼食会**に出席する	attend a **luncheon**
0109	□□	軽めの**夕食**	a light **dinner**
0110	□□	**ビュッフェ形式の**夕食	a **buffet** dinner
0111	□□	慈善**晩餐会**	a charity **banquet**
0112	□□	その職員を**指**さす	point a **finger** at the worker
0113	□□	**爪**を切る	clip my **nails**
0114	□□	**腕**を組んで	with folded **arms**
0115	□□	雇用**時期**	a hiring **season**
0116	□□	**季節**商品	a **seasonal** product
0117	□□	**季節**雇用で働く人々	**seasonally** employed workers
0118	□□	2**時**きっかりに	at two **o'clock** sharp
0119	□□	体内**時計**	a biological **clock**
0120	□□	映画**劇場**	a movie **theater**
0121	□□	**美術館**の館長	a **museum** curator
0122	□□	アート**ギャラリー**	an art **gallery**

□□	**word** [wə́:rd]	名 語，言葉，伝言，約束　☞ 形 wordy（言葉数の多い）
□□	**report** [ripɔ́:rt]	名 報告，報道，決算報告書　動 ～と報告する，～を報じる，～を公表する，～の部下である
□□	**magazine** [mǽgəzì:n]	名 雑誌
□□	**student** [stjú:dnt]	名 学生，生徒
□□	**university** [jù:nəvə́:rsəti]	名 大学
□□	**college** [kɑ́lidʒ]	名 大学，カレッジ，学部
□□	**lesson** [lésn]	名 授業，教訓，苦い経験
□□	**mountain** [máuntn]	名 山，山岳，（山ほどの）多数，多量 ☞ 形 mountainous（山の多い，巨大な）
□□	**hill** [híl]	名 丘，山，坂
□□	**meal** [mí:l]	名 食事，１食（分）
□□	**breakfast** [brékfəst]	名 朝食
□□	**lunchtime** [lʌ́ntʃtàim]	名 昼食時間，ランチタイム　☞ 名 lunch（昼食）
□□	**luncheon** [lʌ́ntʃən]	名（正式な）昼食会，午餐会
□□	**dinner** [dínər]	名 夕食　☞ 名 supper（夕食）
□□	**buffet** [búfei, bəféi]	名 ビュッフェ形式の料理，セルフサービスの食事
□□	**banquet** [bǽŋkwət]	名 晩餐会
□□	**finger** [fíŋgər]	名 指　動 ～に触れる　☞ 名 palm（手のひら）
□□	**nail** [néil]	名 爪，釘　動 ～を釘付けにする，～を捕える，～をうまくやる
□□	**arm** [ɑ́:rm]	名 腕，《arms で》武器　動 ～を武装させる
□□	**season** [sí:zn]	名 季節，旬，時期，期間　動 ～に味をつける
□□	**seasonal** [sí:zənl]	形 特定の季節だけの，季節の，周期的な
□□	**seasonally** [sí:zənli]	副 季節ごとに
□□	**o'clock** [əklɑ́k]	副 ～時（に）
□□	**clock** [klɑ́k]	名 掛け時計　動 ～を記録する，記録を達成する ☞ 副 clockwise（時計方向に）　副 counterclockwise（反時計方向に）
□□	**theater** [θíətər]	名 劇場，映画館，講義室，舞台　☞ 形 theatrical（演劇の）
□□	**museum** [mju:zíəm]	名 博物館，記念館，美術館，展示館
□□	**gallery** [gǽləri]	名 美術館，ギャラリー，観客，傍聴人

0123	□□ **楽器**	a **musical** instrument
0124	□□ プロの**音楽家**	a professional **musician**
0125	□□ **オペラ**を鑑賞する	go to the **opera**
0126	□□ 新**曲**を聴く	listen to new **tunes**
0127	□□ **作業場**を借りる	rent a **studio**
0128	□□ 居住**棟**	a residential **tower**
0129	□□ **自動車**	a **motor** vehicle
0130	□□ **バイク**を運転する	drive a **motorcycle**
0131	□□ **自転車**専用駐輪場	**bicycle**-only parking
0132	□□ **自転車で**職場へ**行く**	**bike** to work
0133	□□ 自転車をこいでいる**自転車乗り**	a **cyclist** pedaling the bicycle
0134	□□ 高齢の親を**介護する**	**nurse** an elderly parent
0135	□□ **骨**を折る	break a **bone**
0136	□□ **12 冊**	a **dozen** copies
0137	□□ **1 枚の**紙	a **sheet** of paper
0138	□□ 会社のとって大きな**利点**	a big **plus** for the company
0139	□□ **議題**	a discussion **topic**
0140	□□ まるで**魔術**のように	like **magic**
0141	□□ **野菜**の価格	**vegetable** prices
0142	□□ **ボタン**を押す	press the **button**

□□	**musical** [mjú:zikl]	【形】音楽の（才能がある） 【名】ミュージカル ☞【名】music（音楽）
□□	**musician** [mju:zíʃən]	【名】音楽家
□□	**opera** [ápərə]	【名】オペラ
□□	**tune** [tjú:n]	【名】曲，メロディ 【動】（電波など）を～に合わせる，（楽器）を調律する
□□	**studio** [stjú:diòu]	【名】仕事場，アトリエ，スタジオ，放送室 ☞【名】atelier（アトリエ）
□□	**tower** [táuər]	【名】タワー，塔 【動】そびえる
□□	**motor** [móutər]	【名】モーター，発動機，エンジン，内燃機関，自動車
□□	**motorcycle** [móutərsàikl]	【名】オートバイ，（二輪）単車
□□	**bicycle** [báisikl]	【名】自転車 【動】自転車に乗る，自転車で行く
□□	**bike** [báik]	【動】自転車に乗る 【名】自転車
□□	**cyclist** [sáiklist]	【名】自転車に乗る人，サイクリスト
□□	**nurse** [nə́:rs]	【動】～を看病する，（病気）を治そうとする，～をいたわる，～に授乳する 【名】看護師，保母
□□	**bone** [bóun]	【名】骨，骨子 ☞【形】bony（骨の〔多い〕）
□□	**dozen** [dʌ́zn]	【形】ダースの，かなりたくさんの 【名】ダース，12（個）
□□	**sheet** [ʃí:t]	【名】シーツ，（紙などの）一枚，薄板
□□	**plus** [plʌ́s]	【名】プラス，付け加えること，利益 【形】プラスアルファの，さらにそのうえの 【前】～に加えて 【接】そのうえ
□□	**topic** [tápik]	【名】主題，テーマ，話題，主題
□□	**magic** [mǽdʒik]	【名】魔法，魔術，奇術，魅力 【形】魔法の，不思議な，魅力のある ☞【形】magical（魅惑的な，不思議な）
□□	**vegetable** [védʒətəbl]	【形】野菜の，植物の 【名】野菜，植物
□□	**button** [bʌ́tn]	【名】ボタン 【動】～にボタンをかける ☞【動】unbutton（～のボタンをはずす）

0143	□□ 旅客**鉄道**	passenger **rail**
0144	□□ **鉄道**網	**railway** lines
0145	□□ ロゴ付きの**シャツ**	a logo **shirt**
0146	□□ 黒い**上着**	a black **jacket**
0147	□□ **明るい**未来	a **bright** future
0148	□□ **暗闇**に立つ	stand in **darkness**
0149	□□ 電源**コード**	a power **cord**
0150	□□ **コードレス**ドリル	a **cordless** drill
0151	□□ 壁紙の**色**	**color** of the wallpaper
0152	□□ **色とりどりの**風船	**colorful** balloons
0153	□□ **雨の**日に	on a **rainy** day
0154	□□ 大**雨**	heavy **rainfall**
0155	□□ **雪の降る**日に	on a **snowy** day
0156	□□ **嵐**が過ぎ去るのを待つ	wait out a **storm**
0157	□□ ひどい**雷雨**	a severe **thunderstorm**
0158	□□ **昼間の**料金	**daytime** rates
0159	□□ **昼**まで続く	last until **noon**
0160	□□ **遠隔通信**事業者	a **telecommunications** carrier
0161	□□ **電話**での会話	a **telephone** conversation
0162	□□ **テレビ**局	a **television** station
0163	□□ 病院に**電話**で連絡する	reach a hospital by **phone**
0164	□□ 外付け**キーボード**	an external **keyboard**
0165	□□ **ノートパソコン**を持ってくる	bring a **laptop**
0166	□□ 特別**賞与**	a special **bonus**
0167	□□ 心のこもった**贈り物**	a thoughtful **gift**
0168	□□ 毎年恒例の**フェスティバル**	an annual **festival**
0169	□□ 会社の**野外親睦会**	a company **picnic**
0170	□□ フルーツ**かご**	a fruit **basket**

□□	**rail** [réil]	名 手すり，レール，鉄道
□□	**railway** [réilwèi]	名 鉄道路線
□□	**shirt** [ʃə́ːrt]	名 シャツ，肌着，ブラウス
□□	**jacket** [dʒǽkit]	名 上着，カバー，表紙　☞ 名 pants (スラックス)
□□	**bright** [bráit]	形 明るい，輝いた，聡明な，有望な ☞ 動 brighten (～を明るくする)　名 brightness (明るさ)
□□	**darkness** [dáːrknəs]	名 暗さ，夜，色の黒さ，秘密　☞ 形 dark (暗い)
□□	**cord** [kɔ́ːrd]	名 紐，縄，コード　動 ～を束ねる
□□	**cordless** [kɔ́ːrdləs]	形 コードのない，コードレスの，バッテリー式の
□□	**color** [kʌ́lər]	名 色，色彩，個性　動 色づく，～に色をつける，(事実など) を曲げて伝える
□□	**colorful** [kʌ́lərfl]	形 色彩に富んだ，華やかな　☞ 形 colorless (無色の)
□□	**rainy** [réini]	形 雨の，雨の多い　☞ 名 rain (雨)
□□	**rainfall** [réinfɔ̀ːl]	名 降雨 (量)
□□	**snowy** [snóui]	形 雪の降る，雪の積もった，雪の多い　☞ 名 snow (雪)
□□	**storm** [stɔ́ːrm]	名 嵐，暴風雨，大しけ，急襲　動 荒れる，突進する，～を急襲する
□□	**thunderstorm** [θʌ́ndərstɔ̀ːrm]	名 (激しい) 雷雨
□□	**daytime** [déitàim]	名 昼間，日中　☞ 名 nighttime (夜間)
□□	**noon** [núːn]	名 正午，真昼，最高点，全盛期
□□	**telecommunications** [tèləkəmjuːnikéiʃənz]	名 遠隔通信，電気通信 (学)
□□	**telephone** [téləfòun]	名 電話 (器)　動 ～に電話する，～と電話で話す
□□	**television** [téləvìʒən]	名 テレビ (受像機／放送)，テレビ番組
□□	**phone** [fóun]	名 電話　動 ～に電話する
□□	**keyboard** [kíːbɔ̀ːrd]	名 鍵盤，キーボード　動 キーを打つ，入力する
□□	**laptop** [lǽptɑ̀p]	名 ノートパソコン，ひざ
□□	**bonus** [bóunəs]	名 ボーナス，賞与，予期しない贈り物
□□	**gift** [gíft]	名 贈り物，天賦の才能　☞ 形 gifted (才能豊かな)
□□	**festival** [féstəvl]	名 フェスティバル，祭り
□□	**picnic** [píknik]	名 ピクニック，遠足，楽な仕事　動 ピクニックに行く，野外で食事をする
□□	**basket** [bǽskət]	名 かご，バスケット

0171	□□	**カーテン**を引く	draw the **curtains**
0172	□□	衝撃を**和らげる**	**cushion** a blow
0173	□□	赤**じゅうたん**を敷いて迎える	roll out the red **carpet**
0174	□□	読書用**照明**	a reading **lamp**
0175	□□	**ベンチ**席	a **bench** seat
0176	□□	**バルコニー**席	a **balcony** seat
0177	□□	地元の**ジム**	a local **gym**
0178	□□	**健康**を促進する	promote **wellness**
0179	□□	感情を**隠す**	**mask** an emotion
0180	□□	携帯電話の**周辺商品**	an **accessory** to a mobile phone
0181	□□	社**章**	a company **badge**
0182	□□	昔の**硬貨**	an antique **coin**
0183	□□	**スーツケース**の鍵を開ける	unlock a **suitcase**
0184	□□	**予定表**が埋まっている	have a full **calendar**
0185	□□	**ポスター**をつるす	hang a **poster**
0186	□□	ランチ**メニュー**	the lunch **menu**
0187	□□	**革**装のソファ	a **leather** sofa
0188	□□	総収入の数**パーセント**	a small **percentage** of the total income
0189	□□	**すばらしい**！	**Nice** going!
0190	□□	街の**東**端	**eastern** edge of the town

□□	**curtain** [kə́ːrtn]	名 カーテン
□□	**cushion** [kúʃən]	動 (衝撃) を和らげる 名 クッション，衝撃を和らげるもの
□□	**carpet** [kɑ́ːrpit]	名 じゅうたん 動 ～をじゅうたんで覆う
□□	**lamp** [lǽmp]	名 ランプ，明かり
□□	**bench** [béntʃ]	名 ベンチ，長椅子，控え席
□□	**balcony** [bǽlkəni]	名 バルコニー，ベランダ，２階席，特等席
□□	**gym** [dʒím]	名 体育館，ジム，(学科としての) 体育 ☞ 名 gymnasium (体育館)
□□	**wellness** [wélnəs]	名 健康であること，良好な健康状態であること
□□	**mask** [mǽsk]	動 ～を仮面で覆う，(匂いなど) を消す，～を偽る 名 仮面，覆面，保護用マスク，見せかけ
□□	**accessory** [əksésəri]	名 付属品，装飾品，アクセサリー
□□	**badge** [bǽdʒ]	名 バッジ，記章，象徴
□□	**coin** [kɔ́in]	名 硬貨，コイン 動 ～を鋳造する，～を造り出す
□□	**suitcase** [súːtkèis]	名 スーツケース，旅行用カバン
□□	**calendar** [kǽləndər]	名 カレンダー，暦，予定表
□□	**poster** [póustər]	名 ポスター，広告ビラ
□□	**menu** [ménjuː]	名 献立表，メニュー，料理，食事
□□	**leather** [léðər]	名 革，革製品 形 革の
□□	**percentage** [pərséntidʒ]	名 百分率，パーセンテージ，割合，分け前 ☞ 名 percent (パーセント)
□□	**nice** [náis]	形 よい，おいしい，見事な，快適な，楽しい
□□	**eastern** [íːstərn]	形 東の，東向きの，東洋の ☞ 形 northern (北の) 形 southern (南の) 形 western (西の)

Score Level 470

スコアレベル 470

0191	□□	マーケティングについてよく**知っている**	**know** a lot about marketing
0192	□□	マーケティングについての幅広い**知識**	extensive **knowledge** of marketing
0193	□□	**賢明な**選択をする	make a **knowledgeable** choice
0194	□□	**未知の**領域	**unknown** territory
0195	□□	**よく知られている**芸術家	a **well-known** artist
0196	□□	その商品を**好き**になる	come to **like** the product
0197	□□	好きなものと**きらいなもの**	likes and **dislikes**
0198	□□	アイロンかけが**大きらいである**	**hate** ironing
0199	□□	ますます**可能性が高まる**	become increasingly **likely**
0200	□□	**同じように**する	do **likewise**
0201	□□	昨年と**違って**	**unlike** last year
0202	□□	発生**しそうにない**	look **unlikely** to happen
0203	□□	**そっくり**である	look **alike**
0204	□□	将来の計画について**考える**	**think** about future plans
0205	□□	**心のこもった**贈り物	a **thoughtful** gift
0206	□□	悲しいけれど**言う**べきこと	a sad thing to **say**
0207	□□	部長と**話す**	**talk** to the manager
0208	□□	真実を**言う**	**tell** the truth
0209	□□	銀行の**窓口担当者**	a bank **teller**
0210	□□	医師に**会う**	**see** the doctor
0211	□□	ポスターを**見る**	**look** at a poster
0212	□□	予告編を**見る**	**watch** a trailer
0213	□□	その企業の**ほんとうの**長所	the company's **real** advantage
0214	□□	**ほんとうに**存在する	**really** exist
0215	□□	**現実**を受け入れる	accept **reality**
0216	□□	**現実的な**選択肢	a **realistic** option

□□	**know** [nóu]	動 ～を知(ってい)る，～を理解している，～をわかる
□□	**knowledge** [nálidʒ]	名 知識，情報，学識，熟知
□□	**knowledgeable** [nálidʒəbl]	形 知識のある，博識の，知識が豊富な
□□	**unknown** [ʌnnóun]	形 知られていない，未知の，未確認の 名 知られていない人［もの／こと］，未知のもの
□□	**well-known** [wélnóun]	形 広く知られた，周知の，有名な
□□	**like** [láik]	動 ～を好む，～を気に入る，～に適する 前 ～に似た，～のような 接 ～であるかのように 名 好み，趣味，同類
□□	**dislike** [disláik]	名 嫌悪，毛嫌い，反感 動 ～をきらう，～をいやがる
□□	**hate** [héit]	動 ～をきらう，～を憎む，～をいやがる 名 憎悪，憎しみ ☞ 名 hatred (憎しみ) 形 hateful (不愉快な)
□□	**likely** [láikli]	形 ありそうな，もっともらしい，～しそうで，見込みのある 副 おそらく，たぶん ☞ 名 likelihood (可能性)
□□	**likewise** [láikwàiz]	副 同様に，同じように，そのうえ
□□	**unlike** [ʌnláik]	前 ～とは違って，～に似ていない，～らしくない
□□	**unlikely** [ʌnláikli]	形 ありそうもない，見込みのない ☞ 名 unlikelihood (ありそうにないこと)
□□	**alike** [əláik]	形 似ている，同様で 副 同様に
□□	**think** [θíŋk]	動 考える，思う，～と考える ☞ 名 thought (考え)
□□	**thoughtful** [θɔ́:tfl]	形 思慮深い，思いやりのある，気がきく ☞ 形 thoughtless (思いやりのない)
□□	**say** [séi]	動 言う，話す，述べる，～と書いてある，～と出ている 名 言い分，発言権，決定権 ☞ 名 saying (ことわざ)
□□	**talk** [tɔ́:k]	動 話す，話し合う，相談する 名 会話，講義，会談 ☞ 形 talkative (口数の多い)
□□	**tell** [tél]	動 ～に話す，～を見分ける，～に命じる，～がわかる
□□	**teller** [télər]	名 語り手，窓口係，現金自動預払機 (＝automated teller machine)
□□	**see** [sí:]	動 ～を（よく）見る，～が見える，～を確かめる，～に会う
□□	**look** [lúk]	動 見る，眺める，じっと見る，～に見える，～に思われる 名 見ること
□□	**watch** [wá:tʃ]	動 ～を見る，～を見守る，～を観察する，～に注意する 名 時計，監視，観察，見張り役 ☞ 形 watchful (気をつけている)
□□	**real** [rí:əl]	形 ほんとうの，現実の，実在する，本物の
□□	**really** [rí:əli]	副 ほんとうに，実際に，まったく
□□	**reality** [ri(:)ǽləti]	名 現実(性)，実在，真実
□□	**realistic** [rì:əlístik]	形 現実的な，現実主義的な，写実派の

0217	□□ 重要性を**認識する**	**realize** the importance
0218	□□ **非現実に**思える	seem **unreal**
0219	□□ 待つよりも**むしろ**助けを求める	seek help **rather** than wait
0220	□□ 1万人**より多い**読者	more **than** 10,000 readers
0221	□□ 小切手を郵送する**代わりに**	**instead** of mailing a check
0222	□□ とても**意味がある**	**mean** a lot
0223	□□ 正確な**意味**	an exact **meaning**
0224	□□ **有意義な**経験	a **meaningful** experience
0225	□□ 便利な**手段**を用いる	use a convenient **means**
0226	□□ **それまでの間**は	in the **meantime**
0227	□□ **それまでの間**は	in the **meanwhile**
0228	□□ **まだ**工事中で	**still** under construction
0229	□□ **まだ**決めてい**ない**	have **yet** to decide
0230	□□ **すでに**終了した仕事	the work **already** done
0231	□□ 心地よさそうに**見える**	**seem** comfortable
0232	□□ 飲み物が**ほしい**	**want** something to drink
0233	□□ **気分が**よい	**feel** well
0234	□□ 意見**交換**	**give** and take of ideas
0235	□□ 従業員に決定を**任せる**	**let** an employee make a decision
0236	□□ 差し込み口にカードを**入れる**	**put** a card into the slot
0237	□□ 長く**続く**	**last** long
0238	□□ ファイルを**分類する**	**sort** files
0239	□□ 異なる**種類**の仕事	different **kinds** of work
0240	□□ **とても**気持ちがよい	feel **so** good

□□	**realize** [rí:əlàiz]	[動] ～に気づく，～をはっきり理解する，～を実現する ☞ [名] realization (認識，実現)
□□	**unreal** [ʌnrí:əl]	[形] 非現実的な，実在しない，現実と思えない
□□	**rather** [rǽðər, rá:ðə]	[副] かなり，だいぶ，(～よりも) むしろ，それどころか
□□	**than** [ðən]	[前] ～よりも，～に比べて
□□	**instead** [instéd]	[副] それよりむしろ，その代わりに ☞ [熟] instead of (～の代わりに，～ではなく)
□□	**mean** [mí:n]	[動] ～を意味する，～を示す，～を意図する，～のつもりで言う [名] 平均 (値)　[形] 意地の悪い
□□	**meaning** [mí:niŋ]	[名] 意味，意義，重要性，目的，意図
□□	**meaningful** [mí:niŋfl]	[形] 意義のある，有意義な，意味のある，意味深長な ☞ [形] meaningless (意味のない)
□□	**means** [mí:nz]	[名] 方法，手段，資力，収入，財産，資力
□□	**meantime** [mí:ntàim]	[名] 合間，その間 (の時間)
□□	**meanwhile** [mí:n(h)wàil]	[名] 合間，その間 (の時間)　[副] その間に，それまでは，そうしている間に，話変わって
□□	**still** [stíl]	[副] まだ，今までどおり，それでも，なおさら，そのうえ，にもかかわらず　[形] 静かな，静止した，平和な
□□	**yet** [jét]	[副] まだ (～ない)，今のところは，やがて，もう　[接] にもかかわらず
□□	**already** [ɔ́:lrédi]	[副] すでに，とっくに，前々から　☞ [副] yet (まだ～ない，すでに)
□□	**seem** [sí:m]	[動] ～と見える，～と思える，～らしい，～がありそうに思える
□□	**want** [wánt]	[動] ～を望む，～をほしいと思う，～を欠く，～を必要とする [名] 欠如，貧困　☞ [形] wanting (～が欠けて，～が不足して)
□□	**feel** [fí:l]	[動] (～を) 感じる，～の感じがわかる，～を触ってみる，気がする [名] 感触，感じ，雰囲気
□□	**give** [gív]	[名] 与えること　[動] ～を与える，～をあげる，～を渡す，～を催す
□□	**let** [lét]	[動] ～させる，～することを許す，(～の状態に) しておく，～を貸し出す
□□	**put** [pút]	[動] ～を置く，～をある状態にする，～を言う
□□	**last** [lǽst]	[動] 持続する，持ちこたえる　[形] 最後の，最近の　[副] 最後に，最近 [名] 最後のもの [事]，もっとも可能性のないこと ☞ [副] lastly (最後に)
□□	**sort** [sɔ́:rt]	[動] ～を分類する，～を配列する　[名] 種類
□□	**kind** [káind]	[名] 種類　[形] 親切な，やさしい ☞ [名] kindness (親切)　[副] kindly (親切に)　[形] unkind (不親切な)
□□	**so** [sóu]	[副] とても，そのように，このように，そのとおりに，このとおりに，そう，まさに　[接] そこで

GROUP 6

0241 - 0290

0241	□□ **正しい**ことをする	do the **right** thing
0242	□□ **違う**電車に乗る	take the **wrong** train
0243	□□ 顧客に**電話**をする	give the client a **call**
0244	□□ **電話の相手**からの質問に答える	answer the **caller's** question
0245	□□ 男女が**同数**に分かれていること	an **even** split of men and women
0246	□□ 利益を**等しく**分配する	distribute profits **evenly**
0247	□□ 在宅で**仕事をする**	**work** from home
0248	□□ **従業員**の生産性	**worker** productivity
0249	□□ **就業日**に	on **workdays**
0250	□□ **職場**の安全	**workplace** safety
0251	□□ **仕事量**を分担する	share the **workload**
0252	□□ **作業計画表**を使う	use a **worksheet**
0253	□□ **作業指示書**を参照する	refer to the **workbook**
0254	□□ **労働人口**を増やす	increase the **workforce**
0255	□□ **ワークショップ**に参加する	attend a **workshop**
0256	□□ 個別の**仕事スペース**	a separate **workstation**
0257	□□ 軽い**運動**	a light **workout**
0258	□□ クーポンを**使う**	**use** a coupon
0259	□□ **役立つ**情報	**useful** information
0260	□□ **ユーザー**による評価	a **user** review
0261	□□ 適切な**使い方**	proper **usage**
0262	□□ **中古車**	a **used** car
0263	□□ **未使用の**部分	an **unused** portion
0264	□□ 新しい方法を**試す**	**try** a new method
0265	□□ **試行**錯誤で	by **trial** and error

□□	**right** [ráit]	【形】正しい，適切な，望ましい，正当な 【名】正当，正義，権利，右
□□	**wrong** [rɔ́(:)ŋ]	【形】間違って，不適切な，邪悪な ☞【形】wrongful (不正な)
□□	**call** [kɔ́:l]	【名】呼び声，電話 【動】～を呼ぶ，～に電話をする
□□	**caller** [kɔ́:lər]	【名】電話をかける人，訪問者，指示を出す人
□□	**even** [í:vn]	【形】均等な，一定の，平らな 【副】～さえ，～すら，さらに，なおさら
□□	**evenly** [í:vnli]	【副】平等に，公平に，冷静に，むらなく
□□	**work** [wə́:rk]	【動】働く，取り組む，稼働する，うまくいく，役立つ 【名】労働，研究，作業，職業，作品
□□	**worker** [wə́:rkər]	【名】働く人，被雇用者，労働者，職人
□□	**workday** [wə́:rkdèi]	【名】仕事日，就業日 【形】平日の，仕事日の
□□	**workplace** [wə́:rkplèis]	【名】仕事場，職場
□□	**workload** [wə́:rklòud]	【名】仕事量，作業量，労働負荷
□□	**worksheet** [wə́:rkʃì:t]	【名】練習問題用紙，課題シート，作業計画表
□□	**workbook** [wə́:rkbùk]	【名】学習帳，ワークブック，施工工程表，業務便覧
□□	**workforce** [wə́:rkfɔ̀:rs]	【名】全従業員，労働力，労働人口
□□	**workshop** [wə́:rkʃàp]	【名】作業場，セミナー，研修会，ワークショップ
□□	**workstation** [wə́:rkstèiʃən]	【名】仕事場，ワークステーション
□□	**workout** [wə́:rkàut]	【名】練習，トレーニング，運動，耐久試験
□□	**use** [jú:z; jú:s]	【動】～を使う，（燃料など）を費やす 【名】使うこと，役に立つこと
□□	**useful** [jú:sfl]	【形】有用な，役に立つ ☞【形】useless (役に立たない)
□□	**user** [jú:zər]	【名】使用者，ユーザー，利用者
□□	**usage** [jú:sidʒ]	【名】使い方，取り扱い，慣習，使用量
□□	**used** [jú:zd; jú:st]	【形】中古の，使用された，慣れて 【助】以前はよく～した，以前は～だった ☞【熟】used to *do* (以前はよく～した)
□□	**unused** [ʌnjú:zd]	【形】未使用の，使用されていない，慣れていない
□□	**try** [trái]	【動】～を試みる，～を試す 【名】試み，努力
□□	**trial** [tráiəl]	【名】試験，試練，裁判，厄介なもの，選考会 【形】予備的な，試験的な，裁判の ☞【熟】trial period (試用期間)

0266	□□	**部品**を供給する	supply **parts**
0267	□□	**部分的に**正しい発言	a **partly** true statement
0268	□□	**部分的な**支払いを行う	make a **partial** payment
0269	□□	部長に**部分的に**同意する	**partially** agree with the manager
0270	□□	月曜日から金曜日**まで**	from Monday **through** Friday
0271	□□	歴史**全体を通して**	**throughout** history
0272	□□	商品サンプルを**見せる**	**show** a product sample
0273	□□	新製品を**披露する**	**showcase** new products
0274	□□	**ショールーム**を訪れる	visit a **showroom**
0275	□□	新たな事業を**始める**	**start** a new business
0276	□□	9 時半に**始まる**	**begin** at 9:30
0277	□□	その任務に**助け**を必要とする	need **help** with the assignment
0278	□□	**役立つ**情報	**helpful** information
0279	□□	**有用性**と品質	**helpfulness** and product quality
0280	□□	広告を**出す**	**place** an advertisement
0281	□□	就職**あっせん**サービス	career **placement** services
0282	□□	意見を**尋ねる**	**ask** an opinion
0283	□□	解決策を**見つける**	**find** a solution
0284	□□	再び**起こる**	**happen** again
0285	□□	重要な役割を**果たす**	**play** an important role
0286	□□	ドアノブを**回す**	**turn** the door knob
0287	□□	会議を**終える**	**end** a meeting
0288	□□	いくつかの理由を**挙げる**	**name** several reasons
0289	□□	会社を**去る**	**leave** the company
0290	□□	**夢**を見る	have a **dream**

スコアレベル 350 470 600 730 860

□□	**part** [pá:rt]	名 一部，部品，要素，役（割） 動 分かれる，～を分ける，～を引き離す ☞ 名 parting（分離）
□□	**partly** [pá:rtli]	副 部分的に，一部分は，少しは
□□	**partial** [pá:rʃl]	形 部分的な，一部の，不公平な，大好きで ☞ 形 impartial（公平な）
□□	**partially** [pá:rʃəli]	副 部分的に，一部分は
□□	**through** [θrú:]	前 ～の中を通って，～を使って，～を経由して，～の間中 副 通り抜けて，終始，完全に
□□	**throughout** [θru(:)áut]	前 ～のいたるところで，～の間中ずっと 副 あらゆる場所で，初めから終わりまでずっと
□□	**show** [ʃóu]	動 ～を見せる，～を展示する，～を示す，～を表す，現れる，目立つ，～を上演する 名 見せること，表示，展覧会，興行 ☞ 形 showy（目立つ，派手な）
□□	**showcase** [ʃóukèis]	動 ～を陳列する，～を披露する 名 陳列ケース，ショーケース
□□	**showroom** [ʃóurù:m]	名 陳列室，ショールーム
□□	**start** [stá:rt]	動 始まる，起こる，動き始める，～を始める 名 始まり，初め
□□	**begin** [bigín]	動 始まる，～を始める ☞ 名 beginning（始まり）
□□	**help** [hélp]	名 助け，援助，力添え，役立つこと［もの］ 動 ～に役立つ，～の助けになる，～を助ける，～を促進する
□□	**helpful** [hélpfl]	形 助けになる，有益な，役立つ ☞ 形 helpless（無力な）
□□	**helpfulness** [hélpflnəs]	名 助けになること，有用性
□□	**place** [pléis]	動 ～を置く，～を設置する，～に入賞する，～を掲載する 名 場所，位置 ☞ 熟 in place（実施されて） 熟 out of place（場違いで）
□□	**placement** [pléismənt]	名 配置，配列，置くこと，職業紹介
□□	**ask** [ǽsk]	動 ～に尋ねる，～に頼む，～を求める
□□	**find** [fáind]	動 ～を見つける，～が（…と）わかる ☞ 名 finding（発見）
□□	**happen** [hǽpn]	動 起きる，発生する，偶然に～する ☞ 名 happening（出来事）
□□	**play** [pléi]	動 遊ぶ，楽しむ，（試合）をする，（競技）を行う，～を演奏する，～を演じる 名 芝居，遊び，駆け引き ☞ 形 playful（ふざけたがる）
□□	**turn** [tə́:rn]	動 ～を回す，回る，～をひっくり返す，ひっくり返る，～を曲げる，曲がる，～を（…に）変える， 名 回転，変化，順番
□□	**end** [énd]	動 終わる，～を終わらせる，～を締めくくる 名 終わり，限界，結末，目的 ☞ 熟 end and means（目的と手段）
□□	**name** [néim]	動 ～を（…と）名付ける，（名など）を示す，～を挙げる，～を（…に）指名する 名 名前，名声 ☞ 副 namely（すなわち）
□□	**leave** [lí:v]	動 去る，出発する，～を辞める，～を残す，～をそのままにしておく 名 休暇（の許可）
□□	**dream** [drí:m]	名 夢，夢想 動 夢を見る，～を思い描く，～を想像する

0291	□□	私が**生きている**限りは	as long as I **live**
0292	□□	**生命**保険プラン	a **life** insurance plan
0293	□□	普通の**生活様式**で暮らす	live a normal **lifestyle**
0294	□□	**永久**保証	a **lifetime** guarantee
0295	□□	勤務中の**救護員**	a **lifeguard** on duty
0296	□□	自分の夢を**そのままに**持ち続ける	keep my dream **alive**
0297	□□	**必要**が生じたときには	if the **need** arises
0298	□□	**困窮する**家族	**needy** families
0299	□□	**忘れずに**顧客にメールを送る	**remember** to email a client
0300	□□	支払いの件を**忘れる**	**forget** about the payment
0301	□□	著作権を**有する**	**own** a copyright
0302	□□	共同**所有者**	a joint **owner**
0303	□□	法的**所有権**	legal **ownership**
0304	□□	**確かな**こと	a **sure** thing
0305	□□	何が最善かを**確実に**わかっている	**surely** know what is best
0306	□□	理由が**よくわかっていない**ようである	seem **unsure** of the reasons
0307	□□	部品の供給を**確実にする**	**ensure** the supply of parts
0308	□□	会議の開催地を**変更する**	**change** the conference venue
0309	□□	**変わらない**ままである	remain **unchanged**
0310	□□	レターを**書く**	**write** a letter
0311	□□	プログラムのコードを**書き換える**	**rewrite** the program codes
0312	□□	完全**手動**制御付きカメラ	a camera with full **manual** controls
0313	□□	**手助け**する	lend a **hand**
0314	□□	従業員**便覧**	an employee **handbook**
0315	□□	**配布資料**を支給する	provide a **handout**
0316	□□	**実践**形式	a **hands-on** approach
0317	□□	**受話器**を戻す	return the **handset**
0318	□□	**使いやすい**案内書	a **handy** guide
0319	□□	**手工芸製品**を売る	sell **handicrafts**

□□	**live** [lív; láiv]	動 住む，生きる，存続する，生活を送る 形 生きている，生の，ライブの
□□	**life** [láif]	名 命，人生，大事なこと，生活
□□	**lifestyle** [láifstàil]	名 ライフスタイル，生き方，生活様式
□□	**lifetime** [láiftàim]	形 生涯の，一生の 名 生涯，寿命，存続期間
□□	**lifeguard** [láifgà:rd]	名 救護員，見張り役
□□	**alive** [əláiv]	形 生きていて，存在して，活動して，生き生きとして
□□	**need** [ní:d]	名 不足，必要，必要なもの 動 ～する必要がある，～を必要とする
□□	**needy** [ní:di]	形 困窮している，貧しい ☞ 形 needless (無用な)
□□	**remember** [rimémbər]	動 思い出す，～を覚えている，～を思い出す ☞ 名 remembrance (記憶，回想)
□□	**forget** [fərgét]	動 (～を) 忘れる，～した [する] ことを忘れる，～を思い出せない ☞ 形 forgetful (忘れやすい) 形 forgettable (つまらない)
□□	**own** [óun]	動 ～を所有する 形 自分の，独自の，独特な 代 自分のもの
□□	**owner** [óunər]	名 所有者，持ち主，飼い主
□□	**ownership** [óunərʃip]	名 所有 (権)
□□	**sure** [ʃúər]	形 確信して，確かで，自信を持って，確実な，安全な
□□	**surely** [ʃúərli]	副 確かに，確実に，間違いなく，きっと
□□	**unsure** [ʌnʃúər]	形 不確かな，確信のない，信頼できない，迷っていて
□□	**ensure** [enʃúər]	動 ～を確実にする，～を保証する，～を守る
□□	**change** [tʃéindʒ]	動 ～を変更する，変わる 名 変更，取り替え，小銭
□□	**unchanged** [ʌ̀ntʃéindʒd]	形 変化していない，旧態依然とした，不変の
□□	**write** [ráit]	動 ～を書く，～に手紙を書く，～に書き送る，～を記入する，～を表現する
□□	**rewrite** [rì:ráit]	動 ～を書き換える
□□	**manual** [mǽnjuəl]	形 手の，手でする，手動の 名 手引き，便覧，マニュアル
□□	**hand** [hǽnd]	名 手，拍手，手助け 動 ～を手渡す
□□	**handbook** [hǽndbùk]	名 手引書，便覧
□□	**handout** [hǽndàut]	名 配布資料，印刷物
□□	**hands-on** [hæ̀ndzá:n]	形 実地の，実践的な，実務に携わる
□□	**handset** [hǽndsèt]	名 受話器，携帯電話
□□	**handy** [hǽndi]	形 便利な，役に立つ，扱いやすい ☞ 名 handiness (便利さ)
□□	**handicraft** [hǽndikræ̀ft]	名 手工芸品，手工芸職

0320	□□	**問題**を解決する	solve a **problem**
0321	□□	一部の会員に**迷惑をかける**	**trouble** some members
0322	□□	同僚を**煩わせる**	**bother** a colleague
0323	□□	重大な**誤り**	a serious **mistake**
0324	□□	致命的な**誤り**	a fatal **error**
0325	□□	**事実**に目を向ける	look at the **facts**
0326	□□	**事実に基づく**説明	a **factual** account
0327	□□	リスク**要因**	a risk **factor**
0328	□□	**隣国**	a neighboring **country**
0329	□□	自然のままの**いなか**	unspoiled **countryside**
0330	□□	周辺の**郡**	surrounding **counties**
0331	□□	前もって**計画する**	**plan** ahead
0332	□□	冷静**でいる**	**stay** calm
0333	□□	忍耐強く**座って**待つ	**sit** and wait patiently
0334	□□	会社の方針**に沿って**	in **line** with the company policies
0335	□□	**一区画**の土地	a **lot** of land
0336	□□	主要な**ポイント**	the main **point**
0337	□□	**次の**世代	the **next** generation
0338	□□	**同じ**考えを共有する	share the **same** ideas
0339	□□	**これほど**有名な人	**such** a famous person
0340	□□	**ほぼ**毎週	**almost** every week

□□	**problem** [prábləm]	名 問題，課題，困難な状況，扱いにくい人 ☞ 形 problematic (問題の多い)
□□	**trouble** [trʌ́bl]	動 ～を悩ます，～を苦しめる，～に面倒をかける　名 心配，苦労，悩み，迷惑　☞ 形 troublesome (面倒な)
□□	**bother** [báðər]	動 ～を悩ます，～を煩わせる，思い悩む　名 困ったこと，悩みの種
□□	**mistake** [mistéik]	名 間違い，誤り，誤解　動 ～を間違える，～を誤る，～を誤解する，～を見間違える　☞ 形 mistaken (間違っている)
□□	**error** [érər]	名 誤り，落ち度，間違い，過失，勘違い ☞ 動 err (誤る)　形 erroneous (間違った)
□□	**fact** [fǽkt]	名 事実，現実，実際
□□	**factual** [fǽktʃuəl]	形 事実の，現実の，事実に基づく
□□	**factor** [fǽktər]	名 要因，要素
□□	**country** [kʌ́ntri]	名 国，国家，地方，いなか
□□	**countryside** [kʌ́ntrisàid]	名 いなか，田園
□□	**county** [káunti]	名《米》郡，《英など》州
□□	**plan** [plǽn]	動 ～するつもりである，～を計画 [予定] する，～を事前に考える，～を設計する，計画を立てる　名 計画，案，平面図，設計図
□□	**stay** [stéi]	動 とどまる，滞在する，～のままでいる　名 滞在，宿泊
□□	**sit** [sít]	動 座る，腰かける，うずくまる，合う，位置する，～を座らせる
□□	**line** [láin]	名 線，回線，ライン　動 並ぶ，～を並べる，線を引く ☞ 名 lining (裏地)　形 linear (線の)
□□	**lot** [lát]	名 多数，大量，1組，ロット，1区画　副 (a lot で) かなり，ずいぶん，多く　☞ 熟 a lot of ... / lots of ... (多くの～)
□□	**point** [pɔ́int]	名 主張，要点，核心，先端，点　動 指し示す，強く示す，～を向ける，～を指摘する　☞ 熟 a case in point (好例)
□□	**next** [nékst]	形 次の，隣の，もっとも近い，～に接して，次いで，～の隣で　副 次に　代 次のもの　☞ 形 previous (以前の)
□□	**same** [séim]	形 同じ，同一の，同様の　代 同じこと [もの]，(前述と) 同じ
□□	**such** [sʌ́tʃ]	形 このような，あのような，あんな，そんな，このように，とても　代 そのようなもの
□□	**almost** [ɔ́:lmoust, ‐ˊ]	副 だいたい，ほとんど　☞ 副 nearly (ほとんど)

0341	□□	家を買うのに**十分な**資金	**enough** money to buy a house
0342	□□	**2，3** 日前に	a **few** days ago
0343	□□	**少し**ずつ	**bit** by **bit**
0344	□□	完璧から**ほど遠い**	**far** from perfect
0345	□□	**さらなる**情報を必要とする	need **further** information
0346	□□	ひとつ**考え**がある	have an **idea**
0347	□□	**理想的な**候補者	an **ideal** candidate
0348	□□	その職に**理想的に**適している従業員	an employee **ideally** suited for the job
0349	□□	**細心の**注意を払う	pay **close** attention
0350	□□	先例に**入念に**従う	follow the examples **closely**
0351	□□	**閉鎖**を告げる	announce the **closure**
0352	□□	個人情報を**明らかにする**	**disclose** personal information
0353	□□	**重要な**関心事	an **important** concern
0354	□□	**重要**な問題	an issue of **importance**
0355	□□	9 時から 5 時**まで**	from 9:00 **until** 5:00
0356	□□	夜明けから夕暮れ**まで**	from dawn **till** dusk
0357	□□	ここまで**ずっと**	**along** the way
0358	□□	道路**に沿って**車を停める	park a car **alongside** the road
0359	□□	**早期**退職	an **early** retirement
0360	□□	締め切り**に先立って**	**ahead** of the deadline
0361	□□	**手遅れ**になる前に	before it's too **late**
0362	□□	いつもより**遅く**	**later** than usual
0363	□□	**最新**ニュース	the **latest** news
0364	□□	**最近**忙しくしている	have been busy **lately**

□□	**enough** [inʌ́f]	形 十分な，足りる 副 十分に，まずまず 代 十分な量［数］
□□	**few** [fjúː]	形 少ない，わずかな，《無冠詞で》ほとんどない，少量の，少数の 代 少数（のもの［人］） ☞ 熟 no fewer than ... (〜も〔多く〕)
□□	**bit** [bít]	名 小片，わずか，少しばかり 副《a bit で》少しばかり
□□	**far** [fáːr]	形 遠い，遠くの，ずっと後の 副 遠くに，ずっと，はるかに
□□	**further** [fə́ːrðər]	形 さらに遠い，さらに進んだ 副 さらに遠くに，さらに進んで 動 〜を促進する
□□	**idea** [aidíːə]	名 考え，着想，知識，意図
□□	**ideal** [aidíːəl]	形 理想的な，申し分のない 名 理想，目的
□□	**ideally** [aidíːəli]	副 理想的に，観念的に
□□	**close** [klóus; klóuz]	形 近い，徹底的な 副 近くに 動 〜を閉じる，締めくくる 名 終結
□□	**closely** [klóusli]	副 入念に，注意深く
□□	**closure** [klóuʒər]	名 閉鎖，撤退，閉鎖
□□	**disclose** [disklóuz]	動 〜を公開する，〜を開示する，〜を明らかにする，〜を暴露する ☞ 副 disclosure (公開)
□□	**important** [impɔ́ːrtənt]	形 重要な，大切な，有力な
□□	**importance** [impɔ́ːrtəns]	名 重要性，大切であること，名声を得ていること
□□	**until** [əntíl, ʌn-]	前 接 〜まで（ずっと）
□□	**till** [tíl]	前 接 〜まで（ずっと）
□□	**along** [əlɔ̀(ː)ŋ]	前 副 〜に沿って，〜に従って，一緒に
□□	**alongside** [əlɔ́(ː)ŋsàid]	前 副 〜と並行して，〜と一緒に，並んで
□□	**early** [ə́ːrli]	形 早めの，早い，初期の，近い将来の 副 早く，まもなく
□□	**ahead** [əhéd]	副 前方へ，先へ，先んじて，前もって ☞ 熟 ahead of ... (〜の前に)
□□	**late** [léit]	形 遅い，遅刻の，亡くなった 副 遅く，長く，後ろに
□□	**later** [léitər]	形 もっと遅い，より最近の，その後の 副 もっと遅く，後で，その後
□□	**latest** [léitist]	形 最新の，最後の 副 もっとも遅い ☞ 熟 at the latest (遅くとも)
□□	**lately** [léitli]	副 このごろ，最近

0365	□□ 経済学を**学ぶ**	**study** economics
0366	□□ 運転技術を**学ぶ**	**learn** how to drive
0367	□□ 状況を完全に**理解する**	fully **understand** the situation
0368	□□ 基本を**教える**	**teach** basics
0369	□□ ビルの間を**歩く**	**walk** between buildings
0370	□□ **歩道**の上に	on the **walkway**
0371	□□ 銀行口座を**開く**	**open** a bank account
0372	□□ 本格**オープン**	a grand **opening**
0373	□□ 問題について**自由に**話し合う	**openly** discuss a problem
0374	□□ 店を**再開する**	**reopen** the store
0375	□□ ケースを**閉じる**	**shut** a case
0376	□□ 地球の反対**側**	the opposite **side** of the globe
0377	□□ **歩道**を歩く	walk the **sidewalk**
0378	□□ 経営陣のことばを**信じる**	**believe** management's words
0379	□□ 強い**信念**を持つ	have a strong **belief**
0380	□□ 事実に**向き合う**	**face** facts
0381	□□ **直接に会って**打ち合わせる	have a **face-to-face** meeting
0382	□□ 有名に**なる**	**become** a household name
0383	□□ コーチの能力を**疑う**	**question** the coach's ability
0384	□□ よい考えに**思える**	**sound** like a good idea
0385	□□ 大学の**履修コース**	a university **course**
0386	□□ 改善の**余地**	**room** for improvement
0387	□□ 成功**物語**	a success **story**
0388	□□ **全体**として	as a **whole**
0389	□□ 一生に**一度**	**once** in a lifetime
0390	□□ 会社の設立**以来ずっと**	**since** the founding of the company

□□	**study** [stʌ́di]	動 ～を学ぶ，～を研究する，～を検討する，～を覚える　名 勉学，研究，検討，調査，書斎　☞ 形 studious (勉強好きな)
□□	**learn** [lə́ːrn]	動 ～を学ぶ，～を身につける，～を知る，～であるとわかる　☞ 形 learned (学識のある)
□□	**understand** [ʌ̀ndərstǽnd]	動 ～を理解する，～と聞いている，わかる，よく知っている　☞ 名 understanding (理解)　形 understandable (理解できる)
□□	**teach** [tíːtʃ]	動 教職にある，～を教える，～を思い知らせる，～に教訓を与える
□□	**walk** [wɔ́ːk]	動 歩く，～を歩かせる，散歩する　名 歩くこと，散歩，職業，部門　☞ 名 walkout (ストライキ)
□□	**walkway** [wɔ́ːkwèi]	名 歩道，通路
□□	**open** [óupən]	動 ～を開く，～を開会する，～を開ける，～を開放［開封］する　形 開いて［開かれて］いる，営業中の，限定されていない，率直な，欠員がある，野外の，空き時間の
□□	**opening** [óupniŋ]	名 開くこと，出だし，開通，欠員　形 最初の
□□	**openly** [óupnli]	副 隠し立てしないで，率直に，公然と
□□	**reopen** [riːóupn]	動 再開される，～を再開する，～を再び開く
□□	**shut** [ʃʌ́t]	動 ～を閉める，～を閉じる，～を閉じ込める　形 閉じて
□□	**side** [sáid]	名 側，方，脇，面，片面，横，脇腹　形 脇の，横の，側面の，付帯的な，副の　動 ～に味方／反対する
□□	**sidewalk** [sáidwɔ̀ːk]	名 歩道，人道
□□	**believe** [bilíːv]	動 ～と信じる，～を確信する，～と思う　☞ 形 believable (信じられる)
□□	**belief** [bilíːf]	名 信念，考え，意見，信仰　☞ 名 disbelief (不信)
□□	**face** [féis]	動 ～に面している，(危険など)に臆せず立ち向かう，(困難など)に直面する　名 顔，表面　☞ 形 facial (顔の)
□□	**face-to-face** [féistəféis]	形 面と向かっての　副 面と向かって，直面して
□□	**become** [bikʌ́m]	動 ～になる　☞ 形 becoming (似合う)
□□	**question** [kwéstʃən]	動 ～に疑問を持つ，～に質問する　名 質問，疑問，問題　☞ 形 questionable (不確かな)
□□	**sound** [sáund]	動 音を出す，鳴る，響く，～のように聞こえる　名 音，音声，音響　形 健全な，正常な，確実な根拠のある，しっかりした
□□	**course** [kɔ́ːrs]	名 方向，成り行き，課程，《of course で》もちろん
□□	**room** [rúːm]	名 部屋，余地，機会　☞ 形 roomy (広々とした)
□□	**story** [stɔ́ːri]	名 物語，説明，言い訳，階，層
□□	**whole** [hóul]	名 全部，全体　形 全体の，完全な，無傷な，欠けのない　☞ 形 wholly (完全に)
□□	**once** [wʌ́ns]	副 一度，以前に，かつて　☞ 副 twice (2度)
□□	**since** [síns]	前 ～以来，～(のとき)からずっと　接 ～して以来(ずっと)，～だから　副 それ以来

GROUP 9

0391 - 0440

0391	□□	式典の日にちを**決める**	**set** a date for the ceremony
0392	□□	パスワードを**リセットする**	**reset** the password
0393	□□	テレビで**放送される**番組	a program **aired** on television
0394	□□	格安**航空会社**	a budget **airline**
0395	□□	国際**空港**	an international **airport**
0396	□□	**飛行機**に搭乗する	board an **airplane**
0397	□□	軽**飛行機**	a light **aircraft**
0398	□□	エコノミークラスの**航空運賃**	economy-class **airfare**
0399	□□	混み合っている**航空路**	a busy **airway**
0400	□□	**飛行機**の乗客	a **plane** passenger
0401	□□	会社を**経営する**	**run** a company
0402	□□	**滑走路**上の飛行機	a plane on the **runway**
0403	□□	委員会を**編成する**	**form** a committee
0404	□□	書類の書式を**設定する**	**format** a document
0405	□□	**円形**に	in a circular **formation**
0406	□□	**第一**に…，第二に…	**firstly** ..., and secondly ...
0407	□□	第一に…，**第二に**…	firstly ..., and **secondly** ...
0408	□□	意見に**賛同する**	**second** an opinion
0409	□□	**二次的な**言語	a **secondary** language
0410	□□	確認を**待つ**	**wait** for confirmation
0411	□□	反応を**待つ**	**await** a response
0412	□□	**接客係**として働く	work as **waitstaff**
0413	□□	コストを**削減する**	**cut** costs
0414	□□	人員**削減**	staff **cutbacks**

□□	**set** [sét]	動 ～を置く，～を据え付ける，～を固定する，～を定める 名 ひとそろい，一式，ひと組み 形 決まった，型どおりの，準備が整って ☞ 名 setting（環境，設定）
□□	**reset** [rì:sét; ´`]	動 ～をリセットする，～を規定値に戻す，～を置き直す 名 初期化，リセット，置き直し
□□	**air** [éər]	動 ～を放送する 名 空気，空中，雰囲気 ☞ 形 airy（広々とした，軽い）
□□	**airline** [éərlàin]	名 航空会社，航空路線
□□	**airport** [éərpɔ̀:rt]	名 空港，飛行場
□□	**airplane** [éərplèin]	名 飛行機，航空機
□□	**aircraft** [éərkræ̀ft]	名 飛行機，航空機
□□	**airfare** [éərfèər]	名 航空運賃（料金）
□□	**airway** [éərwèi]	名 航空路，航空会社，気道
□□	**plane** [pléin]	名 飛行機，平面，水準 形 平らな
□□	**run** [rʌ́n]	動 走る，動く，～を運営する，～を動かす，～に立候補する 名 走ること，立候補，生産量
□□	**runway** [rʌ́nwèi]	名 滑走路
□□	**form** [fɔ́:rm]	動 生じる，～を形成する，～を組織する 名 形，形態，記入用紙
□□	**format** [fɔ́:rmæt]	動 ～の体裁を整える，～を初期化する 名 型，構成，形式，初期化
□□	**formation** [fɔ:rméiʃən]	名 構成，編成，成立，形成，構造
□□	**firstly** [fə́:rstli]	副 第一に
□□	**secondly** [sékəndli]	副 第二に，次に
□□	**second** [sékənd]	動 ～に賛成する，～を支持する 形 第二の，～に次いで，もうひとつの，代わりの 名 秒
□□	**secondary** [sékəndèri]	形 第二位の，二流の，～に次いで，代理の，副次的な，派生的な，補助的な，中等教育の
□□	**wait** [wéit]	動 待つ，待ち望む，給仕を務める，待ち受ける 名 待つこと，待機，待ち時間
□□	**await** [əwéit]	動 ～を待つ，～を待ち受ける，～を待ち構える
□□	**waitstaff** [wéitstæ̀f]	名 給仕，接客係
□□	**cut** [kʌ́t]	動 切れる，～を切る，～を削減する，～を欠席する 名 切断，削減，無視
□□	**cutback** [kʌ́tbæ̀k]	名 削減，縮小

0415	□□	その仕事をする**能力があると**証明する	prove **able** to do the job
0416	□□	数学の**能力**	mathematical **ability**
0417	□□	顧客がオンラインで注文**できるようにする**	**enable** customers to order online
0418	□□	その機器の設定を**無効にする**	**disable** the device's setting
0419	□□	常勤で働くことが**できなく**なる	become **unable** to work full-time
0420	□□	**有能な**管理者	a **capable** manager
0421	□□	生産**能力**	production **capability**
0422	□□	生産**能力**	production **capacity**
0423	□□	顧客と**面会する**	**meet** a client
0424	□□	毎週の**会議**	a weekly **meeting**
0425	□□	昇給を**望む**	**hope** for a raise
0426	□□	**期待を持って**考える	think **hopefully**
0427	□□	光を**反射する**	reflect **light**
0428	□□	**軽量の**素材	a **lightweight** material
0429	□□	**火**がつく	catch **fire**
0430	□□	ボランティアの**消防士**	a volunteer **firefighter**
0431	□□	**花火**大会	a **fireworks** display
0432	□□	ひどい痛みに**耐えら**れない	cannot **stand** severe pain
0433	□□	書類を会議に**持ってくる**	**bring** a document to the meeting
0434	□□	重要な地位を**つかむ**	**hold** an important position
0435	□□	指示に**従う**	**follow** the directions
0436	□□	**ふざけ**合う	**kid** around
0437	□□	**ケース**バイ**ケース**で	on a **case**-by-**case** basis
0438	□□	事故は**よく**ある。	Accidents **often** happen.
0439	□□	**まったく**並はずれた従業員	**quite** an exceptional employee
0440	□□	**ともに**働く	work **together**

□□ **able** [éibl]	形 能力のある，できる
□□ **ability** [əbíləti]	名 能力　☞ 名 inability（能力がないこと）
□□ **enable** [enéibl]	動 ～に…することを可能にさせる
□□ **disable** [diséibl]	動 ～を無効にする，～の動作を停止させる
□□ **unable** [ʌnéibl]	形 できない，虚弱な
□□ **capable** [kéipəbl]	形 有能な，才能があって，可能な ☞ 形 incapable（できない，能力がない）
□□ **capability** [kèipəbíləti]	名 才能，能力，手腕，将来性　☞ 名 incapability（無能力）
□□ **capacity** [kəpǽsəti]	名 収容能力，最大生産量，潜在的可能性
□□ **meet** [míːt]	動（～に）会う，～に出くわす，（～と）面会する，～と知り合う，～を出迎える，～を満たす　名 交わり，出会い，会
□□ **meeting** [míːtiŋ]	名 会，集会，会議，大会，競技会，出会い，面会，遭遇
□□ **hope** [hóup]	動 ～を希望する，～を期待する　名 希望，期待，見込み ☞ 形 hopeful（望みを持って）
□□ **hopefully** [hóupfəli]	副 願わくは，できれば
□□ **light** [láit]	名 光，明るさ，光源，観点　形 明るい，軽い，淡い　動 火を灯す，～を明るくする，～を活気づかせる
□□ **lightweight** [láitwèit]	形 軽い，軽薄な　名 軽いもの，取るに足りないもの
□□ **fire** [fáiər]	名 火，火事，射撃　動 ～を発射する，～に火をつける，～を解雇する
□□ **firefighter** [fáiərfàitər]	名 消防士
□□ **firework** [fáiərwəːrk]	名《fireworks で》花火
□□ **stand** [stǽnd]	動 立つ，～の状態にある，～に耐える　名 立ち止まること，停止，反抗，態度，場所
□□ **bring** [bríng]	動 ～を持って［連れて］くる，～をもたらす
□□ **hold** [hóuld]	動 ～を持つ，～をつかむ，～を支える，～を保つ，持つ，耐える，持続する，～と考える　名 持つこと，支え，（一時的な）延期，保留
□□ **follow** [fálou]	動 次に起きる，～に続く，～を追いかける，～に従う　名 後を追うこと，後に続くこと　☞ 形 following（次の，後に続く）
□□ **kid** [kíd]	動 冗談をいう，からかう　名 子ども
□□ **case** [kéis]	名 場合，事例，問題，主張，真実
□□ **often** [ɔ́(ː)fn, ɔ́(ː)ftn]	副 しばしば，たびたび
□□ **quite** [kwáit]	副 まったく，完全に，かなり，並外れた
□□ **together** [təgéðər]	副 一緒に，ともに，合わせて，同時に

0441	□□ かなりの重量を**運ぶ**	**carry** a lot of weight
0442	□□ 別の**運送業者**に切り替える	switch to another **carrier**
0443	□□ **機内持ち込み**手荷物	**carry-on** luggage
0444	□□ 来賓に個人的に**感謝する**	personally **thank** guests
0445	□□ 助言に**感謝して**いる	feel **thankful** for the advice
0446	□□ 利益の**半分**	**half** of the profits
0447	□□ **中間で**歩み寄る	meet **halfway**
0448	□□ 利益を**伸ばす**	**grow** profits
0449	□□ 著しい**成長**	significant **growth**
0450	□□ 私たちが成功したことに**驚き**はない。	No **wonder** we succeeded.
0451	□□ **すばらしい**贈り物	a **wonderful** gift
0452	□□ **将来**のために計画する	plan for the **future**
0453	□□ **過去**において	in the **past**
0454	□□ 通常の**勤務**時間	normal **office** hours
0455	□□ **正式な**通知	an **official** notice
0456	□□ 来週**正式に**開店する	**officially** open next week
0457	□□ 指揮**官**	a commanding **officer**
0458	□□ **いくつかの**新製品	**several** new products
0459	□□ **複数の**傷	**multiple** injuries
0460	□□ **多国籍**企業	a **multinational** corporation
0461	□□ **どちらかの**選択肢を選ぶ	choose **either** option
0462	□□ プラン A **でなく**プラン B **でもない**	**neither** plan A nor plan B
0463	□□ プラン A **でなく**プラン B **でもない**	neither plan A **nor** plan B
0464	□□ 道の**両側**	**both** sides of the road
0465	□□ 私は同意した**けれども**	**though** I agreed
0466	□□ 私はそれをできない**けれども**	**although** I can't do that

□□	**carry** [kǽri]	動 ～を(持ち)運ぶ，～を扱っている，～を伝える ☞ 名 carriage (乗り物)
□□	**carrier** [kǽriər]	名 運搬人，運送会社，通信会社，保菌者
□□	**carry-on** [kǽriɑ̀:n]	形 機内に持ち込める　名 機内持ち込み手荷物
□□	**thank** [θǽŋk]	動 ～に感謝する　名《thanks で》謝意，感謝のことば
□□	**thankful** [θǽŋkfl]	形 感謝して，ありがたく思って
□□	**half** [hǽf, hɑ́:f]	名 半分，30分　形 半分の　副 等分に，半分ほど
□□	**halfway** [hɑ̀:fwéi]	副 途中で，不完全に　形 中間の，中途半端な
□□	**grow** [gróu]	動 成長する，発展する，～を栽培する，～を拡大する ☞ 動 outgrow (～よりも大きくなる)
□□	**growth** [gróuθ]	名 成長，発展，増加，伸び，栽培
□□	**wonder** [wʌ́ndər]	名 驚嘆，感嘆，奇跡，とまどい　動 感嘆する，疑問に思う，～ではないかと思う
□□	**wonderful** [wʌ́ndərfl]	形 すばらしい，見事な，不思議な
□□	**future** [fjú:tʃər]	名 未来，将来性　形 未来の　☞ 形 futuristic (未来の)
□□	**past** [pǽst]	名 過去，昔の話　形 過去の　副 ～を過ぎて
□□	**office** [ɑ́fəs]	名 職務，仕事，事務所，会社
□□	**official** [əfíʃl]	形 事務所の，公式の　名 公務員，職員
□□	**officially** [əfíʃəli]	副 公式に，表向きは
□□	**officer** [ɑ́fəsər]	名 役員，公務員，役人，警官
□□	**several** [sévərl]	形 いくつかの，数個の，数名の　代 いくつか
□□	**multiple** [mʌ́ltəpl]	形 多数の，多様な，複雑な，多くの部分から成る，複合の ☞ 動 multiply (～を増やす，～を掛ける)
□□	**multinational** [mʌ̀ltinǽʃənl]	形 多国籍の，多国間の
□□	**either** [í:ðər, áiðər]	形 どちらか一方の，どちらの～でも　副 ～か…のどちらか，～もまた　代 どちらか一方
□□	**neither** [ní:ðər, nái-]	形 どちらの～も…ない　副 どちらもまた～ない　代 どちらも～ない
□□	**nor** [nɔ:r]	接 ～もまた…ない，そしてまた…ない
□□	**both** [bóuθ]	形 双方の　副 双方ともに　代 両方，双方
□□	**though** [ðóu]	接 ～だけれども，～にもかかわらず，たとえ～でも，しかしながら
□□	**although** [ɔ:lðóu]	接 ～だけれども，～にもかかわらず，たとえ～でも

0467	□□ 理由が**何であれ**	**whatever** the reason is
0468	□□ 可能なときに**いつでも**	**whenever** possible
0469	□□ 便利なところなら**どこででも**	**wherever** is convenient
0470	□□ 電話口に出た人なら**だれでも**	**whoever** answers the phone
0471	□□ 生産効率は高く，**その一方で**スタッフの離職率は低い。	Production efficiency is high, **whereas** staff turnover is low.
0472	□□ あなたが**いくら**頑張っ**ても**	**however** hard you may try
0473	□□ それは小さく，**それゆえに**制御しやすい。	It's small and **therefore** easy to control.
0474	□□ それは小さめで，**それゆえに**もっと制御しやすい。	It's smaller and **thus** easier to control.
0475	□□ よい教育を受け，**それが理由で**裕福であること	being better educated and **hence** wealthy
0476	□□ 風変わりで，**それにもかかわらず**人気がある漫画	weird but **nevertheless** popular comics
0477	□□ いつも頑張って働くが，**それでも**成功しない	always work hard but do not succeed **nonetheless**
0478	□□ チームの勝利，**さらには**国民の勝利	a victory of the team, and **moreover**, of the nation
0479	□□ **さらに言えば**，私にはそれをする時間がありません。	**Furthermore**, I have no time to do that.
0480	□□ **ここに**辞任することを発表いたします。	I **hereby** announce my resignation.
0481	□□ あなたの幸運を**祈る**	**wish** you luck
0482	□□ 遅れを**取る**	**fall** behind
0483	□□ 大企業による**支配**のもとで	under the **control** of big businesses
0484	□□ 契約の**当事者**双方	both **parties** of the contract
0485	□□ **判決**を受ける	receive a **sentence**
0486	□□ **細かい**活字を読む	read the **fine** print
0487	□□ 真実を話すことが**恐く**なる	become **afraid** to tell the truth
0488	□□ 行動するのが**早すぎる**	act too **soon**
0489	□□ **おそらく** 200 メートル先に	**perhaps** 200 meters away
0490	□□ 私が間違えてい**なければ**	**unless** I'm mistaken

□□	**whatever** [hwʌtévər, hwɑt-]	代 ～することは何でも，何が～しようとも 形 ～するどの…でも，どんな～が…しても 副 まったく（～ない）
□□	**whenever** [hwenévər]	接 ～するときはいつも，いつ～しようとも 副 いつでも，いったいいつ
□□	**wherever** [hweərévər]	接 ～するときはどこでも，どこで～しようとも 副 どこでも，いったいどこで
□□	**whoever** [hu(:)évər]	代 ～するのはだれでも，だれが～しようとも，いったいだれが
□□	**whereas** [hweərǽz]	接 ～であるのに対して，～に反して
□□	**however** [hauévər]	副 しかしながら，けれども，どんなに～でも 接 どのように～しても
□□	**therefore** [ðéərfɔ̀:r]	副 それゆえに，そのために
□□	**thus** [ðʌ́s]	副 したがって，それゆえに
□□	**hence** [héns]	副 したがって，だから，今後
□□	**nevertheless** [nèvərðəlés]	副 それにもかかわらず，それでも
□□	**nonetheless** [nʌ̀nðəlés]	副 それにもかかわらず，それでも
□□	**moreover** [mɔ:róuvər]	副 そのうえに，それに，加えて
□□	**furthermore** [fə́:rðərmɔ̀:r, ˋ－－ˊ]	副 おまけに，さらに
□□	**hereby** [hìərbái, ˊˋ]	副 これによって，この結果，本契約書によって
□□	**wish** [wíʃ]	動 ～を切望する，（…に）～を願う 名 願望，望み，嘆願 ☞ 形 wishful（希望的な）
□□	**fall** [fɔ́:l, fɑ́:l]	動 落ちる，（雨などが）降る，垂れ下がる，転ぶ，（～の状態に）陥る 名 落下，転倒，下落
□□	**control** [kəntróul]	名 支配，制御，規制 動 ～を制御する，～を支配する，～を管理する ☞ 熟 in control（制御して） 熟 out of control（制御不可能）
□□	**party** [pɑ́:rti]	名 パーティー，政党，グループ，関係者，当事者
□□	**sentence** [séntəns]	名 文章，判決，刑 動 ～に（…を）宣告する，～に判決を下す
□□	**fine** [fáin]	形 すばらしい，細かな 名 罰金 動 ～に罰金を科する
□□	**afraid** [əfréid]	形 恐れて，心配して，残念ながら
□□	**soon** [sú:n]	副 もうすぐ，そのうちに，間もなく，早めに ☞ 熟 sooner or later（遅かれ早かれ）
□□	**perhaps** [pərhǽps]	副 ことによると，たぶん，おそらく
□□	**unless** [ənlés]	接 ～でない限り，もし～でなければ ☞ 前 if（もし～であれば）

0491	□□ 自分の**ほんとうの**気持ちを隠す	hide my **true** feelings
0492	□□ **真実**を言う	tell the **truth**
0493	□□ **ほんとうに**効果的な取り組み方	a **truly** effective approach
0494	□□ **正直に**言って	**truthfully** speaking
0495	□□ **にせの**情報	**false** information
0496	□□ その飛行便に**乗り遅れる**	**miss** the flight
0497	□□ **行方不明者**	a **missing** person
0498	□□ **怒り**を感じる	feel **angry**
0499	□□ **怒り**を抑える	control my **anger**
0500	□□ 試験に**合格する**	**pass** an examination
0501	□□ 時間の**経過**とともに	with the **passage** of time
0502	□□ 奇妙な雑音が**聞こえる**	**hear** strange noises
0503	□□ 音楽を**聴く**	**listen** to music
0504	□□ **聞き**じょうず	a good **listener**
0505	□□ 車を**運転する**	**drive** a car
0506	□□ 経験豊かな**運転者**	an experienced **driver**
0507	□□ 予定について**心配する**	**worry** about the schedule
0508	□□ **心配した**声で	in a **worried** tone
0509	□□ 混乱を**正す**	**clear** up the confusion
0510	□□ 規則を**明確に**説明する	**clearly** explain rules
0511	□□ **不確かな**状況下で	under **unclear** circumstances
0512	□□ 正式な**許可**を得る	obtain official **clearance**
0513	□□ 詳細を**説明する**	**clarify** the details
0514	□□ **謎**を解く鍵	the key to the **mystery**
0515	□□ 飛行機のファースト**クラス**で旅する	fly first **class**
0516	□□ 情報を**機密扱いにする**	**classify** the information

□□	**true** [trúː]	形 真実の，本物の，誠実な
□□	**truth** [trúːθ]	名 真実，事実，真理　☞ 形 truthful (正直な，本当の)
□□	**truly** [trúːli]	副 実に，とても，ほんとうに，忠実に，実を言えば
□□	**truthfully** [trúːθfəli]	副 誠実に，正直に，正しく，ほんとうのところは
□□	**false** [fɔ́ːls]	形 誤った，虚偽の，不誠実な，人造の　☞ 名 falsehood (偽り)
□□	**miss** [mís]	動 ～を取りそこなう，～に乗りそこなう，～に間に合わない，～しそこなう，～を見落とす，～を聞きもらす，～の不在を寂しく思う
□□	**missing** [mísiŋ]	形 あるべきところにない，見つからない，紛失して，行方不明で
□□	**angry** [ǽŋgri]	形 怒って，腹を立てて
□□	**anger** [ǽŋgər]	名 怒り，憤り　動 ～を怒らせる
□□	**pass** [pǽs, pάːs]	動 通る，通り過ぎる，経過する，～を通り過ぎる，～を越す，～に合格する，～を回送する　名 道，合格，許可証
□□	**passage** [pǽsidʒ]	名 通路，経過，通過，一節
□□	**hear** [híər]	動 ～が聞こえる，～を聞く，～を (うわさとして) 聞いている，～を聴取する，～を審問する，～と理解する
□□	**listen** [lísn]	動 聞く，耳を傾ける，聞き入れる
□□	**listener** [lísnər]	名 聞き手，聞き役，リスナー
□□	**drive** [dráiv]	動 ～を運転する，～を操縦する，～を運ぶ，～を追いやる　名 運転，原動力，やる気，衝動
□□	**driver** [dráivər]	名 運転手，操縦者，推進力，ねじ回し
□□	**worry** [wə́ːri]	動 心配する，～を心配させる，～をイライラさせる，～の気をもませる　名 不安，心配 (の種)，懸念 ☞ 形 worrisome (やっかいな，苦労性の)
□□	**worried** [wə́ːrid]	形 心配して，懸念して
□□	**clear** [klíər]	動 晴れる，～を取り除く，～を許可する　名 明快な，澄んだ，晴れた　☞ 名 clarity (明快さ)
□□	**clearly** [klíərli]	副 はっきりと，明瞭に，疑いもなく
□□	**unclear** [ʌ̀nklíər]	形 不明瞭な，不明確な，はっきりしない
□□	**clearance** [klíərəns]	名 撤去，在庫一掃，許可
□□	**clarify** [klǽrifài]	動 ～を明確にする，～を明らかにする，～を浄化する
□□	**mystery** [místəri]	名 不思議なこと，謎，推理小説　☞ 形 mysterious (不思議な)
□□	**class** [klǽs]	名 部類，クラス，等級，気品　☞ 形 classy (しゃれた，高級な)
□□	**classify** [klǽsəfài]	動 ～を分類する，～を機密扱いにする ☞ 名 classification (分類，機密扱い)　形 classified (機密扱いの)

0517	□□ **古典的な**外観	a **classic** look
0518	□□ **クラシック**音楽を演奏する	play **classical** music
0519	□□ 業務用に文房具を**買う**	**buy** stationery for business use
0520	□□ **買い手**を見つける	find a **buyer**
0521	□□ **買収**交渉をする	negotiate a **buyout** deal
0522	□□ ちょっとした**楽しみ**	a bit of **fun**
0523	□□ **笑える**話	a **funny** story
0524	□□ 迅速に**行動する**	**act** quickly
0525	□□ 迅速な**行動**をとる	take immediate **action**
0526	□□ 引退後も**活動的で**いる	stay **active** after retirement
0527	□□ 違法**行為**	illegal **activities**
0528	□□ **積極的に**仕事を探す	**actively** seek work
0529	□□ 新しい端末を**起動する**	**activate** a new device
0530	□□ **俳優**を雇う	hire an **actor**
0531	□□ 電話を**返す**	**return** a call
0532	□□ 時間と金を**費やす**	**spend** time and money
0533	□□ 赤ちゃんのように**泣く**	**cry** like a baby
0534	□□ **一歩**進む	take a **step**
0535	□□ **攻撃**される	come under **attack**
0536	□□ 新**制度**を導入する	put a new **system** in place
0537	□□ **ひとつ**の家具	a **piece** of furniture
0538	□□ **年齢**層	an **age** group
0539	□□ **かなり**重要な任務	a **pretty** important assignment
0540	□□ **家族経営の**事業	a **family-owned** business

□□	**classic** [klǽsik]	形 古典的な，第一級の　名 最高傑作，一流芸術家
□□	**classical** [klǽsikl]	形 古典的な，古典文学の，伝統的な
□□	**buy** [bái]	動 ～を買う，～を買収する　名 購入，お買い得品
□□	**buyer** [báiər]	名 買い手，仕入れ係，購入者
□□	**buyout** [báiàut]	名 買収，買い占め
□□	**fun** [fʌ́n]	名 楽しみ，おもしろいこと，大騒ぎ　形 楽しい，愉快な
□□	**funny** [fʌ́ni]	形 おかしな，奇妙な
□□	**act** [ǽkt]	動 行動する，演じる　名 活動，法令
□□	**action** [ǽkʃən]	名 行動，働き，実行
□□	**active** [ǽktiv]	形 活動的な，積極的な，現在活動中の ☞ 形 inactive (活動的でない)
□□	**activity** [æktívəti]	名 活発であること，活発な動作，活動
□□	**actively** [ǽktivli]	副 積極的に，前向きに，盛んに
□□	**activate** [ǽktəvèit]	動 ～を活性化する，～に活気を与える，～を作動させる
□□	**actor** [ǽktər]	名 俳優，男優，行為者
□□	**return** [ritə́:rn]	動 戻る，帰る，～を戻す，～を返す　名 返却，返還，帰国，返礼，利益
□□	**spend** [spénd]	動 ～を使う，～を費やす，～を消耗する　☞ 名 spending (支出)
□□	**cry** [krái]	動 泣く，叫ぶ，求める　名 叫び声，懇願，要求
□□	**step** [stép]	名 歩み，足音，手段，段階，階段　動 歩む，一歩踏み出す，踏む
□□	**attack** [ətǽk]	名 攻撃，発作　動 ～を攻撃する，～を襲う，～を非難する
□□	**system** [sístəm]	名 システム，系統，制度，機構，体系，器官 ☞ 形 systematic (組織的な)
□□	**piece** [pí:s]	名 断片，一片，かけら，作品　動 ～をつなぎ合わせる，～を継ぎ当てる　☞ 熟 go to pieces (ばらばらになる)
□□	**age** [éidʒ]	名 年齢，時代　動 年を取る，古くなる ☞ 形 aged (～歳の，高齢の)
□□	**pretty** [príti]	副 かなり　形 かわいらしい，見事な，かなりの ☞ 名 prettiness (かわいらしさ)
□□	**family-owned** [fǽməliòund]	形 家族経営の　☞ 形 family-run (家族経営の)

0541	□□ 長時間**眠る**	**sleep** a long time
0542	□□ **活気のない**町	a **sleepy** town
0543	□□ **眠り**込む	fall **asleep**
0544	□□ **無料**で	**free** of charge
0545	□□ **自由**とプライバシー	**freedom** and privacy
0546	□□ **フリーランスとして**働く	work on a **freelance** basis
0547	□□ 長イスに**横になる**	**lie** on a couch
0548	□□ 花束を**供える**	**lay** a wreath
0549	□□ 部屋の**レイアウト**	the **layout** of a room
0550	□□ 評判を**築く**	**build** a reputation
0551	□□ 温室効果ガスの**蓄積**	the **buildup** of greenhouse gases
0552	□□ 経済を**再建する**	**rebuild** the economy
0553	□□ **けんか**に巻き込まれる	get involved in a **fight**
0554	□□ 日々の**戦い**	a daily **battle**
0555	□□ **公的な**支援	**public** support
0556	□□ 新著を**刊行する**	**publish** a new book
0557	□□ **出版物**のリスト	a list of **publications**
0558	□□ **宣伝**のための行為	a **publicity** stunt
0559	□□ 情報を**公にする**	**publicize** the information
0560	□□ 辞書の**出版社**	**publishers** of dictionaries
0561	□□ **休憩**する	take a **break**
0562	□□ 同盟の**分裂**	**breakup** of an alliance
0563	□□ **大きな進展**を遂げる	achieve a **breakthrough**
0564	□□ 販売数字の**明細**	**breakdown** of sales figures
0565	□□ **記録**するために	for the **record**
0566	□□ 目標とする企業を**一覧表にする**	**list** target companies

□□	**sleep** [slíːp]	動眠る，寝る，活動しない，静まっている 名睡眠，（ひと）眠り，眠気 ☞熟 go/get to sleep (眠る)
□□	**sleepy** [slíːpi]	形眠い，眠そうな，眠っているような，活気のない，静かな
□□	**asleep** [əslíːp]	形眠って，就寝中の，無感覚で ☞熟 fall asleep (眠り込む)
□□	**free** [fríː]	形自由な，とらわれない，無料の，～が除かれた 動～を自由にする，～を解放する ☞熟 free of/from ... (～のない)
□□	**freedom** [fríːdəm]	名自由，解放，免除
□□	**freelance** [fríːlæ̀ns]	形フリーランスの 副フリーランスで 動フリーランスで働く
□□	**lie** [lái]	動横たわる，存在する，うそをつく 名うそ
□□	**lay** [léi]	動～を産卵する，～を横たえる，～を置く，（義務や罪など）を負わせる
□□	**layout** [léiàut]	名配置，レイアウト，割付
□□	**build** [bíld]	動～を建てる，～を築く，～を増強する 名体格
□□	**buildup** [bíldʌ̀p]	名積み重ね，増強，強化，宣伝，準備期間
□□	**rebuild** [rìːbíld]	動～を再建する，～を改築する，～を立て直す
□□	**fight** [fáit]	名戦い，努力，口論 動戦う，格闘する，競い合う，抵抗する
□□	**battle** [bǽtl]	名戦闘，決闘，議論 動戦う
□□	**public** [pʌ́blik]	形国民の，公共の，国の 名国民，一般人
□□	**publish** [pʌ́bliʃ]	動～を出版する，～を発行する，～を公開［公表］する
□□	**publication** [pʌ̀blikéiʃən]	名出版（物），発行，発表，公表
□□	**publicity** [pʌblísəti]	名広報（内容），宣伝（記事），評判
□□	**publicize** [pʌ́bləsàiz]	動～を公表する，～を宣伝する，～を広告する
□□	**publisher** [pʌ́bliʃər]	名出版社
□□	**break** [bréik]	名中断，休息，破損 動壊れる，壊す，中断する
□□	**breakup** [bréikʌ̀p]	名分裂，崩壊，仲たがい
□□	**breakthrough** [bréikθrùː]	名突破口，打開，躍進，飛躍的な進歩
□□	**breakdown** [bréikdàun]	名故障，崩壊，決裂，分析結果，明細，内訳
□□	**record** [rékərd; rikɔ́ːrd]	名記録，レコード 動～を録音［録画］する，～を記録する
□□	**list** [líst]	動～を記載する，～を一覧表にする，～を上場する 名一覧表，目録，全株式

0567	□□	**簡単な**仕事	an **easy** task
0568	□□	**容易に**解決された問題	the **easily** fixed issue
0569	□□	**容易に**	with **ease**
0570	□□	その情報に**興味**を示す	express an **interest** in the information
0571	□□	科学に**興味のある**人々	people **interested** in science
0572	□□	**興味深い**傾向	an **interesting** trend
0573	□□	所得**税**	an income **tax**
0574	□□	**課税対象の**所得	**taxable** income
0575	□□	景気後退により**打撃を受けた**国々	countries **hit** by the recession
0576	□□	ドアを**ノックする**	**knock** on the door
0577	□□	顧客を**失う**	**lose** customers
0578	□□	大規模な**失**業	a huge **loss** of jobs
0579	□□	注意を**引く**	**draw** attention
0580	□□	いちばん下の**引き出し**の中に	in the bottom **drawer**
0581	□□	ショッピングカートを**押す**	**push** a shopping cart
0582	□□	プラグを**引き抜く**	**pull** a plug
0583	□□	時間どおりに**終える**	**finish** on time
0584	□□	コンピュータを**プログラムする**方法を学ぶ	learn how to **program** a computer
0585	□□	**規則**に従う	follow **rules**
0586	□□	**カップル**割引	a discount for **couples**
0587	□□	**人事**部	the department of **human** resources
0588	□□	**中間**管理職	**middle** management
0589	□□	あなたを**気の毒に**思う	feel **sorry** for you
0590	□□	**行ったり**来たりして	back and **forth**

□□	**easy** [í:zi]	形 簡単な，努力がいらない，心配していない，おおらかな，厳しくない ☞ 名 easiness（容易）
□□	**easily** [í:zəli]	副 苦もなく，努力せずに，余裕をもって
□□	**ease** [í:z]	名 容易，気楽さ，軽減 動 和らぐ，～を和らげる，～を軽減する，～を楽にする
□□	**interest** [íntərəst]	名 興味，関心（事），利益，利子 動 ～に関心を持たせる
□□	**interested** [íntərəstəd]	形 関心があって，興味があって，～に関与して
□□	**interesting** [íntərəstiŋ]	形 おもしろい，興味を起こさせる，興味深い
□□	**tax** [tǽks]	名 税金，負担 動 ～に課税する ☞ 名 taxation（課税）
□□	**taxable** [tǽksəbl]	形 課税対象となる 名《taxables で》課税品［対象］
□□	**hit** [hít]	動 ～にぶつかる，～を打つ，～を当てる，（好みに）合う 名 ヒット，成功，命中 ☞ 熟 hit and/or miss（一か八かで）
□□	**knock** [nák]	動 ～を打つ，軽くたたく 名 ノック
□□	**lose** [lú:z]	動 ～を失う，～を減らす，迷う，負ける
□□	**loss** [lɔ́(:)s]	名 損失（額），喪失，紛失，敗北
□□	**draw** [drɔ́:]	動 近づく，引き分けになる，～を引く，～を描く 名 引くこと，くじ引き，抽選，引き分け ☞ 名 drawing（抽選，絵画）
□□	**drawer** [drɔ́:r, -ər]	名 引き出し，タンス，手形振出人
□□	**push** [púʃ]	動 ～を押す，～を推し進める，～に無理強いする，～を押し付ける 名 押し，奮闘，奨励 ☞ 形 pushy（強引な，厚かましい）
□□	**pull** [púl]	動 ～を引く，～を引っ張る 名 引くこと，強み
□□	**finish** [fíniʃ]	動 ～を終える，～を食べ終える，終わる 名 終わり，仕上げ
□□	**program** [próugræm]	動 ～のプログラムを作る，～を計画する 名 日程，計画，プログラム，課程
□□	**rule** [rú:l]	名 規則，規定，法則，標準，習慣 動 ～と裁決する，最高である，～を支配する ☞ 名 ruling（裁定）
□□	**couple** [kʌ́pl]	名 一対，２人連れ 動 ～を対にする，～を連結する
□□	**human** [hjú:mən]	形 人の，人間らしい 名 人間
□□	**middle** [mídl]	形 中央の，中位の，中間の，並みの，中期の 名 中央，中間，中途
□□	**sorry** [sá:ri]	形 気の毒に思って，残念に思って，後悔して，申し訳なく思って
□□	**forth** [fɔ́:rθ]	副 前へ，先へ，外部へ ☞ 熟 back and forth（前後に）

0591	□□ **言って**みれば	so to **speak**
0592	□□ 基調**演説者**	a keynote **speaker**
0593	□□ **スピーチ**を行う	deliver a **speech**
0594	□□ **広報担当者**に連絡する	contact the **spokesperson**
0595	□□ 始める**準備を整える**	get **ready** to start
0596	□□ **すぐに**入手できる情報	**readily** available information
0597	□□ **既製品の**衣類	**ready-made** clothes
0598	□□ 新入社員を**研修する**	**train** new hires
0599	□□ **研修生**プログラム	a **trainee** program
0600	□□ パーソナル**トレーナー**	a personal **trainer**
0601	□□ **正面**玄関	the **front** entrance
0602	□□ オフィスの**後方**に	in the **rear** of the office
0603	□□ **一瞬の時間**がかかる	take a **moment**
0604	□□ **一瞬の**沈黙	a **momentary** silence
0605	□□ 先進工業**国**	an industrialized **nation**
0606	□□ **国民の**休日	a **national** holiday
0607	□□ **全国**調査	**nationwide** polls
0608	□□ **世界中で**何百万人ものユーザー	millions of users **worldwide**
0609	□□ **飛行機で**東京に**行く**	**fly** to Tokyo
0610	□□ 直行**便**	a direct **flight**
0611	□□ **チラシ**を配る	hand out a **flyer**
0612	□□ 考えを**示す**	**present** an idea
0613	□□ **プレゼンテーション**を行う	give a **presentation**
0614	□□ 式典での**贈呈者**	a **presenter** at a ceremony
0615	□□ ボランティア職員の**存在**	the **presence** of volunteer workers
0616	□□ 申請書を**送る**	**send** an application
0617	□□ **差出人**に郵便物を差し戻す	return the mail to the **sender**

□□	**speak** [spíːk]	動 話す，伝える，表す，演説する
□□	**speaker** [spíːkər]	名 話し手，演説者，議長
□□	**speech** [spíːtʃ]	名 演説，スピーチ，話すこと，発言，話し方
□□	**spokesperson** [spóukspə̀ːrsn]	名 代表者，代弁者，広報担当者
□□	**ready** [rédi]	形 用意ができて，準備が整って，即時の　動 ～を準備する
□□	**readily** [rédili]	副 すぐに，早速，直ちに，簡単に，手軽に，喜んで
□□	**ready-made** [rèdiméid]	形 出来合いの，既製の
□□	**train** [tréin]	動 トレーニングする，～を教育する，～を訓練する
□□	**trainee** [treiníː]	名 研修生，見習い，研修員
□□	**trainer** [tréinər]	名 訓練士，指導者，トレーニング用マシン
□□	**front** [frʌ́nt]	形 正面の　名 正面，玄関口，第一線
□□	**rear** [ríər]	名 後部，後ろ　形 後部の，後ろの
□□	**moment** [móumənt]	名 瞬間，ちょっと（の間），（特定の）時，時機
□□	**momentary** [móuməntèri]	形 瞬間的な，つかの間の，一時的な ☞ 副 momentarily（一時的に）
□□	**nation** [néiʃən]	名 国民，国家，民族
□□	**national** [nǽʃənl]	形 国民の，国家の，国有の　名 国民，同国人
□□	**nationwide** [nèiʃənwáid]	形 全国的な，国全体の　副 全国的に，全国では
□□	**worldwide** [wə̀(ː)rldwáid]	副 世界的に，世界中で　形 世界的な，世界中に広まった，世界規模の
□□	**fly** [flái]	動 飛ぶ，（飛行機で）行く，～を飛ばす
□□	**flight** [fláit]	名 飛行機旅行，空の旅，飛行便，飛行
□□	**flyer** [fláiər]	名 空中を飛ぶもの，飛行士，ちらし
□□	**present** [prizént; préznt]	動 ～を贈る，～を伝える，～を示す，～を提示する　形 存在して，出席して，現在の　名 プレゼント，贈り物
□□	**presentation** [prìːzəntéiʃən, prèzən-]	名 提示［提出］すること，発表，プレゼンテーション
□□	**presenter** [prizéntər]	名（賞などの）贈呈者，発表者，司会者
□□	**presence** [prézns]	名 存在（感），出席，参列，駐留
□□	**send** [sénd]	動 ～を送る，～を発信する，～を送り出す，～を行かせる，～を派遣する
□□	**sender** [séndər]	名 送信者，差出人，送り主，送信機

0618	□□ 合意書に**署名する**	**sign** an agreement
0619	□□ 明確な**合図**	a clear **signal**
0620	□□ 手書きの**署名**	a handwritten **signature**
0621	□□ **喜び**と悲しみ	**joy** and sorrow
0622	□□ 休日を**楽しむ**	**enjoy** time off
0623	□□ **楽しい**会話	an **enjoyable** conversation
0624	□□ それについて知って**うれしく**思う	feel **glad** to know about that
0625	□□ ファーストクラスで**旅する**	**travel** in first class
0626	□□ 頻繁に**旅行する人**	a frequent **traveler**
0627	□□ 中東を巡る**旅**	a **journey** through the Middle East
0628	□□ 仕事の**旅**で	on a business **trip**
0629	□□ **元**同僚	a **former** colleague
0630	□□ 講演の**後半**	the **latter** part of the lecture
0631	□□ タクシーを**つかまえる**	**catch** a taxi
0632	□□ 自転車に**乗る**	**ride** a bicycle
0633	□□ ボトルを**満たす**	**fill** a bottle
0634	□□ ひどい痛みに**耐える**	**bear** terrible pain
0635	□□ 質問を**うまくさばく**	**field** a question
0636	□□ 映画を**撮る**	**film** a movie
0637	□□ 予測できる**パターン**	a predictable **pattern**
0638	□□ 高い**地位**につく	hold a high **position**
0639	□□ **地**の上に	above **ground**
0640	□□ 課**長**	a section **chief**

□□	**sign** [sáin]	動 ～に署名する，（手や身振りで）合図をする，手話で話す 名 標識，看板，前兆，記号　☞ 名 signage（標識，看板，マーク）
□□	**signal** [sígnl]	名 合図，信号，シグナル　動 ～に合図する，～に（信号で）知らせる
□□	**signature** [sígnətʃər]	名 署名（すること），特徴
□□	**joy** [dʒɔ́i]	名 喜び，満足，成功
□□	**enjoy** [endʒɔ́i]	動 ～を楽しむ，～に恵まれている，～を享受する ☞ 名 enjoyment（楽しみ）
□□	**enjoyable** [endʒɔ́iəbl]	形 楽しめる，楽しい
□□	**glad** [glǽd]	形 うれしく思って，うれしそうな，喜ばしい
□□	**travel** [trǽvl]	動 旅行する，動く，伝わる，～を巡回する　名 旅行，移動，伝播
□□	**traveler** [trǽvlər]	名 旅行者，旅客
□□	**journey** [dʒə́ːrni]	名（長い）旅行，旅程，（比喩としての）旅，遍歴　動 旅行する，旅に出かける
□□	**trip** [tríp]	名 旅行，外出，短距離移動，転倒　動 つまずく，転ぶ，よろける
□□	**former** [fɔ́ːrmər]	形 前の，かつての，先の　名《the former で》前者
□□	**latter** [lǽtər]	形 後者の，後半の，最近の　名《the latter で》後者
□□	**catch** [kǽtʃ]	動 ～を捕まえる，～を取り押さえる，～を受け取る，～を聞き取る 名 捕獲　☞ 形 catchy（覚えやすい）
□□	**ride** [ráid]	動 ～に乗る，～で進む，（困難など）を切り抜ける　名 車に乗ること，乗り心地，乗馬　☞ 熟 ride out ...（～を乗り越える）
□□	**fill** [fíl]	動 満ちる，～を満たす，～を記入する，（注文など）を満たす 名 必要な分，１杯分 ☞ 名 filling（詰め物）　熟 fill out/in ...（～に記入する）
□□	**bear** [béər]	動 ～を負担する，～を身につける，～に耐える，（子）を産む
□□	**field** [fíːld]	動（打球を）受け止める，～をさばく，～を処理する　名 野原，競技場，分野，領域
□□	**film** [fílm]	動 ～を映画に撮る，～をフィルムに収める，薄い膜で覆う　名 映画，フィルム，薄い膜
□□	**pattern** [pǽtərn]	名 模様，図案，模範，型　動 ～にならって作る，～を手本とする，～に模様をつける
□□	**position** [pəzíʃən]	名 場所，持ち場，地位，見解，職　動 ～を配置する
□□	**ground** [gráund]	名 根拠，原因，地面　動 ～の基礎を（…に）置く
□□	**chief** [tʃíːf]	名 責任者，最高位者　形（階級などが）最高の，主要な

0641	□□	失敗の**高い**リスク	a **high** risk of failure
0642	□□	**きわめて**競争力のある価格	a **highly** competitive price
0643	□□	新たな**幹線道路**を建設する	build a new **highway**
0644	□□	**高品質の**商品	a **high-quality** product
0645	□□	新機能を**強調する**	**highlight** new features
0646	□□	**教養豊か**な読者	**highbrow** readers
0647	□□	**上級**管理職	**upper** management
0648	□□	金利を**下げる**	**lower** the interest rates
0649	□□	**低い**期待	**low** expectations
0650	□□	電力を**つくる**	**produce** electricity
0651	□□	**商品**を広告する	advertise a **product**
0652	□□	**生産**を停止する	stop **production**
0653	□□	**生産的な**ことをする	do something **productive**
0654	□□	**生産性**を改善する	improve **productivity**
0655	□□	**生産的に**働く	work **productively**
0656	□□	結果を**再現する**	**reproduce** the results
0657	□□	包帯を**巻く**	**wind** the bandage
0658	□□	**風の強い**天気	**windy** weather
0659	□□	商品を**売り出す**	**market** a product
0660	□□	**マーケティング**戦略	a **marketing** strategy
0661	□□	**市場性のある**技能	**marketable** skills
0662	□□	**市場**で競争力を保つ	stay competitive in the **marketplace**
0663	□□	パスワードを**打つ**	**type** a password
0664	□□	**典型的な**例	a **typical** example
0665	□□	**いつものように**有機物質を用いる	**typically** use organic matter

□□	**high** [hái]	形 高所にある，高い，高度の，高潔な 名 高い場所，最高値 副 高く，高いところに
□□	**highly** [háili]	副 ひじょうに，強く，高度に
□□	**highway** [háiwèi]	名 幹線道路，主要路，（目的達成のための）手段
□□	**high-quality** [háikwɑ́ləti]	形 高品質の，高い技術を持つ，上質の
□□	**highlight** [háilàit]	動 ～を強調する，～に焦点を当てる 名 ハイライト，見どころ，主要部分
□□	**highbrow** [háibràu]	形 インテリ向きの，高尚な，知的な
□□	**upper** [ʌ́pər]	形 上の，上部の，高地の，上位の ☞ 形 lower（下の）
□□	**lower** [lóuər]	動（高さや価値が）下がる，低くなる，～を下げる 形（場所などが）もっと低い，下流の
□□	**low** [lóu]	形（高さが）低い，（費用などが）安い，低音の，元気がない 名 低い数値 副 低く，低いところに
□□	**produce** [prədjú:s; próudju:s]	動 ～を生産する，～を生み出す，～を引き起こす 名 農産物
□□	**product** [prɑ́dəkt]	名 生産物[品]，製品 ☞ 名 byproduct（副産物）
□□	**production** [prədʌ́kʃən]	名 生産，生産物，製作（物），製品，作品，成果，上演
□□	**productive** [prədʌ́ktiv]	形 産出力がある，多産な，生産的な，有効な，生産性の高い
□□	**productivity** [pròudʌktívəti]	名 生産性
□□	**productively** [prədʌ́ktivli]	副 生産的に
□□	**reproduce** [rì:prədjú:s]	動 ～を再現する，～を再生する，～を複写する，生殖する，～を生殖させる ☞ 名 reproduction（生殖，複製） 形 reproductive（生殖の）
□□	**wind** [wáind; wínd]	動 曲がりくねる，～を巻く 名 風，気配，暗示
□□	**windy** [wíndi]	形 風の強い，風当たりが強い
□□	**market** [mɑ́:rkit]	動 ～を市場に出す，～を売る 名 市，市場，需要，販路
□□	**marketing** [mɑ́:rkitiŋ]	名 マーケティング（部門），市場で売買すること
□□	**marketable** [mɑ́:rkitəbl]	形 売れる，売買に適した，市場性のある，売りやすい，需要のある，商品価値のある
□□	**marketplace** [mɑ́:rkitplèis]	名 市場，経済界
□□	**type** [táip]	動 ～をキーボードで打つ，～をタイプする 名 型，タイプ，典型，活字
□□	**typical** [típikl]	形 典型的な，特有の，象徴的な，特徴を示している
□□	**typically** [típikli]	副 典型的に，典型として，概して，一般的に

0666	□□ 企業の株を**売る**	**sell** shares of a company
0667	□□ とてもよく**売れる商品**	a big **seller**
0668	□□ 毎年恒例の**大売り出し**	an annual **sale**
0669	□□ 不動産**販売員**	a real estate **salesperson**
0670	□□ 工場を**訪れる**	**visit** a plant
0671	□□ 外国から英国への**訪問者**	overseas **visitors** to the U.K.
0672	□□ **ゲスト**スピーカー	a **guest** speaker
0673	□□ 議論に**勝つ**	**win** an argument
0674	□□ 真の**勝者**	a real **winner**
0675	□□ 下すのが**難しい**決定	a **difficult** decision to make
0676	□□ 決定を下すことが**困難**である	have **difficulty** making a decision
0677	□□ **特別な**機会	a **special** occasion
0678	□□ オンラインマーケティングを**専門とする**	**specialize** in online marketing
0679	□□ 免疫学の**専門家**	a **specialist** on immunology
0680	□□ **特別に**設計された顕微鏡	a **specially** designed microscope
0681	□□ **専門**店	a **specialty** shop
0682	□□ **特に**十代に人気があって	**especially** popular among teens
0683	□□ 依頼を**処理する**	**process** a request
0684	□□ 表面に**触れる**	**touch** the surface
0685	□□ 競争相手を**打ち破る**	**beat** a competitor
0686	□□ 大陸を**横断する**	**cross** a continent
0687	□□ こぎれいに**装う**	**dress** neatly
0688	□□ 売上の大きな**上昇**	a big **jump** in sales
0689	□□ 高**水準**の失業	the high **level** of unemployment
0690	□□ 実験**薬**	an experimental **drug**

□□	**sell** [sél]	動 ～を売(ってい)る，～を売却する，～を販売する，売れる
□□	**seller** [sélər]	名 売り手，販売者，売れるもの
□□	**sale** [séil]	名 販売，売却，売買，取引，特売，《sales で》売上高
□□	**salesperson** [séilspə̀ːrsn]	名 販売員，店員
□□	**visit** [vízət]	動 ～を訪問する，～を見舞う，～にアクセスする 名 訪問，滞在，視察，アクセス ☞ 名 visitation (視察)
□□	**visitor** [vízətər]	名 訪問客，観光客，見舞い客，ビジター
□□	**guest** [gést]	名 客，来賓，特別出演者，宿泊客
□□	**win** [wín]	動 勝利する，成功する，優勝する，～を勝ち取る，～を獲得する 名 勝利，成功，獲得
□□	**winner** [wínər]	名 勝者，優勝者，受賞者，成功しそうな人［もの］
□□	**difficult** [dífikʌ̀lt]	形 困難な，(気)むずかしい，難解な
□□	**difficulty** [dífikʌ̀lti]	名 困難，難事，困窮，労苦
□□	**special** [spéʃl]	形 特別な，特殊な，専門の 名 特別な人［もの］
□□	**specialize** [spéʃəlàiz]	動 特殊化する，専門化する，専門に扱う，特化する，専攻する
□□	**specialist** [spéʃəlist]	名 専門家
□□	**specially** [spéʃəli]	副 特に，特別に，わざわざ
□□	**specialty** [spéʃlti]	名 専門，本職，得意，特製［特選］品
□□	**especially** [ispéʃəli]	副 特に，特別に，とりわけ
□□	**process** [prá(ː)ses]	動 ～を処理する，～を加工する 名 過程，経過，推移
□□	**touch** [tʌ́tʃ]	動 ～に接触する，～に触る，～に手を出す，～を感動させる 名 触ること，手ごたえ，少量，連絡が取れている状態
□□	**beat** [bíːt]	動 ～を打つ，～を叩く，～を打ち負かす 名 拍子，脈拍
□□	**cross** [krɔ́(ː)s]	動 ～を横断する，～を渡る，交わる 名 混合物，雑種，十字架，十字形，苦難 ☞ 名 crossing (横断［歩道］)
□□	**dress** [drés]	動 衣服を着る［着せる］ 名 ドレス，身なり，正装
□□	**jump** [dʒʌ́mp]	名 跳躍，急上昇 動 跳び上がる，飛び降りる，～に飛びつく，急に変化する
□□	**level** [lévl]	名 高さ，階級，段階，水準 形 水平な，同じ水準の 動 同等になる，～を同等にする，～を水平にする
□□	**drug** [drʌ́g]	名 医薬品，薬剤

0691	□□	固定**価格**	a fixed **price**
0692	□□	**高価な**スマートフォン	a **pricey** smartphone
0693	□□	**病院**で回復する	recover in the **hospital**
0694	□□	**入院する**必要がある	need to be **hospitalized**
0695	□□	スタッフによる**もてなし**	**hospitality** of the staff
0696	□□	支援すると**約束する**	**promise** to help
0697	□□	**前途有望な**キャリア	a **promising** career
0698	□□	**変わった**考え	a **strange** idea
0699	□□	私にとって**初対面の人**	a **stranger** to me
0700	□□	自動販売機を**調整する**	**service** a vending machine
0701	□□	部長として**務める**	**serve** as a department head
0702	□□	常勤の**給仕担当者**として働く	work as a full-time **server**
0703	□□	好ましい**イメージ**	a positive **image**
0704	□□	状況を**想像する**	**imagine** a situation
0705	□□	**想像力**の欠如	a lack of **imagination**
0706	□□	主任**秘書**を採用する	recruit an executive **secretary**
0707	□□	**秘書の**職	a **secretarial** position
0708	□□	**短時間の**昼食を取る	have a **quick** lunch
0709	□□	**すぐに**質問に答える	**quickly** answer a question
0710	□□	職**歴**	employment **history**
0711	□□	**歴史に残る**出来事	a **historic** event
0712	□□	**歴史に関する**正確さをもって	with **historical** accuracy
0713	□□	評判高い**歴史家**	a respected **historian**
0714	□□	**伝記**を読む	read a **biography**
0715	□□	写真を**撮る**	**shoot** a photograph
0716	□□	グループ**写真**	a group **shot**

□□	**price** [práis]	名 価格，値段，市価，対価，代償　動 ～に価格をつける
□□	**pricey** [práisi]	形 値の張る，高価な，高い
□□	**hospital** [háspitl]	名 病院
□□	**hospitalize** [háspitəlàiz]	動 ～を入院させる
□□	**hospitality** [hàspətǽləti]	名 手厚いもてなし，厚遇，歓待
□□	**promise** [prámәs]	動 ～を約束する，～を請け負う　名 約束，契約
□□	**promising** [prámәsiŋ]	形 前途有望な，見込みのある
□□	**strange** [stréindʒ]	形 奇妙な，不思議な，未知の，変わった ☞ 名 strangeness（不思議さ）
□□	**stranger** [stréindʒər]	名 見知らぬ人，未経験者，他人
□□	**service** [sә́ːrvәs]	動 ～を保守点検する，～に情報を提供する　名 奉仕，サービス（の提供），尽力，功績，運行，勤務，施設 ☞ 形 serviceable（実用的な，役立つ）
□□	**serve** [sә́ːrv]	動（～に）仕える，（～に）奉仕する，～を務める，～の役に立つ，（目的）にかなう，（飲食物）を出す，～に給仕する
□□	**server** [sә́ːrvər]	名 仕える人，給仕する人，（料理を運ぶ）ワゴン，（コンピュータの）サーバー
□□	**image** [ímidʒ]	名 画像，イメージ，心象　☞ 名 imagery（比喩表現）
□□	**imagine** [imǽdʒin]	動 ～を想像する，～を推測する，～を仮定する，気のせいで～と考える ☞ 形 imaginative（想像力豊かな）　形 imaginable（想像できる） 形 imaginary（想像上の）
□□	**imagination** [imæ̀dʒənéiʃən]	名 創造力，創意，想像，空想の産物
□□	**secretary** [sékrətəri]	名 秘書，書記，大臣
□□	**secretarial** [sèkrətéəriəl]	形 秘書の，書記の，大臣の
□□	**quick** [kwík]	形 迅速な，速い，理解が速い，鋭敏な　☞ 動 quicken（～を速める）
□□	**quickly** [kwíkli]	副 速く，早く，急速に，迅速に
□□	**history** [hístəri]	名 歴史，史学，過去のもの，履歴
□□	**historic** [histɔ́(ː)rik]	形 歴史上の，歴史的に重要な，歴史的に有名な
□□	**historical** [histɔ́(ː)rikl]	形 歴史の，史実に基づく，歴史上に実在する，歴史的な
□□	**historian** [histɔ́ːriən]	名 歴史家，史学者
□□	**biography** [baiágrəfi]	名 伝記，経歴，略歴　☞ 形 biographic（伝記の）
□□	**shoot** [ʃúːt]	動（写真などを）撮影する，口に出して言う
□□	**shot** [ʃát]	名 打ち上げ，試み，写真，注射

0717	□□	**床**にワックスを塗る	wax the **floor**
0718	□□	**階段**を使う	use the **stairs**
0719	□□	狭い**通路**	a narrow **corridor**
0720	□□	**近い**将来に	in the **near** future
0721	□□	**ほぼ**完璧な試合	a **nearly** perfect game
0722	□□	**すぐ近くに**住む	live **nearby**
0723	□□	勝利する十分な**可能性**	a good **chance** of winning
0724	□□	**機会**を手にする	take an **opportunity**
0725	□□	基本技能を**練習する**	**practice** basic skills
0726	□□	**実用的な**考え	a **practical** idea
0727	□□	**木材**を彫る	carve **wood**
0728	□□	**木製の**仮面	a **wooden** mask
0729	□□	高層ビルの**林立**	a **forest** of skyscrapers
0730	□□	**植物**園を訪れる	visit a **botanical** garden
0731	□□	ビンを**投げる**	**throw** a bottle
0732	□□	**中座する**ことを申し出る	ask to be **excused**
0733	□□	袖を**まくり**上げる	**roll** up sleeves
0734	□□	警備係を**配置する**	**station** security guards
0735	□□	最新の**集計**で	at the latest **count**
0736	□□	初期の**段階**で	at an early **stage**
0737	□□	**単**価	a **unit** price
0738	□□	心の**安らぎ**	**peace** of mind
0739	□□	異なる経営**スタイル**	a different **style** of management
0740	□□	**激怒**する	get **mad**

□□	**floor** [flɔ́ːr]	名 床，階　動 ～に床を張る，～を圧倒する
□□	**stair** [stéər]	名 (階段の) 1 段　☞ 名 staircase (階段)
□□	**corridor** [kɔ́(ː)rədər]	名 廊下，回廊
□□	**near** [níər]	形 近くの，接近した，ほとんど　前 ～の近くに　動 ～に近づく
□□	**nearly** [níərli]	副 ほとんど，ほぼ，もう少しで
□□	**nearby** [nìərbái; níəbai]	副 近くで，すぐ近くに　形 すぐ近くの，身近な
□□	**chance** [tʃǽns]	名 可能性，機会，偶然　動 ～を思い切ってやってみる
□□	**opportunity** [àpərtjúːnəti]	名 よい機会，有利な条件
□□	**practice** [prǽktis]	動 ～を練習する，～を訓練する，～を実行する　名 練習，訓練，行動
□□	**practical** [prǽktikl]	形 実際的な，実用的な，実務的な，日常的な
□□	**wood** [wúd]	名 木，木材，森
□□	**wooden** [wúdn]	形 木製の，活気のない，無表情の
□□	**forest** [fɔ́(ː)rəst]	名 植林地，森林　形 森林 (地方) の　動 植林する ☞ 名 forestry (林業)
□□	**botanical** [bətǽnikl]	形 植物の，植物に関する，植物学上の　☞ 名 botany (植物学)
□□	**throw** [θróu]	動 ～を投げる，(パーティーなど) を開く　名 投げること
□□	**excuse** [ikskjúːz; ikskjúːs]	動 ～を許す，～の言い訳をする，～に退出を許す　名 言い訳，弁解，理由，おわび，許し
□□	**roll** [róul]	動 転がる，進む，時間が過ぎる，～を転がす，～を揺らす，～を巻く　名 巻いたもの
□□	**station** [stéiʃən]	動 ～を配置する，～の位置につく　名 駅，発着所，持ち場
□□	**count** [káunt]	名 集計，合計値，訴因　動 ～を数える，～をあてにする，重要である　☞ 形 countable (数えられる)　形 countless (無数の)
□□	**stage** [stéidʒ]	名 舞台，演劇 (界)，段階　動 ～を上演する，～を企てる
□□	**unit** [júːnit]	名 1 個，単位，部分，装置
□□	**peace** [píːs]	名 平和，秩序，平安，安心　☞ 形 peaceful (平和な)
□□	**style** [stáil]	名 様式，スタイル，文体，話しぶり　☞ 形 stylistic (文体の)
□□	**mad** [mǽd]	形 気の狂った，ばかげた，無謀な，(～に) 夢中になって，激怒して ☞ 動 madden (激怒する)　名 madness (愚かさ)

GROUP 16

0741	□□ **暖かい**服を着ている	wear **warm** clothing
0742	□□ 夏の**暑さ**	summer **heat**
0743	□□ 大きな声を出して**笑う**	**laugh** out loud
0744	□□ **笑い声**でどよめく	roar with **laughter**
0745	□□ 自転車を**停める**	**park** a bicycle
0746	□□ **駐車**場	a **parking** lot
0747	□□ **自動車修理工場**の修理士	a **garage** mechanic
0748	□□ **主要な**登場人物	a **main** character
0749	□□ **主に**輸入に依存する	**mainly** depend on imports
0750	□□ 最短の**日にち**で	at the earliest **date**
0751	□□ **時代遅れの**考え方	an **outdated** way of thinking
0752	□□ 第 1 **期**では	in the first **period**
0753	□□ **定期**点検	a **periodical** inspection
0754	□□ 内容を**定期的に**更新する	update the content **periodically**
0755	□□ **定期的な**打ち合わせ	a **periodic** meeting
0756	□□ **情報**を集める	collect **information**
0757	□□ **有益な**状況報告	an **informative** briefing
0758	□□ 従業員に変更を**知らせる**	**inform** employees of the changes
0759	□□ **突然の**発表	a **sudden** announcement
0760	□□ **突然に**増加し始める	**suddenly** start to increase
0761	□□ 怒りの気持ちを**表明する**	**express** feelings of anger
0762	□□ 感謝の**表現**	**expressions** of gratitude
0763	□□ **気分が悪く**なる	feel **sick**
0764	□□ **体調がすぐれない**	feel **ill**
0765	□□ 深刻な**病気**	a serious **illness**
0766	□□ 伝染する**病気**	a communicable **disease**
0767	□□ 新しい方法を**発見する**	**discover** new methods
0768	□□ **発見**する	make a **discovery**

□□	**warm** [wɔ́ːrm]	形 暖かい，温かい，友好的な 動 暖かくなる，～を暖める ☞ 名 warmth（暖かさ）
□□	**heat** [híːt]	名 熱，熱さ，暑さ，激しさ，盛り上がり 動 ～を熱する，～を興奮させる，熱くなる
□□	**laugh** [lǽf]	動 声をあげて笑う，笑いものにする，一笑に付す 名 笑い（声）
□□	**laughter** [lǽftər]	名 笑い，笑い声，楽しみ
□□	**park** [páːrk]	動 ～を駐車する，～を一時的に置く 名 公園，遊園地，競技場
□□	**parking** [páːrkiŋ]	名 駐車（すること），駐車場
□□	**garage** [gǽrɑːdʒ, gərɑ́ːdʒ]	名 ガレージ，車庫，修理工場
□□	**main** [méin]	形 主な，主たる，主要な 名（水道などの）本管
□□	**mainly** [méinli]	副 主に，主として，大部分は
□□	**date** [déit]	名 日付，日（時） 動 ～に日付を入れる，時代遅れになる
□□	**outdated** [àutdéitid]	形 時代遅れの
□□	**period** [píəriəd]	名 期間，年代，周期，終止符
□□	**periodical** [pìəriɑ́dikl]	形 定期的な，周期的な，定期刊行の 名 定期刊行物
□□	**periodically** [pìəriɑ́dikli]	副 定期的に，周期的に
□□	**periodic** [pìəriɑ́dik]	形 周期的な，定期的な，断続的な
□□	**information** [ìnfərméiʃən]	名 情報，知識，学識，資料，データ
□□	**informative** [infɔ́ːrmətiv]	形 教育的な，知識を与える，有益な
□□	**inform** [infɔ́ːrm]	動 ～に情報を提供する，～に知らせる
□□	**sudden** [sʌ́dn]	形 突然の，思いがけない，急な
□□	**suddenly** [sʌ́dnli]	副 突然に，不意に
□□	**express** [iksprés]	動 ～を述べる，～を表す，（速達などで）送る 形 明確な，急行の 名 速達，急行 ☞ 形 expressive（表現の，意味ありげな）
□□	**expression** [ikspréʃən]	名 言い回し，表現（行為）
□□	**sick** [sík]	形 病気の，気分の悪い，病人（用）の，吐きそうで，うんざりして ☞ 動 sicken（病気になる） 名 sickness（病気） 形 sickening（不快な）
□□	**ill** [íl]	形 病気で，気分が悪い，不快な，悪い
□□	**illness** [ílnəs]	名 病気，気分がすぐれないこと，不健康，不快
□□	**disease** [dizíːz]	名 病気，疾病
□□	**discover** [diskʌ́vər]	動 ～を発見する，（長所などを）見出す
□□	**discovery** [diskʌ́vəri]	名 発見（されたもの）

0769	□□	壁を白く**塗る**	**paint** the wall white
0770	□□	壁を**塗り替える**	**repaint** a wall
0771	□□	空港に**到着する**	**arrive** at the airport
0772	□□	**到着**予定時刻	the estimated time of **arrival**
0773	□□	うまく**合う**	**fit** properly
0774	□□	**フィットネス**クラブ	a **fitness** club
0775	□□	**富裕**客を見つける	find a **rich** client
0776	□□	**ぜいたくに**装飾された部屋	a **richly** decorated room
0777	□□	人々の生活を**豊かにする**	**enrich** people's lives
0778	□□	**貧弱な**宿泊施設	**poor** accommodations
0779	□□	**貧弱に**機能する	function **poorly**
0780	□□	地球規模の**貧困**	global **poverty**
0781	□□	出世の階段を**上がる**	**climb** the corporate ladder
0782	□□	笛を**吹く**	**blow** a whistle
0783	□□	インタビューを**録画する**	**tape** an interview
0784	□□	建物の北**棟**	the north **wing** of the building
0785	□□	**その場**で	on the **spot**
0786	□□	**2人一組**で働く	work in **pairs**
0787	□□	**ケーブル**をまとめる	organize **cables**
0788	□□	**美**を称賛する	admire **beauty**
0789	□□	大きな成功につながる**重要な**要素	**key** elements to a big success
0790	□□	1か月**につき** 5,000 ドル	5,000 dollars **per** month

□□	**paint** [péint]	動 (絵) を描く，～を塗る　名 塗料，ペンキ ☞ 名 painting (絵画)
□□	**repaint** [ripéint]	動 ～を塗り替える，～を塗り直す　名 塗り替え (箇所)，塗り直し (箇所)
□□	**arrive** [əráiv]	動 到着する，達する，届く
□□	**arrival** [əráivl]	名 到着，到達，新生児
□□	**fit** [fít]	動 (大きさ，形状が) ～に合う，～を合わせる，～に適合する，(大きさ，形状が) 合う　名 ぴったり合うこと，(一時的な) 気分，発作 形 適した，ぴったりの，健康な
□□	**fitness** [fítnəs]	名 適合性，適性，健康
□□	**rich** [rítʃ]	形 恵まれて，豊かな，肥えた，コクのある ☞ 名 richness (豊かさ)
□□	**richly** [rítʃli]	副 十分に，豊富に，高価に
□□	**enrich** [enrítʃ]	動 ～を裕福にする，(質などを) 高める，～を強化する，～を改良する　☞ 名 enrichment (豊かさ，向上)
□□	**poor** [púər]	形 貧しい，あわれな，へたな，劣って，不十分な　名《the poor で》貧困 (層)
□□	**poorly** [púərli]	副 貧しく，不完全に，へたに，不十分に
□□	**poverty** [pávərti]	名 貧困，困窮，欠如，不足，不毛
□□	**climb** [kláim]	動 ～を登る，～をはい上がる，登る，よじ登る　名 登ること，登山，増加，上昇
□□	**blow** [blóu]	動 吹く，～を吹き飛ばす　名 一撃，打撃
□□	**tape** [téip]	動 ～を録音 [録画] する，～をテープで貼る　名 粘着テープ，磁気テープ
□□	**wing** [wíŋ]	名 翼，羽，～派，棟
□□	**spot** [spát]	名 点，地点，場所，少量，順位　動 ～に斑点をつける，～を見抜く，～を言い当てる，よごれる　☞ 熟 on the spot (すぐに，その場で)
□□	**pair** [péər]	名 ひと組，一対　動 ～を組み合わせる，～をひと組にする ☞ 熟 in pairs (２人ひと組で)
□□	**cable** [kéibl]	名 ケーブル (放送)，電線，電信　動 ～を電信で送る，～にケーブルを取り付ける
□□	**beauty** [bjúːti]	名 美しさ，美，美点，長所　☞ 形 beautiful (美しい)
□□	**key** [kíː]	形 重要な，主要な　名 鍵，(声などの) 調子，要所
□□	**per** [pər, pə́ːr]	前 ～につき，ごとに，あたり ☞ 熟 as per (～に従って)　熟 per capita (ひとりあたりの)

0791	□□	**海外の**投資家	**foreign** investors
0792	□□	英語を**母語として**話す人	a **native** speaker of English
0793	□□	**脚**を組んで座る	sit with my **legs** crossed
0794	□□	**かかと**のけが	a **heel** injury
0795	□□	**ひざ**のけが	a **knee** injury
0796	□□	その報告**によれば**	**according to** the report
0797	□□	問題に**適切に**対応する	address a problem **accordingly**
0798	□□	**言語**技能を高める	improve my **language** skills
0799	□□	**文法**の試験	a **grammar** test
0800	□□	ボタンを**押す**	**press** the button
0801	□□	**圧力**をかけられていると感じる	feel under **pressure**
0802	□□	最良の申し出を**選ぶ**	**choose** the best offer
0803	□□	よい**選択**	a good **choice**
0804	□□	語を**選ぶ**	**pick** a word
0805	□□	**簡単な**解決策	a **simple** solution
0806	□□	**簡単に**言えば	to put **simply**
0807	□□	手続きを**簡略化する**	**simplify** procedures
0808	□□	家を**掃除する**	**clean** the house
0809	□□	**清潔**基準を更新する	update the **cleanliness** standards
0810	□□	床用**クリーナー**を使う	use floor **cleaner**
0811	□□	春の**在庫一掃セール**	a spring **cleanup**
0812	□□	空気を**浄化する**	**cleanse** the air
0813	□□	**汚れた**衣類を洗う	wash **dirty** clothes
0814	□□	**自然**の探索	a **nature** trail
0815	□□	**自然のまま**の美	**natural** beauty
0816	□□	**自然のままに**振る舞う	behave **naturally**

□□	**foreign** [fɔ́(:)rən]	形 外国の，外来の，外国との，異質な ☞ 名 foreigner (外国人)
□□	**native** [néitiv]	形 ～出身の，～生まれの，天然の，故郷の，生まれつきの 名 出身者，その土地の人，在来の動植物
□□	**leg** [lég]	名 脚，脚部，(全行程中の) 一区切り，区間
□□	**heel** [hí:l]	名 かかと，(季節などの) 終わりごろ，末端，末尾 動 ～のすぐ後に続く，かかとをつける，退却する
□□	**knee** [ní:]	名 ひざ ☞ 熟 on *one's* knees (ひざまづいて)
□□	**according to** [əkɔ́:rdiŋ tu]	副 ～によれば，《according as ... で》～するに応じて
□□	**accordingly** [əkɔ́:rdiŋli]	副 それに従って，それらしく，それに応じて
□□	**language** [lǽŋgwidʒ]	名 言語，言葉，言葉遣い ☞ 形 linguistic (言語の) 名 linguistics (言語学)
□□	**grammar** [grǽmər]	名 文法 (学)，文法体系 ☞ 形 grammatical (文法の)
□□	**press** [prés]	動 ～を押す，～に圧力をかける，懇願する 名 圧迫，報道機関，新聞雑誌
□□	**pressure** [préʃər]	名 圧力，圧迫，気圧，苦難 動 ～に圧力をかける，～に加圧する
□□	**choose** [tʃú:z]	動 ～を選ぶ，～を選択する ☞ 形 choosy (好みのうるさい)
□□	**choice** [tʃɔ́is]	名 選択 (肢) 形 極上の
□□	**pick** [pík]	動 ～を選ぶ，～を盗む，～を採取する，～を選ぶ，～を精選する，～をつつく ☞ 形 picky (えり好みする)
□□	**simple** [símpl]	形 簡単な，やさしい，単純な，基本的な，簡素な，地味な ☞ 名 simplicity (簡明さ)
□□	**simply** [símpli]	副 簡単に，平易に，単純に，簡素に，飾りなく，地味に，単に
□□	**simplify** [símpləfài]	動 ～を簡単にする，～を平易にする
□□	**clean** [klí:n]	動 ～を取り除く，～を掃除する 形 清潔な，汚れのない，完全な ☞ 名 cleanness (清潔)
□□	**cleanliness** [klénlinəs]	名 清潔 (さの度合)，きれい好き ☞ 形 cleanly (きれいに)
□□	**cleaner** [klí:nər]	名 清掃員，掃除機
□□	**cleanup** [klí:nʌ̀p]	名 大掃除，浄化，(在庫) 一掃
□□	**cleanse** [klénz]	動 ～を洗浄する，～を清潔にする，～を浄化する
□□	**dirty** [də́:rti]	形 汚れた，荒れ放題の ☞ 名 dirt (汚れ)
□□	**nature** [néitʃər]	名 自然，自然界，天然，本質，本性
□□	**natural** [nǽtʃərl]	形 自然な，野生の，ありのままの，生まれながらの
□□	**naturally** [nǽtʃərəli]	副 自然に，必然的に，当然

0817	□□ 計画を**詳しく話す**	**detail** a plan
0818	□□ **詳細な**情報	**detailed** information
0819	□□ 進行を**阻害する**	**block** progress
0820	□□ **超ヒット作**を公開する	release a **blockbuster**
0821	□□ 合同**キャンペーン**	a joint **campaign**
0822	□□ **キャンプ**を設営する	set up a **camp**
0823	□□ 大学**構内**	a university **campus**
0824	□□ テキストによる**メッセージ**	a text **message**
0825	□□ 自転車での**配送人**	a bike **messenger**
0826	□□ **地方**自治体	the **local** government
0827	□□ **地元で**作られた農産物	produce grown **locally**
0828	□□ **地方**政府	a **municipal** government
0829	□□ 作業員をへとへとに**疲れさせる**	**tire** workers out
0830	□□ **疲れる**	get **tired**
0831	□□ 横断幕を**つるす**	**hang** a banner
0832	□□ 窓ガラスを**洗う**	**wash** a window
0833	□□ 今月の売れ行き良好**書**	best-selling **titles** of the month
0834	□□ テーブルの**縁**に	on the **edge** of the table
0835	□□ 公共の**広場**	a public **square**
0836	□□ **皮膚**にアレルギー反応がある	have **skin** allergies
0837	□□ **秘密の**調理材料	a **secret** ingredient
0838	□□ **中心的な**役割	a **central** role
0839	□□ **手ごわい**交渉者	a **tough** negotiator
0840	□□ 寒さで**感覚がなくなる**	feel **numb** with cold

□□	**detail** [dí:teil, ditéil]	動 〜を詳しく述べる，〜を列挙する 名 詳細，細目 ☞ 熟 in detail（詳細に）
□□	**detailed** [dí:teild, ditéild]	形 詳細な，細目に渡る
□□	**block** [blák]	動 〜を妨害する，〜を閉鎖する，〜を阻む 名 かたまり，街区，一区画，障害（物） ☞ 名 blockage（妨害）
□□	**blockbuster** [blákbʌ̀stər]	名 超大型爆弾，大ヒット作，強い影響を与えるもの
□□	**campaign** [kæmpéin]	名 組織的運動，キャンペーン 動（社会的な）運動をする
□□	**camp** [kǽmp]	名 野営，キャンプ，陣営 動 キャンプする
□□	**campus** [kǽmpəs]	名 構内，校庭，キャンパス
□□	**message** [mésidʒ]	名 通信，伝言，主旨，意図
□□	**messenger** [mésəndʒər]	名 使いの者，使者，配達人
□□	**local** [lóukl]	形 地元の，地方の，各駅停車の 名 地元の人々，普通列車 ☞ 名 locality（地域）
□□	**locally** [lóukəli]	副 地元で，その地方で，局部的に，各駅停車で
□□	**municipal** [mju(:)nísəpl]	形 市の，市営の，地方自治体の ☞ 名 municipality（〔地方〕自治体）
□□	**tire** [táiər]	動 〜を疲れさせる，〜を飽きさせる
□□	**tired** [táiərd]	形 疲れて，飽きて ☞ 形 tiring（疲れさせる）
□□	**hang** [hǽŋ]	動 垂れ下がる，ほっつき歩く，〜を吊るす，〜を取り付ける 名 コツ
□□	**wash** [wá:ʃ]	動 〜を洗う，〜を洗い流す，〜を侵食する，〜を取り除く 名 洗濯（物），洗浄，侵食
□□	**title** [táitl]	名 タイトル（の付いた商品），敬称，肩書 動 〜にタイトルをつける
□□	**edge** [édʒ]	名 刃，縁，鋭さ，有利，強味 動 〜に縁を付ける，〜の縁を切る
□□	**square** [skwéər]	名 正方形，四角，広場，平方，まともすぎる人 形 正方形の，四角の，平方の，公平な 副 公平に，四角に，まともに 動 〜を正方形にする，〜を精算する，〜を２乗する
□□	**skin** [skín]	名 肌，皮，皮膚 動 〜の皮を剥ぐ，〜をむく ☞ 形 skinny（やせた）
□□	**secret** [sí:krət]	形 秘密の，内密の，公表されていない 名 秘密，機密 ☞ 名 secrecy（秘密） 形 secretive（秘密にしたがる） 副 secretly（ひそかに）
□□	**central** [séntrəl]	形 中心の，中央の，主要な，重要な ☞ 名 center（中央）
□□	**tough** [tʌ́f]	形 丈夫な，固い，たくましい，乱暴な，厳格な，つらい，厳しい ☞ 動 toughen（〜を強化する，厳しくする）
□□	**numb** [nʌ́m]	形 かじかんだ，凍えた，（気持ちが）まひした，無感覚になった 動 〜をしびれさせる，〜を呆然とさせる

0841	□□	**率直な**もの言い	a **direct** way of speaking
0842	□□	結果について**直接に**尋ねる	ask **directly** about the result
0843	□□	**道順**を尋ねる	ask for **directions**
0844	□□	**責任者**補佐としての役職	a post as assistant **director**
0845	□□	企業**要覧**	a business **directory**
0846	□□	**間接的な**効果	an **indirect** effect
0847	□□	システムを**設計する**	**design** a system
0848	□□	パッケージを**デザインし直す**	**redesign** the package
0849	□□	**海**を見下ろす	overlook the **ocean**
0850	□□	**海岸**に近づく	approach the **coast**
0851	□□	湖の**水辺**近くに	near the lake **shore**
0852	□□	富裕と貧困の間の広い**隔絶**	a wide **gulf** between rich and poor
0853	□□	**湾**を見下ろす	overlook a **bay**
0854	□□	**運河**地区	a **canal** district
0855	□□	ブリテン**島**	the British **Isles**
0856	□□	**岬**の眺望	view of a **cape**
0857	□□	**渓谷**にまたがる	span a **canyon**
0858	□□	観賞用の**噴水**	an ornamental **fountain**
0859	□□	手を**振る**	**wave** a hand
0860	□□	成功への**早道**にあって	on the **fast** track to success
0861	□□	成長速度を**遅らせる**	**slow** the growth speed
0862	□□	**ゆっくり**前進する	move forward **slowly**
0863	□□	**景気減速**	an economic **slowdown**
0864	□□	**ブレーキ**を踏む	put on the **brakes**
0865	□□	時間量を**制限する**	**limit** the amount of time
0866	□□	段階的に**制限**を取り除く	remove **limitations** step by step
0867	□□	**無制限の**金額	an **unlimited** amount of money

□□	**direct** [dərékt, dai-]	形 直接の，まっすぐな，遠慮のない 動 ～を指導する，～を演出する，～に指示する 副 直接に，まっすぐに，遠慮なく ☞ 名 directness（直接性）
□□	**directly** [dəréktli, dai-]	副 直接に，まっすぐに，率直に，直ちに
□□	**direction** [dərékʃən, dai-]	名 方向，目標，《directions で》道順，指示
□□	**director** [dəréktər, dai-]	名 指導者，取締役，理事，ディレクター，監督
□□	**directory** [dəréktəri, dai-]	名 住所氏名録，案内図，指導書，規則書
□□	**indirect** [ìndərékt, -dai-]	形 まっすぐでない，遠回しの，間接的な
□□	**design** [dizáin]	動 ～の下図を作る，～をデザインする，～を設計する 名 図案，デザイン，計画
□□	**redesign** [rìdizáin]	動 ～を再設計する，～をデザインし直す 名 再設計，新デザイン
□□	**ocean** [óuʃən]	名 大洋，海洋，海 ☞ 形 oceanic（海洋の）
□□	**coast** [kóust]	名 海岸，沿岸，斜面 動 航行する，惰性で進む，楽に進む ☞ 形 coastal（沿岸の）
□□	**shore** [ʃɔ́ːr]	名 岸，海岸，海辺
□□	**gulf** [gʌ́lf]	名 湾，深い穴，大きな隔たり
□□	**bay** [béi]	名 湾，入江
□□	**canal** [kənǽl]	名 運河，用水路
□□	**isle** [áil]	名 島
□□	**cape** [kéip]	名 岬，ケープ
□□	**canyon** [kǽnjən]	名 渓谷，峡谷
□□	**fountain** [fáuntn]	名 噴水，泉，水源，源泉
□□	**wave** [wéiv]	動 波打つ，（手）を振る，～をうねらせる 名 波，振ること，波動 ☞ 形 wavy（波状の）
□□	**fast** [fǽst, fɑ́ːst]	副 速く，しっかりと 形 速い，（時計が）進んでいる，固くしまった
□□	**slow** [slóu]	動 ～を遅らせる，速度が落ちる 形 遅い，時間がかかる，ゆっくりした
□□	**slowly** [slóuli]	副 ゆっくり，遅く
□□	**slowdown** [slóudàun]	名 鈍化，景気減速，怠業
□□	**brake** [bréik]	名 ブレーキ，歯止め，抑制 動 ブレーキをかける
□□	**limit** [límit]	動 ～を限定する，～を制限する 名 限界，制限，上限，下限，境界，《limits で》範囲
□□	**limitation** [lìmitéiʃən]	名 制限，制約，（能力などの）限界，弱み
□□	**unlimited** [ʌnlímitid]	形 際限のない，果てしない，無制限の，無条件の

0868	□□	**有名**になる	become **famous**
0869	□□	文化遺産で**知られる**都市	a city **famed** for its cultural heritage
0870	□□	**盛り上がった**興奮状態	a state of **wild** excitement
0871	□□	**野生生物**の保護	**wildlife** preservation
0872	□□	**静かな**夜を過ごす	have a **quiet** evening
0873	□□	**静かに**仕事を完了する	**quietly** complete a task
0874	□□	頭のよい**人**	a smart **person**
0875	□□	**個人的な**問題	a **personal** problem
0876	□□	その状況を**身をもって**経験する	**personally** experience the situation
0877	□□	気さくな**性格**	an easy-going **personality**
0878	□□	贈り物を**個人仕様にする**	**personalize** a gift
0879	□□	**人事**部長	the **personnel** manager
0880	□□	**私的な**案件	a **private** matter
0881	□□	ボートを**帆走させる**	**sail** a boat
0882	□□	喜びの**声を上げる**	**shout** for joy
0883	□□	**パンという**音を立てる	make a **popping** noise
0884	□□	流れ**図**を描く	draw a flow **chart**
0885	□□	健康な**細胞**	healthy **cells**
0886	□□	**ささいな**問題	**tiny** issues
0887	□□	**ひどい**状態で	in an **awful** condition
0888	□□	**民主的な**選挙	a **democratic** election
0889	□□	**ほとんど**が古い芸術作品からなる	**mostly** consist of old artwork
0890	□□	もっと勉強**するべきである**	**ought** to study harder

□□	**famous** [féiməs]	形 有名な，名高い　☞名 fame（名声）　形 infamous（悪名高い）
□□	**famed** [féimd]	形 有名な，名高い，評判がある
□□	**wild** [wáild]	形 野生の，荒涼とした，熱狂的な　名 荒地，不毛地帯
□□	**wildlife** [wáildlàif]	名 野生生物
□□	**quiet** [kwáiət]	形 静かな，寡黙な，もの静かな　☞名 quietness（静けさ）
□□	**quietly** [kwáiətli]	副 静かに，ものも言わず，平穏に
□□	**person** [pə́:rsn]	名 人，人間，人柄，人物
□□	**personal** [pə́:rsənl]	形 個人の，個人に関する，個人的な，私的な
□□	**personally** [pə́:rsənəli]	副 個人的に，個人的には，自ら，直々に
□□	**personality** [pə̀:rsənǽləti]	名 性格，人柄，人格，著名人
□□	**personalize** [pə́:rsənəlàiz]	動 〜を個人専用とする，〜を個人向けにする，〜を擬人化する
□□	**personnel** [pə̀:rsənél]	名 人事（部／課），職員，従業員　形 人事の，職員の
□□	**private** [práivət]	形 個人の所有する，私有の，私用の，内々の ☞名 privacy（私的自由）
□□	**sail** [séil]	動 帆走する，航海する，出航する，（船）を操縦する　名 帆，帆船，航海
□□	**shout** [ʃáut]	動 大声で叫ぶ，〜を叫ぶ，どなる，大声を出す　名 叫び，大声，歓声，喝采
□□	**pop** [páp]	動 ポンと音を立てる［出す］，（突然）現れる，（体を）叩く，〜を（急いで）動かす　名 ポンという音，発射，ポップ音楽
□□	**chart** [tʃá:rt]	名 図表　動 〜を図表にする，〜の計画を立てる
□□	**cell** [sél]	名 小部屋，細胞，独房，小集団　☞形 cellular（細胞の，携帯型の）
□□	**tiny** [táini]	形 とても小さい
□□	**awful** [ɔ́:fl]	形 ひどい，恐ろしい，荘厳な　☞副 awfully（ひどく）
□□	**democratic** [dèməkrǽtik]	形 民主主義の，民主的な，平等な　☞名 democracy（民主主義）
□□	**mostly** [móustli]	副 大部分は，たいてい（は），主に　☞形 most（ほとんどの）
□□	**ought** [ɔ́:t]	動《ought to *do* で》〜する義務がある，〜するべきである

GROUP 19

0891 - 0940

0891	□□ 家具を**移動する**	**move** furniture
0892	□□ 人々の**動き**をたどる	trace people's **movements**
0893	□□ 時計回りの**動き**で	in a clockwise **motion**
0894	□□ **ガス**に点火する	light the **gas**
0895	□□ **ガソリン**が切れる	run out of **gasoline**
0896	□□ **国際**会議	an **international** conference
0897	□□ **国際的に**著名な科学者	an **internationally** famous scientist
0898	□□ 解答を**丸で囲む**	**circle** the answer
0899	□□ 電子**回路**	electronic **circuits**
0900	□□ **買い物**をする	do the **shopping**
0901	□□ 個人的な**買い物係**を雇う	hire a personal **shopper**
0902	□□ ショッピング**モール**	a shopping **mall**
0903	□□ 会社の評判を**だいなしにする**	**destroy** the company's reputation
0904	□□ 大量**破壊**	mass **destruction**
0905	□□ **なんとか**生き延びる	**manage** to survive
0906	□□ **経営**哲学	**management** philosophy
0907	□□ **管理**義務	**managerial** duties
0908	□□ 経験豊かな**管理者**	an experienced **manager**
0909	□□ プロジェクトを**取り扱う**	**handle** a project
0910	□□ 人材**紹介会社**	a recruitment **agency**
0911	□□ 不動産**代理店**	a real estate **agent**
0912	□□ **平均**販売率	an **average** rate of sales
0913	□□ **標準的な**手法	a **standard** method

□□	**move** [mú:v]	動 ～を動かす，～を移す，～を提議する，～を始動させる，～を感動させる，引っ越す，動く，前進する 名 動き，動作，転居，転勤，転職
□□	**movement** [mú:vmənt]	名 運動，活動，体の動き，動作，態度，姿勢，行動，動静
□□	**motion** [móuʃən]	名 (動いている状態，過程を示して) 動き，運動，動揺，運行，(体の) 動作，身ぶり，合図，動議 動 ～に身ぶりで指示する，(～に) 合図する
□□	**gas** [gǽs]	名 気体，ガス ☞ 形 gaseous (気体の)
□□	**gasoline** [gǽsəli:n]	名 ガソリン
□□	**international** [ìntərnǽʃənl]	形 国際的な，国際間の，万国の，海外の
□□	**internationally** [ìntərnǽʃənəli]	副 国際的に，国際上は
□□	**circle** [sə́:rkl]	動 ～を周回する，～を丸で囲む 名 円，団体 ☞ 動 encircle (～を囲む)
□□	**circuit** [sə́:rkət]	名 外周，巡回，電気回路
□□	**shop** [ʃáp, ʃɔ́p]	動 買い物をする，買い物に行く，(店) を見て歩く 名 商店，小売店
□□	**shopper** [ʃápər]	名 買い物客，買い物をする人
□□	**mall** [mɔ́:l]	名 モール，(屋根続きで冷暖房付きの) 大商店街
□□	**destroy** [distrɔ́i]	動 ～を破壊する，～を滅ぼす，～をだいなしにする ☞ 形 destructive (破壊的な)
□□	**destruction** [distrʌ́kʃən]	名 破壊 (手段)
□□	**manage** [mǽnidʒ]	動 どうにかしてする，うまくする，～を操る，～をうまく扱う，～を処理する，～を経営する，～を管理する ☞ 形 manageable (扱いやすい)
□□	**management** [mǽnidʒmənt]	名 経営，管理，経営力，経営学，経営陣，取り扱い，統御，操縦
□□	**managerial** [mæ̀nədʒíəriəl]	形 支配人の，経営 (上) の，管理 (上) の
□□	**manager** [mǽnidʒər]	名 (部長などの) 管理者，店長
□□	**handle** [hǽndl]	動 ～を操作する，～を担当する，～を処理する，～を管理する 名 ハンドル，機会，手段 ☞ 名 handling (扱い，処理)
□□	**agency** [éidʒənsi]	名 代理店，取次店，(政府の) 局，機関
□□	**agent** [éidʒənt]	名 代理人，仲介者，(政府の) 職員，調査官，作用因子
□□	**average** [ǽvəridʒ]	形 平均の 名 平均，標準 動 ～を平均化する，平均して～になる
□□	**standard** [stǽndərd]	形 標準の，標準的な，基準となる 名 標準，基準，しきたり ☞ 動 standardize (～を標準化する)

0914	□□ **最終**締め切り日	a **final** deadline
0915	□□ **ようやく**レイアウトを仕上げる	**finally** finish the layout
0916	□□ 契約を**まとめる**	**finalize** a contract
0917	□□ **最終決定**までの過程	a **finalization** process
0918	□□ **公正な**取引	a **fair** deal
0919	□□ **公平に**扱われる	get treated **fairly**
0920	□□ 興味深い**会話**	an interesting **conversation**
0921	□□ 率直な**対話**	an open **dialogue**
0922	□□ **冗談**はさておいて	all **joking** aside
0923	□□ 上**機嫌**で	in good **humor**
0924	□□ 天然**織物**	natural **cloth**
0925	□□ ビジネス用カジュアル**服**	business casual **clothes**
0926	□□ ふさわしい**服装**	appropriate **clothing**
0927	□□ ビジネス用の**服装**	business **apparel**
0928	□□ **コート**のボタンを外す	unbutton a **coat**
0929	□□ **ブラウス**を着る	put on a **blouse**
0930	□□ **衣装**を着る	put on a **costume**
0931	□□ ボールを**蹴る**	**kick** a ball
0932	□□ 入口を慎重に**守る**	carefully **guard** the entrance
0933	□□ 候補者を**面接する**	**interview** a candidate
0934	□□ ほどよい**温度**	moderate **temperature**
0935	□□ 地球的な**規模**で	on a global **scale**
0936	□□ **スクリーン**をじっと見る	stare at the **screen**
0937	□□ シャツの**裾**	a **tail** of a shirt
0938	□□ **柱**をまっすぐに持つ	hold a **pole** upright
0939	□□ **成人**人口	**adult** population
0940	□□ 助けを**ひどく**必要として	**badly** in need of help

□□	**final** [fáinl]	形 最終の，最終的な，究極的な　名 決勝戦，学年末［卒業］試験
□□	**finally** [fáinəli]	副 最後に，最終的に，ついに，やっと
□□	**finalize** [fáinəlàiz]	動 ～を完結させる，～を仕上げる
□□	**finalization** [fàinəlaizéiʃən]	名 完成，確定
□□	**fair** [féər]	形 公正な，公平な，適性な，正当な，普通の ☞ 名 fairness (公平性)
□□	**fairly** [féərli]	副 公正に，公平に，かなり，いくらか
□□	**conversation** [kɑ̀nvərséiʃən]	名 会話，対話，非公式な会談　☞ 動 converse (会話をする)
□□	**dialogue** [dáiəlɔ̀(:)g]	名 対話，会談，協議
□□	**joke** [dʒóuk]	動 冗談を言う，からかう　名 冗談，ジョーク，いたずら
□□	**humor** [hjú:mər]	名 ユーモア，おかしさ，気質 ☞ 形 humorous (ユーモアのある，おかしい)
□□	**cloth** [klɔ́(:)θ]	名 布，生地，帆布
□□	**clothes** [klóuz, klóuðz]	名 衣服，衣類，洋服
□□	**clothing** [klóuðiŋ]	名 衣類，覆い
□□	**apparel** [əpǽrəl]	名 衣服，衣料，アパレル
□□	**coat** [kóut]	名 コート，上着，皮，殻　動 ～の表面を覆う，～をかぶせる
□□	**blouse** [bláus]	名 ブラウス，作業着
□□	**costume** [kástju:m]	名 服装，身なり，衣装
□□	**kick** [kík]	動 蹴る，跳ね返す，～を蹴り飛ばす，～をやめる　名 蹴ること，キック
□□	**guard** [gá:rd]	動 ～を守る，～を見張る，用心する　名 護衛者，保護者，見張り
□□	**interview** [íntərvjù:]	動 ～を面接する，会見する　名 面接，会見
□□	**temperature** [témpərtʃùər, -pərə-, -tʃər]	名 温度，気温，体温，発熱
□□	**scale** [skéil]	名 目盛り，定規，秤，縮尺，規模，段階，うろこ　動 ～に登る，～によじ登る，～を縮尺で作る，～に合わせて調整する
□□	**screen** [skrí:n]	名 画面，ついたて，映画，網戸，間仕切り　動 ～をさえぎる，～をかばう，～を保護する，～を区切る，～を上映する，～をふるい分ける
□□	**tail** [téil]	名 尾，後部，(コインの) 裏　動 ～に尾を付ける，～についていく，～を尾行する　☞ 動 entail (～を伴う)
□□	**pole** [póul]	名 ポール，柱，極 (地)　動 ～にポールを付ける
□□	**adult** [ədʌ́lt]	形 成人した，おとなの　名 成人
□□	**badly** [bǽdli]	副 気分が悪い，意気消沈して，ひどく，激しく　☞ 形 bad (悪い)

0941	□□ **気候変動**	**climate** change
0942	□□ とてもよい**天気**	beautiful **weather**
0943	□□ 用紙を**コピーする**	**copy** a form
0944	□□ **コピー機**を修理する	repair a **copier**
0945	□□ **著作権**を有する	own a **copyright**
0946	□□ 地球上に**存在する**	**exist** on Earth
0947	□□ **存在**するようになる	come into **existence**
0948	□□ **結婚**する	get **married**
0949	□□ 幸せな**結婚**	a happy **marriage**
0950	□□ **専門家**の意見	an **expert** opinion
0951	□□ 多くの**専門知識**	a lot of **expertise**
0952	□□ 基本を**身につける**	**master** the basics
0953	□□ **庭**用家具	**garden** furniture
0954	□□ プロの**庭師**	a professional **gardener**
0955	□□ 経験がない**にもかかわらず**	**despite** a lack of experience
0956	□□ 弱点**にもかかわらず**	**in spite of** weaknesses
0957	□□ 障害物**にもかかわらず**	**notwithstanding** an obstacle
0958	□□ 電気によって**動いている**	**powered** by electricity
0959	□□ **高性能の**コンピュータ	**powerful** computers
0960	□□ **一連の**出来事	a **series** of events
0961	□□ **連続**刊行物の一部	part of a **serial** publication
0962	□□ **危機**に瀕している給水	water supply in **danger**
0963	□□ **危険な**物質	a **dangerous** substance
0964	□□ **図書館**へ行く	go to the **library**
0965	□□ 有資格の**図書館員**を募集する	seek a qualified **librarian**
0966	□□ 手順を**繰り返す**	**repeat** a procedure
0967	□□ **繰り返し**誤作動する	**repeatedly** malfunction
0968	□□ **繰り返し**を避ける	avoid **repetition**

□□	**climate** [kláimət]	名 気候，地域，風土，状況
□□	**weather** [wéðər]	名 天気，天候，風雨　動 色あせる，風化する，～を乗り切る，～をさらす
□□	**copy** [kápi]	動 ～をコピーする，～を複写する，～をまねる　名 コピー，複製物，宣伝文句，うりふたつ
□□	**copier** [kápiər]	名 コピー機（＝photocopy）
□□	**copyright** [kápiràit]	名 著作権　形 著作権で保護されている　動 ～を著作権で保護する
□□	**exist** [igzíst]	動 存在する，生きている，存続する
□□	**existence** [igzístns]	名 実在，存在，生活，実存
□□	**marry** [mǽri]	動 ～と結婚する，～を結婚させる，～の結婚式を行う ☞ 形 married（結婚している）
□□	**marriage** [mǽridʒ]	名 結婚（生活），婚礼
□□	**expert** [ékspəːrt]	形 熟練した，専門の　名 専門家，熟練者，エキスパート
□□	**expertise** [èkspəːrtíːz]	名 助言，見解，専門知識，専門技術
□□	**master** [mǽstər]	動 ～を極める，～に熟達する，～を習得する　名 主人，支配者，名人（級），原盤　☞ 名 mastery（完全な理解）
□□	**garden** [gáːrdn]	名 庭園，果樹園，菜園，花壇
□□	**gardener** [gáːrdnər]	名 植木屋，庭師，園芸をする人
□□	**despite** [dispáit]	前 ～にもかかわらず
□□	**in spite of** [in spáit əv]	前 ～にかかわらず
□□	**notwithstanding** [nàtwiθstǽndiŋ, -wið-]	前 ～にもかかわらず
□□	**power** [páuər]	動 （電力など）を供給する　名 力，能力，権力，大国 ☞ 名 empower（～する権限を与える）
□□	**powerful** [páuərfl]	形 強力な，権力のある，有力な，影響力のある，よく効く
□□	**series** [síəri(ː)z]	名 ひと続き，連続，続き物，シリーズ，ひとそろい
□□	**serial** [síəriəl]	形 連続した，ひと続きの，一連の，連載の，定期の
□□	**danger** [déindʒər]	名 危険（性），危険なもの　☞ 動 endanger（～を危険にさらす）
□□	**dangerous** [déindʒərəs]	形 危険な，危害を加えそうな
□□	**library** [láibrəri]	名 図書館，図書室，蔵書，文庫，コレクション
□□	**librarian** [laibréəriən]	名 図書館員，司書
□□	**repeat** [ripíːt]	動 繰り返す，～を繰り返す，～を重ねて言う　名 繰り返し
□□	**repeatedly** [ripíːtidli]	副 繰り返して
□□	**repetition** [rèpətíʃən]	名 繰り返し，反復，繰り返される言葉，暗唱

0969	□□ 会議用**ホール**	a conference **hall**
0970	□□ **廊下**で待つ	wait in the **hallway**
0971	□□ よく見る**光景**	a familiar **sight**
0972	□□ **観光**ツアーを予約する	book a **sightseeing** tour
0973	□□ 自転車の**車輪**を交換する	replace a bicycle **wheel**
0974	□□ **車椅子**による入退館	**wheelchair** accessibility
0975	□□ **一**語一語に聞き入る	listen to every **single** word
0976	□□ **2倍**の価格を払う	pay **double** the price
0977	□□ 会社の利益を**3倍にする**	**triple** the company's profits
0978	□□ **人気**商品	a **popular** product
0979	□□ **人気**を得る	gain **popularity**
0980	□□ **幅広く**支持される政策	the **popularly** supported policies
0981	□□ **人口**密度	**population** density
0982	□□ 来客を**歓迎する**	**welcome** guests
0983	□□ 遺伝子**操作された**植物	genetically **engineered** plants
0984	□□ 新しいプログラムを**試行する**	**pilot** a new program
0985	□□ 繁栄の**象徴**	a **symbol** of prosperity
0986	□□ 声の**調子**で判断する	judge by the **tone** of the voice
0987	□□ 前売り**券**を買う	buy an advance **ticket**
0988	□□ 新聞の**コラム**	a newspaper **column**
0989	□□ ゴミ箱を**空にする**	**empty** the trash
0990	□□ **親**友	a **dear** friend

□□	**hall** [hɔ́:l]	名 ホール，会館，集会場，廊下
□□	**hallway** [hɔ́:lwèi]	名 廊下
□□	**sight** [sáit]	名 視力，視覚，見(え)ること，視界，光景，風景，眺め ☞ 動 see (〜を見る)
□□	**sightseeing** [sáitsì:iŋ]	名 観光(旅行)，遊覧　形 観光の，遊覧の
□□	**wheel** [*h*wí:l]	名 車輪，輪，ハンドル，回転　動 回転する，〜を回転させる，〜に車輪を付ける
□□	**wheelchair** [*h*wí:ltʃèə*r*]	名 車いす
□□	**single** [síŋgl]	形 たったひとつの，ただのひとつも(ない)，独身の，ひとりの，単身用の，個々の
□□	**double** [dʌ́bl]	形 2倍の，二重の　動 2倍になる[にする]　名 2倍　副 二重に
□□	**triple** [trípl]	動 3倍になる[にする]　名 3倍　形 3倍の
□□	**popular** [pápjələ*r*]	形 人気があって，評判がよい，大衆向けの，民間の，安価な ☞ 動 populate (〔受動態で〕〜に住む)
□□	**popularity** [pàpjəlǽrəti]	名 人気，評判
□□	**popularly** [pápjələ*r*li]	副 一般に，広く，大衆に
□□	**population** [pàpjəléiʃ*ə*n]	名 人口，個体数，全住民，母集団
□□	**welcome** [wélkəm]	動 〜を歓迎する，〜をもてなす　形 喜んで受け入れる，待ち望んだ 名 歓迎，歓待
□□	**engineer** [èn*d*ʒəníə*r*]	動 〜を設計[立案]する，〜を企む，〜を操作する　名 技師，技術者，エンジニア
□□	**pilot** [páilət]	動 〜を操縦する，(飛行機)を飛ばす，〜を導く，〜を通す，〜を実験的に試みる　形 実験的な
□□	**symbol** [símbl]	名 シンボル，象徴，記号，しるし，符号 ☞ 動 symbolize (〜を象徴する)
□□	**tone** [tóun]	名 調子，音色，色調，口調，傾向
□□	**ticket** [tíkət]	名 乗車券，切符，交通違反切符　動 〜に交通違反切符を切る，〜に発券する，〜にタグを付ける
□□	**column** [káləm]	名 柱，欄，列，コラム
□□	**empty** [ém*p*ti]	動 (容器・中身)を空にする，〜を移す，空になる　形 空の，空いている，口先だけの
□□	**dear** [díə*r*]	形 親愛なる，大切な

0991	□□ **脳**の手術を受ける	have **brain** surgery
0992	□□ **ブレインストーミング**で話し合う	have a **brainstorming** session
0993	□□ そのプロジェクトを**可能**にする	make the project **possible**
0994	□□ **可能性**を高める	raise the **possibility**
0995	□□ 危険になる**かもしれない**状況	a **possibly** dangerous situation
0996	□□ **不可能な**状況	an **impossible** situation
0997	□□ **鋼鉄**製造工場	a **steel** plant
0998	□□ **金属**部品	**metal** parts
0999	□□ **電信**送金を受領する	receive a **wire** transfer
1000	□□ **無線**ネットワークを築く	build a **wireless** network
1001	□□ **上位の**役職	a **senior** position
1002	□□ **副**部長	a **junior** manager
1003	□□ 全**長**	the entire **length**
1004	□□ **長**時間の議論	a **lengthy** discussion
1005	□□ 長**期間**	a long **span** of time
1006	□□ 沈んでいく船を**見捨てる**	**desert** a sinking ship
1007	□□ **デザート**が入る余地がある	have room for **dessert**
1008	□□ **リスク**を計算する	calculate **risks**
1009	□□ **危険な**投資	a **risky** investment
1010	□□ **理論**上は	in **theory**
1011	□□ **理論上の**モデル	a **theoretical** model
1012	□□ **通常の**状況下で	under **normal** circumstances
1013	□□ **問題なく**機能する	function **normally**
1014	□□ ベッドに**すべり**込む	**slip** into bed
1015	□□ 座席に**すべり**込む	**slide** into a seat
1016	□□ **標的**とする企業	a **target** firm
1017	□□ 大きな**目標**を達成する	reach major **goals**

□□	**brain** [bréin]	動 脳，知力，中枢部 ☞ 形 brainy (頭のよい)
□□	**brainstorm** [bréinstɔ̀:*r*m]	動 意見を出し合う，ブレインストーミングをする 名 ひらめき
□□	**possible** [pɑ́:səbl]	形 可能な，実行できる，起こりうる，ありうる，可能性がある
□□	**possibility** [pɑ̀səbíləti]	名 可能性，実現性，見込み，将来性
□□	**possibly** [pɑ́səbli]	副 ～かもしれない，ことによると，ひょっとしたら，何とかして
□□	**impossible** [impɑ́səbl]	形 不可能な，あり得ない，耐えられない ☞ 名 impossibility (不可能)
□□	**steel** [stí:l]	名 はがね (のような性質)，硬さ，剣
□□	**metal** [métl]	形 金属の 名 金属，(溶解中の) 鋳鉄 ☞ 形 metallic (金属の)
□□	**wire** [wáiə*r*]	名 針金，ワイヤー，通信回線，鉄条網 動 ～をつなぐ，～に電報を打つ，～に電信為替で送金する
□□	**wireless** [wáiə*r*ləs]	形 無線の，無線電信の
□□	**senior** [sí:njə*r*]	形 年上の，先輩の，年長の，古参の，上位の 名 (大学，高校の) 最高学年 (生) ☞ 名 seniority (年功)
□□	**junior** [dʒú:njə*r*]	形 年少の，若手の，補佐の 名 年少者，後輩
□□	**length** [léŋ*k*θ]	名 長さ，丈，期間 ☞ 動 lengthen (～を長くする) 形 long (長い)
□□	**lengthy** [léŋ*k*θi]	形 ひじょうに長い，長期間に渡って，冗長な
□□	**span** [spǽn]	名 期間，全長，全範囲 動 ～を (指で) 測る，～に (橋が) かかる，(年月) にわたる
□□	**desert** [dizə́:*r*t]	動 ～を捨てる，～を見捨てる，～から逃げ出す 名 砂漠
□□	**dessert** [dizə́:*r*t]	名 デザート
□□	**risk** [rísk]	名 危険 (物)，恐れ 動 ～の危険を冒す
□□	**risky** [ríski]	形 危険な，冒険的な，大胆な
□□	**theory** [θí:əri]	名 理論，学説，意見
□□	**theoretical** [θi:ərétikl]	形 理論に基づいた，理論の，理論的な，理論上の
□□	**normal** [nɔ́:*r*ml]	形 標準の，規定の，正規の，正常の，常態の，一般並みの 名 標準，正常 ☞ 動 normalize (～を正常化する)
□□	**normally** [nɔ́:*r*məli]	副 標準的に，順当に，正常に，普通は，普段は
□□	**slip** [slíp]	動 ～から消える，～を滑り込ませる，滑る，ずり落ちる，横滑りする，低下する 名 滑ること，つまづき，スリップ，踏み外し，過ち，伝票 ☞ 形 slippery (滑りやすい)
□□	**slide** [sláid]	動 滑る，滑走する，滑り落ちる，滑り込む，そっと動く，陥る 名 スライド，滑ること，ひと滑り，低下，落下
□□	**target** [tɑ́:*r*gət]	名 標的，目的，対象 動 ～を標的にする，～を目標にする
□□	**goal** [góul]	名 ゴール，目標，目的地

1018	□□	**友好的な**会話	a **friendly** conversation
1019	□□	ほんとうの**親しさ**	genuine **friendliness**
1020	□□	親しい**友人関係**	close **friendship**
1021	□□	**友好**のしるし	a show of **goodwill**
1022	□□	**気分**よく	in a good **mood**
1023	□□	**悲しそうな**表情	a **sad** look
1024	□□	**不幸な**知らせを伝える	deliver **unhappy** news
1025	□□	世界に**衝撃を与える**	**shock** the world
1026	□□	**休暇**の目的地	a **vacation** destination
1027	□□	会社の**休業日**	the company's business **holidays**
1028	□□	最後の**手段**	the last **resort**
1029	□□	**大きな**利益を得る	make a **fat** profit
1030	□□	**筋**力	**muscle** strength
1031	□□	地面を深く**掘る**	**dig** deep into the ground
1032	□□	興奮して**大声を上げる**	**scream** in excitement
1033	□□	ファイルに**ラベルを貼る**	**label** the files
1034	□□	池に**流れ**込む	**channel** into a pond
1035	□□	雨のない**期間**	a dry **spell**
1036	□□	**罠**にはまる	fall into a **trap**
1037	□□	別の**観点**から	from a different **angle**
1038	□□	**旗**を振る	wave a **flag**
1039	□□	相互尊重の**精神**で	in the **spirit** of mutual respect
1040	□□	**一連の**苦情	a **string** of complaints

□□	**friendly** [fréndli]	【形】友好的な, 親切な, 扱いやすい, 人なつこい　☞【名】friend (友人)
□□	**friendliness** [fréndlinəs]	【名】友好的であること, 好意, 親近感
□□	**friendship** [fréndʃip]	【名】友情, 友好関係, 親善
□□	**goodwill** [gúdwìl]	【名】好意, 善意, 友好
□□	**mood** [mú:d]	【名】気分, (不)機嫌, 気持ち, 意向, 雰囲気 ☞【形】moody (不機嫌な, 気分屋の)
□□	**sad** [sǽd]	【形】悲しい, 悲しんで, 悲しむべき, あわれな ☞【動】sadden (～を悲しませる)
□□	**unhappy** [ʌnhǽpi]	【形】悲しい, 落ち込んだ, 不幸な, 満足していない ☞【名】unhappiness (不幸)　【形】happy (幸せな)　【名】happiness (幸せ)
□□	**shock** [ʃák]	【動】～に衝撃を与える, ～をぎょっとさせる, ～を憤慨させる 【名】衝撃, 振動, 打撃, 驚き, 感電 ☞【形】shocking (衝撃を与える)　【形】shocked (衝撃を受けた)
□□	**vacation** [veikéiʃən]	【名】休暇, 息抜き　【動】休暇を取る
□□	**holiday** [hálədèi]	【名】休日, 休暇, 祝日
□□	**resort** [rizɔ́:rt]	【名】リゾート地, 行楽地, 頼りになるもの, 頼ること　【動】頼る, 訴える　☞【熟】resort to ... (～に訴える)
□□	**fat** [fǽt]	【形】脂っこい, 多額の, もうかる　【名】脂肪, 油脂 ☞【動】fatten (～を太らせる)
□□	**muscle** [mʌ́sl]	【名】筋肉, 筋力, 腕力, 圧力　☞【形】muscular (筋肉質の)
□□	**dig** [díg]	【動】(～を) 掘る, (～を) 掘り当てる, (～を) 丹念に調べる
□□	**scream** [skrí:m]	【動】悲鳴をあげる, 叫ぶ, 大声を上げる, ～と金切り声で言う 【名】叫び, 悲鳴, 金切り声, 大声
□□	**label** [léibl]	【動】～にラベルをつける, ～にレッテルを貼る　【名】ラベル
□□	**channel** [tʃǽnl]	【動】～に水路を作る, (流れ) をほかへ向ける, ～を伝える, 流れ込む, 向かう　【名】水路, 運河
□□	**spell** [spél]	【名】魔術, 魅力, 交代, ひと続き, 発作　【動】～を綴る
□□	**trap** [trǽp]	【名】わな, 落とし穴　【動】わなで捕らえる, ～をわなにはめる, ～をだます, ～を捕える, ～を閉じ込める ☞【動】entrap (～をわなにかける)
□□	**angle** [ǽŋgl]	【名】角 (度), 立場
□□	**flag** [flǽg]	【名】旗, フラグ　【動】～に印を付ける, ～に旗を揚げる, ～に合図する
□□	**spirit** [spírət]	【名】心, 霊, 精神, 魂　☞【動】dispirit (～を落胆させる)
□□	**string** [stríŋ]	【名】ひも, 糸, 一列, 弦 (楽)

1041	□□ **案内人**を雇う	hire a **guide**
1042	□□ サポートと**指導**を提供する	provide support and **guidance**
1043	□□ 安全**指針**	safety **guidelines**
1044	□□ 共同経営者を**紹介する**	**introduce** a business partner
1045	□□ 正式な**紹介**	a formal **introduction**
1046	□□ **紹介の**ことばを述べる	make **introductory** remarks
1047	□□ プロジェクトを**開始する**	**launch** a project
1048	□□ 追加情報を**発表する**	**release** additional information
1049	□□ **ボトル**を空にする	empty a **bottle**
1050	□□ 混ぜ合わせ用**ボウル**	a mixing **bowl**
1051	□□ 給仕用の**皿**	a serving **plate**
1052	□□ 給仕用**トレー**	a serving **tray**
1053	□□ **甘い**味がする	taste **sweet**
1054	□□ **苦々しく**感じる	feel **bitter**
1055	□□ 公正で**同一の**賃金	fair and **equal** payment
1056	□□ **等しく**重要な要因	**equally** important factors
1057	□□ 大きな成功を**誇りに**思う	feel **proud** of a big success
1058	□□ 職業に対する**誇り**	professional **pride**
1059	□□ **いつもの**ように	as **usual**
1060	□□ **いつもは**在宅勤務のほうを好む	**usually** prefer working from home
1061	□□ **いつにない**振る舞い	an **unusual** behavior
1062	□□ **いつになく**友好的に見える	appear **unusually** friendly
1063	□□ よい**においがする**	**smell** good
1064	□□ よい**香り**	a sweet **fragrance**
1065	□□ **アロマの**香り	**aromatic** fragrance

□□	**guide** [gáid]	名 案内人，ガイド，案内書　動 ～を案内する，～を導く，～の相談に乗る
□□	**guidance** [gáidns]	名 案内，指導，指示，ガイダンス
□□	**guideline** [gáidlàin]	名 指針，指導基準，ガイドライン
□□	**introduce** [intrədjú:s]	動 ～を（…に）紹介する，～を案内する，（商品など）を発表する，～を取り入れる
□□	**introduction** [ìntrədʌ́kʃən]	名 紹介，前書き，導入
□□	**introductory** [ìntrədʌ́ktəri]	形 前書きの，初歩の，入門の，予備の
□□	**launch** [lɔ́:ntʃ, lɑ́:ntʃ]	動 ～を始める，～に乗り出す，～を打ち上げる，～に着手する 名 打ち上げ，開始，着手
□□	**release** [rilí:s]	動（苦痛などから）～を解放する，～を自由にする，～を解除する，～を発売する，～を公表する　名 解放，除去，（映画などの）封切り，発売，発表
□□	**bottle** [bɑ́tl]	名 瓶，ボトル　動 ～を瓶につめる
□□	**bowl** [bóul]	名 ボウル，丼
□□	**plate** [pléit]	名 プレート，平皿，皿類
□□	**tray** [tréi]	名 トレイ，盆，受け皿
□□	**sweet** [swí:t]	形 甘い，調子のよい，親切な，気持ちよい，楽しい ☞ 動 sweeten（～を甘くする）
□□	**bitter** [bítər]	形 にがい，にがにがしい，冷酷な，厳しい ☞ 名 bitterness（苦味）
□□	**equal** [í:kwəl]	形 等しい，平等な，公平な　動 ～に等しくなる，～に等しい，～に釣り合う　名 同様のもの（人） ☞ 動 equalize（～を同一にする）　名 equality（平等，公平）
□□	**equally** [í:kwəli]	副 公平に，等しく，同じように，その一方で
□□	**proud** [práud]	形 誇りに思って，誇りを持った，自慢して，自信のある
□□	**pride** [práid]	名 自慢，誇り，プライド，高慢　動《pride *oneself* で》自慢する
□□	**usual** [jú:ʒuəl]	形 いつもの，平素の　名 いつものこと，決まりのもの
□□	**usually** [jú:ʒuəli]	副 普通は，通例，いつもは
□□	**unusual** [ʌnjú:ʒuəl]	形 普通でない，目立った，独特な
□□	**unusually** [ʌnjú:ʒuəli]	副 異常に，ひじょうに，いつになく
□□	**smell** [smél]	動 においがする，悪臭がする，～のにおいをかぐ，～のにおいがする，～に気づく　名 におい，香り，悪臭，嗅覚，疑い，気味 ☞ 形 smelly（くさい）
□□	**fragrance** [fréigrəns]	名 芳香，香り，香料，香気　☞ 形 fragrant（香りのよい）
□□	**aromatic** [æ̀rəmǽtik]	形 芳香の，こうばしい　☞ 名 aroma（芳香）

1066	□□ 主要**農産物**	major **crops**
1067	□□ **種**をまく	plant **seeds**
1068	□□ **愚かな**行動に出る	make a **stupid** move
1069	□□ **愚かな**発言	a **silly** remark
1070	□□ **完璧な**計画	a **perfect** plan
1071	□□ **ぴったり**合う	match **perfectly**
1072	□□ ずっと**空腹で**いる	stay **hungry**
1073	□□ **空腹**を満たす	satisfy **hunger**
1074	□□ **新しい**証拠	**fresh** evidence
1075	□□ **鮮度**の保証	**freshness** guarantee
1076	□□ 記憶を**新たにする**	**refresh** memories
1077	□□ **軽食**	light **refreshment**
1078	□□ 報告書を**印刷する**	**print** a report
1079	□□ **プリンター**の電源を入れる	turn on a **printer**
1080	□□ ゲストに**付き添う**	**escort** a guest
1081	□□ フラッシュを**点灯する**	**shine** a flashlight
1082	□□ 統制できない**状態になる**	**spin** out of control
1083	□□ **退屈**そうである	seem like a **bore**
1084	□□ 消化**管**	a digestion **tube**
1085	□□ ビジネスリーダーたちの**物語**	a **tale** of business leaders
1086	□□ **うまいやり方**を用いる	do clever **tricks**
1087	□□ **陳列**されている商品	merchandise on **display**
1088	□□ **子どものころ**の思い出	**childhood** memories
1089	□□ 心と**魂**	heart and **soul**

□□	**crop** [kráp]	名 (農) 作物，収穫，短髪　動 ～を収穫する，～を刈る，(写真などの不要部分) を切る
□□	**seed** [síːd]	名 種，種子，根源，子孫，シード選手　動 (種など) をまく，(種など) を取り除く，(選手) をシードする　☞ 形 seedy (種の多い)
□□	**stupid** [stjúːpəd]	形 愚かな，ばかばかしい，くだらない　☞ 名 stupidity (愚かさ)
□□	**silly** [síli]	形 ばかげた，愚かな，つまらない，思慮のない，ひょうきんな ☞ 名 silliness (愚かさ)
□□	**perfect** [pə́ːrfikt; pərfékt]	形 完全な，非の打ちどころのない，最適な　動 ～を完全にする，～を完成させる ☞ 名 perfection (完全さ)　形 imperfect (不完全な)
□□	**perfectly** [pə́ːrfiktli]	副 完全に，非の打ちどころなく，完璧に
□□	**hungry** [hʌ́ŋgri]	形 空腹な，飢えた，必要とする
□□	**hunger** [hʌ́ŋgər]	名 空腹，飢え，渇望
□□	**fresh** [fréʃ]	形 新鮮な，到着したばかりの，未使用の，斬新な，記憶に新しい ☞ 動 freshen (～を新しくする，さっぱりする)
□□	**freshness** [fréʃnəs]	名 鮮度，新鮮味
□□	**refresh** [rifréʃ]	動 ～をさわやかな気分にする，～を再び元気づける，～の気分をすっきりさせる，～を蘇らせる
□□	**refreshment** [rifréʃmənt]	名 元気を回復させるもの，軽食
□□	**print** [prínt]	動 ～を印刷する，～を出版する，～を活字体で書く　名 印刷物，影響，印象，(写真の) 紙焼き ☞ 熟 in print (出版されて)　熟 out of print (絶版になって)
□□	**printer** [príntər]	名 プリンター，印刷装置，印刷業者
□□	**escort** [iskɔ́ːrt]	動 ～を護衛する，エスコートする　名 護衛，エスコート，同伴者
□□	**shine** [ʃáin]	動 光る，輝く，秀でる，映える，際立つ，～を光らせる，～に光を当てる　名 光，つや，光沢，輝き，ひと磨き ☞ 形 shiny (輝く，明るい)
□□	**spin** [spín]	動 ～を紡ぐ，～を (延々と) 話す，回転する，きりきり舞いする 名 回転，急落
□□	**bore** [bɔ́ːr]	名 退屈な人 [もの]，うんざりさせる人 [もの]　動 ～を退屈させる，～をうんざりさせる ☞ 名 boredom (退屈)　形 boring (退屈な)　形 bored (退屈して)
□□	**tube** [tjúːb]	名 管，チューブ
□□	**tale** [téil]	名 話，物語
□□	**trick** [trík]	名 計略，コツ，秘訣　動 ～をだます ☞ 形 tricky (扱いにくい，ずるい)
□□	**display** [displéi]	名 表示，陳列，展示　動 ～を陳列 [展示] する，～を表す
□□	**childhood** [tʃáildhùd]	名 幼少期，子供時代　☞ 名 child (子)
□□	**soul** [sóul]	名 魂，精神，根源，中心人物

1090	□□ 湿った**草**の上に	on the wet **grass**
1091	□□ **芝生**を刈る	mow the **lawn**
1092	□□ **上司**と話す	talk to the **boss**
1093	□□ 宇宙飛行士５人の**乗組員**	a **crew** of five astronauts
1094	□□ 理想的な**友人**	an ideal **mate**
1095	□□ **民**芸品を売る	sell **folk** crafts
1096	□□ **科学**の分野	a field of **science**
1097	□□ **科学的な**研究	a **scientific** study
1098	□□ 研究**科学者**	a research **scientist**
1099	□□ ドアを**施錠する**	**lock** the door
1100	□□ **ロッカー**に手荷物を入れる	put luggage in the **locker**
1101	□□ 自動でドアを**解錠する**	automatically **unlock** the door
1102	□□ **大声**で	in a **loud** voice
1103	□□ **声高に**不平を言う	complain **loudly**
1104	□□ 文章を**声に出して**読む	read the text **aloud**
1105	□□ ベッドで**楽に過ごす**	**relax** on the bed
1106	□□ **リラクセーション**の技法	a **relaxation** technique
1107	□□ **落ち着いて**いる	remain **calm**
1108	□□ 賞を**授与する**	**award** a prize
1109	□□ **賞**を勝ち取る	win a **prize**
1110	□□ チームの努力を**称賛する**	**praise** the team's effort
1111	□□ 交渉の**技能**を磨く	improve negotiation **skills**
1112	□□ 高度な**技能を要する**仕事	a highly **skilled** job
1113	□□ 時間が**十分**にある	have **plenty** of time
1114	□□ この地域で**豊富に**育つ	grow **plentifully** in this area

□□	**grass**	[grǽs]	【名】草，芝，草地　☞【形】grassy（草で覆われた）
□□	**lawn**	[lɔ́:n]	【名】芝生
□□	**boss**	[bɔ́:s, bás]	【名】上司，社長，ボス　☞【形】bossy（偉そうな）
□□	**crew**	[krú:]	【名】乗組員，搭乗員，クルー，グループ　【動】～のクルーになる［する］
□□	**mate**	[méit]	【名】仲間，友人
□□	**folk**	[fóuk]	【形】民族の，民間の　【名】人々，家族，親族
□□	**science**	[sáiəns]	【名】科学，自然科学，理科
□□	**scientific**	[sàiəntífik]	【形】科学の，自然科学（上）の，理科の，科学的な，系統立った
□□	**scientist**	[sáiəntəst]	【名】科学者
□□	**lock**	[lák]	【動】錠がかかる，閉じ込められる，～に錠をかける，～を固定する 【名】ロック，錠
□□	**locker**	[lákər]	【名】ロッカー，荷物室，戸棚
□□	**unlock**	[ʌnlák]	【動】錠が開く，～を解錠する，～を解除する，～を明らかにする
□□	**loud**	[láud]	【形】（音が）大きい，高い，うるさい，（服装などが）派手な ☞【形】loudness（騒がしさ，派手さ）
□□	**loudly**	[láudli]	【副】大声で，声高に，派手に
□□	**aloud**	[əláud]	【副】声を出して
□□	**relax**	[rilǽks]	【動】緩む，リラックスする，くつろぐ，～を緩める ☞【形】relaxing（くつろがせる）　【形】relaxed（くつろいで）
□□	**relaxation**	[rì:lækséiʃən]	【名】リラクセーション，くつろぐこと
□□	**calm**	[ká:m]	【形】穏やかな，落ち着いて　【動】落ち着く，～を沈静化する ☞【名】calmness（穏やかさ）
□□	**award**	[əwɔ́:rd]	【動】（賞品など）を授与する　【名】賞，賞品
□□	**prize**	[práiz]	【名】賞　【動】～を尊重する
□□	**praise**	[préiz]	【動】～をほめる，～を賞賛する　【名】賞賛，ほめること
□□	**skill**	[skíl]	【名】手腕，技術，腕前，スキル，技量　☞【形】skillful（巧みな）
□□	**skilled**	[skíld]	【形】熟練した，熟練を要する，腕のよい
□□	**plenty**	[plénti]	【名】多量，多数　☞【形】plentiful（豊富な）
□□	**plentifully**	[pléntifli]	【副】たっぷりと，十分に

1115	□□ **検索**を行う	conduct a **search**
1116	□□ 詳細を**調べる**	**examine** details
1117	□□ 入念な**検査**	careful **examination**
1118	□□ 資格**試験**	a certification **exam**
1119	□□ 無名の**詩人**	an unknown **poet**
1120	□□ **詩**を書く	write **poetry**
1121	□□ **首**の痛み	a pain in the **neck**
1122	□□ **腹**痛	a **stomach** ache
1123	□□ あなたに**幸運**を祈る	wish you **luck**
1124	□□ **幸運の**連続	a **lucky** streak
1125	□□ **幸運にも**最終電車に間に合う	**luckily** catch the last train
1126	□□ 実験に**成功する**	**succeed** in an experiment
1127	□□ **成功**を予測する	predict **success**
1128	□□ **成功した**商品	a **successful** product
1129	□□ **成功して**プロジェクトを完了する	**successfully** complete a project
1130	□□ **後継者**を指名する	appoint a **successor**
1131	□□ 海中に**沈む**	**sink** into the ocean
1132	□□ 激励のことばを**ささやく**	**whisper** words of encouragement
1133	□□ 腕を**振る**	**swing** arms
1134	□□ **出産**する	give **birth** to a baby
1135	□□ 紫外**線**	ultraviolet **rays**
1136	□□ 現実に**目を向けなく**なる	become **blind** to reality
1137	□□ **そうではないと**考える	think **otherwise**
1138	□□ **永遠に**変わる	change **forever**

□□	**search** [sə́ːrtʃ]	名 捜索，追求，検査，調査 動 (～を) 探す，(～を) 捜す，厳重に調べる
□□	**examine** [igzǽmin]	動 ～を調査する，～を審査する，～を診察する，～の試験をする
□□	**examination** [igzæ̀mənéiʃən]	名 試験，考査，調査，検査，診察
□□	**exam** [igzǽm]	名 試験，(医療) 検査，問題用紙
□□	**poet** [póuət]	名 詩人，歌人，詩心のある人 ☞ 名 poem (詩) 形 poetic (詩的な)
□□	**poetry** [póuətri]	名 詩，詩的作品，(詩的な) 美しさ
□□	**neck** [nék]	名 首，襟
□□	**stomach** [stʌ́mək]	名 胃，腹，食欲
□□	**luck** [lʌ́k]	名 幸運，繁栄，めぐり合わせ，成功
□□	**lucky** [lʌ́ki]	形 幸運な，運のよい ☞ 形 unlucky (不運な)
□□	**luckily** [lʌ́kili]	副 幸運にも，運よく ☞ 副 unluckily (不運にも)
□□	**succeed** [səksíːd]	動 成功する，～を継承する ☞ 名 succession (継承，連続)
□□	**success** [səksés]	名 成功，上出来
□□	**successful** [səksésfl]	形 成功して，上出来の，栄えている，好結果の
□□	**successfully** [səksésfəli]	副 成功のうちに，うまく，見事に
□□	**successor** [səksésər]	名 後任者，承継者，相続者
□□	**sink** [síŋk]	動 (価値，評価，水準など) を落とす，～を沈める，体力が衰える，沈む 名 流し，シンク，下水
□□	**whisper** [hwíspər]	動 (～を) ささやく，(～を) 耳打ちする 名 ささやき
□□	**swing** [swíŋ]	動 揺れ動く，～を揺れ動かす，揺れる，行ったり来たりする 名 揺れ，振動，動揺，回転
□□	**birth** [bə́ːrθ]	名 誕生，出産，出自 ☞ 熟 give birth to ... (～を産む)
□□	**ray** [réi]	名 光線，日光
□□	**blind** [bláind]	形 盲目の，人の目をくらませる，気づいていない 名 ブラインド ☞ 名 blindness (死角)
□□	**otherwise** [ʌ́ðərwàiz]	副 そうしないと，さもなければ，別のやり方で，別の面では，ほかの点では 形 そうでなくて
□□	**forever** [fərévər]	副 永遠に，絶えず，長時間 ☞ 熟 for good (永遠に)

1139	□□ 早起きの**習慣**	a **habit** of waking up early
1140	□□ **習慣的な**行動	a **habitual** behavior
1141	□□ **勝利**のパレード	a **victory** parade
1142	□□ 対抗相手を**打ち破る**	**defeat** an opponent
1143	□□ ボトルに**栓**をする	put on a bottle **cap**
1144	□□ 保護**ヘルメット**	a protective **helmet**
1145	□□ **食器**をきれいにする	clean the **dishes**
1146	□□ エネルギー効率のよい**食器洗浄機**	an energy-efficient **dishwasher**
1147	□□ **安全に**健康に過ごす	stay **safe** and healthy
1148	□□ **安全**手順	**safety** procedures
1149	□□ 車を**安全に**運転する	**safely** drive a vehicle
1150	□□ **声を上げない**多数派	the **silent** majority
1151	□□ **黙って**待つ	wait **silently**
1152	□□ **沈黙**を破る	break a **silence**
1153	□□ **全額**支払い	a **full** payment
1154	□□ 状況を**完全に**理解する	**fully** understand the situation
1155	□□ **常勤**従業員	a **full-time** employee
1156	□□ **非常勤で**	on a **part-time** basis
1157	□□ 聴衆を**興奮させる**	**excite** an audience
1158	□□ **心躍る**機会	an **exciting** opportunity
1159	□□ 新商品をめぐる**興奮**	**excitement** over a new product
1160	□□ 発見したことの**興奮**	the **thrill** of discovery
1161	□□ **一等船室**	a first-class **cabin**
1162	□□ いなかの**コテージ**	a rural **cottage**
1163	□□ **一定の**リズムで	with a **constant** rhythm
1164	□□ **常に**変化している世界	a **constantly** changing world

□□	**habit** [hǽbit]	名 (個人的な) 習慣，くせ，気質 ☞ 名 habitat (生息地，住宅)　名 habitation (居住，住居)
□□	**habitual** [həbítʃuəl]	形 習慣的な，常習的な
□□	**victory** [víktəri]	名 勝利，優勝，征服 ☞ 名 victor (勝者)　形 victorious (勝利して，勝利の)
□□	**defeat** [difíːt]	動 ～を負かす，～を覆す　名 敗北，打破，失敗
□□	**cap** [kǽp]	名 帽子，栓，ふた，頂上　動 ～に帽子 [蓋] をかぶせる，～の上限を決める
□□	**helmet** [hélmət]	名 ヘルメット，鉄かぶと，かぶと状のもの
□□	**dish** [díʃ]	名 皿，料理，(パラボラアンテナの) 反射板　動 ～を大皿に盛る
□□	**dishwasher** [díʃwɑ̀ʃər]	名 食器洗浄機，食器を洗う人
□□	**safe** [séif]	形 安全な，危険のない，確かな，信頼できる　名 金庫
□□	**safety** [séifti]	名 安全 (性)，無事，無難，安全装置
□□	**safely** [séifli]	副 安全に，無事に，間違いなく
□□	**silent** [sáilənt]	形 黙って，無口な，無言の，無声の，静かな
□□	**silently** [sáiləntli]	副 静かに，黙って，沈黙のうちに，黙々と
□□	**silence** [sáiləns]	名 静寂，静かなこと，沈黙，無言　動 ～を沈黙させる，～を静める
□□	**full** [fúl]	形 いっぱいの，満ちた，満たした，すべての，最大限の　名 全部，完全
□□	**fully** [fúli]	副 十分に，完全に，全体に
□□	**full-time** [fùltáim]	形 全時間の，終日の，常勤の　副 常勤で，常時
□□	**part-time** [pɑ̀ːrttáim]	形 パートタイムの，時間雇用の　副 パートタイムで，時間雇用で
□□	**excite** [iksáit]	動 ～を興奮させる，～を刺激する
□□	**exciting** [iksáitiŋ]	形 興奮させる，胸をわくわくさせる，刺激的な ☞ 形 excited (興奮して)
□□	**excitement** [iksáitmənt]	名 興奮 (させるもの)，動揺，騒動
□□	**thrill** [θríl]	名 身震い，スリル　動 ～をわくわくさせる，～をぞっとさせる，～を感動させる ☞ 形 thrilling (わくわくさせる，ぞっとさせる)　形 thrilled (わくわくして，ぞっとして)
□□	**cabin** [kǽbin]	名 機内，客室，小屋
□□	**cottage** [kátidʒ]	名 小屋，小別荘，山小屋
□□	**constant** [kánstənt]	形 定期的な，絶え間ない
□□	**constantly** [kánstəntli]	副 常に，絶えず

1165	□□ 大学を**卒業する**	**graduate** from a university
1166	□□ **卒業**式	a **graduation** ceremony
1167	□□ 顧客を**喜ばせる**	**please** customers
1168	□□ **楽しみ**のために読書をする	read books for **pleasure**
1169	□□ **うれしい**驚き	**pleasant** surprise
1170	□□ **楽しい**経験	a **pleasurable** experience
1171	□□ **不快な**経験	an **unpleasant** experience
1172	□□ **すてきな**家族	a **lovely** family
1173	□□ **総計** 100 万部	a **total** of one million copies
1174	□□ **全面的に**受け入れ可能な計画	a **totally** acceptable plan
1175	□□ **総合的な**コスト	**overall** cost
1176	□□ **電気**自動車	an **electric** car
1177	□□ **電気**で走る	run on **electricity**
1178	□□ **電気的な**故障	an **electrical** fault
1179	□□ **電気技師**を呼ぶ	call an **electrician**
1180	□□ **歩いて**店を**回る**	**trail** around stores
1181	□□ 光を**照らす**	**flash** a light
1182	□□ **せき**が止まらない	have a **coughing** fit
1183	□□ 売り込み**文句**	sales **pitch**
1184	□□ 職場の**緊張感**	workplace **tension**
1185	□□ 引っ越し用**トラック**	a moving **van**
1186	□□ 苦しむ**石炭**産業	struggling **coal** industry
1187	□□ 独立した**委員会**	an independent **panel**

□□	**graduate** [grǽdʒuèit]	動 卒業する 名 卒業生，学士 形 大学卒業生の ☞ 名 undergraduate (学部生) 名 graduate school (大学院)
□□	**graduation** [grӕ̀dʒuéiʃən]	名 卒業
□□	**please** [plíːz]	動 ～の気に入る，～を楽しませる，～を満足させる 間 どうぞ，失礼ですが ☞ 動 displease (～を不快にする)
□□	**pleasure** [pléʒər]	名 楽しみ，喜び，満足 ☞ 名 displeasure (不快)
□□	**pleasant** [pléznt]	形 快適な，楽しい，心地よい，感じのよい
□□	**pleasurable** [pléʒərəbl]	形 楽しい，愉快な
□□	**unpleasant** [ʌnpléznt]	形 不愉快な，不快な，感じの悪い
□□	**lovely** [lʌ́vli]	形 かわらしい，すばらしい ☞ 名 loveliness (かわいらしさ)
□□	**total** [tóutl]	名 合計，総量 動 合計で～になる，全壊する，～を合計する，～を破壊する 形 合計の，全体の
□□	**totally** [tóutəli]	副 すっかり，まったく，とても
□□	**overall** [óuvərɔ̀ːl]	形 全体の，全般的な
□□	**electric** [iléktrik]	形 電気の，電気で動く，衝撃的な
□□	**electricity** [ilèktrísəti]	名 電気 (学)，電流，極度の緊張，興奮 ☞ 動 electrify (～を驚かせる) 形 electrifying (衝撃的な) 形 electrified (衝撃を受けて)
□□	**electrical** [iléktrikl]	形 電気に関する，電気を扱う，電気を用いた
□□	**electrician** [ilèktríʃən]	名 電気技師，電気工
□□	**trail** [tréil]	動 引きずる，のろのろ歩く，だんだん小さくなる，～を追う，～を引きずる 名 痕跡，小道，経路
□□	**flash** [flǽʃ]	動 ～をぱっとつける，～をちらっと見せる，ぴかっと光る 名 きらめき，閃光 ☞ 形 flashy (派手な)
□□	**cough** [kɔ́(ː)f]	動 咳をする，咳ばらいをする 名 咳，咳きこむこと
□□	**pitch** [pítʃ]	名 ピッチ，度合い，程度，宣伝，売り込み 動 ～に投げる，(テント) を貼る
□□	**tension** [ténʃən]	名 緊張，ストレス，張力 ☞ 形 tense (緊張して)
□□	**van** [vǽn]	名 バン，小型トラック
□□	**coal** [kóul]	名 石炭，燃えさし
□□	**panel** [pǽnl]	名 パネル，専門家集団，パネリスト，識者 ☞ 名 panelist (討論参加者)

GROUP 25

1188	□□ 早い**経路**	a quick **route**
1189	□□ **道**に沿って進む	go along the **path**
1190	□□ **ぬれた**衣類を乾かす	dry **wet** clothes
1191	□□ 髪に**ブラシをかけて**整える	**brush** and groom hair
1192	□□ **深い**呼吸をする	take a **deep** breath
1193	□□ **深く**落胆する	feel **deeply** disappointed
1194	□□ 問題の**深さ**	the **depth** of the problem
1195	□□ リスクを取る**気はありそう**だ	appear **willing** to take a risk
1196	□□ 支援**してもよい気持ち**を表す	express **willingness** to help
1197	□□ 機密文書に**判を押す**	**stamp** a classified document
1198	□□ **封筒**に住所を書く	address an **envelope**
1199	□□ **実験室**でのテスト	a **laboratory** test
1200	□□ **実験室**業務	**lab** work
1201	□□ **自動車**事故にあう	have an **automobile** accident
1202	□□ **自動車**製造	**automotive** manufacturing
1203	□□ **自動車**産業	the **auto** industry
1204	□□ **自動**更新	an **automatic** renewal
1205	□□ **自動的に**情報を更新する	**automatically** update the information
1206	□□ サービスを**自動化する**	**automate** services
1207	□□ **電子**データ	**electronic** data
1208	□□ **電子的に**送金する	transfer money **electronically**
1209	□□ 選択肢を**比較検討する**	**weigh** options
1210	□□ **体重**が増える	gain **weight**
1211	□□ 自分のキャリアの**絶頂期**に	at the **height** of my career
1212	□□ **繁忙**期	a **peak** season

□□	**route** [rúːt, ráut]	名 ルート，順路，道，手段 動 ～を発送する，（順番など）を決める，～を計画する ☞ 熟 en route（途中で）
□□	**path** [pǽθ]	名 小道，遊歩道，進路，生き方
□□	**wet** [wét]	形 濡れた，多湿の 動 ～を濡らす
□□	**brush** [brʌ́ʃ]	動 ～にブラシをかける，～を払い落とす，～を無視する 名 ブラシ，小競り合い
□□	**deep** [díːp]	形 深い，難しい 副 深く，深いところへ ☞ 動 deepen（～を深める）
□□	**deeply** [díːpli]	副 深く，ひじょうに，濃く，遠く
□□	**depth** [dépθ]	名 深さ，激しさ，奥地，奥行き
□□	**willing** [wíliŋ]	形 する気がある，いとわないで，協力的な ☞ 熟 be willing to *do*（～してもかまわない） 形 unwilling（～する気がない）
□□	**willingness** [wíliŋnəs]	名 意思，意欲，する気 ☞ 名 unwillingness（する気がないこと）
□□	**stamp** [stǽmp]	動 ～をふみ鳴らす，～を踏みつける，～に押印する，～に切手を貼る 名 切手，印紙，印象，刻印
□□	**envelope** [énvəlòup]	名 封筒，包むもの
□□	**laboratory** [lǽbərətɔ̀ːri]	名 実験室，実験所
□□	**lab** [lǽb]	名 実験室，実験所 ☞ 名 laboratory（実験室）
□□	**automobile** [ɔ́ːtəmo*u*bìːl]	名 自動車
□□	**automotive** [ɔ̀ːtəmóutiv]	形 自動車（用）の，自動推進の
□□	**auto** [ɔ́ːtou]	名 車，自動車
□□	**automatic** [ɔ̀ːtəmǽtik]	形 自動的な，無意識の，自動機械の
□□	**automatically** [ɔ̀ːtəmǽtikli]	副 自動的に，自然の成り行きで，無意識に，習慣的に
□□	**automate** [ɔ́ːtəmèit]	動 ～を自動化する，自動的に作業する ☞ 名 automation（自動化）
□□	**electronic** [ilèktránik]	形 電子（工学）の，電子制御装置の，コンピュータを利用した ☞ 名 electron（電子）
□□	**electronically** [ilèktránikli]	副 電子装置で，電子的に
□□	**weigh** [wéi]	動 重さがある，～の重さを測る，重要である，影響力がある，重荷になる
□□	**weight** [wéit]	名 重さ，重量，負担，影響力
□□	**height** [háit]	名 高さ，身長，高度，高所，海抜，絶頂期 ☞ 形 high（高い）
□□	**peak** [píːk]	名 先端，絶頂期，頂点 形 最大の，ピークの 動 最大［最高］になる，ピークに達する

1213	□□	**広範な**価格	a **wide** range of prices
1214	□□	**広く**用いられる方法	**widely** employed methods
1215	□□	**狭い**市場	a **narrow** range of markets
1216	□□	**単なる**偶然	a **mere** coincidence
1217	□□	**単に**偶然という以上のようである	seem more than **merely** coincidental
1218	□□	**影**に隠れる	hide in the **shadows**
1219	□□	グレーの**色合い**	**shades** of gray
1220	□□	**上の階に**行く	go **upstairs**
1221	□□	**下の階に**行く	go **downstairs**
1222	□□	**トイレ**を使う	use the **restroom**
1223	□□	**トイレ**休憩を取る	take a **bathroom** break
1224	□□	**入浴**する	take a **bath**
1225	□□	**温浴**療法	a **spa** treatment
1226	□□	子どもを**入浴させる**	**bathe** a child
1227	□□	**シャワー**を浴びる	take a **shower**
1228	□□	パーティーを**主催する**	**host** a party
1229	□□	コンピュータを**起動する**	**boot** a computer
1230	□□	廃棄物を地中に**埋める**	**bury** the waste underground
1231	□□	腕を**ねじる**	**twist** an arm
1232	□□	道路に**塩**をまく	**salt** the roads
1233	□□	大会の**テーマ**	a conference **theme**
1234	□□	移動用**ケージ**を買う	buy a carry **cage**
1235	□□	**城**の遺跡	remains of a **castle**
1236	□□	**太陽**エネルギー	**solar** energy

□□	**wide** [wáid]	形 幅の広い，面積の広い，範囲が広い，広範な 副 広く，完全に ☞動 widen (広がる，～を広げる) 名 width (広さ)
□□	**widely** [wáidli]	副 広く，広範に，大いに
□□	**narrow** [nǽrou]	形 狭い，限られた，心の狭い 動 狭くなる，～を縮小する，～を絞る
□□	**mere** [míər]	形 ほんの，単なる，まったくの
□□	**merely** [míərli]	副 単に (～にすぎない)，ただ～だけの，ただ単に，わずかに
□□	**shadow** [ʃǽdou]	名 影，人影，姿，実体のないもの，まぼろし 形 影の，陰の，実体のない，形だけの 動 ～を陰で覆う，～を暗くする，～を尾行する，前兆となる ☞形 shadowy (陰になった)
□□	**shade** [ʃéid]	名 (日) 陰，(夕) やみ，薄暗がり，日よけ，ブラインド，(ランプの) かさ，シェード 動 (光，熱などから) ～を守る，《受動態で》～に覆われている ☞形 shady (日陰の，うさんくさい)
□□	**upstairs** [ʌ̀pstéərz]	副 上階で，上階に向かって 形 上階の 名 上階
□□	**downstairs** [dàunstéərz]	副 階下で，階下に向かって 形 階下の 名 階下
□□	**restroom** [réstrùːm]	名 トイレ，洗面所
□□	**bathroom** [bǽθrùːm]	名 浴室，トイレ
□□	**bath** [bǽθ]	名 入浴，湯，浴室
□□	**spa** [spáː]	名 温浴施設，スパ
□□	**bathe** [béið]	動 入浴する，～を入浴させる，～を浴びる
□□	**shower** [ʃáuər]	名 にわか雨，洪水，シャワー (室)，(贈り物をする) パーティー 動 ～を浴びせる，～をどっさり与える，シャワーを浴びる
□□	**host** [hóust]	動 ～を主催する，主人 [ホスト] 役を務める 名 主催者，主人 [ホスト] 役
□□	**boot** [búːt]	動 ～を起動する，～を追い出す 名 起動，ブーツ
□□	**bury** [béri]	動 ～を埋める，～を埋葬する，～を葬り去る ☞名 burial (埋葬)
□□	**twist** [twíst]	動 ～をねじる，(事実など) をねじ曲げる，(言葉など) を歪曲する 名 意外な進展，曲解
□□	**salt** [sɔ́ːlt]	動 ～に塩をふる，～を塩漬けにする，～に塩をまく 名 塩，刺激 ☞形 salty (塩からい)
□□	**theme** [θíːm]	名 話題，テーマ，主題 ☞形 thematic (主題の)
□□	**cage** [kéidʒ]	名 かご，ケージ 動 ～をケージに入れる
□□	**castle** [kǽsl]	名 城
□□	**solar** [sóulər]	形 太陽の，太陽を利用した，太陽に関する ☞名 sun (太陽) 名 moon (月) 形 lunar (月の)

1237	□□	**国内の**労働力不足	**domestic** labor shortage
1238	□□	**海外で**働く	work **overseas**
1239	□□	**海外で**働く	work **abroad**
1240	□□	討論を**主導する**	**lead** a discussion
1241	□□	業界の**先導者**	the **leader** in the industry
1242	□□	**指揮権**を引き受ける	assume the **leadership**
1243	□□	有権者を**惑わす**	**mislead** voters
1244	□□	**賢明な**判断	a **wise** decision
1245	□□	**賢明に**家にいると決める	**wisely** decide to stay home
1246	□□	安全な**環境**を提供する	provide a safe **environment**
1247	□□	**環境**保護	**environmental** protection
1248	□□	**環境に**やさしい	**environmentally** friendly
1249	□□	幸せな**雰囲気**	a happy **atmosphere**
1250	□□	**くちびる**をかむ	bite my **lip**
1251	□□	**舌**を打つ	click my **tongue**
1252	□□	**のど**の違和感	**throat** irritations
1253	□□	軽く**食事**をする	have a **bite** to eat
1254	□□	**急速な**成長を経験する	experience **rapid** growth
1255	□□	**急速に**拡大する	expand **rapidly**
1256	□□	**なだらかな**カーブ	a **smooth** curve
1257	□□	**うまく**いく	go **smoothly**
1258	□□	従業員のニーズを**満たす**	**satisfy** employee needs
1259	□□	**満足した**顧客	**satisfied** customers
1260	□□	**満足できる**性能を示す	show **satisfactory** performance
1261	□□	顧客**満足**を保証する	ensure customer **satisfaction**
1262	□□	**不満を抱く**顧客	a **dissatisfied** customer

□□	**domestic** [dəméstik]	形 家庭内の，飼いならされた，国内の，自国の ☞ 動 domesticate (～を飼いならす)　名 domestication (順応)
□□	**overseas** [òuvərsí:z]	副 海外に，海外で　形 海外の，海外行きの
□□	**abroad** [əbrɔ́:d]	副 海外で，外国で
□□	**lead** [lí:d; led]	動 先頭を行く，通じる，～を導く　名 先頭，首位，鉛
□□	**leader** [lí:dər]	名 リーダー，指揮官
□□	**leadership** [lí:dərʃip]	名 リーダーシップ，統率力，指導(者)
□□	**mislead** [mìslí:d]	動 ～を誤解させる，～を迷わせる，～をあざむく，～を惑わす
□□	**wise** [wáiz]	形 賢い，賢明な，思慮深い，詳しい　副《接尾辞的に用いて》～に関して，～の点では，～のように　☞ 名 wisdom (知恵)
□□	**wisely** [wáizli]	副 賢明に，抜け目なく
□□	**environment** [enváiərənmənt]	名 環境，情勢，自然環境
□□	**environmental** [envàiərənméntl]	形 環境の，環境保護の
□□	**environmentally** [envàiərənméntəli]	副 環境に関して，環境的に
□□	**atmosphere** [ǽtməsfìər]	名 大気，雰囲気，印象　☞ 形 atmospheric (大気の，雰囲気のある)
□□	**lip** [líp]	名 唇，へり
□□	**tongue** [tʌ́ŋ]	名 舌，言語，方言，言葉遣い
□□	**throat** [θróut]	名 のど，気管
□□	**bite** [báit]	名 ひとかじり，軽食　動 (～に)噛みつく，～を刺激する
□□	**rapid** [rǽpid]	形 迅速な，急速な，早急の，急行の　☞ 名 rapidity (迅速さ)
□□	**rapidly** [rǽpidli]	副 急速に，迅速に，急激に
□□	**smooth** [smú:ð]	名 平らな，なめらかな，好都合の ☞ 動 smoothen (～をなめらかにする)
□□	**smoothly** [smú:ðli]	副 なめらかに，円滑に，難なく，すらすらと
□□	**satisfy** [sǽtisfài]	動 ～を満足させる，～を満たす，～を果たす，～を納得させる
□□	**satisfied** [sǽtisfàid]	形 満足して，満ち足りて，納得して，確信して ☞ 形 satisfying (満足させる)
□□	**satisfactory** [sæ̀tisfǽktəri]	形 満足な，申し分のない，満足のいく，良好な
□□	**satisfaction** [sæ̀tisfǽkʃən]	名 満足(させる[する]こと)，満足(感)，喜び
□□	**dissatisfy** [di(s)sǽtisfài]	動 ～に不満を抱かせる，～を満足させない，～を不機嫌にさせる ☞ 名 dissatisfaction (不満足)　形 dissatisfying (満足させない) 形 dissatisfied (満足していない)

1263	□□ 家族の**伝統**に従う	follow family **traditions**
1264	□□ **伝統的な**方法	a **traditional** method
1265	□□ **伝統的に**強い支持	**traditionally** strong support
1266	□□ **胸**の痛み	a **chest** pain
1267	□□ **胸**ポケットに	in a **breast** pocket
1268	□□ **健康**上の問題	a **health** problem
1269	□□ **健全な**成長	**healthy** growth
1270	□□ **健康によい**食生活	a **healthful** diet
1271	□□ **医療保障**プラン	a **healthcare** plan
1272	□□ ひどい**頭痛**	a terrible **headache**
1273	□□ 顧客**データ**	customer **data**
1274	□□ 安全な**データベース**	a secure **database**
1275	□□ **商業地区**	the **downtown** area
1276	□□ ビジネスの新たな**手段**	a new **avenue** for business
1277	□□ 街頭を**行進する**	**parade** through the streets
1278	□□ **背景にある**雑音	**background** noise
1279	□□ 指揮**系統**	a **chain** of command
1280	□□ 行動**規範**	a **code** of conduct
1281	□□ **巣**を作る	make a **nest**
1282	□□ **競争相手**の企業	a **rival** firm
1283	□□ 心躍る**冒険**	an exciting **adventure**
1284	□□ その CEO の**内部**人脈	the CEO's **inner** circle
1285	□□ **不純物のない**物質	a **pure** substance

□□	**tradition** [trədíʃən]	名 伝統，慣習，流儀
□□	**traditional** [trədíʃənl]	形 伝統的な，伝統の，昔ながらの，従来の
□□	**traditionally** [trədíʃənəli]	副 伝統的に
□□	**chest** [tʃést]	名 胸（部），収納箱
□□	**breast** [brést]	名 胸（部）
□□	**health** [hélθ]	名 健康（状態），保健，健全性
□□	**healthy** [hélθi]	形 健康な，健康によい，（ビジネスが）堅調な ☞ 形 unhealthy（不健康な）
□□	**healthful** [hélθfl]	形 健康によい，衛生的な，有益な ☞ 名 healthfulness（健康によいこと）
□□	**healthcare** [hélθkèər]	名 医療，健康管理，ヘルスケア
□□	**headache** [hédèik]	名 頭痛（のたね），困ったこと
□□	**data** [déitə, dɑ́:tə, dǽtə]	名 データ，資料
□□	**database** [déitəbèis]	名 データベース
□□	**downtown** [dàuntáun, ´-`-]	名 商業地区，ビジネス街　形 商業地区の　副 商業地区で
□□	**avenue** [ǽvən*j*ù:]	名 大通り，手段，道
□□	**parade** [pəréid]	動 行進する，～を見せびらかす，～を誇示する　名 パレード，行進，誇示
□□	**background** [bǽkgràund]	名 背景，経歴，遠因　☞ 名 foreground（最前面）
□□	**chain** [tʃéin]	名 鎖，チェーン，ひと続き　動 ～を鎖で縛る
□□	**code** [kóud]	名 記号，信号，規定，規約　動 ～をコード化する，～を暗号化する
□□	**nest** [nést]	名 巣，休める場所　動 巣を作る，～に巣を作る，～をまとめる
□□	**rival** [ráivl]	名 競争相手，敵　動 競争する，～に匹敵する，肩を並べる ☞ 名 rivalry（対抗，競争）
□□	**adventure** [ədvéntʃər]	名 冒険（的な行為），珍しい出来事 ☞ 形 adventurous（冒険心豊かな）
□□	**inner** [ínər]	形 内部の，内側の，精神的な　☞ 形 outer（外部の）
□□	**pure** [pjúər]	形 混じりけがない，不純物が入っていない，純粋な，澄んだ，汚れのない ☞ 名 purity（純粋さ）　形 impure（不純な）　名 impurity（不純さ）

1286	□□	船で**港**に入っていく	sail into the **harbor**
1287	□□	船を**係留する**	**anchor** a ship
1288	□□	道路の**カーブ**	a **curve** in the road
1289	□□	**平坦な**声で	in a **flat** voice
1290	□□	**天井**からつり下がる	hang from the **ceiling**
1291	□□	**屋上**の庭園	a garden on the **roof**
1292	□□	**どん底**からやり直す	restart at the **bottom**
1293	□□	慈善**団体**	a charitable **foundation**
1294	□□	会社の**創業者**	a company **founder**
1295	□□	火災による損害を**対象に含む**	**cover** fire damage
1296	□□	保険**補償**	insurance **coverage**
1297	□□	**強い**感情	a **strong** feeling
1298	□□	その新刊書を**強く**批判する	**strongly** criticize the new book
1299	□□	**強み**と弱み	**strengths** and weaknesses
1300	□□	空の旅の安全を**強化する**	**strengthen** airline security
1301	□□	**やさしい**人に見える	appear a **gentle** person
1302	□□	猫を**やさしく**ブラッシングする	**gently** brush a cat
1303	□□	**穏やかな**天気	**mild** weather
1304	□□	廃棄物を**再利用する**	**recycle** the waste
1305	□□	商品の買い替え**周期**	product life **cycle**
1306	□□	**写真**を撮る	take a **picture**
1307	□□	電子メールに**写真**を添付する	attach **photos** to an email
1308	□□	新社屋の**写真を撮る**	**photograph** the new office building
1309	□□	**写真**に対する興味	interest in **photography**
1310	□□	**写真家**を雇う	hire a **photographer**
1311	□□	契約書の**写し**	a **photocopy** of the contract
1312	□□	**コピー機**を修理する	repair a **photocopier**

□□	**harbor**	[há:rbər]	名 港，隠れ場所，避難所　動 (悪意などを) 心に抱く
□□	**anchor**	[ǽŋkər]	動 ～をしっかりと固定する，～を支える　名 錨，(リレーなどで) 一番最後の人　☞ 名 anchorage (停泊地)
□□	**curve**	[kə́:rv]	名 カーブ，分布曲線　動 曲線を描く，曲がる，～を曲げる　☞ 形 curvy (曲がった)
□□	**flat**	[flǽt]	形 平らな　副 平らに　名 パンク　☞ 動 flatten (～を平坦にする)
□□	**ceiling**	[sí:liŋ]	名 天井，上限
□□	**roof**	[rú(:)f]	名 屋根，先端　動 ～に屋根をつける
□□	**bottom**	[bátəm]	名 底，基礎，根底　形 いちばん下の　☞ 名 bottom line (結論)
□□	**foundation**	[faundéiʃən]	名 基礎，基盤，根拠，財団法人，基金　☞ 動 found (～を設立する)
□□	**founder**	[fáundər]	名 創業者，創設者
□□	**cover**	[kʌ́vər]	動 ～を (保障の) 対象とする，～を覆う，～に及ぶ　名 覆い，カバー
□□	**coverage**	[kʌ́vəridʒ]	名 報道，取材，対象範囲
□□	**strong**	[strɔ́(:)ŋ]	形 強い，頑丈な，乱暴な，自信のある
□□	**strongly**	[strɔ́(:)ŋli]	副 強く，頑丈に，強固に，熱心に
□□	**strength**	[stréŋkθ]	名 強さ，強いこと，力，体力，強度，長所，利点
□□	**strengthen**	[stréŋkθən]	動 ～を強くする，～を増強する
□□	**gentle**	[dʒéntl]	形 やさしい，親切な，寛大な，穏やかな，(動物が) おとなしい　☞ 名 gentleness (やさしさ，寛大さ，穏やかさ)
□□	**gently**	[dʒéntli]	副 育ちがよく，穏やかに，徐々に
□□	**mild**	[máild]	形 温厚な，やさしい，おとなしい，温暖な，穏やかな，のどかな，弱い刺激の，口当たりのよい　☞ 名 mildness (温厚さ，温暖)
□□	**recycle**	[ri:sáikl]	動 ～を再利用する，～をリサイクルする
□□	**cycle**	[sáikl]	名 周期，循環，周波　動 自転車に乗る，自転車で旅する，循環する
□□	**picture**	[píktʃər]	名 絵，絵画，写真，概念，考え，イメージ　動 ～を描写する，～を想像する，～を心に描く　☞ 形 picturesque (絵のように美しい)
□□	**photo**	[fóutou]	名 写真
□□	**photograph**	[fóutəgræ̀f]	動 ～を写真に撮る，～を撮影する　名 写真　☞ 形 photogenic (写真向きの，撮影に適した)
□□	**photography**	[fətágrəfi]	名 写真撮影 (技術)
□□	**photographer**	[fətágrəfər]	名 写真家
□□	**photocopy**	[fóutoukàpi]	名 コピー，写真複写　動 ～を複写する，～のコピーをとる
□□	**photocopier**	[fóutoukàpiər]	名 コピー機 (＝copier)

1313	□□ 供給が**不足して**	in **short** supply
1314	□□ 待ち時間を**短縮する**	**shorten** the wait time
1315	□□ 大売り出しが始まる**すぐ**前に	**shortly** before the sale begins
1316	□□ 異**文化**	a different **culture**
1317	□□ **文化**遺産	**cultural** heritage
1318	□□ **宿題**を提出する	hand in **homework**
1319	□□ **住宅所有者**のための保険プラン	insurance plans for **homeowners**
1320	□□ **自家製の**菓子	**homemade** sweets
1321	□□ 人口の**劇的な**増加	**dramatic** increase in population
1322	□□ **劇的に**変動する	fluctuate **dramatically**
1323	□□ **生涯暮らす**家	**permanent** housing
1324	□□ 店を**永久的に**閉じる	close a store **permanently**
1325	□□ おこった**身振り**で	in an angry **gesture**
1326	□□ オゾン**層**	the ozone **layer**
1327	□□ **山ほどの**文書業務	**tons** of paperwork
1328	□□ 花**束**	a **bunch** of flowers
1329	□□ **書類キャビネット**	a filing **cabinet**
1330	□□ コーヒーを**ポット**でいれる	make a **pot** of coffee
1331	□□ 不運な**出来事**	an unfortunate **episode**
1332	□□ **大量**割引	a **volume** discount
1333	□□ 一定の**ペース**で	at a steady **pace**
1334	□□ **深夜の**間食	**midnight** snacks

□□	**short** [ʃɔ́:rt]	形 短い，短めの，低い，近い，不足して ☞ 熟 in short（つまり）
□□	**shorten** [ʃɔ́:rtn]	動 ～を短くする，～をつめる
□□	**shortly** [ʃɔ́:rtli]	副 まもなく，じきに，すぐに，簡単に，短く，無愛想に，そっけなく
□□	**culture** [kʌ́ltʃər]	名 文化，教養，養殖 動 ～を耕す，～を栽培する
□□	**cultural** [kʌ́ltʃərl]	形 文化の，文化的な，教養の，栽培の
□□	**homework** [hóumwə̀:rk]	名 宿題，準備，課題
□□	**homeowner** [hóumòunər]	名 住宅所有者
□□	**homemade** [hòumméid]	形 手作りの，自家製の，国産の
□□	**dramatic** [drəmǽtik]	形 劇の，劇的な，めざましい ☞ 名 drama（劇）
□□	**dramatically** [drəmǽtikli]	副 劇的に，めざましく，飛躍的に
□□	**permanent** [pə́:rmənənt]	形 永久的な，永続的な，常任の ☞ 名 permanence（永続）
□□	**permanently** [pə́:rmənəntli]	副 永久に，恒久に，永続的に
□□	**gesture** [dʒéstʃər]	名 身ぶり，手まね，しぐさ 動 身ぶりをする
□□	**layer** [léiər]	名 層，重ね，レイヤー，積み重ね 動 ～を層にする
□□	**ton** [tʌ́n]	名 トン，多量，多数
□□	**bunch** [bʌ́ntʃ]	名 束，集まり，一団
□□	**cabinet** [kǽbənit]	名 飾り棚，内閣
□□	**pot** [pát]	名 ポット，つぼ 動 ～を鉢に植える
□□	**episode** [épəsòud]	名 エピソード，出来事，（ドラマなどの）一話分
□□	**volume** [válju(:)m]	名 量，容積，体積，豊富，売買高，音量 ☞ 形 voluminous（量の多い）
□□	**pace** [péis]	名 一歩，速度，ペース 動 ゆっくり歩く，一定の速度で歩く
□□	**midnight** [mídnàit]	名 真夜中

1335	□□	**大使館**を閉鎖する	close the **embassy**
1336	□□	駐米**大使**	the **ambassador** to the U.S.
1337	□□	言語技能**以外の**あらゆるもの	everything **except** language skills
1338	□□	その規則の**例外**	an **exception** to the rule
1339	□□	**際立ってすぐれた**サービス	**exceptional** service
1340	□□	**独創的な**考え	an **original** idea
1341	□□	**もともと**ネット上に登場した記事	an article that **originally** appeared online
1342	□□	**出身**国に基づいて	based on national **origin**
1343	□□	ギリシャに**由来する**	**originate** in Greece
1344	□□	**遠い**過去において	in the **distant** past
1345	□□	短**距離**	a short **distance**
1346	□□	**燃費**評価	a **mileage** rating
1347	□□	**遠隔**地	**remote** location
1348	□□	**定例**会議を開く	hold a **regular** meeting
1349	□□	**定期的に**運動する	exercise **regularly**
1350	□□	**不規則な**勤務時間で働く	work **irregular** hours
1351	□□	商品**見本**を請求する	request product **samples**
1352	□□	**手本**となる	set an **example**
1353	□□	**あごひげ**を伸ばす	grow a **beard**
1354	□□	その文書を**細かく調べる**	**comb** through the document
1355	□□	**重い**負担	a **heavy** burden
1356	□□	**ひどく**汚染された地域	**heavily** polluted areas
1357	□□	よりよく**意思の疎通を図る**努力	efforts to **communicate** better
1358	□□	遠慮のない**コミュニケーション**	open **communication**
1359	□□	**地域共同体**での関係	**community** relations
1360	□□	小さな**村**	a small **village**

□□	**embassy** [émbəsi]	名 大使館，大使公邸，大使の地位
□□	**ambassador** [æmbǽsədər]	名 大使
□□	**except** [iksépt]	前 以外に，除いて 動 ～を省く，～を除外する
□□	**exception** [iksépʃən]	名 除外すること，例外，特例
□□	**exceptional** [iksépʃənl]	形 例外的な，格別の，ひじょうにすぐれた
□□	**original** [ərídʒənl]	名 原形，現物，本人 形 最初の，独創的な，原文の
□□	**originally** [ərídʒənəli]	副 最初は，もともとは，本来は，独創的に
□□	**origin** [ɔ́(:)ridʒin]	名 起源，発端，先祖
□□	**originate** [ərídʒənèit]	動 由来する，考案される，～を生み出す
□□	**distant** [dístənt]	形 遠い，時間が隔たった，よそよそしい
□□	**distance** [dístəns]	名 距離，疎遠，広がり，間隔，（意見などの）食い違い 動 ～を遠ざける
□□	**mileage** [máilidʒ]	名 総マイル数，走行距離，燃費，マイレージ，利益，有用性，恩恵 ☞ 名 mile（マイル）
□□	**remote** [rimóut]	形 遠い，人里離れた，遠隔の，よそよそしい，わずかな 名 リモコン，遠隔操作 ☞ 名 remoteness（離れていること，疎遠）
□□	**regular** [régjələr]	形 定期的な，習慣的な，几帳面な 名 常連客 ☞ 名 regularity（規則性）
□□	**regularly** [régjələrli]	副 規則正しく，きちんと ☞ 副 irregularly（不定期に）
□□	**irregular** [irégjələr]	形 不規則な，規格外の，標準から外れている ☞ 名 irregularity（不規則性）
□□	**sample** [sǽmpl]	名 見本，サンプル，標本 動 ～の質を試す，～の味を見る，～を経験する
□□	**example** [igzǽmpl]	名 例，前例，見本，模範，手本 ☞ 熟 for example（たとえば）
□□	**beard** [bíərd]	名 あごひげ
□□	**comb** [kóum]	動 ～をくしでとく［すく］，～をくまなく探す，～を徹底的に調べる 名 くし
□□	**heavy** [hévi]	形 重い，大量の，激しい，（仕事などが）きつい，荒れ模様の
□□	**heavily** [hévili]	副 重く，のろのろして，苦しそうに，激しく，ひどく
□□	**communicate** [kəmjú:nikèit]	動 連絡する，伝達する，伝わる，～を感染させる ☞ 形 communicative（話のうまい，コミュニケーションの） 形 communicable（感染性の）
□□	**communication** [kəmjù:nikéiʃən]	名 連絡，伝達，メッセージ，共感，感染
□□	**community** [kəmjú:nəti]	名 地域（社会），共同体
□□	**village** [vílidʒ]	名 村，群落

1361	□□ **宇宙**全体に	across the **universe**
1362	□□ **統一**システム	a **universal** system
1363	□□ 住宅所有者に資金を**貸す**	**lend** money to homeowners
1364	□□ 金を**借りる**	**borrow** money
1365	□□ 金を**貸す**	**loan** money
1366	□□ オフィスを**賃借する**	**rent** an office
1367	□□ **賃借用**物件	**rental** property
1368	□□ **賃借人**世帯	a **renter** household
1369	□□ アパートを**借りる**	**lease** an apartment
1370	□□ 9時半**きっかりに**到着する	arrive at 9:30 **sharp**
1371	□□ **急激に**減少する	decline **sharply**
1372	□□ **絶対に**必要なこと	an **absolute** must
1373	□□ その方法を**絶対に**勧める	**absolutely** recommend the method
1374	□□ メモリ**チップ**を製造する	manufacture memory **chips**
1375	□□ **ゴム**サンダルをはいている	wear **rubber** sandals
1376	□□ **レンガ**の壁を築く	build a **brick** wall
1377	□□ **坂**を下る	descend a **slope**
1378	□□ **トンネル**を通り抜ける	go through a **tunnel**
1379	□□ 高価な**羊毛**のセーター	a pricey **wool** sweater
1380	□□ **大豆**を栽培する	grow soy **beans**
1381	□□ 絶滅危惧**種**	endangered **species**
1382	□□ **二重の**問題に対処する	address the **twin** problems
1383	□□ **統一された**サイズで	in a **uniform** size

□□	**universe** [júːnəvə̀ːrs]	名 宇宙，森羅万象，全世界
□□	**universal** [jùːnəvə́ːrsl]	形 全世界の，全員の，万能の，あらゆる目的にかなう
□□	**lend** [lénd]	動 (ものや金など) を貸す，(力) を添える
□□	**borrow** [bɔ́(ː)rou, bɑ́rou]	動 ～を借りる，～を借り入れる
□□	**loan** [lóun]	動 (～に) 金を貸す　名 貸付，ローン，借款
□□	**rent** [rént]	動 ～を賃借する　名 賃借料，家賃
□□	**rental** [réntl]	形 賃貸の，賃貸用の，賃貸物件の　名 賃貸料，使用料
□□	**renter** [réntər]	名 賃借人，レンタル利用者
□□	**lease** [líːs]	動 ～を賃貸する，～を賃借する　名 賃貸権，賃貸期間
□□	**sharp** [ʃɑ́ːrp]	副 (～時) ちょうどに，きっかりに　形 鋭い，鋭利な，尖った，急な，鮮明な，頭の切れる ☞ 動 sharpen (～を鋭くする)　名 sharpness (鋭さ)
□□	**sharply** [ʃɑ́ːrpli]	副 鋭く，厳しく，荒々しく，とげとげしく，はっきりと，急(激)に，すばやく
□□	**absolute** [ǽbsəlùːt]	形 絶対の，完全の　名 絶対的なもの ☞ 名 absoluteness (絶対性)
□□	**absolutely** [ǽbsəlùːtli]	副 完全に，確実に，ものすごく
□□	**chip** [tʃíp]	名 切れ端，(陶器などの) 傷，チップ　動 ～を削る
□□	**rubber** [rʌ́bər]	名 天然 [合成] ゴム
□□	**brick** [brík]	名 レンガ，操作不能なもの　動 操作不能になる [する]
□□	**slope** [slóup]	名 傾斜，斜面　動 傾斜する，坂になる，傾く
□□	**tunnel** [tʌ́nl]	名 トンネル，穴　動 ～にトンネルを掘る
□□	**wool** [wúl]	名 羊毛，ウール，毛織物　☞ 形 woolen (羊毛の)
□□	**bean** [bíːn]	名 豆，無価値なもの
□□	**species** [spíːʃi(ː)z]	名 (動植物分類学上の) 種
□□	**twin** [twín]	形 二重の，双子の　名 双子の一方
□□	**uniform** [júːnəfɔ̀ːrm]	形 同形の，一様な，一定の，規則正しい　名 制服 ☞ 形 uniformed (制服着用の)

1384	□□ パンを**焼く**	**bake** bread
1385	□□ 地元の**パン販売店**	a local **bakery**
1386	□□ 電話で**欠勤**の連絡する	call in **absent**
1387	□□ **不在**許可	leave of **absence**
1388	□□ 必要な技能を**欠いている**	**lack** the required skills
1389	□□ バターと小麦粉を**混ぜる**	**mix** butter with flour
1390	□□ 新旧世代の**混合**	a **mixture** of old and new generations
1391	□□ バターとクリームを**混ぜ合わせる**	**blend** butter and cream
1392	□□ 毎週外**食する**	**dine** out every week
1393	□□ 多くの**食事客**を収容する	accommodate many **diners**
1394	□□ 商品**カタログ**	a product **catalog**
1395	□□ **パンフレット**を同封する	enclose a **pamphlet**
1396	□□ **小冊子**を配る	distribute **leaflets**
1397	□□ 販促用**パンフレット**	a promotional **brochure**
1398	□□ 無料**小冊子**	a free **booklet**
1399	□□ 週**報**	a weekly **bulletin**
1400	□□ 会社の**社報**	a company **newsletter**
1401	□□ **正直な**会話	an **honest** conversation
1402	□□ **正直に**言って	**honestly** speaking
1403	□□ 友人に**テキストメッセージを送る**	**text** a friend
1404	□□ **典型**例	a **textbook** example
1405	□□ **日当たりのよい**部屋	a **sunny** room
1406	□□ **陽光**の中で	in the **sunshine**
1407	□□ **日暮れ**前に	before the **sunset**
1408	□□ **日焼け止め**を塗る	wear **sunscreen**
1409	□□ **くもった**日に	on a **cloudy** day
1410	□□ 誇りで顔を**輝かせる**	**beam** with pride

□□	**bake** [béik]	動 (オーブンなどで) ～を焼く
□□	**bakery** [béikəri]	名 パン屋，パン・菓子製造所
□□	**absent** [ǽbsənt]	形 不在で，欠勤して，欠如して
□□	**absence** [ǽbsəns]	名 不在，欠勤，欠如
□□	**lack** [lǽk]	動 ～が不足している，～を欠く　名 不足，欠如
□□	**mix** [míks]	動 ～を混ぜる，～を調合する，付き合う，仲よくやる　名 混合 (物)
□□	**mixture** [míkstʃər]	名 混合物，合成品，混合
□□	**blend** [blénd]	動 ～を混ぜ合わせる，～を調和させる　名 混合，ブレンド
□□	**dine** [dáin]	動 食事をする，～を食事に招待する
□□	**diner** [dáinər]	名 食事をする人，食堂 (車)
□□	**catalog** [kǽtəlɔ̀(:)g]	名 カタログ，目録　動 カタログを作る，～をカタログに載せる，～を分類する
□□	**pamphlet** [pǽmflət]	名 小冊子，小論文，パンフレット
□□	**leaflet** [lí:flət]	名 チラシ，小冊子
□□	**brochure** [brouʃúər]	名 パンフレット，カタログ
□□	**booklet** [búklət]	名 小冊子，パンフレット
□□	**bulletin** [búlətn]	名 広報，告示，会報，便覧，ニュース速報 ☞ 名 bulletin board (掲示板)
□□	**newsletter** [njú:zlètər]	名 時事通信，社報，回報，ニュースレター
□□	**honest** [ánəst]	形 正直な，率直な，信頼できる ☞ 名 honesty (正直さ)　形 dishonest (不正直な)
□□	**honestly** [ánəstli]	副 正直に，誠実に，ほんとうに，実際のところ
□□	**text** [tékst]	動 (携帯端末で) メッセージを送る　名 文章，本文，文字列，テキストメッセージ
□□	**textbook** [tékstbùk]	形 教科書の，教科書的な，標準的な　名 教科書，テキスト
□□	**sunny** [sʌ́ni]	形 日のよく当たる，よく晴れた，日当たりのよい，明るい
□□	**sunshine** [sʌ́nʃàin]	名 日光，日射し，陽気　☞ 名 sunlight (太陽光)
□□	**sunset** [sʌ́nsèt]	名 日没，入り日 ☞ 名 sun (太陽)　名 sundown (日没)　名 sunrise (日の出)
□□	**sunscreen** [sʌ́nskrì:n]	名 日焼け止め，サンスクリーン
□□	**cloudy** [kláudi]	形 くもった，雲の多い，あいまいな　☞ 名 cloud (雲)
□□	**beam** [bí:m]	動 光を発する，輝く　名 光線，梁 (はり)

1411	□□ **カテゴリ**を整理する	organize **categories**
1412	□□ 映画の**ジャンル**	film **genres**
1413	□□ **機械**を動かす	operate a **machine**
1414	□□ **機械類**を導入する	install **machinery**
1415	□□ オフィスを**飾る**	**decorate** an office
1416	□□ 季節の**飾りつけ**	a seasonal **decoration**
1417	□□ 内部を**装飾し直す**	**redecorate** the interior
1418	□□ **地下鉄**に乗る	take the **subway**
1419	□□ **地下**駐車場	an **underground** parking lot
1420	□□ **地下鉄**	a **metro** train
1421	□□ **首都圏**	a **metropolitan** area
1422	□□ **コメントする**ことを拒否する	refuse to **comment**
1423	□□ **メモ**帳	a **memo** pad
1424	□□ 内部**メモ**	an internal **memorandum**
1425	□□ 写真を板に**留める**	**pin** a photograph to the board
1426	□□ 平和を**祈る**	**pray** for peace
1427	□□ **飛び込む**	take a **dive**
1428	□□ 日光浴用**デッキ**	a sun **deck**
1429	□□ 商品発売開始の**直前**に	on the **eve** of the product launch
1430	□□ 伝統に**縛られて**いると感じる	feel **bound** by traditions
1431	□□ **新たに**任命された責任者	the **newly** appointed chief
1432	□□ 誤りを**完全に**取り除く	get rid of mistakes **altogether**

□□	**category** [kǽtəgɔ̀:ri]	名 範疇，部門，分類 ☞ 動 categorize（～を分類する） 形 categorical（断定的な，分類別の）
□□	**genre** [ʒɑ́:nrə]	名 ジャンル，類型，様式
□□	**machine** [məʃí:n]	名 機械（装置）
□□	**machinery** [məʃí:nəri]	名 機械（類），（機械の）可動部分，機械装置，機構，組織
□□	**decorate** [dékərèit]	動 ～を飾る，～を装飾する，勲章を授ける
□□	**decoration** [dèkəréiʃən]	名 装飾，飾りつけ，装飾品 ☞ 形 decorative（装飾的な）
□□	**redecorate** [rìdékərèit]	動 ～を改装する，～を模様替えする
□□	**subway** [sʌ́bwèi]	名 地下鉄，地下道
□□	**underground** [ʌ́ndərgràund]	形 地下の，秘密の，地下組織の 副 地下に 名 地下鉄，地下組織
□□	**metro** [métrou]	名 地下鉄，メトロ
□□	**metropolitan** [mètrəpɑ́lətn]	形 首都の，大都市の，都会人の，都会的な ☞ 名 metropolis（大都市）
□□	**comment** [kɑ́ment]	動（～を）意見として述べる，（～を）論評する 名 論評，批評，コメント，解説
□□	**memo** [mémou]	名 連絡票，連絡メモ
□□	**memorandum** [mèmərǽndəm]	名 覚え書き，備忘録，（社内の）連絡通信
□□	**pin** [pín]	動 ～をピンで留める，～を固定する 名 飾りピン，記章
□□	**pray** [préi]	動 祈る，心から願う ☞ 名 prayer（祈り）
□□	**dive** [dáiv]	名 飛び込み，急降下，急落 動 飛び込む，潜水する，没頭する
□□	**deck** [dék]	名 デッキ，甲板，（バスなどの）床
□□	**eve** [í:v]	名 前夜，前日，直前 ☞ 熟 on the eve of ...（～の直前に）
□□	**bound** [báund]	形 束縛された，～行きの 動 跳ねる，跳ね返される，境界線をつける，～を抑制する 名 飛躍
□□	**newly** [njú:li]	副 近ごろ，最近，新たに，新しいやり方で ☞ 形 new（新しい）
□□	**altogether** [ɔ̀:ltəgéðər]	副 完全に，全体に，総計で，要するに

GROUP 30

▶ 1433 - 1481

1433	□□ **タクシー**に乗る	take a **cab**
1434	□□ **シャトルバス**に乗る	take a **shuttle**
1435	□□ いっぱいに詰まった**冷蔵庫**	a full **refrigerator**
1436	□□ 共用**冷蔵庫**	a communal **fridge**
1437	□□ **ソフトウェア**を更新する	update the **software**
1438	□□ コンピュータの**ハードウェア**	computer **hardware**
1439	□□ **弱い**経済	a **weak** economy
1440	□□ 安全基準を**弱める**	**weaken** security standards
1441	□□ **弱点**に対処する	address **weaknesses**
1442	□□ その商品ブランドに**忠誠で**あり続ける	stay **loyal** to the brand
1443	□□ **忠誠**心	a sense of **loyalty**
1444	□□ **騒音**のレベルを下げる	reduce **noise** levels
1445	□□ **騒々しい**隣人	a **noisy** neighbor
1446	□□ 名誉**会員**	an honorary **member**
1447	□□ **会員資格**を更新する	renew **membership**
1448	□□ 生活を**ともにする相手**	a domestic **partner**
1449	□□ 共同**経営**	a joint **partnership**
1450	□□ 生き生きと**描かれている**登場人物	vividly **portrayed** characters
1451	□□ **肖像画**を描く	draw a **portrait**
1452	□□ **ビタミン**補助剤	**vitamin** supplements
1453	□□ 多くの**ミネラル**	a lot of **minerals**
1454	□□ **タンパク質**の摂取	**protein** intake
1455	□□ 交渉の**みごとな技術**	the **art** of negotiation
1456	□□ 名高い**芸術家**	a celebrated **artist**
1457	□□ **芸術的な**創造性	**artistic** creativity
1458	□□ 展示中の**芸術作品**	**artwork** on display

□□	**cab** [kǽb]	名 タクシー（＝taxi）
□□	**shuttle** [ʃʌ́tl]	名 定期往復便，折り返し運転，シャトル（バス，列車，飛行機） 動 往復（便で輸送）する，往復する，左右に動く
□□	**refrigerator** [rifrídʒərèitər]	名 冷蔵庫
□□	**fridge** [frídʒ]	名 冷蔵庫
□□	**software** [sɔ́(:)ftwèər]	名 ソフトウェア
□□	**hardware** [hɑ́:rdwèər]	名 ハードウェア，機械設備
□□	**weak** [wí:k]	形 弱い，もろい，劣る，弱体な，弱気の
□□	**weaken** [wí:kn]	動 弱くなる，～を弱める，衰弱する，減退する
□□	**weakness** [wí:knəs]	名 弱いこと，優柔不断，不十分，欠点，弱点，大好きなこと
□□	**loyal** [lɔ́iəl]	形 忠実な，義理堅い，誠実な
□□	**loyalty** [lɔ́iəlti]	名 忠実，忠義，誠実
□□	**noise** [nɔ́iz]	名（不快な）音，物音，雑音，騒音，異音，ごみ情報
□□	**noisy** [nɔ́izi]	形 騒々しい，やかましい，ざわついた，目立つ，派手な
□□	**member** [mémbər]	名 一員，メンバー，仲間，会員
□□	**membership** [mémbərʃip]	名 一員（であること），仲間，会員
□□	**partner** [pɑ́:rtnər]	名 仲間，ビジネスパートナー，提携企業　動 ～を連携する，～と提携する
□□	**partnership** [pɑ́:rtnərʃip]	名 共同，協力，提携関係，パートナーシップ
□□	**portray** [pɔ:rtréi]	動 ～を表現する，～を描く，～を演じる　☞ 名 portrayal（表現）
□□	**portrait** [pɔ́:rtrət, -treit]	名 肖像画，写真，彫像，生き写し
□□	**vitamin** [váitəmin]	名 ビタミン
□□	**mineral** [mínərl]	名 鉱物，鉱石，無機物，（栄養素としての）鉱物質
□□	**protein** [próuti:n]	名 タンパク質
□□	**art** [ɑ́:rt]	名 芸術（活動，作品），技能，能力
□□	**artist** [ɑ́:rtist]	名 芸術家，画家，達人，名人
□□	**artistic** [ɑ:rtístik]	形 芸術的な，風雅な，趣のある
□□	**artwork** [ɑ́:rtwə̀:rk]	名 手工芸品，芸術作品，挿絵，イラスト

1459	□□	廃棄物について従業員を**教育する**	**educate** workers about waste
1460	□□	よい**教育**	a good **education**
1461	□□	**教育に関する**経験	**educational** experience
1462	□□	**学術**表現	**academic** language
1463	□□	**生き生きとした**会話	a **lively** conversation
1464	□□	**活気**に欠ける	lack **liveliness**
1465	□□	**その後の**数週間	for several weeks **afterward**
1466	□□	開催場所を**事前に**確認する	confirm a venue **beforehand**
1467	□□	**カート**を引く	pull a **cart**
1468	□□	**箱**を開く	open a **carton**
1469	□□	インク**カートリッジ**	an ink **cartridge**
1470	□□	誤差のない**寸法**	exact **dimensions**
1471	□□	**直径**を計算する	calculate the **diameter**
1472	□□	**フィクション**作家	a **fiction** writer
1473	□□	説得力のある**論文**	a persuasive **essay**
1474	□□	キーワードに**下線を引く**	**underline** the key words
1475	□□	自動車を**運転する**	**steer** a car
1476	□□	**手袋**のようにフィットする	fit like a **glove**
1477	□□	床の上の**敷物**	a **rug** on the floor
1478	□□	濃い**霧**	thick **fog**
1479	□□	虫**歯**	**tooth** decay
1480	□□	**ほかにない**特徴	a **unique** feature
1481	□□	**すばらしい**サービス	**fantastic** service

□□	**educate** [édʒəkèit]	【動】～を教育する，～を育てる，～に学校教育を施す，（趣味など）を養う，（人・動物）を訓練する
□□	**education** [èdʒəkéiʃən]	【名】教育，育成，教育学
□□	**educational** [èdʒəkéiʃənl]	【形】教育の，教育的な
□□	**academic** [æ̀kədémik]	【形】教育機関の，大学の，学術的な ☞【名】academy（協会，教育機関）
□□	**lively** [láivli]	【形】元気な，活発な，活気のある，鮮やかな
□□	**liveliness** [láivlinəs]	【名】活気，陽気，活発なこと
□□	**afterward** [ǽftərwərd]	【副】後で，後ほど，以降
□□	**beforehand** [bifɔ́ːrhæ̀nd]	【副】あらかじめ，前もって，事前に
□□	**cart** [kάːrt]	【名】荷車，手押し車
□□	**carton** [kάːrtn]	【名】ボール箱，箱の単位
□□	**cartridge** [kάːrtridʒ]	【名】カートリッジ
□□	**dimension** [diménʃən, dai-]	【名】寸法，体（容）積，範囲，次元　☞【形】dimensional（寸法の，次元の）
□□	**diameter** [daiǽmətər]	【名】直径，（レンズの）倍率 ☞【形】diametric（直径の）【名】radius（半径）
□□	**fiction** [fíkʃən]	【名】フィクション，小説，虚構，仮説 ☞【形】fictional（架空の，虚構の）【形】fictitious（架空の，虚構の）
□□	**essay** [ései]	【名】小論文，レポート，感想文，エッセー
□□	**underline** [ʌ̀ndərláin]	【動】～に下線を引く，～を強調する【名】アンダーライン，下線
□□	**steer** [stíər]	【動】～を操舵する，～を進める，進む，～を導く
□□	**glove** [glʌ́v]	【名】手袋，グローブ
□□	**rug** [rʌ́g]	【名】敷物，じゅうたん，膝掛け
□□	**fog** [fɔ́(ː)g]	【名】霧，ほこり【動】～をくもらせる，～を混乱させる ☞【形】foggy（霧のかかった）
□□	**tooth** [túːθ]	【名】歯，好み　☞【熟】sweet tooth（甘いもの好き）
□□	**unique** [juːníːk]	【形】唯一の，独特の，類のない　☞【名】uniqueness（独特さ）
□□	**fantastic** [fæntǽstik]	【形】すばらしい，空想的な，気まぐれな，想像上の ☞【名】fantasy（空想，幻想）

GROUP 31

1482 - 1530

1482	□□	地元**農家**	a local **farm**
1483	□□	**農業**業界	the **farming** industry
1484	□□	畜産**農家**	a cattle **farmer**
1485	□□	カーペットに**掃除機をかける**	**vacuum** a carpet
1486	□□	**芝刈り機**	a lawn **mower**
1487	□□	大義を**擁護する**	**champion** a cause
1488	□□	**選手権**試合	a **championship** game
1489	□□	**持ち運びできる**テーブル	a **portable** table
1490	□□	**移動**支払いシステム	a **mobile** payment system
1491	□□	**ハンドバッグ**を持ち歩く	carry a **purse**
1492	□□	**財布**を置き忘れる	leave a **wallet**
1493	□□	近くの**カフェ**で	at a nearby **café**
1494	□□	**カフェテリア**で会う	meet at a **cafeteria**
1495	□□	**軽食**を食べる	grab a **snack**
1496	□□	**優雅な**ドレス	an **elegant** dress
1497	□□	**見事な**夕焼け	a **gorgeous** sunset
1498	□□	**本格的な**開店	a **grand** opening
1499	□□	1 **学期**間教える	teach a **semester**
1500	□□	契約の**条件**	the **terms** of a contract
1501	□□	国際線**ターミナル**	an international **terminal**
1502	□□	**屋外での**集まり	an **outdoor** gathering
1503	□□	**野外で**昼食を食べる	have lunch **outdoors**
1504	□□	**屋内での**活動	**indoor** activities
1505	□□	**オーブン**を熱する	heat the **oven**
1506	□□	**超音波**レンジ	a **microwave** oven
1507	□□	光学**顕微鏡**	an optical **microscope**
1508	□□	プレゼンテーションを**練習する**	**rehearse** for the presentation
1509	□□	**リハーサル**を行う	hold a **rehearsal**

□□	**farm** [fá:rm]	名 農場，農園，養殖場　動 ～を耕作する，～で農場を営む，～を養殖する
□□	**farming** [fá:rmiŋ]	名 農業，農場経営，養殖
□□	**farmer** [fá:rmər]	名 農場［養殖場］経営者，農場主
□□	**vacuum** [vǽkjuəm]	動 (～に) 掃除機をかける　名 真空，空白
□□	**mower** [móuər]	名 草刈り機，芝刈り機　☞ 動 mow (～を刈る)
□□	**champion** [tʃǽmpiən]	動 ～を擁護する，～を提唱する　名 擁護者，提唱者，選手権優勝者
□□	**championship** [tʃǽmpiənʃip]	名 選手権，優勝者の地位，擁護
□□	**portable** [pɔ́:rtəbl]	形 携帯用の，持ち運びできる　名 携帯用器具 ☞ 名 portability (携帯性)
□□	**mobile** [móubl]	形 可動性の，車で移動する，機動性のある，動き回れる，動きやすい，流動的な，移動性の　☞ 名 mobility (可動性)
□□	**purse** [pə́:rs]	名 財布，ハンドバッグ，ポーチ
□□	**wallet** [wálət]	名 財布，小物入れ
□□	**café** [kǽfei, ‒ˊ]	名 カフェ，コーヒー
□□	**cafeteria** [kæ̀fətíəriə]	名 カフェテリア，セルフサービス式の食堂
□□	**snack** [snǽk]	名 軽食，夜食，間食，(少量の) 食べ物，ひと口　動 軽食をとる
□□	**elegant** [éləgənt]	形 上品な，優雅な，格調の高い　☞ 名 elegance (上品さ)
□□	**gorgeous** [gɔ́:rdʒəs]	形 豪華な，華美な，すてきな　☞ 名 gorgeousness (豪華さ)
□□	**grand** [grǽnd]	形 壮大な，見事な，威厳のある，すべての ☞ 名 grandness (壮大さ)
□□	**semester** [səméstər]	名 (2学期制の) 1学期，半学年　☞ 形 semestral (学期の)
□□	**term** [tə́:rm]	名 期間，刑期，学期，用語，《terms で》関係　動 ～という名称をつける　☞ 熟 in terms of ... (～に関しては)
□□	**terminal** [tə́:rmənl]	名 終点，末端，端子　形 死に至る，最終的な，学期の
□□	**outdoor** [áutdɔ̀:r]	形 屋外の，屋外で行われる
□□	**outdoors** [àutdɔ́:rz]	副 屋外で，屋外へ
□□	**indoor** [índɔ̀:r]	形 屋内の，屋内で行われる　☞ 副 indoors (屋内で)
□□	**oven** [ʌ́vn]	名 オーブン，かまど，炉　☞ 熟 fresh from the oven (できたての)
□□	**microwave** [máikrəwèiv]	名 電子レンジ，マイクロ波　動 ～を電子レンジで調理する
□□	**microscope** [máikrəskòup]	名 顕微鏡　☞ 形 microscopic (きわめて小さい)
□□	**rehearse** [rihə́:rs]	動 (～の) リハーサルをする，詳しく述べる
□□	**rehearsal** [rihə́:rsəl]	名 リハーサル，予行演習，稽古

1510	□□ **ジャーナリズム**の分野で	in the field of **journalism**
1511	□□ **日誌**をつける	keep a **journal**
1512	□□ **ジャーナリスト**と話す	talk with a **journalist**
1513	□□ デジタル**メディア**	digital **media**
1514	□□ **中程度の**長さの髪	**medium**-length hair
1515	□□ **湿った**タオル	a **moist** towel
1516	□□ 肌を**潤す**	**moisten** skin
1517	□□ ハウスダストに対する**アレルギー**	an **allergy** to house dust
1518	□□ **アレルギー**反応	**allergic** reactions
1519	□□ **記憶**容量	a **memory** capacity
1520	□□ 語を**記憶する**	**memorize** words
1521	□□ 経営**哲学**	management **philosophies**
1522	□□ 少しの間**立ち止まる**	**pause** for a moment
1523	□□ 積載**場所**	a loading **dock**
1524	□□ 幅の広い**縞模様**のシャツ	a shirt with wide **stripes**
1525	□□ **楕円形の**デザイン	an **oval** design
1526	□□ **野心的な**プロジェクト	an **ambitious** project
1527	□□ **南国での**休暇	a **tropical** vacation
1528	□□ **カジュアルな**服を着ている	wear **casual** clothes
1529	□□ **怠ける**ようになる	grow **lazy**
1530	□□ **大きく**売上を伸ばす	**greatly** boost sales

□□	**journalism** [dʒə́ːrnəlìzm]	名 ジャーナリズム，新聞雑誌
□□	**journal** [dʒə́ːrnl]	名 日誌，日記
□□	**journalist** [dʒə́ːrnəlist]	名 ジャーナリスト，報道記者
□□	**media** [míːdiə]	名 マスメディア，マスコミ，記憶媒体
□□	**medium** [míːdiəm]	形 中等［中間］の，並みの　名 中間，中間物，手段，媒介物
□□	**moist** [mɔ́ist]	形 湿った，湿気を含んだ，しっとりした，雨の多い，うるんだ
□□	**moisten** [mɔ́isn]	動 ～を湿らせる，～を潤す，～をぬらす，湿る，じめじめする
□□	**allergy** [ǽlərdʒi]	名 アレルギー，過敏症
□□	**allergic** [ələ́ːrdʒik]	形 アレルギー性の，アレルギーを引き起こす，（～が）大きらいで
□□	**memory** [méməri]	名 記憶（力），思い出，記念，記憶装置
□□	**memorize** [méməràiz]	動 ～を記憶する，～を暗記する ☞ 名 memorization（記憶すること）
□□	**philosophy** [fəlɑ́səfi]	名 哲学，指針，信条，理念　☞ 形 philosophical（哲学の，哲学的な）
□□	**pause** [pɔ́ːz]	動 立ち止まる，休む，～を一時停止する　名 中止，休止，区切り
□□	**dock** [dɑ́k]	名 波止場，埠頭，ドック　動 ～をドックに入れる，～を接続する，停泊する
□□	**stripe** [stráip]	名 縞，ストライプ
□□	**oval** [óuvl]	形 楕円形の，卵形の　名 楕円形，卵形
□□	**ambitious** [æmbíʃəs]	形 大望のある，野心的な　☞ 名 ambition（野心）
□□	**tropical** [trɑ́pikl]	形 熱帯（性）の　☞ 名 tropic（回帰線）　名 the tropics（熱帯地方）
□□	**casual** [kǽʒuəl]	形 思いつきの，何気ない，略式の　☞ 名 casualty（死傷者）
□□	**lazy** [léizi]	形 怠惰な，のろのろした，眠気を誘う，リラックスした ☞ 名 laziness（怠惰）
□□	**greatly** [gréitli]	副 大いに，ひじょうに，偉大に　☞ 形 great（すばらしい）

1531	□□ 医療**科学技術**	medical **technology**
1532	□□ **科学技術の**進歩	**technological** advancement
1533	□□ **科学技術の面で**進歩した国々	**technologically** advanced countries
1534	□□ **専門**用語	**technical** terms
1535	□□ 保守**技術者**	a maintenance **technician**
1536	□□ 製造**技術**	manufacturing **techniques**
1537	□□ **グラフ**を描く	draw up a **graph**
1538	□□ **図解**	a **graphic** description
1539	□□ コンピュータ**グラフィクス**を制作する	create computer **graphics**
1540	□□ **数学**専攻学生	a **mathematics** major
1541	□□ **数学の**技能	**mathematical** skills
1542	□□ **計算**をする	do **arithmetic**
1543	□□ **ツアー旅行**プラン	a **tour** package
1544	□□ 医療目的の**観光旅行**	medical **tourism**
1545	□□ **観光客**用名所	a **tourist** attraction
1546	□□ **クルージング**に出る	go on a **cruise**
1547	□□ **骨董の**家具を輸入する	import **antique** furniture
1548	□□ **昔の**遺跡を訪れる	visit **ancient** ruins
1549	□□ **現代**美術	**modern** art
1550	□□ 知識**欲**	**thirst** for knowledge
1551	□□ 知識を**渇望して**いる人々	people **thirsty** for knowledge
1552	□□ 骨董品の**オークション**	an antiques **auction**
1553	□□ **入札**する	make a **bid**
1554	□□ **穀物**	**cereal** crops
1555	□□ **穀類**を輸入する	import **grain**

□□	**technology** [teknɑ́lədʒi]	名 科学技術，工業技術，テクノロジー
□□	**technological** [tèknəlɑ́dʒikl]	形 科学技術の，科学の発達による
□□	**technologically** [tèknəlɑ́dʒikəli]	副 科学技術的に
□□	**technical** [téknikl]	形 専門的な，科学技術の，厳密な解釈による
□□	**technician** [tekníʃn]	名 技術者，専門家
□□	**technique** [tekníːk]	名 テクニック，技術，技法，手腕
□□	**graph** [grǽf]	名 図式，図表，グラフ
□□	**graphic** [grǽfik]	形 図式による，生き生きとした　名 図，画
□□	**graphics** [grǽfiks]	名 製図法，グラフィクス，画像，図
□□	**mathematics** [mæ̀θəmǽtiks]	名 数学（の運用），演算，計算
□□	**mathematical** [mæ̀θəmǽtikl]	形 数学（上）の，数理的な，きわめて正確な
□□	**arithmetic** [əríθmətìk; æ̀riθmétik]	名 算数，算術，計算能力　形 算数の，計算の
□□	**tour** [túər]	名 小旅行，巡業，視察旅行　動（～を）巡業する，（～を）遠征する
□□	**tourism** [túərìzm]	名 観光旅行，観光事業，観光客
□□	**tourist** [túərist]	名 観光旅行客
□□	**cruise** [krúːz]	名 クルージング，周遊　動 巡航する，周遊する，歩き回る ☞ 名 cruiser（クルーザー）
□□	**antique** [æntíːk]	形 古くて価値のある，骨董の，時代遅れの ☞ 名 antiquity（古代〔品〕）
□□	**ancient** [éinʃənt]	形 古代の，太古からの，古色蒼然とした
□□	**modern** [mɑ́dərn]	形 現代の，近世の，近代の，最新の，モダンな　名 近代［現代］人，現代　☞ 動 modernize（～を現代化する）　名 modernity（現代性）
□□	**thirst** [θə́ːrst]	名 のどのかわき，渇望
□□	**thirsty** [θə́ːrsti]	形 のどがかわいた，強く望んで，干上がった
□□	**auction** [ɔ́ːkʃən]	名 競売，オークション　動 ～をオークションにかける
□□	**bid** [bíd]	名 入札，競売，努力　動 ～（の金額）を提示する，入札する
□□	**cereal** [síəriəl]	名 穀類，穀物，シリアル
□□	**grain** [gréin]	名 粒，穀物，少量　☞ 形 grainy（粗い）

1556	□□ **リネン**の輸入事業	a **linen** import business
1557	□□ 羽毛の**枕**	a feather **pillow**
1558	□□ **毛布**の下に	under a **blanket**
1559	□□ **人材**の獲得	**talent** acquisition
1560	□□ 間違いなく**才能のある**俳優	a truly **talented** actor
1561	□□ **書類業務**をする	do **paperwork**
1562	□□ **労働者側**と経営側	**labor** and management
1563	□□ **彫刻**を販売する	sell a **sculpture**
1564	□□ 著名な**彫刻家**	a famed **sculptor**
1565	□□ 記念**像**	a memorial **statue**
1566	□□ **歯科の**治療	**dental** work
1567	□□ **歯科医**の診療を受ける	see a **dentist**
1568	□□ 眼科**クリニック**	an eye **clinic**
1569	□□ **臨床**試験を行う	carry out **clinical** trials
1570	□□ その新刊書が**大好きである**	**adore** the new book
1571	□□ **満開**で	in full **bloom**
1572	□□ **フェリー**で旅する	travel by **ferry**
1573	□□ **車線**を変更する	change **lanes**
1574	□□ **協調**して働く	work in **harmony**
1575	□□ 非常時**備品一式**	an emergency **kit**
1576	□□ **電球**を交換する	replace a **bulb**
1577	□□ 食べ物の味と**風味**	taste and **flavor** in food
1578	□□ **小麦粉**アレルギー	a **flour** allergy
1579	□□ 地元の**建築業者**を雇う	hire a local **carpenter**

□□	**linen** [línən]	名 リネン，麻（糸），下着
□□	**pillow** [pílou]	名 枕
□□	**blanket** [blǽŋkit]	名 毛布　動 ～を覆う，～を包み隠す　形 包括的な，全面的な
□□	**talent** [tǽlənt]	名 素質，才能（のある人）
□□	**talented** [tǽləntid]	形 才能のある，有能な
□□	**paperwork** [péipərwə̀:rk]	名 書類業務，書類事務
□□	**labor** [léibər]	名 労働（者），苦しみ　動 努力する，働く ☞ 形 laborious（手間のかかる）
□□	**sculpture** [skʌ́lptʃər]	名 彫刻（物），彫像，彫刻術
□□	**sculptor** [skʌ́lptər]	名 彫刻家
□□	**statue** [stǽtʃu:]	名 彫像
□□	**dental** [déntl]	形 歯の，歯科（用）の
□□	**dentist** [déntəst]	名 歯科医　☞ 名 dentistry（歯科学）
□□	**clinic** [klínik]	名 診療所，クリニック，実地講習会
□□	**clinical** [klínikl]	形 臨床の，客観的な
□□	**adore** [ədɔ́:r]	動 ～を崇拝する，～を敬愛する ☞ 名 adoration（敬愛，崇拝）　形 adorable（とてもかわいい）
□□	**bloom** [blú:m]	名 花，満開　動 開花する
□□	**ferry** [féri]	名 フェリーボート，連絡船，船着き場　動 フェリーで渡る，（～をフェリーで）運ぶ
□□	**lane** [léin]	名 車線，レーン，小道，路地
□□	**harmony** [há:rməni]	名 調和，一致，和音 ☞ 動 harmonize（～を調和させる）　形 harmonious（調和した）
□□	**kit** [kít]	名 キット，一式，セット
□□	**bulb** [bʌ́lb]	名 電球，球状の物
□□	**flavor** [fléivər]	名 風味，味　動 ～に風味を添える，～に味付けする
□□	**flour** [fláuər]	名 小麦粉，粉末　動 粉になる，～を製粉する
□□	**carpenter** [ká:rpəntər]	名 大工　☞ 名 carpentry（大工職，木工品）

1580	□□	**実務研修生**として働く	work as an **intern**
1581	□□	**実務研修**プログラム	an **internship** program
1582	□□	毎年恒例の**競技会**	an annual **tournament**
1583	□□	ドーム式**競技場**	a domed **stadium**
1584	□□	満員の**観客席**	a packed **auditorium**
1585	□□	クリーン**エネルギー**で稼働する	run on clean **energy**
1586	□□	**活力あふれる**職員	an **energetic** worker
1587	□□	最新の**流行**	the latest **fashion**
1588	□□	**おしゃれな**イメージ	a **fashionable** image
1589	□□	スポーツと**余暇**のための施設	sport and **leisure** facilities
1590	□□	**趣味**を始める	take up a **hobby**
1591	□□	**ラウンジ**で	in the **lounge**
1592	□□	**ロビー**で待つ	wait in the **lobby**
1593	□□	世界**地図**	a world **atlas**
1594	□□	**地理的に見て**最高の場所	a prime **geographical** location
1595	□□	そのソースの**レシピ**	a **recipe** for the sauce
1596	□□	**コック長**への昇進	promotion to head **chef**
1597	□□	**サイズ**が異なる	vary in **size**
1598	□□	**かなりの**額のボーナス	a **sizable** bonus
1599	□□	**小型**車	a **compact** car
1600	□□	**たっぷりの**食事	a **hearty** meal
1601	□□	個人情報の**窃盗**	identity **theft**
1602	□□	財布を**盗む**	**steal** a wallet
1603	□□	平均スコアを**計算する**	**compute** average scores
1604	□□	完全に**コンピュータ化された**システム	a fully **computerized** system

□□	**intern** [íntəːrn]	名 インターン，見習い 動 インターンとして勤務する
□□	**internship** [íntəːrnʃip]	名 インターン生，実習期間
□□	**tournament** [túərnəmənt, tɔ́ːr-]	名 トーナメント，競技会
□□	**stadium** [stéidiəm]	名 競技場，スタジアム
□□	**auditorium** [ɔ̀ːditɔ́ːriəm]	名 講堂，公会堂，観客席
□□	**energy** [énərdʒi]	名 活力，精力，実行力，エネルギー
□□	**energetic** [ènərdʒétik]	形 精力的な，活気に満ちた，エネルギッシュな
□□	**fashion** [fǽʃən]	名 流行，ファッション，流儀 動 ～を作り上げる
□□	**fashionable** [fǽʃənəbl]	形 流行の，流行している，流行を追う
□□	**leisure** [líːʒər, léʒə]	名 余暇，暇な時間，レジャー，娯楽
□□	**hobby** [hábi]	名 趣味，得意なこと
□□	**lounge** [láundʒ]	名 ラウンジ，休憩室，ロビー，待合室 動 ぶらぶらする，ゆったり座る
□□	**lobby** [lábi]	名 ロビー，待合室 動 陳情する，ロビー活動をする
□□	**atlas** [ǽtləs]	名 地図帳
□□	**geographical** [dʒìːəgrǽfikl]	形 地理学の，地理的な ☞ 名 geography (地理)
□□	**recipe** [résəpi]	名 料理法，レシピ，コツ，方策
□□	**chef** [ʃéf]	名 シェフ，料理人
□□	**size** [sáiz]	名 大きさ，寸法 動 ～を大きさに従って分ける，(寸法) に合わせて作る
□□	**sizable** [sáizəbl]	形 相当の大きさの，かなり (多く) の
□□	**compact** [kəmpǽkt; kámpækt]	形 小型の，密集した 名 小型車，協定 動 ～をぎっしり詰める，～を圧縮する，盟約を結ぶ ☞ 名 compactness (小型であること，省スペース)
□□	**hearty** [háːrti]	形 心のこもった，誠実な，元気な，豊富な，十分な量の ☞ 名 heart (心) 動 dishearten (～を落胆させる)
□□	**theft** [θéft]	名 窃盗，盗み，盗塁
□□	**steal** [stíːl]	動 (～を) 盗む，(～を) うまく手に入れる 名 盗み，盗品，格安品 ☞ 名 stealth (内密な行動)
□□	**compute** [kəmpjúːt]	動 ～を計算 [算定] する，～を見積もる ☞ 名 computation (計算，情報処理)
□□	**computerize** [kəmpjúːtəràiz]	動 ～をコンピュータで処理する，～をコンピュータ化する

1605	□□ 近隣の**郡区**	a neighboring **township**
1606	□□ **住民集会**に出席する	attend a **town-meeting**
1607	□□ **心のこもった**あいさつをする	offer **sincere** greetings
1608	□□ 不便を**心から**詫びる	**sincerely** apologize for the inconvenience
1609	□□ **肌寒い**夕方に	on a **chilly** evening
1610	□□ **凍った**道路	an **icy** road
1611	□□ チキンと野菜を**網焼きする**	**grill** chicken and vegetables
1612	□□ 肉と野菜を**炒める**	**fry** meat and vegetables
1613	□□ **栄養成分**ラベル	a **nutrition** label
1614	□□ **栄養豊かな**食べ物	**nutritious** food
1615	□□ **栄養**成分	**nutritional** content
1616	□□ **錠剤**とカプセル	**tablets** and capsules
1617	□□ 睡眠**剤**を服用する	take a sleeping **pill**
1618	□□ 迷惑メールを**取り除く**	**filter** junk emails
1619	□□ 文章に画像を**挿入する**	**insert** images in the text
1620	□□ **日焼けした**肌	**tanned** skin
1621	□□ カードの**挿入口**	a card **slot**
1622	□□ 主要な株価**指数**	a key stock **index**
1623	□□ **ビザ**申請書	a **visa** application
1624	□□ 重役用**特別室**	an executive **suite**
1625	□□ 半**袖**シャツ	a shirt with short **sleeves**
1626	□□ 壊れた**花瓶**	a broken **vase**
1627	□□ **外国車**	an **exotic** car
1628	□□ **デジタルでの**支払いのほうを好む	prefer **digital** payments

□□	**township** [táunʃip]	名 (行政区画の) 郡区，タウンシップ
□□	**town-meeting** [tàunmí:tiŋ]	名 住民会議，タウンミーティング
□□	**sincere** [sinsíər, sən-]	形 誠実な，正直な，うそのない，言行一致の ☞ 名 sincerity (誠実さ)
□□	**sincerely** [sinsíərli, sən-]	副 心から，本当に
□□	**chilly** [tʃíli]	形 ひんやりした，肌寒い　☞ 動名 chill (～を冷やす；冷気)
□□	**icy** [áisi]	形 氷で覆われた，凍えるような，氷のように冷たい ☞ 名 ice (氷)
□□	**grill** [gríl]	動 ～を網焼きにする，～を厳しく尋問する
□□	**fry** [frái]	動 ～をフライにする，～を油で揚げる，～を炒める　名《fries で》フライドポテト
□□	**nutrition** [nju:tríʃən]	名 栄養摂取，栄養 (作用)，栄養物，栄養学
□□	**nutritious** [nju:tríʃəs]	形 栄養になる，滋養分のある
□□	**nutritional** [nju:tríʃənl]	形 栄養上の，栄養学の
□□	**tablet** [tǽblət]	名 錠剤，タブレット (型端末)，銘板
□□	**pill** [píl]	名 (丸い) 錠剤
□□	**filter** [fíltər]	動 フィルターを通る，～をフィルターにかける，～を選別する 名 フィルター，濾過器，こし器
□□	**insert** [insə́:rt]	動 ～に差し込む，～を挿入する，(言葉) をはさむ ☞ 名 insertion (挿入)
□□	**tan** [tǽn]	動 日焼けする，(皮膚) を日焼けさせる，(皮を) なめす　名 日焼け 形 黄褐色の，日焼けした
□□	**slot** [slát]	名 溝，細長く小さな穴，(組織や計画などの) 位置，時間帯 動 ～に穴をつける，～に溝をつける，～を割り込ませる
□□	**index** [índeks]	名 索引，目録，指数　動 索引を作る，～を索引に載せる
□□	**visa** [ví:zə]	名 査証，ビザ
□□	**suite** [swí:t]	名 組，そろい，スイートルーム，ひとそろいの家具，組曲，随行員
□□	**sleeve** [slí:v]	名 袖，さや，ジャケット
□□	**vase** [véis, vá:z]	名 壺，花瓶
□□	**exotic** [igzátik]	形 外来の，風変わりな，異国情緒のある ☞ 名 exoticism (異国趣味)
□□	**digital** [dídʒitl]	形 デジタルの，指先の　☞ 名 digit (アラビア数字，桁，指)

1629	□□ **アンケート**に答える	respond to a **questionnaire**
1630	□□ **調査**を行う	take a **survey**
1631	□□ 世論**調査**	an opinion **poll**
1632	□□ 連絡情報を**交換する**	**swap** contact information
1633	□□ 商品を**交換する**	**exchange** goods
1634	□□ 事業の提携先を**切り替える**	**switch** business partners
1635	□□ ソフトウェアを定期的に**アップグレードする**	regularly **upgrade** the software
1636	□□ 最新**版**	the latest **version**
1637	□□ 定期的に情報を**更新する**	periodically **update** information
1638	□□ ファイルを**ダウンロードする**	**download** a file
1639	□□ **オンライン**授業	an **online** course
1640	□□ リンクを**クリックする**	**click** on a link
1641	□□ ソフトウェアの**バグ**	a software **bug**
1642	□□ 独自の**内容**	original **content**
1643	□□ ネットを**閲覧する**	**browse** the Web
1644	□□ 対象とする**読者層**	target **readership**
1645	□□ 保存**ディスク**を初期化する	format a storage **disk**
1646	□□ **借用**権	**tenant** rights
1647	□□ **大家**と交渉する	negotiate with the **landlord**
1648	□□ **時刻表**を確認する	check a **timetable**
1649	□□ **タイミングのよい**方法で	in a **timely** fashion
1650	□□ 駐車用**スペース**	a parking **space**
1651	□□ **広々とした**アパート	a **spacious** apartment
1652	□□ 快適な**広さ**	pleasing **spaciousness**
1653	□□ 家庭**料理法**	home **cookery**
1654	□□ すばらしい**ビストロ**	an excellent **bistro**
1655	□□ **ペストリー**販売店	a **pastry** shop

□□	**questionnaire** [kwèstʃənéər]	名 アンケート，質問表
□□	**survey** [sə́:rvei; sərvéi]	名 調査，測量，見渡すこと 動 ～を見渡す，～を調査する，～を査定する，～を測量する
□□	**poll** [póul]	名 世論調査（結果），意識調査，人気投票
□□	**swap** [swáp]	動 ～を交換する 名 交換
□□	**exchange** [ikstʃéindʒ]	動 ～を交換する，～を両替する，～を交わす，交換する 名 交換，会話，為替 ☞ 熟 in exchange for ...（～と交換で）
□□	**switch** [swítʃ]	動 ～を交換する，スイッチを入れる［切る］，入れ替わる 名 スイッチ，（思いがけない）転換
□□	**upgrade** [ʌ̀pgréid; ˊˋ]	動 ～を高める，～を向上させる 名 アップグレード（版），性能向上，昇格
□□	**version** [və́:rʒən]	名 バージョン，型，版，意見，見解，説明
□□	**update** [ʌ̀pdéit; ˊˋ]	動 ～を最新の状態にする 名 更新（すること），最新情報
□□	**download** [dàunlóud, ˊˋ]	動 ～をダウンロードする，～をオンラインで取り込む 名 ダウンロードしたファイル ☞ 動 upload（～をアップロードする）
□□	**online** [ánlàin]	形 オンラインの，ネットワーク経由の 副 オンラインで，ネットワーク経由で ☞ 形副 offline（オフラインの；オフラインで）
□□	**click** [klík]	動 物事がうまくいく，（～を）クリックする，～を鳴らす 名 カチッという音，クリック
□□	**bug** [bʌ́g]	名 虫，昆虫，バグ 動 ～をイライラさせる ☞ 形 buggy（バグの多い）
□□	**content** [kántent; kəntént]	名 中身，内容 形 満足している 動 ～を満足させる
□□	**browse** [bráuz]	動 ざっと読む，（～を）見て回る 名 拾い読み，閲覧
□□	**readership** [rí:dərʃip]	名 読者層，読者数
□□	**disk** [dísk]	名 円盤（状のもの），ディスク
□□	**tenant** [ténənt]	名 賃借人，居住者
□□	**landlord** [lǽndlɔ̀:rd]	名 大家，地主
□□	**timetable** [táimtèibl]	名 時刻表
□□	**timely** [táimli]	形 タイミングのよい，時期のよい
□□	**space** [spéis]	名 空間，宇宙，空所，スペース，（特定の目的のための）場所
□□	**spacious** [spéiʃəs]	形 広々とした，広範な，包括的な
□□	**spaciousness** [spéiʃəsnəs]	名 開放感，広さ
□□	**cookery** [kúkəri]	名 料理法，料理術，調理室 ☞ 動名 cook（～を料理する；調理人）
□□	**bistro** [bí:strou]	名 ビストロ，小居酒屋
□□	**pastry** [péistri]	名 ペストリー

1656	□□	**ガラス製品**の企業	a **glassware** company
1657	□□	**靴**を脱ぐ	remove **footwear**
1658	□□	**部署間の**コミュニケーション	**interoffice** communication
1659	□□	**ホワイトボード**に	on the **whiteboard**
1660	□□	会社の**レターヘッド**	the company **letterhead**
1661	□□	20 パーセント引きの**クーポン券**	a 20-percent-off **coupon**
1662	□□	**青写真**を描く	draw up **blueprints**
1663	□□	畑を**耕す**	**plow** the field
1664	□□	取引関係を**強固にする**	**cement** a business relationship
1665	□□	毎朝**ジョギングする**	**jog** every morning
1666	□□	大きな年齢**差**	a large age **gap**
1667	□□	投資**銀行家**	an investment **banker**
1668	□□	**サロン**を開く	open a **salon**
1669	□□	慈善**バザー**	a charity **bazaar**
1670	□□	**道路工事**を行う	conduct **roadwork**
1671	□□	**弓形**を描く	form an **arc**
1672	□□	**インフルエンザ**にかかる	come down with the **flu**
1673	□□	**別れ**を告げる	bid **farewell**
1674	□□	多目的**バックパック**	a utility **backpack**
1675	□□	**一生懸命働く**人	a **hardworking** individual
1676	□□	**なによりも**まず	first and **foremost**
1677	□□	**中間**点で	at the **midway** point

□□	**glassware** [glǽswèər]	名 ガラス製品
□□	**footwear** [fútwèər]	名 履き物
□□	**interoffice** [ìntərɑ́fəs]	形（会社，組織の）各部門間の，社内の
□□	**whiteboard** [hwáitbɔ̀:rd]	名 ホワイトボード，白板
□□	**letterhead** [létərhèd]	名 レターヘッド（のある便箋）
□□	**coupon** [kjú:pɑn]	名 優待券，割引券，回数券，クーポン券
□□	**blueprint** [blú:prìnt]	名 青写真，詳細な計画
□□	**plow** [pláu]	動（～を）耕作する，～に取り掛かる，～を骨折って進める 名 すき
□□	**cement** [səmént]	動 ～をセメントで固める，～を固く結びつける 名 セメント，絆
□□	**jog** [dʒɑ́g]	動 ジョギングする，～を突く，（記憶）を呼び起こす 名 ゆっくり走ること ☞ 名 jogging（ジョギング） 名 jogger（ジョギングする人）
□□	**gap** [gǽp]	名 すき間，とぎれ，隔たり，相違
□□	**banker** [bǽŋkər]	名 銀行家，銀行の役員 ☞ 名 bank（銀行）
□□	**salon** [səlɑ́n; sǽlɔn]	名 大広間，客間，サロン，社交的集会，（美容院などのしゃれた）店
□□	**bazaar** [bəzɑ́:r]	名 バザー，バザール，市場
□□	**roadwork** [róudwə̀:rk]	名 道路工事，長距離走
□□	**arc** [ɑ́:rk]	名 弧，弓形
□□	**flu** [flú:]	名 インフルエンザ ☞ 名 influenza（インフルエンザ）
□□	**farewell** [fèərwél]	名 別れ（のあいさつ）
□□	**backpack** [bǽkpæ̀k]	名 バックパック
□□	**hardworking** [hɑ̀:rdwə́(:)rkiŋ]	形 よく働く，勤勉な
□□	**foremost** [fɔ́:rmòust]	副 まず第一に 形 いちばん先の，最初の ☞ 熟 first and foremost（まず第一に）
□□	**midway** [midwéi, ⁻⁻]	形 中途の，中ほどの 副 中途に，中ほどに

Score

Level 600

スコアレベル 600

1678	□□	意味を**推測する**	**guess** a meaning
1679	□□	行われる**ことになっている**会議	a meeting that is **supposed** to take place
1680	□□	次期**社長**	the incoming **president**
1681	□□	**大統領**候補者	a **presidential** candidate
1682	□□	新**大臣**を任命する	appoint a new **minister**
1683	□□	**気にする**必要はない。	Never **mind**.
1684	□□	**気を配った**食生活を実行する	practice **mindful** eating
1685	□□	**異なる**業種	a **different** field of business
1686	□□	**違い**を生む	make a **difference**
1687	□□	**異なって**反応する	respond **differently**
1688	□□	試作品と**異なる**	**differ** from the prototype
1689	□□	プロ向け商品と消費者向け商品を**区別する**	**differentiate** between products for pros and for consumers
1690	□□	意見を**述べる**	**state** an opinion
1691	□□	公式な**声明**	an official **statement**
1692	□□	簡潔な**言い換え**	a concise **restatement**
1693	□□	その説明を**別のことばで言い換える**	**paraphrase** the explanation
1694	□□	ホテルを**予約する**	**book** a hotel
1695	□□	**簿記**を担当して	in charge of **bookkeeping**
1696	□□	からっぽの**書棚**	an empty **bookshelf**
1697	□□	正当な**理由**なく	without a valid **reason**
1698	□□	**妥当な**要求	a **reasonable** request
1699	□□	**手ごろな**料金のホテル	**reasonably** priced hotels
1700	□□	よい**仕事**に就く	land a good **job**
1701	□□	常勤の仕事に**就く**	**land** a full-time job

□□	**guess** [gés]	【動】(～を) 推測する，(～を) 解き当てる 【名】推測
□□	**suppose** [səpóuz]	【動】～と思う，～と考える，～と仮定する，《*be* supposed to *do* で》～することになっている ☞【名】supposition (推測，仮定)
□□	**president** [prézidənt]	【名】大統領，学長，社長，委員長，総裁 ☞【名】presidency 【名】vice president (＝VP) (副社長)
□□	**presidential** [prèzidénʃl]	【形】大統領の，社長の，大統領にふさわしい
□□	**minister** [mínəstər]	【名】大臣，公使，外交使節，聖職者，牧師
□□	**mind** [máind]	【動】～に注意する，～に用心する，～に気をつける，～を気にする 【名】心，精神，知性，正気，記憶
□□	**mindful** [máindfl]	【形】(～を) 心にとめて，忘れないで，注意して
□□	**different** [dífərənt]	【形】異なる，違って，さまざまな，区別された ☞【形】indifferent (無関心な)
□□	**difference** [dífərəns]	【名】相違 (点)，差，不一致，区別 ☞【名】indifference (無関心)
□□	**differently** [dífərəntli]	【副】異なって，違って，別に ☞【副】indifferently (関心なく)
□□	**differ** [dífər]	【動】異なる，一致しない，合わない
□□	**differentiate** [dìfərénʃièit]	【動】違いが出てくる，～を識別する，～を差別化する
□□	**state** [stéit]	【動】～を述べる，～を明言する 【名】状態，事態，国家，国，州 【形】国家の，州立の，儀式用の
□□	**statement** [stéitmənt]	【名】述べること，陳述書，声明，発言，計算書，明細書，貸借表
□□	**restatement** [ri:stéitmənt]	【名】再陳述，言い換え ☞【動】restate (～を再び述べる，～を言い換える)
□□	**paraphrase** [pǽrəfrèiz]	【動】～を別の言葉で言い換える，～を意訳する 【名】言い換え，置き換え
□□	**book** [búk]	【動】～を予約する，～を (帳簿に) 記載する 【名】本，帳簿
□□	**bookkeeping** [búkkì:piŋ]	【名】簿記 ☞【名】bookkeeper (簿記係，会計士)
□□	**bookshelf** [búkʃèlf]	【名】本棚，書棚
□□	**reason** [rí:zn]	【名】理由，根拠 【動】理論的に考える，～を論じる，～を推論する
□□	**reasonable** [rí:znəbl]	【形】合理的な，妥当な，筋の通った，正当な，手ごろな ☞【形】unreasonable (不合理な，法外な)
□□	**reasonably** [rí:znəbli]	【副】道理にかなって，分別をわきまえて
□□	**job** [dʒáb]	【名】仕事，職業，業務 ☞【形】jobless (無職の)
□□	**land** [lǽnd]	【動】～に上陸する，～に到着する，～を獲得する 【名】土地

1702	□□ **考えられる**原因	a **probable** cause
1703	□□ **おそらく**違います。	**Probably** not.
1704	□□ 高い**確率**	a high **probability**
1705	□□ 子の**世話**をする	take **care** of a child
1706	□□ **慎重な**評価	a **careful** evaluation
1707	□□ 効率を**慎重に**評価する	**carefully** evaluate the efficiency
1708	□□ **不注意による**間違い	a **careless** error
1709	□□ 「犬に**注意**」という掲示	a “**beware** of dog” sign
1710	□□ イベントの延期を**強制する**	**force** postponement of the event
1711	□□ 規則を**執行する**	**enforce** rules
1712	□□ そのテストを受けることを従業員に**強制する**	**compel** employees to take the test
1713	□□ 税金を**課す**	**impose** a tax
1714	□□ **義務化されている**出席	**mandatory** attendance
1715	□□ 製品を**注文する**	**order** a product
1716	□□ **きちんとした**やり方で	in an **orderly** manner
1717	□□ 体の**不調**	a physical **disorder**
1718	□□ すぐに注目を**集める**	**command** instant attention
1719	□□ 問題に**対処する**	**deal** with a problem
1720	□□ 自動車**販売業者**	an automotive **dealer**
1721	□□ 自動車**販売**	car **dealership**
1722	□□ 目標に**達する**	**reach** a goal
1723	□□ 客を**呼び出す**	**page** a guest
1724	□□ 映画に**主演**する	**star** in a movie
1725	□□ 壁に**寄りかかる**	**rest** against the wall
1726	□□ 利益を上げている**企業**	a profitable **company**

□□	**probable** [prɑ́bəbl]	形 起こりそうな，ありそうな，もっともらしい ☞ 形 improbable (起こりそうにない)
□□	**probably** [prɑ́bəbli]	副 おそらく，高い確率で
□□	**probability** [prɑ̀bəbíləti]	名 可能性，見込み，確率
□□	**care** [kéər]	名 心配，配慮，世話 動 気にかける，大切だと思う
□□	**careful** [kéərfl]	形 注意深い，入念な，気にかける
□□	**carefully** [kéərfəli]	副 注意深く，慎重に
□□	**careless** [kéərləs]	形 不注意な，軽率な
□□	**beware** [biwéər]	動《beware of ... で》～に気をつける，～に用心する，～を警戒する
□□	**force** [fɔ́ːrs]	動 ～に強制する，～に無理に…させる，～を強要する 名 力，強さ ☞ 形 forceful (強力な)
□□	**enforce** [infɔ́ːrs]	動 ～を実施する，～を施行する，～に強制する，～を強く主張する ☞ 名 enforcement (実施，強制)
□□	**compel** [kəmpél]	動 ～に強いる，～に強要する，～を駆り立てる ☞ 名 compulsion (衝動) 形 compulsive (衝動的な)
□□	**impose** [impóuz]	動 ～に無理強いする，～を課す，～を負わす ☞ 名 imposition (賦課)
□□	**mandatory** [mǽndətɔ̀ːri]	形 義務的な，強制の，必須の，命令の，委任された ☞ 名 動 mandate (権限，信任，命令；～を義務付ける)
□□	**order** [ɔ́ːrdər]	動 (～を) 注文する，～を命令する，～を整える 名 命令，注文，順番，整頓，秩序 ☞ 熟 in order (正常に機能して) 熟 out of order (故障して)
□□	**orderly** [ɔ́ːrdərli]	形 整頓された，秩序ある，規則に従った
□□	**disorder** [disɔ́ːrdər, diz-]	名 無秩序，混乱，不調
□□	**command** [kəmǽnd]	動 ～を命令する，～を指揮する，～を自由に操る 名 命令，指揮，自由に操る能力
□□	**deal** [díːl]	動《deal with ... で》扱う，対応する，《deal in ... で》販売する 名 協定，取り決め，取引，掘り出し物 ☞ 名 dealing (取引)
□□	**dealer** [díːlər]	名 販売業者，ディーラー
□□	**dealership** [díːlərʃip]	名 販売権，取り扱い店，特約店
□□	**reach** [ríːtʃ]	動 手を伸ばす，～に到着する，～に達する，～に届く 名 (力が) 及ぶ範囲
□□	**page** [péidʒ]	動 ～に番号を振る，～を呼び出す 名 ページ，一葉
□□	**star** [stɑ́ːr]	動 主役を務める，～に星印を付ける 名 星 (形のもの)，人気者
□□	**rest** [rést]	動 休む，休息する，～を休ませる，～を置く 名 休憩 (所)，残り
□□	**company** [kʌ́mpəni]	名 会社，法人，仲間，来客，交際

1727	□□ 料金を**支払う**	**pay** a fee
1728	□□ **有給**休暇	a **paid** vacation
1729	□□ 前**払い**	**payment** in advance
1730	□□ **未支払い**取引と未入金取引	accounts **payable** and receivable
1731	□□ **所得**税	**payroll** taxes
1732	□□ **給与小切手**を受け取る	receive a **paycheck**
1733	□□ 税金を**過払いする**	**overpay** tax
1734	□□ **未払いの**請求書	an **unpaid** invoice
1735	□□ 南部の州を**統治する**	**govern** a southern state
1736	□□ **政府**の方針	a **government** policy
1737	□□ その州の**知事**	the **governor** of the state
1738	□□ 次期**市長**	a **mayor**-elect
1739	□□ 販売**数字**	sales **figures**
1740	□□ **形**になる	take **shape**
1741	□□ 文章に段落を**加える**	**add** a paragraph to the text
1742	□□ 雇用創出**に加えて**	in **addition** to creating jobs
1743	□□ **追加**情報を求める	request **additional** information
1744	□□ **さらには**生産性増加を助ける	**additionally** help to increase productivity
1745	□□ 時間**外**労働をする	work **extra** hours
1746	□□ **予備の**鍵	a **spare** key
1747	□□ 問題を**感じ取る**	**sense** a problem
1748	□□ 批判に対して**敏感に**なる	become **sensitive** to criticism
1749	□□ **一般的な**意見	**general** opinion
1750	□□ **一般的に**言って	**generally** speaking
1751	□□ **概略**をまとめる	make a **generalization**
1752	□□ **ノーブランドの**製品	a **generic** product

□□	**pay** [péi]	動 ～を支払う，もうかる，報われる　名 賃金，給料，報酬
□□	**paid** [péid]	形 支払われた，支払い済みの，有給の，有料の
□□	**payment** [péimənt]	名 支払い（金額），納入，報酬
□□	**payable** [péiəbl]	形 支払うべき，支払い可能な，支払い満期で
□□	**payroll** [péiròul]	名 給与支払い名簿，従業員総数，給与，人件費
□□	**paycheck** [péitʃèk]	名 給与，給与支払い小切手
□□	**overpay** [òuvərpéi]	動 ～に余分に支払う，～に必要以上に支払う
□□	**unpaid** [ʌ̀npéid]	形 未払いの，無給の
□□	**govern** [gʌ́vərn]	動（国など）を治める，～を管理する，～を左右する ☞ 名 governance（統治）
□□	**government** [gʌ́vər(n)mənt]	名 政治，政府（機関）
□□	**governor** [gʌ́vərnər]	名 知事，支配者
□□	**mayor** [méiər]	名 市長，町長　☞ 形 mayoral（知事の）
□□	**figure** [fígjər]	名 形，図表，人物，数字　動 ～を想像する，～と考える，現れる
□□	**shape** [ʃéip]	名 形（状），状態，様子，姿　動 ～を形づくる，～を作る，～を具体化する，（考えなど）をまとめる，でき上がる ☞ 熟 take shape（形になる）
□□	**add** [ǽd]	動（～を）加える，（～を）追加する，～を合計する
□□	**addition** [ədíʃən]	名 追加，付加，足し算
□□	**additional** [ədíʃənl]	形 追加の，付加的な
□□	**additionally** [ədíʃənəli]	副 さらに，そのうえに，加えて
□□	**extra** [ékstrə]	形 追加の，余分な，特上の　名 余分なもの，追加料金，追加分 副 特別に，余分に
□□	**spare** [spéər]	形 予備の，空いている，不十分な　動 ～を取っておく，～を控える，（時間など）を割く，～を見逃す
□□	**sense** [séns]	動 ～を感じ取る，～に気づく　名 感触，感じ，気持ち，意識，意味，判断能力 ☞ 形 sensible（分別がある）　熟 make sense（意味がある）
□□	**sensitive** [sénsətiv]	形 敏感な，感受性の高い，過敏な，神経質な，デリケートな
□□	**general** [dʒénərl]	形 全体的な，世間一般の，一般的な，概略の ☞ 名 generality（一般論，大多数）
□□	**generally** [dʒénərəli]	副 一般に，概して，通例は，漠然と
□□	**generalization** [dʒènərələzéiʃən]	名 一般化，概略化　☞ 動 generalize（～を一般化する）
□□	**generic** [dʒənérik]	形 ノーブランドの，商標登録されていない，一般的な

1753	□□ **裁判所**に出向く	go to **court**
1754	□□ **法**に従う	follow the **law**
1755	□□ **弁護士**に相談する	consult a **lawyer**
1756	□□ **訴訟**を起こす	file a **lawsuit**
1757	□□ 企業**弁護士**	a corporate **attorney**
1758	□□ **請求金額**を払う	pay a **bill**
1759	□□ 成功を**確信**する	feel **certain** about the success
1760	□□ **確かに**役立つ道具	a **certainly** useful tool
1761	□□ 経済**不安**	economic **uncertainty**
1762	□□ 昔からの**ほんとうの**友人	my old friend **indeed**
1763	□□ 木を**植える**	**plant** a tree
1764	□□ **工場**を経営する	run a **factory**
1765	□□ 事業の好転を**期待する**	**expect** a turnaround in business
1766	□□ **期待**に応える	live up to **expectations**
1767	□□ **この先予測される**命	life **expectancy**
1768	□□ **予期しない**遅れ	an **unexpected** delay
1769	□□ 大きな需要を**予想する**	**anticipate** high demand
1770	□□ 不同意を**表明する**	**voice** disagreement
1771	□□ 身元証明バッジを**身につける**	**wear** an ID badge
1772	□□ **役割**を果たす	play a **role**
1773	□□ この**場合**は	in this **instance**
1774	□□ 報道に**気分を害する**	get **upset** about a report
1775	□□ **連邦**政府	the **federal** government

□□	**court** [kɔ́ːrt]	名 裁判，公判，中庭，展示場
□□	**law** [lɔ́ː]	名 法，法律(学)，法規　☞ 形 lawful (合法の)
□□	**lawyer** [lɔ́ːjər, lɔ́iər]	名 弁護士，法律家　☞ 名 lawmaker (議員)
□□	**lawsuit** [lɔ́ːsùːt]	名 告訴，訴訟　☞ 名 suit (訴訟)
□□	**attorney** [ətə́ːrni]	名 法律家，弁護士，法定代理人
□□	**bill** [bíl]	名 請求書，明細書，法案，くちばし　動 ～に請求書を送る
□□	**certain** [sə́ːrtn]	形 確信して，確かな，ある一定の，いくらかの ☞ 動 ascertain (～を確かめる)　名 certainty (確実さ)
□□	**certainly** [sə́ːrtnli]	副 確かに，間違いなく，《返答として》承知しました，もちろんです
□□	**uncertainty** [ʌnsə́ːrtnti]	名 疑念，不確実なこと，不確かさ，不透明感
□□	**indeed** [indíːd]	副 実際に，まったく，本当に
□□	**plant** [plǽnt]	動 ～を植える　名 植物，工場，プラント，施設
□□	**factory** [fǽktəri]	名 工場，作り出す場所
□□	**expect** [ikspékt]	動 ～を予期する，～を予想する，～を期待する，～を楽しみにする，出産を控えている　☞ 形 expecting (妊娠中で)
□□	**expectation** [èkspektéiʃən]	名 予期，予想，期待(されるもの)，見込み
□□	**expectancy** [ikspéktnsi]	名 期待(されるもの)，予期，見込み，予測値 ☞ 形 expectant (期待して，出産予定で，予期される)
□□	**unexpected** [ʌ̀nikspéktid]	形 思いがけない，予期しない，不意の
□□	**anticipate** [æntísəpèit]	動 ～を予想する，～を期待する ☞ 名 anticipation (予想，期待)　形 anticipatory (予想しての)
□□	**voice** [vɔ́is]	動 ～を声に出す，～を表明する　名 声，発言権，意見，表明
□□	**wear** [wéər]	動 ～を身につけている，すり減る，弱くなる　名 衣服，摩耗
□□	**role** [róul]	名 役，役割，役目　☞ 熟 role model (模範となる人物)
□□	**instance** [ínstəns]	名 実例，事例，例　☞ 熟 for instance (たとえば)
□□	**upset** [ʌpsét; ʌ́psèt]	形 ひっくり返って，混乱して，番狂わせの，動揺して，不調の 動 ひっくり返る，～をひっくり返す，～を動揺させる，～を心配させる，～を乱す　名 転倒，混乱，動揺 ☞ 形 upsetting (動揺させる)
□□	**federal** [fédərl]	形 連邦制の，連邦政府の

1776	□□	税を**含む**	**include** tax
1777	□□	**包括的な**保険契約	an **inclusive** insurance policy
1778	□□	食料品を**除外する**	**exclude** food products
1779	□□	**独占的な**権利	**exclusive** rights
1780	□□	作業エリアを**独占的に**使う	**exclusively** use a work area
1781	□□	システムを**説明する**	**explain** a system
1782	□□	**説明**する	give an **explanation**
1783	□□	**説明**会議	an **explanatory** meeting
1784	□□	成長**し続ける**	**continue** to grow
1785	□□	**継続的な**成長	**continuous** growth
1786	□□	商品を**打ち切る**	**discontinue** a product
1787	□□	ニューヨークに**本拠を置く**デザイン会社	a New York-**based** design firm
1788	□□	**地階**に	on the **basement** floor
1789	□□	**基本的な**考え	a **basic** idea
1790	□□	**基本的に**同じ製品	**basically** the same product
1791	□□	テストの結果**に基づいて**	on the **basis** of test results
1792	□□	12 パーセント**上昇する**	**rise** by 12 percent
1793	□□	新しい発想が**生じる**	new ideas **arise**
1794	□□	問題を**取り上げる**	**raise** an issue
1795	□□	利益を**押し上げる**	**boost** profits
1796	□□	価格**引き上げ**	a price **hike**
1797	□□	バッグにサンプルを**詰め込む**	**stuff** samples into a bag
1798	□□	複雑な**問題**	a complicated **matter**
1799	□□	機密**資料**	classified **material**

□□	**include** [inklúːd]	動 〜を含める，〜を盛り込む，〜を同封する ☞ 名 inclusion（含むこと）
□□	**inclusive** [inklúːsiv]	形 含めた，包括的な，開放的な
□□	**exclude** [iksklúːd]	動 〜を締め出す，〜を除外する，〜を考慮に入れない，〜を不可能にする ☞ 名 exclusion（除外）
□□	**exclusive** [iksklúːsiv]	形 排他的な，独占的な，専用の 名 独占記事，独占権
□□	**exclusively** [iksklúːsivli]	副 もっぱら，排他的に，独占的に
□□	**explain** [ikspléin]	動 〜を解説する，〜を説明する，〜を明確にする，〜と弁明する
□□	**explanation** [èksplənéiʃən]	名 説明，弁明，解説，真相
□□	**explanatory** [iksplǽnətɔ̀ːri]	形 説明的な，説明に役立つ
□□	**continue** [kəntínjuː]	動（間断なく）〜を続ける，〜を継続させる，続く ☞ 名 continuity（継続）
□□	**continuous** [kəntínjuəs]	形 途切れない，一連の，継続した ☞ 形 continual（断続的な，絶え間のない）
□□	**discontinue** [dìskəntínjuː]	動 終わる，中断する，〜を中止する，〜を打ち切る ☞ 名 discontinuity（中断）
□□	**base** [béis]	動 〜の基礎を置く，〜の本拠地を置く 名 基盤，基礎
□□	**basement** [béismənt]	名 地階，基礎，基盤
□□	**basic** [béisik]	形 基本的な，必要最小限の 名《basics で》基本，基礎
□□	**basically** [béisikli]	副 基本的に，おおむね，実際は
□□	**basis** [béisis]	名 基礎，土台，原則，根拠 ☞ 動 base（〜に基礎を置く） 熟 on the basis of ...（〜に基づいて）
□□	**rise** [ráiz]	動 立ち上がる，昇る，上昇する 名 上がること，上昇，値上げ ☞ 熟 on the rise（増加して）
□□	**arise** [əráiz]	動 起こる，発生する，生じる，起きる
□□	**raise** [réiz]	動 上がる，〜を上げる，〜を起こす，〜を育てる，〜を増やす，（募金）を募る 名 昇給
□□	**boost** [búːst]	動 〜を上昇させる，〜を引き上げる 名 上昇
□□	**hike** [háik]	名 値上げ，ハイキング 動（価格など）を急に引き上げる，ハイキングをする
□□	**stuff** [stʌ́f]	動 〜を詰め込む，〜をたらふく食べる，（鼻が）詰まる 名 原料，資料，素質，物質，飲食物，持ち物，品々 ☞ 形 stuffy（むっとする）
□□	**matter** [mǽtər]	名 問題，事柄，やっかいなこと，物質，物体 動 重要である，重大な関係がある
□□	**material** [mətíəriəl]	名 原料，材料，生地，資料，人材 形 物質的な，形のある ☞ 動 materialize（実現する） 名 materialism（物質主義） 形 materialistic（物質主義の）

1800	□□ 取引**手数料**	a transaction **charge**
1801	□□ 顧客に**過剰請求する**	**overcharge** a customer
1802	□□ **追加料金**を適用する	apply a **surcharge**
1803	□□ 汚染水を**排出する**	**discharge** polluted water
1804	□□ **バッテリー**充電器	a **battery** charger
1805	□□ 成功しているように**見える**	**appear** to be successful
1806	□□ 姿を**現す**	make an **appearance**
1807	□□ **明らかな**理由はないままに	for no **apparent** reason
1808	□□ 成功したと**思える**プロジェクト	an **apparently** successful project
1809	□□ 店の棚から**姿を消す**	**disappear** from store shelves
1810	□□ 不意に**姿を消すこと**	abrupt **disappearance**
1811	□□ 歴史の中に**消えていく**	**fade** into history
1812	□□ 莫大な**費用がかかる**	**cost** a fortune
1813	□□ **高くつく**誤り	a **costly** mistake
1814	□□ **政策**を実行に移す	put **policy** into action
1815	□□ **政治的な**発言	a **political** statement
1816	□□ 世界**政治**	world **politics**
1817	□□ 著名な**政治家**	a well-known **politician**
1818	□□ 不注意から**生じる**	**result** from carelessness
1819	□□ 会議の**結果**	an **outcome** of the meeting
1820	□□ ごみを**燃やす**	**burn** waste
1821	□□ 合併を**試みる**	**attempt** a merger
1822	□□ **予算**を削減する	cut the **budget**
1823	□□ **調査**チーム	a **research** team
1824	□□ **率直な**答え	a **straight** answer

□□	**charge** [tʃɑ́ːrdʒ]	名 使用料，手数料，非難，責任，義務　動 ～を請求する，～を充電する，～であると非難する　☞ 熟 in charge of ... (～を担当して)
□□	**overcharge** [òuvərtʃɑ́ːrdʒ]	動 ～に過剰請求する，～を過充電する，～に過剰積載する 名 過剰請求，過充電，過剰積載
□□	**surcharge** [sə́ːrtʃɑ̀ːrdʒ]	名 過重，追加 (料) 金，割増金，不足額表示
□□	**discharge** [distʃɑ́ːrdʒ]	動 ～を降ろす，～を発射する，～を解雇する，～を排出する，(責任など) を果たす，(船荷など) を降ろす　名 荷揚げ，排出，解放
□□	**battery** [bǽtəri]	名 バッテリー，電池
□□	**appear** [əpíər]	動 姿を見せる，現れる，出演する，世に出る，～のように見える
□□	**appearance** [əpíərəns]	名 出現，出席，外見
□□	**apparent** [əpǽrənt]	形 明らかな，明白な，一見～らしい
□□	**apparently** [əpǽrəntli]	副 一見～らしい，どうも～らしい
□□	**disappear** [dìsəpíər]	動 見えなくなる，消える
□□	**disappearance** [dìsəpíərəns]	名 消失，絶滅，失踪，紛失
□□	**fade** [féid]	動 姿を消す，色あせる，消えていく，(花) をしおれさせる
□□	**cost** [kɔ́(ː)st]	動 (費用など) がかかる，～を必要とする　名 費用，コスト，対価，犠牲
□□	**costly** [kɔ́(ː)stli]	形 高価な，費用のかかる，犠牲の大きい，高くつく
□□	**policy** [pɑ́ləsi]	名 政策，方針，方策，やり方，規定，保険証書
□□	**political** [pəlítikl]	形 政治 [政党] の，国家 [国政] の
□□	**politics** [pɑ́lətìks]	名 政治 (学)，政治問題，政策
□□	**politician** [pɑ̀lətíʃən]	名 政治家
□□	**result** [rizʌ́lt]	動 生じる，起こる，終わる，結果として (～に) なる　名 結果
□□	**outcome** [áutkʌ̀m]	名 結果，成果，業績
□□	**burn** [bə́ːrn]	動 燃える，～を燃やす　名 火傷
□□	**attempt** [ətémpt]	動 ～を試みる，努力する　名 試み，努力 ☞ 形 attempted (試みられた，成功しなかった)
□□	**budget** [bʌ́dʒət]	名 予算 (案)　動 ～を予算に計上する　形 安価な，予算に合った ☞ 形 budgetary (予算上の)
□□	**research** [ríːsəːrtʃ, risə́ːrtʃ]	名 研究，調査，探求，追及　動 (～を) 調べる，(～を) 調査する
□□	**straight** [stréit]	形 まっすぐな，一直線の，筋の通った，整理整頓された，公正な，まじめな，連続した　副 まっすぐに，正しく，すぐに，連続して ☞ 動 straighten (～を強化する)

GROUP 38

1825	□□ 小包を**発送する**	**ship** a package
1826	□□ **発送物**を受け取る	receive a **shipment**
1827	□□ 現在の**状況**	current **circumstances**
1828	□□ 現在の**状況**	the current **situation**
1829	□□ 東京に**位置する**飛行場	an airport **situated** in Tokyo
1830	□□ 警戒**し続ける**	**remain** alert
1831	□□ その年の**残りの期間**	the **remainder** of the year
1832	□□ リスクを**伴う**	**involve** risks
1833	□□ 直接の**関与**を否定する	deny direct **involvement**
1834	□□ **商業**展示会	a **trade** show
1835	□□ 登録**商標**	a registered **trademark**
1836	□□ 違いに**気づく**	**notice** a difference
1837	□□ 従業員に変更を**通告する**	**notify** employees of a change
1838	□□ **予備**案	a **backup** plan
1839	□□ 決定を**支持する**	**support** a decision
1840	□□ 地元の**支持者**からの支援	help from local **supporters**
1841	□□ 条件に**同意する**	**agree** to the terms
1842	□□ **合意**に達する	reach an **agreement**
1843	□□ 他のメンバーに**同意しない**	**disagree** with other members
1844	□□ 意見の**不一致**を解決する	resolve a **disagreement**
1845	□□ 口頭での**同意**	verbal **consent**
1846	□□ 会社の評判を**傷つける**	**hurt** the company's reputation
1847	□□ かすかに**痛む**	slightly **ache**
1848	□□ 全体的な性能を**評価する**	**rate** overall performance
1849	□□ 利点対リスクの**割合**	a benefit-to-risk **ratio**
1850	□□ 重要性に**比例**して	in **proportion** to the importance

□□	**ship** [ʃíp]	動 ～を船に積む，～を船で送る，～を出荷する，～を輸送する 名 船，飛行船，宇宙船　☞ 名 shipping (発送)
□□	**shipment** [ʃípmənt]	名 船積み，輸送，発送，積み荷
□□	**circumstance** [sə́ːrkəmstæ̀ns]	名 事情，状況，環境　☞ 形 circumstantial (状況の)
□□	**situation** [sìtʃuéiʃən]	名 場所，状況，立場，境遇，情勢　☞ 形 situational (状況の)
□□	**situate** [sítʃuèit]	動 ～を (…に) 位置させる，～を (…に) 置く
□□	**remain** [riméin]	動 残る，～のままでいる　名《remains で》残り物，残骸
□□	**remainder** [riméindər]	名 残り，残り物，余り
□□	**involve** [inválv]	動 ～を巻き込む，～に影響を及ぼす，～を参加させる
□□	**involvement** [inválvmənt]	名 関与，関わり，熱中していること
□□	**trade** [tréid]	名 業界，職業，貿易，売買，取引　動 商売をする，～を取引する， ～を交換する　☞ 名 trade-in (下取り)
□□	**trademark** [tréidmɑ̀ːrk]	名 商標，トレードマーク，特徴　動 ～を商標登録する
□□	**notice** [nóutəs]	動 ～に気がつく，～を認める，～に注目する　名 通知，通報，告知， 通知書，掲示，(解雇，解約，退職などの) 予告 ☞ 形 noticeable (目立つ)　熟 until further notice (追って通知するまで)
□□	**notify** [nóutəfài]	動 ～に通知する，～に届け出る，～を通知する，～を知らせる， ～を発表する，～を公示する　☞ 名 notification (通知)
□□	**backup** [bǽkʌ̀p]	名 予備支援
□□	**support** [səpɔ́ːrt]	動 ～を支える，～を扶養する，～を養う，～を支持［支援／維持］ する　名 支持，支柱，養育費，後援者　☞ 形 supportive (協力的な)
□□	**supporter** [səpɔ́ːrtər]	名 支持者，援助者，支援者，賛成者
□□	**agree** [əgríː]	動 同意する，賛成する，合意する　☞ 形 agreeable (合意できる)
□□	**agreement** [əgríːmənt]	名 合意，承諾，取り決め，協定　☞ 熟 in agreement (合意して)
□□	**disagree** [dìsəgríː]	動 意見を異にする，反対する，一致しない
□□	**disagreement** [dìsəgríːmənt]	名 不一致，意見の相違点，不適合
□□	**consent** [kənsént]	名 同意，承認，一致　動 同意する，承諾する
□□	**hurt** [hə́ːrt]	動 ～を痛める，～を傷つける，痛む　形 傷ついて，痛んで　名 傷， けが，痛み　☞ 形 hurtful (有害な)
□□	**ache** [éik]	動 痛む，うずく　名 痛み，うずき
□□	**rate** [réit]	動 ～を格付けする，～を評価する，～を見積もる　名 割合，相場， レート　☞ 熟 at a rate of ... (～の割合で)
□□	**ratio** [réiʃou]	名 割合，対比　☞ 熟 in the ratio of ... (～の割合で)
□□	**proportion** [prəpɔ́ːrʃən]	名 比，割合，調和 ☞ 形 proportional (比例した)　形 proportionate (比例した) 熟 in proportion to/as ... (～〔する〕に比例して)

1851	□□	違いに**目を向ける**	**note** a difference
1852	□□	**考え**を退ける	reject a **notion**
1853	□□	過程を**述べる**	**describe** the process
1854	□□	商品**説明**	a product **description**
1855	□□	**記述的な**説明をする	give a **descriptive** explanation
1856	□□	**大きな**問題	a **major** issue
1857	□□	**多数派**の意見	opinions of the **majority**
1858	□□	**ちょっとした**修正	a **minor** correction
1859	□□	**少数派**の意見	opinions of the **minority**
1860	□□	価格を**引き下げる**	**drop** the price
1861	□□	**乗り捨てできる**レンタサイクル	a **drop-off** rental bike
1862	□□	結果を**考慮する**	**consider** the outcome
1863	□□	しかるべき**配慮**を必要とする	need due **consideration**
1864	□□	**かなりの**収益を上げる	make **considerable** gains
1865	□□	**かなり**うまくやる	do **considerably** better
1866	□□	**思いやりのある**人柄	**considerate** personality
1867	□□	考えを**再考する**	**reconsider** an idea
1868	□□	廃棄する紙を**引き裂く**	**tear** waste paper
1869	□□	進捗状況を**追跡する**	**track** progress
1870	□□	破産を**逃れる**	**escape** bankruptcy
1871	□□	危険を**警告する**	**warn** against danger
1872	□□	**資本**を調達する	raise **capital**
1873	□□	問題の**根源**	the **root** of a problem

□□	**note** [nóut]	動 ～を書き留める，～に（特に）言及する，～に注目する 名 覚え書き，メモ，文書，通達，注釈，紙幣 ☞ 熟 on a personal note（個人的な話としては）
□□	**notion** [nóuʃən]	名 観念，考え，意見，理解，意向
□□	**describe** [diskráib]	動 ～を描写する，～を説明する，～の特徴を述べる
□□	**description** [diskrípʃən]	名 記述，描写，説明書 ☞ 熟 beyond description（ことばで表現できない）
□□	**descriptive** [diskríptiv]	形 記述［描写／説明］的な，よく記述された
□□	**major** [méidʒər]	形 より重要な，主要な，多数派の 名 専攻
□□	**majority** [mədʒɔ́(:)rəti]	名 大多数，大部分，大半，多数派［党］，過半数，成年
□□	**minor** [máinər]	形 小さい，より少ない，少数派の，未成年の，目立たない 名 未成年者，副専攻
□□	**minority** [mənɔ́(:)rəti]	名 少数（派），未成年，未成年期
□□	**drop** [drάp]	動 落ちる，～を落とす，劣化する，落伍する，（地位や価値などを）下げる 名 したたり，落下，下落
□□	**drop-off** [drάpɔ̀(:)f]	形 乗り捨て方式の，降ろす場所に指定された 名 急斜面，断崖，減少
□□	**consider** [kənsídər]	動 ～を熟考［検討］する，～を考慮に入れる
□□	**consideration** [kənsìdəréiʃən]	名 考慮，判断，意見，思いやり
□□	**considerable** [kənsídərəbl]	形 かなりの，考慮すべき，重要な
□□	**considerably** [kənsídərəbli]	副 かなり
□□	**considerate** [kənsídərət]	形 思いやりのある，慎重に考えた ☞ 形 inconsiderate（思いやりのない）
□□	**reconsider** [rì:kənsídər]	動 ～を再考する，～を考え直す，～を審議し直す ☞ 名 reconsideration（再考）
□□	**tear** [téər]	動 ～を引き裂く，裂ける 名 裂け目
□□	**track** [trǽk]	動 ～の道をたどる，～の後を追う，～を見守る，～を監視する 名 足跡，流れ，進路，軌道，キャリアパス
□□	**escape** [iskéip]	動 逃げる，脱出する，～から逃れる 名 逃亡，逃避
□□	**warn** [wɔ́:rn]	動 ～に警告する，～に注意を与える，～に届け出る，～に通知する ☞ 名 warning（警告）
□□	**capital** [kǽpətl]	名 首都，資本，利点 形 きわめて重大な
□□	**root** [rú(:)t]	名 根，根元，本質，根源 動 根を下ろす，定着する，～を根付かせる ☞ 熟 take root（根付く）

GROUP 39

1874 - 1922

1874	□□ 行動指針を**決定する**	**decide** on a course of action
1875	□□ **決定**する	come to a **decision**
1876	□□ 考えを**発展させる**	**develop** an idea
1877	□□ **開発**段階にあって	in the **development** stage
1878	□□ 商品**開発者**	a product **developer**
1879	□□ 電子メールを**確認する**	**check** emails
1880	□□ 毎年の健康**診断**	an annual health **checkup**
1881	□□ 利益を**増やす**	**increase** profits
1882	□□ **ますます**有益になる	become **increasingly** useful
1883	□□ 支出を**減らす**	**decrease** spending
1884	□□ 世界を**揺るがす**	**rock** the world
1885	□□ 世界を**揺さぶる**	**shake** the world
1886	□□ サービスを**運営する**	**administer** service
1887	□□ **運営**コスト	**administration** costs
1888	□□ **管理費**	**administrative** expenses
1889	□□ システム**管理者**	a system **administrator**
1890	□□ 子どもの幸せへの**関心**	**concern** for child welfare
1891	□□ 締め切りについて**懸念**するようになる	grow **concerned** about the deadline
1892	□□ 子どもの安全を**恐れる**	**fear** for children's safety
1893	□□ 投資家を**恐れさせる**	**scare** investors
1894	□□ **パニック**状態で	in a state of **panic**
1895	□□ よい**経験**	a good **experience**
1896	□□ マーケティングの**経験不足**	**inexperience** in marketing

□□	**decide** [disáid]	【動】～しようと決心する，～を解決する，～を決定する，（判決）を下す
□□	**decision** [disíʒən]	【名】決心，決断（力），判決　☞【形】decisive（決定的な）
□□	**develop** [divéləp]	【動】成長する，発展する，～を成長させる，～を発展させる，～を開発する，～を現像する
□□	**development** [divéləpmənt]	【名】発達，進展，開発　☞【形】developmental（発達に関する）
□□	**developer** [divéləpər]	【名】開発者，住宅開発業者
□□	**check** [tʃék]	【動】～を調べる，～を照合する，～を阻止する　【名】照合（の印），妨害，抑制
□□	**checkup** [tʃékʌ̀p]	【名】精密検査，健康診断，点検
□□	**increase** [inkríːs; ´–]	【動】増加する，拡大する，～を増加させる，～を拡大させる，～を向上させる　【名】増加，拡大，向上 ☞【熟】on the increase（増加して）
□□	**increasingly** [inkríːsiŋli]	【副】いよいよ，ますます，次第に
□□	**decrease** [dikríːs; díːkriːs]	【動】減少する，～を減少させる　【名】減少 ☞【副】decreasingly（減少して）　【熟】on the decrease（減少して）
□□	**rock** [rák]	【動】揺れ動く，～を揺り動かす，～を動揺させる　【名】岩，石，ロック音楽
□□	**shake** [ʃéik]	【動】～を振る，～を揺する，～を振り払う，揺れる，振動する，（握手）をする　【名】振ること，ひと振り，振動，動揺，揺れ ☞【形】shaky（不安定な）
□□	**administer** [ədmínistər]	【動】～を管理する，～を運営する，～を執行する，（薬）を投与する
□□	**administration** [ədmìnistréiʃən]	【名】行政，政権，管理，投与
□□	**administrative** [ədmínəstrèitiv, -strətiv]	【形】行政上の，管理上の，経営上の
□□	**administrator** [ədmínistrèitər]	【名】（運営）管理者，行政官
□□	**concern** [kənsə́ːrn]	【名】懸案（事項），不安，気遣い　【動】～を心配させる，～を関与させる
□□	**concerned** [kənsə́ːrnd]	【形】憂慮して，関与して，関心を持って ☞【前】concerning（～に関して）
□□	**fear** [fíər]	【動】～を恐れる，～ではないかと心配する，恐れる　【名】恐怖感，不安，心配，（悪いことが起こる）可能性　☞【形】fearful（恐れて）
□□	**scare** [skéər]	【動】～をおびえさせる，～を怖がらせる，おびえる　【名】おびえ，驚き，恐怖　☞【形】scary（恐ろしい）
□□	**panic** [pǽnik]	【名】狼狽，恐慌，パニック　【動】うろたえる，～をうろたえさせる ☞【形】panicky（うろたえて）
□□	**experience** [ikspíəriəns]	【名】体験，経験，認識　【動】～を体験［経験］する，～を学ぶ ☞【形】experienced（経験豊かな）
□□	**inexperience** [ìnikspíəriəns]	【名】経験不足　☞【形】inexperienced（経験不足の）

1897	□□	データを社内に**保管する**	**store** data in-house
1898	□□	データ**保存**容量	data **storage** capacity
1899	□□	**収納室**を改修する	renovate a **storeroom**
1900	□□	**収納室**に隠れる	hide in a **closet**
1901	□□	在宅勤務を**許可する**	**allow** working from home
1902	□□	手荷物**許容量**	a baggage **allowance**
1903	□□	駐車を**許可する**	**permit** parking
1904	□□	**許可**を得る	obtain **permission**
1905	□□	その法案を全会一致で**承認する**	unanimously **approve** of the bill
1906	□□	**承認**を得る	gain **approval**
1907	□□	許可を**与える**	**grant** permission
1908	□□	**部長**	the **department** chief
1909	□□	**部署の**スタッフ	the **departmental** staff
1910	□□	情報**案内所**	an information **bureau**
1911	□□	会計**課**	the accounting **section**
1912	□□	小売**部門**	a retail **sector**
1913	□□	法案に賛成して**投票する**	**vote** in favor of the bill
1914	□□	**投票者**登録用紙	a **voter** registration form
1915	□□	代案を**示す**	**suggest** an alternative
1916	□□	**提案**をする	offer a **suggestion**
1917	□□	クーポンを**提供する**	**offer** a coupon
1918	□□	仕事量に**苦労する**	**struggle** with a workload
1919	□□	**10年**に1度	once in a **decade**
1920	□□	災害の**犠牲者**	disaster **victims**
1921	□□	**基準**をさらに高く設定する	raise the **bar**
1922	□□	**わかりやすい**ことば	**plain** language

□□	**store** [stɔ́ːr]	動 ～を蓄える，～を保管する，（データを）記憶させる 名 店，商店，蓄え，備品 ☞ 熟 in store（待ちかまえて） 熟 in stores（発売中で）
□□	**storage** [stɔ́ːridʒ]	名 貯蔵，保管（料），記憶装置
□□	**storeroom** [stɔ́ːrrùːm]	名 貯蔵室，物置，収納室
□□	**closet** [klɑ́zət]	名 収納家具，クロゼット
□□	**allow** [əláu]	動 ～を考慮に入れる，（…に）～を許す，（…に）～を許可する，～を配分する
□□	**allowance** [əláuəns]	名 許容，容認，余裕，手当
□□	**permit** [pərmít; pə́ːrmit]	動 ～を（…に）許可する，～を容認する，～に同意する 名 許可証 ☞ 形 permissible（許容される）
□□	**permission** [pərmíʃən]	名 許可，認可，承認，同意
□□	**approve** [əprúːv]	動（～に）賛成する，（～を）承認する，（～を）認可する ☞ 動 disapprove（賛成しない，～を認めない）
□□	**approval** [əprúːvl]	名 承認，賛同，認可，許可 ☞ 名 disapproval（不承認，不賛成）
□□	**grant** [grǽnt]	動 ～に（…を）かなえてやる，～に（…を）与える，～を認める 名 助成金，補助金，許可，授与（されたもの）
□□	**department** [dipɑ́ːrtmənt]	名 局，部門，部署，売り場，学部
□□	**departmental** [dipɑ̀ːrtméntl]	形 部門（別）の
□□	**bureau** [bjúərou]	名 事務局，支局，案内所 ☞ 名 bureaucrat（官僚） 形 bureaucratic（官僚的な） 熟 red tape（官僚主義）
□□	**section** [sékʃən]	名 部分，断片，仕切られた場所，節，段落，項，欄 ☞ 形 sectional（部門の）
□□	**sector** [séktər]	名 部門，活動分野，セクター，防衛区域
□□	**vote** [vóut]	動 投票する，～を表明する，（投票で）～を決める 名 票，投票（結果）
□□	**voter** [vóutər]	名 有権者，投票者，選挙人
□□	**suggest** [səgdʒést]	動 ～を提案する，～を暗示する，～を連想させる ☞ 形 suggestive（示唆的な）
□□	**suggestion** [səgdʒéstʃən]	名 提案（すること），ほのめかすこと，示唆
□□	**offer** [ɔ́(ː)fər]	動 ～を提供する，～に買値をつける，～を捧げる 名 申し出，申し込み，提供（物）
□□	**struggle** [strʌ́gl]	動 もがく，努力する，苦労する，争う，苦労して進む 名 抗争，闘争，もがき，努力
□□	**decade** [dékeid]	名 10年（間）
□□	**victim** [víktim]	名 被害者，犠牲者，被災者 ☞ 動 victimize（～を犠牲にする）
□□	**bar** [bɑ́ːr]	名 基準，こん棒，柵，裁判 動 ～を禁止する ☞ 熟 bar exam（司法試験）
□□	**plain** [pléin]	形 明らかな，単純な，質素な，無地の，地味な，つまらない 名 平原

1923	□□	時計に**目をやる**	**glance** at the clock
1924	□□	美しい**景色**	a beautiful **view**
1925	□□	ビジネスの**観点**から	from a business **viewpoint**
1926	□□	強い**態度**を取る	take a strong **stance**
1927	□□	問題を**話し合う**	**discuss** an issue
1928	□□	熱い**議論**	a heated **discussion**
1929	□□	政治的**討論**	a political **debate**
1930	□□	会議の**議題**	a meeting **agenda**
1931	□□	取引を**まとめる**	**strike** a deal
1932	□□	天才の**ひらめき**	a **stroke** of genius
1933	□□	登録用紙に**記入を終える**	**complete** a registration form
1934	□□	**全面的に**外注化に賛成して	**completely** in favor of outsourcing
1935	□□	プロジェクトの**完成**まで見届ける	see a project to **completion**
1936	□□	**不完全な**情報	**incomplete** information
1937	□□	食材を**計量する**	**measure** an ingredient
1938	□□	正確な**寸法**	an accurate **measurement**
1939	□□	情報を**受け取る**	**receive** information
1940	□□	**受領したこと**を認める	acknowledge **receipt**
1941	□□	**受付**窓口	the **reception** desk
1942	□□	オフィスの**受付担当者**	an office **receptionist**
1943	□□	**受賞者**	a prize **recipient**
1944	□□	声明を**発表する**	**issue** a statement
1945	□□	電子メールの**件名欄**	an email **subject** line
1946	□□	考えに**反対する**	**object** to an idea
1947	□□	第一の**目標**	the primary **objective**

□□	**glance** [glǽns]	動《glance at ... で》ちらっと見る，ざっと目を通す　名 ちらりと見ること，ひらめき　☞ 熟 at a glance（ひと目で）
□□	**view** [vjúː]	名 視界，眺望，意見，表示　動 ～を眺める，～を考える，～を調査する，～を評価する
□□	**viewpoint** [vjúːpɔ̀int]	名 見方，見地，視点
□□	**stance** [stǽns]	名 立場，位置，姿勢，態度
□□	**discuss** [diskʌ́s]	動 ～を話し合う，～を議論する，～を討論する ☞ 名 discussant（討論参加者）
□□	**discussion** [diskʌ́ʃən]	名 話し合い，議論，考察
□□	**debate** [dibéit]	名 議論，ディベート，熟考　動 ～を討論する，（～かどうか）を熟考する，議論する
□□	**agenda** [ədʒéndə]	名 課題，議題，スケジュール，政策日程
□□	**strike** [stráik]	動 ～を打つ，～をたたく，（契約など）をまとめる　名 打つこと，攻撃，ストライキ，大当たり　☞ 形 striking（顕著な）
□□	**stroke** [stróuk]	名 打つこと，打撃，一撃，羽ばたき，筆跡，（水泳の）ひとかき，脳卒中
□□	**complete** [kəmplíːt]	動 ～を終える，～を完成させる，完結する，～に記入する 形 完璧な，完全な
□□	**completely** [kəmplíːtli]	副 完全に，完璧に，徹底的に
□□	**completion** [kəmplíːʃən]	名 完了，修了，満了
□□	**incomplete** [ìnkəmplíːt]	形 不完全な，不十分な，未完成な
□□	**measure** [méʒər]	動 ～を測定する，～を採寸する，～を評価する，～を判断する 名 対策，手段，計量法，計量器 ☞ 形 measurable（大きな，測定可能な）
□□	**measurement** [méʒərmənt]	名 測量，測定，寸法，大きさ，体の大きさ
□□	**receive** [risíːv]	動 ～を受け（取）る，～を受理する，～を経験する，～を迎え入れる ☞ 形 receptive（理解がある）
□□	**receipt** [risíːt]	名 領収書，レシート
□□	**reception** [risépʃən]	名 評判，歓迎，受け入れ，受付，宴会
□□	**receptionist** [risépʃənist]	名 受付係
□□	**recipient** [risípiənt]	名 受賞者，受容者，受け手
□□	**issue** [íʃuː]	動（出版物など）を出す，～を公表する，～を交付する　名 問題点，関心事，（雑誌などの）号　☞ 名 issuance（発行，配給）
□□	**subject** [sʌ́bdʒikt]	名 主題，話題，科目，主語，対象，被験者　形 服従して，こうむりやすい　動 ～を服従させる，～に身をさらす ☞ 形 subjective（主観的な）　熟 *be* subject to ...（～の影響を受けやすい）
□□	**object** [əbdʒékt; ábdʒikt]	動 反対する，抗議する，異議を唱える　名 もの，物体，対象，目的，目標　☞ 名 objection（反対，抗議）
□□	**objective** [əbdʒéktiv]	名 目標，目的　形 目標の，目的の，客観的な，事実に基づく

1948	□□ 予算を**受け入れる**	**accept** the budget
1949	□□ **許容できる**基準	an **acceptable** standard
1950	□□ **採用**通知	an **acceptance** letter
1951	□□ 労働環境を**作る**	**create** a work environment
1952	□□ **創造的な**協業	a **creative** collaboration
1953	□□ **創造力**を促す	encourage **creativity**
1954	□□ ネットワークの**構築**	the **creation** of a network
1955	□□ **生命体**	living **creatures**
1956	□□ 依頼に**対処する**	**react** to a request
1957	□□ 予想外の**反応**	an unexpected **reaction**
1958	□□ 商品名を**口にする**	**mention** a product name
1959	□□ 払い戻しを**請求する**	**claim** a refund
1960	□□ 辞任を**主張する**	**insist** on resignation
1961	□□ 利益を**分ける**	**share** the profits
1962	□□ **株主**総会	a **shareholders'** meeting
1963	□□ **株**価	**stock** prices
1964	□□ **株主**総会	a **stockholders'** meeting
1965	□□ **株式仲買業者**を雇う	hire a **stockbroker**
1966	□□ 記事を**特集する**	**feature** an article
1967	□□ マーケティングに**集中する**	**focus** on marketing
1968	□□ 計画どおりに**進行する**	**progress** as planned
1969	□□ 仕事を**辞める**	**quit** a job
1970	□□ ニュース**記事**	a news **article**
1971	□□ **土**を肥沃にする	fertilize **soil**

□□	**accept** [əksépt]	動 ～を受け（入れ）る，～を承諾する，～を承認する
□□	**acceptable** [əkséptəbl]	形 受け入れられる，許容できる，まあまあの
□□	**acceptance** [əkséptəns]	名 受諾，承諾，受け取り
□□	**create** [kriéit]	動 ～を創造する，～を考案する，～を引き起こす
□□	**creative** [kriéitiv]	形 創造的な，想像力のある，独創的な
□□	**creativity** [krìːetívəti]	名 創造力［性］，独創力［性］
□□	**creation** [kriéiʃən]	名 創造（物），創作（物），生物
□□	**creature** [kríːtʃər]	名 生物，人間，創造された人［もの］
□□	**react** [ri(ː)ǽkt]	動 反応する，反対する
□□	**reaction** [ri(ː)ǽkʃən]	名 反応，反作用
□□	**mention** [ménʃən]	動 ～を簡単に述べる，～を話に出す，～に言及する　名 言及，陳述，記載
□□	**claim** [kléim]	動 ～を主張する，～を要求する，（人命）を奪う　名 主張，要求
□□	**insist** [insíst]	動（～を）主張する，（～と）言い張る ☞ 名 insistence（主張）　形 insistent（しつこい）
□□	**share** [ʃéər]	動 ～を分配する，～を分ける，～を共有する，～を分担する 名 取り分，分け前，役割，負担，責任，株式
□□	**shareholder** [ʃéərhòuldər]	名 株主，出資者
□□	**stock** [sták]	名 在庫，蓄え，株式，だし汁　動 ～を在庫に持つ ☞ 熟 in stock（在庫がある）　熟 out of stock（在庫切れで）
□□	**stockholder** [stákhòuldər]	名 株主
□□	**stockbroker** [stákbròukər]	名 株式仲買業者
□□	**feature** [fíːtʃər]	動 ～を呼び物にする，～を特集する，～を特徴づける　名 特徴，顔の造作，特集記事，目玉商品
□□	**focus** [fóukəs]	動 焦点を当てる，～を集中させる　名 焦点，中心
□□	**progress** [prəgrés; prágres]	動 進む，前進する，進歩する　名 前進，進展，成長 ☞ 形 progressive（漸進的な）　熟 in progress（進行して）
□□	**quit** [kwít]	動 ～を止める，～を中止する，～を立ち退く，（仕事）を辞める
□□	**article** [áːrtikl]	名 記事，条項，品物
□□	**soil** [sɔ́il]	名 土，土壌，農地，汚れ，しみ　動 ～を汚す

1972	□□	規模の**経済**	**economies** of scale
1973	□□	**経済の**状況	an **economic** situation
1974	□□	**経済的な**家具	**economical** furniture
1975	□□	**経済的に**魅力のある投資	**economically** attractive investment
1976	□□	有力な**経済学者**	a leading **economist**
1977	□□	燃料を**節約する**	**economize** on fuel
1978	□□	**生態系**の管理	**ecosystem** management
1979	□□	**生態系の**危機	**ecological** crises
1980	□□	会話に**加わる**	**join** a conversation
1981	□□	**合弁**事業	a **joint** venture
1982	□□	マーケティング**業界**	the marketing **industry**
1983	□□	**工業**地帯	an **industrial** area
1984	□□	**原因**を調査する	investigate a **cause**
1985	□□	温室**効果**	the greenhouse **effect**
1986	□□	**効果的な**方法	**effective** measures
1987	□□	ほかの人々と**効果的に**意思の疎通を図る	**effectively** communicate with others
1988	□□	**効果**を測る	measure **effectiveness**
1989	□□	飛行機に**乗り込む**	**board** an airplane
1990	□□	会社の**幹部用会議室**	a corporate **boardroom**
1991	□□	乗客を**機内へ**迎える	welcome passengers **aboard**
1992	□□	かなりの金を**貯める**	**save** a lot of money
1993	□□	**預金**口座	a **savings** account
1994	□□	病気を**治す**	**cure** an illness

□□	**economy** [ikánəmi]	名 経済，節約すること　形 安価な，徳用の，経済的な
□□	**economic** [iːkənámik]	形 経済の，経済学の，実利的な，安価な，資源保護に影響する
□□	**economical** [iːkənámikl]	形 経済的な，徳用の，安い，節約になる，浪費しない
□□	**economically** [iːkənámikəli]	副 経済的に，節約して，経済的見地からいえば
□□	**economist** [ikánəmist]	名 経済学者，倹約家
□□	**economize** [ikánəmàiz]	動 (時間・金・ものなどを) 節約する
□□	**ecosystem** [ékousìstəm]	名 生態系，エコシステム
□□	**ecological** [èkəládʒikl]	形 生態学の，生態の，環境保護の　☞ 名 ecology (生態系)
□□	**join** [dʒɔ́in]	動 (～に) 参加する，(～に) 加わる，～を結び合せる
□□	**joint** [dʒɔ́int]	形 共同の，共有の，連合の　名 結合，関節
□□	**industry** [índəstri]	名 産業 (界)，工業 (界)
□□	**industrial** [indʌ́striəl]	形 産業の，工業の　☞ 形 industrious (勤勉な)
□□	**cause** [kɔ́ːz]	名 原因，理由，大義　動 ～を引き起こす，～の原因となる，～に…させる
□□	**effect** [ifékt]	名 結果，効果，(薬などの) 効き目，(擬音・照明などの) 効果，趣旨
□□	**effective** [iféktiv]	形 効果のある，有効な，実際の
□□	**effectively** [iféktivli]	副 有効に，効果的に，事実上
□□	**effectiveness** [iféktivnəs]	名 有効性，効力
□□	**board** [bɔ́ːrd]	動 ～に乗り込む，～を乗せる　名 役員会，掲示板，板
□□	**boardroom** [bɔ́ːrdrùːm]	名 (重役) 会議室
□□	**aboard** [əbɔ́ːrd]	副 (乗り物に) 乗って，機内 [船内／社内] に
□□	**save** [séiv]	動 ～を救う，～を助ける，～を安全に守る，～を貯蓄する，～を節約する
□□	**savings** [séiviŋz]	名 預貯金，貯蓄，予備資金，節約
□□	**cure** [kjúər]	動 治る，～を治す，～を治療する，～を矯正する　名 治療 (法)，救済 (法)　☞ 形 curable (治る)　形 incurable (治らない)

1995	□□	細部に**注意**を払う	pay **attention** to the details
1996	□□	会議に**出席する**	**attend** a conference
1997	□□	義務づけられている**出席**	mandatory **attendance**
1998	□□	セミナー**出席者**	seminar **attendees**
1999	□□	駐車場**係員**	a parking **attendant**
2000	□□	スーツケースを**放置**する	leave a suitcase **unattended**
2001	□□	**努力**を惜しまない	spare no **effort**
2002	□□	募金しようと**努力する**	**endeavor** to raise money
2003	□□	**共通の**テーマ	a **common** theme
2004	□□	**一般に**知られている実験	**commonly** known experiments
2005	□□	**警備部門**の人々に連絡する	contact the **security** people
2006	□□	取引を**確保する**	**secure** a deal
2007	□□	ドアに**安全に**施錠する	**securely** lock a door
2008	□□	医療**援助**	medical **aid**
2009	□□	経営陣の**助けなしに**	**unaided** by management
2010	□□	取引**関係**を築く	establish business **ties**
2011	□□	従業員の**結束**	**bonds** among employees
2012	□□	お互いに対して**忍耐強く**いる	remain **patient** with each other
2013	□□	**忍耐力**を必要とする	require **patience**
2014	□□	**いらいらして**くる	grow **impatient**
2015	□□	参加を**促す**	**encourage** participation
2016	□□	破産を**申し立てる**	**declare** bankruptcy
2017	□□	ゴールを決めて**得点する**	**score** a goal
2018	□□	何時間も**長引く**	**stretch** for hours
2019	□□	業績**評価**	a performance **review**
2020	□□	**仕事**を完了する	complete a **task**

□□	**attention** [əténʃən]	名 注意，注目，心遣い，配慮　☞ 形 attentive (注意深い)
□□	**attend** [əténd]	動 ～に出席する，～に参加する，～に付き添う，《attend to ... で》～を扱う
□□	**attendance** [əténdəns]	名 出席（者），参加，出勤
□□	**attendee** [ətendíː]	名 出席者，参加者
□□	**attendant** [əténdənt]	名 接客係，付添人，出席者　形 付添いの，結果として伴う
□□	**unattended** [ʌ̀nəténdid]	形 世話されない，付添人のいない，無人の，出席者のいない，放置された
□□	**effort** [éfərt]	名 努力，骨折り，力作　☞ 形 effortless (楽な)
□□	**endeavor** [endévər]	動 （達成しようと）努力する　名 努力，試み
□□	**common** [kɑ́mən]	形 一般的な，公の，ありふれた，共通の　名 共有，一般人 ☞ 形 commonplace (ごく普通の)
□□	**commonly** [kɑ́mənli]	副 一般に，通例，俗に
□□	**security** [sikjúərəti]	名 安全，無事，安心，安定，（安全）保障，防衛，警備
□□	**secure** [sikjúər]	動 ～を獲得する，～を安全にする，～を守る，～を固定する，～をしっかり閉める，～を厳重にしまう　形 安全な，安定した，心配のない，保証された，確実な
□□	**securely** [sikjúərli]	副 安全に，確実に，しっかりと
□□	**aid** [éid]	名 援助，補助，救援物資　動 助けとなる，～を援助する
□□	**unaided** [ʌ̀néidid]	形 助けを受けない，肉眼の，裸眼の
□□	**tie** [tái]	名 結ぶもの，ネクタイ，引き分け，《ties で》つながり，関係 動 ～を結ぶ，～と同点になる，関係がある
□□	**bond** [bɑ́nd]	名 束縛，結束　動 接着する
□□	**patient** [péiʃənt]	形 忍耐強い，寛大な　名 患者，病人
□□	**patience** [péiʃəns]	名 忍耐，根気
□□	**impatient** [impéiʃənt]	形 気短な，せっかちな，我慢できない ☞ 名 impatience (じれったさ，性急)
□□	**encourage** [enkə́ːridʒ]	動 ～を励ます，～をけしかける，～を促進する，（学問･行為など）を奨励する ☞ 名 encouragement (激励)　名 courage (勇気)　動 discourage (～を落胆させる，～を妨げる)　名 discouragement (落胆)
□□	**declare** [dikléər]	動 ～を宣言する，～を言明する，～を布告する，～を申告する ☞ 名 declaration (宣言)　形 declarative (陳述の)
□□	**score** [skɔ́ːr]	動 得点する，～を得る，（～点）に数えられる　名 得点（記録），点数，成績
□□	**stretch** [strétʃ]	動 ～を引きのばす，～を引っ張る，伸びる　名 伸び，伸縮性，長さ，最後の追い込み
□□	**review** [rivjúː]	名 見直し，批評，再調査［検討／考察］，報告　動 ～を見直す，～を復習する，～を批評する，～を振り返る
□□	**task** [tǽsk]	名 課題，任務，職務，役割，（パソコンの）タスク　動《*be tasked* with ... で》～する任務を負う

2021	□□	利点を**判断する**	**judge** the merits
2022	□□	よい**判断力**	good **judgment**
2023	□□	正直な**意見**	a honest **opinion**
2024	□□	機密文書を**含む**	**contain** classified documents
2025	□□	プラスチック**容器**	a plastic **container**
2026	□□	傾向の**分析**	**analysis** of a trend
2027	□□	業績を**分析する**	**analyze** the performance
2028	□□	技術の**分析家**	a technical **analyst**
2029	□□	**ある**種のビジネス	**particular** kinds of businesses
2030	□□	**特に**忙しい季節	a **particularly** busy season
2031	□□	プライバシーを**守る**	**protect** privacy
2032	□□	動物**保護**	animal **protection**
2033	□□	**保護**対策	**protective** measures
2034	□□	**合意**する	reach an **accord**
2035	□□	会社のガイドライン**に従って**	in **accordance** with the company guidelines
2036	□□	大**量**のデータ	a large **amount** of data
2037	□□	大きな**額**の金	a huge **sum** of money
2038	□□	変更を**要求する**	**demand** a change
2039	□□	**供給**量を増やす	increase the **supply**
2040	□□	**供給業者**を切り替える	switch **suppliers**
2041	□□	情報を**提供する**	**provide** information
2042	□□	計画に**従う**	**stick** to a plan
2043	□□	駐車用**ステッカー**	a parking **sticker**
2044	□□	報告書を仕上げ**られない**	**fail** to finish the report
2045	□□	完全な**失敗**	a complete **failure**

□□	**judge** [dʒʌ́dʒ]	動 ～を評価する，～を裁く，～を判断する，～を批判する 名 裁判官，審判，審査員
□□	**judgment** [dʒʌ́dʒmənt]	名 判断（力），意見，判決，裁判　☞ 形 judgmental（判断の）
□□	**opinion** [əpínjən]	名 意見，試験，評価，判決理由　☞ 形 opinionated（独善的な）
□□	**contain** [kəntéin]	動 ～を含む，～を収容する，～を自制する，～を阻止する ☞ 名 containment（抑制，阻止）
□□	**container** [kəntéinər]	名 容器，コンテナ
□□	**analysis** [ənǽləsis]	名 分析，解析　☞ 形 analytical（分析の）
□□	**analyze** [ǽnəlàiz]	動 ～を分析する，～を分析的に検討する
□□	**analyst** [ǽnəlist]	名 分析者，アナリスト
□□	**particular** [pərtíkjələr]	形 特に，特有の，好みのうるさい，詳細な ☞ 名 particularity（特殊性，正確性）
□□	**particularly** [pərtíkjələrli]	副 ひじょうに，特に，とりわけ，詳細に
□□	**protect** [prətékt]	動 ～を保護する，～を守る，～を防ぐ
□□	**protection** [prətékʃən]	名 保護するもの，保護すること，擁護
□□	**protective** [prətéktiv]	形 保護するための，（～を）守ろうとする
□□	**accord** [əkɔ́:rd]	名 合意　動 ～を与える，《accord with ... で》一致する，許容する
□□	**accordance** [əkɔ́:rdns]	名 一致，調和　☞ 熟 in accordance with ...（～に従って）
□□	**amount** [əmáunt]	名 数量，総額　動 合計～に達する
□□	**sum** [sʌ́m]	名 合計，総数，全体，概要　動 ～を総計する，～を要約する
□□	**demand** [dimǽnd]	動 ～を要求する，～を必要とする　名 要求，需要 ☞ 形 demanding（厳しい，自己本位の）　熟 supply and demand（需要と供給）
□□	**supply** [səplái]	名 供給（量），配給，供給システム，生活物資，用品　動 ～を供給する，～を配給する，～を補充する，～に応じる
□□	**supplier** [səpláiər]	名 供給企業
□□	**provide** [prəváid]	動 備える，～を与える，～を提供する，～ということを定める ☞ 接 provided/providing（～という条件で）　名 provision（供給，条項） 形 provisional（暫定的な）
□□	**stick** [stík]	動 ～を突き刺す，～を突き出す，～を動けなくする，突き出る，はり付く　名 棒，杖　☞ 形 sticky（ねばねばする）
□□	**sticker** [stíkər]	名 ステッカー，刺すもの，頑張り屋，難問
□□	**fail** [féil]	動 失敗する，できない，欠けている，不足する，～を怠る，～の役に立たない
□□	**failure** [féiljər]	名 失敗，怠慢，不足，損傷，落第，倒産

2046	□□	収入**源**	a **source** of income
2047	□□	貴重な**資源**	valuable **resources**
2048	□□	労働**組合**	a labor **union**
2049	□□	地域社会を**団結させる**	**unite** a community
2050	□□	うれしい**再会**	a happy **reunion**
2051	□□	最新情報を**掲示する**	**post** an update
2052	□□	**郵便**サービスの職員	a **postal** service employee
2053	□□	**郵便料金**を節約する	save on **postage**
2054	□□	豊かな**社会**	an affluent **society**
2055	□□	**社会**保障	**social** security
2056	□□	突然に**起こる**	**occur** suddenly
2057	□□	日常的によくある**出来事**	an everyday **occurrence**
2058	□□	**再発する**症状	a **recurring** symptom
2059	□□	**罪悪**感	**guilty** feelings
2060	□□	**悪意のない**誤り	an **innocent** mistake
2061	□□	多国籍**企業**	a multinational **firm**
2062	□□	ハンドルを**しっかり**握る	**firmly** grip the handle
2063	□□	事前の通知を**必要とする**	**require** advance notice
2064	□□	**要件**を満たす	fulfill **requirements**
2065	□□	顧客サポートに**連絡する**	**contact** customer support
2066	□□	票を**投じる**	**cast** a vote
2067	□□	経済成長に**火をつける**	**fuel** growth in the economy
2068	□□	財務**関連事項**	financial **affairs**
2069	□□	**頭の切れる**実業家	a **smart** businessperson

□□	**source** [sɔ́:rs]	名 情報源，元，源，原因，水源，源泉　動 ～を供給する，～の出所を明らかにする
□□	**resource** [rí:zɔ̀:rs, -sɔ̀:rs]	名 援助，資金，天然資源，資料　動 ～を調達する，～を準備する ☞ 形 resourceful (臨機応変な)
□□	**union** [jú:njən]	名 団結，一致，同盟，組合
□□	**unite** [junáit]	動 ～を結合する，～を結びつける，団結する
□□	**reunion** [rì:jú:njən]	名 再結合，再結成，再会，同窓会 ☞ 動 reunite (～を再統合させる)
□□	**post** [póust]	動 ～を掲示する，～を掲載する，～を発表する　名 (支)柱，地位，立場，職
□□	**postal** [póustl]	形 郵便の，郵便局の
□□	**postage** [póustidʒ]	名 郵便料金，送料
□□	**society** [səsáiəti]	名 社会，共同体，社交，交際，付き合い
□□	**social** [sóuʃl]	形 社会の，社会的な，社交的な，懇親の，交際上手な　名 懇親会，親睦会
□□	**occur** [əkə́:r]	動 起こる，生じる，存在する
□□	**occurrence** [əkə́:rəns]	名 出来事，事件，(事件などが) 起こること，発生
□□	**recur** [rikə́:r]	動 (よくないことが) 再発する，再び起こる，蘇る ☞ 名 recurrence (再発)
□□	**guilty** [gílti]	形 有罪の，罪を犯した，罪の意識がある，犯罪的な ☞ 名 guilt (有罪，罪悪感)
□□	**innocent** [ínəsənt]	形 無実の，無邪気な，無知な，悪意のない，故意でない ☞ 名 innocence (無罪，純粋さ)
□□	**firm** [fə́:rm]	名 商会，会社　形 (信念などが) 堅い，しっかり固定された，(態度，動作が) 断固とした
□□	**firmly** [fə́:rmli]	副 堅く，しっかりと，断固として
□□	**require** [rikwáiər]	動 ～を必要とする，～を要求する，～を義務付ける，～を求める ☞ 形 required (必須の)　形 requisite (必要な)
□□	**requirement** [rikwáiərmənt]	名 必要なもの，必需品，要件，必要条件，要求すること
□□	**contact** [kántækt, kəntǽkt]	動 ～と連絡を取る，～に会う，～に接触する　名 接触，触れ合い，縁故
□□	**cast** [kǽst]	動 (光・影など) を投げかける，～を投げる，～に役を割り当てる，～を鋳造する，投げる　名 ひと投げ，色合い，出演
□□	**fuel** [fjú:əl]	動 ～に燃料を供給する，～を燃え立たせる，～を活気づける，～を煽る　名 燃料，食料，動機
□□	**affair** [əféər]	名 事件，出来事，状況，関心事
□□	**smart** [smá:rt]	形 賢い，機敏な，生意気な，コンピュータ制御による，高精度の

2070	□□ 地元の起業家を**代表する**	**represent** local entrepreneurs
2071	□□ **代理人**事務所	a **representative** office
2072	□□ 法的な**代理**	legal **representation**
2073	□□ 業務を**委託する**	**delegate** a task
2074	□□ よい**関係**を維持する	maintain good **relations**
2075	□□ 強固な**関係**を築く	build a strong **relationship**
2076	□□ 他人の**気持ちを理解する**能力	the ability to **relate** to others
2077	□□ **相対的な**リスク	a **relative** risk
2078	□□ **相対的に**言えば	**relatively** speaking
2079	□□ **価値**が低下する	decline in **value**
2080	□□ **貴重な**貢献	**valuable** contribution
2081	□□ **とても貴重な**資産	**invaluable** assets
2082	□□ 観衆を**驚かせる**	**surprise** an audience
2083	□□ **驚くべき**展開	a **surprising** development
2084	□□ **驚くほど**よい選択	a **surprisingly** good choice
2085	□□ 危険を**認識して**いる	stay **aware** of dangers
2086	□□ **認識**を高める	raise **awareness**
2087	□□ 国際的な**場**で	on the international **scene**
2088	□□ 地元の**風景**を楽しむ	enjoy the local **scenery**
2089	□□ 失敗を**認める**	**admit** a failure
2090	□□ **入場料**	an **admission** fee
2091	□□ 敗北を**認める**	**concede** defeat
2092	□□ うわさを**否定する**	**deny** a rumor
2093	□□ よい**状態**で	in good **condition**
2094	□□ 現在の**状況**	the current **status**

□□	**represent** [rèprizént]	動 ～を表す，～の代理を務める，～を描く，～を説明する，～を表現する，～に相当する
□□	**representative** [rèprizéntətiv]	名 代表者，代理人，議員，担当者　形 代表の，表現する
□□	**representation** [rèprizentéiʃən]	名 描写すること，描写されたもの，表明，代理を務めること
□□	**delegate** [déligət]	動 ～を委任する，～を委託する　名 代表者，代理人 ☞ 名 delegation（委任，代表団）
□□	**relation** [riléiʃən]	名 関係，関連，物語
□□	**relationship** [riléiʃənʃip]	名 関係性，結び付き，人間関係，親族関係
□□	**relate** [riléit]	動 関連する，関わりがある，共感する，～に関わる，～を説明する
□□	**relative** [rélətiv]	形 関連のある，相対的な　名 血縁者，親類
□□	**relatively** [rélətivli]	副 比較的，相対的に
□□	**value** [vǽljuː]	名 価値（観），値打ち，価格，ありがたみ　動 ～を評価する，～を見積もる，～を高く評価する，～を尊重する
□□	**valuable** [vǽljuəbl]	形 高価な，価値のある，役立つ，尊敬できる　名《valuables で》貴重品
□□	**invaluable** [invǽljuəbl]	形 かけがえのない，計り知れない，とても貴重な
□□	**surprise** [sərpráiz]	動 ～を驚かせる，～の不意を打つ，～を奇襲する　名 驚き，不意打ち，奇襲　形 予告なしの
□□	**surprising** [sərpráiziŋ]	形 驚くべき，意外な　☞ 形 surprised（驚いて）
□□	**surprisingly** [sərpráiziŋli]	副 驚くほどに，意外なことに，ひじょうに
□□	**aware** [əwéər]	形 知っていて，気づいていて
□□	**awareness** [əwéərnəs]	名 意識，目覚め，覚醒，認識
□□	**scene** [síːn]	名 場面，背景，道具立て，景色，風景，光景，情勢
□□	**scenery** [síːnəri]	名 風景，景色，舞台面，道具立て，背景
□□	**admit** [ədmít]	動 ～を許可する，～を認める，～を（…に）入れる ☞ 名 admittance（入場）
□□	**admission** [ədmíʃən]	名（入学，入会，入院などのために）入ること，許可，加盟，入場料，（真実であると）認めること
□□	**concede** [kənsíːd]	動 敗北を認める，～を譲る，～を事実と認める，（権利）を与える ☞ 名 concession（譲歩，許可）
□□	**deny** [dinái]	動 ～を否定する，～を認めない，～を否認する，～を拒む ☞ 名 denial（否定）
□□	**condition** [kəndíʃən]	名 状況，状態，条件　動 ～の調子を整える，～を条件として設ける
□□	**status** [stéitəs, stǽtəs]	名 地位，威信，事情，事態　☞ 熟 the status quo（現状〔維持〕）

2095	**証拠**に基づいて	based on the **evidence**
2096	職員にとって**明らかに**なる	become **evident** to workers
2097	会議の**準備をする**	**prepare** for a conference
2098	会議**に備えて**	in **preparation** for a conference
2099	計画を**発表する**	**announce** a plan
2100	**発表**する	make an **announcement**
2101	待つだけの**価値があり**そうだ	seem **worth** the wait
2102	**価値のある**議論	a **worthy** discussion
2103	**価値のある**投資	a **worthwhile** investment
2104	**直ちに**戻る	get back **immediately**
2105	**迅速な**行動を起こす	take **immediate** action
2106	従業員に新しい方針を**知らせる**	**remind** employees of new policies
2107	タイミングのよい**通知**	a timely **reminder**
2108	**犯罪**を捜査する	investigate a **crime**
2109	**刑事**告訴	a **criminal** charge
2110	コストを**比較する**	**compare** the costs
2111	旧機種**と比べて**	in **comparison** with the old model
2112	明確な**対照**	a stark **contrast**
2113	説明に**合致する**	**match** the description
2114	家を**囲む**木々	trees **surrounding** the house
2115	自転車に**またがる**	**mount** a bicycle
2116	問題を**複雑にする**	**compound** a problem
2117	鏡の**ひび割れ**	**cracks** in the mirror
2118	家の**骨組み**	a **shell** of a house

□□	**evidence** [évidns]	名 証拠，根拠，しるし
□□	**evident** [évidənt]	形 明白な，明らかな，はっきりわかる
□□	**prepare** [pripéər]	動 準備する，整える，～を準備する，～を立案する，～を調理する ☞ 形 prepared (用意ができて)　形 preparatory (予備的な)
□□	**preparation** [prèpəréiʃən]	名 用意，準備，心がまえ，予習
□□	**announce** [ənáuns]	動 ～を (公式に) 発表する，～を告知する，～を知らせる ☞ 熟 to be announced (追って通知される)
□□	**announcement** [ənáunsmənt]	名 発表，告知，知らせ
□□	**worth** [wə́:rθ]	前 価値がある，～に値する，～相当の　名 価値，真価，相当量
□□	**worthy** [wə́:rði]	形 ～に値する，～するに足る，立派な
□□	**worthwhile** [wə́:rθhwáil]	形 価値のある，やりがいのある，実り多い
□□	**immediately** [imí:diətli]	副 直ちに，速やかに，時をおかず，直接に
□□	**immediate** [imí:diət]	形 即座の，即刻の，差し迫った，緊急の，直属の，直接の
□□	**remind** [rimáind]	動 ～に思い出 [起こ] させる，～に事前に知らせる
□□	**reminder** [rimáindər]	名 通知，注意，催促，思い起こさせる人 [もの]
□□	**crime** [kráim]	名 犯罪 (行為)，悪行
□□	**criminal** [kríminl]	形 犯罪となる，有罪の，刑事上の　名 犯人，犯罪者
□□	**compare** [kəmpéər]	動 ～を比較する，～を対照する，～に匹敵する，～にたとえる ☞ 形 comparative (比較による)　形 comparable (比較できる)
□□	**comparison** [kəmpǽrisn]	名 比較，対照，類似
□□	**contrast** [kántræst; kəntrǽst]	名 対照，対比，差異　動 対照的である，対照をなす，～を比べる ☞ 形 contrasting (対照的な)　形 contrastive (対照的な，対比する)
□□	**match** [mǽtʃ]	動 ～に調和する，～に似合う，～を調和させる，～を釣り合わせる，～に匹敵する　名 お似合いの人，試合
□□	**surround** [səráund]	動 ～を取り囲む，～を巡っている　名 取り囲むもの，縁取り ☞ 名 surrounding (環境，状況；周囲の，近くの)
□□	**mount** [máunt]	動 ～を開始する，～に登る，～に乗る，～にまたがる，～に貼る，～にはめる　名 台紙，台，～山
□□	**compound** [kəmpáund; kám-]	動 ～を複雑にする，～を混合する　名 化合物，混合物 形 複合的な
□□	**crack** [krǽk]	名 割れ目，ひび割れ，亀裂，欠点　動 ひびが入る，～にひびを入れる，～を強く打つ
□□	**shell** [ʃél]	名 貝殻，殻，骨組み，船体，車体，(パイの) 皮，抜け殻　動 ～を殻から取り出す，～の殻をむく

2119	□□	**真剣に**考慮する	give **serious** consideration
2120	□□	選択肢を**真剣に**考慮する	**seriously** consider an option
2121	□□	**熱心に**努力する	make an **earnest** effort
2122	□□	顧客に夕食を**ごちそうする**	**treat** a client to dinner
2123	□□	医学的な**治療**	a medical **treatment**
2124	□□	理学**療法**	physical **therapy**
2125	□□	人に好かれる**性格**	a likable **character**
2126	□□	その出来事を人為的ミスと**特徴づける**	**characterize** the incident as human error
2127	□□	成功するための**特性**	**characteristics** for success
2128	□□	**必要な**機器	**necessary** equipment
2129	□□	**必ずしも**そうではない。	Not **necessarily**.
2130	□□	**必要**に迫られて	out of **necessity**
2131	□□	**不要な**支出	**unnecessary** expenses
2132	□□	目的に**適する**	**suit** the purpose
2133	□□	その仕事に**適した**服	clothes **suitable** for the work
2134	□□	部屋に**入る**	**enter** a room
2135	□□	**入場**ゲート	an **entrance** gate
2136	□□	**入場**を拒否する	deny **entry**
2137	□□	**入口通路**を警護する	guard the **entryway**
2138	□□	非常用**出口**	an emergency **exit**
2139	□□	工場の**出入り口**	a factory **gate**
2140	□□	**現在の**傾向	**current** trends
2141	□□	**現在は**品切れ中で	**currently** out of stock
2142	□□	**通貨**を両替する	exchange **currencies**
2143	□□	**同世代の**画家	a **contemporary** painter
2144	□□	意見の不一致を**解決する**	**settle** a disagreement
2145	□□	**解決**に至る	reach a **settlement**

□□	**serious** [síəriəs]	形 まじめな，真剣な，本気の，重大な，深刻な ☞ 名 seriousness（まじめさ，深刻さ）
□□	**seriously** [síəriəsli]	副 まじめに，真剣に，本気で，重大に，深刻に
□□	**earnest** [ə́:rnist]	形 熱心な，本気の　名 真剣，本気
□□	**treat** [trí:t]	動 ～を取り扱う，～を処理する，～にごちそうする，～を手当てする　名 ごちそう，もてなし，おやつ　☞ 名 treaty（条約，協定）
□□	**treatment** [trí:tmənt]	名 治療，取り扱い，処理
□□	**therapy** [θérəpi]	名 治療，癒し（の力） ☞ 名 therapist（治療者）　形 therapeutic（治療の，心が落ち着く）
□□	**character** [kǽrəktər]	名 性格，特性，人格，文字
□□	**characterize** [kǽrəktəràiz]	動 ～の特性を示す，～を特徴づける
□□	**characteristic** [kæ̀rəktərístik]	名 特色，特徴，持ち味　形 特徴となる，特有の
□□	**necessary** [nésəsèri]	形 必要な，必然的な
□□	**necessarily** [nèsəsérəli]	副 やむを得ず，必然的に，どうしても，必ずしも（～ではない）
□□	**necessity** [nəsésəti]	名 必要，不可欠，必需品　☞ 動 necessitate（～を必要とする）
□□	**unnecessary** [ʌnnésəsèri]	形 不要な，必要のない，よけいな
□□	**suit** [sú:t]	動 ～にとって都合がよい，～の気に入る，～にふさわしい 名 スーツ，ひとそろい，訴訟
□□	**suitable** [sú:təbl]	形 適切な，適した，ふさわしい　☞ 形 unsuitable（不適切な）
□□	**enter** [éntər]	動（～に）入る，～に参加する，～に加入する
□□	**entrance** [éntrəns]	名 入口，入学，入場，入国
□□	**entry** [éntri]	名 入ること，入学，入場，入口
□□	**entryway** [éntriwei]	名 建物へ続く通路，主要出入り口
□□	**exit** [éksit, égzit]	名 出口，退場　動 立ち去る，退場する，終了する，～を終了させる
□□	**gate** [géit]	名 門，とびら，出入口
□□	**current** [kə́:rənt]	形 現在の，進行中の，流通している　名（水や空気などの）流れ，電流，傾向
□□	**currently** [kə́:rəntli]	副 現在，これまでのところ，あまねく
□□	**currency** [kə́:rənsi]	名 通貨，貨幣，流通，流布
□□	**contemporary** [kəntémpərəri]	名 同時代の人，現代の人，同期生　形 同時代の，現代の
□□	**settle** [sétl]	動 ～を決める，～を解決する，定住する，～を置く，～を据える，（支払い）を済ます
□□	**settlement** [sétlmənt]	名 身を落ち着けること，定住，定職につくこと，植民（地），移民，開拓，居留地，決定，和解

2146	□□	その決定を支持して**論じる**	**argue** for the decision
2147	□□	**論争**を避ける	avoid an **argument**
2148	□□	規制と**戦う**	**contend** with restrictions
2149	□□	主張に**反論する**	**dispute** a claim
2150	□□	**責任者としての**決定	an **executive** decision
2151	□□	新しい**スタッフ**の一員	a new **staff** member
2152	□□	臨時雇用**職員**	a temporary **staffer**
2153	□□	責任を**負う**	**assume** responsibility
2154	□□	よくある**仮定**	a common **assumption**
2155	□□	**仮説**を検証する	test a **hypothesis**
2156	□□	負債と**推測される** 1000 万ドル	$10 million **reckoned** as a debt
2157	□□	会議を**予定表に組み込む**	**schedule** a meeting
2158	□□	会議の**予定を変更する**	**reschedule** a meeting
2159	□□	出張の**旅行計画**	an **itinerary** for a business trip
2160	□□	**似たような**性格	**similar** personalities
2161	□□	際立つ**類似点**	a striking **similarity**
2162	□□	**同じような**価格の商品	a **similarly** priced product
2163	□□	夢を**追う**	**chase** a dream
2164	□□	**あえて**言う	**dare** to say
2165	□□	文書を**ファイルする**	**file** a document
2166	□□	水中に**漂う**	**float** in the water
2167	□□	手荷物を**引き寄せる**	**drag** luggage

□□	**argue** [ɑ́ːrgjuː]	動 ～を論じる，～を主張する
□□	**argument** [ɑ́ːrgjəmənt]	名 議論，論争，主張　☞形 argumentative（議論好きの）
□□	**contend** [kənténd]	動 戦う，競う，～と強く主張する　☞名 contention（論点）
□□	**dispute** [dispjúːt]	動 ～に反論する，～を論じ合う，～を討議する，異議を唱える 名 紛争，論争
□□	**executive** [igzékjətiv]	形 政策立案する，行政上の，執行部の　名 幹部，高官，（企業の）役員　☞動 execute（～を実行する）　名 execution（実行）
□□	**staff** [stǽf]	名 職員，スタッフ　動 ～を職員［スタッフ］として置く
□□	**staffer** [stǽfər]	名 職員，（新聞）記者
□□	**assume** [əsjúːm]	動 ～を仮定する，～を前提とする，～を引き受ける，～を担う
□□	**assumption** [əsʌ́mpʃən]	名 仮定，前提，引き受けること，肩代わり
□□	**hypothesis** [haipɑ́θəsis]	名 仮説，前提　☞形 hypothetical（仮説の）
□□	**reckon** [rékn]	動 計算する，頼る，～を数える，～とみなす，～と考える
□□	**schedule** [skédʒuːl, ʃédʒuːl]	動 ～を予定する，～を予定表に組み込む　名 予定，スケジュール ☞熟 on schedule（予定どおりに）　熟 ahead of schedule（予定より早く） 熟 behind schedule（予定より遅れて）
□□	**reschedule** [rìːskédʒuːl, rìːʃédʒuːl]	動（予定など）を変更する，～を組み直す，～を再調整する
□□	**itinerary** [aitínərèri]	名 旅程，旅行の行程，旅行案内
□□	**similar** [símələr]	形 類似した，同様の，同類の，似通った，相似の
□□	**similarity** [sìməlǽrəti]	名 類似，類似点，相似
□□	**similarly** [símələrli]	副 類似して，同様に，同じく
□□	**chase** [tʃéis]	動 ～を追う，～を追跡する　名 追跡，獲物
□□	**dare** [déər]	動 あえて～する　名 挑戦
□□	**file** [fáil]	動 ～をファイルする，～を申請する，～を提出する，～を申し立てる　名 ファイル，書類，記録
□□	**float** [flóut]	動 ～を浮かべる，～を提案する，浮かぶ，漂う　名 浮遊物
□□	**drag** [drǽg]	動 ～を引きずる，のろのろと進む，～を引きずり込む，～を長引かせる

GROUP 45

▶ 2168 - 2216

2168	□□ 可能性に**気づく**	**recognize** possibilities
2169	□□ 小説家として**認知**される	gain **recognition** as a novelist
2170	□□ **個別の**会議室	**separate** conference rooms
2171	□□ **別々に**座る	sit **separately**
2172	□□ 請求金額を**分担する**	**split** a bill
2173	□□ 借りている**アパート**	a rented **apartment**
2174	□□ ある程度**離れて**距離を置いている	remain some distance **apart**
2175	□□ 誤りを**訂正する**	**correct** an error
2176	□□ 文章への**修正**	a **correction** to the text
2177	□□ 損失を**正しく**計算する	**correctly** calculate losses
2178	□□ **正しくない**情報	**incorrect** information
2179	□□ 集計は正しくないと**疑う**	**doubt** the tally's correctness
2180	□□ 政府が関与していると**疑う**	**suspect** the government's involvement
2181	□□ **疑わしい**取引の記録	a record of **suspicious** transactions
2182	□□ 販売数字を**予測する**	**project** sales figures
2183	□□ 現在の**予測**に基づいて	based on current **projections**
2184	□□ オーバーヘッド**プロジェクター**	an overhead **projector**
2185	□□ 任務を**分担する**	**divide** assignments
2186	□□ **分業**	**division** of labor
2187	□□ **配当金**を支払う	pay a **dividend**
2188	□□ 強い成長を**示す**	**indicate** strong growth
2189	□□ 成功の**しるし**	an **indication** of success
2190	□□ ストレスを**示している**振る舞い	behavior **indicative** of stress
2191	□□ 権力の**指標**	an **indicator** of power
2192	□□ 切符を**再販売する**	**resell** a ticket
2193	□□ **再販売**価値	a **resale** value

□□	**recognize** [rékəgnàiz]	動 ～に見覚えがある，～の見分けがつく，～を評価する，～を認める，～を認証する ☞ 形 recognizable（認識できる）
□□	**recognition** [rèkəgníʃən]	名 認識，承認，見覚え
□□	**separate** [sépərət; sépərèit]	形 別の，分かれた，異なる，個々の，独立した 動 ～を離す，～を分ける，～分離する，～を区切る ☞ 名 separation（分離） 形 separable（分離可能な）
□□	**separately** [sépərətli]	副 別々に，分かれて，独立して，離れて
□□	**split** [splít]	動 裂ける，～を裂く，分裂する［させる］，分割する［させる］，仲たがいする［させる］ 名 割れ目，仲たがい，（株式）分割
□□	**apartment** [əpɑ́ːrtmənt]	名 アパート，賃貸マンション
□□	**apart** [əpɑ́ːrt]	副 離れて，分かれて，別々に，別として
□□	**correct** [kərékt]	動 ～を訂正する，～を正す，～を是正する 形 正しい，誤りのない ☞ 形 corrective（修正の〔ための〕）
□□	**correction** [kərékʃən]	名 訂正，修正，矯正，懲戒
□□	**correctly** [kəréktli]	副 正しく，正確に言えば
□□	**incorrect** [ìnkərékt]	形 正しくない，誤った，不完全な
□□	**doubt** [dáut]	動 ～ではないだろうと思う，～を疑う 名 疑念，疑惑，懸念 ☞ 形 doubtful（疑わしい，疑って） 形 doubtless（疑いなく）
□□	**suspect** [səspékt; sʌ́spekt]	動 ～だろうと思う，～をあやしいと思う，～に疑いをかける 名 容疑者 ☞ 名 suspicion（疑い，疑惑）
□□	**suspicious** [səspíʃəs]	形 疑い深い，容易に信じない，あやしい，疑っている，疑いの
□□	**project** [prədʒékt; prɑ́(ː)dʒèkt]	動 ～を提案する，～を計画する，～を見積もる，～を予測する 名 計画，プロジェクト ☞ 形 projective（投影の）
□□	**projection** [prədʒékʃən]	名 予測，見積もり，投影
□□	**projector** [prədʒéktər]	名 プロジェクター，投影機，計画する人
□□	**divide** [diváid]	動 分かれる，～を分ける，～を分担する，～を分裂させる 名 分割，（意見などの）相違 ☞ 形 divisive（対立を生む）
□□	**division** [divíʒən]	名 分割，分配，分かれていること，仕切り，部局
□□	**dividend** [dívidènd]	名 配当金，分け前
□□	**indicate** [índikèit]	動 ～を指し示す，～を表示する，～を意味する，～を示唆する
□□	**indication** [ìndikéiʃən]	名 指示（すること），兆候，表示（度数）
□□	**indicative** [indíkətiv]	形 暗示する，表示する，示す
□□	**indicator** [índikèitər]	名 指示する人［もの］，測定器，指示器，指数
□□	**resell** [risél]	動 ～を転売する
□□	**resale** [ríːsèil]	名 再販売，追加販売，転売

2194	□□	**前進する**	move **forward**
2195	□□	**後**退する	go **backward**
2196	□□	認可を**拒む**	**refuse** permission
2197	□□	提案を**却下する**	**reject** a proposal
2198	□□	招待を**断る**	**decline** an invitation
2199	□□	**最近に**完了した任務	the **recently** completed mission
2200	□□	**最近の**展開	a **recent** development
2201	□□	**このごろの**多くの人々にとって	for many people **nowadays**
2202	□□	ある**地域**から別の地域へ	from one **region** to another
2203	□□	**地域の**料理	**regional** cuisine
2204	□□	**地区長**	a **district** leader
2205	□□	慈善の**目的**で	for the **purpose** of charity
2206	□□	**目的**を成し遂げる	accomplish an **aim**
2207	□□	**巨大**企業	a **giant** corporation
2208	□□	**大きな**誤り	a **huge** mistake
2209	□□	**巨額の**利益	an **enormous** profit
2210	□□	**きわめて大きな**衝撃	a **tremendous** shock
2211	□□	**実に多くの**経験	a **vast** amount of experience
2212	□□	小荷物を**包装する**	**wrap** a parcel
2213	□□	売れ行き良好製品として**挙げられる**	**rank** as the top-selling product
2214	□□	寝ている**振りをする**	**pretend** to sleep
2215	□□	給仕スタッフに**チップを渡す**	**tip** waitstaff
2216	□□	トレーニング用**エクササイズ**	training **exercises**

□□	**forward** [fɔ́:rwərd]	副 前方に，進行して 動 ～を転送する，～を進める 形 前方の ☞ 熟 look forward to ...（～を楽しみに待つ）
□□	**backward** [bǽkwərd]	副 後方の，後方へ，逆さに，さかのぼって 形 後ろ（向き）の
□□	**refuse** [rifjú:z; réfju:s]	動 ～を拒む，～をいやがる，～を拒否する，～を断る 名 ごみ ☞ 名 refusal（拒絶）
□□	**reject** [ridʒékt]	動 ～を拒否する，～を拒絶する，（法案など）を却下する，～を不合格にする ☞ 名 rejection（拒絶）
□□	**decline** [dikláin]	動 ～を辞退する，～を断る，下落する 名 下落 ☞ 名 declination（辞退） 熟 on the decline（減少して）
□□	**recently** [rí:sntli]	副 最近，近年
□□	**recent** [rí:snt]	形 最近の，近ごろの，新しい
□□	**nowadays** [náuədèiz]	副 このごろは
□□	**region** [rí:dʒən]	名 地方，地区，地域，分野
□□	**regional** [rí:dʒənl]	形 地方の，地域の
□□	**district** [dístrikt]	名 地区，地方，地域
□□	**purpose** [pə́:rpəs]	名 目的，目標，故意 ☞ 形 purposeful（故意の） 熟 on purpose（意図的に）
□□	**aim** [éim]	名 目標，目的 動（～を）目標にする，努力する，～を（…に）向ける
□□	**giant** [dʒáiənt]	形 巨大な 名 巨人，大企業，大国，巨匠 ☞ 形 gigantic（巨大な）
□□	**huge** [hjú:dʒ]	形 巨大な，大規模な，莫大な ☞ 名 hugeness（巨大さ）
□□	**enormous** [inɔ́:rməs]	形 巨大な，莫大な，桁違いの ☞ 名 enormity（膨大さ）
□□	**tremendous** [triméndəs]	形 とてつもなく激しい，巨大な，すばらしい ☞ 名 tremendousness（巨大さ）
□□	**vast** [vǽst]	形 広大な，膨大な，巨額な ☞ 名 vastness（広大さ） 副 vastly（広く）
□□	**wrap** [rǽp]	動 ～を包む，～を覆い隠す，～を完了する，～を夢中にさせる 名 包装紙，終了，完了 ☞ 熟 wrap up（～を終える）
□□	**rank** [rǽŋk]	動 列に並ぶ，順番を占める，～と位置付ける 名 順位，階級，地位
□□	**pretend** [priténd]	動 ～を装う，～を取り繕う，～するふりをする ☞ 名 pretense（ふり，見せかけ） 形 pretentious（見栄を張った，気取った）
□□	**tip** [típ]	動（～に）チップを渡す，～の先を切り取る，～の先を付ける，～を傾ける，傾く，倒れる 名 チップ，先，先端，ヒント，内部情報
□□	**exercise** [éksərsàiz]	名 運動，訓練，行使 動 運動する，訓練する，～を用いる，～を行使する

2217	□□	25パーセントを**占める**	**account** for 25 percent
2218	□□	経営陣に決定の**説明責任**を求める	hold management **accountable** for its decisions
2219	□□	主任**会計士**	a head **accountant**
2220	□□	**ひどい**結果	a **terrible** consequence
2221	□□	**ひどい**経験	a **horrible** experience
2222	□□	見栄えが**とてもよい**	look **terrific**
2223	□□	経済に**打撃を与える**	**damage** the economy
2224	□□	軽く**傷つく**	get slightly **wounded**
2225	□□	売り上げの低迷に**苦しむ**	**suffer** from low sales
2226	□□	多少の**痛み**を感じる	feel mild **pain**
2227	□□	交流**イベント**	a networking **event**
2228	□□	**なんとか**間に合うように到着する	**eventually** arrive in time
2229	□□	受賞**式典**	an awards **ceremony**
2230	□□	**記念日**を祝う	celebrate an **anniversary**
2231	□□	福祉政策を**改正する**	**reform** welfare policies
2232	□□	ビルを**改修する**	**renovate** a building
2233	□□	大規模**改修**	major **renovation**
2234	□□	オフィスを**改築する**	**remodel** the office
2235	□□	機会を**求める**	**seek** an opportunity
2236	□□	学問への道を**追求する**	**pursue** an academic career
2237	□□	大**群衆**を集める	gather large **crowds**
2238	□□	**混雑した**電車	a **crowded** train
2239	□□	**さまざまな**理由で	for **various** reasons
2240	□□	地域によって**異なる**	**vary** by region
2241	□□	数多くの**変種**	numerous **variations**
2242	□□	**さまざまな**職	a **variety** of jobs
2243	□□	**変動**コスト	**variable** costs

□□	**account** [əkáunt]	動《account for ... で》～を説明する，～を占める 名 説明，理由，考慮，計算書，預金口座
□□	**accountable** [əkáuntəbl]	形 説明できる，説明義務がある
□□	**accountant** [əkáuntənt]	名 会計士，経理担当者
□□	**terrible** [térəbl]	形 とても不快な，極端な，ひどく悪い，恐ろしい ☞ 名 terribleness（不快であること）
□□	**horrible** [hɔ́(:)rəbl]	形 ひどい，身の毛もよだつ，ひどく不快な ☞ 名 horribleness（ひどいこと）
□□	**terrific** [tərífik]	形 すばらしい，とてもよい，ものすごい
□□	**damage** [dǽmidʒ]	動 ～に損害を与える 名 損害，被害
□□	**wound** [wú:nd]	動 ～を傷つける 名 外傷，負傷，苦痛，痛手
□□	**suffer** [sʌ́fər]	動 ～をこうむる，悩む，苦しむ，患う ☞ 名 suffering（苦しみ） 熟 suffer from ...（～に苦しむ）
□□	**pain** [péin]	名 痛み，疼痛，骨折り，不快な人［もの／こと］ ☞ 形 painful（苦しい）
□□	**event** [ivént]	名 出来事，行事，結果，種目
□□	**eventually** [ivéntʃuəli]	副 結局は，ついに，いつかは，やがて ☞ 形 eventual（最終的な）
□□	**ceremony** [sérəmòuni]	名 式，式典，儀礼 ☞ 形 ceremonial（儀式の，形だけの） 形 ceremonious（形式ばった）
□□	**anniversary** [æ̀nivə́:rsəri]	名 記念日，記念祭，例年の行事
□□	**reform** [rifɔ́:rm]	動 ～を改革する，～を改善する，～を改める 名 改正，改革
□□	**renovate** [rénəvèit]	動 ～を修理する，～を改築する，～を回復する，～を刷新する
□□	**renovation** [rènəvéiʃən]	名 修復，改修，リフォーム，刷新
□□	**remodel** [ri:mádl]	動 ～を改築する，～を改装する
□□	**seek** [sí:k]	動 ～を捜す，～を（捜し）求める，～を手に入れようとする
□□	**pursue** [pərsjú:]	動 ～を追跡する，～を追いかける，～を追及する，～をたどる，達成しようとする ☞ 名 pursuit（追求）
□□	**crowd** [kráud]	名 群衆，大衆，集団 動（～に）押し寄せる，（～に）殺到する，～に圧力をかける
□□	**crowded** [kráudid]	形 混雑した，満員の
□□	**various** [véəriəs]	形 さまざまな，多様な
□□	**vary** [véəri]	動 変わる，変化する，～を変化させる，～を多様にする
□□	**variation** [vèəriéiʃən]	名 変化（の度合い），変動
□□	**variety** [vəráiəti]	名 多様性，多様さ，種類，寄せ集め
□□	**variable** [véəriəbl]	形 変わりやすい，変えられる 名 変化するもの，変数

2244	□□ その事業組織に**所属する**	**belong** to the business organization
2245	□□ 個人**所有物**	personal **belongings**
2246	□□ 予定の**重複**	a scheduling **conflict**
2247	□□ 問題に**立ち向かう**	**confront** a problem
2248	□□ チームを**組織する**	**organize** a team
2249	□□ 非営利**組織**	a non-profit **organization**
2250	□□ **組織の**構造	an **organizational** structure
2251	□□ 会議の**運営者**	a conference **organizer**
2252	□□ ファイルを**整理し直す**	**reorganize** files
2253	□□ 全社的な**再編**	company-wide **reorganization**
2254	□□ 招待客を**招く**	**invite** guests
2255	□□ **招待状**を送る	send an **invitation**
2256	□□ ある**程度**まで	to a certain **degree**
2257	□□ 2か月から半年に**及ぶ**	**range** from two to six months
2258	□□ 投資を**分散させる**	**spread** investments
2259	□□ **表計算（データ）**を処理する	work on a **spreadsheet**
2260	□□ コーヒーを**注ぐ**	**pour** coffee
2261	□□ キャリアを**棒に振る**	**ruin** a career
2262	□□ きちんと積まれた本の**山**	a neat **pile** of books
2263	□□ **妥協**する	reach a **compromise**
2264	□□ 私たちの生活のあらゆる**局面**	every **aspect** of our lives
2265	□□ **醜い**真実	an **ugly** truth

□□	**belong** [bilɔ́(:)ŋ]	動《belong to ... で》～に属する，～の一員である
□□	**belongings** [bilɔ́(:)ŋiŋz]	名 持ち物，所有物，関連するもの
□□	**conflict** [kɑ́nflikt; kənflíkt]	名 対立，衝突，確執，紛争　動 対立する，矛盾する
□□	**confront** [kənfrʌ́nt]	動 ～に直面する，～に対決させる，～を対比する ☞ 名 confrontation（対決）　形 confrontational（対決的な）
□□	**organize** [ɔ́ːrgənàiz]	動 ～を組織化する，～を編成する，～を整頓する，～を体系化する ☞ 動 disorganize（～の秩序を乱す）
□□	**organization** [ɔ̀ːrgənəzéiʃən, ˌ--naí--]	名 組織，団体，構成，体制
□□	**organizational** [ɔ̀ːrgənəzéiʃənl, ˌ--naí--]	形 組織的な，組織に関する
□□	**organizer** [ɔ́ːrgənàizər]	名 まとめ役，システム手帳，収納ケース
□□	**reorganize** [riɔ́ːrgənàiz]	動 ～を再編成する，～を再建する
□□	**reorganization** [riːɔ̀ːrgənəzéiʃən, -ˌ--naí--]	名 再編成，再組織化，革新
□□	**invite** [inváit]	動 ～を誘う，～を招く
□□	**invitation** [ìnvitéiʃən]	名 招待（状）　☞ 形 invitational（招待の）
□□	**degree** [digríː]	名 程度，（経度・緯度・温度などの）度，学位
□□	**range** [réindʒ]	動 動く，並ぶ，及ぶ　名 幅，領域，範囲
□□	**spread** [spréd]	動 ～を広げる，～を開く，～を塗る，（～を）分散する，広がる，蔓延する　名 開き，広がり，流布
□□	**spreadsheet** [sprédʃiːt]	名 表計算ソフト，スプレッドシート
□□	**pour** [pɔ́ːr]	動 降り注ぐ，～に注ぐ，～に浴びせる
□□	**ruin** [rú(ː)in]	動 ～を破壊する，～を破産させる，～をだいなしにする　名 遺跡，廃墟，残骸，破滅，崩壊
□□	**pile** [páil]	名 山積み，山，パイル　動 積み重なる，～を積み重ねる
□□	**compromise** [kɑ́mprəmàiz]	名 譲歩，妥協案，歩み寄り　動 譲歩する，歩み寄る，和解する
□□	**aspect** [ǽspekt]	名 面，様相，局面，見地
□□	**ugly** [ʌ́gli]	形 醜い，見苦しい，不快な，卑劣な，荒れ模様の ☞ 名 ugliness（醜さ）

2266	□□ 店に**かけつける**	**rush** to a store
2267	□□ 駅へ**急ぐ**	**hurry** to the station
2268	□□ 対象とする**読者**	a target **audience**
2269	□□ 3万人の**観客**を集める	attract 30,000 **spectators**
2270	□□ **すばらしい**仕事をする	do a **spectacular** job
2271	□□ 従業員の**個々の**必要性	employees' **individual** needs
2272	□□ **個人**所有の事業	an **individually** owned business
2273	□□ **神経**を傷つける	damage **nerves**
2274	□□ **落ち着かなく**なる	get **nervous**
2275	□□ 同社の第三**四半期**の収益	the company's third-**quarter** earnings
2276	□□ **四半期の**報告書	a **quarterly** report
2277	□□ 状況に**依存する**	**depend** on circumstances
2278	□□ 福祉への**依存**を減らす	reduce **dependence** on welfare
2279	□□ 輸入に**依存して**いく	grow **dependent** on imports
2280	□□ **信頼できる**科学技術	**dependable** technologies
2281	□□ **独立した**コンサルタント	an **independent** consultant
2282	□□ **独立**を要求する	demand **independence**
2283	□□ 真実を**隠す**	**hide** the truth
2284	□□ 感情を**隠す**	**conceal** emotion
2285	□□ 委員会の判断を**信頼する**	**trust** the committee's judgment
2286	□□ **信頼できる**顧客	a **trustworthy** client
2287	□□ 委員会に最終決定を**任せる**	**entrust** a final decision to the committee
2288	□□ 潜在的な**危機**	a potential **threat**
2289	□□ 環境を**脅かす**	**threaten** the environment

□□	**rush** [rʌ́ʃ]	[動] 大急ぎでする，急ぐ，押し寄せる，～を突進させる，～を大急ぎで行う [名] 突進，殺到，忙しいこと，急ぐ必要 ☞ [熟] in a rush (急いで)
□□	**hurry** [hə́:ri]	[動] 急ぐ，～を急がせる [名] 急ぎ，急いで進めること ☞ [熟] in a hurry (急いで)
□□	**audience** [ɔ́:diəns]	[名] 聴衆，観客，観衆，支持者，ファン
□□	**spectator** [spékteitər]	[名] 見物人，観客
□□	**spectacular** [spektǽkjələr]	[形] 壮観な ☞ [名] spectacle (光景，壮観)
□□	**individual** [ìndəvídʒuəl]	[形] 個人(向け)の，個別の，独自の [名] 個人，人間 ☞ [名] individuality (個人であること) [名] individualism (個人主義)
□□	**individually** [ìndəvídʒuəli]	[副] 個々に，個別に，個人的に
□□	**nerve** [nə́:rv]	[名] 神経，図太さ，《nerves で》いらいらすること
□□	**nervous** [nə́:rvəs]	[形] 神経質な，いらいらした，緊張した ☞ [名] nervousness (神経過敏)
□□	**quarter** [kwɔ́:rtər]	[名] 4分の1，四半期，地区 [動] ～を四等分にする
□□	**quarterly** [kwɔ́:rtərli]	[形] 四半期の，年4回の，3か月ごとの [副] 季刊で，年4回で，3か月ごとに [名] 季刊誌
□□	**depend** [dipénd]	[動]《depend on ... で》～に頼る，～に依存する，～を信頼する，～に左右される
□□	**dependence** [dipéndəns]	[名]《dependence on ... で》頼ること，依存
□□	**dependent** [dipéndənt]	[形]《dependent on ... で》～に頼って，～次第の [名] 扶養家族
□□	**dependable** [dipéndəbl]	[形] 信頼できる，頼もしい，安心できる
□□	**independent** [ìndipéndənt]	[形]《independent of ... で》～から独立した，～の影響を受けない，～に頼らない [名] 独立した人 [もの]，無所属の人
□□	**independence** [ìndipéndəns]	[名]《independence from ... で》～からの独立(性)，～からの自立，～からの自活
□□	**hide** [háid]	[動] 隠れる，～を隠す [名] 隠れ場所，獣皮
□□	**conceal** [kənsí:l]	[動] ～を隠す，～を隠匿する，～を秘密にする ☞ [名] concealment (隠すこと)
□□	**trust** [trʌ́st]	[動] ～を信用 [信頼] する，～と確信する，～と信じる [名] 信用，信頼，責任 ☞ [名] trustee (受託者，評議員)
□□	**trustworthy** [trʌ́stwə̀:rði]	[形] 信用できる，当てになる
□□	**entrust** [entrʌ́st]	[動] ～に任せる，～に委託する，～に預ける
□□	**threat** [θrét]	[名] 脅し，脅迫，脅威 ☞ [熟] under threat (危機にあって)
□□	**threaten** [θrétn]	[動] ～を脅す，～を脅迫する，～する恐れがある

2290	□□	株価に**影響する**	**affect** share prices
2291	□□	世界中の人々に**影響する**	**influence** people all over the world
2292	□□	**影響力のある**人	an **influential** person
2293	□□	都市部に**衝撃を与える**	**impact** urban areas
2294	□□	コストを**削減する**	**reduce** costs
2295	□□	欠陥の**減少**	**reduction** in defects
2296	□□	**反対の**考えを持つ	have the **opposite** view
2297	□□	決定に**反対する**	**oppose** a decision
2298	□□	**反対**に直面して	in the face of **opposition**
2299	□□	手ごわい**対抗者**	a tough **opponent**
2300	□□	期待に**反して**	**contrary** to expectations
2301	□□	**敵意ある**批判	**hostile** criticism
2302	□□	その**点**において	in that **respect**
2303	□□	**それぞれ**月額 15 ドルと 20 ドルの 2 つの定期購読	two subscriptions that cost $15 and $20 per month **respectively**
2304	□□	**丁重な**依頼	a **polite** request
2305	□□	ラップトップ機をインターネットに**接続する**	**connect** a laptop to the Internet
2306	□□	**接続**を改善させる	improve **connections**
2307	□□	機器の**電源を切る**	**disconnect** a device
2308	□□	原因と結果を**結び付ける**	**link** cause and effect
2309	□□	コーヒーを**かき混ぜる**	**stir** coffee
2310	□□	睡眠のパターンを**妨げる**	**disturb** sleep patterns
2311	□□	床を**掃除する**	**sweep** the floor
2312	□□	悪評を**一掃**する	**get rid of** a bad reputation
2313	□□	**奇妙な**偶然	a **weird** coincidence
2314	□□	**事実上**破産する	**virtually** go bankrupt

□□	**affect** [əfékt]	動 ～に影響を及ぼす，～の心を動かす，～を感動させる ☞ 名 affection (愛情)　形 affectionate (愛情豊かな)
□□	**influence** [ínfluəns]	動 ～を感化する，～に影響を与える　名 影響，影響力，影響を与える人
□□	**influential** [influénʃl]	形 勢力のある，有力な，影響力の大きい
□□	**impact** [impǽkt; ímpækt]	動 ～に影響を与える　名 影響，反響，効果，衝撃
□□	**reduce** [ridjú:s]	動 ～を縮小する，～を減らす，～を引き下げる，縮小する，減少する
□□	**reduction** [ridʌ́kʃən]	名 減少，削減，縮小，悪化，割引
□□	**opposite** [ápəzit]	形 反対の，向かい側の，逆の　名 反対 (のもの)　前 ～の反対側に
□□	**oppose** [əpóuz]	動 ～に反対する，～と敵対する，反対 [対立] する
□□	**opposition** [àpəzíʃən]	名 反対，対立，対戦相手，野党
□□	**opponent** [əpóunənt]	名 対戦相手，敵，反対者
□□	**contrary** [kántrèri]	形 (正) 反対の，相容れない，不利な　名 正反対 ☞ 熟 on the contrary (それどころか)　熟 contrary to ... (～に反して)
□□	**hostile** [hástl, -tàil]	形 敵意のある，非友好的な，適さない　☞ 名 hostility (敵意)
□□	**respect** [rispékt]	名 尊敬，考慮，感心，事項　動 ～を尊敬する，～を重んじる ☞ 形 respectable (尊敬すべき)　形 respectful (尊敬して)
□□	**respectively** [rispéktivli]	副 それぞれ，各自，めいめい
□□	**polite** [pəláit]	形 礼儀正しい，ていねいな，洗練された ☞ 名 politeness (礼儀正しさ)　形 impolite (失礼な)
□□	**connect** [kənékt]	動 ～を繋ぐ，～を接続する，～に連絡する，～を結び付ける
□□	**connection** [kənékʃən]	名 結合，接続，連絡，縁故 (者) ☞ 熟 in connection with ... (～に関連して)
□□	**disconnect** [dìskənékt]	動 (接続，連絡など) を断つ，～の電源を切る，～を停止する 名 切断，断絶，不通　☞ 名 disconnection (切断)
□□	**link** [líŋk]	動 結び付く，関連する，～を結び付ける，～を関連付ける 名 つながり，絆，(因果) 関係，リンク　☞ 名 linkage (関連)
□□	**stir** [stə́:r]	動 ～をかき回す，～を扇動する，～を奮起させる，(体) を動かす 名 騒ぎ，かき混ぜ，動き，評判
□□	**disturb** [distə́:rb]	動 ～のじゃまをする，～の気をそらす，～を困惑させる，～をかき乱す ☞ 名 disturbance (騒ぎ，不安，じゃま)　形 disturbing (妨害する) 形 disturbed (妨害された)
□□	**sweep** [swí:p]	動 ～を掃除する，～を掃く，吹きまくる，荒れ狂う　名 ひと振り
□□	**get rid of** [gèt ríd əv]	動 ～を取り除く，～から解放する
□□	**weird** [wíərd]	形 異様な，奇妙な，風変わりな　☞ 名 weirdness (奇妙であること)
□□	**virtually** [və́:rtʃuəli]	副 実質的に，事実上，～も同然で，コンピュータ上で ☞ 形 virtual (実質上の)

2315	□□	伝統的な**方法**	a traditional **method**
2316	□□	一時停止**モード**で	in standby **mode**
2317	□□	慎重な**取り組み**	a cautious **approach**
2318	□□	適切な**やり方**で	in an appropriate **manner**
2319	□□	**逮捕される**ことを免れる	avoid being **arrested**
2320	□□	動物を**狩る**	**hunt** animals
2321	□□	業界全体に**利益をもたらす**	**benefit** the whole industry
2322	□□	双方にとって**有益な**関係	mutually **beneficial** relationship
2323	□□	唯一の**受益者**	a sole **beneficiary**
2324	□□	**福祉**事業	**welfare** work
2325	□□	重要な**要素**	a crucial **element**
2326	□□	**入門**レベル	an **elementary** level
2327	□□	**部品の**供給	**component** supply
2328	□□	センサー用**部品**	a sensor **module**
2329	□□	不可欠の**原料**	an essential **ingredient**
2330	□□	**ほとんど**状況が理解でき**ない**	**hardly** understand the situation
2331	□□	**ほとんど**音が聞こえ**ない**	**scarcely** hear a sound
2332	□□	**めったに**締め切りに遅れ**ない**	**seldom** miss a deadline
2333	□□	**めったに**使われ**ない**部屋	a **rarely** used room
2334	□□	**めったにない**機会	a **rare** opportunity
2335	□□	**どうにか**状況を理解**する**	**barely** understand the situation
2336	□□	不適切な**振る舞い**	inappropriate **behavior**
2337	□□	奇妙に**振る舞う**	**behave** strangely
2338	□□	外注化を**支持**して	in **favor** of outsourcing
2339	□□	**好みの**レシピ	a **favorite** recipe
2340	□□	**好ましい**結果	a **favorable** outcome
2341	□□	**表敬**訪問	a **courtesy** call

□□	**method** [méθəd]	名 方法，方式，規則正しさ，きちょうめん ☞ 形 methodical (順序立った，きちょうめんな)　名 methodology (方法論)
□□	**mode** [móud]	名 方法，様式，流儀，(機能上の) 形態，(服装，芸術などの) 流行 ☞ 形 modal (様式の)
□□	**approach** [əpróutʃ]	名 近づくこと，取り組み，手法　動 ～に近づく，～に接近する，～に申し入れる
□□	**manner** [mǽnər]	名 方法，態度，行儀，作法
□□	**arrest** [ərést]	動 ～を逮捕する，～を拘束する　名 逮捕，停止 ☞ 熟 under arrest (逮捕されて)
□□	**hunt** [hʌ́nt]	動 狩りをする，～を狩る，～を熱心に探す　名 狩り，追跡
□□	**benefit** [bénəfit]	動 利益を得る，～の利益になる　名 利益，援助，給付金
□□	**beneficial** [bènəfíʃl]	形 役に立つ，有益な，利益をもたらす
□□	**beneficiary** [bènəfíʃieri]	名 受益者
□□	**welfare** [wélfèər]	名 福祉 (事業)，福利，繁栄
□□	**element** [éləmənt]	名 要素，成分，元素，少量
□□	**elementary** [èləméntəri]	形 初歩の，基本の，(問題などが) 単純な，小学校の
□□	**component** [kəmpóunənt]	名 構成要素，成分
□□	**module** [mádʒuːl]	名 基準寸法，基本単位，組み立てユニット ☞ 形 modular (基本単位の)
□□	**ingredient** [ingríːdiənt]	名 成分，原料，材料
□□	**hardly** [háːrdli]	副 ほとんど～ない，とても～ない
□□	**scarcely** [skéərsli]	副 ほとんど～ない，とても～ない，まさか～ない，かろうじて，やっと　☞ 形 scarce (乏しい)　名 scarcity (不足，欠乏)
□□	**seldom** [séldəm]	副 めったに～ない，まれにしか～ない
□□	**rarely** [réərli]	副 めったに (～ない)，見事に，ひじょうに
□□	**rare** [réər]	形 まれな，すばらしい，最高の　☞ 名 rareness (まれであること)
□□	**barely** [béərli]	副 ほとんど～ない，かろうじて～する
□□	**behavior** [bihéivjər]	名 態度，行動，(機械などの) 動作　☞ 形 behavioral (行動の)
□□	**behave** [bihéiv]	動 振舞う，行動する，行儀よく振舞う
□□	**favor** [féivər]	名 好意，親切，世話，愛顧，支持　動 ～を好む，～に賛意を示す
□□	**favorite** [féivərət]	形 気に入って，いちばん好きな　名 お気に入りの人 [もの]
□□	**favorable** [féivərəbl]	形 有利な，有益な，好意的な，賛成の，好ましい
□□	**courtesy** [kə́ːrtəsi]	名 礼儀正しさ，厚意，優遇　☞ 形 courteous (礼儀正しい)

2342	□□	試作品を**評価する**	**grade** the prototypes
2343	□□	**徐々に**利益を改善させる	**gradually** improve profits
2344	□□	手荷物を**まとめる**	**pack** luggage
2345	□□	**容器**を梱包する	wrap a **package**
2346	□□	**最高の**場所	a **prime** location
2347	□□	**第一の**理由	the **primary** reason
2348	□□	**主に**子どもを対象とする本	a book **primarily** for children
2349	□□	数字とグラフに**言及する**	**refer** to figures and graphs
2350	□□	今後の**参考**にするために	for future **reference**
2351	□□	専門家に**紹介**する	make a **referral** to a specialist
2352	□□	仕事の**同僚**	a business **associate**
2353	□□	地域社会と**協力**して	in **association** with the local community
2354	□□	状態を**観察する**	**observe** conditions
2355	□□	慎重な**観察**	careful **observation**
2356	□□	支出を**監視する**	**monitor** expenditures
2357	□□	**濃厚な**スープ	**thick** soup
2358	□□	**薄い**ソース	**thin** sauce
2359	□□	腕を**曲げる**	**bend** an arm
2360	□□	魚を**釣る**	**hook** a fish
2361	□□	壁に**寄りかかる**	**lean** against the wall
2362	□□	前向きな**態度**	a positive **attitude**
2363	□□	**奇妙な**振る舞い	**odd** behavior

□□	**grade** [gréid]	[動] ～を等級に分ける，～を評価する [名] 等級，学年，成績
□□	**gradually** [grǽdʒuəli]	[副] だんだんと，次第に ☞ [形] gradual (段階的な，緩やかな)
□□	**pack** [pǽk]	[動] ～を梱包する，～を詰める，～に詰めかける [名] 包み，荷物，ひと箱，群れ ☞ [動] unpack (～を解く，～を開ける)
□□	**package** [pǽkidʒ]	[名] 荷物，容器，一括契約 [動] ～にまとめる，～を梱包する，～を一括する
□□	**prime** [práim]	[形] 最重要な，主要な，一流の，最高の [名] 最盛期，全盛 ☞ [形] primal (根本的な)
□□	**primary** [práimèri]	[形] 主な，第一の，最上位の，初等の [名] 予備選挙
□□	**primarily** [praimérəli]	[副] 第一に，主として，元々は，当初は
□□	**refer** [rifə́ːr]	[動] 言及する，参照する，意味する，～に持ち込む，～を (…に) 差し向ける，～を (…に) 参照させる，～を (…に) 任せる
□□	**reference** [réfərəns]	[名] 言及，参照，引用文，信用紹介先 [動] ～を (参考として) 引用する
□□	**referral** [rifə́ːrəl]	[名] 照会，参照，委託，紹介，推薦
□□	**associate** [əsóuʃièit, -si-]	[名] 同僚，仲間 [形] 準～，副～ [動] ～を連想させる，～を関連付ける
□□	**association** [əsòusiéiʃən]	[名] 共同，関連，提携，協会
□□	**observe** [əbzə́ːrv]	[動] ～ (ということ) に気づく，(観察によって) ～を述べる，～を観察する，～を見守る，～に従う ☞ [形] observant (観察の鋭い)
□□	**observation** [ɑ̀bzərvéiʃən]	[名] 観察，観測，注意深く見 (られ) ること，(観察に基づく) 情報 [意見]
□□	**monitor** [mánətər]	[動] ～を監視する，～をチェックする [名] モニター
□□	**thick** [θík]	[形] 厚い，幅が広い，太い，密集した，濃い，厚手の ☞ [動] thicken (～を厚く [濃く] する) [名] thickness (厚さ，太さ)
□□	**thin** [θín]	[形] 薄い，細い，やせた，十分にない，水っぽい，弱々しい，力のない [動] ～を薄める，薄くなる ☞ [名] thinness (薄さ，細さ)
□□	**bend** [bénd]	[動] ～を曲げる，～を折る，～を下に向ける [名] 湾曲 (部分)，カーブ
□□	**hook** [húk]	[動] 曲がる，～を引っ掛ける，(ホックを) 留める [名] ホック，フック，引っ掛けるもの，引きつけるもの
□□	**lean** [líːn]	[動] 傾く，もたれる，《lean on ... で》～をあてにする，《lean to ... で》～の傾向がある，～を傾ける [名] 傾き，脂肪分の少ない肉 [形] 乏しい，効率的な，(予算などの) 余裕がない
□□	**attitude** [ǽtitjùːd]	[名] 態度，姿勢，心構え ☞ [形] attitudinal (態度の)
□□	**odd** [ɑ́d]	[形] 奇妙な，奇数の，残りの，半端な ☞ [名] oddity (奇抜さ) [名] odds (可能性) [熟] odd number (奇数)

2364	□□ キャンセルについて**苦情を言う**	**complain** about the cancellation
2365	□□ **苦情**を申し立てる	file a **complaint**
2366	□□ 決定に**抗議する**	**protest** a decision
2367	□□ 会社**全体**	the **entire** company
2368	□□ **まったく**異なる意見	an **entirely** different opinion
2369	□□ **果たす**べき義務	duties to **perform**
2370	□□ 四半期の**業績**	quarterly **performance**
2371	□□ **演者**を雇う	hire a **performer**
2372	□□ そのメロディに**親しみを感じる**	feel **familiar** with the melody
2373	□□ **慣れ親しんでいる**度合い	a level of **familiarity**
2374	□□ 従業員を安全規則に**精通させる**	**familiarize** employees with safety rules
2375	□□ **不慣れな**環境で	in **unfamiliar** surroundings
2376	□□ **連続して**	in a **row**
2377	□□ **連続する**休日	**consecutive** holidays
2378	□□ 事故を**防ぐ**	**prevent** an accident
2379	□□ 混乱を**避ける**	**avoid** confusion
2380	□□ 大まかな**見積もり**	a rough **estimate**
2381	□□ 重要性を**過大評価する**	**overestimate** the importance
2382	□□ 重要性を**大げさに言う**	**exaggerate** importance
2383	□□ 社会**実験**	a social **experiment**
2384	□□ **実験に基づく**データ	**experimental** data
2385	□□ あなたの**責任で**はありません。	I don't **blame** you.
2386	□□ 新たな**困難**に対処する	address a new **challenge**
2387	□□ 犯罪を犯したことで人々を**告訴する**	**accuse** people of committing crimes

□□	**complain** [kəmpléin]	動 不平を言う，苦情を言う
□□	**complaint** [kəmpléint]	名 不平，苦情，告訴
□□	**protest** [prətést; próutest]	動 抗議する，～に異議を申し立てる 名 抗議（運動）
□□	**entire** [entáiər]	形 全体の，全部の，完全な ☞ 名 entirety（全体）
□□	**entirely** [entáiərli]	副 まったく，完全に，ひたすら
□□	**perform** [pərfɔ́:rm]	動 ～を演じる，～を演奏する，～を遂行する，～を執り行う
□□	**performance** [pərfɔ́:rməns]	名 性能，能力，実績，業績
□□	**performer** [pərfɔ́:rmər]	名 上演者，演奏者，役者
□□	**familiar** [fəmíljər]	形 よく知られた，精通している，打ち解けた，なれなれしい
□□	**familiarity** [fəmìliǽrəti]	名 親しさ，親交，ずうずうしさ，精通していること
□□	**familiarize** [fəmíljəràiz]	動 ～を慣れさせる，～を普及させる，～を広める
□□	**unfamiliar** [ʌ̀nfəmíljər]	形 未知の，なじみの薄い，精通していない，慣れていない
□□	**row** [róu]	名 列（になっている人） 動（ボートなど）を漕ぐ ☞ 熟 in a row（連続して）
□□	**consecutive** [kənsékjətiv]	形 連続する，立て続けの，継続した，結果の
□□	**prevent** [privént]	動 ～を（…から）防ぐ，～が…することを阻む，～が…することを抑える ☞ 名 prevention（防止，予防） 形 preventive（予防的な）
□□	**avoid** [əvɔ́id]	動 ～を避ける，～に近づかない，～を防ぐ ☞ 名 avoidance（回避）
□□	**estimate** [éstəmət; éstəmèit]	名 見積もり，概算，評価 動 ～を見積もる，～と推定する，～を評価する ☞ 名 estimation（見積もり）
□□	**overestimate** [òuvəréstəmeit]	動 ～を過大評価する，～を過剰に見積もる
□□	**exaggerate** [igzǽdʒərèit]	動 ～をおおげさに言う，～を強調する ☞ 名 exaggeration（誇張）
□□	**experiment** [ikspérəmènt]	名 実験（の成果），新手法 動 実験を行う，～を試してみる
□□	**experimental** [ikspèrəméntl]	形 実験の，実験的な，実験に基づく
□□	**blame** [bléim]	動 ～を非難する，～の責任にする 名 非難，責任 ☞ 形 blameless（欠点のない） 形 blameworthy（責められるべき） 熟 *be* to blame（～のせいである）
□□	**challenge** [tʃǽlindʒ]	名 困難，手ごたえ，やりがい 動 ～に異議を唱える，～に反論する，あえて挑む ☞ 形 challenging（やりがいのある） 形 challenged（～に障害のある）
□□	**accuse** [əkjú:z]	動 ～を告発する，～を訴える，～を非難する ☞ 名 accusation（非難，告訴）

2388	□□ 問題を**解決する**	**solve** a problem
2389	□□ 問題の**解決策**	a **solution** to a problem
2390	□□ プロジェクトに**資金を提供する**	**fund** a project
2391	□□ **募金調達**活動	a **fundraising** campaign
2392	□□ 問題に**対処する**	**address** an issue
2393	□□ **返信用宛名を書いてある**封筒	a **self-addressed** envelope
2394	□□ 古い機械類を**交換する**	**replace** old machinery
2395	□□ **交換**部品	**replacement** parts
2396	□□ ファイルを**置き間違える**	**misplace** a file
2397	□□ **代理**を務める	serve as a **substitute**
2398	□□ 契約を**履行する**	**honor** a contract
2399	□□ **名誉**会員	an **honorary** member
2400	□□ **崇高な**大義	a **noble** cause
2401	□□ 感染症のための**薬**	**medicine** for infections
2402	□□ **医学的な**緊急事態	a **medical** emergency
2403	□□ 痛みのための**薬剤**	**medication** for pain
2404	□□ 薬の**服用量**	a **dose** of medicine
2405	□□ 次第に減少する**傾向がある**	**tend** to decline gradually
2406	□□ 一般的な**傾向**	a general **tendency**
2407	□□ 上昇**傾向**	an upward **trend**
2408	□□ 雇用を**保障する**	**guarantee** employment
2409	□□ 困難に**出くわす**	**encounter** difficulties
2410	□□ **港**に着く	reach a **port**
2411	□□ **攻めの**姿勢	an **aggressive** stance
2412	□□ **副**最高経営責任者	the **deputy** chief executive

□□	**solve** [sálv]	動 ～を解決する，～を解明する，～を解く ☞名形 solvent（溶剤；支払い能力のある） 名 solvency（支払い能力）
□□	**solution** [səlúːʃən]	名 解決（法／策），解明，解答，溶かすこと，溶解，溶液，溶剤
□□	**fund** [fʌ́nd]	動 ～に資金を出す 名 資金，蓄え，国債
□□	**fundraising** [fʌ́ndrèiziŋ]	名 資金調達，募金（活動） ☞名 fundraiser（募金活動）
□□	**address** [ədrés; ǽdres]	動 ～に対処する，～に取り組む，～を述べる，～に住所を書く 名 住所，アドレス，演説
□□	**self-addressed** [sèlfədrésed]	形（返信用に）自分の宛名を記した
□□	**replace** [ripléis]	動 ～に取って変わる，～を交代させる，～を交換する，～を戻す
□□	**replacement** [ripléismənt]	名 交代，交換，差し換え，代替品，交換品，後任スタッフ
□□	**misplace** [mìspléis]	動 ～を置き違える，～を置き忘れる ☞名 misplacement（置き間違い）
□□	**substitute** [sʌ́bstətjùːt]	名 代理人，補欠，代役，代用食 形 代用の，代理の 動（～の）代わりに用いる，～を取り換える，～の代理をする ☞名 substitution（代用，代理）
□□	**honor** [ánər]	動 ～を尊敬する，～に名誉を与える，～を履行する，（小切手など）を受け取る 名 名誉，光栄，名声 ☞名 dishonor（不名誉）
□□	**honorary** [ánərèri]	形 名誉（上）の，名誉として与えられる
□□	**noble** [nóubl]	形 高潔な，気高い，立派な，称賛に値する，堂々とした，壮大な，見事な，すばらしい ☞名 nobleness（気高さ）
□□	**medicine** [médəsn]	名 医学，内科（学），内科的治療，（内服）薬
□□	**medical** [médikl]	形 医学の，医療の，内科の 名（徹底的な）身体測定
□□	**medication** [mèdikéiʃən]	名 薬物治療，薬剤
□□	**dose** [dóus]	名（薬などの）１回分，１服 動 ～に薬を飲ませる，～に投薬する
□□	**tend** [ténd]	動《tend to *do* で》～する傾向がある，～の世話をする
□□	**tendency** [téndənsi]	名 傾向，性質，動き
□□	**trend** [trénd]	名 傾向，動向，流行，方向 ☞形 trendy（流行して）
□□	**guarantee** [gæ̀rəntíː]	動 ～を保証する，～に保証をする 名 保証（書）
□□	**encounter** [enkáuntər]	動 ～に偶然出会う，～に出くわす，（困難・危険など）にあう，（敵）と遭遇する 名 出会い，遭遇，会合
□□	**port** [pɔ́ːrt]	名 港，港湾（都市），接続用ポート，吸排気口
□□	**aggressive** [əgrésiv]	形 攻撃的な，挑戦的な，積極果敢な ☞名 aggressiveness（攻撃性，積極性）
□□	**deputy** [dépjəti]	名 代理，代表者，副官

2413	□□	問い合わせに**対応する**	**respond** to an inquiry
2414	□□	ていねいな**返事**	a courteous **response**
2415	□□	調査**回答者**に尋ねる	ask survey **respondents**
2416	□□	プロジェクトへの**責任を持つ**ことになる	become **responsible** for a project
2417	□□	**責任**を受け入れる	accept **responsibility**
2418	□□	問い合わせに**返信する**	**reply** to an inquiry
2419	□□	**女性**従業員	**female** employees
2420	□□	**男性**従業員	**male** employees
2421	□□	**性**における平等	**gender** equality
2422	□□	注意を**促す**	**urge** caution
2423	□□	**急ぎの**用件	an **urgent** matter
2424	□□	**緊急に**金を必要とする	**urgently** need money
2425	□□	原因を**特定する**	**determine** the cause
2426	□□	新たな**決意**とともに	with a renewed **determination**
2427	□□	機械類を**操作する**	**operate** machinery
2428	□□	**手術**を受ける	undergo an **operation**
2429	□□	**運営**コスト	**operational** costs
2430	□□	機械**操作者**	a machine **operator**
2431	□□	小包を**配達する**	**deliver** a package
2432	□□	**配達**を予定する	schedule a **delivery**
2433	□□	しみを**取り除く**	**remove** stains
2434	□□	制限の**解除**	**removal** of restrictions
2435	□□	ハラスメントを**一掃する**	**eliminate** harassment
2436	□□	情報を**引き出す**	**extract** information
2437	□□	旅行の禁止を**解除する**	**lift** the ban on travel
2438	□□	時間の**無駄**	a **waste** of time
2439	□□	**役に立たない**素材	**junk** materials

□□	**respond** [rispɑ́nd]	動 返事をする，反応する，効き目を現す，～と答える
□□	**response** [rispɑ́ns]	名 反応，反響，返答，回答
□□	**respondent** [rispɑ́ndənt]	名 回答者
□□	**responsible** [rispɑ́nsəbl]	形 責任がある，責任の重い，重要な，信頼できる，～の原因である
□□	**responsibility** [rispɑ̀nsəbíləti]	名 責任（能力），義務 ☞ 名 irresponsibility（無責任）
□□	**reply** [riplái]	動 返答する，答える 名 返事，回答，応答
□□	**female** [fíːmeil]	形 女性の，雌の 名 女性，雌
□□	**male** [méil]	形 男性の，雄の 名 男，雄
□□	**gender** [dʒéndər]	名 性，ジェンダー
□□	**urge** [ə́ːrdʒ]	動 ～を促す，～を強力に推し進める，～するように促す 名 衝動 ☞ 名 urgency（緊急）
□□	**urgent** [ə́ːrdʒənt]	形 急を要する，緊急の
□□	**urgently** [ə́ːrdʒəntli]	副 さし迫って，緊急に
□□	**determine** [ditə́ːrmin]	動 ～を特定する，～を決定する，～を決心する，～を確定する ☞ 形 determined（意志の強い）
□□	**determination** [ditə̀ːrmənéiʃən]	名 決意（すること），決断，裁定
□□	**operate** [ɑ́pərèit]	動 作動する，（店，会社などが）経営されている，作用する，～を操作する，～を運転する，～を経営する ☞ 形 operative（稼働中の，重要な）
□□	**operation** [ɑ̀pəréiʃən]	名 働き，動き，操作，稼働，経営，作戦，手術
□□	**operational** [ɑ̀pəréiʃənl]	形 使用可能な，運用の，戦略の
□□	**operator** [ɑ́pərèitər]	名 操作者，運転者，経営者
□□	**deliver** [dilívər]	動 ～を配達する，（財産など）を引き渡す，～を述べる，子を産む
□□	**delivery** [dilívəri]	名 配達，引き渡し，（演説など）をすること，分娩
□□	**remove** [rimúːv]	動 ～を取る，～を取り除く，～を取り去る，～を廃絶する，～を脱ぐ
□□	**removal** [rimúːvl]	名 除去，撤去，撤廃，廃止，解任
□□	**eliminate** [ilímənèit]	動 ～を除く，～を除去する，敗退する，～を除いておく ☞ 名 elimination（除去，排泄）
□□	**extract** [ikstrǽkt; ékstrækt]	動 ～を引き抜く，～を抽出する，～を引用する 名 抽出物，引用，抜粋 ☞ 名 extraction（引き抜くこと）
□□	**lift** [líft]	動 ～を引き［持ち］上げる，～を解除する 名 持ち上げること
□□	**waste** [wéist]	名 無駄，消耗，廃棄物 動 無駄になる，～を無駄にする，～を消耗させる ☞ 形 wasteful（無駄の多い）
□□	**junk** [dʒʌ́ŋk]	名 ごみ，がらくた

2440	□□	**身体的な**活動を増やす	increase **physical** activity
2441	□□	**内科医**に相談する	consult a **physician**
2442	□□	**物理学**を学ぶ	study **physics**
2443	□□	6 時半に**起きる**	**wake** up at 6:30
2444	□□	まったく**眠れない**まま横になっている	lie wide **awake**
2445	□□	**事故**に遭う	have an **accident**
2446	□□	**事件**を調査する	investigate an **incident**
2447	□□	病気の**発生件数**を減らす	decrease **incidence** of an illness
2448	□□	**偶然に**問題を見つける	**incidentally** find a problem
2449	□□	**偶然**に	by **coincidence**
2450	□□	プラン A とプラン B を**混同する**	**confuse** plan A with plan B
2451	□□	**混乱**につながる	lead to **confusion**
2452	□□	その知らせに**戸惑い**を感じる	feel **bewildered** by the news
2453	□□	減税を**提案する**	**propose** tax reduction
2454	□□	**提案書**案を作成する	draft a **proposal**
2455	□□	レストランを**開店する**	**establish** a restaurant
2456	□□	研究施設の**設立**	the **establishment** of a research facility
2457	□□	配送品を**追跡する**	**trace** a shipment
2458	□□	囲いを**飛び**越える	**leap** over a fence
2459	□□	計画を**立案する**	**draft** a plan
2460	□□	企画を**断念する**	**abandon** a project
2461	□□	台風からの**避難所**	**shelter** from a storm

□□	**physical** [fízikl]	【形】物質の，自然の，身体の，身体的な，物理学の 【名】健康診断
□□	**physician** [fizíʃən]	【名】医師，内科医
□□	**physics** [fíziks]	【名】物理学
□□	**wake** [wéik]	【動】目覚める，～を目覚めさせる 【名】通った跡 ☞【熟】in the wake of ...（～の結果として）
□□	**awake** [əwéik]	【形】目が覚めて，意識して
□□	**accident** [ǽksidənt]	【名】事故，思いがけぬ出来事，偶然 ☞【形】accidental（偶然の，副次的な） 【熟】by accident（偶然に）
□□	**incident** [ínsidənt]	【名】出来事，事件，衝突
□□	**incidence** [ínsidəns]	【名】発生（率），出現（率）
□□	**incidentally** [ìnsidéntəli]	【副】ついでながら，偶然に，たまたま
□□	**coincidence** [kouínsidəns]	【名】同時発生，偶然の一致 ☞【動】coincide（同時に起こる）
□□	**confuse** [kənfjúːz]	【動】～を混同する，～を混乱させる，～をとまどわせる ☞【形】confusing（混乱させる） 【形】confused（混乱して）
□□	**confusion** [kənfjúːʒən]	【名】混乱，混同，無秩序，とまどい
□□	**bewilder** [biwíldər]	【動】～を当惑させる，～を途方に暮れさせる ☞【名】bewilderment（当惑）
□□	**propose** [prəpóuz]	【動】～を提案する，～に結婚を申し込む
□□	**proposal** [prəpóuzl]	【名】提案（書），企画（案），結婚の申し込み
□□	**establish** [istǽbliʃ]	【動】～を設立する，（法律など）を制定する，～を確立する，～を証明する
□□	**establishment** [istǽbliʃmənt]	【名】設立，制定，機関，官庁，住居
□□	**trace** [tréis]	【動】～をたどる，～を突き止める，～の跡を追う，～を転写する，さかのぼる 【名】形跡，足跡，証拠，手がかり，山道
□□	**leap** [líːp]	【動】跳ぶ，急上昇する，急に（～の状態に）なる 【名】跳躍，上昇
□□	**draft** [drǽft]	【動】～の草稿を書く，～を下書きする，～を起草する 【名】草稿，設計図，隙間風
□□	**abandon** [əbǽndən]	【動】（計画など）を途中で断念する，～を捨て去る ☞【名】abandonment（放棄）
□□	**shelter** [ʃéltər]	【名】避難所，小屋，シェルター，住まい，宿 【動】～を保護する，～を守る，避難する，隠れる

2462	□□	**事前**に支払う	pay in **advance**
2463	□□	**高度な**方法	**advanced** methods
2464	□□	科学技術における**進展**	**advancements** in technology
2465	□□	**精巧な**機材を用いる	employ **sophisticated** equipment
2466	□□	地元**住民**	a local **citizen**
2467	□□	**市民としての**義務	**civic** duties
2468	□□	**民事**訴訟	a **civil** suit
2469	□□	**民間**航空機	a **civilian** aircraft
2470	□□	新規従業員を**採用する**	**hire** new employees
2471	□□	非常勤従業員を**雇用する**	**employ** part-timers
2472	□□	**雇用**を求める	seek **employment**
2473	□□	以前の**雇用者**	a former **employer**
2474	□□	常勤**従業員**	a full-time **employee**
2475	□□	一時的に**無職**になる	become temporarily **unemployed**
2476	□□	**失業**率	the **unemployment** rate
2477	□□	**職業の**変更	a **career** change
2478	□□	**一時帰休**を発表する	announce a **layoff**
2479	□□	状況を**改善する**	**improve** a situation
2480	□□	**改善**の余地	room for **improvement**
2481	□□	質を**高める**	**enhance** the quality
2482	□□	グラスを**磨く**	**polish** glasses
2483	□□	状況が**悪化する**前に	before circumstances **worsen**
2484	□□	時間とともに**劣化する**	**deteriorate** over time

□□	**advance** [ədvǽns]	名 前進，進歩，前払い金　動 前進する，進展する，～を前進させる，～を進展［発展］させる，～を前倒しする ☞ 熟 in advance（事前に）
□□	**advanced** [ədvǽnst]	形 進歩した，高度な，上級の
□□	**advancement** [ədvǽnsmənt]	名 前進，進展，出世
□□	**sophisticated** [səfístikèitid]	形 精巧な，高度な，洗練された，知性的な ☞ 動 sophisticate（～を精巧にする，～を洗練させる）　名 sophistication（精巧，洗練）
□□	**citizen** [sítizn]	名 市民，住民，民間人
□□	**civic** [sívik]	形 都市の，市政の，市民の
□□	**civil** [sívl]	形 市民の，国内の，内政の，礼儀正しい
□□	**civilian** [sivíljən]	形 民間の，文民の　名 一般人，文民
□□	**hire** [háiər]	動 ～を雇う，～を借りる　名 雇用すること，被雇用者
□□	**employ** [emplɔ́i]	動 ～を雇う，（人・時間など）を要する，（道具・技能など）を使用する，（時間・精力など）を費やす
□□	**employment** [emplɔ́imənt]	名 雇用，勤務，仕事，使用，従業員数
□□	**employer** [emplɔ́iər]	名 雇用者，社長，企業主
□□	**employee** [èmplɔiíː]	名 従業員，社員，被雇用者
□□	**unemployed** [ʌ̀nimplɔ́id]	形 失業して，仕事のない
□□	**unemployment** [ʌ̀nimplɔ́imənt]	名 失業（者数）
□□	**career** [kəríər]	名 職業，経歴
□□	**layoff** [léiɔ̀(ː)f]	名 一時解雇（期間）
□□	**improve** [imprúːv]	動 好転する，改善する，高まる，～を改善する，～を高める
□□	**improvement** [imprúːvmənt]	名 改善，改良，向上，進歩
□□	**enhance** [enhǽns]	動 ～を強化する，～を高める，～を増進する ☞ 名 enhancement（強化，増進）
□□	**polish** [páliʃ]	動 つやが出る，洗練される，～を磨く，～を洗練させる，～を完成させる　名 磨くこと，洗練，上品
□□	**worsen** [wə́ːrsn]	動 悪化する，～を悪化させる
□□	**deteriorate** [ditíəriərèit]	動 劣化する，悪化する，崩壊する　☞ 名 deterioration（悪化）

2485	□□	**具体的な**情報	**specific** information
2486	□□	**特にそのために**設計された道具	a **specifically** designed tool
2487	□□	**仕様**を満たす	meet the **specifications**
2488	□□	色を**指定する**	**specify** a color
2489	□□	**定めのない**期間で	for an **unspecified** period
2490	□□	組織検査用**標本**	a biopsy **specimen**
2491	□□	正常に**機能する**	**function** normally
2492	□□	**機能的な**作業空間	a **functional** workspace
2493	□□	**誤作動している**システム	a **malfunctioning** system
2494	□□	問題を**突き止める**	**identify** a problem
2495	□□	**身元証明**タグ	an **identity** tag
2496	□□	適切な**身分証明書**	proper **identification**
2497	□□	見た目は**同じである**	look **identical**
2498	□□	エラーを**検知する**	**detect** an error
2499	□□	動物を伴侶と**見なす**	**regard** an animal as a companion
2500	□□	携帯機器の使用に**関して**	**regarding** the use of mobile devices
2501	□□	年齢**にかかわらず**	**regardless** of age
2502	□□	**化学的な**反応	a **chemical** reaction
2503	□□	**化学**の専門家	an expert on **chemistry**
2504	□□	研究**化学者**	a research **chemist**
2505	□□	株や債券を**買う**	**purchase** stocks and bonds
2506	□□	神のご**加護**を。／お大事に。	God **bless** you.
2507	□□	熱狂的な**歓呼**	enthusiastic **cheers**
2508	□□	被災**地帯**	a disaster **zone**
2509	□□	**鍋**を熱する	heat a **pan**
2510	□□	**嫌悪**して	in **disgust**

□□	**specific** [spəsífik]	形 明確な，具体的な，特定の，はっきりした
□□	**specifically** [spəsífikəli]	副 明確に，はっきりと，具体的に，特に，つまり
□□	**specification** [spèsəfikéiʃən]	名 仕様，詳述，明細事項
□□	**specify** [spésəfài]	動 ～を明示する，～を指定する，～を明記する ☞ 形 specified (明示された)
□□	**unspecified** [ʌnspésəfàid]	形 特定されていない，明示されていない，詳細不明の
□□	**specimen** [spésəmin]	名 見本，標本，通例
□□	**function** [fʌ́ŋkʃən]	動 機能を果たす，役目を果たす 名 機能，役目，職務，催し物
□□	**functional** [fʌ́ŋkʃənəl]	形 機能的な，実用的な，関数の
□□	**malfunction** [mælfʌ́ŋkʃən]	動 (機械などが) 正常に働かない，動かない 名 機能不全，故障
□□	**identify** [aidéntəfài]	動 (同一のもの) であると確認 [識別] する，～を特定する，～を明らかにする，～に共感する
□□	**identity** [aidéntəti]	名 身元，独自性
□□	**identification** [aidèntəfikéiʃən]	名 識別，身分証明書，同一化
□□	**identical** [aidéntikl]	形 同一の，そっくりの，一致している
□□	**detect** [ditékt]	動 ～を検知する，～を見つける，～を見破る ☞ 名 detection (検知)
□□	**regard** [rigɑ́ːrd]	動 ～に注意を払う，～をじっと見る，～とみなす，～を尊敬する 名 敬意，配慮 ☞ 熟 with regard to ... (～に関して)
□□	**regarding** [rigɑ́ːrdiŋ]	前 ～に関して，～について
□□	**regardless** [rigɑ́ːrdləs]	形 気にしない，注意しない，《regardless of ... で》～にもかかわらず 副 それにもかかわらず
□□	**chemical** [kémikl]	形 化学の，化学作用による 名 化学薬品
□□	**chemistry** [kémistri]	名 化学，相性，親和性
□□	**chemist** [kémist]	名 化学者，薬剤師
□□	**purchase** [pə́ːrtʃəs]	動 (～を) 購入する，(～を) 仕入れる 名 購入，購買，仕入れ
□□	**bless** [blés]	動 ～を清める，～に神の加護を祈る，～に恩恵を授ける ☞ 名 blessing (加護，恵み)
□□	**cheer** [tʃíər]	名 歓呼，元気 動 ～に喝采を送る，～を声援する ☞ 形 cheerful (快活な)
□□	**zone** [zóun]	名 地帯，区域，圏 動 ～を区分する
□□	**pan** [pǽn]	名 平鍋，受け皿，酷評
□□	**disgust** [disgʌ́st]	名 嫌悪感，反感 動 ～に嫌悪感を起こさせる，～をうんざりさせる

2511	□□	妙な**味がする**	**taste** funny
2512	□□	**おいしい**食事	a **tasty** meal
2513	□□	**おいしい**食べ物	**delicious** food
2514	□□	深刻な**欠陥**	a serious **fault**
2515	□□	**欠陥のある**部品	a **faulty** part
2516	□□	**本社**を改修する	renovate **headquarters**
2517	□□	地方**支店**	a regional **branch**
2518	□□	地方**支部**	a local **chapter**
2519	□□	**提携企業**	a corporate **affiliate**
2520	□□	**営業権を有する**販売店	a **franchised** dealer
2521	□□	乳児に**食べ物を与える**	**feed** a baby
2522	□□	顧客からの**意見**	**feedback** from customers
2523	□□	調査を**行う**	**conduct** an investigation
2524	□□	オーケストラの**指揮者**	an orchestra **conductor**
2525	□□	考えを**組み合わせる**	**combine** ideas
2526	□□	珍しい**組み合わせ**	a rare **combination**
2527	□□	いつもながらの**組み合わせ**	the usual **combo**
2528	□□	会議の日にちを**決める**	**fix** the date for the meeting
2529	□□	**備品**と付属品	**fixtures** and fittings
2530	□□	**保険**料	an **insurance** premium
2531	□□	病気に備えて**保険をかける**	**insure** against sickness
2532	□□	採用される**候補者**	a successful **candidate**
2533	□□	**率直な**振る舞いで	in a **candid** manner
2534	□□	**率直に**言って	**frankly** speaking
2535	□□	財務危機を**生き残る**	**survive** a financial crisis
2536	□□	**生存**の可能性	chance of **survival**

□□	**taste** [téist]	動 味がする，～の味を見る，～を少しだけ食べる，～を経験する 名 味覚，味，経験，好み，分別
□□	**tasty** [téisti]	形 おいしい，風味がある，魅力的な
□□	**delicious** [dilíʃəs]	形 とてもおいしい
□□	**fault** [fɔ́:lt]	名 責任，欠点，欠陥，失策　動 ～(の誤り)を批判する，～のあらを探す
□□	**faulty** [fɔ́:lti]	形 欠陥のある，不完全な
□□	**headquarters** [hédkwɔ̀:rtərz]	名 本部，本社，司令部
□□	**branch** [brǽntʃ]	名 枝，支店　動 枝を出す，進出する
□□	**chapter** [tʃǽptər]	名 章，ひと区切り，支部
□□	**affiliate** [əfíliət]	名 関連会社，支部　動 提携する，～を傘下に置く
□□	**franchise** [frǽntʃaiz]	動 ～に営業販売権を与える　名 営業許可，フランチャイズ権 ☞ 名 franchiser (営業販売権許諾者)　名 franchisee (営業販売権受諾者)
□□	**feed** [fí:d]	動 ～を与える，～に食べ物を与える，～にデータを送る　名 供給材料，食べ物
□□	**feedback** [fí:dbæ̀k]	名 情報，(アンケートなどの)反応，意見，調査結果
□□	**conduct** [kəndʌ́kt; kɑ́ndʌkt]	動 ～を指揮する，～を導く，～を実施する，～を運営する，振舞う 名 行為，振舞い，処理
□□	**conductor** [kəndʌ́ktər]	名 車掌，指揮者，導体
□□	**combine** [kəmbáin]	動 結び付く，～を結び付ける，～を兼ね備える　名 連合，合同
□□	**combination** [kɑ̀mbənéiʃən]	名 組み合わせ，提携
□□	**combo** [kɑ́mbou]	名 コンボ，少数の組み合わせ
□□	**fix** [fíks]	動 ～を修理する，～をしっかり固定する，(日時，場所などを)を定める，(食事，飲み物)を作る　名 解決策
□□	**fixture** [fíkstʃər]	名 固定された物，作り付け備品，設備
□□	**insurance** [inʃúərəns]	名 保険(金)
□□	**insure** [inʃúər]	動 保険に入る，～に保険をかける，～を確実にする
□□	**candidate** [kǽndidèit]	名 候補者，志願者，応募者　☞ 名 candidacy (候補者であること)
□□	**candid** [kǽndid]	形 率直な，公平な，隠し撮りの　☞ 名 candidness (率直さ)
□□	**frankly** [frǽŋkli]	副 率直に，正直に，ざっくばらんに ☞ 名 frankness (率直さ)　形 frank (率直な)　熟 frankly speaking (率直に言って)
□□	**survive** [sərváiv]	動 生き残る，助かる，～より長生きする
□□	**survival** [sərváivl]	名 生き残ること，生存，残存，遺物

2537	□□	**あいている**日にち	an **available** date
2538	□□	限りのある**空席**	limited **availability**
2539	□□	**手に入らない**資源	**unavailable** resources
2540	□□	空気を**吸って吐く**	**breathe** air in and out
2541	□□	深く**息**をする	take a deep **breath**
2542	□□	ほっとして**ため息をつく**	**sigh** with relief
2543	□□	**気楽に**人と話す	feel **comfortable** talking to people
2544	□□	家具が**快適に**配置された部屋	a **comfortably** furnished room
2545	□□	親類や友人を**慰める**	**comfort** relatives and friends
2546	□□	**気まずい**状況	an **uncomfortable** situation
2547	□□	歓迎の気持ちを**伝える**	**extend** a welcome
2548	□□	**延長**コード	an **extension** cord
2549	□□	**広範な**改築	an **extensive** renovation
2550	□□	問題を**幅広く**論じる	**extensively** discuss an issue
2551	□□	損害の**程度**	the **extent** of the damage
2552	□□	**感情**を表現する	express **emotions**
2553	□□	**感動的な**瞬間	an **emotional** moment
2554	□□	**感情**を共有する	share a **sentiment**
2555	□□	問題を**乗り越える**	**overcome** a problem
2556	□□	誤情報に**反論する**	**counter** misinformation
2557	□□	**散歩する**場所	a place to **wander**
2558	□□	**手がかり**を与える	give a **clue**
2559	□□	新たな**時代**	a new **era**

□□	**available** [əvéiləbl]	形 利用可能な，対応できる
□□	**availability** [əvèiləbíləti]	名 利用できること，入手可能，供給力，有用性
□□	**unavailable** [ʌ̀nəvéiləbl]	形 利用できない，入手できない，手が空いていない
□□	**breathe** [bríːð]	動 呼吸する，ひと息入れる，ささやく，～を呼吸する，～を吸い込む，～を吐き出す
□□	**breath** [bréθ]	名 息，ひと呼吸，休息
□□	**sigh** [sái]	動 ため息をつく，ため息のような音を立てる 名 ため息，吐息，嘆息
□□	**comfortable** [kʌ́mftəbl]	形 快適な，安楽な，十分な ☞ 名 comfortableness（快適さ）
□□	**comfortably** [kʌ́mftəbli]	副 安楽に，快適に，何不自由なく
□□	**comfort** [kʌ́mfərt]	動 ～を慰める，～を元気づける 名 安楽，慰安，慰め
□□	**uncomfortable** [ʌ̀nkʌ́mftəbl]	形 気まずい，落ち着かない，気づまりな
□□	**extend** [iksténd]	動 伸びる，広がる，～を伸ばす，～を広げる，（気持ちなどを）伝える
□□	**extension** [ikstén∫ən]	名 拡張，延長，内線電話，公開講座
□□	**extensive** [iksténsiv]	形 広大な，広範囲の，大規模な，豊富な
□□	**extensively** [iksténsivli]	副 広範囲に，大規模に，頻繁に
□□	**extent** [ikstént]	名 範囲，規模，程度
□□	**emotion** [imóu∫ən]	名 感情，感動，興奮
□□	**emotional** [imóu∫ənl]	形 感情の，感情的な，心を動かす
□□	**sentiment** [séntəmənt]	名 感情，情緒，感傷，多感，涙もろいこと，感想 ☞ 形 sentimental（感情の）
□□	**overcome** [òuvərkʌ́m]	動（困難など）を乗り越える，（相手）を圧倒する
□□	**counter** [káuntər]	動 ～に反論する，～に反撃する，～に無効にする 名 反論，計算機，カウンター
□□	**wander** [wándər]	動 さまよう，歩き回る，ぶらつく 名 散歩，ぶらつくこと
□□	**clue** [klúː]	名 手がかり，ヒント，糸口，伏線 ☞ 形 clueless（無知の）
□□	**era** [íːrə, éərə]	名 時代，年代，時期

2560	□□ **法**制度	the **legal** system
2561	□□ **違法**行為	**illegal** conduct
2562	□□ 政府を**訴える**	**sue** the government
2563	□□ **契約書**に署名する	sign a **contract**
2564	□□ **契約業者**として働く	work as a **contractor**
2565	□□ 市場の**縮小**	market **contraction**
2566	□□ 賠償**条項**	an indemnity **clause**
2567	□□ **明らかな**利点	an **obvious** benefit
2568	□□ **明らかに**落胆した表情	an **obviously** disappointed look
2569	□□ 目標を**達成する**	**achieve** a goal
2570	□□ めざましい**業績**	an impressive **achievement**
2571	□□ 慎重に**構成された**計画	a carefully **structured** plan
2572	□□ 会社の**組織の**変更	**structural** changes to a company
2573	□□ 部署を**再編成する**	**restructure** the department
2574	□□ **魅力的な**提案	an **attractive** proposal
2575	□□ 閲覧者を**引きつける**	**attract** viewers
2576	□□ 時代を超えた**魅力**	timeless **attraction**
2577	□□ 年間**収入**	an annual **income**
2578	□□ **総収入**	total **revenue**
2579	□□ **収益**を報告する	report **earnings**
2580	□□ 給料を**稼ぐ**	**earn** a salary
2581	□□ **支出**報告書	an **expenditure** report
2582	□□ **経費**報告書	an **expense** report
2583	□□ **高価な**機器	an **expensive** device
2584	□□ **安価な**選択肢	an **inexpensive** alternative
2585	□□ **安い**素材	**cheap** materials

□□	**legal** [lí:gl]	形 適法の，合法的な，法律上の，法律に関する ☞ 動 legalize (～を合法化する)　名 legality (合法性)
□□	**illegal** [ilí:gl]	形 違法な，非合法の，不法な　☞ 名 illegality (非合法性)
□□	**sue** [sjú:]	動 ～を告訴する，～を訴える　☞ 名 suit (裁判，訴訟)
□□	**contract** [kántrækt; kəntrǽkt]	名 契約(書)　動 (～を) 契約する，～に罹患する，収縮する
□□	**contractor** [kántræktər, kəntrǽk-]	名 契約者，請負人
□□	**contraction** [kəntrǽkʃən]	名 収縮，短縮，罹患すること
□□	**clause** [klɔ́:z]	名 節，条項，箇条
□□	**obvious** [ábviəs]	形 明らかな，明白な，言うまでもない，わかりきった
□□	**obviously** [ábviəsli]	副 明らかに，目に見えて，言うまでもなく，確かに
□□	**achieve** [ətʃí:v]	動 ～に達する，～を獲得する，～を成し遂げる ☞ 形 achievable (達成可能な)
□□	**achievement** [ətʃí:vmənt]	名 達成，業績，成果
□□	**structure** [strʌ́ktʃər]	動 ～を組み立てる，～を組織する　名 構造，機構，組織，組み立て，建造物
□□	**structural** [strʌ́ktʃərl]	形 構造(上)の，組織の
□□	**restructure** [rì:strʌ́ktʃər]	動 ～を再編成する，～を再構築する
□□	**attractive** [ətrǽktiv]	形 魅力的な，人を引き付ける，興味をそそる
□□	**attract** [ətrǽkt]	動 ～を引き付ける，～を魅了する，～を誘致する
□□	**attraction** [ətrǽkʃən]	名 魅力，持ち味，アトラクション
□□	**income** [ínkʌm]	名 所得，収入
□□	**revenue** [révənjù:]	名 歳入，収益，収入
□□	**earnings** [ɔ́:rniŋz]	名 勤労所得，収入，事業所得，利益
□□	**earn** [ɔ́:rn]	動 (金など) を得る [稼ぐ]，(信用・名声・地位など) を得る，(感謝・報酬など) を得るに値する，～にあこがれる
□□	**expenditure** [ikspénditʃər]	名 出費，支出(額)，出資すること，経費
□□	**expense** [ikspéns]	名 費用，経費　☞ 動 expend (～を使う)
□□	**expensive** [ikspénsiv]	形 費用のかかる，高価な，大きな犠牲を払う ☞ 名 expensiveness (高価なこと)
□□	**inexpensive** [ìnikspénsive]	形 安い，費用がかからない，安価の ☞ 名 inexpensiveness (安価なこと)
□□	**cheap** [tʃí:p]	形 安い，安っぽい

2586	□□	**郵便物**を送る	send **mail**
2587	□□	**メールボックス**を確認する	check the **mailbox**
2588	□□	**小荷物**を集める	collect a **parcel**
2589	□□	**きわめて**不便な場所	an **extremely** inconvenient location
2590	□□	**極端な**温度	**extreme** temperatures
2591	□□	**未払い残高**を払う	pay the **balance**
2592	□□	仕事量の**不均衡**	an **imbalance** in workload
2593	□□	貨物を**積む**	**load** cargo
2594	□□	貨物を**降ろす**	**unload** cargo
2595	□□	基準を**採用する**	**adopt** a standard
2596	□□	苦情を**退ける**	**dismiss** a complaint
2597	□□	スムーズに**流れる**	**flow** smoothly
2598	□□	空気の**流れ**	an air **stream**
2599	□□	操業を**合理化する**	**streamline** operations
2600	□□	署名を**集める**	**collect** signatures
2601	□□	硬貨の**コレクション**	a **collection** of coins
2602	□□	債務**回収機関**	a debt **collector**
2603	□□	操業を**再開する**	**resume** operation
2604	□□	**棚**を設置する	install a **shelf**
2605	□□	**一連の**イベント	a **sequence** of events
2606	□□	よい**評判**	a good **reputation**
2607	□□	**正味**利益	**net** profits

□□	**mail** [méil]	名 郵便（制度），郵便物　動 ～を郵送する，～を投函する
□□	**mailbox** [méilbɑ̀ks]	名（公共の）郵便ポスト，（個人宅の）郵便受け，（電子メール用の）メールボックス
□□	**parcel** [pá:rsl]	名 小包，小荷物　動 ～を分配する
□□	**extremely** [ikstrí:mli]	副 極度に，きわめて，とても
□□	**extreme** [ikstrí:m]	形 極度の，極端な，過激な，（天候などが）厳しい　名 極致，極度
□□	**balance** [bǽləns]	名 未払い残高，均衡　動 ～を両立させる ☞ 形 balanced（均衡のとれた）
□□	**imbalance** [imbǽləns]	名 不均衡，不安定
□□	**load** [lóud]	動 ～に積む，～を積む　名 積み荷，積載量，（精神的な）重荷，仕事量，負担
□□	**unload** [ʌnlóud]	動 ～を下ろす，～を打ち明ける，～を押しつける
□□	**adopt** [ədɑ́pt]	動 ～を採用する，～を採り入れる，～を養子にする ☞ 名 adoption（採用）　形 adoptive（養子関係の）
□□	**dismiss** [dismís]	動 解散する，～を解散させる，～を解任する，～を却下する ☞ 名 dismissal（解散，却下）
□□	**flow** [flóu]	動 流れる，淀みなく進む，巡る　名 流れ，洪水
□□	**stream** [strí:m]	名 小川，流れ，流出　動 流れ（出）る，～を流す，絶え間なく続く
□□	**streamline** [strí:mlàin]	動 ～を能率化する，～の人員を削減する，～を流線型にする
□□	**collect** [kəlékt]	動 集まる，～を集める，～を徴収する，～を募集する ☞ 形名 collectible（貴重な；収集品）　名 collective（集団による）
□□	**collection** [kəlékʃən]	名 収集，取り立て，徴収，コレクション，堆積，献金
□□	**collector** [kəléktər]	名 収集家，取り立て人，集金人，徴収者
□□	**resume** [rizjú:m; rézəmèi]	動 再び始まる，～を再開する　名 履歴書（＝résumé） ☞ 名 resumption（再開，回復）
□□	**shelf** [ʃélf]	名 棚，ひと棚分のもの，岩棚，暗礁，砂州，浅瀬
□□	**sequence** [sí:kwəns]	名 連続，続発，連鎖，結果，ひと続き，順序，（数）列 ☞ 形 sequential（連続して起こる）
□□	**reputation** [rèpjətéiʃən]	名 評判，風評，世評，高い評価 ☞ 名 repute（評判）　形 reputed（評判になって）
□□	**net** [nét]	形 正味の，掛け値なしの，最終的な　動 ～を得る，～を捕える 名 ネット，ネットワーク

2608	□□	失礼な**発言**	rude **remarks**
2609	□□	**めざましい**回復	a **remarkable** recovery
2610	□□	**消費者**調査	a **consumer** survey
2611	□□	今後の**消費**のために	for future **consumption**
2612	□□	多くのエネルギーを**消費する**	**consume** a lot of energy
2613	□□	情報を完全に**理解する**	fully **absorb** the information
2614	□□	オフィス備品を**使い切る**	**exhaust** office supplies
2615	□□	**交通**渋滞	**traffic** congestion
2616	□□	**詰まる**	get **jammed**
2617	□□	時間を**取り決める**	**arrange** a time
2618	□□	**準備**をする	make **arrangements**
2619	□□	家具を**再配置する**	**rearrange** furniture
2620	□□	ひとつの戦略から別の戦略への**移行**	a **shift** from one strategy to another
2621	□□	ベンチャー事業に**融資する**	**finance** a venture
2622	□□	**財務**ニュース	**financial** news
2623	□□	**金銭での**報酬	**monetary** rewards
2624	□□	**プロの**会計士	a **professional** accountant
2625	□□	**プロらしく**仕事をする	work **professionally**
2626	□□	**職業**としての写真家	a photographer by **profession**
2627	□□	課長に**恥ずかしい思いをさせる**	**embarrass** the section chief
2628	□□	**恥じる**ことは何もない	have nothing to be **ashamed** of
2629	□□	顧客のニーズを**反映する**	**reflect** consumer needs
2630	□□	顧客のニーズの正確な**反映**	an accurate **reflection** of consumer needs

□□	**remark** [rimá:rk]	名 発言，感想，意見　動 言う，述べる，～と言う，～と気づく
□□	**remarkable** [rimá:rkəbl]	形 注目すべき，珍しい，すぐれた
□□	**consumer** [kənsjú:mər]	名 消費者
□□	**consumption** [kənsʌ́mpʃən]	名 消費，摂取
□□	**consume** [kənsjú:m]	動 ～を消費する，～を摂取する
□□	**absorb** [əbzɔ́:rb]	動 ～を吸収［合併］する，～を取り込む，～を理解する ☞ 名 absorption（吸収）　形 absorbent（吸収力のある）
□□	**exhaust** [igzɔ́:st]	動 ～を使い切る，～を疲労させる，～を排出する　名 排出（ガス），排気孔　☞ 名 exhaustion（消耗）　形 exhausting（疲労させる） 形 exhausted（疲労した）
□□	**traffic** [trǽfik]	名 交通，通行，人の出入り，アクセス量，運輸，商売
□□	**jam** [dʒǽm]	動 引っかかる，詰まる，～を詰め込む，～を詰まらせる　名 混み合うこと，詰まること
□□	**arrange** [əréindʒ]	動 ～を手配する，～を取り決める，～を準備する，～を並べる
□□	**arrangement** [əréindʒmənt]	名 準備，整頓，取り決め，協定
□□	**rearrange** [rì:əréindʒ]	動 ～を再編成する，～を再配置する
□□	**shift** [ʃíft]	名 変化，変換，転換，交替勤務　動 ～を移し替える，～を移す，転じる，位置を変える，移る
□□	**finance** [fáinæns]	動 ～に融資する　名 財政，資金，財源
□□	**financial** [fainǽnʃl, fə-]	形 財政上の，会計上の，金融上の
□□	**monetary** [mɑ́nətèri]	形 貨幣の，通貨の，金銭（上）の，金融の，財政（上）の ☞ 名 money（金）
□□	**professional** [prəféʃənl]	形 専門的な，専門職の，職業上の，本職としている，熟練の 名 プロフェッショナル，専門家，熟練者
□□	**professionally** [prəféʃənəli]	副 職業的に，職業として，専門的に
□□	**profession** [prəféʃən]	名 専門職，団体，表明，宣言
□□	**embarrass** [embǽrəs]	動 ～を恥ずかしがらせる，～を困らせる，（問題など）を複雑にする ☞ 形 embarrassing（恥ずかしく思わせるような）　形 embarrassed（恥ずかしい）
□□	**ashamed** [əʃéimd]	形 恥ずかしい，恥じて，～する気になれない ☞ 名動 shame（恥；～を恥ずかしく思わせる）　形 shameful（恥ずべき）
□□	**reflect** [riflékt]	動 じっくり考える，反射する，～を写す，～を反映する ☞ 形 reflective（思慮深い，反映して）
□□	**reflection** [rifléкʃən]	名 反射，考え，兆候，反映，影響

2631	□□	車を**衝突させる**	**crash** a car
2632	□□	**車と衝突する**	**collide** with an automobile
2633	□□	事業を海外で**拡張する**	**expand** business overseas
2634	□□	**事業の拡大**	the **expansion** of business
2635	□□	**拡張できる**市場	an **expandable** market
2636	□□	**幅広い**魅力	**broad** appeal
2637	□□	チームの理解を**広げる**	**broaden** the team's understanding
2638	□□	ニュース**放送**	a news **broadcast**
2639	□□	利益を上げることを**意図する**	**intend** to make profits
2640	□□	株式公開する**意図**	the **intention** of going public
2641	□□	スピーチを**熱心に**聴く	**intently** listen to a speech
2642	□□	**自信**にあふれて見える	look full of **confidence**
2643	□□	勝利することに**自信を持って**いるように見える	seem **confident** of winning
2644	□□	**機密**書類	a **confidential** document
2645	□□	最高品質の**商品**	top-quality **goods**
2646	□□	年長の従業員のために**用意された**方針	policies **geared** to older employees
2647	□□	医療**機器**	medical **equipment**
2648	□□	すべての**機材を備えた**キッチン	a fully **equipped** kitchen
2649	□□	動物を**傷つける**	**injure** animals
2650	□□	**負傷**する	suffer an **injury**
2651	□□	床を**拭いて**きれいにする	**wipe** the floor clean
2652	□□	取引を**まとめる**	**seal** a deal
2653	□□	**盛り上がる**経済	a **booming** economy
2654	□□	写真を**撮る**	**snap** a photo
2655	□□	**負担**を軽減する	reduce a **burden**

□□	**crash** [krǽʃ]	動 ～を衝突させる，墜落する，砕ける，崩壊する　名 衝突
□□	**collide** [kəláid]	動 衝突する，ぶつかり合う，一致しない　☞ 名 collision（衝突）
□□	**expand** [ikspǽnd]	動（程度，数量，大きさなどが）拡大する，～を拡大させる，～を展開する，（金額などを）引き上げる ☞ 形 expansive（発展性のある）
□□	**expansion** [ikspǽnʃən]	名 拡大，拡張，展開，発展，拡大［拡張］した部分
□□	**expandable** [ikspǽndəbl]	形 拡張できる，伸長できる，発展性のある
□□	**broad** [brɔ́:d]	形 広い，広大な，広義の，一般的な
□□	**broaden** [brɔ́:dn]	動 広がる，～を広げる，～を拡大する
□□	**broadcast** [brɔ́:dkæ̀st]	名 放送，番組　動 ～を放送する，～を広める
□□	**intend** [inténd]	動 ～を意図する，～をするつもりである，～を意味する ☞ 形 intent（熱心な，決意して）
□□	**intention** [inténʃən]	名（～する）意思，意図，目的　☞ 形 intentional（意図的な）
□□	**intently** [inténtli]	副 夢中で，熱心に，ひたすら
□□	**confidence** [kánfidəns]	名 自信，信頼，秘密，確実性 ☞ 動 confide（～を信頼する，～を打ち明ける）
□□	**confident** [kánfidnt]	形 自信に満ちた，確信した
□□	**confidential** [kànfidénʃl]	形 秘密の，信任が厚い
□□	**goods** [gúdz]	名 商品，品物
□□	**gear** [gíər]	動 ～を適合させる，ギヤが入る，（歯車が）かみ合う　名 歯車，ギヤ，道具，用具一式
□□	**equipment** [ikwípmənt]	名 備品，設備，装備，知識
□□	**equip** [ikwípmənt]	動 ～に備え付ける，～に身に着けさせる
□□	**injure** [índʒər]	動 ～を傷つける，～にけがをさせる，～を苦しめる ☞ 形 injurious（有害な）
□□	**injury** [índʒəri]	名 けが，負傷，被害
□□	**wipe** [wáip]	動 ～を軽くこする，～を拭き取る，～を一掃する　名 拭くこと，ぬぐい取ること
□□	**seal** [sí:l]	動 ～に判を押す，～を封印する，～をふさぐ，～を締め出す，～を決定する　名 判，印鑑，スタンプ，シール，封印，密閉
□□	**boom** [bú:m]	動 急成長する，活気づく　名 にわか景気，ブーム
□□	**snap** [snǽp]	動（パシッと）音をたてる，～を（パタンと）閉める，～をプッツリ切る，～をポキッと折る，飛びつく，飛び出す，写真をパチリと撮る　形 急な，不意打ちの　名 ピシャ，パシャ，ポキンと折れる音，元気，天候の急変 ☞ 形 snappy（活発な）　熟 in a snap（すぐに）
□□	**burden** [bɔ́:rdn]	名 重い荷物，負担　動 ～に負担を負わせる，～を悩ませる

GROUP 55

2656 - 2703

2656	□□ 場所を**見つける**	**locate** a venue
2657	□□ **場所**を見つける	find a **location**
2658	□□ 一時的に近くに**移転する**	temporarily **relocate** nearby
2659	□□ **移転**コスト	**relocation** costs
2660	□□ イベント**会場**	an event **venue**
2661	□□ **顧客**を手伝う	help a **customer**
2662	□□ 車を**特注する**	**customize** a vehicle
2663	□□ **特別注文による**家具	**custom-made** furnishings
2664	□□ 伝統的な**習慣**に従う	follow a traditional **custom**
2665	□□ **税関**を通過する	go through **customs**
2666	□□ 夜間勤務シフトに**慣れる**	get **accustomed to** night shifts
2667	□□ 真実を**明らかにする**	**reveal** the truth
2668	□□ 情報を**漏らす**	**leak** information
2669	□□ 内部**文書**	an internal **document**
2670	□□ 発送用**文書**	shipment **documentation**
2671	□□ 歴史**ドキュメンタリー**	a historical **documentary**
2672	□□ **簡単な**要約	a **brief** summary
2673	□□ 問題を**手短に**話し合う	**briefly** discuss an issue
2674	□□ ふくらんだ**書類かばん**	a bulging **briefcase**
2675	□□ プラン B **よりも**プラン A **を好む**	**prefer** plan A to plan B
2676	□□ 個人的な**好み**	a personal **preference**
2677	□□ **利益**を増やす	increase **profits**
2678	□□ **利益を出している**事業	a **profitable** business
2679	□□ 市長を**選出する**	**elect** a mayor
2680	□□ 大統領**選挙**	the presidential **election**

□□	**locate** [lóukeit]	動 本拠地を置く，場所を決める，～を探す ☞ 動 relocate (～を移転させる)
□□	**location** [loukéiʃən]	名 位置，場所，所在地
□□	**relocate** [rì:lóukeit]	動 ～を移転させる，～を転勤させる，移転する，引っ越しする
□□	**relocation** [rì:loukéiʃən]	名 移転，転勤，移住，配置転換
□□	**venue** [vénju:]	名 開催地，発生地，現場，会場
□□	**customer** [kʌ́stəmər]	名 顧客，取引先
□□	**customize** [kʌ́stəmàiz]	動 ～を特別注文する，～を自分の好みに合うように直す，～をカスタマイズする
□□	**custom-made** [kʌ̀stəmméid]	形 特注の，オーダーメードの
□□	**custom** [kʌ́stəm]	名 風習，習慣 形 特注の，あつらえた
□□	**customs** [kʌ́stəmz]	名 税関 (手続き)，関税
□□	**accustomed to** [əkʌ́stəmd tu]	形 ～に慣れて，～を習慣づけて
□□	**reveal** [rivíːl]	動 ～を公開する，～を暴露する ☞ 名 revelation (新事実，暴露，啓示)
□□	**leak** [líːk]	動 漏れる，～を漏らす，～をリークする 名 流失，漏洩 ☞ 名 leakage (漏れ，漏洩)
□□	**document** [dákjəmənt]	名 文書，書類，記録，資料 動 ～を (文書などで) 記録する，～を立証する，出典などを添付する
□□	**documentation** [dàkjəmentéiʃən]	名 証拠書類 (の作成 [提出])，参照文献
□□	**documentary** [dàkjəméntəri]	名 記録 (映画) 形 文書の，書類の，事実を記録した
□□	**brief** [bríːf]	形 短い，簡潔な 動 ～を要約する，～の概要を伝える ☞ 熟 in brief (要するに，手短に)
□□	**briefly** [bríːfli]	副 手短に，簡潔に
□□	**briefcase** [bríːfkèis]	名 ブリーフケース，書類カバン
□□	**prefer** [prifə́ːr]	動 ～のほうを好む，むしろ～を好む，～(人)にしてほしい
□□	**preference** [préfərəns]	名 好み，選択，優先権 ☞ 形 preferable (好ましい)
□□	**profit** [práfət]	名 利益，利益率，利点 動 利益を上げる，もうける，～のためになる，～の役に立つ
□□	**profitable** [práfətəbl]	形 利益になる，もうかる，有利な，役立つ
□□	**elect** [ilékt]	動 (議員・議長など) を選挙する，～を選ぶ 形 選ばれた ☞ 形 electoral (選挙の) 形 elective (選択の)
□□	**election** [ilékʃən]	名 選挙，当選

2681	□□ 着実な成長を**維持する**	**maintain** steady growth
2682	□□ **保守管理**のために	for **maintenance**
2683	□□ スタッフ全員を**維持する**	**sustain** a full staff
2684	□□ サービスの提供を断る権利を**留保する**	**retain** the right to refuse service
2685	□□ **近所**で	in the **neighborhood**
2686	□□ **隣人たち**と集まる	get together with **neighbors**
2687	□□ **隣接する**部屋	an **adjacent** room
2688	□□ **普通の**人々	**ordinary** people
2689	□□ **際立つ**能力	an **extraordinary** ability
2690	□□ **引退する**と決める	decide to **retire**
2691	□□ 早期**退職**	an early **retirement**
2692	□□ **複雑な**工学システム	a **complex** engineering system
2693	□□ 不要な**複雑さ**	unnecessary **complexity**
2694	□□ **確かな**証拠	**solid** evidence
2695	□□ **流動**資産	**liquid** assets
2696	□□ **液体**を漏らす	leak **fluid**
2697	□□ 結果について**不安に**なる	grow **anxious** about the result
2698	□□ **不安**を引き起こす	cause **anxiety**
2699	□□ 犬を**驚かせる**	**frighten** a dog
2700	□□ 決定を**覆す**	**reverse** a decision
2701	□□ 人をひきつける**魅力**	a magnetic **charm**
2702	□□ **感染**のリスク	the risk of **infection**
2703	□□ 会社**のために**	for the **sake** of the company

□□	**maintain** [meintéin]	動 ～を維持する，～をよい状態にしておく，～を整備する，～を支える，～を主張する
□□	**maintenance** [méintənəns]	名 持続，保守管理，整備，保全
□□	**sustain** [səstéin]	動 ～を維持する，～を扶養する，～を支える，～を持続させる，～を励ます，～を耐える ☞ 名 sustainment (維持)　名 sustenance (生命維持)　形 sustainable (維持できる)
□□	**retain** [ritéin]	動 ～を持ち続ける，～を失わない，～を記憶する，～を雇い続ける ☞ 名 retention (保有，記憶)
□□	**neighborhood** [néibərhùd]	名 近隣，近所(の人)，親しさ，界隈
□□	**neighbor** [néibər]	名 隣人，近所の人　動 隣接する，～と隣り合っている，～の近くに住んでいる
□□	**adjacent** [ədʒéisnt]	形 隣接した，隣り合った
□□	**ordinary** [ɔ́:rdənèri]	形 普段の，当たり前の，平凡な
□□	**extraordinary** [ikstrɔ́:rdənèri]	形 たぐいまれな，異常な，桁外れの
□□	**retire** [ritáiər]	動 引き下がる，退職する，撤退する，～を退職させる，～を回収する
□□	**retirement** [ritáiərmənt]	名 退職，隠居，引退
□□	**complex** [kɔ́mpleks, kɑ̀(:)mpléks]	形 複合物の，複雑な，合成の　名 複合物，複合ビル，集合，コンプレックス
□□	**complexity** [kəmpléksəti]	名 複雑さ，複雑なもの
□□	**solid** [sáləd]	形 固体[形]の，濃い，厚い，実質的な，堅い，堅実な，信頼できる 名 固体，固形 ☞ 動 solidify (～を強固にする，～を固める)　名 solidity (固さ，強さ)
□□	**liquid** [líkwid]	形 液状の，流動性の，いつでも現金化できる　名 液体 ☞ 動 liquidate (～を清算する)　名 liquidation (清算)
□□	**fluid** [flú:id]	名 液体，流体　形 流動性の，流れるような ☞ 名 fluidity (流動性)
□□	**anxious** [ǽŋkʃəs]	形 心配して，不安な，切望して
□□	**anxiety** [æŋzáiəti]	名 心配，不安，切望
□□	**frighten** [fráitn]	動 ～を怖がらせる，ギクリとさせる　☞ 名 fright (恐れ)
□□	**reverse** [rivə́:rs]	動 逆転する，～を逆転する，～を裏返す，～を入れ替える，～を覆す　形 逆向きの，裏側の　名 逆，裏側，失敗 ☞ 名 reversal (逆転)
□□	**charm** [tʃá:rm]	名 魅力，おまじない　動 ～に魔法をかける ☞ 形 charming (魅力的な)　形 charmed (魅了された)
□□	**infection** [infékʃən]	名 感染(症)，影響力 ☞ 動 infect (～に感染させる)　形 infectious (伝染する)
□□	**sake** [séik]	名《for the sake of ...，for *someone*'s sake で》～のために

2704	□□ ガーデニング**用具**	a gardening **tool**
2705	□□ **楽器**	a musical **instrument**
2706	□□ 電子**機器**の電源を切る	turn off an electronic **device**
2707	□□ 情報技術**機器**	a tech **gadget**
2708	□□ ひどい間違いを**犯す**	**commit** a terrible mistake
2709	□□ 持続的な**取り組み**	a lasting **commitment**
2710	□□ 20 パーセントの**手数料**	a 20 percent **commission**
2711	□□ 財務**委員会**	a finance **committee**
2712	□□ **倫理上の**行動規範	**moral** conduct codes
2713	□□ **士気**を高める	boost **morale**
2714	□□ 他の応募者に勝る**長所**	**advantages** over other applicants
2715	□□ **利点**と欠点を論じる	discuss **merits** and drawbacks
2716	□□ **上下**逆に	**upside** down
2717	□□ 重大な**欠点**	a serious **drawback**
2718	□□ **危機**に取り組む	tackle a **crisis**
2719	□□ 決定を**批判する**	**criticize** a decision
2720	□□ **批判**を受ける	come under **criticism**
2721	□□ **批評家による**賞賛	**critical** acclaim
2722	□□ 映画**評論家**	a movie **critic**
2723	□□ 音楽演奏を**批評する**	**critique** music performances
2724	□□ **きわめて重要な**情報	**crucial** information
2725	□□ 新商品を**製造する**	**manufacture** new products
2726	□□ 海外の**製造企業**	overseas **manufacturers**
2727	□□ **適切な**ケアを必要とする	need **proper** care
2728	□□ **適切に**ラベルを貼られた食品	**properly** labeled food products

□□	**tool** [tú:l]	名 道具，工具，手段
□□	**instrument** [ínstrəmənt]	名 楽器，道具，証券 ☞ 形 instrumental (役立つ)
□□	**device** [diváis]	名 機器，装置，仕掛け，工夫 ☞ 動 devise (～を考案する)
□□	**gadget** [gǽdʒit]	名 ちょっとした機械装置，気のきいた器具，付属品，部品 ☞ 名 gadgetry (小道具類)
□□	**commit** [kəmít]	動 ～を委託する，(人)を引き渡す，～を委ねる，～を引き受ける，～を約束する ☞ 形 committed (真剣な，献身的な)
□□	**commitment** [kəmítmənt]	名 深い関与，委託，引き渡し，言質，約束，責任
□□	**commission** [kəmíʃən]	名 委任，委託，任務，依頼，歩合(給) 動 ～に権限を委託する，～を任命する，～に依頼する
□□	**committee** [kəmíti]	名 委員(会)
□□	**moral** [mɔ́(:)rl]	形 道徳上の，倫理的な，道徳的な，品行方正な 名 教訓，道徳，品行
□□	**morale** [mərǽl]	名 士気，意気込み，気力
□□	**advantage** [ədvǽntidʒ]	名 利益，長所，優位 ☞ 形 advantageous (有利な) 名 disadvantage (不利，欠点) 形 disadvantageous (不利な)
□□	**merit** [mérət]	名 (称賛に値する) 価値，長所，功績，利点 ☞ 名 demerit (短所，欠点)
□□	**upside** [ʌ́psàid]	名 上方，上流，上昇傾向，よい面，利点 ☞ 名 downside (下降，否定的な面)
□□	**drawback** [drɔ́:bæ̀k]	名 欠点，不利益，障害
□□	**crisis** [kráisis]	名 危機，重大局面
□□	**criticize** [krítəsàiz]	動 ～を非難する，～を酷評する，～のあら探しをする，～を論評する
□□	**criticism** [krítəsìzm]	名 批評，非難，反論
□□	**critical** [krítikl]	形 批評(家)の，批判的な，危機的な，重大な，重篤な
□□	**critic** [krítik]	名 批評家，評論家，批判する者
□□	**critique** [kritíːk]	動 ～を批評 [論評／分析] する 名 批評，論評
□□	**crucial** [krú:ʃl]	形 きわめて重大な，決定的な，正念場の
□□	**manufacture** [mæ̀njəfǽktʃər]	動 (大規模に) ～を製造する，～をでっちあげる 名 (大規模な) 製造，製造業，製品
□□	**manufacturer** [mæ̀njəfǽktʃərər]	名 (大規模な) 製造業者，メーカー
□□	**proper** [prápər]	形 適した，適性の，正確な，ふさわしい，妥当な，礼儀正しい ☞ 形 improper (不適切な)
□□	**properly** [prápərli]	副 適切に，正確に，礼儀正しく

2729	□□	公共**財**	public **property**
2730	□□	家族の**資産**	a family **estate**
2731	□□	銀行口座から金を**引き落とす**	**debit** money from a bank account
2732	□□	良好な**信用**状態	a good **credit** standing
2733	□□	**信頼性**をすべて失う	lose all **credibility**
2734	□□	**信じられないような**約束	an **incredible** promise
2735	□□	結果を**予測する**	**predict** the outcome
2736	□□	**予測**する	make a **prediction**
2737	□□	**かなりの**販売増	a **significant** increase in sales
2738	□□	**かなり**減少する	decrease **significantly**
2739	□□	**意義**を理解する	understand the **significance**
2740	□□	変化を**意味する**	**signify** a change
2741	□□	**きつい**スケジュール	a **tight** schedule
2742	□□	**緩やかな**連合	a **loose** alliance
2743	□□	**（支払い）期限**日	a **due** date
2744	□□	**支払い期限を過ぎた**請求書	an **overdue** bill
2745	□□	**多くが**正確な数字	**largely** accurate figures
2746	□□	画像を**拡大する**	**enlarge** an image
2747	□□	ことばが不適切だったら**許して**ください。	**Pardon** my language.
2748	□□	表面を**引っかく**	**scratch** the surface
2749	□□	写真用に**ポーズを取る**	**pose** for a photo
2750	□□	厳しい**食事療法**を守る	follow a strict **diet**
2751	□□	商工**会議所**	the **chamber** of commerce

□□	**property** [prάpərti]	名 所有物，資産，不動産物件，地所，特性
□□	**estate** [istéit]	名 地所，土地，財産，遺産
□□	**debit** [débit]	動 銀行口座から～を引き落とす，～を借方に記入する　名 借方，負債
□□	**credit** [krédit]	名 クレジット，信用貸し，確信，評判　動 ～を銀行口座に振り込む，～を信用する，～の功績と認める，～に単位を与える ☞ 名 creditor（債権者）　形 creditable（称賛に値する） 形 creditworthy（信用力のある，返済能力のある）
□□	**credibility** [krèdəbíləti]	名 信頼性，信憑性　☞ 形 credible（信頼できる）
□□	**incredible** [inkrédəbl]	形 信じられない，驚くべき，すばらしい
□□	**predict** [pridíkt]	動 ～を予測する，～を予知する　☞ 形 predictable（予測可能な）
□□	**prediction** [pridíkʃən]	名 予測，予報，予知
□□	**significant** [signífikənt]	形 重要な，意義深い，意味深長な，意味のある，かなりの，著しい，有意な
□□	**significantly** [signífikəntli]	副 意味ありげに，著しく，はっきりと，意味深いことには
□□	**significance** [signífikəns]	名 重要性，意味（あること），意義，有意
□□	**signify** [sígnəfài]	動 ～を意味する，～を表す，～を意味する，～を物語る，～を示す，～を表明する，～の前兆となる，重要である
□□	**tight** [táit]	形 きつい，堅い，窮屈な，（予定などが）ぎっしり詰まった 副 堅く，しっかりと　☞ 動 tighten（～を締める，～を厳しくする）
□□	**loose** [lú:s]	形 自由な，外れた，緩んだ，たるんだ ☞ 動 loosen（～を緩める）
□□	**due** [djú:]	形 ～するはず［予定］で，当然の，しかるべき，《due to ... で》～が原因で　☞ 熟 be due to ...（～が原因である）
□□	**overdue** [òuvərdjú:]	形 期限を過ぎた，未払いの，締め切りを過ぎた
□□	**largely** [lά:rdʒli]	副 大部分は，主に，大規模に
□□	**enlarge** [enlά:rdʒ]	動 ～を増やす，（～を）拡大する
□□	**pardon** [pά:rdn]	動 ～を許す，～を見逃す，～を大目に見る　名 許し，寛容，恩赦，放免
□□	**scratch** [skrǽtʃ]	動 ～を引っかく，～を走り書きする，～を削除する　名 かすり傷，ひっかく音，かくこと
□□	**pose** [póuz]	動 気取る，ポーズを取る，見せかける，～を引き起こす，～を提示する　名 姿勢，気構え
□□	**diet** [dáiət]	名 食事，食習慣，食事療法，国会　☞ 形 dietary（食事の）
□□	**chamber** [tʃéimbər]	名 会議場，議院

2752	□□ 年度目標を**定義する**	**define** goals for the year
2753	□□ 辞書の**定義**によれば	according to a dictionary **definition**
2754	□□ **明確な**進行予定	a **definite** timeline
2755	□□ さらなる支援を**絶対に**必要とする	**definitely** need more aid
2756	□□ 調査から**浮かび上がる**	**emerge** from the investigation
2757	□□ **緊急事態**	a state of **emergency**
2758	□□ 祝福すべき**機会**	an **occasion** for celebration
2759	□□ **ときどき**起きる	**occasionally** happen
2760	□□ 住民を**悩ませる**	**annoy** residents
2761	□□ 会社の努力を**妨げる**	**frustrate** the company's efforts
2762	□□ **現金**で支払う	pay in **cash**
2763	□□ **支払いレジ**での行列	a line at the **cashier**
2764	□□ **顧客**リスト	a **client** list
2765	□□ 裕福な**得意客**	a wealthy **patron**
2766	□□ 上着を**つかむ**	**grab** a jacket
2767	□□ 興味を**引く**	**capture** interest
2768	□□ 機会を**手にする**	**seize** an opportunity
2769	□□ **心の**健康	**mental** health
2770	□□ **心理的な**問題	a **psychological** problem
2771	□□ 地元の**若者**	local **youth**
2772	□□ この年齢の**若手**	**youngster** of this age
2773	□□ **原則**として	in **principle**
2774	□□ **主たる**目的	the **principal** aim
2775	□□ 写真用の**額**	a photo **frame**
2776	□□ 基本的な**枠組み**	a basic **framework**

□□	**define** [difáin]	動 ～を定義する，～の意味を明確にする，～を限定する，～を明らかにする
□□	**definition** [dèfəníʃən]	名 定義，記述，限定
□□	**definite** [défənət]	形 一定の，確定した，明確な，確信した ☞ 形 indefinite (不定の，はっきりしない)
□□	**definitely** [défənətli]	副 明確に，はっきりと，確かに
□□	**emerge** [imə́:rdʒ]	動 (問題・事実などが) 現れる，明らかになる，(水中・暗闇などから) 出てくる，(貧困・苦境から) 抜け出す
□□	**emergency** [imə́:rdʒənsi]	名 緊急事態，救急病棟　☞ 形 emergent (緊急の)
□□	**occasion** [əkéiʒən]	名 時，場合，出来事，行事，機会，理由，根拠
□□	**occasionally** [əkéiʒənəli]	副 ときどき，ときおり　☞ 形 occasional (ときどきの)
□□	**annoy** [ənɔ́i]	動 ～をうるさがらせる，～を困らせる，～を悩ます ☞ 名 annoyance (不快)　形 annoying (うんざりさせる)　形 annoyed (うんざりして)
□□	**frustrate** [frʌ́streit]	動 ～をいらいらさせる，～を妨げる，～に挫折感を抱かせる ☞ 名 frustration (不満，いらだち)　形 frustrating (不満を感じさせる) 形 frustrated (不満を感じて)
□□	**cash** [kǽʃ]	名 現金　動 ～を現金化する
□□	**cashier** [kæʃíər]	名 レジ係，現金出納係
□□	**client** [kláiənt]	名 依頼人，顧客リスト　☞ 名 clientele (顧客)
□□	**patron** [péitrən]	名 後援者，常連客，得意客　☞ 名 patronage (愛顧，支援)
□□	**grab** [grǽb]	動 ～を (不意に) つかむ，～をすばやく食べる [飲む]　名 つかむこと，略奪　☞ 熟 screen grab (スクリーンショット)
□□	**capture** [kǽptʃər]	動 ～を捕える，～を占拠する，～を勝ち取る　名 捕獲，捕虜
□□	**seize** [sí:z]	動 ～をつかむ，～を握る，～を捕える，～を差し押さえる，押収する　☞ 名 seizure (差し押さえ)
□□	**mental** [méntl]	形 心の，精神 (的) の，知能の，知力の，(計算などを) そらでする ☞ 名 mentality (精神性)
□□	**psychological** [sàikəládʒikl]	形 心理学の，心の　☞ 名 psychology (心理学)
□□	**youth** [jú:θ]	名 青年時代，青春時代，若さ，若者
□□	**youngster** [jʌ́ŋstər]	名 若者，若手
□□	**principle** [prínsəpl]	名 原理，原則，主義，道理　☞ 熟 in principle (原則として)
□□	**principal** [prínsəpl]	形 首位の，主要な　名 (団体の) 長，校長
□□	**frame** [fréim]	名 骨組み，フレーム，縁，体格　動 ～の骨組みを作る，～を構成する，～をでっち上げる
□□	**framework** [fréimwə̀:rk]	名 骨組み，枠組み，体制，構想

2777	□□	画面を**見つめる**	**stare** at the screen
2778	□□	講演者を**見つめる**	**gaze** at a lecturer
2779	□□	環境を**保護する**	**preserve** the environment
2780	□□	決定を**擁護する**	**defend** a decision
2781	□□	攻撃に対する**防御**	**defense** against attacks
2782	□□	刑事**犯罪**	a criminal **offense**
2783	□□	**暴力**事件	a **violent** incident
2784	□□	映像による**暴力**	graphic **violence**
2785	□□	将来への**展望**	a **vision** for the future
2786	□□	そのプロジェクトの成功を**思い描く**	**envision** the project's success
2787	□□	**目に見える**加齢の兆し	**visible** signs of aging
2788	□□	**選択肢**を提供する	offer an **option**
2789	□□	**選択可能な**ツアー	an **optional** tour
2790	□□	**おおまかな**見積もり	a **rough** estimate
2791	□□	従業員の**およそ**半数	**roughly** half of the employees
2792	□□	**年次**会議	an **annual** meeting
2793	□□	契約を**毎年**更新する	**annually** renew a contract
2794	□□	**添付されている**書類	an **accompanying** document
2795	□□	聴衆に**あいさつする**	**greet** an audience
2796	□□	現実から**距離を置く**	**retreat** from reality
2797	□□	航空機の**旅客**	airline **passengers**
2798	□□	**炭素**排出量	**carbon** footprint
2799	□□	**年配の**顧客	an **elderly** client

□□	**stare** [stéər]	【動】じっと見る，じろじろ見る 【名】じっと見ること，凝視
□□	**gaze** [géiz]	【動】《gaze at ... で》～をじっと見つめる，～を凝視する 【名】注視
□□	**preserve** [prizə́:rv]	【動】～を保存する，～を保護する，～を貯蔵する，～を維持する 【名】保存，自然保護地域，領域 ☞【名】preservation（保存） 【名】【形】preservative（防腐剤；保存効果のある）
□□	**defend** [difénd]	【動】～を防御する，～を擁護する，～を支持する ☞【名】defendant（被告） 【形】defensive（防御的な）
□□	**defense** [diféns]	【名】防御，守り，弁護，弁明，守備
□□	**offense** [əféns]	【名】犯罪，違反，攻撃，立腹，侮辱 ☞【動】offend（～を怒らせる） 【形】offensive（失礼な，不快な）
□□	**violent** [váiələnt]	【形】暴力的な，乱暴な，強烈な，激しい，猛烈な
□□	**violence** [váiələns]	【名】暴力，乱暴，暴行，猛威，激しさ
□□	**vision** [víʒən]	【名】視力，視覚，洞察力，展望，未来像 ☞【形】【名】visionary（先見の明のある〔人〕）
□□	**envision** [envíʒən]	【動】～を想像する，～を思い描く，～（である）と見込む
□□	**visible** [vízəbl]	【形】可視の，目に見える，周知の，明白な，見やすい ☞【名】visibility（目に見えること） 【形】invisible（目に見えない）
□□	**option** [ápʃən]	【名】選択肢
□□	**optional** [ápʃənl]	【形】選択の，任意の
□□	**rough** [rʌ́f]	【形】おおよその，大ざっぱな，ザラザラした，（天候が）荒れた，乱暴な 【名】未完成品 ☞【動】roughen（～を粗くする）
□□	**roughly** [rʌ́fli]	【副】およそ，だいたい
□□	**annual** [ǽnjuəl]	【形】年次の，年に一度の，毎年恒例の 【名】年報，一年生植物
□□	**annually** [ǽnjuəli]	【副】毎年，年一回で
□□	**accompany** [əkʌ́mpəni]	【動】～に同行する，～に同時に起こる ☞【名】accompaniment（付け合わせ，伴奏）
□□	**greet** [grí:t]	【動】～にあいさつする，～を迎える ☞【名】greeting（あいさつ）
□□	**retreat** [ritrí:t]	【動】後退する，退く，～を後退させる 【名】避難，引退，避難所
□□	**passenger** [pǽsəndʒər]	【名】乗客，搭乗客，旅行者
□□	**carbon** [ká:rbən]	【名】炭素，複写，コピー ☞【名】carbon monoxide（一酸化炭素） 【名】carbon dioxide（二酸化炭素）
□□	**elderly** [éldərli]	【形】年配の，初老の

2800	□□ **有毒物質**	toxic **substances**
2801	□□ **かなりの**寄付	a **substantial** contribution
2802	□□ 利益を**かなり**増加させる	**substantially** increase profits
2803	□□ 警告を**無視する**	**ignore** a warning
2804	□□ 依頼を**放置する**	**neglect** a request
2805	□□ **肯定的な**意見	**positive** feedback
2806	□□ **否定的な**印象	a **negative** impression
2807	□□ **肯定**的に返事をする	respond in the **affirmative**
2808	□□ **国境**紛争	a **border** dispute
2809	□□ 販売**区域**	sales **territory**
2810	□□ **境界線**を越えて	across the **boundary**
2811	□□ **革命**を経験する	go through a **revolution**
2812	□□ 業界に**革命をもたらす**	**revolutionize** an industry
2813	□□ 電動**自動車**	an electric **vehicle**
2814	□□ 貨物**船**	a cargo **vessel**
2815	□□ 経済成長に**寄与する**	**contribute** to economic growth
2816	□□ 経済成長に**寄与**する	make a **contribution** to economic growth
2817	□□ 経済成長に**寄与する要因**	a **contributor** to economic growth
2818	□□ 妥当な**要請**	a reasonable **request**
2819	□□ 許しを**請う**	**beg** forgiveness
2820	□□ 顧客に**訴えかける**	**appeal** to customers
2821	□□ 異なる選択肢からプランを**選ぶ**	**select** a plan from different options
2822	□□ 商品の幅広い**品ぞろえ**	a wide **selection** of goods
2823	□□ 価格を**わずかに**下げる	**slightly** lower the price
2824	□□ **わずかな**増加	a **slight** increase

□□	**substance** [sʌ́bstəns]	名 物質，もの，趣旨，実体，中身
□□	**substantial** [səbstǽnʃl]	形 実体のある，本当の，実力のある，かなりの
□□	**substantially** [səbstǽnʃəli]	副 実質的に，だいたいは，十分に，しっかりと
□□	**ignore** [ignɔ́ːr]	動 ～を無視する，～を黙殺する ☞ 名 ignorance（無知） 形 ignorant（無知な）
□□	**neglect** [niglékt]	動 ～を無視する，～を放置する 名 無視，欠如 ☞ 名 negligence（怠慢） 形 negligent（怠慢な）
□□	**positive** [pázətiv]	形 肯定の，確かな，前向きな，建設的な，有益な，明確な，積極的な，正の 名 よい面，プラス面，陽画，ポジ，陽性
□□	**negative** [négətiv]	形 否定の，否定的な，消極的な，負の 名 否定，欠点，陰画，ネガ，陰性
□□	**affirmative** [əfə́ːrmətiv]	名 肯定的な表現［答え］ 形 肯定的な，断定的な ☞ 形 negative（否定的な）
□□	**border** [bɔ́ːrdər]	名 境界線，国境
□□	**territory** [térətɔ̀ːri]	名 地域，領土，統治領，担当区域，分野，縄張り ☞ 形 territorial（土地の，領土の）
□□	**boundary** [báundəri]	名 境界線，限度，限界
□□	**revolution** [rèvəljúːʃən]	名（大）革命 ☞ 動 revolve（回転する） 形 revolutionary（革命的な）
□□	**revolutionize** [revəljúːʃənàiz]	動 ～に大改革をもたらす，～に革命を起こす
□□	**vehicle** [víːəkl]	名（エンジンで動く）乗り物，車，通信手段
□□	**vessel** [vésl]	名 船舶，大型船，血管
□□	**contribute** [kəntríbjuːt]	動 ～を寄付する，～を寄稿する，《contribute to ... で》貢献する，原因となる ☞ 形 contributory（原因となる）
□□	**contribution** [kɑ̀ntribjúːʃən]	名 貢献，寄付，寄稿
□□	**contributor** [kəntríbjətər]	名 寄付者，貢献者，寄稿者
□□	**request** [rikwést]	名 依頼（書），要請 動 ～を依頼する，～を要請する
□□	**beg** [bég]	動 ～に懇願する
□□	**appeal** [əpíːl]	動 懇願する，呼びかける，要請する 名 懇願，要請，上訴
□□	**select** [səlékt]	動 ～を選ぶ，～を選出［選抜／選択］する 形 選んだ，選りすぐりの，高級な ☞ 形 selective（選択の）
□□	**selection** [səlékʃən]	名 選択，選抜，精選，選択物，抜粋，選集，淘汰
□□	**slightly** [sláitli]	副 わずかに，少し，細く
□□	**slight** [sláit]	形 わずかな，少しばかりの，軽い，ほっそりした

2825	□□ 始め**たくてたまらない**ように見える	appear **eager** to get started
2826	□□ **熱心な**収集家	an **avid** collector
2827	□□ 多くの**潜在能力**	a lot of **potential**
2828	□□ **潜在的に**危険な計画	a **potentially** risky plan
2829	□□ **災害**対策	**disaster** control measures
2830	□□ 市場に**あふれる**	**flood** the market
2831	□□ 大規模な**地震**	a major **earthquake**
2832	□□ 長期間の**干ばつ**	a prolonged **drought**
2833	□□ 建物から**避難する**	**evacuate** a building
2834	□□ **救護**ボランティア	a **rescue** volunteer
2835	□□ 損失から**回復する**	**recover** from a loss
2836	□□ 実質的な**回復**	a substantial **recovery**
2837	□□ **以前の**雇用者	a **previous** employer
2838	□□ **以前に**述べたように	as **previously** mentioned
2839	□□ 会議を**終える**	**conclude** a meeting
2840	□□ 反対の**結論**	an opposite **conclusion**
2841	□□ **会社**法	**corporate** law
2842	□□ 主要**企業**	a leading **corporation**
2843	□□ 合弁**事業**を始める	start a joint **enterprise**
2844	□□ 困難に**耐える**	**endure** hardship
2845	□□ **壇**上に立つ	stand on a **platform**
2846	□□ 関係に**緊張**をもたらす	put a **strain** on a relationship
2847	□□ **症状**を見せる	develop a **symptom**

□□	**eager** [íːgər]	形 ～を熱望して，～したいと思って，熱心な ☞ 名 eagerness（熱心さ）
□□	**avid** [ǽvid]	形 熱心な，貪欲な ☞ 名 avidity（熱意）
□□	**potential** [pəténʃəl]	名 将来性，可能性，見込み 形 可能性がある，潜在能力がある ☞ 形 potent（強力な）
□□	**potentially** [pəténʃəli]	副 潜在的に
□□	**disaster** [dizǽstər]	名 災害，大惨事，大災難，完全な失敗，失敗作 ☞ 形 disastrous（悲惨な）
□□	**flood** [flʌ́d]	動 氾濫する，～を水びたしにする，～に押し寄せる，～をいっぱいにする 名 洪水，殺到
□□	**earthquake** [ə́ːrθkwèik]	名 地震，大激震，変動（＝quake）
□□	**drought** [dráut]	名 日照り，干ばつ，欠乏
□□	**evacuate** [ivǽkjuèit]	動 ～を避難させる，～を空にする，（危険な場所）から撤退［避難］する ☞ 名 evacuation（避難） 名 evacuee（避難者）
□□	**rescue** [réskjuː]	動 ～を救う，～を救助する，～を奪回する 名 救助，救出，救援
□□	**recover** [rikʌ́vər]	動 健康を取り戻す，回復する，立ち直る，～を取り戻す，～を償う
□□	**recovery** [rikʌ́vəri]	名 復帰，回復，修復，立ち直り，回収
□□	**previous** [príːviəs]	形 前の，以前の，先の，事前の，先立つ
□□	**previously** [príːviəsli]	副 前もって，あらかじめ，以前に
□□	**conclude** [kənklúːd]	動 ～という結論を出す，～という判断を下す，～を完結させる，～を締結する ☞ 形 conclusive（最終的な）
□□	**conclusion** [kənklúːʒən]	名 結論，結果，締結
□□	**corporate** [kɔ́ːrpərət]	形 法人組織の，企業の，法人格のある，集団の
□□	**corporation** [kɔ̀ːrpəréiʃən]	名 法人，民間企業，団体
□□	**enterprise** [éntərpràiz]	名 事業，企業，企て
□□	**endure** [endjúər]	動 ～に耐える，～を持続させる，～を持ちこたえる ☞ 名 endurance（忍耐，耐性） 形 endurable（耐えられる）
□□	**platform** [plǽtfɔ̀ːrm]	名 プラットホーム，教壇，デッキ，綱領，方式，有利な立場
□□	**strain** [stréin]	名 緊張，負担 動 ～を引っ張る，～を痛める，～を（無理をして）損ねる，～をろ過する，全力で～する
□□	**symptom** [símptəm]	名 症状，症候，兆候，しるし ☞ 形 symptomatic（症状の，兆候がある）

2848	□□	政策を**制定する**	**institute** a policy
2849	□□	財務**機関**	a financial **institution**
2850	□□	**機関**投資家	an **institutional** investor
2851	□□	**頻繁に**尋ねられる質問	**frequently** asked questions
2852	□□	**頻繁に**訪れる人々	**frequent** visitors
2853	□□	増加する**頻度**で	with increasing **frequency**
2854	□□	詳細を**確認する**	**confirm** the details
2855	□□	**確認**用電子メール	a **confirmation** email
2856	□□	**品物**を値下げする	discount an **item**
2857	□□	出費を**項目別に分ける**	**itemize** the expenses
2858	□□	**宗教**を学ぶ	study a **religion**
2859	□□	**宗教的な**背景	a **religious** background
2860	□□	**別の**方法	an **alternative** method
2861	□□	東京，京都，大阪**の順で交互に**	**alternatively** in Tokyo, Kyoto or Osaka
2862	□□	**代替**ルートを利用する	take an **alternate** route
2863	□□	契約を**変更する**	**alter** the contract
2864	□□	容易に**回転する**	**rotate** easily
2865	□□	記念日を**祝う**	**celebrate** an anniversary
2866	□□	**祝福**する理由	cause for **celebration**
2867	□□	可能性を**探る**	**explore** possibilities
2868	□□	新たな可能性を**探る人**	an **explorer** of new possibilities
2869	□□	課題を**完了する**	**accomplish** a task
2870	□□	偉大な**業績**	a great **accomplishment**
2871	□□	評判を**打ち立てる**	**attain** a reputation
2872	□□	原因を**調査する**	**investigate** a cause
2873	□□	**調査**を行う	conduct an **investigation**

□□	**institute** [ínstətjù:t]	動 ～を設ける，～を制定する，～を開始する　名 学会，協会，研究所
□□	**institution** [ìnstətjú:ʃən]	名 (公共) 機関，施設，団体，制度，制定
□□	**institutional** [ìnstətjú:ʃənl]	形 制度の，機関の，おなじみの
□□	**frequently** [frí:kwəntli]	副 高い頻度で，たびたび，頻繁に
□□	**frequent** [frí:kwənt]	形 頻繁な，たびたびの　動 ～によく行く，～に集まる
□□	**frequency** [frí:kwənsi]	名 頻度，頻発
□□	**confirm** [kənfə́:rm]	動 ～を確認する，～を承認する，(決意など) を確かにする
□□	**confirmation** [kɑ̀nfərméiʃən]	名 確認 (書)，立証，承認，支持
□□	**item** [áitəm]	名 項目，アイテム，品物，記事
□□	**itemize** [áitəmàiz]	動 ～を箇条書きにする，～を項目別にする
□□	**religion** [rilídʒən]	名 宗教，信条，打ち込んでいるもの
□□	**religious** [rilídʒəs]	形 宗教上の，信仰深い，厳正な
□□	**alternative** [ɔ:ltə́:rnətiv]	形 代わりの，別の　名 別の可能性，選択肢
□□	**alternatively** [ɔ:ltə́:rnətivli]	副 代わりに，代替方法として
□□	**alternate** [ɑ́:ltərnət, ǽl-]	形 交互の，代わる代わるの，代替の　動 交替する，(2つのものを交互に) 交替させる　☞ 名 alternation (交互)
□□	**alter** [ɔ́:ltər]	動 ～を変更する，～を変える，～を改める
□□	**rotate** [róuteit]	動 ～を回転させる，～を交代させる，～を循環させる，回転する，交代する，循環する ☞ 名 rotation (交替，回転)　形 rotational (交替の，回転の)
□□	**celebrate** [séləbrèit]	動 ～を祝う，祝典をする，～をほめたたえる ☞ 名 celebrity (著名人)　形 celebratory (祝いの)
□□	**celebration** [sèləbréiʃən]	名 祝賀，祝祭
□□	**explore** [iksplɔ́:r]	動 (～を) 探検する，～を調査する　☞ 名 exploration (探査)
□□	**explorer** [iksplɔ́:rər]	名 探検家，調査者
□□	**accomplish** [əkɑ́mpliʃ]	動 ～を成し遂げる，～を完成させる
□□	**accomplishment** [əkɑ́mpliʃmənt]	名 完成，遂行，業績，成果
□□	**attain** [ətéin]	動 ～を到達する，～を成し遂げる，～を獲得する ☞ 名 attainment (達成)
□□	**investigate** [invéstəgèit]	動 ～を調査する，～を研究する，～を捜査する，～を取り調べる ☞ 形 investigative (調査の)
□□	**investigation** [invèstəgéiʃən]	名 調査，研究，捜査

2874	□□	**実際の**コスト	an **actual** cost
2875	□□	**実際に**起きる	**actually** happen
2876	□□	その機械の性能を**実演で示す**	**demonstrate** the performance of the machine
2877	□□	商品の**実演**	a product **demonstration**
2878	□□	**正確な**模倣	an **exact** imitation
2879	□□	午後２時**ぴったり**に	at **exactly** 2 P.M.
2880	□□	しかるべき**正確さ**で	with proper **exactness**
2881	□□	利益が出る**戦略**	a profitable **strategy**
2882	□□	**戦略的な**計画	a **strategic** plan
2883	□□	価格**戦術**	pricing **tactics**
2884	□□	努力を**評価する**	**appreciate** the effort
2885	□□	頑張った仕事を**評価**して	in **appreciation** of hard work
2886	□□	金を**借りている**	**owe** some money
2887	□□	職場での欠勤**により**	**owing to** workplace absenteeism
2888	□□	**妊娠している**女性	a **pregnant** woman
2889	□□	**妊娠**中に	during the **pregnancy**
2890	□□	誤りを**許す**	**forgive** a mistake
2891	□□	**図式**を描く	draw a **diagram**
2892	□□	犬**種**	dog **breeds**
2893	□□	**水道**の水	**tap** water
2894	□□	大学教育の**急進的な**改革	**radical** reforms of college education
2895	□□	**定期**点検	a **routine** inspection

□□	**actual** [ǽktʃuəl]	形 実際の，現実の
□□	**actually** [ǽktʃuəli]	副 現実に，本当のところ，実際に
□□	**demonstrate** [démənstrèit]	動 ～を論証する，～を証明する，～を説明する，デモをする ☞ 形 demonstrative（明示する）
□□	**demonstration** [dèmənstréiʃən]	名 論証，証明，実証，実物宣伝，デモ，試用
□□	**exact** [igzǽkt]	形 正確な，厳密な，厳格な
□□	**exactly** [igzǽktli]	副 正確に，厳密に，正確に言って，そのとおりです
□□	**exactness** [igzǽktnəs]	名 正確さ，精密さ
□□	**strategy** [strǽtədʒi]	名 戦略，策略，計画，手段
□□	**strategic** [strətíːdʒik]	形 戦略上の，戦略上重要な，戦略的な
□□	**tactic** [tǽktik]	名 駆け引き，策略，《tactics で》戦術
□□	**appreciate** [əpríːʃièit]	動 価値が上がる，～を高く評価する，～を感謝する ☞ 形 appreciative（感謝して，認識して）
□□	**appreciation** [əprìːʃiéiʃən]	名 鑑賞すること，評価，認識，感謝，高騰
□□	**owe** [óu]	動（…に）～を支払う義務がある，～に借りがある，～の恩を受けている
□□	**owing to** [óuiŋ tu]	前 ～のせいで，～のおかげで
□□	**pregnant** [prégnənt]	形 妊娠して，子を宿して
□□	**pregnancy** [prégnənsi]	名 妊娠（状態／期間）
□□	**forgive** [fərgív]	動 ～を許す，～を免除する　☞ 名 forgiveness（許し）
□□	**diagram** [dáiəgræ̀m]	名 図形，図式，図解
□□	**breed** [bríːd]	名 種族，品種　動 子を産む，～を繁殖させる，～を養育する
□□	**tap** [tǽp]	名 軽く叩くこと，水道　動（～を）軽くたたく，コツコツと刻む，～を指名する，（画面などを）タップする
□□	**radical** [rǽdikl]	形 根本的な，急進的な，根治的な　名 急進（主義者）
□□	**routine** [ruːtíːn]	形 決まりきった，いつもの　名 決められた方法，ルーティーン，繰り返されるもの

2896	□□	長年の**同僚**	longtime **colleagues**
2897	□□	新たな**同僚**	new **coworkers**
2898	□□	従業員**仲間**	a **fellow** employee
2899	□□	**仲間による**評価	**peer** review
2900	□□	多くの**ストレス**のもとで	under a lot of **stress**
2901	□□	**精神的に疲れる**状況	a **stressful** situation
2902	□□	欠陥を**暴く**	**expose** a flaw
2903	□□	低温に**さらされること**	**exposure** to low temperatures
2904	□□	自信を**抱かせる**	**inspire** confidence
2905	□□	経験から**着想**を得る	draw **inspiration** from an experience
2906	□□	古い機械類を**修理する**	**repair** old machinery
2907	□□	財政面の規制を**見直す**	**overhaul** financial regulations
2908	□□	電子メールにファイルを**添付する**	**attach** a file to an email
2909	□□	電子メールの**添付資料**を読む	read an email **attachment**
2910	□□	ノートパソコンからケーブルを**引き抜く**	**detach** a cable from a laptop
2911	□□	問題を**特定する**	**isolate** a problem
2912	□□	会話を**行う**	**engage** in conversation
2913	□□	先**約**	a prior **engagement**
2914	□□	キャンセル**料**	a cancellation **fee**
2915	□□	一般**料金**を請求する	charge a standard **fare**
2916	□□	幹線道路**通行料**	a highway **toll**
2917	□□	方法を**考案する**	**invent** a method
2918	□□	**新案**を売却する	sell an **invention**
2919	□□	投票するように人々を**説得する**	**persuade** people to vote
2920	□□	費用対効果のある方法について顧客を**納得させる**	**convince** clients of the cost-effective approaches

□□	**colleague** [káli:g]	名 同僚，仲間，同業者
□□	**coworker** [kóuwə̀:rkər]	名 同僚，仕事仲間
□□	**fellow** [félou]	名 同輩，仲間，同志　形 仲間の
□□	**peer** [píər]	名（地位，年齢などが）同等［同格］の者，仲間，対等者，友人
□□	**stress** [strés]	名 圧力，重圧，ストレス，緊迫，重点　動 ～を強調する，～を緊張させる，～にストレスをかける
□□	**stressful** [strésfl]	形 ストレスの多い，精神的に疲れる
□□	**expose** [ikspóuz]	動 ～をさらす，～に触れさせる，～を陳列する，～を暴露する
□□	**exposure** [ikspóuʒər]	名 さらされること，暴露，公表，発覚，（写真用語で）露出
□□	**inspire** [inspáiər]	動 ～にひらめきを与える，～にその気を起こさせる，～に元気を与える　☞ 形 inspiring（奮い立たせる）　形 inspired（鼓舞されて）
□□	**inspiration** [ìnspəréiʃən]	名 刺激，ひらめき，インスピレーション，霊感 ☞ 形 inspirational（刺激となる）
□□	**repair** [ripéər]	動 ～を修理する，～を復興する　名 修理（品），修理箇所 ☞ 熟 under repair（修理中で）
□□	**overhaul** [òuvərhɔ́:l; ´–`]	動 ～を念入りに点検する，～を分解修理する　名 全面的な見直し，総点
□□	**attach** [ətǽtʃ]	動 ～を取り付ける，～を添付する，～を置く
□□	**attachment** [ətǽtʃmənt]	名 取り付け，付属品，添付ファイル，愛情
□□	**detach** [ditǽtʃ]	動 ～を引き離す，～を取りはずす，～から距離をおく，分離する
□□	**isolate** [áisəlèit]	動 ～を区別する，～を孤立させる，～を切り離す ☞ 名 isolation（孤立）
□□	**engage** [engéidʒ]	動 従事する，～を従事させる，～を引き込む，～を雇う，～を婚約させる，交戦する
□□	**engagement** [engéidʒmənt]	名 従事，婚約，約束，予定，雇用，交戦
□□	**fee** [fí:]	名 謝礼，報酬，料金，手数料
□□	**fare** [féər]	名 運賃，料金　動 進行する，やっていく
□□	**toll** [tóul]	名 通行料金，電話料金，輸送料金，犠牲，損失　動 通行料を徴収する
□□	**invent** [invént]	動 ～を発明する，～を考案する，～を捏造する ☞ 形 inventive（独創的な）
□□	**invention** [invénʃən]	名 発明品，考案，捏造
□□	**persuade** [pərswéid]	動 ～を説得する，～を説得して…させる，～を納得させる ☞ 名 persuasion（説得）　形 persuasive（説得力のある）
□□	**convince** [kənvíns]	動 ～を納得させる，～に確信させる ☞ 名 conviction（信念）　形 convincing（確信させる）　形 convinced（確信した）

2921	□□	販売の**着実な**増加	a **steady** rise in sales
2922	□□	**着実に**増加する	**steadily** increase
2923	□□	**情熱**と興奮を必要とする	need **passion** and excitement
2924	□□	**激しい**競争	**intense** competition
2925	□□	**集中**治療室	an **intensive** care unit
2926	□□	**ベテランの**ジャーナリスト	a **veteran** journalist
2927	□□	**軍隊**を結集する	rally the **troops**
2928	□□	**驚く**べき割合で	at an **alarming** rate
2929	□□	**注意して**いる	stay **alert**
2930	□□	会社にとって**有用な人材**	an **asset** to the company
2931	□□	**大金**を費やす	spend a **fortune**
2932	□□	ここに来られて**幸運**だと思う	feel **fortunate** to be here
2933	□□	**幸いにも**天気がよくなった。	**Fortunately**, the weather improved.
2934	□□	その報告は**残念ながら**間違っている。	The report is **unfortunately** wrong.
2935	□□	**世帯**支出	**household** expenses
2936	□□	**社内**サービス	an **in-house** service
2937	□□	義務を**果たす**	**fulfill** an obligation
2938	□□	技術を**活用する**	**embrace** a technology
2939	□□	誤りを**後悔する**	**regret** a mistake
2940	□□	**締め切り**に間に合わせる	meet a **deadline**
2941	□□	**楽観的な**見方	an **optimistic** view
2942	□□	**中核事業**	**core** operations
2943	□□	**原**材料	a **raw** material

□□	**steady** [stédi]	[形] 安定した，不変の，間断のない，着実な，規律正しい [動] ～を安定させる，～を落ち着かせる ☞ [名] steadiness (安定)
□□	**steadily** [stédili]	[副] 着実に，どんどん，しっかり
□□	**passion** [pǽʃən]	[名] 情熱，熱中 ☞ [形] passionate (情熱的な)
□□	**intense** [inténs]	[形] 強烈な，激しい，集中した，極端な ☞ [名] intensity (強烈さ)
□□	**intensive** [inténsiv]	[形] 集中的な，徹底的な
□□	**veteran** [vétərən]	[形] ベテランの，経験豊富な [名] 退役軍人
□□	**troop** [trúːp]	[名] 群れ，大勢，《troops で》軍隊，軍人
□□	**alarm** [əlάːrm]	[動] ～を驚かせる，～に危険を知らせる [名] 警報，恐怖 ☞ [形] alarming (驚かせる) [形] alarmed (驚いて)
□□	**alert** [ələ́ːrt]	[形] 油断のない，警戒した [動] ～に警告する，～の注意を喚起する [名] 警報，警戒 ☞ [熟] on alert (警戒して)
□□	**asset** [ǽset]	[名] 有用な人材，価値あるもの，《assets で》資産
□□	**fortune** [fɔ́ːrtʃən]	[名] (幸) 運，繁栄，成功，富，財産
□□	**fortunate** [fɔ́ːrtʃənət]	[形] 運のよい，幸運な，幸運をもたらす
□□	**fortunately** [fɔ́ːrtʃənətli]	[副] 幸いにも，幸運にも
□□	**unfortunately** [ʌ̀nfɔ́ːrtʃənətli]	[副] 不運にも，あいにく
□□	**household** [háushòuld]	[形] 世帯の，ありふれた [名] 家族，世帯
□□	**in-house** [ínhàus]	[形] 組織内の，社内の [副] 組織内で，社内で
□□	**fulfill** [fulfíl]	[動] ～を実行する，～を遂行する，～を果たす，～を満たす ☞ [名] fulfillment (実行，満了)
□□	**embrace** [embréis]	[動] ～を抱きしめる，(考え・申し出・機会など) に喜んで応じる，～をする，～を含む，～を抱擁する [名] 受諾，包囲，抱擁
□□	**regret** [rigrét]	[動] ～を後悔する，～を残念に思う [名] 後悔，落胆 ☞ [形] regrettable (残念な) [形] regretful (後悔して，残念に思って)
□□	**deadline** [dédlàin]	[名] 締切，期限
□□	**optimistic** [ὰptəmístik]	[形] 楽観的な ☞ [名] optimism (楽観論) [形] pessimistic (悲観的な) [名] pessimism (悲観論)
□□	**core** [kɔ́ːr]	[形] 中心になる，核になる [名] 芯，中核部，核心 [動] (果物の芯など) を取り除く
□□	**raw** [rɔ́ː]	[形] 生の，加工してない，未熟な

2944	□□ 課題に**集中する**	**concentrate** on a task
2945	□□ **集中**する技術	**concentration** techniques
2946	□□ ナプキンを半分に**折る**	**fold** the napkin in half
2947	□□ 紙の地図を**開く**	**unfold** a paper map
2948	□□ **世界的な**拡大	**global** expansion
2949	□□ **世界**中に	around the **globe**
2950	□□ 北**半球**	the Northern **Hemisphere**
2951	□□ この**惑星**を救う	save the **planet**
2952	□□ **サテライト**オフィスで働く	work at a **satellite** office
2953	□□ **手術**を必要とする	require **surgery**
2954	□□ 認定**外科医**	a certified **surgeon**
2955	□□ **外科の**患者	a **surgical** patient
2956	□□ 問題を**認める**	**acknowledge** an issue
2957	□□ **感謝**を受ける	receive **acknowledgment**
2958	□□ 建築**現場**	a building **site**
2959	□□ **現地での**調査	an **on-site** inspection
2960	□□ 商品を**輸入する**	**import** products
2961	□□ 原料を**輸出する**	**export** raw materials
2962	□□ 視聴者に**印象づける**	**impress** viewers
2963	□□ よい**印象**	a good **impression**
2964	□□ **印象的な**結果	**impressive** results
2965	□□ 職を**辞任する**	**resign** from office
2966	□□ **辞職**表	a letter of **resignation**
2967	□□ **適切な**対応	**appropriate** response
2968	□□ **不適切な**振る舞い	**inappropriate** behavior
2969	□□ 予約を**取り消す**	**cancel** a reservation
2970	□□ **キャンセル**料	a **cancellation** fee

□□	**concentrate** [kánsəntrèit]	動 集中する，～を集中させる，～に専念する，～を濃縮させる
□□	**concentration** [kànsəntréiʃən]	名 集中，専念，集結，濃度
□□	**fold** [fóuld]	動 ～を折りたたむ，～を組み合わせる，～を包む，折り重なる 名 折ること，たたむこと
□□	**unfold** [ʌnfóuld]	動 ～を徐々に明らかにする，（包みなど）を広げる，（物語などが）展開する
□□	**global** [glóubl]	形 球状の，全世界の，国際的な
□□	**globe** [glóub]	名 球（状の物），地球
□□	**hemisphere** [héməsfìər]	名 半球体，右［左］脳，領域，範囲 ☞ 形 hemispheric（半球の）
□□	**planet** [plǽnit]	名 惑星　☞ 形 planetary（惑星の）
□□	**satellite** [sǽtəlàit]	形 衛星の［を用いた］，付随する　名（人工）衛星，サテライト，衛星国［都市］
□□	**surgery** [sə́:rdʒəri]	名 外科，（外科）手術，外科的処置，手術室
□□	**surgeon** [sə́:rdʒən]	名 外科医
□□	**surgical** [sə́:rdʒikl]	形 外科の，外科的な，外科医の，整形用の
□□	**acknowledge** [əknálidʒ]	動 ～を認める，～を承認する，～を認識する
□□	**acknowledgment** [əknálidʒmənt]	名 認知，感謝，謝辞
□□	**site** [sáit]	名 用地，敷地，跡，遺跡，現場
□□	**on-site** [ànsáit]	形 現地の，現場の　副 現地で，現場で
□□	**import** [impɔ́:rt; ímpɔ̀:rt]	動 ～を輸入する，～を持ち込む　名 輸入（品）
□□	**export** [ikspɔ́:rt; ékspɔ:rt]	動 ～を輸出する，～を持ち出す　名 輸出（品）
□□	**impress** [imprés]	動 ～に好印象を与える，～に強い影響を与える，～に押し付ける
□□	**impression** [impréʃən]	名 感想，印象，跡
□□	**impressive** [imprésiv]	形 印象的な，感動的な，すばらしい
□□	**resign** [rizáin]	動 辞める，～を辞任する，～を放棄する
□□	**resignation** [rèzignéiʃən]	名 辞職，辞表
□□	**appropriate** [əpróupriət; əpróuprièit]	形 ふさわしい，適切な，妥当な　動 ～を充てる，充当する
□□	**inappropriate** [ìnəpróupriət]	形 不適切な，不当な，十分でない
□□	**cancel** [kǽnsl]	動 ～をキャンセルする，～を取りやめる，～を無効にする
□□	**cancellation** [kæ̀nsəléiʃən]	名 キャンセル，解除，中止

2971	□□ 価格を**交渉する**	**negotiate** a price
2972	□□ **交渉**技能	**negotiation** skills
2973	□□ なかなかの**掘り出し物**	quite a **bargain**
2974	□□ 商品を**輸送する**	**transport** goods
2975	□□ 公共**交通機関**	public **transportation**
2976	□□ 財務**取引**	financial **transactions**
2977	□□ 金を**送る**	**transfer** money
2978	□□ 業界全体を**一変させる**	**transform** the whole industry
2979	□□ 増大する**都市部の**人口	a growing **urban** population
2980	□□ **農村**地帯	a **rural** area
2981	□□ **郊外**に住む	live in the **suburbs**
2982	□□ 報酬を**受けるに値する**	**deserve** a reward
2983	□□ **受けるに値する**評判	a **well-deserved** reputation
2984	□□ 市**議会**	a city **council**
2985	□□ 合併吸収について顧客に**助言する**	**counsel** clients on M&A
2986	□□ 職業選択についての**カウンセラー**	a career **counselor**
2987	□□ 入念に**作り上げられた**家具	carefully **crafted** furniture
2988	□□ 操業を**停止する**	**cease** operations
2989	□□ **うわさ**を否定する	deny a **rumor**
2990	□□ **高級**レストラン	a **fancy** restaurant
2991	□□ **一泊**する	stay **overnight**

□□	**negotiate** [nigóuʃièit]	[動] ～を取り決める，～を交渉する ☞ [形] negotiable（交渉の余地のある）
□□	**negotiation** [nigòuʃiéiʃən]	[名] 交渉，折衝
□□	**bargain** [bɑ́ːrgin]	[名] 特売品，駆け引き　[動] 交渉する　☞ [名] bargainer（交渉者）
□□	**transport** [trænspɔ́ːrt; ´––]	[動] ～を運ぶ，～を輸送する　[名] 輸送機関，交通機関
□□	**transportation** [trӕ̀nspərtéiʃən]	[名] 輸送，運輸，運搬，運賃，送料
□□	**transaction** [trænsǽkʃən]	[名] 取引，経済活動，交流，議事録　☞ [動] transact（～と取引を行う）
□□	**transfer** [trænsfə́ːr; trǽnsfəːr]	[動] 異動する，伝わる，乗り換える，～を移動させる，～を転勤させる，～を伝達する　[名] 移動，異動，編入，乗り換え駅
□□	**transform** [trænsfɔ́ːrm]	[動] 変形する，～を変形する，～を変換する，～を変圧する ☞ [名] transformation（変形）
□□	**urban** [ə́ːrbn]	[形] 都会の，都市在住の，都会風な ☞ [名] urbanite（都会人）　[形] urbane（都会風の）
□□	**rural** [rúərəl]	[形] いなかの，地方の
□□	**suburb** [sʌ́bəːrb]	[名] 郊外，市外，近郊　☞ [形] suburban（郊外の）
□□	**deserve** [dizə́ːrv]	[動] ～に値する，～する価値がある
□□	**well-deserved** [wèldizə́ːrvd]	[形] 受けるに値する，当然の
□□	**council** [káunsl]	[名] 地方議会，評議会，諮問委員会
□□	**counsel** [káunsl]	[動] ～に助言する，～を勧める　[名] 助言，忠告，相談
□□	**counselor** [káunslər]	[名] 相談役，顧問，カウンセラー
□□	**craft** [krǽft]	[動]（職人が）～を作る，～を（巧妙に）作り上げる　[名] 手工業，工芸，飛行機　☞ [名] craftwork（手工芸品）
□□	**cease** [síːs]	[動] ～を停止する，～を中止する　[名] 中断
□□	**rumor** [rúːmər]	[名] うわさ，風評　[動] ～をうわさする
□□	**fancy** [fǽnsi]	[形] 上品な趣味の，装飾的な，ぜいたくな，空想に基づく，極上の　[動] ～を心に描く，～を想像する，～を好む　[名] 空想，思いつき，好み
□□	**overnight** [òuvərnáit; óuvərnàit]	[副] 夜どおし，一泊で，ひと晩のうちに，急に　[形] 夜どおしの，翌日配達の，一泊の，一夜にしての

GROUP 62

2992 - 3039

2992	□□	オフィス**家具**	office **furniture**
2993	□□	**家具付きの**アパート	a **furnished** apartment
2994	□□	来客用の**長椅子**	a **couch** for guests
2995	□□	**同盟関係**を築く	form an **alliance**
2996	□□	強力な**協力者**	a powerful **ally**
2997	□□	**提携した**努力	an **allied** effort
2998	□□	世界的な**連合**	a global **coalition**
2999	□□	**卓越した**考え	a **brilliant** idea
3000	□□	**すばらしい**考え	a **fabulous** idea
3001	□□	**爆発している**需要	**exploding** demand
3002	□□	風船を**割る**	**burst** a balloon
3003	□□	野生生物を**傷つける**	**harm** wildlife
3004	□□	**有害**化学物質	a **harmful** chemical
3005	□□	問題を**解決する**	**resolve** an issue
3006	□□	その問題の**解決**	the **resolution** of the issue
3007	□□	年次**大会**	an annual **convention**
3008	□□	**旧来の**方法	a **conventional** method
3009	□□	**斬新な**方法	an **unconventional** method
3010	□□	年に 1 回**集まる**	**convene** once a year
3011	□□	年次**会議**	an annual **conference**
3012	□□	**ビデオ会議**を通じて	via **videoconference**
3013	□□	公開**討論会**	a public **forum**
3014	□□	**セミナー**を計画する	plan a **seminar**
3015	□□	質疑応答の**やり取り**	a Q&A **session**
3016	□□	クリーンエネルギーについて**講演する**	**lecture** about clean energy
3017	□□	**講演者**を紹介する	introduce a **lecturer**

□□	**furniture** [fə́ːrnitʃər]	名 家具，調度品，付属品
□□	**furnish** [fə́ːrniʃ]	動 (家具など) を入れる，～に必要なものを備える，～を供給する ☞ 名 furnishings (家具類)
□□	**couch** [káutʃ]	名 長椅子　☞ 名 bench (ベンチ，長椅子)
□□	**alliance** [əláiəns]	名 同盟 (を結ぶこと)，同盟関係
□□	**ally** [ǽlai; əlái]	名 同盟国，協力者，盟友　動 同盟する，提携する
□□	**allied** [ǽlaid, əláid]	形 同盟関係にある，共同の，連合国の
□□	**coalition** [kòuəlíʃən]	名 連合，連立，(政治などの) 提携
□□	**brilliant** [bríljənt]	形 光り輝く，見事な，卓越した，明晰な ☞ 名 brilliance (すばらしさ)
□□	**fabulous** [fǽbjələs]	形 すばらしい，とてつもなく大きい，伝説上の
□□	**explode** [iksplóud]	動 ～を爆発させる，爆発する ☞ 名 explosion (爆発)　名形 explosive (爆弾；爆発性の)
□□	**burst** [bə́ːrst]	動 破裂する，急に起こる，～を破裂させる　名 爆発，破裂
□□	**harm** [háːrm]	動 ～を害する，～に危害を加える　名 害，損害
□□	**harmful** [háːrmfl]	形 有害な，害になって
□□	**resolve** [rizálv]	動 決心する，解決する，～しようと決心する，～を解決する 名 決意，決心，決断
□□	**resolution** [rèzəlúːʃən]	名 決心，決意，決議，解決，解明
□□	**convention** [kənvénʃən]	名 大会，代表者会議，条約，協定，しきたり，慣習
□□	**conventional** [kənvénʃənl]	形 慣習の，従来(型)の，型にはまった，契約上の ☞ 熟 conventional wisdom (世間一般の考え)
□□	**unconventional** [ʌ̀nkənvénʃənl]	形 しきたりに従っていない，型にはまらない，かなり異色の
□□	**convene** [kənvíːn]	動 (会議など) を招集する，～を開催する，会議などが招集される，開催される
□□	**conference** [kánfərəns]	名 会議，相談，協議　☞ 動 confer (協議する)
□□	**videoconference** [vídioukànfərəns]	名 ビデオ［テレビ］会議
□□	**forum** [fɔ́ːrəm]	名 公開討論会，フォーラム，裁判所，法廷，裁き
□□	**seminar** [sémənàːr]	名 セミナー，演習，研究集会
□□	**session** [séʃən]	名 開会，開廷，会議，会合，会期，授業(時間)，(集合的な) 活動
□□	**lecture** [léktʃər]	動 (～に) 講義をする，(～に) 説教する　名 講義，講演，説教
□□	**lecturer** [léktʃərər]	名 講演者，講師

3018	□□ **知的**財産	**intellectual** property
3019	□□ 人工**知能**	artificial **intelligence**
3020	□□ プロジェクトを**進める**	**proceed** with a project
3021	□□ 必要な**手続き**	necessary **procedures**
3022	□□ 所有権を**証明する**	**prove** ownership
3023	□□ 文書による**証拠**	a written **proof**
3024	□□ 契約を**校正する**	**proofread** a contract
3025	□□ 席を**占める**	**occupy** a seat
3026	□□ 常勤の**職業**	a full-time **occupation**
3027	□□ **職業に伴う**危険	an **occupational** hazard
3028	□□ その部屋の以前の**住人**	the former **occupant** of the room
3029	□□ **文字どおり**不可能になる	become **literally** impossible
3030	□□ **文学作品の**交渉代理人	a **literary** agent
3031	□□ 販促用**チラシ類**	promotional **literature**
3032	□□ **身の上話**	a personal **narrative**
3033	□□ **回顧録**を出版する	publish a **memoir**
3034	□□ 同僚の仕事を**称賛する**	**admire** a colleague’s job
3035	□□ よりよい結果を**生み出す**	**yield** better results
3036	□□ 秘密の**製法**	a secret **formula**
3037	□□ 利**幅**	profit **margins**
3038	□□ **斬新な**考え	a **novel** idea
3039	□□ **青ざめる**	look **pale**

□□	**intellectual** [ìntəléktʃuəl]	形 知的な，頭を使う 名 知識人，文化人 ☞ 名 intellect (知性，思考力)
□□	**intelligence** [intélidʒəns]	名 知能，知性，報道，情報，諜報機関 ☞ 形 intelligent (知能の高い，理解力のある)
□□	**proceed** [prəsí:d]	動 開始する，進行する，進展する 名 収益，利益，売上高
□□	**procedure** [prəsí:dʒər]	名 手順，手続き，流儀，やり方
□□	**prove** [prú:v]	動 ～であるとわかる，～を証明する
□□	**proof** [prú:f]	名 証明，証拠，校正 (ゲラ) 動 ～を検査 [校正] する 形 ～に耐えて，～に影響されない ☞ 形 waterproof (防水の)
□□	**proofread** [prú:frì:d]	動 ～を校正する
□□	**occupy** [ákjəpài]	動 ～を占有する，～に (賃借りして) 住む，(場所，地位など) を占める，(場所) を占領する，(注意など) をひきつける ☞ 形 occupied (専有された，利用できない)
□□	**occupation** [àkjəpéiʃən]	名 占有 (期間)，保有，在職，職業，仕事
□□	**occupational** [àkjəpéiʃənl]	形 占領の，占有の，職業の
□□	**occupant** [ákjəpənt]	名 居住者，乗員 ☞ 名 occupancy (居住，占有)
□□	**literally** [lítərəli]	副 文字どおり，誇張なしに，本当に ☞ 形 literal (文字どおりの)
□□	**literary** [lítərèri]	形 文学の，文語的な，文筆業の
□□	**literature** [lítərətʃər]	名 文学 (作品)，著述 (業)，文献，チラシ，パンフレット
□□	**narrative** [nǽrətiv]	名 物語，談話，話術 形 物語調の，話術の ☞ 動 narrate (～を語る) 名 narration (語り)
□□	**memoir** [mémwɑ:r]	名 回顧録，伝記
□□	**admire** [ədmáiər]	動 ～を称賛する，～を賛美する ☞ 名 admiration (称賛) 形 admirable (みごとな，称賛すべき)
□□	**yield** [jí:ld]	動 ～を生み出す，～を産出する，～を譲る，降伏する 名 生産量，収益
□□	**formula** [fɔ́:rmjələ]	名 決まった言い方，常套句，式，調合法
□□	**margin** [mɑ́:rdʒin]	名 余白，欄外，マージン，(時間，経費などの) 差，誤差，利益幅，縁 ☞ 形 marginal (わずかな，限界の，欄外の)
□□	**novel** [návl]	形 新しい，新奇な 名 小説 ☞ 名 novelty (目新しさ)
□□	**pale** [péil]	形 薄い，青白い，青ざめた

GROUP 63

3040 - 3087

3040	□□ 公共の安全を**保証する**	**assure** public safety
3041	□□ 支援の**確約**	**assurance** of support
3042	□□ プラン A への支持を**誓う**	**pledge** support for plan A
3043	□□ **すばらしい**考え	an **excellent** idea
3044	□□ **優秀さ**を示す	demonstrate **excellence**
3045	□□ 数学に**秀でる**	**excel** at mathematics
3046	□□ **際立った**業績	**outstanding** performance
3047	□□ サービスの提供を断る権利を**留保する**	**reserve** the right to refuse service
3048	□□ **予約する**	make a **reservation**
3049	□□ ウェブサイトに**アクセスする**	**access** a Web site
3050	□□ 車で**行くことができる**	**accessible** by car
3051	□□ 競合企業を**吸収する**	**acquire** a competitor
3052	□□ **吸収**を行う	make an **acquisition**
3053	□□ 人気を**得る**	**gain** popularity
3054	□□ 許可を**得る**	**obtain** permission
3055	□□ 企業**合併**	a corporate **merger**
3056	□□ 2 社を**合併する**	**merge** two companies
3057	□□ **買収**提案	a **takeover** bid
3058	□□ **論理的な**説明	a **logical** explanation
3059	□□ その発言の**論理**	the **logic** of the statement
3060	□□ **非論理的な**発言	an **illogical** statement
3061	□□ 専門家を**推薦する**	**recommend** an expert
3062	□□ **推薦**状	a letter of **recommendation**
3063	□□ 健康を**取り戻す**	**restore** health
3064	□□ **修復**される	undergo **restoration**
3065	□□ **賃金**を上げる	raise **wages**
3066	□□ 手厚い**給与**を受け取る	receive a generous **salary**

□□	**assure** [əʃúər]	動 ～を断言する，～を保証する，～を確約する
□□	**assurance** [əʃúərəns]	名 保証，請け合い，確約
□□	**pledge** [plédʒ]	動 ～を誓う，～を誓約する　名 誓約，公約，固い約束
□□	**excellent** [éksələnt]	形 優秀な，秀でた，卓越した，絶品の
□□	**excellence** [éksələns]	名 優秀，卓越，長所
□□	**excel** [iksél]	動 ～よりすぐれている，～より勝る，秀でている
□□	**outstanding** [àutstǽndiŋ]	形 突き出た，目立った，傑出した，未払いの，発行済みの
□□	**reserve** [rizə́ːrv]	動 ～を予約する，～を取っておく，～を蓄えておく，～を留保する 名 蓄え，予備品，準備金，保留地，予備軍 ☞ 形 reserved (予約された)
□□	**reservation** [rèzərvéiʃən]	名 予約，差し控えること，制限条件，留保
□□	**access** [ǽkses]	動 ～にアクセスする，～に接近する，～に接続する　名 アクセス
□□	**accessible** [æksésəbl]	形 近づきやすい，利用しやすい
□□	**acquire** [əkwáiər]	動 ～を手に入れる，～を取得する，～を習得する，～を買う
□□	**acquisition** [æ̀kwizíʃən]	名 獲得，取得，習得，企業買収
□□	**gain** [géin]	動 ～を得る，～を増す，利益を得る　名 得ること，利益，増加，増大　☞ 名 gainer (値上がり株)　名 loser (値下がり株)
□□	**obtain** [əbtéin]	動 (努力して，計画的に) ～を得る，～を手に入れる ☞ 形 obtainable (入手可能な)
□□	**merger** [mə́ːrdʒər]	名 (企業，事業の) 合併，合同 ☞ 熟 mergers and acquisitions / M&A (合併・吸収)
□□	**merge** [mə́ːrdʒ]	動 ～を合併させる，～を溶け合わせる，～を (…に) 溶け込ませる，合併する，合流する，合わさる
□□	**takeover** [téikòuvər]	名 獲得，企業買収　☞ 熟 takeover bid (株式公開買い付け)
□□	**logical** [ládʒikl]	形 理にかなった，筋の通った，論理的な　☞ 名 logicality (論理性)
□□	**logic** [ládʒik]	名 論理 (学)，理屈，必然性
□□	**illogical** [iládʒikl]	形 非論理的な，筋の通らない，不合理な
□□	**recommend** [rèkəménd]	動 ～を勧める，～を推薦する，～を気に入らせる，～を委ねる
□□	**recommendation** [rèkəmendéiʃən]	名 推薦 (すること)，推薦状，推薦するもの，長所
□□	**restore** [ristɔ́ːr]	動 ～を戻す，～を元の状態に戻す，～を修復 [復元] する，～を復活させる，～を復興する
□□	**restoration** [rèstəréiʃən]	名 復元，回復，取り戻すこと，復旧，修復，返還，還付
□□	**wage** [wéidʒ]	名 (月払いでない) 賃金　動 ～を行う，～を遂行する
□□	**salary** [sǽləri]	名 (月払いの) 給料，俸給

3067	□□	**結婚式**に出席する	attend a **wedding**
3068	□□	**離婚**する	get a **divorce**
3069	□□	**人種的な**多様性	**racial** diversity
3070	□□	**民族的な**料理	**ethnic** foods
3071	□□	**深刻な**不足	a **severe** shortage
3072	□□	**激しい**批判	**harsh** criticism
3073	□□	**激しい**競争	**fierce** competition
3074	□□	欠陥商品を**回収する**	**recall** a defective product
3075	□□	申し出を**撤回する**	**withdraw** an offer
3076	□□	市場からの**撤退**	**withdrawal** from the market
3077	□□	預金口座に金を**預ける**	**deposit** money into a savings account
3078	□□	研究**施設**	a research **facility**
3079	□□	会議を**うまく進める**	**facilitate** a meeting
3080	□□	統計数字を**解釈する**	**interpret** the statistics
3081	□□	統計数字の**解釈**	**interpretation** of the statistics
3082	□□	**通訳**を介して	through an **interpreter**
3083	□□	会議を**後援する**	**sponsor** a conference
3084	□□	**乳児**保育施設	an **infant** care facility
3085	□□	病**棟**	a hospital **ward**
3086	□□	**ポーチ**に立つ	stand in the **porch**
3087	□□	**広く流れる**うわさ	a **widespread** rumor

□□ **wedding** [wédiŋ]	名 結婚式，婚姻，融合
□□ **divorce** [divɔ́:rs]	名 離婚，分離 動 離婚する，～を離婚させる，～を切り離す
□□ **racial** [réiʃl]	形 人種の，民族の ☞名 race（人種，民族）
□□ **ethnic** [éθnik]	形 民族の，民族特有の，魅惑的で風変わりな ☞名 ethnicity（民族性）
□□ **severe** [sivíər]	形 厳しい，厳格［厳正／厳密／厳重］な，過酷な，痛烈な，深刻な ☞名 severity（厳しさ）
□□ **harsh** [há:rʃ]	形 厳しい，手強い，残酷な ☞名 harshness（厳しさ）
□□ **fierce** [fíərs]	形 凶暴な，激しい，断固とした ☞名 fierceness（激しさ）
□□ **recall** [rikɔ́:l, rí:kɔ:l]	動 ～を思い出す，～を思い出させる，～を呼び戻す，～を回収する 名 記憶力，回収
□□ **withdraw** [wiðdrɔ́:]	動 引き下がる，撤退する，（お金）を引き落とす，～を撤回する
□□ **withdrawal** [wiðdrɔ́:əl]	名 引き下がること，撤退，離脱，撤回，払い戻し
□□ **deposit** [dipázət]	動（金，貴重品など）を預ける 名 頭金，保証金，預金
□□ **facility** [fəsíləti]	名 場所，施設，機関，容易さ，器用さ
□□ **facilitate** [fəsílətèit]	動 ～を容易にする，～を促進する，～の手助けをする
□□ **interpret** [intə́:rprət]	動 ～を解釈する，～を説明する，～を通訳する
□□ **interpretation** [intə̀:rprətéiʃən]	名 解釈，解説，説明，通訳，翻訳
□□ **interpreter** [intə́:rprətər]	名 通訳，解説者
□□ **sponsor** [spánsər]	名 スポンサー，広告主，後援者 動 ～を後援する，～の発起人になる ☞名 sponsorship（後援）
□□ **infant** [ínfənt]	名 乳児，幼児，未成年 形 乳幼児の，幼い，幼少の ☞名 infancy（幼児期）
□□ **ward** [wɔ́:rd]	名 病棟，区，被後見人
□□ **porch** [pɔ́:rtʃ]	名 屋根付き玄関，ポーチ，ベランダ
□□ **widespread** [wáidsprèd]	形 いっぱいに広がった，広く行きわたった，普及した

3088	□□ **大規模な**地震	a **massive** earthquake
3089	□□ **大量**生産	**mass** production
3090	□□ **莫大な量**	an **immense** amount
3091	□□ 頭痛を**和らげる**	**relieve** a headache
3092	□□ **安心**する	feel **relief**
3093	□□ 契約書を**作成する**	**compose** a contract
3094	□□ 人口の**構成**	the population **composition**
3095	□□ ポイントを**説明する**	**illustrate** a point
3096	□□ 詳細な**説明**	a detailed **illustration**
3097	□□ 科学技術への**信頼**	**faith** in technology
3098	□□ 義務を**忠実に**実行する	**faithfully** execute the duties
3099	□□ 有益な**仕組み**	a beneficial **scheme**
3100	□□ データをグラフに**描く**	**plot** data on a graph
3101	□□ 体積を**正確に**量る	**precisely** measure the volume
3102	□□ **正確な**寸法	a **precise** measurement
3103	□□ **精密**機械	a **precision** tool
3104	□□ 可能性の高い**見通し**	the likely **prospect**
3105	□□ **見込み**客	**prospective** buyers
3106	□□ 経済成長を**促進する**	**promote** economic growth
3107	□□ **昇進**する	get a **promotion**
3108	□□ **販売促進の**目的で	for **promotional** purposes
3109	□□ **宣伝**資料	**promo** materials
3110	□□ 自由貿易の**提唱者**	an **advocate** of free trade
3111	□□ 商品を**推奨する**	**endorse** a product
3112	□□ 開発を**支援する**	**foster** development

□□	**massive** [mǽsiv]	形 大きい，大規模な，大量の，広く行きわたった
□□	**mass** [mǽs]	形 大衆向けの，大量の，大規模な　名 大きなかたまり，集団，多数，多量　動 ～を集める，ひとかたまりになる，集合する
□□	**immense** [iméns]	形 広大な，莫大な，計り知れない　☞ 名 immensity（広大，巨大）
□□	**relieve** [rilíːv]	動（不安など）を軽減する，～を安心させる，～に効く
□□	**relief** [rilíːf]	名 安堵感，（不安などを）取り除くもの，気晴らし
□□	**compose** [kəmpóuz]	動 ～を構成する，～を組み立てる，～を作曲する，《*be* composed of ... で》～から成る　☞ 形 composite（合成の，複合的な）
□□	**composition** [kàmpəzíʃən]	名 組織，構成，組み立て，合成，作曲，作文　☞ 名 composure（沈着）
□□	**illustrate** [íləstrèit, ilʌ́streit]	動 ～を説明する，～を解説する　☞ 形 illustrative（説明に役立つ）
□□	**illustration** [ìləstréiʃən]	名 説明，解説，イラストレーション
□□	**faith** [féiθ]	名 信頼，信用，信仰，信条
□□	**faithfully** [féiθfəli]	副 忠実に，正確に，断固として　☞ 形 faithful（忠実な）
□□	**scheme** [skíːm]	名 計画，企て，案，組織，仕組み　動 ～を企てる，～を策動する，～を計画する
□□	**plot** [plát]	動 ～を企む，～を描く，～の構想を練る　名 策略，陰謀，筋，構想
□□	**precisely** [prisáisli]	副 正確に，的確に，ちょうど
□□	**precise** [prisáis]	形 正確な，精密な，几帳面な
□□	**precision** [prisíʒən]	名 正確，精密
□□	**prospect** [práspekt]	名 予想，見通し，前途，見込みのある人物　動 探し求める
□□	**prospective** [prəspéktiv]	形 将来の，予想される，見込みのある，有望な
□□	**promote** [prəmóut]	動 ～を促進させる，～の販売を促進する，～を宣伝する，～を昇進［昇格］させる
□□	**promotion** [prəmóuʃən]	名 促進，振興，昇進，昇格，販売促進
□□	**promotional** [prəmóuʃənl]	形（販売）促進のための
□□	**promo** [próumou]	名 宣伝用動画，宣伝広告
□□	**advocate** [ǽdvəkèit; ǽdvəkət]	名 支持者，提唱者　動（～を）支持する，（～を）提唱する　☞ 名 advocacy（支持）
□□	**endorse** [indɔ́ːrs]	動 ～を承認する，～を支持する，～を宣伝する　☞ 名 endorsement（支持）
□□	**foster** [fɔ́(ː)stər, fáːs-]	動 ～を（里子として）養育する，～を発展させる，～を育成する，（希望など）を抱き続ける　形 育ての，里親の，里子の

3113	□□	**第一**印象	the **initial** impression
3114	□□	**初めは**普通に見える	**initially** appear normal
3115	□□	**率先**して交渉に当たる	take the **initiative** in negotiations
3116	□□	**使用指示**説明書	an **instruction** manual
3117	□□	新入社員を**指導する**	**instruct** new employees
3118	□□	有資格**指導員**	a licensed **instructor**
3119	□□	業務に**必須**と思える	seem **essential** to operations
3120	□□	**本質的に**無制限のアクセス	**essentially** unlimited access
3121	□□	**基本的な**技能	a **fundamental** skill
3122	□□	**重大な**情報	**vital** information
3123	□□	**必要不可欠で**あり続ける	remain **imperative**
3124	□□	部屋の**内装**	the **interior** of the room
3125	□□	ビルの**外装**	the **exterior** of the building
3126	□□	**表面**上は	on the **surface**
3127	□□	**正確な**予測	an **accurate** prediction
3128	□□	その報告の**正確さ**	the **accuracy** of the report
3129	□□	結果を**正確に**報告する	report the results **accurately**
3130	□□	上昇を**予測する**	**forecast** a rise
3131	□□	**就任**後に	after being **sworn** into office
3132	□□	コストを**削減する**	**trim** costs
3133	□□	生産の**中断**	a **halt** in production
3134	□□	**割引**を提供する	offer a **discount**
3135	□□	**思いやりのある**ケアと注意をもって	with **tender** care and attention

□□	**initial** [iníʃl]	形 最初の，頭文字の　名 頭文字，イニシャル　動 頭文字で署名する ☞ 動 initialize (～を初期化する)
□□	**initially** [iníʃəli]	副 はじめに，最初は
□□	**initiative** [iníʃətiv, -ʃiə-]	名 手始め，主導権，新提案，イニシアチブ ☞ 動 initiate (～を開始する)
□□	**instruction** [instrʌ́kʃən]	名 指示，取り扱い説明書 ☞ 形 instructional (説明の入った，教育の)
□□	**instruct** [instrʌ́kt]	動 ～について指示する，～を指導する，～を教える ☞ 形 instructive (役に立つ，教育的な)
□□	**instructor** [instrʌ́ktər]	名 講師，指導者，インストラクター
□□	**essential** [isénʃl]	形 不可欠の，本質的な，理想的な　名 本質的要素，主要点 ☞ 名 essence (本質)
□□	**essentially** [isénʃəli]	副 本質的に，本来，つまるところ
□□	**fundamental** [fʌ̀ndəméntl]	形 基本的な，根本的な　名《fundamentals で》基本，原理
□□	**vital** [váitl]	形 生命の，生命にかかわる，活力のある，きわめて重要な，肝要な ☞ 名 vitality (活力)
□□	**imperative** [impérətiv]	形 必要不可欠の，命令的な，避けられない　名 命令，義務，必須事項
□□	**interior** [intíəriər]	名 室内 (装飾)　形 内部の，国内の
□□	**exterior** [ikstíəriər]	名 外部，外観　形 外部の，外観の
□□	**surface** [sə́ːrfəs]	名 表面，水面，見かけ，面　動 表面化する，浮上する，現れる 形 表面的な，うわべの，地上の
□□	**accurate** [ǽkjərət]	形 正確な，間違いのない，精密な　☞ 形 inaccurate (不正確な)
□□	**accuracy** [ǽkjərəsi]	名 正確さ，精密さ，精度　☞ 名 inaccuracy (不正確さ)
□□	**accurately** [ǽkjərətli]	副 正確に，的確に　☞ 副 inaccurately (不正確に)
□□	**forecast** [fɔ́ːrkæ̀st]	動 ～を予想する，～を予報する　名 (天気) 予報，予測
□□	**swear** [swéər]	動 ～を誓う，～を宣誓する，～を断言する
□□	**trim** [trím]	動 (経費など) を切り詰める，～を刈り込む，(不要部分など) を切り取る　名 刈り込み，切り取り，手入れ，調髪
□□	**halt** [hɔ́ːlt]	名 一時的な中止，中断　動 停止する，～を停止させる
□□	**discount** [dískaunt; diskáunt]	名 割引，値引き　動 ～を無視する，～を軽視する，～を割り引く
□□	**tender** [téndər]	形 (肉などが) やわらかい，敏感な，やさしい，気づかう　動 (書類など) を提出する　☞ 名 tenderness (やさしさ)

GROUP 65

3136 - 3183

3136	□□ **膨張する**商品価格	**inflating** commodity prices
3137	□□ **インフレーション**を制御する	control **inflation**
3138	□□ **内部**問題	**internal** affairs
3139	□□ **外部**契約業者	an **external** contractor
3140	□□ プロジェクトに**参加する**	**participate** in a project
3141	□□ プロジェクトへの**参加**	**participation** in a project
3142	□□ プロジェクトへの**参加者**	**participants** in a project
3143	□□ 事前に**登録する**	**register** in advance
3144	□□ **登録**を更新する	renew **registration**
3145	□□ 利益を**生む**	**generate** profits
3146	□□ 代替用**発電機**	a backup **generator**
3147	□□ **世代**間格差	a **generation** gap
3148	□□ 楽観論を**呼び起こす**	**trigger** optimism
3149	□□ 発送の遅れを顧客に**謝罪する**	**apologize** to customers for the delay in shipping
3150	□□ **謝罪**のレター	a letter of **apology**
3151	□□ 会社への**投資**	a **stake** in a company
3152	□□ そのチームに全額を**賭ける**	**bet** all of my money on the team
3153	□□ 記念碑を**建てる**	**construct** a monument
3154	□□ コンクリートによる**建造物**	a concrete **construction**
3155	□□ プロジェクトに**投資する**	**invest** in a project
3156	□□ **投資**する	make an **investment**
3157	□□ **投資者**を見つける	find an **investor**
3158	□□ 要求に**抵抗する**	**resist** a demand
3159	□□ 強い**抵抗**	a strong **resistance**
3160	□□ 地元の**商業**を促進する	boost local **commerce**
3161	□□ **商業**地域	a **commercial** zone

□□	**inflate** [infléit]	動 膨らむ，インフレになる，～を膨らませる，～を誇張する
□□	**inflation** [infléiʃən]	名 膨張，インフレ
□□	**internal** [intə́ːrnl]	形 内部の，内側の，国内の ☞ 動 internalize (～を身につける)
□□	**external** [ikstə́ːrnl]	形 外部の，外付けの，外側の，外国との ☞ 動 externalize (～を具体化する)
□□	**participate** [pɑːrtísəpèit, pər-]	動 参加する，共有する ☞ 形 participatory (全員参加の)
□□	**participation** [pɑːrtìsəpéiʃən, pər-]	名 参加，加入
□□	**participant** [pɑːrtísəpənt, pər-]	名 参加者，関係者
□□	**register** [rédʒistər]	動 登録する，署名する，～を (正式に) 登録する，～を記名する 名 登録リスト，レジ，記録表
□□	**registration** [rèdʒistréiʃən]	名 記載，登録，記名，履修登録，登録者
□□	**generate** [dʒénərèit]	動 ～を発生させる，(考えなど) を引き起す，(収入など) を生み出す ☞ 形 generative (生成力のある，発生の)
□□	**generator** [dʒénərèitər]	名 発生させる人 [もの／状況]
□□	**generation** [dʒènəréiʃən]	名 同世代の人々，一世代
□□	**trigger** [trígər]	動 ～の引き金を引く，～のきっかけとなる，～を誘発する 名 引き金，きっかけ
□□	**apologize** [əpálədʒàiz]	動 謝罪する，詫びる，弁明する ☞ 形 apologetic (謝罪の)
□□	**apology** [əpálədʒi]	名 謝罪，詫び (状)，弁明
□□	**stake** [stéik]	名 利害関係，投資，賭け金，賞金 動 ～を賭ける ☞ 熟 at stake (危険にさらされて)
□□	**bet** [bét]	動 ～を賭ける，～を請け合う，～を主張する
□□	**construct** [kənstrʌ́kt]	動 ～を組み立てる，～を建設する ☞ 形 constructive (建設的な)
□□	**construction** [kənstrʌ́kʃən]	名 建設，建築，建造物，建設業
□□	**invest** [invést]	動 ～を出資する，～を運用する，(資金，時間などを) 投資する
□□	**investment** [invésmənt]	名 投資，出資 (金)
□□	**investor** [invéstər]	名 投資家，投資者
□□	**resist** [rizíst]	動 ～に抵抗する，～に耐える，～を我慢する ☞ 形 resistant (耐性のある，反抗的な)
□□	**resistance** [rizístəns]	名 抵抗 (力)，反対，妨害
□□	**commerce** [kámərs]	名 商業，通商
□□	**commercial** [kəmə́ːrʃl]	形 商業 (上) の，営利的な，業務用の 名 (テレビ，ラジオ，ネットでの) 広告

3162	□□ **論争をもたらす**スピーチ	a **controversial** speech
3163	□□ 増税をめぐる**論争**	**controversies** over tax hikes
3164	□□ プロジェクトに**自由意思で参加する**	**volunteer** to participate in a project
3165	□□ **自由意思による**寄付	**voluntary** donations
3166	□□ 見積もりを**調整する**	**adjust** an estimate
3167	□□ 大きな**調整**をする	make a major **adjustment**
3168	□□ **調整可能な**椅子	an **adjustable** chair
3169	□□ 合計を**計算する**	**calculate** a sum
3170	□□ **計算**する	make **calculations**
3171	□□ 小型**計算器**	a pocket **calculator**
3172	□□ 経済学の**学者**	a **scholar** of economics
3173	□□ **奨学金**を得る	win a **scholarship**
3174	□□ トンネルを**掘る**	**drill** a tunnel
3175	□□ 秩序と**規律**	order and **discipline**
3176	□□ 生産性と効率性の**均衡**	the **equation** of productivity and efficiency
3177	□□ 収入の10パーセント**に相当する**金額	an amount **equivalent** to 10 percent of my income
3178	□□ 主要道路に**並行して**走る	run **parallel** to the main road
3179	□□ 日光を電気に**変換する**	**convert** sunlight into electricity
3180	□□ パンを**切る**	**slice** bread
3181	□□ 水を**こぼす**	**spill** water
3182	□□ 困難な**局面**	a difficult **phase**
3183	□□ スケッチ**用紙**	a sketch **pad**

□□	**controversial** [kὰntrəvə́ːrʃl]	形 論争の的になる，物議をかもす，議論好きの
□□	**controversy** [kάntrəvə̀ːrsi]	名 論争，議論，論議
□□	**volunteer** [vὰləntíər]	動 進んで～する，ボランティア活動をする，自発的に申し出る，無償で働く，～を任意に提供する　名 ボランティア，志願者［兵］
□□	**voluntary** [vάləntèri]	形 自由意思の，自発的な，任意の　名 自発的行為
□□	**adjust** [ədʒʌ́st]	動 ～を調整する，～を調節する，《adjust to ... で》～に順応する，～に適応する
□□	**adjustment** [ədʒʌ́stmənt]	名 調整，調節（器具），順応，清算
□□	**adjustable** [ədʒʌ́stəbl]	形 調整できる，調節できる，順応できる
□□	**calculate** [kǽlkjəlèit]	動 ～を計算する，～を算出する，～を判断する
□□	**calculation** [kæ̀lkjəléiʃən]	名 計算，勘定，予測，見積もり
□□	**calculator** [kǽlkjəlèitər]	名 計算者，計算器，計算表
□□	**scholar** [skάlər]	名 学者，奨学金受領者，博学な人
□□	**scholarship** [skάlərʃip]	名 奨学金，育英資金，学問，学識，博学
□□	**drill** [dríl]	動 ～に穴を開ける，厳しい練習をする，～を訓練する，～を鍛え上げる　名 錐，演習，訓練
□□	**discipline** [dísəplin]	名 訓練，規律，しつけ，懲戒　動 ～を訓練する，～をしつける ☞ 形 disciplinary（規律の）
□□	**equation** [ikwéiʒən, -ʃən]	名 等しくすること，平均化，均衡，方程式 ☞ 動 equate（～を等しくする）
□□	**equivalent** [ikwívələnt]	形 同等の，同義の，相当する，等価の　名 同等のもの ☞ 名 equivalence（同価値，同意義）
□□	**parallel** [pǽrəlèl]	形 平行の，類似した　動 平行する，～に類似する，～に匹敵する 名 類似点，平行線，並列
□□	**convert** [kənvə́ːrt]	動 変形する［させる］，転向する［させる］，～を換金する ☞ 名 conversion（変換，両替）
□□	**slice** [sláis]	動 ～を薄く切る　名 薄いひと切れ，一部分，断片
□□	**spill** [spíl]	動 ～をこぼす，～を流す，～を漏らす，流出する　名 流出，こぼれたもの
□□	**phase** [féiz]	名 段階，局面，様相　動 ～を段階的に行う
□□	**pad** [pǽd]	名 用紙，詰め物，当て物　動 ～に詰め物をする

3184	□□	**公式な**行事	a **formal** event
3185	□□	後継者を**正式に**紹介する	**formally** introduce a successor
3186	□□	**くだけた**雰囲気	an **informal** atmosphere
3187	□□	**入国審査**を通過する	go through **immigration**
3188	□□	**移民**を受け入れる	accept **immigrants**
3189	□□	支持を**ほのめかす**	**imply** endorsement
3190	□□	否定的な**意味合い**	negative **implications**
3191	□□	肯定的な**含み**	a positive **connotation**
3192	□□	妥協できると**それとなく伝える**	**hint** at a possible compromise
3193	□□	上昇調の**イントネーション**で	with rising **intonation**
3194	□□	**きれいな**家並み	**neat** rows of houses
3195	□□	きちんと**片付いた**部屋	a neat and **tidy** room
3196	□□	**ひどい汚れ**を清掃する	clean up the **mess**
3197	□□	少しの**量**の食物	a small **portion** of food
3198	□□	**粉々**に砕ける	shatter into **fragments**
3199	□□	市場**部門**	a market **segment**
3200	□□	考えに**魅了される**	become **fascinated** with an idea
3201	□□	読者の**興味をそそる**	**intrigue** readers
3202	□□	個人的な事柄に**干渉する**	**interfere** in private affairs
3203	□□	会話に**割って入る**	**interrupt** a conversation
3204	□□	**中断なき**成長	**uninterrupted** growth
3205	□□	建設工事を**妨げる**	**hinder** construction work
3206	□□	プライバシーに**口を出す**	**intrude** on privacy
3207	□□	官僚主義的な**障害**	bureaucratic **obstruction**

□□	**formal** [fɔ́ːrml]	形 正式な，公式な，よそよそしい，形式ばった ☞ 動 formalize（～を正式なものにする）
□□	**formally** [fɔ́ːrməli]	副 正式に，公式に，堅苦しく，形式的に
□□	**informal** [infɔ́ːrml]	形 形式張らない，堅苦しくない，フォーマルでない，非公式の
□□	**immigration** [ìmigréiʃən]	名 移住，入国管理 ☞ 動 immigrate（移民してくる） 動 emigrate（移民していく） 名 emigration（移住）
□□	**immigrant** [ímigrənt]	名 流入移民，移住者 ☞ 名 emigrant（移住）
□□	**imply** [implái]	動 ～を暗示する，～をほのめかす，～という意味を含む
□□	**implication** [ìmplikéiʃən]	名 意味合い，含み，暗示，関わり合い，推測
□□	**connotation** [kɑ̀nətéiʃən]	名 言外の意味，含意，内包 ☞ 動 connote（～を言外に意味する）
□□	**hint** [hínt]	動 ～を暗示する，～をほのめかす，～と遠回しに言う 名 ほのめかし，ヒント，暗示，伏線
□□	**intonation** [ìntənéiʃən]	名 イントネーション，抑揚
□□	**neat** [níːt]	形 きちんとした，きれいな，さっぱりした，すてきな ☞ 名 neatness（清潔さ）
□□	**tidy** [táidi]	形 整然とした，きれい好きな 動 ～を整える，～を片付ける
□□	**mess** [més]	名 混乱，ちらかっていること，やっかいなこと，困惑，窮地，汚れもの 動 ～をだいなしにする ☞ 形 messy（散らかった）
□□	**portion** [pɔ́ːrʃən]	名（一）部分，割り当て，取り分，（食事などの）ひとり分
□□	**fragment** [frǽgmənt]	名 断片，かけら，一片 動（～を）分解する ☞ 名 fragmentation（断片化） 形 fragmented（断片化した） 形 fragmentary（断片的な）
□□	**segment** [ségmənt]	名 区切り，区分，部分 動 ～を分割する，～を分ける，分かれる ☞ 名 segmentation（分割） 形 segmental（部分の）
□□	**fascinate** [fǽsənèit]	動 ～を魅了する，（人の心）を捉える ☞ 名 fascination（魅了） 形 fascinating（魅了する） 形 fascinated（魅了された）
□□	**intrigue** [intríːg]	動 ～の好奇心をそそる，興味をひきつける，～を企てる ☞ 形 intriguing（おもしろい） 形 intrigued（興味をひかれて）
□□	**interfere** [ìntərfíər]	動 じゃまをする，妨げる，妨害する ☞ 名 interference（干渉，妨害）
□□	**interrupt** [ìntərʌ́pt]	動 ～を中断する，（話の）じゃまをする，～をさえぎる，中断される ☞ 名 interruption（妨害，じゃま）
□□	**uninterrupted** [ʌ̀nintərʌ́ptid]	形 連続した，絶え間ない
□□	**hinder** [híndər]	動 じゃまになる，～を妨げる，～のじゃまをする，～を遅らせる ☞ 名 hindrance（妨げ）
□□	**intrude** [intrúːd]	動 侵入する，立ち入る，割り込む ☞ 名 intrusion（侵入） 形 intrusive（立ち入った）
□□	**obstruction** [əbstrʌ́kʃən]	名 障害（物），妨げ，妨害すること ☞ 動 obstruct（～を妨げる） 形 obstructive（妨害するような）

3208	□□	**一時的な**オフィス	a **temporary** office
3209	□□	**一時的に**操業を中止する	**temporarily** suspend operations
3210	□□	役に立つ**助言**	helpful **advice**
3211	□□	顧客に法律面で**助言する**	legally **advise** a client
3212	□□	**望ましい**行動計画	an **advisable** course of action
3213	□□	社長**顧問**	an **advisor** to the president
3214	□□	**諮問**委員会	an **advisory** committee
3215	□□	有機**農業**	organic **agriculture**
3216	□□	**農**薬	**agricultural** chemicals
3217	□□	責任を**割り当てる**	**assign** responsibility
3218	□□	**任務**を完了する	complete an **assignment**
3219	□□	仕事を**再配分する**	**reassign** a task
3220	□□	**任務**を完了する	complete a **mission**
3221	□□	批判を**促す**	**prompt** criticism
3222	□□	10時半**ぴったりに**着く	arrive **promptly** at 10:30
3223	□□	**迅速な**対応	a **swift** response
3224	□□	契約に**違反する**	**violate** a contract
3225	□□	**違反**を犯す	commit a **violation**
3226	□□	**なんとしてでも**勝ちたい	**desperately** hope for a win
3227	□□	**どうしても**仕事を見つけ**たい**	feel **desperate** to find a job
3228	□□	肥料を**散布する**	**spray** fertilizer
3229	□□	**洗濯**する	do the **laundry**
3230	□□	政府による**介入**	**intervention** by the government
3231	□□	**起重機**を操作する	operate a **crane**

□□	**temporary** [témpərèri]	形 一時的な，当座の　名 臨時雇用の人
□□	**temporarily** [tèmpərérəli]	副 一時的に，当面は，仮に
□□	**advice** [ədváis]	名 忠告，助言，勧告，見解
□□	**advise** [ədváiz]	動 ～に忠告する，～に助言する，～を勧める，～に通知する
□□	**advisable** [ədváizəbl]	形 賢明な，望ましい，当を得た
□□	**advisor** [ədváisər]	名 忠告者，相談相手，顧問
□□	**advisory** [ədváizəri]	形 助言を与える，諮問の，顧問の　名 勧告，注意
□□	**agriculture** [ǽgrikʌ̀ltʃər]	名 農業，農芸
□□	**agricultural** [æ̀grikʌ́ltʃərl]	形 農業の，農業で作られる，農芸の
□□	**assign** [əsáin]	動 ～を割り当てる，～を配属する，～を任命する
□□	**assignment** [əsáinmənt]	名 割り当て，任務，地位
□□	**reassign** [rìəsáin]	動 ～を再び割り当てる，～を再配置する，～を転任させる ☞ 名 reassignment (再割り当て)
□□	**mission** [míʃən]	名 使命，任務，天職，派遣団　動 ～を派遣する ☞ 形名 missionary (布教の；宣教師)
□□	**prompt** [prámpt]	動 ～を刺激する，～を促す，～を駆り立てる　形 迅速な
□□	**promptly** [prámptli]	副 即座に，すぐに，早急に，きっかり
□□	**swift** [swíft]	形 速い，迅速な，束の間の，即座の　☞ 名 swiftness (迅速さ)
□□	**violate** [váiəlèit]	動 ～に違反する，(法など) を犯す，～を汚す，～を侵害する
□□	**violation** [vàiəléiʃən]	名 違反 (行為)，妨害，侵害
□□	**desperately** [déspərətli]	副 必死になって，絶望的に，ひどく，なんとしても
□□	**desperate** [déspərət]	形 絶望的な，向こう見ずの，ほしくてたまらない，必死の，ひどい
□□	**spray** [spréi]	動 ～にスプレーを吹きかける，しぶきとなって飛び散る　名 しぶき，スプレー，噴霧器
□□	**laundry** [lɔ́:ndri, lá:n-]	名 洗い物，洗濯 (をすること)，クリーニング店 ☞ 名 laundromat (コインランドリー)
□□	**intervention** [ìntərvénʃən]	名 介入，市場介入，干渉　☞ 動 intervene (干渉する，介入する)
□□	**crane** [kréin]	名 鶴，起重機　動 (首) を伸ばす，起重機で吊り上げる

3232	□□	量より**質を好む**	prefer quality over **quantity**
3233	□□	商品の**品質**	product **quality**
3234	□□	休暇の**資格を得る**	**qualify** for vacation time
3235	□□	仕事の**要件を満たす**	get **qualified** for a job
3236	□□	**資格**証明書	a **qualification** certificate
3237	□□	減税が**適用される**従業員	employees **eligible** for tax reduction
3238	□□	税還付の**資格がある**人々	people **entitled** to tax refunds
3239	□□	**新規採用社員**を集める	attract **recruits**
3240	□□	**求人**エージェント	a **recruitment** agency
3241	□□	**著名な**弁護士	a **prominent** lawyer
3242	□□	**著名な**人物	an **eminent** figure
3243	□□	**著名な**専門家	a **renowned** expert
3244	□□	不運な**結果**	an unfortunate **consequence**
3245	□□	**結果として**業績に影響する	**consequently** affect the performance
3246	□□	安全に**重点**を置く	place **emphasis** on safety
3247	□□	重要性を**強調する**	**emphasize** importance
3248	□□	報告を**引用する**	**cite** a report
3249	□□	本からの**抜粋**	an **excerpt** from a book
3250	□□	**具体的な**証拠	**concrete** proof
3251	□□	**抽象的な**考え	an **abstract** idea
3252	□□	**都合のよい**会場	a **convenient** venue
3253	□□	**都合よく**歴史を無視する	**conveniently** ignore history
3254	□□	**利便性**の対価	the cost of **convenience**
3255	□□	**不便**を詫びる	apologize for the **inconvenience**
3256	□□	訪れるのが**不便な**場所	an **inconvenient** place to visit
3257	□□	文化**設備**	cultural **amenities**

□□	**quantity** [kwántəti]	名 量，分量，数量，多量，多数 ☞ 形 quantitative（量の，定量的な）
□□	**quality** [kwáləti]	名 質，品質，本質，資質，上質 形 良質の ☞ 形 qualitative（定性的な）
□□	**qualify** [kwáləfài]	動 資格を得る，～の資格を与える
□□	**qualified** [kwáləfàid]	形 要件を満たした，資質のある，適任の，制限された
□□	**qualification** [kwàləfikéiʃən]	名 資格，必要条件，能力，留保
□□	**eligible** [élidʒəbl]	形 選ばれるのにふさわしい，（～する）資格のある，（法的に）適格の ☞ 名 eligibility（適格性） 形 ineligible（資格がない）
□□	**entitle** [entáitl]	動 ～の権利を与える，～と題する ☞ 名 entitlement（資格，権利）
□□	**recruit** [rikrúːt]	名 新人，新入社員 動 ～を採用する，～を募集する，～に補充する
□□	**recruitment** [rikrúːtmənt]	名 新規募集［採用］，人員補充，補強
□□	**prominent** [prámінənt]	形 人目をひいて，目立って，著名な，突き出して ☞ 名 prominence（目立つこと，名声）
□□	**eminent** [émənənt]	形 著名な，すぐれた，そびえ立つ ☞ 名 eminence（高名，名士）
□□	**renowned** [rináund]	形 有名な，名高い，名声がある
□□	**consequence** [kánsəkwèns]	名 結果，結論，因果関係 ☞ 形 consequent（結果としての，当然の）
□□	**consequently** [kánsəkwèntli]	副 したがって，それゆえに，その結果として
□□	**emphasis** [émfəsis]	名 強調，重要視，重要とされるもの，強勢
□□	**emphasize** [émfəsàiz]	動 ～を強調する，～を力説する，（語句）を強めて言う，（音・色・形など）を目立たせる
□□	**cite** [sáit]	動 ～を引用する，～に言及する，～を召喚する ☞ 名 citation（引用）
□□	**excerpt** [éksəːrpt]	名 抜粋，引用 動 ～を抜粋する，～を引用する
□□	**concrete** [kánkriːt, -ˊ]	形 具体的な，実際の，明確な 名 具体性 ☞ 名 concreteness（具体性）
□□	**abstract** [ǽbstrækt, -ˊ]	形 抽象的な，理論上の 名 要約 ☞ 名 abstractness（抽象性）
□□	**convenient** [kənvíːniənt]	形 便利な，使い勝手がよい，都合のよい
□□	**conveniently** [kənvíːniəntli]	副 便利に，都合よく，都合がよいことには
□□	**convenience** [kənvíːniəns]	名 便利，好都合，利便性
□□	**inconvenience** [ìnkənvíːnjəns]	名 不便，不都合，迷惑 動 ～に不便をかける，～に迷惑をかける
□□	**inconvenient** [ìnkənvíːnjənt]	形 不便な，都合の悪い，迷惑な
□□	**amenity** [əménəti]	名 心地よさ，快適さ，（文化的）施設

3258	□□	チラシを**配る**	**distribute** flyers
3259	□□	**流通**コスト	**distribution** costs
3260	□□	正規**流通業者**	an authorized **distributor**
3261	□□	**相互的な**利益	a **mutual** benefit
3262	□□	**双方にとって**利益となる提案	a **mutually** beneficial proposal
3263	□□	ふくろうの形に**似ている**	**resemble** the shape of an owl
3264	□□	**模造**ブランド品	an **imitation** brand
3265	□□	花形**競技者**	an all-star **athlete**
3266	□□	**スポーツ**用品	**athletic** supplies
3267	□□	シートベルトを**締める**	**fasten** a seatbelt
3268	□□	**拘束力のある**合意書	a **binding** agreement
3269	□□	申込書を**提出する**	**submit** an application
3270	□□	**提出**期限	the deadline for the **submission**
3271	□□	状況に**適応する**	**adapt** to the circumstances
3272	□□	電源**アダプタ**	a power **adapter**
3273	□□	専門家に**相談する**	**consult** a professional
3274	□□	無料**相談**	a free **consultation**
3275	□□	ビジネス**コンサルタント**	a business **consultant**
3276	□□	顧客ごとに**用意される**選択肢	options **tailored** to each customer
3277	□□	壁を**タイル張りにする**	**tile** walls
3278	□□	**大陸風**料理	**continental** cuisine
3279	□□	プラン A **対**プラン B	plan A **versus** plan B

□□	**distribute** [distríbjət]	動 ～を分配する，～を分け与える，～を割り振る，～を流通させる ☞ 形 distributive（流通の）
□□	**distribution** [dìstribjúːʃən]	名 分配，流通，分布
□□	**distributor** [distríbjətər]	名 卸業者，代理店，販売業者
□□	**mutual** [mjúːtʃuəl]	形 相互の，お互いの，共通の，共有の ☞ 名 mutuality（相互関係，相関）
□□	**mutually** [mjúːtʃuəli]	副 お互いに，双方にとって
□□	**resemble** [rizémbl]	動 ～に似ている，～のようである，～と共通点がある ☞ 名 resemblance（類似）
□□	**imitation** [ìmitéiʃən]	名 模造品，偽物，コピー　☞ 動 imitate（～をまねる）
□□	**athlete** [ǽθliːt]	名 スポーツ選手，競技者，スポーツ愛好家
□□	**athletic** [æθlétik]	形 運動競技の，運動選手用の，壮健な　名《athletics で》運動競技
□□	**fasten** [fǽsn]	動 ～をしっかり留める，～をくくりつける，～に錠をかける ☞ 動 unfasten（～を緩める，～をほどく）
□□	**bind** [báind]	動 ～を縛る，～を結びつける，団結する［させる］　名 苦境 ☞ 形 binding（法的拘束力のある，窮屈な）
□□	**submit** [səbmít]	動 ～を提出する，～を具申する，～を服従させる，服従する ☞ 形 submissive（従順な）
□□	**submission** [səbmíʃən]	名 服従，言いなりになること，提案，提出
□□	**adapt** [ədǽpt]	動 順応する，適応する，～を順応させる，～を適応させる ☞ 名 adaption（順応）　形 adaptive（順応できる）
□□	**adapter** [ədǽptər]	名 アダプター，補助器具
□□	**consult** [kənsʌ́lt]	動 ～に相談する，～に診察してもらう，（辞書など）を調べる
□□	**consultation** [kɑ̀nsəltéiʃən]	名 相談，話し合い
□□	**consultant** [kənsʌ́ltənt]	名 コンサルタント，顧問
□□	**tailor** [téilər]	動（服など）を仕立てる，～をあつらえる，～を調整する　名 仕立て業者
□□	**tile** [táil]	動（屋根）をかわらでふく，（床など）にタイルを張る　名 かわら，タイル
□□	**continental** [kɑ̀ntənéntl]	形（ヨーロッパ）大陸の，ヨーロッパ人の　名 大陸に住む人 ☞ 名 continent（大陸）
□□	**versus** [və́ːrsəs]	前（～）対（～），～に対して

3280	□□ **効率のよい**方法	an **efficient** method
3281	□□ **効率よく**働く	work **efficiently**
3282	□□ **効率**を高める	increase **efficiency**
3283	□□ **非効率的な**システム	an **inefficient** system
3284	□□ 子どもたちを**楽しませる**	**entertain** children
3285	□□ **娯楽**施設	an **entertainment** facility
3286	□□ 顧客を**いらだたせる**	**irritate** customers
3287	□□ **いらだち**を表す	express **irritation**
3288	□□ **成熟した**市場	a **mature** market
3289	□□ **成熟**を示す	display **maturity**
3290	□□ ひと針**縫う**	**sew** a stitch
3291	□□ **下水道**を清掃する	clean a **sewer** system
3292	□□ **微妙な**バランス	a **delicate** balance
3293	□□ 状況に**細やかに**対処する	handle a situation **delicately**
3294	□□ **壊れやすい**もの	a **fragile** item
3295	□□ **安定した**収入	a **stable** income
3296	□□ 職場に**安定**をもたらす	bring **stability** to the workplace
3297	□□ **不安定な**状態が原因で	because of **unstable** conditions
3298	□□ **要約**を提供する	provide a **summary**
3299	□□ 報告を**要約する**	**summarize** a report
3300	□□ 簡単な**要約**	a brief **outline**
3301	□□ **機械**図面	a **mechanical** drawing
3302	□□ 経済の**仕組み**	economic **mechanisms**
3303	□□ 自動車**整備士**	an auto **mechanic**
3304	□□ 違いと類似点を**認識する**	**perceive** differences and similarities
3305	□□ 人々の**認識**の変化	changes in public **perception**

□□	**efficient** [ifíʃənt]	形 能率的な，効率のよい，有能な
□□	**efficiently** [ifíʃəntli]	副 効率的に，有効に
□□	**efficiency** [ifíʃənsi]	名 能率，効率，能力 ☞ 名 efficacy (効能)
□□	**inefficient** [ìnifíʃənt]	形 非効率的な，効果のない，効率の悪い，役に立たない
□□	**entertain** [èntərtéin]	動 ～を楽しませる，～を接待する
□□	**entertainment** [èntərtéinmənt]	名 もてなし，接待，娯楽
□□	**irritate** [íritèit]	動 ～をいらいらさせる，～を怒らせる ☞ 形 irritating (いらいらさせる) 形 irritated (いらいらして)
□□	**irritation** [ìritéiʃən]	名 いら立ち，いらいらさせるもの，焦燥
□□	**mature** [mətʃúər]	形 (十分に) 発達した，分別のある，熟した，成熟した，賢明な，慎重な，満期の 動 成熟する[させる] ☞ 形 immature (未熟な)
□□	**maturity** [mətʃúərəti]	名 成熟(期)，円熟(期)，(十分な) 発達，満期 ☞ 名 immaturity (未熟)
□□	**sew** [sóu]	動 ～を縫う，～を縫い合せる，～を縫い付ける
□□	**sewer** [sú(:)ər]	名 下水道，下水溝，下水本管
□□	**delicate** [délikət]	形 (容姿などが) 優美な，(機械などが) 精巧な，(体が) 虚弱な，(問題などが) 細心の注意を要する ☞ 名 delicacy (美味，心遣い)
□□	**delicately** [délikətli]	副 優美に，微妙に，精巧に
□□	**fragile** [frǽdʒəl]	形 壊れやすい，もろい，脆弱な ☞ 名 fragility (もろさ)
□□	**stable** [stéibl]	形 安定した，変動のない 名 馬小屋
□□	**stability** [stəbíləti]	名 安定(性)，確固 ☞ 名 instability (不安定)
□□	**unstable** [ʌ̀nstéibl]	形 不安定な
□□	**summary** [sʌ́məri]	名 概要，要約
□□	**summarize** [sʌ́məràiz]	動 ～を要約する
□□	**outline** [áutlàin]	名 概要，骨子，輪郭 動 ～の要点を述べる，～の輪郭を描く
□□	**mechanical** [məkǽnikl]	形 機械的な，機械(仕掛け)の，機械に詳しい，無意識の，自動的な
□□	**mechanism** [mékənìzm]	名 機械(仕掛け)，機構，仕組み，メカニズム，操作手順
□□	**mechanic** [məkǽnik]	名 工匠，機械工，職人，匠，整備士
□□	**perceive** [pərsí:v]	動 ～に気づく，～を見抜く，～を理解する
□□	**perception** [pərsépʃən]	名 知覚(力)，認識(力)，知見，見識

3306	□□	パスポートを**更新する**	**renew** a passport
3307	□□	会員資格の**更新**	membership **renewal**
3308	□□	**裕福な**家族	a **wealthy** family
3309	□□	かなりの**富**を相続する	inherit considerable **wealth**
3310	□□	**罰則**を強化する	toughen **penalties**
3311	□□	時間稼ぎで選手を**罰する**	**penalize** a player for wasting time
3312	□□	新社長を**指名する**	**appoint** a new president
3313	□□	**面会の約束**をする	make an **appointment**
3314	□□	**指名された**指導者	the **designated** leader
3315	□□	顧客を**がっかりさせる**	**disappoint** customers
3316	□□	**失望**を表明する	voice **disappointment**
3317	□□	原告に**同情**する	feel **sympathy** for the plaintiff
3318	□□	なんて**かわいそうな**！	What a **pity**!
3319	□□	私たちの**哀悼の意**を伝える	offer our **condolences**
3320	□□	顧客を**驚かせる**	**amaze** customers
3321	□□	**驚くべき**科学技術	an **amazing** technology
3322	□□	**出発**ゲート	a **departure** gate
3323	□□	米国に向けて**出発する**	**depart** for the U.S.
3324	□□	問題を**予見する**	**foresee** a problem
3325	□□	**配信される**漫画を楽しむ	enjoy a **syndicated** cartoon
3326	□□	新作映画の**試写**	a **preview** of a new film
3327	□□	科学技術と人文科学の**交差点**で	at the **intersection** of technology and the humanities

□□	**renew** [rinjúː]	動 ～を更新する，～を延長する，～を再開する，～を新しくする，～を再確認する
□□	**renewal** [rinjúːəl]	名 更新，書き換え，復活，一新
□□	**wealthy** [wélθi]	形 裕福な，富裕な，豊富な，富んだ
□□	**wealth** [wélθ]	名 富，財産，裕福，豊富
□□	**penalty** [pénəlti]	名 刑罰，罰則，懲罰，罰金
□□	**penalize** [píːnəlàiz, pé-]	動 ～を罰する，～に不利益を与える，～に罰則を適用する
□□	**appoint** [əpɔ́int]	動 ～を任命する，～を指名する，～を指定する ☞ 名 appointer (任命権者)　名 appointee (被任命者)
□□	**appointment** [əpɔ́intmənt]	名 (面会の) 約束，(人と会うための) 予約，指名，任命
□□	**designate** [dézignèit]	動 (物・事・場所・地位など) を示す，～を呼ぶ，～を指名する 形 指名された，内定した　☞ 名 designation (指名，任命)
□□	**disappoint** [dìsəpɔ́int]	動 ～を失望させる，～をがっかりさせる ☞ 形 disappointing (がっかりさせる)　形 disappointed (がっかりした)
□□	**disappointment** [dìsəpɔ́intmənt]	名 失望，期待外れ，失望のもと，つまらない人
□□	**sympathy** [símpəθi]	名 同情(心)，思いやり，弔問，悔やみ，同感，共鳴 ☞ 動 sympathize (同情する，共鳴する)　形 sympathetic (思いやりのある，共鳴して)
□□	**pity** [píti]	名 哀れみ，同情　動 気の毒に思う，哀れむ，(不幸に) 同情する ☞ 形 pitiful (痛ましい)
□□	**condolence** [kəndóuləns]	名《condolences で》お悔やみ，追悼，弔辞
□□	**amaze** [əméiz]	動 ～をびっくりさせる，～を仰天させる，～を驚嘆させる
□□	**amazing** [əméiziŋ]	形 すばらしい，驚くべき　☞ 形 amazed (驚いた)
□□	**departure** [dipɑ́ːrtʃər]	名 出発，発車，出国
□□	**depart** [dipɑ́ːrt]	動 外れる，逸れる，～を出発する
□□	**foresee** [fɔːrsíː]	動 ～を予測する，～を予知する，～だろうと思う ☞ 形 foreseeable (予見できる)
□□	**syndicate** [síndikèit; síndikət]	動 ～を組織化する，(記事など) を配信する　名 企業組合，評議会 ☞ 名 syndication (組織)
□□	**preview** [príːvjùː]	名 下見，試写(会)，内覧　動 ～の試写を行う，～を事前に視聴する
□□	**intersection** [ìntərsékʃən]	名 交差点，交差すること，関わり，交わり

3328	□□	英文テキストを**翻訳する**	**translate** the English text
3329	□□	**翻訳**で	in **translation**
3330	□□	プロの**翻訳者**	a professional **translator**
3331	□□	大量**輸送**システム	a mass **transit** system
3332	□□	**移行**期間	a **transition** period
3333	□□	データ**送信**	data **transmission**
3334	□□	情報を**送る**	**transmit** information
3335	□□	ほ乳類へと**進化する**	**evolve** into mammals
3336	□□	急速な**進化**を遂げる	undergo rapid **evolution**
3337	□□	本社からの**協力**	**cooperation** from headquarters
3338	□□	お互いに**協力する**	**cooperate** with each other
3339	□□	**協力して**働く	work **cooperatively**
3340	□□	自分で**楽しむ**ために	in order to **amuse** myself
3341	□□	来客に**楽しみ**を提供する	provide **amusement** for guests
3342	□□	**厳格な**行動規範	**strict** rules of conduct
3343	□□	職場で**厳しく**禁じられている活動	activities **strictly** prohibited in the workplace
3344	□□	プロジェクトを**手伝う**	**assist** with a project
3345	□□	被災した人々に**支援**を提供する	lend **assistance** to those affected
3346	□□	管理者**補佐**	an **assistant** supervisor
3347	□□	事務**職員**	an office **clerk**
3348	□□	**慈善**のために集金する	collect money for **charity**
3349	□□	**慈善のための**団体	a **charitable** organization
3350	□□	**望ましい**結果	a **desirable** outcome
3351	□□	市場占有率を伸ばしたいと**強く希望する**	**desire** to expand the market share
3352	□□	**食欲**を刺激する	stimulate **appetite**
3353	□□	**視覚**補助素材	**visual** aids
3354	□□	**視覚的に**魅力がありそうだ	seem **visually** appealing

□□	**translate** [trænsléit]	動 ～を翻訳［通訳］する，～を説明する，～を言い換える，～を解釈する
□□	**translation** [trænsléiʃən]	名 翻訳，通訳，訳文，変換
□□	**translator** [trænsléitər]	名 翻訳者，通訳者，翻訳機，変換機
□□	**transit** [trǽnzət]	名 通過，運搬，輸送，交通，推移，経過
□□	**transition** [trænzíʃən]	名 推移，変遷，転調 動 推移する ☞形 transitional（移り変わる，過渡期の）
□□	**transmission** [trænsmíʃən]	名 送信，伝達，放送，伝染，変速機 ☞形 transmissible（伝達できる，伝染性の）
□□	**transmit** [trænsmít]	動 伝わる，電波で送信する，～を送る，～を送金する，～を伝える，～を感染させる
□□	**evolve** [iválv]	動（計画・論理など）を発展させる，～を展開する，（結論，法則など）を導き出す，発展する
□□	**evolution** [èvəlú:ʃən]	名 発展，進展，進化
□□	**cooperation** [kouàpəréiʃən, kòuɑp-]	名 協力，協調，連携
□□	**cooperate** [kouápəreit]	動 協力する，協同する，協働する ☞形 cooperative（協力的な）
□□	**cooperatively** [kouápərətivli]	副 協力的に，協調して
□□	**amuse** [əmjú:z]	動 ～を楽しませる，～をおもしろがらせる
□□	**amusement** [əmjú:zmənt]	名 楽しさ，気晴らし，娯楽
□□	**strict** [stríkt]	形 厳しい，精密な，完全な
□□	**strictly** [stríktli]	副 厳しく，厳密にいえば，厳密に
□□	**assist** [əsíst]	動 ～を支援する，～の助けとなる，～の力となる
□□	**assistance** [əsístəns]	名 援助，支援，手伝い
□□	**assistant** [əsístənt]	名 助手，補佐 形 助手の，補佐の，副～
□□	**clerk** [klə́:rk]	名 事務職員，販売員
□□	**charity** [tʃǽrəti]	名 慈善行為［事業］，義援金
□□	**charitable** [tʃǽritəbl]	形 もの惜しみしない，寛大な，慈善を行う
□□	**desirable** [dizáiərəbl]	形 望ましい，必要な，妥当な 名 望ましいもの
□□	**desire** [dizáiər]	動 ～を強く望む，～であると願う 名 願望，要望
□□	**appetite** [ǽpitàit]	名 食欲，意欲，欲求，興味
□□	**visual** [víʒuəl]	形 視覚の，目に見える，見てわかる
□□	**visually** [víʒuəli]	副 視覚的に

3355	□□ **段ボール**を再利用する	recycle **cardboard**
3356	□□ **食器棚**の棚	a shelf in the **cupboard**
3357	□□ 15 人で**構成される**	**consist** of 15 people
3358	□□ **一貫する**品質	**consistent** quality
3359	□□ **一貫して**好結果を示す	**consistently** show good results
3360	□□ 多数派を**構成する**	**comprise** the majority
3361	□□ 多数派を**構成する**	**constitute** the majority
3362	□□ **過剰な量**のエネルギー	an **excessive** amount of energy
3363	□□ 商品の**過剰**	an **excess** of merchandise
3364	□□ 限界を**超える**	**exceed** the limit
3365	□□ 文書を**編集する**	**edit** a document
3366	□□ 限定**版**	a limited **edition**
3367	□□ **編集の**仕事	an **editorial** job
3368	□□ 新聞の**編集者**	a newspaper **editor**
3369	□□ 努力を**称賛する**	**applaud** the efforts
3370	□□ 一斉の**拍手喝采**	a round of **applause**
3371	□□ 欠陥のある**商品**	defective **merchandise**
3372	□□ 地元の**販売業者**	a local **merchant**
3373	□□ 本の**著作権使用料**を稼ぐ	earn **royalties** from a book
3374	□□ 廃棄物**埋立地**	waste **landfill**
3375	□□ 窓**枠**	a window **pane**

□□	**cardboard** [kɑ́ːrdbɔ̀ːrd]	名 段ボール，実質のないもの
□□	**cupboard** [kʌ́bərd]	名 食器棚，戸棚
□□	**consist** [kənsíst]	動《consist of ... で》～から成る，～から成り立つ，《consist in ... で》～に存在する
□□	**consistent** [kənsístənt]	形 矛盾のない，一貫した，着実な　☞ 名 consistency (一貫性)
□□	**consistently** [kənsístəntli]	副 一貫して，変わらずに，着実に
□□	**comprise** [kəmpráiz]	動 ～を含む，～を構成する，《*be* comprised of ... で》～から成る
□□	**constitute** [kɑ́nstətjùːt]	動 ～を制定する，～を構成する ☞ 名 constitution (構成，体格，憲法)　形 constitutional (構成の，体質的な，憲法の，合憲の)
□□	**excessive** [iksésiv]	形 度を越した，過度の，極端な
□□	**excess** [iksés, ékses]	名 超過，過多，不節制　形 超過した
□□	**exceed** [iksíːd]	動 ～を上回る，～を越える，勝る
□□	**edit** [édit]	動 ～を編集する　名 編集，修正
□□	**edition** [idíʃən]	名 (本などの) 版，１冊，１部，１回分
□□	**editorial** [èditɔ́ːriəl]	形 編集の，編集者の，社説の　名 社説，論説
□□	**editor** [édətər]	名 編集者，校訂者，(新聞・雑誌の各部門の) 部長，論説委員
□□	**applaud** [əplɔ́ːd]	動 ～を称賛する，～に拍手を送る
□□	**applause** [əplɔ́ːz]	名 拍手喝采，称賛
□□	**merchandise** [mə́ːrtʃəndàiz, -s]	名 商品，在庫　動 ～を売買する，～を商う，～の販売を促進する
□□	**merchant** [mə́ːrtʃənt]	名 (小売／貿易) 商人，商店主
□□	**royalty** [rɔ́iəlti]	名 印税，王族，皇族　☞ 形 royal (国王の，王立の)
□□	**landfill** [lǽndfìl]	名 埋立地
□□	**pane** [péin]	名 １枚のガラス，窓枠，羽目板，鏡板

3376	□□	プロジェクトを**監督する**	**supervise** a project
3377	□□	**監督者**のもとで働く	report to a **supervisor**
3378	□□	かねてからの**指導者**	a longtime **mentor**
3379	□□	その製品の欠陥を**調査する**	**inspect** the product for defects
3380	□□	慎重な**検査**を受ける	undergo careful **inspection**
3381	□□	税関**検査官**	a customs **inspector**
3382	□□	**差し迫った**危険	**imminent** danger
3383	□□	**来たるべき**選挙	an **upcoming** election
3384	□□	**今後の**イベント	a **forthcoming** event
3385	□□	**外部からの**電話	an **incoming** call
3386	□□	**進行中の**調査	an **ongoing** investigation
3387	□□	テレビ**広告**	a television **advertisement**
3388	□□	新商品を**宣伝する**	**advertise** a new product
3389	□□	**広告**キャンペーン	an **advertising** campaign
3390	□□	**広告主**からの支持	support from **advertisers**
3391	□□	**広告**をデザインする	design an **ad**
3392	□□	5月31日に**期限が切れる**	**expire** on May 31
3393	□□	**有効期限**日	the **expiration** date
3394	□□	**製薬**会社	a **pharmaceutical** company
3395	□□	この近くの**薬局**	a **pharmacy** near here
3396	□□	**薬剤師**に相談する	consult a **pharmacist**
3397	□□	科学技術の**革新**	technological **innovations**
3398	□□	**革新的な**取り組み	an **innovative** approach
3399	□□	従業員を**酷使する**	**overwork** an employee
3400	□□	**残業**する	work **overtime**
3401	□□	優勝者を**祝福する**	**congratulate** the champion
3402	□□	心からの**祝辞**を受ける	receive sincere **congratulations**

□□	**supervise** [sú:pərvàiz]	動 ～を監督する，～を管理する ☞ 名 supervision (監督)　形 supervisory (監督の)
□□	**supervisor** [sú:pərvàizər]	名 監督者，管理者
□□	**mentor** [méntɔ:r]	名 メンター，指導者，(指導) 教師，師　動 ～に助言を与える，～を指導する，～の助言者となる
□□	**inspect** [inspékt]	動 ～を詳しく調べる，～を綿密に調査する，～を視察する
□□	**inspection** [inspékʃən]	名 調査，検査，視察
□□	**inspector** [inspéktər]	名 検査官，調査官，監査人
□□	**imminent** [ímənənt]	形 差し迫った，目前に迫った
□□	**upcoming** [ʌ́pkʌ̀miŋ]	形 もうすぐやってくる，次回の，今度の
□□	**forthcoming** [fɔ̀:rθkʌ́miŋ]	形 やがて来ようとする，今度の，用意された，前向きの
□□	**incoming** [ínkʌ̀miŋ]	形 入ってくる，(お金などが) 受け取ることになっている ☞ 形 outgoing (社交的な，出ていく)
□□	**ongoing** [ɑ́ngòuiŋ]	形 現在進行中の，開催している
□□	**advertisement** [æ̀dvərtáizmənt, ədvə́:rtəs-]	名 広告，宣伝
□□	**advertise** [ǽdvərtàiz]	動 ～を広告する，～を宣伝する，～を知らせる
□□	**advertising** [ǽdvərtàiziŋ]	名 広告 (業)
□□	**advertiser** [ǽdvərtàizər]	名 広告主，広告者，新聞社
□□	**ad** [ǽd]	名 広告，宣伝
□□	**expire** [ikspáiər]	動 有効期限が切れる，満了する，失効する　☞ 名 expiry (満了)
□□	**expiration** [èkspəréiʃən]	名 期限切れ，終了，満了，満期
□□	**pharmaceutical** [fɑ̀:rməsjú:tikl]	形 製薬の，調剤の　名《pharmaceuticals で》薬品
□□	**pharmacy** [fɑ́:rməsi]	名 薬局，薬学
□□	**pharmacist** [fɑ́:rməsist]	名 薬剤師，薬局
□□	**innovation** [ìnəvéiʃən]	名 革新，刷新，イノベーション，新たな考え，新制度 ☞ 動 innovate (～を革新する)
□□	**innovative** [ínəvèitiv]	形 革新的な，斬新な
□□	**overwork** [òuvərwə́:rk; -́-̀]	動 ～を酷使する　名 過労，余分な仕事
□□	**overtime** [óuvərtàim]	副 時間外に　形 時間外の　名 残業，超過勤務 (手当)，超過時間
□□	**congratulate** [kəngrǽtʃəlèit]	動 ～を祝う，～に祝いの言葉を述べる ☞ 形 congratulatory (祝いの)
□□	**congratulations** [kəngræ̀tʃəléiʃənz]	名 祝い，祝辞，おめでとう！

3403	□□ 配布資料を**ホチキスで留める**	**staple** handouts
3404	□□ **ホチキス**を借りる	borrow a **stapler**
3405	□□ **レクリエーション**施設	a **recreation** facility
3406	□□ **レクリエーション用**車両	a **recreational** vehicle
3407	□□ 熱い**飲み物**	a hot **beverage**
3408	□□ **食料品**店	a **grocery** store
3409	□□ 地元**料理**を楽しむ	enjoy local **cuisine**
3410	□□ **料理**学校	a **culinary** school
3411	□□ キッチン**用具**	a kitchen **utensil**
3412	□□ **個人用執務スペース**で仕事をする	work in a **cubicle**
3413	□□ 写真撮影**ブース**	a photo **booth**
3414	□□ 頭上**小物入れ**	an overhead **compartment**
3415	□□ **デスクトップ**型プリンタ	a **desktop** printer
3416	□□ **不完全な**情報	**sketchy** information
3417	□□ **スケッチ**を描く	draw a **sketch**
3418	□□ 公式**ロゴ**	an official **logo**
3419	□□ **ブランド**の認知度	**brand** awareness
3420	□□ **大宴会場**	a grand **ballroom**
3421	□□ 1点の**書**	a piece of **calligraphy**
3422	□□ **新たに**始める	start **anew**
3423	□□ **進行中に**なる	get **underway**

□□	**staple** [stéipl]	動 ～をホチキスで留める　名 主要産物，主成分，ホチキスの針
□□	**stapler** [stéiplər]	名 ホチキス，主要産物商
□□	**recreation** [rèkriéiʃən]	名 レクリエーション，娯楽，保養
□□	**recreational** [rèkriéiʃənl]	形 娯楽の，気晴らしの，レクリエーション用の
□□	**beverage** [bévəridʒ]	名 飲み物，飲料
□□	**grocery** [gróusəri]	名 食品雑貨（店），日用雑貨［食料］品
□□	**cuisine** [kwizí:n]	名 料理［調理］法，食事，料理
□□	**culinary** [kʌ́lənèri]	形 料理の，台所の
□□	**utensil** [ju:ténsl]	名 用具，器具，道具
□□	**cubicle** [kjú:bikl]	名（間仕切りなどで小さく区切った）執務スペース
□□	**booth** [bú:θ]	名 小さく仕切った小部屋，ブース
□□	**compartment** [kəmpɑ́:rtmənt]	名 区画，仕切り（客室）
□□	**desktop** [désktɑ̀p]	名 机の上面，デスクトップ
□□	**sketchy** [skétʃi]	形 スケッチの（ような），うわべだけの，不完全な，大雑把な，煮詰まっていない
□□	**sketch** [skétʃ]	名 スケッチ，写生（図），下絵，素描，略図，概要　動 ～を写す，～の略図を書く
□□	**logo** [lóugou]	名 ロゴ（マーク）
□□	**brand** [brǽnd]	名 ブランド，銘柄，商標　動 ～を（…と）呼ぶ，～に商標を付ける
□□	**ballroom** [bɔ́:lrù:m]	名 宴会場，舞踏場，ダンスホール
□□	**calligraphy** [kəlígrəfi]	名 書道，習字，書法，装飾文字
□□	**anew** [ənjú:]	副 新たに，改めて
□□	**underway** [ʌ̀ndərwéi]	形 進行中で，始まって

Score Level 730

スコアレベル 730

3424	□□	本を**執筆する**	**author** a book
3425	□□	**権限**を有する	have **authority**
3426	□□	支払いを**承認する**	**authorize** a payment
3427	□□	適正な**承認**なしで	without proper **authorization**
3428	□□	**免許**を取得する	obtain a **license**
3429	□□	税金の使用を**許可する**	**sanction** the use of tax money
3430	□□	会議の**議長を務める**	**chair** a conference
3431	□□	現在の**会長**	the current **chairperson**
3432	□□	自分で直接に**申し込む**	**apply** in person
3433	□□	オンライン**申請**	an online **application**
3434	□□	有資格の**応募者**	a qualified **applicant**
3435	□□	スタッフ全員に**適用される**ようになる	become **applicable** to all staff
3436	□□	家庭用**電化製品**	a household **appliance**
3437	□□	**控えめな**見積もり	a **conservative** estimate
3438	□□	環境**保存**	environmental **conservation**
3439	□□	**寛大な**態度	a **liberal** attitude
3440	□□	**穏やかな**気候	a **moderate** climate
3441	□□	前払いでの価格を**見積もる**	**quote** prices upfront
3442	□□	文書による**見積もり**	a written **quotation**
3443	□□	購入する**余裕がない**	cannot **afford** to buy
3444	□□	**手ごろな**価格	an **affordable** price
3445	□□	競合企業と**競う**	**compete** with a rival company
3446	□□	激しい**競争**	intense **competition**
3447	□□	**競争力のある**価格	a **competitive** price
3448	□□	最大の**競合企業**	the biggest **competitor**

□□	**author** [ɔ́:θər]	動 ～を執筆する 名 著者，作家，起草者
□□	**authority** [əθɔ́:rəti]	名 権威（者），権限，当局
□□	**authorize** [ɔ́:θəràiz]	動 ～に権限を与える，～を認可する，～に根拠を与える
□□	**authorization** [ɔ̀:θərəzéiʃən]	名 権限（を与えること），許可，承認
□□	**license** [láisəns]	名 免許（状），認可 動 免許［認可］を取得する ☞ 名 licensor（権利許諾者） 名 licensee（権利受諾者）
□□	**sanction** [sǽŋkʃən]	動 ～を裁可する，～を認可する，～に対して制裁措置を取る 名 認可，裁可，制裁（措置）
□□	**chair** [tʃéər]	動 ～の議長を務める 名 議長（職），椅子
□□	**chairperson** [tʃéərpə̀:rsn]	名 議長，司会者
□□	**apply** [əplái]	動 適用される，申し込む，～を適用する，～を塗る
□□	**application** [æ̀plikéiʃən]	名 適用，応用，出願（書），申請（書）
□□	**applicant** [ǽplikənt]	名 応募者，出願者，志願者
□□	**applicable** [əplíkəbl, ǽplikəbl]	形 適用できる，当てはまる，適切な
□□	**appliance** [əpláiəns]	名 器具，装置，電気製品
□□	**conservative** [kənsə́:rvətiv]	形 控えめな，保守的な，保守主義の 名 保守的な人
□□	**conservation** [kɑ̀nsərvéiʃən]	名 保存，維持 ☞ 動 conserve（～を保全する，～を大切に使う）
□□	**liberal** [líbərl]	形 豊富な，寛大な，進歩的な，リベラルな 名 自由主義者
□□	**moderate** [mɑ́dərət; mɑ́dərèit]	形 節度のある，中くらいの，並みの，手ごろな 動 ～を節制する，～をやわらげる，～の進行役をする，やわらぐ 名 穏健な人，温和主義者 ☞ 名 moderation（適度，穏健，緩和）
□□	**quote** [kwóut]	動 ～を引用する，～を引き合いに出す，～を見積もる，引用する，見積もる 名 見積もり書，時価
□□	**quotation** [kwoutéiʃən]	名 引用（文／句），時価，相場，見積もり
□□	**afford** [əfɔ́:rd]	動 ～する［～を買う］余裕がある，～できる状態にある，～を提供する
□□	**affordable** [əfɔ́:rdəbl]	形 手ごろな価格の ☞ 名 affordability（入手できること）
□□	**compete** [kəmpí:t]	動 競争する，立ち向かう，匹敵する
□□	**competition** [kɑ̀:mpətíʃən]	名 競争，試合，競争相手，競合商品
□□	**competitive** [kəmpétətiv]	形 競合する，競争の激しい
□□	**competitor** [kəmpétətər]	名 競争相手，競合相手

3449	□□ **有能な**従業員	a **competent** employee
3450	□□ 情報技術の**能力**を示す	demonstrate **competence** in IT
3451	□□ 斬新な**発想**	a fresh **concept**
3452	□□ 考えを**思いつく**	**conceive** an idea
3453	□□ 支援金に**頼る**	**rely** on aid money
3454	□□ **信頼できる**従業員	a **reliable** employee
3455	□□ データの**信頼性**	**reliability** of data
3456	□□ **信頼できない**情報源	an **unreliable** source
3457	□□ 水**不足**	a water **shortage**
3458	□□ **近道**を行く	take a **shortcut**
3459	□□ **短所**に対処する	address **shortcomings**
3460	□□ アカウントを作ってから**ログ**インする	**log** in after creating an account
3461	□□ 創造的な頭脳から**生まれる**	**stem** from creative minds
3462	□□ **伝えられる**関与	**alleged** involvement
3463	□□ 手術を**受ける**	**undergo** surgery
3464	□□ 反論**したく**なる	feel **tempted** to dispute
3465	□□ 思い出に残るときを**大切にする**	**treasure** memorable moments
3466	□□ 同僚に**にっこりする**	**grin** at a coworker
3467	□□ 文書を**クリップで留める**	**clip** documents together
3468	□□ SNS 上での**プロフィール**	social media **profile**
3469	□□ 新しい**ベンチャー**事業	a new business **venture**
3470	□□ 幅広い**文脈**の中で	in a broad **context**
3471	□□ 独特な**現象**	a unique **phenomenon**
3472	□□ **難民**人口	a **refugee** population
3473	□□ **もっともらしい**話	a **plausible** story

□□	**competent** [kámpətnt]	形 有能な，能力がある，資格がある ☞ 形 incompetent（無能な）
□□	**competence** [kámpətns]	名 資格，能力
□□	**concept** [kánsept]	名 構想，発想，概念
□□	**conceive** [kənsíːv]	動（～を）心に描く，（～を）思いつく，（～と）考える
□□	**rely** [rilái]	動《rely on ... で》～を頼る，～を信用する ☞ 名 reliance（依存） 形 reliant（依存して）
□□	**reliable** [riláiəbl]	形 信頼性のある，頼りになる
□□	**reliability** [rilàiəbíləti]	名 信頼できること，確実性
□□	**unreliable** [ʌ̀nriláiəbl]	形 信頼できない，頼りない，信頼性を欠く
□□	**shortage** [ʃɔ́ːrtidʒ]	名 不足，払底
□□	**shortcut** [ʃɔ́ːrtkʌ̀t]	名 近道，手っ取り早い方法
□□	**shortcoming** [ʃɔ́ːrtkʌ̀miŋ]	名 短所，欠点
□□	**log** [lɔ́(ː)g, lág]	動 記録を取る，（ある時間）を費やす 名（乗り物などの）記録，ログ，丸太
□□	**stem** [stém]	動 ～を止める，（～から）生じる，（～から）起こる，（～に）由来する 名 幹，（果実の）軸，（グラスの）脚
□□	**allege** [əlédʒ]	動 ～を断言する，～を主張する，～を申し立てる ☞ 名 allegation（申し立て，主張） 形 alleged（申し立てられた，疑わしい） 副 allegedly（申し立てによれば）
□□	**undergo** [ʌ̀ndərgóu]	動 ～を経験する，～に耐える，（検査，手術など）を受ける
□□	**tempt** [témpt]	動 ～を誘惑する，～をそそのかす，～を…する気にさせる，～に立ち向かう ☞ 名 temptation（誘惑）
□□	**treasure** [tréʒər]	動 ～を大切にする，～をためておく，～を心に刻む 名 宝物，貴重品，大切なもの［人］ ☞ 名 treasury（国庫）
□□	**grin** [grín]	動 にこっと笑う，にやりとする 名 にこっと笑うこと
□□	**clip** [klíp]	動 ～をクリップで留める，～を切り抜く 名 切り抜き，クリップ
□□	**profile** [próufail]	名 プロフィール，略歴，輪郭，注目度 動 ～の輪郭を描く，～を特集する
□□	**venture** [véntʃər]	名 ベンチャー，投機，危険，思惑 動 危険を承知で進む，あえて（～と）言う，～を危険にさらす，思い切って～する
□□	**context** [kántekst]	名 前後関係，文脈，状況 ☞ 形 contextual（文脈上の）
□□	**phenomenon** [fənámənàn]	名 現象，事象，出来事，逸材 ☞ 形 phenomenal（すばらしい，現象の）
□□	**refugee** [réfjudʒìː]	名 難民，避難者，亡命者 ☞ 名 refuge（避難，保護）
□□	**plausible** [plɔ́ːzəbl]	形 もっともらしい，口先が上手な，見込みのある

3474	□□ 賛否両論	the **pros** and cons
3475	□□ 賛否両論	the pros and **cons**
3476	□□ **競技会**に参加する	enter a **contest**
3477	□□ 勝利する**競技者**	the winning **contestant**
3478	□□ **遺伝子**治療	**gene** therapy
3479	□□ **遺伝子**工学	**genetic** engineering
3480	□□ **複雑な**状況	a **complicated** situation
3481	□□ 状況を**複雑にする**	**complicate** a situation
3482	□□ 予期しない**複雑な状況**	an unforeseen **complication**
3483	□□ **法律**案をまとめる	draft a piece of **legislation**
3484	□□ **合法的な**事業	a **legitimate** business
3485	□□ **陪審員**を務める義務	**jury** duty
3486	□□ 経済の崩壊を**目撃する**	**witness** economic collapse
3487	□□ 市場を**支配する**	**dominate** a market
3488	□□ **支配的な**影響	a **dominant** influence
3489	□□ **最優先事項**を決める	determine **priority**
3490	□□ **以前の**経験	**prior** experiences
3491	□□ プラン A とプラン B を**区別する**	**distinguish** between plan A and plan B
3492	□□ 明確な**差異**	an obvious **distinction**
3493	□□ **明確な**可能性	a **distinct** possibility
3494	□□ **景気後退**	economic **recession**
3495	□□ **休憩**を取る	take a **recess**
3496	□□ 文書を**修正する**	**amend** a document
3497	□□ **修正**を提出する	file an **amendment**

□□	**pro** [próu]	名 賛成論，支持者
□□	**con** [kán]	名 反対論，反対者
□□	**contest** [ká(:)ntest; kəntést]	名 競技会　動 争う，～に異議を唱える，～に反対する
□□	**contestant** [kəntéstənt]	名 出場者，競技者，異議申し立て人
□□	**gene** [dʒí:n]	名 遺伝子
□□	**genetic** [dʒənétik]	形 発生の，起源の，遺伝子の
□□	**complicated** [kámpləkèitid]	形 複雑な，込み入った，分かりにくい
□□	**complicate** [kámpləkèit]	動 ～を複雑にする，～を込み入らせる，～を悪化させる
□□	**complication** [kàmplikéiʃən]	名 複雑，紛糾，厄介な問題，合併症
□□	**legislation** [lèdʒisléiʃən]	名 立法，法令，法律（制定） ☞ 動 legislate（～を法制化する）　形 legislative（立法の） 名 legislator（立法者，国会議員）　名 legislature（立法府）
□□	**legitimate** [lidʒítəmət]	形 合法的な，理論的な，正真正銘の　動 ～を合法化する，～を正当化する　☞ 名 legitimacy（合法性）　形 illegitimate（非合法的な）
□□	**jury** [dʒúəri]	名 陪審（員団）
□□	**witness** [wítnəs]	動 証言する，～を目撃する，～を経験する　名 証人，目撃者，証言 ☞ 動名 eyewitness（～を目撃する；目撃者）
□□	**dominate** [dámənèit]	動 ～を支配する，～に強く影響を及ぼす，権勢を振るう，威圧する，優位に立つ ☞ 名 domination（支配，優位）　名 dominance（支配，優勢）
□□	**dominant** [dámənənt]	形 支配的な，優勢な，有力な，顕性の　名 顕性，顕性遺伝子
□□	**priority** [praió(:)rəti]	名 先であること，優先すること，優先事項　形 優先する，より重要な　☞ 動 prioritize（～に優先順位を付ける）
□□	**prior** [práiər]	形 前の，事前の，重要な，優先する ☞ 熟 prior to ...（～に先立って）
□□	**distinguish** [distíŋgwiʃ]	動（～を）見分ける，（～を）区別する，～を認める，～を際立たせる
□□	**distinction** [distíŋkʃən]	名 差異，区別，特徴，卓越
□□	**distinct** [distíŋkt]	形 明確に異なる，否定できない，注目すべき
□□	**recession** [riséʃən]	名 不景気，不況，景気後退
□□	**recess** [rí:ses, risés]	名 休憩時間，休暇，休廷　動 中断する，休会する ☞ 動 recede（遠のく，薄れる，後退する）　熟 in recess（休会して）
□□	**amend** [əménd]	動 ～を修正する，～を改正する，～を改める
□□	**amendment** [əméndmənt]	名 改正（案），修正（案）

3498	□□	チームを**招集する**	**assemble** a team
3499	□□	**組み立て**ライン	an **assembly** line
3500	□□	材料を**集める**	**gather** materials
3501	□□	知識と技能を**有する**	**possess** knowledge and skills
3502	□□	個人の**所有物**	personal **possessions**
3503	□□	**ほぼ**等しいサイズ	an **approximately** equal size
3504	□□	**概数**	**approximate** figures
3505	□□	**生物学**を専攻する	major in **biology**
3506	□□	**生物学的な**要因	a **biological** factor
3507	□□	機会を**ありがたく**思う	feel **grateful** for an opportunity
3508	□□	心からの**感謝**を表す	express heartfelt **gratitude**
3509	□□	行動を**一時停止する**	**suspend** an action
3510	□□	食品を急速に**冷凍する**	**freeze** food quickly
3511	□□	会議を**中断する**	**adjourn** a meeting
3512	□□	データから情報を**引き出す**	**derive** information from the data
3513	□□	成功物語を**うらやましく**思う	feel **envy** regarding a success story
3514	□□	**貨物**を運ぶ	transport **cargo**
3515	□□	値**札**	a price **tag**
3516	□□	**住宅ローン**の支払い	**mortgage** payments
3517	□□	**特権**を専有する	have exclusive **privileges**
3518	□□	作業**着**	a work **outfit**
3519	□□	企業内の出世**階段**	the corporate **ladder**
3520	□□	海からの**風**	ocean **breezes**
3521	□□	**懐疑的な**表情	a **skeptical** look
3522	□□	電子書籍が**好きに**なる	grow **fond** of digital books
3523	□□	**最終的に**参加すると決める	**ultimately** decide to participate

□□	**assemble** [əsémbl]	動 ～を招集する，～を組み立てる，集合する
□□	**assembly** [əsémbli]	名 集合，会合，議会，組み立て
□□	**gather** [gǽðər]	動 ～を集める，～を引きつける，～を推測する，集まる
□□	**possess** [pəzés]	動 ～を所有する，～を保有する，～に取りつく
□□	**possession** [pəzéʃən]	名 所有（権／物），占有，財産
□□	**approximately** [əprɑ́ksimətli]	副 おおよそ，だいたい，～前後
□□	**approximate** [əprɑ́ksimət; əprɑ́ksəmèit]	形 おおよその，ほぼ正確な　動 おおよそ～と見積もる
□□	**biology** [baiɑ́(:)lədʒi]	名 生物学，生体
□□	**biological** [bàiəlɑ́dʒikl]	形 生物学的な，生物上の
□□	**grateful** [gréitfl]	形 感謝して，ありがたく思って，謝意を表して ☞ 名 gratefulness（感謝）
□□	**gratitude** [grǽtətjù:d]	名 感謝の気持ち
□□	**suspend** [səspénd]	動 ～をつるす，～を掛ける，～を一時停止する，～をしばらく見合わせる，～を保留する，～を停職［停学］処分にする ☞ 名 suspension（一時停止）
□□	**freeze** [frí:z]	動 凍る，凍りつく，固まる，～を凍らせる，～を凍結する 名 凍結（状態），氷結，寒波，中断
□□	**adjourn** [ədʒə́:rn]	動（～を）延期する，（～を）休会する，（～を）中断する ☞ 名 adjournment（休会，一時休止）
□□	**derive** [diráiv]	動 ～を引き出す，～を受け継ぐ，～に由来する
□□	**envy** [énvi]	名 羨望，嫉妬，妬み　動 ～をうらやむ，～を妬む ☞ 形 envious（うらやんで）
□□	**cargo** [kɑ́:rgou]	名 貨物，積荷
□□	**tag** [tǽg]	名 付け札，ハッシュタグ（＝hashtag）　動 ～に付け札［タグ］を付ける，～の後にぴったりとつく
□□	**mortgage** [mɔ́:rgidʒ]	名 抵当，担保，（抵当を入れた）借金，住宅ローン
□□	**privilege** [prívəlidʒ]	名 特権，恩恵，名誉　動 ～に特権を与える，～を免責する ☞ 形 privileged（特権を有する）
□□	**outfit** [áutfit]	名 ひとそろいの衣服，用具　動 ～に衣服を着せる，～に（装備，用具など）を取り付ける
□□	**ladder** [lǽdər]	名 はしご，手段，伝線
□□	**breeze** [brí:z]	名 そよ風，微風，楽な仕事　動 そよ風が吹く，楽々と進む ☞ 形 breezy（快活な，そよ風の吹く）
□□	**skeptical** [sképtikl]	形 懐疑的な，疑い深い，信用しないで ☞ 名 skepticism（懐疑論）　名 skeptic（懐疑的な人）
□□	**fond** [fɑ́nd]	形 好んで，好ましい　☞ 名 fondness（愛情，愛着）
□□	**ultimately** [ʌ́ltəmətli]	副 最終的に，究極的には，結局は ☞ 形 ultimate（最終的な，究極の）

3524	□□ 計画を**変更する**	**modify** a plan
3525	□□ **変更**される	undergo **modifications**
3526	□□ 会議を**延期する**	**postpone** a meeting
3527	□□ 配送の**遅れ**	shipping **delay**
3528	□□ **見識**を共有する	share **insights**
3529	□□ **洞察に富む**コメント	an **insightful** comment
3530	□□ 法的な**義務**	legal **obligations**
3531	□□ その仕事をする**義務がある**と感じる	feel **obligated** to do the job
3532	□□ とても**感謝して**いる	feel much **obliged**
3533	□□ 川を**汚染する**	**pollute** a river
3534	□□ 環境**汚染**	environmental **pollution**
3535	□□ 食べ物を**汚染する**	**contaminate** food
3536	□□ 活力とやる気を**枯渇させる**	**drain** energy and motivation
3537	□□ **排水**路	a **drainage** ditch
3538	□□ 美術作品を**展示する**	**exhibit** an art collection
3539	□□ 美術**展**	an art **exhibition**
3540	□□ **貨物輸送**料	a **freight** charge
3541	□□ **貨物船**で働く	work on a **freighter**
3542	□□ 再生可能**ごみ**	recyclable **garbage**
3543	□□ **ごみ**圧縮機	a **trash** compactor
3544	□□ **ほうき**を手に取る	grab a **broom**
3545	□□ ごみ**入れ**	a litter **bin**
3546	□□ 廃棄物を**処分する**	**discard** waste
3547	□□ **関連する**情報	**relevant** information
3548	□□ **無関係の**話題	an **irrelevant** topic
3549	□□ **徹底的な**見直し	a **thorough** review
3550	□□ キッチンを**徹底的に**清掃する	**thoroughly** clean the kitchen

□□	**modify** [mádəfài]	動 ～を修正する，～を（部分的に）変更する，～を緩和する，～を（部分的に）改造する，～を修飾する
□□	**modification** [màdəfikéiʃən]	名 変更，修正，緩和，加減，調節，改造
□□	**postpone** [poustpóun]	動 ～を延期する，～を遅らせる，～を先送りする，～を見合わせる，～を持ち越す ☞ 名 postponement（延期）
□□	**delay** [diléi]	名 延期，遅れ 動 ～を延期する，～を遅らせる
□□	**insight** [ínsàit]	名 洞察（力），本質を見抜くこと
□□	**insightful** [ínsàitfl]	形 洞察力のある，明確な
□□	**obligation** [àbləgéiʃən]	名 義務，責務，拘束（力），恩義，感謝，債務
□□	**obligate** [ábligèit]	動 ～を（約束・契約などで）束縛する，～する義務がある
□□	**obliged** [əbláidʒd]	形 感謝して，ありがたく思って
□□	**pollute** [pəlú:t]	動 ～を汚染する，～を汚す ☞ 名 pollutant（汚染物質）
□□	**pollution** [pəlú:ʃən]	名 汚染，公害
□□	**contaminate** [kəntǽminèit]	動 ～を汚す，～を汚染する ☞ 名 contamination（汚染）
□□	**drain** [dréin]	動 流れ出る，～を流し出す，水を抜く，～を枯渇させる 名 下水管，流失，枯渇
□□	**drainage** [dréinidʒ]	名 排水，水はけ，下水溝，排水路
□□	**exhibit** [igzíbit]	動 ～を展示する，～を発表する，～を示す 名 展示品，展示会，証拠物件
□□	**exhibition** [èksəbíʃən]	名 展示会，展覧会，展示物，博覧会
□□	**freight** [fréit]	名 積荷，輸送 動（荷物を）輸送する，～に積載する
□□	**freighter** [fréitər]	名 貨物船，荷送人，運送業者
□□	**garbage** [gá:rbidʒ]	名 生ごみ，くず，つまらないもの
□□	**trash** [trǽʃ]	名 ごみ，がらくた，くだらないもの 動 ～を壊す，～を処分する
□□	**broom** [brú:m]	名 ほうき
□□	**bin** [bín]	名 容器，ゴミ箱 動 ～を捨てる，～を廃棄する
□□	**discard** [diská:rd]	動 ～を捨てる，～を放棄する
□□	**relevant** [réləvənt]	形 関連のある，関係があって ☞ 名 relevance（関連性） 熟 relevant to ...（～に関連した）
□□	**irrelevant** [iréləvənt]	形 無関係の，不適切な，重要でない ☞ 名 irrelevance（無関係） 熟 irrelevant to ...（～に無関係の）
□□	**thorough** [θə́:rou]	形 完全な，綿密な，徹底的な ☞ 名 thoroughness（徹底）
□□	**thoroughly** [θə́:rəli, θə́:rou-]	副 完全に，十分に，徹底的に

3551	□□ 徐々に**減少する**	**diminish** gradually
3552	□□ 支出を**切り詰める**	**curtail** expenditures
3553	□□ 販売を**刺激する**	**stimulate** sales
3554	□□ 経済**刺激**策	an economic **stimulus** package
3555	□□ **十分な**供給	an **ample** supply
3556	□□ **気前のよい**申し出	a **generous** offer
3557	□□ **豊富な**証拠	**abundant** evidence
3558	□□ **多数の**競合企業	**numerous** competing companies
3559	□□ **十分な**情報を提供する	provide **sufficient** information
3560	□□ **不十分な**資金	**insufficient** funds
3561	□□ 顧客に加入を**促す**	**entice** customers to join
3562	□□ **繁盛**し続ける	continue to **flourish**
3563	□□ 何が次に起こるかを**推測する**	**speculate** what comes next
3564	□□ その危機の**根本的な**原因	**underlying** causes of the crisis
3565	□□ 決定について**詳述する**	**elaborate** on a decision
3566	□□ 車両を**移動させる**	**tow** a vehicle
3567	□□ 調査の**前の**週に	in the week **preceding** the survey
3568	□□ **梱包**を貫通する	**pierce** the wrapping
3569	□□ **縁石**から降りる	step off the **curb**
3570	□□ 損傷した**組織**を取り除く	remove damaged **tissue**
3571	□□ **宝石類**を展示する	showcase **jewelry**
3572	□□ タクシーの**全車両**	a **fleet** of taxis
3573	□□ その危険について知っていると**思われる**	**presumably** know about the danger

□□	**diminish** [dimíniʃ]	動 減少する［させる］，衰える，～を損なう
□□	**curtail** [kərtéil]	動 ～を切り詰める，～を短縮する，～を削減する ☞ 名 curtailment（削減，縮小）
□□	**stimulate** [stímjəlèit]	動 ～を刺激する，～を激励する，～を鼓舞する，～を興奮させる ☞ 名 stimulation（刺激） 形 stimulative（刺激的な）
□□	**stimulus** [stímjələs]	名 刺激，激励，鼓舞 ☞ 熟 stimulus package（刺激策）
□□	**ample** [ǽmpl]	形 有り余る，十二分な，広々とした ☞ 名 ampleness（豊富）
□□	**generous** [dʒénərəs]	形 気前のよい，寛大な，豊富な ☞ 名 generosity（気前のよさ）
□□	**abundant** [əbʌ́ndənt]	形 豊かな，豊富な ☞ 動 abound（～に富む） 名 abundance（豊富であること）
□□	**numerous** [njúːmərəs]	形 多数の，おびただしい，大勢の
□□	**sufficient** [səfíʃənt]	形 十分な，足りる ☞ 動 suffice（十分である） 名 sufficiency（十分）
□□	**insufficient** [ìnsəfíʃənt]	形 不十分な，足りない，不足の ☞ 名 insufficiency（不十分）
□□	**entice** [entáis]	動 ～の気をひく，～をそそのかして…させる，～を誘い込む ☞ 名 enticement（誘い）
□□	**flourish** [flə́ːriʃ]	動 繁栄する，繁盛する，活躍する
□□	**speculate** [spékjəlèit]	動 思いをめぐらす，～を推測する，投機をする ☞ 名 speculation（推測） 形 speculative（推測による，投機的な）
□□	**underlie** [ʌ̀ndərlái]	動 ～の基礎となる，～の根拠となる
□□	**elaborate** [ilǽbərèit; ilǽbərət]	動 ～を念入りに作る，（文章・考案など）を練る，詳しく述べる 形 苦心して作り上げた ☞ 名 elaboration（精巧，詳細） 形 elaborative（入念な）
□□	**tow** [tóu]	動 ～をけん引する 名 けん引，引くこと，けん引車
□□	**precede** [prisíːd]	動 ～に先に起こる［生じる］ ☞ 形 preceding（先行する）
□□	**pierce** [píərs]	動（～に）穴を開ける，（～を）貫通する，～を突き通す
□□	**curb** [kə́ːrb]	名（歩道の）縁石，制限 動 ～に縁石をつける，～を阻止する，～を抑制する
□□	**tissue** [tíʃuː]	名（細胞が構成する）組織，ティッシュペーパー
□□	**jewelry** [dʒúːəlri]	名 宝石，宝飾類 ☞ 名 jewel（宝石）
□□	**fleet** [flíːt]	名 集団，艦隊
□□	**presumably** [prizjúːməbli]	副 おそらく，たぶん ☞ 動 presume（～を推定する） 名 presumption（推定，前提） 形 presumable（推定可能な）

GROUP 74

3574	□□ **熱のこもった**議論	an **enthusiastic** discussion
3575	□□ 話題について**熱心に**議論する	**enthusiastically** discuss a topic
3576	□□ **興奮**を覚える	feel **enthusiasm**
3577	□□ 映画**ファン**	a movie **enthusiast**
3578	□□ 映画制作への**熱心な**興味	a **keen** interest in film-making
3579	□□ 緊急の問題に**取り組む**	**tackle** an urgent issue
3580	□□ ストレスに**どうにか対処する**	**cope** with stress
3581	□□ **実用性**を欠く	lack **utility**
3582	□□ 技能を**活用する**	**utilize** skills
3583	□□ ハードウェアを**導入する**	**install** hardware
3584	□□ **導入**用指示	**installation** instructions
3585	□□ **分割払い**プラン	an **installment** plan
3586	□□ 漏洩箇所を**ふさぐ**	**plug** a leak
3587	□□ ケーブルを**抜く**	**unplug** a cable
3588	□□ 知らせに**衝撃を受ける**	feel **devastated** by the news
3589	□□ ビルを**解体する**	**demolish** a building
3590	□□ **人工**知能	**artificial** intelligence
3591	□□ 古代の**工芸品**	an ancient **artifact**
3592	□□ 消費者需要を**低下させる**	**depress** consumer demand
3593	□□ 経済**不況**	economic **depression**
3594	□□ 専門的な**見地**から	from a professional **perspective**
3595	□□ 楽観的な**見通し**	an optimistic **outlook**
3596	□□ 望ましい行動を**強化する**	**reinforce** positive behaviors
3597	□□ 前向きな**強化**	positive **reinforcement**
3598	□□ **十分な**説明	**adequate** explanations
3599	□□ **不十分な**対応	an **inadequate** response

□□	**enthusiastic** [enθjù:ziǽstik]	形 熱のこもった，夢中になって
□□	**enthusiastically** [enθjù:ziǽstikli]	副 熱狂的に，熱中して
□□	**enthusiasm** [enθjú:ziæ̀zm]	名 熱中，熱狂，熱意　☞ 動 enthuse（熱く語る，～を夢中にさせる）
□□	**enthusiast** [enθjú:ziæ̀st]	名 熱心な人，ファン
□□	**keen** [kí:n]	形 鋭い，熱心な，夢中になって　☞ 名 keenness（熱心さ）
□□	**tackle** [tǽkl]	動（問題など）に取り組む　名 用具，道具，タックル
□□	**cope** [kóup]	動《cope with ... で》うまく処理する，対応する，対抗する
□□	**utility** [ju:tíləti]	名 有用，実用性，公共施設，《utilities で》公共事業（体），公共料金
□□	**utilize** [jú:təlàiz]	動 ～を利用する，～を役立たせる
□□	**install** [instɔ́:l]	動 就任する，～に任命する，～を取り付ける，インストールする
□□	**installation** [ìnstəléiʃən]	名 取り付け，装置，任命［任官］式
□□	**installment** [instɔ́:lmənt]	名 連載 1 回分，（分割払いの）支払い 1 回分，任命
□□	**plug** [plʌ́g]	動 ～をふさぐ，～を詰まらせる，（～に）埋め込む，（～に）差し込む 名 プラグ，差し込み，コンセント
□□	**unplug** [ʌ̀nplʌ́g]	動 ～の栓を抜く，～のプラグを抜く
□□	**devastate** [dévəstèit]	動 ～を荒廃させる，～を壊滅させる，～に打撃を与える ☞ 名 devastation（壊滅）
□□	**demolish** [dimɑ́liʃ]	動 ～を破壊する，～を覆す，～を廃止する
□□	**artificial** [ɑ̀:rtifíʃl]	形 人工の，人工的な，人為的な，不自然な ☞ 名 artificiality（人工的なこと）
□□	**artifact** [ɑ́:rtəfæ̀kt]	名 人工物，工芸品，遺物，埋蔵物
□□	**depress** [diprés]	動 ～を意気消沈させる，～を落胆させる，～を低下させる，～を弱める　☞ 形 depressive（ゆううつな）
□□	**depression** [dipréʃən]	名 意気消沈，不況，不振，景気減退
□□	**perspective** [pərspéktiv]	名 見方，視点，展望，遠近法
□□	**outlook** [áutlùk]	名 将来の見通し，景色
□□	**reinforce** [rì:infɔ́:rs]	動 ～を強化する，～を補強する，～を強める
□□	**reinforcement** [rì:infɔ́:rsmənt]	名 補強，強化
□□	**adequate** [ǽdikwət]	形 十分な，適正な，適切な　☞ 名 adequacy（妥当性）
□□	**inadequate** [inǽdəkwət]	形 不十分な，不適切な，適切でない　☞ 名 inadequacy（不適切）

3600	□□	**注意**する	exercise **caution**
3601	□□	**慎重な**取り組み	a **cautious** approach
3602	□□	イベントを**統括する**	**coordinate** an event
3603	□□	製作**統括者**	a production **coordinator**
3604	□□	友人に**捧げた**本	a book **dedicated** to a friend
3605	□□	**献身**を必要とする	need **dedication**
3606	□□	新事業に時間を**費やす**	**devote** time to new business
3607	□□	投資することを**ためらう**	**hesitate** to invest
3608	□□	かすかな**ためらい**	slight **hesitation**
3609	□□	**ためらい**を感じる	feel **hesitant**
3610	□□	話**したがらない**	feel **reluctant** to speak
3611	□□	メッセージを**伝える**	**convey** a message
3612	□□	発明品の**特許を取る**	**patent** an invention
3613	□□	貴重な**特性**	a valuable **attribute**
3614	□□	電気**コンセント**	an electrical **outlet**
3615	□□	新聞紙の**山**	a **stack** of newspapers
3616	□□	顧客**に代わって**	on **behalf** of a client
3617	□□	リスク要因の**かたまり**	a **cluster** of risk factors
3618	□□	退職**年金**	a retirement **pension**
3619	□□	財政的**困窮**	financial **hardship**
3620	□□	幅広い**オリエンテーション**プログラム	extensive **orientation** programs
3621	□□	専門家として**判断**を下す	use professional **discretion**
3622	□□	**すばらしい**考え	a **marvelous** idea
3623	□□	**一般**諸経費	**overhead** costs

□□	**caution** [kɔ́:ʃən]	名 注意，警戒 動 ～に警告する，～を戒める
□□	**cautious** [kɔ́:ʃəs]	形 用心深い，慎重な
□□	**coordinate** [kouɔ́:rdənèit]	動 連携する，一体となって動く，～を調整する 形 同格の，等位の ☞ 名 coordination（連携）
□□	**coordinator** [kouɔ́:rdənèitər]	名 コーディネーター，取りまとめ役
□□	**dedicate** [dédikèit]	動 ～を捧げる，～に打ち込む，～を献呈する ☞ 形 dedicated（熱心な）
□□	**dedication** [dèdikéiʃən]	名 献身，献呈，奉納，除幕式
□□	**devote** [divóut]	動（時間など）を充てる，～を捧げる，～を委ねる，《devote *oneself* to ... で》～に専念する，～に打ち込む ☞ 名 devotion（献身） 形 devoted（献身的な）
□□	**hesitate** [hézitèit]	動 ためらう，二の足を踏む，気が進まない
□□	**hesitation** [hèzitéiʃən]	名 ためらい，及び腰
□□	**hesitant** [hézitənt]	形 ためらって，おじけづいて，及び腰で
□□	**reluctant** [rilʌ́ktənt]	形 いやいやながらの，しぶしぶ，気乗りしない ☞ 名 reluctance（気が進まないこと）
□□	**convey** [kənvéi]	動 ～を運ぶ，～を運搬する，～を伝達する，～を譲渡する ☞ 名 conveyance（輸送，伝達） 名 conveyor（コンベヤ）
□□	**patent** [pǽtnt, péitnt]	動 ～の特許を取る 名 特許（品） 形 特許を有する
□□	**attribute** [ǽtribju:t; ətríbjət]	名 特性，特質，属性 動《attribute *A* to *B* で》*A* は *B* の結果と考える，*A* を *B* に帰する ☞ 名 attribution（属性）
□□	**outlet** [áutlèt]	名 排気[水]口，出口，直販店，コンセント，河口
□□	**stack** [stǽk]	名 積み重なり，山積み，たくさん 動 ～を積み重ねる，積み重なる
□□	**behalf** [bihǽf]	名 味方，利益 ☞ 熟 on behalf of ...（～を代表して） 熟 on *someone*'s behalf（～のために，～に代わって）
□□	**cluster** [klʌ́stər]	名 房，集団，群れ 動 群がる，密集する
□□	**pension** [pénʃən]	名 年金 ☞ 名 pensioner（年金受給者）
□□	**hardship** [há:rdʃip]	名 困難，困窮，苦難の原因
□□	**orientation** [ɔ̀:rəntéiʃən, -rien-]	名 順応，オリエンテーション，方向付け，姿勢 ☞ 動 orient（順応する，慣れる）
□□	**discretion** [diskréʃən]	名 分別，思慮深さ，裁量，（判断などの）自由 ☞ 形 discretionary（自由に判断できる）
□□	**marvelous** [má:rvələs]	形 すばらしい ☞ 名 marvelousness（すばらしさ）
□□	**overhead** [óuvərhèd]	名 間接費，諸経費，天井の照明 副 頭上に

3624	□□	候補者を**指名する**	**nominate** a candidate
3625	□□	候補者としての**指名**を受諾する	accept **nomination** as a candidate
3626	□□	**最大の**生産高	the **maximum** output
3627	□□	効率を**最大化する**	**maximize** efficiency
3628	□□	**最低**年齢	the **minimum** age
3629	□□	環境への影響を**最小化する**	**minimize** impact on the environment
3630	□□	**最低限の**修正	**minimal** revisions
3631	□□	**わずかな**料金	a **nominal** fee
3632	□□	歴史的な**遺跡**	a historical **monument**
3633	□□	**画期的な**年	a **landmark** year
3634	□□	**風景**を保持する	conserve the **landscape**
3635	□□	薬剤を**処方する**	**prescribe** a medicine
3636	□□	薬剤の**処方箋**	**prescription** for a medicine
3637	□□	**小売**業	a **retail** business
3638	□□	ファッションの**小売業者**	a fashion **retailer**
3639	□□	**卸売**価格	a **wholesale** price
3640	□□	海鮮食品**卸売業者**	a seafood **wholesaler**
3641	□□	**おしゃべり**をする	have a **chat**
3642	□□	プロジェクトについて**語り合う**	**chatter** about a project
3643	□□	全データを**まとめる**	**compile** all data
3644	□□	**編集**ビデオ	a **compilation** video
3645	□□	投資先**目録**	an investment **portfolio**
3646	□□	**心からの**関心	a **genuine** interest
3647	□□	書類**原本**	an **authentic** document
3648	□□	直属の**上司**と話す	talk to an immediate **superior**
3649	□□	**すばらしい**スピーチ	a **superb** speech

□□	**nominate** [námənèit]	動 ～を指名する，～を推薦する，～を任命する，～を（…に）決める，～を指定する　☞ 名 nominee（指名された人）
□□	**nomination** [nàmənéiʃən]	名 指名，推薦，任命（権）
□□	**maximum** [mǽksəməm]	形 最大（限度）の，最高の　名 最大（限），最大値
□□	**maximize** [mǽksəmàiz]	動 ～を最大［極大］化する
□□	**minimum** [mínimәm]	形 最小の，最小限の　名 最小（限），最少値
□□	**minimize** [mínəmàiz]	動 ～を最小［極小］化する，～を見くびる
□□	**minimal** [mínəml]	形 最小（限度）の，極小の，極微の
□□	**nominal** [námənl]	形 名ばかりの，わずかな，額面（上）の，名目の
□□	**monument** [mánjəmənt]	名 記念碑，記念建造物，遺跡，遺物，記念物，不朽の業績，金字塔，他に類のないもの
□□	**landmark** [lǽndmɑ̀ːrk]	名 目印，（画期的な）出来事
□□	**landscape** [lǽndskèip]	名 風景，眺望，状況　動 ～を美化［造園］する
□□	**prescribe** [priskráib]	動 ～を指示する，～を規定する，～を処方する
□□	**prescription** [priskrípʃən]	名 指示，規定，処方（箋）
□□	**retail** [ríːteil]	名 小売り販売　動 小売りされる，～を小売りする
□□	**retailer** [ríːteilər]	名 小売り業者
□□	**wholesale** [hóulsèil]	形 卸売りの，大量販売の　副 卸売りで　名 大量販売，卸売り
□□	**wholesaler** [hóulsèilər]	名 卸売り業者，問屋
□□	**chat** [tʃǽt]	名 おしゃべり，チャット　動 おしゃべりする，チャットする
□□	**chatter** [tʃǽtər]	動 ペチャクチャしゃべる，くだらないことをしゃべる　名 くだらないおしゃべり
□□	**compile** [kəmpáil]	動 ～を集める，～を編集する，～を編纂する
□□	**compilation** [kɑ̀mpəléiʃən]	名 編集（したもの），編纂物
□□	**portfolio** [pɔːrtfóuliòu]	名 書類カバン，書類，作品集，ポートフォリオ，資産（一覧），有価証券
□□	**genuine** [dʒénjuin]	形 本物の，心からの，誠実な ☞ 名 genuineness（本物であること）
□□	**authentic** [ɔːθéntik]	形 本物の，正真正銘の，信頼のおける，信憑性のある ☞ 動 authenticate（～が本物であると認める）　名 authenticity（本物であること）
□□	**superior** [supíəriər]	名 上司　形 上位の，上級の，すぐれた，優勢な ☞ 名 superiority（優越，優位）　形 inferior（劣って）　名 inferiority（劣っていること，下位）
□□	**superb** [supə́ːrb]	形 （他を引き離すほど）すばらしい，見事な

3650	□□	従業員を**動機づける**	**motivate** employees
3651	□□	**やる気**を欠く	lack **motivation**
3652	□□	**報奨金**を与える	give an **incentive**
3653	□□	現金による**割引**	a cash **rebate**
3654	□□	**予備**報告書	a **preliminary** report
3655	□□	**暫定的な**管理者	an **interim** manager
3656	□□	**仮の**タイトル	a **tentative** title
3657	□□	業績を**評価する**	**evaluate** performance
3658	□□	**評価**用チェックリスト	an **evaluation** checklist
3659	□□	料理をする**楽しみ**	**delight** in cooking
3660	□□	知らせに**喜ぶ**	feel **delighted** by the news
3661	□□	**楽しい**一夜	a **delightful** evening
3662	□□	**拍手**喝采する	**clap** and cheer
3663	□□	展示**棚**の上に	on a display **rack**
3664	□□	経営陣との間に**摩擦**を生む	cause **friction** with management
3665	□□	研究の**範囲**	the **scope** of research
3666	□□	**倉庫**を拡張する	expand a **warehouse**
3667	□□	慢性**疲労**	chronic **fatigue**
3668	□□	シャツの**しわ**	**wrinkles** in a shirt
3669	□□	**単独**所有権	**sole** ownership
3670	□□	**無作為の**点検	a **random** check
3671	□□	**会計**年度	a **fiscal** year
3672	□□	**有機**化学	**organic** chemistry
3673	□□	**ほんのわずかな**成功の可能性	a **slim** chance of success

□□	**motivate** [móutəvèit]	動 ～に動機を与える，～に興味を起こさせる，～に動機を与える
□□	**motivation** [mòutəvéiʃən]	名 動機(づけ)，刺激，やる気
□□	**incentive** [inséntiv]	名 インセンティブ，誘因，奨励，報奨金
□□	**rebate** [ríːbeit]	名 払い戻し金，割引金，手数料
□□	**preliminary** [prilímənèri]	形 予備の，準備の　名 準備，予備(試験)，予選
□□	**interim** [íntərim]	形 中間の，一時的な，暫定的な　名 しばらくの間，暫定措置
□□	**tentative** [téntətiv]	形 仮の，暫定的な，不確かな　名 試案
□□	**evaluate** [ivǽljuèit]	動 ～の価値を見きわめる，～を評価する，～の数値を求める
□□	**evaluation** [ivæ̀ljuéiʃən]	名 評価，査定
□□	**delight** [diláit]	名 大喜び，楽しみを与えるもの　動 ～を大喜びさせる
□□	**delighted** [diláitid]	形 喜んで，楽しそうな
□□	**delightful** [diláitfl]	形 人を愉快にさせる，楽しい
□□	**clap** [klǽp]	動 ～をぴしゃりと閉める，拍手する，平手で軽く叩く　名 拍手(の音)
□□	**rack** [rǽk]	名 棚，ラック　動 ～を苦しめる，～を悩ます
□□	**friction** [fríkʃən]	名 衝突，軋轢，不和　動 ～をこする，～を摩擦する ☞ 形 frictional (摩擦による)
□□	**scope** [skóup]	名 範囲，視野，余地
□□	**warehouse** [wéərhàus]	名 倉庫，商品保管所
□□	**fatigue** [fətíːg]	名 疲労，倦怠感
□□	**wrinkle** [ríŋkl]	名 しわ，ひだ，欠点　動 しわができる，～にしわを寄せる
□□	**sole** [sóul]	形 唯一の
□□	**random** [rǽndəm]	形 でたらめな，無作為の ☞ 動 randomize (～を任意に選び出す)　副 randomly (無作為に) 熟 at random (無作為に)
□□	**fiscal** [fískl]	形 財政上の，会計の，国庫の
□□	**organic** [ɔːrgǽnik]	形 有機栽培 [飼育] の，有機的な，本質的な，有機体の ☞ 名 organ (臓器，組織)
□□	**slim** [slím]	形 ほっそりした，ほんのわずかな

3674	□□ 産業を**規制する**	**regulate** an industry
3675	□□ **規制**に従う	comply with **regulations**
3676	□□ アクセスを**制限する**	**restrict** access
3677	□□ 自己**制限**	a self-imposed **restriction**
3678	□□ **生産高**を増やす	increase **output**
3679	□□ 有益な**情報**に感謝する	appreciate useful **input**
3680	□□ 試作品を**改良する**	**refine** a prototype
3681	□□ 石油**精製所**	an oil **refinery**
3682	□□ **原油**	**crude** oil
3683	□□ 成長を**加速させる**	**accelerate** growth
3684	□□ 配送を**迅速にする**	**expedite** delivery
3685	□□ ゴシック**建築**	Gothic **architecture**
3686	□□ **建築家**を雇う	hire an **architect**
3687	□□ **建築の**天才	an **architectural** genius
3688	□□ **障壁**を打ち破る	break a **barrier**
3689	□□ **禁輸措置**を課す	impose an **embargo**
3690	□□ ミーティング**の後で**	**subsequent** to the meeting
3691	□□ **その後に**声明を発表する	**subsequently** release a statement
3692	□□ 重要性を**査定する**	**assess** the importance
3693	□□ 必要性の**査定**	an **assessment** of needs
3694	□□ 業績**評価**	a performance **appraisal**
3695	□□ 反応を**推し量る**	**gauge** a reaction
3696	□□ 互いに**ほめ**合う	**compliment** one another
3697	□□ **無料の**食事	a **complimentary** meal

□□	**regulate** [régjəlèit]	動 ～を取り締まる，～を統制［規制］する ☞ 形 regulatory（取り締まりの） 形 regulative（取り締まりの）
□□	**regulation** [règjəléiʃən]	名 取り締まり，規制，条例
□□	**restrict** [ristríkt]	動 ～を制限する ☞ 形 restrictive（制限する）
□□	**restriction** [ristríkʃən]	名 制約，制限，規制
□□	**output** [áutpùt]	名 生産量，生産物，生産すること，出力，発電量 動 ～を産出する，～を出力する
□□	**input** [ínpùt]	名 入力，情報，インプット 動 ～を入力する，（情報など）を提供する，インプットする
□□	**refine** [rifáin]	動 ～を純化する，～を磨く，～に磨きをかける，～を改良する ☞ 名 refinement（改良，精製）
□□	**refinery** [rifáinəri]	名 精製所，製油所，精製装置
□□	**crude** [krú:d]	形 自然のままの，加工されていない，未処理の
□□	**accelerate** [əksélərèit, æk-]	動 ～を加速させる，加速する，～を前倒しにする ☞ 名 acceleration（加速） 形 accelerative（加速的な）
□□	**expedite** [ékspədàit]	動 ～をはかどらせる，～を早める，～を促進する ☞ 名 expedition（迅速さ，探査）
□□	**architecture** [á:rkətèktʃər]	名 建築（物），建築様式，建築学
□□	**architect** [á:rkitèkt]	名 建築家，設計士
□□	**architectural** [à:rkitéktʃərl]	形 建築（学）の，建築上の
□□	**barrier** [bǽriər]	名 柵，障壁 動 ～を防壁で囲む
□□	**embargo** [embá:rgou, im-]	名 出入港禁止，通商禁止 動 ～との通商を禁止する，～の出版［報道］を禁止する
□□	**subsequent** [sʌ́bsəkwənt]	形 その次の，その後の，続いて起こる
□□	**subsequently** [sʌ́bsəkwəntli]	副 その後に，後に続いて
□□	**assess** [əsés]	動 ～を評価する，～を査定する，～を課する，～を見積もる
□□	**assessment** [əsésmənt]	名 評価，査定
□□	**appraisal** [əpréizl]	名 評価，鑑定，査定 ☞ 動 appraise（～を評価する，～を鑑定する）
□□	**gauge** [géidʒ]	動 ～を正確に計る，～を評価する 名 規格，尺度
□□	**compliment** [ká(:)mpləmènt; -mənt]	動 ～に賛辞を述べる，～をほめる，～にお世辞を言う 名 ほめ言葉，称賛
□□	**complimentary** [kà(:)mpləméntəri]	形 称賛の，無料の，優遇の，お祝いの

3698	□□ **包括的な**研究	a **comprehensive** study
3699	□□ **理解**の不足	a lack of **comprehension**
3700	□□ 状況を**理解する**	**comprehend** a situation
3701	□□ 買い物の傾向を**推測する**	**infer** shopping trends
3702	□□ データから**推測**する	make **inferences** from data
3703	□□ 化学物質の使用を**禁じる**	**prohibit** the use of chemicals
3704	□□ 違法コピーの**禁止**	a **ban** on illegal copying
3705	□□ 立ち入りを**禁じる**	**forbid** entry
3706	□□ **慢性的な**病気	a **chronic** disease
3707	□□ 出来事を**時系列で述べる**	**chronicle** events
3708	□□ 販売記録**アーカイブ**	a sales record **archive**
3709	□□ 誤りを**見逃す**	**overlook** a mistake
3710	□□ プロジェクトを**監督する**	**oversee** a project
3711	□□ 業界の詳細な**概要**	a detailed **overview** of the industry
3712	□□ 長く**残る**	**linger** long
3713	□□ 廃棄物を**排出する**	**expel** waste
3714	□□ デスクに両足を**載せて支える**	**prop** both feet up on the desk
3715	□□ 恐怖で**身がすくむ**	feel **paralyzed** with fear
3716	□□ 人気のある旅の**目的地**	a popular travel **destination**
3717	□□ **陶器**を輸入する	import **pottery**
3718	□□ **高級**ホテル	a **luxury** hotel
3719	□□ **敷地**内で	on the **premises**
3720	□□ 食品を**まとめ**買いする	buy food in **bulk**
3721	□□ **居眠り**をする	take a **nap**
3722	□□ **口頭での**合意	a **verbal** agreement
3723	□□ **元の状態のまま**を保つ	remain **intact**

□□	**comprehensive** [kɑ̀mprihénsiv]	形 理解力のある，包括的な，総合的な
□□	**comprehension** [kɑ̀mprihénʃən]	名 理解，理解力，知識，含有
□□	**comprehend** [kɑ̀mprihénd]	動 (～を) 理解する，(～を) 把握する，～を含む
□□	**infer** [infə́ːr]	動 ～を推測する，～を察する，～を暗示する
□□	**inference** [ínfərəns]	名 推測，推論，推定
□□	**prohibit** [prouhíbət]	動 (法などで) ～を禁止する，(人の行動) を妨げる，(人の行動) をじゃまする ☞ 名 prohibition (禁止)　形 prohibitive (阻止するための)
□□	**ban** [bǽn]	名 禁止　動 ～を禁止する
□□	**forbid** [fərbíd, fɔːr-]	動 ～を禁じる，～を許さない，～を妨げる
□□	**chronic** [krɑ́nik]	形 慢性の，常習的な
□□	**chronicle** [krɑ́nikl]	動 ～を (年代順に) 記録する　名 年代記，壮大な物語
□□	**archive** [ɑ́ːrkaiv]	名 アーカイブ，公文書 (保管所)　動 ～をアーカイブに保管する
□□	**overlook** [òuvərlúk]	動 ～を見逃す，～を見過ごす，～を監督する，～を見渡す
□□	**oversee** [òuvərsíː]	動 ～を監督する，～を監視する　☞ 名 oversight (監督，見落とし)
□□	**overview** [óuvərvjùː]	名 概説，要約，要旨
□□	**linger** [líŋgər]	動 居残る，手間取る，なかなか消えない，だらだら過ごす
□□	**expel** [ikspél]	動 ～を除名する，～を追い出す [払う]，～を駆逐する，～を免職する　☞ 名 expulsion (除名，追放)
□□	**prop** [prɑ́p]	動 ～を支える　名 支え，支持者
□□	**paralyze** [pǽrəlàiz]	動 ～を麻痺させる，～を無力にする　☞ 名 paralysis (麻痺)
□□	**destination** [dèstənéiʃən]	名 目的地，運送先，最終目的 ☞ 形 destined (運命にある，～行きの)
□□	**pottery** [pɑ́təri]	名 陶器，陶磁器，窯業
□□	**luxury** [lʌ́kʃəri]	名 ぜいたく，ぜいたく品，高級品 ☞ 形 luxurious (ぜいたくな)　形 luxuriant (豊かな)
□□	**premise** [prémis]	名《premises で》敷地，根拠，前提，前述事項
□□	**bulk** [bʌ́lk]	名 容積，大部分，束　☞ 形 bulky (大きい，ゆったりした)
□□	**nap** [nǽp]	名 うたた寝，昼寝　動 うたた寝する，昼寝する
□□	**verbal** [və́ːrbl]	形 言葉による，口頭の，文字どおりの
□□	**intact** [intǽkt]	形 傷のない，完全なままの，そのままの

3724	□□	**乳製品**	a **dairy** product
3725	□□	**家畜**を育てる	raise **livestock**
3726	□□	オンライン記事に**ざっと目を通す**	**scan** online articles
3727	□□	報告書を**ざっと読む**	**skim** a report
3728	□□	オフィス間コミュニケーションを**混乱させる**	**disrupt** interoffice communication
3729	□□	**混乱**を引き起こす	cause a **disruption**
3730	□□	慈善活動に金を**寄付する**	**donate** money to a charity
3731	□□	**寄付**を呼びかける	solicit **donations**
3732	□□	資本を**蓄積する**	**accumulate** capital
3733	□□	資本の**蓄積**	**accumulation** of capital
3734	□□	**累積**効果	a **cumulative** effect
3735	□□	**手荷物**料金	**baggage** fee
3736	□□	機内持ち込み**手荷物**	carry-on **luggage**
3737	□□	**密集する**人口	a **dense** population
3738	□□	人口**密度**	population **density**
3739	□□	**有効な**パスポート	a **valid** passport
3740	□□	実験結果を**正しいと認める**	**validate** laboratory results
3741	□□	与えられた情報を**検証する**	**verify** provided information
3742	□□	社内**審査**	an in-house **audition**
3743	□□	税務**監査**	tax **audit**
3744	□□	税務**監査官**	a tax **auditor**
3745	□□	朗報を**流す**	**circulate** good news
3746	□□	金の**流通**	**circulation** of money
3747	□□	**双方向で行われる**個別指導	an **interactive** tutorial
3748	□□	動物と人間の**交流**	**interactions** between animals and humans

□□	**dairy** [déəri]	名 乳製品，搾乳場，乳製品販売店
□□	**livestock** [láivstàk]	名 家畜(類)
□□	**scan** [skǽn]	動 ～を入念に調べる，～をざっと見る［読む］，スキャンする 名 じっと見ること，細かく調べること，ざっと見る［読む］こと，スキャン
□□	**skim** [skím]	動 (液体など)の上澄みをすくう，～を拾い読みする，～をざっと読む，滑るように進む　名 拾い読み
□□	**disrupt** [disrʌ́pt]	動 ～を中断させる，～をじゃまする，～を混乱させる ☞ 形 disruptive (混乱をもたらす)
□□	**disruption** [disrʌ́pʃən]	名 分裂，途絶，崩壊
□□	**donate** [dóuneit]	動 ～を贈与する，～を寄付する，(臓器)を提供する ☞ 名 donor (提供者)
□□	**donation** [dounéiʃən]	名 寄付(金)，寄進物　☞ 熟 blood donation (献血)
□□	**accumulate** [əkjú:mjəlèit]	動 (～を)蓄積する，～を積み重ねる，～を貯める ☞ 形 accumulative (累積的な)
□□	**accumulation** [əkjù:mjəléiʃən]	名 蓄積，累積，積み立て
□□	**cumulative** [kjú:mjələtiv]	形 しだいに増加する，累積的な，蓄積する，度重なる
□□	**baggage** [bǽgidʒ]	名 旅行手荷物
□□	**luggage** [lʌ́gidʒ]	名 旅行手荷物
□□	**dense** [déns]	形 濃い，深い，密集した
□□	**density** [dénsəti]	名 濃度，密度，比重
□□	**valid** [vǽlid]	形 有効な，正当な，期限の切れていない ☞ 名 validation (確認)　名 validity (妥当性)
□□	**validate** [vǽlidèit]	動 ～を有効にする，～を確認する，～を認証する
□□	**verify** [vérəfài]	動 ～を立証する，～を確かめる，～を検証［点検］する ☞ 名 verification (検証)
□□	**audition** [ɔ:díʃən]	名 オーディション，審査　動 ～にオーディションをする，～のオーディションを受ける
□□	**audit** [ɔ́:dit]	名 監査，会計検査(報告書)　動 ～を監査する
□□	**auditor** [ɔ́:ditər]	名 監査役，会計監査官
□□	**circulate** [sɔ́:rkjəlèit]	動 ～を巡回する，(デマなどが)広まる，広める，流通する，～を流通させる　☞ 形 circulatory (循環の)
□□	**circulation** [sɔ̀:rkjəléiʃən]	名 流通，発行部数，貨幣，血行循環
□□	**interactive** [ìntərǽktiv]	形 双方向の，インタラクティブ，相互作用のある ☞ 名 interactivity (双方向性)
□□	**interaction** [ìntərǽkʃən]	名 交流，意思の疎通，相互作用 ☞ 動 interact (交流する，影響し合う)

3749	□□ 現実に**一致する**	**correspond** to reality
3750	□□ 電子メールによる**やり取り**	email **correspondence**
3751	□□ **結果として生じる**コストの増加	a **corresponding** increase in costs
3752	□□ チームの注意を**そらす**	**distract** the team's attention
3753	□□ よい**気分転換**	a good **distraction**
3754	□□ **柔軟な**予定	a **flexible** schedule
3755	□□ 学習に関しての**柔軟性**	**flexibility** in learning
3756	□□ 報告書を**修正する**	**revise** a report
3757	□□ 原稿の**修正**	a manuscript **revision**
3758	□□ 依頼に**応える**	**accommodate** a request
3759	□□ **宿泊先**を見つける	find **accommodation**
3760	□□ 合成**繊維**	synthetic **fabric**
3761	□□ 報告書を**でっちあげる**	**fabricate** a report
3762	□□ 修理のための時間を**伸ばす**	**prolong** repair time
3763	□□ 義務を**履行する**	**undertake** duties
3764	□□ 旅を**始める**	**embark** on a journey
3765	□□ 原則を**明確に表現する**	**articulate** the principles
3766	□□ 文化**遺産**	cultural **heritage**
3767	□□ 立派な**実績**	excellent **credentials**
3768	□□ **倫理**委員会	an **ethics** committee
3769	□□ **カーテン**を閉める	close the **drapes**
3770	□□ **表面的な**違い	**cosmetic** differences
3771	□□ その件の**手際の悪い**処理	**clumsy** handling of the matter
3772	□□ **絶滅**動物	**extinct** animals
3773	□□ 電子メール**を通して**	**via** email

□□	**correspond** [kɔ̀(ː)rəspɑ́nd]	動《correspond with ... で》～に一致する，～と文通する，《correspond to ... で》～に対応する，該当する
□□	**correspondence** [kɔ̀(ː)rəspɑ́ndəns]	名 文通，往復書簡，一致，対応
□□	**corresponding** [kɔ̀(ː)rəspɑ́ndiŋ]	形 一致する，対応する，通信関係の
□□	**distract** [distrǽkt]	動（気持ち，注意など）を散らす，紛らわせる，動転させる
□□	**distraction** [distrǽkʃən]	名 気を散らすこと［もの］，気晴らし，動揺
□□	**flexible** [fléksəbl]	形 曲げやすい，しなやかな，融通のきく，順応性のある ☞ 形 inflexible（頑固な，柔軟でない）
□□	**flexibility** [flèksəbíləti]	名 曲げやすいこと，柔軟性，適応性，すなおさ ☞ 名 inflexibility（頑固さ，柔軟性に欠けること）
□□	**revise** [riváiz]	動 ～を見直す，～を改定［改訂／改正］する
□□	**revision** [rivíʒən]	名 改定，改正，改訂（版）
□□	**accommodate** [əkɑ́mədèit]	動 ～に便宜を図る，～に対応する，～を収納する
□□	**accommodation** [əkɑ̀mədéiʃən]	名 収容施設，宿泊施設
□□	**fabric** [fǽbrik]	名 布地，織物，（社会などの）構造
□□	**fabricate** [fǽbrikèit]	動 ～を（根拠なく）作り上げる，～を偽造する，～を製作する
□□	**prolong** [prəlɔ́(ː)ŋ]	動 ～を引き延ばす，（病気など）を長引かせる ☞ 名 prolongation（延長） 形 prolonged（長引いた，長期の）
□□	**undertake** [ʌ̀ndərtéik]	動 ～を引き受ける，～を始める
□□	**embark** [embɑ́ːrk]	動 船に乗り込む，開始する，～を乗船させる，～を積み込む，～を（事業に）乗り出させる ☞ 名 embarkation（乗船，着手） 動 disembark（降りる）
□□	**articulate** [ɑːrtíkjəlèit; ɑːrtíkjələt]	動 ～を明瞭に話す，～を明確に表現する 形 考えをはっきり述べる，明瞭な，明確な
□□	**heritage** [hérətidʒ]	名 世襲財産［地位］，遺産，（歴史的／文化的／自然）遺産
□□	**credential** [krədénʃl]	名《credentials で》資格，資質，信任状，認証情報
□□	**ethics** [éθiks]	名 倫理（学），《ethic で》道義，道徳 ☞ 形 ethical（倫理の）
□□	**drape** [dréip]	名 厚地のカーテン，ドレープ 動 ～を掛ける，～を覆う，緩やかに［優美に］覆う
□□	**cosmetic** [kɑzmétik]	形 美顔用の，表面の，見た目の 名《cosmetics で》化粧品
□□	**clumsy** [klʌ́mzi]	形 不器用な，ぎこちない ☞ 名 clumsiness（不器用さ）
□□	**extinct** [ikstíŋkt]	形 絶滅した，活動を停止した ☞ 動 extinguish（～を絶滅させる，～を消火する） 名 extinction（絶滅，消火）
□□	**via** [váiə, víːə]	前 ～を通って，～を経由して

GROUP 78

3774 - 3823

3774	□□	損失を**埋め合わせる**	**compensate** for a loss
3775	□□	かなりの**報酬**	substantial **compensation**
3776	□□	従業員の努力に**報いる**	**reward** employees' effort
3777	□□	**保険料**を支払う	pay an insurance **premium**
3778	□□	古いデータを**消去する**	**erase** old data
3779	□□	個人情報を**削除する**	**delete** personal information
3780	□□	保険コストを**相殺する**	**offset** the insurance cost
3781	□□	主要な数値を**まとめる**	**integrate** key figures
3782	□□	方法を**採り入れる**	**incorporate** a method
3783	□□	クレジットカードの**負債**	credit card **debts**
3784	□□	**破産**する	go **bankrupt**
3785	□□	**破産**を避ける	avoid **bankruptcy**
3786	□□	仕事について**尋ねる**	**inquire** about a job
3787	□□	**照会**する	make an **inquiry**
3788	□□	**興味津々の**表情	a **curious** look
3789	□□	永住用**住まい**	a permanent **residence**
3790	□□	地元**住民**	a local **resident**
3791	□□	**住宅**地	a **residential** area
3792	□□	利益**余剰金**	a **surplus** in profits
3793	□□	予算**不足**	a budget **deficit**
3794	□□	予測と**矛盾する**	**contradict** a prediction
3795	□□	方針の**矛盾**	a **contradiction** in policies
3796	□□	**矛盾**を明らかにする	uncover a **discrepancy**
3797	□□	承認を**控える**	**withhold** approval
3798	□□	極度のプレッシャーに**耐える**	**withstand** extreme pressure

□□	compensate [kámpənsèit]	動 (～を) 償う，(～に) 埋め合わせをする，～に補償する
□□	compensation [kàmpənséiʃən]	名 補償，埋め合わせ，対価，報酬
□□	reward [riwɔ́ːrd]	動 ～に報いる，～に見返りを与える　名 ほうび，謝礼(金)，恩恵
□□	premium [príːmiəm]	名 報奨金，保険料，割増金　形 高級な，質の高い
□□	erase [iréis, iréiz]	動 ～を消す，～を抹消する，～を消去する，～を削除する ☞ 名 eraser (消しゴム)
□□	delete [dilíːt]	動 ～を削除する　☞ 名 deletion (削除)
□□	offset [ɔ̀(ː)fsét]	動 ～を償う，～を相殺する
□□	integrate [íntəgrèit]	動 (～を) 統合する，～をまとめる　☞ 名 integration (統合)
□□	incorporate [inkɔ́ːrpərèit]	動 ～を合体する，～を組み込む，～を法人化する，～を具体化する
□□	debt [dét]	名 借金，負債，恩義
□□	bankrupt [bǽŋkrʌpt]	形 破産した　動 ～を破産させる
□□	bankruptcy [bǽŋkrʌptsi]	名 破産，倒産，失墜
□□	inquire [inkwáiər]	動 ～を尋ねる，～を問う，～に尋ねる ☞ 形 inquisitive (詮索好きな，好奇心の強い)
□□	inquiry [inkwáiəri, íŋkwəri]	名 質問，問い合わせ，照会
□□	curious [kjúəriəs]	形 好奇心をそそる，好奇心の強い，興味深い ☞ 名 curiosity (好奇心)
□□	residence [rézidəns]	名 住宅，邸宅，本社，居住すること，在住期間 ☞ 動 reside (居住する)
□□	resident [rézidənt]	名 居住者，入居者，駐在員
□□	residential [rèzidénʃəl]	形 住宅の，住居の，宿泊施設のある
□□	surplus [sə́ːrplʌs]	名 余り，過剰，剰余金　形 余った，余分の
□□	deficit [défəsit]	名 不足，赤字，不利，債務超過
□□	contradict [kàntrədíkt]	動 矛盾する，～を否認する，～に反論する ☞ 形 contradictory (矛盾している，議論好きな)
□□	contradiction [kàntrədíkʃən]	名 否認，反駁，矛盾 (するものこと)
□□	discrepancy [diskrépənsi]	名 食い違い，相違
□□	withhold [wiðhóuld]	動 ～を差し控える，～を自制する，～を与えないでおく，～を源泉徴収する
□□	withstand [wiðstǽnd]	動 ～に抵抗する，～を持ちこたえる，～を我慢する

3799	□□	規制に**従う**	**comply** with regulations
3800	□□	会社の方針**に従って**	in **compliance** with company policy
3801	□□	基準に**従う**	**conform** to a standard
3802	□□	規則に**従う**	**abide** by a rule
3803	□□	**欠陥のある**商品	a **defective** product
3804	□□	構造上の**欠陥**	a structural **defect**
3805	□□	根本的な**欠陥**	a fundamental **flaw**
3806	□□	研修コースに**登録する**	**enroll** in a training course
3807	□□	大学の**学生数**	university **enrollments**
3808	□□	一部の詳細を**除外する**	**omit** certain details
3809	□□	プログラムの一部を**省略する**	**skip** part of a program
3810	□□	レターに小切手を**同封する**	**enclose** a check with a letter
3811	□□	アルミニウムの**覆い**	an aluminum **enclosure**
3812	□□	スタッフを**削減する**	**downsize** the staff
3813	□□	必要に**応じる**	**cater** to a need
3814	□□	商品の**在庫**を調べる	take **inventory** of products
3815	□□	成功した**起業家**	a successful **entrepreneur**
3816	□□	**配偶者**扶助プログラム	a **spouse** support program
3817	□□	**教職員**のひとり	a **faculty** member
3818	□□	中流家庭の**育ち**	a middle-class **upbringing**
3819	□□	シリアル食品の販売**通路**	the cereal **aisle**
3820	□□	**埠頭**で	on the **pier**
3821	□□	有機**肥料**	an organic **fertilizer**
3822	□□	**しみ**を抜く	remove **stains**
3823	□□	**直接の**経験	**firsthand** experience

□□	**comply** [kəmplái]	動《comply with ... で》～に従う，～に応じる
□□	**compliance** [kəmpláiəns]	名 法令遵守，応諾，追従
□□	**conform** [kənfɔ́:rm]	動《conform to ... で》～に従う，～を守る，～に従わせる，～に一致させる　☞名 conformity（順応，従順）
□□	**abide** [əbáid]	動《abide by ... で》（規則など）に従う，我慢する
□□	**defective** [diféktiv]	形 欠点のある，不完全な，欠けている　名 欠点のあるもの
□□	**defect** [dí:fekt, difékt]	名 欠点，欠陥，短所，不足
□□	**flaw** [flɔ́:]	名 傷，ひび，（性格などの）欠点，（文書などの）不備　☞形 flawed（欠陥のある）
□□	**enroll** [enróul]	動 名前を登録する，入学［入会］する，～を入学［入会］させる
□□	**enrollment** [enróulmənt]	名 入学，加入，登録
□□	**omit** [oumít]	動 ～を省略する，～し忘れる　☞名 omission（省略）
□□	**skip** [skíp]	動 跳ね回る，～を省略する，～を休む，～を跳び越す　名 軽く跳ぶこと，省略
□□	**enclose** [enklóuz]	動 ～を囲む，～を同封する，～を含む
□□	**enclosure** [enklóuʒər]	名 包囲，同封，囲われた土地，囲うもの，（レターなどの）同封物
□□	**downsize** [dáunsàiz]	動 ～を小型化する，（人員など）を削減する
□□	**cater** [kéitər]	動 料理を出す，仕出しをする，応じる，満たす
□□	**inventory** [ínvəntɔ̀:ri]	名 目録，在庫，棚卸し
□□	**entrepreneur** [ɑ̀:ntrəprənə́:r]	名 起業家，起業家，事業家，仲介（業）者
□□	**spouse** [spáus]	名 配偶者，伴侶　☞形 spousal（配偶者の）
□□	**faculty** [fǽkəlti]	名 職員，教員，学部教授陣，才能
□□	**upbringing** [ʌ́pbrìŋiŋ]	名 しつけ，育て方
□□	**aisle** [áil]	名 通路
□□	**pier** [píər]	名 さん橋，埠頭，防波堤
□□	**fertilizer** [fə́:rtəlàizər]	名 肥料，豊かにする人　☞動 fertilize（～を肥沃にする）　名 fertility（肥沃さ，多産）
□□	**stain** [stéin]	名 しみ，汚れ，傷，汚点　動 ～にしみをつける，～を傷つける，～に着色する，～を汚す，汚れる，しみになる
□□	**firsthand** [fə̀:rsthǽnd]	形 直接の，じかの　☞形副 secondhand（中古の；中古で）

3824	□□ ウイルスに感染**しやすい**とわかる	prove **susceptible** to a virus
3825	□□ 破損**しやすく**なる	become **liable** to break
3826	□□ 過失に対する**責任**	**liability** for errors
3827	□□ 販売計画を**実行する**	**implement** a sales plan
3828	□□ **実行**日	an **implementation** date
3829	□□ 雇用を**打ち切る**	**terminate** employment
3830	□□ 契約の**打ち切り**	**termination** of a contract
3831	□□ 古い書類を**処分する**	**dispose** of old documents
3832	□□ 廃棄物**処理**	waste **disposal**
3833	□□ 収入への**補填**	a **supplement** for income
3834	□□ **付録**を編集する	edit an **appendix**
3835	□□ **からっぽの**部屋	a **vacant** room
3836	□□ オフィスの**空室**率	office **vacancy** rate
3837	□□ 敷地を**明け渡す**	**vacate** the premises
3838	□□ **診断された**病気症例	a **diagnosed** case of illness
3839	□□ **診断用**ソフトウェア	**diagnostic** software
3840	□□ 人々を納税から**免除する**	**exempt** people from paying tax
3841	□□ **免税**の資格がある	qualify for tax **exemptions**
3842	□□ 税**還付**	a tax **refund**
3843	□□ 商品券を**現金化する**	**redeem** a gift voucher
3844	□□ 国際**送金**	international **remittance**
3845	□□ ほころびを**縫う**	sew a **seam**
3846	□□ **衣装**バッグ	a **garment** bag
3847	□□ ビジネス用の**装い**	business **attire**
3848	□□ 顧客を**怒らせる**	**enrage** a customer
3849	□□ 知らせに**激怒**する	get **furious** at the news

□□	**susceptible** [səséptəbl]	形 感受性の強い，～を受けやすい，～に影響されやすい，～に感染しやすい ☞ 名 susceptibility (感受性)
□□	**liable** [láiəbl]	形 (法的に) 責任を負うべき，～しがちな，～しやすい
□□	**liability** [làiəbíləti]	名 責任，義務，負債，債務，不利益になるもの [人]
□□	**implement** [ímpləmènt]	動 ～を実行する，～を実施する，～を執行する 名 道具，用具，手段
□□	**implementation** [ìmpləməntéiʃən]	名 履行，実施，遂行
□□	**terminate** [tə́:rmənèit]	動 終わる，～を終わらせる，～を打ち切る
□□	**termination** [tə́:rmənéiʃən]	名 終了させること，結末，結果
□□	**dispose** [dispóuz]	動 ～を配置する，《dispose of ... で》～を処分する
□□	**disposal** [dispóuzl]	名 処分，廃棄，売却，自由に使えること
□□	**supplement** [sʌ́pləmənt]	名 補足，追加，付録，サプリメント 動 ～を補う，～を追加する
□□	**appendix** [əpéndiks]	名 付録，付属書，別表，盲腸 ☞ 動 append (～を追加する)
□□	**vacant** [véikənt]	形 空の，空いている，使われていない，欠員がある，うつろな
□□	**vacancy** [véikənsi]	名 空き，空室，空虚さ
□□	**vacate** [véikeit, vəkéit]	動 身を引く，～を辞任する，～を立ち退く
□□	**diagnose** [dàiəgnóus]	動 ～を (…と) 診断する，(原因など) を突き止める ☞ 名 diagnosis (診断)
□□	**diagnostic** [dàiəgná(:)stik]	形 診断に関する，兆候を示す
□□	**exempt** [igzémpt]	動 ～を (…から) 免除する，～を (…から) 適用しない 形 免除されて
□□	**exemption** [igzémpʃən]	名 免税 (品)，控除，課税控除額
□□	**refund** [rí:fʌ̀nd; rifʌ́nd]	名 払い戻し 動 ～に (…を) 返済する，～に (…を) 払い戻す ☞ 形 refundable (返金可能な)
□□	**redeem** [ridí:m]	動 ～を改善する，～を商品に換える，～を買い戻す，～を履行する，(名誉など) を回復する ☞ 形 redeemable (現金化可能な)
□□	**remittance** [rimítəns]	名 送金 (方法)，送金額 ☞ 動 remit (～を送る)
□□	**seam** [sí:m]	名 縫い目，継ぎ目，縫い跡 動 ～を縫い合わせる，～にしわを生じさせる，～に傷をつける ☞ 形 seamless (円滑な)
□□	**garment** [gá:rmənt]	名 衣服
□□	**attire** [ətáiər]	名 衣装，正装
□□	**enrage** [enréidʒ]	動 ～をひどく怒らせる，～を激怒させる ☞ 名 rage (怒り)
□□	**furious** [fjúəriəs]	形 ひどく立腹した，怒り狂った，(活動が) 激しい ☞ 名 fury (怒り)

3850	□□ 火災の**危険**	a fire **hazard**
3851	□□ 環境に**危険を及ぼす**	become **hazardous** to the environment
3852	□□ ガイドライン**に従う**	**adhere** to guidelines
3853	□□ **接着**テープ	**adhesive** tape
3854	□□ 写真を用紙に**貼り付ける**	**glue** a photo to a form
3855	□□ 成長を**抑制する**	**constrain** growth
3856	□□ 財務的な**制約**	a financial **constraint**
3857	□□ 商品**券**	a gift **certificate**
3858	□□ 教員**資格**	teacher **certification**
3859	□□ 選挙結果を**認定する**	**certify** election results
3860	□□ 旅行**割引券**	a travel **voucher**
3861	□□ 高等教育の地位を**引き上げる**	**elevate** the status of higher education
3862	□□ 常勤従業員数を**上回る**	**outnumber** full-time employees
3863	□□ 手数料を**発生させる**	**incur** a handling fee
3864	□□ 出資者を**募る**	**solicit** investors
3865	□□ 常に**変動する**	**fluctuate** constantly
3866	□□ **ひと束**の写真	a **packet** of photos
3867	□□ **統計**によれば	according to **statistics**
3868	□□ **ノルマ**を果たす	meet a **quota**
3869	□□ **文房具**店	a **stationery** store
3870	□□ 大学**授業料**	university **tuition**
3871	□□ カロリー**摂取**	calorie **intake**
3872	□□ 通りすぎていく**通行人**	**pedestrians** walking past
3873	□□ 会社の**小旅行**	a company **excursion**

□□	**hazard** [hǽzərd]	名 危険（要素）　動 ～を危険にさらす，危険を冒す，思い切って言う
□□	**hazardous** [hǽzərdəs]	形 有害な，危険な
□□	**adhere** [ədhíər]	動《adhere to ... で》～に従う，～に固執する，～に付着する ☞ 名 adherence（遵守）　形 adherent（遵守する，粘着する）
□□	**adhesive** [ədhí:siv, æd-]	形 粘着性の，接着性の，くっついて離れない　名 接着剤
□□	**glue** [glú:]	動 ～を接着剤でつける　名 接着剤，のり，結びつける力
□□	**constrain** [kənstréin]	動 ～を強いる，～を抑制する，～を拘束する，～を抑圧する
□□	**constraint** [kənstréint]	名 強制，抑制，制限
□□	**certificate** [sərtífikət]	名 証明（書），免許状　☞ 熟 gift certificate（商品券）
□□	**certification** [sə̀:rtifikéiʃən]	名 証明（書），認可
□□	**certify** [sə́:rtifài]	動 ～を証明する，～を認証する，～の証明書を発行する
□□	**voucher** [váutʃər]	名 証明書，領収書，引換券，割引券　☞ 熟 gift voucher（商品券）
□□	**elevate** [éləvèit]	動 ～を高める，（声・視線など）を上げる，～を持ち上げる，（値，量など）を上昇させる　☞ 名 elevation（上昇）
□□	**outnumber** [àutnʌ́mbər]	動 ～より数が多い，～に数で勝る
□□	**incur** [inkə́:r]	動（結果として負債，損失など）を被る，責任を負う
□□	**solicit** [səlísət]	動 ～を誘う，～を求める，～に懇願する，～にせがむ，～に声をかける　☞ 名 solicitation（懇願，誘い）
□□	**fluctuate** [flʌ́ktʃuèit]	動 上下する，変動する　☞ 名 fluctuation（上下動，変動）
□□	**packet** [pǽkət]	名 小さな包み，パック，パケット　動 ～を小包にする
□□	**statistics** [stətístiks]	名 統計（学）　☞ 形 statistical（統計の）
□□	**quota** [kwóutə]	名 分配，割り当て，定数
□□	**stationery** [stéiʃənèri]	名 文房具　☞ 形 stationary（静止した）
□□	**tuition** [tju(:)íʃən]	名 指導，授業，授業料
□□	**intake** [íntèik]	名 摂取量，採用者（数），取り込み口
□□	**pedestrian** [pədéstriən]	名 歩行者　形 歩行者の，徒歩の
□□	**excursion** [ikskə́:rʒən]	名 小旅行，遠足，脱線

GROUP 80

3874 - 3922

3874	□□ その機器と**互換性のある**バッテリ	a battery **compatible** with the device
3875	□□ 現行システムと**互換性がない**ようである	appear **incompatible** with the current system
3876	□□ 迅速な経済**回復**	a quick economic **turnaround**
3877	□□ 投票者**数**	voter **turnout**
3878	□□ スタッフ**離職**率	a staff **turnover** rate
3879	□□ **急上昇する**価格	**soaring** prices
3880	□□ 出世の階段を**上がる**	**ascend** the corporate ladder
3881	□□ **降順**で	in **descending** order
3882	□□ 経済の**悪化**	a **downturn** in the economy
3883	□□ **蒸し暑い**天気	**humid** weather
3884	□□ 耐えがたい**湿気**	intolerable **humidity**
3885	□□ 異なる**視点**から	from a different **standpoint**
3886	□□ **行き詰まって**	at a **standstill**
3887	□□ 文化的**多様性**	cultural **diversity**
3888	□□ 投資先一覧を**多角化する**	**diversify** investment portfolios
3889	□□ **雑**費	**miscellaneous** expenses
3890	□□ ニューズレターを**定期購読する**	**subscribe** to a newsletter
3891	□□ **定期購読**を申し込む	take out a **subscription**
3892	□□ **定期利用者**を増やす	increase **subscribers**
3893	□□ 財源を**割り当てる**	**allocate** resources
3894	□□ 仕事に時間を**割り当てる**	**allot** hours to a task
3895	□□ 金を**とっておく**	**earmark** money
3896	□□ **通勤する**	**commute** to work
3897	□□ **通勤**定期券	a **commuter** pass

□□	**compatible** [kəmpǽtəbl]	形 相性がよい，矛盾のない，両立できる，互換性のある ☞ 名 compatibility（互換性）
□□	**incompatible** [ìnkəmpǽtəbl]	形 気が合わない，両立しない，互換性がない ☞ 名 incompatibility（互換性がないこと）
□□	**turnaround** [tə́:rnəràund]	名 方向転換，建て直し，転換，逆転，（思想などの）転向
□□	**turnout** [tə́:rnàut]	名 出席者，観客数，実投票者数，生産高
□□	**turnover** [tə́:rnòuvər]	名 回転率，労働移動率，離職率，転覆
□□	**soar** [sɔ́:(r)]	動 急に舞い上がる，急騰する，急上昇する，膨らむ，高まる 名 急上昇すること，空高く舞い上がること
□□	**ascend** [əsénd]	動 上昇する，（～を）登る，高い地位に就く ☞ 名 ascendancy（優位，支配）　名形 ascendant（優勢；上昇する，優勢な）
□□	**descend** [disénd]	動 下降する，（～を）下る，（祖先から／子孫へと）伝わる ☞ 名 descendant（子孫，後継）
□□	**downturn** [dáuntə̀:rn]	名 下降，悪化，低迷，沈滞，低下 ☞ 名動 upturn（上昇，好転；上向く）
□□	**humid** [hjú:mid]	形 湿気のある，湿った，多湿の
□□	**humidity** [hju:mídəti]	名 湿度，湿り気
□□	**standpoint** [stǽndpɔ̀int]	名 立場，見地，観点
□□	**standstill** [stǽndstìl]	名 停止，行き止まり，行き詰まり
□□	**diversity** [dəvə́:rsəti, dai-]	名 多様性，相違点　☞ 形 diverse（多様な）
□□	**diversify** [dəvə́:rsəfài, dai-]	動（～を）多様化する，（～を）多角化する
□□	**miscellaneous** [mìsəléiniəs]	形 種々雑多な（ものから成る），多方面の ☞ 名 miscellany（寄せ集め）
□□	**subscribe** [səbskráib]	動 定期購読する
□□	**subscription** [səbskrípʃən]	名（定期）購読，会員，賛同，署名
□□	**subscriber** [səbskráibər]	名 購読者，加入者，サービス利用者
□□	**allocate** [ǽləkèit]	動 ～を割り当てる，～を配置する　☞ 名 allocation（割り当て）
□□	**allot** [əlát]	動 ～を割り当てる，～を分配する　☞ 名 allotment（割り当て）
□□	**earmark** [íərmà:rk]	動 ～に目印をつける，（金など）を取っておく［充てる］　名 耳印，目印
□□	**commute** [kəmjú:t]	動 通勤する，通学する　☞ 名 commutation（通勤）
□□	**commuter** [kəmjú:tər]	名 通勤者

3898	□□ **急いで**	in **haste**.
3899	□□ **急いで**話題を変える	**hastily** change topics
3900	□□ 交渉を**急ぐ**	**hasten** a negotiation
3901	□□ コンピュータ**ウイルス**	a computer **virus**
3902	□□ インフルエンザ**ワクチン接種**	a flu **vaccination**
3903	□□ 取引を**仲介する**	**broker** a deal
3904	□□ **仲介**会社	a **brokerage** firm
3905	□□ イベントを**祝う**	**commemorate** an event
3906	□□ **記念**写真	a **commemorative** photo
3907	□□ 商用**不動産業者**	a commercial **realtor**
3908	□□ 高層**マンション**	a high-rise **condominium**
3909	□□ **長期的な**計画	a **long-term** plan
3910	□□ **短期**投資	a **short-term** investment
3911	□□ **請願書**を提出する	file a **petition**
3912	□□ **請求書**を送る	send an **invoice**
3913	□□ ソフトウェア**販売業者**	a software **vendor**
3914	□□ **配管業者**に電話をする	call a **plumber**
3915	□□ **宅配便**サービス	a **courier** service
3916	□□ 良好な**衛生状態**	good **hygiene**
3917	□□ 強力な**洗剤**	a strong **detergent**
3918	□□ 記念の**盾**を受け取る	receive a memorial **plaque**
3919	□□ **工科専門校**で学ぶ	study at a **polytechnic** institute
3920	□□ **一流の**大学	a **prestigious** university
3921	□□ **とても忙しい**予定	a **hectic** schedule
3922	□□ **香辛料のきいた**食べ物	**spicy** food

□□	**haste** [héist]	名 急ぎ，急ぐこと　☞ 熟 in haste (急いで)
□□	**hastily** [héistili]	動 急いで，急に
□□	**hasten** [héisn]	動 急いで～する，～を急がせる，～を急きたてる
□□	**virus** [váiərəs]	名 ウイルス，ウイルス性疾患，害悪，コンピュータウイルス ☞ 形 viral (ウイルスの，伝播性の)
□□	**vaccination** [væksənéiʃən]	名 ワクチン接種，予防接種 ☞ 動 vaccinate (～にワクチンを接種する)
□□	**broker** [bróukər]	動 ～を仲介する　名 仲買人，仲介業者，影の実力者
□□	**brokerage** [bróukəridʒ]	名 仲買業務，仲買業者，仲買手数料
□□	**commemorate** [kəmémərèit]	動 ～を祝う，～を記念する，記念となる，祝う ☞ 名 commemoration (祝い)　熟 in commemoration of ... (～記念して)
□□	**commemorative** [kəmémərèitiv, -rə-]	形 記念の，記念して
□□	**realtor** [rí:əltər, -tò:r]	名 不動産業者
□□	**condominium** [kàndəmíniəm]	名 分譲マンション，共同統治　☞ 名 condo (分譲マンション)
□□	**long-term** [lɔ̀(:)ŋtə́:rm]	形 長期の，長期的な，長期間の
□□	**short-term** [ʃɔ̀:rttə́:rm]	形 短期の，短期的な，短期間の
□□	**petition** [pətíʃən]	名 請願 (書)，嘆願 (書)，申請 (書)，陳情 (書)　動 ～に請願する，～に嘆願する
□□	**invoice** [ínvɔis]	名 請求 (明細) 書，インボイス，送り状
□□	**vendor** [véndər]	名 供給業者，販売会社
□□	**plumber** [plʌ́mər]	名 配管工
□□	**courier** [kúriər, kə́:riər]	名 配達人，配達業者，密使　動 (書類など) を配達する
□□	**hygiene** [háidʒi:n]	名 衛生状態，健康法　☞ 形 hygienic (衛生的な，衛生学の)
□□	**detergent** [ditə́:rdʒənt]	名 合成洗剤
□□	**plaque** [plǽk]	名 飾り額，(記念) 盾，バッジ
□□	**polytechnic** [pàlitéknik]	名 技術系専門学校，ポリテクニック
□□	**prestigious** [prestídʒiəs]	形 名声のある，一流の，高名な　☞ 名 prestige (名声)
□□	**hectic** [héktik]	形 熱狂した，多忙を極めた，消耗性の
□□	**spicy** [spáisi]	形 香辛料のきいた，ピリッとした，きわどい ☞ 名 spice (香辛料)

Score Level 860

スコアレベル 860

3923	□□ 総額から 10 パーセントを**引く**	**subtract** 10 percent from the total
3924	□□ 経費を**差し引く**	**deduct** expenses
3925	□□ **税控除**	a tax **deduction**
3926	□□ 経費を**払い戻す**	**reimburse** expenses
3927	□□ **返金**方針	a **reimbursement** policy
3928	□□ 人員削減を**許可する**	**warrant** downsizing
3929	□□ **保証書**が付いている	come with a **warranty**
3930	□□ 英語を**流暢に**話す人	a **fluent** speaker of English
3931	□□ **雄弁な**スピーチ	an **eloquent** speech
3932	□□ 英語の**技能**	**proficiency** in English
3933	□□ 労働者を**派遣する**	**dispatch** a worker
3934	□□ **委託販売**商品	merchandise on **consignment**
3935	□□ 政府による**補助金**	a government **subsidy**
3936	□□ **子会社**を運営する	operate a **subsidiary**
3937	□□ 燃料費を**補助する**	**subsidize** fuel costs
3938	□□ 伝統を**守る**	**uphold** traditions
3939	□□ オフィスを**改装する**	**refurbish** an office
3940	□□ 法律を**制定する**	**enact** a law
3941	□□ 医学的治療を**選択**しない	**opt** out of medical treatment
3942	□□ 新システムを**始動させる**	**inaugurate** a new system
3943	□□ 方針を**撤回する**	**waive** a policy
3944	□□ 書類かばんを**強く握る**	**clasp** a briefcase
3945	□□ 将来を**じっくり考える**	**contemplate** the future
3946	□□ 広く**称賛されている**自伝	a widely **acclaimed** autobiography
3947	□□ 理念を**具現化する**	**embody** an ideal
3948	□□ 光を**放つ**	**emit** light

□□	**subtract** [səbtrǽkt]	動 ～を減じる，～を引く ☞ 名 subtraction (引き算，控除)
□□	**deduct** [didʌ́kt]	動 ～を差し引く，～を控除する，～を推定する ☞ 形 deductible (控除対象となる)
□□	**deduction** [didʌ́kʃən]	名 差し引き，控除，推論
□□	**reimburse** [rìːimbə́ːrs]	動 ～を払い戻す，～を返金する，～に賠償する
□□	**reimbursement** [rìːimbə́ːrsmənt]	名 返済，償還
□□	**warrant** [wɔ́(ː)rənt]	動 ～を正当化する，～を保証する，～に認可を与える 名 認可(書)，根拠，保証
□□	**warranty** [wɔ́(ː)rənti]	名 認可，根拠，保証書
□□	**fluent** [flúːənt]	形 流ちょうな，堪能な，雄弁な ☞ 名 fluency (流ちょうさ)
□□	**eloquent** [éləkwənt]	形 雄弁な，能弁な，聴衆に強く訴える，表情豊かな ☞ 名 eloquence (雄弁さ)
□□	**proficiency** [prəfíʃənsi]	名 上達，熟練，熟達 ☞ 形 proficient (熟達した)
□□	**dispatch** [dispǽtʃ]	動 ～を発送する，～を派遣する 名 発送，派遣，公文書
□□	**consignment** [kənsáinmənt]	名 引き渡すこと，委ねること，委託販売，引き渡したもの ☞ 動 consign (～を委託する，発送する)
□□	**subsidy** [sʌ́bsədi]	名 助成金，補助金
□□	**subsidiary** [səbsídièri, -əri]	名 子会社，補助者 形 補助する，従属的な
□□	**subsidize** [sʌ́bsədàiz]	動 ～に助成金を支給する
□□	**uphold** [ʌphóuld]	動 ～を支持する，～を守る，～を維持する
□□	**refurbish** [rifə́ːrbiʃ]	動 ～を一新する，～を改装する，～を磨き直す ☞ 名 refurbishment (改装)
□□	**enact** [enǽkt]	動 ～を制定する，～を法律にする，～を実行に移す ☞ 名 enactment (制定，立法化)
□□	**opt** [ápt]	動 選択する ☞ 名 option (選択肢)
□□	**inaugurate** [inɔ́ːgjərèit]	動 ～を開設する，～を始動させる，～を就任させる ☞ 名 inauguration (就任) 形 inaugural (就任の)
□□	**waive** [wéiv]	動 ～を放棄する，～を断念する，～を撤回する，～を無効にする ☞ 名 waiver (放棄，免除)
□□	**clasp** [klǽsp]	動 ～を (留め金で) 留める，～を握りしめる，～を抱きしめる
□□	**contemplate** [kántəmplèit]	動 ～をよく考える，～を熟考する，～を熟視する ☞ 名 contemplation (熟考)
□□	**acclaim** [əkléim]	動 ～を称賛する，～を喝采して迎える 名 喝采 ☞ 名 acclamation (称賛)
□□	**embody** [embádi]	動 (思想・感情など) を具体化する，～を組織化する，～を含む ☞ 名 embodiment (具現)
□□	**emit** [imít]	動 (熱・音など) を出す，(言葉など) を口に出す，(意見など) を述べる ☞ 名 emission (放熱，放射)

3949	□□ 成功物語を**作り上げる**	**concoct** a success story
3950	□□ すばやく**焼かれた**肉	quickly **seared** meat
3951	□□ **偏った**実験結果	**biased** experiment results
3952	□□ 症状が**発現**してから	from **onset** of symptoms
3953	□□ **導入**コース	an **induction** course
3954	□□ **初期設定の**環境	the **default** settings
3955	□□ **基準**を満たす	meet the **criterion**
3956	□□ 文化遺産に**敬意**を示す	pay **homage** to the cultural heritage
3957	□□ ビデオ**監視**装置	video **surveillance** equipment
3958	□□ 仕立て職人の**見習い**	an **apprentice** tailor
3959	□□ **好調な**販売	**brisk** sales
3960	□□ **時間に正確な**従業員	a **punctual** employee
3961	□□ **もうかる**事業	a **lucrative** business
3962	□□ **不可欠な**部分	an **integral** part
3963	□□ プロジェクトについて**不安そうに**見える	look **apprehensive** about a project
3964	□□ **むだな**試み	a **futile** attempt
3965	□□ **度を越した**称賛	**fulsome** praise
3966	□□ **うぬぼれた**様子で	in a **conceited** manner

□□	**concoct** [kankákt]	動 ～を混ぜて作る，～を巧みに作る，～をでっち上げる ☞ 名 concoction（混合，でっち上げ）
□□	**sear** [síər]	動 ～を（さっと）焼く，～を焦がす
□□	**bias** [báiəs]	動 ～に偏りを生じさせる　名 歪み，偏見，先入観，ひいき，好み ☞ 形 biased（偏りのある）
□□	**onset** [ánsèt]	名 開始，着手，出だし
□□	**induction** [indʌ́kʃən]	名 誘導，導入，加盟　☞ 動 induce（～を誘導する）
□□	**default** [difɔ́:lt]	名 債務不履行，既定事項，初期設定　動 債務を返済できなくなる
□□	**criterion** [kraitíəriən]	名 基準，規範，尺度
□□	**homage** [hámidʒ]	名 敬意，尊敬
□□	**surveillance** [səːrvéiləns]	名 監視，見張り，監督　☞ 動 surveil（～を監視する）
□□	**apprentice** [əpréntis]	名 徒弟，見習い　動 ～を徒弟に出す，見習いにする
□□	**brisk** [brísk]	形 活発な，爽快な，活況の　☞ 名 briskness（活発さ）
□□	**punctual** [pʌ́ŋktʃuəl]	形 時間を守る，定時の　☞ 名 punctuality（時間を守ること）
□□	**lucrative** [lú:krətiv]	形 もうかる，利益の上がる　☞ 名 lucrativeness（もうかること）
□□	**integral** [íntəgrl]	形 なくてはならない，不可欠の，完全な　名 全体
□□	**apprehensive** [æprihénsive]	形 懸念して，心配して，理解の早い ☞ 動 apprehend（～を捕らえる）　名 apprehension（懸念，心配，逮捕）
□□	**futile** [fjú:tl, -tail]	形 むだな，無益な，（人が）つまらない，無能の ☞ 名 futility（無益）　形 fertile（肥沃な，豊かな）
□□	**fulsome** [fúlsəm]	形 過度の，度を越した，不快な
□□	**conceited** [kənsí:tid]	形 うぬぼれが強い，自負心の強い，突飛な思いつきをする ☞ 名 conceit（うぬぼれ，虚栄心）

3967	□□	**実行可能な**考え	a **feasible** idea
3968	□□	技術的な**実行可能性**	technical **feasibility**
3969	□□	**緩やかな**出足	a **sluggish** start
3970	□□	市場の**暴落**	a market **slump**
3971	□□	大規模な**停電**	a massive **blackout**
3972	□□	**決裂した**会談	the **collapsed** talks
3973	□□	研究センターと**共同作業する**	**collaborate** with a research center
3974	□□	研究センターとの**共同作業**	**collaboration** with a research center
3975	□□	**劇的な**影響	a **drastic** effect
3976	□□	**劇的に**改善する	**drastically** improve
3977	□□	決定を**取り下げる**	**retract** a decision
3978	□□	**撤回**を要求する	demand a **retraction**
3979	□□	注文の**未処理分**	a **backlog** of orders
3980	□□	交通**渋滞**を緩和する	reduce traffic **congestion**
3981	□□	**試作品**を開発する	develop a **prototype**
3982	□□	安全にかかわる**規約**	a security **protocol**
3983	□□	ともにグラスを**カチンと合わせる**	**clink** glasses together
3984	□□	群衆を**追い払う**	**disperse** a crowd
3985	□□	単語を**短縮する**	**abbreviate** a word
3986	□□	野心を**抱く**	**nourish** an ambition
3987	□□	合意書の条件を**規定する**	**stipulate** conditions of an agreement
3988	□□	販売データを**回収する**	**retrieve** sales data
3989	□□	ビデオを**埋め込む**	**embed** a video
3990	□□	会社と顧客の利益を**調整する**	**align** the interest of the company and its clients
3991	□□	景勝地に**引きつけられる**	**gravitate** toward scenic places
3992	□□	努力に**報いる**	**requite** effort

□□	**feasible** [fí:zəbl]	形 実行できる，実現可能な，適した
□□	**feasibility** [fì:zəbíləti]	名 実行できること，実現の可能性
□□	**sluggish** [slʌ́giʃ]	形 緩やかな，不活発な，機能の低い，不景気な ☞ 名 sluggishness（不活発）
□□	**slump** [slʌ́mp]	名 暴落，不景気，不評　動 落ちる，ばったり倒れる，暴落する，急に衰える
□□	**blackout** [blǽkàut]	名 停電，報道管制，（一時的な）意識不明
□□	**collapse** [kəlǽps]	動 崩壊する，失敗する，衰弱する，～を折りたたむ　名 崩壊，決裂，挫折　☞ 形 collapsible（折りたたみ式の）
□□	**collaborate** [kəlǽbərèit]	動 共同して取り組む，共同研究する，共同して働く ☞ 形 collaborative（共同の，協力的な）
□□	**collaboration** [kəlæ̀bəréiʃən]	名 協力，協同，共同研究
□□	**drastic** [drǽstik]	形 劇的な，過激な，抜本的な
□□	**drastically** [drǽstikli]	副 抜本的に，大々的に，劇的に
□□	**retract** [ritrǽkt]	動 ～を撤回する，～を格納する，後戻りする
□□	**retraction** [ritrǽkʃən]	名 撤回，取り消し
□□	**backlog** [bǽklɔ̀(:)g]	名 未処理分，在庫　動 ～を予備として確保する
□□	**congestion** [kəndʒéstʃən]	名 密集，過密，うっ血　☞ 形 congested（密集した）
□□	**prototype** [próutətàip]	名 試作品，プロトタイプ　☞ 形 prototypical（典型的な）
□□	**protocol** [próutəkɑ̀l]	名 礼儀作法，協定，議定書，（一連の）手続き
□□	**clink** [klíŋk]	動 ～をチリン［カチン］と鳴らす　名 チリン［カチン］という音
□□	**disperse** [dispə́:rs]	動 分散する，～を分散させる，～をまき散らす，～を普及させる ☞ 名 dispersal（散布）
□□	**abbreviate** [əbrí:vièit]	動 ～を省略する，～を簡潔にする　☞ 名 abbreviation（省略）
□□	**nourish** [nə́:riʃ]	動 ～を養う，～に滋養物を与える，～に肥料をやる，～を奨励する，～を育成する　☞ 名 nourishment（栄養物）
□□	**stipulate** [stípjəlèit]	動 ～を規定する，～を明記する　☞ 名 stipulation（契約〔条項〕）
□□	**retrieve** [ritrí:v]	動 ～を取り戻す，～を回収する，～を検索する，～を回復する，～を償う　☞ 名 retrieval（検索，回復）
□□	**embed** [imbéd]	動 ～を埋め込む，～を（心・記憶などに）深くとどめる，（球根などを）苗床に植える
□□	**align** [əláin]	動 ～を整列する，～を一直線に並べる，～を提携させる ☞ 名 alignment（調整）
□□	**gravitate** [grǽvətèit]	動 引きつけられる，引き寄せられる ☞ 名 gravitation（引力，重力）　形 gravitational（引力の，重力の）
□□	**requite** [rikwáit]	動 ～に報いる

3993	□□ イベントを**準備する**	**orchestrate** an event
3994	□□ 勝利を**味わう**	**savor** a victory
3995	□□ **散らかった品々**を片付ける	remove the **clutter**
3996	□□ 国際**拠点**	an international **hub**
3997	□□ モバイルコミュニケーションの**到来**	the **advent** of mobile communication
3998	□□ 会話の**要点**	the **gist** of conversation
3999	□□ **理論的な枠組み**の変化	a **paradigm** shift
4000	□□ **問い合わせ**に返信する	reply to a **query**
4001	□□ **学位**を有する	hold a **diploma**
4002	□□ **人口動態**予測	**demographic** projection
4003	□□ **法務助手**を探す	seek a **paralegal**
4004	□□ **広く行きわたっている**ソーシャルメディアの形態	a **prevalent** form of social media
4005	□□ **数値の**データ	**numerical** data
4006	□□ 奇跡に**似た**もの	something **akin** to a miracle
4007	□□ **率直**に	in a **forthright** manner
4008	□□ **食べられる**植物	an **edible** plant
4009	□□ **引火性の**物質	a **flammable** substance
4010	□□ **多様な**消費者集団	an **eclectic** group of consumers

□□	**orchestrate** [ɔ́ːrkəstrèit]	動 ～を結集する，～を調整する，～を練り上げる，～を管弦楽に作曲する ☞ 名 orchestration（調整，組織化）
□□	**savor** [séivər]	動 ～を味わう，香りがする，賞味する 名 香り，風味，味わい，興味，おもしろさ
□□	**clutter** [klʌ́tər]	名 がらくた，散乱物，乱雑，騒音 動 ～を散らかす，騒音をたてる
□□	**hub** [hʌ́b]	名 中心，中枢，拠点
□□	**advent** [ǽdvent]	名 出現，到来，降臨
□□	**gist** [dʒíst]	名 要点，趣旨
□□	**paradigm** [pǽrədàim]	名 範例，思考の枠組み，パラダイム
□□	**query** [kwíəri]	名 質問，疑念 動 ～に質問する，～を疑う
□□	**diploma** [diplóumə]	名（高校，大学の）卒業証書，学位，免許状
□□	**demographic** [dèməgrǽfik]	名 特定人口集団 形 人口統計の ☞ 名 demography（人口動態）
□□	**paralegal** [pǽrəlìːgəl]	名 パラリーガル，法務助手
□□	**prevalent** [prévələnt]	形 広く行きわたった，普及した ☞ 動 prevail（流行している，打ち勝つ） 名 prevalence（はやり）
□□	**numerical** [njuːmérikl]	形 数字の，数字で表した ☞ 形 numeric（数の，計算の）
□□	**akin** [əkín]	形 血族の，同族の，類似した
□□	**forthright** [fɔ́ːrθràit]	形 率直な，直進の
□□	**edible** [édəbl]	形 食用の
□□	**flammable** [flǽməbl]	形 可燃性の，燃えやすい ☞ 形 inflammable（可燃性の）
□□	**eclectic** [ikléktik]	形 折衷的な，多岐に渡る，（趣味などが）広い

II

TOEIC® S&Wテストにも役立つ例文学習

Score

Level 350

スコアレベル
350

0001 □□ **make** [méik]

名 製，型，形式，種類 動 ～を作る，～を造る，～を創作する

Sir, if you tell me the **make** and model, I can search for the part.
(お客さま，**型**と機種を教えていただければ部品を探します)

☞《**make** of＋名詞》，動詞は《**make**＋目的語［名詞］(＋名詞・形容詞)》《**make**＋目的語［名詞］＋原形動詞》で覚えよう。名詞は可算名詞。 □ makeover (改装) □ makeshift (代用の，仮設の)

0002 □□ **maker** [méikər]

名 作る人，製作者，製造企業

I work for a medical equipment **maker**.
(私は医療機器の**製造企業**に勤めています)

☞《**maker** of＋名詞》で覚えよう。

0003 □□ **way** [wéi]

名 方法，手段，道，経路，観点 副 はるかに

We've found a better **way** of adapting to our new life in the countryside.
(私たちは，いなかでの新生活に適応するためのもっとよい**方法**を見つけた)

Could you tell me the **way** to Lake Ontario?
(Ontario 湖までの**道**を教えていただけますか)

☞《**way**＋to不定詞》《**way** of＋動名詞》《**way** of＋名詞》《**way** from/to＋名詞》，副詞は《**way**＋形容詞・副詞》で覚えよう。

0004 □□ **street** [stríːt]

名 街路

Since his retirement, Mr. Higgins is enjoying playing music on the **street**.
(引退してから Higgins さんは**路**上で音楽を演奏して楽しんでいる)

☞《**street** of＋名詞》《**street** from/to＋名詞》で覚えよう。 □ busy/crowded **street**「往来の多い道路」 □ congested **street**「交通渋滞した道路」

0005 □□ **yearly** [jíərli]

形 毎年の，例年の 副 毎年，一年ごとに

Raul makes a **yearly** visit to his doctor for a routine examination.
(Raul は定期的な検査を受けるために**毎年 1 回**医師を訪ねる)

☞《**yearly**＋名詞》，副詞は《動詞＋**yearly**》で覚えよう。 □ on a **yearly** basis「年 1 回で」

0006 □□ **monthly** [mʌ́nθli]

形 月 1 回の，毎月の，1 か月有効の 副 毎月，一月ごとに

Our new housing subsidy will be reflected in your **monthly** salary.
(当社の新たな住宅補助金は**毎月の**給与に反映されます)

☞《**monthly**＋名詞》，副詞は《動詞・形容詞＋**monthly**》で覚えよう。

0007 □□ **weekly** [wíːkli]

形 1 週間の，週に 1 回の 副 週 1 回で，毎週に 名 週刊誌

Our **weekly** work reports keep the manager up to date on the projects.
(**週間**業務報告書を通して，私たちはプロジェクトの最新状況を部長に伝えている)

☞《**weekly**＋名詞》，副詞は《動詞＋**weekly**》で覚えよう。

0008 □□ **weekday** [wí:kdèi]

名形 平日（の），週日（の）

The bus service is operating on a regular **weekday** schedule today.
（きょうは，バスはいつもの**平日の**予定で運行している）

《**weekday** of＋名詞》，形容詞は《**weekday**＋名詞》で覚えよう。 □ **weekday** schedule「平日スケジュール」

0009 □□ **weekend** [wí:kènd]

名形 週末（の）

Julio attended a conference over the **weekend**.
（Julio は**週末**にかけて大会に出席した）

《**weekend** of＋名詞》，形容詞は《**weekend**＋名詞》で覚えよう。 □ on the **weekend**「週末に」 □ over the **weekend**「週末の間に」

0010 □□ **daily** [déili]

形 毎日の，日単位の 副 毎日，一日ごとに

The results of the contest were announced in the **daily** newspaper.
（コンテストの結果は**日刊**新聞で発表された）

《**daily**＋名詞》，副詞は《動詞・形容詞＋**daily**》で覚えよう。

0011 □□ **little** [lítl]

代 少量，（わずかの）時間［距離］ 形 小さい，年少の，少ない，ほとんどない 副 少ししかない，ほとんど～ない

This article has very **little** to do with investment risks.
（この記事は投資リスクとは**ほとんど**関係が**ない**）

代名詞は《**little** of＋名詞》，形容詞は《a **little**＋名詞》《**little**＋名詞》，副詞は《a **little**＋形容詞》《動詞＋a **little**》で覚えよう。不可算名詞を修飾して量を表すときは a **little**「～が少量ある）」に対して **little**「～がほとんどない」

0012 □□ **less** [lés]

副 より少なく，～を下回る 形 より少ない，より小さい 代 より少ない量

The faster we address this issue, the **less** it will cost to fix it.
（この問題に早く対処すればするほど，修理にかかる費用は**少なく**なるだろう）

This issue seems more or **less** beyond our control.
（この問題は多**少**なりとも私たちの能力を超えているようだ）

《**less**＋形容詞（＋than＋名詞）》，形容詞は《**less**＋名詞》，代名詞は《**less** of＋名詞》で覚えよう。 □ more or **less**「多少は」 □ **less** and **less**「さらに少なく」

0013 □□ **least** [lí:st]

副 もっとも少なく 形 最小の，もっとも低い，わずかな 代 最少量，最小限

I hope to buy the **least** expensive insurance policy.
（**いちばん**安価な保険証券を購入したいのです）

We're not in the **least** bit worried about what will happen.
（何が起きるかなど**まったく**心配していません）

《the **least**＋形容詞＋名詞》，形容詞は《the **least**＋名詞》，代名詞は《the **least** of＋名詞》で覚えよう。 □ at **least**「少なくとも」 □ not (in) the **least**「まったく～ない」 □ to say the **least**「控えめに言っても」

0014 □□ **lessen** [lésn]

動 減少する，～を減少させる，～を弱める

You can **lessen** the risks of investment if you carefully monitor stock prices beforehand.
(事前に慎重に株価を追っておけば，投資リスクを**軽減できる**でしょう)

☞《**lessen**＋目的語［名詞］》で覚えよう。

0015 □□ **ever** [évər]

副 かつて，これまでに，ずっと，さらに

The design team finally created the most successful product **ever**.
(デザインチームはとうとう**かつてない**ヒット商品を生み出した)

☞ □ hardly **ever**「めったに～ない」 □ as **ever**「あいかわらず」 □ **ever** since「それ以来ずっと」
□ **ever** after「その後はずっと」

0016 □□ **never** [névər]

副 いまだかつて～ない，一度も～ない，決して～ない，ひとつも～ない，まさか～でない

Since you're new, it will **never** hurt to ask for help.
(あなたは新人ですから，手助けを求めることは**けっして**損になら**ない**ですよ)

☞ 文頭に置くと **Never** have/did/was I ... のように主語と動詞を倒置する。

0017 □□ **each** [iːtʃ]

形 それぞれの，めいめいの　副 それぞれが　代 それぞれ

Each customer will receive a free case with their new phone.
(顧客**ひとりひとり**が新しい電話とともに無料のケースを受け取ります)

☞《**each**＋可算名詞（単数）》，副詞は《動詞＋**each**》，代名詞は《**each** of＋可算名詞（複数）》で覚えよう。

0018 □□ **every** [évri]

形 あらゆる，どの～も，すべての，～ごとに

The quality control team ensures that **every** product is high quality.
(品質管理チームは，**あらゆる**製品が高品質であることを保証する)

☞《**every**＋可算名詞（単数）》で覚えよう。

0019 □□ **everybody** [évribàdi]

代 みんな，すべての人，だれでも

At Lakeside Resorts, **everybody** actively works to entertain the guests.
(Lakeside リゾートでは，宿泊客をもてなすために**全員が**積極的に仕事をする)

☞ everyone と同じ。所有格，目的格は現在では their/them を使うことが多い。

0020 □□ **everywhere** [évri(h)wèər]

副 いたるところで，どこにも，どこへ～しても　代 あらゆる場所

I see this supermarket **everywhere** I go.
(**どこへ行っても**このスーパーマーケットを目にします)

☞《動詞＋**everywhere**》，名詞は《**everywhere** in＋名詞》で覚えよう。everyplace と同じ。

0021 □□ **everyday** [évridèi]

形 毎日の，日々の

Time management is crucial for completing **everyday** tasks as planned.
(**毎日の**課題を計画どおりに完了するためには時間の管理がきわめて重要である)

《**everyday**＋名詞》で覚えよう。every day「毎日」と混同しないように。

0022 □□ **eat** [íːt]

動 ～を食べる，～を侵食する，(心)を蝕む，～を使い尽くす

Your concentration will suffer if you don't **eat** breakfast.
(朝食を**食べ**ないと集中力が損なわれますよ)

《**eat**＋目的語［名詞］》で覚えよう。 □ a bite to **eat**「食べ物，(簡単な)食事，軽食」□ **eat** out「外食する」□ go (out) to **eat**「食事に出る」

0023 □□ **drink** [dríŋk]

名 飲み物，酒類，ひと飲み 動 (飲み物など)を飲む

Can I have a **drink** of water, please? (水を**飲ませて**もらえますか)

《**drink** of＋名詞》，動詞は《**drink**＋目的語［名詞］》で覚えよう。

0024 □□ **hour** [áuə*r*]

名 1時間，時間，時間帯

As a part-timer, you will be paid by the **hour**.
(非常勤勤務ですから，あなたは**時間**給で支払われます)

《**hour** of＋名詞》で覚えよう。 □ by the **hour**「時間制で」

0025 □□ **hourly** [áuə*r*li]

形 1時間に1度の，1時間当たりの 副 1時間ごとに，毎時

The longer you stay with our store, the higher your **hourly** wage will be.
(当店での勤務期間が長くなるほど，受け取る**時間**給は上がるでしょう)

《**hourly**＋名詞》，副詞は《動詞＋**hourly**》で覚えよう。

0026 □□ **minute** [mínət; mainjúːt]

名 (時間単位としての)分，瞬間，覚え書き，《minutes で》議事録 形 微小な，詳細な，ささいな

If they offer me a promotion, I'll accept it in a **minute**.
(昇進を提示されれば**即座**にそれを受けます)

Could you forward me the meeting **minutes** so I can review them?
(会議の**議事録**を転送していただけますか，見直しますから)

We seem to have **minute** deviations in the test results.
(検査結果に**微妙な**基準外の値があるようです)

《**minute** of＋名詞》，形容詞は《**minute**＋名詞》《連結動詞＋**minute**》で覚えよう。 □ in a **minute**「すぐに」□ at the last **minute**「土壇場で」

0027 □□ **up** [ʌ́p]

副 前 上方へ，近づいて，進行中で 形 上に向かう，起きている，終わりで

The company's stock price went **up** six percent during today's trading.
(同社の株価はきょうの取引で6パーセント値**上がり**した)

《動詞＋**up**》，形容詞は《連結動詞＋**up**》で覚えよう。

0028 □□ **down** [dáun]

形 停止して，落ち込んで，頭金の　副 下方へ，向こうへ

◩ All printers on the third floor seem to be **down**.
（3 階のプリンターはすべて**故障して**いるようだ）

☞《連結動詞＋**down**》《**down**＋名詞》，副詞は《動詞・形容詞＋**down**》で覚えよう。□ **down** payment「頭金」

0029 □□ **beside** [bisáid]

前 ～のかたわらに，～の脇に，～と比べると

◩ That's an interesting thought, but I'm afraid it's **beside** the point.
（それはおもしろい考えですが，残念ながら要点から**外れて**います）

◩ We will send a senior manager to negotiate **beside** you.
（あなたの**横で**ともに交渉する上級部長を派遣します）

☞《**beside**＋名詞》で覚えよう。 □ **beside** *oneself*「我を忘れて」□ **beside** the point「的を外れて」

0030 □□ **besides** [bisáidz]

前 ～に加えて，～を除いて　副 そのうえ，そのほかに

◩ The accounting office is the only business on this floor **besides** us.
（その会計事務所はこの階で当社**を除く**唯一の事業所です）

☞《**besides**＋名詞》で覚えよう。副詞は，「さらに，そのうえ」という意味で文全体を修飾する。

0031 □□ **aside** [əsáid]

副 脇へ，反れて，別にして

◩ We set **aside** our differences to reach an agreement on the budget.
（私たちは相違点を**脇に**置いて予算について合意した）

☞《動詞（＋目的語［名詞］）＋**aside**》で覚えよう。 □ **aside** from ...「～を除いて，～に加えて」

0032 □□ **below** [bilóu]

前 ～の下に，～より低く，～未満で　副 下に，下記に

◩ This quarter's profits are **below** expectations.
（今四半期の利益は見込みを**下回って**いる）

☞《**below**＋名詞》，副詞は《動詞＋**below**》で覚えよう。above/**below** の組み合わせで覚えよう。
□ **below** average「平均以下で」□ and/or **below**「～以下で」

0033 □□ **beneath** [biníːθ]

前 ～の下に，～の下方に　副 下に

◩ The storage space is **beneath** this floor.
（保管スペースはこの階の**下に**あります）

☞《**beneath**＋名詞》，副詞は《動詞＋**beneath**》で覚えよう。underneath も同じ意味。

0034 □□ **out** [áut]

副 外に（出て），外で，公になって，すたれて，故障して

◩ The situation is **out** of my control.
（この状況は私の手には**負えません**）

◩ So are you in or **out**?
（それであなたは参加しますか，**参加しません**か）

☞《動詞＋**out**》《連結動詞＋**out**》《**out** of＋名詞》で覚えよう。

0035 □□ **over** [óuvər]

前 ～を越えて，～の間に　副 終わって，あふれて，越えて，何度も，じっくりと

◪ **Over** 20,000 viewers enjoyed the live concert online.
（2 万人を**超える**視聴者がオンラインでライブコンサートを楽しんだ）

◪ Can we talk about future plans **over** coffee or something?
（コーヒーでも飲み**ながら**今後の計画を話しませんか）

☞《**over**＋名詞》，副詞は《動詞＋**over**》《連結動詞＋**over**》で覚えよう。

0036 □□ **off** [ɔ́(:)f]

副 前 止まって，離れて，切れて，仕事を休んで，割引いて

◪ I'm going to take three days **off** this month.（私は今月は**休暇**を 3 日取ります）

☞《動詞＋**off**》《連結動詞＋**off**》，前置詞は《**off**＋名詞》で覚えよう。病気や休暇で学校，仕事を休んでいる状態を指すことも多い。 □ **off** duty「勤務を離れて」 □ a day **off**「一日休暇」

0037 □□ **away** [əwéi]

副 遠くに，離れて，向こうへ

◪ Mr. Takeda is **away** from his desk now.（Takeda さんはいま**席を外して**います）

☞《動詞＋**away**》《連結動詞＋**away**》《**away** from＋名詞》《名詞＋**away**》で覚えよう。時間的，空間的な隔たりを表す副詞。

0038 □□ **toward** [tɔ́:rd, təwɔ́:rd]

前 ～に向かって，～を向いて，～をめざして

◪ Mr. Wates claimed his luggage and headed **toward** the exit.
（Wates さんは手荷物を受け取ると出口**のほうへ**向かった）

☞《**toward**＋名詞》で覚えよう。toward は運動の方向を表し，to は目的地（への到着）を表す響きがある。

0039 □□ **against** [əgénst, əgéinst]

前 ～に反対して，～に逆らって，～に背いて，～に不利に

◪ The mobile phone maker tried to go **against** the trend of producing bigger devices.
（その携帯電話メーカーは大型端末を製造する流れの**逆を行こう**とした）

☞《**against**＋名詞》で覚えよう。「～に反対して」「～に立ち向かって」「～の不利になるように」「～に接触して」が基本の意味。 □ stand **against** ...「～に反対する」 □ lean **against** the wall「壁に寄りかかる」

0040 □□ **between** [bitwí:n]

前（2 つ，2 人）の間で

◪ Let's keep this information just **between** you and me for now.
（この情報はとりあえずあなたと私**の間**だけに留めましょう）

☞《**between** *A* and *B*》で覚えよう。 □ **between** you and me「私たちの間だけで」

0041 □□ **behind** [biháind]

前 ～の後ろに，～の後方に，～より遅れて，～を支援して　副 遅れて，後ろで

◪ The new project is running **behind** schedule.
（新プロジェクトは予定**より遅れて**いる）

☞《**behind**＋名詞》，副詞は《動詞＋**behind**》で覚えよう。 □ two weeks **behind** schedule「予定より 2 週間遅れて」 □ way **behind** schedule「予定より大幅に遅れて」 □ fall/lag **behind**「遅れる」

0042 □□ **beyond** [bijánd]

前 〜の向こう側に，〜を越えて，〜に及ばない　副 向こうに，以降に

Completing the project on time is **beyond** our current capability.
（予定どおりにプロジェクトを完了することは，いまの私たちの能力を**超えて**いる）

《**beyond**＋名詞》，副詞は《動詞＋**beyond**》で覚えよう。量や限界を「超えて」という意味でよく使う。

0043 □□ **also** [ɔ́:lsou]

副 また，そのうえ

Susan was **also** chosen for a promotion to management.
（Susan **も**経営陣への昇格者に選ばれた）

《be 動詞・助動詞＋**also**》《**also**＋動詞》主語を修飾するときは助動詞・動詞の前に置く。

0044 □□ **always** [ɔ́:(l)weiz]

副 常に，いつも，いつまでも，以前からずっと

I'll switch the lights off as **always**.
（**いつも**どおり私が照明を消します）

《be 動詞・助動詞＋**always**》《**always**＋動詞》で覚えよう。　□ as **always**「いつものとおり」（＝as usual）

0045 □□ **maybe** [méibi(:)]

副 おそらく，たぶん，もしかしたら

Maybe I'll join you, or **maybe** I won't.
（あなたと一緒に行く**かもしれません**し，行かない**かもしれません**）

副詞として文全体を修飾する。perhaps のほうがややフォーマル。

0046 □□ **well** [wél]

副 うまく，健康で　形 健康な　名 井戸，源泉

Mateo's presentation went so **well** that he became the project leader.
（Mateo のプレゼンテーションはとても**うまく**いき，彼はそのプロジェクトの責任者になった）

《動詞＋**well**》《**well** before/after/above/below＋名詞》，形容詞は《連結動詞＋**well**》，名詞は《**well** of＋名詞》で覚えよう。　□ as **well**「（〜も）また」□ as **well** as ...「〜だけでなく」□ speak/think **well** of ...「〜をほめる」

0047 □□ **ago** [əgóu]

副 （現在から見て）〜前に

The contract was signed three weeks **ago**.
（契約は 3 週間**前**に締結された）

《（数字＋）名詞＋**ago**》で覚えよう。現在からさかのぼって「〜前に」という意味。期間を表す数詞や，不定の時を表す語句の後に続けて，five years/hours **ago**，(a) long (time) **ago**，a short while **ago**，some time **ago**，a minute/moment **ago** のように使う。

0048 □□ **other** [ʌ́ðər]

形 他の，もう一方の　代 もう一方，別の人［もの］，片方，他方

I'll use this tablet, so why don't you use the **other** one?
（私はこのタブレットを使いますから，あなたは**もうひとつの**ほうを使ってはどうですか）

《**other**＋名詞》《the **other**＋名詞》，代名詞は **other(s)**，the **other(s)** で覚えよう。

0049 □□ **else** [éls]

副 そのほかに，代わりに，さもないと

Sorry, but I'm fully booked today; why don't you ask someone **else**?
（申し訳ないですが，きょうは時間が取れません；**ほかの**人にお願いしてはどうですか）

I have to finish the print data today, or **else** the brochure won't be ready on time.（きょう中に印刷用データを仕上げなければなりません，**さもないと**カタログは時間どおりにできあがりません）

☞《some-/every-/any-/no-/wh-＋**else**》で覚えよう。 □ or **else**「さもないと」

0050 □□ **elsewhere** [éls(h)wèər]

副 どこかほかのところで

The brand Green Cat is known **elsewhere** as Meowing.
（Green Cat という商標は**ほかのところでは** Meowing として知られている）

☞ □ **elsewhere** in Asia「アジアのほかのところでは」

0051 □□ **sometime** [sʌ́mtàim]

副 いつか，そのうち，あるとき，かつて

We plan on opening two new stores **sometime** next year.
（来年の**いつか**新たに 2 店舗を開く計画です）

☞《動詞・形容詞＋**sometime**》で覚えよう。過去，あるいは未来の「いつか」という意味。

0052 □□ **sometimes** [sʌ́mtàimz]

副 ときには，ときどき，たまに

Sometimes I feel I chose a good career, and **sometimes** I don't.
（よいキャリアを選んだと感じる**ときもあれば，**感じない**ときもある**）

☞《**sometimes**＋動詞・形容詞》で覚えよう。「ときどき～する」「いつも～ではない」という意味。

0053 □□ **somebody** [sʌ́mbɑ̀di]

代 ある人，だれか

Somebody revised the report; I'd like to know who it was.
（**だれかが**その報告書を修正しました；だれが修正したのかを知りたいのです）

☞ □ **somebody** else「だれかほかの人」

0054 □□ **someday** [sʌ́mdèi]

副 いつか，いつの日か

Maybe **someday** we'll expand our business into Europe.
（**いつの日にか**ヨーロッパへと事業を拡大するでしょう）

☞《**someday**＋動詞》で覚えよう。「遠い将来のいつか」を指すことが多い。

0055 □□ **somehow** [sʌ́mhàu]

副 何とかして，どうにか（して），とにかく

We **somehow** got to the station shortly before the train left.
（列車が出発する直前に**どうにか**駅に着きました）

☞《**somehow**＋動詞・形容詞》で覚えよう。

0056 □□ **somewhat** [sʌ́m(h)wɑ̀t]

副 やや，いくぶん，多少

◤ Our Web site looks **somewhat** disorganized.
(私たちのウェブページは**いささか**雑然としています)

☞《動詞＋**somewhat**》《**somewhat**＋形容詞》で覚えよう。

0057 □□ **somewhere** [sʌ́m(h)wèə*r*]

副 どこかに，どこか，(数量，時刻，年齢など) おおよそ

◤ I know the report is **somewhere** in this office; have you seen it?
(報告書はオフィスの**どこかに**あるはずです；見ましたか)

☞《動詞＋**somewhere**》《**somewhere**＋to 不定詞》《**somewhere**＋形容詞》《**somewhere** around/between＋名詞》で覚えよう。 □ **somewhere** else「どこかほかのところに」□ *be* getting **somewhere**「進んでいる」

0058 □□ **busy** [bízi]

形 忙しい，活気がある，予定が入っている

◤ I have a very **busy** week coming up.
(これから**忙しい**1週間になります)

☞《**busy**＋名詞》《連結動詞＋**busy**》《連結動詞＋**busy** with＋名詞》《連結動詞 **busy**＋動名詞》で覚えよう。

0059 □□ **business** [bíznəs]

名 ビジネス，企業，事業，課題

◤ We don't have much time, so let's get down to **business** right away.
(あまり時間がありませんので，すぐに**商談**に入りましょう)

☞《**business** of＋名詞》で覚えよう。 □ *be* in **business**「仕事をしている」□ on **business**「仕事のために」□ get down to **business**「仕事に取りかかる」□ go out of **business**「廃業する」□ **business** as usual「通常どおり営業中で」□ It's none of your **business**./Mind your own **business**./That's my **business**.「あなたには関係のないことです」□ **Business** is business.「利益が第一です」

0060 □□ **businesspeople** [bíznəspìːpl]

名 企業人，企業家，実業家

◤ Top **businesspeople** from abroad are expected at the convention.
(大会には海外から第一線の**企業人**の参加が見込まれている)

☞《**businesspeople** in＋名詞》で覚えよう。単数形は businessperson。

0061 □□ **anyway** [éniwèi]

副 とにかく，何としても，いずれにせよ

◤ Restarting the computer might not work, but let's try it **anyway**.
(コンピュータの再起動ではうまくいかないかもしれませんが，**とにかく**やってみましょう)

☞ 副詞として文全体を修飾する

0062 □□ **anyone** [éniwʌ̀n]

代 だれか，だれにも，だれでも

◤ **Anyone** can see that Williamson Co.'s products are superior.
(Williamson Co. 社の製品がすぐれていることは**だれでも**わかる)

☞ 肯定文で「だれでも」，否定文で「だれも～ない」，疑問文で「だれか」。anybody より多く使われる。

0063 ☐☐ **anybody** [énibàdi]

代 だれか，だれでも

Anybody can attend the networking event.
（**だれでも**そのネットワークイベントに参加できる）

☞ 肯定文で「だれでも」，否定文で「だれも～ない」，疑問文で「だれか」

0064 ☐☐ **anymore** [ènimɔ́ːr]

副 《否定文で用いて》もはや（～ない，しない）

I won't have time to visit the beach **anymore**.
（もう**これ以上**その海岸を訪れる時間はないでしょう）

☞ 《動詞・形容詞＋**anymore**》で覚えよう。not **anymore** で not any longer と同じ。

0065 ☐☐ **anywhere** [éni(h)wèər]

副 どこにも，どこへでも，どこかに

With this SIM card, you can make calls from **anywhere** to **anywhere**.
（この SIM カードで，**どこ**から**どこ**へでも電話がかけられます）

☞ 《動詞・形容詞＋**anywhere**》で覚えよう。肯定文で「どこでも」，否定文で「どこでも～ない」，疑問文で「どこか」

0066 ☐☐ **anyhow** [énihàu]

副 とにかく，何としても，いずれにせよ

Anyhow, after the meeting I went back to the office.
（**とにかく**，会議の後に私はオフィスへ戻った）

☞ 副詞として文全体を修飾する。

0067 ☐☐ **anytime** [énitàim]

副 どんなときでも，いつでも

If you need advice, call me **anytime**.
（助言が必要なら，**いつでも**電話してください）

☞ 《動詞・形容詞＋**anytime**》で覚えよう。at any time と同じ。 ☐ **anytime** soon「いつでもいいから早く」

0068 ☐☐ **nobody** [nóubədi, -bàdi]

代 だれも～ない

Nobody but me knows about the cause of the network failure.
（ネットワークの不調の原因について私以外は**だれも**知ら**ない**）

☞ 単数名詞として扱い，主語のときは単数形動詞で受ける。no one のくだけた言い方。

0069 ☐☐ **none** [nʌ́n]

代 （…の）いずれも～ない，どれも～ない，だれも～ない

Unfortunately, **none** of our proposals were accepted.
（残念ながら，私たちの提案は**どれも**受け入れられ**なかった**）

☞ 《**none** of＋名詞》で覚えよう。《**none** of＋名詞》が主語のとき，動詞は単数，複数のどちらでもよいが，書きことばでは単数動詞で受けるのがフォーマル。

0070 □□ **nowhere** [nóu*h*wèə*r*]

副 どこにも～ない，どの場所も～ない　代 ～するところがない，名もない場所

The investment project has been going **nowhere** since April.
（その投資計画は 4 月以来**どこへも**進展が見られ**ない**）

《get/go **nowhere**》《**nowhere**＋to 不定詞》で覚えよう。 □ get/go **nowhere**「成功しない，進展しない」

0071 □□ **small** [smɔ́:l]

形 小さい，細かい，小型の，狭い，少ない，わずかな，少人数の

Technological innovations are often introduced by **smaller** companies.
（技術革新はしばしば**小規模な**企業によってもたらされる）

《**small**＋名詞》《連結動詞＋**small**》《連結動詞＋**small** for＋名詞》《連結動詞＋**small** in＋名詞》で覚えよう。

0072 □□ **tall** [tɔ́:l]

形 背が高い，法外な

How **tall** is that building?（あのビルはどれくらいの**高さ**ですか）

《**tall**＋名詞》《連結動詞＋**tall**》で覚えよう。 □ **tall** order「無理な注文」

0073 □□ **inside** [insáid]

形 内部の　副 内部に　名 内部，内側，内部事情

The company is investigating why its **inside** information was leaked.
（同社は**内部**情報が漏洩した理由を調査している）

《**inside**＋名詞》，副詞は《動詞・形容詞＋**inside**》，名詞は《the **inside** of＋名詞》で覚えよう。
□ **inside** out「裏表反対に」

0074 □□ **outside** [àutsáid]

形 屋外の，外側の，外部の　副 屋外に，外部に　名 外側，外見，外部

What do you think of asking for an **outside** expert's opinion?
（**外部の**専門家の意見を求めてはどうですか）

《**outside**＋名詞》，副詞は《動詞・形容詞＋**outside**》，名詞は《the **outside** of＋名詞》で覚えよう。

0075 □□ **parent** [péərənt]

名 親

The **parent** company of Chilis & Tacos is going public next month.
（Chilis & Tacos 社の**親**会社は来月に上場する）

《**parent** of＋名詞》で覚えよう。

0076 □□ **daughter** [dɔ́:tə*r*]

名 娘

My **daughter** works as store manager.（**娘**は店長として働いています）

《**daughter** of＋名詞》で覚えよう。「息子」は son。 □ **daughter** in law「義理の娘」

0077 □□ **cousin** [kʌ́zn]

名 いとこ

I'm helping my **cousin** with her job search.
（私は**いとこ**の職探しを手伝っています）

《**cousin** of/to＋人》で覚えよう。

0078 □□ **wall** [wɔ́ːl]

名 壁，さえぎるもの，障害　動 ～を壁などで取り囲む，～を仕切る，～を閉ざす，～を閉じ込める

The construction workers are pulling down the **wall**.
（建設作業員らは**壁**を壊しています）

☞《**wall** of＋名詞》，動詞は《**wall**＋目的語》で覚えよう。 □ lean against the **wall**「壁に寄りかかる」

0079 □□ **fence** [féns]

名 フェンス，柵，障害物　動 ～を柵で囲う

The car nearly escaped crashing into the **fence**.
（車は**壁**に衝突するのを危うく免れた）

☞《**fence** of＋名詞》，動詞は《**fence**＋目的語［名詞］》で覚えよう。

0080 □□ **yard** [jɑ́ːrd]

名 庭，庭園，置き場

Kris built his desk out of wood he collected from the lumber **yard**.
（Kris は材木**置き場**から集めた木で自分の机を作った）

☞《**yard** of＋名詞》で覚えよう。

0081 □□ **area** [éəriə]

名 地域，エリア，領域

We are creating a new relaxation **area** in our head office.
（本社に新しいリラクセーション**エリア**を作っています）

☞《**area** of＋名詞》で覚えよう。物理的空間だけでなく，活動，興味，関心の「領域」という意味でも使う。

0082 □□ **bridge** [brídʒ]

名 橋，繋がり，架け橋　動 ～の橋渡しをする，～を乗り越える

We will create a **bridge** between the two countries through this project.
（当社はこのプロジェクトを通して両国間の**架け橋**になります）

☞《**bridge** between/to/over＋名詞》，動詞は《**bridge**＋目的語［名詞］》で覚えよう。 □ **bridge** the gap between *A* and *B*「*A* と *B* の架け橋となる」

0083 □□ **map** [mǽp]

名 地図，天体図，星座図，図解，図表

Let's take a look at the **map** to see where we are now.
（**地図**を見て現在位置を確認しましょう）

☞《**map** of＋名詞》《**map** to＋名詞》で覚えよう。

0084 □□ **test** [tést]

動 試験を受ける，検査を行う，～を試す，～を検査する，～を分析する　名 試験，検査，試練

Fire safety equipment must be routinely **tested**.
（火災安全機器は定期的に**検査され**なければならない）

Fortunately, Dion **tested** negative for the flu.
（幸い，Dion はインフルエンザの**検査結果は**陰性**だった**）

The language **test** has two sections, and it takes an hour to complete.
（その言語**テスト**は 2 セクションがあり，終了するまで 1 時間かかる）

☞《**test**＋目的語［名詞］》《**test**＋人＋on/for＋名詞》《**test** *A* on *B*》《**test** *A* against *B*》《**test** for＋名詞》《**test**＋形容詞》，名詞は《**test** of/on/in/for＋名詞》で覚えよう。 □ **test** positive/negative for ...「～について陽性／陰性を示す」 □ written **test**「筆記試験」

0085 □□ **stop** [stáp]

動 ～を止める，～を中断する，止まる，やめる，自制する　名 停止，休止，立ち寄り，停留所

Judy decided to **stop** complaining and focus on her new duties.
（Judy は不平を言うのを**やめて**，新たな職務に集中することにした）

My flight made a fuel **stop** in Anchorage.
（私が乗る飛行機は給油のためにアンカレッジに**止まった**）

☞《**stop**＋目的語［名詞］》《**stop**＋動名詞》《**stop**＋人（＋from）＋動名詞》《**stop**＋to 不定詞》《**stop** for＋名詞》，名詞は《**stop** to/at/on＋名詞》で覚えよう。 □ come to a **stop**「止まる」□ put a **stop** to ...「～を止める」

0086 □□ **mark** [máː*r*k]

動 ～に印をつける，～を示す，～を記録する　名 跡，傷跡，記号

Please **mark** your desired courses on the form.
（用紙にある希望コースに**印を付けて**ください）

☞《**mark**＋目的語［名詞］》《**mark** *A* with *B*》《**mark** *A* on *B*》《**mark** *A* as *B*》《**mark** *A* for *B*》，名詞は《**mark** of＋名詞》《**mark** for＋名詞》で覚えよう。

0087 □□ **pool** [púːl]

動 ～をためる，～を持ち寄る，～を共同出資する　名 水たまり，共同出資

Three companies **pooled** their money to set up a joint factory.
（3 社は資金を**持ち寄って**共同工場を設立した）

☞《**pool**＋目的語［名詞］》，名詞は《**pool** of＋名詞》で覚えよう。

0088 □□ **guy** [gái]

名 男，きみたち，みんな

Jaren is a nice **guy** to work with.
（Jaren は気持ちよくいっしょに働ける**人**です）

☞ 呼びかけに使う複数形 guys は男女を問わずに使う。

0089 □□ **truck** [trʌ́k]

名 トラック，運搬車

Mr. Jennings offered the use of a company **truck** for the employee picnic.
（Jennings さんは，従業員のピクニックに社用**トラック**を使ってはどうかと言ってくれた）

☞《**truck** from/to＋名詞》で覚えよう。 □ cargo **truck**「配達用トラック」

0090 □□ **model** [mádl]

名 模型，ひな形，原形，型　形 模範の，典型的な　動 ～の手本を示す，～の模型を作る

This scale **model** of the tower is detailed and realistic.
（そのタワーの縮小**モデル**は詳細に作られていてリアルだ）

☞《**model** of/for＋名詞》，形容詞は《**model**＋名詞》，動詞は《**model**＋目的語［名詞］》で覚えよう。

0091 □□ **speed** [spíːd]

名 速度，速さ

The update is for some **speed** increases and bug fixes.
（そのアップデートは処理**速度**の向上とバグ修正のためのものです）

☞《**speed** of＋名詞》で覚えよう。

0092 □□ **seat** [síːt]

名 座席，議席，台座　動 ～を座らせる，座る，～人分の座席を有する，位置する

- Please have a **seat**. (どうぞお**座り**ください)
- I'd like to book a **seat** on a night bus to Osaka.
  (大阪行きの夜行バスの**座席**を予約したいのです)
- Please be **seated**. (どうぞお**座り**ください)

☞《**seat** of＋名詞》《**seat** in/on＋名詞》《**seat** for＋名詞》，動詞は《**seat**＋人》で覚えよう。

0093 □□ **mirror** [mírər]

名 鏡，写し出すもの　動 ～を写す，～を反射する，～を反映する，～に鏡をはめ込む

- Dora has been looking into the **mirror** for five minutes.
  (Dora は 5 分間も**鏡**の中の自分を見つめている)
- Your son's behavior **mirrors** yours, doesn't it?
  (息子さんの行動はあなたの行動を忠実に**写し出して**いますよね)

☞《**mirror** of＋名詞》，動詞は《**mirror**＋目的語［名詞］》で覚えよう。 □ **mirror** image「鏡に写った姿」

0094 □□ **window** [wíndou]

名 窓，窓口

- Stores are busy preparing **window** displays for the holiday season.
  (店舗は年末休暇用の**窓**の飾り付け準備で忙しい)

☞《**window** of＋名詞》《**window** to＋名詞》で覚えよう。 □ **window** seat「窓側の席」

0095 □□ **pipe** [páip]

動 (管楽器) を吹く，～をパイプで送る，～に配管する　名 パイプ，管

- The water we use is **piped** from a lake 10 kilometers from here.
  (当社が使う水は，ここから 10 キロ離れた湖から**パイプで運ばれる**)

☞《**pipe**＋目的語［名詞］》《**pipe** *A* into/from/out of *B*》，名詞は《**pipe** of＋名詞》《**pipe** from/to＋名詞》で覚えよう。 □ **pipe** cleaner「パイプ用洗剤」

GROUP 3

0096 - 0142

0096 □□ **word** [wə́ːrd]

名 語，言葉，伝言，約束

A mobile dictionary app helps you to look up **words** on the spot.
（携帯用の辞書アプリは，その場で**語**の意味を調べるために役立つ）

I gave Carl my **word** that I would help him start his own business.
（Carl には彼の起業を助けると**約束**しました）

☞《**word** of＋名詞》《**word** for＋名詞》《**word** in＋名詞》《**word** about＋名詞》《**word** from＋名詞》《**word** with＋人》《**word**＋that 節》で覚えよう。□ in other **words**「言い換えれば」□ in a **word**「一言で言えば」

0097 □□ **report** [ripɔ́ːrt]

名 報告，報道，決算報告書　動 ～と報告する，～を報じる，～を公表する，～の部下である

Please submit your **report** to your supervisor by Friday.
（金曜日までに上司に**報告書**を提出してください）

New employees are supposed to **report** to either Marcia or Felicity.
（新入社員は Marcia か Felicity のどちらかの**部下として働く**ことになる）

☞《**report** of/on/about＋名詞》《**report** by/from/to＋名詞》《**report**＋that 節》，動詞は《**report**＋目的語［名詞］（＋to＋人）》《**report**＋動名詞》《**report** on＋名詞》《**report**＋to＋人》《**report**＋that/wh- 節》《It is **reported**＋that 節》《*be* **reported**＋to 不定詞》で覚えよう。

0098 □□ **magazine** [mǽgəzìːn]

名 雑誌

Hours **magazine** featured a review of our new model.
（*Hours* **誌**が当社の新機種についてレビュー記事を特集した）

☞《**magazine** of＋名詞》《**magazine** about＋名詞》で覚えよう。 □ in a **magazine**「雑誌に」

0099 □□ **student** [stjúːdnt]

名 学生，生徒

As a **student** of experimental psychology, Teresa subscribes to this magazine.（実験心理学の**学生**として，Teresa はこの雑誌を定期購読している）

☞《**student** at/of＋名詞》で覚えよう。

0100 □□ **university** [jùːnəvə́ːrsəti]

名 大学

It is a viable option to study at overseas online **universities**.
（海外のオンライン**大学**で学ぶことは実行可能な選択肢だ）

☞《**university** of＋名詞》で覚えよう。 □ at **university**「大学で」

0101 □□ **college** [kálidʒ]

名 大学，カレッジ，学部

State University's **college** of science is partnering with Labs, Inc.
（州立大学の科学**学部**は Labs, Inc. 社と提携している）

☞《**college** of＋名詞》で覚えよう。 □ at/in **college**「大学で」□ attend/go to **college**「大学に通う」

0102 □□ **lesson** [lésn]

名 授業，教訓，苦い経験

We lost money on the project, but we learned a good **lesson**.
（そのプロジェクトでお金を失ったが，よい**教訓**を得ました）

《**lesson** of/about/in/on＋名詞》《**lesson** to＋人》《**lesson**＋that 節》で覚えよう。 □ learn a **lesson**「教訓を得る」

0103 □□ **mountain** [máuntn]

名 山，山岳，（山ほどの）多数，多量

On my days off, I go **mountain** climbing to release work stress.
（休日には**山**に登って仕事のストレスを発散します）

《**mountain** of＋名詞》で覚えよう。

0104 □□ **hill** [híl]

名 丘，山，坂

It was strenuous exercise to walk up and down the steep **hills**.
（急な**坂**を上り下りするのは激しい運動になった）

《**hill** of＋名詞》《**hill** from/to＋名詞》で覚えよう。

0105 □□ **meal** [míːl]

名 食事，1 食（分）

It is good to have a complete morning **meal**.
（朝**食**をきちんと食べることは健康によい）

《**meal** of/for＋名詞》で覚えよう。

0106 □□ **breakfast** [brékfəst]

名 朝食

We had a **breakfast** meeting to discuss the details.
（**朝食**会議を持って，詳細を話し合った）

《**breakfast** of/for＋名詞》で覚えよう。fast は「断食」という意味。

0107 □□ **lunchtime** [lʌ́ntʃtàim]

名 昼食時間，ランチタイム

I'm sorry, but I can't come to the **lunchtime** meeting today.
（申し訳ないですが，きょうの**昼食時**の会議には参加できません）

《**lunchtime** in＋名詞》で覚えよう。 □ **lunchtime** stroll「昼食時の散歩」

0108 □□ **luncheon** [lʌ́ntʃən]

名（正式な）昼食会，午餐会

Ms. Majors was asked to speak at a **luncheon** for business leaders.
（ビジネスリーダーの**昼食会**でスピーチをするように Majors さんは依頼された）

《**luncheon** of/for＋名詞》で覚えよう。 □ business **luncheon**「ビジネス目的の昼食会」

0109 □□ **dinner** [dínər]

名 夕食

What would you like for **dinner**?（**夕食**は何が食べたいですか）

《**dinner** of/for＋名詞》で覚えよう。

0110 □□ **buffet** [búfei, bəféi]

名 ビュッフェ形式の料理，セルフサービスの食事

The conference will conclude with a **buffet** dinner.
（会議は**ビュッフェスタイルの**夕食で締めくくられる）

☞《**buffet** of＋名詞》で覚えよう。**buffet** breakfast/lunch/dinner で覚えよう。同じ意味で all-you-can-eat という形容詞もよく使う。

0111 □□ **banquet** [bǽŋkwət]

名 晩餐会

StepUp Foundation will hold a **banquet** as a fundraising event.
（StepUp Foundation は募金イベントとして**夕食会**を催す）

☞《**banquet** of＋名詞》で覚えよう。

0112 □□ **finger** [fíŋgər]

名 指　動 ～に触れる

Frieda showed me the destination on the map with her **finger**.
（Frieda は地図の上で目的地を**指**で示してくれた）

☞《**finger** of＋名詞》《**finger** on＋名詞》，動詞は《**finger**＋目的語［名詞］》で覚えよう。□ keep *one's* fingers **crossed**/cross *one's* **fingers**「成功を祈る」

0113 □□ **nail** [néil]

名 爪，釘　動 ～を釘付けにする，～を捕える，～をうまくやる

Where can I find **nail** clippers?（**爪**切りはどこにありますか）

Could you hand me a hammer to hammer in these **nails**?
（これらの**釘**を打つためのハンマーを取っていただけますか）

☞《**nail** of＋名詞》《**nail** on＋名詞》，動詞は《**nail**＋目的語［名詞］（＋to＋名詞）》で覚えよう。

0114 □□ **arm** [ɑ́ːrm]

名 腕，《arms で》武器　動 ～を武装させる

Our team is working on a prosthetic **arm** that connects to brain activity.
（私たちのチームは脳の動きと連動する義**肢**に取り組んでいる）

☞《**arm** of＋名詞》，動詞は《**arm**＋目的語》《**arm** *A* with *B*》で覚えよう。

0115 □□ **season** [síːzn]

名 季節，旬，時期，期間　動 ～に味をつける

You can save on hotel costs if you travel there in the off **season**.
（閑散**期**にそこを旅行すれば，宿泊費を節約できます）

Please **season** the meat with salt, pepper and garlic.
（肉を塩，コショウ，にんにくで**味付けして**ください）

☞《**season** of/for＋名詞》，動詞は《**season**＋目的語［名詞］》《**season** *A* with *B*》で覚えよう。
□ high/peak **season**「繁忙期」□ low/off **season**「閑散期」

0116 □□ **seasonal** [síːzənl]

形 特定の季節だけの，季節の，周期的な

Colonel's Coffee released three **seasonal** drinks for the holidays.
（Colonel's Coffee は，休暇の時期に向けて**季節の**飲み物 3 種を売り出した）

☞《**seasonal**＋名詞》で覚えよう。

0117 □□ **seasonally** [síːzənli]

副 季節ごとに

Paige used to be **seasonally** employed by a department store.
(Paige は以前はデパートで**季節**雇用されていた)

☞ □ **seasonally** adjusted figures「季節調整済み数字」

0118 □□ **o'clock** [əklák]

副 ～時(に)

Let's hurry; we're running late for the two **o'clock** meeting.
(急ぎましょう，2 **時**の会議に遅れそうです)

☞ 1-12 の時刻を表す数字と組み合わせて使う。分以下の数字とは組み合わせない。

0119 □□ **clock** [klák]

名 掛け時計　動 ～を記録する，記録を達成する

To meet the deadline, we had to work around the **clock**.
(締め切りに間に合わせるために，私たちは**昼夜の別**なく仕事をしなければならなかった)

At Benton Chemical, we are asked to **clock** in and out on time.
(Benton Chemical 社では，定刻に出勤と退勤を**記録する**ように言われている)

☞《**clock** of＋名詞》，動詞は《**clock**＋目的語［名詞］》で覚えよう。 □ around the **clock**「24 時間休みなく」 □ The **clock** is ticking.「残り時間が少ない」 □ **clock** in/out「出勤［退勤］時刻を打刻する」 □ biological **clock**「体内時計」

0120 □□ **theater** [θíətər]

名 劇場，映画館，講義室，舞台

We just opened a new store in the mall, near the movie **theater**.
(モール内に新店舗を開いたばかりです，映画**館**の近くです)

☞《**theater** of＋名詞》で覚えよう。 □ open-air **theater**「野外劇場」

0121 □□ **museum** [mjuːzíəm]

名 博物館，記念館，美術館，展示館

The **museum** has added some magnificent pieces to its collection.
(その**美術館**はいくつかのすばらしい作品を収蔵品に加えた)

☞《**museum** of＋名詞》で覚えよう。

0122 □□ **gallery** [gǽləri]

名 美術館，ギャラリー，観客，傍聴人

The artist is holding an event at the Newbury Art **Gallery**.
(その芸術家は Newbury アート**ギャラリー**でイベントを催す)

☞《**gallery** of＋名詞》で覚えよう。

0123 □□ **musical** [mjúːzikl]

形 音楽の(才能がある)　名 ミュージカル

I wish I had your **musical** talent.
(あなたのような**音楽の**才能が自分に備わっていればいいのだけれど)

☞《**musical**＋名詞》《連結動詞＋**musical**》，名詞は《**musical** of＋名詞》で覚えよう。

0124 □□ **musician** [mju:zíʃən]

名 音楽家

I was aiming to be a professional **musician** when I was at college.
(大学時代は職業**音楽家**をめざしていました)

☞《**musician** of＋名詞》《**musician** in＋名詞》で覚えよう。 □ contemporary **musician**「現代音楽家」

0125 □□ **opera** [ápərə]

名 オペラ

The local **opera** house is being renovated.
(地元の**オペラ**劇場は改築中です)

☞《**opera** of＋名詞》《**opera** about＋名詞》で覚えよう。 □ go to the **opera**「オペラを見にいく」

0126 □□ **tune** [tjú:n]

名 曲，メロディ 動 (電波など) を～に合わせる，(楽器) を調律する

I like this **tune**; it's catchy and easy to sing.
(この**曲**はいいですね；覚えやすくて歌いやすい)

Stay **tuned** for further comments from viewers.
(視聴者からのコメントを続けてお伝えしますので，**チャンネルをそのままに**お待ちください)

☞《**tune** of＋名詞》，動詞は《**tune**＋目的語 [名詞]》《**tune** *A* to *B*》《**tune** into/for＋名詞》で覚えよう。
□ in **tune** with ...「～と合致して」

0127 □□ **studio** [stjú:diòu]

名 仕事場，アトリエ，スタジオ，放送室

Kaiser Media owns an animation **studio** as one of its affiliates.
(Kaiser Media 社は子会社のひとつとしてアニメーション**スタジオ**を所有している)

☞《**studio** of＋名詞》で覚えよう。 □ **studio** apartment「ワンルームマンション」

0128 □□ **tower** [táuər]

名 タワー，塔 動 そびえる

A 25-story **tower** apartment building is being constructed at the site.
(その場所には 25 階建ての**タワー**型マンションが建設中である)

☞《**tower** of＋名詞》，動詞は《**tower** above/over＋名詞》で覚えよう。 □ **tower** apartment「高層マンション」

0129 □□ **motor** [móutər]

名 モーター，発動機，エンジン，内燃機関，自動車

Brenda stood in line for an hour at the **motor** vehicle bureau.
(Brenda は**車両**管理局で 1 時間列に並んだ)

☞《**motor** of＋名詞》で覚えよう。 □ **motor** vehicle「車両」

0130 □□ **motorcycle** [móutərsàikl]

名 オートバイ，(二輪) 単車

When I was a student, I traveled across the country on my **motorcycle**.
(学生時代に私は**オートバイ**で全国を旅して回りました)

☞《**motorcycle** with＋名詞》で覚えよう。motorbike ともいう。

0131 □□ **bicycle** [báisikl]

名 自転車　動 自転車に乗る，自転車で行く

I'm afraid that this parking area is **bicycle**-only.
（残念ですが，この駐輪場は**自転車**専用です）

《**bicycle** with＋名詞》，動詞は《**bicycle** from/to＋名詞》で覚えよう。会話では bike を使うことが多い。 □ by **bicycle**「自転車で」 □ on a **bicycle**「自転車に乗って」

0132 □□ **bike** [báik]

動 自転車に乗る　名 自転車

Nigel **bikes** to work, even when the weather is bad.
（たとえ天気が悪いときでも，Nigel は職場に**自転車で行く**）

《**bike** from/to＋名詞》，名詞は《**bike** with＋名詞》で覚えよう。会話で bicycle の代わりに使うことが多い。 □ by **bike**「自転車で」 □ on a **bike**「自転車に乗って」

0133 □□ **cyclist** [sáiklist]

名 自転車に乗る人，サイクリスト

The riverside area is **cyclist**-friendly.
（河岸地帯は**自転車乗り**にやさしい）

《**cyclist** in＋名詞》で覚えよう。bicycle に乗る人。 □ **cyclist** collision「自転車同士の衝突」

0134 □□ **nurse** [nə́ːrs]

動 ～を看病する，（病気）を治そうとする，～をいたわる，～に授乳する　名 看護師，保母

Amir is **nursing** a cold and is taking a few days off.
（Amir は風邪を**治そうとしている**ところで，数日休みを取っている）

《**nurse**＋目的語［名詞］》《**nurse**＋人》，名詞は《**nurse** in/at＋名詞》で覚えよう。

0135 □□ **bone** [bóun]

名 骨，骨子

This insurance covers common injuries such as **bone** fractures.
（この保険は**骨**折のような一般的な負傷を補償する）

《**bone** of/in＋名詞》で覚えよう。 □ **bone** structure「骨格」

0136 □□ **dozen** [dʌ́zn]

形 ダースの，かなりたくさんの　名 ダース，12（個）

I'd like you to make a **dozen** copies of the document for the meeting.
（会議用にこの文書を**12 部**ほどコピーしていただけますか）

《**dozen(s)** of＋名詞》で覚えよう。 □ a **dozen** or two「1，2 ダース（の），十数個か二十数個（の）」 □ **dozen** pieces「12 個」

0137 □□ **sheet** [ʃíːt]

名 シーツ，（紙などの）一枚，薄板

Please answer as many questions as possible on your answer **sheet**.
（解答**用紙**上で，できるだけ多くの設問に解答してください）

《**sheet** of/for＋名詞》で覚えよう。

0138 □□ **plus** [plʌ́s]

名 プラス，付け加えること，利益　形 プラスアルファの，さらにそのうえの　前 ～に加えて
接 そのうえ

Finding such a skilled engineer was a big **plus** for the company.
（そのような有能なエンジニアを見つけたことは会社にとって大きな**プラス**だった）

☞《**plus** for＋名詞》，形容詞は《**plus**＋名詞》，前置詞は《**plus**＋名詞》，接続詞は《**plus**＋節》で覚えよう。**plus**/minus の組み合わせで覚えよう。

0139 □□ **topic** [tɑ́pik]

名 主題，テーマ，話題，主題

In our weekly meeting, one member is asked to raise a discussion **topic**.
（毎週の会議で，ひとりのメンバーが**議題**を提案するよう求められる）

☞《**topic** of/for＋名詞》《**topic** about＋名詞》で覚えよう。

0140 □□ **magic** [mǽdʒik]

名 魔法，魔術，奇術，魅力　形 魔法の，不思議な，魅力のある

I asked the maintenance technician to come over and work her **magic**.
（私は保守管理の技師に，こちらに来て例の**魔法**を使ってくれるよう頼んだ）

☞《**magic** of＋名詞》，形容詞は《**magic**＋名詞》で覚えよう。　□ like/as if **magic**「魔法のように」
□ **magic** word「魔法のことば」

0141 □□ **vegetable** [védʒətəbl]

形 野菜の，植物の　名 野菜，植物

Due to the poor weather, we expect **vegetable** prices to remain high.
（天候不順のため，**野菜**の価格は高値が続くと予想している）

☞《**vegetable** of＋名詞》で覚えよう。可算名詞。　□ **vegetable** protein「植物性タンパク」

0142 □□ **button** [bʌ́tn]

名 ボタン　動 ～にボタンをかける

Swipe your card, then press this **button** to unlock the door.
（カードを機械に通して，この**ボタン**を押せばドアの施錠を解除できます）

☞《**button** of＋名詞》，動詞は《**button**＋目的語［名詞］》で覚えよう。　□ **button** battery「ボタン電池」

0143 □□ **rail** [réil]

㊔ 手すり，レール，鉄道

For safety purposes, hand **rails** must be installed.
(安全のために，**手すり**を設置しなければならない)

☞《**rail** of＋名詞》で覚えよう。 □ safety **rail**「安全用手すり」□ **railing**「手すり，柵」

0144 □□ **railway** [réilwèi]

㊔ 鉄道路線

Our company operates private **railway** lines.
(当社は民間**鉄道**路線を運営している)

☞《**railway** from/to＋名詞》で覚えよう。 □ commuter **railway**「通勤用鉄道路線」

0145 □□ **shirt** [ʃə́ːrt]

㊔ シャツ，肌着，ブラウス

Company logo **shirts** were distributed for promotion over the weekend.
(週末に，会社のロゴの入った**シャツ**が販促用に配布された)

☞《**shirt** of＋名詞》で覚えよう。**shirt** and tie の組み合わせで覚えよう。

0146 □□ **jacket** [dʒǽkit]

㊔ 上着，カバー，表紙

Most of our male staff do not wear a **jacket** and tie at work.
(当社男性スタッフの大半は仕事中に**上着**とネクタイを身につけていない)

☞《**jacket** of＋名詞》で覚えよう。**jacket** and tie の組み合わせで覚えよう。

0147 □□ **bright** [bráit]

㊎ 明るい，輝いた，聡明な，有望な

Our tie-up with SoundTech will bring us a **bright** future.
(SoundTech 社との提携は当社に**明るい**未来をもたらすでしょう)

Kathleen, our new intern, is extremely **bright**.
(当社の新しい研修生である Kathleen はきわめて**聡明**です)

☞《**bright**＋名詞》《連結動詞＋**bright**》で覚えよう。人についていうときは「知的で，頭の回転が速い」という意味。かつては米国の大統領府を指して the best and the **brightest**「最良で，もっとも聡明な人々」という表現が使われたこともある。

0148 □□ **darkness** [dɑ́ːrknəs]

㊔ 暗さ，夜，色の黒さ，秘密

We were left in **darkness** when the power went out.
(停電になり，私たちは**暗闇**に取り残された)

☞《**darkness** of＋名詞》で覚えよう。 □ in/out of the **darkness**「暗闇の中に，暗闇から」

0149 □□ **cord** [kɔ́ːrd]

㊔ 紐，縄，コード

The power **cord** goes behind the bookshelf.
(電源**コード**は本棚の後ろを通っている)

☞《**cord** of＋名詞》で覚えよう。

0150 □□ **cordless** [kɔ́ːrdləs]

形 コードのない，コードレスの，バッテリー式の

I want a **cordless** drill so I can make the table.
（テーブルを作るために**コードレスの**ドリルがほしい）

☞《**cordless**＋名詞》で覚えよう。

0151 □□ **color** [kʌ́lər]

動 色づく，～に色をつける，（事実など）を曲げて伝える　名 色，色彩，個性

Could you **color** the graph to make it easier to understand?
（わかりやすくするためにグラフに**色**をつけていただけますか）

☞《**color**＋目的語［名詞］》，名詞は《**color** of＋名詞》で覚えよう。　□ in **color**「色がついて」

0152 □□ **colorful** [kʌ́lərfl]

形 色彩に富んだ，華やかな

This is an interesting design, but can you make it more **colorful**?
（これはおもしろいデザインですが，もっと**彩り豊かに**できますか）

☞《**colorful**＋名詞》《連結動詞＋**colorful**》で覚えよう。

0153 □□ **rainy** [réini]

形 雨の，雨の多い

The store was unusually crowded for a **rainy** Monday morning.
（**雨の**月曜日の朝にしては，店はいつになく混雑していた）

☞《**rainy**＋名詞》《連結動詞＋**rainy**》で覚えよう。　□ for a **rainy** day「困ったときのために」

0154 □□ **rainfall** [réinfɔ̀ːl]

名 降雨（量）

Heavy **rainfall** is forecast for this evening.（今夜は大**雨**が予想されます）

☞《**rainfall** in＋名詞》で覚えよう。

0155 □□ **snowy** [snóui]

形 雪の降る，雪の積もった，雪の多い

Traffic lanes are being plowed in the **snowy** weather.
（**雪の**天気の中で車線では雪かきが行われている）

☞《**snowy**＋名詞》《連結動詞＋**snowy**》で覚えよう。

0156 □□ **storm** [stɔ́ːrm]

名 嵐，暴風雨，大しけ，急襲　動 荒れる，突進する，～を急襲する

A tropical **storm** is approaching the southern part of the island.
（熱帯性の**暴風雨**が島の南部に接近している）

☞《**storm** of＋名詞》，動詞は《**storm**＋目的語［名詞］》《**storm** into/out of＋名詞》で覚えよう。
□ **storm** warning「台風警報」

0157 □□ **thunderstorm** [θʌ́ndərstɔ̀ːrm]

名（激しい）雷雨

Train operation has partially stopped due to a severe **thunderstorm**.
（ひどい**雷雨**のために電車の運行が部分的に止まっている）

☞《**thunderstorm** of＋名詞》で覚えよう。数多くの thunder と lightning が発生する storm を指す。

0158 □□ **daytime** [déitàim]

名 昼間，日中

▼ The **daytime** temperature will go over 40 degrees tomorrow.
（**日中の**気温はあすは 40 度を超えるでしょう）

☞《**daytime** on＋名詞》で覚えよう。 □ in/during the **daytime**「日中に」

0159 □□ **noon** [nú:n]

名 正午，真昼，最高点，全盛期

▼ The catering service for the convention will start around **noon**.
（大会用のケータリングサービスは**正午**ごろに始まります）

☞《**noon** on＋名詞》で覚えよう。

0160 □□ **telecommunications** [tèləkəmju:nikéiʃənz]

名 遠隔通信，電気通信（学）

▼ A lack of **telecommunications** carriers could lead to higher phone bills.
（**遠隔通信**事業者が少ないと電話料金は割高になりかねない）

☞《**telecommunications** for＋名詞》で覚えよう。 □ **telecommunications** infrastructure「遠隔通信用社会基盤」

0161 □□ **telephone** [téləfòun]

名 電話（器） 動 ～に電話する，～と電話で話す

▼ In business, I prefer email communication to **telephone** conversations.
（ビジネスでは，**電話**で話すよりもメールでやり取りしたいと思います）

☞《**telephone** from/to＋人》，動詞は《**telephone**＋人》で覚えよう。 □ by **telephone**「電話で」 □ on/over the **telephone**「電話で話して」

0162 □□ **television** [téləvìʒən]

名 テレビ（受像機／放送），テレビ番組

▼ I seldom watch **television**; I prefer online videos.
（**テレビ**はめったに見ません；オンラインビデオのほうが好きです）

☞《**television** about＋名詞》で覚えよう。 □ on **television**「テレビで」

0163 □□ **phone** [fóun]

名 電話 動 ～に電話をする

▼ You can reach me by text, email, or **phone**.
（テキスト，メール，あるいは**電話**で私に連絡が取れます）

▼ What time should I **phone** you?（何時に**電話すれば**よろしいですか）

☞《**phone** with＋人》《**phone** from/to＋人》，動詞は《**phone**＋人》で覚えよう。telephone/**phone**/cellphone/smartphone/speaker phone の組み合わせで覚えよう。 □ by **phone**「電話で」 □ on/over the **phone**「電話で話して」

0164 □□ **keyboard** [kí:bɔ̀:rd]

名 鍵盤，キーボード 動 キーを打つ，入力する

▼ I'm hoping to buy a new wireless **keyboard**.
（新しいワイヤレス**キーボード**を買いたい）

☞《**keyboard** of＋名詞》，動詞は《**keyboard**＋目的語［名詞］》で覚えよう。 □ **keyboard** input「キーボード入力」

0165 □□ **laptop** [lǽptὰp]

名 ノートパソコン，ラップトップ機，ひざ

I forgot to bring my **laptop** to the meeting.
（会議に**ノートパソコン**を持ってくるのを忘れた）

☞《**laptop** of＋名詞》で覚えよう。 □ **laptop** computing「ノートパソコンによるコンピュータ処理」

0166 □□ **bonus** [bóunəs]

名 ボーナス，賞与，予期しない贈り物

I received a larger **bonus** than I had expected.
（私は思っていた以上に多額の**賞与**を受け取りました）

☞《**bonus** of＋名詞》《**bonus** for＋名詞》で覚えよう。報奨のための追加給与を意味するので，実質的には生活給の一部である日本の「ボーナス」とは異なる。

0167 □□ **gift** [gíft]

名 贈り物，天賦の才能

Thank you for the thoughtful **gift**.
（心のこもった**贈り物**をありがとうございます）

☞《**gift** of＋名詞》《**gift** for＋名詞》《**gift** from/to＋名詞》で覚えよう。日常的には present を使うことが多い。 □ **gift** certificate「商品券」

0168 □□ **festival** [féstəvl]

名 フェスティバル，祭り

This year's arts **festival** is scheduled for May.
（今年の芸術**祭**は 5 月に予定されている）

☞《**festival** of/for＋名詞》で覚えよう。

0169 □□ **picnic** [píknik]

名 ピクニック，遠足，楽な仕事 動 ピクニックに行く，野外で食事をする

The company **picnic** has been postponed until further notice.
（会社の**ピクニック**は追って通知があるまで延期されました）

Finishing this project on time will be no **picnic**.
（このプロジェクトを予定どおりに完了するのは**簡単な仕事**ではないだろう）

☞《**picnic** in＋名詞》，動詞は《**picnic**＋副詞》で覚えよう。 □ go on a **picnic**「ピクニックに行く」 □ no **picnic**「難事」

0170 □□ **basket** [bǽskət]

名 かご，バスケット

Judie received a fruit **basket** from her office while in the hospital.
（Judie は入院中に，オフィスから贈られた果物**かご**を受け取った）

☞《**basket** of＋名詞》で覚えよう。

0171 □□ **curtain** [kə́ːrtn]

名 カーテン

Could you draw the **curtain** so that I can see the screen clearly?
（画面がはっきり見えるように**カーテン**を引いていただけますか）

☞《**curtain** of＋名詞》で覚えよう。 □ **curtain** rod「カーテンレール」

0172 □□ **cushion** [kúʃən]

動 (衝撃) を和らげる　名 クッション，衝撃を和らげるもの

Kat Inc. will sell off some of its holdings to **cushion** the blow caused by the recession.
(Kat Inc. 社は持ち株の一部を売り払って，景気後退による痛手を**和らげる**だろう)

《**cushion**＋目的語［名詞］(＋from/against＋名詞)》，名詞は《**cushion** from/against＋名詞》で覚えよう。

0173 □□ **carpet** [ká:rpit]

名 じゅうたん　動 ～をじゅうたんで覆う

I will look for a **carpet** that matches the wall color.
(壁の色に合う**カーペット**を探します)

《**carpet** of＋名詞》で覚えよう。 □ **carpet** stain「カーペットのしみ」

0174 □□ **lamp** [lǽmp]

名 ランプ，明かり

I'm going to buy reading **lamps** for my children.
(子どものために読書用**ランプ**を買います)

《**lamp** of＋名詞》《**lamp** for＋名詞》で覚えよう。 □ **lamp** shade「ランプシェード」

0175 □□ **bench** [béntʃ]

名 ベンチ，長椅子，控え席

New **bench** seats have recently been installed in the lobby.
(最近ロビーに新しい**ベンチ**席が設置された)

《**bench** of＋名詞》で覚えよう。 □ **bench** seat「ベンチ席」

0176 □□ **balcony** [bǽlkəni]

名 バルコニー，ベランダ，2 階席，特等席

The company is offering **balcony** seats for the opera to promote sales.
(同社は販売促進のために，そのオペラの**バルコニー**席を提供している)

《**balcony** of＋名詞》で覚えよう。劇場などの「上階席」，ビルの外壁などに付属する「屋外スペース」のこと。 □ **balcony** railing「バルコニー用手すり」

0177 □□ **gym** [dʒím]

名 体育館，ジム，(学科としての) 体育

Fitness Perk supports local **gyms** by donating new equipment.
(Fitness Perk 社は新しい機器を寄付することで地元の**ジム**を支援している)

《**gym** for＋名詞》で覚えよう。gymnasium の短縮形。 □ **gym** equipment「ジム用品」

0178 □□ **wellness** [wélnəs]

名 健康であること，良好な健康状態であること

Healthy food is offered in our cafeteria to promote staff **wellness**.
(当社のカフェテリアではヘルシーな食事を提供して，スタッフの**健康**を促進している)

《**wellness** of＋名詞》で覚えよう。不可算名詞なので，複数形はない。 □ **wellness** initiative「健康維持への取り組み」

0179 □□ **mask** [mǽsk]

動 ～を仮面で覆う，（匂いなど）を消す，～を偽る　名 仮面，覆面，保護用マスク，見せかけ

- The report is trying to **mask** the fact that the economy has been ailing.
（その報告は，経済が不調だという事実を**覆い隠そう**としている）
- We have ample supply of face **masks**.（**マスク**は十分に在庫があります）

☞《**mask**＋目的語［名詞］》《**mask** *A* with *B*》，名詞は《**mask** of/over＋名詞》で覚えよう。

0180 □□ **accessory** [əksésəri]

名 付属品，装飾品，アクセサリー

- These headphones are popular **accessories** for that smartphone.
（このヘッドフォンはそのスマートフォンの**付属品**として人気がある）

☞《**accessory** of/for＋名詞》で覚えよう。複数形で使うことが多い。

0181 □□ **badge** [bǽdʒ]

名 バッジ，記章，象徴

- Hadid Securities redesigned its logo and company **badge**.
（Hadid 証券はロゴと社**章**をデザインし直した）

☞《**badge** of＋名詞》で覚えよう。

0182 □□ **coin** [kɔ́in]

名 硬貨，コイン　動 ～を鋳造する，～を造り出す

- Newberry Mint sells a wide variety of commemorative **coins**.
（Newberry Mint 社はさまざまな記念**硬貨**を販売している）
- Kendrick is good at **coining** catchphrases for sales campaigns.
（Kendrick は販売キャンペーン用のうたい文句を**作り出す**のがうまい）

☞《**coin** of＋名詞》，動詞は《**coin**＋目的語［名詞］》で覚えよう。 □ **coin** purse「小銭入れ」

0183 □□ **suitcase** [súːtkèis]

名 スーツケース，旅行用カバン

- Nicholas is tired of carrying heavy **suitcases** across the country.
（Nicholas は重い**スーツケース**を抱えて国中を移動することにうんざりしている）

☞《**suitcase** of＋名詞》で覚えよう。 □ carry-on **suitcase**「機内持ち込み用スーツケース」□ rolling **suitcase**「キャスター付きスーツケース」

0184 □□ **calendar** [kǽləndər]

名 カレンダー，暦，予定表

- Ms. Cartwright's **calendar** is completely full until August 8th.
（Cartwright さんの**予定表**は 8 月 8 日まで完全にふさがっている）

☞《**calendar** of＋名詞》で覚えよう。 □ busy/full **calendar**「いっぱいに詰まった予定表」

0185 □□ **poster** [póustər]

名 ポスター，広告ビラ

- This **poster** is intended to raise safety awareness at workplaces.
（この**ポスター**は，職場で安全意識を高めることを意図している）

☞《**poster** of/for＋名詞》で覚えよう。

0186 □□ **menu** [ménjuː]

名 献立表，メニュー，料理，食事

Are we too late to order from the lunch **menu**?
（昼食**メニュー**から注文するには遅すぎますか）

☞《**menu** of＋名詞》で覚えよう。 □ on the **menu**「メニューにあって」

0187 □□ **leather** [léðər]

名 革，革製品 形 革の

I think it would be best to use **leather** instead of plastic.
（プラスチックではなく**革**を使うのが最善だろうと思います）

☞《**leather** of＋名詞》で覚えよう。 □ genuine **leather**「本革」

0188 □□ **percentage** [pərséntidʒ]

名 百分率，パーセンテージ，割合，分け前

A small **percentage** of our employees missed the safety training courses.
（当社従業員のわずかな**割合**が安全研修コースを修了できなかった）

☞《**percentage** of＋名詞》で覚えよう。

0189 □□ **nice** [náis]

形 よい，おいしい，見事な，快適な，楽しい

It was a **nice** surprise to see you here.
（あなたとここで会えるとは**よい**驚きでした）

☞《**nice**＋名詞》《連結動詞＋**nice**》《連結動詞＋**nice** about＋名詞》《連結動詞＋**nice** to＋人》《It is **nice**＋that 節》《It is **nice**＋to 不定詞》《It is **nice** of＋人＋to 不定詞》《It is **nice**＋動名詞》で覚えよう。

0190 □□ **eastern** [íːstərn]

形 東の，東向きの，東洋の

There's a popular lake on the **eastern** edge of the town.
（街の**東の**端に人気の湖がある）

☞《**eastern**＋名詞》で覚えよう。

Score

Level 470

スコアレベル 470

GROUP 5

0191 □□ **know** [nóu]

動 ～を知（ってい）る，～を理解している，～をわかる

Do you **know** how to install this software program?
（このソフトウェアプログラムのインストール方法は**わかります**か）

《**know**＋目的語［名詞］》《**know**＋目的語［名詞］＋to be＋名詞・形容詞》《**know** about＋名詞》《**know** of＋名詞》《**know** *A* from *B*》《**know** *A* as *B*》《**know**＋that/wh-/how 節》《**know**＋if/whether 節》《It is **known**＋that 節》《It is **known**＋if/whether 節》《*be* **known**＋to 不定詞》で覚えよう。

0192 □□ **knowledge** [nálidʒ]

名 知識，情報，学識，熟知

Sally doesn't have any **knowledge** of the incident.
（Sally はその出来事についての**知識**がまったくない）

《**knowledge** of＋名詞》《**knowledge** about＋名詞》《**knowledge**＋that 節》で覚えよう。不可算名詞なので，複数形は使わない。 □ to my **knowledge**「私の知る限りでは」 □ secondhand **knowledge**「受け売りの知識」

0193 □□ **knowledgeable** [nálidʒəbl]

形 知識のある，博識の，知識が豊富な

Peter is very **knowledgeable** about old airplanes.
（Peter は古い飛行機についてとても**知識が豊富だ**）

《**knowledgeable**＋名詞》《連結動詞＋**knowledgeable**》《連結動詞＋**knowledgeable** about＋名詞》で覚えよう。

0194 □□ **unknown** [ʌnnóun]

形 知られていない，未知の，未確認の　名 知られていない人［もの／こと］，未知のもの

We need expert guidance to help us with the **unknown** territory on this project.
（このプロジェクトでの**未知の**領域について私たちの助けになる専門家の指導が必要です）

《**unknown**＋名詞》《連結動詞＋**unknown**》《連結動詞＋**unknown** to＋人》《It is **unknown**＋that/wh-/how 節》《It is **unknown**＋if/whether 節》で覚えよう。

0195 □□ **well-known** [wélnóun]

形 広く知られた，周知の，有名な

Rupert is in an MBA program at a **well-known** business school.
（Rupert は**著名な**ビジネススクールで経営学修士プログラムを学んでいる）

《**well-known**＋名詞》《連結動詞＋**well-known**》《連結動詞＋**well-known** for＋人》《連結動詞＋**well-known** to＋人》《It is **well-known**＋that 節》《*be* **well-known**＋to 不定詞》で覚えよう。

0196 □□ **like** [láik]

動 ～を好む，～を気に入る，～に適する　前 ～に似た，～のような　接 ～であるかのように
名 好み，趣味，同類

I **like** my coffee black.
（コーヒーはブラックが**好きです**）

I'd **like** you to meet our new sales manager.
（当社の新しい販売責任者に会って**いただきたいと思います**）

Something **like** this won't happen again, I promise.
（この**ような**ことは 2 度と起こりません，お約束します）

It looks **like** our sales will be hurt unless we take immediate action.
（迅速に行動しなければ販売に悪影響が出る**ように**思える）

☞《**like**＋目的語［名詞］》《**like**＋to 不定詞》《**like**＋動名詞》《**like**＋目的語［名詞］＋to 不定詞》《**like**＋目的語［名詞］＋動名詞》《**like**＋目的語［名詞］＋about＋名詞》《would **like**＋目的語［名詞］》《would **like**＋to 不定詞》《would **like**＋目的語［名詞］＋to 不定詞》，前置詞は《**like**＋名詞》《連結動詞＋**like**＋名詞》，接続詞は《**like**＋節》，名詞は《**likes** of＋名詞》《**likes** about＋名詞》で覚えよう。名詞は **likes** and dislikes の組み合わせで覚えよう。

0197 □□ **dislike** [disláik]

名 嫌悪，毛嫌い，反感　動 ～をきらう，～をいやがる

I'm afraid I have a **dislike** of this type of office furniture.
（残念ですが，私はこのタイプのオフィス家具は**好きではありません**）

☞《**dislike** of＋名詞》，動詞は《**dislike**＋目的語［名詞］》《**dislike**＋動名詞》で覚えよう。名詞は likes and **dislikes** の組み合わせで覚えよう。not like より強く響く。

0198 □□ **hate** [héit]

動 ～をきらう，～を憎む，～をいやがる　名 憎悪，憎しみ

If you **hate** literature, a publishing firm job will not be good for you.
（文学が**きらい**なら，出版社の職は向かないでしょう）

☞《**hate**＋目的語［名詞］》《**hate**＋that 節》《**hate**＋to 不定詞》《**hate**＋動名詞》《**hate**＋人＋to 不定詞》《**hate**＋人＋動名詞》，名詞は《**hate** of/for/against＋名詞》で覚えよう。動詞の場合，日常的には cannot stand を使うことが多い。

0199 □□ **likely** [láikli]

形 ありそうな，もっともらしい，～しそうで，見込みのある　副 おそらく，たぶん

It seems **likely** that the delivery will take a few more days to arrive.
（配送品の到着がさらに数日かかり**そう**です）

☞《**likely**＋名詞》《連結動詞＋**likely**》《*be* **likely**＋to 不定詞》《It is **likely**＋that 節》，副詞は《**likely**＋動詞》で覚えよう。「まず間違いなく～だろう」という意味の probably より弱い響きを持つ。more/most/less/least/very/highly/hardly などの副詞で修飾できる。

0200 □□ **likewise** [láikwàiz]

副 同様に，同じように，そのうえ

I'll enjoy my vacation, and I hope you'll do **likewise**.
（私は休暇を楽しみますし，あなたも**同様で**ありますように）

☞《動詞＋**likewise**》で覚えよう。副詞として文全体を修飾する働きもある。

0201 □□ **unlike** [ʌnláik]

前 ～とは違って，～に似ていない，～らしくない

- Darryl's suggestion was **unlike** any other ideas presented in the meeting.（ダリルの提案は，会議で発表されたほかのどのアイデアとも**違って**いた）

☞《**unlike**＋名詞》で覚えよう。

0202 □□ **unlikely** [ʌnláikli]

形 ありそうもない，見込みのない

- Their effort seems **unlikely** to succeed.
（彼らの努力は成功**しそうにない**）
- It is **unlikely** that the incumbent will lose the upcoming election.
（まもなくの選挙で現職が破れる**可能性は少ない**）
- In the **unlikely** event of a power outage, our staff will guide you.
（**もしも**停電が起きた場合は当社スタッフが誘導します）

☞《**unlikely**＋名詞》《連結動詞＋**unlikely**》《*be* **unlikely**＋to 不定詞》《It is **unlikely**＋that 節》で覚えよう。

0203 □□ **alike** [əláik]

形 似ている，同様で　副 同様に

- These usernames look **alike** but are not exactly the same.
（これらのユーザー名は**似通って**いるが同一ではない）

☞《連結動詞＋**alike**（＋in＋名詞）》，副詞は《動詞＋**alike**》で覚えよう。形容詞は very similar という意味。

0204 □□ **think** [θíŋk]

動 考える，思う，～と考える

- I need some more time to **think** about it.
（その件はもう少し**考え**させてください）

☞《**think** of/about＋名詞》《**think** of/about＋動名詞》《**think**＋目的語［名詞］＋(to be) 名詞・形容詞》《**think** of *A* as *B*》《**think**＋that/wh-/how 節》《It is **thought**＋that 節》《*be* **thought** ＋to 不定詞》で覚えよう。

0205 □□ **thoughtful** [θɔ́:tfl]

形 思慮深い，思いやりのある，気がきく

- It was very **thoughtful** of you to take the time to meet me.
（私に会うために時間を取ってくださって，そのご**親切に**感謝しております）

☞《**thoughtful**＋名詞》《連結動詞＋**thoughtful**》《It is **thoughtful** of＋人＋to 不定詞》で覚えよう。

0206 □□ **say** [séi]

動 言う，話す，述べる，～と書いてある，～と出ている　名 言い分，発言権，決定権

- All in favor of the motion, **say** aye.
（動議に賛成の皆さんは賛成と**言って**ください）
- Regrettably, I have no **say** in the matter.
（残念ながら，その件に関して私は**発言権**がありません）

☞《**say**＋目的語［名詞］(＋to＋人)》《**say**＋that/wh-/how 節》《It is **said**＋that 節》《**say**＋to 不定詞》《*be* **said**＋to 不定詞》，名詞は《**say** in/on＋名詞》で覚えよう。

0207 □□ **talk** [tɔ́:k]

動 話す，話し合う，相談する　名 会話，講義，会談

- Can I **talk** to you for a moment?（少し**話せます**か）
- I'll have a **talk** with Nancy about this issue later.
（この問題については，のちほど Nancy と**話**をします）

☞《**talk** about＋名詞》《**talk** to/with＋人》《**talk** on/over＋名詞》，名詞は《**talk** of＋名詞》《**talk**＋that 節》《**talk** about/on/over＋名詞》《**talk** to/with＋人》で覚えよう。 □ **talk** to *oneself*「ひとりごとを言う」 □ **talking** of ...「～といえば」

0208 □□ **tell** [tél]

動 ～に話す，～を見分ける，～に命じる，～がわかる

- Could you **tell** me what you think of my proposal?
（私の新しい提案についてのご意見を**教えて**いただけますか）

☞《**tell**＋目的語［名詞］（＋to＋人）》《**tell**＋人＋目的語［名詞］》《**tell**＋人＋about/of＋名詞》《**tell**＋人＋that/wh-/how 節》《**tell**＋人＋to 不定詞》《**tell**＋人＋wh-/how＋to 不定詞》《**tell**＋wh-/how 節》《**tell**＋if/whether 節》《**tell** *A* from *B*》で覚えよう。 □ to **tell** (you) the truth「実をいうと」

0209 □□ **teller** [télər]

名 語り手，窓口係，現金自動預払機（＝automated teller machine）

- Many jobs done by bank **tellers** have been lost to technology.
（銀行**窓口担当者**によって行われてきた仕事の多くが科学技術に奪われている）

☞《**teller** of＋名詞》で覚えよう。 □ bank **teller**「銀行窓口担当者」 □ automated **teller** machine「現金自動預け払い機」（＝ATM）

0210 □□ **see** [sí:]

動 ～を（よく）見る，～が見える，～を確かめる，～に会う

- If you **see** a solution to the problem, please let Mr. Yanagi know.
（その問題の解決法が**わかったら** Yanagi さんに知らせてください）
- I'll take a wait-and-**see** approach on this matter.
（この件に関しては，私は様子を**見ます**）

☞《**see**＋目的語［名詞］》《**see**＋that/wh-/how 節》《**see**＋if/whether 節》《**see**＋目的語［名詞］＋原形動詞》《**see**＋目的語［名詞］＋現在分詞》《**see** *A* as *B*》《**see**＋人＋about＋名詞》で覚えよう。 □ I'll **see** what I can do.「何ができるか考えてみます」 □ I don't **see** why not.「いいですよ」 □ remain to be **seen**「まだわからない」

0211 □□ **look** [lúk]

動 見る，眺める，じっと見る，～に見える，～に思われる　名 見ること

- I'd like you to **look** at these statistics.
（これらの統計を**見て**いただけますか）
- It **looks** like everything's going all right.
（すべて順調に行っている**ようです**）
- Do you have time to take a **look** at this draft?
（この草稿に**目を通して**いただく時間はありますか）

☞《**look** at＋名詞》《**look** for＋名詞》《**look** in/into＋名詞》《**look** like＋名詞》《**look**＋形容詞》《It **looks** like/as if/as though＋節》，名詞は《**look** of＋名詞》《**look** at＋名詞》で覚えよう。 □ have/take a **look** at ...「～に目を通す」

0212 □□ **watch** [wɑ́ːtʃ]

動 ～を見る，～を見守る，～を観察する，～に注意する　名 時計，監視，観察，見張り役

I spend every Saturday night binge **watching** movies online.
（毎週土曜日の夜は映画をオンラインで一気に**見て**過ごします）

☞《**watch**＋目的語［名詞］》《**watch**＋目的語［名詞］＋原形動詞》《**watch**＋目的語［名詞］＋現在分詞》《**watch**＋wh-/how 節》《**watch** for＋名詞》《**watch** over＋人》，名詞は《**watch** of＋名詞》《**watch** on/over＋名詞》で覚えよう。

0213 □□ **real** [ríːəl]

形 ほんとうの，現実の，実在する，本物の

The slightly dented car I bought was a **real** bargain.
（私が買った，わずかにへこみのある自動車は**実に**お買い得でした）

☞《**real**＋名詞》《連結動詞＋**real**》で覚えよう。金融の分野では「インフレ調節済みの」という意味で使う。 □ **real** income/wages「実質所得」

0214 □□ **really** [ríːəli]

副 ほんとうに，実際に，まったく

What I **really** wanted to say is this.
（私が**ほんとうに**言いたかったことはこれです）

☞《**really**＋動詞・形容詞》で覚えよう。形容詞を修飾するときは very/extremely，動詞を修飾するときは very much で言い換えることができる。 □ Not **really**.「違うのです」

0215 □□ **reality** [ri(ː)ǽləti]

名 現実（性），実在，真実

Ralph thinks he deserves a raise; he has to face **reality**.
（Ralph は自分が昇給に値すると思っている；彼は**現実**を見るべきだ）

☞《**reality** of/about＋名詞》《**reality**＋that 節》で覚えよう。 □ in **reality**「実際には」 □ The **reality** is that ...「現実は～です」

0216 □□ **realistic** [rìːəlístik]

形 現実的な，現実主義的な，写実派の

I have **realistic** expectations about the monthly sales of this product.
（私はこの商品の月間売り上げについて**現実的な**期待を持っています）

☞《**realistic**＋名詞》《連結動詞＋**realistic**》《連結動詞＋**realistic** about＋名詞》《連結動詞＋**realistic** in＋名詞》《It is **realistic**＋that 節》《It is **realistic**＋to 不定詞》で覚えよう。

0217 □□ **realize** [ríːəlàiz]

動 ～に気づく，～をはっきり理解する，～を実現する

I'm coming to **realize** that truth is stranger than fiction.
（事実は小説より奇なり，ということを**理解し**つつあります）

I'm glad we were finally able to **realize** the project.
（ついにこのプロジェクトを**実現できて**うれしいです）

☞《**realize**＋目的語［名詞］》《**realize**＋that/wh-/how 節》で覚えよう。

0218 □□ **unreal** [ʌnríːəl]

形 非現実的な，実在しない，現実と思えない

◪ This episode may sound **unreal**, but it's a true story.
（この出来事は**現実でない**ように思えますが，実際にあった話です）

☞《**unreal**＋名詞》《連結動詞＋**unreal**》で覚えよう。

0219 □□ **rather** [rǽðər, rɑ́ːðə]

副 かなり，だいぶ，（～よりも）むしろ，それどころか

◪ I'd **rather** search for helpful tips online than contact customer support.
（顧客サポートに連絡するよりも，私は**むしろ**オンラインで役に立つ情報を探**したい**と思います）

◪ I'd **rather** not say anything about the source of information.
（情報源については発言を控え**たいのです**）

☞《would **rather**＋原形動詞》《**rather**＋形容詞》《**rather** than＋名詞》で覚えよう。「まあまあ～な」という程度を表す。 □ would **rather** ...「（どちらかといえば）～のほうがよい」 □ would **rather** *A* than *B*「*B* より *A* のほうがよい」 □ **rather** than ...「～ではなく，～の代わりに」

0220 □□ **than** [ðən]

前 接 ～よりも，～に比べて

◪ The population of the city is more **than** five million people.
（その市の人口は 500 万人を**超えて**いる）

☞《**than**＋名詞》，接続詞は《**than**＋節》で覚えよう。 □ other **than** ...「～以外の」 □ rather *A* **than** *B*「*B* よりむしろ *A*」

0221 □□ **instead** [instéd]

副 それよりむしろ，その代わりに

◪ **Instead** of email, we're using social media for promotional campaigns.
（電子メールの**代わり**に，当社はソーシャルメディアを使用して販促キャンペーンを行っている）

☞《**instead** of＋名詞》《動詞・形容詞＋**instead**》で覚えよう。「その代わりに～」と情報を追加する目的でも使う。

0222 □□ **mean** [míːn]

動 ～を意味する，～を示す，～を意図する，～のつもりで言う　名 平均（値）　形 意地の悪い

◪ I didn't **mean** to hurt your feelings.
（あなたの気持ちを傷つける**つもりはあり**ませんでした）

◪ We did research on 513 subjects, and their **mean** age was 37.8 years.
（私たちは 513 人の被験者に調査を行い，彼らの**平均**年齢は 37.8 歳でした）

◪ The characters in the movie were **mean**-spirited.
（その映画の登場人物たちは**意地が悪い**）

☞《**mean**＋目的語［名詞］（＋to＋人）》《**mean**＋that 節》《**mean**＋to 不定詞》《**mean**＋目的語［名詞］＋to 不定詞》，名詞は《**mean** of＋名詞》，形容詞は《**mean**＋名詞》《連結動詞＋**mean**》《連結動詞＋**mean** to＋人》《連結動詞＋**mean** with＋名詞》《It is **mean** of＋人＋to 不定詞》で覚えよう。

0223 □□ **meaning** [míːniŋ]

名 意味，意義，重要性，目的，意図

◪ What is the **meaning** of that expression?（あの表現はどういう**意味**ですか）

☞《**meaning** of/behind＋名詞》で覚えよう。

0224 □□ **meaningful** [míːniŋfl]

形 意義のある，有意義な，意味のある，意味深長な

- We had a **meaningful** discussion today.
（きょうは**有意義な**話し合いができました）

☞《**meaningful**＋名詞》《連結動詞＋**meaningful**》《連結動詞＋**meaningful** to＋名詞》《It is **meaningful**＋that 節》《It is **meaningful**＋to 不定詞》で覚えよう。

0225 □□ **means** [míːnz]

名 方法，手段，資力，収入，財産，資力

- What do you think is the most effective **means** of communication?
（もっとも効果的なコミュニケーションの**方法**は何だと考えますか）
- A simple way to manage finances is to live within your **means**.
（家計を管理する簡単な方法は**収入**の範囲内で生活することです）

☞《**means** of/for＋名詞》《**means**＋to 不定詞》で覚えよう。 □ by all **means**「なんとしてでも」 □ by no **means**「まったく～ない」 □ by **means** of ...「～の方法によって」

0226 □□ **meantime** [míːntàim]

名 合間，その間（の時間）

- We can repair your phone; in the **meantime**, we can offer you a temporary replacement.
（お客様の電話は修理可能です；その**間**は代替機種をご提供できます）

☞《in the **meantime**》《for the **meantime**》で覚えよう。

0227 □□ **meanwhile** [míːn(h)wàil]

副 その間に，それまでは，そうしている間に，話変わって 名 合間，その間（の時間）

- I was outside without my key; **meanwhile**, Peg was inside sleeping.
（私は鍵を持たずに外に出てしまった；**一方**，Peg は中で寝ていた）

☞ 副詞として節と節をつなぐ。

0228 □□ **still** [stíl]

副 まだ，今までどおり，それでも，なおさら，そのうえ，にもかかわらず 形 静かな，静止した，平和な

- Grace is **still** out on maternity leave.
（Grace は**まだ**育児休暇中です）

☞《**still**＋動詞》《be 動詞・助動詞＋**still**》のように，一般動詞の前，be 動詞・助動詞の直後に置くことが多い。否定文では否定語の前に置くことが多い。形容詞は《**still**＋名詞》《連結動詞＋**still**》で覚えよう。

0229 □□ **yet** [jét]

副 まだ（～ない），今のところは，やがて，もう 接 にもかかわらず

- The inspectors haven't arrived **yet**.（検査官たちは**まだ**到着していません）
- Have the inspectors arrived **yet**?（検査官たちは**もう**到着しましたか）
- Haven't the inspectors arrived **yet**?（検査官たちは**まだ**到着しませんか）
- Our retiring CEO has **yet** to name her successor.
（引退する当社の CEO は**まだ**後継者を指名していない）

☞《動詞＋**yet**》《be/have **yet**＋to 不定詞》，接続詞は《節＋**yet**＋節》で覚えよう。副詞は否定文で「まだ～ない」，疑問文で「もう～ですか」という意味。 □ as **yet**「まだ（～ない）」 □ Not **yet**.「まだです」

0230 □□ **already** [ɔ́ːlrédi]

(副) すでに，とっくに，前々から

The budget proposal for this year has **already** been submitted.
（今年の予算案は**すでに**提出されている）

☞《**already**＋動詞》で覚えよう。be 動詞・助動詞の後，一般動詞の前で使うことが多い。肯定文で「すでに～，もう～」，否定文・疑問文・条件文で「そんなに早く～，（まさか）もう～」

0231 □□ **seem** [síːm]

(動) ～と見える，～と思える，～らしい，～がありそうに思える

David **seems** to be adjusting to the management position well.
（David は管理職の地位にうまく順応しているように**見える**）

It **seems** to me that David will be a good manager.
（David はよい部長になるように私には**思えます**）

☞《**seem**（to be）＋名詞・形容詞》《**seem** like＋名詞》《**seem**＋to 不定詞》《It **seems**（＋to＋人）＋that 節》《It **seems**＋形容詞＋that 節》《It **seems** as if/as though/like＋節》で覚えよう。appear のほうがフォーマルに響く。

0232 □□ **want** [wánt]

(動) ～を望む，～をほしいと思う，～を欠く，～を必要とする (名) 欠如，貧困

All I **want** is to cancel my contract.
（私が**望んでいる**のは契約をキャンセルすることだけです）

The owner **wants** to reopen her store within a month.
（オーナーは 1 か月以内に店を再開**したいと思っている**）

For **want** of a better solution, we decided to scrap the project.
（もっとよい解決策が**ない**ので，そのプロジェクトを廃止することにした）

☞《**want**＋目的語［名詞］》《**want**＋to 不定詞》《**want**＋目的語［名詞］＋to 不定詞》《**want**＋目的語［名詞］＋過去分詞》《**want** for＋名詞》，名詞は《for **want** of＋名詞》で覚えよう。現在分詞形 wanting は「欠いていて」という意味の形容詞としても使う。□ You might **want** to *do*「～してはどうですか」

0233 □□ **feel** [fíːl]

(動)（～を）感じる，～の感じがわかる，～を触ってみる，気がする (名) 感触，感じ，雰囲気

I **feel** better now, thank you.
（**気分が楽になり**ました，ありがとう）

I'm unwell and don't **feel** up to coming to the office today.
（きょうは具合が悪くて出社できそうにない**気がします**）

☞《**feel**＋形容詞》《**feel** like＋名詞》《**feel** like＋節》《**feel** like＋動名詞》《**feel** about＋名詞》《**feel**＋that 節》《**feel**＋as if/as though＋節》《**feel**＋目的語［名詞］＋原形不定詞》《It **feels**＋形容詞＋to 不定詞》《**feel** free＋to 不定詞》，名詞は《**feel** of＋名詞》で覚えよう。

0234 □□ **give** [gív]

(動) ～を与える，～をあげる，～を渡す，～を催す (名) 与えること

Ms. Chapman **gave** us more time to review the proposal.
（Chapman さんは私たちに，企画書を見直すためにもう少し時間を**与えて**くれた）

☞《**give**＋人＋目的語［名詞］》《**give**＋目的語［名詞］＋to＋人》で覚えよう。 □ any **given** ...「どの～でも」□ **given** that ...「～ということを考慮すると」

0235 □□ **let** [lét]

動 ～させる，～することを許す，（～の状態に）しておく，～を貸し出す

I'll **let** you know the details as soon as possible.
（詳細はできる限り早くお**知らせ**します）

《**let**＋目的語［名詞］＋原形動詞》で覚えよう。 □ let **go** (of ...)「（～を）手放す」

0236 □□ **put** [pút]

動 ～を置く，～をある状態にする，～を言う

The timeframe and the budget have **put** constraints on this project.
（時間と予算がこのプロジェクトに制約を**課している**）

《**put**＋目的語［名詞］》で覚えよう。

0237 □□ **last** [lǽst]

動 持続する，持ちこたえる 形 最後の，最近の 副 最後に，最近 名 最後のもの［事］，もっとも可能性のないこと

I doubt that this old copier will **last** very long.
（この古いコピー機はあまり長く**もつ**ようには思えない）

I've been working here for the **last** 20 years.
（私は**過去** 20 年間ここで働いています）

Let's see who laughs **last**.（だれが**最後に**笑うことになるか見ていよう）

《**last**＋副詞》《**last** until/for/through＋名詞》，名詞は《the **last** of＋名詞》《the **last** to＋名詞》，形容詞は《(the) **last**＋名詞》《連結動詞＋the **last**》《連結動詞＋the **last**＋to 不定詞》，副詞は《動詞＋**last**》で覚えよう。

0238 □□ **sort** [sɔ́ːrt]

動 ～を分類する，～を配列する 名 種類

I'd like you to **sort** these registration cards by the attendees' names.
（これらの登録カードを出席者名順に**並べ替えて**ください）

I'm **sort** of worried that our supplier will miss the deadline.
（当社の仕入れ先が納期に間に合わないことを**いくらか**心配しています）

《**sort**＋目的語［名詞］》，名詞は《**sort** of＋名詞》で覚えよう。

0239 □□ **kind** [káind]

名 種類 形 親切な，やさしい

Our printer is the same **kind** as the sales department's.
（私たちのプリンタは営業部のものと同じ**種類**です）

It was **kind** of you to let me know.（知らせてくれて，どうもご**親切に**ありがとう）

《**kind** of＋名詞》，形容詞は《**kind**＋名詞》《連結動詞＋**kind**（＋to＋人）》《*be* **kind** enough＋to 不定詞》《It is **kind**＋to 不定詞》《It is **kind** of＋人＋to 不定詞》で覚えよう。 □ **Kind** regards,「どうぞよろしく」（結語）

0240 □□ **so** [sóu]

副 とても，そのように，このように，そのとおりに，このとおりに，そう，まさに 接 そこで

I've been **so** busy that I haven't had time to eat.
（**実に**忙しくて，食べる時間がありませんでした）

《動詞＋**so**》《**so**＋形容詞》《**so**＋副詞》，接続詞は《**so**＋節》で覚えよう。 □ **so** ... that .../**so** ... as to be ...「とても～なので…」

0241 □□ **right** [ráit]

形 正しい，適切な，望ましい，正当な　名 正当，正義，権利，右

◤ I think Ms. Rosenburg is the **right** person for the position.
（Rosenburg さんはその地位に**ふさわしい**人物だと思います）

◤ Go down this road and take the second **right**.
（この道をまっすぐ行って，2 つめの角を**右**に曲がってください）

☞《**right**＋名詞》《連結動詞＋**right**》《連結動詞＋**right** about＋名詞》《連結動詞＋**right** in＋名詞》《連結動詞＋**right** for＋名詞》《連結動詞＋**right**＋to 不定詞》《It is **right**＋that 節》《It is **right**＋to 不定詞》，名詞は《**right** of＋名詞》《**right** to＋名詞》《**right**＋to 不定詞》で覚えよう。

0242 □□ **wrong** [rɔ́(ː)ŋ]

形 間違って，不適切な，邪悪な

◤ We've gone the **wrong** way about addressing this issue.
（この問題への対処を**間違えて**いました）

◤ Don't get me **wrong**.（私の言うことを**誤解**しないでください）

☞《**wrong**＋名詞》《連結動詞＋**wrong**》《連結動詞＋**wrong** about＋名詞》《連結動詞＋**wrong** with＋名詞》《連結動詞＋**wrong** for＋人》《It is **wrong**＋that 節》《It is **wrong**＋to 不定詞》で覚えよう。
□ go **wrong**「うまく行かない，間違える」

0243 □□ **call** [kɔ́ːl]

名 呼び声，電話　動 ～を呼ぶ，～に電話をする

◤ Debbie, could you give me a **call** when Mr. Das arrives?
（Debbie，Das さんがいらしたら**電話**をいただけますか）

◤ You can **call** me directly on this number.
（この番号で私に直接**電話して**いただけます）

☞《**call** of＋名詞》《**call** for/from/to＋人》《**call** for＋名詞》《**call** for＋人＋to 不定詞》，動詞は《**call**＋人》《**call**＋人＋名詞》《**call**＋目的語［名詞］》《**call** for＋名詞》で覚えよう。 □ on **call**「待機して」

0244 □□ **caller** [kɔ́ːlər]

名 電話をかける人，訪問者，指示を出す人

◤ Excuse me, Ms. Tay, I have a **caller** from *Finance Weekly* for you.
（失礼します，Tay さん，*Finance Weekly* 誌から**電話をかけてきた方**がお話ししたいそうです）

☞《**caller** from/to＋名詞》で覚えよう。

0245 □□ **even** [íːvn]

形 均等な，一定の，平らな　副 ～さえ，～すら，さらに，なおさら

◤ We split the profits into **even** amounts.
（私たちは利益を**等しい**金額に分配した）

◤ Terry didn't go to any meetings, not **even** one.
（Terry はどの会議にも出なかった，ただのひとつ**さえも**）

◤ The economic situation is getting **even** better.
（経済状況は**さらに**上向いている）

☞《**even**＋名詞》で覚えよう。副詞としては強調したい語句の直前に置く。 □ **even** so ...「たとえそうでも」 □ **even** if ...「たとえ～だとしても」 □ **even** though ...「～であるにもかかわらず」 □ break **even**「損益分岐点に達する」 □ **even** number「偶数」

0246 □□ **evenly** [íːvnli]

副 平等に，公平に，冷静に，むらなく

The manager **evenly** distributed the workload among the employees.
（部長は従業員に仕事を**均等に**配分した）

☞《**evenly**＋動詞》で覚えよう。 □ **evenly** distribute ...「〜を均等に分配する」

0247 □□ **work** [wə́ːrk]

動 働く，取り組む，稼働する，うまくいく，役立つ 名 労働，研究，作業，職業，作品

What time of the day **works** best for you to have a meeting?
（会議をするのは何時がいちばん**都合がよい**ですか）

The end of the fiscal year always brings a lot of **work** with it.
（会計年度末はいつもたくさんの**仕事**が出てくる）

☞《**work**＋副詞》《**work** for＋名詞》《**work** at/in＋名詞》《**work** as＋名詞》《**work** under＋人》《**work** toward＋名詞》《**work** on＋名詞》《**work**＋to 不定詞》《**work** for/against＋名詞》，名詞は《**work** of＋名詞》《**work** on＋名詞》で覚えよう。 □ at **work**「仕事をして」

0248 □□ **worker** [wə́ːrkər]

名 働く人，被雇用者，労働者，職人

The quality of **worker** training directly affects productivity.
（**労働者**研修の質は生産性に直接影響する）

☞《**worker** in/at＋名詞》で覚えよう。 □ **worker** productivity「従業員生産性」

0249 □□ **workday** [wə́ːrkdèi]

名 仕事日，就業日 形 平日の，仕事日の

Some staff spend more than 30 minutes per **workday** writing emails.
（**勤務日**に毎日 30 分以上を電子メールを書くことに費やしている職員がいる）

☞《**workday** for＋名詞》で覚えよう。 □ **workday** hours「勤務時間」

0250 □□ **workplace** [wə́ːrkplèis]

名 仕事場，職場

I always try to keep my **workplace** organized and tidy.
（**仕事場**は常に整理整頓するようにしています）

☞《**workplace** of＋名詞》で覚えよう。 □ **workplace** environment「職場環境」

0251 □□ **workload** [wə́ːrklòud]

名 仕事量，作業量，労働負荷

My **workload** has increased since Joshua was hospitalized.
（Joshua が入院して以来，私の**仕事量**が増えている）

☞《**workload** of＋名詞》で覚えよう。人や機械などが一定時間内に行うべき「仕事量」を指す。 □ heavy **workload**「かなりの仕事量」

0252 □□ **worksheet** [wə́ːrkʃìːt]

名 練習問題用紙，課題シート，作業計画表

We will assign a **worksheet** to all trainees to test their knowledge.
（研修生たちの知識を試すために，全員に**練習問題用紙**を割り当てましょう）

☞《**worksheet** on＋名詞》で覚えよう。 □ budget **worksheet**「予算申告書」

0253 □□ **workbook** [wɔ́ːrkbùk]

名 学習帳，ワークブック，施工工程表，業務便覧

I always refer to the **workbook** before asking the manager a question.
(部長に質問する前に，いつも**業務工程表**を参照する)

《**workbook** for＋名詞》で覚えよう。

0254 □□ **workforce** [wɔ́ːrkfɔ̀ːrs]

名 全従業員，労働力，労働人口

The company's move to the city helped increase the **workforce** there.
(同社のその市への移転は，その地の**労働人口**を増やす一助となった)

《**workforce** of＋名詞》で覚えよう。 □ available **workforce**「調達可能な労働力」

0255 □□ **workshop** [wɔ́ːrkʃɑ̀p]

名 作業場，セミナー，研修会，ワークショップ

Seth is going to attend a managerial **workshop** over the weekend.
(週末にかけて Seth は経営**ワークショップ**に参加する)

《**workshop** for＋名詞》《**workshop** on＋名詞》で覚えよう。

0256 □□ **workstation** [wɔ́ːrkstèiʃən]

名 仕事場，ワークステーション

I had a call from a client as soon as I returned to my **workstation**.
(**仕事場**に戻るとすぐに顧客から電話があった)

《**workstation** for＋名詞》で覚えよう。□ optimize *one's* **workstation**「仕事スペースを最適化する」

0257 □□ **workout** [wɔ́ːrkàut]

名 練習，トレーニング，運動，耐久試験

Walking up and down all of these hallways is a real **workout**.
(これらの廊下を行ったり来たりすることは，ほんとうに**運動**になる)

《**workout** for＋名詞》で覚えよう。 □ strenuous **workout**「激しい運動」

0258 □□ **use** [júːz; júːs]

動 ～を使う，(燃料など)を費やす 名 使うこと，役に立つこと

We should take caution when **using** this product outdoors.
(この製品を屋外で**使用する**際は注意してください)

《**use**＋目的語［名詞］》《**use** *A* for *B*》《**use** *A* as *B*》，名詞は《**use** of＋名詞》《**use** for＋名詞》《It is no **use**＋to 不定詞・動名詞》で覚えよう。 □ could **use** ...「～がほしい」□ make **use** of ...「～を利用する」□ in **use**「使用されて」□ *be* of **use**「役立つ」□ come into **use**「使われる」□ go out of **use**「使われなくなる」

0259 □□ **useful** [júːsfl]

形 有用な，役に立つ

I recommend reading this pamphlet; it has a lot of **useful** information.
(このパンフレットを読んでみてください；**役立つ**情報が満載です)

《**useful**＋名詞》《連結動詞＋**useful**》《連結動詞＋**useful** for/to＋名詞》《It is **useful**＋that 節》《It is **useful**＋to 不定詞》で覚えよう。

0260 □□ **user** [jú:zər]

㊔ 使用者，ユーザー，利用者

User surveys show over 80 percent of college students use social media.
（**ユーザー**調査によると，大学生の 80 パーセント以上がソーシャルメディアを利用している）

☞《**user** of＋名詞》で覚えよう。

0261 □□ **usage** [jú:sidʒ]

㊔ 使い方，取り扱い，慣習，使用量

Improper **usage** of the product voids the warranty.
（製品を不適切に**使用**すると保証は無効になります）

☞《**usage** of＋名詞》で覚えよう。 □ electricity **usage**「電気使用量」□ annual **usage**「年間使用量」

0262 □□ **used** [jú:zd; jú:st]

㊏ 中古の，使用された，慣れて ㊍ 以前はよく～した，以前は～だった

I was a **used**-car dealer before I took this job.
（この仕事に就く前は**中古**車のディーラーでした）

I got **used** to buying groceries in bulk online.
（食料品はオンラインでまとめ買いすることに**慣れました**）

There **used** to be four bookstores on the way to the nearest station.
（**かつては**最寄り駅に行くまでの途中に 4 軒の書店があり**ました**）

☞《**used**＋名詞》《連結動詞＋**used**》《連結動詞＋**used** to＋名詞》《連結動詞＋**used** to＋動名詞》，助動詞は《**used** to＋原形動詞》で覚えよう。

0263 □□ **unused** [ʌnjú:zd]

㊏ 未使用の，使用されていない，慣れていない

Could you wrap the **unused** portion and put it in the refrigerator?
（**使っていない**分はラップをして冷蔵庫に入れていただけますか）

☞《**unused**＋名詞》《連結動詞＋**unused**》《連結動詞＋**unused** to＋名詞》《連結動詞＋**unused** to＋動名詞》で覚えよう。

0264 □□ **try** [trái]

㊍ ～を試みる，～を試す ㊔ 試み，努力

Why don't you **try** this map application?
（この地図アプリを**試して**みてはどうですか）

Though Dana has never worked in sales, she's going to give it a **try**.
（Dana は営業の仕事の経験はまったくないが，**試し**にやってみるつもりでいる）

☞《**try**＋目的語［名詞］》《**try**＋to 不定詞》《**try**＋動名詞》，名詞は《**try** at＋名詞》で覚えよう。
□ have a **try**「やってみる」□ give it a **try**「やってみる」

0265 □□ **trial** [tráiəl]

㊔ 試験，試練，裁判，厄介なもの，選考会 ㊏ 予備的な，試験的な，裁判の

What do you think of holding night classes on a **trial** basis?
（**試験**的に夜間のクラスを開いてはどうでしょうか）

☞《**trial** of＋名詞》《**trial** by＋名詞》《**trial** to＋人》で覚えよう。 □ by **trial** and error「試行錯誤して」
□ stand **trial**「裁判にかけられる」□ on **trial** for ...「～の容疑で裁判中で，～を試して」

0266 □□ **part** [pάːrt]

名 一部，部品，要素，役（割） 動 分かれる，～を分ける，～を引き離す

The **parts** are supplied by a manufacturer in Indonesia.
（**部品**はインドネシアの製造企業から供給される）

☞《**part** of＋名詞》，動詞は《**part**＋目的語［名詞］》で覚えよう。□ in **part**「一部は」 □ play a **part**「役割を果たす」 □ take **part** in ...「～に加わる」

0267 □□ **partly** [pάːrtli]

副 部分的に，一部分は，少しは

I have to admit that what you said was **partly** correct.
（あなたが言ったことは**部分的に**正しかったと認めるしかありません）

☞《**partly**＋動詞・形容詞》で覚えよう。□ **partly** depend on ...「～に一部を依存する」

0268 □□ **partial** [pάːrʃl]

形 部分的な，一部の，不公平な，大好きで

The author received $10,000 as **partial** payment of his royalties.
（その著者は著作権使用料の**部分**支払いとして１万ドルを受け取った）

Let's go with the yellow design; the client is **partial** to that color.
（その黄色のデザインでいきましょう；顧客はその色を**気に入って**いますから）

☞《**partial**＋名詞》《連結動詞＋**partial** to＋名詞》で覚えよう。

0269 □□ **partially** [pάːrʃəli]

副 部分的に，一部分は

I **partially** agree with you, but I'm still worried about the cost.
（あなたに**部分的には賛**成ですが，やはりコストのことが心配です）

☞《**partially**＋動詞・形容詞》で覚えよう。 □ **partially** remove ...「～を部分的に削除する」

0270 □□ **through** [θrúː]

前 ～の中を通って，～を使って，～を経由して，～の間中 副 通り抜けて，終始，完全に

Our store is closed from September 9th **through** 15th.
（当店は９月９日から15日**いっぱいまで**休みます）

Let me know when you're **through**.
（あなたが**終わった**ら教えてください）

☞《**through**＋名詞》《**through** to＋名詞》，副詞は《動詞＋**through**》で覚えよう。 □ from *A* **through** *B*「*A* から *B*（が終わる）まで」

0271 □□ **throughout** [θru(ː)áut]

前 ～のいたるところで，～の間中ずっと 副 あらゆる場所で，初めから終わりまでずっと

I appreciate the time and effort you invested **throughout** this project.
（このプロジェクト**を通して**あなたが注いでくださった時間と努力に感謝いたします）

☞《**throughout**＋名詞》，副詞は《動詞＋**throughout**》で覚えよう。「最初から最後までずっと」という響きがはっきりする。

0272 □□ **show** [ʃóu]

動 ～を見せる，～を展示する，～を示す，～を表す，現れる，目立つ，～を上演する
名 見せること，表示，展覧会，興行

Could you **show** me how to use this self-checkout?
(このセルフレジの使い方を**教えて**いただけますか)

☞《**show**＋目的語［名詞］(＋to＋人)》《**show**＋人＋目的語［名詞］》《**show** (＋人) ＋that/wh-/how 節》《**show** (＋人) ＋wh-/how＋to 不定詞》《**show**＋目的語［名詞］＋ (to be) 名詞･形容詞》，名詞は《**show** of＋名詞》で覚えよう。

0273 □□ **showcase** [ʃóukèis]

動 ～を陳列する，～を披露する　名 陳列ケース，ショーケース

This section **showcases** a collection of movie posters from the 20th century. (このセクションは，20 世紀からの映画ポスターのコレクションを**展示しています**)

☞《**showcase**＋目的語［名詞］》，名詞は《**showcase** of＋名詞》《**showcase** for＋名詞》で覚えよう。

0274 □□ **showroom** [ʃóurùːm]

名 陳列室，ショールーム

Besson Motors has a virtual **showroom** online.
(Besson Motors 社はオンラインでバーチャルな**ショールーム**を用意している)

☞《**showroom** of＋名詞》で覚えよう。　□ **showroom** price「展示価格」

0275 □□ **start** [stɑ́ːrt]

動 始まる，起こる，動き始める，～を始める　名 始まり，初め

When will you **start** the online seminars?
(そのオンラインセミナーはいつ**始める**のですか)

We got off to a bad **start**, but the project is going smoothly now.
(私たちの**出だし**は悪かったが，いまプロジェクトは順調に進んでいる)

☞《**start**＋目的語［名詞］》《**start**＋to 不定詞》《**start**＋動名詞》《**start**＋人＋動名詞》《**start** with＋名詞》《**start** as＋名詞》《**start** (＋目的語［名詞］) ＋by＋動名詞》《**start** at/from＋数字》，名詞は《**start** of/to＋名詞》で覚えよう。　□ to **start** with「まず第一に，最初は」

0276 □□ **begin** [bigín]

動 始まる，～を始める

Let's **begin** the meeting at 1:30.
(会議は 1 時 30 分に**始め**ましょう)

☞《**begin**＋目的語［名詞］》《**begin** with＋名詞》で覚えよう。　□ to **begin** with「まず第一に」

0277 □□ **help** [hélp]

動 ～に役立つ，～の助けになる，～を助ける，～を促進する　名 助け，援助，力添え，役立つこと［もの］

Could you **help** me pass out these documents?
(これらの文書を配付するのを**手伝って**いただけますか)

☞《**help**＋人》《**help**＋人＋原形動詞･to 不定詞》《**help**＋人＋with＋名詞》《**help**＋原形動詞･to 不定詞》，名詞は《**help** of＋名詞》《**help**＋with＋名詞》《**help** from＋名詞》《**help**＋to 不定詞》《**help**＋ (in＋) 動名詞》《*be* of＋形容詞＋**help**》で覚えよう。

0278 □□ **helpful** [hélpfl]

形 助けになる，有益な，役立つ

Our reception staff will offer **helpful** information to attendees.
(当社の受付スタッフが参加者に**役立つ**情報を提供いたします)

☞《**helpful**＋名詞》《連結動詞＋**helpful**》《連結動詞＋**helpful** for/to＋名詞》《連結動詞＋**helpful** in＋動名詞》《It is **helpful**＋that 節》《It is **helpful**＋to 不定詞》《It is **helpful**＋if 節》で覚えよう。

0279 □□ **helpfulness** [hélpflnəs]

名 助けになること，有用性

The **helpfulness** of our support team has improved our customer satisfaction levels.
(当社サポートチームが**役立っていること**が顧客満足度を改善している)

☞《**helpfulness** of＋名詞》で覚えよう。

0280 □□ **place** [pléis]

動 ～を置く，～を設置する，～に入賞する，～を掲載する　名 場所，位置

We usually **place** online ads on those Web sites.
(当社はいつもそれらのウェブサイト上にオンライン広告を**出す**)

I'll find a **place** where my family can put their personal items.
(家族が手荷物を置ける**場所**を見つけましょう)

☞《**place**＋目的語［名詞］》《**place** *A* on *B*》，名詞は《**place** of＋名詞》《**place** for＋名詞》《**place** in/on/at＋名詞》《**place**＋to 不定詞》で覚えよう。 □ take **place**「(計画したことなど) が起きる」□ in **place**「導入されて」□ in **place** of ...「～の代わりに」□ take the **place** of ...「～の代わりを務める」□ in the first **place**「まず第一に」□ out of **place**「適さずに，場違いで」

0281 □□ **placement** [pléismənt]

名 配置，配列，置くこと，職業紹介

We'll be introducing a new **placement** test for our language courses.
(当社の言語コース用に新たな**能力別編成**テストを導入します)

Do you have any ideas about the **placement** of the chairs for the seminar? (セミナーの座席**配置**について何か考えはありますか)

☞《**placement** of＋名詞》で覚えよう。

0282 □□ **ask** [ǽsk]

動 ～に尋ねる，～に頼む，～を求める

Can I **ask** you a question? (**お尋ねして**もよいですか)

Mr. Killian always encourages new employees to **ask** for advice.
(Killian さんは新規従業員に対して，助言を**求める**ように常に促している)

☞《**ask**＋目的語［名詞］(＋of＋人)》《**ask**＋人＋目的語［名詞］》《**ask**＋人＋wh-/how 節》《**ask**＋人＋if/whether 節》《**ask** (＋人) ＋about＋名詞》《**ask**＋that 節》《**ask** (＋人) ＋to 不定詞》《**ask** (＋人) ＋for＋名詞》で覚えよう。「尋ねる」という意味では **ask** がもっとも一般的。

0283 □□ **find** [fáind]

動 ～を見つける，～が（…と）わかる

We need to **find** possible solutions to this issue as soon as we can.
（当社はできるだけ早くこの問題の解決可能策を**見つける**必要がある）

☞《**find**＋目的語［名詞］》《**find**＋that/wh-/how 節》《**find**＋目的語［名詞］＋動名詞》《**find**＋目的語［名詞］＋名詞・形容詞》《**find**＋wh-/how＋to 不定詞》《*be* **found**＋to 不定詞》《**find**＋it＋形容詞＋to 不定詞》で覚えよう。

0284 □□ **happen** [hǽpn]

動 起きる，発生する，偶然に～する

The supplier promised such a delay wouldn't **happen** again.
（このような遅延は二度と**起こら**ない，とその部品供給業者は約束した）

☞《**happen** to＋名詞》《It **happens**＋that 節》《**happen**＋to 不定詞》《**happen** to be＋名詞》で覚えよう。 □ as it **happens**「実をいうと」

0285 □□ **play** [pléi]

動 遊ぶ，楽しむ，（試合）をする，（競技）を行う，～を演奏する，～を演じる 名 芝居，遊び，駆け引き

I'm sure that Gene will **play** a key role in this project.
（Gene はこのプロジェクトで重要な役割を**果たす**はずです）

A **play** called "Moonlighting" is in Murray Theater now.
（Moonlighting と呼ばれる**劇**が Murray 劇場で上演中です）

☞《**play**＋目的語［名詞］》《**play** with＋名詞》《**play** for/against＋名詞》，名詞は《**play** on/about＋名詞》で覚えよう。 □ at **play**「作用して」 □ in **play**「冗談で」

0286 □□ **turn** [tə́ːrn]

動 ～を回す，回る，～をひっくり返す，ひっくり返る，～を曲げる，曲がる，～を（…に）変える，
名 回転，変化，順番

Ms. Lipson **turned** the focus of the interview to the applicant's skills.
（Lipson さんは，応募者の技能に就職面接の焦点を**変えた**）

I don't recognize this area; we must have taken a wrong **turn**.
（ここがどこかわかりません；間違った**角**を曲がったに違いありません）

Kelly, it's your **turn** to drive.（Kelly，あなたが運転する**番**ですよ）

☞《**turn**＋目的語［名詞］》《**turn**＋形容詞》《**turn**＋副詞》《**turn** to＋名詞》《**turn** into＋名詞》，名詞は《**turn** of＋名詞》《**turn**＋to 不定詞》で覚えよう。 □ in **turn**「交互に，交代で」 □ take **turns** (in) *doing*「交代で～する」 □ take **turns** to *do*「交代で～する」

0287 □□ **end** [énd]

動 終わる，～を終わらせる，～を締めくくる 名 終わり，限界，結末，目的

The caller didn't thank me before **ending** the call.
（電話の主は感謝のことばもなく通話を**終えた**）

☞《**end**＋目的語［名詞］》《**end** with＋名詞》《**end** by＋動名詞》，名詞は《**end** of＋名詞》《**end**＋that 節》で覚えよう。 □ at the **end**「終わりに」 □ in the **end**「結局は」 □ to that **end**「その目的のために」 □ **ends** and means「目的と手段」 □ on **end**「連続して」 □ make **ends** meet「どうにか生計を立てる」

0288 □□ **name** [néim]

動 ～を（…と）名付ける，（名など）を示す，～を挙げる，～を（…に）指名する　名 名前，名声

Ms. Watanabe was pleased to be **named** as a board member.
（Watanabe さんは取締役に**指名されて**喜んだ）

☞《**name**＋目的語［名詞］》《**name**＋人＋as＋名詞》，名詞は《**name** of/for＋名詞》で覚えよう。

0289 □□ **leave** [lí:v]

動 去る，出発する，～を辞める，～を残す，～をそのままにしておく　名 休暇（の許可）

What time are you **leaving**?（何時に**出かけます**か）

I'll **leave** it up to you to decide when we'll meet.
（いつ会うかを決めるのはあなたに**任せます**）

I'm taking annual **leave** for two weeks.（2 週間の年次**休暇**を取ります）

☞《**leave**＋目的語［名詞］》《**leave** for/from＋名詞》《**leave**＋目的語［名詞］＋to 不定詞》《**leave**＋目的語［名詞］＋動名詞》《**leave**＋人＋to＋名詞》《**leave**＋名詞＋形容詞》《**leave**＋名詞＋to/with/for＋人》，名詞は《**leave** of＋名詞》《**leave**＋to 不定詞》《形容詞＋**leave**》で覚えよう。 □ **leave** of absence「欠勤許可」 □ on **leave**「休暇中で」

0290 □□ **dream** [drí:m]

名 夢，夢想　動 夢を見る，～を思い描く，～を想像する

The company helped me realize my **dream** of becoming an artist and entrepreneur.
（同社は，芸術家でありつつ起業家になるという私の**夢**の実現を助けてくれた）

I had never **dreamed** of living in Italy before this assignment.
（この任務に就くまでイタリアに住むなど**夢にも思って**いませんでした）

☞《**dream** of＋名詞・動名詞》《**dream** about＋名詞》《**dream**＋that 節》《**dream**＋to 不定詞》，動詞は《**dream** of/about＋名詞》《**dream**＋that 節》で覚えよう。

0291 □□ **live** [lív; láiv]

動 住む，生きる，存続する，生活を送る　形 生きている，生の，ライブの

I prefer **living** in a city to **living** in the countryside.
(いなか**暮らし**よりも都会**生活**のほうを望みます)

☞《**live** in/at/near＋名詞》《**live** with＋名詞》《**live** through＋名詞》《**live** by＋動名詞》，形容詞は《**live**＋名詞》で覚えよう。

0292 □□ **life** [láif]

名 命，人生，大事なこと，生活

There's almost no sign of **life** in the store.(その店舗には**人の気配**がほぼない)

☞《**life** of＋名詞》で覚えよう。

0293 □□ **lifestyle** [láifstàil]

名 ライフスタイル，生き方，生活様式

Rich people don't always enjoy a glamorous **lifestyle**.
(裕福な人々がぜいたくな**生活様式**を楽しんでいるとは限らない)

☞《**lifestyle** of＋名詞》で覚えよう。

0294 □□ **lifetime** [láiftàim]

形 生涯の，一生の　名 生涯，寿命，存続期間

We offer a **lifetime** guarantee because our material is so durable.
(当社が**永久**保証を提供しておりますのは，当社の素材は耐久性にすぐれているためです)

☞《**lifetime**＋名詞》，名詞は《**lifetime** of＋名詞》《**lifetime** in＋名詞》で覚えよう。 □ ... of a **lifetime**「生涯最高の～」

0295 □□ **lifeguard** [láifgɑ̀ːrd]

名 救護員，見張り役

Lifeguards are always available when the swimming pool is open.
(水泳用プールが開いている間は常に**救助員**が待機している)

☞《**lifeguard** at＋名詞》で覚えよう。 □ **lifeguard** headquarters「人命救護本部」

0296 □□ **alive** [əláiv]

形 生きていて，存在して，活動して，生き生きとして

My dream is **alive** and well despite some setbacks.
(多少の後退はあるものの，私の夢は**健在です**)

☞《連結動詞＋**alive**》で覚えよう。 □ dead or **alive**「生死を問わず」

0297 □□ **need** [níːd]

名 不足，必要，必要なもの　動 ～する必要がある，～を必要とする

We will contact you again if the **need** arises.
(**必要**が生じたらもう一度ご連絡いたします)

We **need** to explore further options.
(さらなる選択肢を模索する**必要があります**)

☞《**need** of＋名詞》《**need** for＋名詞》《**need**＋to 不定詞》，動詞は《**need**＋目的語［名詞］》《**need** *A* for *B*》《**need**＋to 不定詞》《**need**＋目的語［名詞］＋to 不定詞》《**need**＋目的語［名詞］＋過去分詞》《**need**＋動名詞》で覚えよう。 □ in **need** of ...「～を必要として」 □ in **need**「困窮して」

0298 □□ **needy** [ní:di]

形 困窮している，貧しい

Our organization works to establish schools for **needy** children.
（**貧しい**子どもたちのための学校を創設するために当組織は活動しております）

☞《**needy**＋名詞》《連結動詞＋**needy**》で覚えよう。

0299 □□ **remember** [rimémbər]

動 思い出す，～を覚えている，～を思い出す

Please **remember** to take out the garbage every Wednesday evening.
（毎週水曜日の夕方にごみを外に出すことを**忘れないで**ください）

☞《**remember**＋目的語［名詞］》《**remember** *A* for/as *B*》《**remember**＋that/wh-/how 節》《**remember**＋if/whether 節》《**remember**（＋人）＋動名詞》《**remember**＋to 不定詞》で覚えよう。**remember** は「～を覚えている，～を思い出す」，recall は人に伝えるために「～を思い出す」，recollect は「出来事や状況を思い出す」

0300 □□ **forget** [fərgét]

動（～を）忘れる，～した［する］ことを忘れる，～を思い出せない

Let's **forget** about what happened and start over.
（起きたことは**忘れて**，やり直しましょう）

☞《**forget**＋目的語［名詞］》《**forget** about＋名詞》《**forget** ＋that/wh-/how 節》《**forget** ＋if/whether 節》《**forget** ＋動名詞》《**forget** ＋to 不定詞》で覚えよう。

0301 □□ **own** [óun]

動 ～を所有する　形 自分の，独自の，独特な　代 自分のもの

Our company **owns** most of this area.
（この区域のほとんどは当社が**所有しております**）

Jeffery resigned for his **own** reasons.（Jeffery は**自分自身の**理由で辞任した）

☞《**own**＋目的語［名詞］》，形容詞は《名詞所有格＋**own**＋名詞》で覚えよう。 □ on *one's* **own**「ひとりで，独力で」

0302 □□ **owner** [óunər]

名 所有者，持ち主，飼い主

We talked to the **owner** of the store about the franchising plan.
（当社は店の**所有者**とフランチャイズ化の計画ついて話した）

☞《**owner** of＋名詞》で覚えよう。

0303 □□ **ownership** [óunərʃip]

名 所有（権）

Until signing the contract, Mr. Doyle has legal **ownership** of the building.
（契約を締結するまでは Doyle さんがビルの法的**所有権**を有している）

☞《**ownership** of＋名詞》で覚えよう。

0304 □□ **sure** [ʃúər]

形 確信して，確かで，自信を持って，確実な，安全な

- It was regarded as a **sure** thing that Jim Keltner would be the next CEO.
  （Jim Keltner さんが次期 CEO になるのは**確かな**ことと考えられた）
- I'm **sure** of my victory in the final.（決勝での私の勝利を**確信して**います）

☞《**sure**＋名詞》《連結動詞＋**sure** about/of/as to＋名詞》《連結動詞＋**sure**＋that/wh-/how 節》《連結動詞＋**sure**＋if/whether 節》《*be* **sure**＋to 不定詞》《make **sure**＋that 節》《make **sure** of＋名詞》で覚えよう。certain のほうがフォーマルに響く。 □ for **sure**「確かに」□ **Sure** thing.「了解」□ to be **sure**「念のために」

0305 □□ **surely** [ʃúərli]

副 確かに，確実に，間違いなく，きっと

- Howell Law will **surely** win in the upcoming patent suit.
  （まもなくの特許権訴訟では Howell 法律事務所が**確実に**勝つだろう）

☞《**surely**＋動詞・形容詞》で覚えよう。副詞として文全体を修飾する働きもある。

0306 □□ **unsure** [ʌnʃúər]

形 不確かな，確信のない，信頼できない，迷っていて

- I'm feeling **unsure** of what to do with my declining stocks.
  （私の値下がりしている株をどうすべきか**よくわからなく**なっています）

☞《**unsure**＋名詞》《連結動詞＋**unsure**》《連結動詞＋**unsure** about/of/as to＋名詞》《連結動詞＋**unsure**＋that/wh-/how 節》《連結動詞＋**unsure**＋if/whether 節》で覚えよう。

0307 □□ **ensure** [enʃúər]

動 ～を確実にする，～を保証する，～を守る

- We are discussing how to **ensure** a stable supply of processors.
  （プロセッサの安定供給を**確実にする**ための方法を協議しています）

☞《**ensure**＋目的語［名詞］》《**ensure**＋that 節》で覚えよう。

0308 □□ **change** [tʃéindʒ]

動 ～を変更する，変わる　名 変更，取り替え，小銭

- The concert venue was **changed** to the Civic Hall.
  （コンサート会場は市民ホールに**変更された**）
- The **change** of plan was announced at the morning meeting.
  （朝の会議で計画の**変更**が告げられた）
- Could I please get **change** for this $100 bill?
  （この 100 ドル紙幣を**小銭**に両替していただけますか）

☞《**change**（from＋名詞）＋to/into＋名詞》《**change**＋目的語［名詞］（＋to/into＋名詞）》，名詞は《**change** of/in＋名詞》《**change** from＋名詞（＋to＋名詞）》《**change** for＋金額》で覚えよう。 □ **change** hands「売買される」□ **change** for the better/worse「改善する，悪化する」□ for a **change**「たまには」□ make **change**「小銭にくずす」□ small **change**「小銭」□ in **change**「小銭で」

0309 □□ **unchanged** [ʌ̀ntʃéindʒd]

形 変化していない，旧態依然とした，不変の

- The top three companies in the value list remained **unchanged** despite intense competition.
  （企業価値リストの上位 3 社は，激しい競争にもかかわらず**変わりがなかった**）

☞《連結動詞＋**unchanged**》で覚えよう。

0310 □□ **write** [ráit]

動 ～を書く，～に手紙を書く，～に書き送る，～を記入する，～を表現する

Can I have something to **write** on, please?
（何か**書く**紙をもらえますか）

Can I have something to **write** with, please?
（何か**書く**道具をもらえますか）

☞《**write**＋目的語［名詞］》《**write**＋that/wh-/how 節》《**write**＋if/whether 節》《**write** about/on＋名詞》《**write** for＋名詞》《**write** to＋人》《**write** in/with＋名詞》で覚えよう。

0311 □□ **rewrite** [rìːráit]

動 ～を書き換える

You can't **rewrite** history, and you can't change the truth.
（歴史を**書き換える**ことはできないし，事実を変えることはできない）

☞《**rewrite**＋目的語［名詞］》で覚えよう。

0312 □□ **manual** [mǽnjuəl]

形 手の，手でする，手動の　名 手引き，便覧，マニュアル

It's fun to drive a car with a **manual** transmission.
（**マニュアル**車を運転するのは楽しい）

Please refer to your **manual** for troubleshooting.
（トラブルを解決するにはお手元の**説明書**を参照してください）

☞《**manual**＋名詞》《連結動詞＋**manual**》，名詞は《**manual** of＋名詞》《**manual** for＋名詞》で覚えよう。 □ on **manual**「手動で」

0313 □□ **hand** [hǽnd]

名 手，拍手，手助け　動 ～を手渡す

Would you mind lending me a **hand**?
（**手**を貸していただけますか）

Could you **hand** me my wallet?
（私の財布を**手渡して**いただけますか）

☞《**hand** of＋名詞》《**hand** on/over＋名詞》，動詞は《**hand**＋人＋目的語［名詞］》《**hand**＋目的語［名詞］＋to＋人》で覚えよう。 □ by **hand**「手作業で」 □ on the other **hand**「一方で」 □ **hand** in ...「～を提出する」

0314 □□ **handbook** [hǽndbùk]

名 手引書，便覧

We have made some important changes to the employee **handbook**.
（従業員**手引書**にいくつかの重要な変更を行いました）

☞《**handbook** of＋名詞》《**handbook** for＋名詞》で覚えよう。

0315 □□ **handout** [hǽndàut]

名 配布資料，印刷物

I'm giving you information **handouts** about our company's services.
（当社のサービスについての案内**資料**をさしあげます）

☞《**handout** for/on＋名詞》《**handout** from/to＋名詞》で覚えよう。

0316 □□ **hands-on** [hændzɑ́:n]

形 実地の，実践的な，実務に携わる

We have a **hands-on** approach to training employees.
（当社は従業員研修を**現場実践の**方法で行います）

☞《**hands-on**＋名詞》で覚えよう。

0317 □□ **handset** [hǽndsèt]

名 受話器，携帯電話

Please return the **handset** to the base unit after using the phone.
（電話を使ったあとは**受話器**を必ず本体に戻してください）

☞《**handset** of＋名詞》で覚えよう。 □ **handset** industry「（携帯）電話業界」

0318 □□ **handy** [hǽndi]

形 便利な，役に立つ，扱いやすい

This dictionary app is extremely **handy** for me.
（この辞書アプリは私にとってきわめて**便利です**）

Rafe's multilingual skills come in **handy** at international conferences.
（Rafe の多言語能力は国際会議で**重宝**する）

☞《**handy**＋名詞》《連結動詞＋**handy**》《連結動詞＋**handy** for/with/at＋名詞》《連結動詞＋**handy**＋to 不定詞》《It is **handy**＋to 不定詞》で覚えよう。 □ come in **handy**「役立つ」

0319 □□ **handicraft** [hǽndikræ̀ft]

名 手工芸品，手工芸職

We specialize in distributing traditional local **handicrafts**.
（当社は伝統的な地元**工芸品**の流通が専門です）

☞《**handicraft** of＋名詞》で覚えよう。

0320 □□ **problem** [prɑ́bləm]

名 問題，課題，困難な状況，扱いにくい人

George has sufficient **problem**-solving skills as the top manager.
（George は部長として十分な**問題**解決の技能を持っている）

☞《**problem** of＋名詞》《**problem** about/with＋名詞》《**problem** for＋人》《**problem**＋that 節》で覚えよう。否定的な響きがあるので，書きことばでは issue を使うこともある。 □ have no **problem** (in) *doing*「容易に～できる」 □ the **problem** is that ...「問題は～」

0321 □□ **trouble** [trʌ́bl]

動 ～を悩ます，～を苦しめる，～に面倒をかける 名 心配，苦労，悩み，迷惑

Could I **trouble** you to help me carry this?
（これを運ぶのを手伝っていただく**お願いをして**もよろしいですか）

I hate to say this, but I'm in financial **trouble**.
（言いにくいことですが，財政的に**困って**います）

☞《**trouble**＋目的語［名詞］》《**trouble**＋人＋with＋名詞》，名詞は《**trouble** of＋名詞》《**trouble** with＋名詞》《**trouble** for＋名詞》《**trouble**＋to 不定詞》《**trouble**＋動名詞》で覚えよう。通常は不可算名詞。 □ in **trouble**「困って」

0322 □□ **bother** [báðər]

動 ～を悩ます，～を煩わせる，思い悩む　名 困ったこと，悩みの種

I had to **bother** the manager when he was in a meeting.
（会議中の部長の手を**煩わせる**しかありませんでした）

I know it's a **bother**, but could you proofread this document again?
（**面倒なお願い**ですが，この文書をもう一度校正していただけますか）

《**bother**＋人（＋about/with＋名詞）》《**bother** about/with＋名詞》《**bother**＋to 不定詞》《**bother**＋動名詞》《It **bothers**＋人＋that 節》，名詞は《**bother** of＋名詞・動名詞》《**bother** to＋名詞》《**bother** with＋名詞》で覚えよう。 □ Don't **bother**.「わざわざしなくていいです」□ Don't **bother** me.「私にかまわないで」□ I'm sorry to **bother** you, but ...「おじゃまして申し訳ないですが，…」

0323 □□ **mistake** [mistéik]

名 間違い，誤り，誤解　動 ～を間違える，～を誤る，～を誤解する，～を見間違える

We made a **mistake** in underestimating the impact of the report.
（この報告書の影響を過小評価したのは**誤り**だった）

《**mistake** of＋名詞》《**mistake** in＋名詞》《**mistake** about＋名詞》，動詞は《**mistake**＋目的語［名詞］》《**mistake** *A* for *B*》で覚えよう。過去分詞形 mistaken は「間違えて，誤って」という意味の形容詞としても使う。 □ by **mistake**「誤って」

0324 □□ **error** [érər]

名 誤り，落ち度，間違い，過失，勘違い

The project was completed on time despite repeated technical **errors**.
（度重なる技術的な**誤り**にもかかわらず，そのプロジェクトは予定どおりに完了した）

《**error** in＋名詞》で覚えよう。mistake よりややフォーマル。 □ in **error**「誤って」□ trial and **error**「試行錯誤」□ **error** avoidance「エラー回避」

0325 □□ **fact** [fǽkt]

名 事実，現実，実際

The **fact** is that we can't afford to hire more people.
（**事実**としてこれ以上人を雇う余裕がないのです）

《**fact** of＋名詞》《**fact** about＋名詞》《**fact**＋that 節》で覚えよう。 □ in **fact**「実際に」□ as a matter of **fact**「実際問題として」

0326 □□ **factual** [fǽktʃuəl]

形 事実の，現実の，事実に基づく

This book is a **factual** account of building an international business.
（本書は国際ビジネスの構築についての**事実に即した**報告である）

《**factual**＋名詞》《連結動詞＋**factual**》で覚えよう。

0327 □□ **factor** [fǽktər]

名 要因，要素

Are there any risk **factors** that we should be aware of?
（承知しておくべきリスク**要因**はありますか）

《**factor** of＋名詞》《**factor** in＋名詞》《**factor** behind＋名詞》で覚えよう。

0328 □□ **country** [kʌ́ntri]

名 国，国家，地方，いなか

Every **country** is trying hard to raise education standards.
（どの**国**も教育水準を引き上げるために懸命に努力している）

☞《**country** of＋名詞》で覚えよう。 □ in the **country**「いなかで」

0329 □□ **countryside** [kʌ́ntrisàid]

名 いなか，田園

We ensured reliable service for customers living in the **countryside**.
（当社は**地方**在住の顧客に対して信頼できるサービスを確実なものにしました）

☞《**countryside** of＋名詞》で覚えよう。

0330 □□ **county** [káunti]

名《米》郡，《英など》州

The incident was reported to the **county** officials.
（その出来事は**郡**関係者に報告された）

☞《**county** of＋名詞》で覚えよう。

0331 □□ **plan** [plǽn]

動 ～するつもりである，～を計画［予定］する，～を事前に考える，～を設計する，計画を立てる
名 計画，案，平面図，設計図

We're **planning** to have a regional meeting on May 1st.
（5月1日に地域会議を持つ**予定です**）

What are your **plans** for the weekend?（週末は何をする**予定**ですか）

☞《**plan**＋目的語［名詞］》《**plan**＋to 不定詞》《**plan** on＋動名詞》，名詞は《**plan** of＋名詞》《**plan** for＋名詞》《**plan**＋to 不定詞》で覚えよう。 □ **plan** A「第一選択肢」□ **plan** B「第二選択肢」

0332 □□ **stay** [stéi]

動 とどまる，滞在する，～のままでいる 名 滞在，宿泊

We should eat properly and **stay** fit.（正しく食べて健康を**維持し**ましょう）

Where are you going to **stay** in Cusco?（クスコではどこに**泊まる**のですか）

After the surgery, Sara had an overnight **stay** in the hospital.
（手術後に Sara は病院に**1泊**した）

☞《**stay**＋形容詞》《**stay**＋副詞》，名詞は《**stay** in/at＋名詞》で覚えよう。

0333 □□ **sit** [sít]

動 座る，腰かける，うずくまる，合う，位置する，～を座らせる

I'll **sit** and wait for a decision to be made.
（決定が下されるのを**座って**待つことにします）

☞《**sit** on/in/by/at/behind/beside/around＋名詞》で覚えよう。

0334 □□ **line** [láin]

名 線，回線，ライン 動 並ぶ，～を並べる，線を引く

Any new policies must be in **line** with our labor agreement.
（新たな方針は当社の就労合意に**沿って**いなければならない）

☞《**line** of＋名詞》《**line** between＋名詞》，動詞は《**line**＋目的語［名詞］》で覚えよう。 □ in **line**「並んで」□ on the **line**「電話中で」

0335 □□ **lot** [lát]

名 多数，大量，1 組，ロット，1 区画　副《a lot で》かなり，ずいぶん，多く

- The **lot** of land we found is large enough for a new factory.
  (当社が見つけた土地の**区画**は新工場に十分な大きさである)
- We have a **lot** of time to prepare for the presentation.
  (プレゼンテーションに備えるための時間は**たくさん**ある)

☞《(a) **lot** of＋名詞》《**lots** of＋名詞》，副詞は《動詞＋a **lot**》で覚えよう。a lot of .../lots of ... は口語の肯定文で使うことが多く，疑問文や否定文では many/much を使う。 □ parking **lot**「駐車場」

0336 □□ **point** [pɔ́int]

名 主張，要点，核心，先端，点　動 指し示す，強く示す，～を向ける，～を指摘する

- The main **point** is whether the renovation could entice more customers.
  (要**点**は，改修によってより多くの顧客を呼び込めるかということです)
- New technologies could **point** the way to a brighter future.
  (新科学技術はより明るい未来への道を**指し示して**くれるかもしれない)

☞《**point** of＋名詞》《**point** about＋名詞》《**point** in＋名詞》《**point**＋that 節》，動詞は《**point**＋目的語［名詞］》《**point** *A* at *B*》《**point** at＋名詞》《**point** to/toward＋名詞》で覚えよう。 □ on the **point** of ...「～するところで」 □ up to a **point**「ある程度は」 □ to the **point**「適切な」 □ make a **point** of *doing*「必ず～するように努める」 □ case in **point**「好例」 □ Good **point**.「よい指摘です」 □ There's no **point** in ...「～は意味がない」

0337 □□ **next** [nékst]

形 次の，隣の，もっとも近い，～に接して，次いで，～の隣で　副 次に　代 次のもの

- The **next**-generation smartphones are expected to appear in five years.
  (**次**世代のスマートフォンは 5 年後に登場すると見られる)

☞《**next**＋名詞》《**next** to＋名詞》，副詞は《動詞＋**next**》《the **next**＋形容詞最上級》，代名詞は《the **next**＋to 不定詞》で覚えよう。

0338 □□ **same** [séim]

形 同じ，同一の，同様の　代 同じこと［もの］，(前述と) 同じ

- Our management and employees share the **same** ideals and values.
  (当社の経営陣と従業員は**同じ**理想と価値観を共有している)
- Our sales have been growing at the **same** rate as last year.
  (当社の販売は昨年と**同じ**割合で伸びてきている)

☞《the **same**＋名詞 (＋as＋名詞)》，代名詞は《the **same** (as＋名詞)》で覚えよう。 □ at the **same** time「同時に」 □ all the **same**「いずれにしろ」 □ **Same** to you.「あなたもね」 □ **Same** here.「同感です」 □ **same**-day delivery「当日配送」

0339 □□ **such** [sʌ́tʃ]

形 このような，あのような，あんな，そんな，このように，とても　代 そのようなもの

- I hope to acquire professional skills **such** as leadership and problem-solving. (リーダーシップや問題解決**のような**専門職の技能を身につけたいと思います)

☞《**such**＋名詞》《**such** as＋名詞》，代名詞は《as **such**》で覚えよう。 □ *be* **such** that ...「とても～なので…」

0340 □□ **almost** [ɔ́:lmoust, ‐́‐]

副 だいたい，ほとんど

- Enrique's predictions are **almost** always correct.
  (Enrique の予測は**ほとんど**いつも正しい)

☞《**almost**＋動詞》《**almost**＋形容詞・副詞》で覚えよう。

0341 □□ **enough** [ináf]

形 十分な，足りる　副 十分に，まずまず　代 十分な量［数］

We don’t have **enough** money to replace all these laptops.
（これらのラップトップコンピュータを買い替える**十分な**資金がありません）

☞《**enough**＋複数名詞・不可算名詞》《連結動詞＋**enough**》，副詞は《動詞・形容詞・副詞＋**enough**（＋for＋名詞／＋to 不定詞）》，代名詞は《**enough** of＋名詞》で覚えよう。

0342 □□ **few** [fjúː]

形 少ない，わずかな，《無冠詞で》ほとんどない，少量の，少数の　代 少数（のもの［人］）

I’m expecting to hear back from Ms. Ferguson within a **few** days.
（**数**日中に Ferguson さんから返事をもらえると思います）

☞《(a) **few**＋複数名詞》《連結動詞＋**few**》，代名詞は《(a) **few** of＋複数名詞》で覚えよう。 □ quite/not a **few** ...「多くの～」□ no **fewer** than ...「～より多く」□ only a **few** ...「ほんのわずかな～」

0343 □□ **bit** [bít]

名 小片，わずか，少しばかり　副《a bit で》少しばかり

Bluespring’s new project is progressing **bit** by **bit**.
（Bluespring 社の新規プロジェクトは**少し**ずつ進んでいる）

☞《**bit** of＋名詞》，副詞は《a **bit**＋形容詞》で覚えよう。

0344 □□ **far** [fáːr]

形 遠い，遠くの，ずっと後の　副 遠くに，ずっと，はるかに

Our factory is quite **far** away from the nearest station.
（当社の工場は最寄り駅からかなり**遠くに**ある）

☞《**far**＋名詞》《連結動詞＋**far**》《連結動詞＋**far** (away) from＋名詞》，副詞は《動詞＋**far**》《**far**＋比較級》で覚えよう。副詞は日常的には否定文，疑問文で使い，肯定文では a long way を使うことが多い。□ as **far** as ...「～まで」□ as **far** as ... is concerned「～に関しては」□ as **far** as ... goes「～に関しては」□ by **far**「はるかに」□ so **far**「これまでのところ」

0345 □□ **further** [fə́ːrðər]

形 さらに遠い，さらに進んだ　動 ～を促進する　副 さらに遠くに，さらに進んで

If you need **further** information, please let me know.
（**これ以上の**情報が必要なら連絡してください）

Melissa moved on to a graduate school to **further** her education.
（**さらに**教育を**受ける**ために Melissa は大学院に進んだ）

☞《**further**＋名詞》，動詞は《**further**＋目的語［名詞］》，副詞は《動詞＋**further**》で覚えよう。□ until **further** notice「追って通知があるまで」

0346 □□ **idea** [aidíːə]

名 考え，着想，知識，意図

If you have any **ideas** about this offer, please let me know.
（この申し入れに関して**考え**があればお知らせください）

I have no **idea**.（さっぱり**わかり**ません）

☞《**idea** of/about＋名詞》《**idea** of/for＋動名詞》《**idea**＋to 不定詞》《**idea** for＋名詞》《**idea** behind＋名詞》《**idea**＋that/wh-/how 節》《**idea**＋if/whether 節》で覚えよう。

0347 □□ **ideal** [aidíːəl]

形 理想的な，申し分のない　名 理想，目的

Ms. Lee is an **ideal** candidate for the position in every aspect.
(あらゆる面で Lee さんはその職の**理想的な**候補者です)

《**ideal**＋名詞》《連結動詞＋**ideal**》《連結動詞＋**ideal** for＋名詞》《It is **ideal**＋that 節》《It is **ideal**＋to 不定詞》，名詞は《**ideal** of＋名詞》《**ideal**＋that 節》《**ideal**＋to 不定詞》で覚えよう。

0348 □□ **ideally** [aidíːəli]

副 理想的に，観念的に

Mr. Higa is considered to be **ideally** suited for the factory supervisor job.
(Higa さんは工場長職に**理想的なまでに**適していると考えられる)

《**ideally**＋動詞・形容詞》で覚えよう。副詞として文全体を修飾する働きもある。

0349 □□ **close** [klóus; -z]

形 近い，徹底的な　副 近くに　動 ～を閉じる，締めくくる　名 終結

Ms. Pallas always pays **close** attention to details.
(Pallas さんはいつも細部に**細かく**注意を払う)

《**close**＋名詞》《連結動詞＋**close**》《連結動詞＋**close** to＋名詞》，副詞は《動詞＋**close**》，動詞は《**close**＋目的語［名詞］》《**close** with＋名詞》《**close** on＋名詞》，名詞は《**close** of＋名詞》で覚えよう。

0350 □□ **closely** [klóusli]

副 入念に，注意深く

We have **closely** compared the old and new employment contracts.
(私たちは新旧の雇用契約書を**入念に**比較しました)

《**closely**＋動詞・形容詞》で覚えよう。□ **closely** inspect ...「～を詳しく調べる」

0351 □□ **closure** [klóuʒər]

名 閉鎖，撤退，閉鎖

Winston announced the **closure** of 15 stores throughout the country.
(Winston 社は全国 15 店舗の**閉店**を発表した)

《**closure** of＋名詞》で覚えよう。

0352 □□ **disclose** [disklóuz]

動 ～を公開する，～を開示する，～を明らかにする，～を暴露する

We never **disclose** personal information of employees without consent.
(同意なしに従業員の個人情報を**公開する**ことは絶対にありません)

《**disclose**＋目的語［名詞］》《**disclose** *A* to *B*》《**disclose**＋that/wh-/how 節》《**disclose**＋if/whether 節》《It is **disclosed**＋that 節》で覚えよう。

0353 □□ **important** [impɔ́ːrtənt]

形 重要な，大切な，有力な

Customer complaints are **important** concerns to us all.
(顧客からの苦情は私たち全員にとって**重要な**懸念事項である)

《**important**＋名詞》《連結動詞＋**important**》《連結動詞＋**important** for/to＋名詞》《It is **important**＋that/wh-/how 節》《It is **important**＋if/whether 節》《It is **important**＋to 不定詞》で覚えよう。

0354 □□ **importance** [impɔ́ːrtəns]

名 重要性，大切であること，名声を得ていること

It is of great **importance** that all employees follow our safety procedures.
（従業員が安全手順に従うことはきわめて**重要**である）

☞《**importance** of＋名詞》《**importance** for/to＋名詞》で覚えよう。 □ of **importance**「重要な」

0355 □□ **until** [əntíl, ʌn-]

前 接 ～まで（ずっと）

I'll be in the office from 9:00 **until** 11:00 on Wednesday.
（水曜日は 9 時から 11 時**まで**オフィスにいます）

☞《**until**＋名詞》，接続詞は《**until**＋節》で覚えよう。until は till よりフォーマルに響くので，文頭では until を使うことが多い。 □ not **until** ...「～までは…ない」

0356 □□ **till** [tíl]

前 接 ～まで（ずっと）

Could you delete the text from line 13 **till** the end of the paragraph?
（テキストのその段落の 13 行目から最後**まで**を削除していただけますか）

☞《**till**＋名詞》，接続詞は《**till**＋節》で覚えよう。**till** と until はほぼ同じ意味。日常的には till を使うことが多い。

0357 □□ **along** [əlɔ́(ː)ŋ]

前 副 ～に沿って，～に従って，一緒に

We completed the project and learned new things **along** the way.
（私たちはプロジェクトを完了し，その過程に**沿って**新たなことを学んだ）

☞《**along**＋名詞》，副詞は《動詞＋**along**》で覚えよう。 □ get **along** (with ...)「(～と) うまくやっていく」 □ **along** with ...「～とともに」 □ all **along**「ずっと」

0358 □□ **alongside** [əlɔ́(ː)ŋsàid]

前 副 ～と並行して，～と一緒に，並んで

We have worked **alongside** Kim for four years.
（Kim とは 4 年間**ともに**働いてきました）

☞《**alongside**＋名詞》，副詞は《動詞＋**alongside**》で覚えよう。

0359 □□ **early** [ɔ́ːrli]

副 早く，まもなく　形 早めの，早い，初期の，近い将来の

Please be sure to arrive **early** for the meeting tomorrow.
（あすの会議には必ず**早く**着くようにしてください）

☞《動詞＋**early**》，形容詞は《**early**＋名詞》《It is (too) **early**＋to 不定詞》で覚えよう。 □ **early** on「早いうちに」 □ as **early** as possible「できるだけ早く」 □ at your **earliest** convenience「できるだけ早く」

0360 □□ **ahead** [əhéd]

副 前方へ，先へ，先んじて，前もって

Kim submitted the project budget well **ahead** of the deadline.
（Kim は締切のかなり**前に**プロジェクト予算を提出した）

☞《**ahead** of＋名詞》《動詞＋**ahead**》で覚えよう。 □ **ahead** of schedule「予定より早く」 □ **ahead** of time「事前に」 □ go/move **ahead**「先へ進む」 □ look **ahead**「先を見る」 □ think **ahead**「先のことを考える」

0361 □□ **late** [léit]

形 遅い，遅刻の，亡くなった 副 遅く，長く，後ろに

We need to take care of this problem before it's too **late**.
（手**遅れ**になる前にこの問題を処理する必要がある）

☞《**late**＋名詞》《連結動詞＋**late**》《連結動詞＋**late** for＋名詞》《連結動詞＋**late** with＋名詞》《It is (too) **late**＋to 不定詞》，副詞は《動詞＋**late**》で覚えよう。

0362 □□ **later** [léitər]

副 もっと遅く，後で，その後 形 もっと遅い，より最近の，その後の

I arrived **later** than usual, but I wasn't late.
（いつもより**遅く**到着しましたが，遅刻はしませんでした）

☞《動詞＋**later**》，形容詞は《**later**＋名詞》で覚えよう。 □ **later** on「あとで」□ no **later** than ...「～までに」

0363 □□ **latest** [léitist]

形 最新の，最後の 副 もっとも遅い

Did you hear the **latest** news about the takeover bid?
（株式公開買い付けに関する**最新の**ニュースを聞きましたか）

☞《(the) **latest**＋名詞》，副詞は《動詞＋the **latest**》で覚えよう。 □ the **latest** version「最新版」□ at the **latest**「遅くとも」

0364 □□ **lately** [léitli]

副 このごろ，最近

The atmosphere in the office has been a lot better **lately**.
（**このところ**オフィスの雰囲気はずいぶんよくなった）

☞《動詞・形容詞＋**lately**》で覚えよう。通常は完了形の動詞とともに使う。

0365 □□ **study** [stʌ́di]

動 ～を学ぶ，～を研究する，～を検討する，～を覚える 名 勉学，研究，検討，調査，書斎

The CEO of Around Market **studied** applied mathematics at university.
（Around Market 社の CEO は大学で応用数学を**学んだ**）

Our textbooks are mainly intended for self-**study**.
（当社の学習書は主として自己**学習**を目的としている）

☞《**study**＋目的語［名詞］》《**study** at＋名詞》《**study** for＋名詞》《**study**＋wh-/how 節》《**study** under＋人》，名詞は《**study** of/on/into＋名詞》《**study** for＋名詞》で覚えよう。

0366 □□ **learn** [lə́ːrn]

動 ～を学ぶ，～を身につける，～を知る，～であるとわかる

I hope to **learn** skills that can be helpful in building a career.
（私はキャリア形成に役立つ技能を**身につけ**たいと思います）

☞《**learn**＋目的語［名詞］》《**learn** about/of＋名詞》《**learn**＋that/wh-/how 節》《**learn**＋if/whether 節》《**learn**＋目的語［名詞］(＋from＋人)》《**learn** (how)＋to 不定詞》《**learn** from＋名詞》《**learn** through＋名詞》で覚えよう。単に「勉強する」ではなく，「(教育や訓練を通して) 学んで身につける」という意味。 □ **learn** by watching「見て覚える」□ **learn** by heart「暗記する」

0367 □□ **understand** [ʌ̀ndərstǽnd]

動 ～を理解する，～と聞いている，わかる，よく知っている

I hope you **understand** the impact of your decisions.
（ご自分の決定が与える影響を**理解なさって**ください）

☞《**understand**＋目的語［名詞］》《**understand**＋that/wh-/how 節》《**understand**＋if/whether 節》《**understand**＋人＋動名詞》《**understand** *A* as *B*》《**understand** about＋名詞》《It is **understood**＋that 節》で覚えよう。

0368 □□ **teach** [tíːtʃ]

動 教職にある，～を教える，～を思い知らせる，～に教訓を与える

Ms. Ormond **taught** me everything I needed to know at the company.
（Ormond さんは，私が会社で知るべきことをすべて**教えて**くれました）

☞《**teach**＋目的語［名詞］（＋to＋人）》《**teach**＋人＋目的語［名詞］》《**teach**＋人＋about＋名詞》《**teach**＋人（＋how）＋to 不定詞》《**teach**＋人＋that 節》で覚えよう。

0369 □□ **walk** [wɔ́ːk]

動 歩く，～を歩かせる，散歩する　名 歩くこと，散歩，職業，部門

These hallways let us **walk** between office buildings indoors.
（これらの廊下を使えばオフィスビルの間を室内で**歩いて行ける**）

The city library is about a 10-minute **walk** from my house.
（市の図書館は私の家から**歩いて** 10 分ほどです）

☞《**walk**＋目的語［名詞］》《**walk**＋副詞》《**walk** from/to＋名詞》《**walk**＋人＋to＋名詞》，名詞は《**walk** from/to/through/across＋名詞》《**walk** of＋名詞》で覚えよう。

0370 □□ **walkway** [wɔ́ːkwèi]

名 歩道，通路

We'll set up an entrance sign out on the **walkway** outside the office.
（オフィスの外の**歩道**に入口表示を置きます）

☞《**walkway** from/to＋名詞》で覚えよう。 □ covered **walkway**「屋根付き歩道」

0371 □□ **open** [óupən]

動 ～を開く，～を開会する，～を開ける，～を開放［開封］する　形 開いて［開かれて］いる，営業中の，限定されていない，率直な，欠員がある，野外の，空き時間の

My hands are full, so could you **open** the door for me?
（両手がいっぱいなので，ドアを**開けて**いただけますか）

We are **open** around the clock.
（当店は 24 時間**営業してい**ます）

☞《**open**＋目的語［名詞］》，形容詞は《**open**＋名詞》《連結動詞＋**open**》《連結動詞＋**open** to＋名詞》《連結動詞＋**open** about＋名詞》《連結動詞＋**open** with＋名詞》で覚えよう。

0372 □□ **opening** [óupniŋ]

名 開くこと，出だし，開通，欠員　形 最初の

Today is the grand **opening** of Rico's new restaurant.
（きょうは Rico's の新しいレストランの正式**開店**日です）

☞《**opening** of＋名詞》《**opening** to＋名詞》《**opening** in＋名詞》《**opening** for＋名詞》，形容詞は《**opening**＋名詞》で覚えよう。

0373 □□ **openly** [óupnli]

副 隠し立てしないで，率直に

We should **openly** discuss any project ideas.
（どのようなプロジェクトのアイデアも**遠慮なく**議論すべきです）

《**openly**＋動詞・形容詞》で覚えよう。□ **openly** discuss ...「～を率直に議論する」

0374 □□ **reopen** [riːóupn]

動 再開される，～を再開する，～を再び開く

We're **reopening** the Hampton store that was closed two years ago.
（2 年前に閉店された Hampton 店舗を**再開します**）

《**reopen**＋目的語［名詞］》で覚えよう。

0375 □□ **shut** [ʃʌ́t]

動 ～を閉める，～を閉じる，～を閉じ込める　形 閉じて

We'll never **shut** the door on negotiations.
（私たちは交渉の扉はけっして**閉ざさ**ない）

《**shut**＋名詞》，形容詞は《連結動詞＋**shut**》で覚えよう。

0376 □□ **side** [sáid]

名 側，方，脇，面，片面，横，脇腹　形 脇の，横の，側面の，付帯的な，副の
動 ～に味方／反対する

On the positive **side**, we have posted 10 profitable quarters in a row.
（よい**側面**に目を向けますと，当社は 10 四半期連続で利益を計上しました）

《**side** of＋名詞》《**side** to＋名詞》，形容詞は《**side**＋名詞》，動詞は《**side** with/against＋人》で覚えよう。　□ **side** by **side**「隣り合って」

0377 □□ **sidewalk** [sáidwɔ̀ːk]

名 歩道，人道

Cycling on the **sidewalk** is sometimes dangerous.
（**歩道**での自転車通行は危険なときもある）

《**sidewalk** from/to＋名詞》で覚えよう。　□ busy **sidewalk**「人通りの多い歩道」

0378 □□ **believe** [bilíːv]

動 ～と信じる，～を確信する，～と思う

I truly **believe** that this venture will be a success.
（このベンチャーが成功すると私はほんとうに**信じています**）

《**believe** (in) ＋名詞》《**believe**＋that 節》《**believe**＋目的語［名詞］＋to 不定詞》《**believe**＋目的語［名詞］(＋to be) ＋名詞・形容詞》《It is **believed**＋that 節》《*be* **believed**＋to 不定詞》で覚えよう。
□ I **believe** so.「そう思います」

0379 □□ **belief** [bilíːf]

名 信念，考え，意見，信仰

Ms. Mackey has a strong **belief** in the value of teamwork.
（Mackey さんはチームワークの価値に強い**信念**を持っている）

《**belief** of＋名詞》《**belief** in/about＋名詞》《**belief**＋that 節》で覚えよう。

0380 □□ **face** [féis]

動 ～に面している，（危険など）に臆せず立ち向かう，（困難など）に直面する　名 顔，表面

We need to **face** facts and accept the higher price.
（事実に**向き合い**，より高い価格を受け入れる必要があります）

☞《**face**＋目的語［名詞］》《*be* **faced** with＋名詞》，名詞は《**face** of＋名詞》で覚えよう。

0381 □□ **face-to-face** [féistəféis]

形 面と向かっての　副 面と向かって，直面して

The attorney had a **face-to-face** meeting with the vice president.
（弁護士は副社長と**直接会って**話し合った）

☞《**face-to-face**＋名詞》，副詞は《動詞＋**face-to-face**（＋with＋人）》で覚えよう。

0382 □□ **become** [bikʌ́m]

動 ～になる

The Daily Paper has **become** a household name in the last five years.
（*The Daily Paper* 紙はこの 5 年間でだれもがすぐにわかる名称に**なった**）

☞《**become**＋名詞・形容詞》で覚えよう。be 動詞と同じように，主語と補語を結びつける。現在分詞形 becoming は「似合って」という意味の形容詞として使う。 □ What **became** of … ？「～に何が起きたのか」

0383 □□ **question** [kwéstʃən]

動 ～に疑問を持つ，～に質問する　名 質問，疑問，問題

I **question** the credibility of VestPed's management team.
（VestPed 社の経営陣の信頼性に**疑問を感じます**）

Mr. Logan will answer your **questions** at the end of the interview.
（Logan さんは，インタビューの最後に皆さまの**質問**にお答えします）

☞《**question**＋目的語［名詞］》《**question**＋wh-/how 節》《**question**＋if/whether 節》《**question**＋人＋about/on/in connection with＋名詞》，名詞は《**question** of＋名詞》《**question** about/on/over/concerning/regarding/as to＋名詞》《**question** for＋名詞》《**question**＋wh-/how 節》《**question**＋if/whether 節》で覚えよう。 □ open to **question**「疑問の余地があって」□ beyond **question**「確実で」□ without **question**「間違いなく」□ in **question**「問題となって，疑わしい」□ out of the **question**「ありえない」

0384 □□ **sound** [sáund]

形 健全な，正常な，確実な根拠のある，しっかりした　名 音，音声，音響　動 音を出す，鳴る，響く，～のように聞こえる

Our decisions affect the entire staff, so we need to make **sound** ones.
（私たちの決定はスタッフ全員に影響を及ぼすので，**しっかりした**決定を下す必要がある）

☞《**sound**＋名詞》《連結動詞＋**sound**》，名詞は《**sound** of＋名詞》，動詞は《**sound**＋形容詞》《**sound** like＋名詞》《It **sounds** as if/as though＋節》で覚えよう。

0385 □□ **course** [kɔ́ːrs]

名 方向，成り行き，課程，《of course で》もちろん

Mr. Furukawa teaches a university **course** on electrical engineering.
（Furukawa さんは大学で電気工学**講座**を教えている）

☞《**course** of＋名詞》《**course** in/on＋名詞》で覚えよう。 □ of **course**「もちろんそうです」□ Of **course** not.「もちろん違います」□ on **course**「正しい方向へ」□ off **course**「方向をはずれて」

0386 □□ **room** [rúːm]

名 部屋，余地，機会

I think there is **room** for improvement in our management practices.
（当社の経営実務には改善の**余地**があると思います）

《**room** of＋名詞》《**room** in＋名詞》《**room** for＋名詞》《**room**＋to 不定詞》で覚えよう。

0387 □□ **story** [stɔ́ːri]

名 物語，説明，言い訳，階，層

We're going to relocate our office to a new 11-**story** building nearby.
（当社は近くの新しい 11 **階**建てビルにオフィスを移転いたします）

《**story** of/about＋名詞》《数字＋**story**》で覚えよう。

0388 □□ **whole** [hóul]

形 全体の，完全な，無傷な，欠けのない　名 全部，全体

Let me read the **whole** text of the agreement before signing.
（署名する前に合意書の**全**文を読ませてください）

《**whole**＋名詞》，名詞は《the **whole** of＋名詞》で覚えよう。　□ as a **whole**「全体として」

0389 □□ **once** [wʌ́ns]

副 一度，以前に，かつて

Opportunities like this come **once** in a lifetime, so how could I say no?
（このような機会は一生に**一度**しかありませんから，断ることなどできません）

《動詞・形容詞＋**once**》で覚えよう。　□ at **once**「すぐに」□ all at **once**「突然に」□ **once** in a while「ときどき」

0390 □□ **since** [síns]

接 ～して以来（ずっと），～だから　前 ～以来，～（のとき）からずっと　副 それ以来

Mr. Jerrell has been in charge of accounting **since** the company started.
（Jerrell さんは会社設立**以来の**会計責任者です）

Since the applicants are qualified, let's hire them both.
（応募者たちは資格を満たしている**のだから**，2 人とも採用しましょう）

《**since**＋節》，前置詞は《**since**＋名詞》，副詞は《動詞＋**since**》で覚えよう。　□ ever **since**「それ以来ずっと」

0391 □□ **set** [sét]

動 ～を置く，～を据え付ける，～を固定する，～を定める　名 ひとそろい，一式，ひと組み
形 決まった，型どおりの，準備が整って

- The company will **set** the date for the upcoming media event soon.
  (同社は来たるべきメディア向けイベントの日にちをまもなく**設定する**)
- Having a specific skill **set** is essential to finding a job that suits you.
  (特定の技能の**組み合わせ**を持つことは，自分に適した仕事を見つけるうえで重要だ)

《**set**＋目的語［名詞］》，名詞は《**set** of＋名詞》で覚えよう。 □ All **set**.「準備完了」

0392 □□ **reset** [rìːsét; –́–́]

動 ～をリセットする，～を規定値に戻す，～を置き直す　名 初期化，リセット，置き直し

- I think you may need to factory **reset** your device.
  (端末を工場出荷時に**リセットする**必要があるかもしれません)

《**reset**＋目的語［名詞］》で覚えよう。

0393 □□ **air** [éər]

動 ～を放送する　名 空気，空中，雰囲気

- The ad was **aired** on television during the daytime.
  (その広告は昼間にテレビで**放送された**)
- Our business plan is still up in the **air** because of lack of budget.
  (私たちの事業計画は予算不足のために**宙**に浮いている)

《**air**＋目的語［名詞］》，名詞は《**air** of＋名詞》で覚えよう。 □ on (the) **air**「放送されて」 □ off (the) **air**「放送されていない」 □ by **air**「飛行機で」 □ up in the **air**「未定で」

0394 □□ **airline** [éərlàin]

名 航空会社，航空路線

- More passengers are traveling with budget **airlines** than before.
  (以前より多くの旅客が格安**航空会社**で旅している)

《**airline** from/to＋名詞》で覚えよう。 □ airliner「大型旅客機」

0395 □□ **airport** [éərpɔ̀ːrt]

名 空港，飛行場

- The **airport** is a 30-minute drive from the hotel.
  (**空港**まではホテルから車で30分です)

《**airport** in＋名詞》で覚えよう。

0396 □□ **airplane** [éərplèin]

名 飛行機，航空機

- We boarded the **airplane** 30 minutes before take-off.
  (私たちは離陸の30分前に**飛行機**に乗り込んだ)

《**airplane** from/to/for＋名詞》で覚えよう。短縮形は plane。

0397 □□ **aircraft** [éərkræ̀ft]

名 飛行機，航空機

- The vice president owns a light **aircraft**. (副社長は軽**飛行機**を所有している)

《**aircraft** from/to/for＋名詞》で覚えよう。単複同形。

0398 □□ **airfare** [éərfèər]

名 航空運賃（料金）

The company will reimburse employees for economy-class **airfares**.
（会社はエコノミークラスの**航空運賃**を従業員に払い戻します）

☞《**airfare** from/to/for＋名詞》で覚えよう。

0399 □□ **airway** [éərwèi]

名 航空路，航空会社，気道

There are many flights on that route, so it's a busy **airway**.
（そのルートは飛行便が多く，とても混雑した**航空路**である）

☞《**airway** of＋名詞》で覚えよう。

0400 □□ **plane** [pléin]

名 飛行機，平面，水準　形 平らな

I just learned that our **plane** is going to be 15 minutes late.
（私たちの**飛行機**は 15 分遅れるといま知りました）

☞《**plane** from/to/for＋名詞》で覚えよう。airplane の短縮形。 □ by **plane**「飛行機で」

0401 □□ **run** [rʌ́n]

動 走る，動く，～を運営する，～を動かす，～に立候補する　名 走ること，立候補，生産量

When I was a middle schooler, my dream was to **run** my own company.
（中学生のときは，自分の会社を**経営する**ことが夢でした）

☞《**run**＋目的語［名詞］》《**run** on＋名詞》《**run** for＋名詞》《**run** against＋名詞》，名詞は《**run** of＋名詞》《**run** for＋名詞》で覚えよう。

0402 □□ **runway** [rʌ́nwèi]

名 滑走路

Central Airport is planning to extend its **runways**.
（Central 空港は**滑走路**を延長する予定です）

☞《**runway** of＋名詞》で覚えよう。 □ taxi on a **runway**「滑走路を移動する」

0403 □□ **form** [fɔ́ːrm]

動 生じる，～を形成する，～を組織する　名 形，形態，記入用紙

Let's **form** a committee to investigate the cause of the accident.
（事故の原因を調査する委員会を**立ち上げ**ましょう）

You can complete an application **form** online.
（オンラインで申込**用紙**に記入できます）

☞《**form**＋目的語［名詞］》，名詞は《**form** of＋名詞》で覚えよう。 □ in the **form** of ...「～の形式で」 □ take **form**「形作る，発生する」

0404 □□ **format** [fɔ́ːrmæt]

動 ～の体裁を整える，～を初期化する　名 型，構成，形式，初期化

How would you like me to **format** this document?
（この文書はどのように**書式を設定し**ましょうか）

Do you have any specific data **format** in mind?
（何か具体的なデータ**形式**をお考えですか）

☞《**format**＋目的語［名詞］》，名詞は《**format** of＋名詞》《**format** for＋名詞》《**format** in＋名詞》で覚えよう。

0405 □□ **formation** [fɔːrméiʃən]

名 構成，編成，成立，形成，構造

Please arrange the chairs in a circular **formation** for the meeting.
(会議のために椅子を円**形**に並べてください)

☞《**formation** of＋名詞》で覚えよう。

0406 □□ **firstly** [fə́ːrstli]

副 第一に

Firstly, we're going to discuss budgets.
(**第一に**，予算について議論します)

☞ **firstly** ... secondly ... の組み合わせで覚えよう。□ first of all/in the first place/to begin with/to start with「まず第一に」

0407 □□ **secondly** [sékəndli]

副 第二に，次に

Secondly, we're going to discuss who could lead the project.
(**第二に**，だれがプロジェクトを指揮するかを話し合います)

☞ firstly ... **secondly** ... の組み合わせで覚えよう。

0408 □□ **second** [sékənd]

動 ～に賛成する，～を支持する　形 第二の，～に次いで，もうひとつの，代わりの　名 秒

Rika eagerly **seconded** Mr. Crawford's opinion on the matter.
(Rika はその件に関して Crawford さんの意見に熱心に**賛同した**)

The company's **second**-quarter earnings will be in around 4 P.M.
(同社の**第 2** 四半期の収益は午後 4 時ごろにわかるでしょう)

☞《**second**＋目的語［名詞］》，形容詞は《**second**＋名詞》《**second**＋最上級形容詞＋名詞》，名詞は《数字＋**second(s)**》で覚えよう。 □ on **second** thought「考え直して」□ in a **second**「すぐに」

0409 □□ **secondary** [sékəndèri]

形 第二位の，二流の，～に次いで，代理の，副次的な，派生的な，補助的な，中等教育の

Online tutoring is my **secondary** source of income.
(オンラインでの個人指導は私の**副次的な**収入源です)

☞《**secondary**＋名詞》《連結動詞＋**secondary** to＋名詞》で覚えよう。

0410 □□ **wait** [wéit]

動 待つ，待ち望む，給仕を務める，待ち受ける　名 待つこと，待機，待ち時間

I'm **waiting** for confirmation from my superior about the agreement.
(その合意書について上司の確認を**待って**います)

The new phone is sold out, and the **wait** time is about a week.
(新しい電話は売り切れで，**待ち**時間は 1 週間ほどです)

☞《**wait** for＋名詞》《**wait** until/till＋名詞》《**wait**＋to 不定詞》《**wait** for＋名詞＋to 不定詞》，名詞は《**wait** for＋名詞》で覚えよう。

0411 □□ **await** [əwéit]

動 ～を待つ，～を待ち受ける，～を待ち構える

Gloria is **awaiting** a response to her transfer request.
（Gloria は自分の異動願いへの回答を**待っている**）

Awaiting your input on this,
（この件についてお考えを**お待ちして**おります）

☞《**await**＋目的語［名詞］》で覚えよう。wait for ... と同じ意味。

0412 □□ **waitstaff** [wéitstæ̀f]

名 給仕，接客係

Service charges are different from tipping the **waitstaff**.
（サービス料は**給仕してくれるスタッフ**へのチップとは異なります）

☞《**waitstaff** at＋名詞》で覚えよう。 □ uniformed **waitstaff**「制服を着た接客係」

0413 □□ **cut** [kʌ́t]

動 切れる，～を切る，～を削減する，～を欠席する　名 切断，削減，無視

We used plastic instead of glass to **cut** costs.
（コストを**削減する**ために，ガラスの代わりにプラスチックを使いました）

☞《**cut**＋目的語［名詞］》《**cut**＋目的語［名詞］＋by＋数字》《**cut** *A* from *B*》《**cut** *A* off *B*》《**cut** *A* with *B*》《**cut** *A* into *B*》，名詞は《**cut** of＋名詞》《**cut** in＋名詞》で覚えよう。 □ **cut** ... short「～を短縮する」

0414 □□ **cutback** [kʌ́tbæ̀k]

名 削減，縮小

The sales clerks have been busy because of staff **cutbacks**.
（人員**削減**が原因で販売員たちはずっと忙しくしている）

☞《**cutback** in/on＋名詞》で覚えよう。

0415 □□ **able** [éibl]

形 能力のある，できる

The company will be **able** to achieve the goal this fiscal year.
（同社は今財政年度は目標を達成**できる**でしょう）

We need to find an **able** team leader.
（私たちは**有能な**チームリーダーを見つける必要があります）

☞《**able**＋名詞》《連結動詞＋**able**＋to 不定詞》で覚えよう。

0416 □□ **ability** [əbíləti]

名 能力

We really question his leadership **abilities**.
（私たちは彼の指導者としての**能力**をほんとうに疑問視しているのです）

☞《**ability** for/in＋名詞》《**ability**＋to 不定詞》で覚えよう。□ to the best of *one's* **ability**「できる限り」

0417 □□ **enable** [enéibl]

動 ～に…することを可能にさせる

Our Web site **enables** customers to compare our phones at a glance.
（当社のウェブサイトは，顧客が当社の電話をひと目で比較することを**可能にしています**）

☞《**enable**＋目的語［名詞］》《**enable**＋目的語［名詞］＋to 不定詞》で覚えよう。

0418 □□ **disable** [diséibl]

動 ～を無効にする，～の動作を停止させる

I **disabled** all the settings of our printer before restarting it.
（プリンタの設定をすべて**無効にして**から再起動した）

☞《**disable**＋目的語［名詞］（＋from＋名詞・動名詞）》で覚えよう。

0419 □□ **unable** [ʌnéibl]

形 できない，虚弱な

He became **unable** to work for about a week because of illness.
（彼は病気で1週間ほど働く ことが**できなく**なった）

☞《連結動詞＋**unable**＋to 不定詞》で覚えよう。名詞形は inability。

0420 □□ **capable** [kéipəbl]

形 有能な，才能があって，可能な

Ms. Jong is known as one of the most **capable** corporate lawyers.
（Jong さんはもっとも**有能な**企業弁護士のひとりとして知られている）

☞《**capable**＋名詞》《連結動詞＋**capable** of＋名詞・動名詞》で覚えよう。

0421 □□ **capability** [kèipəbíləti]

名 才能，能力，手腕，将来性

The apparel maker is planning to increase production **capability** abroad.
（その衣服製造企業は海外での生産**能力**を増強する計画でいる）

☞《**capability** of＋名詞・動名詞》《**capability** for＋名詞》《**capability**＋to 不定詞》で覚えよう。
□ within/beyond *one's* **capabilities**「能力に収まって，能力を超えて」

0422 □□ **capacity** [kəpǽsəti]

名 収容能力，最大生産量，潜在的可能性

Our new factory will increase production **capacity** by 30 percent.
（当社の新工場は生産**能力**を 30 パーセント増やします）

☞《**capacity** of＋名詞》《**capacity** for＋名詞・動名詞》《**capacity**＋to 不定詞》で覚えよう。 □ within/beyond *one's* **capacity**「能力に収まって，能力を超えて」 □ at full **capacity**「全力で」

0423 □□ **meet** [mí:t]

動（～に）会う，～に出くわす，（～と）面会する，～と知り合う，～を出迎える，～を満たす
名 競技会

I would like to **meet** with you at your earliest convenience.
（ご都合のよいときにできるだけ早くお**会い**したいと思います）

In order to **meet** demand, we have increased production.
（需要を**満たす**ために当社は増産しております）

☞《**meet**＋人（＋for＋名詞）》《**meet** with＋人》《**meet**＋目的語［名詞］》，名詞は athletic **meet** で覚えよう。 □ **meet** the deadline「締切に間に合わせる」 □ **meet** *someone* halfway「～と妥協する」

0424 □□ **meeting** [mí:tiŋ]

名 会，集会，会議，大会，競技会，出会い，面会，遭遇

I'm running late for a **meeting**, so I'll call you back.
（**会議**に遅れそうなので，後でかけ直します）

☞《**meeting** of/between/among＋名詞》《**meeting** for＋名詞》《**meeting** about/on/over＋名詞》《**meeting** with＋人》で覚えよう。

0425 □□ **hope** [hóup]

動 ～を希望する，～を期待する　名 希望，期待，見込み

- I'm **hoping** that I will get a raise.（昇給があることを**希望しています**）
- My **hopes** for the future include climbing the corporate ladder.（出世の階段を上がることも将来的な**希望**のひとつです）

☞《**hope**＋that 節》《**hope**＋to 不定詞》《**hope** for/against＋名詞》《It is **hoped**＋that 節》，名詞は《**hope** for＋名詞》《**hope** of＋名詞》《**hope**＋that 節》で覚えよう。 □ I **hope** so.「そう願います」 □ I **hope** not.「そうでないことを願います」 □ in the **hope** that ...「～ということを望んで」 □ in the **hope** of *doing*「～することを望んで」

0426 □□ **hopefully** [hóupfəli]

副 願わくば，できれば

- **Hopefully** I can increase my sales so that my commission pay goes up.（**できれば**自分の販売を増やして，歩合給が上がってほしい）

☞《**hopefully**＋動詞・形容詞》で覚えよう。副詞として文全体を修飾する働きもある。

0427 □□ **light** [láit]

名 光，明るさ，光源，観点　形 明るい，軽い，淡い　動 火を灯す，～を明るくする，～を活気づかせる

- This report helped me to see the problem in a new **light**.（この報告書は私がその問題を新しい**観点**で見るのに役立った）
- Look, the sky is turning **light**!（見てごらん，空が**明るく**なっている）
- I usually have a **light** meal for lunch.（いつも昼食は**軽い**ものを食べます）

☞《**light** of＋名詞》《**light** on/from＋名詞》，形容詞は《**light**＋名詞》《連結動詞＋**light**》，動詞は《**light**＋目的語［名詞］》で覚えよう。

0428 □□ **lightweight** [láitwèit]

形 軽い，軽薄な　名 軽いもの，取るに足りないもの

- Using **lightweight** material will help to lower our shipping costs.（**軽量**素材を使うことは輸送費を下げることに役立つだろう）

☞《**lightweight**＋名詞》，名詞は《**lightweight** of＋名詞》で覚えよう。

0429 □□ **fire** [fáiər]

名 火，火事，射撃　動 ～を発射する，～に火をつける，～を解雇する

- Raymond's house was damaged in the recent forest **fire**.（Raymond の家は最近の森林**火災**で被害を受けた）
- As a manager, my worst experience was having to **fire** somebody.（部長として最悪の経験は人を**解雇し**なければならないことでした）

☞《**fire** of＋名詞》《**fire** in＋名詞》《**fire** at＋名詞》，動詞は《**fire**＋人（＋from＋名詞）》《**fire**＋人（＋for＋名詞）》《**fire**＋目的語［名詞］》で覚えよう。「～を解雇する」という意味では，書きことばでは dismiss を使う。 □ *be*/come under **fire**「批判される」

0430 □□ **firefighter** [fáiərfàitər]

名 消防士

- My father responds to emergencies as a volunteer **firefighter**.（父はボランティアの**消防士**として非常事態に対処します）

☞《**firefighter** in＋名詞》で覚えよう □ wildland **firefighter**「原野火災消防士」

0431 □□ **firework** [fáiərwə̀ːrk]

名《fireworks で》花火

Our company is a sponsor of the local **fireworks** display.
(当社は地元の**花火**大会に資金援助をしております)

☞《**fireworks** over＋名詞》で覚えよう。可算名詞で，通常は複数形で使う。

0432 □□ **stand** [stǽnd]

動 立つ，～の状態にある，～に耐える　名 立ち止まること，停止，反抗，態度，場所

I'm sorry, but I can't **stand** this chaotic situation any more.
(申し訳ありませんが，この混乱状態にこれ以上**耐え**られません)

☞《**stand**＋副詞》《cannot **stand**＋名詞》，名詞は《**stand** on＋名詞》《**stand** for/against＋名詞》で覚えよう。

0433 □□ **bring** [bríŋ]

動 ～を持って［連れて］くる，～をもたらす

Marcel, could you **bring** us extra copies of the handout?
(Marcel，配布資料の追加コピーを**持ってきて**いただけますか)

Let's **bring** up this issue at the meeting tomorrow.
(この問題については，あしたの会議で**取り上げ**ましょう)

☞《**bring**＋目的語［名詞］(＋to＋人)》《**bring**＋人＋目的語［名詞］》で覚えよう。基本は「自分のところに持ってくる」という意味。

0434 □□ **hold** [hóuld]

動 ～を持つ，～をつかむ，～を支える，～を保つ，持つ，耐える，持続する，～と考える
名 持つこと，支え，(一時的な) 延期，保留

Just to be safe, could you **hold** the chair while I replace the light?
(念のために，ライトを替えるあいだ椅子を**押さえて**おいていただけますか)

We put the promotional campaign on **hold** due to a delay in production.
(製造の遅れが原因で，販促キャンペーンを**延期**しました)

☞《**hold**＋目的語［名詞］》《**hold**＋目的語［名詞］＋ (to be) 形容詞》《**hold**＋形容詞》《**hold**＋that 節》，名詞は《**hold** on＋名詞》で覚えよう。 □ get **hold** of ...「～を見つける，～を手に入れる」□ on **hold**「保留されて」

0435 □□ **follow** [fálou]

動 次に起きる，～に続く，～を追いかける，～に従う　名 後を追うこと，後に続くこと

We have no choice but to **follow** his decision.
(私たちは彼の決定に**従う**しか選択肢はありません)

☞《**follow**＋目的語［名詞］》で覚えよう。現在分詞形 following は「次の」という意味の形容詞としても使う。 □ **follow** suit「前例に従う」□ as **follows**「次のとおりで」

0436 □□ **kid** [kíd]

動 冗談をいう，からかう　名 子ども

No **kidding**, it doesn't make sense.
(**冗談**はやめて，訳がわかりません)

☞《**kid**＋人 (＋about＋名詞)》《**kid**＋人＋that 節》で覚えよう。 □ Are you **kidding**?「冗談でしょう？」
□ No **kidding**.「とんでもない」

0437 □□ **case** [kéis]

㊔ 場合，事例，問題，主張，真実

New product proposals are always considered on a **case**-by-**case** basis.
（新製品の提案は常に**事例**別に検討される）

☞《**case** of＋名詞》《**case** for/against＋名詞》《It is the **case**＋that 節》で覚えよう。 □ in the **case** of ...「～の場合に」□ in **case** of ...「～に備えて」□ (just) in **case**「万が一に備えて」□ in any **case**「いずれにしても」□ in this/that **case**「この場合は，その場合は」□ a **case** in point「好例」

0438 □□ **often** [ɔ́(:)fn, ɔ́(:)ftn]

㊅ しばしば，たびたび

This computer **often** needs rebooting.
（このコンピュータは**たびたび**再起動する必要がある）

How **often** do you come to this place?
（ここにはどれくらい**頻繁に**いらっしゃいますか）

☞《**often**＋動詞》《It is not **often**＋that 節》で覚えよう。be 動詞・助動詞の直後，一般動詞の前に置く。「やや多い」頻度を示す。

0439 □□ **quite** [kwáit]

㊅ まったく，完全に，かなり，並外れた

Ricardo has been **quite** a valuable addition to the company.
（Ricardo は会社にとって**かなり**価値ある補強になっている）

☞《連結動詞＋**quite**＋形容詞》《動詞＋**quite**＋副詞》《**quite** a（＋形容詞）＋名詞》で覚えよう。very (but not extremely)という意味で使うことが多い。 □ not **quite**「十分に～でない」

0440 □□ **together** [təgéðər]

㊅ 一緒に，ともに，合わせて，同時に

We will have a better chance of success if we work **together**.
（**一緒に**やれば成功の可能性はもっと高まります）

☞《動詞＋**together**》で覚えよう。□ **together** with ...「～とともに，～に加えて」

0441 □□ **carry** [kǽri]

動 ～を（持ち）運ぶ，～を扱っている，～を伝える

This report **carries** important lessons about good customer service.
（この報告書は良質な顧客サービスについて重要な教えを**伝えてくれる**）

《**carry**＋目的語［名詞］》《**carry**＋目的語［名詞］＋to/into＋名詞》で覚えよう。 □ *be*/get **carried** away「夢中になってしまう」

0442 □□ **carrier** [kǽriər]

名 運搬人，運送会社，通信会社，保菌者

The **carrier** is to blame for these damaged packages.
（これらの小包の破損は**配送業者**の責任です）

《**carrier** of＋名詞》で覚えよう。

0443 □□ **carry-on** [kǽriɑ̀:n]

形 機内に持ち込める　名 機内持ち込み手荷物

For short business trips, I only take **carry-on** luggage.
（短い出張なら，私は**機内持ち込み用**手荷物だけを持っていきます）

《**carry-on**＋名詞》で覚えよう。

0444 □□ **thank** [θǽŋk]

動 ～に感謝する　名《thanks で》謝意，感謝のことば

Thank you for your kind words.
（やさしいことばをかけていただいて，**ありがとう**ございます）

《**thank**＋人》《**thank**＋人＋for＋名詞》，名詞は《**thanks** for＋名詞》《**thanks** to＋名詞》で覚えよう。

0445 □□ **thankful** [θǽŋkfl]

形 感謝して，ありがたく思って

We are **thankful** for the opportunity you gave us.
（いただいた機会に**感謝して**おります）

《連結動詞＋**thankful** for＋名詞》《連結動詞＋**thankful** to＋人》《連結動詞＋**thankful**＋that 節》《連結動詞＋**thankful**＋to 不定詞》で覚えよう。

0446 □□ **half** [hǽf, hɑ́:f]

名 半分，30 分　形 半分の　副 等分に，半分ほど

Half of the seats were vacant at the concert.
（コンサートの座席の**半分**は空席だった）

《**half** of＋名詞》，形容詞は《**half** a/the＋名詞》，副詞は《**half**＋形容詞》で覚えよう。 □ by **half**「半分だけ」□ in **half**「半分に」

0447 □□ **halfway** [hɑ̀:fwéi]

副 途中で，不完全に　形 中間の，中途半端な

The client agreed to meet us **halfway** in the negotiation.
（その交渉で，顧客は当社と**中間で**妥協することに応じてくれた）

《動詞＋**halfway**》《**halfway**＋形容詞》，形容詞は《**halfway**＋名詞》で覚えよう。 □ *be* **halfway** through「半分終わっている」□ **halfway** measure「不完全な方法」

0448 □□ **grow** [gróu]

動 成長する，発展する，～を栽培する，～を拡大する

We'll have a brainstorming session on how to **grow** profits.
（利益を**伸ばす**方法についてブレーンストーミングセッションを行いましょう）

《**grow** by＋数字》《**grow** from *A* (to *B*)》《**grow** in＋名詞》《**grow** to/into＋名詞》《**grow**＋形容詞》《**grow**＋目的語［名詞］》《**grow**＋to 不定詞》で覚えよう。

0449 □□ **growth** [gróuθ]

名 成長，発展，増加，伸び，栽培

English Online has seen significant **growth** in registered users.
（English Online 社は登録ユーザ数で著しい**成長**を遂げている）

《**growth** in/of＋名詞》で覚えよう。

0450 □□ **wonder** [wʌ́ndər]

名 驚嘆，感嘆，奇跡，とまどい　動 感嘆する，疑問に思う，～ではないかと思う

It's a **wonder** we made such a tight deadline.
（私たちがこれほど厳しい締切に間に合ったのは**驚くべきこと**だ）

I **wonder** why Samantha decided to leave the team.
（Samantha はなぜチームを去ることにした**のだろうか**）

《**wonder** of＋名詞》《It's a **wonder**＋that 節》《It's no/small/little **wonder**＋that 節》，動詞は《**wonder**＋wh-/how 節》《**wonder**＋if/whether 節》《**wonder** about/at＋名詞》で覚えよう。

0451 □□ **wonderful** [wʌ́ndərfl]

形 すばらしい，見事な，不思議な

I hope you have a **wonderful** time.（**すばらしい**時間を過ごしてください）

《**wonderful**＋名詞》《連結動詞＋**wonderful**》《It is **wonderful**＋that 節》《It is **wonderful**＋to 不定詞》で覚えよう。

0452 □□ **future** [fjúːtʃər]

名 未来，将来性　形 未来の

You can expect more innovative products from us in the **future**.
（**将来**的にさらに革新的な商品が当社から出ることをご期待ください）

What are your **future** goals concerning your career?
（キャリアに関して，あなたの**将来の**目標は何ですか）

《**future** of＋名詞》，形容詞は《**future**＋名詞》で覚えよう。

0453 □□ **past** [pǽst]

名 過去，昔の話　形 過去の　副 ～を過ぎて

In the **past**, it was harder to set up a new company.
（**昔**は会社を興すのはもっとたいへんだった）

《**past** of＋名詞》《**past** about＋名詞》，形容詞は《**past**＋名詞》，副詞は《動詞＋**past**》で覚えよう。

0454 □□ **office** [ɑ́fəs]

名 職務，仕事，事務所，会社

We just opened a new **office** equipment showroom downtown.
（当社は都心に**オフィス**用品のショールームを開いたばかりです）

《**office** of＋名詞》で覚えよう。　□ **office** hours「営業時間」

0455 □□ **official** [əfíʃl]

〔形〕事務所の，公式の 〔名〕公務員，職員

We need to issue an **official** statement about the takeover bid.
（当社は株式公開買い付けに関して**公式な**声明を発表する必要がある）

☞《**official**＋名詞》《連結動詞＋**official**》《It is **official**＋that 節》，名詞は《**official** of/with/at＋名詞》で覚えよう。

0456 □□ **officially** [əfíʃəli]

〔副〕公式に，表向きは

Both companies **officially** announced their merger.
（両社は**正式に**合併を発表した）

☞《**officially**＋動詞・形容詞》で覚えよう。副詞として文全体を修飾する働きもある。

0457 □□ **officer** [ɑ́fəsər]

〔名〕役員，公務員，役人，警官

Mr. Jameson was appointed as Chief Information **Officer**.
（Jameson さんは最高情報**責任者**に任命された）

☞《**officer** of/in/with＋名詞》で覚えよう。

0458 □□ **several** [sévərl]

〔形〕いくつかの，数個の，数名の 〔代〕いくつか

Face2Face Cosmetics will release **several** new products this month.
（Face2Face 化粧品は今月に**いくつかの**新製品を発売するだろう）

☞《**several**＋複数名詞》，代名詞は《**several** of＋複数名詞》で覚えよう。a few よりは多く，a lot よりは少ない概数（3〜6 くらい）を表す。a number of .../quite a few が近い。

0459 □□ **multiple** [mʌ́ltəpl]

〔形〕多数の，多様な，複雑な，多くの部分から成る，複合の

Stan suffered **multiple** injuries in the accident.
（Stan はその事故で**多数の**傷を負った）

☞《**multiple**＋名詞》で覚えよう。

0460 □□ **multinational** [mʌ̀ltinǽʃənl]

〔形〕多国籍の，多国間の

The **multinational** corporation has comprehensive training programs.
（その**多国籍**企業は包括的な研修プログラムを用意している）

☞《**multinational**＋名詞》で覚えよう。

0461 □□ **either** [í:ðər, áiðər]

〔副〕〜か…のどちらか，〜もまた 〔形〕どちらか一方の，どちらの〜でも 〔代〕どちらか一方

You can work **either** the morning shift or the night shift.
（午前，夜の**どちらかの**シフトを選んで働いていただけます）

☞《**either** *A* or *B*》，形容詞は《**either**＋単数名詞》，代名詞は《**either** of＋複数名詞》で覚えよう。
□ **Either** will do.「どちらでもよい」 □ **either** way「いずれにしても」 □ not ... **either**「〜も…ない」（＝neither）

0462 □□ **neither** [níːðər, nái-]

副 どちらもまた～ない 形 どちらの～も…ない 代 どちらも～ない

I'm afraid **neither** Monday nor Friday is fine with me.
（残念ながら月曜日，金曜日の**どちらも**私には都合がよく**ない**のです）

《**neither** *A* nor *B*》，形容詞は《**neither**＋単数名詞》，代名詞は《**neither** of＋複数名詞》で覚えよう。

0463 □□ **nor** [nɔːr]

接 ～もまた…ない，そしてまた…ない

Neither plan A **nor** plan B will work; we need a third plan.
（プラン A とプラン B の**どちらも**うまくいか**ない**でしょう；第 3 のプランが必要です）

《neither *A* **nor** *B*》で覚えよう。

0464 □□ **both** [bóuθ]

形 双方の 副 双方ともに 代 両方，双方

It's important to consider **both** sides of the issue.
（問題の**両**面を検討することが大切である）

《**both**＋複数名詞》，副詞は《**both** *A* and *B*》，代名詞は《**both** of＋複数名詞》で覚えよう。

0465 □□ **though** [ðóu]

接 ～だけれども，～にもかかわらず，たとえ～でも，しかしながら

Though we did a good job, we could have done better.
（私たちはよい仕事をしました**が**，もっとうまくできたはずです）

We did a good job; we could have done better, **though**.
（私たちはよくやりました；もっとうまくできたとは思います**けど**）

《**though**＋節》《節＋**though**》で覚えよう。although よりカジュアルに響く。 □ even **though**「たとえ～でも」□ as **though**「あたかも～」

0466 □□ **although** [ɔːlðóu]

接 ～だけれども，～にもかかわらず，たとえ～でも

Although it's tough, I like my job.
（たいへん**ではありますが**，自分の仕事が好きです）

《**although**＋節》で覚えよう。though と同じ意味で使うが，**although** には最後に置いて「もっとも～だけれど」と情報を加える用法はない。

0467 □□ **whatever** [*h*wʌtévər, *h*wɑt-]

形 ～するどの…でも，どんな～が…しても 代 ～することは何でも，何が～しようとも
副 まったく（～ない）

Whatever the reasons, just asking won't hurt.
（理由が**何であろうと**，お願いしてみるだけなら損はありません）

Rose will make **whatever** decision she feels is best for the company.
（Rose は会社にとって最善と感じる**どんな**決断**も**下す）

《**whatever**＋動詞》《**whatever**＋名詞＋*be* 動詞》，形容詞は《**whatever**＋名詞》，副詞は《否定語／any＋名詞＋**whatever**》で覚えよう。 □ ... or/and **whatever**「～など」□ **whatever** you say/think/want「どうぞお好きなように」

0468 □□ **whenever** [*h*wenévər]

接 ～するときはいつも，いつ～しようとも　副 いつでも，いったいいつ

▼ Adele asked the client to contact her **whenever** he has concerns.
（懸念があるときは**いつでも**連絡してくれるように Adele は顧客にお願いした）

☞《**whenever**＋節》《**whenever**＋possible/necessary》で覚えよう。 □ ...or **whenever**「～かいつだったか」

0469 □□ **wherever** [*h*weərévər]

接 ～するときはどこでも，どこで～しようとも　副 どこでも，いったいどこで

▼ Our sales team is willing to meet customers **wherever** possible.
（当社の販売チームは，**どこでも**可能なところで顧客にお目にかかります）

▼ You can text me **wherever** I go.
（私が**どこに**行こ**うと**，どうぞテキストメッセージを送ってください）

☞《**wherever**＋節》《**wherever**＋possible/necessary》で覚えよう。 □ ... or **wherever**「～のほかにどこでも」

0470 □□ **whoever** [hu(:)évər]

代 ～するのはだれでも，だれが～しようとも，いったいだれが

▼ **Whoever** you are, you must take responsibility for what you did.
（あなたが**だれであろうと**，自分がしたことの責任を取らなければならない）

▼ **Whoever** wants to come will be welcome.（来たい**人なら，だれでも**歓迎します）

☞《**whoever**＋動詞》《**whoever**＋節》で覚えよう。

0471 □□ **whereas** [*h*weərǽz]

接 ～であるのに対して，～に反して

▼ The former CEO just gave orders, **whereas** his successor tries to listen.
（前 CEO は命令するだけの人だったが，**これに対して**後継者は人の話を聞こうとする）

☞《節＋**whereas**＋節》で覚えよう。対比や対立を表し，前後の節の内容を比較して大きな違いがあることを示す。

0472 □□ **however** [hauévər]

副 しかしながら，けれども，どんなに～でも　接 どのように～しても

▼ I was hoping to switch departments; **however**, I changed my mind.
（部署を替わりたいと思っていました；**しかしながら**，考えを変えました）

☞《（節＋）**however**＋節》《**however**＋形容詞・副詞＋節》で覚えよう。nevertheless と《no matter how＋形容詞・副詞》の 2 つの意味になる。

0473 □□ **therefore** [ðéərfɔ̀ːr]

副 それゆえに，そのために

▼ All board members agreed; the motion was, **therefore**, adopted.
（全取締役が同意した；**それゆえに**，動議は採択された）

☞《（節＋）**therefore**＋節》で覚えよう。直前に述べたことの「結果として～」という意味で使う。

0474 □□ **thus** [ðʌ́s]

副 したがって，それゆえに

We upgraded the office network, and **thus** we have more secure access.
(オフィスのネットワークをアップグレードし，**したがって**もっと安全にアクセスできる)

☞《(節＋) **thus**＋節》《**thus**＋動詞》で覚えよう。副詞として文全体を修飾する働きがある。 □ **thus** far「これまで」

0475 □□ **hence** [héns]

副 したがって，だから，今後

The company is growing rapidly; **hence**, it needs more employees.
(その企業は急速に成長している；**したがって，**もっと多くの従業員を必要としている)

☞《(節＋) **hence**＋節》《**hence**＋名詞》で覚えよう。副詞として文全体を修飾する働きがある。

0476 □□ **nevertheless** [nèvərðəlés]

副 それにもかかわらず，それでも

Competition has been intense. **Nevertheless**, our sales have been impressive. (競争は激しい；**それにもかかわらず**，当社の販売数字は立派なものだ)

☞《(節＋) **nevertheless**＋節》で覚えよう。副詞として文頭，文中に置く。

0477 □□ **nonetheless** [nʌ̀nðəlés]

副 それにもかかわらず，それでも

The local food didn't look good. **Nonetheless**, it tasted wonderful.
(その地元料理は見た目はよくなかった。**それでも**とてもおいしかった)

☞《(節＋) **nonetheless**＋節》で覚えよう。副詞として文頭，文中に置く。

0478 □□ **moreover** [mɔːróuvər]

副 そのうえに，それに，加えて

Ms. Takei has management experience, information literacy, and, **moreover**, problem-solving skills.
(Takei さんは経営管理の経験があり，情報を処理できて，**さらには**問題解決の技能も身につけている)

☞《(節＋) **moreover**＋節》で覚えよう。副詞として文頭，文中に置く。

0479 □□ **furthermore** [fə́ːrðərmɔ̀ːr, ˋ-ˊ]

副 おまけに，さらに

Furthermore, I'd also like to discuss next quarter's budget.
(**さらに**，次四半期の予算についても話し合いたいと思います)

☞《(節＋) furthermore＋節》で覚えよう。副詞として文頭，文中に置く。

0480 □□ **hereby** [hìərbái, ˋˊ]

副 これによって，この結果，本契約書によって

In order to start a new business, I **hereby** announce my resignation.
(新規事業を始めるために，**ここに**辞任する旨をお知らせします)

☞《**hereby**＋動詞》で覚えよう。

0481 □□ **wish** [wíʃ]

動 ～を切望する，（…に）～を願う　名 願望，望み，嘆願

- I **wish** you the best of luck.（幸運を**祈ります**）
- My best **wishes** to you and your family.
（あなたとご家族の**幸運**をお祈りします）
- It's my **wish** that your company is successful for many years to come.
（御社が今後もずっと成功なさることが私の**願い**です）

☞《**wish**＋to 不定詞》《**wish**＋that 節》《**wish**＋人＋目的語［名詞］》《**wish**＋人＋well》《**wish** for＋名詞》，名詞は《**wish** of＋名詞》《**wish** for＋名詞》《**wish**＋to 不定詞》《**wish**＋that 節》で覚えよう。
□ (With) Best **wishes** for ...「～をお祈りしています」

0482 □□ **fall** [fɔ́:l, fá:l]

動 落ちる，（雨などが）降る，垂れ下がる，転ぶ，（～の状態に）陥る　名 落下，転倒，下落

- The consumer price index has been **falling** for three straight months.
（消費者物価指数は 3 か月連続で**下がっている**）
- Last year saw a significant **fall** in unemployment.
（昨年は失業が著しく**減少**した）

☞《**fall** from/to＋名詞》《**fall** into＋名詞》《**fall** on/onto＋名詞》《**fall** within＋名詞》《**fall** under＋名詞》，名詞は《**fall** in/from/to＋名詞》《**fall** of＋名詞》で覚えよう。　□ **fall** short of ...「～に達しない」

0483 □□ **control** [kəntróul]

名 支配，制御，規制　動 ～を制御する，～を支配する，～を管理する

- Mr. Lin has **control** over marketing decisions.
（Lin さんはマーケティングに関して決定を下す**権限**を手にしている）

☞《**control** over/of/on＋名詞》，動詞は《**control**＋目的語［名詞］》《**control**＋wh-/how 節》で覚えよう。
□ in **control** (of ...)「（～を）制御して」□ under **control**「制御されて」□ under the **control** of ...「～に制御されて」□ take/lose **control** of ...「～を制御する，～を制御できなくなる」□ keep ... under **control**「～を制御している」□ beyond/outside *someone's* **control**「制御できない」□ out of **control**「制御できない」

0484 □□ **party** [pá:rti]

名 パーティー，政党，グループ，関係者，当事者

- The contract must be signed by both **parties** to be valid.
（契約が有効であるためには両**者**が署名しなければならない）

☞《**party** of＋名詞》で覚えよう。

0485 □□ **sentence** [séntəns]

名 文章，判決，刑　動 ～に（…を）宣告する，～に判決を下す

- The accountant cooperated in the investigation in exchange for a reduced **sentence**.
（その会計士は，**判決**での減刑と引き換えに捜査に協力した）
- The accountant was **sentenced** to two years on probation.
（その会計士は執行猶予 2 年の**判決を受けた**）

☞《**sentence** of＋名詞》《**sentence** for＋名詞》，動詞は《**sentence**＋人＋to＋名詞》で覚えよう。

0486 □□ **fine** [fáin]

形 すばらしい，細かな　名 罰金　動 ～に罰金を科する

There's a **fine** line between explanations and excuses.
（説明と弁解には**微妙な**境界線がある）

Unlicensed hunters are subject to **fines**.
（無免許の猟師は**罰金**を科されることになる）

If you violate our parking rules, you may be **fined**.
（当方の駐車規則に違反すれば，**罰金を科される**ことがあります）

《**fine**＋名詞》《連結動詞＋**fine**》《It is **fine**＋that 節》《It is **fine**＋to 不定詞》，名詞は《**fine** of＋名詞》《**fine** for＋名詞》，動詞は《**fine**＋人＋for＋名詞》で覚えよう。 □ No, I'm **fine**.「いいえ，結構です」

0487 □□ **afraid** [əfréid]

形 恐れて，心配して，残念ながら

I'm **afraid** that the shipment has been delayed.
（**残念ながら**発送が遅れております）

《連結動詞＋**afraid**》《連結動詞＋**afraid** of＋名詞》《連結動詞＋**afraid**＋that 節》《連結動詞＋**afraid**＋to 不定詞》で覚えよう。 □ I'm **afraid** that ...「残念ながら～です」□ I'm **afraid** so.「残念ながらそうです」□ I'm **afraid** not.「残念ながら違います」

0488 □□ **soon** [súːn]

副 もうすぐ，そのうちに，間もなく，早めに

The new ordinance will take effect **soon**, so we need to get ready.
（新条例は**まもなく**発効しますので，準備しておく必要があります）

《動詞＋**soon**》で覚えよう。□ as **soon** as ...「～すればすぐに」□ **sooner** or later「遅かれ早かれ」

0489 □□ **perhaps** [pərhǽps]

副 ことによると，たぶん，おそらく

This software will **perhaps** be our most successful product.
（このソフトウェアは，**ことによると**当社でもっとも成功した商品になるかもしれない）

「確信はないが～だろう」という意味。日常的には may/might を使うことが多い。

0490 □□ **unless** [ənlés]

接 ～でない限り，もし～でなければ

Unless I'm mistaken, the deadline is Thursday, not Friday.
（私が間違えて**いなければ**，締切は木曜日です，金曜日ではありません）

The following policies apply to all employees **unless** otherwise mentioned.
（そうでない旨が明記されている**場合を除いて**，以下の規則は全従業員に適用されます）

《**unless**＋節》で覚えよう。あとに続く節の動詞は現在形か現在完了形。 □ not **unless** ...「～の場合だけは…である」□ **unless** otherwise ...「特に～されている場合を除いて」

0491 □□ **true** [trúː]

形 真実の，本物の，誠実な

The company spokesperson said the report was not **true**.
(広報担当者は，その報道は**真実で**はないと述べた)

What you're saying about this model is **true** of many of our products.
(この機種についてあなたがおっしゃっていることは，当社の多くの製品について**あてはまり**ます)

《**true**＋名詞》《連結動詞＋**true**》《連結動詞＋**true** of/for/with/about＋名詞》《連結動詞＋**true** to＋名詞》《It is **true**＋that 節》で覚えよう。

0492 □□ **truth** [trúːθ]

名 真実，事実，真理

To tell you the **truth**, I've been looking for a new job for weeks.
(**ほんとうのこと**を言うと，ここ何週間も新しい仕事を探しています)

《**truth** of/about/in/behind＋名詞》《**truth**＋that 節》で覚えよう。 □ to tell (you) the **truth**「実を言えば」

0493 □□ **truly** [trúːli]

副 実に，とても，ほんとうに，忠実に，実を言えば

I am **truly** sorry that I misunderstood the situation you're in.
(あなたが置かれている状況を誤解してしまい，**ほんとうに**申し訳ありません)

《**truly**＋動詞・形容詞》で覚えよう。 □ **truly** effective「ほんとうに効果的な」

0494 □□ **truthfully** [trúːθfəli]

副 誠実に，正直に，正しく，ほんとうのところは

Truthfully speaking, I'm not happy with my job.
(**ほんとうのことを**言うと，いまの仕事に満足していません)

《**truthfully**＋動詞》で覚えよう。 □ answer **truthfully**「正直に答える」

0495 □□ **false** [fɔ́ːls]

形 誤った，虚偽の，不誠実な，人造の

Rumors about a possible buyout turned out to be **false**.
(企業買収の可能性についてのうわさは結局は**誤り**だった)

《**false**＋名詞》《連結動詞＋**false**》で覚えよう。true or **false** の組み合わせで覚えよう。

0496 □□ **miss** [mís]

動 ～を取りそこなう，～に乗りそこなう，～に間に合わない，～しそこなう，～を見落とす，～を聞きもらす，～の不在を寂しく思う

I don't want to **miss** this opportunity to go to business school.
(ビジネススクールに進学するこの機会を**失い**たくありません)

We'll **miss** you, Elaine; good luck!
(Elaine，あなたがいなくて**寂しくなります**；がんばってね)

《**miss**＋目的語［名詞］》《**miss**＋動名詞》《**miss**＋人》で覚えよう。

0497 □□ **missing** [mísiŋ]

㊊ あるべきところにない，見つからない，紛失して，行方不明で

Did you notice several files are **missing** from the cabinet?
（いくつかのファイルがキャビネットから**なくなって**いることに気づきましたか）

☞《**missing**＋名詞》《連結動詞＋**missing**》《連結動詞＋**missing** from＋名詞》で覚えよう。

0498 □□ **angry** [ǽŋgri]

㊊ 怒って，腹を立てて

Did I do something that made you **angry**?
（あなたを**怒らせる**ようなことを何かしましたか）

☞《**angry**＋名詞》《連結動詞＋**angry**》《連結動詞＋**angry** about/over＋名詞》《連結動詞＋**angry** with/at＋人》《連結動詞＋**angry**＋that 節》で覚えよう。

0499 □□ **anger** [ǽŋgər]

㊔ 怒り，憤り ㊍ ～を怒らせる

The department head tried to control his **anger**.
（部長は**怒り**を抑えようとした）

Mike **angered** the client by missing the scheduled appointment.
（面会の約束を忘れて Mike は顧客を**怒らせた**）

☞《**anger** of＋名詞》《**anger** at/over/against/toward＋名詞》，動詞は《**anger**＋人（＋by/at＋名詞）》で覚えよう。 □ in/with **anger**「腹を立てて」

0500 □□ **pass** [pǽs, pɑ́ːs]

㊍ 通る，通り過ぎる，経過する，～を通り過ぎる，～を越す，～に合格する，～を回送する
㊔ 道，合格，許可証

If you go down this street, you'll **pass** a statue on your left.
（この道をまっすぐ進むと，左手に像を**通りすぎる**ことになります）

You need a special **pass** to enter this area.
（この区域に入るには特別**入場許可証**が必要です）

☞《**pass**＋目的語［名詞］》《**pass**＋人＋目的語［名詞］》《**pass**＋目的語［名詞］＋to＋人》，名詞は《**pass** from/to＋名詞》《**pass** for＋名詞》で覚えよう。

0501 □□ **passage** [pǽsidʒ]

㊔ 通路，経過，通過，一節

The education reforms bill achieved a speedy **passage** in the parliament.
（教育改革法案は議会で迅速に**可決**された）

Let me quote a **passage** from an article before concluding my speech.
（私のスピーチを終える前に，記事の**一節**を引用させてください）

☞《**passage** of＋名詞》《**passage** through＋名詞》《**passage** from/to＋名詞》で覚えよう。

0502 □□ **hear** [híər]

㊍ ～が聞こえる，～を聞く，～を（うわさとして）聞いている，～を聴取する，～を審問する，～と理解する

I **hear** that McCord Food bought ad space during prime time TV.
（McCord Food 社がゴールデンタイムのテレビ広告枠を買ったと**聞いています**）

☞《**hear**＋目的語［名詞］》《**hear**＋人＋原形動詞》《**hear**＋人＋現在分詞》《**hear**＋that/wh-/how 節》《**hear**＋if/whether 節》《**hear** about＋名詞》《**hear** of＋名詞》で覚えよう。「（自然と）耳に入る」という意味。

0503 □□ **listen** [lísn]

動 聞く，耳を傾ける，聞き入れる

▰ Everyone, please **listen** carefully to my instructions.
（皆さん，私の指示を注意して**聞いて**ください）

☞《**listen** to＋名詞》《**listen** for＋名詞》で覚えよう。

0504 □□ **listener** [lísnər]

名 聞き手，聞き役，リスナー

▰ George is a good talker but not a very good **listener**.
（George は話はうまいが，**聞き手**としての技量は足りない）

☞《**listener** to＋名詞》で覚えよう。

0505 □□ **drive** [dráiv]

動 ～を運転する，～を操縦する，～を運ぶ，～を追いやる　名 運転，原動力，やる気，衝動

▰ This machine is **driven** by a huge electric motor.
（この機械は巨大な電動モーターによって**動かされて**いる）

☞《**drive**＋目的語［名詞］》《**drive**＋目的語［名詞］＋to 不定詞》《**drive**＋目的語［名詞］＋to/into＋名詞》《**drive**＋目的語［名詞］＋形容詞》，名詞は《**drive** to＋名詞》《**drive** for＋名詞》で覚えよう。
□ go for a **drive**「ドライブする」

0506 □□ **driver** [dráivər]

名 運転手，操縦者，推進力，ねじ回し

▰ The taxi **driver** took us around to famous tourist spots.
（タクシーの**運転手**は私たちを有名な観光名所に連れていってくれた）

☞《**driver** of＋名詞》で覚えよう。

0507 □□ **worry** [wə́:ri]

動 心配する，～を心配させる，～をイライラさせる，～の気をもませる　名 不安，心配（の種），懸念

▰ It really **worried** me when Walter arrived so late.
（Walter の到着がかなり遅れて，とても**心配になりました**）

▰ The new hire has caused his superior a series of **worries**.
（その新規採用者は上司に次々と**心配**をもたらした）

☞《**worry**＋人》《**worry** about/over/for＋名詞》《**worry**＋that 節》，名詞は《**worry** about/over＋名詞》《**worry**＋that 節》《**worry** to＋人》で覚えよう。現在分詞形 worrying は「人を心配させる」，過去分詞形 worried は「心配して」という意味の形容詞としても使う。

0508 □□ **worried** [wə́:rid]

形 心配して，懸念して

▰ I'm **worried** about a sales pitch I have to deliver tomorrow.
（あした行わなければならない販売売り込みについて**心配して**います）

☞《**worried**＋名詞》《連結動詞＋**worried**》《連結動詞＋**worried** about/over＋名詞》《連結動詞＋**worried** by＋名詞》《連結動詞＋**worried**＋that 節》で覚えよう。

0509 □□ **clear** [klíər]

動 晴れる，～を取り除く，～を許可する　名 明快な，澄んだ，晴れた

▶ We will explain exactly what happened to **clear** up the confusion.
（混乱を**一掃する**ために，当社は何が起きたのかを正確に説明いたします）

▶ The president sent a **clear** message that the project should go on.
（プロジェクトは継続すべきであるという**明確な**メッセージを社長は送った）

☞《**clear**＋目的語［名詞］》《**clear** *A* of/from *B*》《**clear**＋人＋from＋名詞》《**clear**＋目的語［名詞］＋with＋人》，形容詞は《**clear**＋名詞》《連結動詞＋**clear**》《連結動詞＋**clear** about＋名詞》《連結動詞＋**clear**＋that/wh-/how 節》《連結動詞＋**clear** on＋名詞》《連結動詞＋**clear** to＋人》《It is **clear**＋that/wh-/how 節》《連結動詞＋**clear** of＋名詞》で覚えよう。 □ **clear** the way for ...「～への道を開く」

0510 □□ **clearly** [klíərli]

副 はっきりと，明瞭に，疑いもなく

▶ Mr. Titterington **clearly** stated his opinion on the merger deal.
（Titteringtonさんは合併交渉についての考えを**明確に**述べた）

☞《**clearly**＋動詞・形容詞》で覚えよう。 □ **clearly** explain ...「～を明確に説明する」

0511 □□ **unclear** [ʌ̀nklíər]

形 不明瞭な，不明確な，はっきりしない

▶ The meeting was canceled for **unclear** reasons.
（会議は理由**不明の**まま取り消された）

☞《**unclear**＋名詞》《連結動詞＋**unclear**》《連結動詞＋**unclear** about＋名詞》《It is **unclear**＋that/wh-/how 節》《It is **unclear**＋if/whether 節》で覚えよう。

0512 □□ **clearance** [klíərəns]

名 撤去，在庫一掃，許可

▶ To enter the headquarters, everyone must gain **clearance** from security.
（本社に入るには，全員が警備から**許可**を得なければならない）

☞《**clearance** of＋名詞》《**clearance** from＋名詞》《**clearance** for＋名詞》で覚えよう。
□ on **clearance**「値引きされて」

0513 □□ **clarify** [klǽrifài]

動 ～を明確にする，～を明らかにする，～を浄化する

▶ When we write an official report, we need to **clarify** the details.
（正式な報告書を書く際は詳細を**明確にする**必要がある）

☞《**clarify**＋目的語［名詞］》《**clarify**＋that/wh-/how 節》《**clarify**＋if/whether 節》《It is **clarified**＋that/wh-/how 節》で覚えよう。

0514 □□ **mystery** [místəri]

名 不思議なこと，謎，推理小説

▶ The source of the information is still a **mystery**.
（その情報の出どころはいまだに**謎**です）

☞《**mystery** of＋名詞》《**mystery** about/as to＋名詞》《**mystery** to＋人》で覚えよう。

0515 □□ **class** [klǽs]

名 部類，クラス，等級，気品

Mr. Redway flew from London to New York in the first-**class** section.
(Redway さんはロンドンからニューヨークまでファースト**クラス**の飛行機で移動した)

《**class** of＋名詞》《**class** in＋名詞》で覚えよう。形容詞形 classy は「上品な，高価な」という意味。
□ **class** action「集団訴訟」

0516 □□ **classify** [klǽsəfài]

動 ～を分類する，～を機密扱いにする

Lawyers must **classify** all trial information.
(弁護士は裁判の情報はすべて**機密扱いにしなければ**ならない)

《**classify**＋目的語［名詞］》《**classify** *A* as/under *B*》で覚えよう。

0517 □□ **classic** [klǽsik]

形 古典的な，第一級の　名 最高傑作，一流芸術家

The owner chose a **classic** look for her new cafe's interior and exterior.
(オーナーは新しいカフェの内装と外観に**昔風の**装いを選んだ)

《**classic**＋名詞》，名詞は《**classic** of＋名詞》で覚えよう。

0518 □□ **classical** [klǽsikl]

形 古典的な，古典文学の，伝統的な

On her days off, Ingrid plays **classical** music with a local orchestra.
(休みの日に Ingrid は地元のオーケストラと**クラシック**音楽を演奏する)

《**classical**＋名詞》で覚えよう。

0519 □□ **buy** [bái]

動 ～を買う，～を買収する　名 購入，お買い得品

I'll **buy** this desk for business use.
(仕事で使うためにこの机を**買います**)

《**buy**＋人＋目的語［名詞］》《**buy**＋目的語［名詞］＋for/from＋人》《**buy**＋目的語［名詞］＋for＋価格》，名詞は《**buy** for＋名詞》《**buy** at＋名詞》《**buy** from＋名詞》で覚えよう。　□ **buy** time「時間を稼ぐ」

0520 □□ **buyer** [báiər]

名 買い手，仕入れ係，購入者

MicroTech is in talks with a potential **buyer** of its new CPUs.
(MicroTech 社は新しい CPU の潜在的な**購入企業**と話し合っている)

《**buyer** of＋名詞》《**buyer** for＋名詞》で覚えよう。

0521 □□ **buyout** [báiàut]

名 買収，買い占め

Rowley Corp. and SanSoft are currently negotiating a **buyout** deal.
(Rowley Corp. 社と SanSoft 社は現在**買収**交渉を進めている)

《**buyout** of＋名詞》で覚えよう。株式を買い集めて経営権を握ること。　□ management **buyout**「自社株取得」

0522 □□ **fun** [fʌ́n]

名 楽しみ，おもしろいこと，大騒ぎ　形 楽しい，愉快な

Tomorrow's party won't be a formal event; it'll be just a bit of **fun**.
(あすのパーティーは改まった行事にはならないでしょう；ちょっと**楽しむ**程度のものです)

I had **fun** traveling around ancient ruins in the desert.
(砂漠の遺跡を旅して**楽しい時間**を過ごしました)

《**fun** for＋人》，形容詞は《**fun**＋名詞》で覚えよう。 □ have **fun**「楽しむ」□ for **fun**「楽しむために」□ in **fun**「おもしろがって」□ make **fun** of ...「～をからかう」

0523 □□ **funny** [fʌ́ni]

形 おかしな，奇妙な

Dave said something **funny** and made his coworkers laugh.
(Dave が**おもしろい**ことを言って同僚を笑わせた)

I was confused by **funny** typographical errors in the text.
(文章中の**奇妙な**筆記ミスのために混乱してしまった)

《**funny**＋名詞》《連結動詞＋**funny**》《連結動詞＋**funny** about/in＋名詞》《連結動詞＋**funny** to＋人》《It is **funny**＋that 節》《It is **funny**＋to 不定詞》で覚えよう。funny は「おかしい，奇妙な」という意味なので，fun の代わりには使わない。

0524 □□ **act** [ǽkt]

動 行動する，演じる　名 活動，法令

We must **act** quickly to ensure success.
(成功を確実にするためには迅速に**行動しなければ**ならない)

Don't think too much before you **act**.
(**行動する**前に考えすぎないように)

《**act**＋副詞》《**act**＋as if 節》《**act** like＋名詞》《**act** as＋名詞》《**act** on＋名詞》《**act**＋to 不定詞》，名詞は《**act** of＋名詞》で覚えよう。

0525 □□ **action** [ǽkʃən]

名 行動，働き，実行

We took immediate **action** and secured our share of the market.
(私たちは迅速に**行動**して市場シェアを獲得した)

《**action** of＋名詞》《**action** on＋名詞》《**action** for/against＋名詞》で覚えよう。 □ in **action**「作動して」□ out of **action**「作動しないで，故障して」

0526 □□ **active** [ǽktiv]

形 活動的な，積極的な，現在活動中の

The manufacturer is **active** in environmental conservation efforts.
(その製造企業は環境保護への取り組みに**積極的で**ある)

《**active**＋名詞》《連結動詞＋**active**》《連結動詞＋**active** in＋名詞》で覚えよう。

0527 □□ **activity** [æktívəti]

名 活発であること，活発な動作，活動

The accountant denied his involvement in illegal **activities**.
(その会計士は違法**行為**への関与を否定した)

《**activity** of＋名詞》《**activity** in＋名詞》《**activity**＋to 不定詞》で覚えよう。

0528 □□ **actively** [ǽktivli]

副 積極的に，前向きに，盛んに

The IT company **actively** seeks diverse candidates.
（その IT 企業は多様な志願者を**積極的に**求めている）

☞《**actively**＋動詞・形容詞》で覚えよう。□ **actively** participate in ...「～に積極的に参加する」

0529 □□ **activate** [ǽktəvèit]

動 ～を活性化する，～に活気を与える，～を作動させる

You can **activate** the device with a signal from your cellphone.
（携帯電話からの信号でその端末を**起動させる**ことができる）

☞《**activate**＋目的語［名詞］》で覚えよう。

0530 □□ **actor** [ǽktər]

名 俳優，男優，行為者

Let's hire an **actor** for our next advertising campaign.
（次の広告キャンペーンには**俳優**を雇いましょう）

☞《**actor** of＋名詞》で覚えよう。「女優」を actress というが，性別にかかわりなく **actor** を使うことも多い。

0531 □□ **return** [ritə́ːrn]

動 戻る，帰る，～を戻す，～を返す　名 返却，返還，帰国，返礼，利益

Thanks for covering my shift; I'll be happy to **return** the favor.
（私のシフトを代わってくれてありがとう；今度**お返しします**から）

☞《**return** from/to＋名詞》《**return**＋目的語［名詞］》《**return** *A* to *B*》，名詞は《**return** of＋名詞》《**return** from/to＋名詞》《**return** on＋名詞》で覚えよう。 □ in **return**「お返しに」

0532 □□ **spend** [spénd]

動 ～を使う，～を費やす，～を消耗する

We've **spent** a lot of time and money on finding a new supplier.
（新しい部品供給業者を見つけるためにかなりの時間と費用を**費やした**）

☞《**spend**＋目的語［名詞］》《**spend** *A* on *B*》で覚えよう。

0533 □□ **cry** [krái]

動 泣く，叫ぶ，求める　名 叫び声，懇願，要求

When did you **cry** loudly the last time?
（最後に声をあげて**泣いた**のはいつですか）

☞《**cry** over/about＋名詞》《**cry** with/in＋名詞》《**cry** for＋名詞》《**cry** to＋人》，名詞は《**cry** of＋名詞》《**cry** for＋名詞》で覚えよう。喜びや悲しみが原因で涙を流したり，大声を出すこと。 □ a far **cry** from ...「～とはまるで異なるもの」

0534 □□ **step** [stép]

名 歩み，足音，手段，段階，階段　動 歩む，一歩踏み出す，踏む

Hiring Javier was a **step** in the right direction for the design team.
（Javier を雇ったことは，デザインチームにとって正しい方向への**一歩**だった）

☞《**step** of＋名詞》《**step** in＋名詞》《**step** to/toward＋名詞》，動詞は《**step** forward/back》で覚えよう。 □ in/out of **step** with ...「～と足並みが合って／乱れて」 □ **step** down「辞任する」

0535 □□ **attack** [ətǽk]

名 攻撃，発作　動 ～を攻撃する，～を襲う，～を非難する

The new marketing plan came under **attack** from management.
（新しいマーケティング計画は経営陣から**攻撃**された）

《**attack** of＋名詞》《**attack** on/against/by＋名詞》，動詞は《**attack**＋目的語［名詞］（＋with＋名詞）》《**attack**＋人＋for＋名詞》で覚えよう。 □ come under **attack**「攻撃される」

0536 □□ **system** [sístəm]

名 システム，系統，制度，機構，体系，器官

Green Energy put an advanced safety **system** in place.
（Green Energy 社は先進的な安全**システム**を導入した）

《**system** of＋名詞》《**system** for＋動名詞》で覚えよう。

0537 □□ **piece** [píːs]

名 断片，一片，かけら，作品　動 ～をつなぎ合わせる，～を継ぎ当てる

I have a **piece** of information that you might be interested in.
（興味を持っていただけそうな情報が**ひとつ**あります）

《**piece** of＋名詞》で覚えよう。 □ in **pieces**「粉々になって」 □ **piece** by **piece**「ひとつずつ」 □ go/come to **pieces**「ばらばらになる／分解される」

0538 □□ **age** [éidʒ]

名 年齢，時代　動 年を取る，古くなる

This product is targeted at the 11-15 **age** group.
（この製品は 11 歳から 15 歳の**年齢**層向けです）

Good things get better with **age**.（よいものは，**年**を重ねればさらによくなる）

If we let the wine **age** for another year, it will get a higher price tag.
（このワインをもう 1 年**熟成させ**れば，価格を上げることができる）

《**age** of＋名詞》，動詞は《**age**＋副詞》で覚えよう。 □ at the **age** of ...「～歳で」 □ at *someone's* **age**「～の年齢で」

0539 □□ **pretty** [príti]

副 かなり　形 かわいらしい，見事な，かなりの

I'm **pretty** sure that we'll be able to get there by 11:30.
（11 時 30 分までにそこに到着できることは**かなり**確実だと思います）

《**pretty**＋形容詞》，形容詞は《**pretty**＋名詞》《連結動詞＋**pretty**》で覚えよう。副詞の意味では，書きことばでは fairly を使うことが多い。

0540 □□ **family-owned** [fǽməliòund]

形 家族経営の

This Italian restaurant is a **family-owned** business.
（そのイタリアンレストランは**家族経営**です）

《**family-owned**＋名詞》で覚えよう。

0541 □□ **sleep** [slíːp]

動 眠る，寝る，活動しない，静まっている　名 睡眠，（ひと）眠り，眠気

Geraldo was exhausted and **slept** through his alarm this morning.
（Geraldo は疲れきっていて，けさは目覚まし時計が鳴っても**眠り**続けた）

I'm short on **sleep** this week.（今週は**睡眠**不足です）

《**sleep**＋副詞》，名詞は《**sleep** of＋名詞》で覚えよう。 □ go to **sleep**「眠る」

0542 □□ **sleepy** [slíːpi]

形 眠い，眠そうな，眠っているような，活気のない，静かな

Caffeine stimulates your nervous system but may make you feel **sleepy** when it wears off.
（カフェインは神経系を刺激するが，体から抜けるときに**眠く**なるかもしれない）

《**sleepy**＋名詞》《連結動詞＋**sleepy**》で覚えよう。

0543 □□ **asleep** [əslíːp]

形 眠って，就寝中の，無感覚で

Harlow often falls **asleep** at his desk when he works overtime.
（Harlow は残業すると，たびたびデスクで**寝て**しまう）

《連結動詞＋**asleep**》で覚えよう。名詞を修飾するときには sleeping（眠っている）を使う。 □ fall **asleep**「眠りに入る」

0544 □□ **free** [fríː]

形 自由な，とらわれない，無料の，～が除かれた　動 ～を自由にする，～を解放する

Buy one and get another **free** of charge.
（ひとつお買い求めいただければ，もうひとつを**無料で**差し上げます）

I'm **free** of responsibilities now that I've retired.
（引退した今は責任から**解放されて**います）

You are **free** to choose what you like.
（お好きなものを**自由に**選んでください）

《**free**＋名詞》《連結動詞＋**free**》《連結動詞＋**free**＋to 不定詞》《連結動詞＋**free** from＋名詞》《連結動詞＋**free** of＋名詞》《連結動詞＋**free** for＋名詞》，動詞は《**free**＋目的語［名詞］》で覚えよう。
□ **free** of charge「無料で」 □ for **free**「無料で」

0545 □□ **freedom** [fríːdəm]

名 自由，解放，免除

Everyone has the **freedom** to voice their opinions.
（だれもが自分の意見を発表する**自由**を有する）

《**freedom** of＋名詞》《**freedom** from＋名詞》《**freedom**＋to 不定詞》で覚えよう。

0546 □□ **freelance** [fríːlæns]

形 フリーランスの　副 フリーランスで　動 フリーランスで働く

Sonal does translation work on a **freelance** basis.
（Sonal は**フリーランス**として翻訳の仕事をしている）

《**freelance**＋名詞》，副詞は《動詞＋**freelance**》，動詞は《**freelance** for＋名詞》で覚えよう。

0547 □□ **lie** [lái]

動 横たわる，存在する，うそをつく　名 うそ

The problem **lies** in the fact that the staff haven't been well trained.
（問題はスタッフが十分に研修されていないという事実に**ある**）

☞《**lie** in/on＋名詞》《**lie**＋形容詞・副詞》《**lie** to＋人》《**lie** about＋名詞》，名詞は《**lie** of＋名詞》《**lie** about＋名詞》で覚えよう。

0548 □□ **lay** [léi]

動 ～を産卵する，～を横たえる，～を置く，（義務や罪など）を負わせる

Workers are **laying** bricks at the construction site.
（作業員らは建設現場でレンガを**敷いている**）

☞《**lay**＋目的語［名詞］》《**lay** *A* on/over *B*》で覚えよう。　□ **lay** a charge「告発する」

0549 □□ **layout** [léiàut]

名 配置，レイアウト，割付

The restaurant is tweaking the **layout** of its kitchen for better efficiency.
（そのレストランは効率化のためにキッチンの**レイアウト**を微調整している）

☞《**layout** of＋名詞》で覚えよう。動詞は lay out。

0550 □□ **build** [bíld]

動 ～を建てる，～を築く，～を増強する　名 体格

Diana has **built** a reputation as a tough negotiator over the years.
（Diana は長年かけて交渉の難敵としての評判を**築いて**きた）

☞《**build**＋目的語［名詞］》《*be* **built** of＋名詞》，名詞は《*be* of slim/heavy/average＋**build**》で覚えよう。

0551 □□ **buildup** [bíldʌ̀p]

名 積み重ね，増強，強化，宣伝，準備期間

Lenny will be in charge of promotion in the **buildup** for the expo.
（Lenny は博覧会までの**準備期間**でプロモーションを担当するだろう）

☞《**buildup** of＋名詞》で覚えよう。

0552 □□ **rebuild** [rìːbíld]

動 ～を再建する，～を改築する，～を立て直す

We had no choice but to **rebuild** the database from scratch.
（私たちはデータベースを始めから**作り直す**しかなかった）

☞《**rebuild**＋目的語［名詞］》で覚えよう。

0553 □□ **fight** [fáit]

名 戦い，努力，口論　動 戦う，格闘する，競い合う，抵抗する

There are several patent **fights** going on.
（いくつかの特許権**争い**が続いている）

Three candidates are still **fighting** for the nomination.
（3 人の候補者がいまも指名を**争っている**）

☞《**fight** of＋名詞》《**fight** with/between/among＋名詞》《**fight** about/over＋名詞》《**fight** for/against＋名詞》《**fight**＋to 不定詞》，動詞は《**fight**＋目的語［名詞］》《**fight** with/between/among＋名詞》《**fight** about/over＋名詞》《**fight** for/against＋名詞》《**fight** in＋名詞》で覚えよう。

0554 □□ **battle** [bǽtl]

名 戦闘，決闘，議論　動 戦う

Sophia has to fight a daily **battle** with rush-hour commuting.
（Sophia はラッシュ時の通勤と日々**戦わなければ**ならない）

☞《**battle** over＋名詞》《**battle** for/against＋名詞》《**battle** with/between/among＋人》，動詞は《**battle** with＋名詞》《**battle** over＋名詞》《**battle** for/against＋名詞》《**battle**＋to 不定詞》で覚えよう。

0555 □□ **public** [pʌ́blik]

形 国民の，公共の，国の　名 国民，一般人

Let's take a look at this issue from the perspective of **public** interest.
（**公共の**利益の観点からこの問題を見ましょう）

☞《**public**＋名詞》，名詞は《**public** of＋名詞》で覚えよう。　□ go **public**「上場する」

0556 □□ **publish** [pʌ́bliʃ]

動 ～を出版する，～を発行する，～を公開［公表］する

Your article **published** online caught my attention.
（オンラインで**公開された**あなたの記事に興味を引かれました）

☞《**publish**＋目的語［名詞］》《**publish**＋that 節》で覚えよう。

0557 □□ **publication** [pʌ̀blikéiʃən]

名 出版（物），発行，発表，公表

Why aren't these books included in the list of **publications**?
（なぜこれらの本は**出版物**リストに含まれていないのですか）

☞《**publication** of＋名詞》《**publication** about/on＋名詞》で覚えよう。　□ forthcoming **publication**「近刊書」

0558 □□ **publicity** [pʌblísəti]

名 広報（内容），宣伝（記事），評判

The company's new research project has gained wide **publicity**.
（同社の新たな調査プロジェクトは広い**宣伝効果**を生み出している）

☞《**publicity** for＋名詞》《**publicity** about/over＋名詞》《**publicity** for＋名詞》《**publicity**＋that 節》で覚えよう。

0559 □□ **publicize** [pʌ́bləsàiz]

動 ～を公表する，～を宣伝する，～を広告する

We're having a press conference to **publicize** our research findings.
（当社は調査の結果を**公表する**ために記者会見を行います）

☞《**publicize**＋目的語［名詞］》《**publicize**＋that 節》《It is **publicized**＋that 節》で覚えよう。

0560 □□ **publisher** [pʌ́bliʃər]

名 出版社

The **publisher** and the author's agent signed new book contracts.
（**出版者**と著者の代理人は新たな書籍契約書に署名した）

☞《**publisher** of＋名詞》で覚えよう。

0561 □□ **break** [bréik]

名 中断，休息，破損　動 壊れる，壊す，中断する

Employees may take a one-hour **break** for lunch.
（従業員は1時間の昼食**休憩**を取ることができる）

☞《**break** of＋名詞》《**break** for＋名詞》《**break** from＋名詞》，動詞は《**break**＋目的語［名詞］》《**break**＋形容詞・副詞》で覚えよう。 □ during the **break**「休憩時間の間に」□ without a **break**「休みなしで」□ **break** even「収支が合う」

0562 □□ **breakup** [bréikʌ̀p]

名 分裂，崩壊，仲たがい

The poor economy led to the **breakup** of the Faltron-Galway alliance.
（景気の悪化がFaltron，Galway両社の業務提携に**分裂**を招いた）

☞《**breakup** of＋名詞》《**breakup** with/between/among＋名詞》で覚えよう。

0563 □□ **breakthrough** [bréikθrùː]

名 突破口，打開，躍進，飛躍的な進歩

How can we achieve further **breakthroughs** in technology?
（どうすれば科学技術の面でさらなる**飛躍**を遂げることができるだろうか）

☞《**breakthrough** of＋名詞》《**breakthrough** in＋名詞》で覚えよう。

0564 □□ **breakdown** [bréikdàun]

名 故障，崩壊，決裂，分析結果，明細，内訳

Gerald, could you please give us a **breakdown** of last month's figures?
（Gerald，先月の数字の**内訳**を出していただけますか）

☞《**breakdown** of/in＋名詞》で覚えよう。

0565 □□ **record** [rékərd; rikɔ́ːrd]

名 記録，レコード　動 ～を録音［録画］する，～を記録する

I'll comply, of course, but for the **record** I'm against the idea.
（私はもちろん従いますが，**記録**のために私はこの案には反対であることを申し添えます）

Daily sales are **recorded** immediately and analyzed within an hour.
（毎日の売上はすぐに**記録されて**，1時間以内に分析される）

☞《**record** of/in＋名詞》《**record** on＋名詞》《**record** for＋名詞》《**record**＋that 節》，動詞は《**record**＋目的語［名詞］》《**record**＋that 節》《**record** *A* as *B*》で覚えよう。 □ on/off the **record**「公表可で，公表不可で」□ for the **record**「念のために」□ put/set the **record** straight「弁明する」

0566 □□ **list** [líst]

動 ～を記載する，～を一覧表にする，～を上場する　名 一覧表，目録，全株式

All hotels that have vacancies are **listed** here.
（空室のあるホテルはここに**一覧表になっています**）

☞《**list**＋目的語［名詞］》，名詞は《**list** of/for＋名詞》で覚えよう。 □ **list** price「表示価格」□ waiting **list**「待機者リスト」

0567 □□ **easy** [íːzi]

形 簡単な，努力がいらない，心配していない，おおらかな，厳しくない

Clearing out the filing cabinet was an **easy** task.
（書類棚を片付けるのは**簡単な**作業だった）

《**easy**＋名詞》《連結動詞＋**easy**》《連結動詞＋**easy** for＋人》《*be* **easy**＋to 不定詞》《It is **easy**＋to 不定詞》で覚えよう。

0568 □□ **easily** [íːzəli]

副 苦もなく，努力せずに，余裕をもって

It's **easily** fixed; just restart your computer.
（**簡単に**直せます；コンピュータを再起動させるだけです）

《**easily**＋動詞・形容詞》で覚えよう。 □ **easily** accessible「利用しやすい」

0569 □□ **ease** [íːz]

名 容易，気楽さ，軽減 動 和らぐ，～を和らげる，～を軽減する，～を楽にする

Gerard designed a beautiful poster with **ease**.
（Gerard は美しいポスターを**簡単**にデザインした）

《**ease** of＋名詞》，動詞は《**ease**＋目的語［名詞］》で覚えよう。 □ with **ease**「容易に」□ at **ease** with ...「～とうちとけて」

0570 □□ **interest** [íntərəst]

名 興味，関心（事），利益，利子 動 ～に関心を持たせる

An article about a new fertilizer caught my **interest**.
（新しい肥料に関する記事に**興味**を引かれました）

You'll be able to borrow money at a lower **interest** rate soon.
（もうすぐもっと低**金利**で融資を受けられるでしょう）

Gerry works for the public **interest** at a non-profit organization.
（Gerry は非営利団体で公**益**にかかわる仕事をしている）

May I **interest** you in our large selection of precious gems?
（当社の貴重な宝石の豊富な品揃えに**興味を持っていただける**でしょうか）

《**interest** in＋名詞》《*be* of **interest** to＋人》《**interest** on＋名詞》，動詞は《**interest**＋人＋in＋名詞》《**interest**＋人＋to 不定詞》で覚えよう。 □ out of/as a matter of **interest**「興味から」□ public **interest**「公益」□ in the **interest(s)** of ...「～の利益のために」

0571 □□ **interested** [íntərəstəd]

形 関心があって，興味があって，～に関与して

I'm **interested** in behavioral studies of feral cats.
（私は野良猫の行動研究に**興味があり**ます）

We are definitely an **interested** party in the negotiation.
（当社は間違いなくその交渉での**利益関係**者です）

《**interested**＋名詞》《連結動詞＋**interested**》《連結動詞＋**interested** in＋名詞・動名詞》《連結動詞＋**interested**＋to 不定詞》で覚えよう。 □ **interested** party「利害関係者」

0572 □□ **interesting** [íntərəstiŋ]

形 おもしろい，興味を起こさせる，興味深い

The lecture covered some of the **interesting** trends in the field.
（その講義は，この分野の**興味深い**傾向のいくつかを取り上げた）

《**interesting**＋名詞》《連結動詞＋**interesting**》《連結動詞＋**interesting** to/for＋人》《It is **interesting**＋that 節》《It is **interesting**＋to 不定詞》で覚えよう。

0573 □□ **tax** [tǽks]

名 税金，負担　動 ～に課税する

The law allows taxpayers to legally escape paying **tax**.
（その法は納税者に対して，合法的に**税金**の支払いを免れることを認めている）

《**tax** on＋名詞》，動詞は《**tax**＋目的語［名詞］(＋at＋数字)》《**tax**＋人＋on＋名詞》で覚えよう。
□ before/after **tax**「税引き前で，税引き後で」

0574 □□ **taxable** [tǽksəbl]

形 課税対象となる　名《taxables で》課税品［対象］

What's the difference between **taxable** income and gross income?
（**課税**所得と総所得の違いは何ですか）

《**taxable**＋名詞》《連結動詞＋**taxable** (＋to＋人)》で覚えよう。

0575 □□ **hit** [hít]

動 ～にぶつかる，～を打つ，～を当てる，（好みに）合う　名 ヒット，成功，命中

Our sales reps are working hard to **hit** this month's sales quota.
（当社の営業担当者は今月の売り上げノルマを**達成する**ために努力している）

《**hit**＋目的語［名詞］》《**hit** *A* with *B*》《**hit** with＋人》，名詞は《**hit** of＋名詞》《**hit** on＋名詞》《**hit** with＋名詞》で覚えよう。

0576 □□ **knock** [nák]

動 ～を打つ，軽くたたく　名 ノック

I hear someone **knocking** on the door.
（だれかがドアを**ノックしている**音がする）

No one in the office answered the **knock**.
（オフィスのだれも**ノック**に答えなかった）

《**knock** at/on＋名詞》《**knock**＋目的語［名詞］＋副詞・前置詞》，名詞は《**knock** at/on＋名詞》で覚えよう。　□ **knock**-off「模造品」

0577 □□ **lose** [lú:z]

動 ～を失う，～を減らす，迷う，負ける

If this plan doesn't go well, we'll **lose** some of our clients.
（この計画がうまくいかなければ，顧客の一部を**失う**だろう）

《**lose**＋目的語［名詞］》《**lose** against＋名詞》で覚えよう。　□ **lose** track of ...「～の所在がわからなくなる」□ **lose** *A* to *B*「*A* を *B* に奪われる」

0578 □□ **loss** [lɔ́(:)s]

名 損失（額），喪失，紛失，敗北

If Nancy leaves, it'll be a big **loss** for the team.
（Nancy が抜ければ，チームにとって大きな**損失**だろう）

《**loss** of＋名詞》《**loss** to/for＋名詞》で覚えよう。　□ at a **loss**「わからなくて，赤字で」

0579 □□ **draw** [drɔ́ː]

動 近づく，引き分けになる，～を引く　名 引くこと，くじ引き，抽選，引き分け

It's hard to **draw** any conclusions from limited information like this.
（このような限られた情報から結論を**引き出す**ことは難しい）

☞《**draw**＋目的語［名詞］》《**draw** *A* from *B*》で覚えよう。 □ draw up「（文書など）を作成する」

0580 □□ **drawer** [drɔ́ːr, -ər]

名 引き出し，タンス，手形振出人

The Andersen file is in the bottom **drawer** of the cabinet.
（Andersen 社のファイルはキャビネットのいちばん下の**引き出し**に入っています）

☞《**drawer** of＋名詞》で覚えよう。

0581 □□ **push** [púʃ]

動 ～を押す，～を推し進める，～に無理強いする，～を押し付ける　名 押し，奮闘，奨励

Please **push** this button when you are ready to order.
（注文の用意ができたら，このボタンを**押して**ください）

George will say yes if you give him a little **push**.
（あなたがもう**ひと押し**すれば George は応じます）

☞《**push**＋目的語［名詞］》《**push**＋目的語［名詞］＋to 不定詞》《**push**＋目的語［名詞］＋into＋動名詞》《**push** for＋名詞》《**push**＋目的語［名詞］＋on＋人》，名詞は《**push** for/against/toward＋名詞》《**push** ＋ to 不定詞》で覚えよう。

0582 □□ **pull** [púl]

動 ～を引く，～を引っ張る　名 引くこと，強み

The woman is **pulling** a chair away from the table.
（女性は椅子をテーブルから**引いて**運んでいるところです）

☞《**pull**＋目的語［名詞］》《**pull** *A* into/from/away from/over/out of *B*》，名詞は《**pull** of＋名詞》で覚えよう。

0583 □□ **finish** [fíniʃ]

動 ～を終える，～を食べ終える，終わる　名 終わり，仕上げ

I'll **finish** on time today and leave the office by 5:30.
（きょうは時間どおりに**仕事を終えて**，5 時半までには会社を出ます）

☞《**finish**＋目的語［名詞］》《**finish**＋動名詞》，名詞は《**finish** of＋名詞》《**finish** in＋名詞》《**finish** with＋名詞》で覚えよう。 □ let *someone* **finish**「～を最後まで発言させる」

0584 □□ **program** [próugræm]

動 ～のプログラムを作る，～を計画する　名 日程，計画，プログラム，課程

This robot is **programmed** to recognize small defects in the parts.
（このロボットは部品の小さな欠陥を認識するように**プログラムが組まれている**）

This application **program** helps to manage personal information securely.（この応用**プログラム**は個人情報を安全に管理するうえで役立つ）

☞《**program**＋目的語［名詞］＋to 不定詞》，名詞は《**program** of＋名詞》《**program** about/on＋名詞》《**program** for＋名詞》《**program**＋to 不定詞》で覚えよう。

0585 □□ **rule** [rúːl]

名 規則，規定，法則，標準，習慣　動 ～と裁決する，最高である，～を支配する

Every employee must follow the company **rules**.
（従業員全員が会社**規則**に従わなければならない）

The employee's request was **ruled** to be legitimate by the judge.
（その従業員の請求は，裁判官によって正当であると**裁定された**）

《**rule** of＋名詞》《**rule** about/on/concerning/regarding＋名詞》《**rule** for＋名詞》《**rule**＋that 節》《**rule**＋to 不定詞》，動詞は《**rule**＋目的語［名詞］》《**rule** over＋名詞》《**rule** on＋名詞》《**rule**＋that 節》《It is **ruled**＋that 節》で覚えよう。 □ as a **rule**「通常は」□ **rule** of thumb「経験則」□ make it a **rule** to *do*「必ず～するように努める」

0586 □□ **couple** [kʌ́pl]

名 一対，2 人連れ　動 ～を対にする，～を連結する

The restaurant offers a discount for **couples**.
（そのレストランは **2 人連れ**客に割引を提供している）

《a **couple** of＋名詞》，動詞は《**couple** *A* to/with *B*》で覚えよう。

0587 □□ **human** [hjúːmən]

形 人の，人間らしい　名 人間

I'm hoping to work in the department of **human** resources.
（私は**人**材開発部で働くことを望んでいます）

《**human**＋名詞》《連結動詞＋**human**》，名詞は《**human** of＋名詞》で覚えよう。

0588 □□ **middle** [mídl]

形 中央の，中位の，中間の，並みの，中期の　名 中央，中間，中途

The company is trying to reduce **middle** management positions.
（同社は**中間**管理職を削減しようとしている）

Aisle 14 is in the **middle** of the store.
（14 番通路は店舗の**中央**にあります）

《**middle**＋名詞》，名詞は《**middle** of＋名詞》で覚えよう。 □ in the **middle** of ...「～の中央に，～をしているところで」

0589 □□ **sorry** [sɑ́ːri]

形 気の毒に思って，残念に思って，後悔して，申し訳なく思って

I'm **sorry** for my late reply.
（返信が遅くなって**申し訳ありません**）

《連結動詞＋**sorry**》《連結動詞＋**sorry** about＋名詞》《連結動詞＋**sorry** for＋名詞》《連結動詞＋**sorry**＋that 節》《連結動詞＋**sorry**＋to 不定詞》で覚えよう。

0590 □□ **forth** [fɔ́ːrθ]

副 前へ，先へ，外部へ

The photographer moved back and **forth** to focus on the actor.
（写真家は**前**後に動いてその俳優にピントを合わせた）

《動詞＋**forth**》で覚えよう。 □ back and **forth**「前後に」□ and so **forth**「その他」

0591 □□ **speak** [spíːk]

動 話す，伝える，表す，演説する

I want to **speak** with Emma about her shifts for the next week.
(Emma と来週の彼女の勤務シフトについて**話し**たい)

《**speak**＋目的語［名詞］》《**speak** about/of＋名詞》《**speak** to/with＋人（＋about＋名詞）》《**speak** in favor of/for/against＋名詞》で覚えよう。 □ **speaking** of ...「～について言えば」 □ so to **speak**「言ってみれば」

0592 □□ **speaker** [spíːkər]

名 話し手，演説者，議長

The guest **speaker** from BigCurb will come at 9:30 A.M.
(BigCurb 社から招いた**講演者**は午前 9 時半に到着する)

《**speaker** of＋名詞》《**speaker** at＋名詞》で覚えよう。

0593 □□ **speech** [spíːtʃ]

名 演説，スピーチ，話すこと，発言，話し方

The president delivered a farewell **speech** on his final day.
(社長は最終日に別れの**スピーチ**をした)

《**speech** of＋名詞》《**speech** about/on＋名詞》《**speech** to＋人》で覚えよう。

0594 □□ **spokesperson** [spóukspə̀ːrsn]

名 代表者，代弁者，広報担当者

The **spokesperson** read the CEO's comment at the press conference.
(**広報担当者**は CEO のコメントを記者会見で読み上げた)

《**spokesperson** for＋名詞》で覚えよう。 □ government **spokesperson**「政府広報担当者」

0595 □□ **ready** [rédi]

形 用意ができて，準備が整って，即時の　動 ～を準備する

Please let us know when you're **ready** to start the meeting.
(会議を始める**用意ができたら**知らせてください)

《連結動詞＋**ready**》《連結動詞＋**ready** for＋名詞》《連結動詞＋**ready** with＋名詞》《連結動詞＋**ready**＋to 不定詞》《have＋目的語［名詞］＋**ready**》，動詞は《**ready**＋目的語［名詞］＋for＋名詞》で覚えよう。

0596 □□ **readily** [rédili]

副 すぐに，早速，直ちに，簡単に，手軽に，喜んで

Coffee is always **readily** available in the employee break room.
(コーヒーはいつでも**すぐに**従業員の休憩室で飲めます)

《**readily**＋動詞・形容詞》で覚えよう。quickly, easily, willingly ということ。 □ **readily** available「すぐに入手可能な」

0597 □□ **ready-made** [rèdiméid]

形 出来合いの，既製の

A **ready-made** suit is inexpensive and available off the rack.
(**既製品の**スーツは安くて，その場ですぐに買える)

《**ready-made**＋名詞》で覚えよう。

0598 □□ **train** [tréin]

動 トレーニングする，～を教育する，～を訓練する

- I've been **training** for a triathlon for six months.
  (私はトライアスロンのための**トレーニングをして**半年になります)
- Mike was asked to conduct **training** for the new hires.
  (Mike は新入社員に**研修**をするように頼まれた)

☞《**train**＋人（＋in＋名詞）》《**train**（＋人）＋to 不定詞》《**train** for＋名詞》で覚えよう。

0599 □□ **trainee** [treiníː]

名 研修生，見習い，研修員

- I like this company's management **trainee** program.
  (私は当社の幹部職**研修生**用プログラムを気に入っています)

☞《**trainee** at/for＋名詞》で覚えよう。 □ **trainee** management「研修生管理」

0600 □□ **trainer** [tréinər]

名 訓練士，指導者，トレーニング用マシン

- Tanya works as a personal **trainer** and has just one client at a time.
  (Tanya はパーソナル**トレーナー**として働いており，一度にひとりの顧客だけを相手にする)

☞《**trainer** at/for＋名詞》で覚えよう。 □ certified **trainer**「認定研修指導者」

0601 □□ **front** [frʌ́nt]

形 正面の 名 正面，玄関口，第一線

- All office visitors should use the **front** entrance.
  (オフィスへの訪問客はすべて**正面**入り口を使用していただきます)
- Let's take a taxi from in **front** of the town square.
  (市街広場の**前**からタクシーを拾いましょう)

☞《(at/in＋) the **front** of＋名詞》《in **front** of＋名詞》，形容詞は《**front**＋名詞》で覚えよう。 □ in **front**「前面に」 □ in **front** of ...「～の前で」 □ on all **fronts**「あらゆる局面で」 □ come to the **front**「表面に現れてくる，頭角を現す」 □ up **front**「前金で，初めから」

0602 □□ **rear** [ríər]

名 後部，後ろ 形 後部の，後ろの

- You can park at the **rear** of the building.
  (ビルの**後ろ**に駐車できます)

☞《**rear** of＋名詞》，形容詞は《**rear**＋名詞》で覚えよう。 □ at/in the **rear** of ...「～の裏に」

0603 □□ **moment** [móumənt]

名 瞬間，ちょっと（の間），（特定の）時，時機

- We were able to meet with the professor at the right **moment**.
  (ちょうどよい**とき**に教授と会うことができた)

☞《**moment** of＋名詞》《**moment** in＋名詞》《**moment**＋that 節》《**moment** to＋不定詞》で覚えよう。
□ for a **moment**「少しの間」 □ after a **moment**「少したってから」 □ just a **moment**「少しの間」
□ at the **moment**「今は」 □ for the **moment**「今は（そうですが）」 □ at any **moment**「すぐに」
□ in a **moment**「すぐに」

0604 □□ **momentary** [móuməntèri]

形 瞬間的な，つかの間の，一時的な

Bernie had a **momentary** lapse in judgment during the debate.
(ディベート中に Bernie は**一瞬の**判断ミスを犯した)

《**momentary**＋名詞》《連結動詞＋**momentary**》で覚えよう。

0605 □□ **nation** [néiʃən]

名 国民，国家，民族

There is still a wide gap between industrialized and industrializing **nations**. (工業化先進**国**と工業化途上国との間にはいまだに広い格差が存在している)

《**nation** of＋名詞》で覚えよう。

0606 □□ **national** [nǽʃənl]

形 国民の，国家の，国有の　名 国民，同国人

These statistics are taken from the **national** census.
(これらの統計数字は**国勢**調査から取られている)

《**national**＋名詞》，名詞は《**national** of＋名詞》で覚えよう。

0607 □□ **nationwide** [nèiʃənwáid]

副 全国的に，全国では　形 全国的な，国全体の

The trend of working from home is spreading **nationwide**.
(在宅勤務の傾向は**全国的に**広がっている)

《動詞・形容詞＋**nationwide**》，形容詞は《**nationwide**＋名詞》で覚えよう。

0608 □□ **worldwide** [wə̀(ː)rldwáid]

副 世界的に，世界中で　形 世界的な，世界中に広まった，世界規模の

The GoSpeak app has millions of users **worldwide**.
(GoSpeak アプリは**世界中に**何百万人ものユーザーがいる)

《動詞＋**worldwide**》，形容詞は《**worldwide**＋名詞》《連結動詞＋**worldwide**》で覚えよう。

0609 □□ **fly** [flái]

動 飛ぶ，(飛行機で) 行く，～を飛ばす

Ms. Malcolmson will be **flying** in from London for the conference.
(Malcolmson さんは大会のためにロンドンから**飛行機でやってくる**)

《**fly** from/to/for/out of/in＋名詞》で覚えよう。

0610 □□ **flight** [fláit]

名 飛行機旅行，空の旅，飛行便，飛行

I'll be taking a direct **flight** to Beijing for the meeting.
(私は会議のために北京へ直行**便**で向かいます)

《**flight** of＋名詞》《**flight** from/to/for＋名詞》で覚えよう。 □ aboard/on board the **flight**「飛行機に乗って」

0611 □□ **flyer** [fláiər]

名 空中を飛ぶもの，飛行士，ちらし

We hired part-time workers to hand out **flyers** on the street.
（**ちらし**を街頭で配るためにパートタイム従業員を採用しました）

《**flyer** for＋名詞》《**flyer** about＋名詞》で覚えよう。 □ frequent **flyer**「頻繁に飛行機を利用する人」

0612 □□ **present** [prizént; préznt]

動 ～を贈る，～を伝える，～を示す，～を提示する 形 存在して，出席して，現在の 名 プレゼント，贈り物

George **presented** interesting advertising ideas at the meeting.
（George は会議で興味深い広告のアイデアを**提示した**）

Given the **present** circumstances, we should not get the project going just yet.（**現在の**状況を考えると，当社はまだそのプロジェクトを進めるべきではない）

《**present**＋目的語［名詞］（＋to＋人）》《**present**＋人＋with＋名詞》，形容詞は《**present**＋名詞》《連結動詞＋**present**》《連結動詞＋**present** at/in＋名詞》，名詞は《**present** of＋名詞》《**present** from/to＋名詞》で覚えよう。

0613 □□ **presentation** [prìːzəntéiʃən, prèzən-]

名 提示［提出］すること，発表，プレゼンテーション

Sam gave an impressive **presentation** to the board of directors.
（Sam は取締役会に対して印象的な**プレゼンテーション**を行った）

《**presentation** of＋名詞》《**presentation** about/on＋名詞》で覚えよう。

0614 □□ **presenter** [prizéntər]

名（賞などの）贈呈者，発表者，司会者

Ms. Hawkins was asked to be the **presenter** at the awards ceremony.
（Hawkins さんは授賞式で**贈呈者**を務めるように依頼された）

《**presenter** of＋名詞》で覚えよう。

0615 □□ **presence** [préznz]

名 存在（感），出席，参列，駐留

The media company has a strong **presence** online.
（そのメディア企業はネット上で強力な**存在感**がある）

《**presence** of＋名詞》で覚えよう。 □ in the **presence** of ...「～がいるところで」

0616 □□ **send** [sénd]

動 ～を送る，～を発信する，～を送り出す，～を行かせる，～を派遣する

We'll be **sending** a car to the airport for Ms. Storm around 3:30 P.M.
（Storm さんのために，午後 3 時半ごろに空港に車をお**届け**します）

《**send**＋目的語［名詞］（＋to＋人）》《**send**＋人＋目的語［名詞］》《**send**＋人＋to＋名詞》で覚えよう。
□ **send** for an application form「申込書を取り寄せる」

0617 □□ **sender** [séndər]

名 送信者，差出人，送り主，送信機

One of the brochures sent by mail came back marked 'return to **sender**.'
（郵送したカタログの 1 部が「**差出人**へ返送のこと」と書かれて戻ってきた）

《**sender** of＋名詞》で覚えよう。**sender**/recipient の組み合わせで覚えよう。

0618 □□ **sign** [sáin]

動 ～に署名する，（手や身振りで）合図をする，手話で話す　名 標識，看板，前兆，記号

Both parties **signed** two copies of the agreement.
（両者は合意文書 2 通に**署名した**）

☞《**sign**＋目的語［名詞］》《**sign** for/to/with＋名詞》，名詞は《**sign** of＋名詞》《**sign**＋that 節》《**sign**＋to 不定詞》で覚えよう。

0619 □□ **signal** [sígnl]

名 合図，信号，シグナル　動 ～に合図する，～に（信号で）知らせる

Judy's smile was a clear **signal** that her proposal was accepted.
（Judy の笑顔は，彼女の提案が採用されたという明確な**合図**だった）

☞《**signal** of＋名詞》《**signal**＋that 節》《**signal**＋to 不定詞》，動詞は《**signal**＋目的語［名詞］》《**signal**＋that 節》《**signal**＋人＋to 不定詞》《**signal** at/to＋人》《**signal** for＋名詞》で覚えよう。

0620 □□ **signature** [sígnətʃər]

名 署名（すること），特徴

The new solar oven will be the company's **signature** product.
（新しい太陽光オーブンは同社の**代表**製品になるだろう）

☞《**signature** of＋名詞》で覚えよう。 □ illegible **signature**「読みにくい署名」

0621 □□ **joy** [dʒɔ́i]

名 喜び，満足，成功

It is my **joy** to announce the opening of our new store in Beijing!
（北京での新しい店舗の開店を発表することは私の**喜び**です）

☞《**joy** of＋名詞》《**joy** at＋名詞》《a **joy**＋to 不定詞》で覚えよう。

0622 □□ **enjoy** [endʒɔ́i]

動 ～を楽しむ，～に恵まれている，～を享受する

I hope you all will **enjoy** time off around the holidays.
（皆さん全員が休暇の時期に休日を**楽しめ**ますように）

☞《**enjoy**＋名詞》《**enjoy**＋動名詞》《**enjoy** *oneself*》で覚えよう。

0623 □□ **enjoyable** [endʒɔ́iəbl]

形 楽しめる，楽しい

I had an **enjoyable** conversation with an entrepreneur.
（私はひとりの起業家と**楽しい**会話を持った）

☞《**enjoyable**＋名詞》《連結動詞＋**enjoyable**》《連結動詞＋**enjoyable**＋to 不定詞》《It is **enjoyable**＋to 不定詞》で覚えよう。

0624 □□ **glad** [glǽd]

形 うれしく思って，うれしそうな，喜ばしい

We're **glad** to have you back.
（あなたが復帰してくれて**うれしい**です）

☞《連結動詞＋**glad**》《連結動詞＋**glad** about＋名詞》《連結動詞＋**glad** of＋名詞》《連結動詞＋**glad** for＋人》《連結動詞＋**glad**＋that 節》《連結動詞＋**glad**＋to 不定詞》で覚えよう。

0625 □□ **travel** [trǽvl]

動 旅行する，動く，伝わる，～を巡回する　名 旅行，移動，伝播

Mona **travels** on business almost every month.
（Mona はほとんど毎月商用で**旅行する**）

The **travel** agency offers various vacation packages to the Bahamas.
（その**旅行**代理店は Bahamas 諸島へのさまざまな休暇プランを提供している）

☞《**travel** from/to/around＋名詞》，名詞は《**travel** of＋名詞》《**travel** from/to/in＋名詞》で覚えよう。遠く離れたところまで時間をかけて「旅する」という意味。

0626 □□ **traveler** [trǽvlər]

名 旅行者，旅客

Frequent **travelers** receive bonus points when they buy flight tickets.
（頻繁に**旅行する人**は，航空券を購入するとボーナスポイントをもらえる）

☞《**traveler** from/to/in＋名詞》で覚えよう。　□ frequent **traveler**「よく旅行する人」

0627 □□ **journey** [dʒə́ːrni]

名（長い）旅行，旅程，（比喩としての）旅，遍歴　動 旅行する，旅に出かける

The **journey** from our beginning up until now has taught me a lot.
（当社の始まりから今日までの**長い道のり**は私に多くのことを教えてくれました）

☞《**journey** of＋名詞》《**journey** from/to＋名詞》《**journey** through/across＋名詞》，動詞は《**journey**＋副詞》で覚えよう。長距離の旅，定期的な旅について使うことが多い。　□ on a **journey**「旅行中で」

0628 □□ **trip** [tríp]

名 旅行，外出，短距離移動，転倒　動 つまずく，転ぶ，よろける

I'm going to be on a business **trip** from the 13th through the 16th.
（13 日から 16 日いっぱいまで仕事で**旅**に出ます）

☞《**trip** of＋名詞》《**trip** from/to/for＋名詞》，動詞は《**trip** over/on＋名詞》で覚えよう。名詞は比較的近距離への短期の旅を指す。

0629 □□ **former** [fɔ́ːrmər]

形 前の，かつての，先の　名《the former で》前者

Actually, Mr. Anderson is a **former** colleague of mine.
（実は Anderson さんは私の**かつての**同僚なのです）

☞《**former**＋名詞》，名詞は the **former** で覚えよう。　□ the **former**「前者」

0630 □□ **latter** [lǽtər]

形 後者の，後半の，最近の　名《the latter で》後者

Some employees work full-time, and others are part-timers; Nancy falls into the **latter** category.
（常勤従業員もいれば，非常勤で働く人もいます；Nancy は**後者**の区分に属します）

☞《the **latter**＋名詞》，名詞は the **latter** で覚えよう。　□ the **latter**「後者」

0631 □□ **catch** [kǽtʃ]

動 ~を捕まえる，~を取り押さえる，~を受け取る，~を聞き取る 名 捕獲

We have to leave within 10 minutes to **catch** the train.
(電車に**間に合う**ためには 10 分以内に出なくてはなりません)

☞《**catch**＋目的語［名詞］》《**catch**＋人＋動名詞》，名詞は《**catch** of＋名詞》で覚えよう。 □ **catch** *someone* by surprise「~の不意を突く」□ **catch** *someone's* attention/interest「~の注意を引く，~の目に留まる」□ **Catch** you later.「また会いましょう」

0632 □□ **ride** [ráid]

動 ~に乗る，~で進む，(困難など) を切り抜ける 名 車に乗ること，乗り心地，乗馬

Tickets to **ride** the bullet train will cost 30,000 yen.
(新幹線に**乗る**切符は 3 万円かかるでしょう)

Can you give me a **ride**? (私を車で**送って**もらえますか)

☞《**ride**＋目的語［名詞］》，名詞は《**ride** from/to＋名詞》《**ride** in/on＋名詞》で覚えよう。乗り物に乗客として「乗る」，自転車やオートバイに「乗る」という意味。

0633 □□ **fill** [fíl]

動 満ちる，~を満たす，~を記入する，(注文など) を満たす 名 必要な分，1 杯分

The company is finding it hard to **fill** the enormous number of orders.
(膨大な数の注文を**満たす**ことは難しいと同社は考え始めている)

☞《**fill**＋目的語［名詞］》《**fill** *A* with *B*》で覚えよう。 □ **fill** an order「注文に応じる」□ **fill** in for ...「~の代わりを務める」

0634 □□ **bear** [béə*r*]

動 ~を負担する，~を身につける，~に耐える，(子) を産む

Jolene is ready to **bear** the weight of being the marketing director.
(Jolene はマーケティング部長を務めることの重みを**担う**用意ができている)

☞《**bear**＋目的語［名詞］》《cannot **bear**＋目的語［名詞］》《cannot **bear**＋to 不定詞》《cannot **bear**＋人＋動名詞》《**bear**＋目的語［名詞］＋in mind》《**bear** in mind＋that 節》で覚えよう。

0635 □□ **field** [fí:ld]

動 (打球を) 受け止める，~をさばく，~を処理する 名 野原，競技場，分野，領域

Mr. Taylor **fielded** questions from the press at the briefing.
(記者発表で Taylor さんはメディアからの質問をうまく**さばいた**)

Kurt has nine years' experience working in the IT **field**.
(Kurt は IT **分野**で 9 年間働いた経験がある)

☞《**field**＋目的語［名詞］》，名詞は《**field** of＋名詞》で覚えよう。動詞は「大量，あるいは困難を伴う案件をうまく処理する」という意味で使う。 □ **field** complaints「苦情を処理する」

0636 □□ **film** [fílm]

動 ~を映画に撮る，~をフィルムに収める，薄い膜で覆う 名 映画，フィルム，薄い膜

The movie will be partially **filmed** in Okinawa.
(その映画は部分的に沖縄で**撮影される**だろう)

☞《**film**＋目的語［名詞］》，名詞は《**film** of/about＋名詞》で覚えよう。

0637 □□ **pattern** [pǽtərn]

名 模様，図案，模範，型　動 ～にならって作る，～を手本とする，～に模様をつける

We have some set **patterns** to follow for decorations.
（飾り付けをするための**組み合わせ**がいくつかあります）

☞《**pattern** of＋名詞》《**pattern** in/for/on＋名詞》で覚えよう。

0638 □□ **position** [pəzíʃən]

名 場所，持ち場，地位，見解，職　動 ～を配置する

I am writing to apply for the **position** of senior researcher at your laboratory.（貴研究所の上席研究員の**職**に応募するために書いております）

☞《**position** of＋名詞・動名詞》《**position** on＋名詞》《**position** as＋名詞》《**position** in/between/among＋名詞》《**position**＋that 節》《**position**＋to 不定詞》，動詞は《**position**＋目的語［名詞］＋副詞》で覚えよう。

0639 □□ **ground** [gráund]

名 根拠，原因，地面　動 ～の基礎を（…に）置く

The company's refusal to resolve the issue is **grounds** for legal action.
（同社がその問題を解決しようとしないことが訴訟の**理由**である）

☞《**grounds** for＋名詞》《**grounds**＋to 不定詞》で覚えよう。「理由」という意味では通常は複数形で使う。 □ on (the) **grounds** of .../on the **grounds** that ...「～という理由で」

0640 □□ **chief** [tʃíːf]

名 責任者，最高位者　形（階級などが）最高の，主要な

Jules was recently promoted to the position of **chief** of staff.
（Jules は最近，スタッフ**責任者**の地位へ昇進した）

In marketing, the **chief** thing to consider is your audience.
（マーケティングでは，考慮すべき**もっとも大切な**ポイントはだれを対象とするかである）

☞《**chief** of＋名詞》，形容詞は《**chief**＋名詞》で覚えよう。

GROUP 14

0641 - 0690

0641 □□ **high** [hái]

形 高所にある，高い，高度の，高潔な　名 高い場所，最高値　副 高く，高いところに

Due to **high** demand, this product is being backordered now.
(**高い**需要により，この製品は入荷待ちになっています)

《**high**＋名詞》《連結動詞＋**high**》《連結動詞＋**high**（＋in＋名詞）》，名詞は《**high** of＋数字》，副詞は《動詞＋**high**》で覚えよう。

0642 □□ **highly** [háili]

副 ひじょうに，強く，高度に

I **highly** recommend that you study further at a business school.
(あなたはビジネススクールでさらに学ぶことを**強く**お進めします)

《**highly**＋動詞・形容詞》で覚えよう。強意のために使うことが多い。 □ think/speak **highly** of ...「～を高く評価する」

0643 □□ **highway** [háiwèi]

名 幹線道路，主要路，（目的達成のための）手段

The city is building a new **highway** to reduce traffic congestion.
(交通渋滞を緩和するために，市は新たな**幹線道路**を作っている)

《**highway** from/to＋名詞》で覚えよう。

0644 □□ **high-quality** [háikwɑ́ləti]

形 高品質の，高い技術を持つ，上質の

High-quality employees are flexible and have effective communication skills. (**質の高い**従業員は柔軟で，効果的なコミュニケーション技能を有する)

《**high-quality**＋名詞》で覚えよう。

0645 □□ **highlight** [háilàit]

動 ～を強調する，～に焦点を当てる　名 ハイライト，見どころ，主要部分

In the advertisement, we **highlighted** the new features of the product.
(広告で，私たちはその商品の新機能を**強調した**)

《**highlight**＋目的語［名詞］》，名詞は《**highlight** of＋名詞》で覚えよう。 □ **highlight** quality「品質を強調する」 □ **highlight** an important point「重要な点を強調する」

0646 □□ **highbrow** [háibràu]

形 インテリ向きの，高尚な，知的な

Will this product attract **highbrow** customers?
(この商品は**教養のある**顧客を引きつけますか)

《**highbrow**＋名詞》で覚えよう。

0647 □□ **upper** [ʌ́pər]

形 上の，上部の，高地の，上位の

I'll set an **upper** limit on my spending and try not to exceed it.
(私は支出に**上**限を決めて，それを超えないようにします)

《**upper**＋名詞》で覚えよう。

0648 □□ **lower** [lóuər]

動 (高さや価値が) 下がる，低くなる，～を下げる　形 (場所などが) もっと低い，下流の

◤ If interest rates are **lowered**, it will benefit the housing market.
(金利が**引き下げられ**れば，住宅市場への恩恵となるだろう)

◤ The **lower** unemployment rate shows our economy is getting stronger.
(**低い**失業率は経済が強固になっていることを示している)

☞《**lower**＋目的語［名詞］》《**lower** *A* to/into/onto *B*》，形容詞は《**lower**＋名詞》《連結動詞＋**lower** than＋名詞》で覚えよう。動詞の反意語は raise/heighten，形容詞の反意語は upper/higher。

0649 □□ **low** [lóu]

形 (高さが) 低い，(費用などが) 安い，低音の，元気がない　名 低い数値　副 低く，低いところに

◤ We thought Sean had **low** potential, but his considerable skills surprised us.
(Sean の将来性は**低い**と思っていたが，彼のかなりの技能に驚かされた)

☞《**low**＋名詞》《連結動詞＋**low**》《連結動詞＋**low** in＋名詞》，名詞は《**low** of＋名詞》，副詞は《動詞＋**low**》で覚えよう。 □ *be*/get/run **low**「少ない，少なくなる」□ feel **low**「元気がない」□ highs and **lows**「浮き沈み」

0650 □□ **produce** [prədjúːs; próudjuːs]

動 ～を生産する，～を生み出す，～を引き起こす　名 農産物

◤ These solar panels **produce** sufficient electricity for the area.
(これらの太陽光パネルは一帯に十分な電力を**生産する**)

◤ The **produce** section is in Aisle 1. (**農産物**売り場は 1 番通路です)

☞《**produce**＋目的語［名詞］》《**produce** *A* with/from *B*》，名詞は《**produce** of＋名詞》で覚えよう。

0651 □□ **product** [prádəkt]

名 生産物［品］，製品

◤ We offer the best quality **products** at competitive prices.
(当店は最高の品質の**商品**をお求めやすい価格で提供いたします)

☞《**product** of＋名詞》で覚えよう。 □ intellectual **product**「知的産物」

0652 □□ **production** [prədʌ́kʃən]

名 生産，生産物，製作 (物)，製品，作品，成果，上演

◤ Our independent power supply system can keep **production** going during power outages.
(当社の独立した電力供給システムは，停電時に**製造**を続けることができる)

☞《**production** of＋名詞》で覚えよう。

0653 □□ **productive** [prədʌ́ktiv]

形 産出力がある，多産な，生産的な，有効な，生産性の高い

◤ In order to stay **productive**, I will focus all my efforts on one project.
(**生産的で**あり続けるために，私はひとつのプロジェクトに集中して取り組みます)

☞《**productive**＋名詞》《連結動詞＋**productive** (＋of＋名詞)》で覚えよう。

0654 □□ **productivity** [pròudʌktívəti]

名 生産性

Increased motivation will lead to improved **productivity**.
（やる気を高めれば**生産性**の改善につながるでしょう）

☞《**productivity** of/in＋名詞》で覚えよう。

0655 □□ **productively** [prədʌ́ktivli]

副 生産的に

We hope to work as **productively** as possible as a team.
（私たちはチームとしてできるだけ**生産的に**働きたいと思います）

☞《動詞＋**productively**》で覚えよう。 □ **productively** use ...「～を生産的に使用する」

0656 □□ **reproduce** [rìːprədjúːs]

動 ～を再現する，～を再生する，～を複写する，生殖する，～を生殖させる

We hope to **reproduce** the same results in the next rounds of testing.
（次の一連の実験でも同様の結果を**再現したい**と思います）

☞《**reproduce**＋目的語［名詞］》《**reproduce** *A* from *B*》で覚えよう。

0657 □□ **wind** [wáind; wínd]

動 曲がりくねる，～を巻く 名 風，気配，暗示

We've traveled a long and **winding** road together.
（私たちは長く，**曲がりくねった**道をともに歩んできました）

☞《**wind**＋目的語［名詞］》《**wind** *A* around/round *B*》《**wind**＋目的語［名詞］＋forward/backward》，名詞は《**wind** of＋名詞》《**wind** from＋名詞》で覚えよう。

0658 □□ **windy** [wíndi]

形 風の強い，風当たりが強い

Tents at the event will offer protection against **windy** weather.
（イベントでのテントは**風の強い**天気からの防護となるだろう）

☞《**windy**＋名詞》《連結動詞＋**windy**》で覚えよう。

0659 □□ **market** [mɑ́ːrkit]

動 ～を市場に出す，～を売る 名 市，市場，需要，販路

It's the right time to **market** the new product.
（その新製品を**売り出す**絶好のときです）

We'll beat every competitor on the **market**.
（当社は**市場**のすべての競合企業を打ち破ります）

☞《**market**＋目的語［名詞］（＋for/to＋人）》《**market** *A* as *B*》《**market** *A* through *B*》，名詞は《**market** of＋名詞》《**market** for＋名詞》《**market** in＋名詞》で覚えよう。 □ on the **market**「市場にあって，入手できる」

0660 □□ **marketing** [mɑ́ːrkitiŋ]

名 マーケティング（部門），市場で売買すること

We will adjust our **marketing** strategies in order to revive sales.
（売上を復活させるために**マーケティング**戦略を調整します）

☞《**marketing** of/for＋名詞》で覚えよう。sales and **marketing** の組み合わせで覚えよう。

0661 □□ **marketable** [mɑ́ːrkitəbl]

形 売れる，売買に適した，市場性のある，売りやすい，需要のある，商品価値のある

You have **marketable** skills, so I'm sure you'll find a job quickly.
（あなたは**売り物にできる**技能をお持ちですから，すぐに仕事が見つかるでしょう）

☞《**marketable**＋名詞》《連結動詞＋**marketable**》で覚えよう。

0662 □□ **marketplace** [mɑ́ːrkitplèis]

名 市場，経済界

We need new strategies to compete in the **marketplace**.
（**売買市場**で競うには新しい戦術が必要です）

☞《**marketplace** of/for＋名詞》で覚えよう。 □ saturate the **marketplace**「市場を飽和状態にする」

0663 □□ **type** [táip]

動 ～をキーボードで打つ，～をタイプする 名 型，タイプ，典型，活字

Victor **types** rapidly but not correctly.
（Victor は**タイプ入力する**のは速いが間違える）

This insurance doesn't cover certain **types** of illnesses.
（この保険には保障しない**タイプ**の病気があります）

☞《**type** of＋名詞》，動詞は《**type**＋目的語［名詞］》で覚えよう。

0664 □□ **typical** [típikl]

形 典型的な，特有の，象徴的な，特徴を示している

Typical complaints you have to handle are as follows.
（あなたが扱わなければならない**典型的な**苦情は次のようなものです）

It's **typical** of Steve to make promises he can't keep.
（守れない約束をすることが Steve には**よくある**）

☞《**typical**＋名詞》《連結動詞＋**typical**（＋of＋名詞）》《It is **typical**＋that 節》《It is **typical** of＋人＋to 不定詞》で覚えよう。

0665 □□ **typically** [típikli]

副 典型的に，典型として，概して，一般的に

Pre-orders are **typically** available online once the product launch is announced.
（**例によって**，商品発売が発表されるとすぐにオンラインで事前予約が可能になる）

☞《**typically**＋動詞・形容詞》で覚えよう。□ **typically** use ...「通常は～を使う」

0666 □□ **sell** [sél]

動 ～を売（ってい）る，～を売却する，～を販売する，売れる

Ms. Jiang is hoping to **sell** her shares in the company.
（Jiang さんはその会社の自分が持っている株を**売り**たがっている）

☞《**sell**＋目的語［名詞］（＋to＋人）》《**sell**＋人＋目的語［名詞］》《**sell**＋目的語［名詞］＋for/at＋金額》で覚えよう。

0667 □□ **seller** [sélər]

名 売り手，販売者，売れるもの

The **seller** shipped my purchase on the day the auction ended.
（**販売者**は私が購入した品をオークションが終了した日に発送してくれました）

☞《**seller** of＋名詞》で覚えよう。

0668 □□ **sale** [séil]

名 販売，売却，売買，取引，特売，《sales で》売上高

Ms. Ichabod hopes to finalize the **sale** of her company before retiring.
（Ichabod さんは引退する前に自分の会社の**売却**を最終決定したいと考えている）

☞《**sale** of＋名詞》で覚えよう。 □ for **sale**「販売のために」□ on **sale**「販売中で，特価販売中で」
□ **sales** drive/campaign「販売キャンペーン」□ **sales** pitch/talk「売り込み文句」

0669 □□ **salesperson** [séilspə̀ːrsn]

名 販売員，店員

Our new staff member will undergo systematic training to become a **salesperson**.（新規スタッフは**販売員**になるために総合的な研修を受けるでしょう）

☞《**salesperson** at/for＋名詞》で覚えよう。複数形は salespeople。

0670 □□ **visit** [vízət]

動 ～を訪問する，～を見舞う，～にアクセスする　名 訪問，滞在，視察，アクセス

Today I'm going to **visit** five clients and then go straight home.
（きょうは 5 人の顧客を**訪問して**から，まっすぐに帰宅します）

I hope you enjoy your **visit** to this country.
（この国への**訪問**を楽しんでください）

☞《**visit**＋目的語［名詞］》《**visit** with＋名詞》，名詞は《**visit** of＋名詞》《**visit** from/to＋名詞》《**visit** with＋名詞》で覚えよう。

0671 □□ **visitor** [vízətər]

名 訪問客，観光客，見舞い客，ビジター

Overseas **visitors** to this country reached an all-time high last year.
（海外からのこの国への**訪問客**数は昨年，過去最高に達した）

☞《**visitor** of＋名詞》《**visitor** from/to＋名詞》で覚えよう。

0672 □□ **guest** [gést]

名 客，来賓，特別出演者，宿泊客

The CEO of Think Now will be the **guest** speaker tomorrow.
（Think Now 社の CEO があすの**ゲスト**スピーカーです）

☞《**guest** of＋名詞》で覚えよう。 □ Be my **guest**.「どうぞ，かまいませんよ」

0673 □□ **win** [wín]

動 勝利する，成功する，優勝する，～を勝ち取る，～を獲得する　名 勝利，成功，獲得

We **won** the contract to digitize the museum's art collections.
（当社は，その美術館の芸術コレクションをデジタル化する契約を**勝ち取りました**）

The district court's decision was a big **win** for Techtron.
（地方裁判所の決定は Techtron 社にとって大きな**勝利**だった）

☞《**win**＋目的語［名詞］》《**win**＋目的語［名詞］＋from＋人》《**win**＋人＋目的語［名詞］》《**win** against＋名詞》《**win** at＋名詞》《**win** by＋名詞》，名詞は《**win** of＋名詞》《**win** against/over＋名詞》で覚えよう。

0674 □□ **winner** [wínər]

名 勝者，優勝者，受賞者，成功しそうな人［もの］

The new drug developed by our team of scientists is a real **winner**.
（当社の科学者チームが開発した新薬は真の**勝者**である）

☞《**winner** of＋名詞》《**winner** against/over＋名詞》で覚えよう。

0675 □□ **difficult** [dífikʌ̀lt]

形 困難な，（気）むずかしい，難解な

I've never had such a **difficult** decision to make.
（これほど**難しい**決定を下したことはありません）

☞《**difficult**＋名詞》《連結動詞＋**difficult**》《連結動詞＋**difficult**＋to 不定詞》《It is **difficult**＋to 不定詞》で覚えよう。

0676 □□ **difficulty** [dífikʌ̀lti]

名 困難，難事，困窮，労苦

I have **difficulty** concentrating on one task for a long time.
（長時間ひとつの課題に集中することは私には**困難**です）

☞《**difficulty** of＋名詞》《**difficulty** in＋名詞》《**difficulty** with＋名詞》で覚えよう。 □ with **difficulty**「苦労して，やっとのことで」□ without **difficulty**「苦労せずに」□ in **difficulty**「困難にあって」

0677 □□ **special** [spéʃl]

形 特別な，特殊な，専門の　名 特別な人［もの］

We'll throw a party for the **special** occasion of our collaboration.
（私たちの共同事業という**特別な**機会のためにパーティーを催します）

☞《**special**＋名詞》《連結動詞＋**special**》《連結動詞＋**special** about＋名詞》《連結動詞＋**special** for＋名詞》《It is **special**＋that 節》《It is **special**＋to 不定詞》で覚えよう。 □ on **special**「特売中で」

0678 □□ **specialize** [spéʃəlàiz]

動 特殊化する，専門化する，専門に扱う，特化する，専攻する

We **specialize** in assembling auto parts.
（当社は自動車部品の組み立てを**専門にして**おります）

☞《**specialize** in＋名詞》で覚えよう。

0679 □□ **specialist** [spéʃəlist]

名 専門家

This is a complicated problem, so we need some **specialist** help.
（これは複雑な問題なので，**専門家**の手助けが必要です）

☞《**specialist** in/on＋名詞》《**specialist** of＋名詞》で覚えよう。

0680 □□ **specially** [spéʃəli]

副 特に，特別に，わざわざ

This device is **specially** designed to help you read aloud digital texts.
（この装置は，デジタル形式で書かれた文章を読み上げることを支援する目的で**特別に**設計されている）

《**specially**＋動詞・形容詞》で覚えよう。 □ **specially** reserve ...「～を特別に予約する」

0681 □□ **specialty** [spéʃlti]

名 専門，本職，得意，特製［特選］品

We started a **speciality** shop that only sells neckties.
（当社はネクタイだけを販売する**専門**店を始めました）

《**specialty** of＋名詞》で覚えよう。 □ **specialty** shop「特産品店」

0682 □□ **especially** [ispéʃəli]

副 特に，特別に，とりわけ

Ultra-thin laptops are **especially** popular with university students.
（超薄型ラップトップ機は**特に**大学生に人気がある）

《**especially**＋動詞・形容詞》で覚えよう。主語を強調する場合は，主語の前ではなく後ろに置く。 □ not **especially** ...「特に～なわけではない」

0683 □□ **process** [prá(:)ses]

動 ～を処理する，～を加工する 名 過程，経過，推移

It will take a few days to **process** these requests.
（これらの要請を**処理する**には数日かかるだろう）

We'll revise our hiring **process** based on the new rules.
（新しい規則に従って雇用**過程**を修正します）

《**process**＋目的語［名詞］》，名詞は《**process** of＋名詞》《**process** for＋名詞》で覚えよう。 □ *be* in the **process** of *doing*「～しているところである」

0684 □□ **touch** [tʌ́tʃ]

動 ～に接触する，～に触る，～に手を出す，～を感動させる 名 触ること，手ごたえ，少量，連絡が取れている状態

Don't **touch** the surface; it's wet paint.
（表面に**触れ**ないでください，ペンキが塗りたてです）

I'll be in **touch**.（私はいつでも**連絡**が取れます）

《**touch**＋目的語［名詞］》《**touch**＋人＋on＋名詞》，名詞は《**touch** of＋名詞》《**touch** with＋人》で覚えよう。 □ in **touch** with ...「～に連絡を取って」 □ out of **touch** with ...「～と連絡が途絶えて」 □ a **touch** of ...「少量の～」 □ **touch** base with ...「～の近況を尋ねる」

0685 □□ **beat** [bí:t]

動 ～を打つ，～を叩く，～を打ち負かす 名 拍子，脈拍

Our concern is how to **beat** the competition and stay powerful.
（どのようにして競合企業を**打ち破り**，力を保っていくかが私たちの関心事です）

《**beat**＋目的語［名詞］》《**beat** *A* in *B*》で覚えよう。 □ **Beats** me.「わかりません，まいりました」

0686 □□ **cross** [krɔ́(ː)s]

動 ～を横断する，～を渡る，交わる　名 混合物，雑種，十字架，十字形，苦難

Many citizens **cross** the bridge while commuting to downtown.
（多くの市民が都心への通勤の際にその橋を**渡る**）

《**cross** (over)＋目的語［名詞］》，名詞は《**cross** between＋名詞》で覚えよう。

0687 □□ **dress** [drés]

動 衣服を着る［着せる］　名 ドレス，身なり，正装

It's an important meeting, so we should **dress** appropriately.
（重要な会議ですから，ふさわしい**服装をする**べきです）

《get **dressed**》《**dress** for＋名詞》，名詞は《**dress** of＋名詞》《**dress** for＋名詞》で覚えよう。

0688 □□ **jump** [dʒʌ́mp]

名 跳躍，急上昇　動 跳び上がる，飛び降りる，～に飛びつく，急に変化する

We saw a sudden **jump** in sales of the book last month.
（先月にその本の売り上げが**急増**した）

We shouldn't have **jumped** to conclusions so quickly.
（私たちはそんなに急いで結論に**飛びつく**べきではありませんでした）

《**jump** in＋名詞》，動詞は《**jump** over/across/onto＋名詞》《**jump** from/to/out of＋名詞》で覚えよう。 □ **jump** to conclusions「結論を早まる」

0689 □□ **level** [lévl]

名 高さ，階級，段階，水準　形 水平な，同じ水準の　動 同等になる，～を同等にする，～を水平にする

The low **level** of unemployment shows the economy is improving.
（低**水準**の失業者数は経済が改善していることを示す）

《**level** of＋名詞》《above/below the **level**》，形容詞は《**level**＋名詞》《連結動詞＋**level**》《連結動詞＋**level** with＋名詞》，動詞は《**level**＋目的語［名詞］》で覚えよう。

0690 □□ **drug** [drʌ́g]

名 医薬品，薬剤

In the end the experimental **drug** was found to be ineffective.
（結局，実験**薬**には効果がないことが明らかになった）

《**drug** for＋名詞》で覚えよう。

0691 □□ **price** [práis]

名 価格，値段，市価，対価，代償　動 ～に価格をつける

I'm afraid the **price** is fixed, so we can't give you a discount.
（残念ですが，**価格**は固定されていますので，値引きはできません）

I hope to find a reasonably **priced** hotel for my business trip.
（私は出張のために手ごろな**価格の**ホテルを見つけたいのです）

☞《**price** of/for＋名詞》，動詞は《*be* **priced** at＋数字》で覚えよう。　□ at any **price**「どんなことをしてでも」

0692 □□ **pricey** [práisi]

形 値の張る，高価な，高い

This printer is **pricey**, but it is more functional than the old one.
（このプリンターは**高価です**が，古い機種より高機能です）

☞《**pricey**＋名詞》《連結動詞＋**pricey**》で覚えよう。

0693 □□ **hospital** [háspitl]

名 病院

We sent flowers to Sarah while she was recovering in the **hospital**.
（私たちは**病院**で快方に向かっている Sarah に花を送った）

☞《**hospital** for/of＋名詞》で覚えよう。　□ general **hospital**「総合病院」

0694 □□ **hospitalize** [háspitəlàiz]

動 ～を入院させる

After the accident, Keith was **hospitalized** just to be safe.
（事故のあとで Keith は念のために**入院した**）

☞《**hospitalize**＋人》で覚えよう。通常は受動態で使う。

0695 □□ **hospitality** [hàspətǽləti]

名 手厚いもてなし，厚遇，歓待

The **hospitality** of the hotel staff was exceptional.
（ホテルのスタッフによる**もてなし**は格別でした）

☞《**hospitality** of/to＋人》で覚えよう。

0696 □□ **promise** [prɑ́məs]

動 ～を約束する，～を請け負う　名 約束，契約

I **promise** you that my team will complete this project as scheduled.
（私のチームはこのプロジェクトを予定どおりに完了できるとお**約束します**）

Sam made me a **promise** that he would finish his report by Friday morning.（Sam は，自分の報告書は金曜日の朝までに仕上げると私に**約束**してくれた）

☞《**promise**＋目的語［名詞］》《**promise**＋that 節》《**promise**＋to 不定詞》《**promise**＋人＋目的語［名詞］》《**promise**＋目的語［名詞］＋to＋人》《**promise**＋人＋that 節》《**promise**＋人＋to 不定詞》，名詞は《**promise** of＋名詞》《**promise** about＋名詞》《**promise**＋that 節》《**promise**＋to 不定詞》《**promise** to＋人》で覚えよう。

0697 □□ **promising** [prάməsiŋ]

形 前途有望な，見込みのある

Ms. Hirai has a **promising** career in the legal field.
（Hirai さんは法律の分野で**前途有望な**キャリアの持ち主です）

☞《**promising**＋名詞》《連結動詞＋**promising**》で覚えよう。

0698 □□ **strange** [stréindʒ]

形 奇妙な，不思議な，未知の，変わった

Willie's sales promotion idea sounded a bit **strange**.
（Willie の販促のアイデアは少し**奇妙に**思えた）

☞《**strange**＋名詞》《連結動詞＋**strange**》《連結動詞＋**strange** about＋名詞》《連結動詞＋**strange** to＋人》《It is **strange**＋that/wh-/how 節》《It is **strange**＋to 不定詞》で覚えよう。

0699 □□ **stranger** [stréindʒər]

名 見知らぬ人，未経験者，他人

Though I like computing, I'm a complete **stranger** to online games.
（私はコンピュータを使うのが好きですが，オンラインゲームについては何も**わかりません**）

☞《**stranger** in/from＋名詞》《**stranger** to＋名詞》で覚えよう。

0700 □□ **service** [sə́ːrvəs]

名 奉仕，サービス（の提供），尽力，功績，運行，勤務，施設　動 ～を保守点検する，～に情報を提供する

Our earnings from our **services** section have exceeded our product sales.
（当社の**サービス**部門からの収益は商品販売を追い抜いた）

☞《**service** of＋名詞》《**service** for/to＋名詞》《**service** in＋名詞》，動詞は《**service** ＋目的語［名詞］》で覚えよう。名詞は goods and **services** の組み合わせで覚えよう。 □ in/out of **service**「使用されて，使用されなくて」 □ *be* at *someone's* **service**「～を手伝う」 □ *be* of **service**「～を手伝う」

0701 □□ **serve** [sə́ːrv]

動（～に）仕える，（～に）奉仕する，～を務める，～の役に立つ，（目的）にかなう，（飲食物）を出す，～に給仕する

Ms. Thornton has **served** as the accounting chief for seven years.
（Thornton さんは会計部長を 7 年間**務めている**）

☞《**serve**＋目的語［名詞］（＋to＋人）》《**serve**＋人＋with＋名詞》《**serve** as＋名詞》《**serve** in/on/under＋名詞》《**serve**＋to 不定詞》で覚えよう。

0702 □□ **server** [sə́ːrvər]

名 仕える人，給仕する人，（料理を運ぶ）ワゴン，（コンピュータの）サーバー

Business Link is down now due to **server** maintenance.
（Business Link は**サーバー**の保守管理のために現在つながらない）

☞《**server** in/at＋名詞》で覚えよう。 □ **server** log「サーバーにある記録」

0703 □□ **image** [ímidʒ]

名 画像，イメージ，心象

Ms. Lee has created a positive **image** as a candidate for president.
（Lee さんは社長候補として有望な**イメージ**を築いてきた）

☞《**image** of＋名詞》《**image** from＋名詞》で覚えよう。

0704 □□ **imagine** [imǽdʒin]

動 ～を想像する，～を推測する，～を仮定する，気のせいで～と考える

I can't **imagine** a world without the Internet.
(インターネットのない世界は**想像できません**)

☞《**imagine**＋目的語［名詞］》《**imagine**＋that/wh-/how 節》《**imagine**＋if/whether 節》《**imagine**＋目的語［名詞］＋動名詞》《**imagine** *A* as *B*》《**imagine** *A* to be *B*》で覚えよう。

0705 □□ **imagination** [imæ̀dʒənéiʃən]

名 創造力，創意，想像，空想の産物

Anne's departure was beyond my **imagination**.
(Anne が退職するなど私の**想像**を超えていました)

☞《**imagination** of＋名詞》《**imagination**＋that 節》で覚えよう。 □ beyond *someone's* **imagination**「～の想像を超えて」

0706 □□ **secretary** [sékrətəri]

名 秘書，書記，大臣

Could you talk to my **secretary** about the next appointment?
(私の**秘書**に，次回の打ち合わせについて話していただけますか)

☞《**secretary** of＋名詞》《**secretary** to/for＋名詞》で覚えよう。 □ deputy **secretary**「次官」 □ assistant **secretary**「長官補佐」 □ acting **secretary**「長官代理」

0707 □□ **secretarial** [sèkrətéəriəl]

形 秘書の，書記の，大臣の

Carrie applied for a **secretarial** position when she finished college.
(大学を卒業すると，Carrie は**秘書の**職に応募した)

☞《**secretarial**＋名詞》で覚えよう。

0708 □□ **quick** [kwík]

形 迅速な，速い，理解が速い，鋭敏な

Ms. Gomez took a **quick** look at my proposal draft.
(Gomez さんは私の提案書の草稿に**すばやく**目を通した)

☞《**quick**＋名詞》《連結動詞＋**quick**》《連結動詞＋**quick** about/on/at＋名詞》《連結動詞＋**quick**＋to 不定詞》で覚えよう。

0709 □□ **quickly** [kwíkli]

副 速く，早く，急速に，迅速に

Grace and her team **quickly** addressed the information leaks.
(Grace と彼女のチームは情報漏洩に**迅速に**対処した)

☞《**quickly**＋動詞・形容詞》で覚えよう。□ **quickly** decide ...「～を速やかに決める」

0710 □□ **history** [hístəri]

名 歴史，史学，過去のもの，履歴

I'm impressed by your employment **history**.
(あなたの職**歴**には感心しています)

☞《**history** of＋名詞》《**history** about＋名詞》《**history**＋that 節》で覚えよう。

0711 □□ **historic** [histɔ́(ː)rik]

形 歴史上の，歴史的に重要な，歴史的に有名な

The **historic** Silk Road was one of the most influential trading routes.
（**歴史的に有名な**シルクロードは，もっとも影響力のある通商ルートのひとつだった）

☞《**historic**＋名詞》で覚えよう。

0712 □□ **historical** [histɔ́(ː)rikl]

形 歴史の，史実に基づく，歴史上に実在する，歴史的な

The merger was a **historical** moment for the whole industry.
（その合併は業界全体にとって**歴史的な**瞬間だった）

☞《**historical**＋名詞》で覚えよう。

0713 □□ **historian** [histɔ́ːriən]

名 歴史家，史学者

Historians will assist us in replicating ancient art designs.
（**歴史家**たちが古い芸術デザインを再現する私たちを助けてくれます）

☞《**historian** of＋名詞》《**historian** at＋名詞》で覚えよう。 □ amateur **historian**「アマチュア歴史家」

0714 □□ **biography** [baiɑ́grəfi]

名 伝記，経歴，略歴

The authorized **biography** of the musician is in stores now.
（その音楽家の公認の**伝記**が発売されました）

☞《**biography** of＋名詞》で覚えよう。 □ autobiography「自伝」

0715 □□ **shoot** [ʃúːt]

動 （写真などを）撮影する，口に出して言う

The production team is **shooting** the commercial film in the park.
（制作チームはその公園でコマーシャルフィルムを**撮影している**）

☞《**shoot**＋目的語［名詞］》で覚えよう。

0716 □□ **shot** [ʃɑ́t]

名 打ち上げ，試み，写真，注射

Let's take a group **shot** of our team before Ms. Devitt leaves today.
（きょう Devitt さんが退職する前にチームの集合**写真**を撮りましょう）

☞《**shot** of＋名詞》《**shot** from＋名詞》《**shot** at＋名詞》で覚えよう。

0717 □□ **floor** [flɔ́ːr]

名 床，階 動 ～に床を張る，～を圧倒する

Our office is on the top **floor** of the building.
（当社オフィスはビルの最上**階**にあります）

☞《**floor** of＋名詞》で覚えよう。 □ take the **floor**「話を始める」

0718 □□ **stair** [stéər]

名 (階段の) 1 段

The elevator isn't working, so let's use the **stairs**.
(エレベーターは故障していますから，**階段**を使いましょう)

《**stairs** of＋名詞》《**stairs** from/to＋名詞》で覚えよう。 □ up/down the **stairs**「階段を上に，階段を下に」□ the top/head/bottom/foot of the **stairs**「階段の上／下に」

0719 □□ **corridor** [kɔ́(ː)rədər]

名 廊下，回廊

There is a narrow **corridor** connecting the two buildings.
(狭い**通路**が両ビルディングを繋いでいる)

《**corridor** of＋名詞》《**corridor** from/to＋名詞》で覚えよう。 □ in the **corridor**「廊下で」□ down/along the **corridor**「廊下の先へ」

0720 □□ **near** [níər]

形 近くの，接近した，ほとんど　前 ～の近くに　動 ～に近づく

The company is planning some restructuring in the **near** future.
(同社は**近い**将来いくつかのリストラを行う計画でいる)

《the **near/nearest**＋名詞》，動詞は《**near**＋目的語［名詞］》で覚えよう。「近くの～」という意味で名詞を修飾するときは，in the **near** future などの定型表現を除いて nearby を使う。

0721 □□ **nearly** [níərli]

副 ほとんど，ほぼ，もう少しで

We have **nearly** finished our assignment.
(私たちは任務の**ほとんど**すべてを終わらせました)

《**nearly**＋動詞・形容詞》で覚えよう。 □ **nearly** impossible「ほとんど不可能な」(＝next to impossible)

0722 □□ **nearby** [nìərbái; níəbai]

副 近くで，すぐ近くに　形 すぐ近くの，身近な

I live **nearby** the office, so it only takes me a few minutes to walk there. (私はオフィスの**近くに**住んでいますから，歩いて数分しかかかりません)

《動詞＋**nearby**》，形容詞は《**nearby**＋名詞》で覚えよう。

0723 □□ **chance** [tʃǽns]

名 可能性，機会，偶然　動 ～を思い切ってやってみる

Lewis & Lewis has a good **chance** of winning in court.
(Lewis & Lewis 社には訴訟に勝つ**可能性**が十分にある)

Jordanna's success brought her a **chance** for a promotion.
(Jordanna の成功は彼女に昇進の**機会**をもたらした)

《**chance** of/for/at＋名詞》《**chance**＋to 不定詞》《**chance** of＋動名詞》《**chance**＋that 節》，動詞は《**chance**＋目的語［名詞］》《**chance**＋動名詞》で覚えよう。 □ by **chance**「偶然に」□ by any **chance**「ひょっとして」□ take a **chance** (to *do*)「あえて (～を) やってみる」

0724 □□ **opportunity** [àpərtjú:nəti]

名 よい機会，有利な条件

▰ I'm happy to have an **opportunity** to work in our Paris office.
（当社のパリ事務所に働く**機会**を得ることができて幸せです）

☞《**opportunity** of＋名詞》《**opportunity** for＋名詞》《**opportunity**＋to 不定詞》で覚えよう。

0725 □□ **practice** [prǽktis]

動 ～を練習する，～を訓練する，～を実行する　名 練習，訓練，行動

▰ Could you help me **practice** the presentation?
（プレゼンテーションを**練習する**のを手伝っていただけますか）

▰ I'm out of **practice** at speaking Chinese.（私が話す中国語は**練習**不足です）

☞《**practice**＋目的語［名詞］》《**practice**＋動名詞》《**practice** for＋名詞》《**practice**＋目的語［名詞］＋on＋人》《**practice** as＋名詞》，名詞は《**practice** of＋名詞》《**practice** at/in＋名詞》で覚えよう。□ in **practice**「実際には」□ in **practice** for ...「～の練習をして」□ put ... into **practice**「～を実践する」□ **practice** activity「実践活動」□ **practice** education「教育実習」

0726 □□ **practical** [prǽktikl]

形 実際的な，実用的な，実務的な，日常的な

▰ Your ideas sound interesting, and they look **practical**.
（あなたのアイデアは興味深いですし，**実用的に**思えます）

☞《**practical**＋名詞》《連結動詞＋**practical**》《It is **practical**＋to 不定詞》《It is **practical**＋that 節》で覚えよう。

0727 □□ **wood** [wúd]

名 木，木材，森

▰ Joan is visiting Indonesia to import **wood**-carving handicrafts.
（Joan は**木**彫り手工芸品を輸入するためにインドネシアを訪れている）

☞《**wood** of＋名詞》で覚えよう。　□ made of **wood**「木製で」

0728 □□ **wooden** [wúdn]

形 木製の，活気のない，無表情の

▰ Many traditional **wooden** structures have been preserved in the park.
（多くの伝統的**木造**建築がその公園に保存されている）

☞《**wooden**＋名詞》で覚えよう。

0729 □□ **forest** [fɔ́(:)rəst]

名 植林地，森林　形 森林（地方）の　動 植林する

▰ At first glance, the city appears to be a **forest** of skyscrapers.
（一見するとその都市は高層ビルの**森**のように思える）

☞《**forest** of＋名詞》で覚えよう。　□ do not see the **forest** for the trees「木を見て森を見ない」

0730 □□ **botanical** [bətǽnikl]

形 植物の，植物に関する，植物学上の

▰ We also handle transport of **botanical** specimens.
（当社は**植物**標本の輸送も扱っております）

☞《**botanical**＋名詞》で覚えよう。

0731 □□ **throw** [θróu]

動 ～を投げる，（パーティーなど）を開く　名 投げること

We're **throwing** a house-warming party on Saturday.
（土曜日に引っ越し祝いのパーティーを**催します**）

《**throw**＋目的語［名詞］（＋to＋人）》《**throw**＋人＋目的語［名詞］》《**throw** *A* to *B*》《**throw** *A* at *B*》で覚えよう。

0732 □□ **excuse** [ikskjúːz; ikskjúːs]

動 ～を許す，～の言い訳をする，～に退出を許す　名 言い訳，弁解，理由，おわび，許し

Delia asked to be **excused** from the meeting.
（Delia は会議から**中途退席させて**ほしいと願い出た）

Ms. Liang does not accept any **excuses** for missing deadlines.
（Liang さんは締め切りに遅れたことの**弁解**は受け付けない）

《**excuse**＋人＋for＋名詞》《**excuse**＋人＋for＋動名詞》《**excuse**＋人＋from＋名詞》，名詞は《**excuse** for/about＋名詞》《**excuse**＋to 不定詞》で覚えよう。

0733 □□ **roll** [róul]

動 転がる，進む，時間が過ぎる，～を転がす，～を揺らす，～を巻く　名 巻いたもの

Clint **rolls** his eyes when he gets angry.（Clint は怒ると目を**回す**）

We're **rolling** out several new products next month.
（当社は来月にいくつか新製品を**発売します**）

《**roll**＋目的語［名詞］》，名詞は《**roll** of＋名詞》で覚えよう。 □ call the **roll**「出欠を確認する」

0734 □□ **station** [stéiʃən]

動 ～を配置する，～の位置につく　名 駅，発着所，持ち場

I've been **stationed** in London for three years as bureau chief.
（私は支局長として 3 年間ロンドンに**駐在して**います）

《**station**＋目的語［名詞］》，名詞は《**station** in＋名詞》《**station** of＋名詞》で覚えよう。

0735 □□ **count** [káunt]

動 ～を数える，～をあてにする，重要である　名 集計，合計値，訴因

This watch **counts** my steps every day.
（この腕時計は毎日私の歩数を**数えて**くれる）

We don't care about time spent in the office; it's results that **count**.
（オフィスで費やされる時間は気にしません；結果こそが**重要なのです**）

《**count** (up)＋目的語［名詞］》《**count**＋人＋as＋名詞》《**count**＋副詞》で覚えよう。 □ **count** on ...「～に頼る」

0736 □□ **stage** [stéidʒ]

名 舞台，演劇（界），段階　動 ～を上演する，～を企てる

The merger is still in the preparation **stage**.
（その合併はまだ準備**段階**にある）

Five hundred citizens volunteered to **stage** the charity concert.
（500 人の市民ボランティアが慈善コンサートを**開催する**手伝いをした）

《**stage** of/in＋名詞》《**stage** for＋名詞》，動詞は《**stage**＋目的語［名詞］》で覚えよう。

0737 □□ **unit** [júːnit]

名 1個，単位，部分，装置

Our products are worth more than their **unit** prices.
（当社の商品は**単**価以上の価値があります）

☞《**unit** of＋名詞》で覚えよう。

0738 □□ **peace** [píːs]

名 平和，秩序，平安，安心

Preparing for what is to come could give you **peace** of mind.
（今後に起きることに備えることは，心に**落ち着き**をもたらすかもしれない）

☞《**peace** of＋名詞》《**peace** with/between/among＋名詞》で覚えよう。 □ at **peace** with ...「～と平穏に」□ make **peace** with ...「～との争いを終える」□ in **peace**「平穏に」□ **peace** of mind「心の平穏」

0739 □□ **style** [stáil]

名 様式，スタイル，文体，話しぶり

Different **styles** of management will work depending on the circumstances.
（状況に応じて異なる管理**スタイル**が有効になる）

☞《**style** of＋名詞》で覚えよう。 □ in/out of **style**「流行して，すたれて」

0740 □□ **mad** [mǽd]

形 気の狂った，ばかげた，無謀な，（～に）夢中になって，激怒して

It's no use getting **mad** at people's opinions.
（人々の意見に**腹を立てて**も仕方がない）

☞《**mad**＋名詞》《連結動詞＋**mad**》《連結動詞＋**mad** at＋名詞》《連結動詞＋**mad** about＋名詞》《連結動詞＋**mad** with＋人》で覚えよう。

GROUP 16

0741 □□ **warm** [wɔ́ːrm]

形 暖かい，温かい，友好的な　動 暖かくなる，～を暖める

I need a blanket to keep myself **warm** while I sleep.
（睡眠中に**暖かく**いられるように毛布がほしい）

The CEO's words of encouragement **warmed** my heart.
（CEO の励ましのことばは私の心を**温かくした**）

☞《**warm**＋名詞》《連結動詞＋**warm**》，動詞は《**warm**＋目的語［名詞］》で覚えよう。

0742 □□ **heat** [híːt]

動 ～を熱する，～を興奮させる，熱くなる　名 熱，熱さ，暑さ，激しさ，盛り上がり

Would you mind **heating** up the meeting room before our guest arrives?
（来客が着く前に会議室を**暖めて**いただけますか）

☞《**heat** (up)＋目的語［名詞］》，名詞は《**heat** of＋名詞》で覚えよう。

0743 □□ **laugh** [lǽf]

動 声をあげて笑う，笑いものにする，一笑に付す　名 笑い（声）

If members can **laugh** together, your team is okay.
（メンバーがともに**笑える**なら，あなたのチームは問題ありません）

It's good to enjoy a **laugh** sometimes to reduce stress from work.
（仕事のストレスを軽減するためには，ときどき**笑い**を楽しむのがよい）

☞《**laugh** at/about/over＋名詞》，名詞は《**laugh** of＋名詞》《**laugh** at/about/over＋名詞》で覚えよう。

0744 □□ **laughter** [lǽftər]

名 笑い，笑い声，楽しみ

In the meeting, everyone roared with **laughter** at my joke.
（会議で全員が私の冗談にどっと**笑った**）

☞《**laughter** of＋名詞》で覚えよう。　□ hearty **laughter**「心の底からの笑い」

0745 □□ **park** [páːrk]

動 ～を駐車する，～を一時的に置く　名 公園，遊園地，競技場

Let me tell you a convenient place to **park** your car.
（あなたの車を**駐車する**便利な場所を教えましょう）

I took a walk to the **park** to feel refreshed.
（気分転換に**公園**まで散歩しました）

☞《**park**＋目的語［名詞］》，名詞は《**park** of/in＋名詞》で覚えよう。

0746 □□ **parking** [páːrkiŋ]

名 駐車（すること），駐車場

The **parking** lot is on the basement floor of the office building.
（**駐車**場はオフィスビルの地下にある）

☞《**parking** in＋名詞》《**parking** for＋名詞》で覚えよう。

0747 □□ **garage** [gǽrɑːdʒ, gərɑ́ːdʒ]

名 ガレージ，車庫，修理工場

Two mechanics came out of the **garage**.
（自動車工 2 人が**車庫**から出てきた）

☞《**garage** of＋名詞》で覚えよう。

0748 □□ **main** [méin]

形 主な，主たる，主要な　名（水道などの）本管

There's so much traffic on the **main** street.
（**大**通りは交通がとても混雑している）

☞《**main**＋名詞》，名詞は《**main** from/to＋名詞》で覚えよう。

0749 □□ **mainly** [méinli]

副 主に，主として，大部分は

Today's lecture is **mainly** about brand loyalty.
（きょうの講義は**主に**ブランド忠誠心に関するものです）

☞ □ **mainly** consist of ...「主に～から成る」

0750 □□ **date** [déit]

名 日付，日（時）　動 ～に日付を入れる，時代遅れになる

Please make the payment within 60 days of the invoice **date**.
（請求**日**から 60 日以内に支払いをお願いいたします）

Oh, you forgot to **date** the document.
（おや，文書に**日付を入れる**のを忘れていますよ）

☞《**date** of/for＋名詞》，動詞は《**date**＋目的語［名詞］》で覚えよう。 □ at a later **date**「後日に」 □ to **date**「今日まで」

0751 □□ **outdated** [àutdéitid]

形 時代遅れの

I'm afraid that's an **outdated** way of thinking.
（残念ながら，その考え方は**時代遅れ**です）

☞《**outdated**＋名詞》《連結動詞＋**outdated**》で覚えよう。

0752 □□ **period** [píəriəd]

名 期間，年代，周期，終止符

Our quarterly sales improved compared with the same **period** last year.
（四半期の売り上げは昨年同**期**に比べて改善した）

☞《**period** of＋名詞》《**period** from *A* to *B*》《**period** between *A* and *B*》で覚えよう。

0753 □□ **periodical** [pìəriɑ́dikl]

形 定期的な，周期的な，定期刊行の　名 定期刊行物

We place advertisements in major **periodical** publications.
（当社は主要**定期**刊行物に広告を出します）

☞《**periodical**＋名詞》《連結動詞＋**periodical**》，名詞は《**periodical** of＋名詞》《**periodical** on/about＋名詞》で覚えよう。

0754 □□ **periodically** [pìəriɑ́dikli]

副 定期的に，周期的に

The filters need to be cleaned **periodically**.
（フィルターは**定期的に**洗浄する必要がある）

☞《動詞・形容詞＋**periodically**》で覚えよう。 □ update ... **periodically**「～を定期的に更新する」

0755 □□ **periodic** [pìəriɑ́dik]

形 周期的な，定期的な，断続的な

Our company cars must receive **periodic** maintenance.
（会社所有の車は**定期**保守点検を受けなければならない）

☞《**periodic**＋名詞》で覚えよう。

0756 □□ **information** [ìnfərméiʃən]

名 情報，知識，学識，資料，データ

Our customer **information** is strictly confidential.
（当社の顧客**情報**は厳重な機密扱いとなっている）

☞《**information** about/on＋名詞》《**information**＋that/wh-/how 節》《**information**＋if/whether 節》で覚えよう。不可算名詞なので，複数形は使わない。 □ for your **information**「参考までに」

0757 □□ **informative** [infɔ́ːrmətiv]

形 教育的な，知識を与える，有益な

Julius attended an **informative** seminar on behalf of his supervisor.
（Julius は上司の代わりに**有益な**セミナーに参加した）

☞《**informative**＋名詞》《連結動詞＋**informative**》《連結動詞＋**informative** about/on＋名詞》で覚えよう。

0758 □□ **inform** [infɔ́ːrm]

動 ～に情報を提供する，～に知らせる

We'd like to **inform** you of the recent changes in personnel.
（最近の人事の変更を**お知らせいたします**）

We will keep Ms. Dohler **informed** of the status of the project.
（Dohler さんにプロジェクトの状況を常に**知らせます**）

☞《**inform**＋人＋of/about＋名詞》《**inform**＋人＋that 節》で覚えよう。

0759 □□ **sudden** [sʌ́dn]

形 突然の，思いがけない，急な

Mr. Kuo's **sudden** departure from the company surprised the industry.
（Kuo さんの**突然の**退職は業界を驚かせた）

☞《**sudden**＋名詞》《連結動詞＋**sudden**》で覚えよう。 □ all of a **sudden**「突然に」

0760 □□ **suddenly** [sʌ́dnli]

副 突然に，不意に

My computer screen **suddenly** went black.
（私のコンピュータの画面は**突然に**暗転した）

☞《**suddenly**＋動詞・形容詞》で覚えよう。 □ **suddenly** begin「突然始まる」

0761 □□ **express** [iksprés]

(動) ～を述べる，～を表す，(速達などで) 送る (形) 明確な，急行の (名) 速達，急行

If I may **express** my opinion, I think this plan is feasible.
(自分の意見を**述べる**とすれば，私はこの計画は実行可能と思います)

I'll take the **express** train for the trip.（その旅には**急行**列車に乗ります）

《**express**＋目的語［名詞］》《**express** *A* as/in *B*》《**express**＋that/wh-/how 節》，名詞は《**express** from/to/for＋名詞》，形容詞は《**express**＋名詞》で覚えよう。 □ by **express**「速達で」

0762 □□ **expression** [ikspréʃən]

(名) 言い回し，表現 (行為)

The **expression** of gratitude promotes social bonding.
(感謝を**伝えること**は社会的な絆を強化する)

《**expression** of＋名詞》で覚えよう。

0763 □□ **sick** [sík]

(形) 病気の，気分の悪い，病人 (用) の，吐きそうで，うんざりして

Ms. Drennan called in **sick** this morning.
(Drennan さんはけさ**病気**のために休むと電話をしてきました)

I'm **sick** of seeing misinformation and disinformation online.
(ネット上で誤報，いつわりの情報を目にすることに**うんざりして**います)

《**sick**＋名詞》《連結動詞＋**sick**》《連結動詞＋**sick** with＋名詞》《連結動詞＋**sick** from＋名詞》で覚えよう。 □ feel **sick**「気分が悪い，吐き気がする」□ call in **sick**「病気で休むと電話で連絡する」□ *be* **sick** of *doing*「～することにうんざりしている」

0764 □□ **ill** [íl]

(形) 病気で，気分が悪い，不快な，悪い

Lucy was feeling **ill**, so she left work early.（Lucy は**気分が悪かった**ので早退した）

《**ill**＋名詞》《連結動詞＋**ill**》《連結動詞＋**ill** with/from＋名詞》で覚えよう。 □ **ill** at ease「落ち着かないで，不安で」

0765 □□ **illness** [ílnəs]

(名) 病気，気分がすぐれないこと，不健康，不快

Eastcliff Hospital is recommended for patients with terminal **illnesses**.
(終末期の**病気**を患う患者のためには Eastcliff 病院が勧められる)

《**illness** of＋名詞》《**illness** from＋名詞》で覚えよう。

0766 □□ **disease** [dizíːz]

(名) 病気，疾病

A new type of respiratory **disease** has been affecting the region.
(新種の呼吸器**疾患**がその地域に影響を及ぼしている)

《**disease** of＋名詞》で覚えよう。

0767 □□ **discover** [diskʌ́vər]

(動) ～を発見する，(長所などを) 見出す

Our team is trying to **discover** new methods of analyzing data.
(私たちのチームは新たなデータ分析の方法を**見いだす**ことに取り組んでいる)

《**discover**＋目的語［名詞］》《**discover**＋目的語［名詞］＋(to be) 形容詞》《**discover**＋人＋動名詞》《**discover**＋that/wh-/how 節》《**discover**＋if/whether 節》《It was **discovered**＋that 節》で覚えよう。

0768 □□ **discovery** [diskʌ́vəri]

名 発見（されたもの）

The researcher's **discovery** could lead to increased productivity.
（その研究者の**発見**は生産性の向上につながるかもしれない）

☞《**discovery** of＋名詞》《**discovery** about＋名詞》《**discovery**＋that 節》で覚えよう。

0769 □□ **paint** [péint]

動（絵）を描く，～を塗る　名 塗料，ペンキ

Our new logo will be **painted** on the billboard.
（広告看板に当社の新ロゴが**描かれる**ことになる）

☞《**paint**＋目的語［名詞］（＋色）》《**paint** *A* with *B*》《**paint** *A* as *B*》，名詞は《**paint** on＋名詞》で覚えよう。

0770 □□ **repaint** [ripéint]

動 ～を塗り替える，～を塗り直す　名 塗り替え（箇所），塗り直し（箇所）

We just **repainted** the walls instead of doing a full renovation.
（全面的に改修する代わりに壁を**塗り替える**だけですませました）

☞《**repaint**＋目的語［名詞］》，名詞は《**repaint** of＋名詞》で覚えよう。

0771 □□ **arrive** [əráiv]

動 到着する，達する，届く

I will be **arriving** at 2:00 P.M. tomorrow.（あした午後 2 時に**到着します**）

☞《**arrive** at/in＋名詞》で覚えよう。 □ **arrive** early/late「早く［遅れて］到着する」□ **arrive** on time「時間どおりに到着する」□ **arrive** in time「到着が間に合う」

0772 □□ **arrival** [əráivl]

名 到着，到達，新生児

Please inform Kelly of your **arrival** time so she can arrange for pick-up.
（Kelly にあなたの**到着**時間を知らせて，迎えを手配してもらってください）

☞《**arrival** of＋名詞》《**arrival** at/in＋名詞》で覚えよう。 □ on **arrival**「到着するとすぐに」□ new **arrival**「新生児」□ estimated time of **arrival**「到着予定時刻」（＝ETA）

0773 □□ **fit** [fít]

動（大きさ，形状が）～に合う，～を合わせる，～に適合する，（大きさ，形状が）合う
名 ぴったり合うこと，（一時的な）気分，発作　形 適した，ぴったりの，健康な

How is Claire **fitting** in at Accounting?
（Claire は会計部に**うまくなじんで**いますか）

Claire seems a good **fit** in Accounting.
（Claire は会計部に**うまくなじんでいる**ようです）

☞《**fit**＋目的語［名詞］》《**fit**＋目的語［名詞］＋for/with＋名詞》，名詞は《**fit** for/with/between＋名詞》《**fit** of＋名詞》，形容詞は《**fit**＋名詞》《連結動詞＋**fit**》《連結動詞＋**fit** for＋名詞》《連結動詞＋**fit**＋to 不定詞》で覚えよう。

0774 □□ **fitness** [fítnəs]

名 適合性，適性，健康

Bernard is a **fitness** enthusiast, so he jogs during his lunch break.
（Bernard は**健康強化**に熱心で，昼休みにジョギングする）

☞《**fitness** for＋名詞》《**fitness**＋to 不定詞》で覚えよう。

0775 □□ **rich** [rítʃ]

形 恵まれて，豊かな，肥えた，コクのある

Our firm has a large number of **rich** clients.
（当社は多数の**富裕**顧客を抱えている）

☞《**rich**＋名詞》《連結動詞＋**rich**》《連結動詞＋**rich** in＋名詞》で覚えよう。

0776 □□ **richly** [rítʃli]

副 十分に，豊富に，高価に

Congratulations on your promotion; you **richly** deserve it.
（昇進おめでとうございます；それに値する**以上の**働きをなさっていますね）

☞ □ **richly** rewarding「とても心豊かになる」

0777 □□ **enrich** [enrítʃ]

動 ～を裕福にする，（質などを）高める，～を強化する，～を改良する

We believe our technologies are for **enriching** people's lives.
（当社の科学技術は人々の生活を**豊かにする**ためにあると信じております）

☞《**enrich**＋目的語［名詞］》で覚えよう。

0778 □□ **poor** [púər]

形 貧しい，あわれな，へたな，劣って，不十分な　名《the poor で》貧困（層）

The **poor** quality of recent products has been hurting the company.
（最近の商品の**乏しい**品質が会社を傷つけている）

I wasn't able to read my notes because of my **poor** handwriting.
（自分の手書き文字が**へたで**メモが読めなかった）

☞《**poor**＋名詞》《連結動詞＋**poor**》《連結動詞＋**poor** in＋名詞》《連結動詞＋**poor** at＋名詞》で覚えよう。 □ **poor** appetite「食欲不振」 □ **poor** crop「不作」

0779 □□ **poorly** [púərli]

副 貧しく，不完全に，へたに，不十分に

The interview went **poorly**, so Ollie didn't get the job.
（面接は**ひどい**出来で，Ollie は職を得られなかった）

☞《動詞＋**poorly**》で覚えよう。 □ *be* **poorly** prepared for ...「～への準備が整っていない」

0780 □□ **poverty** [pávərti]

名 貧困，困窮，欠如，不足，不毛

What is the definition of the **poverty** line?（**貧困**線の定義は何ですか）

☞《**poverty** of/in＋名詞》で覚えよう。

0781 □□ **climb** [kláim]

動 ～を登る，～をはい上がる，登る，よじ登る　名 登ること，登山，増加，上昇

Samuel hoped to **climb** the corporate ladder when entering the company.
（Samuel は入社したときに出世の階段を**登りたい**と願った）

☞《**climb**＋目的語［名詞］》，名詞は《**climb** in/to＋名詞》で覚えよう。

0782 ☐☐ **blow** [blóu]

動 吹く，～を吹き飛ばす　名 一撃，打撃

◤When the wind **blows**, the turbines generate electricity.
（風が**吹く**とタービンが電気を生み出す）

◤The loss of Dr. Stevens was a real **blow** to the energy research field.
（Stevens 博士を失ったことはエネルギー研究分野にとって真の**打撃**となった）

☞《**blow**＋目的語［名詞］》，名詞は《**blow** of＋名詞》《**blow** to/for＋名詞》で覚えよう。

0783 ☐☐ **tape** [téip]

名 粘着テープ，磁気テープ　動 ～を録音［録画］する，～をテープで貼る

◤Where can I find double-sided adhesive **tape**?
（両面粘着**テープ**はどこにありますか）

☞《**tape** of＋名詞》，動詞は《**tape**＋目的語［名詞］》《**tape** *A* to *B*》で覚えよう。 ☐ on **tape**「録画／録音して」

0784 ☐☐ **wing** [wíŋ]

名 翼，羽，～派，棟

◤A new hospital **wing** will open in May on the campus.
（敷地内に新しい病院**棟**が 5 月に開設される）

☞《**wing** of＋名詞》で覚えよう。 ☐ maternity **wing**「産科棟」

0785 ☐☐ **spot** [spát]

名 点，地点，場所，少量，順位　動 ～に斑点をつける，～を見抜く，～を言い当てる，よごれる

◤The cause of the accident is being investigated on the **spot**.
（事故の原因は**現場**で調査されている）

☞《**spot** of＋名詞》《**spot** for＋名詞》，動詞は《**spot**＋目的語［名詞］》《**spot**＋人＋動名詞》《**spot**＋that/wh-/how 節》で覚えよう。 ☐ on the **spot**「その場で，現場で」

0786 ☐☐ **pair** [péər]

名 ひと組，一対　動 ～を組み合わせる，～をひと組にする

◤We're going to work in **pairs** on this project.
（私たちはこのプロジェクトでは **2 人 1 組**で働きます）

☞《**pair** of＋名詞》，動詞は《*be* **paired** with＋人》で覚えよう。 ☐ in **pairs**「2 人 1 組で」

0787 ☐☐ **cable** [kéibl]

名 ケーブル（放送），電線，電信　動 ～を電信で送る，～にケーブルを取り付ける

◤We'd better organize these **cables** to prevent accidents.
（事故を防止するために，これらの**ケーブル**はまとめるほうがよい）

☞《**cable** from/to＋名詞》，動詞は《**cable**＋目的語［名詞］》で覚えよう。日常生活では「ケーブル放送」という意味も重要。

0788 ☐☐ **beauty** [bjúːti]

名 美しさ，美，美点，長所

◤I'm looking for a thing of **beauty** to decorate this room with.
（この部屋に飾る何か**美**しい品を探しています）

☞《**beauty** of＋名詞》で覚えよう。人の心に訴えかけて魅了するような特質を幅広く意味する。

0789 □□ **key** [kíː]

㊔ 鍵，（声などの）調子，要所　㊌ 重要な，主要な

Good communication is the **key** to effective teamwork.
（良好なコミュニケーションは効果的なチームワークの**鍵**である）

☞《the **key** to＋名詞》，形容詞は《**key**＋名詞》《連結動詞＋**key** to＋名詞》で覚えよう。

0790 □□ **per** [pər, pə́ːr]

㊐ ～につき，ごとに，あたり

The rent we earn from this property is $5,000 **per** month.
（この物件から私たちが得る賃貸料は月**あたり** 5,000 ドルです）

☞《**per**＋名詞》で覚えよう。 □ as **per** ...「～に従って，～のとおりに」 □ **per** capita「ひとり当たりの」
□ **per** se「それ自体，本質的に」

0791 □□ **foreign** [fɔ́(ː)rən]

形 外国の，外来の，外国との，異質な

◪ We are thinking of approaching **foreign** investors to obtain funding.
（資金を得るために**海外の**投資家に接触することを検討しています）

☞《**foreign**＋名詞》《連結動詞＋**foreign** to＋目的語》で覚えよう。 □ **foreign**-affiliated company「外資系企業」

0792 □□ **native** [néitiv]

形 ～出身の，～生まれの，天然の，故郷の，生まれつきの 名 出身者，その土地の人，在来の動植物

◪ We are looking for **native** speakers of Eastern European languages.
（当社は東欧言語の**ネイティブ**スピーカーを探しております）

☞《**native**＋名詞》《連結動詞＋**native** to＋名詞》，名詞は《**native** of＋名詞》で覚えよう。

0793 □□ **leg** [lég]

名 脚，脚部，（全行程中の）一区切り，区間

◪ We'll travel by car during the second **leg** of our trip.
（旅行の第 2 **行程**の間は車で移動します）

☞《**leg** of＋名詞》で覚えよう。

0794 □□ **heel** [híːl]

名 かかと，（季節などの）終わりごろ，末端，末尾 動 ～のすぐ後に続く，かかとをつける，退却する

◪ The senior vice president turned on her **heel** and left the boardroom.
（上席副社長は**踵**を返して重役室を立ち去った）

☞《**heel** of＋名詞》で覚えよう。

0795 □□ **knee** [níː]

名 ひざ

◪ Leon is walking on crutches because of his **knee** injury.
（**ひざ**のけがのために Leon は松葉杖で歩いている）

☞《**knee** of＋名詞》で覚えよう。 □ on *one's* **knees**「ひざまづいて」

0796 □□ **according to** [əkɔ́ːrdiŋ tu]

副 ～によれば，《according as ... で》～するに応じて

◪ **According to** the quarterly report, the company is in the black.
（四半期報告書**によれば**，その会社は黒字である）

☞《**according** to＋名詞》《**according** as＋節》で覚えよう。**according** to ... のあとに続く名詞は自分ではない情報源を表す。自分を情報源として「私の考えによれば」というときは in my opinion を使う。

0797 □□ **accordingly** [əkɔ́ːrdiŋli]

副 それに従って，それらしく，それに応じて

◪ The medical staff responded **accordingly** when an emergency occurred.
（緊急事態が生じて，医療スタッフは**それに応じて**対応した）

☞《動詞＋**accordingly**》で覚えよう。文全体を修飾して「その結果として」という意味でも使う。
□ address ... **accordingly**「～に適切に対処する」

0798 □□ **language** [lǽŋgwidʒ]

名 言語，言葉，言葉遣い

Skills in multiple **languages** are needed for the job.
（その仕事には複数**言語**の技能が必要です）

☞《**language** of＋名詞》で覚えよう。

0799 □□ **grammar** [grǽmər]

名 文法（学），文法体系

Our language classes also use **grammar** and vocabulary tests to evaluate your proficiency.
（当校の言語クラスは熟達度を評価するために**文法**と語彙のテストも用います）

☞《**grammar** of＋名詞》で覚えよう。

0800 □□ **press** [prés]

動 ～を押す，～に圧力をかける，懇願する　名 圧迫，報道機関，新聞雑誌

Please **press** the button when you're ready.
（用意ができたらボタンを**押して**ください）

The company will have a **press** conference at 3:30 P.M.
（同社は午後 3 時半に**記者**会見を開く）

☞《**press**＋目的語［名詞］》《**press** for＋名詞》《**press**＋人＋to 不定詞》《**press**＋人＋for/into＋名詞》《**press**＋目的語［名詞］＋on＋人》，名詞は《**press** of＋名詞》で覚えよう。　□ *be* **pressed** for ...「～が足りない」

0801 □□ **pressure** [préʃər]

名 圧力，圧迫，気圧，苦難　動 ～に圧力をかける，～に加圧する

We're under **pressure** to get this project done this week.
（私たちは今週にこのプロジェクトを完了するよう**圧力**を受けている）

☞《**pressure** of＋名詞》《**pressure** for＋名詞》《**pressure** on/against＋人》《**pressure**＋to 不定詞》で覚えよう。　□ under **pressure**「圧力を受けて」

0802 □□ **choose** [tʃúːz]

動 ～を選ぶ，～を選択する

PS Group always tries to **choose** the best plans for its clients.
（PS Group 社は常に顧客に対して最善のプランを**選んで**提供しようとする）

☞《**choose**＋目的語［名詞］》《**choose** between/among＋名詞》《**choose** from＋名詞》《**choose**＋wh-/how 節》《**choose**＋if/whether 節》《**choose**＋to 不定詞》《**choose** *A* as *B*》《**choose** *A* for *B*》で覚えよう。

0803 □□ **choice** [tʃɔ́is]

名 選択（肢）　形 極上の

Alina Gomez was a good **choice** for the marketing team leader.
（マーケティングチームのリーダーとして Alina Gomez はよい**選択**だった）

☞《**choice** of/as/for＋名詞》《**choice** about/as to＋名詞》《**choice** between/among＋名詞》《**choice** from＋名詞》《**choice**＋wh-/how 節》《**choice**＋if/whether 節》《**choice**＋to 不定詞》，形容詞は《**choice**＋名詞》で覚えよう。　□ by **choice**「自ら選んで」□ of **choice**「自ら選んだ」

0804 □□ **pick** [pík]

動 ～を選ぶ，～を盗む，～を採取する，～を選ぶ，～を精選する，～をつつく

Hurry up, we don't have time to **pick** and choose.
（急ぎましょう，**選り**好みしている時間はありません）

《**pick**＋目的語［名詞］》《**pick** *A* for *B*》《**pick** *A* as *B*》《**pick**＋目的語［名詞］＋to 不定詞》《**pick** *A* from/out of *B*》で覚えよう。pick は「～を即決で選ぶ」，choose は「～を自分の判断で選ぶ」，select は「～をよく考えて選ぶ」

0805 □□ **simple** [símpl]

形 簡単な，やさしい，単純な，基本的な，簡素な，地味な

The staff shortage cannot be addressed with a **simple** solution.
（人手不足は**簡単な**解決策では対処できない）

《**simple**＋名詞》《連結動詞＋**simple**》《連結動詞＋**simple**＋to 不定詞》《It is **simple**＋to 不定詞》で覚えよう。

0806 □□ **simply** [símpli]

副 簡単に，平易に，単純に，簡素に，飾りなく，地味に，単に

Put **simply**, we should hire people more competent than ourselves.
（**簡単に**言えば，私たちは自分たちよりも有能な人々を採用するべきです）

□ put **simply**「簡単に言えば」

0807 □□ **simplify** [símpləfài]

動 ～を簡単にする，～を平易にする

These changes will **simplify** the current procedure for hiring staff.
（これらの変更は，スタッフ採用の現行の手続きを**簡略化する**でしょう）

《**simplify**＋目的語［名詞］》で覚えよう。

0808 □□ **clean** [klíːn]

形 清潔な，汚れのない，完全な　動 ～を取り除く，～を掃除する

The partnership between the two companies ended in a **clean** break.
（両社の提携は**完全な**決別に終わった）

《**clean**＋名詞》《連結動詞＋**clean**》で覚えよう。**clean** and tidy の組み合わせで覚えよう。

0809 □□ **cleanliness** [klénlinəs]

名 清潔（さの度合），きれい好き

The officials decided to update the city's **cleanliness** standards.
（当局者は市の**清潔**基準を更新することを決めた）

《**cleanliness** of＋名詞》で覚えよう。発音に注意。

0810 □□ **cleaner** [klíːnər]

名 清掃員，掃除機

Spot-Free provides professional office **cleaners** to businesses in town.
（Spot-Free 社は市中の企業にプロのオフィス**清掃員**を提供している）

《**cleaner** for＋名詞》で覚えよう。人も機材も指す。

0811 □□ **cleanup** [klíːnʌ̀p]

名 大掃除，浄化，（在庫）一掃

Dalton Shoes is having a spring **cleanup** sale.
（Dalton 靴店は春の在庫**一掃**セールをしている）

☞《**cleanup** of＋名詞》で覚えよう。

0812 □□ **cleanse** [klénz]

動 ～を洗浄する，～を清潔にする，～を浄化する

It's good to have plants in the office to help **cleanse** the air.
（オフィス内に植物を置いて，空気を**きれいにする**ために役立てるのはよいことだ）

☞《**cleanse**＋目的語［名詞］》《**cleanse** *A* of *B*》で覚えよう。

0813 □□ **dirty** [dɔ́ːrti]

形 汚れた，荒れ放題の

Do you have any tips for cleaning this **dirty** carpet?
（この**汚れた**カーペットをきれいにするよい方法を何かご存じですか）

☞《**dirty**＋名詞》《連結動詞＋**dirty**》で覚えよう。

0814 □□ **nature** [néitʃər]

名 自然，自然界，天然，本質，本性

We can never bring **nature** completely under our control.
（私たちは**自然**を完全に押さえ込むことはできない）

☞《**nature** of＋名詞》で覚えよう。 □ in **nature**「本質的に」 □ by **nature**「本質的に，生まれつき」

0815 □□ **natural** [nǽtʃərl]

形 自然な，野生の，ありのままの，生まれながらの

Please visit the new **natural** food section in our stores.
（当店の新しい**自然**食品売り場をご覧になってください）

It is **natural** that life is unfair.（人生が不公平であるのは**当然だ**）

☞《**natural**＋名詞》《連結動詞＋**natural**》《It is **natural**＋that 節》《It is **natural**＋to 不定詞》で覚えよう。

0816 □□ **naturally** [nǽtʃərəli]

副 自然に，必然的に，当然

We eat substances that are produced **naturally** in plants and animals.
（私たちは動植物の中に**自然に**作られる物質を摂取する）

☞ 副詞として文全体を修飾する働きもある。 □ behave **naturally**「自然に振る舞う」

0817 □□ **detail** [díːteil, ditéil]

動 ～を詳しく述べる，～を列挙する 名 詳細，細目

Ms. Wang **detailed** a plan to staff about a new branch.
（Wang さんは新しい支社についての計画スタッフに**詳しく話した**）

Let's discuss the **details** of the project later.
（プロジェクトの**詳細**についてのちほど話し合いましょう）

☞《**detail**＋目的語［名詞］》，名詞は《**details** of＋名詞》《**details** about＋名詞》で覚えよう。 □ in **detail**「詳細に」 □ for further/more **details**「さらに詳細は」 □ **detail** checking「精査」

0818 □□ **detailed** [dí:teild, ditéild]

形 詳細な，細目に渡る

Please see our Web site for more **detailed** information.
（さらに**詳細な**情報については当社ウェブサイトをご覧ください）

☞《**detailed**＋名詞》《連結動詞＋**detailed**》で覚えよう。

0819 □□ **block** [blák]

動 ～を妨害する，～を閉鎖する，～を阻む　名 かたまり，街区，一区画，障害（物）

The team leader is trying to remove barriers that **block** progress.
（チームリーダーは進行を**妨げる**障害を取り除こうとしている）

☞《**block**＋目的語［名詞］》，名詞は《**block** of＋名詞》で覚えよう。

0820 □□ **blockbuster** [blákbʌ̀stər]

名 超大型爆弾，大ヒット作，強い影響を与えるもの

Precision Studios released another **blockbuster** this summer.
（Precision Studios 社はこの夏，もうひとつの**大ヒット作**を公開した）

☞《**blockbuster** of＋名詞》で覚えよう。

0821 □□ **campaign** [kæmpéin]

名 組織的運動，キャンペーン　動（社会的な）運動をする

Our company's rapid growth was achieved through the advertising **campaign**.（当社の急速な成長は広告**キャンペーン**を通じて達成された）

Ms. Davis has **campaigned** for workers' rights throughout her career.
（Davis さんはキャリアを通して労働者の権利のために**運動している**）

☞《**campaign** of＋名詞》《**campaign** for/against＋名詞》，動詞は《**campaign** for/against＋名詞》で覚えよう。

0822 □□ **camp** [kǽmp]

名 野営，キャンプ，陣営　動 キャンプする

Both **camps** are opposed to each other on many topics.
（両**陣営**は多くの点で対立している）

☞《**camp** of＋名詞》，動詞は《**camp**＋副詞》で覚えよう。　□ opposite **camp**「反対陣営」
□ go **camping**「キャンプに行く」□ **camp** out「キャンプをする」

0823 □□ **campus** [kǽmpəs]

名 構内，校庭，キャンパス

Our dormitory is located on the university **campus**.
（私たちの寮は大学**構内**にあります）

☞《**campus** of＋名詞》で覚えよう。大学，大企業の敷地を指す。　□ on/off **campus**「キャンパス内／外に」

0824 □□ **message** [mésidʒ]

名 通信，伝言，主旨，意図

Have you read the important **message** from Sam?
（サムからの重要な**伝言**を読みましたか）

☞《**message** of＋名詞》《**message** from/to/for＋人》《**message** about＋名詞》《**message**＋that 節》《**message**＋to 不定詞》で覚えよう。

0825 □□ **messenger** [mésəndʒər]

名 使いの者，使者，配達人

Tom got a part-time job as a bike **messenger**.
（Tom は自転車**メッセンジャー**のパート職に就いた）

☞《**messenger** of＋名詞》《**messenger** from/to/for＋人》で覚えよう。

0826 □□ **local** [lóukl]

形 地元の，地方の，各駅停車の　名 地元の人々，普通列車

We are awaiting approval from the **local** government for the repair.
（修理のために**地方**自治体からの認可を待っています）

☞《**local**＋名詞》，名詞は《**local** in＋名詞》で覚えよう。

0827 □□ **locally** [lóukəli]

副 地元で，その地方で，局部的に，各駅停車で

Most of the parts for this machine are made **locally**.
（この機械の部品の大半は**地元で**作られている）

☞《動詞・形容詞＋**locally**》で覚えよう。　□ **locally** grown「地元で成育された」

0828 □□ **municipal** [mju(:)nísəpl]

形 市の，市営の，地方自治体の

The **municipal** government has been growing in size for five years.
（その**地方自治体**は 5 年間に規模が拡大している）

☞《**municipal**＋名詞》で覚えよう。

0829 □□ **tire** [táiər]

動 ～を疲れさせる，～を飽きさせる

It **tires** me to frequently exchange text messages.
（頻繁にテキストメッセージをやり取りするのは**疲れる**）

☞《**tire**＋人》で覚えよう。「疲れる，くたびれる」という意味では *be*/get tired を使うことが多い。現在分詞形 tiring は「人を疲れさせるような」という意味の形容詞としても使う。

0830 □□ **tired** [táiərd]

形 疲れて，飽きて

I was a little **tired** after jogging for an hour.
（1 時間ジョギングして少し**疲れました**）

I'm getting **tired** of handling complaints from customers.
（顧客からの苦情を処理するのは**うんざりして**きました）

☞《**tired**＋名詞》《連結動詞＋**tired**》《連結動詞＋**tired** from＋名詞》《連結動詞＋**tired** of＋名詞》で覚えよう。

0831 □□ **hang** [hǽŋ]

動 垂れ下がる，ほっつき歩く，～を吊るす，～を取り付ける　名 コツ

I'll **hang** this painting on the wall for a change.
（気分転換にこの絵を壁に**掛けましょう**）

Astrid got the **hang** of her new job after a few days.
（Astrid は数日で新しい仕事の**コツ**をつかんだ）

☞《**hang**＋目的語［名詞］》，名詞は《**hang** of＋名詞》で覚えよう。　□ get the **hang** of ...「～ができるようになる」

0832 □□ **wash** [wɑ́ːʃ]

動 ～を洗う，～を洗い流す，～を侵食する，～を取り除く　名 洗濯（物），洗浄，侵食

The workers are **washing** the windows of the building.
（作業員らはビルの窓ガラスを**洗浄している**）

☞《**wash**＋目的語［名詞］》，名詞は《**wash** of＋名詞》で覚えよう。

0833 □□ **title** [táitl]

名 タイトル（の付いた商品），敬称，肩書　動 ～にタイトルをつける

I'm working on the **title** page of my presentation slides now.
（私はプレゼンテーション用スライドの**タイトル**ページをいま作っています）

The novelist's upcoming book is **titled** *Nothing in Return*.
（その小説家の近作は *Nothing in Return* という**タイトルが付いている**）

☞《**title** of＋名詞》，動詞は《**title**＋目的語［名詞］＋名詞》で覚えよう。 □ job **title**「肩書き」

0834 □□ **edge** [édʒ]

名 刃，縁，鋭さ，有利，強味　動 ～に縁を付ける，～の縁を切る

Please don't put your cup close to the **edge** of the table.
（カップをテーブルの**縁**近くに置かないでください）

Our AR technology will give us an **edge** over our competitors.
（仮想現実技術は競合企業に対する当社の**優位**となるだろう）

☞《**edge** of＋名詞》《**edge** over＋名詞》，動詞は《*be* **edged** with＋名詞》で覚えよう。

0835 □□ **square** [skwéər]

名 正方形，四角，広場，平方，まともすぎる人　形 正方形の，四角の，平方の，公平な　副 公平に，四角に，まともに　動 ～を正方形にする，～を精算する，～を２乗する

There are large crowds in the town **square**.（街の**広場**には多くの人々がいる）

I'm looking for a **square**-shaped mirror.（**正方形**の形の鏡を探しています）

The apartment covers an area of 100 **square** meters.
（そのアパートは 100 **平方**メートルの広さです）

☞《**square** of＋名詞》，形容詞は《**square**＋名詞》《連結動詞＋**square**》《連結動詞＋**square** with＋名詞》，動詞は《**square**＋目的語［名詞］》で覚えよう。

0836 □□ **skin** [skín]

名 肌，皮，皮膚　動 ～の皮を剥ぐ，～をむく

Our business specializes in **skin** care products.
（当社の事業は**肌**をケアする商品を専門にしています）

☞《**skin** of＋名詞》，動詞は《**skin**＋目的語［名詞］》で覚えよう。

0837 □□ **secret** [síːkrət]

形 秘密の，内密の，公表されていない　名 秘密，機密

The **secret** ingredient in Mr. Chicken's original recipe is raisins.
（Mr. Chicken のオリジナルレシピの**秘密の**材料は干しぶどうです）

You must keep your passwords **secret**.
（自分のパスワードは**秘密**にしなければならない）

☞《**secret**＋名詞》《連結動詞＋**secret**》《連結動詞＋**secret** about＋名詞》《連結動詞＋**secret** from＋名詞》，名詞は《**secret** of＋名詞》《**secret** about＋名詞》《**secret** behind＋名詞》《**secret** from＋名詞》《**secret** to＋名詞》《It is a **secret**＋that 節》で覚えよう。 □ in **secret**「ひそかに」

0838 □□ **central** [séntrəl]

(形) 中心の，中央の，主要な，重要な

Biznet's **central** office will be relocated this fall.
（Biznet の**本**社はこの秋に移転する）

☞《**central**＋名詞》《連結動詞＋**central** to＋名詞》で覚えよう。

0839 □□ **tough** [tʌ́f]

(形) 丈夫な，固い，たくましい，乱暴な，厳格な，つらい，厳しい

I've never met such a **tough** negotiator as Ms. Harris.
（Harris さんほどの**手ごわい**交渉相手に会ったのは初めてです）

My jaw is sore from chewing **tough** meat.（**固い**肉をかんであごが痛い）

☞《**tough**＋名詞》《連結動詞＋**tough**》《連結動詞＋**tough** on/with＋人》で覚えよう。 □ have a **tough** time「苦労する」

0840 □□ **numb** [nʌ́m]

(形) かじかんだ，凍えた，（気持ちが）まひした，無感覚になった (動) ～をしびれさせる，～を呆然とさせる

Oh, my legs are **numb**, and I can't walk.
（ああ，脚が**しびれて**歩けない）

☞《**numb**＋名詞》《連結動詞＋**numb**》《連結動詞＋**numb** from＋名詞》《連結動詞＋**numb** with＋名詞》，動詞は《**numb**＋目的語［名詞］》で覚えよう。 □ go **numb**「しびれる」

0841 □□ **direct** [dərékt, dai-]

形 直接の，まっすぐな，遠慮のない 動 ～を指導する，～を演出する，～に指示する 副 直接に，まっすぐに，遠慮なく

Alfred is known for his **direct** way of speaking.
(Alfred はその**率直な**もの言いで知られている)

☞《**direct**＋名詞》《連結動詞＋**direct**》，動詞は《**direct**＋目的語［名詞］》《**direct** *A* at/toward *B*》《**direct**＋人＋to 不定詞》《**direct**＋that 節》，副詞は《動詞＋**direct**》で覚えよう。

0842 □□ **directly** [dəréktli, dai-]

副 直接に，まっすぐに，率直に，直ちに

It will be easier if you **directly** ask management.
(経営陣に**直接に**尋ねればもっと簡単でしょう)

☞《**directly**＋動詞・形容詞》《**directly** from/to＋名詞》で覚えよう。

0843 □□ **direction** [dərékʃən, dai-]

名 方向，目標，《directions で》道順，指示

Masa asked for **directions** to the Carson Building.
(Masa は Carson ビルまでの**道順**を尋ねた)

☞《**direction** of＋名詞》《**directions** for＋名詞》《**directions** to＋名詞》《**directions** about＋名詞》《**directions**＋that 節》《**directions**＋to 不定詞》で覚えよう。 □ in the **direction** of ...「～の方向に」 □ under *someone's* **directions**「～の指示のもとに」

0844 □□ **director** [dəréktər, dai-]

名 指導者，取締役，理事，ディレクター，監督

The **director** says the institute will focus on recruiting more members.
(その協会はもっと多くの会員を募ることに集中する，と**所長**は述べた)

☞《**director** of＋名詞》で覚えよう。 □ the board of **directors**「取締役会」

0845 □□ **directory** [dəréktəri, dai-]

名 住所氏名録，案内図，指導書，規則書

I got the name of your company from a local business **directory**.
(地元の企業**要覧**から貴社の名を知りました)

☞《**directory** of＋名詞》で覚えよう。

0846 □□ **indirect** [indərékt, -dai-]

形 まっすぐでない，遠回しの，間接的な

The limited budget is having an **indirect** effect on office morale.
(予算の制約がオフィスの士気に**間接的な**影響を及ぼしている)

☞《**indirect**＋名詞》《連結動詞＋**indirect**》で覚えよう。

0847 □□ **design** [dizáin]

動 ～の下図を作る，～をデザインする，～を設計する 名 図案，デザイン，計画

We **designed** a more efficient order-processing system.
(当社はもっと効率的な注文処理システムを**設計した**)

☞《**design**＋目的語［名詞］》《**design** *A* for/as *B*》《*be* **designed**＋to 不定詞》《*be* **designed** for/as＋名詞》，名詞は《**design** of＋名詞》《**design** for＋名詞》で覚えよう。 □ by **design**「意図して」

0848 □□ **redesign** [rìdizáin]

動 ～を再設計する，～をデザインし直す　名 再設計，新デザイン

The product's sales increased after **redesigning** the package.
（パッケージを**デザインし直す**と，その製品の販売が増えた）

☞《**redesign** ＋目的語［名詞］》，名詞は《**redesign**＋名詞》で覚えよう。

0849 □□ **ocean** [óuʃən]

名 大洋，海洋，海

I'd like a room overlooking the **ocean**.（**海**を見下ろす部屋をお願いします）

☞《**ocean** of＋名詞》で覚えよう。 □ a drop in the **ocean**「大河の一滴」

0850 □□ **coast** [kóust]

名 海岸，沿岸，斜面　動 航行する，惰性で進む，楽に進む

Avery Audio Systems is now marketing its brand on the East **Coast**.
（Avery Audio Systems 社はいま，東**海岸**で自社ブランドを売り込んでいる）

☞《**coast** of＋名詞》で覚えよう。 □ along the **coast**「海岸に沿って」 □ on/off the **coast**「海沿いの，沖合の」 □ from **coast** to **coast**「全土で」

0851 □□ **shore** [ʃɔ́ːr]

名 岸，海岸，海辺

Emma's dog enjoys running on the sandy **shore** every morning.
（Emma の犬は毎朝砂**浜**を走って楽しんでいる）

☞《**shore** of＋名詞》で覚えよう。 □ on **shore**「海岸に」 □ off **shore**「沖に」

0852 □□ **gulf** [gʌ́lf]

名 湾，深い穴，大きな隔たり

The two cities in the region are separated by a **gulf**.
（その地域の両市は**湾**によって隔てられている）

☞《**gulf** of/between＋名詞》で覚えよう。

0853 □□ **bay** [béi]

名 湾，入江

Several cargo vessels are currently docked in the **bay**.
（**湾**内に数隻の貨物船が停泊している）

☞《**bay** of＋名詞》で覚えよう。gulf より小さい。 □ keep/hold ... at **bay**「～（の発生）を食い止める」

0854 □□ **canal** [kənǽl]

名 運河，用水路

Mr. Ishida runs a small business in a historic **canal** district.
（Ishida さんは歴史のある**運河**地区で小規模な事業を営んでいる）

☞《**canal** of＋名詞》《**canal** from/to＋名詞》で覚えよう。

0855 □□ **isle** [áil]

名 島

I had a great time traveling around the British **Isles**.
（ブリテン**島**を旅して回ってとても楽しかった）

☞《**isle** of＋名詞》で覚えよう。

0856 □□ **cape** [kéip]

名 岬，ケープ

My home has a lovely view of the nearby **cape**.
（私の家は近くの**岬**のすてきな眺めを楽しめます）
《**cape** of＋名詞》で覚えよう。

0857 □□ **canyon** [kǽnjən]

名 渓谷，峡谷

The city is constructing a bridge that will span the **canyon**.
（市は**渓谷**にまたがる橋を建造中である）
《**canyon** of＋名詞》で覚えよう。

0858 □□ **fountain** [fáuntn]

名 噴水，泉，水源，源泉

The hotel garden has a beautiful ornamental **fountain**.
（ホテルの庭園には美しい装飾用**噴水**が設けられている）
《**fountain** of＋名詞》で覚えよう。

0859 □□ **wave** [wéiv]

動 波打つ，（手）を振る，～をうねらせる　名 波，振ること，波動

People are marching along the street **waving** flags and banners.
（人々は旗や横断幕を**振りながら**街頭を行進している）

Internet users sometimes have to ride big **waves** of information.
（インターネットのユーザーは，情報の大**波**に乗らなければならないことがある）
《**wave**＋目的語［名詞］》《**wave** to/at＋名詞》，名詞は《**wave** of＋名詞》で覚えよう。 □ **wave** of prosperity「好景気の波」

0860 □□ **fast** [fǽst, fɑ́ːst]

副 速く，しっかりと　形 速い，（時計が）進んでいる，固くしまった

My heart started to beat **fast** with excitement.
（興奮で心臓が**早**打ちし始めた）
《動詞＋**fast**》，形容詞は《**fast**＋名詞》《連結動詞＋**fast**》で覚えよう。 □ **fast** and snappy「手っ取り早い」 □ **fast** at work「仕事が速い」 □ **fast** asleep「熟睡して」

0861 □□ **slow** [slóu]

動 ～を遅らせる，速度が落ちる　形 遅い，時間がかかる，ゆっくりした

Sales of the new tablet PC are beginning to **slow**.
（その新型タブレット PC の販売は**鈍ってきて**いる）
《**slow**＋目的語》，形容詞は《**slow**＋名詞》《連結動詞＋**slow**》《連結動詞＋**slow**＋to 不定詞》《連結動詞＋**slow** in＋動名詞》で覚えよう。

0862 □□ **slowly** [slóuli]

副 ゆっくり，遅く

Our business performance has been recovering **slowly** but steadily.
（当社の業績は**ゆっくりと**着実に回復している）
《動詞＋**slowly**》で覚えよう。□ **slowly** improve「ゆっくりと改善する」

0863 □□ **slowdown** [slóudàun]

名 鈍化，景気減速，怠業

Stock prices have been hit hard by the global economic **slowdown**.
（株価は世界的な景気**減速**によって打撃を受けている）

☞《**slowdown** in＋名詞》で覚えよう。

0864 □□ **brake** [bréik]

名 ブレーキ，歯止め，抑制　動 ブレーキをかける

Every nation is responsible for putting the **brakes** on global warming.
（地球温暖化に**ブレーキ**をかける責任がすべての国にある）

☞《**brake** of＋名詞》《**brake** on＋名詞》，動詞は《**brake**＋副詞》で覚えよう。

0865 □□ **limit** [límit]

動 ～を限定する，～を制限する　名 限界，制限，上限，下限，境界，《limits で》範囲

We'd better **limit** the time we spend on this project.
（このプロジェクトに費やす時間量を**制限する**ほうがよい）

☞《**limit**＋目的語［名詞］》《**limit** *A* to *B*》《*be* **limited** to＋名詞》，名詞は《**limit** of＋名詞》《**limit** for＋名詞》《**limit** to/on＋名詞》で覚えよう。 □ above/below/beyond a **limit**「限界を上回って，限界を下回って，限界を超えて」□ within the **limits** of ... で「～の範囲内で」

0866 □□ **limitation** [lìmitéiʃən]

名 制限，制約，（能力などの）限界，弱み

More **limitations** have been put on the use of company cars.
（会社所有の車の使用に関して**制限**が追加された）

☞《**limitation** of＋名詞》《**limitation** to/on＋名詞》《**limitation**＋that 節》で覚えよう。

0867 □□ **unlimited** [ʌnlímitid]

形 際限のない，果てしない，無制限の，無条件の

With this service, you can read an **unlimited** number of e-books.
（このサービスでは，**無制限の**冊数の電子ブックをお読みいただけます）

☞《**unlimited**＋名詞》《連結動詞＋**unlimited**》で覚えよう。

0868 □□ **famous** [féiməs]

形 有名な，名高い

Ms. Li's strong leadership made her **famous** in the industry.
（Li さんは強固な指導力で業界で**有名に**なった）

☞《**famous**＋名詞》《連結動詞＋**famous**》《連結動詞＋**famous** for＋名詞》《連結動詞＋**famous** as＋名詞》で覚えよう。

0869 □□ **famed** [féimd]

形 有名な，名高い，評判がある

This restaurant is **famed** for its delicious noodles.
（このレストランはおいしい麺類で**有名だ**）

☞《**famed**＋名詞》《連結動詞＋**famed**》《連結動詞＋**famed** for＋名詞》で覚えよう。

0870 □□ **wild** [wáild]

形 野生の，荒涼とした，熱狂的な　名 荒地，不毛地帯

Many **wild** animals are being protected from the illegal wildlife trade.
（多くの**野生**動物が違法な野生生物取引から保護されている）

☞《**wild**＋名詞》《連結動詞＋**wild**》《連結動詞＋**wild** about＋名詞》《連結動詞＋**wild** with＋名詞》で覚えよう。

0871 □□ **wildlife** [wáildlàif]

名 野生生物

All profits from this event will be donated to **wildlife** protection programs.（このイベントからの利益はすべて**野生生物**保護プログラムに寄付されます）

☞《**wildlife** in/of＋名詞》で覚えよう。不可算名詞なので，複数形は使わない。　□ **wildlife** habitats「野生動植物」

0872 □□ **quiet** [kwáiət]

形 静かな，寡黙な，もの静かな

I want to spend a **quiet** evening after a busy day.
（忙しい一日を終えて，私は**静かな**夜を過ごしたい）

☞《**quiet**＋名詞》《連結動詞＋**quiet**》《連結動詞＋**quiet** about＋名詞》で覚えよう。

0873 □□ **quietly** [kwáiətli]

副 静かに，ものも言わず，平穏に

Micah **quietly** waited in the room for her interviewer to come.
（Micah は**静かに**部屋で面接担当者が来るのを待った）

☞《**quietly**＋動詞・形容詞》で覚えよう。□ **quietly** disappear「静かに姿を消す」

0874 □□ **person** [pə́ːrsn]

名 人，人間，人柄，人物

I'm afraid Mr. Pelton is not the right **person** to talk to about this matter.
（残念ながら，Pelton さんはこの件に関して話すべき**人物**ではないと思います）

☞《**person** of＋名詞》で覚えよう。特定の人間性や人柄を含めた「人」を意味する。複数形は people。　□ in **person**「本人自らが，面会したうえで」

0875 □□ **personal** [pə́ːrsənl]

形 個人の，個人に関する，個人的な，私的な

Could I ask you a **personal** question?
（ひとつ**個人的な**質問をしてよろしいですか）

☞《**personal**＋名詞》《連結動詞＋**personal**》で覚えよう。　□ on a **personal** note「個人的な話として」

0876 □□ **personally** [pə́ːrsənəli]

副 個人的に，個人的には，自ら，直々に

I'm **personally** in favor of using the data format Yuka suggested.
（**個人的には** Yuka が提案したデータ形式を用いることに賛成です）

☞《**personally**＋動詞・形容詞》で覚えよう。副詞として文全体を修飾する働きもある。　□ take ... **personally**「～を中傷ととらえる」

0877 □□ **personality** [pə̀ːrsənǽləti]

名 性格，人柄，人格，著名人

Jane's easy-going **personality** seems to facilitate our teamwork.
（Jane の余裕を感じさせる**人柄**はチームワークを促進するようだ）

☞《**personality** of＋名詞》で覚えよう。

0878 □□ **personalize** [pə́ːrsənəlàiz]

動 ～を個人専用とする，～を個人向けにする，～を擬人化する

We are pleased to help you **personalize** your workout program.
（喜んで**自分なりの**運動プログラム**を作る**お手伝いをいたします）

☞《**personalize**＋目的語［名詞］》で覚えよう。

0879 □□ **personnel** [pə̀ːrsənél]

形 人事の，職員の　名 人事（部／課），職員，従業員

The **personnel** manager agreed that we should hire Sally Johnson.
（**人事**部長は Sally Johnson さんを雇うことに同意した）

☞《**personnel** in/at/of/for＋名詞》で覚えよう。staff（複数扱い）と human resources の両方の意味がある。

0880 □□ **private** [práivət]

形 個人の所有する，私有の，私用の，内々の

I'd prefer to keep this information **private**.
（この情報は**内密に**しておきたいのです）

☞《**private**＋名詞》《連結動詞＋**private**》で覚えよう。

0881 □□ **sail** [séil]

動 帆走する，航海する，出航する，（船）を操縦する　名 帆，帆船，航海

The adventurer **sailed** across the Pacific by yacht for a second time.
（その冒険家は再度ヨットで太平洋を**航海して**渡った）

☞《**sail**＋目的語［名詞］》《**sail** from *A* to *B*》《**sail** for＋名詞》，名詞は《**sail** from/to/for＋名詞》で覚えよう。

0882 □□ **shout** [ʃáut]

名 叫び，大声，歓声，喝采　動 大声で叫ぶ，～を叫ぶ，どなる，大声を出す

The team's equalizing goal was greeted with **shouts** of joy.
（チームの同点ゴールは喜びの**歓声**で迎えられた）

☞《**shout** of＋名詞》《**shout** from＋名詞》，動詞は《**shout** at＋名詞》《**shout** for＋名詞》《**shout** about＋名詞》《**shout**＋目的語［名詞］＋at/to＋人》で覚えよう。

0883 □□ **pop** [páp]

動 ポンと音を立てる［出す］，（突然）現れる，（体を）叩く，～を（急いで）動かす　名 ポンという音，発射，ポップ音楽

People were enjoying the **popping** sounds of fireworks.
（人々は花火が**弾ける**音を楽しんでいた）

☞《**pop** from/out of＋名詞》，名詞は《**pop** of＋名詞》で覚えよう。 □ **pop** out of ...「～から飛び出る」

0884 □□ **chart** [tʃɑ́ːrt]

名 図表　動 ～を図表にする，～の計画を立てる

Jerome prepared a marketing flow **chart** for the meeting.
(Jerome は会議のためにマーケティングの流れ**図**を準備した)

☞《**chart** of＋名詞》で覚えよう。

0885 □□ **cell** [sél]

名 小部屋，細胞，独房，小集団

Our lab teams are utilizing advanced **cell** biology techniques.
(当社の研究所チームは，先端**細胞**生物学の技術を活用している)

☞《**cell** of＋名詞》で覚えよう。

0886 □□ **tiny** [táini]

形 とても小さい

Let's not worry about **tiny** details.
(**ささいな**ことを心配しないようにしましょう)

☞《**tiny**＋名詞》《連結動詞＋**tiny**》で覚えよう。

0887 □□ **awful** [ɔ́ːfl]

形 ひどい，恐ろしい，荘厳な

Oh, what an **awful** way to start the day!
(ああ，なんて**ひどい**一日の始まりだろう)

☞《**awful**＋名詞》《連結動詞＋**awful**》《It is **awful**＋that 節》《It is **awful**＋to 不定詞》で覚えよう。よくない状態や不快を表す形容詞。似た形容詞 awesome は「とてもよい，すばらしい」という反対の意味を表す。

0888 □□ **democratic** [dèməkrǽtik]

形 民主主義の，民主的な，平等な

The prime minister was appointed by **democratic** election.
(首相は**民主的な**選挙によって任命された)

☞《**democratic**＋名詞》《連結動詞＋**democratic**》で覚えよう。

0889 □□ **mostly** [móustli]

副 大部分は，たいてい(は)，主に

Our customers are **mostly** middle-aged, but our next target is younger people. (当社の顧客は**主に**中年層ですが，次は若者にも訴求したいと考えています)

☞《**mostly**＋形容詞》で覚えよう。generally や for the most part のほうがフォーマル。 □ **mostly** empty「ほとんどからで」

0890 □□ **ought** [ɔ́ːt]

助《ought to *do* で》～する義務がある，～するべきである

It might rain soon, so we **ought** to go inside.
(もうすぐ雨になるかもしれないので，屋内に入る**べきです**)

☞《**ought**＋to 不定詞》で覚えよう。

0891 □□ **move** [múːv]

動 ～を動かす，～を移す，～を提議する，～を始動させる，～を感動させる，引っ越す，動く，前進する　名 動き，動作，転居，転勤，転職

The project has been **moving** slowly for two weeks.
（プロジェクトは 2 週間ゆっくりと**動いている**）

We are **moving** our office because of an increase in staff.
（スタッフ数が増えてきたのでオフィスを**移転します**）

☞《**move**＋目的語［名詞］（＋from/to/into＋名詞）》《**move**＋副詞》《**move** from/to/into＋名詞》《**move**＋人》《**move**＋that 節》《**move**＋to 不定詞》《**move**＋人＋to 不定詞》，名詞は《**move** from/to/into＋名詞》《**move**＋to 不定詞》《**move** to/toward/against＋名詞》で覚えよう。現在分詞形 moving は「人を感動させる」，過去分詞形 moved は「感動して」という意味の形容詞としても使う。

0892 □□ **movement** [múːvmənt]

名 運動，活動，体の動き，動作，態度，姿勢，行動，動静

Pet animals often show their emotions through body **movements**.
（ペット動物は体の**動き**によって感情を示すことが多い）

☞《**movement** of＋名詞》《**movement** to/toward/away from＋名詞》《**movement** for＋名詞》《**movement**＋to 不定詞》で覚えよう。

0893 □□ **motion** [móuʃən]

名（動いている状態，過程を示して）動き，運動，動揺，運行，（体の）動作，身ぶり，合図，動議
動 ～に身ぶりで指示する，（～に）合図する

The tennis player hit the ball in a quick **motion**.
（そのテニス選手はすばやい**動き**でボールを打った）

The **motion** to adjourn the meeting was rejected.
（会議を中断しようという**動議**は却下された）

☞《**motion** of＋名詞》《**motion**＋that 節》《**motion**＋to 不定詞》，動詞は《**motion** to＋人》《**motion**＋人＋to 不定詞》《**motion**＋人＋into＋名詞》で覚えよう。

0894 □□ **gas** [gǽs]

名 気体，ガス

Toxic **gas** was detected on the construction site.
（建設現場で有毒**ガス**が検知された）

Turn off the air conditioner when the **gas** is running out.
（**ガソリン**が残り少なくなってきたら，エアコンを止めなさい）

☞《**gas** of＋名詞》で覚えよう。gasoline の短縮形でもある。　□ **gas** station「ガソリンスタンド」

0895 □□ **gasoline** [gǽsəliːn]

名 ガソリン

Ms. Kraft bought a car that doesn't need **gasoline**.
（Kraft さんは**ガソリン**を必要としない車を買った）

☞《**gasoline** for＋名詞》で覚えよう。gas と短縮することもある。

0896 □□ **international** [ìntərnǽʃənl]

形 国際的な，国際間の，万国の，海外の

The organization will hold an **international** conference in June.
（その組織は 6 月に**国際**会議を開く）

☞《**international**＋名詞》《連結動詞＋**international**》で覚えよう。

0897 □□ **internationally** [ìntərnǽʃənəli]

副 国際的に，国際上は

The company is **internationally** known as a tough negotiator.
（同社は交渉が難しい相手として**国際的に**知られている）

☞《動詞・形容詞＋**internationally**》で覚えよう。 □ compete **internationally**「国際的に競う」

0898 □□ **circle** [sə́ːrkl]

動 〜を周回する，〜を丸で囲む 名 円，団体

In this survey, we ask you to **circle** the responses that apply to you.
（この調査では，自分に当てはまる回答を**丸で囲んで**ください）

For today's meeting, please make a **circle** of chairs, everyone.
（きょうの会議のために，皆さん，椅子で**円**を作って座ってください）

☞《**circle**＋目的語［名詞］》，名詞は《**circle** of＋名詞》で覚えよう。

0899 □□ **circuit** [sə́ːrkət]

名 外周，巡回，電気回路

Natalie is on duty patrolling the **circuit** between the offices.
（Natalie はオフィス間を**巡回**する任務についている）

☞《**circuit** of＋名詞》で覚えよう。

0900 □□ **shop** [ʃáp, ʃɔ́p]

動 買い物をする，買い物に行く，（店）を見て歩く 名 商店，小売店

I go to the nearby Fresh Garden every other day to **shop** for groceries.
（私は一日おきに近くの Fresh Garden に行って食料品を**買い求めます**）

☞《**shop** for＋名詞》《**shop** at＋名詞》，名詞は《**shop** in＋名詞》《**shop** for＋名詞》で覚えよう。

0901 □□ **shopper** [ʃápər]

名 買い物客，買い物をする人

Ms. Manning hired a personal **shopper** to take care of her wardrobe.
（Manning さんは，自分の服を買ってくれる個人的な**買い物代行人**を雇った）

☞《**shopper** for＋名詞》《**shopper** at＋名詞》で覚えよう。 □ frequent **shopper**「得意客」

0902 □□ **mall** [mɔ́ːl]

名 モール，（屋根続きで冷暖房付きの）大商店街

Alastair is the lead architect on the new outlet **mall** project.
（Alastair は新アウトレット**モール**建設プロジェクトの筆頭建築家だ）

☞《**mall** of＋名詞》《**mall** in＋名詞》で覚えよう。 □ at the **mall**「ショッピングモールで」

0903 □□ **destroy** [distrɔ́i]

動 ～を破壊する，～を滅ぼす，～をだいなしにする

If we break the law, we risk **destroying** our company's reputation.
（法律を破れば，当社は評判を**だいなしにする**リスクがある）

《**destroy**＋目的語［名詞］》で覚えよう。

0904 □□ **destruction** [distrʌ́kʃən]

名 破壊（手段）

These restrictions are to prevent the **destruction** of valuable artifacts.
（これらの規制は貴重な遺物の**破壊**を防ぐためのものである）

《**destruction** of＋名詞》で覚えよう。

0905 □□ **manage** [mǽnidʒ]

動 どうにかしてする，うまくする，～を操る，～をうまく扱う，～を処理する，～を経営する，～を管理する

We **managed** to move ahead with the project while Wendy was on sick leave.（Wendy が病気で休んでいる間に，私たちは**どうにか**プロジェクトを進めることが**できた**）

《**manage**＋目的語［名詞］》《**manage**＋to 不定詞》《**manage** with/without＋名詞》で覚えよう。

0906 □□ **management** [mǽnidʒmənt]

名 経営，管理，経営力，経営学，経営陣，取り扱い，統御，操縦

Ms. Nadi likes a hands-off approach in **management**.
（Nadi さんは**経営管理**において干渉しない方法を好む）

《**management** of＋名詞》で覚えよう。 □ in **management**「経営に携わって」□ under *someone's* **management**「～による管理のもとで」

0907 □□ **managerial** [mæ̀nədʒíəriəl]

形 支配人の，経営（上）の，管理（上）の

John is leaving, so I'd like to ask you to take over his **managerial** duties.
（John が退職するので，あなたに彼の**管理業務**責任を引き継いでいただきたいのです）

《**managerial**＋名詞》で覚えよう。

0908 □□ **manager** [mǽnidʒər]

名（部長などの）管理者，店長

Lucas got promoted to regional **manager**.
（Lucas は地域**責任者**に昇進した）

《**manager** of＋名詞》《**manager** for＋名詞》で覚えよう。

0909 □□ **handle** [hǽndl]

動 ～を操作する，～を担当する，～を処理する，～を管理する 名 ハンドル，機会，手段

I can **handle** this task by myself.
（この課題は私ひとりで**扱えます**）

《**handle**＋目的語［名詞］》，名詞は《**handle** on＋名詞》で覚えよう。 □ **handle** ... with care「～を慎重に扱う」

0910 □□ **agency** [éidʒənsi]

名 代理店，取次店，（政府の）局，機関

Ling was hired through a recruitment **agency**.
（Ling は人材紹介**代理店**を通して雇用された）

《**agency** of＋名詞》で覚えよう。サービスを提供する事業者や公共事業体について使うことが多い。
□ advertising **agency**「広告代理店」□ real estate **agency**「不動産業者」

0911 □□ **agent** [éidʒənt]

名 代理人，仲介者，（政府の）職員，調査官，作用因子

Heather has worked as a real estate **agent** for 10 years.
（Heather は 10 年間不動産**業者**として働いている）

《**agent** of＋名詞》《**agent** for＋名詞》で覚えよう。

0912 □□ **average** [ǽvəridʒ]

名 平均，標準　形 平均の　動 ～を平均化する，平均して～になる

TexTech's sales showed higher growth than the industry **average**.
（TexTech 社の販売は業界**平均**以上に伸びた）

《**average** of＋名詞》，形容詞は《**average**＋名詞》《連結動詞＋**average**》，動詞は《**average**＋目的語［名詞］》《**average**＋数字》で覚えよう。 □ on **average**「平均して」□ above/below **average**「平均以上で，平均以下で」

0913 □□ **standard** [stǽndərd]

名 標準，基準，しきたり　形 標準の，標準的な，基準となる

We must completely meet the safety **standards** in the factory.
（工場の安全**基準**は完全に満たさなければならない）

《**standard** of＋名詞》《**standard** in＋名詞》，形容詞は《**standard**＋名詞》《連結動詞＋**standard**》で覚えよう。 □ safety **standards**「安全基準」□ quality **standards**「品質基準」□ industry **standards**「工業規格」□ international **standards**「国際基準」

0914 □□ **final** [fáinl]

形 最終の，最終的な，究極的な　名 決勝戦，学年末［卒業］試験

The **final** deadline for proposal submissions is the end of the month.
（企画書提出の**最終**締切日は今月末です）

《**final**＋名詞》《連結動詞＋**final**》，名詞は《**final** of＋名詞》で覚えよう。

0915 □□ **finally** [fáinəli]

副 最後に，最終的に，ついに，やっと

The year-long project **finally** finished last week.
（1 年にわたるプロジェクトは**ついに**先週完了した）

《**finally**＋動詞・形容詞》で覚えよう。副詞として文全体を修飾する働きもある。同意語として eventually と lastly がある。 □ **finally** begin「ようやく始まる」

0916 □□ **finalize** [fáinəlàiz]

動 ～を完結させる，～を仕上げる

The contract with Glovers will be **finalized** next week.
（Glovers 社との契約は来週**まとまる**）

《**finalize**＋目的語［名詞］》で覚えよう。

0917 □□ **finalization** [fàinəlaizéiʃən]

名 完成，確定

The **finalization** date of the deal will be Friday this week.
(取引が**まとまる**日は今週の金曜日だろう)

《**finalization** of＋名詞》で覚えよう。

0918 □□ **fair** [féər]

形 公正な，公平な，適性な，正当な，普通の

Partial advance payment will make this a **fair** deal for both parties.
(一部を先払いすることで両者にとって**公平な**取引となるだろう)

《**fair**＋名詞》《連結動詞＋**fair**》《連結動詞＋**fair** to＋名詞》《It is **fair**＋that 節》《It is **fair**＋to 不定詞》で覚えよう。 □ **fair** price「適正価格」 □ to be **fair**「公平を期するなら」

0919 □□ **fairly** [féərli]

副 公正に，公平に，かなり，いくらか

It is important to **fairly** distribute work among team members.
(チームメンバーに**公平に**仕事を分配することが重要だ)

《**fairly**＋動詞・形容詞》で覚えよう。□ **fairly** treat ...「～を公平に扱う」

0920 □□ **conversation** [kànvərséiʃən]

名 会話，対話，非公式な会談

I had interesting **conversations** with people in research and development.
(研究開発分野で働いている人々と興味深い**会話**をしました)

《**conversation** of＋名詞》《**conversation** about/on＋名詞》《**conversation** with/between/among＋人》で覚えよう。 □ in **conversation** with ...「～と会話して」

0921 □□ **dialogue** [dáiəlɔ̀(:)g]

名 対話，会談，協議

It is useful to maintain active **dialogue** with salespeople.
(販売部の人々と積極的な**対話**を維持することは有用である)

《**dialogue** of＋名詞》《**dialogue** about＋名詞》《**dialogue** with/between/among＋名詞》で覚えよう。

0922 □□ **joke** [dʒóuk]

動 冗談を言う，からかう 名 冗談，ジョーク，いたずら

All **joking** aside, thank you everyone for your good work!
(**冗談**はさておき，みんなよくやってくれました，ありがとう)

《**joke** about＋名詞》《**joke** with＋人》《**joke**＋that 節》，名詞は《**joke** about＋名詞》で覚えよう。

0923 □□ **humor** [hjú:mər]

名 ユーモア，おかしさ，気質

A sense of **humor** makes you look smarter.
(**ユーモア**のセンスは人を知的に見せる)

《**humor** of＋名詞》《**humor** in＋名詞》《**humor** about＋名詞》で覚えよう。

0924 □□ **cloth** [klɔ́(:)θ]

名 布，生地，帆布

Fiber Works makes its bath towels out of all natural **cloth**.
(Fiber Works 社は完全な天然**生地**でバスタオルを製造している)

《**cloth** of＋名詞》で覚えよう。素材としては不可算名詞，特定の目的で使う「布」という意味では可算名詞にもなる。

0925 □□ **clothes** [klóuz, klóuðz]

名 衣服，衣類，洋服

Our employees wear business casual **clothes** year-round.
(当社の従業員は年間を通じてカジュアルな仕事**着**で通している)

《**clothes** of＋名詞》《**clothes** for＋名詞》《in＋形容詞＋**clothes**》で覚えよう。複数名詞。

0926 □□ **clothing** [klóuðiŋ]

名 衣類，覆い

Salespeople wear appropriate **clothing** for meeting with clients.
(販売担当者は顧客との面会にふさわしい**服**を着用する)

《**clothing** of＋名詞》《**clothing** for＋名詞》で覚えよう。clothes の同義語。不可算名詞なので，複数形は使わない。

0927 □□ **apparel** [əpǽrəl]

名 衣服，衣料，アパレル

Kevin started his sports **apparel** business 20 years ago.
(Kevin は 20 年前にスポーツ**衣料**の事業を始めた)

《**apparel** of＋名詞》《**apparel** for＋名詞》で覚えよう。clothes のフォーマルな表現。不可算名詞なので，複数形は使わない。

0928 □□ **coat** [kóut]

動 ～の表面を覆う，～をかぶせる　名 コート，上着，皮，殻

The parts are **coated** with a chemical that prevents rusting.
(部品はさびを防ぐ化学薬品で**表面を覆われて**いる)

《**coat**＋目的語［名詞］》《**coat** *A* with *B*》，名詞は《**coat** of＋名詞》で覚えよう。

0929 □□ **blouse** [bláus]

名 ブラウス，作業着

Veronica spilled coffee on her **blouse**.
(Veronica は**ブラウス**にコーヒーをこぼした)

《**blouse** of＋名詞》で覚えよう。

0930 □□ **costume** [kástju:m]

名 服装，身なり，衣装

Our store lets employees wear a **costume** for Halloween.
(当店では従業員がハロウィーンの**衣装**を着てもよい)

《**costume** of＋名詞》《**costume** for＋名詞》で覚えよう。

0931 □□ **kick** [kík]

動 蹴る，跳ね返す，～を蹴り飛ばす，～をやめる　名 蹴ること，キック

I'm going to **kick** the habit of texting while eating.
（食事しながらテキストメッセージをやり取りする習慣は**絶とう**と思う）

《**kick**＋目的語［名詞］》，名詞は《**kick** at＋名詞》で覚えよう。

0932 □□ **guard** [gá:rd]

動 ～を守る，～を見張る，用心する　名 護衛者，保護者，見張り

Lawyers must **guard** their clients' secrets.
（弁護士は依頼人の秘密を**守らなければ**ならない）

《**guard**＋目的語［名詞］》《**guard** *A* against *B*》，名詞は《**guard** of＋名詞》《**guard** against/over ＋名詞》で覚えよう。 □ on/off **guard**「警戒して，警戒していなくて」□ under **guard**「警備されて」

0933 □□ **interview** [íntərvjù:]

動 ～を面接する，会見する　名 面接，会見

Monica, I'd like you to **interview** the candidates today.
（Monica，きょうは候補者を**面接して**いただけますか）

《**interview**＋人》《**interview**＋人＋about/for＋名詞》，名詞は《**interview** about/for＋名詞》《**interview** with＋人》で覚えよう。

0934 □□ **temperature** [témpərtʃùər, -pərə-, -tʃər]

名 温度，気温，体温，発熱

The material is **temperature** sensitive, so please store it in a controlled environment.
（この素材は**温度**に敏感ですから，制御された環境で保存してください）

《**temperature** of＋名詞》《**temperature** above/below＋数字》で覚えよう。

0935 □□ **scale** [skéil]

名 目盛り，定規，秤，縮尺，規模，段階，うろこ　動 ～に登る，～によじ登る，～を縮尺で作る，～に合わせて調整する

NaturalFood Inc. is planning promotional campaigns on a national **scale**.
（NaturalFood Inc. 社は全国**規模**で販促キャンペーンを計画している）

《**scale** of＋名詞》，動詞は《**scale**＋目的語［名詞］》で覚えよう。

0936 □□ **screen** [skrí:n]

名 画面，ついたて，映画，網戸，間仕切り　動 ～をさえぎる，～をかばう，～を保護する，～を区切る，～を上映する，～をふるい分ける

Premark Electronics is working on new LCD **screens**.
（Premark Electronics 社は新たな LCD **スクリーン**を開発中です）

We're **screening** the best candidate for the position.
（当社は，その職への最良の候補者を**選別している**ところです）

《**screen** of＋名詞》《**screen** for＋名詞》，動詞は《**screen**＋目的語［名詞］》《**screen** ＋人＋for＋名詞》《**screen** *A* from *B*》で覚えよう。

0937 □□ **tail** [téil]

名 尾，後部，（コインの）裏　動 ～に尾を付ける，～についていく，～を尾行する

Craig was greeted by his dog wagging her **tail**.
（Craig は**尾**を振る愛犬に迎えられた）

《**tail** of＋名詞》で覚えよう。

0938 □□ **pole** [póul]

名 ポール，柱，極（地）　動 ～にポールを付ける

The temperature recently reached 20 degrees at the South **Pole**.
（南**極**では最近気温が 20 度に達した）

《**pole** of＋名詞》《**pole** in＋名詞》で覚えよう。 □ the North/South **Pole**「北極／南極」

0939 □□ **adult** [ədʌ́lt]

形 成人した，おとなの　名 成人

These adventure novels are targeted at **adult** readers.
（これらの冒険小説は**成人**読者向けです）

《**adult**＋名詞》，名詞は《**adult** of＋名詞》で覚えよう。自分の行動に対して法的責任を負う「成人」という意味。

0940 □□ **badly** [bǽdli]

副 気分が悪い，意気消沈して，ひどく，激しく

Jamie **badly** needed coffee after long hours of work.
（長時間働いて，Jamie は**どうしても**コーヒーが飲みたかった）

《動詞＋**badly**》《**badly**＋形容詞》で覚えよう。 □ think **badly** of ...「～を悪く思う」

0941 □□ **climate** [kláimət]

名 気候，地域，風土，状況

Climate change is likely to result in a slow increase in food prices.
（**気候**変動は食品価格の緩やかな上昇をもたらす可能性が高い）

《**climate** of/for＋名詞》で覚えよう。**climate** change は「永続的な気候の変化」を指す。特定の分野における一般的な「傾向，状況」という意味も重要。 □ corporate **climate**「企業風土」

0942 □□ **weather** [wéðər]

名 天気，天候，風雨 動 色あせる，風化する，～を乗り切る，～をさらす

I always check the **weather** updates before going to bed.
（いつも就寝前に最新の**天気**予報を確認します）

《**weather** in＋名詞》，動詞は《**weather**＋目的語［名詞］》で覚えよう。 □ **weather** permitting「天気がよければ」

0943 □□ **copy** [kápi]

動 ～をコピーする，～を複写する，～をまねる 名 コピー，複製物，宣伝文句，うりふたつ

Let me **copy** the form for you.
（あなたのためにその用紙を**コピーしましょう**）

《**copy**＋目的語［名詞］》《**copy** *A* from/into *B*》，名詞は《**copy** of＋名詞》で覚えよう。

0944 □□ **copier** [kápiər]

名 コピー機（＝ photocopy）

Let me use the **copier** for a while.
（しばらくの間**コピー機**を使わせてください）

《**copier** in/at＋名詞》で覚えよう。photocopier の短縮形。

0945 □□ **copyright** [kápiràit]

名 著作権 形 著作権で保護されている 動 ～を著作権で保護する

Ms. Toons owns the **copyright** for that textbook.
（Toons さんはその学習書の**著作権**を所有している）

《**copyright** on＋名詞》《**copyright** for＋名詞》，形容詞は《**copyright**＋名詞》《連結動詞＋**copyright**》，動詞は《**copyright**＋目的語［名詞］》で覚えよう。

0946 □□ **exist** [igzíst]

動 存在する，生きている，存続する

Serious bugs still **exist** in the codes despite our scrutiny.
（私たちの精査にもかかわらず，そのコードには深刻なバグがまだ**存在する**）

《**exist** in/at＋名詞》で覚えよう。 □ appear to **exist**「存在しているようである」

0947 □□ **existence** [igzístns]

名 実在，存在，生活，実存

Our company lab was in **existence** until the late 1990s.
（当社の研究所は 1990 年代末まで**存在**していた）

《**existence** of＋名詞》で覚えよう。 □ in **existence**「存在して」

0948 □□ **marry** [mǽri]

動 ～と結婚する，～を結婚させる，～の結婚式を行う

Xavier got **married** to his fiancée shortly before he was transferred.
(Xavier は転勤になる直前に婚約者と**結婚した**)

☞《get **married** (＋to＋人)》《**marry**＋人＋to＋人》で覚えよう。

0949 □□ **marriage** [mǽridʒ]

名 結婚 (生活)，婚礼

Chloe received a **marriage** proposal and turned it down.
(Chloe は**求婚**されて断った)

☞《**marriage** of＋人》《**marriage** for＋名詞》《**marriage** to/with＋人》《**marriage** between＋人》で覚えよう。

0950 □□ **expert** [ékspəːrt]

形 熟練した，専門の 名 専門家，熟練者，エキスパート

Let's get an **expert** opinion on how to improve our efficiency.
(当社の効率性を改善する方法について**専門家**の意見を聞きましょう)

☞《**expert** in/on/at＋名詞》で覚えよう。 □ **expert** committee「専門委員会」

0951 □□ **expertise** [èkspəːrtíːz]

名 助言，見解，専門知識，専門技術

Dr. Lin has extensive **expertise** in the field of engineering.
(Lin 博士は工学の分野で広範な**専門知識**を有している)

☞《**expertise** in/on＋名詞》で覚えよう。

0952 □□ **master** [mǽstər]

動 ～を極める，～に熟達する，～を習得する 名 主人，支配者，名人 (級)，原盤

You really have **mastered** the art of selling.
(あなたは販売技術をみごとに**習得しました**ね)

☞《**master**＋目的語 [名詞]》，名詞は《**master** of＋名詞》《**master** at＋名詞》で覚えよう。
□ **master** of ceremonies「司会者」

0953 □□ **garden** [gɑ́ːrdn]

名 庭園，果樹園，菜園，花壇

Green Fence's **garden** furniture is eco-friendly and affordable.
(Green Fence 社の**庭**用家具は環境にやさしく，手ごろな価格である)

☞《**garden** of＋名詞》で覚えよう。

0954 □□ **gardener** [gɑ́ːrdnər]

名 植木屋，庭師，園芸をする人

Ms. Wynn asked a professional **gardener** to take care of her garden.
(Wynn さんはプロの**庭師**にお願いして庭の世話をしてもらった)

☞《**gardener** of＋名詞》で覚えよう。 □ home **gardener**「庭仕事が好きな人」

0955 □□ **despite** [dispáit]

前 ～にもかかわらず

Despite his limited experience, Henry increased his sales this month.
(経験が限られている**にもかかわらず**，Henry は今月売り上げを伸ばした)

《**despite**＋名詞》で覚えよう (＝in spite of ...)。 □ **despite** the fact (that) ... 「～であるにもかかわらず」

0956 □□ **in spite of** [in spáit əv]

前 ～にかかわらず

Our new product has been well received **in spite of** its lackluster start.
(出足は鈍かった**にもかかわらず**，当社の新製品は好評を得ている)

《**in spite of**＋名詞》で覚えよう (＝despite ...)。

0957 □□ **notwithstanding** [nɑ̀twiθstǽndiŋ, -wið-]

前 ～にもかかわらず

Notwithstanding higher production costs, we made strong profits.
(製造費用の上昇**にもかかわらず**，当社はかなりの利益を出した)

《**notwithstanding**＋名詞》で覚えよう。

0958 □□ **power** [páuər]

動 (電力など) を供給する 名 力，能力，権力，大国

This laboratory is mainly **powered** by solar energy.
(この実験室は主に太陽光エネルギーによって**作動して**いる)

The state government bought new **power** generators for emergencies.
(州政府は緊急用に新たに**発電**装置を購入した)

《**power**＋目的語 [名詞]》，名詞は《**power** of＋名詞》《**power** over＋名詞》《**power** for＋名詞》《**power**＋to 不定詞》で覚えよう。

0959 □□ **powerful** [páuərfl]

形 強力な，権力のある，有力な，影響力のある，よく効く

The factory uses **powerful** computers to control production.
(工場は**高性能**コンピュータを使用して生産を制御している)

《**powerful**＋名詞》《連結動詞＋**powerful**》で覚えよう。

0960 □□ **series** [síəri(:)z]

名 ひと続き，連続，続き物，シリーズ，ひとそろい

A **series** of events brought about the merger of the two retail stores.
(**一連**の出来事がその小売店 2 店の合併をもたらした)

《**series** of＋名詞》で覚えよう。

0961 □□ **serial** [síəriəl]

形 連続した，ひと続きの，一連の，連載の，定期の

I entered my user ID and the **serial** number to activate the software program. (そのソフトウェアプログラムを有効にするために，私はユーザー ID と**シリアル**番号を入力した)

《**serial**＋名詞》で覚えよう。

0962 □□ **danger** [déindʒər]

名 危険（性），危険なもの

- One-fourth of mammals are in **danger** of extinction.
  （哺乳動物の 4 分の 1 は絶滅の**危険**にある）

  ☞《**danger** of＋名詞》《**danger** from＋名詞》《**danger** to＋名詞》《**danger**＋that 節》で覚えよう。
  □ in/out of **danger**「危険にあって，危険を脱して」□ in **danger** of ...「～の危険があって」

0963 □□ **dangerous** [déindʒərəs]

形 危険な，危害を加えそうな

- Rules for handling **dangerous** substances are as follows.
  （**危険**物質を取り扱うための規則は次のとおりです）

  ☞《**dangerous**＋名詞》《連結動詞＋**dangerous**》《連結動詞＋**dangerous** for/to＋名詞》《It is **dangerous**＋to 不定詞》で覚えよう。

0964 □□ **library** [láibrəri]

名 図書館，図書室，蔵書，文庫，コレクション

- I'm going to the **library** to do some research.
  （調べものをするために**図書館**に行きます）

  ☞《**library** of＋名詞》で覚えよう。

0965 □□ **librarian** [laibréəriən]

名 図書館員，司書

- I'll ask the **librarian** how to use the new reference system.
  （新しい図書照会システムの使い方について私が**図書館員**に聞きましょう）

  ☞《**librarian** at＋名詞》で覚えよう。 □ reference **librarian**「調査専門図書館員」

0966 □□ **repeat** [ripí:t]

動 繰り返す，～を繰り返す，～を重ねて言う　名 繰り返し

- The screen is still frozen after **repeating** the same procedure.
  （同じ手順を**繰り返しても**画面はフリーズしたままです）
- **Repeat** customers account for 35 percent of our customer base.
  （**繰り返し**の顧客は当社顧客構成の 35 パーセントを占める）

  ☞《**repeat**＋目的語［名詞］》《**repeat**＋動名詞》《**repeat**＋that 節》，名詞は《**repeat** of＋名詞》で覚えよう。

0967 □□ **repeatedly** [ripí:tidli]

副 繰り返して

- This printer has been **repeatedly** malfunctioning.
  （このプリンターは**繰り返し**誤作動している）

  ☞《**repeatedly**＋動詞・形容詞》で覚えよう。 □ **repeatedly** emphasize ...「～を繰り返し強調する」

0968 □□ **repetition** [rèpətíʃən]

名 繰り返し，反復，繰り返される言葉，暗唱

- Rote **repetition** is useful; the more you practice, the better you get.
  （機械的な**反復**練習には効果がある；練習すればするほど上達する）

  ☞《**repetition** of＋名詞》で覚えよう。

0969 □□ **hall** [hɔ́:l]

名 ホール，会館，集会場，廊下

We have reserved the conference **hall** for next month's meeting.
（来月の会議のために会議用**ホール**を予約しました）

《**hall** of＋名詞》で覚えよう。

0970 □□ **hallway** [hɔ́:lwèi]

名 廊下

Our new promotion banners are on display in the **hallway**.
（私たちの新しい販促用横断幕が**廊下**に展示されています）

《**hallway** of＋名詞》《**hallway** from/to＋名詞》で覚えよう。

0971 □□ **sight** [sáit]

名 視力，視覚，見（え）ること，視界，光景，風景，眺め

I'm afraid we might have lost **sight** of the big picture.
（私たちは全体像を**見**失ったのではないでしょうか）

Do we have time to see the **sights** of Rome?
（ローマの**名所**を見て回る時間はありますか）

《**sight** of＋名詞》で覚えよう。 □ at the **sight** of ...「～を目にして」□ in/within **sight**「見えて，視界に入って」□ out of **sight**「見えなくなって，視界から消えて」□ on **sight**「見えたらすぐに」

0972 □□ **sightseeing** [sáitsì:iŋ]

名 観光（旅行），遊覧　形 観光の，遊覧の

Ms. Shaffner booked a **sightseeing** tour in Taipei.
（Shaffnerさんは台北市内の**観光**ツアーを予約した）

《**sightseeing** in＋名詞》で覚えよう。 □ do/go **sightseeing**「観光する」

0973 □□ **wheel** [*h*wí:l]

名 車輪，輪，ハンドル，回転　動 回転する，～を回転させる，～に車輪を付ける

I have to replace a **wheel** on my bicycle.
（自転車の**車輪**を交換しなければなりません）

No **wheeled** vehicles are allowed in the wilderness areas.
（**車輪を持つ**移動手段はすべて自然保護地域に入れません）

《**wheel** of＋名詞》，動詞は《**wheel**＋目的語［名詞］＋副詞》で覚えよう。 □ at/behind the **wheel**「運転中で」

0974 □□ **wheelchair** [*h*wí:ltʃèər]

名 車いす

A **wheelchair**-accessible entrance is on the right side of the building.
（ビルの右手に**車いす**で利用できる入口があります）

《**wheelchair** for＋名詞》で覚えよう。 □ by **wheelchair**「車いすで」□ in a **wheelchair**「車いすに乗って」

0975 □□ **single** [síŋgl]

形 たったひとつの，ただのひとつも（ない），独身の，ひとりの，単身用の，個々の

I agreed with every **single** word Ms. Roberts said.
（Roberts さんの話す**一**語**一**語に同意しました）

☞《**single**＋名詞》《連結動詞＋**single**》で覚えよう。

0976 □□ **double** [dʌ́bl]

形 2 倍の，二重の　動 2 倍になる［にする］　名 2 倍　副 二重に

I'm happy to pay **double** the price if I can get that item by auction.
（オークションでその品を入手できるなら，価格の **2 倍**を喜んで払います）

Our number of employees has **doubled** since the merger.
（合併以来，当社の従業員数は **2 倍になった**）

☞《**double**＋名詞》，動詞は《**double**＋目的語［名詞］》，名詞は《**double** of＋名詞》，副詞は《動詞＋**double**》で覚えよう。

0977 □□ **triple** [trípl]

動 3 倍になる［にする］　形 3 倍の　名 3 倍

The company's profit **tripled** after drastic reductions in operational costs.
（事業運営コストの劇的な削減の結果，同社の利益は **3 倍になった**）

☞《**triple**＋目的語［名詞］》，形容詞は《**triple**＋名詞》，名詞は《**triple** of＋名詞》で覚えよう。

0978 □□ **popular** [pɑ́pjələr]

形 人気があって，評判がよい，大衆向けの，民間の，安価な

The classic design remains **popular** with our customers.
（その昔風のデザインは当社顧客の**人気**を保っている）

☞《**popular**＋名詞》《連結動詞＋**popular**》《連結動詞＋**popular** with/among＋名詞》《連結動詞＋**popular** for＋名詞》《It is **popular**＋to 不定詞》で覚えよう。

0979 □□ **popularity** [pɑ̀pjəlǽrəti]

名 人気，評判

The new movie has been gaining **popularity** since its release.
（その新作映画は公開以来**人気**が高まっている）

☞《**popularity** of＋名詞》《**popularity** with/among＋名詞》で覚えよう。

0980 □□ **popularly** [pɑ́pjələrli]

副 一般に，広く，大衆に

The country retreat is **popularly** known as Camp David.
（そのいなかの保養施設は Camp David として**広く**知られている）

☞ □ **popularly** known as ...「～として広く知られている」

0981 □□ **population** [pɑ̀pjəléiʃən]

名 人口，個体数，全住民，母集団

The **population** of the city will grow as more people move here to find jobs.（仕事を見つけるために来る人々が増えるにつれて，市の**人口**は増加するだろう）

☞《**population** of＋名詞》で覚えよう。 □ **population** density「人口密度」 □ **population** assessment「住民評価」

0982 □□ **welcome** [wélkəm]

動 ～を歓迎する，～をもてなす 形 喜んで受け入れる，待ち望んだ 名 歓迎，歓待

- I would **welcome** your feedback.
  (ご意見を**歓迎いたします**)
- You're always **welcome** to visit our office.
  (**いつでも**当社オフィスに**お越しください**)
- Thank you for your **welcome** email.
  (**歓迎**のメールをありがとうございます)

☞《**welcome**＋目的語［名詞］》《**welcome**＋目的語［名詞］＋to/into＋名詞》，形容詞は《**welcome**＋名詞》《連結動詞＋**welcome**》《連結動詞＋**welcome** to＋名詞》《連結動詞＋**welcome**＋to 不定詞》，名詞は《**welcome** from/to＋名詞》で覚えよう。

0983 □□ **engineer** [èndʒəníər]

名 技師，技術者，エンジニア 動 ～を設計［立案］する，～を企む，～を操作する

- Our intranet is maintained by network **engineers**.
  (当社の社内ネットワークはネットワーク**技術者**によって保守管理されている)

☞《**engineer** of＋名詞》《**engineer** at＋名詞》，動詞は《**engineer**＋目的語［名詞］》で覚えよう。

0984 □□ **pilot** [páilət]

動 ～を操縦する，(飛行機) を飛ばす，～を導く，～を通す，～を実験的に試みる 形 実験的な

- Why don't we try to **pilot** the new program next month?
  (来月に新しいプログラムを**試して**みませんか)
- This is a **pilot** product for testing; it's not available for sale.
  (これは検証用の**試作**品です；販売はしておりません)

☞《**pilot**＋目的語［名詞］》，形容詞は《**pilot**＋名詞》で覚えよう。

0985 □□ **symbol** [símbl]

名 シンボル，象徴，記号，しるし，符号

- The circle of stars on the flag is a **symbol** of unity.
  (その旗にある星の輪は団結の**象徴**だ)

☞《**symbol** of＋名詞》《**symbol** for＋名詞》で覚えよう。

0986 □□ **tone** [tóun]

名 調子，音色，色調，口調，傾向

- Investors were pleased with the positive **tone** of the earnings report.
  (投資家は収益報告の前向きな**響き**を歓迎した)

☞《**tone** of＋名詞》で覚えよう。 □ in **tone**「響いて」

0987 □□ **ticket** [tíkət]

名 乗車券，切符，交通違反切符 動 ～に交通違反切符を切る，～に発券する，～にタグを付ける

- I will book two business-class **tickets** to Seoul.
  (ソウルまでビジネスクラスの**切符** 2 枚を予約します)
- I got a speeding **ticket** last night.
  (きのうの夜にスピード違反の**切符**を切られました)

☞《**ticket** of＋名詞》《**ticket** for＋名詞》《**ticket** to＋名詞》《**ticket**＋to 不定詞》，動詞は《*be* **ticketed** for＋名詞》で覚えよう。 □ parking **ticket**「駐車違反罰金切符」

0988 □□ **column** [káləm]

名 柱，欄，列，コラム

Darshika writes a weekly newspaper **column** as a side job.
（Darshika は副業で週刊新聞に**コラム**を書いている）

I'll insert a new **column** in the spreadsheet to indicate serial numbers.
（シリアル番号を示すために，表計算シートに新たに**1列**を加えましょう）

《**column** of＋名詞》《**column** about/on＋名詞》で覚えよう。

0989 □□ **empty** [émpti]

動（容器・中身）を空にする，～を移す，空になる　形 空の，空いている，口先だけの

I **emptied** the trash before leaving home.
（家を出る前にゴミ箱を**空にした**）

This recycling bin is for **empty** bottles and glass.
（このリサイクル箱は**空き**びんとガラス製品用です）

《**empty**＋目的語［名詞］》，形容詞は《**empty**＋名詞》《連結動詞＋**empty**》《連結動詞＋**empty** of＋名詞》で覚えよう。

0990 □□ **dear** [díə*r*]

形 親愛なる，大切な

Carlos is a **dear** friend of mine.（Carlos は私の**大切な**友人です）

《**dear**＋名詞》《連結動詞＋**dear**》《連結動詞＋**dear** to＋人》で覚えよう。

0991 □□ **brain** [bréin]

動 脳，知力，中枢部

Andrea is the real **brains** behind this project.
(Andrea がこのプロジェクトの実際の**司令塔**です)

《**brain** of＋名詞》《**brains** behind＋名詞》で覚えよう。

0992 □□ **brainstorm** [bréinstɔ̀ːrm]

動 意見を出し合う，ブレインストーミングをする 名 ひらめき

Let's have a **brainstorming** session to exchange some fresh ideas.
(新しいアイデアを交換するために，**ブレインストーミング**での話し合いを持ちましょう)

《**brainstorm**＋目的語［名詞］》，名詞は《**brainstorm** about/on＋名詞》《**brainstorm** with＋人》で覚えよう。

0993 □□ **possible** [pɑ́ːsəbl]

形 可能な，実行できる，起こりうる，ありうる，可能性がある

Your hard work made it **possible** for us to finish on time.
(あなたたちの頑張りのおかげで，私たちは時間どおりに終えることが**できました**)

《**possible**＋名詞》《連結動詞＋**possible**》《It is **possible**＋that 節》《It is **possible**＋to 不定詞》で覚えよう。 □ if **possible**「可能なら」□ whoever/whenever/wherever **possible**「可能ならだれでも／いつでも／どこでも」□ as soon/quickly as **possible**「できるだけ早く」□ as far/long/much as **possible**「可能な限り」

0994 □□ **possibility** [pɑ̀səbíləti]

名 可能性，実現性，見込み，将来性

The manager suggested the **possibility** of launching a new project.
(新プロジェクトを立ち上げる**可能性**を部長は示唆した)

《**possibility** of/for＋名詞》《**possibility**＋that 節》《**possibility**＋to 不定詞》で覚えよう。

0995 □□ **possibly** [pɑ́səbli]

副 ～かもしれない，ことによると，ひょっとしたら，何とかして

Sales are really strong, so this will **possibly** be our best year yet.
(販売はとても好調ですから，これまでで最良の年になる**かもしれません**)

□ **possibly** harmful「有害かもしれない」

0996 □□ **impossible** [impɑ́səbl]

形 不可能な，あり得ない，耐えられない

Ms. Philbrick was put in an **impossible** situation.
(Philbrick さんは**どうにもなりそうにない**状況に置かれた)

《**impossible**＋名詞》《連結動詞＋**impossible**》《It is **impossible**＋that 節》《It is **impossible**＋to 不定詞》で覚えよう。

0997 □□ **steel** [stíːl]

名 はがね（のような性質），硬さ，剣

The **steel** industry has been hit hard by the economic slowdown.
(**鉄鋼**業は景気後退により打撃を受けている)

《**steel** of＋名詞》で覚えよう。 □ in **steel**「鉄で」

0998 □□ **metal** [métl]

形 金属の　名 金属，（溶解中の）鋳鉄

How about switching to **metal** parts?
（**金属製の**部品に替えてはどうでしょうか）

☞《**metal**＋名詞》，名詞は《**metal** of＋名詞》で覚えよう。　□ precious **metals**「貴金属」

0999 □□ **wire** [wáiər]

名 針金，ワイヤー，通信回線，鉄条網　動 ～をつなぐ，～に電報を打つ，～に電信為替で送金する

Raul received **wire** transfers totaling $8,000 this week.
（Raul は今週，総額 8,000 ドルの**電信**送金を受け取った）

☞《**wire** of＋名詞》《**wire** from/to＋名詞》，動詞は《**wire**＋目的語［名詞］》で覚えよう。

1000 □□ **wireless** [wáiərləs]

形 無線の，無線電信の

My **wireless** connection failed during our online meeting.
（オンライン会議の間に私の**無線**接続が切れた）

☞《**wireless**＋名詞》で覚えよう。

1001 □□ **senior** [síːnjər]

形 年上の，先輩の，年長の，古参の，上位の　名（大学，高校の）最高学年（生）

Xavier accepted a **senior** position on the public relations team.
（Xavier は広報チームの**上級の**職を受けた）

☞《**senior**＋名詞》《連結動詞＋**senior** to＋名詞》で覚えよう。

1002 □□ **junior** [dʒúːnjər]

形 年少の，若手の，補佐の　名 年少者，後輩

A company's performance often depends on its **junior** employees.
（会社の業績は往々にして**一般**従業員に頼るところがある）

☞《**junior**＋名詞》《連結動詞＋**junior** to＋名詞》で覚えよう。

1003 □□ **length** [léŋkθ]

名 長さ，丈，期間

Let me measure the **lengths** of the materials we need.
（必要とする素材の**長さ**を私が測りましょう）

☞《**length** of＋名詞》で覚えよう。long の名詞形。　□ in **length**「長さは」

1004 □□ **lengthy** [léŋkθi]

形 ひじょうに長い，長期間にわたって，冗長な

We have considered this problem over a **lengthy** period of time.
（私たちは**長き**にわたってこの問題を検討してきました）

☞《**lengthy**＋名詞》で覚えよう。「必要以上に長い」あるいは「必要以上に詳しい」という響きもある。

1005 □□ **span** [spǽn]

名 期間，全長，全範囲　動 ～を（指で）測る，～に（橋が）かかる，（年月）にわたる

- I don't think this task will take a long **span** of time.
  （この仕事は長い**期間**はかからないと思います）
- I didn't expect the project to **span** a whole year.
  （そのプロジェクトが結局1年に**及ぶ**ことになるとは思わなかった）

☞《**span** of＋名詞》，動詞は《**span**＋目的語［名詞］》で覚えよう。

1006 □□ **desert** [dizə́ːrt]

動 ～を捨てる，～を見捨てる，～から逃げ出す　名 砂漠

- The company's shareholders started to sell their shares like they were **deserting** a sinking ship.
  （同社の株主は沈む船を**見捨てる**かのように株を売り始めた）

☞《**desert**＋目的語［名詞］》で覚えよう。過去分詞形 deserted は「人の住んでいない」という意味の形容詞としても使う。

1007 □□ **dessert** [dizə́ːrt]

名 デザート

- Thank you, but I don't have room for **dessert**.
  （ありがとう，でも**デザート**はもう入りません）

☞《**dessert** of＋名詞》で覚えよう。

1008 □□ **risk** [rísk]

名 危険（物），恐れ　動 ～の危険を冒す

- We don't hesitate to take **risks** after assessing them.
  （私たちは評価をしたうえで，ためらいなく**リスク**を取ります）

☞《**risk** of/in＋名詞》《**risk** to＋名詞》《**risk** by/from＋名詞》《**risk**＋to 不定詞》《**risk**＋that 節》，動詞は《**risk**＋目的語［名詞］》《**risk**＋動名詞》《**risk** *A* on *B*》で覚えよう。 □ at **risk**「危険にあって」 □ at the **risk** of *doing*「～することの危険を承知したうえで」 □ take/run the **risk** of *doing*「危険を冒して～する」

1009 □□ **risky** [ríski]

形 危険な，冒険的な，大胆な

- Investing in that start-up was a **risky** plan.
  （その新興企業への投資は**危険な**計画だった）

☞《**risky**＋名詞》《連結動詞＋**risky**》《It is **risky**＋to 不定詞》で覚えよう。

1010 □□ **theory** [θíːəri]

名 理論，学説，意見

- In **theory** the proposal is interesting, but in practice it won't be feasible.
  （**理論**としてはその提案は興味深いが，実践となると実行可能ではないだろう）

☞《**theory** of＋名詞》《**theory** about/on＋名詞》《**theory**＋that 節》で覚えよう。 □ in **theory**「理論／理屈としては」

1011 □□ **theoretical** [θìːərétikl]

形 理論に基づいた，理論の，理論的な，理論上の

◤ Dr. House is working on her **theoretical** models of language processing.
（House 博士は言語処理の**理論**モデルに取り組んでいる）

☞《**theoretical**＋名詞》《連結動詞＋**theoretical**》で覚えよう。

1012 □□ **normal** [nɔ́ːrml]

形 標準の，規定の，正規の，正常の，常態の，一般並みの　名 標準，正常

◤ What are your **normal** work hours?
（**通常の**勤務時間はどれくらいですか）

☞《**normal**＋名詞》《連結動詞＋**normal**》《連結動詞＋**normal** for＋名詞》《It is **normal**＋that 節》《It is **normal**＋to 不定詞》，名詞は《above/below/near **normal**》で覚えよう。

1013 □□ **normally** [nɔ́ːrməli]

副 標準的に，順当に，正常に，普通は，普段は

◤ **Normally**, our meeting starts at 10 A.M. sharp.
（**普通は**会議は午前 10 時きっかりに始まる）

☞ 副詞として文全体を修飾する働きもある。

1014 □□ **slip** [slíp]

動 ～から消える，～を滑り込ませる，滑る，ずり落ちる，横滑りする，低下する　名 滑ること，つまづき，スリップ，踏み外し，過ち，伝票

◤ Sales in the first quarter **slipped** 0.8 percent.
（第 1 四半期の販売は 0.8 パーセント**減少した**）

◤ I always keep receipts or sales **slips** as a purchase record.
（購入記録としてレシートか販売**伝票**を常に取っておきます）

☞《**slip**＋目的語［名詞］》《**slip** on/into＋名詞》，名詞は《**slip** of＋名詞》で覚えよう。

1015 □□ **slide** [sláid]

名 スライド，滑ること，ひと滑り，低下，落下　動 滑る，滑走する，滑り落ちる，滑り込む，そっと動く，陥る

◤ I'll show you photos I took in Bali in a **slide** show.
（バリで撮影した写真を**スライド**ショーでお見せしましょう）

☞《**slide** of＋名詞》《**slide** in/into/toward＋名詞》，動詞は《**slide** across/down/into＋名詞》で覚えよう。

1016 □□ **target** [tάːrgət]

名 標的，目的，対象　動 ～を標的にする，～を目標にする

◤ NatureWall Inc. is rumored to be the **target** of acquisition.
（NatureWall 社は企業吸収の**対象**になっているとうわさされている）

☞《**target** of＋名詞》《**target** for＋名詞》，動詞は《**target**＋目的語［名詞］》《**target** *A* on/at *B*》で覚えよう。 □ on **target**「達成可能で」 □ **target** audience「対象購買者」

1017 □□ **goal** [góul]

名 ゴール，目標，目的地

◤ Our **goal** is to get 50 new clients in the first quarter.
（私たちの**目標**は第 1 四半期に新規顧客 50 社を獲得することです）

☞《**goal** of＋名詞》で覚えよう。 □ achieve *one's* **goal**「目標を達成する」

1018 □□ **friendly** [fréndli]

形 友好的な，親切な，扱いやすい，人なつこい

Our staff have **friendly** dispositions.
（当社スタッフは**親しみやすい**人柄を備えています）

☞《**friendly**＋名詞》《連結動詞＋**friendly**》《連結動詞＋**friendly** to/toward/with＋人》で覚えよう。

1019 □□ **friendliness** [fréndlinəs]

名 友好的であること，好意，親近感

Wilda's **friendliness** is completely genuine.
（Wilda の**親しみやすさ**はとにかく本物です）

☞《**friendliness** of＋人》で覚えよう。

1020 □□ **friendship** [fréndʃip]

名 友情，友好関係，親善

Abby is quick to form close **friendships**.
（Abby はすぐに親しい**友人関係**を築くことができる）

☞《**friendship** with/between/among＋人》で覚えよう。

1021 □□ **goodwill** [gúdwìl]

名 好意，善意，友好

More businesses are using social media marketing to create **goodwill** with their customers.
（ソーシャルメディアでのマーケティングを活用して顧客と**良好な関係**を築く企業が増えている）

☞《**goodwill** of＋名詞》《**goodwill** to/toward/with＋名詞》で覚えよう。不可算名詞。

1022 □□ **mood** [múːd]

名 気分，（不）機嫌，気持ち，意向，雰囲気

Robert is in an optimistic **mood** about the result of the examination.
（Robert は試験の結果について楽観的な**気分**でいる）

☞《**mood** of＋名詞》《**mood** for＋名詞・動名詞》《**mood**＋to 不定詞》で覚えよう。 □ be/feel in the **mood** for ...「～したい気分でいる」

1023 □□ **sad** [sǽd]

形 悲しい，悲しんで，悲しむべき，あわれな

I didn't expect the movie to have such a **sad** ending.
（その映画がそんな**悲しい**終わり方をするとは思いませんでした）

☞《**sad**＋名詞》《連結動詞＋**sad**》《連結動詞＋**sad** about＋名詞》《連結動詞＋**sad**＋that 節》《連結動詞＋**sad**＋to 不定詞》《It is **sad**＋that 節》《It is **sad**＋to 不定詞》《It is **sad**＋if 節》で覚えよう。
□ **sad** to say「残念ながら」

1024 □□ **unhappy** [ʌnhǽpi]

形 悲しい，落ち込んだ，不幸な，満足していない

I'm sorry I have to bring you **unhappy** news.
（**残念な**知らせをお伝えしなければなりません）

☞《**unhappy**＋名詞》《連結動詞＋**unhappy**》《連結動詞＋**unhappy** about/at/with＋名詞》《連結動詞＋**unhappy**＋that 節》《連結動詞＋**unhappy**＋to 不定詞》で覚えよう。

1025 □□ **shock** [ʃák]

動 ~に衝撃を与える，~をぎょっとさせる，~を憤慨させる 名 衝撃，振動，打撃，驚き，感電

▶ We were **shocked** to hear about Ms. Allen's departure.
(Allen さんが退職したと聞いて私たちは**ショックを受けた**)

▶ The news of Ms. Allen's departure came as a real **shock**.
(Allen さんが退職したとの知らせは実に**衝撃**だった)

☞《**shock**＋人》《**shock**＋人＋into＋名詞》，名詞は《**shock** of＋名詞》《**shock** to＋人》《It is a **shock**＋that 節》《It is a **shock**＋to 不定詞》で覚えよう。現在分詞形 shocking は「人に衝撃を与える」，過去分詞形 shocked は「衝撃を受けて」という意味の形容詞としても使う。

1026 □□ **vacation** [veikéiʃən]

名 休暇，息抜き 動 休暇を取る

▶ This country is one of the world's top **vacation** destinations.
(この国は世界で屈指の**休暇**目的地のひとつである)

☞《**vacation** of＋名詞》で覚えよう。 □ on **vacation**「休暇で」

1027 □□ **holiday** [hálədèi]

名 休日，休暇，祝日

▶ We are closed on Saturdays, Sundays and national **holidays**.
(当社は土曜日，日曜日，国定**休日**は休みます)

☞《**holiday** of＋名詞》で覚えよう。一時的に数日程度の休みを取るときには off を使う。 □ on **holiday**「休暇で」

1028 □□ **resort** [rizɔ́:rt]

名 頼りになるもの，頼ること，リゾート地，行楽地 動 頼る，訴える

▶ Filing a lawsuit is our last **resort**.
(提訴することは当社の最後の**手段**です)

▶ I'm planning my vacation time at a beach **resort** in the Cayman Islands.
(ケイマン諸島の海辺の**リゾート地**での休暇を計画しています)

▶ After the negotiation failed, we had to **resort** to a lawsuit.
(交渉が失敗して，当社は訴訟に**訴える**しかなかった)

☞《**resort** to＋名詞》《**resort** of＋名詞》，動詞は《**resort** to＋名詞》で覚えよう。 □ last/final **resort**「最後の手段」□ **resort** hotel「リゾートホテル」

1029 □□ **fat** [fǽt]

形 脂っこい，多額の，もうかる 名 脂肪，油脂

▶ All things going well, we expect to make a **fat** profit this quarter.
(万事が順調に運んでおり，今四半期は**大きな**利益を期待している)

☞《**fat**＋名詞》《連結動詞＋**fat**》で覚えよう。反意語 thin，動詞形 fatten，形容詞形 fattening も覚えよう。

1030 □□ **muscle** [mʌ́sl]

名 筋肉，筋力，腕力，圧力

▶ Resistance training is good for gaining **muscle**.
(抵抗力を使うトレーニングは**筋肉**を増やすのに適している)

☞《**muscle** of＋名詞》《**muscle** in＋名詞》で覚えよう。

1031 □□ **dig** [díg]

動 (～を) 掘る，(～を) 掘り当てる，(～を) 丹念に調べる

In order to eliminate this problem, we will **dig** deep into the details.
(この問題を解決するために，細部まで深く**掘り下げ**ましょう)

☞《**dig**＋目的語［名詞］》で覚えよう。

1032 □□ **scream** [skríːm]

動 悲鳴をあげる，叫ぶ，大声を上げる，～と金切り声で言う　名 叫び，悲鳴，金切り声，大声

Supporters **screamed** in excitement when the decision was announced.
(決定が発表されると，支持者たちは興奮で**大声をあげた**)

☞《**scream** at＋名詞》《**scream** for＋名詞》，名詞は《**scream** of＋名詞》《**scream** for＋名詞》で覚えよう。

1033 □□ **label** [léibl]

動 ～にラベルをつける，～にレッテルを貼る　名 ラベル

I **labeled** all client files to make them easy to find and sort.
(見つけやすく，分類しやすくするためにすべての顧客ファイルに**ラベルを貼りました**)

☞《**label**＋目的語［名詞］》《**label** *A* (as) *B*》《**label** *A* with *B*》，名詞は《**label** on＋名詞》で覚えよう。
□ designer **label**「デザイナー商品」

1034 □□ **channel** [tʃǽnl]

動 ～に水路を作る，(流れ) をほかへ向ける，～を伝える，流れ込む，向かう　名 水路，運河

The water is **channeled** into a pond to cater for farmers' needs.
(水は池へ向けて**流され**，農家の必要を満たす)

☞《**channel**＋目的語［名詞］》《**channel** *A* into/through *B*》，名詞は《**channel** of＋名詞》《**channel** for＋名詞》で覚えよう。

1035 □□ **spell** [spél]

名 魔術，魅力，交代，ひと続き，発作　動 ～を綴る

The long dry **spell** is taking its toll.
(長く雨のない**期間**が被害をもたらしている)

Could you tell me how to **spell** your name?
(お名前の**スペル**を教えていただけますか)

☞《**spell** of＋名詞》，動詞は《**spell**＋目的語［名詞］》《**spell** *A* as *B*》で覚えよう。

1036 □□ **trap** [trǽp]

動 わなで捕らえる，～をわなにはめる，～をだます，～を捕える，～を閉じ込める　名 わな，落とし穴

The TNR program is to **trap** stray cats, neuter and then return them.
(TNR プログラムは飼い主のいない猫を**捕獲し**，避妊去勢したうえで戻す)

☞《**trap**＋目的語［名詞］》《**trap**＋目的語［名詞］＋into＋名詞》，名詞は《**trap** of＋名詞》で覚えよう。

1037 □□ **angle** [ǽŋgl]

名 角 (度)，立場

Let's take a look at this from a different **angle**.
(この件を別の**角度**から見てみましょう)

☞《**angle** of＋名詞》《**angle** between＋名詞》《**angle** to＋名詞》で覚えよう。物理的な「角度，傾き」だけでなく，「視点，観点，意見」という意味でもよく使う。 □ at an **angle**「傾いて」。

1038 □□ **flag** [flǽg]

名 旗，フラグ　動 ～に印を付ける，～に旗を揚げる，～に合図する

A **flag** is flying at half mast at the entrance of the headquarters.
（本社入口に半**旗**が掲げられている）

☞《**flag** of＋名詞》《**flag** for＋名詞》，動詞は《**flag**＋目的語［名詞］》で覚えよう。

1039 □□ **spirit** [spírət]

名 心，霊，精神，魂

Our team is pleased to help other teams in the **spirit** of collaboration.
（私たちのチームは協調の**精神**のもとに，喜んで他のチームを支援します）

Whenever I call George, he always answers in good **spirits**.
（George に電話をすると，彼はいつでも**元気**よく応答する）

☞《**spirit** of＋名詞》で覚えよう。 □ in **spirit**「精神では」 □ in good/high **spirits**「元気に，興奮して」 □ with **spirit**「元気よく」

1040 □□ **string** [stríŋ]

名 ひも，糸，一列，弦（楽）

The musician is tuning the **strings** of his violin.
（その音楽家はバイオリンの**弦**を調音している）

☞《**string** of＋名詞》で覚えよう。 □ no **strings** attached「無条件で」

1041 □□ **guide** [gáid]

名 案内人，ガイド，案内書　動 ～を案内する，～を導く，～の相談に乗る

Kenji was asked to act as a **guide** during the client's stay in Tokyo.
(Kenji は，顧客が東京に滞在中に**ガイド**役を務めるように頼まれた)

《**guide** to＋名詞》，動詞は《**guide**＋人＋into/toward/through/along/on＋名詞》で覚えよう。受動態で使う場合は「(～により) 左右される」という意味で使うことが多い。 □ **guided** by *one's* sense of duty「義務感から」

1042 □□ **guidance** [gáidns]

名 案内，指導，指示，ガイダンス

Ms. Lewis is always available to provide career support and **guidance**.
(Lewis さんがいつでもキャリアに関する支援と**指導**に応じます)

《**guidance** of＋名詞》《**guidance** about/on/as to＋名詞》で覚えよう。 □ under **guidance**「指導されて」

1043 □□ **guideline** [gáidlàin]

名 指針，指導基準，ガイドライン

New safety **guidelines** will be released on Wednesday.
(新しい安全用**指針**は水曜日に発表される)

《**guideline** for＋名詞》《**guideline** about/on＋名詞》《**guideline** from＋名詞》で覚えよう。
□ under **guidelines** from ...「～からの指針のもとで」 □ within **guidelines** from ...「～からの指針の範囲内で」

1044 □□ **introduce** [intrədjú:s]

動 ～を (…に) 紹介する，～を案内する，(商品など) を発表する，～を取り入れる

Gavin is **introducing** our new business at the convention.
(Gavin は大会で当社の新事業を**紹介する**)

《**introduce**＋人 (＋to＋人)》《**introduce**＋人＋as＋名詞》《**introduce**＋目的語 [名詞]》《**introduce** *A* to/into *B*》で覚えよう。

1045 □□ **introduction** [ìntrədʌ́kʃən]

名 紹介，前書き，導入

The department chief gave **introductions** of the new employees.
(部長は新入社員を**紹介**した)

《**introduction** of＋名詞》《**introduction** to/into＋名詞》で覚えよう。

1046 □□ **introductory** [ìntrədʌ́ktəri]

形 前書きの，初歩の，入門の，予備の

Mr. Toyota made **introductory** remarks at the company's earnings call.
(Toyota さんは同社の業績発表で**冒頭の**ことばを述べた)

《**introductory**＋名詞》で覚えよう。

1047 □□ **launch** [lɔ́:ntʃ, lá:ntʃ]

動 ～を始める，～に乗り出す，～を打ち上げる，～に着手する　名 打ち上げ，開始，着手

One of our competitors has **launched** a massive PR campaign.
(当社の競合企業のひとつが大規模な宣伝キャンペーンを**開始した**)

《**launch**＋目的語 [名詞]》，名詞は《**launch** of/for＋名詞》で覚えよう。

1048 □□ **release** [rilíːs]

動 (苦痛などから) ～を解放する，～を自由にする，～を解除する，～を発売する，～を公表する
名 解放，除去，(映画などの) 封切り，発売，発表

The opinion poll results will be **released** this week.
(世論調査の結果は今週に**発表される**だろう)

The company issued a press **release** concerning its energy policies.
(同社はエネルギー政策に関する報道**発表**を出した)

☞《**release**＋目的語［名詞］》《**release**＋人＋from＋名詞》《**release** *A* to/into *B*》，名詞は《**release** of＋名詞》《**release** from＋名詞》《**release** to/into＋名詞》で覚えよう。

1049 □□ **bottle** [bátl]

名 瓶，ボトル　動 ～を瓶につめる

I'd like a **bottle** of tanning oil. (日焼け用オイルをひと**瓶**いただきたいのです)

☞《**bottle** of＋名詞》，動詞は《**bottle**＋目的語［名詞］》で覚えよう。

1050 □□ **bowl** [bóul]

名 ボウル，丼

Elizabeth handed me a small **bowl** full of chocolates and sweets.
(Elizabeth はチョコレートとお菓子でいっぱいの小さな**ボウル**を手渡してくれた)

☞《**bowl** of＋名詞》で覚えよう。

1051 □□ **plate** [pléit]

名 プレート，平皿，皿類

We'll buy more **plates** for the banquet.
(夕食会のためにもっと**皿類**を買いましょう)

☞《**plate** of＋名詞》で覚えよう。

1052 □□ **tray** [tréi]

名 トレイ，盆，受け皿

The server is carrying a sliced pizza on a serving **tray**.
(給仕担当者が，切り分けたピザを配膳用**トレイ**に載せて運んでいる)

☞《**tray** of＋名詞》で覚えよう。 □ in **tray**「未処理案件用引き出し」□ out **tray**「処理済み案件用引き出し」

1053 □□ **sweet** [swíːt]

形 甘い，調子のよい，親切な，気持ちよい，楽しい

The congratulatory flowers were a **sweet** gesture from the office staff.
(お祝いの花束はオフィスのスタッフからの**親切な**思いを表していた)

☞《**sweet**＋名詞》《連結動詞＋**sweet**》《連結動詞＋**sweet** to＋人》《It is **sweet**＋of＋人＋to 不定詞》で覚えよう。

1054 □□ **bitter** [bítə*r*]

形 にがい，にがにがしい，冷酷な，厳しい

Jeff felt **bitter** about the unsuccessful project.
(Jeff はプロジェクトの失敗に**がっかりした**)

☞《**bitter**＋名詞》《連結動詞＋**bitter**》《連結動詞＋**bitter** about＋名詞》で覚えよう。味については苦味を表す。感情については不快な気持ちや怒り，落胆を表す。

1055 □□ **equal** [í:kwəl]

形 等しい，平等な，公平な　動 ～に等しくなる，～に等しい，～に釣り合う　名 同様のもの（人）

Equal pay for **equal** work would be justice for all.
（**同一**業務に対する**同一**賃金は，だれにとっても正しいことだろう）

Total compensation for the position **equals** $80,000 per year.
（その職に対する総報酬は年間 8 万ドルに**なる**）

☞《**equal**＋名詞》《連結動詞＋**equal**》《連結動詞＋**equal** to＋名詞》，動詞は《**equal**＋目的語［名詞］》，名詞は《the **equal** of＋名詞》《**equal** in＋名詞》で覚えよう。 □ all (other) things being **equal**「すべてが同じ条件だとすれば」

1056 □□ **equally** [í:kwəli]

副 公平に，等しく，同じように，その一方で

Advertising and customer support are **equally** important.
（広告と顧客サポートは**等しく**重要である）

☞ □ **equally** important「同じように重要な」

1057 □□ **proud** [práud]

形 誇りに思って，誇りを持った，自慢して，自信のある

I'm **proud** of my staff because they did a superb job on this project.
（スタッフを**誇りに思います**，彼らはこのプロジェクトですばらしい仕事をしましたから）

☞《**proud**＋名詞》《連結動詞＋**proud**》《連結動詞＋**proud** of＋名詞》《連結動詞＋**proud**＋that 節》《連結動詞＋**proud**＋to 不定詞》で覚えよう。

1058 □□ **pride** [práid]

名 自慢，誇り，プライド，高慢　動《pride *oneself* で》自慢する

Linda has been doing a good job with great **pride**.
（Linda は**誇り**を持ってよい仕事をしている）

☞《**pride** of＋名詞》《**pride** in＋名詞》，動詞は《**pride** *oneself* on＋名詞》で覚えよう。

1059 □□ **usual** [jú:ʒuəl]

形 いつもの，平素の　名 いつものこと，決まりのもの

I appreciate your helpful feedback, as **usual**.
（**いつもの**ことですが，有益なご意見をありがとうございます）

It is **usual** for me to attend three or four meetings a day.
（一日に 3 つから 4 つの会議に出るのは私には**よくある**ことです）

☞《**usual**＋名詞》《連結動詞＋**usual**》《It is **usual**＋to 不定詞》で覚えよう。 □ as **usual**「いつもどおりに」□ business as **usual**「通常どおり営業中で」

1060 □□ **usually** [jú:ʒuəli]

副 普通は，通例，いつもは

Mr. Hills is **usually** punctual, but he's 15 minutes late now.
（Hills さんは**たいてい**時間を守るが，いまは 15 分遅れている）

☞《**usually**＋動詞・形容詞》で覚えよう。□ **usually** use ...「いつもは～を使う」

1061 □□ **unusual** [ʌnjúːʒuəl]

形 普通でない，目立った，独特な

▶ The decision was made in **unusual** circumstances.
（その決定は**普通でない**状況で下された）

▶ It's not **unusual** to record business conversations.
（仕事関連の会話を録音するのは**珍しい**ことではない）

☞《**unusual**＋名詞》《連結動詞＋**unusual**》《It is **unusual**＋that 節》《It is **unusual**＋to 不定詞》で覚えよう。

1062 □□ **unusually** [ʌnjúːʒuəli]

副 異常に，ひじょうに，いつになく

▶ Jay was **unusually** friendly to me this morning.
（けさの Jay は**いつになく**私に親切だった）

☞《**unusually**＋動詞・形容詞》で覚えよう。□ **unusually** for ...「～にしてはめずらしく」

1063 □□ **smell** [smél]

動 においがする，悪臭がする，～のにおいをかぐ，～のにおいがする，～に気づく 名 におい，香り，悪臭，嗅覚，疑い，気味

▶ This coffee **smells** really good.（このコーヒーはとても**香り**がよい）

▶ The library room is filled with the **smell** of old paper.
（図書室は古い紙の**におい**が満ちている）

☞《**smell**＋目的語［名詞］》《**smell**＋形容詞》《**smell** of＋名詞》《**smell** like＋名詞》，名詞は《**smell** of＋名詞》《**smell** from＋名詞》で覚えよう。

1064 □□ **fragrance** [fréigrəns]

名 芳香，香り，香料，香気

▶ Pearl Skin Cosmetics' new milky lotion has a sweet **fragrance**.
（Pearl Skin 化粧品の新しいミルキーローションは**香り**がよい）

☞《**fragrance** of＋名詞》で覚えよう。

1065 □□ **aromatic** [æ̀rəmǽtik]

形 芳香の，こうばしい

▶ Lily Rose's new **aromatic** fragrance is one of its top-selling products.
（Lily Rose 社の新しい**香**水は売行良好品のひとつである）

☞《**aromatic**＋名詞》《連結動詞＋**aromatic**》で覚えよう。

1066 □□ **crop** [kráp]

名（農）作物，収穫，短髪 動 ～を収穫する，～を刈る，（写真などの不要部分）を切る

▶ Rice and tea are major **crops** in this region.
（米と茶がこの地方の主要**農産物**です）

☞《**crop** of＋名詞》，動詞は《**crop**＋目的語［名詞］》で覚えよう。

1067 □□ **seed** [síːd]

名 種，種子，根源，子孫，シード選手 動（種など）をまく，（種など）を取り除く，（選手）をシードする

▶ New management planted **seeds** of hope in the employees' hearts.
（新経営陣は従業員の心に希望の**種**をまいた）

☞《**seed** of＋名詞》，動詞は《**seed**＋目的語［名詞］》で覚えよう。

1068 □□ **stupid** [stjúːpəd]

形 愚かな，ばかばかしい，くだらない

This may sound like a **stupid** question, but let me ask anyway.
（**ばかな**質問に聞こえるかもしれませんが，とにかくお尋ねします）

《**stupid**＋名詞》《連結動詞＋**stupid**》《It is **stupid** of＋人＋to 不定詞》で覚えよう。とても強く響くので，腹を立てたり，批判するときに使うことが多い。silly のほうが穏やかに響く。また，書きことばでは foolish/unwise のほうがていねいに響く。

1069 □□ **silly** [síli]

形 ばかげた，愚かな，つまらない，思慮のない，ひょうきんな

Why are you asking such a **silly** question?
（なぜそんな**ばかな**質問をするのですか）

《**silly**＋名詞》《連結動詞＋**silly**》《It is **silly** of＋人＋to不定詞》で覚えよう。stupidより穏やかに響く。

1070 □□ **perfect** [pə́ːrfikt; pərfékt]

形 完全な，非の打ちどころのない，最適な　動 ～を完全にする，～を完成させる

I thought my plan was **perfect**, but actually it wasn't.
（私の計画は**完璧だ**と思ったのですが，実は違いました）

《**perfect**＋名詞》《連結動詞＋**perfect**》《連結動詞＋**perfect** for＋名詞》，動詞は《**perfect**＋目的語［名詞］》で覚えよう。

1071 □□ **perfectly** [pə́ːrfiktli]

副 完全に，非の打ちどころなく，完璧に

It's not **perfectly** clear what Mr. Saito said to the investigators.
（Saito さんが調査官らに何を話したかは**完全には**わかっていない）

《**perfectly**＋動詞・形容詞》で覚えよう。　□ **perfectly** match ...「～に完全に合う」

1072 □□ **hungry** [hʌ́ŋgri]

形 空腹な，飢えた，必要とする

After a long day at the office, I'm as **hungry** as a wolf.
（オフィスでの長い一日を終えて，ひどく**空腹だ**）

《**hungry**＋名詞》《連結動詞＋**hungry**》《連結動詞＋**hungry** for＋名詞》《連結動詞＋**hungry**＋to 不定詞》で覚えよう。

1073 □□ **hunger** [hʌ́ŋgər]

名 空腹，飢え，渇望

Hunger is the best spice.（**空腹**は最高の調味料だ）

《**hunger** for＋名詞》で覚えよう。

1074 □□ **fresh** [fréʃ]

形 新鮮な，到着したばかりの，未使用の，斬新な，記憶に新しい

Fresh evidence was revealed following the investigation.
（捜査に続いて**新たな**証拠が明るみに出た）

《**fresh**＋名詞》《連結動詞＋**fresh**》《連結動詞＋**fresh** from＋名詞》《連結動詞＋**fresh** to＋名詞》《連結動詞＋**fresh**＋to 不定詞》で覚えよう。　□ **fresh** from/out of ...「～してからまもない」

1075 □□ **freshness** [fréʃnəs]

名 鮮度，新鮮味

At ChoiceCuts, we guarantee the **freshness** of our meat.
（私ども ChoiceCuts では，肉の**新鮮さ**を保証いたします）

《**freshness** of＋名詞》で覚えよう。

1076 □□ **refresh** [rifréʃ]

動 ～をさわやかな気分にする，～を再び元気づける，～の気分をすっきりさせる，～を蘇らせる

Can you help me **refresh** my memory about the deadline?
（締め切りについての私の記憶を**新たにする**のを手伝ってもらえますか）

《**refresh**＋目的語［名詞］》《**refresh** *oneself* with＋名詞》で覚えよう。

1077 □□ **refreshment** [rifréʃmənt]

名 元気を回復させるもの，軽食

Light **refreshments** will be served during the coffee break.
（コーヒーブレークの際には**軽食**が提供されます）

《**refreshment** of＋名詞》で覚えよう。 □ stop for **refreshment**「軽食のために休む」

1078 □□ **print** [prínt]

動 ～を印刷する，～を出版する，～を活字体で書く 名 印刷物，影響，印象，（写真の）紙焼き

Could you **print** this report and make copies for everyone?
（この報告書を**印字して**全員にコピーを作っていただけますか）

《**print**＋目的語［名詞］》，名詞は《**print** of＋名詞》で覚えよう。 □ in **print**「印刷されて，活字体で」 □ out of **print**「印刷されずに」 □ the small/fine **print**「但し書き条項」

1079 □□ **printer** [príntər]

名 プリンター，印刷装置，印刷業者

If the **printer** runs out of ink, please let me know.
（**プリンタ**のインクがなくなったら，知らせてください）

《**printer** in＋名詞》で覚えよう。 □ **printer** toner「プリンタ用トナー」

1080 □□ **escort** [iskɔ́ːrt]

動 ～を護衛する，エスコートする 名 護衛，エスコート，同伴者

Would you **escort** our guests to their accommodations?
（お客様を宿泊施設まで**送り届けて**いただけますか）

《**escort**＋人（＋to/through/around＋名詞）》，名詞は《**escort** of＋名詞》で覚えよう。 □ under **escort**「付き添われて」

1081 □□ **shine** [ʃáin]

動 光る，輝く，秀でる，映える，際立つ，～を光らせる，～に光を当てる 名 光，つや，光沢，輝き，ひと磨き

A desk light **shines** on my face during online meetings from home.
（自宅でのオンライン会議中にデスクライトが顔を明るく**照らして**くれる）

《**shine** in/on＋名詞》《**shine** from/through＋名詞》《**shine** with＋名詞》《**shine**＋目的語［名詞］》《**shine** *A* on/at/around *B*》，名詞は《**shine** of＋名詞》で覚えよう。

1082 □□ **spin** [spín]

動 ～を紡ぐ，～を（延々と）話す，回転する，きりきり舞いする　名 回転，急落

This optical disk **spins** at a rate of 500 revolutions per minute.
（この光ディスクは 1 分間に 500 回転の割合で**回転する**）

《**spin**＋副詞》，名詞は《**spin** of＋名詞》で覚えよう。 □ **spin** fast「高速で回転する」□ go into a **spin**「回転する」

1083 □□ **bore** [bɔ́ːr]

動 ～を退屈させる，～をうんざりさせる　名 退屈な人［もの］，うんざりさせる人［もの］

Don't **bore** me with a lot of details.
（細かな話ばかりで**うんざりさせ**ないで）

《**bore**＋人（＋with＋名詞）》で覚えよう。現在分詞形 boring は「退屈な」，過去分詞形 bored は「退屈して」という意味の形容詞としても使う。

1084 □□ **tube** [tjúːb]

名 管，チューブ

Green Inc. is redesigning its **tubes** for toothpastes and cosmetics.
（Green Inc. 社は歯みがき用ペーストや化粧品のための**チューブ**のデザインをやり直している）

《**tube** of/for＋名詞》で覚えよう。

1085 □□ **tale** [téil]

名 話，物語

TastySpicy's failed sales campaign is a cautionary **tale** for us.
（TastySpicy 社の失敗に終わった販売キャンペーンは，当社にとって注意すべき**話**だ）

《**tale** of/about＋名詞》で覚えよう。

1086 □□ **trick** [trík]

名 計略，コツ，秘訣　動 ～をだます

Kevin knows every **trick** of the trade after being with us for years.
（何年も当社で働いていて，Kevin は取引のあらゆる**コツ**を心得ている）

《**trick** of＋名詞》《**trick** for＋名詞》《**trick** to＋名詞》《**trick** on＋人》，動詞は《**trick**＋目的語［名詞］（＋into/out of＋名詞）》で覚えよう。 □ do the **trick**「効果をもたらす」

1087 □□ **display** [displéi]

名 表示，陳列，展示　動 ～を陳列［展示］する，～を表す

Our latest product samples will be on **display** tomorrow.
（当社の最新製品の見本はあした**陳列**されるでしょう）

A number of awards are **displayed** in Ms. Gane's office.
（Gane さんのオフィスには数多くの表彰状が**展示されて**いる）

《**display** of＋名詞》，動詞は《**display**＋目的語［名詞］》で覚えよう。 □ on **display**「展示されて」

1088 □□ **childhood** [tʃáildhùd]

名 幼少期，子供時代

Mr. Vega cites his **childhood** memories as the origin of his idea for Kinder Care Center.

（Kinder Care Center についてのアイデアの起源として，Vega さんは**子ども時代**の思い出を挙げている）

☞《**childhood** of＋名詞》で覚えよう。日常的には when *somebody* was a child を使うことが多い。
□ in/during **childhood**「幼少時に」□ from/since **childhood**「幼少時から」□ throughout **childhood**「幼少時はずっと」

1089 □□ **soul** [sóul]

名 魂，精神，根源，中心人物

CEO J. Williams was the **soul** of the company.

（CEO の J. Williams さんは同社の**根幹をなす人物**であった）

☞《**soul** of＋名詞》で覚えよう。

GROUP 23

1090 □□ **grass** [grǽs]

名 草，芝，草地

Yard Chem is developing a new fertilizer that will help **grass** grow faster.
(Yard Chem 社は**草**をこれまで以上に速く成長させる新しい肥料を開発している)

《**grass** of＋名詞》《**grass** in＋名詞》で覚えよう。

1091 □□ **lawn** [lɔ́:n]

名 芝生

We played soccer on the **lawn** during the break.
(休憩中に**芝生**でサッカーをしました)

《**lawn** of＋名詞》で覚えよう。 □ mow the **lawn**「芝を刈る」

1092 □□ **boss** [bɔ́:s, bás]

名 上司，社長，ボス

I'm going to meet with my former **boss** tomorrow night.
(あすの夜，昔の**上司**と会う予定です)

《**boss** of＋名詞》で覚えよう。ややカジュアルな表現。manager/supervisor/head/chief のほうがフォーマルに響く。 □ I'm my own **boss**.「私に上司はいません，独立して仕事をしています」

1093 □□ **crew** [krú:]

名 乗組員，搭乗員，クルー，グループ 動 ～のクルーになる［する］

This store is run by five **crew** members.
(この店は 5 人が**チーム**となって運営している)

《**crew** of＋名詞》，動詞は《**crew**＋目的語［名詞］》で覚えよう。 □ in a **crew**「クルーになって」

1094 □□ **mate** [méit]

名 仲間，友人

Leila is an old school **mate** of mine. (Leila は私の古くからの級**友**です)

《**mate** of＋名詞》で覚えよう。 □ team **mate**「仲間，同僚」

1095 □□ **folk** [fóuk]

形 民族の，民間の 名 人々，家族，親族

My family makes and sells **folk** crafts at a local market.
(家族は**民**芸品を作って地元の市場で販売しています)

《**folk**＋名詞》，名詞は《**folk** of＋名詞》で覚えよう。

1096 □□ **science** [sáiəns]

名 科学，自然科学，理科

We practice medicine based on **science** and evidence.
(私たちは**科学**と証拠に基づいて医療を行っています)

《**science** of/in＋名詞》で覚えよう。

1097 □□ **scientific** [sàiəntífik]

形 科学の，自然科学（上）の，理科の，科学的な，系統立った

We have invested in the **scientific** study of buying habits.
（当社は購買習慣に関する**科学的**研究へ投資しています）

☞《**scientific**＋名詞》《連結動詞＋**scientific**》で覚えよう。

1098 □□ **scientist** [sáiəntəst]

名 科学者

Mr. Doleman is considering hiring more research **scientists**.
（Doleman さんは研究**科学者**をさらに採用することを考えている）

☞《**scientist** at＋名詞》で覚えよう。 □ research **scientist**「研究科学者」

1099 □□ **lock** [lák]

動 錠がかかる，閉じ込められる，～に錠をかける，～を固定する　名 ロック，錠

Someone forgot to **lock** the door before they went home.
（だれかが**施錠する**のを忘れて帰ってしまった）

☞《**lock**＋目的語［名詞］》，名詞は《**lock** on＋名詞》で覚えよう。

1100 □□ **locker** [lákər]

名 ロッカー，荷物室，戸棚

Put all your personal items in the **locker**.
（私物はすべて**ロッカー**に入れてください）

☞《**locker** at＋名詞》《**locker** for＋名詞》で覚えよう。 □ storage **locker**「保管用ロッカー」

1101 □□ **unlock** [ʌnlák]

動 錠が開く，～を解錠する，～を解除する，～を明らかにする

The entrance doors automatically **unlock** at 8:00 every morning.
（入口のドアは毎朝 8 時に自動的に**解錠される**）

☞《**unlock**＋目的語［名詞］》で覚えよう。

1102 □□ **loud** [láud]

形（音が）大きい，高い，うるさい，（服装などが）派手な

Could you speak in a **loud** voice so everyone can hear you?
（皆が聞こえるように**大きな声で**話していただけますか）

☞《**loud**＋名詞》《連結動詞＋**loud**》で覚えよう。

1103 □□ **loudly** [láudli]

副 大声で，声高に，派手に

Some clients complained **loudly** when we raised our fees.
（当社が料金を値上げすると，**声高に**不満を言う顧客もいた）

☞《動詞＋**loudly**》で覚えよう。 □ speak **loudly**「大きな声で話す」

1104 □□ **aloud** [əláud]

副 声を出して

Users can have all texts read **aloud** by tapping this button.
（ユーザーはこのボタンをタップして，すべてのテキストを**読み上げ**させることができる）

☞《動詞＋**aloud**》で覚えよう。「声に出して」という意味。

1105 □□ **relax** [rilǽks]

動 緩む，リラックスする，くつろぐ，～を緩める

I just hope to **relax** and enjoy the weekend.
(週末は**ゆっくりして**，楽しく過ごしたいだけです)

《**relax**＋目的語［名詞］》で覚えよう。現在分詞形 relaxing は「人をくつろがせる」，過去分詞形 relaxed は「くつろいで」という意味の形容詞としても使う。

1106 □□ **relaxation** [rìːlækséiʃən]

名 リラクセーション，くつろぐこと

There are lots of **relaxation** techniques for relieving stress.
(ストレスを和らげるために使える**リラクセーション**技法がたくさんあります)

《**relaxation** of＋名詞》《**relaxation** in＋名詞》で覚えよう。

1107 □□ **calm** [kɑ́ːm]

形 穏やかな，落ち着いて　動 落ち着く，～を沈静化する

Mr. Banks always remains **calm**, no matter the situation.
(どのような状況であろうとも，Banks さんは常に**落ち着いて**いる)

《**calm**＋名詞》《連結動詞＋**calm**》，動詞は《**calm**＋人》，名詞は《**calm** of＋名詞》で覚えよう。
□ **calm** down「～を鎮める，なだめる」

1108 □□ **award** [əwɔ́ːrd]

動（賞品など）を授与する　名 賞，賞品

Mario was **awarded** a plaque for his outstanding sales performance.
(Mario は傑出した販売実績により賞を**授与された**)

《**award**＋目的語［名詞］(＋to＋人)》《**award**＋人＋目的語［名詞］》，名詞は《**award** of＋名詞》《**award** for＋名詞》で覚えよう。 □ win an **award**「受賞する」 □ **award**-winning movie「受賞映画」

1109 □□ **prize** [práiz]

名 賞　動 ～を尊重する

Paul was awarded a **prize** of a one-week trip to Hawaii.
(Paul は 1 週間のハワイ旅行という**報償**を受けた)

《**prize** of＋名詞》《**prize** for＋名詞》《**prize** in＋名詞》，動詞は《**prize**＋目的語［名詞］》で覚えよう。

1110 □□ **praise** [préiz]

動 ～をほめる，～を賞賛する　名 賞賛，ほめること

Ms. Steel was **praised** for helping the company slash hidden costs.
(会社が隠れたコストを削減するのを助けたことで Steel さんは**称賛された**)

《**praise**＋目的語［名詞］(＋for＋名詞)》，名詞は《**praise** of＋名詞》《**praise** about＋名詞》《**praise** for＋名詞》《**praise** from/to＋名詞》で覚えよう。 □ in **praise** of ...「～を称賛して」

1111 □□ **skill** [skíl]

名 手腕，技術，腕前，スキル，技量

Lisa is learning how to create a résumé that highlights her **skill** set.
(Lisa は自分の**技能**一式を強調する履歴書の書き方を学んでいる)

《**skill** of＋名詞》《**skill** in/at＋名詞》で覚えよう。 □ soft **skill**「行動や考え方に基づいた技能」
□ hard **skill**「技術的な技能」

1112 □□ **skilled** [skíld]

形 熟練した，熟練を要する，腕のよい

We need highly **skilled** corporate lawyers to work out this negotiation.
（この交渉をやり遂げるにはかなり**熟練した**企業弁護士が必要です）

☞《**skilled**＋名詞》《連結動詞＋**skilled**》《連結動詞＋**skilled** at/in/with＋名詞》で覚えよう。

1113 □□ **plenty** [plénti]

名 多量，多数

I'll have **plenty** of time to talk about this after the meeting.
（この件については会議のあとで**十分**に話す時間を取ります）

☞《**plenty** of＋複数名詞・不可算名詞》で覚えよう。

1114 □□ **plentifully** [pléntifli]

副 たっぷりと，十分に

This type of tree grows **plentifully** in this area.
（この種の樹木はこの地域で**豊富に**育つ）

☞《動詞＋**plentifully**》で覚えよう。□ **plentifully** supply ...「～を豊富に供給する」

1115 □□ **search** [sə́ːrtʃ]

名 捜索，追求，検査，調査　動（～を）探す，（～を）捜す，厳重に調べる

I conducted an online **search** for relief organizations.
（私はオンラインで救援組織を**検索**しました）

Miho **searched** through the desk drawers for her ID tag.
（Miho は自分の ID タグを求めて机の引き出しをくまなく**探した**）

☞《**search** of＋名詞》《**search** for＋名詞》，動詞は《**search**＋目的語［名詞］》《**search** for＋名詞》《**search** *A* for *B*》で覚えよう。□ in **search** of ...「～を探す」

1116 □□ **examine** [igzǽmin]

動 ～を調査する，～を審査する，～を診察する，～の試験をする

These wheels need to be **examined** for defects.
（これらの車輪は欠陥があるかどうか**検査する**必要がある）

☞《**examine**＋目的語［名詞］》《**examine**＋wh-/how 節》《**examine**＋if/whether 節》《**examine** *A* for *B*》《**examine**＋人＋on＋名詞》で覚えよう。「細かく徹底的に～を調べる」という意味。

1117 □□ **examination** [igzæ̀mənéiʃən]

名 試験，考査，調査，検査，診察

Careful **examination** revealed some cracks in the casing.
（入念な**検査**により，ケースに多少の亀裂が入っているとわかった）

☞《**examination** of＋名詞》《**examination** on＋名詞》で覚えよう。□ under **examination**「検査中で」□ on **examination**「検査した結果では」

1118 □□ **exam** [igzǽm]

名 試験，（医療）検査，問題用紙

José passed the certification **exam** to become a nurse.
（José は看護師になるための資格**試験**に合格した）

☞《**exam** of＋名詞》《**exam** on＋名詞》で覚えよう。

1119 □□ **poet** [póuət]

名 詩人，歌人，詩心のある人

The author of those novels is also known as a modern **poet**.
（それらの小説の著者は現代**詩人**としても知られている）

《**poet** of＋名詞》《**poet** in＋名詞》で覚えよう。 □ distinguished **poet**「著名な詩人」

1120 □□ **poetry** [póuətri]

名 詩，詩的作品，（詩的な）美しさ

Martha is publishing her first collection of **poetry** next month.
（Martha は来月に初めての**詩集**を刊行する）

《**poetry** of＋名詞》《**poetry** about＋名詞》で覚えよう。 □ learn **poetry** by heart「詩を覚え込む」

1121 □□ **neck** [nék]

名 首，襟

My **neck** hurts after using a laptop all day long.
（一日中ラップトップ機を使っていて**首**が痛い）

《**neck** of＋名詞》で覚えよう。 □ **neck** and **neck**「競り合って」

1122 □□ **stomach** [stʌ́mək]

名 胃，腹，食欲

Maya has had a **stomach** problem for a few days.
（Maya は数日間，**胃**の不調が続いている）

《**stomach** of＋名詞》《**stomach** for＋名詞》で覚えよう。 □ on *someone's* **stomach**「腹ばいになって」

1123 □□ **luck** [lʌ́k]

名 幸運，繁栄，めぐり合わせ，成功

Did you have any **luck** finding a new supplier?
（新しい供給業者探しは**運よく**いきましたか）

《**luck** of＋名詞》《**luck** in＋名詞》で覚えよう。 □ in/out of **luck**「幸運で，運がなくて」 □ by **luck**「運の力で」 □ Good **luck**.「頑張って」 □ Better **luck** next time.「次は頑張って」

1124 □□ **lucky** [lʌ́ki]

形 幸運な，運のよい

We are **lucky** to have loyal support from our customers.
（**幸いにも**，当社は顧客から忠実な支持をいただいております）

《**lucky**＋名詞》《連結動詞＋**lucky**》《連結動詞＋**lucky**＋that 節》《連結動詞＋**lucky** (enough)＋to 不定詞》《連結動詞＋**lucky**＋if 節》《連結動詞＋**lucky** with＋名詞》《It is **lucky**＋that 節》《It is **lucky**＋to 不定詞》で覚えよう。

1125 □□ **luckily** [lʌ́kili]

副 幸運にも，運よく

Luckily for us, the value of the yen dropped last week.
（当社にとって**幸運なことに**，先週は円安になった）

副詞として文全体を修飾する働きもある。 □ **Luckily** for ...「～にとって幸運なことに」

1126 □□ **succeed** [səksíːd]

動 成功する，～を継承する

◤ Morris Company **succeeded** in becoming a contractor of the project.
(Morris 社はそのプロジェクトの受注企業になることに**成功した**)

☞《**succeed** in＋名詞》《**succeed** at/with＋名詞》《**succeed** as＋名詞》《**succeed**＋目的語［名詞］》《**succeed**＋人＋as＋名詞》で覚えよう。

1127 □□ **success** [səksés]

名 成功，上出来

◤ Thurston's new product turned out to be a phenomenal **success**.
(Thurston 社の新製品は驚異的な**成功**になった)

☞《**success** of＋名詞》《**success** in＋名詞》《**success** in＋動名詞》《**success** with＋名詞》《**success** as＋名詞》で覚えよう。「継承」という意味の名詞形は succession。

1128 □□ **successful** [səksésfl]

形 成功して，上出来の，栄えている，好結果の

◤ Marcos's team created Beauty Labs' most **successful** product.
(Marcos のチームは Beauty Labs 社のもっとも**成功した**製品を作り上げた)

☞《**successful**＋名詞》《連結動詞＋**successful**》《連結動詞＋**successful** in＋名詞》《連結動詞＋**successful** at＋名詞》《連結動詞＋**successful** as＋名詞》で覚えよう。同じ形容詞で successive は「連続的な」という意味で，for three **successive** years「3 年連続で」のように使う。

1129 □□ **successfully** [səksésfəli]

副 成功のうちに，うまく，見事に

◤ Jones Construction **successfully** completed the project on schedule.
(Jones 建設はそのプロジェクトを予定どおりに**うまく**完了できた)

☞《**successfully**＋動詞・形容詞》で覚えよう。 □ **successfully** perform ...「～を行うことに成功する」

1130 □□ **successor** [səksésər]

名 後任者，承継者，相続者

◤ With retirement approaching, Mr. Bonali has yet to announce his **successor**. (引退が近づいているが，Bonali さんは自分の**後継者**をまだ発表していない)

☞《**successor** of＋人》《**successor** to＋名詞》《**successor** as＋名詞》で覚えよう。

1131 □□ **sink** [síŋk]

動（価値，評価，水準など）を落とす，～を沈める，体力が衰える，沈む　名 流し，シンク，下水

◤ We found ourselves in a **sink**-or-swim situation.
(私たちは**沈む**か，自力で泳ぐかの状況に置かれてしまった)

◤ Leave the dishes in the **sink**; I'll clean them later.
(お皿は**流し**に置いておいて；あとで洗うから)

☞《**sink**＋目的語［名詞］》《**sink** into/to＋名詞》，名詞は《**sink** of＋名詞》で覚えよう。

1132 □□ **whisper** [*h*wíspər]

動（～を）ささやく，（～を）耳打ちする　名 ささやき

◤ Kyle quietly **whispered** an apology.
(Kyle は静かに謝罪のことばを**ささやいた**)

☞《**whisper**＋目的語［名詞］（＋to＋人）》《**whisper** about＋名詞》《**whisper**＋that 節》で覚えよう。

1133 □□ **swing** [swíŋ]

名 揺れ，振動，動揺，回転　動 揺れ動く，～を揺れ動かす，揺れる，行ったり来たりする

Put simply, **swing** voters will decide the next election results.
（簡単に言えば，次の選挙の結果は**浮動票を投じる**人々が決めるだろう）

《**swing** of＋名詞》《**swing** in＋名詞》《**swing** to/toward/between/from＋名詞》《**swing** against＋名詞》，動詞は《**swing**＋目的語［名詞］》《**swing**＋副詞》《**swing** from *A* to *B*》で覚えよう。
□ in full **swing**「たけなわで」

1134 □□ **birth** [bə́ːrθ]

名 誕生，出産，出自

Hana returned to work after the **birth** of her first child.
（Hana は第一子**出産**後は職場に戻った）

《**birth** of＋名詞》で覚えよう。　□ give **birth** to ...「～を生む」

1135 □□ **ray** [réi]

名 光線，日光

My doctor advised me to have periodic X-**ray** examinations.
（定期的にエックス**線**検査を受けるように医師に助言されました）

《**ray** of＋名詞》で覚えよう。

1136 □□ **blind** [bláind]

名 ブラインド　形 盲目の，人の目をくらませる，気づいていない

Would you mind pulling up the **blind**?
（**ブラインド**を上げていただけますか）

《**blind** of＋名詞》，形容詞は《**blind**＋名詞》《連結動詞＋**blind**》《連結動詞＋**blind** to＋名詞》で覚えよう。

1137 □□ **otherwise** [ʌ́ðərwàiz]

副 そうしないと，さもなければ，別のやり方で，別の面では，ほかの点では　形 そうでなくて

I have a good reason to think **otherwise**.
（私にはそれなりの理由があって，**そうでないと**考えるのです）

Be sure to book a room; **otherwise** you won't have a place to stay.
（部屋の予約を忘れないように；**さもないと**泊まる場所がなくなります）

《動詞＋**otherwise**》，形容詞は《連結動詞＋**otherwise**》で覚えよう。副詞として文全体を修飾する働きもある。

1138 □□ **forever** [fərévər]

副 永遠に，絶えず，長時間

My computer is loading data **forever**.
（私のパソコンはデータの読み込みが**延々と続いて**いる）

《動詞・形容詞＋**forever**》で覚えよう。同じ意味で permanently/for good/for all time もよく使う。

GROUP 24

1139 - 1187

1139 □□ **habit** [hǽbit]

名 (個人的な) 習慣，くせ，気質

Unfortunately, our manager has a **habit** of being late.
(残念ながら，私たちのマネジャーは遅刻する**くせ**がある)

☞《**habit** of＋動名詞》で覚えよう。 □ have a **habit** of *doing*「〜する習慣がある」□ make a **habit** of *doing*「〜することにしている」□ by/from/out of **habit**「習慣で」

1140 □□ **habitual** [həbítʃuəl]

形 習慣的な，常習的な

A healthy diet starts with reviewing your **habitual** behaviors.
(健康な食生活は**習慣的な**振る舞いを見直すことから始まる)

☞《**habitual**＋名詞》《連結動詞＋**habitual** with＋人》で覚えよう。「常習的で止められない」という響きを含むこともある。

1141 □□ **victory** [víktəri]

名 勝利，優勝，征服

Millions of people are celebrating the baseball team's **victory**.
(数百万人がその野球チームの**勝利**を祝っている)

☞《**victory** of＋名詞》《**victory** over/against＋名詞》《**victory** for＋名詞》で覚えよう。

1142 □□ **defeat** [difíːt]

名 敗北，打破，失敗　動 〜を負かす，〜を覆す

Baker Autos suffered a **defeat** in the automotive market.
(Baker Autos 社は自動車市場で**敗北**を喫した)

☞《**defeat** of＋名詞》《**defeat** in＋名詞》《**defeat** against＋名詞》《**defeat** by＋名詞》，動詞は《**defeat**＋目的語［名詞］》《**defeat** *A* by *B*》で覚えよう。

1143 □□ **cap** [kǽp]

名 帽子，栓，ふた，頂上　動 〜に帽子［ふた］をかぶせる，〜の上限を決める

I can't remove this **cap**; can you do it?
(この**ふた**が取れない；あなたなら取れる？)

☞《**cap** of＋名詞》《**cap** on＋名詞》，動詞は《**cap**＋目的語［名詞］》で覚えよう。

1144 □□ **helmet** [hélmət]

名 ヘルメット，鉄かぶと，かぶと状のもの

Safety **helmets** are required while riding bicycles.
(自転車に乗っているときは安全用**ヘルメット**が必要です)

☞《**helmet** of＋名詞》《**helmet** for＋名詞》で覚えよう。オートバイや自転車に乗るときに着用する防具。工事現場などで着用する防具は hard hat という。

1145 □□ **dish** [díʃ]

名 皿，料理，(パラボラアンテナの) 反射板　動 〜を大皿に盛る

The hotel prepared a wide variety of **dishes** for the banquet.
(ホテルは晩餐会のためにさまざま種類の**料理**を用意した)

☞《**dish** of＋名詞》で覚えよう。会話では「料理」の意味で使われることが多い。 □ do the **dishes**「(食後に) 皿を洗う」

1146 □□ **dishwasher** [díʃwɑ̀ʃər]

名 食器洗浄機，食器を洗う人

Our office kitchen installed a new, energy-efficient **dishwasher**.
（当社オフィスのキッチンは新たにエネルギー効率のよい**食器洗浄機**を設置しました）

《**dishwasher** at/in＋名詞》で覚えよう。

1147 □□ **safe** [séif]

形 安全な，危険のない，確かな，信頼できる　名 金庫

Factory employees must maintain a **safe** distance from each other.
（工場の従業員は互いに**安全な**距離を保たなければならない）

Please make sure to lock the **safe** after using it.
（使用後は必ず**金庫**に施錠してください）

《**safe**＋名詞》《連結動詞＋**safe**》《連結動詞＋**safe** from＋名詞》《連結動詞＋**safe**＋to 不定詞》《連結動詞＋**safe** for＋名詞・動名詞》《It is **safe**＋that 節》《It is **safe**＋to 不定詞》，名詞は《**safe** for＋名詞》で覚えよう。

1148 □□ **safety** [séifti]

名 安全（性），無事，無難，安全装置

The camping site has been reviewing its **safety** procedures.
（そのキャンプ場は**安全**手続きを見直している）

《**safety** of＋名詞》《**safety** from＋名詞》で覚えよう。　□ in **safety**「安全に」□ for **safety**「安全のために」

1149 □□ **safely** [séifli]

副 安全に，無事に，間違いなく

The builders are proceeding with the construction **safely**.
（建設業者らは建設を**安全に**進めている）

《動詞・形容詞＋**safely**》で覚えよう。□ deliver ... **safely**「～を安全に配送する」

1150 □□ **silent** [sáilənt]

形 黙って，無口な，無言の，無声の，静かな

You have the right to remain **silent**.（あなたには**黙秘**する権利があります）

《**silent**＋名詞》《連結動詞＋**silent**》《連結動詞＋**silent** about/on＋名詞》で覚えよう。

1151 □□ **silently** [sáiləntli]

副 静かに，黙って，沈黙のうちに，黙々と

The board members **silently** agreed with Mr. Harvard.
（取締役らは Harvard さんに**黙って**同意した）

《**silently**＋動詞・形容詞》で覚えよう。　□ **silently** wait「黙って待つ」

1152 □□ **silence** [sáiləns]

名 静寂，静かなこと，沈黙，無言　動 ～を沈黙させる，～を静める

The governor answered the question after a brief **silence**.
（短い**沈黙**のあとに知事はその質問に答えた）

Overture Games **silenced** its competitors with its new smartphone game.（Overture Games 社は，新しいスマホゲームで競合他社を**沈黙させた**）

《**silence** of＋名詞》《**silence** on＋名詞》，動詞は《**silence**＋目的語［名詞］》で覚えよう。　□ in **silence**「黙って」

1153 □□ **full** [fúl]

形 いっぱいの，満ちた，満たした，すべての，最大限の 名 全部，完全

We offer a **full** range of services from valeting to car repairs.
（当社は駐車サービスから自動車の修理まで**あらゆる**サービスを提供いたします）

☞《**full**＋名詞》《連結動詞＋**full**》《連結動詞＋**full** of＋名詞》，名詞は in **full** で覚えよう。 □ to the **full**「十二分に」□ in **full**「満額で，総額で，すべてを含めて」

1154 □□ **fully** [fúli]

副 十分に，完全に，全体に

I **fully** understand your concerns and will let the manager know.
（あなたの懸念は**十分に**理解していますので，部長に伝えます）

☞《**fully**＋動詞・形容詞》で覚えよう。□ **fully** cooperate「全面的に協力する」

1155 □□ **full-time** [fùltáim]

形 全時間の，終日の，常勤の 副 常勤で，常時

We are looking for **full-time** employees in our HR department.
（当社は人事部に**常勤の**従業員を募集しております）

☞《**full-time**＋名詞》，副詞は《動詞＋**full-time**》で覚えよう。

1156 □□ **part-time** [pà:rttáim]

形 パートタイムの，時間雇用の 副 パートタイムで，時間雇用で

I'm seeking a **part-time** job at a bank.
（私は銀行での**非常勤の**仕事を求めています）

☞《**part-time**＋名詞》，副詞は《動詞＋**part-time**》で覚えよう。

1157 □□ **excite** [iksáit]

動 ～を興奮させる，～を刺激する

Ms. Garcia's outstanding demonstration **excited** the audience.
（Garcia さんのすぐれたデモンストレーションは聴衆を**興奮させた**）

☞《**excite**＋目的語［名詞］》で覚えよう。現在分詞形 exciting は「人を興奮させるような」，過去分詞形 excited は「興奮して」という意味の形容詞としても使う。

1158 □□ **exciting** [iksáitiŋ]

形 興奮させる，胸をわくわくさせる，刺激的な

The merger talks with BrightNow were an **exciting** business opportunity for Mr. Thompson. （BrightNow 社との合併交渉は Thompson さんにとって，**わくわくするような**ビジネスチャンスだった）

☞《**exciting**＋名詞》《連結動詞＋**exciting**》《It is **exciting**＋that 節》《It is **exciting**＋to 不定詞》で覚えよう。過去分詞形 excited は「興奮して」という意味の形容詞としても使う。こちらは《**excited**＋名詞》《連結動詞＋**excited**》《連結動詞＋**excited** about/by/at＋名詞》《連結動詞＋**excited**＋that 節》《連結動詞＋**excited**＋to 不定詞》で覚えよう。

1159 □□ **excitement** [iksáitmənt]

名 興奮（させるもの），動揺，騒動

The office was full of **excitement** over the launch of the new product.
（オフィスは新商品発売をめぐって**興奮**に満ちていた）

☞《**excitement** of＋名詞》《**excitement** at＋名詞》で覚えよう。 □ in/with **excitement**「興奮して」

1160 □□ **thrill** [θríl]

動 ～をわくわくさせる，～をぞっとさせる，～を感動させる 名 身震い，スリル

- I was **thrilled** to hear that my application was accepted.
  （私の応募が受け入れられたと聞いて，**このうえなくうれしかった**です）
- This is one of the most **thrilling** matches in World Cup history.
  （これはワールドカップ史上もっとも**興奮する**試合のひとつです）

☞《**thrill**＋人》《連結動詞＋**thrilled** about＋名詞》《連結動詞＋**thrilled**＋that 節》《連結動詞＋**thrilled**＋to 不定詞》，名詞は《**thrill** of＋名詞》《**thrill** from/out of＋名詞》で覚えよう。現在分詞形 thrilling は「人をわくわくさせる」，過去分詞形 thrilled は「わくわくして」という意味の形容詞としても使う。

1161 □□ **cabin** [kǽbin]

名 機内，客室，小屋

- Our ship offers 56 fully-equipped luxury first-class **cabins**.
  （当船舶は完全装備の豪華一等**船室**を 56 室提供しております）

☞《**cabin** in＋名詞》《**cabin** of＋名詞》で覚えよう。

1162 □□ **cottage** [kátidʒ]

名 小屋，小別荘，山小屋

- We stayed in a rural **cottage** for our vacation.
  （私たちは休暇でいなかの**コテージ**に滞在した）

☞《**cottage** in＋名詞》で覚えよう。

1163 □□ **constant** [kánstənt]

形 定期的な，絶え間ない

- User feedback is a **constant** reminder that our business is supported by pet lovers.
  （ユーザからの意見は，当社の事業はペットを愛する人々に支えられていることを**いつも**思い出させてくれる）

☞《**constant**＋名詞》《連結動詞＋**constant**》で覚えよう。

1164 □□ **constantly** [kánstəntli]

副 常に，絶えず

- This problem has been **constantly** on my mind.
  （この問題が**絶えず**心にのしかかっています）
- We are **constantly** looking for new ideas to stay competitive.
  （競争力を維持するために，当社は**常に**新しいアイデアを求めています）

☞《**constantly**＋動詞・形容詞》で覚えよう。 □ **constantly** grow「常に成長する」

1165 □□ **graduate** [grǽdʒuèit]

動 卒業する 名 卒業生，学士 形 大学卒業生の

- Mr. Kabosh **graduated** from a local university 10 years ago.
  （Kabosh さんは 10 年前に地元の大学を**卒業した**）

☞《**graduate** from＋名詞》，名詞は《**graduate** of＋名詞》《**graduate** from＋名詞》で覚えよう。
□ **graduate** school「大学院」 □ undergraduate「学部生」

1166 □□ **graduation** [grædʒuéiʃən]

名 卒業

Ms. Lloyd was asked to speak at the **graduation** ceremony.
（Lloyd さんは**卒業**式で話をするように依頼された）

☞《**graduation** from＋名詞》《**graduation** of＋名詞》で覚えよう。 □ after **graduation**「卒業後に」 □ on **graduation**「卒業とともに」

1167 □□ **please** [plíːz]

動 ～の気に入る，～を楽しませる，～を満足させる　間 どうぞ，失礼ですが

Our manager is very difficult to **please**.
（私たちの部長はとにかく**喜ばせる**のが難しい）

☞《**please**＋人》で覚えよう。現在分詞形 pleasing は「人を喜ばせる」，過去分詞形 pleased は「喜んで」という意味の形容詞としても使う。 □ **please** customers/consumers「顧客／消費者を満足させる」

1168 □□ **pleasure** [pléʒər]

名 楽しみ，喜び，満足

It is my **pleasure** to attend the opening ceremony for your new office.
（貴社の新オフィス開設セレモニーに参加できることは私の**喜び**です）

☞《**pleasure** of＋名詞・動名詞》《**pleasure** in/from/at＋名詞》《It is a **pleasure**＋that 節》《It is a **pleasure**＋to 不定詞》《It is a **pleasure**＋動名詞》で覚えよう。 □ with **pleasure**「喜んで」 □ for **pleasure**「楽しみのために」 □ My **pleasure**.「喜んで，どういたしまして」 □ have the **pleasure** of ...「～を楽しむ」

1169 □□ **pleasant** [pléznt]

形 快適な，楽しい，心地よい，感じのよい

Did you have any **pleasant** surprises while working at Grand Hotel?
（Grand ホテルで働いている間に何か**楽しい**驚きはありましたか）

☞《**pleasant**＋名詞》《連結動詞＋**pleasant**》《連結動詞＋**pleasant** for/to＋人》《It is **pleasant**＋to 不定詞》で覚えよう。 □ **pleasant** surprise「うれしい驚き」

1170 □□ **pleasurable** [pléʒərəbl]

形 楽しい，愉快な

My first trip to Dublin was a **pleasurable** experience.
（ダブリンへの初めての旅は**楽しい**経験でした）

☞《**pleasurable**＋名詞》《連結動詞＋**pleasurable**》《It is **pleasurable**＋to 不定詞》で覚えよう。

1171 □□ **unpleasant** [ʌnpléznt]

形 不愉快な，不快な，感じの悪い

This medicine can cause **unpleasant** side effects.
（この薬は**不快な**副作用を引き起こす可能性があります）

☞《**unpleasant**＋名詞》《連結動詞＋**unpleasant**》《連結動詞＋**unpleasant** for/to＋人》《It is **unpleasant**＋to 不定詞》で覚えよう。

1172 □□ **lovely** [lʌ́vli]

形 かわいらしい，すばらしい

It was very nice to meet your **lovely** family.
（あなたの**すてきな**ご家族にお会いできてよかったです）

☞《**lovely**＋名詞》《連結動詞＋**lovely**》《It is **lovely**＋that 節》《It is **lovely**＋to 不定詞》《It is **lovely** of＋人＋to 不定詞》で覚えよう。

1173 □□ **total** [tóutl]

形 合計の，全体の 名 合計，総量 動 合計で～になる，全壊する，～を合計する，～を破壊する

The **total** amount comes to $248, including shipping.
（**総額**は送料込みで 248 ドルになります）

We had 128 participants in **total**.（参加者は**全部**で 128 人でした）

Carl **totaled** his car, but he can't afford a new one.
（Carl は自分の車を**全損し**てしまったが，新しく買うお金がない）

《**total**＋名詞》，名詞は《a/the **total** of＋名詞》，動詞は《**total**＋数字》《**total**＋目的語［名詞］》で覚えよう。 □ in **total**「総計で」 □ **grand** total「総計」

1174 □□ **totally** [tóutəli]

副 すっかり，まったく，とても

The work styles of people in IT seem **totally** different from our own.
（IT 産業の人々の働き方は，私たち自身のそれとは**まるで**異なっているようだ）

《**totally**＋動詞・形容詞》で覚えよう。 □ **totally** acceptable「全面的に受け入れ可能な」

1175 □□ **overall** [óuvərɔ̀:l]

形 全体の，全般的な

The company's **overall** performance is better than ever.
（同社の**全体的な**業績はこれまでで最高です）

《**overall**＋名詞》で覚えよう。副詞として文全体を修飾する働きもある。

1176 □□ **electric** [iléktrik]

形 電気の，電気で動く，衝撃的な

Our office has an **electric** hot water tank.
（当オフィスには**電動の**温水タンクがある）

《**electric**＋名詞》《連結動詞＋**electric**》で覚えよう。

1177 □□ **electricity** [ilèktrísəti]

名 電気（学），電流，極度の緊張，興奮

An increasing number of automobiles run on **electricity**.
（**電気**で走る車の数が増加している）

《**electricity** for＋名詞》で覚えよう。 □ static **electricity**「静電気」

1178 □□ **electrical** [iléktrikl]

形 電気に関する，電気を扱う，電気を用いた

The blackout was caused by an **electrical** fault.
（停電は**電気系統の**障害によって引き起こされた）

《**electrical**＋名詞》で覚えよう。

1179 □□ **electrician** [ilèktríʃən]

名 電気技師，電気工

Harriet called an **electrician** for help.
（Harriet は助けてもらうために**電気技師**を呼んだ）

《**electrician** for＋名詞》で覚えよう。 □ self-employed **electrician**「自営電気技師」

1180 □□ **trail** [tréil]

動 引きずる，のろのろ歩く，だんだん小さくなる，～を追う，～を引きずる 名 痕跡，小道，経路

- The candidate is **trailing** in third place in the opinion poll.
 (その候補者は世論調査で 3 位に**遅れをとっている**)
- Predators often follow scent **trails** while hunting prey.
 (捕食動物は獲物を狩る間に，においの**痕跡**を追うことが多い)
- The candidate is on her last campaign **trail**.
 (その候補者は最後の選挙**遊説**に出ている)

☞《**trail**＋目的語［名詞］(＋by＋名詞)》《**trail** behind＋名詞》，名詞は《**trail** of＋名詞》で覚えよう。
□ on the **trail** of ...「～を追って」

1181 □□ **flash** [flǽʃ]

動 ～をぱっとつける，～をちらっと見せる，ぴかっと光る 名 きらめき，閃光

- If you enter the wrong entry passcode, a warning light will **flash**.
 (正しくない入室用暗証コードを入力すると警告ランプが**点滅します**)

☞《**flash**＋目的語［名詞］》《**flash** *A* into/at/toward *B*》《**flash** *A* to/across *B*》《**flash** with＋名詞》，名詞は《**flash** of＋名詞》で覚えよう。

1182 □□ **cough** [kɔ́(ː)f]

動 咳をする，咳ばらいをする 名 咳，咳きこむこと

- I had a cold and couldn't stop **coughing**.
 (風邪をひいて，**咳**が止まらなかった)

☞《**cough**＋副詞》，名詞は《**cough** of＋名詞》 **cough** and sneeze の組み合わせで覚えよう。発音に注意。

1183 □□ **pitch** [pítʃ]

名 ピッチ，度合い，程度，宣伝，売り込み 動 ～に投げる，(テント)を貼る

- I listened to his sales **pitch**, though I'm not interested in investments.
 (彼の**売り込みトーク**を聞きましたが，投資する気にはなれません)

☞《**pitch** of＋名詞》，動詞は《**pitch**＋目的語［名詞］》《**pitch** *A* at *B*》で覚えよう。 □ make a **pitch** for ...「～を強く訴える」

1184 □□ **tension** [ténʃən]

名 緊張，ストレス，張力

- Workplace **tension** and stress could lower business productivity.
 (職場の**緊張**とストレスは仕事の生産性を低下させることがある)

☞《**tension** of＋名詞》《**tension** in/within＋名詞》《**tension** with/between/among＋名詞》《**tension** about/over＋名詞》で覚えよう。

1185 □□ **van** [vǽn]

名 バン，小型トラック

- Our moving **van** is coming around 9:00, so let's hurry.
 (引っ越し用の**バン**が 9 時ごろに来ますから，急ぎましょう)

☞《**van** from/to＋名詞》で覚えよう。 □ cargo **van**「荷物配送用のバン」 □ moving **van**「引っ越し用バン」

1186 □□ **coal** [kóul]

名 石炭，燃えさし

The local economy relies heavily on the **coal** industry.
（地元経済は**石炭**産業に大きく依存している）

《**coal** from/to＋名詞》で覚えよう。

1187 □□ **panel** [pǽnl]

名 パネル，専門家集団，パネリスト，識者

We can turn on all the machines with the control **panel**.
（制御**パネル**ですべての機械を作動できる）

《**panel** of＋名詞》で覚えよう。

GROUP 25

1188 □□ **route** [rúːt, ráut]

名 ルート，順路，道，手段　動 ～を発送する，（順番など）を決める，～を計画する

What is the quickest **route** from the office to the new factory?
（オフィスから新工場までの最短**経路**は何でしょうか）

《**route** of＋名詞》《**route** from *A* to *B*》《**route** between＋名詞》《**route** through＋名詞》，動詞は《**route**＋目的語［名詞］》で覚えよう。 □ en **route** (to ...)「（～へ向かう）途中にあって」

1189 □□ **path** [pǽθ]

名 小道，遊歩道，進路，生き方

This **path** leads to a patio.（この**通路**を行けば中庭に出る）

To be honest, I'm thinking of taking a new career **path**.
（正直に言えば，新たなキャリアの**道**を進むことを考えています）

《**path** of＋名詞》《**path** from/to/through/for＋名詞》で覚えよう。

1190 □□ **wet** [wét]

形 濡れた，多湿の　動 ～を濡らす

Wet weather is expected over the weekend.
（**雨模様の**天気が週末に予想されている）

Be careful, the paint is still **wet**.
（注意してください，ペンキがまだ**乾いていません**）

《**wet**＋名詞》《連結動詞＋**wet**》《連結動詞＋**wet** with＋名詞》，動詞は《**wet**＋目的語［名詞］》で覚えよう。 □ all **wet**「ずぶぬれで」

1191 □□ **brush** [brʌ́ʃ]

動 ～にブラシをかける，～を払い落とす，～を無視する　名 ブラシ，小競り合い

My dog hates being **brushed** lately.
（私の犬はこのところ**ブラシをかけ**られるのをいやがっています）

Ralph's opinion was **brushed** off during the meeting.
（Ralph の意見は会議の間**無視された**）

《**brush**＋目的語［名詞］》，名詞は《**brush** of＋名詞》で覚えよう。□ **brush** *one's* teeth「歯をみがく」

1192 □□ **deep** [díːp]

形 深い，難しい　副 深く，深いところへ

Stock prices took a **deep** plunge because of the news.
（そのニュースで株価は**急**落した）

《**deep**＋名詞》《連結動詞＋**deep**》，副詞は《動詞＋**deep**》で覚えよう。

1193 □□ **deeply** [díːpli]

副 深く，ひじょうに，濃く，遠く

Greentown City was **deeply** affected by the storm.
（Greentown 市は嵐によって**深刻な**影響を受けた）

《**deeply**＋動詞・形容詞》で覚えよう。□ **deeply** appreciate ...「～を深く感謝する」

1194 □□ **depth** [dépθ]

名 深さ，激しさ，奥地，奥行き

The **depth** of the problem is much greater than we expected.
（問題の**深刻さ**は私たちの予想をはるかに超えている）

《**depth** of＋名詞》で覚えよう。 □ in **depth**「徹底的に」

1195 □□ **willing** [wíliŋ]

形 する気がある，いとわないで，協力的な

Oliver is **willing** to take a risk and start a new business.
（Oliver はリスクを取って新事業を始める**用意がある**）

《*be* **willing**＋to 不定詞》《**willing**＋名詞》で覚えよう。*be* **willing** to *do* は「～する用意はある，～しないわけではない」という意味。「自ら進んで～する」ではない。ready and **willing** あるいは **willing** and able の組み合わせで覚えよう。

1196 □□ **willingness** [wíliŋnəs]

名 意思，意欲，する気

We expressed our **willingness** to negotiate a compromise.
（交渉して妥協する**気があること**を伝えた）

《**willingness** of＋名詞》《**willingness**＋to 不定詞》で覚えよう。

1197 □□ **stamp** [stǽmp]

動 ～をふみ鳴らす，～を踏みつける，～に押印する，～に切手を貼る 名 切手，印紙，印象，刻印

The reviewed material was returned with my self-addressed and self-**stamped** envelope.
（検討された素材は**切手**を貼っておいた返信用封筒で返送されてきた）

The president didn't give his **stamp** of approval to this project.
（社長はこのプロジェクトに承認の**印**をくれなかった）

《**stamp**＋目的語［名詞］》《**stamp** *A* on *B*》《**stamp** *A* with *B*》，名詞は《**stamp** of＋名詞》で覚えよう。

1198 □□ **envelope** [énvəlòup]

名 封筒，包むもの

I need an A4 **envelope** to send this document.
（この書類を送るために A4 サイズの**封筒**が必要です）

《**envelope** of＋名詞》で覚えよう。 □ self-addressed and stamped **envelope**「送付先を記入し，切手を貼った封筒，返信用封筒」

1199 □□ **laboratory** [lǽbərətɔ̀ːri]

名 実験室，実験所

Accurate **laboratory** tests are essential for diagnosis.
（正確な**検査**結果は診断に不可欠である）

《**laboratory** of＋名詞》で覚えよう。 □ independent **laboratory**「独立系検査機関」

1200 □□ **lab** [lǽb]

名 実験室，実験所

We're conducting **lab** work using the new technology.
（私たちは新技術を使って**実験**業務を行っています）

《**lab** of＋名詞》で覚えよう。laboratory の短縮形。

1201 □□ **automobile** [ɔ́:təmoubì:l]

名 自動車

Kapoor Auto plays a key role in the country's **automobile** industry.
(Kapoor Auto 社は国の**自動車**産業で主要な役割を果たしている)

☞《**automobile** of＋名詞》で覚えよう。

1202 □□ **automotive** [ɔ̀:təmóutiv]

形 自動車（用）の，自動推進の

Strong growth has been seen in **automotive** sales this year.
(今年は**自動車**販売が大きく成長している)

☞《**automotive** of＋名詞》で覚えよう。

1203 □□ **auto** [ɔ́:tou]

名 車，自動車

Hector Perez was crowned the top **auto** salesperson of the year.
(Hector Perez さんは年間の**自動車**最優秀販売員賞を受賞した)

☞《**auto** of＋名詞》で覚えよう。automobile の短縮形。auto- という接頭辞の形で「自動化されている，自動的な」という意味もある。

1204 □□ **automatic** [ɔ̀:təmǽtik]

形 自動的な，無意識の，自動機械の

I opted into **automatic** renewal of my subscription to the service.
(そのサービスの定期購入は**自動**更新を選んだ)

☞《**automatic**＋名詞》《連結動詞＋**automatic**》で覚えよう。

1205 □□ **automatically** [ɔ̀:təmǽtikli]

副 自動的に，自然の成り行きで，無意識に，習慣的に

This program will **automatically** update your news feed.
(このプログラムを使えばニュース配信が**自動的に**更新される)

☞《**automatically**＋動詞》で覚えよう。 □ **automatically** process ...「～を自動的に処理する」

1206 □□ **automate** [ɔ́:təmèit]

動 ～を自動化する，自動的に作業する

Citizens Bank is going to **automate** all teller services starting in March.
(Citizens 銀行は 3 月からすべての窓口業務を**自動化する**)

☞《**automate**＋目的語［名詞］》で覚えよう。

1207 □□ **electronic** [ilèktrɑ́nik]

形 電子（工学）の，電子制御装置の，コンピュータを利用した

Electronic data is easier to handle than paperwork.
(**電子**データは書類事務よりはるかに簡単に処理できる)

☞《**electronic**＋名詞》で覚えよう。

1208 □□ **electronically** [ilèktrɑ́nikli]

副 電子装置で，電子的に

Electronically transferred money arrives quickly.
（**電子的に**送られたお金はすぐに到着する）

☞《**electronically**＋動詞・形容詞》で覚えよう。 □ **electronically** store ...「～を電子的に保存する」

1209 □□ **weigh** [wéi]

動 重さがある，～の重さを測る，重要である，影響力がある，重荷になる

Don attended one more job interview before **weighing** his options.
（自分の選択肢を**比較検討する**前に，Don はもうひとつ就職面接を受けた）

How much does this parcel **weigh**?
（この小荷物の**重さは**どれくらい**ありますか**）

☞《**weigh**＋目的語［名詞］》《**weigh**＋数字》《**weigh** *A* against *B*》《**weigh** against＋名詞》で覚えよう。 □ **weigh** the positive against the negative「プラス面とマイナス面を比較検討する」

1210 □□ **weight** [wéit]

名 重さ，重量，負担，影響力

What's the average **weight** of a four-month-old baby?
（生後 4 か月の赤ちゃんの平均的な**体重**はどれくらいですか）

I wonder if this old bookshelf can carry the **weight** of these books.
（この古い本棚はこれらの本の**重さ**に耐えられるでしょうか）

☞《**weight** of＋名詞》で覚えよう。**weights** and measures で覚えよう。 □ in **weight**「重さで」 □ by **weight**「重さで量って」

1211 □□ **height** [háit]

名 高さ，身長，高度，高所，海抜，絶頂期

At the **height** of her career, Dr. May was nominated as the chair of the academy.（キャリアの**絶頂期**に，May 博士はアカデミーの会長に指名された）

What's the **height** of that cupboard?
（その食器棚の**高さ**はどれくらいですか）

☞《**height** of＋名詞》で覚えよう。 □ in **height**「高さで」 □ the **height** of ...「～の頂点」 □ from a **height**「高所から」 □ a fear of **heights**「高所への恐怖」

1212 □□ **peak** [píːk]

動 最大［最高］になる，ピークに達する 名 先端，絶頂期，頂点 形 最大の，ピークの

Our sales will **peak** during the holiday season.
（当店の販売は年末休暇の間に**ピークに達する**）

☞《**peak** at＋名詞》，名詞は《**peak** of＋名詞》《**peak** at＋名詞》，形容詞は《**peak**＋名詞》で覚えよう。 □ at the **peak** of ...「～の頂点に」

1213 □□ **wide** [wáid]

形 幅の広い，面積の広い，範囲が広い，広範な 副 広く，完全に

We offer a **wide** range of IT products and services.
（当社は**幅広い**分野の IT 製品とサービスを提供しております）

☞《**wide**＋名詞》《連結動詞＋**wide**》《連結動詞＋**wide** of＋名詞》，副詞は《動詞＋**wide**》《**wide**＋形容詞》で覚えよう。

1214 □□ **widely** [wáidli]

(副) 広く，広範に，大いに

▶ Our meat products are **widely** distributed throughout the country.
（当社の肉製品は国全体に**広く**流通しております）

☞《**widely**＋動詞・形容詞》で覚えよう。 □ **widely** vary「幅広く異なる」

1215 □□ **narrow** [nǽrou]

(形) 狭い，限られた，心の狭い (動) 狭くなる，～を縮小する，～を絞る

▶ The casing gets **narrower** at its front edge.
（ケースは先端の縁に向かって**狭く**なっている）

▶ The two candidates are discussing how to **narrow** the gap between them.（候補者 2 人はお互いの相違を**狭める**方法を話し合っている）

☞《**narrow**＋名詞》《連結動詞＋**narrow**》《連結動詞＋**narrow** in＋名詞》，動詞は《**narrow**＋目的語［名詞］》で覚えよう。

1216 □□ **mere** [míə*r*]

(形) ほんの，単なる，まったくの

▶ Do you really think this development is a **mere** coincidence?
（この展開はほんとうに**単なる**偶然だと思いますか）

☞《**mere**＋名詞》で覚えよう。「取るに足らない」と「意外に重要な」という両方の響きを持つので，文脈から判断する。

1217 □□ **merely** [míə*r*li]

(副) 単に（～にすぎない），ただ～だけの，ただ単に，わずかに

▶ I was **merely** speculating; nothing is decided yet.
（私は**単に**推測していただけです；まだ何も決まっていません）

☞《**merely**＋動詞・形容詞》で覚えよう。□ **merely** repeat ...「単に～を繰り返す」

1218 □□ **shadow** [ʃǽdou]

(名) 影，人影，姿，実体のないもの，まぼろし (形) 影の，陰の，実体のない，形だけの
(動) ～を陰で覆う，～を暗くする，～を尾行する，前兆となる

▶ During online meetings, please try to keep your face out of the **shadows**.
（オンライン会議中は，自分の顔が**陰**に入らないようにしてください）

☞《**shadow** of＋名詞》，形容詞は《**shadow**＋名詞》，動詞は《**shadow**＋目的語［名詞］》で覚えよう。物体が光を遮ってその形が映った部分を指す。 □ in **shadow**「影の中に」

1219 □□ **shade** [ʃéid]

(名)（日）陰，（夕）やみ，薄暗がり，日よけ，ブラインド，（ランプの）かさ，シェード (動)（光，熱などから）～を守る，《受動態で》～に覆われている

▶ The tourists are taking a break in the **shade**.
（旅行者たちは**日陰**で休憩している）

☞《**shade** of＋名詞》《**shade** for＋名詞》《**shade** from＋名詞》，動詞は《**shade**＋目的語［名詞］》で覚えよう。light and **shade** の組み合わせで覚えよう。光が当たらない「暗い部分」を指す。 □ in the **shade**「陰に」

1220 □□ **upstairs** [ʌ̀pstéərz]

副 上階で，上階に向かって　形 上階の　名 上階

Bonnie took the babysitter **upstairs** to show her her daughter's room.
（Bonnie はベビーシッターを**上の階に**連れていって，娘の部屋を見せた）

《動詞＋**upstairs**》，形容詞は《**upstairs**＋名詞》，名詞は《**upstairs** of＋名詞》で覚えよう。**upstairs** and downstairs の組み合わせで覚えよう。副詞として使うときは前置詞は不要。

1221 □□ **downstairs** [dàunstéərz]

副 階下で，階下に向かって　形 階下の　名 階下

I use the second floor as my living space, and my office is **downstairs**.
（私は 2 階を居住スペースに使っていて，**下の階に**オフィスがあります）

《動詞＋**downstairs**》，形容詞は《**downstairs**＋名詞》，名詞は《**downstairs** of＋名詞》で覚えよう。upstairs and **downstairs** の組み合わせで覚えよう。副詞として使うときは前置詞は不要。

1222 □□ **restroom** [réstrù:m]

名 トイレ，洗面所

The **restroom** facilities in the building are being upgraded.
（ビル内の**トイレ**施設は改良作業中です）

《**restroom** of＋名詞》で覚えよう。公共の場に用意されている「共用トイレ」をいう。 □ use the **restroom**「トイレに行く」

1223 □□ **bathroom** [bǽθrù:m]

名 浴室，トイレ

My **bathroom** faucet is leaking, but I don't know how to fix it.
（**トイレ**の蛇口が水漏れしているのですが，直し方がわかりません）

《**bathroom** of＋名詞》で覚えよう。 □ go to the **bathroom**「トイレを使う」

1224 □□ **bath** [bǽθ]

名 入浴，湯，浴室

I like taking hot bubble **baths**.（熱い泡**風呂**に入るのが好きです）

《**bath** of＋名詞》で覚えよう。 □ take a **bath**「入浴する」

1225 □□ **spa** [spά:]

名 温浴施設，スパ

We're looking forward to staying at a **spa** for the holidays.
（休暇で**温浴施設**に泊まることを楽しみにしています）

《**spa** in＋名詞》で覚えよう。

1226 □□ **bathe** [béið]

動 入浴する，～を入浴させる，《受動態で》～を浴びる

Ingrid was **bathed** in compliments after winning the design competition.
（デザインコンテストに優勝して Ingrid は**賞賛を浴びた**）

《**bathe**＋目的語［名詞］》で覚えよう。

1227 □□ **shower** [ʃáuər]

名 にわか雨，洪水，シャワー（室），（贈り物をする）パーティー　動 ～を浴びせる，～をどっさり与える，シャワーを浴びる

Let me take a quick **shower** before breakfast.
（朝食の前に急いで**シャワー**を浴びさせてください）

☞《**shower** of＋名詞》，動詞は《**shower**＋人＋with＋名詞》《**shower**＋目的語［名詞］＋on＋人》で覚えよう。□ mobile **shower**「移動式シャワー」

1228 □□ **host** [hóust]

動 ～を主催する，主人［ホスト］役を務める　名 主催者，主人［ホスト］役

We are **hosting** one of the industry conferences this year.
（当社は今年，業界による大会のひとつを**主催します**）

☞《**host**＋目的語［名詞］》，名詞は《**host** of＋名詞》で覚えよう。□ **host** a TV show「テレビ番組の司会をする」□ **host** a discussion「討論会の司会を務める」□ play **host** to ...「～を主催する」

1229 □□ **boot** [búːt]

動 ～を起動する，～を追い出す　名 起動，ブーツ

Would you please **boot** all laptops in Conference Room 3?
（第3会議室のすべてのノートパソコンを**起動して**いただけますか）

☞《**boot**＋目的語［名詞］》，名詞は《**boot** of＋名詞》で覚えよう。□ **boot** up「～を起動する」

1230 □□ **bury** [béri]

動 ～を埋める，～を埋葬する，～を葬り去る

One possible option was to **bury** the waste underground.
（可能な選択肢のひとつは廃棄物を地中に**埋蔵する**ことだった）

☞《**bury**＋目的語［名詞］》《**bury** *A* in *B*》《*be* **buried** under/beneath＋名詞》で覚えよう。

1231 □□ **twist** [twíst]

動 ～をねじる，（事実など）をねじ曲げる，（言葉など）を歪曲する　名 意外な進展，曲解

No, you're **twisting** my words; I didn't say that.
（いいえ，あなたは私のことばを**ねじ曲げています**；私はそうは言いませんでした）

☞《**twist**＋目的語［名詞］》《**twist** *A* into *B*》，名詞は《**twist** of＋名詞》《**twist** to＋名詞》《**twist** in＋名詞》で覚えよう。□ **twist** of fate「運命のいたずら」

1232 □□ **salt** [sɔ́ːlt]

動 ～に塩をふる，～を塩漬けにする，～に塩をまく　名 塩，刺激

This winter, Lawrence Road Service is busy **salting** streets for safety.
（この冬，Lawrence Road Service 社は安全のために道路に**塩をまく**ことで忙しい）

☞《**salt**＋目的語［名詞］》，名詞は《**salt** in＋名詞》で覚えよう。**salt** and pepper の組み合わせで覚えよう。

1233 □□ **theme** [θíːm]

名 話題，テーマ，主題

The **theme** of the seminar interested me.
（セミナーの**テーマ**はおもしろそうに思いました）

☞《**theme** of＋名詞》《**theme** on＋名詞》で覚えよう。芸術作品や演説などの「主題，テーマ」のこと。subject は討論などで扱う「議題，主題」，topic はさらに小さな「話題」を指す。□ **theme** park「テーマパーク」

1234 □□ **cage** [kéidʒ]

名 かご，ケージ　動 ～をケージに入れる

Small animals must be in a **cage** when they travel on public transport.
（小動物は公共交通で移動する際には**ケージ**に入れなければならない）

☞《**cage** of＋名詞》，動詞は《**cage**＋目的語［名詞］》で覚えよう。

1235 □□ **castle** [kǽsl]

名 城

This building was constructed on the remains of a **castle**.
（この建物はもともと**城**だったところに建てられた）

☞《**castle** of＋名詞》で覚えよう

1236 □□ **solar** [sóulər]

形 太陽の，太陽を利用した，太陽に関する

We were able to reduce our utility costs by using **solar** panels.
（**太陽光**パネルを使って光熱費を下げることができた）

☞《**solar**＋名詞》で覚えよう。

1237 □□ **domestic** [dəméstik]

形 家庭内の，飼いならされた，国内の，自国の

Domestic labor shortages are taking their toll on manufacturing.
（**国内**の労働力不足は製造業を苦しめている）

☞《**domestic**＋名詞》《連結動詞＋**domestic**》で覚えよう。

1238 □□ **overseas** [òuvərsíːz]

副 海外に，海外で　形 海外の，海外行きの

Yes, I'm very interested in working **overseas**.
（はい，私は**海外で**仕事をすることにとても興味があります）

☞《動詞・形容詞＋**overseas**》，形容詞は《**overseas**＋名詞》で覚えよう。

1239 □□ **abroad** [əbrɔ́ːd]

副 海外で，外国で

We have a good opportunity to market our products **abroad**.
（当社の製品を**海外で**販売するよい機会があります）

☞《動詞＋**abroad**》で覚えよう。副詞なので，×go *to* **abroad** や ×study *in* **abroad** のように前置詞は置かない。

1240 □□ **lead** [líːd; léd]

動 先頭を行く，通じる，～を導く　名 先頭，首位，鉛

Nancy, could you **lead** our discussion about the budget?
（Nancy，予算についての議論を**主導して**いただけますか）

☞《**lead** to/into＋名詞》《**lead**＋目的語［名詞］＋to/into＋名詞》《**lead**＋目的語［名詞］＋to 不定詞》，名詞は《**lead** of＋名詞》《**lead** to/into＋名詞》で覚えよう。

1241 □□ **leader** [líːdər]

名 リーダー，指揮官

Baley Corporation is one of the **leaders** in the industry.
（Baley Corporation 社は業界の**先導者**のひとつである）

☞《**leader** of＋名詞》《**leader** in＋名詞》で覚えよう。

1242 □□ **leadership** [líːdərʃip]

名 リーダーシップ，統率力，指導（者）

Mr. Green took over the **leadership** of his family business.
（Green さんは家業を**経営していく地位**を引き継いだ）

☞《**leadership** of＋名詞》《**leadership** in＋名詞》《**leadership**＋to 不定詞》で覚えよう。 □ under *someone's* **leadership**「～の指導のもとで」

1243 □□ **mislead** [mìslíːd]

動 ～を誤解させる，～を迷わせる，～をあざむく，～を惑わす

Comparative advertisements could **mislead** viewers.
（比較広告は視聴者を**誤解させる**ことがある）

☞《**mislead**＋目的語［名詞］（＋over＋名詞）》《**mislead**＋目的語［名詞］＋into＋名詞》で覚えよう。

1244 □□ **wise** [wáiz]

形 賢い，賢明な，思慮深い，詳しい　副《接尾辞的に用いて》～に関して，～の点では，～のように

I don't think George made a **wise** decision regarding his career.
(キャリアについて，George が**賢明な**決定を下したとは思いません)

☞《**wise**＋名詞》《連結動詞＋**wise**》《連結動詞＋**wise**＋to 不定詞》《It is **wise**＋that 節》《It is **wise**＋to 不定詞》《It is **wise** of＋人＋to 不定詞》で覚えよう。

1245 □□ **wisely** [wáizli]

副 賢明に，抜け目なく

Saving up is much more important than spending **wisely**.
(貯蓄はお金を**賢く**使うことよりはるかに大切です)

☞《動詞＋**wisely**》で覚えよう。　□ **wisely** choose ...「賢明に～を選ぶ」

1246 □□ **environment** [enváiərənmənt]

名 環境，情勢，自然環境

We provide an enriched working **environment** for employees.
(当社は従業員に対して豊かな労働**環境**を提供します)

☞《**environment** of＋名詞》《**environment** for＋名詞》で覚えよう。　□ **environment** affairs/concerns/issues/matters/problems「環境問題」

1247 □□ **environmental** [envàiərənméntl]

形 環境の，環境保護の

The manufacturing process was changed due to **environmental** concerns. (**環境への**懸念により，その製造工程は変更された)

☞《**environmental**＋名詞》で覚えよう。

1248 □□ **environmentally** [envàiərənméntəli]

副 環境に関して，環境的に

This product has **environmentally** friendly packaging.
(この製品は**環境に**やさしい梱包材料を用いている)

☞《**environmentally**＋動詞・形容詞》で覚えよう。□ **environmentally** conscious「環境への意識の強い」

1249 □□ **atmosphere** [ǽtməsfìər]

名 大気，雰囲気，印象

We hope our employees enjoy working in a comfortable **atmosphere**.
(従業員には快適な**雰囲気**で楽しく働いてもらいたいのです)

☞《**atmosphere** of＋名詞》で覚えよう。

1250 □□ **lip** [líp]

名 唇，へり

I couldn't hear him, but I was able to see his **lips** moving.
(彼の声は聞こえなかったが，**唇**が動いているのは見えた)

☞《**lip** of＋名詞》で覚えよう。　□ **lip** synching「口パク」

1251 □□ **tongue** [tʌ́ŋ]

名 舌，言語，方言，言葉遣い

His name is on the tip of my **tongue**, but I can't remember it.
（彼の名前は**舌**の先まで出ているのに思い出せません）

☞《**tongue** of＋名詞》で覚えよう。 □ click *one's* **tongue**「舌打ちする」□ slip of the **tongue**「言い間違い」

1252 □□ **throat** [θróut]

名 のど，気管

Ms. Lorence cleared her **throat** and started her acceptance speech.
（Lorence さんは**のど**をすっきりさせると，受賞スピーチを始めた）

☞《**throat** of＋名詞》で覚えよう。 □ sore **throat**「のどの痛み」

1253 □□ **bite** [báit]

名 ひとかじり，軽食 動（～に）噛みつく，～を刺激する

Labor costs are taking a **bite** out of our profits.
（人件費が当社の利益を**かじり**取っている）

Ms. Watson didn't **bite** at our offer.
（Watson さんは私たちの申し出に**乗らな**かった）

☞《**bite** of＋名詞》，動詞は《**bite**＋目的語［名詞］》で覚えよう。 □ a **bite** (to eat)「少量の食事」
□ **bite** off more than *one* can chew「欲張りすぎる」

1254 □□ **rapid** [rǽpid]

形 迅速な，急速な，早急の，急行の

The AI industry has experienced **rapid** growth in recent years.
（人工知能業界はここ数年で**急速な**成長を遂げている）

☞《**rapid**＋名詞》《連結動詞＋**rapid**》《連結動詞＋**rapid**＋to 不定詞》で覚えよう。

1255 □□ **rapidly** [rǽpidli]

副 急速に，迅速に，急激に

Since its first store's success, Tommy's Takeout has expanded **rapidly**.
（最初の店舗が成功を収めて以来，Tommy's Takeout は**急速に**拡大している）

☞《動詞＋**rapidly**》で覚えよう。 □ grow **rapidly**「急速に成長する」

1256 □□ **smooth** [smúːð]

名 平らな，なめらかな，好都合の

I can feel the passage of time by touching the **smooth** surface of this old rock.（この古い岩の**滑らかな**表面に触れると時の流れを感じる）

☞《**smooth**＋名詞》《連結動詞＋**smooth**》で覚えよう。

1257 □□ **smoothly** [smúːðli]

副 なめらかに，円滑に，難なく，すらすらと

Preparations for the annual charity banquet are going **smoothly**.
（毎年恒例の慈善夕食会の準備は**順調に**進んでいる）

☞《動詞＋**smoothly**》で覚えよう。 □ proceed **smoothly**「円滑に進む」

1258 □□ **satisfy** [sǽtisfài]

動 ～を満足させる，～を満たす，～を果たす，～を納得させる

Ms. Roca always thinks of how to **satisfy** the needs of employees.
（Roca さんは，従業員のニーズを**満たす**方法を常に考えている）

《**satisfy**＋目的語［名詞］》で覚えよう。

1259 □□ **satisfied** [sǽtisfàid]

形 満足して，満ち足りて，納得して，確信して

Quarter Save supermarket spares no effort to retain **satisfied** customers.
（Quarter Save スーパーマーケットは**満足した**顧客を維持するための努力を惜しまない）

《**satisfied**＋名詞》《連結動詞＋**satisfied**》《連結動詞＋**satisfied** with＋名詞》《連結動詞＋**satisfied**＋to 不定詞》《連結動詞＋**satisfied**＋that 節》で覚えよう。現在分詞形 satisfying は「人を満足させるような」

1260 □□ **satisfactory** [sæ̀tisfǽktəri]

形 満足な，申し分のない，満足のいく，良好な

Both parties considered the agreement **satisfactory** and signed it.
（両者は合意は**満足できる**ものと考えて署名した）

《**satisfactory**＋名詞》《連結動詞＋**satisfactory**》《連結動詞＋**satisfactory** to/for＋人》で覚えよう。

1261 □□ **satisfaction** [sæ̀tisfǽkʃən]

名 満足（させる［する］こと），満足（感），喜び

This training session is to clarify how to ensure customer **satisfaction**.
（この研修会は，顧客**満足**を確実にするための方法について解説するものです）

《**satisfaction** of＋名詞》《**satisfaction** with＋名詞》《**satisfaction** in＋名詞》《**satisfaction** from＋名詞》《**satisfaction** at＋名詞》《**satisfaction** about＋名詞》で覚えよう。

1262 □□ **dissatisfy** [di(s)sǽtisfài]

動 ～に不満を抱かせる，～を満足させない，～を不機嫌にさせる

The company's quarterly performance **dissatisfied** its stockholders.
（同社の四半期業績は株主に**不満を抱かせた**）

《**dissatisfy**＋目的語［名詞］》で覚えよう。現在分詞形 dissatisfying は「不満を起こさせるような」，過去分詞形 dissatisfied は「不満に思って」という意味の形容詞としても使う。

1263 □□ **tradition** [trədíʃən]

名 伝統，慣習，流儀

Family **traditions** will change as time goes by.
（家族の**伝統**は時の流れとともに変化する）

《**tradition** of＋名詞》《**tradition**＋that 節》《**tradition**＋to 不定詞》で覚えよう。 □ by **tradition**「伝統により」

1264 □□ **traditional** [trədíʃənl]

形 伝統的な，伝統の，昔ながらの，従来の

Do you have any ideas that go beyond **traditional** methods?
（**伝統的な**方法を超える考えはありますか）

《**traditional**＋名詞》《連結動詞＋**traditional**》《It is **traditional**＋that 節》《It is **traditional**＋to 不定詞》で覚えよう。

1265 □□ **traditionally** [trədíʃənəli]

副 伝統的に

Honey has been **traditionally** used for a sore throat.
（ハチミツは**伝統的に**のどの痛みに使われてきた）

《**traditionally**＋動詞・形容詞》で覚えよう。 □ **traditionally** include ...「伝統的に～を含む」

1266 □□ **chest** [tʃést]

名 胸（部），収納箱

Chest pain and shortness of breath are early symptoms of a heart attack.（**胸**の痛みと息切れは心臓発作の初期症状である）

《**chest** of＋名詞》で覚えよう。

1267 □□ **breast** [brést]

名 胸（部）

Graham always has a pen in his **breast** pocket.
（Graham は常に**胸**ポケットにペンを入れている）

《**breast** of＋名詞》で覚えよう。

1268 □□ **health** [hélθ]

名 健康（状態），保健，健全性

Regular checkups are good for maintaining your **health**.
（定期健診は**健康**維持に役立つ）

《**health** of＋名詞》で覚えよう。 □ To your **health**.「乾杯」

1269 □□ **healthy** [hélθi]

形 健康な，健康によい，（ビジネスが）堅調な

For **healthy** growth of your company, stay alert to its cash flow.
（貴社の**健全な**成長のためにはキャッシュフローに注意してください）

《**healthy**＋名詞》《連結動詞＋**healthy**》《It is **healthy**＋that 節》《It is **healthy**＋to 不定詞》で覚えよう。

1270 □□ **healthful** [hélθfl]

形 健康によい，衛生的な，有益な

It is **healthful** to maintain a balanced diet.
（バランスの取れた食事を維持することは**健康によい**）

《**healthful**＋名詞》《連結動詞＋**healthful**》《It is **healthful**＋to 不定詞》で覚えよう。

1271 □□ **healthcare** [hélθkèər]

名 医療，健康管理，ヘルスケア

We have a good **healthcare** plan that covers yearly physicals.
（当社にはよい**健康管理**プランがあり，毎年の定期健診を保障している）

《**healthcare** of＋名詞》《**healthcare** for＋名詞》で覚えよう。

1272 □□ **headache** [hédèik]

名 頭痛（のたね），困ったこと

Creating a catchy jingle for commercials is a real **headache**.
（覚えやすい CM ソングを制作することは実に**頭の痛い仕事**である）

《**headache** for/of＋名詞》で覚えよう。可算名詞。

1273 □□ **data** [déitə, dá:tə, dǽtə]

名 データ，資料

Protecting customer **data** is a top priority.
（顧客**データ**を保護することは最優先課題である）

《**data** of＋名詞》《**data** on/about＋名詞》《**data** from＋名詞》で覚えよう。日常的には単数動詞で受けるが，フォーマルな英語では複数動詞で受ける。

1274 □□ **database** [déitəbèis]

名 データベース

Financial information is stored on a secure **database**.
（財務情報は安全な**データベース**に保管される）

《**database** of＋名詞》で覚えよう。

1275 □□ **downtown** [dàuntáun, –̀–́]

形 商業地区の　副 商業地区で　名 商業地区，ビジネス街

Tokyo has many **downtown** areas, including Ginza.
（東京には銀座を初めとして多くの**繁華街**がある）

《**downtown**＋名詞》，副詞は《動詞＋**downtown**》，名詞は《**downtown** of＋名詞》で覚えよう。副詞の場合には前置詞は不要（× go to **downtown**）。アメリカ英語で主に使われ，商業地区や都心部を指す。日本語の「下町」とはニュアンスが異なる。

1276 □□ **avenue** [ǽvənjù:]

名 大通り，手段，道

We think social media is an important **avenue** for marketing.
（ソーシャルメディアは重要なマーケティングの**手段**であると考えております）

《**avenue** of＋名詞》《**avenue** to＋名詞》《**avenue** for＋名詞》で覚えよう。

1277 □□ **parade** [pəréid]

動 行進する，～を見せびらかす，～を誇示する　名 パレード，行進，誇示

The environmentalists peacefully **paraded** through the streets.
（環境保護派は平和に街頭を**行進した**）

《**parade**＋副詞》《**parade**＋目的語［名詞］》，名詞は《**parade** of＋名詞》で覚えよう。□ on **parade**「行進して」

1278 □□ **background** [bǽkgràund]

名 背景，経歴，遠因

Kei works while playing classical music in the **background**.
（Kei は**背景**にクラシック音楽を流しながら仕事をする）

《**background** of＋名詞》で覚えよう。　□ in the **background**「背景に」

1279 □□ **chain** [tʃéin]

名 鎖，チェーン，ひと続き　動 ～を鎖で縛る

To get approval, we talked to everyone in the **chain** of command.
(承認を得るために，指揮**系統**に属する全員と話をしました)

☞《**chain** of＋名詞》，動詞は《**chain**＋目的語［名詞］(＋to＋名詞)》で覚えよう。

1280 □□ **code** [kóud]

名 記号，信号，規定，規約　動 ～をコード化する，～を暗号化する

Saldana PR advises clients to adhere to the **code** of conduct in public.
(Saldana PR 社は顧客に対して，公の場で行動**規範**を守るよう助言している)

☞《**code** of＋名詞》，動詞は《**code**＋目的語［名詞］》で覚えよう。 □ **code** of ethics「倫理規程」
□ dress **code**「服装規約」

1281 □□ **nest** [nést]

名 巣，休める場所　動 巣を作る，～に巣を作る，～をまとめる

Ms. Burnett started a small business to deal with her empty **nest** syndrome. (自分の空の**巣**症候群に対処するために，Burnett さんは小さな事業を始めた)

☞《**nest** of＋名詞》，動詞は《**nest**＋目的語［名詞］》で覚えよう。

1282 □□ **rival** [ráivl]

名 競争相手，敵　動 競争する，～に匹敵する，肩を並べる

Who do you think is your biggest **rival**?
(貴社の最大の**競合企業**はどこだとお考えですか)

☞《**rival** of＋名詞》《**rival** for＋名詞》《**rival** in＋名詞》《**rival** to＋名詞》，動詞は《**rival**＋目的語［名詞］》で覚えよう。

1283 □□ **adventure** [ədvéntʃər]

名 冒険(的な行為)，珍しい出来事

We are looking for staff who have a sense of **adventure**.
(当社は**冒険**心のあるスタッフを求めています)

☞《**adventure** of＋名詞》で覚えよう。

1284 □□ **inner** [ínər]

形 内部の，内側の，精神的な

Listen to your **inner** voice of conscience.
(自分の**心の内の**良心の声を聴きなさい)

☞《**inner**＋名詞》で覚えよう。

1285 □□ **pure** [pjúər]

形 混じりけがない，不純物が入っていない，純粋な，澄んだ，汚れのない

All our sweaters are made with **pure** wool from New Zealand.
(当社のセーターはすべてニュージーランドからの**純粋な**羊毛で作られています)

☞《**pure**＋名詞》《連結動詞＋**pure**》で覚えよう。

1286 □□ **harbor** [hɑ́ːrbər]

名 港，隠れ場所，避難所 動 (悪意などを) 心に抱く

The convention location has a stunning view of the **harbor**.
(大会の会場は**港**の眺めがすばらしい)

《**harbor** of＋名詞》，動詞は《**harbor**＋目的語［名詞］》で覚えよう。

1287 □□ **anchor** [ǽŋkər]

動 ～をしっかりと固定する，～を支える 名 錨，(リレーなどで) 一番最後の人

Compensation is **anchored** to the number of sales achieved.
(給与は達成した販売件数に**結びついて**いる)

《**anchor**＋目的語［名詞］》《**anchor** *A* to/in *B*》，名詞は《**anchor** of＋名詞》で覚えよう。 □ at **anchor**「留まって」

1288 □□ **curve** [kə́ːrv]

名 カーブ，分布曲線 動 曲線を描く，曲がる，～を曲げる

There are many **curves** in the road. (この道には多くの**カーブ**がある)

《**curve** of＋名詞》《**curve** in＋名詞》，動詞は《**curve**＋目的語［名詞］》で覚えよう。 □ in a **curve**「曲がって」 □ bell **curve**「正規分布曲線」

1289 □□ **flat** [flǽt]

形 平らな 副 平らに 名 パンク

When you make a presentation, be careful not to speak in a **flat** voice.
(プレゼンテーションを行う際は，**平坦な**声で話さないように注意しなさい)

《**flat**＋名詞》《連結動詞＋**flat**》，副詞は《動詞＋**flat**》，名詞は《**flat** of＋名詞》で覚えよう。 □ **flat** tyre「パンク (したタイヤ)」

1290 □□ **ceiling** [síːliŋ]

名 天井，上限

Our office has **ceiling** fans, in addition to air-conditioning.
(当オフィスはエアコンに加えて，**天井**に扇風機を取り付けている)

《**ceiling** of＋名詞》《**ceiling** on＋名詞》で覚えよう。

1291 □□ **roof** [rú(ː)f]

名 屋根，先端 動 ～に屋根をつける

Three people are working on the **roof** of the house.
(家の**屋根**で 3 人が作業している)

《**roof** of＋名詞》，動詞は《*be* **roofed** with＋名詞》で覚えよう。

1292 □□ **bottom** [bátəm]

名 底，基礎，根底 形 いちばん下の

Gregory started at the **bottom** and worked his way up to manager.
(Gregory は**いちばん下の職**から始めて部長まで昇りつめた)

《**bottom** of＋名詞》，形容詞は《**bottom**＋名詞》で覚えよう。 □ hit the **bottom**「底を打つ」

1293 □□ **foundation** [faundéiʃən]

名 基礎，基盤，根拠，財団法人，基金

Enrique and his supporters are trying to establish a charitable **foundation**. (Enrique と彼の支援者は慈善**団体**を設立しようとしている)

《**foundation** of＋名詞》《**foundation** for＋名詞》で覚えよう。

1294 □□ **founder** [fáundər]

名 創業者，創設者

Let me introduce our company **founder**, Esther Beckett.
(当社**創業者**である Esther Beckett さんをご紹介します)

《**founder** of＋名詞》で覚えよう。

1295 □□ **cover** [kʌ́vər]

動 ～を（保障の）対象とする，～を覆う，～に及ぶ　名 覆い，カバー

The insurance policy **covers** fire and water damage.
(その保険契約は火災被害と水害被害を**対象に含む**)

《**cover**＋目的語［名詞］》《**cover** *A* with *B*》《**cover**＋人＋for/against＋名詞》《**cover**＋人＋to 不定詞》，名詞は《**cover** of＋名詞》で覚えよう。 □ **cover** for ...「～の代わりを務める」

1296 □□ **coverage** [kʌ́vəridʒ]

名 報道，取材，対象範囲

Lorway Inc. had a lot of press **coverage** about its new services.
(Lorway Inc. 社は新サービスについて数多くの**報道**で取り上げられた)

《**coverage** of＋名詞》《**coverage** for＋名詞》で覚えよう。

1297 □□ **strong** [strɔ́(ː)ŋ]

形 強い，頑丈な，乱暴な，自信のある

We're going to have a **strong** opponent in the next election.
(次の選挙では**強**敵が現れるだろう)

《**strong**＋名詞》《連結動詞＋**strong**》《連結動詞＋**strong** (enough)＋to 不定詞》で覚えよう。

1298 □□ **strongly** [strɔ́(ː)ŋli]

副 強く，頑丈に，強固に，熱心に

Receiving financial advice is **strongly** recommended before making investments. (投資をする前に財務アドバイスを受けることが**強く**推奨される)

《**strongly**＋動詞・形容詞》で覚えよう。 □ **strongly** recommend/suggest/advise ...「～を強く勧める」

1299 □□ **strength** [stréŋkθ]

名 強さ，強いこと，力，体力，強度，長所，利点

We carefully analyze the **strengths** and weaknesses of business proposals. (私たちは事業提案の**強み**と弱みを慎重に分析する)

《**strength** of＋名詞》《**strength** in＋名詞》《**strength**＋to 不定詞》で覚えよう。 □ **strengths** and weaknesses「強みと弱点」

1300 □□ **strengthen** [stréŋ*k*θn]

動 ～を強くする，～を増強する

Both companies are **strengthening** their partnership through collaboration.
（両社は共同事業を通して提携関係を**強化している**）

《**strengthen**＋目的語［名詞］》《**strengthen** against＋名詞》で覚えよう。

1301 □□ **gentle** [dʒéntl]

形 やさしい，親切な，寛大な，穏やかな，（動物が）おとなしい

My damaged hair needs **gentle** washing.
（私の傷んだ髪は**やさしい**洗浄を必要としている）

《**gentle**＋名詞》《連結動詞＋**gentle**》《連結動詞＋**gentle** with＋人》で覚えよう。

1302 □□ **gently** [dʒéntli]

副 育ちがよく，穏やかに，徐々に

Joselyn likes **gently** brushing her cat's fur.
（Joselyn は自分の猫の毛を**やさしく**ブラッシングするのが好きだ）

《**gently**＋動詞・形容詞》で覚えよう。 □ **gently** smile「やさしくほほえむ」

1303 □□ **mild** [máild]

形 温厚な，やさしい，おとなしい，温暖な，穏やかな，のどかな，弱い刺激の，□当たりのよい

We're expecting **mild** weather next week.（来週は**穏やかな**天気でしょう）

《**mild**＋名詞》《連結動詞＋**mild**》で覚えよう。

1304 □□ **recycle** [riːsáikl]

動 ～を再利用する，～をリサイクルする

Businesses should find safe ways to **recycle** their waste.
（企業は廃棄物を**再利用する**安全な方法を見つけるべきである）

《**recycle**＋目的語［名詞］》《**recycle** *A* from *B*》《**recycle** *A* into *B*》で覚えよう。

1305 □□ **cycle** [sáikl]

名 周期，循環，周波　動 自転車に乗る，自転車で旅する，循環する

The product's life **cycle** is coming to an end.
（その製品の耐用**期間**は終わりに近づきつつある）

《**cycle** of＋名詞》，動詞は《**cycle** from/to/between＋名詞》で覚えよう。 □ vicious **cycle**「悪循環」

1306 □□ **picture** [píktʃə*r*]

名 絵，絵画，写真，概念，考え，イメージ　動 ～を描写する，～を想像する，～を心に描く

At first I was confused, but I'm getting the **picture** now.
（最初は混乱しましたが，いまは**全体像**を把握しつつあります）

《**picture** of＋名詞》，動詞は《**picture**＋目的語［名詞］》《**picture** *A* as *B*》《**picture**＋人＋動名詞》《**picture**＋wh-/how 節》で覚えよう。短縮形は pic。

1307 □□ **photo** [fóutou]

名 写真

I'm attaching some **photos** of the new factory.
（新工場の**写真**を何枚か添付いたします）

《**photo** of＋名詞》で覚えよう。photograph/**photo**/picture の組み合わせで覚えよう。

1308 □□ **photograph** [fóutəgræ̀f]

動 ～を写真に撮る，～を撮影する　名 写真

◤ We hired a professional to **photograph** our new office building.
（当社は新社屋の**写真を撮る**専門家を雇った）

☞《**photograph**＋目的語［名詞］》，名詞は《**photograph** of＋名詞》で覚えよう。

1309 □□ **photography** [fətágrəfi]

名 写真撮影（技術）

◤ The publisher started an online magazine for wildlife **photography**.
（その出版社は野生生物**写真**のオンライン雑誌を始めた）

☞《**photography** of＋名詞》で覚えよう。　□ underwater **photography**「水中写真」

1310 □□ **photographer** [fətágrəfər]

名 写真家

◤ The **photographer** and his recent work are featured in this magazine.
（その**写真家**と最近の作品がこの雑誌に特集されている）

☞《**photographer** of＋名詞》で覚えよう。　□ freelance **photographer**「フリーの写真家」

1311 □□ **photocopy** [fóutoukàpi]

名 コピー，写真複写　動 ～を複写する，～のコピーをとる

◤ I'll prepare two **photocopies** of the agreement for signing.
（署名用に合意書の**コピー**を 2 部ご用意します）

☞《**photocopy** of＋名詞》，動詞は《**photocopy**＋目的語［名詞］》で覚えよう。

1312 □□ **photocopier** [fóutoukàpiər]

名 コピー機（＝copier）

◤ If you need to make copies, feel free to use our **photocopier**.
（コピーする必要があれば，**コピー機**をご自由にどうぞ）

☞《**photocopier** in＋名詞》で覚えよう。**photocopier**/copier/copy machine の組み合わせで覚えよう。

1313 □□ **short** [ʃɔ́ːrt]

形 短い，短めの，低い，近い，不足して

◤ I apologize for having to cancel my appointment with such **short** notice.
（これほど**直前の**連絡でお約束をキャンセルしなければならなくて申し訳ありません）

◤ Time is running **short**, so let's get back to work.
（時間が**不足して**いますから，仕事に戻りましょう）

☞《**short**＋名詞》《連結動詞＋**short**》《連結動詞＋**short** of/on＋名詞》で覚えよう。　□ fall **short** of ...「～に達しない」□ in **short**「つまり，要するに」□ in **short** supply「供給不足で」

1314 □□ **shorten** [ʃɔ́ːrtn]

動 ～を短くする，～をつめる

◤ After the merger, the company name was **shortened** to InstaPros.
（合併後，会社名は InstaPros に**短縮された**）

☞《**shorten**＋目的語［名詞］》《**shorten** *A* from *B* to *C*》で覚えよう。

1315 □□ **shortly** [ʃɔ́ːrtli]

【副】まもなく，じきに，すぐに，簡単に，短く，無愛想に，そっけなく

The email invitation to the company event should be arriving **shortly**.
（その企業イベントへの招待メールは**まもなく**届くはずだ）

☞《動詞・形容詞＋**shortly**》で覚えよう。 □ **shortly** before the arrival「到着する直前に」

1316 □□ **culture** [kʌ́ltʃər]

【名】文化，教養，養殖 【動】～を耕す，～を栽培する

Applicants should have experience working in a different **culture**.
（応募者は異**文化**で働いた経験を有する必要がある）

☞《**culture** of＋名詞》で覚えよう。

1317 □□ **cultural** [kʌ́ltʃərl]

【形】文化の，文化的な，教養の，栽培の

The exhibition will showcase Japan's **cultural** heritage.
（その展覧会は日本の**文化**遺産を数多く展示する）

☞《**cultural**＋名詞》で覚えよう。

1318 □□ **homework** [hóumwə̀ːrk]

【名】宿題，準備，課題

I'd like you all to go over this manual at home as **homework**.
（皆さん全員に，**宿題**としてこのマニュアルを自宅で読んできていただきたいのです）

☞《**homework** of＋名詞》で覚えよう。不可算名詞なので，複数形は使わない。

1319 □□ **homeowner** [hóumòunər]

【名】住宅所有者

The **homeowner** hired us to renovate their house.
（その**住宅所有者**は家を改築するために私たちを雇った）

☞《**homeowner**＋名詞》で覚えよう。□ **homeowner** insurance「住宅所有者向け保険」

1320 □□ **homemade** [hòumméid]

【形】手作りの，自家製の，国産の

Julie gave some **homemade** sweets to everyone.
（Julie は全員に**手作りの**菓子をふるまった）

☞《**homemade**＋名詞》《連結動詞＋**homemade**》で覚えよう。

1321 □□ **dramatic** [drəmǽtik]

【形】劇の，劇的な，めざましい

The product's new design caused a **dramatic** increase in demand.
（その商品の新デザインは需要の**激**増をもたらした）

☞《**dramatic**＋名詞》《連結動詞＋**dramatic**》《It is **dramatic**＋to 不定詞》で覚えよう。

1322 □□ **dramatically** [drəmǽtikli]

副 劇的に，めざましく，飛躍的に

The stock market fluctuated **dramatically** during the election week.
(選挙の週に株式市場は**劇的に**変動した)

《動詞・形容詞＋**dramatically**》で覚えよう。very/really より強調の度合いが強い。 □ **dramatically** increase「劇的に増加する」

1323 □□ **permanent** [pə́ːrmənənt]

形 永久的な，永続的な，常任の

A dozen 20th-century paintings were added to the museum's **permanent** collection.
(20 世紀の絵画十数点が美術館の**常設**コレクションに加えられた)

《**permanent**＋名詞》《連結動詞＋**permanent**》で覚えよう。

1324 □□ **permanently** [pə́ːrmənəntli]

副 永久に，恒久に，永続的に

ApparelClub **permanently** moved its headquarters to Wellington.
(ApparelClub 社は本社をウェリントンに**永久**移転した)

《**permanently**＋動詞・形容詞》で覚えよう。 □ **permanently** close ...「～を永久に閉鎖する」

1325 □□ **gesture** [dʒéstʃər]

名 身ぶり，手まね，しぐさ 動 身ぶりをする

A man **gestured** me toward the entrance.
(男性が**身ぶりで**入口のほうを**示してくれた**)

《**gesture** of＋名詞》，動詞は《**gesture** to/at＋人》《**gesture** for＋人＋to 不定詞》で覚えよう。 □ by **gesture**「身振りで」

1326 □□ **layer** [léiər]

名 層，重ね，レイヤー，積み重ね 動 ～を層にする

Patricia is part of the managerial **layer** of the company.
(Patricia は会社の経営管理**層**に属している)

《**layer** of＋名詞》，動詞は《**layer**＋目的語［名詞］》で覚えよう。 □ in **layers**「層を作って」

1327 □□ **ton** [tʌ́n]

名 トン，多量，多数

I hoped to leave early, but I still have **tons** of paperwork to do.
(早く帰りたかったのですが，やるべき文書業務がまだ**たくさん**あります)

《**ton** of＋名詞》で覚えよう。

1328 □□ **bunch** [bʌ́ntʃ]

名 束，集まり，一団

Lillian received a **bunch** of flowers on her last day at the company.
(Lillian は会社での最終日に花**束**を受け取った)

《**bunch** of＋名詞》で覚えよう。

1329 □□ **cabinet** [kǽbənit]

名 飾り棚，内閣

My filing **cabinet** is hopelessly disorganized.
（私の書類**整理棚**は手がつけられないほどごちゃごちゃしている）

☞《**cabinet** of＋名詞》で覚えよう。日常英語としては「内閣」という意味のほうが大切だが，TOEIC ではそうではない。

1330 □□ **pot** [pát]

名 ポット，つぼ　動 ～を鉢に植える

I just made a **pot** of coffee; would you like a cup?
（ちょうど**ポット**でコーヒーをいれました；いかがですか）

☞《**pot** of＋名詞》，動詞は《**pot**＋目的語［名詞］》で覚えよう。

1331 □□ **episode** [épəsòud]

名 エピソード，出来事，（ドラマなどの）一話分

The popular detective story is back with more exciting **episodes**!
（人気の探偵物語がさらにおもしろい**エピソード**とともに帰ってきました）

☞《**episode** of/in/from＋名詞》《**episode** about＋名詞》で覚えよう。

1332 □□ **volume** [válju(ː)m]

名 量，容積，体積，豊富，売買高，音量

The distributor has offered us a **volume** discount.
（その流通業者は当社に**大量**購入割引を提供してくれた）

☞《**volume** of＋名詞》で覚えよう。

1333 □□ **pace** [péis]

名 一歩，速度，ペース　動 ゆっくり歩く，一定の速度で歩く

You can work at your own **pace**, but you must finish the project as planned.（自分の**ペース**で作業してかまいませんが，そのプロジェクトは予定どおりに完了しなければなりません）

☞《**pace** of＋名詞》，動詞は《**pace**＋副詞》で覚えよう。

1334 □□ **midnight** [mídnàit]

名 真夜中

The doctor advised me to stop having **midnight** snacks.
（医師に**深夜の**軽食をやめるように言われました）

☞《**midnight** of＋名詞》《**midnight** on＋名詞》で覚えよう。 □ at/after/before/by/until **midnight**「深夜に，深夜すぎに，深夜前に，深夜までに，深夜までずっと」

GROUP 28

▶ 1335 - 1383

1335 □□ **embassy** [émbəsi]

名 大使館，大使公邸，大使の地位

The government reopened its **embassy** in that nation.
（政府はその国における**大使館**を再開した）

☞《**embassy** of＋名詞》で覚えよう。

1336 □□ **ambassador** [æmbǽsədər]

名 大使

Ms. Helten visited Japan as a cultural **ambassador**.
（Helten さんは文化**大使**として日本を訪れた）

☞《**ambassador** of＋名詞》《**ambassador** to＋名詞》《**ambassador** for＋名詞》で覚えよう。

1337 □□ **except** [iksépt]

前 以外に，除いて　動 ～を省く，～を除外する

After all we had no choice **except** to agree.
（結局のところ私たちは同意する**以外の**選択肢はなかった）

☞《**except**＋名詞》《**except** for＋名詞》《**except**＋that 節》《**except**＋to 不定詞》，動詞は《**except**＋目的語［名詞］(＋from＋名詞)》で覚えよう。

1338 □□ **exception** [iksépʃən]

名 除外すること，例外，特例

Guide dogs are one of the **exceptions** to this policy.
（盲導犬はこの規則の**例外**のひとつです）

☞《**exception** of＋名詞》《**exception** to＋名詞》《**exception**＋that 節》で覚えよう。 □ with the **exception** of ...「～を例外として」 □ without **exception**「例外なく」

1339 □□ **exceptional** [iksépʃənl]

形 例外的な，格別の，ひじょうにすぐれた

City Bakery is known to provide **exceptional** customer service.
（City ベーカリーは**卓越した**顧客サービスを提供することで知られている）

☞《**exceptional**＋名詞》《連結動詞＋**exceptional**》《It is **exceptional**＋that 節》《It is **exceptional**＋to 不定詞》で覚えよう。 □ **exceptional** leadership「並外れた指導力」 □ **exceptional** mathematical talent「類いまれな数学の才能」

1340 □□ **original** [ərídʒənl]

形 最初の，独創的な，原文の　名 原形，現物，本人

The **original** idea of the story is based on my own experience.
（その物語の**元となる**アイデアは私自身の経験に基づいています）

☞《**original**＋名詞》《連結動詞＋**original** (＋to＋名詞)》，名詞は《**original** of＋名詞》で覚えよう。

1341 □□ **originally** [ərídʒənəli]

副 最初は，もともとは，本来は，独創的に

I'm **originally** from New York, but I've been living here for three years.
（私は**もともと**ニューヨーク出身ですが，この地で 3 年間暮らしています）

☞《**originally**＋動詞・形容詞》で覚えよう。副詞として文全体を修飾する働きもある。

1342 □□ **origin** [ɔ́(:)ridʒin]

名 起源，発端，先祖

I'll check my dictionary to find out the **origin** of the word.
（その語の**由来**を知るために辞書を確認してみます）

《**origin** of＋名詞》で覚えよう。

1343 □□ **originate** [ərídʒənèit]

動 由来する，考案される，～を生み出す

My strong desire to succeed **originated** from my upbringing.
（成功を強く願う私の思いは私の育ちから**生じました**）

《**originate** from＋名詞》《**originate** in＋名詞》《**originate** with＋名詞》《**originate** as＋名詞》で覚えよう。

1344 □□ **distant** [dístənt]

形 遠い，時間が隔たった，よそよそしい

We had to withdraw some defective products in the **distant** past.
（**遠い**昔には，当社は一部の不良製品を回収せざるを得なかった）

《**distant**＋名詞》《連結動詞＋**distant**》《連結動詞＋**distant** from＋名詞》で覚えよう。

1345 □□ **distance** [dístəns]

名 距離，疎遠，広がり，間隔，（意見などの）食い違い　動 ～を遠ざける

Our office is only a short **distance** away from Central Station.
（当社オフィスは中央駅からほんのわずかの**距離**にある）

《**distance** of＋名詞》《**distance** from/between＋名詞》，動詞は《**distance** *oneself* from＋名詞》で覚えよう。□ in the **distance**「遠くに」 □ at/from a **distance**「離れて」 □ within walking **distance**「歩いて行ける距離に」 □ **distance** learning「遠隔授業」

1346 □□ **mileage** [máilidʒ]

名 総マイル数，走行距離，燃費，マイレージ，利益，有用性，恩恵

A proposal to raise auto **mileage** standards is being discussed.
（自動車の**燃費**規準を引き上げる提案が協議されている）

《**mileage** of＋名詞》で覚えよう。 □ high/low **mileage**「高燃費，低燃費」

1347 □□ **remote** [rimóut]

形 遠い，人里離れた，遠隔の，よそよそしい，わずかな　名 リモコン，遠隔操作

Our factory is in quite a **remote** and inconvenient location.
（当社工場はいささか**遠くて**不便なところにあります）

There's a **remote** possibility that the decision will be reversed.
（その決定は覆される**わずかな**可能性がある）

《**remote**＋名詞》《連結動詞＋**remote**》《連結動詞＋**remote** from＋名詞》，名詞は《**remote** of＋名詞》で覚えよう。

1348 □□ **regular** [régjələr]

形 定期的な，習慣的な，几帳面な　名 常連客

We have a **regular** meeting to check the status of the project.
（プロジェクトの進行状況を確認するために**定期的に**会議を持ちます）

《**regular**＋名詞》《連結動詞＋**regular**》，名詞は《**regular** at＋名詞》で覚えよう。

1349 □□ **regularly** [régjələrli]

(副) 規則正しく，きちんと

- I advise you to exercise **regularly** when you work from home.
（在宅勤務時は**定期的に**体を動かすようにしてください）

☞《**regularly**＋動詞》で覚えよう。 □ **regularly** check ...「定期的に～を点検する」

1350 □□ **irregular** [irégjələr]

(形) 不規則な，規格外の，標準から外れている

- Fei sometimes works **irregular** hours to talk with overseas clients.
（Fei は海外の顧客と話すために**不規則な**時間で勤務することがある）

☞《**irregular**＋名詞》《連結動詞＋**irregular**》で覚えよう。

1351 □□ **sample** [sǽmpl]

(名) 見本，サンプル，標本 (動) ～の質を試す，～の味を見る，～を経験する

- Mr. Northbert requested product **samples** to check for quality.
（Northbert さんは品質を確認するために製品**見本**を請求した）

☞《**sample** of＋名詞》《**sample** from＋名詞》，動詞は《**sample**＋目的語［名詞］》で覚えよう。

1352 □□ **example** [igzǽmpl]

(名) 例，前例，見本，模範，手本

- Michael's innovative approach sets a good **example** for his coworkers.
（Michael の革新的な取り組みは彼の同僚にとってよい**例**となる）

☞《**example** of＋名詞》《**example** to＋人》で覚えよう。 □ for **example**「たとえば」□ take ... as an **example**「～を例にとる」

1353 □□ **beard** [bíərd]

(名) あごひげ

- If you grow a **beard**, you need to care for its shape and condition.
（**あごひげ**を生やすなら，その形と質感をいつも整えておく必要があります）

☞《**beard** of＋名詞》で覚えよう。あごから頬にかけてのひげ。形容詞形 bearded は「ひげを伸ばして」

1354 □□ **comb** [kóum]

(動) ～をくしでとく［すく］，～をくまなく探す，～を徹底的に調べる (名) くし

- We **combed** the documents for facts about the cause of the problem.
（問題の原因に関する事実を求めて，私たちは文書を**細かく調べた**）

☞《**comb**＋目的語［名詞］》《**comb** *A* for *B*》，名詞は《**comb** of＋名詞》で覚えよう。

1355 □□ **heavy** [hévi]

(形) 重い，大量の，激しい，（仕事などが）きつい，荒れ模様の

- Our manager carries a **heavy** burden of responsibility.
（私たちの部長は**重責**を担っている）

☞《**heavy**＋名詞》《連結動詞＋**heavy**》で覚えよう。

1356 □□ **heavily** [hévili]

副 重く，のろのろして，苦しそうに，激しく，ひどく

Kendra has been **heavily** involved in this project.
（Kendraはこのプロジェクトに**深く**かかわっている）

☞《**heavily**＋動詞》で覚えよう。 □ **heavily** depend on ...「～にかなり依存する」

1357 □□ **communicate** [kəmjú:nikèit]

動 連絡する，伝達する，伝わる，～を感染させる

We spare no effort to **communicate** with potential customers.
（見込み客と**意思の疎通を図る**努力は惜しみません）

☞《**communicate** with＋名詞》《**communicate**＋目的語［名詞］＋to＋人》で覚えよう。

1358 □□ **communication** [kəmjù:nikéiʃən]

名 連絡，伝達，メッセージ，共感，感染

With open **communication**, we'll be able to prevent problems like this.
（開かれた**コミュニケーション**を行えば，このような問題を防ぐことができるでしょう）

☞《**communication** of＋名詞》《**communication** with/between/among＋名詞》で覚えよう。 □ in **communication** with ...「～と連絡を取り合って」

1359 □□ **community** [kəmjú:nəti]

名 地域（社会），共同体

We hope to establish good relations with the local **community**.
（当社は地元の**地域社会**と良好な関係を築きたいと思います）

☞《**community** of＋名詞》で覚えよう。 □ **community** relations「地域支援活動」（＝CR）

1360 □□ **village** [vílidʒ]

名 村，群落

To avoid media attention, the new management had a meeting in a small **village**.
（メディアの注目を避けるために，新経営陣は小さな**村**で会合を持った）

☞《**village** of＋名詞》で覚えよう。 □ agricultural/farming **village**「農村」

1361 □□ **universe** [jú:nəvə̀:rs]

名 宇宙，森羅万象，全世界

I studied technologies for exploring the **universe** at college.
（私は大学で**宇宙**を探索するための科学技術を学びました）

☞《**universe** of＋名詞》で覚えよう。

1362 □□ **universal** [jù:nəvə́:rsl]

形 全世界の，全員の，万能の，あらゆる目的にかなう

Consumers support a **universal** food labeling system.
（消費者は**共通化された**食品成分表示システムを支持している）

☞《**universal**＋名詞》《連結動詞＋**universal**》《連結動詞＋**universal** in/among＋名詞》《It is **universal**＋that 節》《It is **universal**＋to 不定詞》で覚えよう。

1363 □□ **lend** [lénd]

動 （ものや金など）を貸す，（力）を添える

The bank **lent** us money at a lower interest rate.
（銀行はもっと低い金利で**融資して**くれた）

《**lend**＋目的語［名詞］＋to＋人》《**lend**＋人＋目的語［名詞］》で覚えよう。「金銭，あるいは所有物を短期間貸す」という意味。

1364 □□ **borrow** [bɔ́(ː)rou, bárou]

動 ～を借りる，～を借り入れる

I hate to ask, but could I possibly **borrow** some money?
（お願いしにくいことなのですが，少しお金をお**借り**できるでしょうか）

《**borrow**＋目的語［名詞］》《**borrow** *A* from *B*》で覚えよう。人のものを借りて，それを返却する義務がある場合に使う。

1365 □□ **loan** [lóun]

動 （～に）金を貸す　名 貸付，ローン，借款

You have some tax issues to consider if you plan to **loan** money to family.
（家族に**融資する**つもりなら，考慮しなければならない税金の問題がいくつかあります）

Let's talk to the bank and see if we can get an emergency **loan**.
（銀行に話して，緊急**融資**を受けられるかどうか確かめましょう）

《**loan**＋目的語［名詞］（＋to＋人）》《**loan**＋人＋目的語［名詞］》，名詞は《**loan** of＋名詞》《**loan** from＋名詞》で覚えよう。 □ on **loan**「借りて」

1366 □□ **rent** [rént]

動 ～を賃借する　名 賃借料，家賃

We **rent** this office for a reasonable price.
（このオフィスは安価で**借りている**）

Rent control only applies to residential properties and not to offices.
（**家賃**統制は住居物件にのみ適用され，オフィスには適用されない）

《**rent**＋目的語［名詞］（＋from＋人）》，名詞は《**rent** of＋名詞》《**rent** for/on＋名詞》《**rent** from＋名詞》で覚えよう。 □ for **rent**「賃貸用で」

1367 □□ **rental** [réntl]

形 賃貸の，賃貸用の，賃貸物件の　名 賃貸料，使用料

My parents own several **rental** properties in Nara City.
（私の両親は奈良市にいくつかの**賃貸**物件を所有している）

《**rental**＋名詞》，名詞は《**rental** of＋名詞》《**rental** from＋名詞》で覚えよう。 □ **rental** contract「賃貸契約」

1368 □□ **renter** [réntər]

名 賃借人，レンタル利用者

On an online rental listing more photos will attract more **renters**.
（オンラインの賃貸物件一覧では，写真を多く掲載するほど多くの**賃借人**を呼び込めるだろう）

《**renter** of＋名詞》で覚えよう。

1369 □□ **lease** [lí:s]

(動) ～を賃貸する，～を賃借する (名) 賃貸権，賃貸期間

Instead of buying the land, why don't we just **lease** it for now?
（土地を購入するのではなく，いまはまず**賃貸して**はどうでしょうか）

《**lease**＋目的語［名詞］(＋from/to＋人)》，名詞は《**lease** of/on＋名詞》で覚えよう。

1370 □□ **sharp** [ʃá:rp]

(副) (～時) ちょうどに，きっかりに (形) 鋭い，鋭利な，尖った，急な，鮮明な，頭の切れる

Mr. Miura is going to start the meeting at 8:00 **sharp**.
（Miura さんは会議を 8 時**きっかりに**始めます）

《at＋時刻＋**sharp**》，形容詞は《**sharp**＋名詞》《連結動詞＋**sharp**》で覚えよう。

1371 □□ **sharply** [ʃá:rpli]

(副) 鋭く，厳しく，荒々しく，とげとげしく，はっきりと，急（激）に，すばやく

Sales of Byte Inc.'s tablet devices have risen **sharply**.
（Byte Inc. 社のタブレット端末の販売は**急激に**伸びている）

《**sharply**＋動詞・形容詞》で覚えよう。 □ **sharply** increase「激増する」

1372 □□ **absolute** [ǽbsəlù:t]

(形) 絶対の，完全の (名) 絶対的なもの

Raising profits this quarter is an **absolute** must.
（今四半期の利益を伸ばすことが**絶対の**課題である）

《**absolute**＋名詞》《連結動詞＋**absolute**》で覚えよう。

1373 □□ **absolutely** [ǽbsəlù:tli]

(副) 完全に，確実に，ものすごく

We **absolutely** recommend this approach.（この方法を**絶対に**お勧めします）

《**absolutely**＋動詞・形容詞》で覚えよう。強意の副詞として **Absolutely.**「そのとおりです」のように単独でも使う。 □ **absolutely** necessary「絶対に必要な」

1374 □□ **chip** [tʃíp]

(名) 切れ端，(陶器などの) 傷，チップ (動) ～を削る

Memory **chip** demand has been skyrocketing since May.
（5 月以来メモリ**素子**の需要が急伸している）

《**chip** of＋名詞》で覚えよう。

1375 □□ **rubber** [rʌ́bər]

(名) 天然［合成］ゴム

Our water-resistant boots are made from **rubber**.
（当社の耐水ブーツは**ゴム**製です）

《**rubber** of＋名詞》で覚えよう。 □ **rubber** stamp「ゴム印」

1376 □□ **brick** [brík]

(名) レンガ，操作不能なもの (動) 操作不能になる［する］

Two people are working on a **brick** wall.
（2 人が**レンガ**の壁に作業している）

《**brick** of＋名詞》で覚えよう。 □ **bricks** and mortar「実店舗を構えている，実店舗型の」

1377 □□ **slope** [slóup]

名 傾斜，斜面 動 傾斜する，坂になる，傾く

The entrance to the museum is located at the bottom of the **slope**.
（博物館の入り口は**坂**の下にある）

☞《**slope** of＋名詞》，動詞は《**slope**＋up/down》で覚えよう。

1378 □□ **tunnel** [tʌ́nl]

名 トンネル，穴 動 ～にトンネルを掘る

We can make the deadline; there's light at the end of the **tunnel**.
（締切に間に合います；**トンネル**の終わりの明かりが見えていますから）

☞《**tunnel** of＋名詞》，動詞は《**tunnel**＋目的語［名詞］》で覚えよう。

1379 □□ **wool** [wúl]

名 羊毛，ウール，毛織物

Many stages of **wool** processing are necessary to turn fleece into fabric.
（羊毛を織物とするには数多くの**羊毛**処理の段階を必要とする）

☞《**wool** of＋名詞》で覚えよう。 □ pure **wool**「純毛」

1380 □□ **bean** [bíːn]

名 豆，無価値なもの

Francisco is working on his first **bean** recipe book.
（Francisco は初めての**豆**料理のレシピ本に取り組んでいる）

☞《**bean** of＋名詞》で覚えよう。

1381 □□ **species** [spíːʃi(ː)z]

名（動植物分類学上の）種

Is it possible that endangered **species** live in that forest?
（その森に絶滅危惧**種**が暮らしている可能性はありますか）

☞《**species** of＋名詞》で覚えよう。 □ endangered **species**「絶滅危惧種」□ extinct **species**「絶滅種」□ rare **species**「希少種」

1382 □□ **twin** [twín]

形 二重の，双子の 名 双子の一方

We are facing **twin** challenges — increasing sales and reducing operational costs.（当社は**二重の**難題に直面しています — 販売を増やし，事業運営コストを削減することです）

☞《**twin**＋名詞》，名詞は《**twin(s)** of＋名詞》で覚えよう。

1383 □□ **uniform** [júːnəfɔ̀ːrm]

形 同形の，一様な，一定の，規則正しい 名 制服

Every part has to be cut in a **uniform** size to pass the inspection.
（検査に合格するには，それぞれの部品は**均一の**サイズに切断されなければならない）

The factory provides all workers with several sets of **uniforms**.
（工場は働く人々全員に数着の**制服**を支給する）

☞《**uniform**＋名詞》《連結動詞＋**uniform**》，名詞は《**uniform** of＋名詞》で覚えよう。 □ in **uniform**「制服を着て」

1384 □□ **bake** [béik]

動 (オーブンなどで) ～を焼く

This recipe book is for people who love **baking** bread, pies and cookies.
(このレシピ本はパン，パイ，クッキーを**焼く**のが大好きな人々のためのものです)

《**bake**＋目的語［名詞］》で覚えよう。パンやケーキ，クッキーなどを「オーブンで焼く」こと。肉や野菜の場合は roast を使う。

1385 □□ **bakery** [béikəri]

名 パン屋，パン・菓子製造所

Our first office was in a building with a **bakery** on the first floor.
(当社の最初のオフィスは１階が**パン屋**になっているビルにありました)

《**bakery** in＋名詞》で覚えよう。

1386 □□ **absent** [ǽbsənt]

形 不在で，欠勤して，欠如して

Employees have the right to be **absent** from work to vote in elections.
(従業員は選挙で投票するために**欠勤**する権利を有する)

《**absent**＋名詞》《連結動詞＋**absent**》《連結動詞＋**absent** from＋名詞》で覚えよう。 □ call in **absent**「欠勤の連絡をする」 □ **absent**-minded「心ここにあらずの」

1387 □□ **absence** [ǽbsəns]

名 不在，欠勤，欠如

Robert requested a leave of **absence** from work.
(Robert は仕事を**休む**許可を求めた)

《**absence** of＋名詞》《**absence** from＋名詞》で覚えよう。

1388 □□ **lack** [lǽk]

動 ～が不足している，～を欠く 名 不足，欠如

The applicant **lacked** skills in business management.
(その応募者は事業運営の技能を**欠いていた**)

A **lack** of communication could lead to inefficiency.
(コミュニケーションの**不足**は非効率につながりかねない)

《**lack**＋目的語［名詞］》《*be* **lacking** in＋名詞》，名詞は《**lack** of＋名詞》で覚えよう。

1389 □□ **mix** [míks]

動 ～を混ぜる，～を調合する，付き合う，仲よくやる 名 混合(物)

You can **mix** the spices of your choice to cook your own curry.
(自分の好みの香辛料を**混ぜて**，自分だけのカレーを作れます)

I'm not really good at **mixing** with people.
(私は人と**交わる**のがあまり得意ではありません)

《**mix**＋目的語［名詞］》《**mix** *A* and *B*》《**mix** with＋人》，名詞は《**mix** of＋名詞》で覚えよう。

1390 □□ **mixture** [míkstʃər]

名 混合物，合成品，混合

Stir the flour gradually into the liquid **mixture**.
（液体を**混ぜたもの**に小麦粉をかき混ぜながら入れてください）

☞《**mixture** of＋名詞》で覚えよう。

1391 □□ **blend** [blénd]

動 ～を混ぜ合わせる，～を調和させる　名 混合，ブレンド

A food processor is good for **blending** ingredients thoroughly.
（食材を完全に**混ぜ合わせる**にはフードプロセッサが役立つ）

☞《**blend**＋目的語［名詞］》《**blend** *A* and *B*》《**blend** with＋名詞》，名詞は《**blend** of＋名詞》で覚えよう。 □ **blend** in with ...「～とよく合っている」

1392 □□ **dine** [dáin]

動 食事をする，～を食事に招待する

A number of respondents **dine** out at least once a week.
（多くの回答者が少なくとも週に１度は外**食する**）

☞《**dine** with＋人》で覚えよう。 □ **dine** out「外食する」

1393 □□ **diner** [dáinər]

名 食事をする人，食堂（車）

Our restaurant can accommodate up to 70 **diners**.
（当レストランは 70 人の**食事客**まで対応できます）

☞《**diner** in＋名詞》で覚えよう。「食事客」「食堂」両方の意味がある。

1394 □□ **catalog** [kǽtəlɔ̀(:)g]

名 カタログ，目録　動 カタログを作る，～をカタログに載せる，～を分類する

Let me send you a copy of our latest product **catalog**.
（当社の最新の製品**カタログ**をお送りいたします）

☞《**catalog** of＋名詞》，動詞は《**catalog**＋目的語［名詞］》で覚えよう。complete list という意味。

1395 □□ **pamphlet** [pǽmflət]

名 小冊子，小論文，パンフレット

A total of 2,000 **pamphlets** will be printed for the conference.
（全部で 2,000 部の**パンフレット**が会議のために印刷される）

☞《**pamphlet** of＋名詞》《**pamphlet** about/on＋名詞》で覚えよう。「特定の情報に関する表紙付き冊子」という意味。宣伝販促用の配布資料は brochure/leaflet を使うことが多い。

1396 □□ **leaflet** [lí:flət]

名 チラシ，小冊子

Promotional **leaflets** on our new cosmetics line will be available soon.
（当社の新しい化粧品商品群の販促用**小冊子**はまもなく用意できます）

☞《**leaflet** of＋名詞》《**leaflet** about/on＋名詞》で覚えよう。広告宣伝，情報提供の目的で配布される小冊子。

1397 □□ **brochure** [brouʃúər]

名 パンフレット，カタログ

Could you get new merchandise **brochures** ready by next week?
（新しい商品**カタログ**を来週までに用意していただけますか）

《**brochure** of＋名詞》《**brochure** for＋名詞》《**brochure** about/on＋名詞》で覚えよう。表紙を持ち，商品やサービスについての情報を掲載した販促用小冊子。

1398 □□ **booklet** [búklət]

名 小冊子，パンフレット

A free **booklet** is available to help you understand food safety.
（食品の安全を理解するのに役立つ無料の**小冊子**を用意しております）

《**booklet** of＋名詞》《**booklet** about/on＋名詞》で覚えよう。表紙を持ち，特定のテーマについての情報をまとめた小冊子

1399 □□ **bulletin** [búlətn]

名 広報，告示，会報，便覧，ニュース速報

It's Ms. Yang's job to send out the weekly **bulletin** every Monday.
（毎週月曜日に週**報**を送付するのは Yang さんの仕事です）

《**bulletin** of＋名詞》《**bulletin** about/on＋名詞》《**bulletin**＋that 節》で覚えよう。

1400 □□ **newsletter** [njúːzlètər]

名 時事通信，社報，回報，ニュースレター

The company **newsletter** announced that Ms. Kandler would retire in May.（社**報**は，Kandler さんが 5 月に引退すると発表した）

《**newsletter** of＋名詞》《**newsletter** for＋名詞》《**newsletter** about/on＋名詞》で覚えよう。

1401 □□ **honest** [ánəst]

形 正直な，率直な，信頼できる

It is sometimes difficult to be **honest** with a client.
（顧客に対して**正直で**いるのは難しいときもある）

《**honest**＋名詞》《連結動詞＋**honest**》《連結動詞＋**honest** about＋名詞》《連結動詞＋**honest** in＋名詞》《連結動詞＋**honest** with＋人》で覚えよう。 □ to be **honest**「正直なところ」

1402 □□ **honestly** [ánəstli]

副 正直に，誠実に，ほんとうに，実際のところ

Honestly speaking, your idea doesn't sound feasible.
（**正直に**言えば，あなたのアイデアは実行できそうにありません）

That's a difficult question, and I **honestly** don't know the answer.
（それは難しい問題で，**正直なところ**私も答えがわかりません）

《**honestly**＋動詞・形容詞》で覚えよう。 □ **honestly** speaking「正直に言えば」

1403 □□ **text** [tékst]

動 （携帯端末で）メッセージを送る 名 文章，本文，文字列，テキストメッセージ

I'll **text** you the URL in a minute.（すぐにその URL を**テキストで送ります**）

You haven't replied to my **texts**, have you?
（私の**テキストメッセージ**に返信をいただいてないですよね）

《**text**＋人（＋目的語［名詞］）》，名詞は《**text** of＋名詞》《**text** about/on＋名詞》で覚えよう。

1404 □□ **textbook** [téks/bùk]

形 教科書の，教科書的な，標準的な　名 教科書，テキスト

This poster is a **textbook** example of digital copyright infringement.
（このポスターはデジタル著作権侵害の**典型**例だ）

☞《**textbook**＋名詞》，名詞は《**textbook** of＋名詞》《**textbook** on＋名詞》で覚えよう。

1405 □□ **sunny** [sʌ́ni]

形 日のよく当たる，よく晴れた，日当たりのよい，明るい

Let's go for a walk if it's **sunny** outside in the afternoon.
（午後に外が**晴れて**いれば散歩に行きましょう）

☞《**sunny**＋名詞》《連結動詞＋**sunny**》で覚えよう。

1406 □□ **sunshine** [sʌ́nʃàin]

名 日光，日射し，陽気

I spent an hour in the park enjoying the morning **sunshine**.
（公園で１時間過ごして朝の**陽射し**を楽しみました）

☞《**sunshine** of＋名詞》で覚えよう。 □ hot/warm **sunshine**「暖かな陽光」

1407 □□ **sunset** [sʌ́nsèt]

名 日没，入り日

Come and enjoy a scenic **sunset** cruise on Flamingo Bay.
（フラミンゴ湾での美しい**夕暮れ**クルーズをお楽しみください）

☞《**sunset** of＋名詞》で覚えよう。 □ at **sunset**「夕暮れに」

1408 □□ **sunscreen** [sʌ́nskrì:n]

名 日焼け止め，サンスクリーン

Complimentary bottles of **sunscreen** lotion are available at the entrance.
（**日焼け止め**ローションの無料ボトルが入り口にございます）

☞《**sunscreen** on＋名詞》で覚えよう。sunblock ともいう。

1409 □□ **cloudy** [kláudi]

形 くもった，雲の多い，あいまいな

Tomorrow will be a **cloudy** day with a 40-percent chance of rain during the daytime.（あすは**くもりの**一日で，日中は 40 パーセントの降水確率です）

☞《**cloudy**＋名詞》《連結動詞＋**cloudy**》で覚えよう。

1410 □□ **beam** [bí:m]

動 光を発する，輝く　名 光線，梁（はり）

Mr. Jonas **beamed** with pride when he was appointed as the CEO.
（Jonas さんは CEO に任命されて，誇りで顔を**輝かせた**）

☞《**beam** with＋名詞》《**beam** at＋人》，名詞は《**beam** of＋名詞》で覚えよう。

1411 □□ **category** [kǽtəgɔ̀:ri]

名 範疇，部門，分類

Could you leave **category** A as is and shift this data to **category** B?
（A **部門**はそのままにして，これらのデータは B **部門**に移していただけますか）

☞《**category** of＋名詞》《**category** for＋名詞》で覚えよう。

1412 □□ **genre** [ʒáːnrə]

名 ジャンル，類型，様式

NewAge's essential oils are popular in the healthcare supplement **genre**.
（NewAge 社のエッセンシャルオイルは健康管理用補助食品の**ジャンル**で人気が高い）

《**genre** of＋名詞》で覚えよう。

1413 □□ **machine** [məʃíːn]

名 機械（装置）

This copy **machine** works much faster than the previous one.
（このコピー**機**は前の機種よりもずっと早く動く）

《**machine** of＋名詞》《**machine** for＋名詞》で覚えよう。 □ by **machine**「機械で」

1414 □□ **machinery** [məʃíːnəri]

名 機械（類），（機械の）可動部分，機械装置，機構，組織

Our new plant has installed state-of-the-art **machinery**.
（当社の新工場は最先端の**機械類**を導入した）

《**machinery** of＋名詞》《**machinery** for＋名詞》で覚えよう。不可算名詞なので，複数形は使わない。

1415 □□ **decorate** [dékərèit]

動 ～を飾る，～を装飾する，勲章を授ける

Employees may bring personal photos to **decorate** their office.
（オフィスを**飾る**ために従業員は個人的な写真を持ってきてもよい）

《**decorate**＋目的語［名詞］》《**decorate** *A* with *B*》で覚えよう。

1416 □□ **decoration** [dèkəréiʃən]

名 装飾，飾りつけ，装飾品

The snowflakes are seasonal **decorations**.（雪のひとひらは季節の**装飾品**となる）

《**decoration** of＋名詞》で覚えよう。

1417 □□ **redecorate** [rìdékərèit]

動 ～を改装する，～を模様替えする

Some of our stores looked old-fashioned, so we **redecorated** them.
（当社店舗の一部は時代遅れに見えたので**改装しました**）

《**redecorate**＋目的語［名詞］》で覚えよう。

1418 □□ **subway** [sʌ́bwèi]

名 地下鉄，地下道

It's faster to go downtown by taking the **subway** than by driving.
（都心部には車より**地下鉄**で行くほうが速い）

《**subway** from/to＋名詞》で覚えよう。 □ on the **subway**「地下鉄で」

1419 □□ **underground** [ʌ́ndərgràund]

形 地下の，秘密の，地下組織の 副 地下に 名 地下鉄，地下組織

The **underground** parking lot can hold 1,000 vehicles.
（**地下**駐車場は 1,000 台の車を収容できる）

《**underground**＋名詞》《連結動詞＋**underground**》，副詞は《動詞＋**underground**》，名詞は《**underground** from/to＋名詞》で覚えよう。

1420 □□ **metro** [métrou]

名 地下鉄，メトロ

A new **metro** line to the stadium will open next month.
（スタジアムまでの新しい**地下鉄**路線は来月に開業する）

《**metro** in＋名詞》で覚えよう。

1421 □□ **metropolitan** [mètrəpɑ́lətn]

形 首都の，大都市の，都会人の，都会的な

We're having a sale at our stores in the **metropolitan** area.
（**首都**圏の当社店舗でセール中です）

《**metropolitan**＋名詞》で覚えよう。

1422 □□ **comment** [kɑ́ment]

動 (～を) 意見として述べる，(～を) 論評する　名 論評，批評，コメント，解説

Mr. Sanderson refused to **comment** on the issue.
（Sanderson さんはその件について**論評する**ことを拒んだ）

This proposal has received no **comment** so far.
（この企画書について，いまのところ**コメント**は届いていません）

《**comment** about/on＋名詞》《**comment** to＋人》《**comment**＋that 節》，名詞は《**comment** of＋名詞》《**comment** about/on＋名詞》《**comment**＋that 節》で覚えよう。 □ *be* available/unavailable for **comment**「コメントが得られて，コメントが得られないで」

1423 □□ **memo** [mémou]

名 連絡票，連絡メモ

Mr. Lee circulated a **memo** requesting updates on some projects.
（Lee さんはいくつかのプロジェクトの最新状況の報告を求める**メモ**を回覧した）

《**memo** of＋名詞》《**memo** from/to＋名詞》《**memo** about/on＋名詞》で覚えよう。

1424 □□ **memorandum** [mèmərǽndəm]

名 覚え書き，備忘録，(社内の) 連絡通信

Please confirm you have read the **memorandum** on the new policy.
（新しい方針についての**連絡メモ**を必ず読んでください）

《**memorandum** of＋名詞》《**memorandum** from/to＋名詞》《**memorandum** about/on＋名詞》で覚えよう。

1425 □□ **pin** [pín]

動 ～をピンで留める，～を固定する　名 飾りピン，記章

I like **pinning** pictures on this corkboard.
（このコルクボードに写真を**留める**のが好きです）

《**pin**＋目的語［名詞］》《**pin** *A* on/onto/to *B*》で覚えよう。

1426 □□ **pray** [préi]

動 祈る，心から願う

At the news of the earthquake, I **prayed** that everyone was safe.
（地震の知らせを聞いて，だれもが無事であるように**祈りました**）

《**pray** for＋名詞》《**pray** to＋人》《**pray**＋that 節》で覚えよう。

1427 □□ **dive** [dáiv]

動 飛び込む，潜水する，没頭する 名 飛び込み，急降下，急落

We **dived** deep into the data to back up our claims.
(私たちは自分たちの主張を裏付けるためにデータを深く**掘り下げた**)

《**dive** from/into＋名詞》《**dive** off＋名詞》，名詞は《**dive** from/into＋名詞》で覚えよう。

1428 □□ **deck** [dék]

名 デッキ，甲板，（バスなどの）床

An event will be held on the **deck** of the ship.
(船の**デッキ**で開催されるイベントがある)

《**deck** of＋名詞》で覚えよう。

1429 □□ **eve** [íːv]

名 前夜，前日，直前

Customers lined up at stores on the **eve** of the product launch.
(製品発売**前夜**に顧客が店頭に行列を作った)

《**eve** of＋名詞》で覚えよう。 □ on the **eve** of ...「～の前日に」

1430 □□ **bound** [báund]

形 束縛された，～行きの 動 跳ねる，跳ね返される，境界線をつける，～を抑制する 名 飛躍

Both parties are legally **bound** by the contract.
(両者は契約によって法的に**拘束される**)

To get to our office, please take the train **bound** for Mitaka.
(当社へは三鷹**行きの**電車でお越しください)

《連結動詞＋**bound** by＋名詞》《*be* **bound**＋to 不定詞》《*be* **bound**＋for＋名詞》，動詞は《*be* **bound** by＋名詞》《**bound**＋名詞》，名詞は《**bound** of＋名詞》で覚えよう。

1431 □□ **newly** [njúːli]

副 近ごろ，最近，新たに，新しいやり方で

The **newly** appointed manager demonstrates strong leadership.
(**新たに**任命された部長は強力な指導力を示す)

《**newly**＋動詞・形容詞》で覚えよう。 □ **newly** purchase ...「～を新しく購入する」

1432 □□ **altogether** [ɔ̀ːltəgéðər]

副 完全に，全体に，総計で，要するに

How much is it **altogether**? (**全部で**いくらですか)

《動詞＋**altogether**》《**altogether**＋形容詞・副詞》で覚えよう。「完全に，全部で」と意味を強める。

GROUP 30

1433 □□ **cab** [kǽb]

名 タクシー（＝taxi）

It'll cost more, but it'll be quicker to take a **cab** to go there.
（そこまで**タクシー**で行けば，費用はかかるがずっと早いでしょう）

☞《**cab** for＋人》《**cab** from/to＋名詞》で覚えよう。 □ go by **cab**/taxi「タクシーで行く」□ get into/out of a **cab**/taxi「タクシーに乗り込む，タクシーから降りる」

1434 □□ **shuttle** [ʃʌ́tl]

名 定期往復便，折り返し運転，シャトル（バス，列車，飛行機） 動 往復（便で輸送）する，往復する，左右に動く

The Element Hotel offers a **shuttle** bus that goes to the airport.
（Element ホテルは空港行きの**シャトルバス**を提供している）

☞ 名詞，動詞ともに《**shuttle** from *A* to *B*》《**shuttle** between＋名詞》で覚えよう。

1435 □□ **refrigerator** [rifrídʒərèitər]

名 冷蔵庫

I'm going to buy a **refrigerator** with lots of freezer space.
（冷凍スペースがたくさんある**冷蔵庫**を買います）

☞《**refrigerator** in＋名詞》で覚えよう。短縮形は fridge。

1436 □□ **fridge** [frídʒ]

名 冷蔵庫

All personal food in the communal **fridge** has a label with the owner's name.（共同**冷蔵庫**内の個人用の食べ物には所有者の名前ラベルが付いている）

☞《**fridge** in＋名詞》で覚えよう。refrigerator の短縮形。

1437 □□ **software** [sɔ́(:)ftwèər]

名 ソフトウェア

The system **software** update will help your computer work more securely.
（システム**ソフトウェア**の最新版はコンピュータの安全性を高めてくれるだろう）

☞《**software** for＋名詞》で覚えよう。hardware and **software** の組み合わせで覚えよう。不可算名詞なので，複数形は使わない。 □ a piece of **software**「ひとつのソフトウェア」

1438 □□ **hardware** [há:rdwèər]

名 ハードウェア，機械設備

Our company manufactures computer **hardware**.
（当社はコンピュータの**ハードウェア**を製造しております）

☞《**hardware** for＋名詞》で覚えよう。**hardware** and software の組み合わせで覚えよう。不可算名詞なので，複数形は使わない。 □ a piece of **hardware**「ひとつのハードウェア」

1439 □□ **weak** [wí:k]

形 弱い，もろい，劣る，弱体な，弱気の

The company's high employee turnover is related to its **weak** leadership.
（同社の高い従業員離職率は**弱い**指導力に関連している）

☞《**weak**＋名詞》《連結動詞＋**weak**》《連結動詞＋**weak** in＋名詞》《連結動詞＋**weak** on＋名詞》《連結動詞＋**weak** at＋名詞》で覚えよう。

1440 □□ **weaken** [wí:kn]

動 弱くなる，～を弱める，衰弱する，減退する

Hackers worldwide are working tirelessly to **weaken** online security.
(世界中でハッカーたちが，ネット上の安全を**弱める**ために休みなく活動している)

☞《**weaken**＋目的語［名詞］》《**weaken** against＋名詞》で覚えよう。

1441 □□ **weakness** [wí:knəs]

名 弱いこと，優柔不断，不十分，欠点，弱点，大好きなこと

How would you describe your strengths and **weaknesses**?
(自分の強みと**弱点**をどのように説明なさいますか)

☞《**weakness** of＋名詞》《**weakness** in＋名詞》《**weakness** for＋名詞》で覚えよう。strengths and **weaknesses** の組み合わせで覚えよう。

1442 □□ **loyal** [lɔ́iəl]

形 忠実な，義理堅い，誠実な

Social media can help businesses create a **loyal** customer base.
(ソーシャルメディアは企業が**忠実な**顧客層を築くうえで役立つ)

☞《**loyal**＋名詞》《連結動詞＋**loyal**》《連結動詞＋**loyal** to＋名詞》で覚えよう。

1443 □□ **loyalty** [lɔ́iəlti]

名 忠実，忠義，誠実

Better customer support has been winning **loyalty** from customers.
(顧客サポートの改善が顧客からの**忠誠心**をもたらしている)

☞《**loyalty** of＋名詞》《**loyalty** from/to/toward＋名詞》《**loyalty** for＋名詞》で覚えよう。

1444 □□ **noise** [nɔ́iz]

名 (不快な) 音，物音，雑音，騒音，異音，ごみ情報

We're reducing **noise** levels in our factories.
(当社工場の**騒音**レベルを下げます)

☞《**noise** of＋名詞》《**noise** from＋名詞》で覚えよう。

1445 □□ **noisy** [nɔ́izi]

形 騒々しい，やかましい，ざわついた，目立つ，派手な

Extra insulation was installed on the windows because of the **noisy** traffic. (**うるさい**交通音が原因で，窓に防音材が追加された)

☞《**noisy**＋名詞》《連結動詞＋**noisy**》で覚えよう。

1446 □□ **member** [mémbər]

名 一員，メンバー，仲間，会員

As a **member** of a charity organization, I always donate money.
(慈善団体の**会員**として，私はいつも献金しています)

☞《**member** of＋名詞》で覚えよう。

1447 □□ **membership** [mémbərʃip]

名 一員（であること），仲間，会員

I renewed my **membership** to the local business owners association.
（地元の事業主協会への**会員資格**を更新しました）

☞《**membership** of＋名詞》《**membership** for/in＋名詞》で覚えよう。

1448 □□ **partner** [pá:rtnər]

名 仲間，ビジネスパートナー，提携企業　動 ～を連携する，～と提携する

We chose Zoom-in as a new business **partner**.
（新たな業務**提携相手**として Zoom-in 社を選びました）

☞《**partner** of＋名詞》《**partner** in＋名詞》で覚えよう。

1449 □□ **partnership** [pá:rtnərʃip]

名 共同，協力，提携関係，パートナーシップ

We've had a productive and successful **partnership** with Cubics.
（当社は Cubics 社と創造的かつ成功をもたらす**提携関係**を保っております）

☞《**partnership** of＋名詞》《**partnership** with/between/among＋名詞》《**partnership** in＋名詞》で覚えよう。 □ in **partnership** with ...「～と提携して」

1450 □□ **portray** [pɔ:rtréi]

動 ～を表現する，～を描く，～を演じる

This long series of inventions vividly **portrays** our company identity.
（これらの長年にわたる発明品の数々は，当社が何をする会社であるかを生き生きと**伝えている**）

☞《**portray**＋目的語［名詞］》《**portray** *A* as *B*》で覚えよう。

1451 □□ **portrait** [pɔ́:rtrət, -treit]

名 肖像画，写真，彫像，生き写し

A **portrait** of the company's founder hangs on the wall.
（同社創業者の**肖像画**が壁にかかっている）

☞《**portrait** of＋名詞》で覚えよう。

1452 □□ **vitamin** [váitəmin]

名 ビタミン

Our **vitamin** supplements are favored by health-minded consumers.
（当社の**ビタミン**補助剤は健康志向の消費者に好まれている）

☞《**vitamin** of＋名詞》で覚えよう。**vitamins** and minerals の組み合わせで覚えよう。

1453 □□ **mineral** [mínərl]

名 鉱物，鉱石，無機物，（栄養素としての）鉱物質

This drinking water contains a lot of **minerals**.
（この飲用水は多くの**ミネラル**を含んでいる）

☞《**mineral** of＋名詞》《**mineral** for＋名詞》《**mineral** in/from＋名詞》で覚えよう。vitamins and **minerals** の組み合わせで覚えよう。

1454 □□ **protein** [próutiːn]

名 タンパク質

This product is high in **protein** and is popular with athletes.
（この製品は**タンパク質**が豊富で，運動選手に人気がある）

《**protein** of＋名詞》《**protein** in/from＋名詞》で覚えよう。 □ animal/vegetable **protein**「動物性タンパク質，植物性タンパク質」

1455 □□ **art** [ɑ́ːrt]

名 芸術（活動，作品），技能，能力

Ming Li is a lawyer who has mastered the **art** of negotiation.
（Ming Li さんは交渉での**卓越した能力**を身につけた弁護士です）

《**art** of＋名詞》で覚えよう。「芸術」だけでなく「卓越した技術」という意味でもよく使う。

1456 □□ **artist** [ɑ́ːrtist]

名 芸術家，画家，達人，名人

We are working with a well-known **artist** on the new brochure.
（新しいパンフレットで，私たちは著名な**芸術家**と作業しています）

《**artist** of＋名詞》で覚えよう。

1457 □□ **artistic** [ɑːrtístik]

形 芸術的な，風雅な，趣のある

Griffin Architecture is quite **artistic** in their design methods.
（Griffin Architecture 社はそのデザイン方法がなかなか**芸術的で**ある）

《**artistic**＋名詞》《連結動詞＋**artistic**》で覚えよう。

1458 □□ **artwork** [ɑ́ːrtwə̀ːrk]

名 手工芸品，芸術作品，挿絵，イラスト

Ms. Rayborn has ordered new **artwork** for the waiting room.
（Rayborn さんは待合室用に新しい**芸術作品**を発注した）

《**artwork** of＋名詞》で覚えよう。

1459 □□ **educate** [édʒəkèit]

動 ～を教育する，～を育てる，～に学校教育を施す，（趣味など）を養う，（人・動物）を訓練する

We are aiming to **educate** people about the dangers of common scams.
（私たちは一般的な詐欺の危険について人々を**教育しよう**と思います）

《**educate**＋人（＋about/in/on＋名詞）》で覚えよう。

1460 □□ **education** [èdʒəkéiʃən]

名 教育，育成，教育学

A good **education** will open doors in life.
（良質な**教育**は人生の門戸を開いてくれる）

《**education** of＋名詞》《**education** about/in/on＋名詞》で覚えよう。

1461 □□ **educational** [èdʒəkéiʃənl]

形 教育の，教育的な

Studying at law school will be a unique **educational** experience.
（法科大学院で学ぶことは得がたい**教育的な**経験になるでしょう）

☞《**educational**＋名詞》《連結動詞＋**educational**》《It is **educational**＋to 不定詞》で覚えよう。

1462 □□ **academic** [æ̀kədémik]

形 教育機関の，大学の，学術的な

The discussion was largely **academic** and not very realistic.
（その議論は多くが**学術的な**もので，あまり現実的でなかった）

☞《**academic**＋名詞》《連結動詞＋**academic**》で覚えよう。 □ **academic** background「学歴」

1463 □□ **lively** [láivli]

形 元気な，活発な，活気のある，鮮やかな

I enjoyed a **lively** conversation with our clients.
（私は顧客と**生き生きとした**会話を楽しみました）

☞《**lively**＋名詞》《連結動詞＋**lively**》で覚えよう。

1464 □□ **liveliness** [láivlinəs]

名 活気，陽気，活発なこと

The old shopping mall lacks **liveliness**.
（古いショッピングモールは**活気**に欠けている）

☞《**liveliness** of＋名詞》で覚えよう。

1465 □□ **afterward** [ǽftərwərd]

副 後で，後ほど，以降

I'll attend the meeting and then go to the airport **afterward**.
（会議に出席して，**その後で**空港に向かいます）

☞《動詞＋**afterward**》で覚えよう。すでに述べた出来事や時に続けて「そのあとで～」と情報を加える。

1466 □□ **beforehand** [bifɔ́ːrhæ̀nd]

副 あらかじめ，前もって，事前に

We'd like to decide **beforehand** the training schedule for the year.
（**事前に**年間の研修スケジュールを決めたいと思います）

☞《動詞・形容詞＋**beforehand**》で覚えよう。in advance と同じ意味。

1467 □□ **cart** [kɑ́ːrt]

名 荷車，手押し車

You left a few items in your shopping **cart**, didn't you?
（ショッピング**カート**に商品を残したままではありませんか）

☞《**cart** of＋名詞》で覚えよう。

1468 □□ **carton** [kɑ́ːrtn]

名 ボール箱，箱の単位

Will you put all these parts in one **carton** for shipping?
（出荷用にこれらの部品をすべてひとつの**箱**に入れてもらえますか）

☞《**carton** of＋名詞》で覚えよう。

1469 □□ **cartridge** [kɑ́ːrtridʒ]

名 カートリッジ

What type of ink **cartridges** are good for this printer?
(このプリンターにはどのタイプのインク**カートリッジ**がよいですか)

《**cartridge** of＋名詞》で覚えよう。

1470 □□ **dimension** [diménʃən, dai-]

名 寸法，体(容)積，範囲，次元

I'll measure the exact **dimensions** of the room immediately.
(部屋の正確な**寸法**をすぐに測ります)

《**dimension** of＋名詞》《**dimension** to＋名詞》で覚えよう。

1471 □□ **diameter** [daiǽmətər]

動 直径，(レンズの) 倍率

Julio, please measure the **diameter** of the round meeting table.
(Julio，丸型会議机の**直径**を測ってください)

《**diameter** of＋名詞》で覚えよう。「半径」は radius という。 □ in **diameter**「直径で」。

1472 □□ **fiction** [fíkʃən]

名 フィクション，小説，虚構，仮説

Norah is a successful **fiction** writer.
(Norah は**フィクション**作家として成功している)

《**fiction** of＋名詞》《**fiction** about/on＋名詞》で覚えよう。

1473 □□ **essay** [ései]

名 小論文，レポート，感想文，エッセー

I read an interesting **essay** on copyright piracy.
(著作権侵害行為についてのおもしろい**評論**を読みました)

《**essay** of＋名詞》《**essay** on/about＋名詞》で覚えよう。

1474 □□ **underline** [ʌ̀ndərláin]

動 ～に下線を引く，～を強調する 名 アンダーライン，下線

I usually read reports while **underlining** important words and sentences.
(報告書はいつも重要な語や文に**下線を引き**ながら読みます)

《**underline**＋目的語［名詞］》，名詞は《**underline** of＋名詞》で覚えよう。

1475 □□ **steer** [stíər]

動 ～を操舵する，～を進める，進む，～を導く

Ms. Ono is determined to **steer** the company on a course for success.
(Ono さんは会社を成功の道へ**導いていく**と心に決めている)

《**steer**＋目的語［名詞］》《**steer** for/toward＋名詞》《**steer**＋目的語［名詞］＋toward/away from＋名詞》で覚えよう。 □ **steering** wheel「運転用ハンドル」

1476 □□ **glove** [glʌ́v]

名 手袋，グローブ

I left the other **glove** in the office. (**手袋**の一方をオフィスに忘れてしまった)

《**gloves** of＋名詞》で覚えよう。 □ protective **gloves**「保護手袋」

1477 □□ **rug** [rʌ́g]

名 敷物，じゅうたん，膝掛け

Would you please remove the **rugs** and clean the floor?
（**敷物**をどけて床を清掃していただけますか）

《**rug** of＋名詞》で覚えよう。 □ place a **rug**「ラグを敷く」

1478 □□ **fog** [fɔ́(ː)g]

名 霧，ほこり 動 ～をくもらせる，～を混乱させる

The north-bound train was delayed this morning due to thick **fog**.
（けさの北行きの列車は濃い**霧**のために遅れた）

《**fog** of＋名詞》，動詞は《**fog**＋目的語［名詞］》で覚えよう。

1479 □□ **tooth** [túːθ]

名 歯，好み

Having healthy **teeth** is important to live a more active, productive life.
（**歯**の健康を保つことは，いま以上に活動的で生産的な生活をするうえで大切だ）

《**tooth** of＋名詞》で覚えよう。 □ brush/clean *one's* **teeth**「歯を磨く」

1480 □□ **unique** [juːníːk]

形 唯一の，独特の，類のない

A **unique** feature of the new model is the lack of a ventilation fan.
（新機種の**類のない**特徴は換気用ファンがないことである）

《**unique**＋名詞》《連結動詞＋**unique**》《連結動詞＋**unique** to＋名詞》で覚えよう。比較級，最上級では使わない。

1481 □□ **fantastic** [fæntǽstik]

形 すばらしい，空想的な，気まぐれな，想像上の

Pete's Prints provides **fantastic** service for business stationery.
（Pete's Prints 社は業務用文具向けの**すばらしい**サービスを提供している）

《**fantastic**＋名詞》《連結動詞＋**fantastic**》《It is **fantastic**＋that 節》《It is **fantastic**＋to 不定詞》で覚えよう。

1482 □□ **farm** [fɑ́ːrm]

名 農場，農園，養殖場 動 ～を耕作する，～で農場を営む，～を養殖する

These oysters are sourced from a local **farm**.
(これらのカキは地元の**養殖場**から調達します)

《**farm** of＋名詞》，動詞は《**farm**＋目的語［名詞］》で覚えよう。農業，牧畜業，養殖業（動物，魚など）について使う。

1483 □□ **farming** [fɑ́ːrmiŋ]

名 農業，農場経営，養殖

New trade policies will have a big impact on the **farming** industry.
(新たな通商政策は**農業**産業に重大な影響をもたらすだろう)

《**farming** of＋名詞》で覚えよう。農業，牧畜業，養殖業（動物，魚など）について使う。

1484 □□ **farmer** [fɑ́ːrmər]

名 農場［養殖場］経営者，農場主

Mr. Walker's father is an organic **farmer**. (Walkerさんの父親は有機**農業家**です)

《**farmer** of＋名詞》で覚えよう。農業，牧畜業，養殖業（動物，魚など）について使う。

1485 □□ **vacuum** [vǽkjuəm]

動（～に）掃除機をかける 名 真空，空白

I **vacuum** my apartment every day in order to keep it nice and clean.
(私は毎日アパートに**掃除機をかけて**，きれいに保ちます)

《**vacuum**＋目的語［名詞］》，名詞は《**vacuum** in＋名詞》で覚えよう。

1486 □□ **mower** [móuər]

名 草刈り機，芝刈り機

My lawn **mower** needs to be repaired. (私の**芝刈り機**は修理する必要がある)

lawn **mower** で覚えよう。

1487 □□ **champion** [tʃǽmpiən]

動 ～を擁護する，～を提唱する 名 擁護者，提唱者，選手権優勝者

The charity has **championed** causes to raise funds for people in need.
(その慈善団体は困窮している人々のために募金をする運動を**提唱してきた**)

《**champion**＋目的語［名詞］》，名詞は《**champion** of＋名詞》で覚えよう。

1488 □□ **championship** [tʃǽmpiənʃip]

名 選手権，優勝者の地位，擁護

The university's football team finally won the national **championship**.
(その大学のフットボールチームはついに国内**選手権**大会で優勝した)

《**championship** of＋名詞》で覚えよう。

1489 □□ **portable** [pɔ́ːrtəbl]

形 携帯用の，持ち運びできる 名 携帯用器具

I'm looking for a **portable** table for camping.
(私はキャンプ用の**ポータブル**テーブルを探しています)

《**portable**＋名詞》《連結動詞＋**portable**》で覚えよう。

1490 □□ **mobile** [móubl]

形 可動性の，車で移動する，機動性のある，動き回れる，動きやすい，流動的な，移動性の

I set my **mobile** phone to silent mode before talking to the doctor.
（医師と話す前に**携帯**電話をマナーモードにした）

☞《**mobile**＋名詞》《連結動詞＋**mobile**》で覚えよう。

1491 □□ **purse** [pə́ːrs]

名 財布，ハンドバッグ，ポーチ

My spouse holds the **purse** strings and takes care of all the finances.
（配偶者が**財布**の紐をにぎっていて，家計のすべてを管理しています）

☞《**purse** of＋名詞》で覚えよう。 □ coin **purse**「小銭入れ」□ control/hold the **purse** strings「会計を一手に管理する」

1492 □□ **wallet** [wálət]

名 財布，小物入れ

Sorry, but I forgot to bring my **wallet**.
（すみませんが，**財布**を持ってくるのを忘れました）

☞《**wallet** of＋名詞》で覚えよう。紙幣，カード類を入れる携帯用具。

1493 □□ **café** [kǽfei, ‐ˊ]

名 カフェ，コーヒー

I usually have lunch at one of the nearby **cafés**.
（私は近所にある**カフェ**のひとつでいつも昼食を取ります）

☞《**café** in＋名詞》で覚えよう。

1494 □□ **cafeteria** [kæ̀fətíəriə]

名 カフェテリア，セルフサービス式の食堂

A robot makes salads at our corporate **cafeteria**.
（当社の社内**カフェテリア**ではロボットがサラダを作ります）

☞《**cafeteria** at＋名詞》で覚えよう。すでに調理されている料理を自分で選んでテーブルまで運ぶセルフサービス式のレストラン。

1495 □□ **snack** [snǽk]

名 軽食，夜食，間食，（少量の）食べ物，ひと口 動 軽食をとる

After the performance, **snacks** and drinks will be available in the lobby.
（公演のあとで，**軽食**と飲み物がロビーに用意されます）

☞《**snack** of＋名詞》，動詞は《**snack**＋副詞》覚えよう。 □ quick **snack**「ちょっとした軽食」

1496 □□ **elegant** [éləgənt]

形 上品な，優雅な，格調の高い

The presenter at the event wore an **elegant** suit.
（イベントの発表者は**品のよい**スーツを着ていた）

☞《**elegant**＋名詞》《連結動詞＋**elegant**》で覚えよう。

1497 □□ **gorgeous** [gɔ́ːrdʒəs]

形 豪華な，華美な，すてきな

I was blown away by the **gorgeous** views in the mountains.
(山々の**見事な**眺めに圧倒されました)

《**gorgeous**＋名詞》《連結動詞＋**gorgeous**》で覚えよう。

1498 □□ **grand** [grǽnd]

形 壮大な，見事な，威厳のある，すべての

A **grand** banquet is planned at the charity ball.
(慈善舞踏会では**盛大な**夕食会が予定されている)

《**grand**＋名詞》《連結動詞＋**grand**》で覚えよう。 □ **grand** total「総計」

1499 □□ **semester** [səméstər]

名 (2学期制の) 1学期，半学年

Our marketing chief teaches a **semester** at the business college.
(当社のマーケティング責任者はビジネスカレッジで**1学期**を教えている)

《**semester** of＋名詞》で覚えよう。the first and second **semesters** で覚えよう。

1500 □□ **term** [tə́ːrm]

名 期間，刑期，学期，用語，《terms で》関係 動 ～という名称をつける

The **terms** and conditions of the contract are as follows.
(契約の**条項**と条件は次のとおりです)

We signed a long-**term** contract with the manufacturing partner.
(当社はその製造パートナー企業と長**期**契約を結んだ)

Technical **terms** are highlighted in the following text.
(以下のテキスト中の専門**用語**は強調表示されている)

In **terms** of cost and efficiency, we chose this technology.
(コストと効率との**関係**から，当社はこの科学技術を選びました)

《**term** of＋名詞》《**term** for＋名詞》《in **terms** of＋名詞》，動詞は《**term**＋目的語［名詞］》で覚えよう。 □ in **terms** of ...「～に関して」 □ **terms** and conditions「条項と条件」

1501 □□ **terminal** [tə́ːrmənl]

名 終点，末端，端子 形 死に至る，最終的な，学期の

We have 50 network **terminals** in this room.
(この部屋には50台のネットワーク**端末**がある)

The workshop on **terminal** care starts at 1 P.M.
(**終末期**介護に関する研究会は午後1時に始まる)

《**terminal** of＋名詞》，形容詞は《**terminal**＋名詞》で覚えよう。

1502 □□ **outdoor** [áutdɔ̀ːr]

形 屋外の，屋外で行われる

We had an **outdoor** gathering at a local park.
(私たちは地元の公園で**屋外**パーティーをしました)

《**outdoor**＋名詞》で覚えよう。

1503 □□ **outdoors** [àutdɔ́ːrz]

副 屋外で，屋外へ

You can take these blankets **outdoors** for a sporting event.
（これらの毛布は競技会のときに**屋外に**持ち出せます）

☞《動詞・形容詞＋**outdoors**》で覚えよう。 □ eat **outdoors**「野外で食事をする」

1504 □□ **indoor** [índɔ̀ːr]

形 屋内の，屋内で行われる

Some **indoor** activities are also planned in case it rains.
（雨天の場合を考えて，**屋内**活動もいくつか計画されている）

☞《**indoor**＋名詞》で覚えよう。副詞 indoors との使い分けに注意。

1505 □□ **oven** [ʌ́vn]

名 オーブン，かまど，炉

Enjoy our homemade cookies and biscuits fresh from the **oven**!
（**オーブン**から届いたばかりの自家製のクッキーとビスケットをお楽しみください）

☞《**oven** of＋名詞》で覚えよう。 □ fresh from the **oven**「焼きたての」

1506 □□ **microwave** [máikrəwèiv]

名 電子レンジ，マイクロ波　動 ～を電子レンジで調理する

Why don't you use the **microwave** oven in the kitchen?
（台所の**電子レンジ**を使ってはどうですか）

Can you **microwave** it for 30 seconds?（30秒**チンして**くれますか）

☞《**microwave** in＋名詞》《**microwave** for＋名詞》，動詞は《**microwave**＋目的語［名詞］》で覚えよう。

1507 □□ **microscope** [máikrəskòup]

名 顕微鏡

Our laboratory installed new electronic **microscopes**.
（当社の研究所は新しい電子**顕微鏡**を導入した）

☞《**microscope** of＋名詞》《**microscope** for＋名詞》で覚えよう。 □ under/through a **microscope**「顕微鏡を通して」

1508 □□ **rehearse** [rihə́ːrs]

動 （～の）リハーサルをする，詳しく述べる

Jenny is busy **rehearsing** for her presentation.
（Jennyはプレゼンテーションのために**練習する**ことで忙しい）

☞《**rehearse**＋目的語［名詞］》《**rehearse** for＋名詞》で覚えよう。

1509 □□ **rehearsal** [rihə́ːrsəl]

名 リハーサル，予行演習，稽古

A dress **rehearsal** for the presentation is scheduled for tonight.
（プレゼンテーションのための衣装をつけての**稽古**は今夜の予定です）

☞《**rehearsal** of/for＋名詞》で覚えよう。 □ in **rehearsal**「稽古中で」

1510 □□ **journalism** [dʒə́ːrnəlìzm]

名 ジャーナリズム，新聞雑誌

In Room C, we will discuss the future of online **journalism**.
（C 室ではオンライン**ジャーナリズム**の未来について話し合います）

《**journalism** of＋名詞》で覚えよう。 □ investigative **journalism**「調査報道ジャーナリズム」

1511 □□ **journal** [dʒə́ːrnl]

名 日誌，日記

The intern is keeping a daily **journal** about her experiences in the office.
（その研修生はオフィスで経験したことについて日**誌**をつけている）

《**journal** of＋名詞》《**journal** about＋名詞》で覚えよう。

1512 □□ **journalist** [dʒə́ːrnəlist]

名 ジャーナリスト，報道記者

Ms. Li is a freelance **journalist** specializing in technology.
（Li さんはフリーランスの**ジャーナリスト**で，科学技術を専門にしている）

《**journalist** of＋名詞》《**journalist** in＋名詞》で覚えよう。

1513 □□ **media** [míːdiə]

名 マスメディア，マスコミ，記憶媒体

Major newspapers have benefited from the spread of digital **media**.
（大手の新聞社はデジタル**メディア**の普及を有利に活用している）

《**media** of＋名詞》で覚えよう。複数名詞。

1514 □□ **medium** [míːdiəm]

形 中等［中間］の，並みの　名 中間，中間物，手段，媒介物

Many small- and **medium**-sized companies responded to this survey.
（多くの小規模，**中**規模の企業がこの調査に回答した）

Radio is regaining popularity as an entertainment **medium**.
（ラジオは娯楽**メディア**として再び人気を得ている）

《**medium**＋名詞》《連結動詞＋**medium**》，名詞は《**medium** of＋名詞》《**medium** for＋名詞》で覚えよう。名詞の複数形は media。

1515 □□ **moist** [mɔ́ist]

形 湿った，湿気を含んだ，しっとりした，雨の多い，うるんだ

Clean the surface with a **moist** towel.
（**湿らせた**タオルで表面を拭いてください）

《**moist**＋名詞》《連結動詞＋**moist**》で覚えよう。

1516 □□ **moisten** [mɔ́isn]

動 ～を湿らせる，～を潤す，～をぬらす，湿る，じめじめする

That lotion is for **moistening** skin.
（そのローションは肌を**潤す**ためのものです）

《**moisten**＋目的語［名詞］》で覚えよう。

1517 □□ **allergy** [ǽlərdʒi]

㊔ アレルギー，過敏症

I have a shellfish **allergy**.
（私は甲殻類に**アレルギー**があります）

☞《**allergy** of＋名詞》《**allergy** to＋名詞》で覚えよう。

1518 □□ **allergic** [ələ́ːrdʒik]

㊎ アレルギー性の，アレルギーを引き起こす，（～が）大きらいで

Are you **allergic** to any kind of seafood?
（何か魚介類に**アレルギーはあり**ますか）

☞《**allergic**＋名詞》《連結動詞＋**allergic**》《連結動詞＋**allergic** to＋名詞》で覚えよう。

1519 □□ **memory** [méməri]

㊔ 記憶（力），思い出，記念，記憶装置

The upgraded software features enhanced **memory** management.
（そのソフトウェアのアップグレード版は高性能化した**メモリ**管理を特色にしている）

Could you refresh my **memory** about the agreement?
（その合意についてもう一度私の**記憶**を呼び起こしていただけますか）

☞《**memory** of＋名詞》《**memory** for＋名詞》で覚えよう。 □ in **memory** of ...「～をしのんで」

1520 □□ **memorize** [méməràiz]

㊍ ～を記憶する，～を暗記する

My brother is an actor, and I sometimes help him **memorize** lines.
（兄は俳優で，私はときどき彼がセリフを**覚える**のを手伝います）

☞《**memorize**＋目的語［名詞］》で覚えよう。

1521 □□ **philosophy** [fəlɑ́səfi]

㊔ 哲学，指針，信条，理念

The founder's **philosophy** has fostered the company's diverse culture.
（創業者の経営**哲学**が同社の多様な文化を育んできた）

☞《**philosophy** of＋名詞》《**philosophy** behind＋名詞》《**philosophy**＋that 節》で覚えよう。

1522 □□ **pause** [pɔ́ːz]

㊍ 立ち止まる，休む，～を一時停止する ㊔ 中止，休止，区切り

Let's **pause** for a moment here and have some coffee.
（ここで少しの間**休んで**コーヒーでも飲みましょう）

There was a long, uncomfortable **pause** in the discussion.
（議論には長く，居心地の悪い**中断**が生まれた）

☞《**pause** for＋名詞》《**pause**＋to 不定詞》《**pause**＋目的語［名詞］》，名詞は《**pause** of＋名詞》《**pause** for＋名詞》《**pause** in/between＋名詞》で覚えよう。

1523 □□ **dock** [dɑ́k]

㊔ 波止場，埠頭，ドック ㊍ ～をドックに入れる，～を接続する，停泊する

The items you ordered are on the loading **dock** now.
（ご注文の品は現在**配送現場**にございます）

☞《**dock** of＋名詞》，動詞は《**dock**＋目的語［名詞］》《**dock** *A* to/into/with *B*》《**dock** in/at＋名詞》で覚えよう。

1524 □□ **stripe** [stráip]

名 縞，ストライプ

A pin-**striped** suit was once considered traditional business wear.
（細い**縦縞の**スーツはかつては伝統的なビジネスウェアと考えられた）

☞《**stripe** of＋名詞》で覚えよう。 □ horizontal/vertical/diagonal **stripes**「横縞，縦縞，斜め縞」

1525 □□ **oval** [óuvl]

形 楕円形の，卵形の　名 楕円形，卵形

How about using an **oval** logo instead of a square design?
（四角いデザインではなく，**楕円形の**ロゴを使ってはどうでしょうか）

☞《**oval**＋名詞》《連結動詞＋**oval**》，名詞は《**oval** of＋名詞》で覚えよう。

1526 □□ **ambitious** [æmbíʃəs]

形 大望のある，野心的な

The company initiated an **ambitious** project last year.
（同社は昨年**野心的な**プロジェクトを始めた）

☞《**ambitious**＋名詞》《連結動詞＋**ambitious**》《連結動詞＋**ambitious** for＋名詞》《連結動詞＋**ambitious** ＋to 不定詞》で覚えよう。

1527 □□ **tropical** [trápikl]

形 熱帯（性）の

I stayed offline while enjoying a **tropical** vacation this summer.
（この夏に**熱帯地方での**休暇を楽しんでいたときはネットに接続しませんでした）

☞《**tropical**＋名詞》《連結動詞＋**tropical**》で覚えよう。

1528 □□ **casual** [kǽʒuəl]

形 思いつきの，何気ない，略式の

Our company has a **casual** business-wear policy.
（当社は勤務時に**カジュアルな**仕事着を認めている）

☞《**casual**＋名詞》《連結動詞＋**casual**》《連結動詞＋**casual** about＋名詞》で覚えよう。

1529 □□ **lazy** [léizi]

形 怠惰な，のろのろした，眠気を誘う，リラックスした

I spent a **lazy** Sunday afternoon at home today.
（きょうは家で**だらだらした**日曜日の午後を過ごしました）

☞《**lazy**＋名詞》《連結動詞＋**lazy**》で覚えよう。

1530 □□ **greatly** [gréitli]

副 大いに，ひじょうに，偉大に

I would **greatly** appreciate any suggestions or advice.
（提案や助言をいただけると，**たいへん**ありがたく思います）

☞《**greatly**＋動詞・形容詞》で覚えよう。 □ **greatly** appreciate ...「～にとても感謝している」

1531 □□ **technology** [teknálədʒi]

名 科学技術，工業技術，テクノロジー

Advanced medical **technology** offers a variety of options for treatment.
（先端医療**技術**は治療のさまざまな選択肢を提供している）

☞《**technology** of＋名詞》《**technology** for＋名詞》で覚えよう。

1532 □□ **technological** [tèknəládʒikl]

形 科学技術の，科学の発達による

Technological advancement brings us advantages and drawbacks.
（**科学技術の**進歩は私たちに利点と欠点をもたらす）

☞《**technological**＋名詞》《連結動詞＋**technological**》で覚えよう。

1533 □□ **technologically** [tèknəládʒikəli]

副 科学技術的に

Your idea sounds great, but would it be **technologically** feasible?
（あなたのアイデアはすばらしいそうですが，**科学技術的に**実行可能でしょうか）

☞《**technologically**＋動詞・形容詞》で覚えよう。 □ **technologically** feasible「技術的に可能な」

1534 □□ **technical** [téknikl]

形 専門的な，科学技術の，厳密な解釈による

The engineers are discussing the **technical** aspects of the new product.
（エンジニアたちは新製品の**技術的な**面について協議している）

☞《**technical**＋名詞》《連結動詞＋**technical**》で覚えよう。

1535 □□ **technician** [tekníʃn]

名 技術者，専門家

Fred is a **technician** servicing heating and ventilation systems.
（フレッドは保守**技術者**で，冷暖房と換気のシステムを調整する）

☞《**technician** of＋名詞》で覚えよう。 □ service **technician**「保守技術者」 □ laboratory **technician**「研究技師」

1536 □□ **technique** [tekní:k]

名 テクニック，技術，技法，手腕

New manufacturing **techniques** have been enhancing our productivity.
（新しい製造**技術**は当社の生産性を高めている）

☞《**technique** of/for＋名詞》《**technique** in＋名詞》で覚えよう。「専門的な技術」を指す。

1537 □□ **graph** [grǽf]

名 図式，図表，グラフ

I'll draw up a **graph** of quarterly profits and losses.
（私が四半期の利益と損失の**グラフ**を作成しましょう）

☞《**graph** of＋名詞》で覚えよう。

1538 □□ **graphic** [grǽfik]

名 図，画　形 図式による，生き生きとした

Jeremy showed his team a **graphic** that described what the client wanted.（Jeremy はその顧客の要望を伝える**図**をチームに示した）

☞《**graphic**＋名詞》《連結動詞＋**graphic**》で覚えよう。

1539 □□ **graphics** [grǽfiks]

名 製図法，グラフィクス，画像，図

Our designers are working on **graphics** for the new guidebook series.
（当社のデザイナーたちは新しいガイドブックシリーズ用の**画像**に取り組んでいる）

☞《**graphics** of＋名詞》で覚えよう。常に複数形。

1540 □□ **mathematics** [mæ̀θəmǽtiks]

名 数学（の運用），演算，計算

Keiko is suited to this task because she was a **mathematics** major.
（Keiko は**数学**を専攻したからこの課題に向いている）

☞《**mathematics** of＋名詞》《**mathematics** in＋名詞》で覚えよう。algebra（代数）／geometry（幾何学）／arithmetic（算数）など。

1541 □□ **mathematical** [mæ̀θəmǽtikl]

形 数学（上）の，数理的な，きわめて正確な

Don't worry, this job doesn't require **mathematical** skills.
（心配いりません，この仕事に**数学の**技能は不要です）

☞《**mathematical**＋名詞》《連結動詞＋**mathematical**》で覚えよう。

1542 □□ **arithmetic** [əríθmətìk; æ̀riθmétik]

名 算数，算術，計算能力　形 算数の，計算の

Kareem is good at mental **arithmetic**.
（Kareem はすばやく暗**算**ができる）

☞《**arithmetic** of＋名詞》で覚えよう。 □ mental **arithmetic**「暗算」。子どもの基礎学習項目として reading，writing，**arithmetic** を総称して the three R's という。

1543 □□ **tour** [túə*r*]

名 小旅行，巡業，視察旅行　動（～を）巡業する，（～を）遠征する

This **tour** package is extremely popular now.
（このパック**旅行**はきわめて人気が高い）

☞《**tour** of＋名詞》，動詞は《**tour**＋目的語［名詞］》で覚えよう。

1544 □□ **tourism** [túərìzm]

名 観光旅行，観光事業，観光客

Medical **tourism** offers travelers opportunities to receive medical treatment abroad.
（医療**ツーリズム**は旅行者に，海外で医療を受ける機会を提供する）

☞《**tourism** of＋名詞》《**tourism** in＋名詞》で覚えよう。 □ heritage **tourism**「文化遺跡観光旅行」

1545 □□ **tourist** [túərist]

名 観光旅行客

Let's skip crowded **tourist** attractions and check out the back streets.
（混雑した**観光客**用名所は飛ばして，裏通りを見ていきしょう）

☞《**tourist** of＋名詞》《**tourist** in＋名詞》で覚えよう。 □ **tourist** attraction「観光名所」

1546 □□ **cruise** [krú:z]

名 クルージング，周遊 動 巡航する，周遊する，歩き回る

Julia went on a Caribbean **cruise** last week.
（Julia は先週，カリブ海**遊覧航海**に出かけた）

☞《**cruise** of＋名詞》，動詞は《**cruise** from/to＋名詞》で覚えよう。

1547 □□ **antique** [æntí:k]

形 古くて価値のある，骨董の，時代遅れの

Keith Corp. imports **antique** furniture from Europe.
（Keith Corp. 社はヨーロッパから**古い**家具を輸入している）

☞《**antique**＋名詞》《連結動詞＋**antique**》で覚えよう。「古くて価値のある」という意味で使うことが多い。

1548 □□ **ancient** [éinʃənt]

形 古代の，太古からの，古色蒼然とした

This medicine is based on **ancient** wisdom.
（この薬は**古代からの**知恵に基づいている）

☞《**ancient**＋名詞》で覚えよう。

1549 □□ **modern** [mádərn]

形 現代の，近世の，近代の，最新の，モダンな 名 近代［現代］人，現代

I'll check out the latest exhibition at the Museum of **Modern** Art.
（**近代**美術館の最新の展覧会を確認します）

☞《**modern**＋名詞》《連結動詞＋**modern**》で覚えよう。

1550 □□ **thirst** [θə́:rst]

名 のどのかわき，渇望

Jean's **thirst** for knowledge made her a brilliant researcher.
（Jean の知識**欲**は彼女をすぐれた研究者にした）

☞《**thirst** for＋名詞》で覚えよう。

1551 □□ **thirsty** [θə́:rsti]

形 のどがかわいた，強く望んで，干上がった

I'm so **thirsty**; where can I buy bottled water?
（とても**のどがかわきました**；ボトル入り飲用水はどこで買えますか）

☞《**thirsty**＋名詞》《連結動詞＋**thirsty**》《連結動詞＋**thirsty** for＋名詞》で覚えよう。

1552 □□ **auction** [ɔ́:kʃən]

名 競売，オークション　動 ～をオークションにかける

▰ All proceeds from the **auction** will go to charity.
（その**オークション**の収益はすべて慈善活動に回されます）

▰ We **auctioned** off our office equipment before moving to a new building.
（当社は，新しいビルへ移転する前にオフィス用備品をすべて**オークションで売った**）

☞《**auction** of＋名詞》，動詞は《**auction**＋目的語［名詞］》で覚えよう。 □ at **auction**「競売で」 □ put ... up for **auction**「～を競売にかける」

1553 □□ **bid** [bíd]

名 入札，競売，努力　動 ～（の金額）を提示する，入札する

▰ Parson Co. is planning to make a **bid** within the week.
（Parson Co. 社は今週中に**入札**を行う予定である）

☞《**bid** of＋名詞》《**bid** for＋名詞》《**bid**＋to 不定詞》，動詞は《**bid**＋目的語［名詞］》《**bid** *A* for *B*》《**bid** for＋名詞》で覚えよう。

1554 □□ **cereal** [síəriəl]

名 穀類，穀物，シリアル

▰ The prices of rice, wheat and other **cereal** crops are rising.
（米，麦その他の**穀物**の価格が上がっている）

☞《**cereal** for＋名詞》で覚えよう。

1555 □□ **grain** [gréin]

名 粒，穀物，少量

▰ Irrigation contributes to larger **grain** production.
（灌漑が**穀物**生産の増加に寄与する）

☞《**grain** of＋名詞》で覚えよう。

1556 □□ **linen** [línən]

名 リネン，麻（糸），下着

▰ I'm thinking of starting a Belgian **linen** import business.
（ベルギー製**リネン**の輸入事業を始めることを考えています）

☞《**linen** of＋名詞》《**linen** for＋名詞》で覚えよう。 □ table **linen**「テーブルクロス類」

1557 □□ **pillow** [pílou]

名 枕

▰ I keep a **pillow** on the sofa for when I take a nap.
（私はソファの上に仮眠用に**枕**を置いています）

☞《**pillow** of＋名詞》《**pillow** for＋名詞》で覚えよう。 □ **pillow** fight「枕投げ」

1558 □□ **blanket** [blǽŋkit]

名 毛布　動 ～を覆う，～を包み隠す　形 包括的な，全面的な

▰ Towels and **blankets** help indoor cats feel secure.
（タオルと**毛布**は家猫を安心させるのに役立つ）

☞《**blanket** of＋名詞》，動詞は《**blanket**＋目的語［名詞］》《**blanket** *A* with/in *B*》，形容詞は《**blanket**＋名詞》で覚えよう。

1559 □□ **talent** [tǽlənt]

名 素質，才能（のある人）

The exhibition showcases the creator's exceptional **talent** in visual art.
（展覧会は，その作家のビジュアルアートの傑出した**才能**を展示している）

《**talent** of＋名詞》《**talent** for＋名詞》で覚えよう。

1560 □□ **talented** [tǽləntid]

形 才能のある，有能な

Dave is not only a computer genius but also a **talented** photographer.
（Dave はコンピュータの天才というだけでなく，**才能豊かな**写真家でもある）

《**talented**＋名詞》《連結動詞＋**talented**》で覚えよう。

1561 □□ **paperwork** [péipərwə̀ːrk]

名 書類業務，書類事務

We had to do a lot of **paperwork** before making an application.
（私たちは応募する前に多くの**書類仕事**をしなければならなかった）

《**paperwork** of＋名詞》《**paperwork** for＋名詞》で覚えよう。不可算名詞なので，複数形は使わない。

1562 □□ **labor** [léibər]

名 労働（者），苦しみ　動 努力する，働く

Extra **labor** costs will be needed for the next quarter.
（次四半期には追加の**人件費**が必要になるだろう）

《**labor** of＋名詞》，動詞は《**labor**＋to 不定詞》《**labor** for＋名詞》で覚えよう。

1563 □□ **sculpture** [skʌ́lptʃər]

名 彫刻（物），彫像，彫刻術

Numerous ancient **sculptures** are for sale in online marketplaces.
（数多くの古代**彫刻**がオンライン市場で販売されている）

《**sculpture** of＋名詞》《**sculpture** by＋人》で覚えよう。

1564 □□ **sculptor** [skʌ́lptər]

名 彫刻家

Our chief designer is also known as an experienced **sculptor**.
（当社の主任デザイナーは熟練の**彫刻家**としても知られている）

《**sculptor** of＋名詞》で覚えよう。　□ contemporary **sculptor**「現代彫刻家」

1565 □□ **statue** [stǽtʃuː]

名 彫像

The bronze **statue** commemorates the founder of the university.
（そのブロンズ**像**は大学の創始者を記念している）

《**statue** of＋名詞》で覚えよう。

1566 □□ **dental** [déntl]

形 歯の，歯科（用）の

Will my health insurance pay for **dental** work?
（私の健康保険は**歯科**治療費も支払ってくれますか）

《**dental**＋名詞》で覚えよう。

1567 □□ **dentist** [déntəst]

㊔ 歯科医

We should see a **dentist** twice a year.
(年に 2 回は**歯科医**の診療を受けるべきです)

《**dentist** at/in＋名詞》で覚えよう。 □ the **dentist**「歯科医院」

1568 □□ **clinic** [klínik]

㊔ 診療所，クリニック，実地講習会

Patterson Eye **Clinic** boasts state-of-the-art equipment.
(Patterson 眼科**クリニック**は最先端の機器がすばらしい)

《**clinic** of＋名詞》《**clinic** for＋名詞》で覚えよう。基本的に外来患者専用の医療施設。 □ attend/visit/go to a **clinic**「クリニックを受診する」

1569 □□ **clinical** [klínikl]

㊒ 臨床の，客観的な

We're waiting for the results of the **clinical** trials.
(私たちは**臨床**試験の結果を待っています)

《**clinical**＋名詞》《連結動詞＋**clinical**》で覚えよう。

1570 □□ **adore** [ədɔ́ːr]

㊍ ～を崇拝する，～を敬愛する

The mascot character is **adored** by the audience.
(そのマスコットキャラクターは視聴者から**愛されている**)

《**adore**＋目的語［名詞］》で覚えよう。

1571 □□ **bloom** [blúːm]

㊔ 花，満開 ㊍ 開花する

The cherry blossoms will be in **bloom** in a week or so.
(桜は一，二週間で**開花**するだろう)

《**bloom** of＋名詞》，動詞は《**bloom**＋副詞》で覚えよう。 □ in (full) **bloom**「咲いて，満開で」

1572 □□ **ferry** [féri]

㊍ フェリーで渡る，(～をフェリーで) 運ぶ ㊔ フェリーボート，連絡船，船着き場

The ship **ferries** tourists from place to place.
(その船は旅行者を場所から場所へと**運んでいく**)

《**ferry**＋目的語［名詞］》《**ferry** *A* from/to/across *B*》，名詞は《**ferry** of＋名詞》《**ferry** from/to/across＋名詞》で覚えよう。

1573 □□ **lane** [léin]

㊔ 車線，レーン，小道，路地

The driver changed **lanes** to take the shortcut.
(近道を行くためにドライバーは**車線**を変更した)

《**lane** of＋名詞》《**lane** from/to＋名詞》で覚えよう。 □ fast **lane**「追い越し車線」

1574 □□ **harmony** [háːrməni]

名 調和，一致，和音

The branding strategy is not in **harmony** with the corporate image.
（そのブランド戦略は企業イメージと**合致**していない）

☞《**harmony** with/between/among＋名詞》で覚えよう。 □ in **harmony** with ...「～に合って」

1575 □□ **kit** [kít]

名 キット，一式，セット

Emergency **kits** are on each floor.
（非常用**機材一式**は各階にあります）

☞《**kit** of＋名詞》《**kit** for＋名詞》で覚えよう。

1576 □□ **bulb** [bʌ́lb]

名 電球，球状の物

Please ask maintenance to replace these **bulbs** as soon as possible.
（保全課にできるだけ早くこれらの**電球**を取り替えてもらってください）

☞《**bulb** of＋名詞》で覚えよう。

1577 □□ **flavor** [fléivər]

動 ～に風味を添える，～に味付けする 名 風味，味

I like **flavoring** my meals with extra herbs and spices.
（私はハーブやスパイスを追加して食事に**風味を添える**のが好きです）

☞《**flavor**＋目的語［名詞］》，名詞は《**flavor** of＋名詞》で覚えよう。

1578 □□ **flour** [fláuər]

名 小麦粉，粉末 動 粉になる，～を製粉する

I have a mild **flour** allergy.
（私は軽い**小麦粉**アレルギーがあります）

☞《**flour** in＋名詞》で覚えよう。 □ stir **flour**「小麦粉をこねる」

1579 □□ **carpenter** [káːrpəntər]

名 大工

The president's desk was made by a master **carpenter**.
（社長の机は匠の技の**木工職人**によって作られた）

☞《**carpenter** of＋名詞》で覚えよう。

1580 □□ **intern** [íntəːrn]

名 インターン，見習い　動 インターンとして勤務する

The Evelyn was recruited as a summer **intern** by an advertising company.
（Evelyn は広告会社で夏期**研修生**として採用された）

《**intern** at/with/in＋名詞》《**intern** for＋名詞》，動詞は《**intern** at/with/in＋名詞》で覚えよう。

1581 □□ **internship** [íntəːrnʃip]

名 インターン生，実習期間

We will hold a seminar about our **internship** program.
（当社は**研修**プログラムについてのセミナーを開催します）

《**internship** at/with/in＋名詞》で覚えよう。

1582 □□ **tournament** [túərnəmənt, tɔ́ːr-]

名 トーナメント，競技会

The annual **tournament** is scheduled to open on May 10.
（毎年の**勝ち抜き戦**は 5 月 10 日に開幕が予定されている）

《**tournament** of＋名詞》で覚えよう。　□ hold a **tournament**「トーナメントを開催する」

1583 □□ **stadium** [stéidiəm]

名 競技場，スタジアム

The sports **stadium** is closed now for renovation.
（スポーツ**競技場**は現在，改修のために閉鎖されている）

《**stadium** in＋名詞》で覚えよう。　□ packed **stadium**「満員のスタジアム」

1584 □□ **auditorium** [ɔ̀ːditɔ́ːriəm]

名 講堂，公会堂，観客席

The inaugural address was given to a packed **auditorium**.
（就任演説は満員の**観客席**に向けて行われた）

《**auditorium** of＋名詞》で覚えよう。

1585 □□ **energy** [énərdʒi]

名 活力，精力，実行力，エネルギー

This building has solar panels so it can run on clean **energy**.
（このビルは太陽光パネルを持ち，クリーン**エネルギー**で稼働できる）

《**energy** of＋名詞》で覚えよう。

1586 □□ **energetic** [ènərdʒétik]

形 精力的な，活気に満ちた，エネルギッシュな

We are seeking **energetic** servers to work in our restaurant.
（私たちのレストランで働いてくれる**活力あふれる**給仕係を募集中です）

《**energetic**＋名詞》《連結動詞＋**energetic**》《連結動詞＋**energetic** in＋名詞》で覚えよう。

1587 ☐☐ **fashion** [fǽʃən]

名 流行，ファッション，流儀　動 ～を作り上げる

Off-white shirts seem to be a **fashion** in business attire.
（オフホワイトのシャツがビジネスウェアで**流行**しているようです）

☞《**fashion** of＋名詞》《**fashion** for＋名詞》で覚えよう。人気のあるものであれば衣服に限らないことに注意。 ☐ in **fashion**「流行して」☐ in a ... **fashion**「～な方法で」

1588 ☐☐ **fashionable** [fǽʃənəbl]

形 流行の，流行している，流行を追う

Daisy always wears **fashionable** accessories.
（Daisy はいつも**おしゃれな**アクセサリを身につけている）

☞《**fashionable**＋名詞》《連結動詞＋**fashionable**》《It is **fashionable**＋to 不定詞》で覚えよう。

1589 ☐☐ **leisure** [líːʒər, léʒə]

名 余暇，暇な時間，レジャー，娯楽

You can work on your personal research at your **leisure**.
（**空いた時間**があれば個人的な調査に取り組んでもかまいません）

☞《**leisure** of＋名詞》で覚えよう。 ☐ at **leisure**「時間のあるときに」

1590 ☐☐ **hobby** [hɑ́bi]

名 趣味，得意なこと

Creative arts such as painting would make a good **hobby**.
（絵画のような創造的な芸術はよい**趣味**になる）

☞《**hobby** of＋名詞》《**hobby** for＋名詞》で覚えよう。

1591 ☐☐ **lounge** [láundʒ]

名 ラウンジ，休憩室，ロビー，待合室　動 ぶらぶらする，ゆったり座る

I was expecting a client in the **lounge** when my phone beeped.
（**ラウンジ**で顧客を待っていたときに電話が鳴った）

☞《**lounge** of＋名詞》，動詞は《**lounge**＋副詞》で覚えよう。

1592 ☐☐ **lobby** [lɑ́bi]

名 ロビー，待合室　動（～に対して）陳情する，ロビー活動をする

Mr. Johnson is waiting for you in the **lobby**.
（Johnson さんが**ロビー**でお待ちです）

☞《**lobby** of＋名詞》，動詞は《**lobby** for/against＋名詞》《**lobby**＋人＋to 不定詞》で覚えよう。

1593 ☐☐ **atlas** [ǽtləs]

名 地図帳

Metro Museum has a big collection of world **atlases**.
（Metro 美術館は大きな世界**地図**コレクションを有している）

☞《**atlas** of＋名詞》で覚えよう。

1594 □□ **geographical** [dʒìːəgrǽfikl]

形 地理学の，地理的な

Soban Biolabs chose a prime **geographical** location for its new laboratory.
（Soban Biolabs 社は新しい研究所のために**地理的に**最高の場所を選んだ）

☞《**geographical**＋名詞》で覚えよう。

1595 □□ **recipe** [résəpi]

名 料理法，レシピ，コツ，方策

Will you share some **recipes** for Mexican food with us?
（メキシコ料理の**レシピ**をいくつか教えてもらえますか）

☞《**recipe** for＋名詞》で覚えよう。

1596 □□ **chef** [ʃéf]

名 シェフ，料理人

Celine was recently promoted to head **chef**.
（Celine は最近**コック**長に昇進した）

☞《**chef** of＋名詞》で覚えよう。

1597 □□ **size** [sáiz]

名 大きさ，寸法　動 ～を大きさに従って分ける，（寸法）に合わせて作る

Snow shovels that vary in **size** and shape are in stock.
（**サイズ**や形の異なる除雪シャベルを在庫しております）

☞《**size** of＋名詞》，動詞は《**size**＋目的語［名詞］》で覚えよう。

1598 □□ **sizable** [sáizəbl]

形 相当の大きさの，かなり（多く）の

A **sizable** portion of the company's revenue comes from overseas sales.
（同社の収益の**かなりの**部分が海外での販売から来ている）

☞《**sizable**＋名詞》《連結動詞＋**sizable**》で覚えよう。

1599 □□ **compact** [kəmpǽkt; kɔ́mpækt]

形 小型の，密集した　名 小型車，協定　動 ～をぎっしり詰める，～を圧縮する，盟約を結ぶ

Larry's **compact** style of writing makes his reports easy to read.
（Larry の**簡潔な**文のまとめ方は報告書を読みやすくしている）

☞《**compact**＋名詞》《連結動詞＋**compact**》，名詞は《**compact** of＋名詞》，動詞は《**compact**＋目的語［名詞］》で覚えよう。スペースを取らず機能的であることをいう。

1600 □□ **hearty** [hɑ́ːrti]

形 心のこもった，誠実な，元気な，豊富な，十分な量の

I can't wait for a **hearty** meal after a long day's work.
（長い一日の仕事を終えたら**たっぷりの**食事でお腹を満たしたい）

☞《**hearty**＋名詞》で覚えよう。

1601 □□ **theft** [θéft]

名 窃盗，盗み，盗塁

A credit card number is an easy target of identity **theft**.
（クレジットカード番号は簡単に個人情報**盗難**の被害を受ける）

☞《**theft** of＋名詞》《**theft** from＋名詞》で覚えよう。

1602 □□ **steal** [stíːl]

動 (～を) 盗む，(～を) うまく手に入れる 名 盗み，盗品，格安品

My favorite quote is “Good artists copy. Great artists **steal**.”
(私の好きな引用は「すぐれた芸術家はまねる。偉大な芸術家は**盗む**」というものです)

That vacation package is nothing but a **steal**.
(その休暇プランは**格安**と言うしかない)

☞《**steal**＋目的語［名詞］》《**steal** *A* from *B*》，名詞は《**steal** at＋名詞》で覚えよう。

1603 □□ **compute** [kəmpjúːt]

動 ～を計算［算定］する，～を見積もる

We analyze voter data to **compute** probabilities of election outcomes.
(私たちは投票者データを分析して選挙結果の確率を**計算します**)

☞《**compute**＋目的語［名詞］》で覚えよう。

1604 □□ **computerize** [kəmpjúːtəràiz]

動 ～をコンピュータで処理する，～をコンピュータ化する

This office is **computerized**, so we don’t need to adjust the thermostat.
(このオフィスは**コンピュータ化されて**いますから，自動温度調節器を調節する必要はありません)

☞《**computerize**＋目的語［名詞］》で覚えよう。

1605 □□ **township** [táunʃip]

名 (行政区画の) 郡区，タウンシップ

The environmental education curriculum was adopted in seven **township** schools.
(その環境教育カリキュラムは**郡区**学校 7 校で採用された)

☞《**township** of＋名詞》で覚えよう。county の下位区分に当たる。

1606 □□ **town-meeting** [tàunmíːtiŋ]

名 住民会議，タウンミーティング

The candidate is planning a series of **town-meetings** within the state.
(その候補者は州内で一連の**市民集会**を予定している)

☞《**town-meeting** of＋名詞》で覚えよう。 □ hold a **town-meeting**「対話集会を開く」

1607 □□ **sincere** [sinsíər, sən-]

形 誠実な，正直な，うそのない，言行一致の

The two leaders offered **sincere** greetings at their first meeting.
(指導者 2 人は初めての会談で**心からの**あいさつを交わした)

☞《**sincere**＋名詞》《連結動詞＋**sincere**》《連結動詞＋**sincere** in＋名詞》で覚えよう。

1608 □□ **sincerely** [sinsíərli, sən-]

副 心から，本当に

I **sincerely** hope that you recover fast and feel a lot better.
(あなたが早く回復して元気になることを**心から**望んでおります)

☞《**sincerely**＋動詞・形容詞》で覚えよう。 □ **sincerely** apologize「心から詫びる」

1609 □□ **chilly** [tʃíli]

形 ひんやりした，肌寒い

We expect **chilly** evenings for most of the Detroit area.
（デトロイトのほとんどの地域で夕方は**冷え込む**見込みです）

《**chilly**＋名詞》《連結動詞＋**chilly**》で覚えよう。

1610 □□ **icy** [áisi]

形 氷で覆われた，凍えるような，氷のように冷たい

Freezing rain is making the snowy, **icy** roads even more dangerous for motorists.（凍るような雨が，雪で**氷結した**道路をドライバーたちにとっていっそう危険なものにしている）

《**icy**＋名詞》《連結動詞＋**icy**》で覚えよう。

1611 □□ **grill** [gríl]

動 ～を網焼きにする，～を厳しく尋問する

These vegetables go well with spicy **grilled** meat.
（これらの野菜は香辛料をきかせて**直火で焼いた**肉によく合う）

The candidate was **grilled** about the details of the investigation.
（その候補者は調査の詳細について厳しく**問いただされた**）

《**grill**＋目的語［名詞］》《**grill**＋人＋about/on＋名詞》で覚えよう。

1612 □□ **fry** [frái]

動 ～をフライにする，～を油で揚げる，～を炒める　名《fries で》フライドポテト

Fry the meat and vegetables in olive oil.
（オリーブオイルで肉と野菜を**炒めて**ください）

《**fry**＋目的語［名詞］》，名詞は複数形 fries で覚えよう。

1613 □□ **nutrition** [njuːtríʃən]

名 栄養摂取，栄養（作用），栄養物，栄養学

I always read **nutrition** labels on food packages before I buy them.
（私はいつも，購入前に食品パッケージ上の**栄養成分**ラベルを読みます）

《**nutrition** of＋名詞》《**nutrition** in＋名詞》《**nutrition** for＋名詞》で覚えよう。

1614 □□ **nutritious** [njuːtríʃəs]

形 栄養になる，滋養分のある

Eating **nutritious** food could help increase your productivity.
（**栄養豊かな**食物を食べることは生産性の向上につながるかもしれません）

《**nutritious**＋名詞》《連結動詞＋**nutritious**》で覚えよう。

1615 □□ **nutritional** [njuːtríʃənl]

形 栄養上の，栄養学の

Meals served at our cafeteria have good **nutritional** balance.
（当社のカフェテリアで提供される食事は**栄養**バランスがとれている）

《**nutritional**＋名詞》《連結動詞＋**nutritional**》で覚えよう。

1616 □□ **tablet** [tǽblət]

(名) 錠剤，タブレット（型端末），銘板

I usually take six vitamin **tablets** a day.
（私はいつも一日 6 錠のビタミン**錠剤**を摂取します）

Over 50,000 **tablet** devices have been donated to schools in the city.
（市内の学校に対して**タブレット**端末 5 万台以上が寄付されている）

《**tablet** of＋名詞》《**tablet** for＋名詞》で覚えよう。 □ vitamin **tablet**「ビタミン剤」□ **tablet** device「タブレット端末」

1617 □□ **pill** [píl]

(名)（丸い）錠剤

My doctor advised me to take this **pill** to calm my nerves.
（私の医師は，この**錠剤**を服用して神経を落ち着かせるように助言してくれました）

《**pill** of＋名詞》《**pill** for＋名詞》で覚えよう。

1618 □□ **filter** [fíltər]

(動) フィルターを通る，～をフィルターにかける，～を選別する (名) フィルター，濾過器，こし器

With this option turned on, unsolicited emails will be automatically **filtered**.（このオプションを設定すれば，迷惑メールは自動的に**選別される**）

《**filter**＋目的語［名詞］》，名詞は《**filter** of＋名詞》で覚えよう。

1619 □□ **insert** [insə́ːrt]

(動) ～に差し込む，～を挿入する，（言葉）をはさむ

Several new paragraphs have been **inserted** into the original text.
（原文のテキストに新たに数パラグラフが**挿入されて**いる）

《**insert**＋目的語［名詞］》《**insert** *A* in/into/between *B*》で覚えよう。

1620 □□ **tan** [tǽn]

(動) 日焼けする，（皮膚）を日焼けさせる，（皮を）なめす (名) 日焼け (形) 黄褐色の，日焼けした

Tanning lotions are on sale now.
（**日焼け**用ローションが特売中です）

《**tan**＋目的語［名詞］》，名詞は《**tan** of＋名詞》，形容詞は《**tan**＋名詞》《連結動詞＋**tan**》で覚えよう。suntan ともいう。 □ get a **tan**「日焼けする」

1621 □□ **slot** [slɑ́t]

(名) 溝，細長く小さな穴，（組織や計画などの）位置，時間帯 (動) ～に穴をつける，～に溝をつける，～を割り込ませる

The talk show will be moved to a different time **slot** for the next season.
（そのトーク番組は来シーズンは別の時間**帯**に移動されるだろう）

《**slot** of＋名詞》，動詞は《**slot**＋目的語［名詞］》で覚えよう。 □ time **slot**「時間枠」

1622 □□ **index** [índeks]

(名) 索引，目録，指数 (動) 索引を作る，～を索引に載せる

Major stock market **indexes** are showing a sharp rise.
（主要株式**指数**は急激に伸びている）

《**index** of＋名詞》で覚えよう。複数形は indices も使う。 □ **growth** index「成長指標」□ **index** number of prices「物価指数」□ **index** of business indicators「景気指数」

1623 □□ **visa** [víːzə]

名 査証，ビザ

You can download a **visa** application from the embassy's Web site.
（**ビザ**申請書は大使館のホームページからダウンロードできます）

《**visa** of＋名詞》《**visa** for＋名詞》で覚えよう。

1624 □□ **suite** [swíːt]

名 組，そろい，スイートルーム，ひとそろいの家具，組曲，随行員

We'll book a family **suite** for our summer vacation this year.
（今年の夏の休暇には家族用**スイート**を予約します）

《**suite** of＋名詞》で覚えよう。

1625 □□ **sleeve** [slíːv]

名 袖，さや，ジャケット

I wear a long-**sleeve** shirt and pants when I work in my garden.
（庭仕事をするときは長**袖**のシャツとパンツを身に着けます）

《**sleeves** of＋名詞》で覚えよう。 □ in long/short **sleeves**「長袖／半袖で」

1626 □□ **vase** [véis, váːz]

名 壺，花瓶

The **vase** in the lobby was a gift from a client.
（ロビーにある**花瓶**は顧客から贈られたものです）

《**vase** of＋名詞》で覚えよう。

1627 □□ **exotic** [igzátik]

形 外来の，風変わりな，異国情緒のある

The CEO of Mind Vision Tech is collecting **exotic** cars.
（Mind Vision Tech 社の CEO は**外国**車を収集している）

《**exotic**＋名詞》《連結動詞＋**exotic**》で覚えよう。

1628 □□ **digital** [dídʒitl]

形 デジタルの，指先の

Digital subscribers have unlimited access to all our online articles.
（**電子版の**定期購読者は，当社オンライン記事のすべてに無制限にアクセスできます）

《**digital**＋名詞》《連結動詞＋**digital**》で覚えよう。 □ go **digital**「デジタル化される」

1629 □□ **questionnaire** [kwèstʃənéər]

名 アンケート，質問表

After the seminar, please respond to the **questionnaire** provided.
（セミナー後に，お配りした**アンケート**にお答えください）

☞《**questionnaire** of＋名詞》《**questionnaire** about/on/concerning/regarding＋名詞》で覚えよう。

1630 □□ **survey** [sə́ːrvei; sərvéi]

名 調査，測量，見渡すこと　動 ～を見渡す，～を調査する，～を査定する，～を測量する

According to the **survey**, our customers mostly like our new logo.
（**調査**によれば，顧客の大半は当社の新ロゴを好んでいる）

Some residents **surveyed** were against the new development regulations.
（**調査された**住民の一部は新たな開発規制に反対していた）

☞《**survey** of＋名詞》《**survey** on＋名詞》《**survey** into＋名詞》，動詞は《**survey**＋目的語［名詞］》で覚えよう。

1631 □□ **poll** [póul]

名 世論調査（結果），意識調査，人気投票

These opinion **poll** numbers show people's attitudes to work-life balance.
（これらの**世論調査**の数字は，人々のワークライフバランスに対する考えを示している）

☞《**poll** of＋名詞》《**poll** about/on＋名詞》で覚えよう。 □ opinion **poll**「世論調査」□ go to the **polls**「投票所に行く」□ pollster「世論調査機関」

1632 □□ **swap** [swɑ́p]

動 ～を交換する　名 交換

New regional managers will be here to **swap** information today.
（きょう新しい地域責任者たちがここに集まって，情報を**交換する**）

☞《**swap**＋目的語［名詞］（＋with＋人）》《**swap** *A* for/with *B*》，名詞は《**swap** of＋名詞》《**swap** with＋名詞》《**swap** between/among＋名詞》で覚えよう。

1633 □□ **exchange** [ikstʃéindʒ]

動 ～を交換する，～を両替する，～を交わす，交換する　名 交換，会話，為替

A receipt is needed in order to **exchange** a purchased item.
（購入した商品を**交換する**にはレシートが必要です）

Here are some tips on **exchanging** currencies when traveling.
（旅行時に**両替する**にはこんな情報が役立ちます）

☞《**exchange**＋目的語［名詞］》《**exchange** *A* for *B*》，名詞は《**exchange** of＋名詞》《**exchange** for＋名詞》《**exchange** about/over＋名詞》《**exchange** with/between/among＋名詞》で覚えよう。
□ in **exchange** for ...「～と引き換えに」

1634 □□ **switch** [swítʃ]

動 ～を交換する，スイッチを入れる［切る］，入れ替わる　名 スイッチ，（思いがけない）転換

I have no plans to **switch** career paths.
（キャリアの進路を**変える**計画はありません）

☞《**switch**＋目的語［名詞］》《**switch** *A* for *B*》《**switch** *A* from *B* to *C*》《**switch** *A* to *B*》《**switch**＋目的語［名詞］＋around》《**switch** to＋名詞》《**switch** from *A* to *B*》《**switch** between＋名詞》，名詞は《**switch** of＋名詞》《**switch** for＋名詞》《**switch** in＋名詞》《**switch** from/to＋名詞》で覚えよう。

1635 □□ **upgrade** [ʌ̀pgréid; -̀-́]

動 ～を高める，～を向上させる　名 アップグレード（版），性能向上，昇格

The online store regularly **upgrades** its system for customer satisfaction.
（そのオンラインストアは，顧客満足のために定期的にシステムを**アップグレードする**）

《**upgrade**＋目的語［名詞］》《**upgrade** *A* to *B*》《**upgrade** *A* with *B*》《**upgrade** from *A* to *B*》，名詞は《**upgrade** of＋名詞》《**upgrade** from *A* to *B*》で覚えよう。

1636 □□ **version** [vә́ːrʒәn]

名 バージョン，型，版，意見，見解，説明

I don't have much time, so just give me the short **version** of your story.
（時間がありませんので，**説明**は短くお願いします）

《**version** of＋名詞》で覚えよう。

1637 □□ **update** [ʌ̀pdéit; -̀-́]

動 ～を最新の状態にする　名 更新（すること），最新情報

I'll periodically **update** you on my progress.
（定期的に私の**最新の**進行**状況をお知らせします**）

《**update**＋目的語［名詞］》《**update**＋人＋on＋名詞》，名詞は《**update** of＋名詞》《**update** on/about/regarding＋名詞》《**update** to＋名詞》で覚えよう。

1638 □□ **download** [dàunlóud, -̀-́]

動 ～をダウンロードする，～をオンラインで取り込む　名 ダウンロードしたファイル

The updated report is on their Web site, so I'll **download** it to print.
（最新の報告書は彼らのウェブサイトにありますから，私が**ダウンロードして**印刷します）

《**download**＋目的語［名詞］》，名詞は《**download** of＋名詞》で覚えよう。

1639 □□ **online** [ánlàin]

形 オンラインの，ネットワーク経由の　副 オンラインで，ネットワーク経由で

I'm learning German via an **online** course.
（**オンライン**講座でドイツ語を学んでいます）

《**online**＋名詞》《連結動詞＋**online**》，副詞は《動詞・形容詞＋**online**》で覚えよう。反対語は offline。

1640 □□ **click** [klík]

動 物事がうまくいく，（～を）クリックする，～を鳴らす　名 カチッという音，クリック

To apply for a position, **click** on the link below.
（職に応募するには下記のリンクを**クリックして**ください）

《**click**＋目的語［名詞］》《**click** on＋名詞》，名詞は《**click** of＋名詞》で覚えよう。

1641 □□ **bug** [bʌ́g]

動 ～をイライラさせる　名 虫，昆虫，バグ

This problem has been **bugging** me all week.
（この問題は1週間ずっと私を**悩ませている**）

《**bug**＋人》，名詞は《**bug** of＋名詞》で覚えよう。「（部屋など）を盗聴する」という意味でもよく使うが TOEIC には登場しない。

1642 □□ **content** [kántent; kəntént]

名 中身，内容　形 満足している　動 ～を満足させる

Most Web sites contain multimedia **content** along with text.
(ほとんどのウェブサイトは文字情報とともにマルチメディア**コンテンツ**を含んでいる)

☞《**content(s)** of＋名詞》，形容詞は《連結動詞＋**content**》《連結動詞＋**content** with＋名詞》《連結動詞＋**content**＋that 節》《連結動詞＋**content**＋to 不定詞》，動詞は《**content**＋目的語［名詞］》《**content** *oneself* with＋名詞》で覚えよう。

1643 □□ **browse** [bráuz]

動 ざっと読む，（～を）見て回る　名 拾い読み，閲覧

Feel free to **browse** through our product catalog while you wait.
(お待ちになっている間に，当社の商品カタログにご自由に**目を通して**ください)

☞《**browse**＋目的語［名詞］》《**browse** through＋名詞》，名詞は《**browse** of＋名詞》で覚えよう。

1644 □□ **readership** [ríːdərʃip]

名 読者層，読者数

Our target **readership** is working mothers in urban areas.
(私たちが対象とする**読者層**は都市部に暮らす働く母親です)

☞《**readership** of＋名詞》で覚えよう。

1645 □□ **disk** [dísk]

名 円盤（状のもの），ディスク

All sales data is backed up on the external **disk**.
(すべての販売データは外部**ディスク**にバックアップされる)

☞《**disk** of＋名詞》で覚えよう。

1646 □□ **tenant** [ténənt]

名 賃借人，居住者

Tenant rights legally protect you in a lease contract.
(**借用**権は，賃貸契約においてあなたを法的に守ります)

☞《**tenant** of＋名詞》で覚えよう。landlord and **tenant** の組み合わせで覚えよう。

1647 □□ **landlord** [lǽn*d*lɔ̀ː*r*d]

名 大家，地主

I'm going to negotiate with my **landlord** for a discount.
(**大家**に割引を交渉してみます)

☞《**landlord** of＋名詞》で覚えよう。**landlord**/landlady の組み合わせで覚えよう。

1648 □□ **timetable** [táimtèibl]

名 時刻表

I'll check the **timetable** to see what time we should get a train.
(**時刻表**を見て，何時に列車に乗るべきかを調べます)

☞《**timetable** of＋名詞》《**timetable** for＋名詞》で覚えよう。

1649 □□ **timely** [táimli]

形 タイミングのよい，時期のよい

The client hopes to get a quote in a **timely** manner.
（顧客は見積もりを**速やか**に得たいと望んでいます）

☞《**timely**＋名詞》《連結動詞＋**timely**》で覚えよう。 □ in a **timely** manner/fashion「速やかに」

1650 □□ **space** [spéis]

名 空間，宇宙，空所，スペース，（特定の目的のための）場所

Our office has enough **space** to hire more staff.
（当社のオフィスは，スタッフを増員するのに十分な**スペース**がある）

☞《**space** of＋名詞》《**space** for＋名詞》《**space**＋to 不定詞》《**space** between＋名詞》で覚えよう。

1651 □□ **spacious** [spéiʃəs]

形 広々とした，広範な，包括的な

The revamped conference room is more **spacious** than before.
（改修された会議室は以前より**広々として**いる）

☞《**spacious**＋名詞》《連結動詞＋**spacious**》《連結動詞＋**spacious** enough＋to 不定詞》で覚えよう。

1652 □□ **spaciousness** [spéiʃəsnəs]

名 開放感，広さ

What I like about the new office is its **spaciousness**.
（新オフィスの好きなところは**広々としていること**です）

☞《**spaciousness** of＋名詞》で覚えよう。不可算名詞なので，複数形は使わない。

1653 □□ **cookery** [kúkəri]

名 料理法，料理術，調理室

The book on home **cookery** is a best-seller.
（その家庭**料理**の本はベストセラーです）

☞《**cookery** of＋名詞》で覚えよう。

1654 □□ **bistro** [bí:strou]

名 ビストロ，小居酒屋

I found a cozy French **bistro** near my office.
（オフィスの近くにしゃれた**ビストロ**を見つけました）

☞《**bistro** in＋名詞》で覚えよう。

1655 □□ **pastry** [péistri]

名 ペストリー

Our chain of **pastry** shops has been successful.
（当社の**ペストリー**ショップのチェーンは成功しております）

☞《**pastry** of＋名詞》《**pastry** with＋名詞》で覚えよう。 □ breakfast **pastry**「朝食用ペストリー」

1656 □□ **glassware** [glǽswèər]

名 ガラス製品

Windamere Glass is well known for its delicate **glassware**.
（Windamere Glass 社は繊細な**ガラス製品**でよく知られている）

☞《**glassware** of＋名詞》《**glassware** for＋名詞》で覚えよう。特にガラス製食器類を指すことが多い。

1657 □□ **footwear** [fútwèər]

名 履き物

If you take up jogging, make sure to buy quality running **footwear**.
（ジョギングを始めるなら，必ず良質なランニング**シューズ**を買いなさい）

《**footwear** of＋名詞》で覚えよう。 □ athletic **footwear**「スポーツ用履物」

1658 □□ **interoffice** [ìntərɑ́fəs]

形 （会社，組織の）各部門間の，社内の

Interoffice communication is generally done online.
（**オフィス間の**コミュニケーションは通常オンラインで行われる）

《**interoffice**＋名詞》で覚えよう。

1659 □□ **whiteboard** [hwáitbɔ̀ːrd]

名 ホワイトボード，白板

The manager displayed the sales results on the **whiteboard**.
（部長は販売結果を**ホワイトボード**上に示した）

《**whiteboard** in＋名詞》で覚えよう。 □ interactive **whiteboard**「双方向型ホワイトボード」

1660 □□ **letterhead** [létərhèd]

名 レターヘッド（のある便箋）

I'm collecting **letterhead** stationery available in the hotels I stay at.
（宿泊するホテルの**レターヘッド**付き便箋を集めています）

《**letterhead** of＋名詞》で覚えよう。 □ **letterhead** stationery「レターヘッド付き便箋」

1661 □□ **coupon** [kjúːpɑn]

名 優待券，割引券，回数券，クーポン券

I wonder if this 20-percent-off **coupon** is still valid.
（この 20 パーセント引きの**クーポン券**はまだ有効でしょうか）

《**coupon** of＋名詞》《**coupon** for＋名詞》で覚えよう。 □ **coupon** for a free drink「無料ドリンク券」
□ **coupon** ticket「クーポン券，回数券」

1662 □□ **blueprint** [blúːprìnt]

名 青写真，詳細な計画

Mr. Connor will draw up the **blueprints** for the new office.
（Connor さんが新しいオフィスの**青写真**をまとめる）

《**blueprint** for＋名詞》で覚えよう。

1663 □□ **plow** [pláu]

名 すき 動 （～を）耕作する，～に取り掛かる，～を骨折って進める

I'll go and buy a **plow** before planting seeds.
（種をまく前に**すき**を買ってきます）

《**plow** in＋名詞》，動詞は《**plow**＋目的語［名詞］》《**plow** through/up＋名詞》で覚えよう。

1664 □□ **cement** [səmént]

動 ～をセメントで固める，～を固く結びつける　名 セメント，絆

Both companies have **cemented** their alliance through mutual investment.
（両社は相互投資を通じて提携を**強固にしている**）

《**cement**＋目的語［名詞］》，名詞は《**cement** of＋名詞》で覚えよう。

1665 □□ **jog** [dʒág]

動 ジョギングする，～を突く，（記憶）を呼び起こす　名 ゆっくり走ること

I usually wake up at 5:00 and **jog** along the river bank.
（私はいつも 5 時に起きて，川の土手を**ジョギングする**）

I tried to **jog** my memory, but I couldn't recall the password.
（記憶を**呼び起こそう**としたが，そのパスワードを思い出せなかった）

《**jog**＋目的語［名詞］》，名詞は《go for a **jog**》で覚えよう。 □ go **jogging**「ジョギングに行く」

1666 □□ **gap** [gǽp]

名 すき間，とぎれ，隔たり，相違

There has been a widening age **gap** between teaching staff and students.
（教員と学生の間には年齢**差**が広がっている）

《**gap** in＋名詞》《**gap** between/among＋名詞》で覚えよう。

1667 □□ **banker** [bǽŋkər]

名 銀行家，銀行の役員

The average **banker's** bonus is more than triple the annual income of a regular household.
（平均的な**銀行家**のボーナスは一般世帯年収の 3 倍以上になる）

《**banker** of＋名詞》で覚えよう。

1668 □□ **salon** [səlán; sǽlən]

名 大広間，客間，サロン，社交的集会，（美容院などのしゃれた）店

Karlie opened her own beauty **salon** in March.
（Karlie は 3 月に自分の美容**サロン**を開いた）

《**salon** of＋名詞》で覚えよう。hair/hairdressing **salon**，beauty **salon**, nail **salon** など。

1669 □□ **bazaar** [bəzáːr]

名 バザー，バザール，市場

Felicity is making knit toys for the upcoming charity **bazaar**.
（Felicity はまもなくの慈善**バザー**のために毛糸のおもちゃを作っている）

《**bazaar** at＋名詞》で覚えよう。

1670 □□ **roadwork** [róudwə̀ːrk]

名 道路工事，長距離走

The ongoing wide-scale **roadworks** have caused traffic delays.
（進行中の大規模な**道路工事**が交通の遅れを引き起こしている）

《**roadwork** of＋名詞》《**roadwork** on＋名詞》で覚えよう。

1671 □□ **arc** [ɑ́:rk]

名 弧，弓形

The explorers traveled in an **arc** across the peninsula.
（探検者たちはその半島を**弧**を描くように横断して旅した）

☞《**arc** of＋名詞》で覚えよう。 □ in an **arc**「弧を描いて」

1672 □□ **flu** [flú:]

名 インフルエンザ

Ryu called in sick because he came down with the **flu**.
（Ryu は，**インフルエンザ**にかかってしまったので欠勤すると電話をしてきた）

☞《the **flu** from/to＋人》で覚えよう。influenza の短縮形。

1673 □□ **farewell** [fèərwél]

名 別れ（のあいさつ）

I bid **farewell** to my old office last week.
（私は先週，古いオフィスに**別れ**を告げた）

☞《**farewell** to＋名詞》で覚えよう。 □ in **farewell**「別れのあいさつとして」

1674 □□ **backpack** [bǽkpæ̀k]

名 バックパック

Shin designed many of Westward's utility **backpacks**.
（Shin は Westward 社の多目的**バックパック**の多くをデザインした）

☞《**backpack** of＋名詞》で覚えよう。rucksack も同じ。日本の「ランドセル」も **backpack**。

1675 □□ **hardworking** [hɑ̀:rdwə́(:)rkiŋ]

形 よく働く，勤勉な

We're lucky to have such **hardworking** individuals on the team.
（**一生懸命に働く**人たちがこれほどチームにいて，私たちは幸運です）

☞《**hardworking**＋名詞》《連結動詞＋**hardworking**》で覚えよう。

1676 □□ **foremost** [fɔ́:rmòust]

形 いちばん先の，最初の 副 まず第一に

Ms. Morgan is one of the **foremost** experts in AR technology.
（Morgan さんは仮想現実技術の**第一**人者のひとりだ）

☞《**foremost**＋名詞》《連結動詞＋**foremost**》で覚えよう。 □ first and **foremost**「何よりもまず」

1677 □□ **midway** [mìdwéi, ‐́‐̀]

形 中途の，中ほどの 副 中途に，中ほどに

At the **midway** point, Bob Mitchell is leading the presidential race.
（**中間点**では Bob Mitchell さんが次期社長の筆頭候補です）

☞《**midway**＋名詞》，副詞は《**midway** between＋名詞》《**midway** through＋名詞》で覚えよう。

Score
Level 600

スコアレベル
600

GROUP 35

1678 - 1726

1678 □□ **guess** [gés]

動 (～を) 推測する，(～を) 解き当てる 名 推測

▶ Can we **guess** how much profit will grow next quarter?
(次四半期に利益がどれだけ増加するか**推測する**のは可能ですか)

☞《**guess**＋目的語［名詞］》《**guess**＋that/wh-/how 節》《It is **guessed**＋that 節》《**guess**＋if/whether 節》《**guess** at＋名詞》《**guess** from＋名詞》，名詞は《**guess** about/at/as to＋名詞》《**guess**＋that 節》で覚えよう。 □ I **guess** so/not.「そう思います，そうは思いません」

1679 □□ **suppose** [səpóuz]

動 ～と思う，～と考える，～と仮定する，《*be* supposed to *do* で》～することになっている

▶ We're **supposed** to meet Ms. Spade at the airport this afternoon.
(きょうの午後，Spade さんを空港に迎えにいく**ことになっています**)

▶ I **supposed** that preparation for the event was underway.
(イベントの準備は進行中だと**思いました**)

☞《**suppose**＋that 節》《It is **supposed**＋that 節》《**suppose**＋目的語［名詞］＋(to be) 名詞・形容詞》《*be* **supposed**＋to 不定詞》で覚えよう。

1680 □□ **president** [prézidənt]

名 大統領，学長，社長，委員長，総裁

▶ The new **president** will facilitate the company's reorganization.
(新**社長**は会社の再建を促進するだろう)

☞《**president** of＋名詞》で覚えよう。

1681 □□ **presidential** [prèzidénʃl]

形 大統領の，社長の，大統領にふさわしい

▶ A second round of the **presidential** debate is scheduled for this week.
(第 2 回**大統領**候補者討論会は今週に予定されている)

☞《**presidential**＋名詞》で覚えよう。

1682 □□ **minister** [mínəstər]

名 大臣，公使，外交使節，聖職者，牧師

▶ Ms. Biles will interview the finance **minister** for her article.
(Biles さんは記事にするために財務**大臣**をインタビューする)

☞《**minister** of＋名詞》《**minister** for＋名詞》で覚えよう。

1683 □□ **mind** [máind]

動 ～に注意する，～に用心する，～に気をつける，～を気にする 名 心，精神，知性，正気，記憶

▶ Don't **mind** me; I'll wait here until you're ready.
(私のことは**気にしない**で；あなたの用意ができるまでここで待ちます)

▶ Would you **mind** passing out the handouts?
(配布資料を配っていただいて**よろしい**ですか)

▶ I'd like to know what's on your **mind**.
(あなたが**心**の中で何を思っているのか知りたい)

☞《**mind**＋目的語［名詞］》《**mind**＋動名詞》《**mind**＋人＋動名詞》《**mind**＋that/wh-/how 節》《**mind**＋if/whether 節》，名詞は《**mind** of＋名詞》で覚えよう。

1684 □□ **mindful** [máindfl]

形 (〜を) 心にとめて，忘れないで，注意して

▶ It's not easy to stay **mindful** of your spending habits, is it?
(自分の消費習慣に**注意を保つ**ことは簡単ではありませんよね)

☞《**mindful**＋名詞》《連結動詞＋**mindful** of/about＋名詞》《連結動詞＋**mindful**＋that 節》で覚えよう。

1685 □□ **different** [dífərənt]

形 異なる，違って，さまざまな，区別された

▶ What do you think about entering a **different** field of business?
(**異なる**事業分野に参入することをどう思いますか)

☞《**different**＋名詞》《連結動詞＋**different**》《連結動詞＋**different** from/than＋名詞》で覚えよう。

1686 □□ **difference** [dífərəns]

名 相違 (点)，差，不一致，区別

▶ The main **difference** between the two laptops is the CPU performance.
(その 2 台のラップトップ機の主な**違い**は CPU の性能です)

☞《**difference** of＋名詞》《**difference** between/among＋名詞》《**difference** from＋名詞》《**difference** in＋名詞》《**difference** with＋名詞》《**difference**＋that 節》で覚えよう。 □ make a **difference**「違いをもたらす」 □ make no **difference**「違いをもたらさない」

1687 □□ **differently** [dífərəntli]

副 異なって，違って，別に

▶ Survey respondents have reacted **differently** to this new design.
(調査への回答者はこの新デザインに**異なる**反応を示した)

☞《動詞・形容詞＋**differently**》で覚えよう。 □ think **differently** about ...「〜について異なる考え方をする」

1688 □□ **differ** [dífər]

動 異なる，一致しない，合わない

▶ The new version **differs** from the old one in many key functions.
(新バージョンは多くの主要機能の点で旧バージョンと**異なる**)

☞《**differ** from＋名詞》《**differ** between/among＋名詞》《**differ** with＋人》《**differ** in＋名詞》《**differ** about/on/over＋名詞》で覚えよう。 □ I beg to **differ**.「同意できません」

1689 □□ **differentiate** [dìfərénʃièit]

動 違いが出てくる，〜を識別する，〜を差別化する

▶ This news site seems unable to **differentiate** fact from fiction.
(このニュースサイトは事実と創作を**識別する**ことができないようだ)

☞《**differentiate**＋目的語 [名詞]》《**differentiate** *A* from *B*》《**differentiate** between/among＋名詞》で覚えよう。

1690 □□ **state** [stéit]

動 〜を述べる，〜を明言する 名 状態，事態，国家，国，州 形 国家の，州立の，儀式用の

▶ The contract **states** that it is valid for three years.
(その契約は，有効期間は 3 年であると**述べている**)

▶ In our current financial **state** we can't afford to hire more employees.
(現在の財務**状況**では，これ以上人を雇う余裕はない)

☞《**state**＋目的語 [名詞]》《**state**＋that 節》《It is **stated**＋that 節》，名詞は《**state** of＋名詞》で覚えよう。

1691 □□ **statement** [stéitmənt]

名 述べること，陳述書，声明，発言，計算書，明細書，貸借表

The company hasn't issued a **statement** yet about the decision.
（同社はその決定についてまだ**声明**を発表していない）

I'd better check my credit card **statement** before buying this.
（これを買う前にクレジットカードの**明細書**を確認しておきます）

《**statement** of＋名詞》《**statement** about/on＋名詞》《**statement**＋that 節》で覚えよう。

1692 □□ **restatement** [riːstéitmənt]

名 再陳述，言い換え

The report is concluded with a concise **restatement** of the central theme.
（報告書は中心的なテーマを簡潔に**言い換えて**しめくくられている）

《**restatement** of＋名詞》で覚えよう。

1693 □□ **paraphrase** [pǽrəfrèiz]

動 ～を別の言葉で言い換える，～を意訳する　名 言い換え，置き換え

Paraphrasing sentences and paragraphs helps to understand the meaning.（文や段落を**言い換える**ことは意味を理解するうえで役立つ）

《**paraphrase**＋目的語［名詞］》，名詞は《**paraphrase** of＋名詞》で覚えよう。

1694 □□ **book** [búk]

動 ～を予約する，～を（帳簿に）記載する　名 本，帳簿

I'd like to **book** a hotel that is close to the conference venue.
（会議の会場に近いホテルを**予約し**たいのです）

《**book**＋目的語［名詞］》，名詞は《**book** of＋名詞》《**book** about/on＋名詞》で覚えよう。
□ *be* **booked** up「予約が埋まっている」□ *be* fully **booked**「予約が埋まっている」

1695 □□ **bookkeeping** [búkkìːpiŋ]

名 簿記

Alison is in charge of **bookkeeping** at this company.
（Alison はこの会社で**簿記**を担当している）

《**bookkeeping** of＋名詞》で覚えよう。　□ do the **bookkeeping**「財務を記録する」

1696 □□ **bookshelf** [búkʃèlf]

名 本棚，書棚

Nathaniel's **bookshelf** is full of medical textbooks.
（Nathaniel の**本棚**は医学の教科書がぎっしり並んでいる）

《**bookshelf** of＋名詞》で覚えよう。

1697 □□ **reason** [ríːzn]

名 理由，根拠　動 理論的に考える，～を論じる，～を推論する

This is the **reason** why I consulted a lawyer.
（私が弁護士に相談した**理由**はこれです）

《**reason** of＋名詞》《**reason** for＋名詞》《**reason** behind＋名詞》《**reason** against＋名詞》《**reason**＋why 節》《**reason**＋that 節》《**reason**＋to 不定詞》《**reason** for＋動名詞》，動詞は《**reason**＋目的語［名詞］》《**reason**＋that 節》で覚えよう。　□ for the **reason** of ...「～が理由で」□ by **reason** of ...「～なので」□ with **reason**「それなりの理由があって」□ for some **reason**「どういうわけか」□ without **reason**「理由もなく」□ have every **reason** to *do*「当然の理由があって～する」

1698 □□ **reasonable** [ríːznəbl]

形 合理的な，妥当な，筋の通った，正当な，手ごろな

The only **reasonable** conclusion is that it was our mistake.
（唯一の**筋の通る**結論は，それが私たちの間違いだったということです）

The food was excellent, and the price was **reasonable**.
（食事はすばらしかったし，値段は**手ごろ**でした）

☞《**reasonable**＋名詞》《連結動詞＋**reasonable**》《It is **reasonable**＋that 節》《It is **reasonable**＋to 不定詞》で覚えよう。

1699 □□ **reasonably** [ríːznəbli]

副 道理にかなって，分別をわきまえて

We found a vendor that supplies more **reasonably** priced parts.
（もっと**手ごろな**価格の部品を供給してくれる販売業者を見つけました）

☞《**reasonably**＋動詞・形容詞》で覚えよう。 □ **reasonably** reliable「かなり信頼できる」

1700 □□ **job** [dʒáb]

名 仕事，職業，業務

Lisa landed an editing **job** at the online magazine.
（Lisa はそのオンラインマガジンの編集**職**を得た）

☞《**job** of＋名詞》《**job** with＋名詞》《**job** in＋名詞》《**job** at＋名詞》《**job** as＋名詞》《**job**＋to 不定詞》で覚えよう。 □ on the **job**「就業中に」

1701 □□ **land** [lǽnd]

動 ～に上陸する，～に到着する，～を獲得する 名 土地

With an MBA, George **landed** the job he had hoped for.
（MBA を所持しているので，George は希望していた仕事に**就いた**）

We purchased the **land** to build a new factory there.
（当社は新工場を建設するためにその**土地**を購入しました）

☞《**land**＋目的語［名詞］》《**land** on/in/under＋名詞》，名詞は《**land** of＋名詞》で覚えよう。 □ **land** in difficulties「困った状況に陥る」□ **land** in last place「最下位になる」□ by **land**「陸路で」□ work/farm the **land**「農業を営む」

1702 □□ **probable** [prábəbl]

形 起こりそうな，ありそうな，もっともらしい

The **probable** cause of the leak is small holes in the water main.
（水漏れの**確からしい**原因は水道本管の小さな穴です）

☞《**probable**＋名詞》《連結動詞＋**probable**》《It is **probable**＋that 節》で覚えよう。

1703 □□ **probably** [prábəbli]

副 おそらく，高い確率で

It will **probably** rain tomorrow, so let's move these boxes inside.
（あすは**高い確率で**雨が降るでしょうから，これらの箱を中に入れましょう）

☞《**probably**＋動詞・形容詞》で覚えよう。副詞として文全体を修飾する働きもある。確実ではないが高い確率であることを示す。

1704 □□ **probability** [pràbəbíləti]

名 可能性，見込み，確率

There's a high **probability** that we'll be in the black this year.
（当社は今年は黒字化する**確率**が高い）

☞《**probability** of/for＋名詞》《**probability** of＋動名詞》《**probability**＋that 節》《**probability**＋to 不定詞》で覚えよう。

1705 □□ **care** [kéər]

名 心配，配慮，世話 動 気にかける，大切だと思う

These boxes are heavy, so take **care** when moving them.
（これらの箱は重いですから，動かすときは**注意**してください）

Another medical **care** facility is planned in the area.
（この地域にはもうひとつの医療**ケア**施設が計画されている）

I don't really **care** whether or not the event will be postponed.
（そのイベントが延期されるかどうかにそれほど**興味はあり**ません）

Would you **care** for a piece of advice?
（ひとつ助言したいと思いますが，**興味はあり**ますか）

☞《**care** of＋名詞》《take **care** of＋名詞》《take **care**＋that 節》《take **care**＋動名詞》《take **care**＋to 不定詞》，動詞は《**care** about＋名詞》《**care** for＋名詞》《**care**＋wh-/how 節》《**care**＋if/whether 節》《**care**＋to 不定詞》で覚えよう。 □ (in) **care** of ...「～様気付」(＝℅)， □ with/without **care**「慎重に，雑に」

1706 □□ **careful** [kéərfl]

形 注意深い，入念な，気にかける

We cannot be too **careful** when it comes to reviewing contracts.
（契約の見直しについては**慎重に**しすぎることはない）

☞《**careful**＋名詞》《連結動詞＋**careful**》《連結動詞＋**careful** about/with/of＋名詞》《連結動詞＋**careful**＋that/wh-/how 節》《連結動詞＋**careful**＋to 不定詞》で覚えよう。

1707 □□ **carefully** [kéərfəli]

副 注意深く，慎重に

We are **carefully** reviewing the contract clause by clause.
（当社はその契約の条項をひとつずつ**慎重に**見直しています）

☞《**carefully**＋動詞》で覚えよう。 □ **carefully** examine ...「～を精査する」

1708 □□ **careless** [kéərləs]

形 不注意な，軽率な

The accident was caused by a **careless** error.
（その事故は**不注意な**ミスによって引き起こされた）

☞《**careless**＋名詞》《連結動詞＋**careless**》《連結動詞＋**careless** about/with/of＋名詞》《連結動詞＋**careless**＋to 不定詞》《It is **careless** of＋人＋to 不定詞》で覚えよう。

1709 □□ **beware** [biwéər]

動《beware of ... で》～に気をつける，～に用心する，～を警戒する

Beware of computer viruses when opening email attachment files.
（電子メールの添付ファイルを開けるときはコンピュータウイルスに**注意し**なさい）

☞《**beware** of＋名詞》で覚えよう。

1710 □□ **force** [fɔ́ːrs]

動 ～に強制する，～に無理に…させる，～を強要する 名 力，強さ

- Mr. Dalton never tries to **force** his views on others.
  (Dalton さんは自分の考えを**押し付ける**ような人ではない)
- I used my full **force** to open the stuck door.
  (私はつかえたドアを**力**いっぱいに押し開けた)

☞《**force**＋目的語［名詞］》《**force**＋目的語［名詞］＋to 不定詞》《**force**＋目的語［名詞］＋into＋名詞》，名詞は《**force** of＋名詞》で覚えよう。 □ by **force**「力づくで」 □ **force** majeure「不可抗力」

1711 □□ **enforce** [infɔ́ːrs]

動 ～を実施する，～を施行する，～に強制する，～を強く主張する

- The managers are responsible for **enforcing** the company rules.
  (管理者は会社規則を**執行する**責任がある)

☞《**enforce**＋目的語［名詞］(＋on＋人)》で覚えよう。 □ **enforce** a contract「契約を履行する」 □ **enforce** a good relationship「良好な関係を強化する」

1712 □□ **compel** [kəmpél]

動 ～に強いる，～に強要する，～を駆り立てる

- I don't know why, but I felt **compelled** to take immediate action.
  (なぜかわかりませんが，私はすぐに行動**しなければならない**と感じました)

☞《**compel**＋目的語［名詞］》《**compel**＋目的語［名詞］＋to 不定詞》《*be* **compelled**＋to 不定詞》で覚えよう。

1713 □□ **impose** [impóuz]

動 ～に無理強いする，～を課す，～を負わす

- The government will **impose** higher taxes on imported goods.
  (政府は輸入品に対してより高額に**課税する**だろう)

☞《**impose**＋目的語［名詞］》《**impose** *A* on *B*》で覚えよう。

1714 □□ **mandatory** [mǽndətɔ̀ːri]

形 義務的な，強制の，必須の，命令の，委任された

- The **mandatory** training for new recruits starts at 9 A.M. tomorrow.
  (**全員参加による**新入社員研修はあすの午前 9 時から始まります)

☞《**mandatory**＋名詞》《連結動詞＋**mandatory**》《連結動詞＋**mandatory** for＋名詞》《It is **mandatory**＋that 節》《It is **mandatory**＋to 不定詞》で覚えよう。

1715 □□ **order** [ɔ́ːrdər]

動 (～を) 注文する，～を命令する，～を整える 名 命令，注文，順番，整頓，秩序

- Can I **order** a pizza for delivery? (ピザを宅配で**注文でき**ますか)
- How can I place an **order** for personalized stationery?
  (カスタマイズした文房具はどのようにすれば**注文**できますか)

☞《**order**＋目的語［名詞］(＋from＋名詞)》《**order**＋人＋to 不定詞》《**order**＋that 節》，名詞は《**order** of＋名詞》《**order** for＋名詞》《**order**＋that 節》《**order**＋to 不定詞》で覚えよう。 □ in **order** to *do*「～するために」 □ in **order** for someone to *do*「…が～するために」 □ in **order** that ...「～であるようにするために」 □ in **order**「問題なく，順序正しく」 □ out of **order**「問題があって，故障して，順序を問わず」 □ on **order**「注文中で」 □ in good **order**「よい状態で」

1716 □□ **orderly** [ɔ́ːrdərli]

形 整頓された，秩序ある，規則に従った

We left the building in an **orderly** manner when the fire alarm went off.
（火災報知器がなり，私たちは**整然と**ビルを離れた）

《**orderly**＋名詞》《連結動詞＋**orderly**》で覚えよう。

1717 □□ **disorder** [disɔ́ːrdər, diz-]

名 無秩序，混乱，不調

We are responding to the **disorder** caused by the new policy.
（新しい方針によって引き起こされた**混乱**に対応しているところです）

《**disorder** of＋名詞》で覚えよう。 □ in **disorder**「混乱して，不調で」

1718 □□ **command** [kəmǽnd]

動 ～を命令する，～を指揮する，～を自由に操る 名 命令，指揮，自由に操る能力

Betty always **commands** attention as soon as she enters a room.
（Betty はいつも部屋に入るとすぐに注目を**集める**）

《**command**＋目的語[名詞]》《**command**＋that 節》《**command**＋人＋to 不定詞》，名詞は《**command** of＋名詞》《**command**＋that 節》《**command**＋to 不定詞》で覚えよう。 □ at *someone's* **command**「～の命令で」 □ in **command** of ...「～を統括して」 □ take **command** of ...「～を統括する」 □ **command** of ...「～の知識」

1719 □□ **deal** [díːl]

動《deal with ... で》扱う，対応する，《deal in ... で》販売する 名 協定，取り決め，取引，掘り出し物

I had to stay late to **deal** with a computer problem.
（コンピュータの問題に**対処する**ために遅くまで残らなければならなかった）

The cottage we rented for the vacation was a good **deal**.
（私たちが休暇用に借りた山小屋は**掘り出し物**でした）

《**deal** with＋名詞》《**deal** in＋名詞》，名詞は《**deal** of＋名詞》《**deal** with/between/among＋名詞》《**deal** over/on＋名詞》《**deal** from＋名詞》《**deal**＋to 不定詞》で覚えよう。 □ a great/good **deal** of ...「多くの～」 □ under the **deal**「契約により」 □ It's a **deal**.「いいですよ，商談成立です」

1720 □□ **dealer** [díːlər]

名 販売業者，ディーラー

My brother is an automotive **dealer** in Chicago.
（兄はシカゴで自動車の**販売業者**をしています）

《**dealer** of＋名詞》《**dealer** in＋名詞》で覚えよう。

1721 □□ **dealership** [díːlərʃip]

名 販売権，取り扱い店，特約店

A local car **dealership** allowed me to test drive several of its cars.
（地元の**自動車販売店**はいくつかの車を試乗させてくれた）

《**dealership** of＋名詞》で覚えよう。

1722 □□ **reach** [ríːtʃ]

動 手を伸ばす，～に到着する，～に達する，～に届く　名 (力が) 及ぶ範囲

We'll be sure to **reach** our sales goal this month.
(今月は確実に販売目標に**到達する**はずです)

In this nation, high-quality education is within everyone's **reach**.
(この国では良質の教育がだれの手にも**届く範囲**内にあります)

《**reach**＋目的語 [名詞]》《**reach** for＋名詞》《**reach** into＋名詞》，名詞は《**reach** of＋名詞》で覚えよう。「(目的地に) 到着する，着く」という意味では一般的に arrive at .../get to ... を用いる。
□ beyond/out of **reach**「手が届かずに」 □ within **reach**「手が届いて」

1723 □□ **page** [péidʒ]

動 ～に番号を振る，～を呼び出す　名 ページ，一葉

Paging Ms. Maria Spitz. Please come to the front desk.
(**お呼び出しいたします**，Maria Spitz さま，フロントデスクまでお越しください)

《**page**＋人》，名詞は《**page** of＋名詞》で覚えよう。

1724 □□ **star** [stáːr]

動 主役を務める，～に星印を付ける　名 星 (形のもの)，人気者

Samuel has **starred** in several horror movies.
(Samuel はいくつかのホラー映画に**出演した**)

《**star** in＋名詞》《**star** as＋名詞》《**star**＋人＋as＋名詞》，名詞は《**star** of＋名詞》で覚えよう。

1725 □□ **rest** [rést]

動 休む，休息する，～を休ませる，～を置く　名 休憩 (所)，残り

The man is **resting** his arm on the railing.
(男性は手すりに腕を**置いて**います)

Why don't you take a little **rest**? (少し**休み**を取ってはどうですか)

Articles 9 and 12 were revised, but the **rest** remains unchanged.
(第 9 条と第 12 条は修正されましたが，**残り**は変更されていません)

《**rest**＋目的語 [名詞]》《**rest** *A* on/against *B*》《**rest** on＋名詞》，名詞は《**rest** from＋名詞》《**rest** of＋名詞》で覚えよう。 □ **rest** assured that ...「～に関してはご安心ください」

1726 □□ **company** [kʌ́mpəni]

名 会社，法人，仲間，来客，交際

Start-up **companies** have lower rates of success than we expect.
(新興**企業**の成功率は私たちが予想するよりも低い)

Victoria is funny, and I enjoy her **company**.
(Victoria はおもしろい人で，**一緒にいて**楽しい)

《**company** of＋名詞》《**company** with＋人》で覚えよう。 □ keep *someone* **company**「～に付き合う，～の話し相手になる」 □ in *someone's* **company**/in **company** with ...「～と一緒にいて」
□ good/bad **company**「よい仲間，悪い仲間」

1727 □□ **pay** [péi]

動 ～を支払う，もうかる，報われる　名 賃金，給料，報酬

- How would you like to **pay** for this order?
  （このご注文の**支払い**はどのようになさいますか）
- It doesn't **pay** to spend long hours commuting.
  （通勤に長時間かけることは**わりに合わ**ない）
- Increases to minimum **pay** are under consideration now.
  （最低**賃金**の引き上げが現在検討されている）

☞《**pay**＋目的語［名詞］》《**pay** for＋名詞》《**pay**＋人＋for＋名詞》《**pay**＋人＋目的語［名詞］》《**pay**＋目的語［名詞］＋to＋人》，名詞は《**pay** of＋名詞》《**pay** for＋名詞》で覚えよう。名詞は「給料」を意味するもっとも一般的な語。fee は専門的なサービスなどに対して必要に応じて支払う「謝礼」，salary は事務職に対して月決めで支払う「賃金」

1728 □□ **paid** [péid]

形 支払われた，支払い済みの，有給の，有料の

- I have four weeks of full **paid** leave this year.
  （私は今年は 4 週間の完全**有給**休暇があります）

☞《**paid**＋名詞》で覚えよう。

1729 □□ **payment** [péimənt]

名 支払い（金額），納入，報酬

- For this deal, we'd like to ask you to make **payment** in advance.
  （この取引については前**払い**をお願いしたいと思います）

☞《**payment** of＋名詞》《**payment** for＋名詞》《**payment** in＋名詞》《**payment** from/to＋人》で覚えよう。 □ **payment** in advance「前払い」□ **payment** in installments「分割払い」□ **payment** in full「一回払い」□ revolving **payment**「レボ払い」

1730 □□ **payable** [péiəbl]

形 支払うべき，支払い可能な，支払い満期で

- The insurance fee is **payable** in advance.（保険料は前払いで**お支払い願います**）
- Enclosed please find a check **payable** to Relief Agency.
  （Relief Agency を**支払い先とする**小切手を同封いたします）

☞《連結動詞＋**payable** to＋人》《連結動詞＋**payable** by＋人》《連結動詞＋**payable** on＋名詞》で覚えよう。-able という接尾辞から連想される意味とは違って must be paid ということ。

1731 □□ **payroll** [péiròul]

名 給与支払い名簿，従業員総数，給与，人件費

- We have over 2,000 employees on the **payroll**.
  （当社の**給与支払い台帳**には 2,000 人を超える従業員が記録されている）

☞《**payroll** of＋名詞》で覚えよう。 □ on the **payroll**「雇用されて」

1732 □□ **paycheck** [péitʃèk]

名 給与，給与支払い小切手

- I get my **paycheck** on the 20th of every month.
  （私は毎月 20 日に**給与小切手**を受け取ります）

☞《**paycheck** of＋名詞》《**paycheck** for＋名詞》で覚えよう。 □ weekly **paycheck**「週払い給与小切手」

1733 □□ **overpay** [òuvərpéi]

動 ～に余分に支払う，～に必要以上に支払う

We hired Mr. Frey for legal advice, but I think we're **overpaying** him.
（法的な助言を得るために Frey さんを採用したが，彼には**給料を払いすぎて**いると思う）

☞《**overpay**＋目的語［名詞］》で覚えよう。**overpay**/underpay の組み合わせで覚えよう。

1734 □□ **unpaid** [ʌ̀npéid]

形 未払いの，無給の

Please recheck your records to see if you have any **unpaid** invoices.
（**未払いの**請求書があるかどうか，記録を再確認してください）

☞《**unpaid**＋名詞》《連結動詞＋**unpaid**》で覚えよう。

1735 □□ **govern** [ɡʌ́vərn]

動 (国など) を治める，～を管理する，～を左右する

Fewer regulations are **governing** economic activities in the private sector.（民間部門の経済活動を**管理する**規制はもっと少なくなっている）

☞《**govern**＋目的語［名詞］》で覚えよう。

1736 □□ **government** [ɡʌ́vər(n)mənt]

名 政治，政府 (機関)

Government workers must comply with these new rules.
（**政府**の職員はこれらの新規則に従わなければならない）

☞《**government** of＋名詞》で覚えよう。

1737 □□ **governor** [ɡʌ́vərnər]

名 知事，支配者

Katerina Slovina is the acting **governor** of the state.
（Katerina Slovina さんは同州の**知事**代理です）

☞《**governor** of＋名詞》で覚えよう。

1738 □□ **mayor** [méiər]

名 市長，町長

The **mayor** will be holding a press conference in one hour.
（**市長**は 1 時間後に記者会見を開く）

☞《**mayor** of＋名詞》で覚えよう。

1739 □□ **figure** [fíɡjər]

名 形，図表，人物，数字　動 ～を想像する，～と考える，現れる

Marcia, could you prepare the sales **figures** by tomorrow morning?
（Marcia，あすの朝までに販売の**数字**を用意していただけますか）

How can we **figure** out a solution to the problem?
（どうすればその問題への解決策を**考え出せる**でしょうか）

☞《**figure(s)** of＋名詞》，動詞は《**figure**＋that/wh-/how 節》《**figure**＋目的語［名詞］＋(to be＋) 名詞・形容詞》《**figure** in/between/among＋名詞》で覚えよう。 □ do **figures**「計算する」 □ single **figures**「1 桁の数字」

1740 □□ **shape** [ʃéip]

名 形 (状), 状態, 様子, 姿　動 ～を形づくる, ～を作る, ～を具体化する, (考えなど) をまとめる, でき上がる

Our new business proposal is starting to take **shape**.
(当社の新たな事業提案は**形**になり始めている)

The company is in good financial **shape**.
(当社はよい財務**状態**にあります)

☞《**shape** of＋名詞》《**shape** for＋名詞》, 動詞は《**shape**＋目的語 [名詞]》で覚えよう。 □ in the **shape** of ...「～の形で」 □ in/out of **shape**「よい状態で, 悪い状態で」

1741 □□ **add** [ǽd]

動 (～を) 加える, (～を) 追加する, ～を合計する

The construction delays **added** to the cost of the project.
(工事の遅れはプロジェクトのコストを**増加させた**)

☞《**add**＋目的語 [名詞]》《**add** *A* to *B*》《**add**＋that 節》《**add** to＋名詞》で覚えよう。

1742 □□ **addition** [ədíʃən]

名 追加, 付加, 足し算

In **addition** to infrared sensors, the device also has a camera.
(赤外線センサーに**加えて**, その機器にはカメラもある)

☞《**addition** of＋名詞》《**addition** to＋名詞》で覚えよう。 □ in **addition**「それに加えて」 □ in **addition** to ...「～に加えて」

1743 □□ **additional** [ədíʃənl]

形 追加の, 付加的な

If you need **additional** information about the venue, please let me know.
(会場に関する**追加**情報が必要であればお知らせください)

☞《**additional**＋名詞》で覚えよう。日常的には extra を使うことも多い。

1744 □□ **additionally** [ədíʃənəli]

副 さらに, そのうえに, 加えて

Additionally, the dome's design is influenced by classical architecture.
(**さらには**, そのドームのデザインは古典建築の影響を受けている)

☞ 副詞として文全体を修飾する。in addition (＝also) で言い換えることもできる。

1745 □□ **extra** [ékstrə]

形 追加の, 余分な, 特上の　名 余分なもの, 追加料金, 追加分　副 特別に, 余分に

We need more volunteers to work **extra** hours.
(**時間外**勤務をしてくれるボランティアがもっと必要です)

☞《**extra**＋名詞》《連結動詞＋**extra**》, 名詞は《**extra** for＋名詞》, 副詞は《動詞＋**extra**》《**extra**＋形容詞・副詞》で覚えよう。「通常に加えて (の), 臨時の」という意味。 □ **extra** pay「臨時手当」 □ **extra** holiday「臨時休業」 □ go the **extra** mile「いっそう努力をする」

1746 □□ **spare** [spéər]

形 予備の，空いている，不十分な 動 ～を取っておく，～を控える，(時間など) を割く，～を見逃す

Could you pass the **spare** key to Hailey?
(Hailey に**予備の**鍵を渡していただけますか)

I know you're busy, but do you have some time to **spare**?
(お忙しいことは承知していますが，少し時間を**割いて**いただけますか)

☞《**spare**＋名詞》，動詞は《**spare** (＋人) ＋目的語 [名詞]》《名詞＋to **spare**》で覚えよう。

1747 □□ **sense** [séns]

動 ～を感じ取る，～に気づく 名 感触，感じ，気持ち，意識，意味，判断能力

Mr. Cabello **sensed** a problem and solved it before it became serious.
(Cabello さんは問題を**感じ取って**，深刻化する前に解決した)

The new navigation system gives users a perfect **sense** of direction.
(新ナビゲーションシステムは，ユーザーに完璧な方向**感覚**を与えてくれる)

☞《**sense**＋目的語 [名詞]》《**sense**＋目的語 [名詞] ＋動名詞》《**sense**＋that/wh-/how 節》《**sense**＋if/whether 節》，名詞は《**sense** of＋名詞》《**sense** in＋名詞》《**sense**＋that 節》で覚えよう。
□ make **sense**「納得できる」 □ make **sense** of ...「～を理解する」 □ in a **sense**「ある意味で」

1748 □□ **sensitive** [sénsətiv]

形 敏感な，感受性の高い，過敏な，神経質な，デリケートな

Andrew is **sensitive** to criticism, and he immediately tries to respond.
(Andrew は批判に対して**敏感で**，すぐに対応しようとする)

☞《**sensitive**＋名詞》《連結動詞＋**sensitive**》《連結動詞＋**sensitive** to/about＋名詞》で覚えよう。

1749 □□ **general** [dʒénərl]

形 全体的な，世間一般の，一般的な，概略の

At the meeting, the **general** reaction to my idea was lukewarm.
(会議では，私の考えに対する**全体の**反応は力がなかった)

☞《**general**＋名詞》で覚えよう。 □ in **general**「一般に」(＝generally speaking) □ **general** affairs「総務」 □ **general** outline「概要」 □ **general** public「一般大衆」

1750 □□ **generally** [dʒénərəli]

副 一般に，概して，通例は，漠然と

Generally speaking, IT companies attract creative people.
(**一般的に**言えば，IT 企業は創造的な人々を引き寄せる)

☞ □ **generally** speaking「一般的にいって」

1751 □□ **generalization** [dʒènərələzéiʃən]

名 一般化，概略化

I don't think making such a broad **generalization** is a useful approach.
(このような大まかな**一般化**が有用な方法とは思いません)

☞《**generalization** of/about＋名詞》《**generalization**＋that 節》で覚えよう。

1752 □□ **generic** [dʒənérik]

形 ノーブランドの，商標登録されていない，一般的な

SmartDesign is launching affordable **generic** tablet computers.
（SmartDesign 社は**ノーブランドの**タブレット型コンピュータを低価格で発売する予定である）

☞《**generic**＋名詞》で覚えよう。

1753 □□ **court** [kɔ́:rt]

名 裁判，公判，中庭，展示場

The **court** decided that Mr. Jones must pay for the damage.
（**裁判所**は Jones さんに対して損害を弁済せよという裁定を下した）

☞《**court** of＋名詞》で覚えよう。 □ bring ... to **court**「～に対して訴訟を起こす」 □ See you in **court**.「あとは裁判で争いましょう」

1754 □□ **law** [lɔ́:]

名 法，法律（学），法規

According to the **law**, pet animals are classified as personal property.
（その**法律**によれば，ペットの動物は個人資産に分類される）

☞《**law** of＋名詞》《**law** on＋名詞》《**law** against＋名詞》で覚えよう。 □ by **law**「法律により」 □ under a **law**「法律により」

1755 □□ **lawyer** [lɔ́:jər, lɔ́iər]

名 弁護士，法律家

I'm afraid you need to consult a **lawyer** for this problem.
（残念ですが，この問題は**弁護士**に相談なさる必要がありそうです）

☞《**lawyer** of＋名詞》で覚えよう。 □ corporate **lawyer**「企業弁護士」

1756 □□ **lawsuit** [lɔ́:sù:t]

名 告訴，訴訟

We decided to file a **lawsuit** against the supplier.
（当社はその供給業者に対して**訴訟**を起こすことにした）

☞《**lawsuit** of＋名詞》《**lawsuit** against＋名詞》《**lawsuit** over＋名詞》で覚えよう。

1757 □□ **attorney** [ətə́:rni]

名 法律家，弁護士，法定代理人

Mr. Gong has a proven track record as a corporate **attorney**.
（Gong さんは企業**弁護士**としての確かな実績を備えている）

☞《**attorney** of＋名詞》で覚えよう。

1758 □□ **bill** [bíl]

名 請求書，明細書，法案，くちばし 動 ～に請求書を送る

Mr. Patel will be footing the **bill** for the event.
（Patel さんはそのイベントの**請求額**を支払うつもりでいる）

A new **bill** was passed to improve safety in the workplace.
（職場の安全を改善するための新たな**法案**が可決された）

☞《**bill** of＋名詞》《**bill** for＋名詞》，動詞は《**bill**＋人＋for＋名詞》で覚えよう。 □ fit/fill the **bill**「目的にかなう，あてはまる」

1759 □□ **certain** [sə́ːrtn]

【形】確信して，確かな，ある一定の，いくらかの

Lola was **certain** that her proposal would be approved.
（自分の企画書が承認されると Lola は**確信して**いた）

☞《**certain**＋名詞》《連結動詞＋**certain**》《連結動詞＋**certain** about/of＋名詞》《連結動詞＋**certain**＋that/wh-/how 節》《連結動詞＋**certain**＋if/whether 節》《It is **certain**＋that 節》《*be*＋**certain**＋to 不定詞》で覚えよう。□ make **certain** (that ...)「(〜ということを) 確認する」□ for **certain**「確かに」

1760 □□ **certainly** [sə́ːrtnli]

【副】確かに，間違いなく，《返答として》承知しました，もちろんです

Clear Springs Tech's new gadget was **certainly** a hit.
（Clear Springs Tech 社の新機器は**間違いなく**ヒット作だった）

☞ □ **Certainly.**「確かにそうです，かまいませんよ」□ **Certainly not.**「確かに違います，だめです」

1761 □□ **uncertainty** [ʌnsə́ːrtnti]

【名】疑念，不確実なこと，不確かさ，不透明感

Economic **uncertainty** is affecting consumer confidence.
（経済の**不確実さ**が消費者信頼感に影響している）

☞《**uncertainty** of＋名詞》《**uncertainty** in＋名詞》《**uncertainty** about/regarding/over＋名詞》で覚えよう。

1762 □□ **indeed** [indíːd]

【副】実際に，まったく，本当に

The new office fitness program is **indeed** a success.
（新しい社内フィットネスプログラムは**まさに**成功です）

☞ 副詞として文全体を修飾する働きもある。

1763 □□ **plant** [plǽnt]

【動】〜を植える 【名】植物，工場，プラント，施設

I **planted** these trees 20 years ago, and now they're huge.
（20 年前に私が**植えた**これらの木が今では巨大になっています）

This **plant** produces rubber parts for the automobile industry.
（この**工場**は自動車産業向けのゴム部品を製造している）

The **plants** in the office help create a relaxing atmosphere.
（オフィス内の**植物**はくつろげる雰囲気を作るのに役立つ）

☞《**plant**＋目的語 [名詞]》《**plant** *A* in/on *B*》，名詞は《**plant** of＋名詞》で覚えよう。

1764 □□ **factory** [fǽktəri]

【名】工場，作り出す場所

Geoff worked his way up from the **factory** floor to management.
（Geoff は**工場**の現場で働き始めて，経営幹部までのぼりつめた）

☞《**factory** of＋名詞》で覚えよう。 □ **factory** floor「工場，現場」

1765 □□ **expect** [ikspékt]

動 ～を予期する，～を予想する，～を期待する，～を楽しみにする，出産を控えている

Ms. Barrerra said that we could **expect** a nice bonus this year.
(私たちはことしはよいボーナスを**期待できる**と Barrerra さんは言った)

《**expect**＋目的語［名詞］》《**expect**＋目的語［名詞］＋from＋人》《**expect**＋that 節》《It is **expected**＋that 節》《**expect**＋to 不定詞》《**expect**＋目的語［名詞］＋to 不定詞》《*be* **expected**＋to 不定詞》で覚えよう。 □ as **expected**「予想したとおりに，期待したとおりに」□ *be* **expecting**「出産を控えている」

1766 □□ **expectation** [èkspektéiʃən]

名 予期，予想，期待（されるもの），見込み

Shane hopes his new business will live up to his parents' **expectations**.
(自分の新規事業が両親の**期待**に応えることを Shane は望んでいる)

《**expectation** about/of/regarding＋名詞》《**expectation** for＋名詞》《**expectation**＋that 節》《**expectation**＋to 不定詞》で覚えよう。 □ in the **expectation** of/that ...「～を期待して」□ above/below **expectations**「期待以上で，期待以下で」□ beyond **expectations**「期待を超えて」□ live up to **expectations**「期待に添う」□ against/contrary to **expectations**「期待に反して」

1767 □□ **expectancy** [ikspéktnsi]

名 期待（されるもの），予期，見込み，予測値

With increasing life **expectancy**, people tend to work for more years.
(平均**余命**が長くなり，人々はさらに長い年月を働く傾向にある)

《**expectancy** of＋名詞》《**expectancy** in＋名詞》《**expectancy**＋that 節》で覚えよう。
□ life **expectancy**「平均余命」

1768 □□ **unexpected** [ʌ̀nikspéktid]

形 思いがけない，予期しない，不意の

We've encountered an **unexpected** delay in shipping.
(当社では**予期しなかった**遅延が配送に生じています)

《**unexpected**＋名詞》《連結動詞＋**unexpected**》《It is **unexpected**＋that 節》で覚えよう。

1769 □□ **anticipate** [æntísəpèit]

動 ～を予想する，～を期待する

We **anticipate** high demand for our summer clothing.
(当社の夏服に大きな需要があると**期待してい**ます)

《**anticipate**＋目的語［名詞］》《**anticipate**＋動名詞》《**anticipate**＋that/wh-/how 節》《It is **anticipated**＋that 節》《*be* **anticipated**＋to 不定詞》で覚えよう。

1770 □□ **voice** [vɔ́is]

動 ～を声に出す，～を表明する 名 声，発言権，意見，表明

The economist **voiced** his concerns about the economic aid package.
(その経済アナリストは，経済支援策についての懸念を**表明した**)

Could you lower your **voice**, please?
(**声**を下げていただけますか)

Through this election campaign, our **voices** were heard.
(この選挙運動を通して，私たちの**声**を聞いてもらうことができた)

《**voice**＋目的語［名詞］》《**voice**＋that/wh-/how 節》，名詞は《**voice** of＋名詞》で覚えよう。

1771 □□ **wear** [wéər]

動 ～を身につけている，すり減る，弱くなる 名 衣服，摩耗

I'm looking for something to **wear** for a wedding reception.
（結婚披露宴へ**着て**いくものを探しています）

☞《**wear**＋目的語［名詞］》，名詞は《**wear** of＋名詞》で覚えよう。□ **wear** and tear「（経年による）劣化，傷み」

1772 □□ **role** [róul]

名 役，役割，役目

Melissa played a significant **role** in winning the Anderson contract.
（Melissa は当社が Anderson 社との契約を獲得するうえで重要な**役割**を果たした）

☞《**role** of＋名詞》《**role** as＋名詞》《**role** in＋名詞》《**role** at＋名詞》《**role** for＋名詞》で覚えよう。□ **role** model「目標，手本」

1773 □□ **instance** [ínstəns]

名 実例，事例，例

In this **instance** we will waive a late-payment charge.
（この**場合**は支払いの遅れへの手数料は請求いたしません）

☞《**instance** of＋名詞》《**instance**＋when/where 節》で覚えよう。 □ for **instance**「たとえば」

1774 □□ **upset** [ʌpsét; ʌ́psèt]

形 ひっくり返って，混乱して，番狂わせの，動揺して，不調の 動 ひっくり返る，～をひっくり返す，～を動揺させる，～を心配させる，～を乱す 名 転倒，混乱，動揺

Don't get **upset** about mistakes; just fix them and move on.
（間違いにそんなに**動揺し**ないで；とにかく修正して，前に進みましょう）

The tennis player's **upset** victory in the match was broadcast live.
（試合でのそのテニス選手の**番狂わせの**勝利は生中継された）

☞《**upset**＋名詞》《連結動詞＋**upset**》《連結動詞＋**upset** by/about/at＋名詞》《連結動詞＋**upset** with＋人》《連結動詞＋**upset**＋that 節》《連結動詞＋**upset**＋to 不定詞》，動詞は《**upset**＋目的語［名詞］》で覚えよう。現在分詞形 upsetting は「人をいやな気持ちにさせる」という意味の形容詞としても使う。

1775 □□ **federal** [fédərl]

形 連邦制の，連邦政府の

Healthcare reform is handled by the **federal** government.
（医療改革は**連邦**政府が扱う）

☞《**federal**＋名詞》で覚えよう。

GROUP 37

1776 - 1824

1776 □□ **include** [inklúːd]

動 ～を含める，～を盛り込む，～を同封する

All prices listed on the store products **include** tax.
（店内の商品に記載されている価格はすべて税を**含みます**）

《**include**＋目的語［名詞］》《**include** *A* in/on/among *B*》《**include**＋動名詞》《**include**＋that 節》で覚えよう。目的語には「含まれているもの全体の一部」であることを示す名詞を使うことが多い。一方，同意語の contain の目的語は「含まれているもの全体」であることを示す名詞を使うことが多い。
□ price **including** service (charge)「サービス料込みの価格」

1777 □□ **inclusive** [inklúːsiv]

形 含めた，包括的な，開放的な

The following rents are **inclusive** of utilities.
（以下の家賃は光熱費を**含みます**）

《**inclusive**＋名詞》《連結動詞＋**inclusive**》《連結動詞＋**inclusive** of＋名詞》で覚えよう。

1778 □□ **exclude** [iksklúːd]

動 ～を締め出す，～を除外する，～を考慮に入れない，～を不可能にする

The 20-percent-off sale **excludes** food products as well as drinks.
（20 パーセント割引の大売り出しは食料品と飲み物を**除外します**）

《**exclude**＋目的語［名詞］》《**exclude** *A* from *B*》《**exclude**＋that 節》で覚えよう。

1779 □□ **exclusive** [iksklúːsiv]

形 排他的な，独占的な，専用の　名 独占記事，独占権

Our used clothes are for **exclusive** sale online.
（当店の古着はオンライン**限定での**販売です）

《**exclusive**＋名詞》《連結動詞＋**exclusive**》《連結動詞＋**exclusive** to＋名詞》で覚えよう。

1780 □□ **exclusively** [iksklúːsivli]

副 もっぱら，排他的に，独占的に

This book is **exclusively** available in e-book format.
（本書は電子書籍フォーマットに**限定して**販売されています）

《**exclusively**＋動詞・形容詞》で覚えよう。　□ **exclusively** market ...「～を独占的に販売する」

1781 □□ **explain** [ikspléin]

動 ～を解説する，～を説明する，～を明確にする，～と弁明する

Let me **explain** the billing system to you.（課金システムについてご**説明します**）

《**explain**＋目的語［名詞］（＋to＋人）》《**explain** about＋名詞》《**explain**＋that/wh-/how 節》《**explain**＋if/whether 節》《It is **explained**＋that 節》で覚えよう。

1782 □□ **explanation** [èksplənéiʃən]

名 説明，弁明，解説，真相

Mr. Grant will give an **explanation** of the new sales system.
（Grant さんが新しい販売システムについて**説明**してくれます）

《**explanation** of/for＋名詞》《**explanation** about/as to＋名詞》《**explanation** from＋人》《**explanation**＋that/wh-/how 節》《**explanation**＋if/whether 節》で覚えよう。　□ in **explanation**「説明して」
□ without **explanation**「説明なく」

1783 □□ **explanatory** [iksplǽnətɔ̀ːri]

㊢ 説明的な，説明に役立つ

The **explanatory** comments added by the author were really helpful.
（著者が加えた**解説**コメントは実に役立ちました）

《**explanatory**＋名詞》で覚えよう。

1784 □□ **continue** [kəntínjuː]

㊍ （間断なく）～を続ける，～を継続させる，続く

University costs **continue** to grow sharply.
（大学教育の費用は著しく増加を**続けている**）

《**continue**＋目的語［名詞］》《**continue**＋to 不定詞》《**continue**＋動名詞》《**continue**＋that 節》《**continue** with＋名詞》《**continue** for＋名詞》で覚えよう。 □ to be **continued**「次に続く」

1785 □□ **continuous** [kəntínjuəs]

㊢ 途切れない，一連の，継続した

The company has been achieving **continuous** growth for five years.
（同社は 5 年間**持続的な**成長を達成している）

《**continuous**＋名詞》で覚えよう。「止まることなく継続して」という意味。同じ形容詞 continual は「断続的な，頻繁な」という意味で使うことが多い。

1786 □□ **discontinue** [dìskəntínjuː]

㊍ 終わる，中断する，～を中止する，～を打ち切る

We have decided to **discontinue** our S500 line of printers next month.
（当社は来月に S500 型プリンタの**製造を打ち切る**ことにしました）

《**discontinue**＋目的語［名詞］》《**discontinue**＋動名詞》で覚えよう。

1787 □□ **base** [béis]

㊍ ～の基礎を置く，～の本拠地を置く ㊔ 基盤，基礎

Many of my clients are **based** in Tokyo.
（当社の顧客の多くは東京を**拠点にして**いる）

We hope to **base** our decisions on extensive and reliable data.
（私たちは広範な信頼できるデータに決定の**根拠を置き**たいと思う）

《**base**＋目的語［名詞］》《**base** *A* on *B*》《*be* **based** in＋名詞》，名詞は《**base** of＋名詞》《**base** for＋名詞》で覚えよう。

1788 □□ **basement** [béismənt]

㊔ 地階，基礎，基盤

Our office building has added a new **basement**-floor cafeteria.
（当社のオフィスビルは新しく**地階**にカフェテリアを加えた）

《**basement** of＋名詞》で覚えよう。

1789 □□ **basic** [béisik]

㊢ 基本的な，必要最小限の ㊔《basics で》基本，基礎

The **basic** idea of our new cafeteria is to give employees relaxation space.
（新しいカフェテリアについての**基本的な**考えは，従業員にくつろげる空間を提供することです）

《**basic**＋名詞》《連結動詞＋**basic**》，名詞は《**basics** of＋名詞》で覚えよう。

1790 □□ **basically** [béisikli]

副 基本的に，おおむね，実際は

Both models are **basically** the same, but the camera performance is significantly different.

（両機種は**基本的に**同じだが，カメラ性能は著しく異なる）

☞ □ **basically** agree「基本的に合意する」

1791 □□ **basis** [béisis]

名 基礎，土台，原則，根拠

Dao Ming was employed on the **basis** of his expertise and experience.

（Dao Ming は専門知識と経験に**基づいて**採用された）

☞《**basis** of/for＋名詞》《**basis**＋that 節》で覚えよう。 □ on the **basis** of ...「～に基づいて」□ on the **basis** that ...「～ということに基づいて」□ on a monthly **basis**「月単位で，毎月」□ on a day-to-day **basis**「毎日，日常的に，場当たり的に」

1792 □□ **rise** [ráiz]

動 立ち上がる，昇る，上昇する 名 上がること，上昇，値上げ

My cost of living **rose** sharply last month.

（私の生活費は先月に急激に**上がった**）

My cost of living has been steadily on the **rise**.

（私の生活費は**上昇**する一方です）

☞《**rise** by＋数字》《**rise** from *A* to *B*》《**rise** above＋名詞》《**rise** against＋名詞》，名詞は《**rise** of＋名詞》《**rise** in＋名詞》《**rise** from *A* to *B*》で覚えよう。 □ on the **rise** で「上昇して」□ give **rise** to ...「～を生じさせる」

1793 □□ **arise** [əráiz]

動 起こる，発生する，生じる，起きる

I'll contact you when the need **arises** to discuss further details.

（詳細についてさらに話し合う必要が**生じたら**ご連絡します）

☞《**arise** from/out of＋名詞》で覚えよう。 □ **arise** as a result of ...「～の結果として起こる」□ **arise** during the process of ...「…の過程で生じる」

1794 □□ **raise** [réiz]

動 上がる，～を上げる，～を起こす，～を育てる，～を増やす，（募金）を募る 名 昇給

The issue of soil contamination was **raised** at the public hearing.

（土壌汚染の問題が公聴会で**提起された**）

Due to our strong sales, employees can expect a generous **raise**.

（好調な販売のおかげで，従業員は手厚い**昇給**を期待できる）

☞《**raise**＋目的語［名詞］》《**raise**＋人》《**raise**＋金額》，名詞は《**raise** of＋名詞》で覚えよう。 □ **raise** prices「価格を上げる」□ **raise** awareness「意識を高める」

1795 □□ **boost** [búːst]

動 ～を上昇させる，～を引き上げる 名 上昇

Let's talk about how to **boost** profits during the next quarter.

（どのようにして次の四半期で利益を**押し上げる**かについて話し合いましょう）

☞《**boost**＋目的語［名詞］》，名詞は《**boost** of＋名詞》《**boost** to/for＋名詞》で覚えよう。

1796 □□ **hike** [háik]

名 値上げ，ハイキング 動（価格など）を急に引き上げる，ハイキングをする

- A new tax **hike** is expected after the election.
  （選挙後に新たな**増税**が見込まれます）

  《**hike** of＋名詞》《**hike** in＋名詞》，動詞は《**hike**＋目的語［名詞］》で覚えよう。

1797 □□ **stuff** [stʌ́f]

動 ～を詰め込む，～をたらふく食べる，（鼻が）詰まる 名 原料，資料，素質，物質，飲食物，持ち物，品々

- Cuddly's **stuffed** animals are popular among preteens.
  （Cuddly 社の**ぬいぐるみ**は小学校高学年児の間で人気が高い）
- I've been busy with family **stuff** on weekends.
  （週末は家庭の**用事**で忙しくしています）

  《**stuff**＋目的語［名詞］》《**stuff** *A* into/in *B*》《*be* **stuffed** with＋名詞》，名詞は《**stuff** of＋名詞》《**stuff** like＋名詞》で覚えよう。名詞は不可算名詞なので，複数形は使わない。 □ **stuff** like that/all that **stuff**「そのようなもの」 □ **stuffed** animal「ぬいぐるみ」

1798 □□ **matter** [mǽtər]

名 問題，事柄，やっかいなこと，物質，物体 動 重要である，重大な関係がある

- We haven't addressed this **matter** adequately.
  （当社はこの**件**に十分に対応していません）
- It doesn't **matter** what they say about this issue.
  （この問題に彼らが何と言おうと**関係あり**ません）

  《**matter** of＋名詞》《**matter** for＋名詞》，動詞は《**matter** to＋人》《It **matters** about＋名詞》《It **matters**＋that/wh-/how 節》《It **matters**＋if/whether 節》で覚えよう。 □ as a **matter** of fact「実をいうと，実際のところ」 □ the fact of the **matter** is that ...「実をいうと」 □ no **matter**＋wh-/how 節「いかに～でも」

1799 □□ **material** [mətíəriəl]

名 原料，材料，生地，資料，人材 形 物質的な，形のある

- Unauthorized access to classified **material** is strictly prohibited.
  （機密**資料**に許可なくアクセスすることは固く禁じられている）

  《**material** of＋名詞》《**material** for＋名詞》《**material** on＋名詞》で覚えよう。

1800 □□ **charge** [tʃɑ́ːrdʒ]

名 使用料，手数料，非難，責任，義務 動 ～を請求する，～を充電する，～であると非難する

- A flat service **charge** is included in all bills.
  （一律のサービス**料**がすべての請求額に含まれている）
- We will **charge** you the subscription fee on a monthly basis.
  （定期購読料は毎月**請求いたします**）

  《**charge** of＋名詞》《**charge** for＋名詞》《in **charge** of＋名詞》《**charge** against/of＋名詞》《**charge**＋that 節》，動詞は《**charge**＋人＋金額（＋for＋名詞）》《**charge** for＋名詞》《**charge**＋人＋with＋名詞》《**charge**＋that 節》で覚えよう。 □ at no **charge**「無料で」 □ free of **charge**「無料で」 □ take **charge** of ...「～を引き受ける」 □ in/under *someone's* **charge**「～の監督下で」 □ on **charge**「充電中で」

1801 □□ **overcharge** [òuvərtʃɑ́ːrdʒ]

動 ～に過剰請求する，～を過充電する，～に過剰積載する　名 過剰請求，過充電，過剰積載

We can avoid being **overcharged** by checking receipts.
（レシートを確認することで**過剰請求される**ことを避けられる）

☞《**overcharge**＋人》，名詞は《**overcharge** to＋人》で覚えよう。**overcharge**/undercharge の組み合わせで覚えよう。

1802 □□ **surcharge** [sə́ːrtʃɑ̀ːrdʒ]

名 過重，追加（料）金，割増金，不足額表示

Some retailers apply a **surcharge** to credit card purchases.
（一部の小売店はクレジットカードによる購入に**追加料金**を適用する）

☞《**surcharge** of＋名詞》《**surcharge** on/for＋名詞》で覚えよう。

1803 □□ **discharge** [distʃɑ́ːrdʒ]

名 荷揚げ，排出，解放　動 ～を降ろす，～を発射する，～を解雇する，～を排出する，（責任など）を果たす，（船荷など）を降ろす

The **discharge** of polluted water from the factory completely stopped.
（工場からの汚水**排出**は完全に停止した）

☞《**discharge** of＋名詞》《**discharge** from＋名詞》，動詞は《**discharge**＋目的語［名詞］（＋from＋名詞）》《**discharge** *A* into *B*》で覚えよう。

1804 □□ **battery** [bǽtəri]

名 バッテリー，電池

The robot doesn't need a **battery** charger because it is solar powered.
（そのロボットは太陽光で動くので，**バッテリー**充電器は必要としない）

☞《**battery** of＋名詞》で覚えよう。　□ The **battery** is dead.「バッテリーが切れた」

1805 □□ **appear** [əpíər]

動 姿を見せる，現れる，出演する，世に出る，～のように見える

It **appears** that management is struggling with the current situation.
（経営陣は現状に苦戦している**ようだ**）

☞《**appear**＋（to be）形容詞》《**appear**＋to 不定詞》《It **appears**＋that 節》で覚えよう。

1806 □□ **appearance** [əpíərəns]

名 出現，出席，外見

The CEO made an **appearance** at the opening of the new headquarters.
（CEO は新本社の開業に**姿を見せた**）

☞《**appearance** of＋名詞》で覚えよう。

1807 □□ **apparent** [əpǽrənt]

形 明らかな，明白な，一見～らしい

The server shut down for no **apparent** reason.
（サーバーは**明確な**理由もなく落ちた）

The cause of the accident was **apparent** to the investigators.
（その事故の原因は調査官には**明らか**だった）

☞《**apparent**＋名詞》《連結動詞＋**apparent**》《連結動詞＋**apparent** to＋人》《It is **apparent**＋that 節》で覚えよう。

1808 □□ **apparently** [əpǽrəntli]

副 一見～らしい，どうも～らしい

Greg **apparently** thought the meeting would be on Tuesday.
（会議は火曜日だと Greg は思った**ようだ**）

文全体を修飾して，確信はないが「～だろう，～らしい」という意味で使う。 □ **apparently** ready「用意が整っているようで」

1809 □□ **disappear** [dìsəpíər]

動 見えなくなる，消える

Our new product instantly **disappeared** from the shelves.
（当社の新製品はすぐに商品棚から**姿を消した**）

《**disappear** from＋名詞》《**disappear** into/behind/under＋名詞》で覚えよう。

1810 □□ **disappearance** [dìsəpíərəns]

名 消失，絶滅，失踪，紛失

Increased productivity has led to the **disappearance** of certain types of jobs.（生産性が向上したことで一部の仕事は**消失**している）

《**disappearance** of＋名詞》《**disappearance** from＋名詞》で覚えよう。

1811 □□ **fade** [féid]

動 姿を消す，色あせる，消えていく，（花）をしおれさせる

Tyson Tech seem to have **faded** into obscurity in recent years.
（Tyson Tech 社は近年は無名の存在へと**姿を消して**しまったようだ）

《**fade** from＋名詞》《**fade** into＋名詞》で覚えよう。

1812 □□ **cost** [kɔ́(:)st]

動（費用など）がかかる，～を必要とする　名 費用，コスト，対価，犠牲

Repairing the storm damage **cost** a fortune.
（台風で受けた被害を修理するには莫大な費用が**かかった**）

Insurance is a **cost** of doing business.
（保険は事業を営むための**代価**である）

《**cost**＋（人＋）金額》《**cost**＋人＋名詞》，名詞は《**cost** of＋名詞》《**cost** in＋名詞》で覚えよう。日常的には動詞として使うことが多い。 □ at the **cost** of ...「～を犠牲にして」□ at any **cost**「どんなことをしてでも」□ at all **costs**「どんなことをしてでも」□ **costs** and benefits「デメリットとメリット」

1813 □□ **costly** [kɔ́(:)stli]

形 高価な，費用のかかる，犠牲の大きい，高くつく

Leaving the laptop in a hot car was a **costly** mistake.
（暑い車内にラップトップ機を置きっぱなしにしたのは**高くつく**失敗だった）

《**costly** ＋名詞》《連結動詞＋**costly**》《連結動詞＋**costly** for/in＋名詞》《連結動詞＋**costly** to＋人》《It is **costly**＋to 不定詞》で覚えよう。

1814 □□ **policy** [pάləsi]

名 政策，方針，方策，やり方，規定，保険証書

Our work environment will improve by putting these **policies** into action.
(これらの**方針**を実行すれば当社の職場環境は改善されるだろう)

☞《**policy** of＋名詞》《**policy** on/toward＋名詞》《**policy**＋that 節》《**policy**＋to 不定詞》で覚えよう。
□ return **policy**「返品規定」 □ refund **policy**「返金規定」

1815 □□ **political** [pəlítikl]

形 政治［政党］の，国家［国政］の

Political stability will help improve the economy.
(**政治的な**安定は経済の改善に役立つだろう)

☞《**political**＋名詞》《連結動詞＋**political**》で覚えよう。

1816 □□ **politics** [pάlətìks]

名 政治(学)，政治問題，政策

Tina is so interested in **politics** that she's seeking mayoral office.
(Tina は**政治**に強い興味を持っていて，市長になりたいと考えている)

☞《**politics** of＋名詞》で覚えよう。

1817 □□ **politician** [pὰlətíʃən]

名 政治家

Ms. Armel is a physicist as well as a **politician**.
(Armel さんは物理学者であり**政治家**である)

☞《**politician** of＋名詞》で覚えよう。 □ shrewd **politician**「狡猾な政治家」

1818 □□ **result** [rizʌ́lt]

動 生じる，起こる，終わる，結果として(〜に)なる　名 結果

Apparently the antenna interference **resulted** from a design flaw.
(アンテナの電波干渉はデザイン上の欠陥から**生じた**ようだった)

We are waiting for the test **results** to come out.
(私たちは実験**結果**が出てくるのを待っています)

☞《**result** in＋名詞》《**result** from＋名詞》，名詞は《**result** of＋名詞》《**result** from＋名詞》《**result**＋that 節》で覚えよう。で覚えよう。 □ as a **result**「結果として」 □ with the **result** that ...「結果として〜になって」

1819 □□ **outcome** [áutkʌ̀m]

名 結果，成果，業績

The vote **outcome** was that the building project was canceled.
(投票の**結果**として，建築計画は中止されました)

☞《**outcome** of＋名詞》《**outcome**＋that 節》で覚えよう。どうなるか予測の難しい「結果」という意味で使うことが多い。 □ **outcome** of the discussion「論議の結果」 □ **outcome** of marketing「マーケティングの成果」

1820 □□ **burn** [bə́ːrn]

動 燃える，〜を燃やす　名 火傷

The factory is still **burning** despite firefighting efforts.
(消火活動の努力にもかかわらず，工場はいまも**燃えている**)

☞《**burn**＋目的語［名詞］》，名詞は《**burn** of＋名詞》で覚えよう。

1821 □□ **attempt** [ətémpt]

動 ～を試みる，努力する 名 試み，努力

◤ Lucas Law **attempted** a merger with Sanders Law Firm.
（Lucas 法律事務所は Sanders 法律事務所との合併を**試みた**）

☞《**attempt**＋目的語［名詞］》《**attempt**＋to 不定詞》，名詞は《**attempt** of＋名詞》《**attempt**＋to 不定詞》《**attempt** at＋動名詞》で覚えよう。困難に立ち向かう響きを持つ。過去分詞形 attempted は「試みられた（＝失敗に終わった）～」という意味の形容詞として使う。

1822 □□ **budget** [bʌ́dʒət]

名 予算（案） 動 ～を予算に計上する 形 安価な，予算に合った

◤ We will change our suppliers to cut our **budget**.
（当社は**予算**を削減するために供給業者を変更します）

☞《**budget** of/for＋名詞》，動詞は《**budget**＋目的語［名詞］》《**budget** for＋名詞》，形容詞は《**budget**＋名詞》で覚えよう。 □ on/within **budget**「予算に沿って，予算以内で」□ under/over **budget**「予算以下で，予算を超えて」□ on a **budget**「予算の制約があって」

1823 □□ **research** [ríːsəːrtʃ, riːsə́ːrtʃ]

名 研究，調査，探求，追及 動（～を）調べる，（～を）調査する

◤ Kelly is the newest member of our **research** team.
（Kelly は当社**調査**チームの最新メンバーです）

☞《**research** of＋名詞》《**research** into/on/in＋名詞》，動詞は《**research**＋目的語［名詞］》《**research** into＋名詞》《**research** for＋名詞》で覚えよう。名詞の場合は不可算名詞。

1824 □□ **straight** [stréit]

形 まっすぐな，一直線の，筋の通った，整理整頓された，公正な，まじめな，連続した
副 まっすぐに，正しく，すぐに，連続して

◤ Ms. Cambric tried to give **straight** answers in the interview.
（Cambric さんはインタビューで**率直に**答えようとした）

◤ The company has posted profits for 10 **straight** quarters.
（同社は 10 四半期**連続**で利益を計上している）

◤ I'm going **straight** home tonight.
（今夜は**まっすぐ**帰宅します）

☞《**straight**＋名詞》《連結動詞＋**straight**》《連結動詞＋**straight** with＋人》，副詞は《動詞＋**straight**》《**straight**＋前置詞＋名詞》で覚えよう。 □ get ... **straight**「～を正しく理解する」

1825 □□ **ship** [ʃíp]

動 ～を船に積む，～を船で送る，～を出荷する，～を輸送する 名 船，飛行船，宇宙船

Mr. Botega asked me to **ship** a sample package to our Seoul branch.
(商品見本の小包をソウル支社に**出荷する**ように Botega さんから頼まれました)

《**ship**＋目的語［名詞］》で覚えよう。

1826 □□ **shipment** [ʃípmənt]

名 船積み，輸送，発送，積み荷

BestBooks stores are waiting for a **shipment** of Jack Byer's new book.
(BestBooks の店舗は Jack Byer の新刊書の**入荷**を待っている)

《**shipment** of＋名詞》《**shipment** from/to＋名詞》で覚えよう。

1827 □□ **circumstance** [sə́ːrkəmstæ̀ns]

名 事情，状況，環境

The current **circumstances** show it's too early to make a major change.
(現在の**状況**は，大きな変更を行うには早すぎることを示している)

《**circumstance** of＋名詞》《**circumstance** surrounding＋名詞》《**circumstance**＋that 節》で覚えよう。 □ under the **circumstances**「現在の状況下で」□ under no **circumstances**「いかなるときでも～ない」

1828 □□ **situation** [sìtʃuéiʃən]

名 場所，状況，立場，境遇，情勢

I'm sorry, but it's hard for me to understand the **situation** we're in.
(申し訳ないですが，私たちが置かれている**状況**が私にはなかなか理解できないのです)

《**situation** of＋名詞》《**situation**＋that 節》で覚えよう。

1829 □□ **situate** [sítʃuèit]

動 ～を（…に）位置させる，～を（…に）置く

The convention venue is conveniently **situated** near our hotel.
(大会の場所は私たちのホテルに近くて便利な場所に**ある**)

《**situate**＋目的語［名詞］》《**situate** *A* in *B*》《*be* **situated** for＋名詞》で覚えよう。

1830 □□ **remain** [riméin]

動 残る，～のままでいる 名《remains で》残り物，残骸

Multiple cups of coffee helped me **remain** focused during the discussion.
(何杯ものコーヒーで協議中**ずっと集中していられた**)

《**remain**＋名詞・形容詞》《**remain** as＋名詞》《**remain** at/in/with＋名詞》《**remain** to be＋過去分詞》，名詞は《**remains** of＋名詞》で覚えよう。動詞の場合は日常的には stay を使うことが多い。□ It **remains** to be seen whether ...「～かどうかはまだわからない」

1831 □□ **remainder** [riméindər]

名 残り，残り物，余り

We're promoting these new products for the **remainder** of the year.
(今年の**残り期間**はこれらの新製品の販売を促進します)

《**remainder** of＋名詞》で覚えよう。

1832 □□ **involve** [inválv]

動 ～を巻き込む，～に影響を及ぼす，～を参加させる

All team members should get **involved** in the decision-making process.
（チームの全員が意思決定の過程に**加わる**べきです）

《**involve**＋目的語［名詞］》《**involve**＋人＋in＋名詞》で覚えよう。 □ *be* **involved** in/with ...「～にかかわっている」

1833 □□ **involvement** [inválvmənt]

名 関与，関わり，熱中していること

It would be best if we avoided **involvement** in political affairs.
（政治への**関与**は避けるのが最善でしょう）

《**involvement** of＋名詞》《**involvement** in/with＋名詞》《**involvement** from/by＋名詞》で覚えよう。

1834 □□ **trade** [tréid]

名 業界，職業，貿易，売買，取引 動 商売をする，～を取引する，～を交換する

Almost 300 companies will have exhibits at the **trade** show.
（その**取引**展示会には 300 社近くが出展する）

A record number of stocks were **traded** today.
（記録的な数の株式がきょう**取引された**）

《**trade** of＋名詞》《**trade** in＋名詞》《**trade** with/between/among＋名詞》，動詞は《**trade**＋目的語［名詞］》《**trade** in＋名詞》《**trade** with＋名詞》《**trade** *A* for *B*》で覚えよう。

1835 □□ **trademark** [tréidmɑ̀ːrk]

名 商標，トレードマーク，特徴 動 ～を商標登録する

TOEIC is a registered **trademark** of ETS.
（TOEIC は ETS の登録**商標**である）

《**trademark** of＋名詞》，動詞は《**trademark**＋目的語［名詞］》で覚えよう。

1836 □□ **notice** [nóutəs]

動 ～に気がつく，～を認める，～に注目する 名 通知，通報，告知，通知書，掲示，（解雇，解約，退職などの）予告

Did you **notice** this pop-up message here?
（ここに現れるポップアップ・メッセージに**気づきましたか**）

Our prices are subject to change at any time or without **notice**.
（当社の価格はいつでも，**予告**なく変更されます）

《**notice**＋目的語［名詞］》《**notice**＋that/wh-/how 節》《**notice**＋if/whether 節》《**notice**＋目的語［名詞］＋動名詞》，名詞は《**notice** of＋名詞》《**notice** about＋名詞》《**notice** from/to＋名詞》《**notice**＋that 節》《**notice**＋to 不定詞》で覚えよう。□ take **notice** of ...「～に気づく」□ without **notice**「予告なしに」□ until further **notice**「追って連絡があるまで」□ on/at short **notice**「直前になって」

1837 □□ **notify** [nóutəfài]

動 ～に通知する，～に届け出る，～を通知する，～を知らせる，～を発表する，～を公示する

The applicants will be **notified** of the URL for downloading later.
（申し込み者にのちほどダウンロード用の URL が**通知されます**）

《**notify**＋目的語［名詞］（＋to＋人）》《**notify**＋人＋of＋名詞》《**notify**＋人＋that 節》《**notify**＋人＋to 不定詞》で覚えよう。

1838 □□ **backup** [bǽkʌ̀p]

名 予備支援

Ms. Connley prepared solid **backup** plans before the negotiation.
(Connley さんは，交渉の前にしっかりした**予備**案を用意した)

《**backup** of＋名詞》《**backup** for＋名詞》で覚えよう。

1839 □□ **support** [səpɔ́ːrt]

動 ～を支える，～を扶養する，～を養う，～を支持［支援／維持］する　名 支持，支柱，養育費，後援者

The sales team unanimously **supported** Samira's proposal.
(販売チームは全員一致で Samira の提案を**支持した**)

It saved a lot of time to receive customer **support** via online chat.
(オンラインチャット経由で顧客**サポート**を得ることは，かなりの時間の節約になった)

《**support**＋目的語［名詞］》《**support**＋動名詞》《**support**＋人＋in＋名詞》《**support**＋人＋by＋名詞》，名詞は《**support** of＋名詞》《**support** for＋名詞》《**support** from＋名詞》《**support** between/among＋名詞》《**support**＋to 不定詞》で覚えよう。　□ in **support** of ...「～を支持して」

1840 □□ **supporter** [səpɔ́ːrtər]

名 支持者，援助者，支援者，賛成者

With help from local **supporters**, our fundraising campaign succeeded.
(地元の**支持者**の支援を受けて，私たちの資金調達キャンペーンは成功した)

《**supporter** of＋名詞》で覚えよう。

1841 □□ **agree** [əgríː]

動 同意する，賛成する，合意する，一致する

EnjoyTech **agreed** to the terms and conditions of the contract.
(EnjoyTech 社は契約の諸条件に**同意した**)

《**agree** about/to＋名詞》《**agree** with＋人》《**agree** on＋名詞》《**agree**＋that 節》《It is **agreed**＋that 節》《**agree**＋to 不定詞》で覚えよう。　□ I couldn't **agree** more.「大賛成です」□ **Agreed**.「承知しました」

1842 □□ **agreement** [əgríːmənt]

名 合意，承諾，取り決め，協定

The company reached an **agreement** with the distributor.
(同社は販売代理店と**合意**に達した)

《**agreement** of＋名詞》《**agreement** on/about/over＋名詞》《**agreement**＋that 節》《**agreement**＋to 不定詞》《**agreement** with/between/among＋人》で覚えよう。　□ in **agreement** (that ...)「(～ということで) 合意して」□ under an/the **agreement**「合意に基づいて」□ by/with **agreement**「合意により」

1843 □□ **disagree** [dìsəgríː]

動 意見を異にする，反対する，一致しない

I would have to **disagree** with you on that point.
(その点についてはあなたに**反対する**しかありません)

《**disagree** with＋人》《**disagree** about/on/over＋名詞》で覚えよう。

1844 □□ **disagreement** [dìsəgríːmənt]

㊔ 不一致，意見の相違点，不適合

The **disagreement** led to an internal dispute over production costs.
（その**意見の不一致**は，生産コストをめぐる社内論争へとつながった）

☞《**disagreement** of＋名詞》《**disagreement** with/between/among＋人》《**disagreement** about/on/over＋名詞》《**disagreement**＋that 節》《**disagreement**＋to 不定詞》で覚えよう。
□ in **disagreement**「意見が異なって」

1845 □□ **consent** [kənsént]

㊔ 同意，承認，一致　㊍ 同意する，承諾する

If Mr. Cupelli gives us **consent**, this project will get off the ground.
（Cupelli さんが**同意**してくだされば，このプロジェクトは始動します）

☞《**consent** of＋名詞》《**consent** for＋名詞》《**consent** about＋名詞》《**consent**＋to 不定詞》，動詞は《**consent** to＋名詞》《**consent**＋to 不定詞》で覚えよう。 □ by **consent** of ...「～の同意のもとで」 □ give **consent** in writing「書面で承認する」

1846 □□ **hurt** [hə́ːrt]

㊒ 傷ついて，痛んで　㊍ ～を痛める，～を傷つける，痛む　㊔ 傷，けが，痛み

If we don't address this issue immediately, our sales may be **hurt**.
（この件についてすぐに対応しなければ，当社の販売は**打撃を受ける**かもしれない）

☞《連結動詞＋**hurt**》，動詞は《**hurt**＋目的語［名詞］》《It **hurts**（＋人）＋to 不定詞》《It **hurts**（＋人）＋that 節》，名詞は feel/cause **hurt** で覚えよう。

1847 □□ **ache** [éik]

㊍ 痛む，うずく　㊔ 痛み，うずき

Looking at a screen all day makes my eyes **ache**.
（一日中画面を見ていると目が**痛む**）

☞《**ache** with/from＋名詞》《**ache**＋to 不定詞》《**ache** for＋名詞》，名詞は《**ache** in＋名詞》で覚えよう。

1848 □□ **rate** [réit]

㊍ ～を格付けする，～を評価する，～を見積もる　㊔ 割合，相場，レート

The test **rates** your four language skills on a scale of 1-10.
（そのテストは 4 つの言語技能を 1 から 10 までの尺度で**評価します**）

Our turnover **rate** has been down for the past five years.
（当社の離職**率**は過去 5 年間減少しています）

☞《**rate**＋目的語［名詞］》《**rate** *A* as *B*》，名詞は《**rate** of＋名詞》《**rate** per＋名詞》《**rate** for＋名詞》で覚えよう。 □ at a **rate** of ...「～の割合で」 □ at any **rate**「いずれにせよ，少なくとも」

1849 □□ **ratio** [réiʃou]

㊔ 割合，対比

The price-earnings **ratios** of those stocks are worsening.
（それらの株式の株価収益**率**は悪化している）

☞《**ratio** of *A* to *B*》《**ratio** between/among＋名詞》で覚えよう。

1850 □□ **proportion** [prəpɔ́ːrʃən]

名 比，割合，調和

The **proportion** of women in the medical field has been increasing.
(医療分野における女性の**比率**は増加している)

☞《**proportion** of＋名詞 (＋to＋名詞)》《**proportion** as＋節》で覚えよう。 □ in **proportion**「比例して」□ in **proportion** to/as ...「～に比例して」□ out of **proportion** with ...「～との調和を欠いて」

1851 □□ **note** [nóut]

動 ～を書き留める，～に (特に) 言及する，～に注目する 名 覚え書き，メモ，文書，通達，注釈，紙幣

Please **note** that the prices are subject to change without notice.
(価格は予告なく変更されることに**注意なさって**ください)

This is just a brief **note** to say thank you.
(お礼を申し上げるために手短な**メモ**をお送りします)

☞《**note**＋目的語 [名詞]》《**note**＋that/wh-/how 節》《It is **noted**＋that 節》，名詞は《**note** of＋名詞》《**note** on＋名詞》で覚えよう。 □ take **note** of ...「～に気づく」

1852 □□ **notion** [nóuʃən]

名 観念，考え，意見，理解，意向

I disagree with the **notion** that we should outsource call centers.
(コールセンターを外注化すべきだという**考え**には同意しません)

☞《**notion** of＋名詞》《**notion**＋that 節》で覚えよう。

1853 □□ **describe** [diskráib]

動 ～を描写する，～を説明する，～の特徴を述べる

Could you please **describe** your duties at your last job?
(前職での職務について**説明して**いただけますか)

☞《**describe**＋目的語 [名詞]》《**describe** *A* as *B*》《**describe**＋that/wh-/how 節》《**describe**＋if/whether 節》で覚えよう。

1854 □□ **description** [diskrípʃən]

名 記述，描写，説明書

The product **description** on the Web site says the case is aluminum.
(ウェブサイト上の製品**説明**によれば，そのケースはアルミニウムである)

☞《**description** of＋名詞》《**description** on/about＋名詞》で覚えよう。 □ beyond **description**「説明できない」

1855 □□ **descriptive** [diskríptiv]

形 記述 [描写／説明] 的な，よく記述された

The report gives a **descriptive** explanation of the results of the survey.
(その報告書は調査結果について**よくわかる**説明をしている)

☞《**descriptive**＋名詞》《連結動詞＋**descriptive**》《連結動詞＋**descriptive** of＋名詞》で覚えよう。

1856 □□ **major** [méidʒər]

形 より重要な，主要な，多数派の 名 専攻

Texting and GPS are **major** advantages of using a mobile phone.
(テキストメッセージのやり取りと GPS は，携帯電話を使うことの**大きな**利点です)

☞《**major**＋名詞》《連結動詞＋**major**》で覚えよう。

1857 □□ **majority** [mədʒɔ́(:)rəti]

㊔ 大多数，大部分，大半，多数派［党］，過半数，成年

The **majority** of voters approved of the proposition.
（投票者の**多数**がその提案を承認した）

☞《**majority** of＋名詞》で覚えよう。 □ in the **majority**「多数派で」

1858 □□ **minor** [máinər]

形 小さい，より少ない，少数派の，未成年の，目立たない 名 未成年者，副専攻

There has been a **minor** change to the meeting's agenda.
（会議の議題に**小さな**変更があった）

☞《**minor**＋名詞》《連結動詞＋**minor**》で覚えよう。

1859 □□ **minority** [mənɔ́(:)rəti]

名 少数（派），未成年，未成年期

Each of us has the right to express a **minority** opinion.
（私たちひとりひとりが**少数**意見を表明する権利を有する）

☞《**minority** of＋名詞》で覚えよう。

1860 □□ **drop** [dráp]

動 落ちる，～を落とす，劣化する，落伍する，（地位や価値などを）下げる 名 したたり，落下，下落

Crimson Corp. **dropped** the lawsuit after reaching an out-of-court settlement.（示談が成立したことで，Crimson Corp. 社は訴訟を**取り下げた**）

I didn't expect such a big **drop** in profits.
（これほど大きな利益の**低下**は予想していませんでした）

☞《**drop**＋目的語［名詞］》《**drop** to＋数字》《**drop** from/off＋名詞》《**drop**＋人＋from＋名詞》，名詞は《**drop** of＋名詞》《**drop** in＋名詞》で覚えよう。

1861 □□ **drop-off** [drápɔ̀(:)f]

形 乗り捨て方式の，降ろす場所に指定された 名 急斜面，断崖，減少

The tour boat made a brief stop at a **drop-off** point near the bay.
（ツアー船は湾の近くの**降船**場所に短時間留まった）

There was a significant **drop-off** in sales during June.
（6 月の売上は著しく**減少**しました）

☞《**drop-off**＋名詞》，名詞は《**drop-off** of＋名詞》《**drop-off** in＋名詞》で覚えよう。

1862 □□ **consider** [kənsídər]

動 ～を熟考［検討］する，～を考慮に入れる

We shouldn't have acted before we **considered** the outcome.
（私たちは結果を**考慮する**前に行動するべきではありませんでした）

☞《**consider**＋目的語［名詞］》《**consider**＋動名詞》《**consider**＋that/wh-/how 節》《**consider**＋if/whether 節》《It is **considered**＋that 節》《**consider** *A* (to be) *B*》《**consider** *A* as *B*》で覚えよう。

1863 □□ **consideration** [kənsìdəréiʃən]

名 考慮，判断，意見，思いやり

Thank you for your **consideration** on this matter.
（この件について**ご配慮**いただきありがとうございました）

☞《**consideration** of＋名詞》《**consideration** on/about＋名詞》《**consideration**＋that 節》《**consideration** for＋名詞》で覚えよう。 □ after/on **consideration**「考慮した末に」
□ in **consideration** of ...「～を考慮して」 □ under **consideration**「考慮して」
□ take ... into **consideration**「～を考慮する」

1864 □□ **considerable** [kənsídərəbl]

形 かなりの，考慮すべき，重要な

Richwell Corporation is making **considerable** profits this quarter.
（Richwell Corporation 社は今四半期は**かなりの**利益を上げている）

☞《**considerable**＋名詞》で覚えよう。

1865 □□ **considerably** [kənsídərəbli]

副 かなり

I was too sick to work yesterday, but I'm doing **considerably** better now.
（きのうは具合が悪くて仕事ができませんでしたが，いまは**かなり**よくなっています）

☞《**considerably**＋動詞・形容詞》で覚えよう。 □ **considerably** improve「かなり改善する」

1866 □□ **considerate** [kənsídərət]

形 思いやりのある，慎重に考えた

It was **considerate** of you to meet me in person.
（直接に会ってくださって，**ご親切に**感謝いたします）

☞《**considerate**＋名詞》《連結動詞＋**considerate**》《連結動詞＋**considerate** towards＋名詞》《It is **considerate** of＋人＋to 不定詞》で覚えよう。

1867 □□ **reconsider** [rì:kənsídər]

動 ～を再考する，～を考え直す，～を審議し直す

I'm **reconsidering** my choice of career.
（私はキャリアの選択を**再考しています**）

☞《**reconsider**＋名詞》《**reconsider**＋動名詞》《**reconsider**＋that/wh-/how 節》《**reconsider**＋if/whether 節》《**reconsider** *A* (to be) *B*》で覚えよう。

1868 □□ **tear** [téər]

名 裂け目 動 ～を引き裂く，裂ける

This old carpet has a lot of **tears**.
（この古いカーペットは**裂け目**がたくさんある）

I love this sweater, but its sleeves are **torn** at the seams.
（このセーターは大好きですが，袖が縫い合わせのところで**ほつれて**います）

☞《**tear** of＋名詞》《**tear** in＋名詞》，動詞は《**tear**＋目的語［名詞］》《**tear**＋目的語［名詞］＋off》《**tear**＋目的語［名詞］＋apart》で覚えよう。 □ wear and **tear**「摩耗」

1869 □□ **track** [trǽk]

動 ～の道をたどる，～の後を追う，～を見守る，～を監視する　名 足跡，流れ，進路，軌道，キャリアパス

- I'm using a spreadsheet to **track** my progress on the project.
  （プロジェクトの進行状況を**追跡する**ために表計算シートを使っています）
- Sayuri used to be a **track** and field athlete.
  （Sayuri はかつて**陸上**競技の選手だった）

☞《**track**＋目的語［名詞］》，名詞は《**track** of＋名詞》で覚えよう。 □ keep/lose **track** of ...「～についていく，～についていけない」□ on **track**「途上にあって」□ on the right/wrong **track**「正しい／間違った方向にあって」

1870 □□ **escape** [iskéip]

動 逃げる，脱出する，～から逃れる　名 逃亡，逃避

- The company **escaped** bankruptcy by selling off its U.S. factories.
  （同社は合衆国の工場を売却することで倒産を**逃れた**）
- The office building has a fire **escape** for emergencies.
  （そのオフィスビルには火災時用の非常**出口**がある）

☞《**escape**＋目的語［名詞］》《**escape**＋動名詞》《**escape** from＋名詞》，名詞は《**escape** from＋名詞》で覚えよう。

1871 □□ **warn** [wɔ́ːrn]

動 ～に警告する，～に注意を与える，～に届け出る，～に通知する

- Listen, I'm **warning** you not to bother me.
  （いいですか，私にかまわないでください，**警告しておきます**よ）

☞《**warn**＋目的語［名詞］》《**warn**＋人＋about/of/against＋名詞》《**warn**＋人＋that 節》《**warn**＋人＋to 不定詞》で覚えよう。

1872 □□ **capital** [kǽpətl]

名 首都，資本，利点　形 きわめて重大な

- We need to raise some **capital** to proceed with those projects.
  （それらのプロジェクトを進めるために，いくらかの**資本**を調達する必要がある）

☞《**capital** of/for＋名詞》で覚えよう。不可算名詞なので，複数形は使わない。

1873 □□ **root** [rúː(ː)t]

名 根，根元，本質，根源　動 根を下ろす，定着する，～を根付かせる

- How can we get to the **root** of the problem?
  （どうすればその問題の**根源**にたどりつけるだろうか）

☞《**root** of＋名詞》《**root** in＋名詞》，動詞は《*be* **rooted** in＋名詞》で覚えよう。 □ **root** out「～を根絶する」

GROUP 39

1874 - 1922

1874 □□ **decide** [disáid]

動 ～しようと決心する，～を解決する，～を決定する，(判決) を下す

We **decided** on a course of action to streamline our product lines.
(当社は商品群を合理化するための行動指針を**決めました**)

☞《**decide**＋目的語 [名詞]》《**decide** on＋名詞》《**decide** in favor of/against＋名詞･動名詞》《**decide**＋that/wh-/how 節》《**decide**＋if/whether 節》《**decide**＋to 不定詞》で覚えよう。

1875 □□ **decision** [disíʒən]

名 決心，決断 (力)，判決

Have you come to a **decision** about accepting the job?
(仕事を受け入れる**決定**をしましたか)

☞《**decision** of＋名詞》《**decision** about/on/as to＋名詞》《**decision**＋that/wh-/how 節》《**decision**＋if/whether 節》《**decision**＋to 不定詞》で覚えよう。

1876 □□ **develop** [divéləp]

動 成長する，発展する，～を成長させる，～を発展させる，～を開発する，～を現像する

Cindy applied for a grant to **develop** her idea further.
(Cindy は自分のアイデアをさらに**発展させる**ために助成金を申請した)

☞《**develop**＋目的語 [名詞]》《**develop** into＋名詞》《**develop** from＋名詞》で覚えよう。

1877 □□ **development** [divéləpmənt]

名 発達，進展，開発

Carrion's new digital device is still in the **development** stage.
(Carrion 社の新しいデジタル機器はまだ**開発**段階にある)

☞《**development** of/in＋名詞》で覚えよう。 □ under/in **development**「開発中で，発展中で」

1878 □□ **developer** [divéləpər]

名 開発者，住宅開発業者

We are seeking applicants for the job of a product **developer**.
(当社は製品**開発者**の職への応募者を求めています)

☞《**developer** of＋名詞》で覚えよう。

1879 □□ **check** [tʃék]

動 ～を調べる，～を照合する，～を阻止する　名 照合 (の印)，妨害，抑制

Abigail **checked** her email for the directions to the seminar.
(Abigail はセミナーへの道順のためにメールを**確認した**)

☞《**check**＋目的語 [名詞]》《**check**＋that/wh-/how 節》《**check**＋if/whether 節》《**check** (＋名詞) ＋for＋名詞》《**check** *A* against/with *B*》《**check** with＋名詞》，名詞は《**check** of＋名詞》《**check** on＋名詞》《**check** for＋名詞》で覚えよう。 □ keep ... in **check**「～を抑えておく」 □ by **check**「小切手で」

1880 □□ **checkup** [tʃékʌ̀p]

名 精密検査，健康診断，点検

All full-time employees are eligible for an annual health **checkup**.
(常勤従業員は全員が年 1 回の健康**診断**を受ける資格がある)

☞《**checkup** of＋名詞》《**checkup** on＋名詞》《**checkup** with＋人》で覚えよう。

1881 □□ **increase** [inkríːs; ˊ–]

動 増加する，拡大する，～を増加させる，～を拡大させる，～を向上させる 名 増加，拡大，向上

The meeting was intended to discuss how to **increase** output.
（会議は，生産を**増やす**方法について話し合うためのものだった）

Some positive news is that profits have shown a significant **increase**.
（よい知らせとしては，利益が著しく**増加**しています）

《**increase**＋目的語［名詞］》《**increase**＋目的語［名詞］＋by＋数字》《**increase** (*A*) from/to *B*》《**increase** in＋名詞》《**increase** with＋名詞》，名詞は《**increase** of＋名詞》《**increase** in＋名詞》《**increase** on/over＋名詞》《**increase** to＋名詞》で覚えよう。 □ on the **increase**「増加して」

1882 □□ **increasingly** [inkríːsiŋli]

副 いよいよ，ますます，次第に

We are becoming **increasingly** aware that we need extra time to complete the task.
（その課題を終えるために追加の時間を必要としていることが**しだいに**わかってきた）

《**increasingly**＋動詞・形容詞》で覚えよう。 □ **increasingly** dominate ...「～をしだいに独占する」

1883 □□ **decrease** [dikríːs; díːkriːs]

動 減少する，～を減少させる 名 減少

We can't balance the budget without **decreasing** spending.
（支出を**減ら**さなければ収支を均衡できない）

《**decrease**＋目的語［名詞］》《**decrease**＋目的語［名詞］＋by＋数字》《**decrease** (*A*) from/to *B*》《**decrease** in＋名詞》《**decrease** with＋名詞》，名詞は《**decrease** of＋名詞》《**decrease** in＋名詞》《**decrease** to＋名詞》で覚えよう。 □ on the **decrease**「減少して」

1884 □□ **rock** [rák]

動 揺れ動く，～を揺り動かす，～を動揺させる 名 岩，石，ロック音楽

The company **rocked** the world with the first ever personal computer.
（同社は 1 号機となる PC で世界を**揺るがした**）

Danny is a well-known collector of beautiful **rocks** and stones.
（Danny は美しい**岩**や石の収集家として知られている）

《**rock**＋目的語［名詞］》，名詞は《**rock** of＋名詞》で覚えよう。

1885 □□ **shake** [ʃéik]

動 ～を振る，～を揺する，～を振り払う，揺れる，振動する，（握手）をする 名 振ること，ひと振り，振動，動揺，揺れ

The earthquake **shook** the buildings for 10 seconds.
（地震はビルを 10 秒ほど**揺らした**）

《**shake**＋目的語［名詞］》《**shake** with＋名詞》，名詞は《**shake** of＋名詞》で覚えよう。

1886 □□ **administer** [ədmínistər]

動 ～を管理する，～を運営する，～を執行する，（薬）を投与する

We **administer** surveys on health and wellness every year.
（当社は毎年，健康とその維持について調査を**行う**）

《**administer**＋目的語［名詞］》《**administer** to＋名詞》で覚えよう。

1887 □□ **administration** [ədmìnistréiʃən]

名 行政，政権，管理，投与

The current **administration's** policies favor businesses.
（現**政権**の政策は企業寄りである）

《**administration** of＋名詞》で覚えよう。IT 用語では「ネットワーク管理（組織）」という意味で使う。

1888 □□ **administrative** [ədmínəstrèitiv, -strətiv]

形 行政上の，管理上の，経営上の

Table C shows the **administrative** expenses for the head office.
（C表は本社の**管理費**を示している）

《**administrative**＋名詞》で覚えよう。

1889 □□ **administrator** [ədmínistrèitər]

名（運営）管理者，行政官

I asked the system **administrator** to reset my password.
（システム**管理者**に私のパスワードの再設定を依頼しました）

《**administrator** of＋名詞》で覚えよう。

1890 □□ **concern** [kənsə́ːrn]

名 懸案（事項），不安，気遣い 動 ～を心配させる，～を関与させる

Some employees have serious **concerns** about their job security.
（一部の従業員は職の保障について深刻に**懸念**している）

《**concern** of＋名詞》《**concern** for/about/over/with＋名詞》《**concern**＋that 節》，動詞は《**concern**＋目的語［名詞］》《**concern** *oneself* with/about＋名詞》で覚えよう。 □ *be* of **concern** to ...「～にとって関心事である」 □ out of **concern**「懸念から」 □ To whom it may **concern**,「関係者各位」

1891 □□ **concerned** [kənsə́ːrnd]

形 憂慮して，関与して，関心を持って

My superior is **concerned** whether we can make the deadline.
（上司は私たちが締め切りに間に合うかどうか**懸念して**いる）

《**concerned**＋名詞》《連結動詞＋**concerned**》《連結動詞＋**concerned** about/for/at/over＋名詞》《連結動詞＋**concerned**＋that/wh-/how 節》《連結動詞＋**concerned**＋if/whether 節》《連結動詞＋**concerned**＋to 不定詞》《連結動詞＋**concerned** with＋名詞》で覚えよう。 □ as far as ... is **concerned**「～に関していえば，～の意見としては」

1892 □□ **fear** [fíər]

名 恐怖感，不安，心配，（悪いことが起こる）可能性 動 ～を恐れる，～ではないかと心配する，恐れる

I have a terrible **fear** of heights, so I could never cross a rope bridge.
（私はひどい高所**恐怖**症なので，つり橋は絶対に渡れません）

There is nothing to **fear** about robotic surgery.
（ロボット手術について**心配する**ことは何もありません）

《**fear** of＋名詞》《**fear** about/over＋名詞》《**fear** for＋名詞》《**fear**＋that 節》，動詞は《**fear**＋目的語［名詞］》《**fear** of＋動名詞》《**fear**＋that 節》《**fear**＋to 不定詞》《**fear** for＋名詞》で覚えよう。
□ in **fear**「恐怖を感じて」 □ out of **fear**「恐怖心から」 □ for/in **fear** of ...「～を恐れて」 □ for **fear** that ...「～ということを恐れて」

1893 □□ **scare** [skéər]

動 ～をおびえさせる，～を怖がらせる，おびえる 名 おびえ，驚き，恐怖

◩ The plummeting stock prices **scared** Ms. Alsop into selling off her shares.
（下落する株価は Alsop さんを**不安にさせ**，彼女は持ち株を売り払った）

☞《**scare**＋目的語［名詞］》，名詞は《**scare** about/over＋名詞》で覚えよう。形容詞の scary/scared もよく使う。 □ *be* scared of ...「～を怖がる」

1894 □□ **panic** [pǽnik]

名 狼狽，恐慌，パニック 動 うろたえる，～をうろたえさせる

◩ When the news came in, our section was in a **panic**.
（そのニュースが飛び込んできて，私たちの部署は**パニック**状態になった）

☞《**panic** about/over＋名詞》，動詞は《**panic**＋人》《**panic**＋人＋into＋動名詞》で覚えよう。 □ in (a) **panic**「パニック状態で」

1895 □□ **experience** [ikspíəriəns]

名 体験，経験，認識 動 ～を体験［経験］する，～を学ぶ

◩ My time at NewWorld Inc. was a good **experience** for me.
（NewWorld Inc. 社で過ごした時間は私にとってよい**経験**でした）

◩ We have **experienced** a lot of difficulties over the past few years.
（当社はここ数年間多くの苦難を**経験して**きました）

☞《**experience** of/in/with＋名詞》《**experience** for＋人》，動詞は《**experience**＋目的語［名詞］》で覚えよう。 □ from/by **experience**「経験から」 □ in *someone's* **experience**「～の経験から」

1896 □□ **inexperience** [ìnikspíəriəns]

名 経験不足

◩ Brent is trying hard to overcome his **inexperience** in the real estate business.（Brent は不動産業での**経験不足**を克服しようとかなり努力している）

☞《**inexperience** in＋名詞》で覚えよう。

1897 □□ **store** [stɔ́ːr]

動 ～を蓄える，～を保管する，（データを）記憶させる 名 店，商店，蓄え，備品

◩ Our cloud server **stores** all the data we collect.
（当社のクラウドサーバーは，収集する全データを**保存する**）

☞《**store**＋目的語［名詞］》，名詞は《**store** of＋名詞》で覚えよう。

1898 □□ **storage** [stɔ́ːridʒ]

名 貯蔵，保管（料），記憶装置

◩ Our cloud server will expand its **storage** capacity through this upgrade.
（今回のアップグレードを通して，当社のクラウドサーバーはデータ**保存**容量を拡大する）

☞《**storage** of＋名詞》で覚えよう。 □ in **storage**「保管されて」

1899 □□ **storeroom** [stɔ́ːrrùːm]

名 貯蔵室，物置，収納室

◩ The jeans store renovated its **storeroom** to have more floor space.
（そのジーンズ店は床面積を拡張するために**収納室**を改修した）

☞《**storeroom** of＋名詞》で覚えよう。 □ basement **storeroom**「地下収納室」

1900 □□ **closet** [klɑ́zət]

名 収納家具，クロゼット

I took the old desktop PC into the storage **closet**.
(古いデスクトップ型パソコンは収納**クロゼット**にしまった)

☞《**closet** of＋名詞》で覚えよう。室内の保管専用スペースを指し，衣類以外の保管にも使う。

1901 □□ **allow** [əláu]

動 ～を考慮に入れる，(…に) ～を許す，(…に) ～を許可する，～を配分する

The company **allows** working from home. (会社は在宅勤務を**認めて**います)

We are not **allowed** to import those medicines.
(それらの薬を輸入することは**認められて**いません)

☞《**allow**＋名詞・動名詞》《**allow**＋人＋目的語 [名詞]》《**allow**＋人＋to 不定詞》《It is **allowed**＋to 不定詞》で覚えよう。

1902 □□ **allowance** [əláuəns]

名 許容，容認，余裕，手当

Our schedule makes **allowances** for potential work delays.
(私たちの予定は，作業の遅れの可能性を見込んで**余裕**を持たせている)

☞《**allowance** of＋名詞》《**allowance** for＋名詞》で覚えよう。

1903 □□ **permit** [pərmít; pə́ːrmit]

動 ～を (…に) 許可する，～を容認する，～に同意する 名 許可証

Overnight parking is not **permitted** anywhere on the premises.
(翌日までの駐車は敷地内のどこでも**許可されて**いない)

☞《**permit**＋目的語 [名詞]》《**permit**＋人＋to 不定詞》《It is **permitted**＋to 不定詞》，名詞は《**permit** of＋名詞》《**permit** for＋名詞》《**permit**＋to 不定詞》で覚えよう。公的な決定や同意に基づいて許可を与える響きがある。日常的には allow/let を使うことが多い。

1904 □□ **permission** [pərmíʃən]

名 許可，認可，承認，同意

I already obtained **permission** to renovate my old house.
(私は古くなった住まいを改修する**許可**をすでに得ました)

☞《**permission** of＋名詞》《**permission** for＋名詞》《**permission** from＋名詞》《**permission**＋that 節》《**permission**＋to 不定詞》で覚えよう。

1905 □□ **approve** [əprúːv]

動 (～に) 賛成する，(～を) 承認する，(～を) 認可する

The promotional team **approved** of the new advertising character.
(販促チームは新しい宣伝キャラクターを**承認した**)

☞《**approve**＋目的語 [名詞]》《**approve** of＋名詞》で覚えよう。

1906 □□ **approval** [əprúːvl]

名 承認，賛同，認可，許可

The appointment of Ms. Coburn as a director gained final **approval**.
(Coburn さんの取締役への任命は最終的な**承認**を得た)

☞《**approval** of＋名詞》《**approval** for＋名詞》《**approval** from＋名詞》で覚えよう。 □ *be* subject to **approval** from ...「～からの承認を受けなければならない」

1907 □□ **grant** [grǽnt]

動 ～に（…を）かなえてやる，～に（…を）与える，～を認める　名 助成金，補助金，許可，授与（されたもの）

Jason was **granted** permission to study at business school.
（Jason はビジネススクールで学ぶ許可を**与えられた**）

If you get a faculty position, you may be eligible for research **grants**.
（教員に採用されれば，研究**補助金**を得る資格が与えられるかもしれない）

☞《**grant**＋目的語［名詞］》《**grant**＋人＋目的語［名詞］》《**grant**＋目的語［名詞］＋to＋人》《**grant**＋that 節》《It is **granted**＋that 節》，名詞は《**grant** of＋名詞》《**grant** from/to＋名詞》で覚えよう。
□ **grant** a request「依頼に応じる」□ **grant** permission「許可を与える」□ **grant** a certificate「許可証を交付する」□ take it for **granted** that ...「～ということを当然と考える」□ take ... for **granted**「～を甘く考える」

1908 □□ **department** [dipɑ́ːrtmənt]

名 局，部門，部署，売り場，学部

Simone will be the new head of the marketing **department**.
（Simone がマーケティング**部**の新しい責任者になるでしょう）

☞《**department** of＋名詞》で覚えよう。

1909 □□ **departmental** [dipɑ̀ːrtméntl]

形 部門（別）の

The **departmental** staff received handouts for tomorrow's meeting.
（**部署の**スタッフはあすの会議のための配布資料を受け取った）

☞《**departmental**＋名詞》で覚えよう。

1910 □□ **bureau** [bjúərou]

名 事務局，支局，案内所

Why don't you talk to someone at the information **bureau**?
（情報**案内所**の人と話してみてはどうでしょうか）

☞《**bureau** of＋名詞》で覚えよう。

1911 □□ **section** [sékʃən]

名 部分，断片，仕切られた場所，節，段落，項，欄

Mario works in the accounting **section** of the company.
（Mario は同社の会計**部**に勤務している）

☞《**section** of＋名詞》で覚えよう。

1912 □□ **sector** [séktər]

名 部門，活動分野，セクター，防衛区域

Our cosmetics lines appeal to every **sector** of the beauty market.
（当社の化粧品群は美容市場のどの**分野**にも訴求します）

☞《**sector** of＋名詞》で覚えよう。

1913 □□ **vote** [vóut]

動 投票する，～を表明する，(投票で) ～を決める　名 票，投票 (結果)

All those **voting** in favor, please raise your hands.
(賛成に**投票する**人は全員挙手してください)

The swing **votes** will decide the upcoming election.
(まもなくの選挙では浮動**票**が結果を決めるだろう)

☞《**vote**＋目的語［名詞］》《**vote** on＋名詞》《**vote** for/in favor of/against＋名詞》《**vote**＋that/wh-/how 節》《**vote**＋if/whether 節》《**vote**＋to 不定詞》，名詞は《**vote** of＋名詞》《**vote** on＋名詞》《**vote** for/in favor of/against＋名詞》で覚えよう。

1914 □□ **voter** [vóutər]

名 有権者，投票者，選挙人

Please complete the **voter** registration form and mail it to us.
(**投票者**登録用紙にすべて記入して当方に郵送してください)

☞《**voter** of＋名詞》で覚えよう。 □ **voter** turnout「投票率」

1915 □□ **suggest** [səgdʒést]

動 ～を提案する，～を暗示する，～を連想させる

I would **suggest** that we utilize mobile apps for marketing.
(マーケティングに携帯端末用アプリを活用することを**提案したい**と思います)

☞《**suggest**＋目的語［名詞］》《**suggest**＋動名詞》《**suggest** (＋to＋人) ＋that/wh-/how 節》《It is **suggested**＋that 節》《**suggest** (＋to＋人) ＋if/whether 節》で覚えよう。目的語に to 不定詞はとらない。recommend のように強く勧めるのではなく，選択肢のひとつとして示すこと。

1916 □□ **suggestion** [səgdʒéstʃən]

名 提案 (すること)，ほのめかすこと，示唆

Thomas's **suggestion** about mobile marketing was adopted.
(モバイルマーケティングについての Thomas の**提案**は採用された)

☞《**suggestion** of＋名詞》《**suggestion** about/on/concerning/regarding＋名詞》《**suggestion** for＋名詞》《**suggestion**＋that 節》で覚えよう。

1917 □□ **offer** [ɔ́(ː)fər]

動 ～を提供する，～に買値をつける，～を捧げる　名 申し出，申し込み，提供 (物)

The local government will **offer** assistance to small business owners.
(自治体は小規模事業者に支援を**提供する**だろう)

This special **offer** is only available while supplies last.
(この特別**提供**は在庫が続く間限定で行われます)

☞《**offer**＋目的語［名詞］(＋to＋人)》《**offer**＋人＋目的語［名詞］》《**offer**＋that 節》《**offer**＋to 不定詞》《**offer** *A* for *B*》，名詞は《**offer** of＋名詞》《**offer** on＋名詞》《**offer** for＋名詞》《**offer** from/to＋名詞》《**offer**＋that 節》《**offer**＋to 不定詞》で覚えよう。 □ on **offer**「提示されて」

1918 □□ **struggle** [strʌ́gl]

動 もがく，努力する，苦労する，争う，苦労して進む　名 抗争，闘争，もがき，努力

Amara has been **struggling** with a heavy workload.
（Amara は仕事量の多さに**苦労している**）

Every organization has internal and external **struggles** to deal with.
（どのような組織も内部，外部の**争い**に対処しなければならない）

《**struggle** with＋名詞》《**struggle** for/against＋名詞》《**struggle**＋to 不定詞》，名詞は《**struggle** of＋名詞》《**struggle** with＋名詞》《**struggle** over＋名詞》《**struggle** for/against＋名詞》《**struggle** with/between/among＋名詞》《**struggle**＋to 不定詞》で覚えよう。

1919 □□ **decade** [dékeid]

名 10 年（間）

A natural disaster like this could happen once in a **decade**.
（このような天災は **10 年間**に一度起こる可能性がある）

《during/in/over/for/within/throughout a **decade**》で覚えよう。

1920 □□ **victim** [víktim]

名 被害者，犠牲者，被災者

I didn't expect that I would become a **victim** of identity fraud.
（自分が個人情報詐欺の**被害者**になろうとは思いませんでした）

《**victim** of＋名詞》で覚えよう。

1921 □□ **bar** [bɑ́ːr]

名 基準，こん棒，柵，裁判　動 ～を禁止する

NowTech's cutting-edge technology has raised the **bar** for the industry.
（NowTech 社の最新科学技術は業界がめざす**目標**を引き上げてきた）

People without an ID badge are **barred** from entering the building.
（身分証バッジを身につけていない人々はビル内に入ることを**禁じられて**いる）

《**bar** for＋名詞》，動詞は《**bar**＋目的語［名詞］》《**bar**＋人＋from＋名詞・動名詞》で覚えよう。

1922 □□ **plain** [pléin]

形 明らかな，単純な，質素な，無地の，地味な，つまらない　名 平原

All insurance plans should be explained in **plain** language.
（保険プランはすべて**簡潔な**ことばで説明されるべきである）

《**plain**＋名詞》《連結動詞＋**plain**》《連結動詞＋**plain** to＋人》《It is **plain**＋that 節》，名詞は《**plain** of＋名詞》で覚えよう。

1923 □□ **glance** [glǽns]

動《glance at ... で》ちらっと見る，ざっと目を通す　名 ちらりと見ること，ひらめき

Bindi **glanced** at the clock several times during the meeting.
(会議中に Bindi は何度か時計に**目をやった**)

《**glance** at＋名詞》，名詞は《**glance** of＋名詞》《**glance** at＋名詞》で覚えよう。 □ at a **glance**/at first **glance**「ひと目見て」

1924 □□ **view** [vjúː]

名 視界，眺望，意見，表示　動 ～を眺める，～を考える，～を調査する，～を評価する

Our office on the 15th floor has a magnificent **view** of the city.
(15 階にある当社オフィスは街の雄大な**眺め**が一望できます)

This is a critical issue, so we must **view** the situation objectively.
(これは重要な案件ですから，状況を客観的に**見なければ**なりません)

《**view** of＋名詞》《**view** from/across/over＋名詞》《**view** about/on＋名詞》《**view**＋that 節》，動詞は《**view**＋目的語［名詞］》《**view** *A* as *B*》《**view** *A* from *B*》《**view** *A* with *B*》で覚えよう。 □ in **view** of ...「～を考慮して」□ with a **view** to *doing*「～する目的で」□ in **view**「見えて」

1925 □□ **viewpoint** [vjúːpɔ̀int]

名 見方，見地，視点

From a business **viewpoint**, this is a highly productive investment.
(ビジネスの**観点**から言うと，これはとても生産的な投資です)

《**viewpoint** of＋名詞》《**viewpoint** on＋名詞》《**viewpoint**＋that 節》で覚えよう。

1926 □□ **stance** [stǽns]

名 立場，位置，姿勢，態度

Ms. Lloyd takes a firm **stance** against trade barriers.
(Lloyd さんは貿易障壁にあくまで反対する**立場**を取っている)

《**stance** of＋名詞》《**stance** on＋名詞》《**stance** for/against＋名詞》《**stance**＋that 節》で覚えよう。

1927 □□ **discuss** [diskʌ́s]

動 ～を話し合う，～を議論する，～を討論する

Let's meet with Mr. Singh next week to **discuss** this issue.
(来週 Singh さんと会って，この件を**話し合い**ましょう)

《**discuss**＋目的語［名詞］(＋with＋人)》《**discuss**＋wh-/how 節》《**discuss**＋if/whether 節》で覚えよう。日常的には talk about ... を使うことが多い。

1928 □□ **discussion** [diskʌ́ʃən]

名 話し合い，議論，考察

An important decision was made after the heated **discussion**.
(白熱した**議論**の末に重要な決定が下された)

《**discussion** of/about/on＋名詞》《**discussion** with/between/among＋人》《**discussion**＋if/whether 節》で覚えよう。 □ under **discussion**「討議中で」□ in **discussion** with ...「～と協議中で」

1929 □□ **debate** [dibéit]

名 議論，ディベート，熟考　動 ～を討論する，（～かどうか）を熟考する，議論する

Tax issues are common subjects of political **debates**.
（税の問題は政治的**討論**に共通するテーマである）

《**debate** of＋名詞》《**debate** on/about/over＋名詞》《**debate** with/between/among＋名詞》《**debate** ＋if/whether 節》，動詞は《**debate**＋名詞》《**debate**＋wh-/how 節》《**debate**＋if/whether 節》《**debate** with＋人》で覚えよう。 □ under **debate**「話し合われて」□ open to **debate**「意見が分かれて」

1930 □□ **agenda** [ədʒéndə]

名 課題，議題，スケジュール，政策日程

The section chief asked Carol to write the meeting **agenda**.
（課長は Carol に会議の**議題**を書いてほしいと頼んだ）

《**agenda** of/for＋名詞》で覚えよう。「議題」だけでなく，対処すべき「課題のリスト」という意味もある。 □ on **agenda**「議題にあって」□ off the **agenda**「議題から外れて」□ *be* top of the **agenda**「最優先課題である」

1931 □□ **strike** [stráik]

動 ～を打つ，～をたたく，（契約など）をまとめる　名 打つこと，攻撃，ストライキ，大当たり

The two companies **struck** a deal to produce original online movies.
（両社はオリジナルのオンライン映画を制作する契約を**結んだ**）

《**strike**＋目的語［名詞］》《**strike**＋人》《It **strikes**＋人＋that 節》《It **strikes**＋人＋as＋名詞・形容詞》《**strike** on/at＋名詞》，名詞は《**strike** of＋名詞》《**strike** against/on/over＋名詞》で覚えよう。

1932 □□ **stroke** [stróuk]

名 打つこと，打撃，一撃，羽ばたき，筆跡，（水泳の）ひとかき，脳卒中

Tracey takes a coffee break while **stroking** her dog's fur.
（Tracey は犬の毛を**なで**ながらコーヒーブレイクを取る）

《**stroke** of＋名詞》で覚えよう。

1933 □□ **complete** [kəmplíːt]

動 ～を終える，～を完成させる，完結する，～に記入する　形 完璧な，完全な

Before registering for the seminar, could you **complete** this form?
（セミナーに登録する前に，この用紙に**すべて記入して**いただけますか）

When the software installation is **complete**, please let me know.
（ソフトウェアのインストールが**完了したら**知らせてください）

《**complete**＋目的語［名詞］》《**complete**＋動名詞》，形容詞は《**complete**＋名詞》《連結動詞＋**complete**》《連結動詞＋**complete** with＋名詞》で覚えよう。

1934 □□ **completely** [kəmplíːtli]

副 完全に，完璧に，徹底的に

I'm **completely** in favor of changing the conference venue.
（会議場を変更することに私は**完全に賛**成します）

《**completely**＋動詞・形容詞》で覚えよう。 □ **completely** change ...「～を完全に変える」

1935 □□ **completion** [kəmplíːʃən]

名 完了，修了，満了

◤ We'll pay you for your work on **completion** of the project.
（プロジェクトが**完了**したら，あなたの仕事に対してお支払いします）

☞《**completion** of＋名詞》で覚えよう。□ on **completion** of ...「～が完了したらすぐに」□ after/following **completion**「完了したあとで」□ before/prior to **completion**「完了する前に」□ near **completion**「完了間近で」□ pending **completion**「完了するまで」

1936 □□ **incomplete** [ìnkəmplíːt]

形 不完全な，不十分な，未完成な

◤ This report is based on **incomplete** information.
（この報道は**不完全な**情報に基づいています）

☞《**incomplete**＋名詞》《連結動詞＋**incomplete**》で覚えよう。

1937 □□ **measure** [méʒə*r*]

動 ～を測定する，～を採寸する，～を評価する，～を判断する　名 対策，手段，計量法，計量器

◤ Make sure to **measure** all ingredients carefully.
（必ずすべての食材をきちんと**計量して**ください）

◤ Additional safety **measures** will be taken at all airports.
（すべての空港で追加の安全**対策**が講じられるだろう）

☞《**measure**＋目的語［名詞］》《**measure** *A* by *B*》，名詞は《**measure** of＋名詞》《**measure** for/against＋名詞》《**measure**＋to 不定詞》で覚えよう。

1938 □□ **measurement** [méʒə*r*mənt]

名 測量，測定，寸法，大きさ，体の大きさ

◤ Sorry, but I'm not used to metric **measurements**.
（申し訳ないのですが，私はメートル法での**計測**に慣れていません）

☞《**measurement** of＋名詞》で覚えよう。

1939 □□ **receive** [risíːv]

動 ～を受け（取）る，～を受理する，～を経験する，～を迎え入れる

◤ We've just **received** word that our guest speaker is held up by traffic.
（ゲストの講演者が交通渋滞により遅れているという知らせをちょうど**受けた**ところです）

☞《**receive**＋目的語［名詞］（＋from＋人）》で覚えよう。□ on the **receiving** end of ...「～を受ける側で」

1940 □□ **receipt** [risíːt]

名 領収書，レシート

◤ When buying something expensive, I check the store's return policy and keep a **receipt**.
（高価な品を購入するときは，私は店の返品方針を確認して，**領収書**を取っておきます）

☞《**receipt** of＋名詞》《**receipt** for＋名詞》で覚えよう。□ on **receipt** of ...「～を受領しだい」□ in **receipt** of ...「～を受領して」

1941 □□ **reception** [risépʃən]

名 評判，歓迎，受け入れ，受付，宴会

Please pick up your name badge at the **reception** desk.
（**受付**で氏名バッジをお受け取りください）

☞《**reception** of＋名詞》《**reception** to＋名詞》《**reception** for＋人》《**reception** from/by＋人》で覚えよう。

1942 □□ **receptionist** [risépʃənist]

名 受付係

I used to work as an office **receptionist** at a clinic.
（私はクリニックで事務**受付係**として働いていました）

☞《**receptionist** at＋名詞》で覚えよう。 □ **receptionist** job「受付係の職」

1943 □□ **recipient** [risípiənt]

名 受賞者，受容者，受け手

If you are not the intended **recipient** of this email, please disregard it.
（ご自身がこのメールの本来の**受信者**でない場合は無視なさってください）

☞《**recipient** of＋名詞》で覚えよう。

1944 □□ **issue** [íʃuː]

動（出版物など）を出す，～を公表する，～を交付する 名 問題点，関心事，（雑誌などの）号

The company **issued** a statement about its president's sick leave.
（同社は社長の病気休暇に関する声明を**発表した**）

FastMart executives discussed the **issue** of their labor shortage.
（FastMart 社の幹部は人手不足の**問題**について議論した）

☞《**issue**＋目的語［名詞］（＋to＋人）》，名詞は《**issue** of＋名詞》《**issue** about/concerning＋名詞》《**issue**＋that 節》で覚えよう。 □ at **issue**「問題となって」 □ **issue** of the battle「勝敗の行方」

1945 □□ **subject** [sʌ́bdʒikt]

名 主題，話題，科目，主語，対象，被験者 形 服従して，こうむりやすい 動 ～を服従させる，～に身をさらす

Meg sent an email to a client with no **subject** line.
（Meg は顧客に**件名**を記入しないでメールを送った）

We tested over 500 **subjects** in the experiment.
（500 人を超える**被験者**がその実験に参加した）

Prices are **subject** to change without notice.
（価格は予告なく変更される**ことがあります**）

☞《**subject** of＋名詞》，形容詞は《*be* **subject** to＋名詞》，動詞は《**subject**＋目的語［名詞］＋to＋名詞》で覚えよう。

1946 □□ **object** [əbdʒékt; ɑ́bdʒikt]

動 反対する，抗議する，異議を唱える 名 もの，物体，対象，目的，目標

Fred **objected** to Simon's idea of leaving the team.
（Fred はチームを離れるという Simon の考えに**反対した**）

The first step to conducting research is to precisely specify your **object**.
（調査を行う第一歩はその**対象**を正確に特定することです）

☞《**object** to＋名詞・動名詞》《**object**＋that 節》，名詞は《**object** of＋名詞》で覚えよう。

1947 □□ **objective** [əbdʒéktiv]

名 目標，目的　形 目標の，目的の，客観的な，事実に基づく

Our primary **objective** is to expand our business overseas.
（当社の第一**目標**は事業を海外に展開することです）

Objective analysis is necessary for making an informed decision.
（十分な情報に基づいて決定を下すためには**客観的な**分析が必要だ）

☞《**objective** of＋名詞》，形容詞は《**objective**＋名詞》《連結動詞＋**objective**》で覚えよう。

1948 □□ **accept** [əksépt]

動 ～を受け（入れ）る，～を承諾する，～を承認する

The board of directors **accepted** the budget outline.
（予算の概要は取締役会に**受け入れ**られた）

☞《**accept**＋目的語［名詞］》《**accept**＋that 節》《It is **accepted**＋that 節》で覚えよう。

1949 □□ **acceptable** [əkséptəbl]

形 受け入れられる，許容できる，まあまあの

This report must be revised to an **acceptable** standard.
（この報告書は**許容できる**水準にまで修正されなければならない）

☞《**acceptable**＋名詞》《連結動詞＋**acceptable**》《連結動詞＋**acceptable** for＋名詞》《連結動詞＋**acceptable** to＋名詞》《It is **acceptable**＋that 節》《It is **acceptable**＋to 不定詞》で覚えよう。good enough という意味。

1950 □□ **acceptance** [əkséptəns]

名 受諾，承諾，受け取り

Mr. Gupta received **acceptance** letters from both companies.
（Gupta さんは両社から**採用**通知を受け取った）

☞《**acceptance** of＋名詞》《**acceptance**＋that 節》で覚えよう。

1951 □□ **create** [kriéit]

動 ～を創造する，～を考案する，～を引き起こす

We strive to **create** a worker-friendly environment.
（当社は働く者にやさしい環境を**作る**努力をしております）

☞《**create**＋目的語［名詞］》で覚えよう。

1952 □□ **creative** [kriéitiv]

形 創造的な，想像力のある，独創的な

The University of Art assists students in their **creative** pursuits.
（芸術大学は学生の**創造的な**活動を支援している）

☞《**creative**＋名詞》《連結動詞＋**creative**》で覚えよう。

1953 □□ **creativity** [krìːeitívəti]

名 創造力［性］，独創力［性］

We encourage **creativity** in the field of product design.
（当社は製品デザインの分野で**創造性**を発揮するように促しています）

☞《**creativity** of＋名詞》《**creativity** in＋名詞》で覚えよう。

1954 □□ **creation** [kriéiʃən]

名 創造（物），創作（物），生物

The **creation** of a joint network will speed up transactions.
（共同ネットワークの**構築**は取引を迅速化するだろう）

《**creation** of＋名詞》で覚えよう。

1955 □□ **creature** [kríːtʃər]

名 生物，人間，創造された人［もの］

The photographer specializes in **creatures** living in the jungle.
（その写真家はジャングルに生きる**生物**を専門にしている）

《**creature** of＋名詞》で覚えよう。

1956 □□ **react** [ri(ː)ǽkt]

動 反応する，反対する

Our IT team swiftly **reacted** to the network failure.
（当社の IT チームがネットワークの不調に速やかに**対応した**）

《**react** to＋名詞》《**react** against＋名詞》《**react** by＋動名詞》《**react** with＋名詞》で覚えよう。

1957 □□ **reaction** [ri(ː)ǽkʃən]

名 反応，反作用

The expansion proposal was met with a positive **reaction** from the board.（事業拡大提案は取締役会から前向きな**反応**を得た）

《**reaction** of＋名詞》《**reaction** to＋名詞》《**reaction** against＋名詞》で覚えよう。 □ in **reaction** to ...「～に反応して」

1958 □□ **mention** [ménʃən]

動 ～を簡単に述べる，～を話に出す，～に言及する 名 言及，陳述，記載

Did the article **mention** the name of the witness?
（その記事は証人の名前を**述べて**いましたか）

《**mention**＋目的語［名詞］（＋to＋人）》《**mention**＋that 節》《It is **mentioned**＋that 節》で覚えよう。 □ Don't **mention** it.「どういたしまして」 □ not to **mention** ...「～はいうまでもなく」

1959 □□ **claim** [kléim]

動 ～を主張する，～を要求する，（人命）を奪う 名 主張，要求

Salaba **claimed** that her company offers the best music streaming service.（Salaba が**主張する**には，彼女の会社は最良の音楽ストリーミングサービスを提供しているという）

《**claim**＋目的語［名詞］》《**claim** *A* as *B*》《**claim**＋that 節》《**claim**＋to 不定詞》，名詞は《**claim** of＋名詞》《**claim** for＋名詞》《**claim** to/on＋名詞》《**claim**＋that 節》《**claim**＋to 不定詞》で覚えよう。

1960 □□ **insist** [insíst]

動（～を）主張する，（～と）言い張る

The executives **insisted** that the company keeps using the current trademark.（取締役らは会社は現在の商標を使い続けるべきだと**主張した**）

《**insist** on＋名詞・動名詞》《**insist**＋that 節》で覚えよう。「（反対されても）主張する，強調する」という強い意志を伝える。 □ if you **insist**「あなたがどうしてもというなら」

1961 □□ **share** [ʃéər]

動 ～を分配する，～を分ける，～を共有する，～を分担する　名 取り分，分け前，役割，負担，責任，株式

◤ All employees **share** 15 percent of the profits based on their performance.
（全従業員は利益の 15 パーセントを各自の実績に基づいて**分け合う**）

◤ Thank you for **sharing** the information.
（その情報を**共有して**いただいてありがとうございます）

◤ Peyton has done a fair **share** of the budget planning.
（予算計画について Peyton は自分の**やるべき仕事**は果たした）

☞《**share**＋目的語［名詞］（＋with/between/among＋人）》，名詞は《**share** of/in＋名詞》で覚えよう。

1962 □□ **shareholder** [ʃéərhòuldər]

名 株主，出資者

◤ Shakur Global Financial will hold a **shareholder's** meeting this week.
（Shakur Global Financial 社は今週に**株主**総会を開く）

☞《**shareholder** of＋名詞》《**shareholder** in＋名詞》で覚えよう。

1963 □□ **stock** [sták]

名 株式，在庫，蓄え，だし汁　動 ～を在庫に持つ

◤ Ms. Gorman sold part of her **stocks** in the company.
（Gorman さんは同社の持ち**株**の一部を売却した）

☞《**stock** of＋名詞》，動詞は《**stock**＋目的語［名詞］》《**stock** *A* with *B*》で覚えよう。 □ in/out of **stock**「在庫があって／切れて」□ **stock** price「株価」□ **stock** market「株式市場」□ growth **stock**「成長株」

1964 □□ **stockholder** [stákhòuldər]

名 株主

◤ Useful information is available for our **stockholders** on this Web page.
（このウェブページでは，**株主**に役立つ情報を提供しております）

☞《**stockholder** of＋名詞》《**stockholder** in＋名詞》で覚えよう。

1965 □□ **stockbroker** [stákbròukər]

名 株式仲買業者

◤ Ms. Reed hired a **stockbroker** to run her portfolio.
（Reed さんは投資資産を運用するために**株式仲買業者**を雇った）

☞《**stockbroker** for＋名詞》で覚えよう。 □ online **stockbroker**「オンライン株式仲買人」

1966 □□ **feature** [fíːtʃər]

動 ～を呼び物にする，～を特集する，～を特徴づける　名 特徴，顔の造作，特集記事，目玉商品

◤ An article about our company will be **featured** in *Economic Times*.
（当社についての記事が *Economic Times* 紙で**特集される**）

◤ The key **feature** of this laptop is its energy-efficient high performance.
（このラップトップ機の主な**特徴**はエネルギー効率のよい高機能性である）

☞《**feature**＋目的語［名詞］》《**feature** *A* in *B*》《**feature**＋人＋as＋名詞》，名詞は《**feature** of＋名詞》《**feature** on＋名詞》で覚えよう。

1967 □□ **focus** [fóukəs]

動 焦点を当てる，～を集中させる 名 焦点，中心

For this quarter, we are **focusing** on increasing profit margins.
(今四半期は粗利益を増やすことに**集中します**)

《**focus** on＋名詞》《**focus**＋目的語［名詞］》《**focus** *A* on *B*》，名詞は《**focus** of＋名詞》《**focus** on＋名詞》で覚えよう。 □ in/out of **focus**「焦点が合って，焦点がずれて」

1968 □□ **progress** [prəgrés; prágres]

動 進む，前進する，進歩する 名 前進，進展，成長

The board meeting is **progressing** smoothly so far.
(取締役会はいまのところ順調に**進んでいます**)

One of my tasks is to monitor the daily **progress** of ongoing projects.
(私の仕事のひとつは，進行中のプロジェクトの毎日の**進展**を追跡確認することです)

The meeting is still in **progress**; I'll let you know when it ends.
(会議はまだ**進行**中です；終わりましたらお知らせします)

《**progress** with＋名詞》《**progress** from *A* to *B*》《**progress** toward＋名詞》《**progress** beyond＋名詞》，名詞は《**progress** of＋名詞》《**progress** with＋名詞》《**progress** in/on＋名詞》《**progress** toward＋名詞》《**progress** through＋名詞》《**progress** from *A* to *B*》で覚えよう。 □ in **progress**「進行中で」

1969 □□ **quit** [kwít]

動 ～を止める，～を中止する，～を立ち退く，(仕事)を辞める

Demi **quit** her job as a lab technician to start her own firm.
(Demi は実験技術者としての仕事を**辞めて**，自分の会社を興した)

《**quit**＋目的語［名詞］》《**quit**＋動名詞》で覚えよう。話しことばで使うことが多い。

1970 □□ **article** [á:rtikl]

名 記事，条項，品物

Recent news **articles** about Daoming Group are mostly positive.
(Daoming Group に関する最近の報道**記事**は大半が好意的である)

《**article** of＋名詞》《**article** about/on＋名詞》で覚えよう。「もの，品目」「条項」という意味でもよく使う。

1971 □□ **soil** [sɔ́il]

名 土，土壌，農地，汚れ，しみ 動 ～を汚す

The **soil** will become fertile again by recirculating nutrients in it.
(中で栄養分を再循環することで，**土壌**は再び肥沃になるだろう)

《**soil** of＋名詞》，動詞は《**soil**＋目的語［名詞］》で覚えよう。 □ foreign **soil**「外国(の地)」

GROUP 41

1972 □□ **economy** [ikánəmi]

名 経済，節約すること 形 安価な，徳用の，経済的な

The planned tax cut will help keep the **economy** strong.
（減税計画は**経済**を強化する力になるだろう）

☞《**economy** of＋名詞》《**economy** in＋名詞》で覚えよう。 □ **economies** of scale「規模の経済，スケールメリット」

1973 □□ **economic** [iːkənámik]

形 経済の，経済学の，実利的な，安価な，資源保護に影響する

If the currency weakens, our **economic** situation will worsen.
（通貨が弱くなれば，私たちの**経済**状況は悪化するだろう）

☞《**economic**＋名詞》《連結動詞＋**economic**》で覚えよう。 □ **economic** acceleration「景気の加速」 □ **economic** account「経済的理由」

1974 □□ **economical** [iːkənámikl]

形 経済的な，徳用の，安い，節約になる，浪費しない

The reception area has **economical** furniture.
（受付には**経済的な**家具がある）

☞《**economical**＋名詞》《連結動詞＋**economical**》で覚えよう。「無駄を出さない」という響きが強い。

1975 □□ **economically** [iːkənámikəli]

副 経済的に，節約して，経済的見地からいえば

We should invest our time and money **economically**.
（私たちは時間と費用を**無駄なく**投資すべきである）

☞《**economically**＋動詞・形容詞》で覚えよう。 □ **economically** advantageous「経済的に有利な」

1976 □□ **economist** [ikánəmist]

名 経済学者，倹約家

A leading **economist** praised the government's monetary policies.
（主要な**経済学者**が政府の金融政策を称賛した）

☞《**economist** at＋名詞》で覚えよう。 □ influential **economist**「影響力のある経済学者」

1977 □□ **economize** [ikánəmàiz]

動（時間・金・ものなどを）節約する

Hybrid vehicles help us **economize** on fuel.
（ハイブリッド車は燃料を**節約する**うえで役立つ）

☞《**economize** on＋名詞》で覚えよう。

1978 □□ **ecosystem** [ékousìstəm]

名 生態系，エコシステム

The constructed bridge doesn't interfere with the **ecosystem**.
（建設された橋は**生態系**を妨げない）

☞《**ecosystem** of＋名詞》で覚えよう。ある地域内の生命体を，その自然の中で相互に依存するひとつの生命系としてとらえる。

1979 □□ **ecological** [èkəládʒikl]

形 生態学の，生態の，環境保護の

The **ecological** effects of the oil spill remain to be seen.
（その原油漏れの**生態系への**影響はまだわからない）

☞《**ecological**＋名詞》《連結動詞＋**ecological**》で覚えよう。

1980 □□ **join** [dʒɔ́in]

動（～に）参加する，（～に）加わる，～を結び合せる

I'd be happy to **join** you on that project.
（あなたたちとそのプロジェクトに**参加できれば**うれしいです）

☞《**join**＋目的語［名詞］》《**join** *A* to *B*》《**join**＋人＋for＋名詞》《**join**＋人＋in＋動名詞》《**join**＋人＋to 不定詞》で覚えよう。 □ **join** a company「入社する」□ **join** a gym「ジムに入会する」

1981 □□ **joint** [dʒɔ́int]

形 共同の，共有の，連合の　名 結合，関節

We will weigh the benefits and risks of this **joint** venture.
（この**合弁事業**の利益とリスクを検討します）

☞《**joint**＋名詞》，名詞は《**joint** of＋名詞》《**joint** between＋名詞》で覚えよう。

1982 □□ **industry** [índəstri]

名 産業（界），工業（界）

Gwen is considering her future career path in the marketing **industry**.
（Gwen は，将来のキャリア形成としてマーケティング**産業**を考えている）

☞《**industry** of＋名詞》で覚えよう。 □ car **industry**「自動車産業」□ broadcasting **industry**「放送事業」

1983 □□ **industrial** [indʌ́striəl]

形 産業の，工業の

Tex Chemicals is located in an **industrial** area just outside of the city.
（Tex Chemicals 社は街のすぐ外れの**工業**地域に位置している）

☞《**industrial**＋名詞》で覚えよう。形容詞 industrious は「勤勉な」

1984 □□ **cause** [kɔ́:z]

名 原因，理由，大義　動 ～を引き起こす，～の原因となる，～に…させる

We thoroughly investigated the **cause** of the accident.
（私たちは事故の**原因**を徹底的に調べた）

It seems that the problem was **caused** by a software glitch.
（その問題はソフトウエアの誤作動によって**引き起こ**されたようだ）

☞《**cause** of＋名詞》《**cause** for＋名詞》，動詞は《**cause**＋目的語［名詞］》《**cause**＋目的語［名詞］＋for＋人》《**cause**＋人＋目的語［名詞］》《**cause**＋目的語［名詞］＋to 不定詞》で覚えよう。
□ **cause** and effect「原因と結果」

1985 □□ **effect** [ifékt]

名 結果，効果，（薬などの）効き目，（擬音・照明などの）効果，趣旨

The **effect** of the advertising campaign was a rise in brand awareness.
（その広告キャンペーンの**効果**はブランド認知を高めた）

☞《**effect** of＋名詞》《**effect** on＋名詞》《**effect**＋that 節》で覚えよう。 □ take/come into **effect**「効果を生む，発効する」□ put/bring ... into **effect**「～を実行する」□ in **effect**「実際に」□ to the **effect** that ...「～という趣旨の」

1986 □□ **effective** [iféktiv]

形 効果のある，有効な，実際の

The industry needs more **effective** measures to reduce waste.
(業界は廃棄物を減らすためのさらに**効果的な**方策を必要としている)

☞《**effective**＋名詞》《連結動詞＋**effective**》《連結動詞＋**effective** in/at＋名詞》《連結動詞＋**effective** from＋日付》《It is **effective**＋to 不定詞》で覚えよう。「意図したとおりの結果を出して」という響きがある。

1987 □□ **effectively** [iféktivli]

副 有効に，効果的に，事実上

Outsourcing will help to **effectively** cut production costs.
(外注化は生産コストを**効果的に**削減するために役に立つ)

☞《**effectively**＋動詞・形容詞》で覚えよう。in effect と同じ意味。 □ **effectively** use ...「～を効果的に使う」

1988 □□ **effectiveness** [iféktivnəs]

名 有効性，効力

The advertising campaign's **effectiveness** was lower than anticipated.
(広告キャンペーンの**効果**は予想より低かった)

☞《**effectiveness** of＋名詞》《**effectiveness** in＋名詞》《**effectiveness** as＋名詞》で覚えよう。

1989 □□ **board** [bɔ́ːrd]

動 ～に乗り込む，～を乗せる 名 役員会，掲示板，板

Ms. Watanabe is never late when it comes to **boarding** a flight.
(飛行機に**搭乗する**こととなると，Watanabe さんはけっして遅れない)

We will discuss the matter at the next **board** meeting.
(次の**取締役**会でその問題について話し合います)

Mr. Donovan has sat on our **board** for 10 years.
(Donovan さんは 10 年にわたって当社の**取締役会**の席に就いている)

☞《**board**＋目的語［名詞］》，名詞は《**board** of＋名詞》で覚えよう。 □ **board** of directors「取締役会」 □ on **board**「乗って」 □ across the **board**「全面的に，全面に渡って，一律に」 □ across-the-**board**「全面的な，一律の」

1990 □□ **boardroom** [bɔ́ːrdrùːm]

名 (重役) 会議室

The directors will meet in the **boardroom** next week.
(取締役は来週に**重役会議室**で会議を行う)

☞《**boardroom** of＋名詞》で覚えよう。

1991 □□ **aboard** [əbɔ́ːrd]

副 (乗り物に) 乗って，機内［船内／社内］に

Have you emailed a welcome **aboard** message to our new employees?
(新入社員に**入社**歓迎メッセージをメールしましたか)

☞《動詞＋**aboard**》で覚えよう。 □ welcome **aboard**「ようこそ」

1992 □□ **save** [séiv]

動 ～を救う，～を助ける，～を安全に守る，～を貯蓄する，～を節約する

Could I have some tips on how to **save** money for a rainy day?
(万が一のときのためにお金を**貯める**うえで役立つ情報をいただけますか)

The new CEO managed to **save** the company from bankruptcy.
(新 CEO はなんとか会社を倒産から**救った**)

☞《**save**＋目的語［名詞］》《**save** *A* from *B*》《**save** *A* for *B*》《**save** on＋名詞》《**save**＋人＋動名詞》で覚えよう。

1993 □□ **savings** [séiviŋz]

名 預貯金，貯蓄，予備資金，節約

Tifa is working hard to make considerable monthly **savings**.
(Tifa は毎月かなりの**貯金**をするためにがんばって働いている)

☞《**savings** of＋名詞》《**savings** from＋名詞》《**savings** in＋名詞》《**savings** on＋名詞》《**savings** for＋名詞》で覚えよう。 □ **savings** account「預金口座」

1994 □□ **cure** [kjúə*r*]

動 治る，～を治す，～を治療する，～を矯正する 名 治療（法），救済（法）

Some people use their cell phones to **cure** boredom.
(退屈を**いやす**ために携帯電話を使う人もいる)

☞《**cure**＋目的語［名詞］》《**cure**＋人＋of＋名詞》，名詞は《**cure** of＋名詞》《**cure** for/from＋名詞》で覚えよう。

1995 □□ **attention** [əténʃən]

名 注意，注目，心遣い，配慮

May I have your **attention**, please? I have an announcement to make.
(皆さま，ご**注目**をお願いします。発表がございます)

☞《**attention** of＋名詞》《**attention** to＋名詞》で覚えよう。 □ pay **attention** to ...「～に注意する」
□ attract/catch/get/draw **attention**「注意を引く」 □ receive/have **attention**「注目される」
□ come to *someone's* **attention**「～の目にとまる」

1996 □□ **attend** [əténd]

動 ～に出席する，～に参加する，～に付き添う，《attend to ... で》～を扱う

Bellville Diamond plans to **attend** a gemstone conference next year.
(Bellville Diamond 社は来年の宝石大会に**参加する**予定でいる)

☞《**attend**＋目的語［名詞］》《**attend** to＋名詞》で覚えよう。

1997 □□ **attendance** [əténdəns]

名 出席（者），参加，出勤

Attendance is mandatory for the morning meeting tomorrow.
(あすの朝の会議への**出席**は義務とされている)

☞《**attendance** of＋名詞》《**attendance** at＋名詞》で覚えよう。 □ in **attendance**「出席して」

1998 □□ **attendee** [ətendíː]

名 出席者，参加者

Attendees are waiting for the seminar to start.
（**参加者**はセミナーの開始を待っている）

☞《**attendee** of＋名詞》で覚えよう。集会や学習コースへの参加者を指す。

1999 □□ **attendant** [əténdənt]

名 接客係，付添人，出席者　形 付添いの，結果として伴う

Please inform the flight **attendant** of your needs.
（必要なものは客室**乗務員**にお知らせください）

☞《**attendant** of＋名詞》で覚えよう。顧客にサービスを提供する職員を指す。

2000 □□ **unattended** [ʌ̀nəténdid]

形 世話されない，付添人のいない，無人の，出席者のいない，放置された

Please do not leave your belongings **unattended**.
（所持品を**放置**しないでください）

☞《**unattended**＋名詞》《連結動詞＋**unattended**》で覚えよう。

2001 □□ **effort** [éfərt]

名 努力，骨折り，力作

Thank you for your **efforts** in making this project possible.
（このプロジェクトを実現するために**努力**してくださってありがとうございます）

☞《**effort** of＋名詞》《**effort** at/in＋名詞》《**effort**＋to 不定詞》で覚えよう。

2002 □□ **endeavor** [endévər]

動 （達成しようと）努力する　名 努力，試み

We **endeavor** to offer the best experience to each guest.
（当社はお客様ひとりひとりに最良の体験を提供するように**努めます**）

The store’s drone delivery service was an ambitious **endeavor**.
（その店舗が始めたドローンによる配送サービスは野心的な**試み**であった）

☞《**endeavor**＋to 不定詞》，名詞は《**endeavor** of＋名詞》《**endeavor** for＋名詞》《**endeavor**＋to 不定詞》で覚えよう。

2003 □□ **common** [kámən]

形 一般的な，公の，ありふれた，共通の　名 共有，一般人

The survey lists **common** problems that working mothers face.
（その調査は，仕事を持つ母親が直面する**共通の**問題を取り上げている）

☞《**common**＋名詞》《連結動詞＋**common**》《連結動詞＋**common** among/to＋名詞》《It is **common**＋that 節》《It is **common**＋to 不定詞》で覚えよう。　□ in **common** (with ...)「（～と）共通して」

2004 □□ **commonly** [kámənli]

副 一般に，通例，俗に

Venice is **commonly** known for its many waterways.
（ベニスは多くの水路があることで**広く**知られている）

☞《**commonly**＋動詞・形容詞》で覚えよう。　□ **commonly** known as ...「～として広く知られて」

2005 □□ **security** [sikjúərəti]

名 安全，無事，安心，安定，（安全）保障，防衛，警備

Public-sector workers appear to have few worries about job **security**.
（公共部門で働く人々は雇用**保障**に関する不安が少ないようである）

☞《**security** of＋名詞》《**security** for/against＋名詞》で覚えよう。

2006 □□ **secure** [sikjúər]

動 ～を獲得する，～を安全にする，～を守る，～を固定する，～をしっかり閉める，～を厳重にしまう　形 安全な，安定した，心配のない，保証された，確実な

The aid organization **secured** financial support from the state government.（その救援組織は州政府から財政支援を**確保した**）

☞《**secure**＋目的語［名詞］》《**secure** *A* against *B*》《**secure** *A* to *B*》，形容詞は《**secure**＋名詞》《連結動詞＋**secure**》《連結動詞＋**secure** from＋名詞》《連結動詞＋**secure** for/against＋名詞》《連結動詞＋**secure** in＋名詞》で覚えよう。形容詞は safe and **secure** の組み合わせで覚えよう。

2007 □□ **securely** [sikjúərli]

副 安全に，確実に，しっかりと

I always **securely** fasten my suitcases when I travel.
（旅行する際はいつもスーツケースを**しっかり**閉めます）

☞《**securely**＋動詞》で覚えよう。 □ fasten a seatbelt **securely**「シートベルトをしっかり締める」

2008 □□ **aid** [éid]

名 援助，補助，救援物資　動 助けとなる，～を援助する

The group provided medical **aid** to the people in the affected areas.
（そのグループは被災地域の人々に医療**支援**を提供した）

☞《**aid** of＋名詞》《**aid** for＋名詞》，動詞は《**aid**＋目的語［名詞］》《**aid**＋目的語［名詞］＋with/in＋名詞・動名詞》で覚えよう。 □ financial **aid**「財政的支援」□ legal **aid**「法的支援」□ humanitarian **aid**「人道支援」□ hearing **aid**「補聴器」□ walking **aid**「歩行器」□ in **aid** of ...「～を支援するために」□ with the **aid** of ...「～の支援を受けて」

2009 □□ **unaided** [ʌ̀néidid]

形 助けを受けない，肉眼の，裸眼の

Mr. Lewis was walking **unaided** in the hospital hallway.
（Lewis さんは**介添えなしで**病院の廊下を歩いていた）

☞《**unaided**＋名詞》《連結動詞＋**unaided**》で覚えよう。

2010 □□ **tie** [tái]

名 結ぶもの，ネクタイ，引き分け，《ties で》つながり，関係　動 ～を結ぶ，～と同点になる，関係がある

Our team scored the last goal, and the match ended in a **tie**.
（私たちのチームが最後のゴールを決め，試合は**引き分け**に終わった）

I'm having difficulty bending over to **tie** my shoes.
（かがんで靴の**ひもを結ぶ**のが難しい）

☞《**tie** against＋名詞》《**ties** of＋名詞》《**ties** with/between/among＋名詞》，動詞は《**tie**＋目的語［名詞］》《**tie** *A* with/to *B*》《*be* **tied** to＋動名詞》で覚えよう。

2011 □□ **bond** [bɑ́nd]

名 束縛，結束　動 接着する

An open-plan office could strengthen **bonds** among employees.
（開放的なワンルーム形式のオフィスは従業員間の**結束**を強める可能性がある）

☞《**bond** of/with/between/among＋名詞》，動詞は《**bond** with＋名詞》で覚えよう。

2012 □□ **patient** [péiʃənt]

形 忍耐強い，寛大な　名 患者，病人

Please be **patient**; the situation will be under control soon.
（**我慢して**ください；状況はすぐに管理できますから）

The medical team is busy analyzing hospitalized **patients'** data.
（医療チームは入院**患者**のデータ分析で忙しい）

☞《**patient**＋名詞》《連結動詞＋**patient**》《連結動詞＋**patient** about＋名詞》《連結動詞＋**patient** with/for＋名詞》《連結動詞＋**patient**＋to 不定詞》，名詞は《**patient** of＋名詞》で覚えよう。

2013 □□ **patience** [péiʃəns]

名 忍耐，根気

I'm running out of **patience** with discussions going nowhere.
（まとまらない議論にはこれ以上**我慢**できません）

☞《**patience** of＋名詞》《**patience** with/for＋名詞》《**patience**＋to 不定詞》で覚えよう。

2014 □□ **impatient** [impéiʃənt]

形 気短な，せっかちな，我慢できない

Some customers were growing **impatient** in the long lines for the sale.
（大売り出しでの長蛇の列に，一部の顧客は**いら立って**きた）

☞《**impatient**＋名詞》《連結動詞＋**impatient**》《連結動詞＋**impatient** about/at＋名詞》《連結動詞＋**impatient** with/for＋名詞》《連結動詞＋**impatient**＋to 不定詞》で覚えよう。

2015 □□ **encourage** [inkə́ːridʒ]

動 ～を励ます，～をけしかける，～を促進する，（学問・行為など）を奨励する

Employees are **encouraged** to participate in volunteer activities.
（従業員はボランティア活動に参加することを**奨励されている**）

☞《**encourage**＋人》《**encourage**＋動名詞》《**encourage**＋人＋to 不定詞》《**encourage**＋人＋in＋名詞》で覚えよう。

2016 □□ **declare** [dikléə*r*]

動 ～を宣言する，～を言明する，～を布告する，～を申告する

Do I have to **declare** these snacks at customs?
（これらの軽食類を税関で**申告し**なければなりませんか）

☞《**declare**＋目的語［名詞］》《**declare** *A* to be *B*》《**declare**＋that 節》《It is **declared**＋that 節》で覚えよう。

2017 □□ **score** [skɔ́ː*r*]

名 得点（記録），点数，成績　動 得点する，～を得る，（～点）に数えられる

Andrew earned a good **score** in the language test.
（Andrew はその言語テストで好**得点**を得た）

☞《**score** of＋名詞》《**score** for＋名詞》，動詞は《**score**＋目的語［名詞］》《**score** for/against＋名詞》で覚えよう。

2018 □□ **stretch** [strétʃ]

動 ～を引きのばす，～を引っ張る，伸びる　名 伸び，伸縮性，長さ，最後の追い込み

The financial briefing **stretched** much longer than expected.
（財務報告は予想よりもずっと**長い時間続いた**）

The design team is approaching the last **stretch** of its assignment.
（デザインチームは任務の最終**段階**に来ている）

☞《**stretch**＋目的語［名詞］》《**stretch** into/over/on＋名詞》，名詞は《**stretch** of＋名詞》で覚えよう。

2019 □□ **review** [rivjúː]

名 見直し，批評，再調査［検討／考察］，報告　動 ～を見直す，～を復習する，～を批評する，～を振り返る

My supervisor always gives me a fair performance **review**.
（上司はいつも私の業績を正当に**評価**してくれる）

We are going to **review** the weekly progress of the project.
（プロジェクトの毎週の進行を**見直します**）

☞《**review** of＋名詞》《**review** by＋名詞》，動詞は《**review**＋目的語［名詞］》で覚えよう。 □ under **review**「調査中で，見直し中で」 □ up for **review**「見直されることになっていて」

2020 □□ **task** [tǽsk]

名 課題，任務，職務，役割，（パソコンの）タスク　動《*be* tasked with ... で》～する任務を負う

Giving a presentation with such short notice is a challenging **task**.
（これほど直前になってプレゼンテーションをするのはたいへんな**課題**だ）

☞《**task** of＋名詞》《**task** for＋名詞》《**task** in＋名詞》，動詞は《*be* **tasked** with＋名詞》で覚えよう。
□ **task** force「特別対策本部」

GROUP 42

▶ 2021 - 2069

2021 □□ **judge** [dʒʌ́dʒ]

動 ～を評価する，～を裁く，～を判断する，～を批判する　名 裁判官，審判，審査員

- What criteria do you use to **judge** product quality?
  （商品の質を**判断する**ために何を基準として使いますか）
- I will stay on the team, and I will be the **judge** on that matter.
  （私はチームに留まって，その件について**判断**します）

☞《**judge**＋目的語［名詞］》《**judge**＋that/wh-/how 節》《**judge**＋if/whether 節》《It is **judged**＋that 節》《**judge**＋人＋on＋名詞》，名詞は《**judge** of＋名詞》で覚えよう。 □ **judging** from ...「～から判断して」 □ **judge** between right and wrong「善悪を判断する」

2022 □□ **judgment** [dʒʌ́dʒmənt]

名 判断（力），意見，判決，裁判

- Mr. Winham makes accurate **judgments** about investing in stocks.
  （Winham さんは株式投資に関して正確な**判断**を下す）

☞《**judgment** about/on＋名詞》《**judgment** for/against＋名詞》《**judgment** in＋名詞》《**judgment**＋that 節》《**judgment**＋if/whether 節》で覚えよう。

2023 □□ **opinion** [əpínjən]

名 意見，試験，評価，判決理由

- My honest **opinion** is that the proposal is not viable.
  （私の正直な**意見**では，その提案は実行可能ではありません）

☞《**opinion** of＋名詞》《**opinion** about/on/as to＋名詞》《**opinion**＋that 節》で覚えよう。 □ in my **opinion**「私の考えでは」

2024 □□ **contain** [kəntéin]

動 ～を含む，～を収容する，～を自制する，～を阻止する

- This folder **contains** information about business expenses.
  （このフォルダは業務費用に関する情報を**含んでいる**）

☞《**contain**＋目的語［名詞］》で覚えよう。

2025 □□ **container** [kəntéinər]

名 容器，コンテナ

- We use this plastic **container** for spare pens and pencils.
  （このプラスチック**容器**に予備のペンと鉛筆を入れています）

☞《**container** of/for＋名詞》で覚えよう。

2026 □□ **analysis** [ənǽləsis]

名 分析，解析

- The expert's trend **analysis** suggests the stock market will go up.
  （その専門家による動向**分析**は，株式市場が上向くことを示している）

☞《**analysis** of＋名詞》《**analysis**＋that/wh-/how 節》《**analysis**＋if/whether 節》で覚えよう。

2027 □□ **analyze** [ǽnəlàiz]

動 ～を分析する，～を分析的に検討する

Frank is **analyzing** the performance of the marketing strategy.
（Frank はマーケティング戦略の実績を**分析して**いる）

《**analyze**＋目的語［名詞］》《**analyze**＋that/wh-/how 節》《**analyze**＋if/whether 節》で覚えよう。

2028 □□ **analyst** [ǽnəlist]

名 分析者，アナリスト

Ms. Chang was first hired as a technical **analyst**.
（Chang さんはまず技術**アナリスト**として雇用された）

《**analyst** of＋名詞》で覚えよう。technical **analyst** は，産業界に関する問題を調査し，チャート分析によって投資家に情報を提供する。

2029 □□ **particular** [pərtíkjələr]

形 特に，特有の，好みのうるさい，詳細な

The client is **particular** about font sizes and layout.
（その顧客はフォントのサイズやレイアウトに**こだわる**）

Enriching the work environment is of **particular** importance.
（労働環境を高めることは**特に**重要です）

《**particular**＋名詞》《連結動詞＋**particular**》《連結動詞＋**particular** about＋名詞》で覚えよう。

2030 □□ **particularly** [pərtíkjələrli]

副 ひじょうに，特に，とりわけ，詳細に

I'm **particularly** concerned about the cost effectiveness.
（私は費用対効果が**特に**気になります）

□ **particularly** effective「特に効果的な」

2031 □□ **protect** [prətékt]

動 ～を保護する，～を守る，～を防ぐ

Patents are a good means of **protecting** intellectual property.
（特許は知的財産を**守る**よい方法である）

《**protect**＋目的語［名詞］》《**protect** *A* from/against *B*》《**protect** against＋名詞》で覚えよう。

2032 □□ **protection** [prətékʃən]

名 保護するもの，保護すること，擁護

Legal **protection** against piracy is given to all creative work.
（著作権侵害に対する法的**保護**はすべての創作物に与えられる）

《**protection** of＋名詞》《**protection** for＋名詞》《**protection** from/against＋名詞》で覚えよう。

2033 □□ **protective** [prətéktiv]

形 保護するための，（～を）守ろうとする

We have taken **protective** measures to prevent illegal copying.
（違法コピーを防ぐために当社は**保護**対策を取っている）

《**protective**＋名詞》《連結動詞＋**protective**》《連結動詞＋**protective** of/toward＋名詞》で覚えよう。

2034 □□ **accord** [əkɔ́ːrd]

名 合意　動 ～を与える，《accord with ... で》一致する，許容する

The nations reached an **accord** on curbing carbon outputs.
（それらの国々は二酸化炭素の排出抑制に関して**合意**した）

《**accord** of＋名詞》《**accord** on＋名詞》《**accord** with/between/among＋名詞》《**accord**＋that 節》，動詞は《**accord**＋目的語［名詞］》《**accord** *A* to *B*》《**accord** with＋名詞》で覚えよう。

2035 □□ **accordance** [əkɔ́ːrdns]

名 一致，調和

The documents must be destroyed in **accordance** with company policy.
（書類は会社の方針に**従って**断裁廃棄されなければならない）

《**accordance** with＋名詞》で覚えよう。 □ in **accordance** with ... で「～に従って」（＝according to ...）

2036 □□ **amount** [əmáunt]

名 数量，総額　動 合計～に達する

A large **amount** of the budget was spent on advertising.
（多**額**の予算が広告に費やされた）

All our hard work **amounted** to something great.
（私たちの頑張りのすべてが大きな成果と**なった**）

《**amount** of＋名詞》，動詞は《**amount** to＋名詞》で覚えよう。 □ **amount** to much「重要である，たいしたものである」 □ not **amount** to much「役に立たない，たかが知れている」

2037 □□ **sum** [sʌ́m]

名 合計，総数，全体，概要　動 ～を総計する，～を要約する

Local businesses donated a modest **sum** of money to the school event.
（地元企業がその学校イベントにささやかな**金額**を献金した）

《**sum** of＋名詞》，動詞は《**sum** up＋目的語［名詞］》で覚えよう。 □ in **sum**「つまり」 □ to **sum** up「ひとことで言うと」

2038 □□ **demand** [dimǽnd]

動 ～を要求する，～を必要とする　名 要求，需要

Our client is **demanding** that we make changes to the contract.
（顧客は当社が契約書に変更を加えることを**要求している**）

We're confident that we will be able to meet your **demands**.
（当社はご**要望**にお応えできる自信があります）

《**demand**＋目的語［名詞］》《**demand** *A* of/from *B*》《**demand**＋目的語［名詞］＋to 不定詞》《**demand**＋that 節》《It is **demanded**＋that 節》，名詞は《**demand** of＋名詞》《**demand** for＋名詞》《**demand**＋to 不定詞》《**demand**＋that 節》で覚えよう。現在分詞形 demanding は「要求の多い，厳しい，骨の折れる」という意味の形容詞としても使う。 □ in **demand**「求められて」 □ on **demand**「請求されしだい」

2039 □□ **supply** [səplái]

名 供給（量），配給，供給システム，生活物資，用品　動 ～を供給する，～を配給する，～を補充する，～に応じる

We have a limited **supply** of bottled water.
（ボトル入り飲用水の**在庫**が限られています）

Volunteers are **supplying** evacuees with food and drinks.
（ボランティアが避難者に食料と飲み物を**配っている**）

☞《**supply** of＋名詞》《**supply** to＋名詞》，動詞は《**supply**＋目的語［名詞］（＋to/for＋人）》《**supply**＋人＋with＋名詞》で覚えよう。定期的に，長期にわたって「供給する」という意味。 □ power **supply**「電源，電力供給」□ water **supply**「水道」□ **supply** and demand「需要と供給」

2040 □□ **supplier** [səpláiər]

名 供給企業

The chef suggested that we switch seafood **suppliers**.
（シェフは海鮮食材の**供給業者**を切り替えてはどうかと述べた）

☞《**supplier** of＋名詞》《**supplier** to＋名詞》で覚えよう。

2041 □□ **provide** [prəváid]

動 備える，～を与える，～を提供する，～ということを定める

The company will **provide** you with a laptop and software.
（会社はラップトップ機とソフトウェアを**提供します**）

☞《**provide**＋目的語［名詞］》《**provide**＋目的語［名詞］＋for＋人》《**provide**＋人＋with＋名詞》《**provide** for＋名詞》《**provide**＋that 節》《It is **provided**＋that 節》で覚えよう。 □ **provided** that ...「～という条件で」

2042 □□ **stick** [stík]

動 ～を突き刺す，～を突き出す，～を動けなくする，突き出る，はり付く　名 棒，杖

Despite disagreements, Mr. Cruz **stuck** to his original idea.
（意見の不一致にもかかわらず，Cruz さんは自分独自のアイデアに**こだわった**）

☞《**stick**＋目的語［名詞］》《**stick** *A* on/to *B*》《**stick** *A* in/into/through *B*》《**stick** to/with＋名詞》，名詞は《**stick** of＋名詞》で覚えよう。

2043 □□ **sticker** [stíkər]

名 ステッカー，刺すもの，頑張り屋，難問

Amelia is busy designing **stickers** that feature the company's logo.
（Amelia は会社のロゴを使った**ステッカー**をデザインすることで忙しい）

☞《**sticker** of＋名詞》で覚えよう。 □ parking **sticker**「駐車用ステッカー」

2044 □□ **fail** [féil]

動 失敗する，できない，欠けている，不足する，～を怠る，～の役に立たない

Monty **failed** to finish the project on time.
（Monty は予定どおりにプロジェクトを仕上げることが**できなかった**）

☞《**fail** in＋名詞》《**fail**＋to 不定詞》で覚えよう。

2045 □□ **failure** [féiljər]

名 失敗，怠慢，不足，損傷，落第，倒産

The first experiment was a complete **failure**.（最初の実験は完全な**失敗**だった）

☞《**failure** of＋名詞》《**failure** in＋名詞》《**failure**＋to 不定詞》で覚えよう。

2046 □□ **source** [sɔ́ːrs]

名 情報源，元，源，原因，水源，源泉　動 ～を供給する，～の出所を明らかにする

We should check the **source** of this information before we trust it.
(この情報**源**を確認しなければ信用できない)

《**source** of＋名詞》，動詞は《**source**＋目的語［名詞］》《*be* **sourced** from＋名詞》で覚えよう。

2047 □□ **resource** [ríːzɔ̀ːrs, -sɔ̀ːrs]

名 援助，資金，天然資源，資料　動 ～を調達する，～を準備する

Time is our most valuable but most overlooked **resource**.
(時間は私たちのもっとも貴重な，しかしながらもっとも見過ごされている**資産**です)

《**resource** of＋名詞》，動詞は《**resource**＋目的語［名詞］》で覚えよう。 □ natural **resources**「天然資源」

2048 □□ **union** [júːnjən]

名 団結，一致，同盟，組合

Labor **union** representatives are already at the negotiating table.
(労働**組合**の代表者はすでに交渉の席に着いている)

《**union** of＋名詞》《**union** with/between/among＋名詞》で覚えよう。

2049 □□ **unite** [junáit]

動 ～を結合する，～を結びつける，団結する

The entire staff **united** in favor of adopting more stringent safety rules.
(スタッフ全員が**団結して**，さらに厳しい安全規則の採用に**賛成した**)

《**unite**＋目的語［名詞］》《**unite** behind/against＋名詞》《**unite** ＋to 不定詞》で覚えよう。「～を結合して新しいものを作る」という意味。一方，connect は「～を元の状態のままつなげる」，join は「～を結合する，連結する」という意味。

2050 □□ **reunion** [rìːjúːnjən]

名 再結合，再結成，再会，同窓会

We're flying to Sydney for a family **reunion**.
(家族との**再会**のために飛行機でシドニーに向かいます)

《**reunion** of＋名詞》《**reunion** with/between/among＋名詞》《**reunion** for＋名詞》で覚えよう。

2051 □□ **post** [póust]

動 ～を掲示する，～を掲載する，～を発表する　名 (支) 柱，地位，立場，職

We will **post** an update soon.
(まもなく情報を更新して**掲載します**)

Mr. Tanaka got a **post** that rewarded his outstanding performance.
(Tanaka さんは，自分の傑出した業績にふさわしい**職**を与えられました)

《**post**＋目的語［名詞］》，名詞は《**post** of＋名詞》《**post** as＋名詞》で覚えよう。 □ keep *someone* **posted** on ...「…について～に常に報告する」

2052 □□ **postal** [póustl]

形 郵便の，郵便局の

The **postal** service in this country is perfectly reliable.
(この国の**郵便**業務は完璧までに信頼できる)

《**postal**＋名詞》で覚えよう。

2053 □□ **postage** [póustidʒ]

名 郵便料金，送料

We can save on **postage** by distributing these brochures in PDF format.
（これらのパンフレットを PDF 形式で配布すれば，**郵便料金**を節約できます）

《**postage** of＋名詞》《**postage** on/for＋名詞》で覚えよう。 □ for **postage**「送料として」
□ **postage** and handling「送料と取り扱い手数料」

2054 □□ **society** [səsáiəti]

名 社会，共同体，社交，交際，付き合い

I hope our **society** is based on equality, diversity and solidarity.
（私たちの**社会**は平等，多様性，団結に基づくものであってほしい）

《**society** of＋名詞》《**society** for＋名詞》で覚えよう。

2055 □□ **social** [sóuʃl]

形 社会の，社会的な，社交的な，懇親の，交際上手な 名 懇親会，親睦会

Every business has a fair share of **social** responsibility.
（あらゆる事業体がそれなりの**社会的責**任を負っている）

《**social**＋名詞》《連結動詞＋**social**》で覚えよう。

2056 □□ **occur** [əkə́ːr]

動 起こる，生じる，存在する

Did the change in color **occur** suddenly or gradually?
（色の変化は突然に**起きた**のですか，それとも徐々に起きたのですか）

《**occur** to＋名詞》で覚えよう。 □ It **occurs** to *someone* to *do*「～することが思い浮かぶ」
□ It **occurs** to *someone* that ...「～ということが思い浮かぶ」

2057 □□ **occurrence** [əkə́ːrəns]

名 出来事，事件，（事件などが）起こること，発生

What factors do you think affect the **occurrence** of the illness?
（どのような要因が病気の**発生**に影響するとお考えですか）

《**occurrence** of＋名詞》《**occurrence** in＋名詞》で覚えよう。

2058 □□ **recur** [rikə́ːr]

動 （よくないことが）再発する，再び起こる，蘇る

If symptoms **recur**, please consult with the doctor immediately.
（症状が**再発する**場合は，直ちに医師に相談してください）

《**recur**＋副詞》で覚えよう。 □ **recur** frequently「頻繁に再発する」

2059 □□ **guilty** [gílti]

形 有罪の，罪を犯した，罪の意識がある，犯罪的な

The defendant was found **guilty** of insider trading.
（被告はインサイダー取引で**有罪**判決を受けた）

It's my **guilty** pleasure to eat pizza while binge watching anime.
（アニメを一気見しながらピザを食べるのが**罪深い**楽しみです）

《**guilty**＋名詞》《連結動詞＋**guilty**》《連結動詞＋**guilty** about/at＋名詞》《連結動詞＋**guilty** of＋名詞》で覚えよう。 □ plead (not) **guilty**「有罪／無罪を主張する」 □ *be* found (not) **guilty**「有罪／無罪の判決を下される」

2060 □□ **innocent** [ínəsənt]

形 無実の，無邪気な，無知な，悪意のない，故意でない

▶ Sara made an **innocent** mistake and sent an email to the wrong person.
(Sara は**うっかり**ミスで，メールを間違った相手に送ってしまった)

☞《**innocent**＋名詞》《連結動詞＋**innocent**》《連結動詞＋**innocent** of＋名詞》で覚えよう。

2061 □□ **firm** [fə́ːrm]

名 商会，会社　形 (信念などが) 堅い，しっかり固定された，(態度，動作が) 断固とした

▶ We specialize in accounting for small **firms**.
(当社は小**企業**の会計処理に特化しています)

▶ Mr. Gatsby is a **firm** believer in giving people second chances.
(Gatsby さんは人には第二のチャンスを与えるべきだと**固く**信じている)

☞《**firm** of＋名詞》，形容詞は《**firm**＋名詞》《連結動詞＋**firm**》《連結動詞＋**firm** with＋人》で覚えよう。

2062 □□ **firmly** [fə́ːrmli]

副 堅く，しっかりと，断固として

▶ Margaret was **firmly** opposed to the community development plan.
(地域社会開発計画について Margaret は**断固として**反対した)

☞《**firmly**＋動詞・形容詞》で覚えよう。 □ **firmly** insist ...「～と断固として主張する」

2063 □□ **require** [rikwáiər]

動 ～を必要とする，～を要求する，～を義務付ける，～を求める

▶ We **require** one week's advance notice for a bulk order of that size.
(その規模の大量注文には 1 週間の事前通知が**必要です**)

☞《**require**＋目的語 [名詞] (＋of/from＋名詞)》《**require**＋that 節》《It is **required**＋that 節》《**require**＋人＋to 不定詞》《*be* **required**＋to 不定詞》で覚えよう。書きことばで使うことが多い。

2064 □□ **requirement** [rikwáiərmənt]

名 必要なもの，必需品，要件，必要条件，要求すること

▶ Candidates for the position must fulfill the following **requirements**.
(その職への候補者は以下の**必要条件**を満たさなければなりません)

☞《**requirement** of＋名詞》《**requirement** for＋名詞》《**requirement**＋that 節》《**requirement**＋to 不定詞》で覚えよう。

2065 □□ **contact** [kántækt, kəntǽkt]

動 ～と連絡を取る，～に会う，～に接触する　名 接触，触れ合い，縁故

▶ Thank you for coming today; I'll **contact** you soon.
(本日はお越しいただきありがとうございました；またすぐに**ご連絡いたします**)

▶ I'm in **contact** with the Tokyo office.
(私は東京事務所と**連絡**を取り合っています)

☞《**contact**＋人》，名詞は《**contact** of＋名詞》《**contact** with/between/among＋人》で覚えよう。
□ in **contact**「連絡を取って」 □ on **contact**「触れるとすぐに」 □ keep in **contact** with ...「～と連絡を取り続ける」 □ come into **contact** with ...「～と連絡を取る」

2066 □□ **cast** [kǽst]

動 (光・影など) を投げかける，～を投げる，～に役を割り当てる，～を鋳造する，投げる
名 ひと投げ，色合い，出演

The report **cast** a light on the challenges we are facing.
(その報告書は当社が直面している課題に光を**当てた**)

☞《**cast**＋目的語［名詞]》《**cast** *A* on *B*》《**cast** *A* over *B*》，名詞は《**cast** of＋名詞》で覚えよう。

2067 □□ **fuel** [fjúːəl]

動 ～に燃料を供給する，～を燃え立たせる，～を活気づける，～を煽る　名 燃料，食料，動機

The CEO's comments **fueled** speculation about the company's future.
(CEO のコメントは会社の将来に関する憶測に**火をつけた**)

☞《**fuel**＋目的語［名詞]》，名詞は《**fuel** for＋名詞》で覚えよう。

2068 □□ **affair** [əféər]

名 事件，出来事，状況，関心事

Ms. Melton is responsible for the company's financial **affairs**.
(Melton さんは会社の財務**状況**の責任者である)

☞《**affair** of＋名詞》で覚えよう。「出来事，状況，展開」などの幅広い意味を持つ。いわゆる「不倫関係」という意味でもきわめてよく使われるが，TOEIC に登場することはない。

2069 □□ **smart** [smάːrt]

形 賢い，機敏な，生意気な，コンピュータ制御による，高精度の

Instatech is a pioneer in developing **smart** technology in homes.
(Instatech 社は，家庭における**コンピュータ制御**技術の開発の先駆者です)

☞《**smart**＋名詞》《連結動詞＋**smart**》《連結動詞＋**smart**＋to 不定詞》《It is **smart**＋that 節》《It is **smart**＋to 不定詞》《It is **smart** of＋人＋to 不定詞》で覚えよう。

2070 □□ **represent** [rèprizént]

動 ～を表す，～の代理を務める，～を描く，～を説明する，～を表現する，～に相当する

Camilla was in the meeting **representing** her project team.
(Camilla は自分のプロジェクトチームを**代表して**会議に出席した)

☞《**represent**＋目的語［名詞］》《**represent** *A* as *B*》で覚えよう。

2071 □□ **representative** [rèprizéntətiv]

名 代表者，代理人，議員，担当者　形 代表の，表現する

Please contact our **representative** office for further information.
(さらなる詳細につきましては，当社**代理人**オフィスに連絡をお願いいたします)

☞《**representative** of/from/for＋名詞》《**representative** on＋名詞》《**representative** to＋名詞》，形容詞は《**representative**＋名詞》《連結動詞＋**representative**》《連結動詞＋**representative** of＋名詞》で覚えよう。

2072 □□ **representation** [rèprizentéiʃən]

名 描写すること，描写されたもの，表明，代理を務めること

Most companies hire a lawyer for legal **representation**.
(ほとんどの会社は法的に**代理**を務める弁護士を雇う)

☞《**representation** of＋名詞》《**representation** on＋名詞》《**representation** for＋名詞》《**representation** by＋名詞》《**representation** from＋名詞》で覚えよう。

2073 □□ **delegate** [déligèit; déligət]

動 ～を委任する，～を委託する　名 代表者，代理人

I **delegated** the task to Sandra.
(私はその課題を Sandra に**委任しました**)

☞《**delegate**＋目的語［名詞］(＋to＋人)》《*be* **delegated**＋to 不定詞》，名詞は《**delegate** of＋名詞》《**delegate** from/to＋名詞》で覚えよう。

2074 □□ **relation** [riléiʃən]

名 関係，関連，物語

The point is to maintain good **relations** with long-term clients.
(長い付き合いの顧客と良好な**関係**を維持することが大切です)

☞《**relation** of＋名詞》《**relations** with/between/among/to＋名詞》で覚えよう。 □ in **relation** to ...「～に関して，～に比べて」

2075 □□ **relationship** [riléiʃənʃip]

名 関係性，結び付き，人間関係，親族関係

We're hoping to build a long-lasting **relationship** with Minds Corp.
(Minds Corp. 社と継続的な**関係**を築いていきたい)

☞《**relationship** of＋名詞》《**relationship** with/between/among/to＋名詞》で覚えよう。

2076 □□ **relate** [riléit]

動 関連する，関わりがある，共感する，～に関わる，～を説明する

I can **relate** to your story because I've had a similar experience.
(あなたのお話は**よくわかります**，私も似た経験をしましたから)

☞《**relate** to＋名詞》《**relate**＋目的語［名詞］》《**relate** *A* to *B*》で覚えよう。

2077 □□ **relative** [rélətiv]

形 関連のある，相対的な　名 血縁者，親類

- We will discuss the **relative** importance of currencies in world trade.
  (世界貿易における通貨の**相対的な**重要性を話し合います)
- One of my **relatives** runs a medical clinic in the city.
  (私の**親類**のひとりは街で医療クリニックを経営しています)

☞《**relative**＋名詞》《連結動詞＋**relative**》《連結動詞＋**relative** to＋名詞》，名詞は《**relative** of＋名詞》で覚えよう。

2078 □□ **relatively** [rélətivli]

副 比較的，相対的に

- Horticulture is a **relatively** small component of our business.
  (園芸は当社の事業では**比較的**小さな構成要素です)

☞《**relatively**＋動詞・形容詞》で覚えよう。 □ **relatively** speaking「比較していうなら」

2079 □□ **value** [vælju:]

名 価値(観)，値打ち，価格，ありがたみ　動 ～を評価する，～を見積もる，～を高く評価する，～を尊重する

- Our house has doubled in **value** since we purchased it.
  (私たちの家は購入してから**価値**が倍増している)
- I **value** your friendship; you've always been there for me.
  (あなたの友情を**大切に思っています**；あなたはいつも力になってくれました)
- The high-tech company is **valued** at $1.8 billion now.
  (そのハイテク企業は今や18億ドルの**資産価値を持つ**)

☞《**value** of＋名詞》《**value** to＋名詞》《**value**＋that 節》，動詞は《**value**＋目的語［名詞］》《**value** *A* for *B*》《**value** *A* at *B*》《**value** *A* as *B*》で覚えよう。 □ of **value**「価値のある，役に立つ」

2080 □□ **valuable** [væljuəbl]

形 高価な，価値のある，役立つ，尊敬できる　名《valuables で》貴重品

- When I travel, I always keep my **valuable** items with me.
  (旅行する際は**貴重**品は常に身につけています)

☞《**valuable**＋名詞》《連結動詞＋**valuable**》《連結動詞＋**valuable** as＋名詞》《連結動詞＋**valuable** to/for＋名詞》《連結動詞＋**valuable** in＋名詞》《It is **valuable**＋that 節》《It is **valuable**＋to 不定詞》で覚えよう。

2081 □□ **invaluable** [invæljuəbl]

形 かけがえのない，計り知れない，とても貴重な

- Kanae's multilingual skills are **invaluable** for our overseas business.
  (Kanae の多言語技能は当社の海外事業にとって**とても貴重な**ものです)

☞《**invaluable**＋名詞》《連結動詞＋**invaluable**》《連結動詞＋**invaluable** as＋名詞》《連結動詞＋**invaluable** to/for＋名詞》《連結動詞＋**invaluable** in＋名詞》《It is **invaluable**＋that 節》《It is **invaluable**＋to 不定詞》で覚えよう。「価値がない」のではなく「計り知れないほど価値がある」という意味。

2082 □□ **surprise** [sərpráiz]

動 ～を驚かせる，～の不意を打つ，～を奇襲する 名 驚き，不意打ち，奇襲 形 予告なしの

Hunter Davis **surprised** everyone with his political comeback.
（Hunter Davis 氏は政界に復帰して全員を**驚かせた**）

News of Mr. Manning's retirement came as a **surprise** to everyone.
（Manning さんの引退の知らせは，だれにとっても**驚き**だった）

《**surprise**＋人》《It **surprises**＋人＋that/wh-/how 節》《It **surprises**＋人＋to 不定詞》，名詞は《**surprise** of＋名詞》《**surprise** at＋名詞》《**surprise** to/for＋人》で覚えよう。過去分詞形 surprised は「驚いて」という意味の形容詞としても使う。 □ in/with **surprise**「驚いて」□ to *someone's* **surprise**「～にとっての驚きは」

2083 □□ **surprising** [sərpráiziŋ]

形 驚くべき，意外な

The merger was completed at a **surprising** speed.
（合併は**驚くべき**速度で完了した）

《**surprising**＋名詞》《連結動詞＋**surprising**》《It is **surprising**＋that/wh-/how 節》《It is **surprising**＋to 不定詞》で覚えよう。

2084 □□ **surprisingly** [sərpráiziŋli]

副 驚くほどに，意外なことに，ひじょうに

Online conferencing could be a **surprisingly** efficient tool for business.
（オンライン会議はビジネスにとって**驚くほど**効率のよい手段になる可能性がある）

《**surprisingly**＋形容詞》で覚えよう。 □ **surprisingly** successful「驚くほど成功して」

2085 □□ **aware** [əwéər]

形 知っていて，気づいていて

Ms. Flores is already **aware** of changes in the meeting agenda.
（Flores さんは会議の議題変更をすでに**承知して**います）

《連結動詞＋**aware**》《連結動詞＋**aware** of＋名詞》《連結動詞＋**aware**＋that/wh-/how 節》で覚えよう。

2086 □□ **awareness** [əwéərnəs]

名 意識，目覚め，覚醒，認識

Our company has been raising **awareness** of conservation.
（当社は節約への**意識**を高めてきました）

The catchphrase of our PR team this year is "cultural **awareness**."
（今年の広報チームの標語は「文化的**覚醒**」である）

《**awareness** of/about＋名詞》《**awareness** among＋名詞》《**awareness**＋that/wh-/how 節》で覚えよう。

2087 □□ **scene** [síːn]

名 場面，背景，道具立て，景色，風景，光景，情勢

Mr. Lieberman is well known in the banking **scene**.
（Lieberman さんは銀行**業界**でよく知られている）

《**scene** of＋名詞》《**scene** from＋名詞》で覚えよう。

2088 □□ **scenery** [síːnəri]

名 風景，景色，舞台面，道具立て，背景

The Forest Building is a treasured element of the local **scenery**.
(Forest ビルは地域の**景観**の要素として大切にされている)

《**scenery** of＋名詞》で覚えよう。

2089 □□ **admit** [ədmít]

動 ～を許可する，～を認める，～を（…に）入れる

Greenson Co. **admitted** its fault in selling a defective product.
(Greenson Co. 社は欠陥商品を販売した責任を**認めた**)

How many new graduates have been **admitted** to your company?
(貴社には何人の新卒者が**入社しました**か)

《**admit**＋目的語［名詞］》《**admit**＋動名詞》《**admit**＋that 節》《It is **admitted**＋that 節》《**admit** to＋名詞》《**admit**＋人＋to/into＋名詞》で覚えよう。

2090 □□ **admission** [ədmíʃən]

名（入学，入会，入院などのために）入ること，許可，加盟，入場料，（真実であると）認めること

The wildlife park is open to the public with no **admission** fee.
(その野生動物公園は**入場料**無料で一般に公開されている)

《**admission** of＋名詞》《**admission** to＋名詞》《**admission**＋that 節》で覚えよう。 □ **admission** fee「入場料」□ **admission** ticket「入場券」。

2091 □□ **concede** [kənsíːd]

動 敗北を認める，～を譲る，～を事実と認める，（権利）を与える

The scientific evidence forced the researcher to **concede** the argument.
(科学的な証拠を示されて，その研究者は議論で**譲歩する**しかなかった)

《**concede**＋目的語［名詞］(＋to＋人)》《**concede** ＋that 節》《It is **conceded**＋that 節》で覚えよう。

2092 □□ **deny** [dinái]

動 ～を否定する，～を認めない，～を否認する，～を拒む

The company **denied** all accusations of wrongdoing.
(同社は不正行為に関するすべての疑惑を**否定した**)

《**deny**＋目的語［名詞］》《**deny**＋動名詞》《**deny**＋that 節》《It is **denied**＋that 節》で覚えよう。

2093 □□ **condition** [kəndíʃən]

名 状況，状態，条件　動 ～の調子を整える，～を条件として設ける

This copier is old but still in good **condition**.
(このコピー機は古いが，まだよい**状態**にある)

This settlement agreement is **conditioned** on approval by the court.
(この和解合意は法廷による承認を**条件としている**)

《**condition** of＋名詞》《**condition** for＋名詞》《**condition**＋that 節》《**condition**＋to 不定詞》，動詞は《**condition**＋目的語［名詞］》《**condition**＋目的語［名詞］＋to 不定詞》で覚えよう。 □ in＋形容詞＋**conditions**「～の状態のもとで」□ under＋形容詞＋**conditions**「～の状態にあって」□ on the **condition** that ...「～という条件のもとで」□ on no **condition**「けっして～ない」□ terms and **conditions**「（契約などの）条件，細目」

2094 □□ **status** [stéitəs, stǽtəs]

㊔ 地位，威信，事情，事態

The CEO requested updates on the financial **status** of the company.
（CEO は会社の財務**状態**の最新報告を求めた）

☞《**status** of＋名詞》《**status** as＋名詞》《**status**＋to 不定詞》で覚えよう。 □ the **status** quo「現状」

2095 □□ **evidence** [évidns]

㊔ 証拠，根拠，しるし

Officials submitted the **evidence** that an electrical fault caused the fire.
（当局者は電気関連の故障が火事を引き起こしたという**証拠**を提出した）

☞《**evidence** of＋名詞》《**evidence** about/on/concerning/regarding＋名詞》《**evidence** for＋名詞》《**evidence** against＋名詞》《**evidence** from＋名詞》《**evidence**＋that 節》《**evidence**＋to 不定詞》で覚えよう。

2096 □□ **evident** [évidənt]

形 明白な，明らかな，はっきりわかる

It is **evident** that this package wasn't handled properly in transit.
（この梱包が配送中に適切に扱われなかったことは**明らか**だ）

☞《**evident**＋名詞》《連結動詞＋**evident**》《連結動詞＋**evident** to＋人》《連結動詞＋**evident** in＋名詞》《It is **evident**＋that 節》で覚えよう。

2097 □□ **prepare** [pripéə*r*]

動 準備する，整える，～を準備する，～を立案する，～を調理する

I'm **preparing** for my upcoming presentation.
（近いうちに行うプレゼンテーションの**準備をして**います）

☞《**prepare**＋目的語［名詞］》《**prepare** for＋名詞》《**prepare**（＋人）＋to 不定詞》《**prepare** *A* for *B*》《**prepare** *oneself* for＋名詞》《**prepare**＋人＋for＋名詞》《*be* **prepared** for＋名詞》《*be* **prepared**＋to 不定詞》で覚えよう。

2098 □□ **preparation** [prèpəréiʃən]

㊔ 用意，準備，心がまえ，予習

We can't expect good results without adequate **preparation**.
（十分な**準備**をしないでよい結果を期待することはできません）

☞《**preparation** of＋名詞》《**preparation** for＋名詞》《**preparation**＋to 不定詞》で覚えよう。
□ in **preparation** for ...「～に備えて」

2099 □□ **announce** [ənáuns]

動 ～を（公式に）発表する，～を告知する，～を知らせる

The president **announced** a plan to expand into the Asian market.
（社長はアジア市場に進出する計画を**発表した**）

☞《**announce**＋目的語［名詞］》《**announce**＋目的語［名詞］＋as＋名詞》《**announce**＋that 節》《It is **announced**＋that 節》で覚えよう。 □ to be **announced** (later)「（のちほど）連絡します」

2100 □□ **announcement** [ənáunsmənt]

㊔ 発表，告知，知らせ

The CEO will make an **announcement** to the employees tomorrow.
（CEO はあした従業員に対して**発表**を行う）

☞《**announcement** about/of＋名詞》《**announcement** by/from＋名詞》《**announcement**＋that 節》で覚えよう。

2101 □□ **worth** [wə́ːrθ]

前 価値がある，～に値する，～相当の　名 価値，真価，相当量

The painting in the company lobby is **worth** a fortune.
（会社のロビーにある絵はかなりの金銭的な**価値がある**）

No one knows the real **worth** of the painting in the company lobby.
（会社のロビーにある絵のほんとうの**価値**はだれも知らない）

☞《**worth**＋名詞・動名詞（＋to＋人）》，名詞は《**worth** of＋名詞》《**worth** to＋人》で覚えよう。□ for all it is **worth**「できる限り」□ for what it's **worth**「（意見や情報が）どの程度役に立つかわからないが」

2102 □□ **worthy** [wə́ːrði]

形 ～に値する，～するに足る，立派な

Courtney's five-year track record made her **worthy** of a promotion.
（Courtney の過去 5 年間の業績は昇進に**値する**）

☞《**worthy**＋名詞》《連結動詞＋**worthy**》《連結動詞＋**worthy** of＋名詞・動名詞》《連結動詞＋**worthy**＋to 不定詞》で覚えよう。

2103 □□ **worthwhile** [wə́ːrθhwáil]

形 価値のある，やりがいのある，実り多い

Sachiko found it **worthwhile** to take language courses after work.
（Sachiko は仕事の後で言語コースを受講することは**価値がある**とわかった）

☞《**worthwhile**＋名詞》《連結動詞＋**worthwhile**》《It is **worthwhile**＋to 不定詞》《It is **worthwhile**＋動名詞》で覚えよう。

2104 □□ **immediately** [imíːdiətli]

副 直ちに，速やかに，時をおかず，直接に

If the product has any faults, please let us know **immediately**.
（製品に欠陥があれば，**すぐに**お知らせください）

☞《動詞＋**immediately**》で覚えよう。soon より早く，「（時間を置かないで）すぐに」という響きがある。日常的には at once や right away を使うことが多い。 □ **immediately** after ...「～の直後に」

2105 □□ **immediate** [imíːdiət]

形 即座の，即刻の，差し迫った，緊急の，直属の，直接の

The technicians took **immediate** action to fix the broken equipment.
（壊れた機器を修理するために技術者たちは**すぐに**行動を起こした）

☞《**immediate**＋名詞》で覚えよう。

2106 □□ **remind** [rimáind]

動 ～に思い出［起こ］させる，～に事前に知らせる

Let me **remind** you that overnight success is not achieved overnight.
（あなたに**思い起こさせて**あげましょう，一夜にしての成功を一夜で成し遂げることはできないのです）

☞ 過去・現在のことについて《**remind**＋人＋of＋名詞》《**remind**＋人＋of＋wh-/how 節》，現在・今後のことについて《**remind**＋人＋about＋名詞》《**remind**＋人＋that 節》《**remind**＋人＋to 不定詞》で覚えよう。□ That **reminds** me.「それで思い出した」□ Let me **remind** you that ...「いいですか，～」

2107 □□ **reminder** [rimáindər]

名 通知，注意，催促，思い起こさせる人［もの］

I emailed a **reminder** to the customer to tell him that payment is due.
（支払い期限が来ているという**督促状**をその顧客にメールで送りました）

☞《**reminder** of＋名詞》《**reminder** about＋名詞》《**reminder** to＋人》《**reminder**＋that 節》《**reminder**＋to 不定詞》で覚えよう。

2108 □□ **crime** [kráim]

名 犯罪（行為），悪行

Percy lost his job, but he was not charged with a **crime**.
（Percy は職を失ったが，**犯罪**で告発されることはなかった）

☞《**crime** of＋名詞》《**crime** against＋名詞》で覚えよう。

2109 □□ **criminal** [kríminl]

形 犯罪となる，有罪の，刑事上の　名 犯人，犯罪者

Craig Green will face **criminal** charges over the data theft.
（Craig Green 氏はデータの窃盗による**刑事**告訴に直面するだろう）

☞《**criminal**＋名詞》《連結動詞＋**criminal**》《It is **criminal**＋that 節》《It is **criminal**＋to 不定詞》，名詞は《**criminal** of＋名詞》で覚えよう。　□ **criminal** law「刑法」

2110 □□ **compare** [kəmpéər]

動 ～を比較する，～を対照する，～に匹敵する，～にたとえる

I **compared** the prices and specifications of the camera models I was interested in.
（興味のあるカメラ機種の価格と仕様を**比較**しました）

☞《**compare**＋目的語［名詞］》《**compare** *A* with *B*》《**compare** *A* to *B*》で覚えよう。　□ **compared** with/to ...「～と比較して」□ cannot **compare** with ...「～とは比べものにならない」

2111 □□ **comparison** [kəmpǽrisn]

名 比較，対照，類似

There's no **comparison** between Sally and Frank concerning their knowledge of accounting.
（会計の知識に関して Sally と Frank では**比較**にならない）

☞《**comparison** of＋名詞》《**comparison** with/between/among＋名詞》で覚えよう。　□ by **comparison**「比較して」□ for **comparison**「比較するために」□ in **comparison** with/to ...「～と比較して」□ stand/bear **comparison** with ...「～に匹敵する」□ beyond **comparison**「比較にならないほど」

2112 □□ **contrast** [kɑ́ntræst; kəntrǽst]

名 対照，対比，差異　動 対照的である，対照をなす，～を比べる

Zap Inc.'s workplace policies are in **contrast** to its competitors'.
（Zap Inc. 社の職場規則は競合企業と際立つ**対照**を見せている）

☞《**contrast** of＋名詞》《**contrast** with/between/in/to＋名詞》，動詞は《**contrast** with＋名詞》《**contrast**＋目的語［名詞］》《**contrast** *A* with *B*》で覚えよう。　□ in/by **contrast** (with/to ...)「（～と）対照的に」

2113 □□ **match** [mǽtʃ]

動 ～に調和する，～に似合う，～を調和させる，～を釣り合わせる，～に匹敵する 名 お似合いの人／もの，試合

Jennifer's creativity **matches** perfectly Tom's innovative mind. (Jenniferの創造性はTomの革新性と完全な**組み合わせになる**)

Tom's innovative mind and Jennifer's creativity are a perfect **match**.
(Tomの革新性とJenniferの創造性は**組み合わせ**として最高だ)

☞《**match**＋副詞》《**match**＋目的語［名詞］》《**match** *A* to/with *B*》，名詞は《**match** for/against＋名詞》《**match** between＋名詞》で覚えよう。

2114 □□ **surround** [səráund]

動 ～を取り囲む，～を巡っている 名 取り囲むもの，縁取り

At the party, Jordana was photographed **surrounded** by her colleagues.
(パーティーでJordanaは同僚たちに**囲まれて**写真を撮ってもらった)

☞《**surround**＋目的語［名詞］》《*be* **surrounded** by＋名詞》で覚えよう。名詞形 surroundingsは「環境，周囲」

2115 □□ **mount** [máunt]

動 ～を開始する，～に登る，～に乗る，～にまたがる，～に貼る，～にはめる 名 台紙，台，～山

The company will reportedly **mount** a takeover bid of the drugstore chain.
(同社は，そのドラッグストアチェーンの株式公開買い付けに**乗り出す**と報じられている)

☞《**mount**＋目的語［名詞］》《**mount** *A* on/onto *B*》，名詞は《**mount** of＋名詞》で覚えよう。

2116 □□ **compound** [kəmpáund; kɑ́m-]

動 ～を複雑にする，～を混合する 名 化合物，混合物 形 複合的な

Information leaks **compounded** the situation.
(情報漏洩が状況を**複雑にした**)

☞《**compound**＋目的語［名詞］》《*be* **compounded** of/from＋名詞》，名詞は《**compound** of＋名詞》，形容詞は《**compound**＋名詞》で覚えよう。

2117 □□ **crack** [krǽk]

名 割れ目，ひび割れ，亀裂，欠点 動 ひびが入る，～にひびを入れる，～を強く打つ

Cracks began to appear in Dolphin Co.'s future strategies.
(Dolphin Co.社の今後の戦略に**亀裂**が現れ始めた)

☞《**crack** of＋名詞》《**crack** in＋名詞》，動詞は《**crack**＋目的語［名詞］》《**crack**＋目的語［名詞］＋on＋名詞》で覚えよう。

2118 □□ **shell** [ʃél]

名 貝殻，殻，骨組み，船体，車体，(パイの)皮，抜け殻 動 ～を殻から取り出す，～の殻をむく

This nut is covered with a hard outer **shell**.
(この種実は固い**殻**に包まれている)

☞《**shell** of＋名詞》，動詞は《**shell**＋目的語［名詞］》で覚えよう。

GROUP 44

2119 - 2167

2119 □□ **serious** [síəriəs]

形 まじめな，真剣な，本気の，重大な，深刻な

- Mr. Gable is giving **serious** consideration to the proposed idea.
(Gable さんは提案されたアイデアを**真剣に**検討している)

《**serious**＋名詞》《連結動詞＋**serious**》《連結動詞＋**serious** about＋名詞》《連結動詞＋**serious**＋that節》で覚えよう。 □ **serious** mistake「重大なミス」□ **serious** problem「深刻な問題」□ **serious** defect「重大な欠点」

2120 □□ **seriously** [síəriəsli]

副 まじめに，真剣に，本気で，重大に，深刻に

- Andrea is **seriously** considering taking a three-month break.
(Andrea は 3 か月の休暇を取ることを**真剣に**考えている)

《**seriously**＋動詞・形容詞》で覚えよう。 □ **seriously** ill/sick「重病で」

2121 □□ **earnest** [ə́ːrnist]

形 熱心な，本気の　名 真剣，本気

- Our team is making **earnest** efforts to win the contract.
(私たちのチームは，その契約を勝ち取るために**本気で**努力しています)

《**earnest**＋名詞》《連結動詞＋**earnest**》，名詞は《in **earnest**》で覚えよう。 □ in **earnest**「真剣に」

2122 □□ **treat** [tríːt]

動 ～を取り扱う，～を処理する，～にごちそうする，～を手当てする　名 ごちそう，もてなし，おやつ

- Let me **treat** you to lunch.（お昼を**ご馳走します**）
- Antibiotics are usually used to **treat** this disease.
(この病気を**治療する**には通常は抗生物質が使われます)
- I have a lot of family matters to **treat** accordingly.
(適切に**対処する**べき家族の問題がたくさんあります)
- I'll buy you dessert as a special **treat**.
(特別な**おもてなし**としてデザートをごちそうします)

《**treat**＋目的語［名詞］》《**treat**＋目的語［名詞］＋like/as＋名詞》《**treat**＋目的語［名詞］＋with＋名詞》《**treat**＋人＋for＋名詞》《**treat**＋人＋to＋名詞》，名詞は《**treat** of＋名詞》で覚えよう。 □ as a **treat**「特別に」□ My **treat**.「私がごちそうします」

2123 □□ **treatment** [tríːtmənt]

名 治療，取り扱い，処理

- Antibiotics are used in the **treatment** of bacterial infections.
(バクテリアによる感染症の**治療**には抗生物質が使われる)
- Fair **treatment** in employment must be strictly implemented.
(雇用における公平な**扱い**は厳しく実行されなければならない)

《**treatment** of/for＋名詞》で覚えよう。

2124 □□ **therapy** [θérəpi]

[名] 治療，癒し（の力）

I've been undergoing physical **therapy** since the accident.
（その事故以来，理学**療法**を受けています）

☞《**therapy** of＋名詞》《**therapy** for＋名詞》で覚えよう。

2125 □□ **character** [kǽrəktər]

[名] 性格，特性，人格，文字

Kindness is usually valued as a positive **character** trait.
（親切心は普通は好ましい**性格**上の特徴として評価される）

Your password must be within 8-15 **characters** of alphabet and numerical characters.（パスワードはアルファベットと数字で 8 **文字**から 15 **文字**以内に収めなければなりません）

☞《**character** of＋名詞》で覚えよう。 □ in **character**「典型的な，本質的に」□ out of **character**「珍しく，性格から生まれた」

2126 □□ **characterize** [kǽrəktəràiz]

[動] ～の特性を示す，～を特徴づける

How would you **characterize** your relationship with your late father?
（亡くなったお父上との関係を**特徴づける**とどのようになりますか）

☞《**characterize**＋目的語［名詞］＋as (being)＋名詞》で覚えよう。

2127 □□ **characteristic** [kæ̀rəktərístik]

[名] 特色，特徴，持ち味　[形] 特徴となる，特有の

This article lists the top 10 **characteristics** of successful people.
（この記事は，成功する人にもっとも大切な 10 の**特徴**を挙げている）

☞《**characteristic** of＋名詞》，形容詞は《**characteristic**＋名詞》《連結動詞＋**characteristic**》《連結動詞＋**characteristic** of＋名詞》で覚えよう。

2128 □□ **necessary** [nésəsèri]

[形] 必要な，必然的な

It is **necessary** that we finish all the paperwork by Monday.
（月曜日までにすべての書類仕事を終える**必要**があります）

☞《**necessary**＋名詞》《連結動詞＋**necessary**》《連結動詞＋**necessary** for＋名詞》《It is **necessary**＋that 節》《It is **necessary**＋to 不定詞》《make it **necessary**＋to 不定詞》で覚えよう。 □ if/when/where **necessary**「必要なら」□ as **necessary**「必要なように」

2129 □□ **necessarily** [nèsəsérəli]

[副] やむを得ず，必然的に，どうしても，必ずしも（～ではない）

I don't **necessarily** agree with Ms. Cardiff's opinion.
（私は**必ずしも** Cardiff さんの意見に同意しません）

☞《**necessarily**＋動詞・形容詞》□ not **necessarily**「必ずしも～でない」

2130 □□ **necessity** [nəsésəti]

名 必要，不可欠，必需品

I bought additional printer cartridges out of **necessity**.
(私は**必要**に迫られてプリンター用カートリッジを追加で購入した)

☞《**necessity** of＋名詞》《**necessity** for＋名詞》《**necessity**＋that 節》《**necessity** ＋to 不定詞》で覚えよう。 □ through/out of **necessity**「必要上の理由から」

2131 □□ **unnecessary** [ʌnnésəsèri]

形 不要な，必要のない，よけいな

We should cut **unnecessary** expenses. (**不要な**支出を削減すべきです)

☞《**unnecessary**＋名詞》《連結動詞＋**unnecessary**》《連結動詞＋**unnecessary** for＋名詞》《It is **unnecessary**＋that 節》《It is **unnecessary**＋to 不定詞》で覚えよう。

2132 □□ **suit** [sú:t]

動 ～にとって都合がよい，～の気に入る，～にふさわしい 名 スーツ，ひとそろい，訴訟

The new logo **suits** me fine; I think it looks great.
(新しいロゴを私は**気に入っています**；とても見栄えがよいです)

Another class action **suit** has been filed against the company.
(同社に対してもうひとつの集団**訴訟**が起こされた)

☞《**suit**＋目的語［名詞］(＋副詞)》《**suit** *A* to *B*》，名詞は《**suit** of＋名詞》《**suit** over＋名詞》《**suit** against＋名詞》で覚えよう。

2133 □□ **suitable** [sú:təbl]

形 適切な，適した，ふさわしい

Mr. Alfonse is considered the most **suitable** candidate for the next CEO.
(Alfonse さんは次期 CEO の候補者としてもっとも**適して**いると考えられている)

☞《**suitable**＋名詞》《連結動詞＋**suitable**》《連結動詞＋**suitable** for＋名詞》《連結動詞＋**suitable** to＋名詞》《連結動詞＋**suitable** as＋名詞》《連結動詞＋**suitable**＋to 不定詞》《It is **suitable**＋to 不定詞》で覚えよう。

2134 □□ **enter** [éntə*r*]

動 (～に) 入る，～に参加する，～に加入する

Please close the door after you **enter** the room.
(部屋に**入ったら**ドアを閉めてください)

☞《**enter**＋目的語［名詞］》《**enter** into＋名詞》で覚えよう。 □ **enter** a company「入社する」 □ **enter** a competition「競技に参加する」 □ **enter** into ...「(契約など) を交わす」

2135 □□ **entrance** [éntrəns]

名 入口，入学，入場，入国

The celebrity used the back **entrance** to the hall.
(その有名人が**裏口**からホールに入った)

☞《**entrance** of＋名詞》《**entrance** to/into＋名詞》で覚えよう。

2136 □□ **entry** [éntri]

名 入ること，入学，入場，入口

Local residents are offered free **entry** to the museum during that period.
(その期間に地元住民は美術館に無料で**入館**できる)

☞《**entry** of＋名詞》《**entry** to/into＋名詞》で覚えよう。

2137 □□ **entryway** [éntriwei]

名 建物へ続く通路，主要出入り口

We will check that the **entryways** are secure beforehand.
（**出入口**が安全であることを事前に確認しましょう）

☞《**entryway** of＋名詞》《**entryway** to＋名詞》で覚えよう。

2138 □□ **exit** [éksit, égzit]

名 出口，退場　動 立ち去る，退場する，終了する，～を終了させる

The green lights indicate the emergency **exits**.
（緑の明かりは非常**出口**を示す）

☞《**exit** from/through＋名詞》《**exit** for/to＋名詞》，動詞は《**exit** from/through＋名詞》で覚えよう。

2139 □□ **gate** [géit]

名 門，とびら，出入口

We need a pass to enter the **gate** at the research facility.
（その研究施設の**門**を入るには通行証が必要です）

☞《**gate** of＋名詞》《**gate** into＋名詞》で覚えよう。

2140 □□ **current** [kə́:rənt]

形 現在の，進行中の，流通している　名（水や空気などの）流れ，電流，傾向

We sell garments that are in line with **current** and future trends.
（当社は**現在**，そしてこの先の傾向に合わせた服を販売します）

☞《**current**＋名詞》《連結動詞＋**current**》，名詞は《**current** of＋名詞》で覚えよう。 □ **current** account「当座預金（口座）」□ **current** address「現住所」

2141 □□ **currently** [kə́:rəntli]

副 現在，これまでのところ，あまねく

The document will disclose the details that are **currently** unpublished.
（その文書は**現在は**公表されていない詳細を明かすことになるだろう）

☞ □ *be* **currently** scheduled for ...「現在は～に予定されている」

2142 □□ **currency** [kə́:rənsi]

名 通貨，貨幣，流通，流布

It will be easy and safe to exchange **currencies** at the airport.
（**通貨**の両替は空港でするのがいちばん簡単で安全でしょう）

☞《**currency** of＋名詞》で覚えよう。

2143 □□ **contemporary** [kəntémpərəri]

名 同時代の人，現代の人，同期生　形 同時代の，現代の

Our company founder was a **contemporary** of Einstein.
（当社の創業者は Einstein と**同時代の人物**だった）

☞《**contemporary** of＋名詞》，形容詞は《**contemporary**＋名詞》《連結動詞＋**contemporary**》《連結動詞＋**contemporary** with＋名詞》で覚えよう。

2144 □□ **settle** [sétl]

動 ～を決める，～を解決する，定住する，～を置く，～を据える，（支払い）を済ます

Mr. Torbin is trying to **settle** the differences between the two companies.
（Torbin さんは両社の相違を**解決しよう**としている）

☞《**settle**＋目的語［名詞］》《**settle** with＋人》《**settle** in＋名詞》《**settle** on＋名詞》で覚えよう。

2145 □□ **settlement** [sétlmənt]

名 身を落ち着けること，定住，定職につくこと，植民（地），移民，開拓，居留地，決定，和解

Both companies are seeking a peaceful **settlement** of their patent dispute.
（両社は特許論争の穏便な**解決**を探っている）

☞《**settlement** of＋名詞》《**settlement** about/over＋名詞》《**settlement** with＋人》で覚えよう。
□ in **settlement** of ...「～を解決して」

2146 □□ **argue** [ɑ́ːrgjuː]

動 ～を論じる，～を主張する

Mr. Rossi **argued** several points in the draft agreement.
（Rossi さんは合意文書案のいくつかの点に**異議を唱えた**）

☞《**argue**＋目的語［名詞］》《**argue**＋that 節》《**argue** about/over＋名詞》《**argue** for/against＋名詞》《**argue** with＋人》《It is **argued**＋that 節》で覚えよう。

2147 □□ **argument** [ɑ́ːrgjəmənt]

名 議論，論争，主張

We avoided an **argument** by changing the product design.
（私たちは製品デザインを変更することで**議論**を回避した）

☞《**argument** of＋名詞》《**argument** about/over＋名詞》《**argument**＋that 節》《**argument** for/against＋名詞》《**argument** with＋人》で覚えよう。「口げんか」は fight よりも **argument** が適切。quarrel は **argument** よりも深刻に響く。

2148 □□ **contend** [kənténd]

動 戦う，競う，～と強く主張する

Internet service providers **contend** with various restrictions.
（インターネットサービスのプロバイダーはさまざま規制に**対抗している**）

☞《**contend** with＋名詞》《**contend** for＋名詞》《**contend**＋that 節》《It is **contended**＋that 節》で覚えよう。

2149 □□ **dispute** [dispjúːt]

動 ～に反論する，～を論じ合う，～を討議する，異議を唱える 名 紛争，論争

Mr. Murakami talked with his team to **dispute** claims made by the client.
（Murakami さんは顧客の主張に**異議を唱える**ために自分のチームと話し合った）

A lawyer was called in to mediate the **dispute**.
（その**争い**を調停するために弁護士が呼ばれた）

☞《**dispute**＋目的語［名詞］》《**dispute**＋that 節》《**dispute**＋with＋人》，名詞は《**dispute** of＋名詞》《**dispute** about/over＋名詞》《**dispute** with/between/among＋名詞》で覚えよう。 □ in/under **dispute**「論争中で」□ beyond **dispute**「論争の余地がなく」□ open to **dispute**「論争の余地があって」

2150 □□ **executive** [igzékjətiv]

㊎ 政策立案する，行政上の，執行部の ㊔ 幹部，高官，（企業の）役員

Mr. Gaitan makes **executive** decisions on all matters.
（Gaitan さんはすべての案件において**経営幹部としての**決定を下す）

The company is looking to employ a new advertising **executive**.
（同社は新しい広告担当の**重役**を雇いたいと考えている）

☞《**executive**＋名詞》，名詞は《**executive** of＋名詞》で覚えよう。

2151 □□ **staff** [stǽf]

㊔ 職員，スタッフ ㊍ ～を職員［スタッフ］として置く

I'd like to introduce a new member of the **staff**.
（**スタッフ**の新メンバーを紹介します）

☞《**staff** of＋名詞》，動詞は《**staff**＋目的語［名詞］》《*be* **staffed** by/with＋名詞》で覚えよう。
□ on the **staff**「スタッフとして」

2152 □□ **staffer** [stǽfər]

㊔ 職員，（新聞）記者

We have 40 full-time **staffers** who cover 10 sales areas.
（私たちは 40 人の常勤**スタッフ**を擁し，10 の販売地域で営業活動を行っています）

☞《**staffer** of＋名詞》で覚えよう。 □ campaign **staffer**「選挙運動員」

2153 □□ **assume** [əsjúːm]

㊍ ～を仮定する，～を前提とする，～を引き受ける，～を担う

Mr. Liang always tells us to **assume** the best about our proposals.
（Liang さんは常に私たちに対して，企画については最良の結果を**想定する**ように言う）

☞《**assume**＋目的語［名詞］》《**assume**＋目的語［名詞］＋to be＋名詞・形容詞》《**assume**＋that 節》《It is **assumed**＋that 節》《*be* **assumed**＋to 不定詞》で覚えよう。 □ **assume** responsibility for ...「～の責任を引き受ける」□ **assume** the position of ...「～の地位に就く」

2154 □□ **assumption** [əsʌ́mpʃən]

㊔ 仮定，前提，引き受けること，肩代わり

There has been an **assumption** that controlling weight could lead to longevity.（体重管理は長生きにつながると**思われている**）

☞《**assumption** of＋名詞》《**assumption** about＋名詞》《**assumption**＋that 節》で覚えよう。
□ go on the **assumption** that ...「～ということを前提として進む」

2155 □□ **hypothesis** [haipɑ́θəsis]

㊔ 仮説，前提

My **hypothesis** on language acquisition will be discussed in the next seminar.（言語獲得に関する私の**仮説**については次回のセミナーで話し合います）

☞《**hypothesis** about/concerning/on＋名詞》《**hypothesis**＋that 節》で覚えよう。

2156 □□ **reckon** [rékn]

㊍ 計算する，頼る，～を数える，～とみなす，～と考える

Experts **reckon** that mailing ballots could push up the voter turnout.
（郵便投票が投票率を引き上げるだろうと専門家は**考えている**）

☞《**reckon**＋目的語［名詞］》《**reckon**＋that 節》《**reckon** *A* to be *B*》《*be* **reckoned**＋as＋名詞》で覚えよう。

2157 □□ **schedule** [skédʒuːl, ʃédjuːl]

動 ～を予定する，～を予定表に組み込む　名 予定，スケジュール

- Could you please **schedule** a meeting with Ms. Dover for Friday?
（Dover さんと金曜日に会議の**予定を入れて**いただけますか）
- My job interview is **scheduled** for Wednesday.
（私の就職面接は水曜日に**予定されています**）
- I'll come and see you if my **schedule** permits.
（**予定**が許せば，そちらにうかがってお目にかかります）

☞《**schedule**＋目的語［名詞］》《*be* **scheduled** for＋名詞》《*be* **scheduled**＋to不定詞》，名詞は《**schedule** for＋名詞》で覚えよう。 □ on **schedule**「予定どおりに」□ ahead of **schedule**「予定より早く」□ behind **schedule**「予定より遅れて」

2158 □□ **reschedule** [rìːskédʒuːl, rìːʃédʒuːl]

動 （予定など）を変更する，～を組み直す，～を再調整する

- Would it be possible to **reschedule** our meeting to Friday?
（会議を金曜日に**組み直す**ことは可能でしょうか）

☞《**reschedule**＋目的語［名詞］》で覚えよう。

2159 □□ **itinerary** [aitínərèri]

名 旅程，旅行の行程，旅行案内

- Would you take a look at the **itinerary** for our business trip?
（出張用の**旅行日程表**を見ていただけますか）

☞《**itinerary** of＋名詞》《**itinerary** for＋名詞》で覚えよう。

2160 □□ **similar** [símələr]

形 類似した，同様の，同類の，似通った，相似の

- This frozen yogurt tastes **similar** to flavored milk.
（このフローズンヨーグルトは風味をつけたミルクに**似た**味がする）

☞《**similar**＋名詞》《連結動詞＋**similar**》《連結動詞＋**similar** to＋名詞》《連結動詞＋**similar** in＋名詞》で覚えよう。

2161 □□ **similarity** [sìməlǽrəti]

名 類似，類似点，相似

- There is a striking **similarity** between these drawings.
（これらの絵画の間には眼を見張るような**類似点**がある）

☞《**similarity** of＋名詞》《**similarity** with/between/among＋名詞》《**similarity** to＋名詞》《**similarity** in＋名詞》で覚えよう。

2162 □□ **similarly** [símələrli]

副 類似して，同様に，同じく

- There are many **similarly** priced homes in the neighborhood.
（近所には**同じような**価格の家が多い）

☞《**similarly**＋動詞・形容詞》で覚えよう。 □ **similarly** priced「似た価格の」

2163 □□ **chase** [tʃéis]

動 ～を追う，～を追跡する　名 追跡，獲物

The animation studio chief advises staff to **chase** their dreams.
（そのアニメーションスタジオの主宰者は，スタッフに自分の夢を**追う**ように言っている）

☞《**chase**＋目的語［名詞］》《**chase** after＋名詞》，名詞は《**chase** of＋名詞》で覚えよう。

2164 □□ **dare** [déər]

動 あえて～する　名 挑戦

No one **dares** to criticize the CEO.
（だれも**あえて** CEO を批判**しよう**とはしない）

☞《**dare**＋to 不定詞》で覚えよう。**dare** not go「行こうとしない」のように，否定文や疑問文では to が省略されることもある。

2165 □□ **file** [fáil]

動 ～をファイルする，～を申請する，～を提出する，～を申し立てる　名 ファイル，書類，記録

I wonder if you could **file** these documents in chronological order.
（これらの文書を時系列に**ファイルして**もらえますか）

I'd like to **file** a complaint about this matter.
（この件について苦情を**申し立てたい**のです）

You might want to create a new **file** for each client.
（顧客ごとに新しい**ファイル**を作成してはどうですか）

☞《**file**＋目的語［名詞］》《**file** for＋名詞》《**file** *A* under *B*》，名詞は《**file** of＋名詞》《**file** on＋名詞》で覚えよう。

2166 □□ **float** [flóut]

動 ～を浮かべる，～を提案する，浮かぶ，漂う　名 浮遊物

Carole **floated** an idea that we hire a new advertising agency.
（Carole は新しい広告代理店を雇うという考えを**提示した**）

☞《**float**＋目的語［名詞］》，名詞は《**float** of＋名詞》で覚えよう。

2167 □□ **drag** [drǽg]

動 ～を引きずる，のろのろと進む，～を引きずり込む，～を長引かせる

I had to **drag** all my luggage to the elevator myself.
（私はエレベーターまで自分で旅行手荷物を全部**引いていかなければ**ならなかった）

☞《**drag**＋目的語［名詞］》で覚えよう。

2168 □□ **recognize** [rékəgnàiz]

動 ～に見覚えがある，～の見分けがつく，～を評価する，～を認める，～を認証する

Daniela **recognized** the merger as an opportunity to change careers.
(Daniela は合併をキャリアを変える機会として**認識した**)

《**recognize**＋目的語［名詞］》《**recognize** *A* as/to be *B*》《**recognize**＋that/wh-/how 節》《**recognize**＋if/whether 節》《It is **recognized**＋that 節》で覚えよう。事実として，あるいは正しいと「認める」という意味。 □ **recognize** a causal relationship「因果関係を認める」

2169 □□ **recognition** [rèkəgníʃən]

名 認識，承認，見覚え

Alan Parker received an award in **recognition** of his service to the industry. (Alan Parker さんは業界に対する貢献を**認められて**受賞した)

《**recognition** of＋名詞》《**recognition** as＋名詞》《**recognition** for＋名詞》《**recognition**＋that 節》で覚えよう。 □ in **recognition** of ...「～を認めて」

2170 □□ **separate** [sépərət; sépərèit]

形 別の，分かれた，異なる，個々の，独立した 動 ～を離す，～を分ける，～分離する，～を区切る

Our employees work in **separate** cubicles, with their own individual space.
(当社の従業員は**独立した**執務スペースで仕事をして，個人用スペースが保たれている)

This optical sensor system can **separate** burnables and non-burnables.
(この光学式センサーシステムは可燃ごみと不燃ごみを**分別する**)

《**separate**＋名詞》《連結動詞＋**separate**》《連結動詞＋**separate** from＋名詞》，動詞は《**separate**＋目的語［名詞］》《**separate** from＋名詞》《**separate** *A* from *B*》《**separate** *A* into *B*》で覚えよう。

2171 □□ **separately** [sépərətli]

副 別々に，分かれて，独立して，離れて

I bought a desktop printer and a scanner **separately**.
(私はデスクトップ型プリンタとスキャナを**個別に**買いました)

《動詞・形容詞＋**separately**》で覚えよう。 □ live **separately**「別々に暮らす」

2172 □□ **split** [splít]

動 裂ける，～を裂く，分裂する［させる］，分割する［させる］，仲たがいする［させる］ 名 割れ目，仲たがい，（株式）分割

Why don't we **split** the bill including tips?
(チップも含めて請求額を**分けましょう**ね)

《**split**＋目的語［名詞］（＋with/between/among＋名詞）》《**split** *A* into *B*》《**split** from＋名詞》《**split** into＋名詞》《**split** over＋名詞》，名詞は《**split** of＋名詞》《**split** in/within＋名詞》《**split** with/between/among＋名詞》《**split** over＋名詞》で覚えよう。

2173 □□ **apartment** [əpáːrtmənt]

名 アパート，賃貸マンション

Julio lives in a rented **apartment** near the station.
(Julio は駅の近くに**アパート**を借りて住んでいる)

《**apartment** in＋名詞》で覚えよう。複数の階からなる建物内に用意されている居住用の一室。日本語の「マンション」も含む。

2174 □□ **apart** [əpɑ́ːrt]

副 離れて，分かれて，別々に，別として

Apart from Helen, none of us speak French.
（Helen を**除いて**，私たちのだれもフランス語を話さない）

《動詞・形容詞＋**apart**》で覚えよう。 □ **apart** from ...「～を除いて，～は別として」

2175 □□ **correct** [kərékt]

動 ～を訂正する，～を正す，～を是正する　形 正しい，誤りのない

I will **correct** errors in the paperwork.
（私が書類仕事の間違いを**訂正しましょう**）

《**correct**＋目的語［名詞］》，形容詞は《**correct**＋名詞》《連結動詞＋**correct**》《連結動詞＋**correct** in＋名詞》《連結動詞＋**correct**＋that 節》《連結動詞＋**correct**＋to 不定詞》《It is **correct**＋that 節》《It is **correct**＋to 不定詞》で覚えよう。 □ **correct** me if I'm wrong「私が間違っていたら正してください」

2176 □□ **correction** [kərékʃən]

名 訂正，修正，矯正，懲戒

The newspaper issued a **correction** to the article.
（その新聞は記事への**訂正**を発表した）

《**correction** of＋名詞》《**correction** from/to＋名詞》《**correction** about＋名詞》で覚えよう。

2177 □□ **correctly** [kəréktli]

副 正しく，正確に言えば

Employees are expected to respond **correctly** to customer inquiries.
（従業員は顧客の問い合わせに**正しく**答えることが期待される）

《**correctly**＋動詞・形容詞》で覚えよう。 □ **correctly** understand「～を正しく理解する」

2178 □□ **incorrect** [ìnkərékt]

形 正しくない，誤った，不完全な

The magazine has provided **incorrect** information to attract readers.
（その雑誌は，読者を引き付けるために**誤った**情報を伝えてきた）

《**incorrect**＋名詞》《連結動詞＋**incorrect**》《連結動詞＋**incorrect** in＋名詞》《連結動詞＋**incorrect**＋that 節》《連結動詞＋**incorrect**＋to 不定詞》《It is **incorrect**＋that 節》《It is **incorrect**＋to 不定詞》で覚えよう。

2179 □□ **doubt** [dáut]

動 ～ではないだろうと思う，～を疑う　名 疑念，疑惑，懸念

I **doubt** that Nick's analysis is careful enough.
（Nick の分析は十分に慎重であるとは**思えません**）

I have some **doubts** about the credibility of the report.
（私はその報告書の信頼性について少し**疑い**を持っています）

《**doubt**＋目的語［名詞］》《**doubt**＋that 節》《**doubt**＋if/whether 節》，名詞は《**doubt** of＋名詞》《**doubt** about/as to＋名詞》《**doubt**＋that 節》《**doubt**＋if/whether 節》で覚えよう。「～ではないだろう」と否定する疑念を表す。 □ no/without **doubt**「間違いなく」□ in **doubt**「疑わしく」□ beyond **doubt**「間違いなく」□ open to **doubt**「疑問が残って」□ I **doubt** it.「さあどうでしょうね，そうではないと思いますけど」

2180 □□ **suspect** [səspékt; sʌ́spekt]

動 ～だろうと思う，～をあやしいと思う，～に疑いをかける 名 容疑者

◤ I **suspect** that Jennifer didn't say everything she knew.
(Jennifer は知っていることすべてを話してはいなかった**と思います**)

◤ The police are still chasing the prime **suspect** for the crime.
(警察はその犯罪の第一**容疑者**をいまも追っている)

☞《**suspect**＋目的語［名詞］》《**suspect**＋that 節》《**suspect**＋人＋of＋名詞》，名詞は《**suspect** of＋名詞》《**suspect** for/in＋名詞》で覚えよう。**suspect** は「～であるだろうと思う」，doubt は「～ではないだろうと思う」

2181 □□ **suspicious** [səspíʃəs]

形 疑い深い，容易に信じない，あやしい，疑っている，疑いの

◤ If you find any **suspicious** items, please inform the station staff.
(**あやしい**物品を見かけたら，駅職員にお知らせ願います)

☞《**suspicious**＋名詞》《連結動詞＋**suspicious**》《連結動詞＋**suspicious** of＋名詞》《連結動詞＋**suspicious** about＋名詞》《連結動詞＋**suspicious**＋that 節》で覚えよう。

2182 □□ **project** [prədʒékt; prɑ́(ː)dʒèkt]

動 ～を提案する，～を計画する，～を見積もる，～を予測する 名 計画，プロジェクト

◤ Our sales are **projected** to rise by 15 percent next quarter.
(当社の販売は次四半期は 15 パーセント増と**予測されている**)

◤ This is a complicated **project** that requires each team to work closely together. (これは複雑な**プロジェクト**であり，各チームが緊密に協力して作業しなければならない)

☞《**project**＋目的語［名詞］》《**project**＋that 節》《It is **projected**＋that 節》《*be* **projected**＋to 不定詞》，名詞は《**project** of＋名詞》《**project** on＋名詞》《**project**＋to 不定詞》で覚えよう。

2183 □□ **projection** [prədʒékʃən]

名 予測，見積もり，投影

◤ Based on the current **projections**, we'll complete the assignment soon.
(現在の**予測**に基づくなら，私たちは任務をまもなく完了するでしょう)

☞《**projection** of＋名詞》《**projection** about＋名詞》《**projection** for＋名詞》《**projection**＋that 節》で覚えよう。

2184 □□ **projector** [prədʒéktə*r*]

名 プロジェクター，投影機，計画する人

◤ The **projector** isn't working; can somebody help me please?
(**プロジェクター**が故障しています；だれか手を貸してもらえますか)

☞《**projector** of＋名詞》《**projector** for＋名詞》で覚えよう。 □ portable **projector**「可搬式プロジェクター」

2185 □□ **divide** [diváid]

動 分かれる，～を分ける，～を分担する，～を分裂させる 名 分割，(意見などの) 相違

◤ Let's **divide** all the tasks into three categories.
(すべての課題を 3 つのカテゴリーに**分けましょう**)

☞《**divide**＋目的語［名詞］》《**divide** *A* into *B*》《**divide** *A* from *B*》《**divide** *A* by *B*》《**divide**＋目的語［名詞］＋between/among＋名詞》，名詞は《**divide** of＋名詞》《**divide**＋between/among＋名詞》《**divide** in＋名詞》で覚えよう。

2186 □□ **division** [divíʒən]

名 分割，分配，分かれていること，仕切り，部局

A **division** of labor will help us to improve our productivity.
(**分業**は生産性向上に役立つでしょう)

《**division** of＋名詞》《**division** about＋名詞》《**division** between/among/within＋名詞》で覚えよう。

2187 □□ **dividend** [dívidènd]

名 配当金，分け前

The company doesn't pay a **dividend** to its shareholders.
(同社は株主に**配当金**を支払わない)

《**dividend** of＋名詞》《**dividend** on＋名詞》で覚えよう。

2188 □□ **indicate** [índikèit]

動 ～を指し示す，～を表示する，～を意味する，～を示唆する

The sales from the second quarter **indicated** strong growth.
(第 2 四半期の売上高は力強い成長を**示した**)

《**indicate**＋目的語［名詞］》《**indicate**＋that 節》《It is **indicated**＋that 節》で覚えよう。

2189 □□ **indication** [ìndikéiʃən]

名 指示(すること)，兆候，表示(度数)

Profits, not sales, are regarded as an **indication** of a company's success.
(売上高ではなく利益が企業の成功の**表れ**と考えられている)

《**indication** of＋名詞》《**indication** about/as to＋名詞》《**indication**＋that 節》で覚えよう。

2190 □□ **indicative** [indíkətiv]

形 暗示する，表示する，示す

The failed negotiation is **indicative** of a bigger problem to come.
(交渉の失敗は今後さらに大きな問題が生じることを**示して**いる)

《連結動詞＋**indicative** of＋名詞》《連結動詞＋**indicative**＋that 節》で覚えよう。

2191 □□ **indicator** [índikèitər]

名 指示する人［もの］，測定器，指示器，指数

Some people think the weight of a brain is an **indicator** of mental power.
(脳の重量は知力を**示すもの**と考える人もいる)

《**indicator** of＋名詞》《**indicator** about＋名詞》で覚えよう。

2192 □□ **resell** [risél]

動 ～を転売する

You can easily **resell** your tickets and other personal items online.
(チケットなどの個人所有品を簡単にオンラインで**再販売できます**)

《**resell**＋目的語［名詞］》で覚えよう。

2193 □□ **resale** [rí:sèil]

名 再販売，追加販売，転売

This car model holds high **resale** value. (この車種は**再販売**価値が高い)

《**resale** of＋名詞》で覚えよう。

2194 □□ **forward** [fɔ́ːrwərd]

副 前方に，進行して 動 ～を転送する，～を進める 形 前方の

Procurement processes will move **forward** after the design is finalized.
（デザインが確定されてから部品調達過程は**先に**進むでしょう）

I'll **forward** you the email inquiry later.
（メールでの問い合わせをのちほど**転送します**）

☞《動詞＋**forward**》，動詞は《**forward**＋目的語［名詞］(＋to＋人)》，形容詞は《**forward**＋名詞》《連結動詞＋**forward** in＋名詞》で覚えよう。 □ look **forward** to ...「～を楽しみにする」 □ **forward** a call「電話を転送する」 □ **forward** an email to ...「～に電子メールを転送する」

2195 □□ **backward** [bǽkwərd]

副 後方の，後方へ，逆さに，さかのぼって 形 後ろ（向き）の

Ms. Cross flipped the pages **backward** and forward as she read the report.（Cross さんはページを前**後**させながら報告書を読んだ）

☞《動詞＋**backward**》，形容詞は《**backward**＋名詞》《連結動詞＋**backward** in＋名詞》で覚えよう。

2196 □□ **refuse** [rifjúːz; réfjuːs]

動 ～を拒む，～をいやがる，～を拒否する，～を断る 名 ごみ

Patients have the right to **refuse** medical treatment.
（患者には病気の治療を**断る**権利がある）

☞《**refuse**＋目的語［名詞］(＋to＋人)》《**refuse**＋人＋目的語［名詞］》《**refuse**＋to 不定詞》，名詞は《**refuse** of＋名詞》で覚えよう。

2197 □□ **reject** [ridʒékt]

動 ～を拒否する，～を拒絶する，（法案など）を却下する，～を不合格にする

The city's residents **rejected** the proposition by a referendum vote.
（市民は住民投票によってその提案を**否決した**）

☞《**reject**＋目的語［名詞］》《**reject** *A* as *B*》で覚えよう。refuse が「～をはっきりと断る」のに対して，**reject** は「～を拒絶する」という強い態度を示す。

2198 □□ **decline** [dikláin]

動 ～を辞退する，～を断る，下落する 名 下落

Due to my busy schedule, I have to **decline** the invitation.
（多忙のため，私は招待をお**断り**しなければなりません）

☞《**decline**＋目的語［名詞］》《**decline**＋to 不定詞》，名詞は《**decline** of＋名詞》《**decline** in＋名詞》で覚えよう。「断る」という意味では refuse よりていねいに響く。 □ in/on the **decline**「減少して」

2199 □□ **recently** [ríːsntli]

副 最近，近年

Until **recently**, our section was rather small with just four members.
（**最近**まで私たちの部署は 4 人だけで小さめでした）

☞《**recently**＋動詞・形容詞》で覚えよう。 □ **recently** purchase ...「～を最近購入する」

2200 □□ **recent** [ríːsnt]

形 最近の，近ごろの，新しい

Due to **recent** delays, we pushed back the product release date.
（**最近の**遅れにより，当社は製品発売日を遅らせました）

☞《**recent**＋名詞》で覚えよう。

2201 □□ **nowadays** [náuədèiz]

副 このごろは

Nowadays online international conferences are commonplace.
(**このごろは**ネット上での国際会議は普通のことだ)

副詞として文頭，文中，文末に置いて，過去との対比を表す。

2202 □□ **region** [ríːdʒən]

名 地方，地区，地域，分野

We're opening three more stores in that **region**.
(その**地域**にさらに 3 店舗を開きます)

《**region** of＋名詞》で覚えよう。 □ from **region** to **region**「地域によって」

2203 □□ **regional** [ríːdʒənl]

形 地方の，地域の

Our menu offers **regional** cuisines featuring the finest ingredients.
(当店のメニューは最良の食材を使用した**郷土**料理を提供いたします)

《**regional**＋名詞》で覚えよう。

2204 □□ **district** [dístrikt]

名 地区，地方，地域

Russell is the **district** leader in charge of sales and marketing.
(Russell は**地区**リーダーで，販売とマーケティングを担当している)

《**district** of＋名詞》で覚えよう。

2205 □□ **purpose** [pə́ːrpəs]

名 目的，目標，故意

What is the **purpose** of your visit?
(あなたの入国の**目的**を答えてください)

《**purpose** of＋名詞》《**purpose** in＋動名詞》で覚えよう。 □ for/with the **purpose** of ...「～の目的で」 □ on **purpose**「わざと，意図して」 □ to no **purpose**「結果を出せずに」

2206 □□ **aim** [éim]

名 目標，目的 動 (～を) 目標にする，努力する，～を (…に) 向ける

Our **aim** is to become one of the leading VR developers.
(当社の**目標**は仮想現実開発企業の大手になることです)

We're **aiming** to beat last year's earnings.
(当社は昨年の収益を上回ることを**目標としています**)

《**aim** of＋名詞》《take **aim** at＋名詞》，動詞は《**aim**＋目的語［名詞］》《**aim**＋目的語［名詞］＋at＋人》《**aim**＋to 不定詞》《**aim** at/for＋名詞・動名詞》で覚えよう。

2207 □□ **giant** [dʒáiənt]

名 巨人，大企業，大国，巨匠 形 巨大な

LR Publishing is a **giant** in the field of university textbooks.
(LR 出版は大学用教科書分野の**大手企業**である)

《**giant**＋名詞》，名詞は《**giant** of＋名詞》で覚えよう。

2208 □□ **huge** [hjúːdʒ]

形 巨大な，大規模な，莫大な

I'm making a **huge** amount of money working on commission.
（私は歩合制給与で働いて**巨**額の稼ぎがある）

☞《**huge**＋名詞》《連結動詞＋**huge**》で覚えよう。

2209 □□ **enormous** [inɔ́ːrməs]

形 巨大な，莫大な，桁違いの

ShineTech made **enormous** profits from its cloud service.
（ShineTech 社はクラウドサービスで**巨額の**利益をあげた）

☞《**enormous**＋名詞》《連結動詞＋**enormous**》で覚えよう。extremely big in size or amount という意味。

2210 □□ **tremendous** [triméndəs]

形 とてつもなく激しい，巨大な，すばらしい

Space programs may have a **tremendous** impact on tourism in the future.（宇宙プログラムは，未来の旅行産業に**ものすごい**影響を与えるかもしれない）

☞《**tremendous**＋名詞》《連結動詞＋**tremendous**》で覚えよう。

2211 □□ **vast** [vǽst]

形 広大な，膨大な，巨額な

Walter has a **vast** amount of experience in the industry.
（Walter はこの業界での経験が**豊富**です）

☞《**vast**＋名詞》《連結動詞＋**vast**》で覚えよう。広さ，距離，数字，量について使う。

2212 □□ **wrap** [rǽp]

動 ～を包む，～を覆い隠す，～を完了する，～を夢中にさせる　名 包装紙，終了，完了

Could you please gift-**wrap** this?
（これを贈り物用に**包んで**いただけますか）

☞《**wrap**＋目的語［名詞］》《**wrap** *A* in *B*》《**wrap** *A* around *B*》，名詞は《**wrap** of＋名詞》で覚えよう。

2213 □□ **rank** [rǽŋk]

動 列に並ぶ，順番を占める，～と位置付ける　名 順位，階級，地位

I usually **rank** my daily tasks in order of importance.
（私はいつも自分の日常業務を重要なものから**順に処理して**いきます）

In terms of sales, our company is in the top **rank** of the industry.
（販売で言えば，当社は業界の最上位の**位置**にあります）

☞《**rank**＋目的語［名詞］》《**rank** as/among＋名詞》《**rank** with＋名詞》，名詞は《**rank** of＋名詞》で覚えよう。

2214 □□ **pretend** [priténd]

動 ～を装う，～を取り繕う，～するふりをする

Please don't **pretend** that everything is all right.
（すべて順調だと**装わ**ないでください）

☞《**pretend**＋目的語［名詞］》《**pretend**＋that 節》《**pretend**＋to 不定詞》で覚えよう。

2215 □□ **tip** [típ]

名 チップ，先，先端，ヒント，内部情報　動 (～に) チップを渡す，～の先を切り取る，～の先を付ける，～を傾ける，傾く，倒れる

- I always carry cash in order to leave **tips**.
  (**チップ**を払うためにいつも現金を持っています)
- I'll give you handy **tips** on finding good hotels in Tokyo.
  (東京でよいホテルを見つけるための便利な**情報**を教えましょう)
- My cat **tipped** my cup over, spilling coffee on the floor.
  (猫が私のカップを**倒して**，コーヒーを床にこぼした)

☞《**tip** on/for/about＋名詞》《**tip** of＋名詞》，動詞は《**tip**＋目的語［名詞］》《**tip**＋人＋金額》で覚えよう。 □ the **tip** of the iceberg「氷山の一角」

2216 □□ **exercise** [éksərsàiz]

名 運動，訓練，行使　動 運動する，訓練する，～を用いる，～を行使する

- All new hires will participate in the training **exercise** next month.
  (新規採用者は全員，来月に研修**訓練**に参加する)
- It is important to **exercise** your right to vote.
  (自分の投票権を**行使する**ことは大切です)

☞《**exercise** of＋名詞》《**exercise** in＋名詞》，動詞は《**exercise**＋目的語［名詞］》で覚えよう。

GROUP 46

2217 - 2265

2217 □□ **account** [əkáunt]

動《account for ... で》～を説明する，～を占める　名 説明，理由，考慮，計算書，預金口座

- Our fresh food business **accounted** for most of our losses.
  (生鮮食品事業が当社の損失の大半を**占めた**)
- We opened a new bank **account** to start a business.
  (私たちは事業を興すために新たな銀行**口座**を開設した)
- Current trends are taken into **account** when designing products.
  (製品をデザインする際には現在の傾向が**考慮**される)

☞《**account** for＋名詞》，名詞は《**account** of＋名詞》で覚えよう。 □ on **account** of ...「～が原因で」 □ take ... into **account**「～を考慮に入れる」□ take **account** of ...「～を考慮に入れる」

2218 □□ **accountable** [əkáuntəbl]

形 説明できる，説明義務がある

- Mr. Cohen is held **accountable** for the new marketing strategies.
  (Cohen さんは新たなマーケティング戦略に対して**説明責任を負う**)

☞《連結動詞＋**accountable**》《連結動詞＋**accountable** for＋名詞》《連結動詞＋**accountable** to＋人》で覚えよう。名詞形 accountability は「説明責任」。個人や組織がその決定や行動について利害関係者に「説明する義務」という意味。

2219 □□ **accountant** [əkáuntənt]

名 会計士，経理担当者

- Let's consult with our **accountant** before we make a decision.
  (決定を下す前に**会計士**に相談しましょう)

☞《**accountant** in/with/at＋名詞》《**accountant** for＋名詞》で覚えよう。 □ certified **accountant**「公認会計士」

2220 □□ **terrible** [térəbl]

形 とても不快な，極端な，ひどく悪い，恐ろしい

- I feel **terrible** about what happened.
  (起きてしまったことを**心苦しく**思っております)

☞《**terrible**＋名詞》《連結動詞＋**terrible**》《連結動詞＋**terrible** for＋名詞》《連結動詞＋**terrible** about＋名詞》《It is **terrible**＋that 節》《It is **terrible**＋to 不定詞》で覚えよう。

2221 □□ **horrible** [hɔ́(ː)rəbl]

形 ひどい，身の毛もよだつ，ひどく不快な

- I have a **horrible** cough, so I think I need to see a doctor.
  (**ひどく不快な**咳が出るので，医師に診てもらう必要がありそうだ)

☞《**horrible**＋名詞》《連結動詞＋**horrible**》《連結動詞＋**horrible** for＋名詞》《連結動詞＋**horrible** about＋名詞》《連結動詞＋**horrible** to＋人》で覚えよう。

2222 □□ **terrific** [tərífik]

形 すばらしい，とてもよい，ものすごい

- Thanks for revising my draft; it looks **terrific**!
  (私の草稿を直してくれてありがとう；**とてもよい**仕上がりです)

☞《**terrific**＋名詞》《連結動詞＋**terrific**》《連結動詞＋**terrific** for＋名詞》《連結動詞＋**terrific** about＋名詞》《It is **terrific**＋that 節》《It is **terrific**＋to 不定詞》で覚えよう。

2223 □□ **damage** [dǽmidʒ]

動 ～に損害を与える 名 損害，被害

- These rumors could **damage** Marvin's reputation.
（これらのうわさは Marvin の評判を**傷つけ**かねない）
- The insurance policy covers earthquake **damage**.
（その保険契約は地震による**損害**を補償する）

☞《**damage**＋目的語［名詞］》，名詞は《**damage** of＋名詞》《**damage** to＋名詞》《**damage** by/from＋名詞》で覚えよう。 □ claim **damages**「損害賠償を請求する」

2224 □□ **wound** [wúːnd]

動 ～を傷つける 名 外傷，負傷，苦痛，痛手

- Who could ignore a **wounded** animal caught in a trap?
（罠にかかって**傷ついた**動物を無視できる人はいないのではないか）
- It takes time to heal emotional **wounds**.
（感情面の**傷**をいやすには時間がかかる）

☞《**wound**＋目的語［名詞］》，名詞は《**wound** in/to＋名詞》で覚えよう。動詞は武器などを使って意図的に「～を傷つける」という意味。

2225 □□ **suffer** [sʌ́fər]

動 ～をこうむる，悩む，苦しむ，患う

- I haven't **suffered** from the flu for a while.
（しばらくインフルエンザに**かかって**いません）
- Local businesses **suffered** serious damage in the hurricane.
（ハリケーンで地元の企業は深刻な被害を**こうむった**）

☞《**suffer**＋目的語［名詞］》《**suffer** from＋名詞》で覚えよう。

2226 □□ **pain** [péin]

名 痛み，疼痛，骨折り，不快な人［もの／こと］

- If you're still in **pain**, you should see a doctor.
（まだ**痛み**があるのなら医師に診てもらうべきです）

☞《**pain** of＋名詞》《**pain** in＋名詞》で覚えよう。 □ take **pains** to *do*「わざわざ～する」

2227 □□ **event** [ivént]

名 出来事，行事，結果，種目

- The studio owner hired the designer she met at a networking **event**.
（そのスタジオのオーナーは，人材交流**イベント**で出会ったデザイナーを雇った）

☞《**event** of＋名詞》《**event**＋that 節》で覚えよう。 □ in any **event**「いずれにせよ」 □ in the **event** of ...「～のときに」 □ in the **event** that ...「～というときに」

2228 □□ **eventually** [ivéntʃuəli]

副 結局は，ついに，いつかは，やがて

- After a long train ride, we **eventually** arrived at the conference center.
（長い鉄道の旅の末，**ついに**会議センターに到着した）

☞《**eventually**＋動詞・形容詞》で覚えよう。 □ **eventually** become successful「最終的に成功する」

2229 □□ ceremony [sérəmòuni]

名 式，式典，儀礼

An awards **ceremony** will be held for this year's top salespeople.
（今年の最優秀販売職員のための授賞**式典**が開催されるだろう）

☞《**ceremony** of＋名詞》で覚えよう。

2230 □□ anniversary [æ̀nivə́ːrsəri]

名 記念日，記念祭，例年の行事

Today is the fifth **anniversary** of the company's founding.
（きょうは会社創立 5 周年の**記念日**です）

☞《**anniversary** of＋名詞》で覚えよう。あとには重要な意味を持つことを示す名詞が続くが，喜ばしいことに限らない。

2231 □□ reform [rifɔ́ːrm]

動 ～を改革する，～を改善する，～を改める　名 改正，改革

Our office regulations need to be **reformed**.
（当社の職場規則は**改正する**必要がある）

The **reform** of our office regulations has been put in place.
（当社の職場規則の**改正**は実施された）

☞《**reform**＋目的語［名詞］》，名詞は《**reform** of＋名詞》《**reform** in＋名詞》で覚えよう。

2232 □□ renovate [rénəvèit]

動 ～を修理する，～を改築する，～を回復する，～を刷新する

Our office is closed while the building is being **renovated**.
（ビルが**改築**されている間，当社オフィスは閉鎖しています）

☞《**renovate**＋目的語［名詞］》で覚えよう。

2233 □□ renovation [rènəvéiʃən]

名 修復，改修，リフォーム，刷新

Major **renovation** of urban infrastructure will affect public transportation.
（都市部インフラの大規模な**改修**は公共交通に影響するだろう）

☞《**renovation** of＋名詞》《**renovation** to＋名詞》で覚えよう。

2234 □□ remodel [riːmɑ́dl]

動 ～を改築する，～を改装する

Designers are coming soon to discuss how to **remodel** our office.
（オフィスをどのように**模様替えする**かを話し合うために，デザイナーたちがまもなく来社します）

☞《**remodel**＋目的語［名詞］》で覚えよう。

2235 □□ seek [síːk]

動 ～を捜す，～を（捜し）求める，～を手に入れようとする

If you **seek** employment, subscribe to our mailing list now.
（仕事を**お探し**なら，まず当社のメーリングリストに登録なさってください）

☞《**seek**＋目的語［名詞］》《**seek** for＋名詞》《**seek**＋that 節》《**seek**＋to 不定詞》で覚えよう。

2236 □□ **pursue** [pərsjúː]

動 ～を追跡する，～を追いかける，～を追及する，～をたどる，達成しようとする

I decided to **pursue** a career in medicine when I was 16.
(私は16歳のときに医学のキャリアを**めざす**ことにしました)

《**pursue**＋目的語［名詞］》で覚えよう。

2237 □□ **crowd** [kráud]

名 群衆，大衆，集団　動（～に）押し寄せる，（～に）殺到する，～に圧力をかける

Poor planning of the sale led to a huge **crowd** at the entrance.
(大売り出しの計画の不備が原因で，大**群衆**が入り口に集まってしまった)

《**crowd** of＋名詞》，動詞は《**crowd**＋目的語［名詞］》《**crowd** into＋名詞》で覚えよう。

2238 □□ **crowded** [kráudid]

形 混雑した，満員の

I have to commute to work on a **crowded** train.
(私は**混雑した**電車で通勤しなければなりません)

《**crowded**＋名詞》《連結動詞＋**crowded**》《連結動詞＋**crowded** with＋名詞》で覚えよう。

2239 □□ **various** [véəriəs]

形 さまざまな，多様な

For **various** reasons, we switched manufacturing partners.
(**さまざまな**理由から，当社は製造提携企業を切り替えました)

《**various**＋名詞》で覚えよう。

2240 □□ **vary** [véəri]

動 変わる，変化する，～を変化させる，～を多様にする

Prices **vary** by region, so please contact your local dealer for more information.
(価格は地域によって**異なります**ので，詳細はお近くの販売代理店にご連絡願います)

《**vary**＋目的語［名詞］》で覚えよう。**vary** が徐々にさまざまなものへ変化する／変化させるのに対し，change は一部または全体を根本的に変えるときに，transform は外形と中身がすっかり変わるときに用いる。

2241 □□ **variation** [vèəriéiʃən]

名 変化（の度合い），変動

There are minor **variations** in the product appearance.
(製品の外観には多少の**差異**があります)

《**variation** of＋名詞》《**variation** in＋名詞》《**variation** on＋名詞》《**variation** with/between/among/across＋名詞》で覚えよう。

2242 □□ **variety** [vəráiəti]

名 多様性，多様さ，種類，寄せ集め

We offer a **variety** of products for both adults and children.
(当社は，成人と子どものどちらにも**さまざま**な製品を提供しております)

《**variety** of＋名詞》《**variety** in＋名詞》で覚えよう。　□ a **variety** of ...「さまざまな～」

2243 □□ **variable** [véəriəbl]

形 変わりやすい，変えられる　名 変化するもの，変数

Variable costs change in line with a company's production volume.
（**変動費**用は会社の生産高に沿って変化する）

☞《**variable**＋名詞》《連結動詞＋**variable**》《連結動詞＋**variable** in＋名詞》で覚えよう。名詞は **variables** and constants（変数と定数）の組み合わせで覚えよう。

2244 □□ **belong** [bilɔ́(:)ŋ]

動《belong to ... で》～に属する，～の一員である

Mackenzie **belongs** to the marketing department.
（Mackenzie はマーケティング部に**属して**いる）

☞《**belong** to＋名詞》《**belong** in＋名詞》で覚えよう。

2245 □□ **belongings** [bilɔ́(:)ŋiŋz]

名 持ち物，所有物，関連するもの

Please do not leave personal **belongings** in the office.
（個人の**所有物**はオフィスに置いたままにしないでください）

☞《**belongings** of＋名詞》で覚えよう。常に複数形。possessions と同じ意味。

2246 □□ **conflict** [kɑ́nflikt; kənflíkt]

名 対立，衝突，確執，紛争　動 対立する，矛盾する

Our manager canceled the meeting because of his scheduling **conflict**.
（部長は自分の予定が**重複**したために会議をキャンセルした）

☞《**conflict** of＋名詞》《**conflict** about/over＋名詞》《**conflict** with/within/between/among＋名詞》，動詞は《**conflict** with＋名詞》で覚えよう。 □ in **conflict** (with ...)「(～と) もめて」

2247 □□ **confront** [kənfrʌ́nt]

動 ～に直面する，～に対決させる，～を対比する

We should stop avoiding the real issue and **confront** it.
（現実の問題を避けるのはやめて，**正面から向き合う**べきです）

☞《**confront**＋目的語［名詞］》《*be* **confronted** with＋名詞》《**confront**＋人＋with/about＋名詞》で覚えよう。

2248 □□ **organize** [ɔ́:rgənàiz]

動 ～を組織化する，～を編成する，～を整頓する，～を体系化する

Could I have some time to **organize** my ideas?
（考えを**まとめる**時間を少しいただけますか）

☞《**organize**＋目的語［名詞］》で覚えよう。

2249 □□ **organization** [ɔ̀:rgənəzéiʃən, ˋ‐naí‐‐]

名 組織，団体，構成，体制

Most of the supplies were provided by non-profit **organizations**.
（大半の物資は非営利**団体**から提供された）

☞《**organization** of＋名詞》で覚えよう。

2250 □□ **organizational** [ɔ̀:rgənəzéiʃənl, ─̀─nai─́─]

形 組織的な，組織に関する

Mr. Kuo hinted that changes in the **organizational** structure were imminent. (**組織**構造の変更が迫っているとKuoさんは示唆した)

☞《**organizational**＋名詞》《連結動詞＋**organizational**》で覚えよう。

2251 □□ **organizer** [ɔ́:rgənàizər]

名 まとめ役，システム手帳，収納ケース

The convention **organizer's** office is on the third floor.
(会議**運営者**のオフィスは3階にあります)

☞《**organizer** of＋名詞》で覚えよう。

2252 □□ **reorganize** [riɔ́:rgənàiz]

動 ～を再編成する，～を再建する

I'm so busy that I can't find time to **reorganize** my files.
(とても忙しくて，自分のファイルを**整理し直す**時間が見つけられない)

☞《**reorganize**＋目的語［名詞］》で覚えよう。

2253 □□ **reorganization** [ri:ɔ̀:rgənəzéiʃən, ──̀─nai─́─]

名 再編成，再組織化，革新

A company-wide **reorganization** is expected soon.
(全社的な**再編**がまもなく行われるだろう)

☞《**reorganization** of＋名詞》で覚えよう。

2254 □□ **invite** [inváit]

動 ～を誘う，～を招く

George Heaton was **invited** to our company's anniversary celebration.
(George Heatonさんは当社の記念祝賀会に**招かれた**)

☞《**invite**＋人（＋to/for＋名詞）》《**invite**＋人＋to 不定詞》で覚えよう。

2255 □□ **invitation** [ìnvitéiʃən]

名 招待（状）

Eligible employees received **invitations** to the leadership workshop.
(資格のある従業員は指導力ワークショップへの**招待状**を受け取った)

☞《**invitation** to＋名詞》《**invitation** from＋人》《**invitation**＋to 不定詞》で覚えよう。 □ by **invitation** only「招待制で」

2256 □□ **degree** [digrí:]

名 程度，（経度・緯度・温度などの）度，学位

Sales have improved to a certain **degree**.
(売上はある**程度**まで改善している)

☞《**degree** of＋名詞》《**degree** in＋名詞》《**degree**＋that 節》で覚えよう。 □ to a/some **degree**「ある程度は」 □ to the **degree** that ...「～という程度まで」

2257 □□ **range** [réindʒ]

動 動く，並ぶ，及ぶ　名 幅，領域，範囲

Our travel packages **range** from airfares-only to all-inclusive.
(当店のパック旅行は，航空券だけのものから一括プランまで**そろって**おります)

We sell a wide **range** of electronic equipment.
(当社は**幅**広い電子機器を販売しております)

☞《**range** on＋名詞》《**range** from *A* to *B*》《**range** between *A* and *B*》《**range** over/across＋名詞》《**range** up to＋名詞》，名詞は《**range** of＋名詞》《**range** from *A* to *B*》で覚えよう。

2258 □□ **spread** [spréd]

動 ～を広げる，～を開く，～を塗る，(～を) 分散する，広がる，蔓延する　名 開き，広がり，流布

Rumors about the possible merger have **spread** online rapidly.
(合併の可能性に関するうわさがネット上で急速に**広まった**)

☞《**spread**＋目的語［名詞］》《**spread** *A* on/over/across *B*》《**spread** through/over/among＋名詞》《**spread** from *A* to *B*》，名詞は《**spread** of＋名詞》《**spread** between/among＋名詞》で覚えよう。

2259 □□ **spreadsheet** [sprédʃìːt]

名 表計算ソフト，スプレッドシート

Spreadsheet software enables us to predict the future based on the present data.
(**表計算**ソフトウェアのおかげで，今あるデータに基づいて今後を予測することができる)

☞《**spreadsheet** of＋名詞》で覚えよう。 □ **spreadsheet** application「表計算用アプリケーション」

2260 □□ **pour** [pɔ́ːr]

動 降り注ぐ，～に注ぐ，～に浴びせる

How much more money are we going to **pour** into this project?
(このプロジェクトにさらにどれだけの金を**注ぎ**込むつもりですか)

☞《**pour**＋目的語［名詞］》《**pour** *A* into/down *B*》《**pour**＋人＋目的語［名詞］》《**pour** into/from/out of＋名詞》で覚えよう。

2261 □□ **ruin** [rú(ː)in]

動 ～を破壊する，～を破産させる，～をだいなしにする　名 遺跡，廃墟，残骸，破滅，崩壊

Matthew's company was almost **ruined** by the recession.
(Matthew の会社は景気後退で**破綻**寸前までいった)

☞《**ruin**＋目的語［名詞］》，名詞は《**ruin** of＋名詞》で覚えよう。

2262 □□ **pile** [páil]

名 山積み，山，パイル　動 積み重なる，～を積み重ねる

There's a **pile** of new parts on the factory floor.
(工場の床に新たな部品の**山**があります)

☞《**pile** of＋名詞》，動詞は《**pile**＋目的語［名詞］(＋on/onto/into＋名詞)》で覚えよう。

2263 □□ **compromise** [kάmprəmàiz]

名 譲歩，妥協案，歩み寄り　動 譲歩する，歩み寄る，和解する

If we tail to reach a **compromise**, we'll have to end the contract.
(**妥協**できなければ，契約を打ち切るしかないでしょう)

☞《**compromise** of＋名詞》《**compromise** with/between/among＋名詞》《**compromise** on/over＋名詞》，動詞は《**compromise** with＋名詞》《**compromise** on/over＋名詞》で覚えよう。

2264 □□ **aspect** [ǽspekt]

名 面，様相，局面，見地

Ms. Darby checks every **aspect** of a contract before signing.
（契約書に署名する前に，Darby さんはすべての**局面**を確認する）

《**aspect** of＋名詞》で覚えよう。

2265 □□ **ugly** [ʌ́gli]

形 醜い，見苦しい，不快な，卑劣な，荒れ模様の

We have witnessed **ugly** incidents at the championship games.
（選手権の試合で**醜い**出来事を目にした）

《**ugly**＋名詞》《連結動詞＋**ugly**》《It is **ugly**＋to 不定詞》で覚えよう。

GROUP 47

▶ 2266 - 2314

2266 □□ **rush** [rʌ́ʃ]

動 大急ぎでする，急ぐ，押し寄せる，～を突進させる，～を大急ぎで行う　名 突進，殺到，忙しいこと，急ぐ必要

◤ I **rushed** to my computer terminal at the news of a stock price plunge.
（株価下落の知らせを受けて，私は自分のコンピュータ端末のところへ**急いだ**）

◤ Could you place a **rush** order for some seafood?
（海鮮食材を**急ぎで**注文していただけますか）

☞《**rush** to/into＋名詞》《**rush** through＋名詞》《**rush** *A* to *B*》《**rush**＋to 不定詞》《**rush**＋人＋into＋名詞》，名詞は《**rush** of＋名詞》《**rush** for＋名詞》《**rush**＋to 不定詞》で覚えよう。 □ in a **rush**「急いで」

2267 □□ **hurry** [hə́ːri]

動 急ぐ，～を急がせる　名 急ぎ，急いで進めること

◤ At the grand opening, customers **hurried** to the entrance.
（店の正式オープンで顧客は入口へと**急いだ**）

◤ I'm sorry, but I'm in a **hurry**; talk to you later.
（申し訳ないですが**急いで**います；あとで話しましょう）

☞《**hurry**＋目的語》《**hurry**＋to 不定詞》《**hurry**＋人＋into＋名詞》，名詞は《**hurry** to＋名詞》《**hurry** for＋名詞》で覚えよう。 □ in a **hurry**「急いで」 □ in no **hurry**「急ぐ必要はなくて」

2268 □□ **audience** [ɔ́ːdiəns]

名 聴衆，観客，観衆，支持者，ファン

◤ Young Cosmetics has a broad target **audience**.
（Young Cosmetics 社は幅広い**顧客層**を抱えている）

☞《**audience** of＋名詞》で覚えよう。聴衆や観客だけでなく，特定の目的のために引き寄せる「対象となる人々」（＝target audience）という意味でも使う。

2269 □□ **spectator** [spékteitər]

名 見物人，観客

◤ Over 30,000 **spectators** attended the event.
（3 万人を超える**観客**がイベントに参加した）

☞《**spectator** of＋名詞》で覚えよう。

2270 □□ **spectacular** [spektǽkjələr]

形 壮観な

◤ Despite the slim chance of success, Alice did a **spectacular** job.
（成功する可能性はわずかだったが，Alice は**実にすばらしい**仕事をした）

☞《**spectacular**＋名詞》《連結動詞＋**spectacular**》《連結動詞＋**spectacular** about＋名詞》《連結動詞＋**spectacular** in/at＋名詞》で覚えよう。

2271 □□ **individual** [ìndəvídʒuəl]

形 個人（向け）の，個別の，独自の　名 個人，人間

- The HR department tries to recognize each employee's **individual** needs.
（人材開発部は各従業員の**個人的な**ニーズを認識するように努めている）
- Each **individual** can decide if their job is worth the money they receive.
（自分の仕事が受け取る報酬に値しているかどうかは各**個人**が決めればよい）

☞《**individual**＋名詞》，名詞は《**individual** of＋名詞》で覚えよう。

2272 □□ **individually** [ìndəvídʒuəli]

副 個々に，個別に，個人的に

- Chips & Dips restaurants are **individually** owned franchise businesses.
（Chips & Dips レストランは**個別に**経営されるフランチャイズ事業です）

☞《**individually**＋動詞・形容詞》で覚えよう。反意語は collectively。 □ **individually** responsible「個別に責任のある」

2273 □□ **nerve** [nə́ːrv]

名 神経，図太さ，《nerves で》いらいらすること

- Ms. Yamamoto had the **nerve** to file a lawsuit against her landlord.
（Yamamoto さんは**思い切って**家主に対して訴訟を起こした）

☞《**nerve** of＋名詞》《**nerve** in＋名詞》《**nerve** to＋名詞》《the **nerve**＋to 不定詞》で覚えよう。

2274 □□ **nervous** [nə́ːrvəs]

形 神経質な，いらいらした，緊張した

- I get **nervous** when I give a presentation at a meeting.
（私は会議でプレゼンテーションをするときは**緊張し**ます）

☞《**nervous**＋名詞》《連結動詞＋**nervous**》《連結動詞＋**nervous** about/at/of＋名詞》《連結動詞＋**nervous**＋that 節》《連結動詞＋**nervous**＋to 不定詞》で覚えよう。

2275 □□ **quarter** [kwɔ́ːrtər]

名 4 分の 1，四半期，地区　動 ～を四等分にする

- We spent the first **quarter** of the year developing new projects.
（私たちは，年度の第一**四半期**を新プロジェクトの開発に費やした）

☞《**quarter** of＋名詞》で覚えよう。

2276 □□ **quarterly** [kwɔ́ːrtərli]

副 季刊で，年 4 回で，3 か月ごとに　形 四半期の，年 4 回の，3 か月ごとの　名 季刊誌

- KoBolt Online's membership requires a fee that is paid **quarterly**.
（KoBolt Online の会員資格は **3 か月ごとに**支払う会費を必要とする）

☞《動詞・形容詞＋**quarterly**》，形容詞は《**quarterly**＋名詞》，名詞は《**quarterly** with＋名詞》で覚えよう。-ly で終わるが形容詞としても使う。 □ **quarterly** report「四半期報告書」

2277 □□ **depend** [dipénd]

動《depend on ... で》～に頼る，～に依存する，～を信頼する，～に左右される

- You can **depend** on Michael to get the job done.
（Michael には安心してその仕事を**任せ**られます）

☞《**depend** on＋名詞（＋to 不定詞・動名詞）》《It **depends** on＋wh-/how 節》《It **depends** on＋if/whether 節》で覚えよう。 □ That **depends**.「それは時と場合によります」

2278 □□ **dependence** [dipéndəns]

名《dependence on ... で》頼ること，依存

The industry has a high **dependence** on oil.
（その産業は石油に高く**依存**している）

☞《**dependence** of＋名詞》《**dependence** on＋名詞》《**dependence** in＋名詞》で覚えよう。

2279 □□ **dependent** [dipéndənt]

形《dependent on ... で》～に頼って，～次第の　名 扶養家族

We shouldn't be too **dependent** on what customers think.
（顧客の意見に**頼り**すぎてはいけない）

Please check the box if you have any **dependents**.
（**扶養家族**がいれば，四角にチェックしてください）

☞《**dependent**＋名詞》《連結動詞＋**dependent**》《連結動詞＋**dependent** on＋名詞》，名詞は《**dependent** of＋名詞》で覚えよう。

2280 □□ **dependable** [dipéndəbl]

形 信頼できる，頼もしい，安心できる

Having **dependable** technology is crucial to running a business.
（**信頼できる**科学技術を有していることは企業経営にとって重要である）

☞《**dependable**＋名詞》《連結動詞＋**dependable**》で覚えよう。

2281 □□ **independent** [ìndipéndənt]

形《independent of ... で》～から独立した，～の影響を受けない，～に頼らない　名 独立した人［もの］，無所属の人

Raquet & Cleats treats each store as an **independent** unit.
（Raquet & Cleats 社は各店舗を**独立した**単位として扱う）

☞《**independent**＋名詞》《連結動詞＋**independent**》《連結動詞＋**independent** of＋名詞》，名詞は《**independent** in/from＋名詞》で覚えよう。

2282 □□ **independence** [ìndipéndəns]

名《independence from ... で》～からの独立（性），～からの自立，～からの自活

Liz gained **independence** and opened her own bakery.
（Liz は**独立**を手にして，自分のベーカリーを開業した）

☞《**independence** of＋名詞》《**independence** from＋名詞》《**independence** in＋名詞》で覚えよう。

2283 □□ **hide** [háid]

動 隠れる，～を隠す　名 隠れ場所，獣皮

The tax office audited our financial records, but we had nothing to **hide**.
（当社は税務署による監査を受けましたが，**隠す**べきことは何もありませんでした）

☞《**hide**＋目的語［名詞］》《**hide** *A* from *B*》《**hide**＋that 節》で覚えよう。

2284 □□ **conceal** [kənsíːl]

動 ～を隠す，～を隠匿する，～を秘密にする

Jack **concealed** the reasons for his sudden resignation.
（ジャックは突然辞任する理由を**隠した**）

☞《**conceal**＋目的語［名詞］（＋from＋人）》《**conceal**＋that/wh-/how 節》で覚えよう。

2285 □□ **trust** [trʌ́st]

動 ～を信用［信頼］する，～と確信する，～と信じる 名 信用，信頼，責任

Everyone makes mistakes; I **trust** that you'll be more careful next time.
（だれにも間違いはあります；今後はもっと注意してくださると**信じています**）

You have my **trust**; I'm pleased to do business with you again.
（あなたを**信用**しています；喜んでまた仕事をご一緒します）

《**trust**＋目的語［名詞］》《**trust**＋目的語［名詞］＋to 不定詞》《**trust**＋that 節》，名詞は《**trust** of＋名詞》《**trust** in＋名詞》《**trust** for＋名詞》《**trust** between/among＋名詞》で覚えよう。 □ position of **trust**「責任ある地位」

2286 □□ **trustworthy** [trʌ́stwə̀ːrði]

形 信用できる，当てになる

You're the most **trustworthy** person I know, and I value your support.
（あなたは私が知る中でいちばん**信頼できる**人ですし，あなたの支援に感謝しています）

《**trustworthy**＋名詞》《連結動詞＋**trustworthy**》で覚えよう。

2287 □□ **entrust** [entrʌ́st]

動 ～に任せる，～に委託する，～に預ける

Darren was **entrusted** with organizing a new task force.
（Darren は新しい対策本部を組織する**任を受けた**）

《**entrust**＋目的語［名詞］（＋to＋人）》《*be* **entrusted** with＋名詞》で覚えよう。

2288 □□ **threat** [θrét]

名 脅し，脅迫，脅威

We are facing climate change and other environmental **threats**.
（私たちは気候変動などの環境への**脅威**に直面している）

《**threat** of＋名詞》《**threat** from＋名詞》《**threat** to/against＋名詞》《**threat**＋that 節》《**threat**＋to 不定詞》で覚えよう。

2289 □□ **threaten** [θrétn]

動 ～を脅す，～を脅迫する，～する恐れがある

Environmental pollution is **threatening** this planet.
（環境汚染はこの惑星を**脅かしている**）

《**threaten**＋目的語［名詞］》《**threaten**＋that 節》《**threaten**＋to 不定詞》《**threaten**＋人＋with＋名詞》で覚えよう。現在分詞形 threatening は「人を脅かすような」，過去分詞形 threatened は「脅かされて」という意味の形容詞としても使う。

2290 □□ **affect** [əfékt]

動 ～に影響を及ぼす，～の心を動かす，～を感動させる

The disappointing news **affected** Hazel Corp.'s share price.
（その落胆すべきニュースは Hazel Corp. 社の株価に**影響した**）

《**affect**＋目的語［名詞］》で覚えよう。過去分詞形の affected は「影響を受けた」という意味の形容詞としてもよく使う。**affected** areas で「影響を受けた地域，被災地」という意味。

2291 □□ **influence** [ínfluəns]

動 ～を感化する，～に影響を与える　名 影響，影響力，影響を与える人

Could you tell us the names of artists who have **influenced** you?
(あなたに**影響を与えた**アーティストの名前を教えていただけますか)

Alicia's track record helps her retain **influence** over sales and promotions.
(Alicia の実績は販売と促進への**影響力**を維持することに役立っている)

☞《**influence**＋目的語［名詞］》《**influence**＋目的語［名詞］＋to 不定詞》，名詞は《**influence** of＋名詞》《**influence** on/over＋名詞》《**influence** from＋名詞》《**influence** in＋名詞》《**influence** with＋名詞》で覚えよう。

2292 □□ **influential** [influénʃl]

形 勢力のある，有力な，影響力の大きい

Mr. Sadler is **influential** in our decision-making.
(Sadler さんは私たちの意思決定に**影響力を持つ**)

☞《**influential**＋名詞》《連結動詞＋**influential**》《連結動詞＋**influential** in＋名詞》で覚えよう。

2293 □□ **impact** [ímpækt; impǽkt]

名 影響，反響，効果，衝撃　動 ～に影響を与える

Higher sales taxes will have an **impact** on consumer spending.
(売上税の引き上げは消費者支出に**影響**を及ぼすだろう)

☞《**impact** of＋名詞》《**impact** on＋名詞》，動詞は《**impact**＋目的語［名詞］》《**impact** on＋名詞》で覚えよう。　□ on **impact**「衝突して」

2294 □□ **reduce** [ridjúːs]

動 ～を縮小する，～を減らす，～を引き下げる，縮小する，減少する

We have to **reduce** our operating costs to avoid incurring losses.
(当社は事業運営費を**削減して**損失をこうむることを避けなければならない)

☞《**reduce**＋目的語［名詞］》《**reduce** *A* (from *B*) to *C*》《**reduce** in＋名詞》《**reduce** by＋数字》で覚えよう。

2295 □□ **reduction** [ridʌ́kʃən]

名 減少，削減，縮小，悪化，割引

The new control system made a remarkable **reduction** in product defects.
(新しい統御システムにより欠陥品が著しく**減少**した)

☞《**reduction** of＋名詞》《**reduction** in/on＋名詞》《**reduction** from *A* to *B*》《**reduction** by＋数字》で覚えよう。

2296 □□ **opposite** [ápəzit]

形 反対の，向かい側の，逆の　名 反対（のもの）　前 ～の反対側に

Dan suggested renewing the contract, but I have the **opposite** view.
(Dan は契約を更新するように提案しましたが，私は**それとは反対の**考えです)

☞《**opposite**＋名詞》《連結動詞＋**opposite**》《連結動詞＋**opposite** to＋名詞》，名詞は《the **opposite** of＋名詞》《the **opposite** to＋名詞》，前置詞は《**opposite**＋名詞》で覚えよう。

2297 □□ **oppose** [əpóuz]

動 ～に反対する，～と敵対する，反対［対立］する

The city council **opposed** selling off some municipal properties.
（市議会は自治体の資産の一部を売却することに**反対した**）

☞《**oppose**＋目的語［名詞］》《**oppose**＋動名詞》《*be* **opposed** to＋名詞》で覚えよう。

2298 □□ **opposition** [àpəzíʃən]

名 反対，対立，対戦相手，野党

The relocation plan was approved despite **opposition** from workers.
（移転計画は，従業員からの**反対**にもかかわらず承認された）

☞《**opposition** of＋名詞》《**opposition** from/to＋名詞》で覚えよう。 □ in **opposition** to ...「～に反対して」

2299 □□ **opponent** [əpóunənt]

名 対戦相手，敵，反対者

I'm thrilled that I won the match against such a worthy **opponent**.
（このような戦いがいのある**対戦相手**との試合に勝てて興奮しています）

☞《**opponent** of＋名詞》《**opponent** against＋名詞》で覚えよう。

2300 □□ **contrary** [kántrèri]

形（正）反対の，相容れない，不利な　名 正反対

Contrary to expectations, the product has sold well in Asia.
（予想に**反して**，その製品はアジアでよく売れている）

☞《**contrary** to＋名詞》，名詞は the **contrary** で覚えよう。 □ on the **contrary**「それどころか，それに反して」□ quite the **contrary**「それどころか，それに反して」□ to the **contrary**「それと反対の」

2301 □□ **hostile** [hástl, -tàil]

形 敵意のある，非友好的な，適さない

The chemical company is reportedly planning a **hostile** takeover bid.
（その化学企業は**敵対的**買収を計画していると報じられている）

☞《**hostile**＋名詞》《連結動詞＋**hostile**》《連結動詞＋**hostile** to/toward＋名詞》《連結動詞＋**hostile** about＋名詞》で覚えよう。 □ **hostile** takeover「敵対的買収」

2302 □□ **respect** [rispékt]

名 尊敬，考慮，感心，事項　動 ～を尊敬する，～を重んじる

In that **respect**, I agree with you.（その**点**ではあなたに同意します）

Mr. Burke deserves the **respect** he has earned through the project.
（Burke さんは，そのプロジェクトを通して勝ち得た**尊敬**にふさわしい人物です）

☞《**respect** of＋名詞》《**respect** for＋名詞》，動詞は《**respect**＋人＋for＋名詞》《**respect**＋人＋as＋名詞》で覚えよう。 □ out of **respect**「尊敬の念をもって」□ with (all) due **respect**「お言葉ではありますが」□ in **respect** of ...「～に関して」□ with **respect** to ...「～に関して」

2303 □□ **respectively** [rispéktivli]

副 それぞれ，各自，めいめい

I'm explaining the advantages of plan A and plan B, **respectively**.
（プラン A とプラン B の利点について，**この順序でそれぞれ**説明します）

☞ すでに述べたことのそれぞれについて，述べた順序で情報を加えていくときに使う。

2304 □□ **polite** [pəláit]

形 礼儀正しい，ていねいな，洗練された

The organization declined our offer of help in a **polite** manner.
（その組織は当社の支援の申し出を**丁重に**断ってきた）

☞《**polite**＋名詞》《連結動詞＋**polite**》《It is **polite**＋to 不定詞》《It is **polite**＋of＋人＋to 不定詞》で覚えよう。

2305 □□ **connect** [kənékt]

動 ～を繋ぐ，～を接続する，～に連絡する，～を結び付ける

Please **connect** me to Mr. Hubbard.（Hubbard さんにこの電話を**繋いで**ください）

☞《**connect**＋目的語［名詞］》《**connect** *A* to/with *B*》で覚えよう。

2306 □□ **connection** [kənékʃən]

名 結合，接続，連絡，縁故（者）

Do you have any good **connections** that you can use to get that job?
（その職を得るために使える**人脈**はありますか）

☞《**connection** of＋名詞》《**connection** to＋名詞》《**connection** with/between/among＋名詞》で覚えよう。 □ in **connection** with ...「～に関連／関係して」

2307 □□ **disconnect** [dìskənékt]

動（接続，連絡など）を断つ，～の電源を切る，～を停止する 名 切断，断絶，不通

Please **disconnect** external devices before shutting down the computer.
（コンピュータをの電源を切る前に外付け機器の**接続を切って**ください）

☞《**disconnect**＋目的語［名詞］》《**disconnect** *A* from *B*》，名詞は《**disconnect** of＋名詞》《**disconnect** with/between/among＋名詞》で覚えよう。

2308 □□ **link** [líŋk]

動 結び付く，関連する，～を結び付ける，～を関連付ける 名 つながり，絆，（因果）関係，リンク

While **linked** in many ways, Bellways and Rolet are separate companies.
（多くの点で**繋がっている**ものの，Bellways 社と Rolet 社は別会社である）

☞《**link**＋目的語［名詞］》《**link** *A* and *B*》《**link** *A* with/to *B*》，名詞は《**link** of＋名詞》《**link** with/between/among＋名詞》《**link** to＋名詞》《**link** in/into＋名詞》で覚えよう。

2309 □□ **stir** [stə́ːr]

動 ～をかき回す，～を扇動する，～を奮起させる，（体）を動かす 名 騒ぎ，かき混ぜ，動き，評判

Terri started to read the document while **stirring** her coffee.
（Terri はコーヒーを**かきまぜながら**書類を読み始めた）

The acquisition of the real estate company caused a **stir** in the market.
（その不動産会社の吸収によって市場は**大騒ぎ**になった）

☞《**stir**＋目的語［名詞］》《**stir** *A* with *B*》《**stir** *A* in/into *B*》《**stir**＋人＋to 不定詞》，名詞は《**stir** in＋名詞》《**stir** about/over＋名詞》《**stir** among＋人》で覚えよう。

2310 □□ **disturb** [distə́ːrb]

動 ～のじゃまをする，～の気をそらす，～を困惑させる，～をかき乱す

I'm sorry to **disturb** you, but I have a question to ask.
（**じゃまをして**申し訳ありませんが，お尋ねしたいことがあります）

☞《**disturb**＋目的語［名詞］》で覚えよう。現在分詞形 disturbing は「人をじゃまするような」，過去分詞形 disturbed は「じゃまされて」という意味の形容詞としても使う。

2311 □□ **sweep** [swíːp]

動 ～を掃除する，～を掃く，吹きまくる，荒れ狂う　名 ひと振り

The storm is **sweeping** across the northern peninsula.
(暴風雨は半島北部を**通り抜けている**)

《**sweep**＋目的語［名詞］》《**sweep** across/through/into＋名詞》で覚えよう。

2312 □□ **get rid of** [gèt ríd əv]

動 ～を取り除く，～から解放する

We **got rid of** inconsistencies between the two data sets.
(2 つのデータセット間の不一致を**解消しました**)

《**get rid of**＋名詞》で覚えよう。

2313 □□ **weird** [wíərd]

形 異様な，奇妙な，風変わりな

It may sound **weird**, but this hotel was formerly a prison.
(**奇妙に**聞こえるかもしれませんが，このホテルは以前は刑務所でした)

《**weird**＋名詞》《連結動詞＋**weird**》《It is **weird**＋that 節》《It is **weird**＋to 不定詞》で覚えよう。

2314 □□ **virtually** [vəːrtʃuəli]

副 実質的に，事実上，～も同然で，コンピュータ上で

Starting my own business allowed me to work **virtually** from anywhere.
(起業したことで，**事実上**どこからでも働けるようになりました)

《**virtually**＋動詞・形容詞》で覚えよう。　□ **virtually** equal「ほとんど等しい」

2315 □□ **method** [méθəd]

名 方法，方式，規則正しさ，きちょうめん

The traditional **method** will not work, so let's change the game plan.
(従来の**方法**ではうまくいかないでしょうから，今後の進め方を変えましょう)

☞《**method** of/for＋名詞》で覚えよう。

2316 □□ **mode** [móud]

名 方法，様式，流儀，（機能上の）形態，（服装，芸術などの）流行

The TV program wasn't taped because the recorder was in pause **mode**.
(そのテレビ番組が録画されなかったのは，録画機が一時停止**モード**になっていたからです)

☞《**mode** of＋名詞》で覚えよう。

2317 □□ **approach** [əpróutʃ]

名 近づくこと，取り組み，手法 動 ～に近づく，～に接近する，～に申し入れる

Erickson Inc. is considering **approaches** to expanding into new markets.
(Erickson Inc. 社は新規市場に進出するための**方法**を検討している)

☞《**approach** of＋名詞》《**approach** to＋名詞》，動詞は《**approach**＋目的語［名詞］》《**approach**＋人＋for＋名詞》で覚えよう。

2318 □□ **manner** [mǽnər]

名 方法，態度，行儀，作法

I would appreciate it if you could address this issue in a timely **manner**.
(迅速な**方法**でこの件に対処していただけますか)

☞《**manner** of＋名詞》《**manner** toward＋名詞》で覚えよう。複数形 manners は「行儀よさ，礼儀正しさ」

2319 □□ **arrest** [ərést]

動 ～を逮捕する，～を拘束する 名 逮捕，停止

The campaign manager was **arrested** for bribery.
(選挙運動責任者は贈収賄の疑いで**逮捕された**)

You're under **arrest**. (あなたを**逮捕**します)

☞《**arrest**＋人（＋for＋名詞）》，名詞は《**arrest** of＋名詞》で覚えよう。 □ under **arrest**「逮捕されて」

2320 □□ **hunt** [hʌ́nt]

動 狩りをする，～を狩る，～を熱心に探す 名 狩り，追跡

I've been **hunting** for the singer's music videos online.
(その歌手の音楽ビデオをネット上で**探しています**)

☞《**hunt**＋目的語［名詞］》《**hunt** for＋名詞》，名詞は《**hunt** of＋名詞》《**hunt** for＋名詞》で覚えよう。

2321 □□ **benefit** [bénəfit]

名 利益，援助，給付金 動 利益を得る，～の利益になる

A deal with Graysons offers little **benefit** to us.
(Graysons 社との取引は当社にほとんど**利益**をもたらさない)

☞《**benefit** of＋名詞》《**benefit** for/to＋名詞》《**benefit** from＋名詞》，動詞は《**benefit**＋目的語［名詞］》《**benefit** from/by＋名詞》で覚えよう。 □ *be* of **benefit** to ...「～にとって役立つ」□ for the **benefit** of ...「～の利益のために」

2322 □□ **beneficial** [bènəfíʃl]

形 役に立つ，有益な，利益をもたらす

This agreement will be mutually **beneficial** for both companies.
（この合意は両社にとって相互**利益となる**だろう）

☞《**beneficial**＋名詞》《連結動詞＋**beneficial**》《連結動詞＋**beneficial** to/for＋名詞》《It is **beneficial**＋to 不定詞》で覚えよう。

2323 □□ **beneficiary** [bènəfíʃieri]

名 受益者

Nigel is listed as the sole **beneficiary** of his father's estate.
（Nigel は父親の財産の唯一の**相続人**とされている）

☞《**beneficiary** of＋名詞》で覚えよう。

2324 □□ **welfare** [wélfèər]

名 福祉（事業），福利，繁栄

Our employees actively participate in **welfare** activities.
（従業員は**福祉**活動に積極的に参加している）

☞《**welfare** of＋名詞》で覚えよう。不可算名詞なので，複数形は使わない。 □ on **welfare**「福祉に頼って」 □ **welfare** annuity「厚生年金」 □ **welfare** budget「福祉予算」

2325 □□ **element** [éləmənt]

名 要素，成分，元素，少量

Speed is a crucial **element** of the cost of business.
（スピードは事業コストに含まれる重要な**要素**である）

☞《**element** of/in＋名詞》で覚えよう。「全体を作り上げる成分や要素」を意味する。

2326 □□ **elementary** [èləméntəri]

形 初歩の，基本の，（問題などが）単純な，小学校の

These textbooks are intended for learners at the **elementary** level.
（これらの教科書は**初級**レベルの学習者を対象としている）

☞《**elementary**＋名詞》《連結動詞＋**elementary**》で覚えよう。**elementary**/intermediate/advanced の組み合わせで覚えよう。

2327 □□ **component** [kəmpóunənt]

名 構成要素，成分

Accounting is an important **component** of every business.
（どんな事業でも経理は重要な**構成要素**である）

☞《**component** of＋名詞》《**component** in＋名詞》で覚えよう。

2328 □□ **module** [mádʒuːl]

名 基準寸法，基本単位，組み立てユニット

I bought additional memory **modules** for my desktop PC.
（デスクトップ PC のための**組み立て用備品**としてメモリを追加購入しました）

☞《**module** of＋名詞》で覚えよう。

2329 □□ **ingredient** [ingríːdiənt]

名 成分，原料，材料

Beeswax is an essential **ingredient** for the company's products.
（ミツロウは同社の製品に不可欠の**成分**です）

☞《**ingredient** of＋名詞》《**ingredient** for＋名詞》《**ingredient** in＋名詞》で覚えよう。

2330 □□ **hardly** [hɑ́ːrdli]

副 ほとんど～ない，とても～ない

I can **hardly** wait until this project officially gets started.
（このプロジェクトが正式に開始されるまで**とても**待て**ない**気持ちです）

☞ 準否定語で，be 動詞・助動詞の直後，一般動詞の前に置く。scarcely のほうがややフォーマル。
□ **hardly** ever「ほとんど～ない」

2331 □□ **scarcely** [skéərsli]

副 ほとんど～ない，とても～ない，まさか～ない，かろうじて，やっと

The campus library is quiet; I **scarcely** hear any sound.
（大学図書館は静かだ；**ほとんど**音が聞こえない）

☞ 準否定語で，be 動詞・助動詞の直後，一般動詞の前に置く。 □ **scarcely** ever「ほとんど～ない」

2332 □□ **seldom** [séldəm]

副 めったに～ない，まれにしか～ない

Annie **seldom** misses a deadline.
（Annie が締め切りに間に合わないことは**めったにない**）

☞ 準否定語で，be 動詞・助動詞の直後，一般動詞の前に置く。日常的には rarely/not very often を使うことが多い。

2333 □□ **rarely** [réərli]

副 めったに（～ない），見事に，ひじょうに

We **rarely** see each other these days.
（私たちはこのところ**ほとんど**会って**いません**）

☞ 準否定語で，be 動詞・助動詞の直後，一般動詞の前に置く。not very often という意味。seldom のほうがフォーマル。

2334 □□ **rare** [réər]

形 まれな，すばらしい，最高の

It is **rare** for us not to finish a meeting on time.
（私たちが会議を時間どおりに終えないことは**珍しい**）

☞《**rare**＋名詞》《連結動詞＋**rare**》《It is **rare**＋that 節》《It is **rare**＋to 不定詞》で覚えよう。

2335 □□ **barely** [béərli]

副 ほとんど～ない，かろうじて～する

I could **barely** contain my excitement at the news.
（その知らせを受けて，私は**やっとのことで**興奮を抑えた）

☞《**barely**＋動詞・形容詞》で覚えよう。「多大の困難を伴って」「ほとんど～ない」「ほとんど時間を置かずに」「きわめてわずかに」という意味。

2336 □□ **behavior** [bihéivjər]

名 態度，行動，（機械などの）動作

Connor was reprimanded for inappropriate **behavior** in the office.
（オフィス内での不適切な**行動**で Connor は懲戒された）

《**behavior** of＋名詞》《**behavior** toward＋名詞》で覚えよう。**behavior** and attitudes の組み合わせで覚えよう。

2337 □□ **behave** [bihéiv]

動 振舞う，行動する，行儀よく振舞う

Something's wrong with this printer; it's **behaving** oddly.
（このプリンターは調子が悪い；妙な**動きをします**）

《**behave** like＋名詞》《**behave** as if/as though＋節》で覚えよう。

2338 □□ **favor** [féivər]

名 好意，親切，世話，愛顧，支持　動 ～を好む，～に賛意を示す

Janet, could you please do me a **favor**?（Janet，**お願い**があります）

Employees with analytical skills are **favored** for promotion.
（分析技能を有する従業員が昇進に**有利となる**）

《**favor** of＋名詞》《do＋人＋a **favor**》，動詞は《**favor**＋目的語［名詞］》《**favor** *A* over *B*》《連結動詞＋**favored**＋to 不定詞》で覚えよう。 □ in *someone's* **favor**/in **favor** of ...「～に賛成して，～を好んで」□ in **favor**「賛成して，好んで」□ out of **favor**「賛成されないで，好まれないで」□ without fear or **favor**「公平に」

2339 □□ **favorite** [féivərət]

形 気に入って，いちばん好きな　名 お気に入りの人［もの］

Ervin Blyton is one of my **favorite** film directors.
（Ervin Blyton は私の**好きな**映画監督のひとりです）

《**favorite**＋名詞》，名詞は《**favorite** of/with/for＋人》《**favorite**＋to 不定詞》で覚えよう。

2340 □□ **favorable** [féivərəbl]

形 有利な，有益な，好意的な，賛成の，好ましい

What should be done to produce a **favorable** outcome for this project?
（このプロジェクトで**好ましい**結果を得るために何をする必要がありますか）

《**favorable**＋名詞》《連結動詞＋**favorable**》《連結動詞＋**favorable** for/to＋名詞》で覚えよう。

2341 □□ **courtesy** [kə́ːrtəsi]

名 礼儀正しさ，厚意，優遇

I'll make a **courtesy** visit to the branch I used to work at.
（私は以前働いていた支店を**儀礼**的に訪問します）

《**courtesy** of＋名詞》《**courtesy** to＋名詞》《**courtesy**＋to 不定詞》で覚えよう。 □ with **courtesy**「ていねいに」□ by **courtesy** of ...「～の許諾により」□ have the **courtesy** to *do*「わざわざ～する」□ a matter of **courtesy**「礼儀に基づくこと」

2342 □□ **grade** [gréid]

動 ~を等級に分ける，~を評価する　名 等級，学年，成績

- The teachers are busy **grading** exam papers.
  （教師らは試験用紙を**採点する**ことで忙しい）
- Stella Design uses high-**grade** materials for its products.
  （Stella Design 社は製品に高**級**な素材を用いる）

☞《**grade**＋目的語［名詞］》《**grade** *A* by/according to *B*》，名詞は《**grade** of＋名詞》《**grade** at＋名詞》《**grade** in＋名詞》で覚えよう。

2343 □□ **gradually** [grǽdʒuəli]

副 だんだんと，次第に

- Fun Works is **gradually** increasing profits with its new product lines.
  （Fun Works 社は新商品群で**しだいに**利益を伸ばしている）

☞《**gradually**＋動詞・形容詞》で覚えよう。 □ **gradually** improve「徐々に改善する」

2344 □□ **pack** [pǽk]

動 ~を梱包する，~を詰める，~に詰めかける　名 包み，荷物，ひと箱，群れ

- I'll **pack** my bags and head to the airport now.
  （旅行手荷物を**詰め**て空港に向かいます）

☞《**pack**＋目的語［名詞］》《**pack** *A* in/into *B*》《**pack** in/into＋名詞》《*be* **packed** with＋名詞》，名詞は《**pack** of＋名詞》で覚えよう。**pack**/unpack の組み合わせで覚えよう。

2345 □□ **package** [pǽkidʒ]

名 荷物，容器，一括契約　動 ~にまとめる，~を梱包する，~を一括する

- We got a **package** deal on a variety of medical equipment.
  （当社はさまざまな医療機器の**一括**契約をまとめました）

☞《**package** of＋名詞》，動詞は《**package**＋目的語［名詞］》で覚えよう。

2346 □□ **prime** [práim]

形 最重要な，主要な，一流の，最高の　名 最盛期，全盛

- This is a **prime** location, so the rent must be high.
  （ここは**最高の**場所だから，賃貸料は高いに違いない）

☞《**prime**＋名詞》，名詞は《**prime** of＋名詞》で覚えよう。 □ **prime** cause「主な原因」 □ **prime** condition「主要条件」 □ **prime** suspect「第一容疑者」

2347 □□ **primary** [práimèri, -məri]

形 主な，第一の，最上位の，初等の　名 予備選挙

- The **primary** reason for moving to the new office is its location.
  （その新しいオフィスに移転する**第一の**理由は場所です）

☞《**primary**＋名詞》，名詞は《**primary** in＋名詞》で覚えよう。

2348 □□ **primarily** [praimérəli]

副 第一に，主として，元々は，当初は

- The client is **primarily** interested in the quality of parts they can obtain.
  （その顧客の**第一の**関心事は，入手できる部品の質です）

☞ □ **primarily** focus on ...「第一に～に集中する」

2349 □□ **refer** [rifə́ːr]

動 言及する，参照する，意味する，～に持ち込む，～を（…に）差し向ける，～を（…に）参照させる，～を（…に）任せる

- The woman told me the way to the facility by **referring** to the map.
  （その女性は地図を**参照しながら**，その施設への行き方を教えてくれました）
- The president **referred** to the deal as a landmark achievement.
  （社長はその取引を画期的な偉業と**呼んだ**）
- Larry **referred** me to an expert in the IT department.
  （Larry は IT 部の専門家に私を**紹介して**くれました）

☞《**refer** to＋名詞》《**refer** to *A* as *B*》《**refer** to *A* by *B*》《**refer**＋目的語［名詞］＋to＋人》《**refer**＋人＋to＋名詞》で覚えよう。 □ **Refer** to the following.「下記を参照」

2350 □□ **reference** [réfərəns]

名 言及，参照，引用文，信用紹介先　動 ～を（参考として）引用する

- I wrote down all the company names for future **reference**.
  （今後に**参照**するために全社の名前を書き留めておいた）

☞《**reference** of＋名詞》《**reference** to＋名詞》，動詞は《**reference**＋目的語［名詞］》で覚えよう。 □ with/in **reference** to ...「～に関して」 □ by **reference** to ...「～を参照して」 □ for **reference**「参照するために」 □ without **reference** to ...「～に諮ることなく」 □ letter of **reference**「紹介状」

2351 □□ **referral** [rifə́ːrəl]

名 照会，参照，委託，紹介，推薦

- Ms. Leed gave us personal **referrals** to potential buyers.
  （Leed さんは購入してくれそうな相手先について個人的な**紹介**をしてくれた）

☞《**referral** of＋人》《**referral** to＋人》で覚えよう。

2352 □□ **associate** [əsóuʃièit, -si-]

名 同僚，仲間　動 ～を連想させる，～を関連付ける　形 準～，副～

- If you need further information, please contact my **associate**, Andre.
  （さらに情報が必要であれば，私の**同僚**の Andre にご連絡願います）
- Many people **associate** Bright Tech with high-quality products.
  （多くの人々は Bright Tech 社と聞けば高品質の製品を**連想する**）

☞《**associate** of＋名詞》，動詞は《**associate**＋目的語［名詞］》《**associate** with＋名詞》《**associate** *A* with *B*》，形容詞は《**associate**＋名詞》で覚えよう。 □ **associate** developer「共同開発者」 □ **associate** director「副所長」

2353 □□ **association** [əsòusiéiʃən]

名 共同，関連，提携，協会

- We are holding this media event in **association** with DuBois Hardware.
  （このメディア向けイベントは，DuBois Hardware 社の**協力**を得て開催いたします）

☞《**association** of＋名詞》《**association** with＋名詞》で覚えよう。 □ in **association** with ...「～と協力して」

2354 □□ **observe** [əbzə́ːrv]

動 ～（ということ）に気づく，（観察によって）～を述べる，～を観察する，～を見守る，～に従う

Dr. Beri **observes** human and animal behavior for comparison.
（Beri 博士は人間と動物の行動を**観察して**比較する）

The technician **observed** that the problem had occurred intermittently.
（その問題は断続的に起きていた，とその技術者は**述べた**）

These guidelines must be faithfully **observed**.
（これらのガイドラインは忠実に**守られなければ**ならない）

《**observe**＋目的語［名詞］》《**observe**＋人＋原形動詞・動名詞》《**observe**＋that/wh-/how 節》《It is **observed**＋that 節》で覚えよう。

2355 □□ **observation** [ɑ̀bzərvéiʃən]

名 観察，観測，注意深く見（られ）ること，（観察に基づく）情報［意見］

The sales forecast is based on careful **observations**.
（販売予測は入念な**観察**に基づいている）

《**observation** of＋名詞》《**observation** about/on＋名詞》で覚えよう。 □ for **observation**「観察のために」 □ under **observation**「観察されて」

2356 □□ **monitor** [mɑ́nətər]

動 ～を監視する，～をチェックする 名 モニター

Part of my job is to **monitor** procedures performed by associates.
（私の仕事の一部は，同僚によって実行される手順を**監督する**ことです）

《**monitor**＋目的語［名詞］》《**monitor**＋that/wh-/how 節》《**monitor**＋if/whether 節》，名詞は《**monitor** of＋名詞》で覚えよう。

2357 □□ **thick** [θík]

形 厚い，幅が広い，太い，密集した，濃い，厚手の

The unused shelves were covered with a **thick** layer of dust.
（使われていない棚はほこりが**厚い**層になって覆っていた）

《**thick**＋名詞》《連結動詞＋**thick**》《連結動詞＋**thick** with＋名詞》で覚えよう。

2358 □□ **thin** [θín]

形 薄い，細い，やせた，十分にない，水っぽい，弱々しい，力のない 動 ～を薄める，薄くなる

Next, apply a **thin** layer of wax onto the metal plate.
（次に，金属板にワックスを**薄い**層になるように塗りなさい）

《**thin**＋名詞》《連結動詞＋**thin**》，動詞は《**thin**＋目的語［名詞］》で覚えよう。

2359 □□ **bend** [bénd]

動 ～を曲げる，～を折る，～を下に向ける 名 湾曲（部分），カーブ

Ms. Fisher rarely **bends** the rules.
（Fisher さんが規則を**曲げる**ことはめったにない）

《**bend**＋目的語［名詞］》《**bend** over＋名詞》，名詞は《**bend** of＋名詞》《**bend** in＋名詞》で覚えよう。

2360 □□ **hook** [húk]

(名) ホック，フック，引っ掛けるもの，引きつけるもの (動) 曲がる，～を引っ掛ける，（ホックを）留める

To increase sales, we need a **hook** to attract consumers.
（販売を伸ばすためには，消費者の目を引くための**呼び物**が必要です）

☞《**hook** of＋名詞》《**hook** for＋名詞》《**hook** into＋名詞》，動詞は《**hook**＋目的語［名詞］》《**hook** *A* to/onto *B*》で覚えよう。

2361 □□ **lean** [líːn]

(動) 傾く，もたれる，《lean on ... で》～をあてにする，《lean to ... で》～の傾向がある，～を傾ける
(名) 傾き，脂肪分の少ない肉 (形) 乏しい，効率的な，（予算などの）余裕がない

If technical problems occur, you can **lean** on George for advice.
（技術的な問題が生じたら，George に**頼って**助言を求めなさい）

In a saturated market, many companies will have **lean** years ahead.
（飽和した市場では，多くの企業に**実り少ない**年が待ち受けている）

☞《**lean** on＋人》《**lean** against/on＋名詞》《**lean** *A* against/on *B*》，名詞は《**lean** of＋名詞》，形容詞は《**lean**＋名詞》《連結動詞＋**lean**》で覚えよう。

2362 □□ **attitude** [ǽtitjùːd]

(名) 態度，姿勢，心構え

Bradley kept a positive **attitude** when his proposals were rejected.
（自分の提案が却下されても，Bradley は前向きな**態度**を保った）

☞《**attitude** of＋名詞》《**attitude** to/about＋名詞》《**attitude**＋that 節》で覚えよう。

2363 □□ **odd** [ɑ́d]

(形) 奇妙な，奇数の，残りの，半端な

It seems **odd** to me that the store has been closed for a week.
（その店が１週間閉まっていることは**奇妙に**思えます）

☞《**odd**＋名詞》《連結動詞＋**odd**》《It is **odd**＋that 節》《It is **odd**＋to 不定詞》で覚えよう。 □ **odd** number「奇数」

2364 □□ **complain** [kəmpléin]

動 不平を言う，苦情を言う

▶ I have nothing to **complain** about.（**不満を言いたい**わけではありません）

☞《**complain** about/of/at＋名詞》《**complain**＋that 節》《**complain** to＋人》で覚えよう。

2365 □□ **complaint** [kəmpléint]

名 不平，苦情，告訴

▶ The customer made a **complaint** that the product was defective.
（その製品は欠陥品であると顧客は**苦情**を言った）

☞《**complaint** about/of/at＋名詞》《**complaint**＋that 節》《**complaint** from/to＋人》で覚えよう。

2366 □□ **protest** [prətést; próutest]

動 抗議する，～に異議を申し立てる　名 抗議（運動）

▶ Many employees **protested** against unfair labor practices.
（多くの従業員が不公平な労働慣行に**抗議した**）

▶ Factory workers are considering a walkout in **protest**.
（工場労働者は**抗議**のためのストライキを検討している）

☞《**protest** against/at/about/over＋名詞》《**protest**＋目的語［名詞］》《**protest**＋that 節》《**protest** to＋人》，名詞は《**protest** of＋名詞》《**protest** against/at/about/over＋名詞》《**protest**＋that 節》《**protest** from/to＋人》で覚えよう。 □ in **protest**「抗議して」□ under **protest**「抗議したうえで」

2367 □□ **entire** [entáiər]

形 全体の，全部の，完全な

▶ This news will affect the **entire** company.
（このニュースは会社**全体に**影響を及ぼすだろう）

☞《**entire**＋名詞》で覚えよう。

2368 □□ **entirely** [entáiərli]

副 まったく，完全に，ひたすら

▶ What was reported in the news is not **entirely** true.
（報道された内容が**完全に**真実というわけではない）

☞《**entirely**＋動詞・形容詞》で覚えよう。□ **entirely** agree「全面的に同意する」

2369 □□ **perform** [pərfɔ́ːrm]

動 ～を演じる，～を演奏する，～を遂行する，～を執り行う

▶ I'm committed to **performing** my duties to the best of my ability.
（私の能力が及ぶ限りにおいて**責務**を**果たす**覚悟です）

☞《**perform**＋目的語［名詞］》で覚えよう。日常的には「～を行う，果たす」という意味では do/carry out，「～を演じる，演奏する」という意味では play を使うことが多い。

2370 □□ **performance** [pərfɔ́ːrməns]

名 性能，能力，実績，業績

▶ The firm's **performance** last quarter was better than expected.
（同社の前四半期の**業績**は予想を上回った）

☞《**performance** of＋名詞》《**performance** from＋名詞》《**performance** as＋名詞》《**performance** on＋名詞》で覚えよう。

2371 □□ **performer** [pərfɔ́ːrmər]

名 上演者，演奏者，役者

▰ The company hired several **performers** for its charity event.
（同社は慈善イベントのために何人かの**公演者**を雇った）

☞《**performer** of＋名詞》で覚えよう。

2372 □□ **familiar** [fəmíljər]

形 よく知られた，精通している，打ち解けた，なれなれしい

▰ Is anyone **familiar** with this operating system?
（この基本ソフトに**詳しい**人はいますか）

▰ Your name is **familiar** to me, though we've never met before.
（お名前は**よく存じて**います，お目にかかったのは初めてですが）

☞《**familiar**＋名詞》《連結動詞＋**familiar**》《連結動詞＋**familiar** to＋人》《連結動詞＋**familiar** with＋名詞》で覚えよう。

2373 □□ **familiarity** [fəmìliǽrəti]

名 親しさ，親交，ずうずうしさ，精通していること

▰ What is your level of **familiarity** with operating heavy machinery?
（あなたは重機の操作にどれだけ**精通**していますか）

☞《**familiarity** with＋名詞》《**familiarity** of＋名詞》で覚えよう。

2374 □□ **familiarize** [fəmíljəràiz]

動 ～を慣れさせる，～を普及させる，～を広める

▰ Take some time to **familiarize** yourself with the upgraded system.
（少し時間をかけてアップグレードされたシステムに**慣れて**ください）

☞《**familiarize**＋人＋with＋名詞》で覚えよう。

2375 □□ **unfamiliar** [ʌ̀nfəmíljər]

形 未知の，なじみの薄い，精通していない，慣れていない

▰ Some people have difficulty concentrating in **unfamiliar** surroundings.
（**不慣れな**環境ではなかなか集中できないという人もいる）

☞《**unfamiliar**＋名詞》《連結動詞＋**unfamiliar**》《連結動詞＋**unfamiliar** to＋人》《連結動詞＋**unfamiliar** with＋名詞》で覚えよう。

2376 □□ **row** [róu]

名 列（になっている人）　動（ボートなど）を漕ぐ

▰ Please arrange these chairs in **rows** for the guests.
（来客のためにこれらの椅子を**列**を作って並べてください）

☞《**row** of＋名詞》，動詞は《**row**＋目的語［名詞］》で覚えよう。　□ in a **row**「連続して」

2377 □□ **consecutive** [kənsékjətiv]

形 連続する，立て続けの，継続した，結果の

▰ We've had 30 **consecutive** months of sales growth.
（当社は 30 か月**連続して**販売を伸ばしております）

☞《数詞＋**consecutive**＋名詞》で覚えよう。

2378 □□ **prevent** [privént]

動 ～を（…から）防ぐ，～が…することを阻む，～が…することを抑える

◤ We will do anything to **prevent** this problem from occurring again.
（この問題の再発を**防ぐ**ために何でもいたします）

☞《**prevent**＋目的語［名詞］》《**prevent**＋目的語［名詞］＋from＋動名詞》で覚えよう。「予防する手段を講じて～を防ぐ」という意味。

2379 □□ **avoid** [əvɔ́id]

動 ～を避ける，～に近づかない，～を防ぐ

◤ Mr. Nolan always tries to **avoid** negative words when giving feedback.
（Nolan さんはフィードバックを行うときは否定的なことばを**避ける**ことを常に心がけている）

◤ We double-checked the spreadsheet data to **avoid** making the same mistake.（同じ間違いを**避ける**ために私たちは表計算データを再確認しました）

☞《**avoid**＋目的語［名詞］》《**avoid**＋動名詞》で覚えよう。

2380 □□ **estimate** [éstəmət; éstəmèit]

名 見積もり，概算，評価　動 ～を見積もる，～と推定する，～を評価する

◤ A rough **estimate** valued the building at over $1 million.
（概算**見積もり**ではそのビルは 100 万ドルを超えると査定された）

◤ I'll **estimate** the time required to finish the first stage of the project.
（プロジェクトの第一段階を終えるために必要な時間を**見積もりましょう**）

☞《**estimate** of＋名詞》《**estimate** for＋名詞》，動詞は《**estimate**＋目的語［名詞］（＋to be＋数字）》《**estimate** *A* at *B*》《**estimate**＋that/wh-/how 節》《**estimate**＋if/whether 節》《It is **estimated**＋that 節》《*be* **estimated**＋to 不定詞》で覚えよう。

2381 □□ **overestimate** [òuvəréstəmèit]

動 ～を過大評価する，～を過剰に見積もる

◤ The R&D department **overestimated** the cost of research.
（研究開発部は研究費用を**過剰に見積もった**）

☞《**overestimate**＋目的語［名詞］》で覚えよう。**overestimate**/underestimate の組み合わせで覚えよう。

2382 □□ **exaggerate** [igzǽdʒərèit]

動 ～をおおげさに言う，～を強調する

◤ The customer **exaggerated** a problem with the product while complaining.（その顧客は苦情を言いながら，商品の問題点を**おおげさに述べた**）

☞《**exaggerate**＋目的語［名詞］》で覚えよう。

2383 □□ **experiment** [ikspérəmènt]

名 実験（の成果），新手法　動 実験を行う，～を試してみる

◤ We'll do more **experiments** to enhance our brand value.
（当社はブランド価値を高めるためにもっと**実験**を行います）

◤ Our team successfully **experimented** with a new research method.
（私たちのチームは新しい調査方法の**実験を行って**成功した）

☞《**experiment** with/in/on＋名詞》，動詞は《**experiment** with/in/on＋名詞》で覚えよう。 □ by **experiment**「実験によって」

2384 ☐☐ **experimental** [ikspèrəméntl]

形 実験の，実験的な，実験に基づく

This chart shows our **experimental** data.
（このグラフは**実験に基づく**データを示しています）

☞《**experimental**＋名詞》《連結動詞＋**experimental**》で覚えよう。

2385 ☐☐ **blame** [bléim]

動 ～を非難する，～の責任にする　名 非難，責任

This damage isn't your fault, so don't **blame** yourself.
（この損害はあなたのせいではありませんから，自分を**責め**ないで）

Mr. Takada took the **blame** for losing the shipment contract.
（Takada さんは配送契約を失った**責任**を取った）

☞《**blame**＋人＋for＋名詞・動名詞》《**blame**＋目的語［名詞］＋on＋人》，名詞は《**blame** of＋名詞》《**blame** for＋名詞》で覚えよう。　☐ *be* to **blame** (for ...)「（～ついて）責任がある」

2386 ☐☐ **challenge** [tʃǽlindʒ]

名 困難，手ごたえ，やりがい　動 ～に異議を唱える，～に反論する，あえて挑む

AlphaWorks overcame several financial **challenges** last year.
（AlphaWorks 社は昨年，いくつかの財政的な**困難**を克服した）

We plan to **challenge** the court ruling.
（当社は裁判での裁定に**異議を唱える**予定だ）

☞《**challenge** of＋名詞・動名詞》《**challenge** from/to＋名詞》《**challenge** for＋名詞》《**challenge**＋that 節》《**challenge**＋to 不定詞》，動詞は《**challenge**＋目的語［名詞］》《**challenge** for＋名詞》《**challenge**＋人＋on＋名詞》《**challenge**＋人＋to＋名詞》《**challenge**＋人＋to 不定詞》で覚えよう。

2387 ☐☐ **accuse** [əkjúːz]

動 ～を告発する，～を訴える，～を非難する

Garreth **accused** the accountant of fraud.
（Garreth は会計士を詐欺罪で**告発した**）

☞《**accuse**＋人》《**accuse**＋人＋of＋名詞》で覚えよう。

2388 ☐☐ **solve** [sálv]

動 ～を解決する，～を解明する，～を解く

This new technology will **solve** existing technical problems.
（この新科学技術はいまある技術的な問題を**解決する**でしょう）

☞《**solve**＋目的語［名詞］》で覚えよう。

2389 ☐☐ **solution** [səlúːʃən]

名 解決（法／策），解明，解答，溶かすこと，溶解，溶液，溶剤

I'm afraid we don't have a **solution** to this problem.
（この問題への**解決策**は残念ながらなさそうです）

☞《**solution** of＋名詞》《**solution** to/for＋名詞》で覚えよう。

2390 □□ **fund** [fʌ́nd]

動 ～に資金を出す　名 資金，蓄え，国債

Are there any ideas for **funding** this project?
（このプロジェクトのために**資金を調達する**方法についてアイデアはありますか）

☞《**fund**＋目的語［名詞］》，名詞は《**fund** of＋名詞》《**fund** for＋名詞》で覚えよう。

2391 □□ **fundraising** [fʌ́ndrèiziŋ]

名 資金調達，募金（活動）

The recent **fundraising** campaign collected over 1 million yen.
（最近の**募金**活動は 100 万円以上を集めた）

☞《**fundraising** for＋名詞》で覚えよう。fundraiser もよく使う。

2392 □□ **address** [ədrés; ǽdres]

動 ～に対処する，～に取り組む，～を述べる，～に住所を書く　名 住所，アドレス，演説

The CEO is ready to **address** investors' concerns about the company.
（CEO は会社に対する投資家たちの懸念に**対応する**用意がある）

The vice president gave the closing **address** at the luncheon.
（昼食会で副社長は閉会の**辞**を述べた）

☞《**address**＋目的語［名詞］》《**address**＋目的語［名詞］＋to＋人》，名詞は《**address** of＋名詞》《**address** to＋名詞》で覚えよう。

2393 □□ **self-addressed** [sèlfədrésed]

形（返信用に）自分の宛名を記した

Please return the claim form with the enclosed **self-addressed** envelope.
（同封の**返信用**封筒に請求用紙を入れて返送願います）

☞《**self-addressed** envelope》で覚えよう。

2394 □□ **replace** [ripléis]

動 ～に取って変わる，～を交代させる，～を交換する，～を戻す

The CEO has been temporarily **replaced** by Ms. Salman due to health reasons.（健康上の理由で CEO は一時的に Salman さんに**交代されて**いる）

☞《**replace**＋目的語［名詞］》《**replace**＋人＋as＋名詞》《**replace** *A* with *B*》《**replace** *A* by *B*》で覚えよう。

2395 □□ **replacement** [ripléismənt]

名 交代，交換，差し換え，代替品，交換品，後任スタッフ

I ordered **replacement** parts, but they're on backorder.
（**交換**部品を注文しましたが入荷待ちです）

☞《**replacement** of＋名詞》《**replacement** for＋名詞》《**replacement** by＋名詞》で覚えよう。

2396 □□ **misplace** [mìspléis]

動 ～を置き違える，～を置き忘れる

I'm afraid I have probably **misplaced** the Murphy file.
（申し訳ないですが，Murphy さんのファイルを**紛失して**しまったようです）

☞《**misplace**＋目的語［名詞］》で覚えよう。

2397 □□ **substitute** [sʌ́bstətjùːt]

名 代理人，補欠，代役，代用食　動 (～の) 代わりに用いる，～を取り換える，～の代理をする
形 代用の，代理の

In winter, shoveling snow is a good **substitute** for exercise.
(冬は雪かきをすることが運動のよい**代わり**になる)

Lauren was asked to **substitute** for Mr. Stein, who is on sick leave.
(Lauren は病気で休んでいる Stein さんの**代理を務める**ように頼まれた)

☞《**substitute** of＋名詞》《**substitute** for＋名詞》，動詞は《**substitute**＋目的語 [名詞]》《**substitute** *A* for *B*》《**substitute** for＋名詞》で覚えよう。

2398 □□ **honor** [ánər]

動 ～を尊敬する，～に名誉を与える，～を履行する，(小切手など) を受け取る　名 名誉，光栄，名声

My concern is whether Gettler Inc. will **honor** our agreement.
(私の懸念は Gettler Inc. 社が私たちの合意を**守る**かどうかということです)

The party was to **honor** Jen's 20 years' service to the company.
(そのパーティーは Jen さんの勤続 20 年に**敬意を表す**ためのものだった)

☞《**honor**＋目的語 [名詞]》《**honor**＋人＋for＋名詞》《**honor**＋人＋with＋名詞》《*be* **honored**＋that 節》《*be* **honored**＋to 不定詞》，名詞は《**honor** of＋名詞》《an **honor** to＋名詞》《It is an **honor**＋that 節》《It is an **honor**＋to 不定詞》で覚えよう。 □ in **honor** of ...「～に敬意を表して」 □ with **honors**「優等の成績で」

2399 □□ **honorary** [ánərèri]

形 名誉 (上) の，名誉として与えられる

The non-profit organization has several **honorary** board members.
(その非営利団体には数人の**名誉**理事がいる)

☞《**honorary**＋名詞》で覚えよう。

2400 □□ **noble** [nóubl]

形 高潔な，気高い，立派な，称賛に値する，堂々とした，壮大な，見事な，すばらしい

Preventing air pollution is a **noble** cause that most businesses share.
(大気汚染を防ぐことは，ほとんどの事業体がともに掲げる**崇高な**大義である)

☞《**noble**＋名詞》《連結動詞＋**noble**》《It is **noble**＋to 不定詞》《It is **noble** of＋人＋to 不定詞》で覚えよう。

2401 □□ **medicine** [médəsn]

名 医学，内科 (学)，内科的治療，(内服) 薬

Andrea is studying hard to practice **medicine** in the future.
(Andrea は，将来的に**医学**の道に進むために猛勉強している)

☞《**medicine** of＋名詞》《**medicine** for＋名詞》で覚えよう。

2402 □□ **medical** [médikl]

形 医学の，医療の，内科の　名 (徹底的な) 身体測定

Larry had to leave early due to a **medical** emergency.
(**医療**に関する緊急事態のために Larry は早退しなければならなかった)

☞《**medical**＋名詞》《連結動詞＋**medical**》で覚えよう。

2403 □□ **medication** [mèdikéiʃən]

名 薬物治療，薬剤

The costs of prescription **medication** have been rising.
（処方**薬**の費用は上昇している）

☞《**medication** of＋名詞》《**medication** for＋名詞》で覚えよう。 □ on **medication**「投薬治療中で」

2404 □□ **dose** [dóus]

名（薬などの）1回分，1服 動 ～に薬を飲ませる，～に投薬する

This medicine should be taken in small **doses**.
（この薬は少**量**を服用すべきです）

☞《**dose** of＋名詞》，動詞は《**dose**＋人＋with＋名詞》で覚えよう。

2405 □□ **tend** [ténd]

動《tend to *do* で》～する傾向がある，～の世話をする

People **tend** to go online when they check the meaning of a word.
（人々は語の意味をオンラインで調べる**傾向がある**）

☞《**tend**＋to 不定詞》《**tend** toward＋名詞》で覚えよう。

2406 □□ **tendency** [téndənsi]

名 傾向，性質，動き

There is a **tendency** for workers to spend more as their pay rises.
（**傾向**として，勤労者は給与が上がると支出が増える）

☞《**tendency** of＋名詞》《**tendency** for＋名詞》《**tendency** to/toward＋名詞》《**tendency**＋to 不定詞》で覚えよう。

2407 □□ **trend** [trénd]

名 傾向，動向，流行，方向

The company's revenue has been on an upward **trend** for three quarters.
（会社の収入は3四半期で増加**傾向**にある）

☞《**trend** of＋名詞》《**trend** in＋名詞》《**trend** for＋名詞》《**trend** to/toward＋名詞》《**trend**＋to 不定詞》で覚えよう。 □ on **trend**「流行して」

2408 □□ **guarantee** [gæ̀rəntíː]

動 ～を保証する，～に保証をする 名 保証（書）

Mr. Belkin believes this partnership will **guarantee** long-term success.
（この提携は長期的な成功を**保証する**と Belkin さんは信じている）

☞《**guarantee**（＋人）＋目的語［名詞］》《**guarantee**＋that 節》《It is **guaranteed**＋that 節》《**guarantee**＋to 不定詞》《*be* **guaranteed**＋to 不定詞》《**guarantee** *A* against *B*》，名詞は《**guarantee** of＋名詞》《**guarantee** about＋名詞》《**guarantee** for/against＋名詞》《**guarantee** on＋名詞》《**guarantee**＋that 節》《**guarantee**＋to 不定詞》で覚えよう。 □ under **guarantee**「保証されて」

2409 □□ **encounter** [enkáuntər]

動 ～に偶然出会う，～に出くわす，（困難・危険など）にあう，（敵）と遭遇する 名 出会い，遭遇，会合

Some customers **encountered** difficulties signing up for the online service.（一部の顧客はオンラインサービスの申し込みに際して困難に**遭遇した**）

☞《**encounter**＋目的語［名詞］》，名詞は《**encounter** with/between/among＋名詞》で覚えよう。動詞の場合，日常的には come across .../come across with ... を使うことが多い。

2410 □□ **port** [pɔ́:rt]

名 港，港湾（都市），接続用ポート，吸排気口

The ship started unloading after it reached the **port**.
（船は**港**に着いて荷降ろしを始めた）

☞《**port** of＋名詞》で覚えよう。

2411 □□ **aggressive** [əgrésiv]

形 攻撃的な，挑戦的な，積極果敢な

The CPU maker is taking an **aggressive** approach to quality control.
（その CPU 製造企業は品質管理に対して**意欲的な**取り組みを行っている）

☞《**aggressive**＋名詞》《連結動詞＋**aggressive**》で覚えよう。使う文脈によりニュアンスが異なる。肯定的な意味では「活動的な，積極的な，迫力たっぷりの」であり，否定的な意味では「攻撃的な，挑戦的な，強引な」となる。副詞形 aggressively，名詞形 aggressiveness も同じ。

2412 □□ **deputy** [dépjəti]

名 代理，代表者，副官

The **deputy** chief executive officer makes most operational decisions.
（**副**最高経営責任者がほとんどの業務執行上の決定を下す）

☞《**deputy** of＋名詞》《**deputy**＋名詞》《**deputy** to＋人》で覚えよう。 □ **deputy** governor「副知事」 □ **deputy** mayor「（市などの）助役」

2413 □□ **respond** [rispánd]

動 返事をする，反応する，効き目を現す，～と答える

Due to spikes in customer service traffic, we need time to **respond** to inquiries.（顧客サービスへの連絡が急増しておりますため，当社はお問い合わせに**対応する**ために時間をいただいております）

☞《**respond** to＋名詞》《**respond** by＋名詞》《**respond** with＋名詞》《**respond**＋that 節》で覚えよう。

2414 □□ **response** [rispáns]

名 反応，反響，返答，回答

Thank you for your courteous **response** to my inquiry.
（私の問い合わせにていねいに**回答**していただき，ありがとうございました）

☞《**response** of＋名詞》《**response** from/to＋名詞》《**response**＋that 節》で覚えよう。 □ in **response** to ...「～に応えて」

2415 □□ **respondent** [rispándənt]

名 回答者

Many survey **respondents** like our energy-efficient building materials.
（調査**回答者**の多くが当社のエネルギー効率のよい建築素材を気に入っている）

☞《**respondent** of＋名詞》《**respondent** to＋名詞》で覚えよう。

2416 □□ **responsible** [rispánsəbl]

形 責任がある，責任の重い，重要な，信頼できる，～の原因である

Every citizen is held **responsible** for their behavior.
（市民のひとりひとりが自らの行動に**責任を負わなければ**ならない）

☞《**responsible**＋名詞》《連結動詞＋**responsible**》《連結動詞＋**responsible** for＋名詞・動名詞》《連結動詞＋**responsible** to＋人》《連結動詞＋**responsible** with＋名詞》《連結動詞＋**responsible**＋that 節》で覚えよう。 □ hold *someone* **responsible**「～の責任を問う」

2417 □□ **responsibility** [rispànsəbíləti]

名 責任（能力），義務

Sandra Smith is assuming **responsibility** for human resources.
（Sandra Smith さんが人材開発の**責任**を担います）

☞《**responsibility** of＋名詞》《**responsibility** for＋名詞》《**responsibility** for＋動名詞》《**responsibility** to＋人》《**responsibility**＋to 不定詞》で覚えよう。

2418 □□ **reply** [riplái]

動 返答する，答える 名 返事，回答，応答

I don't want to spend much time **replying** to emails.
（メールに**返信する**ことに時間をかけたくありません）

I am writing in **reply** to your job application.
（あなたの求人応募にお**答え**するために書いております）

☞《**reply** to＋名詞》《**reply**＋that 節》，名詞は《**reply** of＋名詞》《**reply** from/to＋名詞》《**reply**＋that 節》で覚えよう。 □ in **reply** to ...「～に答えて」

2419 □□ **female** [fíːmeil]

(形) 女性の，雌の (名) 女性，雌

We're hoping to market our new magazine to **female** office workers.
（当社は新雑誌の対象を事務職の**女性**にしたいと考えている）

《**female**＋名詞》《連結動詞＋**female**》，名詞は《**female** of＋名詞》で覚えよう。**female**/male の組み合わせで覚えよう。

2420 □□ **male** [méil]

(形) 男性の，雄の (名) 男，雄

The report says **male** athletes are less likely to have brain injuries than female athletes.
（その報告書によれば，**男性**競技者が脳を負傷する可能性は女性競技者より低い）

《**male**＋名詞》《連結動詞＋**male**》，名詞は《**male** of＋名詞》で覚えよう。female/**male** の組み合わせで覚えよう。

2421 □□ **gender** [dʒéndər]

(名) 性，ジェンダー

Traditional **gender** roles have been changing in many industries.
（伝統的な**性**に基づく役割分担は多くの産業で変化している）

《**gender** of＋名詞》《**gender** in＋名詞》で覚えよう。

2422 □□ **urge** [ə́ːrdʒ]

(動) ～を促す，～を強力に推し進める，～するように促す (名) 衝動

Some companies are **urging** employees to take more time off for vacation.（一部の企業は，従業員に対してもっと休暇を取るように**促して**いる）

I sometimes feel a sudden **urge** to travel alone.
（突然ひとり旅に出たい**衝動**を覚えることがあります）

《**urge**＋目的語［名詞］（＋on＋人）》《**urge**＋that 節》《**urge**＋人＋to 不定詞》，名詞は《**urge** of/for＋名詞》《**urge**＋to 不定詞》で覚えよう。

2423 □□ **urgent** [ə́ːrdʒənt]

(形) 急を要する，緊急の

The CEO left early saying he had an **urgent** appointment.
（**至急の**約束が入ったと言って，CEO は早退した）

《**urgent**＋名詞》《連結動詞＋**urgent**》《It is **urgent**＋that 節》《It is **urgent**＋to 不定詞》で覚えよう。

2424 □□ **urgently** [ə́ːrdʒəntli]

(副) さし迫って，緊急に

An assistant manager is **urgently** needed in HR.
（人材開発部で副部長を**急募**している）

《**urgently**＋動詞・形容詞》で覚えよう。 □ **urgently** necessary ...「至急必要で」

2425 □□ **determine** [ditə́ːrmin]

動 ～を特定する，～を決定する，～を決心する，～を確定する

▶ We hope to **determine** the cause of the delay as soon as possible.
（できるだけ早く遅延の原因を**特定したい**）

☞《**determine**＋目的語［名詞］》《**determine**＋that/wh-/how 節》《**determine**＋if/whether 節》《**determine**＋to 不定詞》《It is **determined**＋that 節》で覚えよう。「事実を突き止める」，あるいは「固い決意をもって～を決める」という意味で，decide より強く響く。

2426 □□ **determination** [ditə̀ːrmənéiʃən]

名 決意（すること），決断，裁定

▶ Our team is working on the project with renewed **determination**.
（私たちのチームは**決意**を新たにして，そのプロジェクトに取り組んでおります）

☞《**determination** of＋名詞》《**determination**＋that 節》《**determination**＋if/whether 節》《**determination**＋to 不定詞》で覚えよう。

2427 □□ **operate** [ɑ́pərèit]

動 作動する，（店，会社などが）経営されている，作用する，～を操作する，～を運転する，～を経営する

▶ Please don't take this medicine before **operating** machinery.
（機械を**操作する**前にこの薬を服用しないでください）

☞《**operate**＋目的語［名詞］》《**operate** in/at/from/within/on＋名詞》《**operate** as＋名詞》で覚えよう。
□ **operate** 24 hours a day「終日稼働する」□ **operating** income「営業利益」□ **operating** expenses「営業費用」□ **operating** ratio「営業利益率」

2428 □□ **operation** [ɑ̀pəréiʃən]

名 働き，動き，操作，稼働，経営，作戦，手術

▶ Kasey had an **operation** on his knee last week.
（Kasey は先週にひざの**手術**を受けた）

▶ We're facing the risk of a higher **operation** cost.
（当社は**運営費**が上昇するリスクに直面している）

☞《**operation** of＋名詞》《**operation** on＋名詞》《**operation** for＋名詞》《**operation**＋to 不定詞》で覚えよう。 □ in **operation**「稼働して」

2429 □□ **operational** [ɑ̀pəréiʃənl]

形 使用可能な，運用の，戦略の

▶ The existing monitoring system will remain **operational** for a week.
（現行の監視システムは今後 1 週間**運用され**続けます）

☞《**operational**＋名詞》《連結動詞＋**operational**》で覚えよう。

2430 □□ **operator** [ɑ́pərèitər]

名 操作者，運転者，経営者

▶ We're looking for an experienced **operator** of heavy equipment.
（当社では経験豊かな重機**操作者**を求めています）

☞《**operator** of＋名詞》で覚えよう。

2431 □□ **deliver** [dilívər]

動 ～を配達する，（財産など）を引き渡す，～を述べる，子を産む

Caitlin **delivered** the package to the head office.
（Caitlin はその小包を本社に**届けた**）

《**deliver**＋目的語［名詞］》《**deliver** *A* to *B*》《**deliver** *A* by/via *B*》で覚えよう。

2432 □□ **delivery** [dilívəri]

名 配達，引き渡し，（演説など）をすること，分娩

Delivery of the new computers is scheduled for tomorrow morning.
（新しいコンピュータの**配送**は明朝を予定している）

《**delivery** of＋名詞》《**delivery** from/to＋名詞》で覚えよう。 □ on **delivery**「到着時に」

2433 □□ **remove** [rimúːv]

動 ～を取る，～を取り除く，～を取り去る，～を廃絶する，～を脱ぐ

Visitors are requested to **remove** their shoes and wear slippers.
（訪問客は靴を**脱いで**スリッパを履くよう求められる）

《**remove**＋目的語［名詞］》《**remove** *A* from *B*》で覚えよう。

2434 □□ **removal** [rimúːvl]

名 除去，撤去，撤廃，廃止，解任

The city government is considering a new trash **removal** process.
（自治体は新しいごみ**撤去**手順を検討している）

《**removal** of＋名詞》《**removal** from＋名詞》で覚えよう。

2435 □□ **eliminate** [ilímənèit]

動 ～を除く，～を除去する，敗退する，～を除いておく

These reforms will **eliminate** inefficiency within the organization.
（これらの改革が組織内の非効率を**一掃する**でしょう）

《**eliminate**＋目的語［名詞］》《**eliminate** *A* from *B*》で覚えよう。

2436 □□ **extract** [ikstrǽkt; ékstrækt]

動 ～を引き抜く，～を抽出する，～を引用する 名 抽出物，引用，抜粋

These platforms **extract** oil from the sea floor.
（これらの掘削台は海底から石油を**抽出している**）

《**extract**＋目的語［名詞］》《**extract** *A* from *B*》，名詞は《**extract** of＋名詞》《**extract** from＋名詞》で覚えよう。

2437 □□ **lift** [líft]

動 ～を引き［持ち］上げる，～を解除する 名 持ち上げること

Cutting interest rates will likely **lift** the stock market.
（金利を下げれば株式市場を**浮上させる**だろう）

《**lift** *A* from/to/into/onto/out of/above/down/off/over *B*》，名詞は《**lift** of＋名詞》で覚えよう。

2438 □□ **waste** [wéist]

名 無駄，消耗，廃棄物　動 無駄になる，～を無駄にする，～を消耗させる

The two-hour meeting without a conclusion was a **waste** of time.
（結論のない 2 時間の会議は時間の**無駄**だった）

Let's stop **wasting** our energy today and have a fresh start tomorrow.
（きょうはエネルギーを**無駄にする**のはやめて，あした新鮮な気持ちで始めよう）

☞《**waste**＋目的語［名詞］》《**waste** *A* on *B*》，名詞は《**waste** of＋名詞》で覚えよう。 □ go to **waste**「無駄になる」

2439 □□ **junk** [dʒʌ́ŋk]

名 ごみ，がらくた

An average household receives 20 pieces of **junk** mail every week.
（平均的な世帯は週 20 通の**無用**郵便物を受け取る）

☞《**junk** of＋名詞》で覚えよう。「役に立たない品，価値のないもの」という意味。「日常生活から生じるごみ」という意味では litter を使う。

2440 □□ **physical** [fízikl]

形 物質の，自然の，身体の，身体的な，物理学の　名 健康診断

I'm going to have a regular **physical** check-up next month.
（来月に定期的な**健康診断**を受けます）

I prefer **physical** books to digital ones for reading.
（読書にはデジタル書籍よりも**物としての**本を好みます）

☞《**physical**＋名詞》《連結動詞＋**physical**》，名詞は《**physical** for＋名詞》で覚えよう。 □ **physical** address「実際の所在地」を表す。

2441 □□ **physician** [fizíʃən]

名 医師，内科医

My **physician** advised me to cut my sugar intake.
（**内科医**に糖分の摂取を減らすように言われました）

☞《**physician** of＋名詞》《**physician** to＋人》で覚えよう。physicist は「物理学者」

2442 □□ **physics** [fíziks]

名 物理学

I switched my major from **physics** to chemistry in college.
（大学で**物理学**から化学に専攻を変えました）

☞《**physics** of＋名詞》《**physics** in＋名詞》で覚えよう。 □ applied **physics**「応用物理学」

2443 □□ **wake** [wéik]

動 目覚める，～を目覚めさせる　名 通った跡

I usually **wake** up at 5:30 and go jogging.
（私は普段は 5 時半に**起きて**，ジョギングに出ます）

More than 500 people are still evacuated in the **wake** of the heavy rain.
（大雨**の後に** 500 人以上がいまも避難している）

☞《**wake**＋目的語［名詞］》《**wake** to＋名詞》，名詞は《in the **wake** of＋名詞》で覚えよう。

2444 □□ **awake** [əwéik]

形 目が覚めて，意識して

Donnie found himself wide **awake** the night before the presentation.
（Donnie は，プレゼンテーションの前夜はまったく**眠れずに**過ごした）

☞《連結動詞＋**awake**》《連結動詞＋**awake** to＋名詞》で覚えよう。

2445 □□ **accident** [ǽksidənt]

名 事故，思いがけぬ出来事，偶然

The president canceled the meeting because of an **accident**.
（社長は**事故**のために会議をキャンセルした）

The climate data was deleted by **accident**.
（気象データは**偶然の出来事**で消去された）

☞《**accident** of＋名詞》で覚えよう。「計画［意図］していなかった出来事」という意味。□ by **accident**「偶然に，うっかりして」

2446 □□ **incident** [ínsidənt]

名 出来事，事件，衝突

We'll investigate the **incident** and get back to you.
（その**出来事**を調査して，結果をご報告します）

☞《**incident** of＋名詞》《**incident** in/at＋名詞》《**incident** about/concerning＋名詞》で覚えよう。

2447 □□ **incidence** [ínsidəns]

名 発生（率），出現（率）

There has been decreased **incidence** of lateness among employees.
（従業員の遅刻の**発生**が減少している）

☞《**incidence** of＋名詞》で覚えよう。

2448 □□ **incidentally** [ìnsidéntəli]

副 ついでながら，偶然に，たまたま

Some problems were **incidentally** found during the routine maintenance.
（所定の保守作業を行っているときに**偶然に**いくつかの問題が見つかった）

☞《動詞＋**incidentally**》で覚えよう。副詞として文全体を修飾する働きもあり，by the way「ところで」と同じ意味で使う。

2449 □□ **coincidence** [kouínsidəns]

名 同時発生，偶然の一致

By **coincidence**, Brady met his new client at a golf tournament.
（Brady はゴルフトーナメントで新規顧客と**偶然**に出会った）

☞《**coincidence** of＋名詞》《**coincidence** with＋名詞》《**coincidence** between＋名詞》《**coincidence**＋that 節》《It is a **coincidence**＋that 節》で覚えよう。 □ by **coincidence**「偶然に」

2450 □□ **confuse** [kənfjúːz]

動 ～を混同する，～を混乱させる，～をとまどわせる

At our first meeting, I **confused** Mr. Berger with another client.
（初めて出会ったとき，私は Berger さんを別の顧客と**混同して**しまいました）

☞《**confuse**＋目的語［名詞］》《**confuse** *A* with/for *B*》で覚えよう。現在分詞形 confusing は「人を混乱させる」，過去分詞形 confused は「混乱させられて」という意味の形容詞としても使う。

2451 □□ **confusion** [kənfjúːʒən]

名 混乱，混同，無秩序，とまどい

Poor communication led to **confusion** during the project.
（プロジェクトの間，コミュニケーションの不備が**混乱**を招いた）

☞《**confusion** of＋名詞》《**confusion** about/over/as to＋名詞》《**confusion** with/between＋名詞》で覚えよう。 □ in **confusion**「混乱して」

2452 □□ **bewilder** [biwíldər]

動 ～を当惑させる，～を途方に暮れさせる

Jennifer was **bewildered** by Ms. Bell's sudden opposition to her idea.
（Jennifer は，自分のアイデアに対する Bell さんの突然の反対に**とまどった**）

☞《**bewilder**＋目的語［名詞］》で覚えよう。現在分詞形 bewildering は「人をとまどわせるような」，過去分詞形 bewildered は「とまどって」という意味の形容詞としても使う。

2453 □□ **propose** [prəpóuz]

動 ～を提案する，～に結婚を申し込む

I'd like to **propose** that our next meeting focus on marketing strategies.
（次の会議はマーケティング戦略に焦点を当てることを**提案したい**と思います）

☞《**propose**＋目的語［名詞］》《**propose**＋that 節》《**propose**＋to 不定詞》《**propose**＋動名詞》《**propose**＋人＋for＋名詞》《It is **proposed**＋that 節》で覚えよう。考えなどを「積極的に提案する」という意味。控えめに提案したり，勧めてみるというときは suggest を使う。

2454 □□ **proposal** [prəpóuzl]

名 提案（書），企画（案），結婚の申し込み

I hope your **proposal** can change the existing system.
（あなたの**提案**が現在のシステムを変えられるといいですね）

☞《**proposal** of＋名詞》《**proposal** for＋名詞》《**proposal** about/concerning＋名詞》《**proposal**＋that 節》《**proposal**＋to 不定詞》で覚えよう。

2455 □□ **establish** [istǽbliʃ]

動 ～を設立する，（法律など）を制定する，～を確立する，～を証明する

Ms. Hafier is planning to **establish** a restaurant in the waterfront district.
（Hafier さんは海岸地区にレストランを**開業する**計画である）

☞《**establish**＋目的語［名詞］》《**establish**＋目的語［名詞］＋with＋人》《**establish**＋that/wh-/how 節》《**establish**＋if/whether 節》で覚えよう。

2456 □□ **establishment** [istǽbliʃmənt]

名 設立，制定，機関，官庁，住居

The CEO announced the **establishment** of a new R&D facility.
（CEO は新たな研究開発施設の**設立**を発表した）

☞《**establishment** of＋名詞》で覚えよう。

2457 □□ **trace** [tréis]

動 ～をたどる，～を突き止める，～の跡を追う，～を転写する，さかのぼる 名 形跡，足跡，証拠，手がかり，山道

The courier is **tracing** the shipment and will contact us with details.
（配送業者が荷物の配達状況を**追跡していて**，詳細を連絡してくれる）

☞《**trace**＋目的語［名詞］》，名詞は《**trace** of＋名詞》で覚えよう。

2458 □□ **leap** [líːp]

動 跳ぶ，急上昇する，急に（～の状態に）なる　名 跳躍，上昇

These technologies helped us to **leap** forward in machine learning.
（これらの科学技術は当社が機械学習の分野で**飛躍する**うえで役立った）

Our recycling system is taking a huge **leap** forward now.
（当社のリサイクルシステムは現在大きく**前進**している）

☞《**leap** to/into＋名詞》《**leap** from/out of/over/to＋名詞》，名詞は《**leap** of＋名詞》《**leap** in/into＋名詞》《**leap** from/out of/over/to＋名詞》で覚えよう。

2459 □□ **draft** [drǽft]

動 ～の草稿を書く，～を下書きする，～を起草する　名 草稿，設計図，隙間風

I **drafted** a plan to expand sales, and my supervisor is reviewing it.
（私は販売拡大計画を**立案して**，上司がそれを見直しています）

This isn't the final **draft**, so we might make a few more changes.
（これは最終**稿**ではありません，さらに変更を加えるかもしれません）

☞《**draft**＋目的語［名詞］》，名詞は《**draft** of＋名詞》で覚えよう。

2460 □□ **abandon** [əbǽndən]

動（計画など）を途中で断念する，～を捨て去る

This project isn't going anywhere; we'd better **abandon** it.
（このプロジェクトは見通しが立ちません；**断念する**のがよいでしょう）

☞《**abandon**＋目的語［名詞］》で覚えよう。

2461 □□ **shelter** [ʃéltər]

名 避難所，小屋，シェルター，住まい，宿　動 ～を保護する，～を守る，避難する，隠れる

Evacuees are staying in temporary **shelters** right now.
（避難した人々は現在は一時的な**避難所**に滞在している）

☞《**shelter** of＋名詞》《**shelter** for＋名詞》《**shelter** from＋名詞》，動詞は《**shelter**＋目的語［名詞］（＋from＋名詞）》で覚えよう。

2462 □□ **advance** [ədvǽns]

動 前進する，進展する，～を前進させる，～を進展［発展］させる，～を前倒しする　名 前進，進歩，前払い金

This technology is expected to **advance** knowledge of robotics.
（この科学技術はロボット工学の知見を**発展させる**ことが期待されている）

Tickets are cheaper if you buy them in **advance**.
（チケットは**事前**購入すれば安く買えます）

☞《**advance**＋目的語［名詞］》，名詞は《**advance** of＋名詞》《**advance** in＋名詞》《**advance** on＋名詞》で覚えよう。ビジネスでは「前払い金，着手金」という意味でもよく使う。□ in **advance**「事前に，前もって」□ in **advance** of ...「～の前に」。

2463 □□ **advanced** [ədvǽnst]

形 進歩した，高度な，上級の

Advanced methods were used to recover the data.
（そのデータの復元には**高度な**方法が使われた）

☞《**advanced**＋名詞》《連結動詞＋**advanced**》で覚えよう。

2464 □□ **advancement** [ədvǽnsmənt]

名 前進，進展，出世

Professor Takeda contributed to many **advancements** in the field.
（Takeda 教授はこの分野での多くの**発展**に寄与した）

☞《**advancement** of＋名詞》《**advancement** in＋名詞》《**advancement** to＋名詞》で覚えよう。

2465 □□ **sophisticated** [səfístikèitid]

形 精巧な，高度な，洗練された，知性的な

We have a **sophisticated** logistics system that links various suppliers.
（当社は，さまざまな供給企業を結ぶ**高度な**物流システムを有しております）

☞《**sophisticated**＋名詞》《連結動詞＋**sophisticated**》で覚えよう。

2466 □□ **citizen** [sítizn]

名 市民，住民，民間人

Jordan Corporation's new factory was welcomed by local **citizens**.
（Jordan Corporation 社の新工場は地元**住民**に歓迎された）

☞《**citizen** of＋名詞》で覚えよう。□ senior **citizen**「高齢者」

2467 □□ **civic** [sívik]

形 都市の，市政の，市民の

We fulfill our **civic** duty by voting in elections.
（私たちは選挙で投票することで**市民としての**義務を果たす）

☞《**civic**＋名詞》で覚えよう。

2468 □□ **civil** [sívl]

形 市民の，国内の，内政の，礼儀正しい

Antonio has been working as a **civil** servant for 10 years.
（Antonio は 10 年間**公**務員として働いている）

☞《**civil**＋名詞》で覚えよう。□ **civil** law「民法」

2469 □□ **civilian** [sivíljən]

形 民間の，文民の 名 一般人，文民

Mr. Hammer went into the **civilian** sector after retiring from the military.
(Hammer さんは退役後に**民間**部門に進んだ)

☞《**civilian**＋名詞》，名詞は《**civilian** of＋名詞》で覚えよう。

2470 □□ **hire** [háiər]

動 ～を雇う，～を借りる 名 雇用すること，被雇用者

We will introduce new **hiring** policies next month.
(当社は来月に新しい**雇用**方針を導入します)

I will introduce the new **hires** to our team.
(新規**雇用社員**をチームに紹介しましょう)

☞《**hire**＋目的語［名詞］》，名詞は《**hire** of＋名詞》《**hire** for＋名詞》で覚えよう。employ が「(継続的に) 人を雇う」のに対し，**hire** は「(短期的に) 人を雇う」

2471 □□ **employ** [emplɔ́i]

動 ～を雇う，(人・時間など) を要する，(道具・技能など) を使用する，(時間・精力など) を費やす

The new supermarket **employs** more than 50 part-timers.
(新しいスーパーマーケットは 50 人以上の非常勤職員を**雇用している**)

☞《**employ**＋目的語［名詞］》《**employ**＋人＋as＋名詞》で覚えよう。

2472 □□ **employment** [emplɔ́imənt]

名 雇用，勤務，仕事，使用，従業員数

More homemakers are seeking **employment** on a part-time basis.
(最近非常勤で**職**を探す家事専従者が増えている)

☞《**employment** of＋名詞》で覚えよう。 □ in **employment**「雇用されて」□ **employment** agency「就職斡旋企業」

2473 □□ **employer** [emplɔ́iər]

名 雇用者，社長，企業主

We are one of the major **employers** of skilled engineers in the private sector. (当社は，民間部門における技能技術者の主要**雇用者**のひとつである)

☞《**employer** of＋名詞》で覚えよう。**employer**/employee の組み合わせで覚えよう。

2474 □□ **employee** [èmplɔiíː]

名 従業員，社員，被雇用者

After three years as a part-time **employee**, Don started his own business.
(非常勤**従業員**として 3 年過ごした後に，Don は自分で事業を立ち上げた)

☞《**employee** of＋名詞》《**employee** at/with＋名詞》で覚えよう。employer/**employee** の組み合わせで覚えよう。 □ government/public **employee**「公務員」

2475 □□ **unemployed** [ʌ̀nimplɔ́id]

形 失業して，仕事のない

I'm temporarily **unemployed**, but I'm gearing up to start my own business.
(私は一時的に**失業して**いますが，起業する準備をしています)

☞《**unemployed**＋名詞》《連結動詞＋**unemployed**》で覚えよう。日常的には out of work を使うことが多い。

2476 □□ **unemployment** [ʌ̀nimplɔ́imənt]

名 失業（者数）

▰ The **unemployment** rate has been steadily decreasing since April.
（**失業**率は 4 月以来着実に下がっている）

☞《**unemployment** of＋名詞》で覚えよう。 □ on **unemployment**「失業して」

2477 □□ **career** [kəríər]

名 職業，経歴

▰ Victoria has been considering a **career** change for a long time.
（Victoria はずっと転**職**を考えている）

☞《**career** of＋名詞》《**career** in＋名詞》《**career**＋to 不定詞》で覚えよう。

2478 □□ **layoff** [léiɔ̀(ː)f]

名 一時解雇（期間）

▰ Several rounds of **layoffs** are expected in the coming quarters.
（今後の四半期に何回かの**レイオフ**が見込まれる）

☞《**layoff** of＋名詞》で覚えよう。 □ mass **layoff**「大規模なレイオフ」

2479 □□ **improve** [imprúːv]

動 好転する，改善する，高まる，～を改善する，～を高める

▰ Jenna wanted to brainstorm how to **improve** the turnover rate.
（Jenna は離職率を**改善する**方法について意見を出し合いたいと思った）

☞《**improve**＋目的語［名詞］》《**improve** on＋名詞》で覚えよう。 □ **improve** *oneself*「上達する」
□ **improve** on *one's* own record「自己記録を更新する」

2480 □□ **improvement** [imprúːvmənt]

名 改善，改良，向上，進歩

▰ We did a good job, but there's still room for **improvement**.
（私たちはよい仕事をしましたが，まだ**改善**の余地はあります）

☞《**improvement** of＋名詞》《**improvement** in/on/to＋名詞》で覚えよう。

2481 □□ **enhance** [enhǽns]

動 ～を強化する，～を高める，～を増進する

▰ We are working with our suppliers to **enhance** our product quality.
（当社は製品の質を**高める**ために部品供給業者と協業している）

☞《**enhance**＋目的語［名詞］》で覚えよう。 □ **enhance** a company's image「企業イメージを高める」
□ **enhance** a cooperative relationship「協力的な関係を高める」

2482 □□ **polish** [pɑ́liʃ]

動 つやが出る，洗練される，～を磨く，～を洗練させる，～を完成させる 名 磨くこと，洗練，上品

▰ I use old socks to dust and **polish** my furniture.
（私は古い靴下を使って家具のほこりをふいて**磨く**）

▰ My presentation needs a little more **polish**.
（私のプレゼンテーションはもう少し**洗練**させる必要がある）

☞《**polish**＋目的語［名詞］》《**polish** *A* with *B*》，名詞は《**polish** of＋名詞》で覚えよう。

2483 □□ **worsen** [wə́ːrsn]

動 悪化する，～を悪化させる

Management is repeatedly holding meetings over the company's **worsening** financial situation.
（経営陣は会社の**悪化している**財務状況について会議を繰り返している）

《**worsen**＋目的語［名詞］》で覚えよう。

2484 □□ **deteriorate** [ditíəriərèit]

動 劣化する，悪化する，崩壊する

Customers complain that the plastic coating **deteriorates** over time.
（プラスティック塗装が時間の経過とともに**劣化する**，と顧客が苦情を言っている）

《**deteriorate** into＋名詞》で覚えよう。日常的には get worse を使うことが多い。

2485 □□ **specific** [spəsífik]

形 明確な，具体的な，特定の，はっきりした

We need **specific** information on the discarded documents.
（廃棄された文書について**明確な**情報がほしいのです）

Could you be more **specific** about what happened?
（何が起きたのかもう少し**具体的に**お願いできますか）

《**specific**＋名詞》《連結動詞＋**specific**》《連結動詞＋**specific** about＋名詞》《連結動詞＋**specific** to＋名詞》で覚えよう。

2486 □□ **specifically** [spəsífikəli]

副 明確に，はっきりと，具体的に，特に，つまり

This outfit is **specifically** designed for cyclists.
（この衣類は**特に**自転車愛好家に使ってもらえるように設計されている）

《**specifically**＋動詞・形容詞》で覚えよう。副詞として文全体を修飾する働きもある。

2487 □□ **specification** [spèsəfikéiʃən]

名 仕様，詳述，明細事項

The prototype fully meets the **specifications** provided by the client.
（その原型見本は，顧客から与えられた**仕様書**をきちんと満たしている）

《**specifications** of＋名詞》で覚えよう。複数形で使われることが多い。

2488 □□ **specify** [spésəfài]

動 ～を明示する，～を指定する，～を明記する

The order didn't **specify** the color that the customer wants.
（その注文は顧客が希望する色を**明記して**いなかった）

《**specify**＋目的語［名詞］》《**specify**＋that/wh-/how 節》《**specify**＋if/whether 節》で覚えよう。

2489 □□ **unspecified** [ʌnspésəfàid]

形 特定されていない，明示されていない，詳細不明の

The managing director is taking leave for an **unspecified** period.
（部長は**特に期間を定めずに**休暇を取っています）

《**unspecified**＋名詞》《連結動詞＋**unspecified**》で覚えよう。

2490 □□ **specimen** [spésəmin]

名 見本，標本，通例

◤ The plant **specimens** from the Amazon were used to develop medicines.
（アマゾン河からの植物の**標本**は医薬品を開発するために使われた）

☞《**specimen** of＋名詞》で覚えよう。

2491 □□ **function** [fʌ́ŋkʃən]

動 機能を果たす，役目を果たす　名 機能，役目，職務，催し物

◤ The machine appears to be **functioning** normally.
（その機械は正常に**動作している**ようだ）

◤ This year's charity **function** will be held at the new town square.
（今年の慈善**行事**は新しい市街広場で行われるでしょう）

☞《**function**＋副詞》，名詞は《**function** of＋名詞》《**function** for＋名詞》《**function** as＋名詞》で覚えよう。動詞は日常的には work を使うことが多い。

2492 □□ **functional** [fʌ́ŋkʃənəl]

形 機能的な，実用的な，関数の

◤ A **functional** workspace is neat and tidy.
（**機能的な**仕事スペースは整理整頓されている）

☞《**functional**＋名詞》《連結動詞＋**functional**》で覚えよう。

2493 □□ **malfunction** [mæ̀lfʌ́ŋkʃən]

動（機械などが）正常に働かない，動かない　名 機能不全，故障

◤ Our order processing system is **malfunctioning**, which is causing some delays.（当社の注文処理システムは**正常に作動しておらず**，遅れを引き起こしている）

☞《**malfunction**＋副詞》，名詞は《**malfunction** of＋名詞》で覚えよう。mal- は「悪い」という意味の接頭辞。

2494 □□ **identify** [aidéntəfài]

動（同一のもの）であると確認［識別］する，～を特定する，～を明らかにする，～に共感する

◤ The team easily **identified** the problem and fixed the software error.
（チームは容易に問題を**突き止め**，ソフトウェアの誤りを直した）

☞《**identify**＋目的語［名詞］》《**identify** *A* as *B*》で覚えよう。 □ **identify** a critical issue「重要な問題を明確にする」

2495 □□ **identity** [aidéntəti]

名 身元，独自性

◤ Make sure to bring a picture ID to prove your **identity**.
（**身元**を証明するために写真付きの身分証明書を必ず持ってきてください）

☞《**identity** of＋名詞》《**identity** as＋名詞》で覚えよう。

2496 □□ **identification** [aidèntəfikéiʃən]

名 識別，身分証明書，同一化

◤ Employees must present proper **identification** at the entrance gate.
（入構ゲートで従業員は適切な**身分証明書**を提示しなければならない）

☞《**identification** of＋名詞》《**identification** with＋名詞》《**identification** of *A* with *B*》で覚えよう。

2497 □□ **identical** [aidéntikl]

形 同一の，そっくりの，一致している

These two cars look **identical**, though one is new and the other is used.
（これらの 2 台の車は見た目は**同じ**だが，一台は新車で，もう一台は中古車です）

《**identical**＋名詞》《連結動詞＋**identical**》《連結動詞＋**identical** to/with＋名詞》《連結動詞＋**identical** in＋名詞》で覚えよう。

2498 □□ **detect** [ditékt]

動 ～を検知する，～を見つける，～を見破る

An error has been **detected**, so the whole system will be reset.
（エラーが**検知されて**，システム全体がリセットされることになる）

《**detect**＋目的語［名詞］》で覚えよう。

2499 □□ **regard** [rigá:rd]

動 ～に注意を払う，～をじっと見る，～とみなす，～を尊敬する　名 敬意，配慮

The scientists were **regarded** as pioneers of space exploration.
（科学者たちは宇宙開発のパイオニアと**みなされた**）

You are right in this **regard**.（この**点**に関してあなたは正しい）

Management holds you in high **regard**.（経営陣はあなたを高く**評価**しています）

《**regard**＋目的語［名詞］》《**regard** *A* as *B*》，名詞は《**regard** for＋名詞》《**regard** to＋人》で覚えよう。 □ in/with **regard** to ...「～に関して」 □ in this/that **regard**「この点で，その点で」

2500 □□ **regarding** [rigá:rdiŋ]

前 ～に関して，～について

I have a question **regarding** our quarterly budget.
（四半期の予算に**関して**質問があります）

《**regarding**＋名詞》で覚えよう。about よりフォーマルな言い方。

2501 □□ **regardless** [rigá:rdləs]

形 気にしない，注意しない，《regardless of ... で》～にもかかわらず　副 それにもかかわらず

We offer you proper healthcare **regardless** of employment status.
（雇用身分**にかかわらず**，適切な医療を提供いたします）

《**regardless** of＋名詞 /wh-/how 節》で覚えよう。副詞は文頭，文末に使う。

2502 □□ **chemical** [kémikl]

形 化学の，化学作用による　名 化学薬品

A series of **chemical** reactions in the factory caused a fire.
（工場での一連の**化学**反応が火災を引き起こした）

《**chemical**＋名詞》《連結動詞＋**chemical**》，名詞は《**chemical** of＋名詞》で覚えよう。

2503 □□ **chemistry** [kémistri]

名 化学，相性，親和性

Our chief holds a doctorate degree in organic **chemistry**.
（私たちの責任者は有機**化学**の博士号を持っている）

Our good staff **chemistry** led to the success of our new brand.
（スタッフの**相性**のよさが新ブランドの成功につながった）

《**chemistry** of＋名詞》《**chemistry** with/between/among＋人》で覚えよう。

2504 □□ **chemist** [kémist]

名 化学者，薬剤師

The new material was invented by **chemists** working in our laboratory.
(この新たな素材は当社研究所で働く**化学者**らによって発明されました)

☞《**chemist** at/with＋名詞》で覚えよう。

2505 □□ **purchase** [pɔ́ːrtʃəs]

動 (～を) 購入する，(～を) 仕入れる　名 購入，購買，仕入れ

It's convenient to **purchase** movie tickets online.
(映画のチケットをオンラインで**購入する**と便利だ)

We should make online **purchases** securely and wisely.
(オンラインでの**購入**は安全に，賢くするべきです)

☞《**purchase**＋目的語［名詞］》，名詞は《**purchase** of＋名詞》で覚えよう。

2506 □□ **bless** [blés]

動 ～を清める，～に神の加護を祈る，～に恩恵を授ける

When Claire sneezed, her boss said, "**Bless** you."
(Claire がくしゃみをすると，彼女の上司は「神のご**加護を**」と言った)

☞《**bless**＋人》《*be* **blessed** with＋名詞》で覚えよう。 □ **Bless** you.「(くしゃみに対して) お大事に，ありがとう」

2507 □□ **cheer** [tʃíər]

名 歓呼，元気　動 ～に喝采を送る，～を声援する

Enthusiastic **cheers** erupted when the actor took the stage.
(その俳優がステージに立つと，**歓喜の声**がわき上がった)

☞《**cheer** of＋名詞》《**cheer** for＋名詞》《**cheer** from＋名詞》，動詞は《**cheer**＋目的語［名詞］》で覚えよう。 □ **cheer** up「元気を出す」

2508 □□ **zone** [zóun]

名 地帯，区域，圏　動 ～を区分する

Travelers have to deal with jet lag when flying to a different time **zone**.
(旅行者は，異なる時間帯**域**へ飛行機で移動する際に時差ぼけに対処する必要がある)

☞《**zone** of＋名詞》《**zone** between＋名詞》，動詞は《**zone**＋目的語［名詞］》で覚えよう。

2509 □□ **pan** [pǽn]

名 平鍋，受け皿，酷評

Could you put a **pan** of water on the stove?
(水の入った**鍋**をストーブの上に置いていただけますか)

☞《**pan** of＋名詞》で覚えよう。

2510 □□ **disgust** [disgʌ́st]

名 嫌悪感，反感　動 ～に嫌悪感を起こさせる，～をうんざりさせる

Mr. Baker couldn't hide his **disgust** when he heard about the decision.
(Baker さんはその決定を聞いて**不快感**を隠せなかった)

☞《**disgust** of＋名詞》《**disgust** at/over/with＋名詞》，動詞は《**disgust**＋人 (＋by＋名詞)》《*be* **disgusted** ＋that 節》《*be* **disgusted**＋to 不定詞》で覚えよう。現在分詞形 disgusting は「うんざりさせるような」，過去分詞形 disgusted は「うんざりして」という意味の形容詞としても使う。 □ with/in **disgust**「うんざりして」 □ to *someone's* **disgust**「～にとってうんざりすることに」

2511 □□ **taste** [téist]

動 味がする，～の味を見る，～を少しだけ食べる，～を経験する　名 味覚，味，経験，好み，分別

These frog legs really **taste** like chicken.
（これらのカエルの脚はほんとうにチキンのような**味がする**）

That scarf is beautiful; you have great **taste** in clothes.
（そのスカーフはきれいですね；着るものの**趣味**がとてもいいですよ）

《**taste**＋形容詞》《**taste**＋目的語［名詞］》《**taste** of＋名詞》《**taste** like＋名詞》，名詞は《**taste** of＋名詞》《**taste** in＋名詞》《**taste** for＋名詞》で覚えよう。□ to *someone's* **taste**「～の好みに合って」

2512 □□ **tasty** [téisti]

形 おいしい，風味がある，魅力的な

I'm not choosy about food; any **tasty** dishes would be fine.
（私は食べるものにうるさくはありません；**おいしい**料理なら，何でもかまいません）

《**tasty**＋名詞》《連結動詞＋**tasty**》で覚えよう。

2513 □□ **delicious** [dilíʃəs]

形 とてもおいしい

The restaurant on the boardwalk serves **delicious** dishes.
（遊歩道にあるレストランは**おいしい**料理を出してくれる）

《**delicious**＋名詞》《連結動詞＋**delicious**》で覚えよう。

2514 □□ **fault** [fɔ́:lt]

名 責任，欠点，欠陥，失策　動 ～(の誤り)を批判する，～のあらを探す

Each product is checked for **faults** prior to shipping.
（製品ひとつひとつが出荷前に**不具合**を点検される）

《**fault** of＋名詞》《**fault** in＋名詞》，動詞は《**fault**＋目的語［名詞］》で覚えよう。　□ It's your **fault**.「あなたの責任です」

2515 □□ **faulty** [fɔ́:lti]

形 欠陥のある，不完全な

Customers are complaining about the **faulty** switch of the device.
（顧客がその機器のスイッチの**不具合**について苦情を寄せている）

《**faulty**＋名詞》《連結動詞＋**faulty**》で覚えよう。

2516 □□ **headquarters** [hédkwɔ̀:rtərz]

名 本部，本社，司令部

The **headquarters** is due for renovation.
（**本社**ビルは改修すべき時期にある）

《**headquarters** of＋名詞》で覚えよう。単複同形。

2517 □□ **branch** [brǽntʃ]

名 枝，支店　動 枝を出す，進出する

Sally Kemp was transferred to Outrack's regional **branch**.
（Sally Kemp さんは Outrack 社の地方**支社**へ異動になりました）

《**branch** of＋名詞》，動詞は《**branch** into＋名詞》で覚えよう。

2518 □□ **chapter** [tʃǽptər]

名 章，ひと区切り，支部

◤ Mr. Weinberg is heading the local **chapter** of the Rotary Club.
(Weinberg さんはロータリークラブの地方**支部**を率いている)

☞《**chapter** of/in＋名詞》《**chapter** about/on＋名詞》で覚えよう。

2519 □□ **affiliate** [əfíliət]

名 関連会社，支部　動 提携する，～を傘下に置く

◤ Linden Co. is a corporate **affiliate** of the university.
(Linden Co. 社はその大学の**系列企業**である)

☞《**affiliate** of＋名詞》，動詞は《**affiliate** to/with＋名詞》で覚えよう。いわゆる「系列会社，子会社」という意味。

2520 □□ **franchise** [frǽntʃaiz]

動 ～に営業販売権を与える　名 営業許可，フランチャイズ権

◤ Mr. Reynolds is one of our **franchised** dealers.
(Reynolds さんは当社の**販売権所有**業者のひとりです)

☞《**franchise**＋目的語［名詞］》，名詞は《**franchise** of＋名詞》《**franchise** for＋名詞》《**franchise** in＋名詞》で覚えよう。**franchise**/franchiser/franchisee で覚えよう。

2521 □□ **feed** [fíːd]

動 ～を与える，～に食べ物を与える，～にデータを送る　名 供給材料，食べ物

◤ How long will it take to **feed** this data into the database file?
(そのデータベースのファイルへこのデータを**入力する**にはどれくらい時間がかかりますか)

◤ The paper **feed** on this printer appears to be jammed.
(このプリンタの用紙**送り**が詰まっているようだ)

☞《**feed**＋人（＋with/on＋名詞）》《**feed**＋目的語［名詞］＋to＋名詞》《**feed** *A* with *B*》《**feed** *A* into/through *B*》《**feed** *A* to *B*》，名詞は《**feed** of＋名詞》で覚えよう。

2522 □□ **feedback** [fíːdbæ̀k]

名 情報，（アンケートなどの）反応，意見，調査結果

◤ We always welcome **feedback** from customers.
(当社はお客様からの**ご意見**を常に歓迎いたします)

☞《**feedback** on/about＋名詞》《**feedback** from/to＋人》《**feedback**＋that 節》で覚えよう。不可算名詞なので，複数形は使わない。□ give *someone* **feedback**「～に意見を述べる」□ receive **feedback**「フィードバックを受ける」

2523 □□ **conduct** [kəndʌ́kt; kɑ́ndʌkt]

動 ～を指揮する，～を導く，～を実施する，～を運営する，振舞う　名 行為，振舞い，処理

◤ We **conducted** an investigation to determine the cause of the problem.
(私たちは問題の原因を突き止めるために調査を**行った**)

◤ All personnel must follow our ethical codes of **conduct**.
(スタッフ全員が当社の倫理的な**行動**規範に従わなければならない)

☞《**conduct**＋目的語［名詞］》，名詞は《**conduct** of＋名詞》で覚えよう。動詞の場合，日常的には do/carry out を使うことが多い。□ **conduct** *oneself*「行儀よく振る舞う」

2524 □□ **conductor** [kəndʌ́ktər]

名 車掌，指揮者，導体

Steel and concrete are good heat **conductors**.
（鉄鋼とコンクリートは熱**電導体**としてすぐれている）

☞《**conductor** of＋名詞》で覚えよう。

2525 □□ **combine** [kəmbáin]

動 結び付く，～を結び付ける，～を兼ね備える　名 連合，合同

Why don't we **combine** Arlee and Malcolm's ideas?
（Arlee と Malcolm のアイデアを**組み合わせては**どうでしょうか）

☞《**combine**＋目的語［名詞］》《**combine** *A* with/and *B*》《**combine**＋to 不定詞》で覚えよう。

2526 □□ **combination** [kɑ̀mbənéiʃən]

名 組み合わせ，提携

The chemists finally found the right **combination** of chemicals.
（化学者たちはとうとう化学物質の適切な**組み合わせ**を見つけた）

☞《**combination** of＋名詞》で覚えよう。　□ in **combination** with ...「～と組み合わせて」

2527 □□ **combo** [kámbou]

名 コンボ，少数の組み合わせ

Insightful and humorous—that's a good **combo** for a successful presentation.（洞察に富んでいて，ユーモアがある—その**組み合わせ**が成功するプレゼンテーションの秘訣です）

☞《**combo** of＋名詞》で覚えよう。食事の「セット（メニュー）」という意味もある。

2528 □□ **fix** [fíks]

動 ～を修理する，～をしっかり固定する，（日時，場所などを）を定める，（食事，飲み物）を作る
名 解決策

How long will it take to **fix** this laptop computer?
（このラップトップ機を**修理する**のにどれくらいの時間がかかりますか）

There's no quick **fix** to this problem.
（この問題に応急的な**解決策**はありません）

☞《**fix**＋目的語［名詞］》《**fix** *A* at *B*》《**fix** *A* to/on *B*》《**fix**＋人＋目的語［名詞］》，名詞は《**fix** of＋名詞》《**fix** to＋名詞》で覚えよう。

2529 □□ **fixture** [fíkstʃər]

名 固定された物，作り付け備品，設備

Bathroom **fixtures** will be upgraded next month.
（トイレ**設備**は来月にアップグレードされる）

☞《**fixture** of＋名詞》《**fixture** on＋名詞》で覚えよう。

2530 □□ **insurance** [inʃúərəns]

名 保険（金）

My auto **insurance** premium was increased again.
（私の自動車**保険**料は再び値上げされた）

☞《**insurance** on/for＋名詞》《**insurance** against＋名詞》で覚えよう。

2531 □□ **insure** [inʃúər]

動 保険に入る，～に保険をかける，～を確実にする

A proper diet helps to **insure** against future illness.
（正しい食習慣は将来の病気**に対して備える**ことになる）

《**insure**＋目的語［名詞］》《**insure** (*A*) against *B*》《**insure**＋目的語［名詞］＋for＋数字》《**insure**＋that 節》で覚えよう。

2532 □□ **candidate** [kǽndidèit]

名 候補者，志願者，応募者

Successful **candidates** will be contacted for a second interview.
（選ばれた**候補者**には二次面接に関して連絡いたします）

《**candidate** of＋名詞》《**candidate** for＋名詞》《**candidate**＋to 不定詞》で覚えよう。

2533 □□ **candid** [kǽndid]

形 率直な，公平な，隠し撮りの

Ms. Quinn had a **candid** conversation with other board members.
（Quinn さんは他の取締役と**率直な**話し合いを持った）

《**candid**＋名詞》《連結動詞＋**candid**》《連結動詞＋**candid** about＋名詞》《連結動詞＋**candid** with＋人》で覚えよう。

2534 □□ **frankly** [frǽŋkli]

副 率直に，正直に，ざっくばらんに

Ms. Hurst usually responds to customer feedback fully and **frankly**.
（Hurst さんは常に顧客からの意見に十分かつ**率直に**対応する）

《**frankly**＋動詞・形容詞》で覚えよう。 □ **frankly** speaking ...「率直に言って」

2535 □□ **survive** [sərváiv]

動 生き残る，助かる，～より長生きする

The company is having a hard time **surviving** financially.
（同社は財政的に**生き残る**ために苦労している）

《**survive**＋目的語［名詞］》《**survive** on＋名詞》《**survive** from＋名詞》《**survive** as＋名詞》《**survive** through＋名詞》《**survive** until＋名詞・節》で覚えよう。

2536 □□ **survival** [sərváivl]

名 生き残ること，生存，残存，遺物

A comprehensive economic **survival** plan will be announced next week.
（包括的な経済**生き残り**策は来週に発表されるだろう）

《**survival** of＋名詞》《**survival** from＋名詞》《**survival** as＋名詞》で覚えよう。 □ **survival** of the fittest「適者生存」

2537 □□ **available** [əvéiləbl]

形 利用可能な，対応できる

Are you **available** to meet with me this week?
（今週に会っていただくことは**可能**でしょうか）

《**available**＋名詞》《連結動詞＋**available**》《連結動詞＋**available** to＋人》《連結動詞＋**available** for＋名詞》《連結動詞＋**available**＋to 不定詞》で覚えよう。 □ I'm **available** later this week.「私は週の後半は手があいています」

2538 □□ **availability** [əvèiləbíləti]

名 利用できること，入手可能，供給力，有用性

Seating at the event has limited **availability**, so please book in advance.
（イベントの席のご**用意**は限りがございますので，事前にご予約願います）

《**availability** of＋名詞》《**availability**＋to 不定詞》で覚えよう。

2539 □□ **unavailable** [ʌ̀nəvéiləbl]

形 利用できない，入手できない，手が空いていない

I'm sorry, but these items are currently **unavailable**.
（申し訳ありませんが，これらの品は現在**品切れ中です**）

《連結動詞＋**unavailable**》《連結動詞＋**unavailable** to＋人》《連結動詞＋**unavailable** for＋名詞》《連結動詞＋**unavailable**＋to 不定詞》で覚えよう。

2540 □□ **breathe** [bríːð]

動 呼吸する，ひと息入れる，ささやく，～を呼吸する，～を吸い込む，～を吐き出す

Everyone **breathed** a sigh of relief when the deal was finalized.
（取引交渉がまとまって，全員が安堵のため息を**もらした**）

《**breathe**＋目的語［名詞］》で覚えよう。

2541 □□ **breath** [bréθ]

名 息，ひと呼吸，休息

Take a deep **breath** to relax before beginning a presentation.
（プレゼンテーションを始める前に，深**呼吸**をして気持ちを楽にしなさい）

《**breath** of＋名詞》で覚えよう。 □ out of **breath**「息切れして」

2542 □□ **sigh** [sái]

動 ため息をつく，ため息のような音を立てる 名 ため息，吐息，嘆息

Kumar **sighed** with relief as he submitted the project report on time.
（予定どおりにプロジェクト報告書を提出して，Kumar はほっとして**ため息をついた**）

Ms. Blake nodded with a silent **sigh** of relief.
（Blake さんは安堵の**ため息**を静かについて，うなづいた）

《**sigh** with＋名詞》，名詞は《**sigh** of＋名詞》で覚えよう。

2543 □□ **comfortable** [kʌ́mftəbl]

形 快適な，安楽な，十分な

Zane is **comfortable** with public speaking.
（Zane は人前で話すことに**慣れて**いる）

《**comfortable**＋名詞》《連結動詞＋**comfortable**》《連結動詞＋**comfortable** about/with＋名詞》《連結動詞＋**comfortable**＋that 節》《連結動詞＋**comfortable**＋to 不定詞》で覚えよう。精神的，生理的な心地よさだけでなく，金銭的に余裕があること，難度が低いことも意味する。

2544 □□ **comfortably** [kʌ́mftəbli]

副 安楽に，快適に，何不自由なく

This pillow will help you sleep **comfortably** at night.
（この枕は夜に**気持ちよく**眠るお手伝いをいたします）

《**comfortably**＋動詞・形容詞》で覚えよう。 □ **comfortably** live「快適に暮らす」

2545 □□ **comfort** [kʌ́mfərt]

名 安楽，慰安，慰め　動 ～を慰める，～を元気づける

▰ Maybe I should get out of my **comfort** zone and try something new.
（**居心地**のよい世界から出て，何か新しいことをやってみるべきかもしれない）

☞《**comfort** of＋名詞》《**comfort** to＋人》，動詞は《**comfort**＋人》で覚えよう。 □ in **comfort**「くつろいで」 □ for **comfort**「くつろぐために」 □ **comfort** zone「居心地のよい空間／状況」

2546 □□ **uncomfortable** [ʌ̀nkʌ́mftəbl]

形 気まずい，落ち着かない，気づまりな

▰ The meeting room was filled with an **uncomfortable** silence.
（会議室には**居心地の悪い**沈黙が満ちていた）

☞《**uncomfortable**＋名詞》《連結動詞＋**uncomfortable**》《連結動詞＋**uncomfortable** about/with＋名詞》《連結動詞＋**uncomfortable**＋that 節》《連結動詞＋**uncomfortable**＋to 不定詞》で覚えよう。

2547 □□ **extend** [iksténd]

動 伸びる，広がる，～を伸ばす，～を広げる，（気持ちなどを）伝える

▰ I'd like to **extend** a welcome to everyone in the audience.
（すべての聴衆の皆さまに歓迎の意を**伝えたい**と思います）

▰ I wonder if you could **extend** the deadline for the report.
（報告書の締切を**延長して**いただけるでしょうか）

☞《**extend**＋目的語［名詞］》《**extend** *A* for/by/until *B*》《**extend** *A* to *B*》《**extend** *A* from *B* to *C*》《**extend** to/beyond＋名詞》《**extend**＋目的語［名詞］＋to＋人》で覚えよう。

2548 □□ **extension** [iksténʃən]

名 拡張，延長，内線電話，公開講座

▰ I need an **extension** cord so I can plug in my computer.
（コンピュータをコンセントに繋ぐために**延長**コードが必要です）

☞《**extension** of＋名詞》《**extension** to＋名詞》で覚えよう。 □ by **extension**「さらにいうなら」

2549 □□ **extensive** [iksténsiv]

形 広大な，広範囲の，大規模な，豊富な

▰ The building is undergoing **extensive** renovations.
（ビルは**広範な**改築を行っている）

☞《**extensive**＋名詞》《連結動詞＋**extensive**》で覚えよう。

2550 □□ **extensively** [iksténsivli]

副 広範囲に，大規模に，頻繁に

▰ Our approaches to renewable energy should be discussed **extensively**.
（再生可能エネルギーに対する当社の取り組みは**幅広く**議論されるべきである）

☞《**extensively**＋動詞・形容詞》で覚えよう。 □ **extensively** discuss ...「～について幅広く議論する」

2551 □□ **extent** [ikstént]

名 範囲，規模，程度

▰ We don't know the **extent** of the damage so far.
（これまでのところ損害の**程度**は不明です）

☞《**extent** of＋名詞》《**extent**＋that 節》で覚えよう。 □ to ... **extent**/to the **extent** that ...「～の程度まで」

2552 □□ **emotion** [imóuʃən]

名 感情，感動，興奮

I have mixed **emotions** about leaving my current job.
（いまの仕事を辞めることには複雑な**感情**があります） ☞《**emotion** of ＋名詞》で覚えよう。

2553 □□ **emotional** [imóuʃənl]

形 感情の，感情的な，心を動かす

Receiving this award was an **emotional** moment for me.
（この賞を受けることは，私にとって**感動的な**瞬間でした）

☞《**emotional**＋名詞》《連結動詞＋**emotional**》《連結動詞＋**emotional** about＋名詞》で覚えよう。
□ get/become **emotional**「感情的になる」

2554 □□ **sentiment** [séntəmənt]

名 感情，情緒，感傷，多感，涙もろいこと，感想

Our staff share the **sentiment** that the old computers need upgrades.
（スタッフは古いコンピュータをアップグレードする必要があるという**思い**でいる）

☞《**sentiment** of＋名詞》《**sentiments** about/on＋名詞》《**sentiment** toward＋名詞》《**sentiment** in favor of/against＋名詞》《**sentiment**＋that 節》で覚えよう。

2555 □□ **overcome** [òuvərkʌ́m]

動（困難など）を乗り越える，（相手）を圧倒する

We need to get stronger by **overcoming** the current crisis.
（現在の危機を**乗り越える**ことで私たちはさらに強くなる必要がある）

☞《**overcome**＋目的語［名詞］》《連結動詞＋**overcome** with＋名詞》で覚えよう。

2556 □□ **counter** [káuntər]

動 ～に反論する，～に反撃する，～に無効にする 名 反論，計算機，カウンター

The news agency set up a Web site to **counter** disinformation.
（そのニュース通信社はにせ情報に**対抗する**ためのウェブサイトを立ち上げた）

☞《**counter**＋目的語［名詞］》，形容詞は《**counter**＋名詞》《連結動詞＋**counter** to＋名詞》，名詞は《**counter** to＋名詞》で覚えよう。 □ **counter**-clockwise「反時計回りに」

2557 □□ **wander** [wɑ́ndər]

動 さまよう，歩き回る，ぶらつく 名 散歩，ぶらつくこと

What do you say to **wandering** around the garden after lunch?
（昼食後に庭園を**歩いて回り**ませんか）

☞ 動詞，名詞ともに《**wander** in/through/around＋名詞》で覚えよう。

2558 □□ **clue** [klúː]

名 手がかり，ヒント，糸口，伏線

We don't have a **clue** about who leaked the information.
（だれがその情報を漏らしたのか**手がかり**がない）

☞《**clue** of＋名詞》《**clue** to/about/as to＋名詞》《**clue** in＋名詞》で覚えよう。

2559 □□ **era** [íːrə, éərə]

名 時代，年代，時期

Technology has entered a new **era** with advances in machine learning.
（機械学習の進展で科学技術は新**時代**に入っている） ☞《**era** of ＋名詞》で覚えよう。

GROUP 53

2560 - 2607

2560 □□ **legal** [líːgl]

形 適法の，合法的な，法律上の，法律に関する

Each country has a different **legal** system.
（国によって**司法**制度はそれぞれ異なる）

《**legal**＋名詞》《連結動詞＋**legal**》《It is **legal**＋that 節》《It is **legal**＋to 不定詞》で覚えよう。

2561 □□ **illegal** [ilíːgl]

形 違法な，非合法の，不法な

Illegal conduct on the job may result in immediate termination.
（仕事での**違法**行為は即時解雇となることもある）

《**illegal**＋名詞》《連結動詞＋**illegal**》《It is **illegal**＋that 節》《It is **illegal**＋to 不定詞》で覚えよう。

2562 □□ **sue** [sjúː]

動 ～を告訴する，～を訴える

We will **sue** our supplier for their negligence.
（当社は，怠慢を理由に部品供給企業を**提訴する**だろう）

《**sue**＋目的語［名詞］》《**sue** *A* for *B*》《**sue** *A* over *B*》で覚えよう。

2563 □□ **contract** [kántrækt; kəntrǽkt]

名 契約（書）　動（～を）契約する，～に罹患する，収縮する

Henri signed a one-year **contract** with his employer.
（Henri は雇用者と 1 年間の**契約**を結んだ）

The traveler **contracted** an infection from an insect bite.
（その旅行者は虫刺されから感染症に**かかった**）

《**contract** of＋名詞》《**contract** with/between＋名詞》《**contract**＋to 不定詞》，動詞は《**contract**＋目的語［名詞］》《**contract**（＋人）＋to 不定詞》《**contract**（with）＋人＋for＋名詞》で覚えよう。
□ on a **contract**「契約のもとで」□ under **contract**「契約のもとで」□ breach of **contract**「契約違反」

2564 □□ **contractor** [kántræktər, kəntrǽk-]

名 契約者，請負人

Sasha works with our design team as an outside **contractor**.
（Sasha は外部**契約社員**として当社デザインチームで働いている）

《**contractor** of＋名詞》で覚えよう。

2565 □□ **contraction** [kəntrǽkʃən]

名 収縮，短縮，罹患すること

Lots of retailers were affected by the market **contraction**.
（多くの小売業者が市場の**縮小**に影響を受けた）

《**contraction** of＋名詞》で覚えよう。

2566 □□ **clause** [klɔ́ːz]

名 節，条項，箇条

Regarding the handling of copyright, please refer to **clauses** numbers 5 through 8 in the agreement.
（著作権の扱いについては，合意書の**条項** 5 番から 8 番を参照願います）

《**clause** of＋名詞》《**clause** about/on＋名詞》《**clause**＋that 節》で覚えよう。

2567 □□ **obvious** [ábviəs]

形 明らかな，明白な，言うまでもない，わかりきった

It seems **obvious** that organic food is healthier for you.
（有機食品のほうが健康によいことは**明らかで**しょう）

☞《**obvious**＋名詞》《連結動詞＋**obvious**》《連結動詞＋**obvious** to＋人》《It is **obvious**＋that 節》で覚えよう。

2568 □□ **obviously** [ábviəsli]

副 明らかに，目に見えて，言うまでもなく，確かに

Erica is **obviously** an effective team player.
（Erica は**明らかに**チームの一員として能力を発揮できる）

☞《**obviously**＋動詞・形容詞》で覚えよう。副詞として文全体を修飾する働きもある。

2569 □□ **achieve** [ətʃíːv]

動 ～に達する，～を獲得する，～を成し遂げる

I believe we can **achieve** great results, if given the opportunity.
（機会さえ与えられれば，私たちはすばらしい結果を**達成できる**と信じています）

☞《**achieve**＋目的語［名詞］》で覚えよう。技術や能力，努力を通して「目標に到達する」という意味。

2570 □□ **achievement** [ətʃíːvmənt]

名 達成，業績，成果

The business Lina started turned out to be an impressive **achievement**.
（Lina が始めた事業はめざましい**成果**をもたらした）

☞《**achievement** of＋名詞》《**achievement** in＋名詞》で覚えよう。

2571 □□ **structure** [strʌ́ktʃər]

名 構造，機構，組織，組み立て，建造物　動 ～を組み立てる，～を組織する

Employees are encouraged to achieve individual aims within an organizational **structure**.
（従業員は，組織の**枠組み**の中で個人としての目的を達成するように奨励されている）

☞《**structure** of＋名詞》，動詞は《**structure**＋目的語［名詞］》で覚えよう。

2572 □□ **structural** [strʌ́ktʃərl]

形 構造（上）の，組織の

Starting in December, we're implementing major **structural** changes.
（12 月から大規模な**組織上の**変更を実施します）

☞《**structural**＋名詞》《連結動詞＋**structural**》で覚えよう。

2573 □□ **restructure** [rìːstrʌ́ktʃər]

動 ～を再編成する，～を再構築する

Our product marketing department needs to be **restructured**.
（当社の商品マーケティング部は**再編する**必要がある）

☞《**restructure**＋目的語［名詞］》で覚えよう。

2574 □□ **attractive** [ətrǽktiv]

形 魅力的な，人を引き付ける，興味をそそる

The merger talks prompted an **attractive** proposal from Bayport Inc.
（合併交渉は Bayport Inc. 社からの**魅力的な**提案を引き出した）

☞《**attractive**＋名詞》《連結動詞＋**attractive**》《連結動詞＋**attractive** to＋人》で覚えよう。

2575 □□ **attract** [ətrǽkt]

動 ～を引き付ける，～を魅了する，～を誘致する

The entrepreneur has **attracted** many followers on social media.
（その起業家はソーシャルメディア上で多くのフォロワーを**集めている**）

☞《**attract**＋目的語［名詞］》《**attract**＋目的語［名詞］＋to＋名詞》で覚えよう。 □ **attract** customers「顧客を呼び込む」□ **attract** a lot of attention「高い関心を集める」

2576 □□ **attraction** [ətrǽkʃən]

名 魅力，持ち味，アトラクション

I like traveling, but I rarely visit tourist **attractions**.
（私は旅行が好きですが，観光**名所**はめったに訪れません）

☞《**attraction** of＋名詞》で覚えよう。「魅力」だけでなく，「人の心を引きつけるもの・場所」という意味もある。

2577 □□ **income** [ínkʌm]

名 所得，収入

Mark earns a good **income** as a tax accountant.
（Mark は税理士としてよい**収入**を得ている）

☞《**income** of＋名詞》《**income** from＋名詞》で覚えよう。

2578 □□ **revenue** [révənjùː]

名 歳入，収益，収入

Total **revenue** increased for the third straight quarter.
（総**収入**は 3 四半期連続で増加した）

☞《**revenue** of＋名詞》《**revenue** from＋名詞》で覚えよう。

2579 □□ **earnings** [ə́ːrniŋz]

名 勤労所得，収入，事業所得，利益

HelpTech's reported **earnings** rose 15 percent year over year.
（HelpTech 社の報告**収益**は対前年比で 15 パーセント上昇した）

☞《**earnings** of＋名詞》《**earnings** from＋名詞》で覚えよう。 □ average **earnings**「平均収益」□ gross **earnings**「総収益」□ net **earnings**「純益」□ current net **earnings**「当期純利益」□ disposition of net **earnings**「純利益処分」

2580 □□ **earn** [ə́ːrn]

動（金など）を得る［稼ぐ］，（信用・名声・地位など）を得る，（感謝・報酬など）を得るに値する，～にあこがれる

The IT director **earns** a salary of $30,000.
（その IT 責任者は 3 万ドルの月額給与を**得ている**）

☞《**earn**（＋人）＋目的語［名詞］》《**earn** *A* from *B*》で覚えよう。

2581 □□ **expenditure** [ikspénditʃər]

名 出費，支出(額)，出資すること，経費

Jana is drafting an **expenditure** report.
(Jana は**支出**報告書の草稿をまとめている)

《**expenditure** of＋名詞》《**expenditure** on/for＋名詞》で覚えよう。

2582 □□ **expense** [ikspéns]

名 費用，経費

Please submit your **expense** report for your business trip right away.
(出張の**経費**報告はすぐに提出してください)

《**expense** of＋名詞》で覚えよう。 □ at the **expense** of ...「～を犠牲にして」 □ **expense** account「必要経費」 □ **expense** burden「経費負担」

2583 □□ **expensive** [ikspénsiv]

形 費用のかかる，高価な，大きな犠牲を払う

Mr. Boleo isn't interested in **expensive** restaurants, but he likes staying at luxury hotels.
(Boleo さんは**お金のかかる**レストランには興味を示しませんが，ぜいたくなホテルに滞在することは好きです)

《**expensive**＋名詞》《連結動詞＋**expensive**》《連結動詞＋**expensive**＋to 不定詞》《It is **expensive**＋to 不定詞》で覚えよう。

2584 □□ **inexpensive** [ìnikspénsive]

形 安い，費用がかからない，安価の

Herbs can be an **inexpensive** alternative to dietary supplements.
(ハーブは，栄養補助食品に代わる**安価な**選択肢になりえる)

《**inexpensive**＋名詞》《連結動詞＋**inexpensive**》《連結動詞＋**inexpensive**＋to 不定詞》《It is **inexpensive**＋to 不定詞》で覚えよう。「(良質なのに)価格が安くて望ましい」という肯定的な意味で使う。

2585 □□ **cheap** [tʃíːp]

形 安い，安っぽい

Redesign Group's business turns **cheap** materials into designer goods.
(Redesign Group 社の事業は**安価な**素材をデザイナー商品に変える)

《**cheap**＋名詞》《連結動詞＋**cheap**》《連結動詞＋**cheap**＋to 不定詞》《It is **cheap**＋to 不定詞》で覚えよう。「安価だが質もよくない」という意味を含むことがあるので，「価格が安い」という意味だけを表すなら inexpensive を使うほうがよい。

2586 □□ **mail** [méil]

名 郵便(制度)，郵便物 動 ～を郵送する，～を投函する

Have you received the **mail** from the city office?
(市行政府からの**郵便物**を受け取りましたか)

I would appreciate it if you could **mail** me back the signed agreement.
(署名した合意書を**郵便で送り**返していただければ幸いです)

《**mail** of＋名詞》《**mail** from/to＋名詞》，動詞は《**mail**＋目的語［名詞］(＋to＋人)》で覚えよう。不可算名詞だが，email は可算名詞としても使う。 □ by **mail**「郵便で」

2587 □□ **mailbox** [méilbɑ̀ks]

名 (公共の) 郵便ポスト，(個人宅の) 郵便受け，(電子メール用の) メールボックス

It looks like my neighbor hasn't checked his **mailbox** for a while.
(隣人はしばらく**郵便箱**を確認していないようです)

☞《**mailbox** of＋名詞》で覚えよう。mail，email のどちらについても使う。

2588 □□ **parcel** [pɑ́ːrsl]

名 小包，小荷物　動 ～を分配する

Could you take these small **parcels** to the post office?
(これらの**小荷物**を郵便局へ持っていっていただけますか)

☞《**parcel** of＋名詞》，動詞は《**parcel**＋目的語［名詞］》で覚えよう。

2589 □□ **extremely** [ikstríːmli]

副 極度に，きわめて，とても

My schedule is **extremely** tight this week.
(私は今週は予定が**かなり**詰まっています)

☞《**extremely**＋形容詞》で覚えよう。 □ **extremely** helpful「とても有用な」

2590 □□ **extreme** [ikstríːm]

形 極度の，極端な，過激な，(天候などが) 厳しい　名 極致，極度

Do not expose your laptop to **extreme** temperatures.
(ラップトップ機を**極端な**温度にさらさないでください)

☞《**extreme**＋名詞》《連結動詞＋**extreme**》，名詞は《**extreme** of＋名詞》で覚えよう。

2591 □□ **balance** [bǽləns]

名 未払い残高，均衡　動 ～を両立させる

Maiko keeps a good **balance** between her home and work life.
(Maiko は家庭と仕事をうまく**両立**させている)

☞《**balance** of＋名詞》《**balance** in＋名詞》《**balance** with/between/among＋名詞》，動詞は《**balance**＋目的語［名詞］》で覚えよう。 □ on **balance**「バランスを取って」 □ in **balance** with ...「～と調和して」 □ work-life **balance**「仕事と生活のバランス」

2592 □□ **imbalance** [imbǽləns]

名 不均衡，不安定

Our work schedules will be more flexible if the **imbalance** in employee workloads is adjusted.
(従業員の仕事量の**不均衡**が調整されれば，私たちの業務予定はもっと柔軟に組めるだろう)

☞《**imbalance** of＋名詞》《**imbalance** in＋名詞》《**imbalance** with/between/among＋名詞》で覚えよう。

2593 □□ **load** [lóud]

動 ～に積む，～を積む　名 積み荷，積載量，(精神的な) 重荷，仕事量，負担

To ensure timely delivery, trucks are **loaded** by three o'clock.
(迅速な配達を確実にするために，トラックは 3 時までに**積載される**)

Could you take that **load** of old documents to the storage room?
(その古い資料の**山**を保管室に持っていっていただけますか)

☞《**load**＋目的語［名詞］》《**load** *A* into/onto *B*》《**load** *A* with *B*》，名詞は《**load** of＋名詞》で覚えよう。

2594 □□ **unload** [ʌ̀nlóud]

動 ～を下ろす，～を打ち明ける，～を押しつける

The workers are **unloading** the truck.
(作業員たちがトラックの**荷を下ろしています**)

《**unload**＋目的語［名詞］》《**unload** *A* from *B*》《**unload** *A* on/onto *B*》で覚えよう。

2595 □□ **adopt** [ədɑ́pt]

動 ～を採用する，～を採り入れる，～を養子にする

The company has **adopted** international financial reporting standards.
(その会社は国際会計報告基準を**採用した**)

《**adopt**＋目的語［名詞］》で覚えよう。

2596 □□ **dismiss** [dismís]

動 解散する，～を解散させる，～を解任する，～を却下する

This is a serious problem, so we shouldn't **dismiss** it as something trivial.
(これは深刻な問題です，ささいなことと**見過ごす**べきではありません)

《**dismiss**＋目的語［名詞］》《**dismiss** *A* as *B*》《**dismiss**＋人＋from/for＋名詞》で覚えよう。

2597 □□ **flow** [flóu]

動 流れる，淀みなく進む，巡る 名 流れ，洪水

In order for the meeting to **flow** smoothly, let's set a time limit.
(会議が円滑に**運ぶ**ように，時間制限を設けましょう)

《**flow** from/into＋名詞》《**flow** through＋名詞》，名詞は《**flow** of＋名詞》で覚えよう。

2598 □□ **stream** [stríːm]

名 小川，流れ，流出 動 流れ(出)る，～を流す，絶え間なく続く

The new restaurant is enjoying a steady **stream** of customers.
(その新しいレストランは着実な顧客の**流れ**を得ている)

《**stream** of＋名詞》，動詞は《**stream** in/through/from＋名詞》で覚えよう。

2599 □□ **streamline** [stríːmlàin]

動 ～を能率化する，～の人員を削減する，～を流線型にする

We developed new systems to log work hours and **streamline** operations.
(当社は，労働時間を記録して操業を**能率化する**ための新システムを開発した)

《**streamline**＋目的語［名詞］》で覚えよう。

2600 □□ **collect** [kəlékt]

動 集まる，～を集める，～を徴収する，～を募集する

Employees are **collecting** signatures on the petition for a better work environment. (従業員は，よりよい労働環境を求める請願書への署名を**集めている**)

《**collect**＋目的語［名詞］》で覚えよう。

2601 □□ **collection** [kəlékʃən]

名 収集，取り立て，徴収，コレクション，堆積，献金

Our new catalog of popular coin **collections** is available now.
(当社の人気の高い硬貨**コレクション**の新しいカタログがご用意できました)

Brave Financial is taking a **collection** for earthquake survivors.
(Brave Financial 社は地震被災者のための**献金**を受け付けている)

☞《**collection** of＋名詞》《**collection** for＋名詞》で覚えよう。 □ **collection** agency「集金代行会社」

2602 □□ **collector** [kəléktə*r*]

名 収集家，取り立て人，集金人，徴収者

The municipal tax **collector**'s office is on the first floor.
(市町村税**徴収係**オフィスは 1 階にある)

☞《**collector** of＋名詞》で覚えよう。 □ **collector**'s item「好事家向け商品」 □ debt **collector**「借金取り立て業者」

2603 □□ **resume** [rizjúːm; rézəmèi]

動 再び始まる，～を再開する 名 履歴書 (= résumé)

Our Kyoto store is temporarily closed but will **resume** operation soon.
(当社の京都店は一時的に閉店しておりますが，まもなく営業を**再開いたします**)

☞《**resume**＋目的語［名詞］》《**resume**＋動名詞》，名詞は《**resume**/résumé of＋名詞》で覚えよう。

2604 □□ **shelf** [ʃélf]

名 棚，ひと棚分のもの，岩棚，暗礁，砂州，浅瀬

What do you think of installing a **shelf** right above the printer?
(プリンターのすぐ上に**棚**を設置してはどうですか)

☞《**shelf** of＋名詞》で覚えよう。 □ off-the-**shelf**「既製品の」 □ on the **shelf**「棚上げされて」

2605 □□ **sequence** [síːkwəns]

名 連続，続発，連鎖，結果，ひと続き，順序，(数) 列

The author describes a complicated **sequence** of events in the story.
(著者はその物語で複雑な出来事の**流れ**を描いている)

☞《**sequence** of＋名詞》で覚えよう。 □ in **sequence**「連続して」

2606 □□ **reputation** [rèpjətéiʃən]

名 評判，風評，世評，高い評価

Lesley Tech has built a good **reputation** for research and development.
(Lesley Tech 社は研究開発で**名声**を築いてきた)

☞《**reputation** of＋名詞》《**reputation** for＋名詞》《**reputation** as＋名詞》《**reputation** about/over＋名詞》《**reputation** with/among＋人》《**reputation**＋that 節》で覚えよう。

2607 □□ **net** [nét]

形 正味の，掛け値なしの，最終的な 動 ～を得る，～を捕える 名 ネット，ネットワーク

The **net** earnings for this quarter are up by 5 percent.
(今四半期の**純**利益は 5 パーセント増です)

☞《**net**＋名詞》，動詞は《**net**＋目的語［名詞］》，名詞は《**net** of＋名詞》で覚えよう。

2608 □□ **remark** [rimɑ́:rk]

名 発言，感想，意見 動 言う，述べる，～と言う，～と気づく

Thank you for your kind **remarks**.
（ご親切な**発言**をありがとうございました）

A former president famously **remarked**, "Life is unfair."
（かつての大統領はこんな有名な**発言をした**，「人生とは不公平なものだ」）

《**remark** of＋名詞》《**remark** about/on/concerning＋名詞》《**remark** from/to/by＋人》《**remark**＋that 節》，動詞は《**remark**＋目的語》《**remark**＋that 節》《**remark** on＋名詞》《**remark** to＋人》で覚えよう。

2609 □□ **remarkable** [rimɑ́:rkəbl]

形 注目すべき，珍しい，すぐれた

Knox Inc. made a **remarkable** recovery under the new leadership.
（Knox Inc. 社は新指導部のもとで**めざましい**回復を果たした）

《**remarkable**＋名詞》《連結動詞＋**remarkable**》《連結動詞＋**remarkable** for＋名詞》《It is **remarkable**＋that 節》で覚えよう。

2610 □□ **consumer** [kənsjú:mər]

名 消費者

We conducted a **consumer** survey to see the popularity of our products.
（当社は**消費者**調査を行って製品の人気を調べた）

《**consumer** of＋名詞》で覚えよう。

2611 □□ **consumption** [kənsʌ́mpʃən]

名 消費，摂取

I'm trying to cut down on my daily **consumption** of sugar.
（毎日の糖分の**摂取量**を減らそうとしているところです）

《**consumption** of＋名詞》で覚えよう。

2612 □□ **consume** [kənsjú:m]

動 ～を消費する，～を摂取する

My old air conditioner **consumes** a lot of electricity.
（私の古いエアコンはやたらと電気を**消費します**）

《**consume**＋目的語［名詞］》で覚えよう。 □ *be* **consumed** with ...「～にとりつかれている」

2613 □□ **absorb** [əbzɔ́:rb]

動 ～を吸収［合併］する，～を取り込む，～を理解する

When running on a treadmill, make sure to wear shoes that fully **absorb** the impact.
（ジョギングマシンで走るときは，必ず十分に衝撃を**吸収する**靴をはきなさい）

《**absorb**＋目的語［名詞］》《**absorb** *A* into *B*》で覚えよう。 □ **absorb** the knowledge「知識を吸収する」

2614 □□ **exhaust** [igzɔ́ːst]

動 ～を使い切る，～を疲労させる，～を排出する 名 排出（ガス），排気孔

- The company seems to have **exhausted** all options for the negotiation.
  （同社は，その交渉のための選択肢を**使い果たした**ようだ）
- I was **exhausted** by the effort to make the deadline.
  （締め切りに間に合わせるための努力で**疲れ果て**ました）

☞《**exhaust**＋目的語［名詞］》，名詞は《**exhaust** of/from＋名詞》で覚えよう。

2615 □□ **traffic** [trǽfik]

名 交通，通行，人の出入り，アクセス量，運輸，商売

- If a **traffic** light malfunctions, it could cause serious accidents.
  （**交通**信号機が誤作動すると，深刻な事故を引き起こしかねない）
- I'm afraid Dr. Casey is held up by **traffic**.
  （残念ながら，Casey 博士は**交通**渋滞で到着が遅れています）

☞《**traffic** of＋名詞》《**traffic** in＋名詞》で覚えよう。

2616 □□ **jam** [dʒǽm]

動 引っかかる，詰まる，～を詰め込む，～を詰まらせる 名 混み合うこと，詰まること

- The photocopier is **jamming** again.（コピー機がまた**詰まっている**）

☞《**jam**＋目的語［名詞］》《**jam**＋副詞》，名詞は《**jam** of＋名詞》で覚えよう。 □ traffic **jam**「交通渋滞」

2617 □□ **arrange** [əréindʒ]

動 ～を手配する，～を取り決める，～を準備する，～を並べる，手配する

- Let's **arrange** a schedule for the next planning session.
  （次の企画会議の予定を**取り決めましょう**）

☞《**arrange**＋目的語［名詞］》《**arrange**＋that/wh-/how 節》《It is **arranged**＋that 節》《It is **arranged**＋to 不定詞》《**arrange** for＋名詞》《**arrange**＋to 不定詞》で覚えよう。

2618 □□ **arrangement** [əréindʒmənt]

名 準備，整頓，取り決め，協定

- Arbor and Atlas finalized a long-awaited business **arrangement**.
  （Arbor 社と Atlas 社は待望の事業の**取り決め**をまとめた）

☞《**arrangement** of＋名詞》《**arrangement** for＋名詞》《**arrangement**＋to 不定詞》《**arrangement** with/between/among＋人》で覚えよう。

2619 □□ **rearrange** [rìːəréindʒ]

動 ～を再編成する，～を再配置する

- Shall we **rearrange** these tables and chairs for tomorrow's meeting?
  （あすの会議のためにこれらの机と椅子を**並べ替えましょう**か）

☞《**rearrange**＋目的語［名詞］》で覚えよう。

2620 ☐☐ **shift** [ʃíft]

名 変化，変換，転換，交替勤務　動 ～を移し替える，～を移す，転じる，位置を変える，移る

- We witnessed a marked **shift** in public opinions concerning energy policies.（エネルギー政策に関して世論に著しい**変化**を確認した）
- I work the early **shift** three days a week.
（私は週 3 回早番で**交代勤務**をしている）
- People are advised to **shift** their emphasis from treatment to prevention.
（人々は治療から予防に重点を**移す**ように助言を受けている）

☞《**shift** of＋名詞》《**shift** from/to＋名詞》《**shift** in＋名詞》《**shift** toward＋名詞》《do/work a **shift**》，動詞は《**shift**＋目的語［名詞］》《**shift** *A* from *B* to *C*》で覚えよう。

2621 ☐☐ **finance** [fáinæns]

動 ～に融資する　名 財政，資金，財源

- We're looking for someone who will **finance** our new venture.
（私たちは新しいベンチャー事業に**融資して**くれる企業を探しています）
- Abby has worked in the **finance** department since day one.
（Abby は勤務初日から**財務**部で働いている）

☞《**finance**＋目的語［名詞］》，名詞は《**finance** for＋名詞》で覚えよう。☐ **finance** a new company「新会社の資金を調達する」

2622 ☐☐ **financial** [fainǽnʃl, fə-]

形 財政上の，会計上の，金融上の

- I read *Economy Today* to keep up with **financial** news.
（**財務関連の**ニュースに遅れずについていくために *Economy Today* 紙を読んでいます）

☞《**financial**＋名詞》《連結動詞＋**financial**》で覚えよう。

2623 ☐☐ **monetary** [mánətèri]

形 貨幣の，通貨の，金銭（上）の，金融の，財政（上）の

- Businesses offer employees various incentive programs including **monetary** rewards.
（企業は従業員に対して，**金銭的な**報酬を含むさまざまな報奨プログラムを提供する）

☞《**monetary**＋名詞》で覚えよう。

2624 ☐☐ **professional** [prəféʃənl]

形 専門的な，専門職の，職業上の，本職としている，熟練の　名 プロフェッショナル，専門家，熟練者

- Ask George; he's a **professional** photographer.
（George に聞いてみて；彼は**プロの**写真家だから）
- Do you think I should consult with a **professional**?
（私は**専門職の人**に相談すべきでしょうか）

☞《**professional**＋名詞》《連結動詞＋**professional**》《連結動詞＋**professional** in/about＋名詞》，名詞は《**professional** in＋名詞》《**professional** for＋名詞》で覚えよう。

2625 □□ **professionally** [prəféʃənəli]

副 職業的に，職業として，専門的に

Do you know anyone who's **professionally** qualified for the job?
（その仕事に必要な**職業**資格を持つ人をだれかご存じですか）

☞《**professionally**＋動詞・形容詞》で覚えよう。 □ **professionally** qualified「専門職としての資格を持つ」

2626 □□ **profession** [prəféʃən]

名 専門職，団体，表明，宣言

Susan is intent on entering the medical **profession**.
（Susan は医療**職**に就くことを強く望んでいる）

☞《**profession** of＋名詞》で覚えよう。高度の教育と訓練を必要とする「職」を意味する。
□ by **profession**「職業として」

2627 □□ **embarrass** [embǽrəs]

動 ～を恥ずかしがらせる，～を困らせる，（問題など）を複雑にする

Count me out of the competition; I don't want to **embarrass** myself.
（私はコンテストには出ません；**恥をかき**たくないですから）

☞《**embarrass**＋人》で覚えよう。現在分詞形 embarrassing は「人を恥ずかしい気持ちにさせる」，過去分詞形 embarrassed は「恥ずかしい気持ちにさせられて」という意味の形容詞としても使う。対人関係の中で生じる恥ずかしさについて使う。「恥ずかしがり屋で」という本来的な性格については shy を使う。

2628 □□ **ashamed** [əʃéimd]

形 恥ずかしい，恥じて，～する気になれない

Learning about a new job is nothing to be **ashamed** of.
（新しい仕事について学ぶことは**恥ずかしい**ことではない）

☞《連結動詞＋**ashamed**》《連結動詞＋**ashamed** of/at＋名詞》《連結動詞＋**ashamed**＋that 節》《連結動詞＋**ashamed**＋to 不定詞》で覚えよう。 □ I'm very **ashamed**.「とても恥ずかしい，肩身が狭い」

2629 □□ **reflect** [riflékt]

動 じっくり考える，反射する，～を写す，～を反映する

Better camera functions **reflect** what many users have requested.
（カメラ機能の向上は多くの顧客の求めを**反映している**）

☞《**reflect**＋目的語［名詞］》《**reflect**＋that/wh-/how 節》《**reflect**＋if/whether 節》《**reflect** on＋名詞》で覚えよう。

2630 □□ **reflection** [riflékʃən]

名 反射，考え，兆候，反映，影響

The product's success is a **reflection** of our hard work and dedication.
（その商品の成功は私たちの努力と献身を**反映**している）

☞《**reflection** of＋名詞》《**reflection** in/on＋名詞》で覚えよう。 □ on **reflection**「再考して」

2631 □□ **crash** [krǽʃ]

動 ～を衝突させる，墜落する，砕ける，崩壊する 名 衝突

Leela **crashed** her car into a mailbox.
（Leela は郵便ポストに車を**衝突させて**しまった）

☞《**crash**＋目的語［名詞］》《**crash** into＋名詞》，名詞は《**crash** of＋名詞》で覚えよう。 □ car/air **crash**「衝突，墜落」

2632 □□ **collide** [kəláid]

動 衝突する，ぶつかり合う，一致しない

I almost **collided** with a cyclist on my way to work.
（出勤の途中で自転車に乗った人と危うく**ぶつかる**ところでした）

《**collide** with＋名詞》で覚えよう。

2633 □□ **expand** [ikspǽnd]

動（程度，数量，大きさなどが）拡大する，～を拡大させる，～を展開する，（金額などを）引き上げる

Considering the mature domestic market, HighFlight is looking to **expand** overseas.
（成熟した国内市場を考慮して，HighFlight 社は海外に**展開する**ことを模索している）

《**expand**＋目的語［名詞］》《**expand** into＋名詞》《**expand** on＋名詞》で覚えよう。 □ **expand** a business「事業を拡大する」 □ **expand** a lineup of ...「（商品など）のラインアップを拡大する」

2634 □□ **expansion** [ikspǽnʃən]

名 拡大，拡張，展開，発展，拡大［拡張］した部分

This store is the newest **expansion** of the Eco Grocery chain.
（当店は Eco 食品チェーンがもっとも新しく**展開**した店舗です）

《**expansion** of/in＋名詞》《**expansion** to/into＋名詞》で覚えよう。

2635 □□ **expandable** [ikspǽndəbl]

形 拡張できる，伸長できる，発展性のある

Information technology still has **expandable** market opportunities.
（情報技術はいまも**発展性のある**市場機会を有している）

《**expandable**＋名詞》《連結動詞＋**expandable**》《連結動詞＋**expandable** to＋名詞》で覚えよう。

2636 □□ **broad** [brɔ́:d]

形 広い，広大な，広義の，一般的な

I believe this product will have **broad** appeal across many age groups.
（この製品は多くの年齢層に対して**幅広い**魅力があるはずです）

《**broad**＋名詞》《連結動詞＋**broad**》で覚えよう。

2637 □□ **broaden** [brɔ́:dn]

動 広がる，～を広げる，～を拡大する

We need to **broaden** our brand appeal and increase marketability.
（ブランド訴求力を**広げて**市場性を向上させる必要があります）

《**broaden**＋目的語［名詞］》で覚えよう。

2638 □□ **broadcast** [brɔ́:dkæ̀st]

名 放送，番組　動 ～を放送する，～を広める

Mr. Chapman was interviewed on this morning's news **broadcast**.
（けさのニュース**番組**で Chapman さんはインタビューを受けました）

《**broadcast** of＋名詞》，動詞は《**broadcast**＋目的語［名詞］》で覚えよう。

2639 □□ **intend** [inténd]

動 ～を意図する，～をするつもりである，～を意味する

Guidelines for plain writing are **intended** for a broader range of people.
（簡潔な文章を書くためのガイドラインはもっと幅広い人々に役立つことを**目的としている**）

☞《**intend**＋目的語［名詞］》《**intend**＋that 節》《**intend**＋to 不定詞》《*be* **intended** for＋名詞》《It is **intended**＋that 節》で覚えよう。日常的には plan to *do* や plan on ...ing を使うことが多い。

2640 □□ **intention** [inténʃən]

名（～する）意思，意図，目的

We have every **intention** of completing this joint project.
（この共同プロジェクトを最後までやり遂げる**意志**は十分にあります）

☞《**intention** of＋名詞》《**intention** behind＋名詞》《**intention**＋that 節》《**intention**＋to 不定詞》で覚えよう。

2641 □□ **intently** [inténtli]

副 夢中で，熱心に，ひたすら

The manager was listening **intently** to her team's discussion.
（部長はチームの議論を**熱心に**聞いていた）

☞《**intently**＋動詞・形容詞》で覚えよう。□ **intently** study ...「～を熱心に学ぶ」

2642 □□ **confidence** [kánfidəns]

名 自信，信頼，秘密，確実性

You might think I'm full of **confidence**, but I'm a bit nervous.
（私は**自信**満々でいると思うかもしれませんが，少し緊張しています）

☞《**confidence** of＋名詞》《**confidence** in＋名詞》《**confidence**＋that 節》《**confidence**＋to 不定詞》で覚えよう。 □ with **confidence**「自信を持って」 □ in **confidence**「内密に」 □ breach of **confidence**「守秘義務違反」

2643 □□ **confident** [kánfidnt]

形 自信に満ちた，確信した

Ms. Sloan is **confident** of her skills to negotiate a deal.
（Sloan さんは取引を交渉する自分の技能に**自信を持って**います）

☞《**confident**＋名詞》《連結動詞＋**confident**》《連結動詞＋**confident** of/about/in＋名詞》《連結動詞＋**confident**＋that 節》《連結動詞＋**confident**＋to 不定詞》で覚えよう。

2644 □□ **confidential** [kànfidénʃl]

形 秘密の，信任が厚い

This is a **confidential** document—for your eyes only.
（これは**機密**書類です―ほかの人には見せないでください）

☞《**confidential**＋名詞》《連結動詞＋**confidential**》で覚えよう。

2645 □□ **goods** [gúdz]

名 商品，品物

Best Market is popular for selling top-quality produce and **goods**.
（Best Market 社は，最高品質の農産物や**商品**を販売して人気が高い）

☞《**goods** of＋名詞》で覚えよう。複数名詞である。**goods** and services の組み合わせで覚えよう。

2646 □□ **gear** [gíər]

動 ～を適合させる，ギヤが入る，（歯車が）かみ合う　名 歯車，ギヤ，道具，用具一式

- Clair Candles is **gearing** up to release new scented candles.
  （Clair Candles 社は新しい香り付きロウソクの発売の**準備をしている**）
- Fluffy Blankets is in top **gear** to market its new winter line.
  （Fluffy Blankets 社は，冬季新製品の売り込みに**本腰**を入れている）

☞《*be* **geared** up＋to 不定詞》，名詞は《**gear** of＋名詞》《**gear** for＋名詞》で覚えよう。

2647 □□ **equipment** [ikwípmənt]

名 備品，設備，装備，知識

- These machines are cleaned with special **equipment**.
  （これらの機械は特殊な**機材**を用いて清掃される）

☞《**equipment** of＋名詞》《**equipment** for＋名詞》で覚えよう。不可算名詞なので，複数形は使わない。
□ **equipment** availability「設備稼働率」□ **equipment** budget「設備予算」

2648 □□ **equip** [ikwípmənt]

動 ～に備え付ける，～に身に着けさせる

- The fitness club is **equipped** with new aerobic training tools.
  （そのフィットネスクラブは新型の有酸素用トレーニング機器を**備えている**）

☞《**equip**＋目的語［名詞］》《**equip** *A* with *B*》《*be* **equipped** with＋名詞》《**equip**＋目的語［名詞］＋to 不定詞》《*be* **equipped**＋to 不定詞》で覚えよう。

2649 □□ **injure** [índʒər]

動 ～を傷つける，～にけがをさせる，～を苦しめる

- Ricardo **injured** his ankle during his track and field training.
  （Ricardo は陸上競技のトレーニング中に足首を**痛めた**）

☞《**injure**＋目的語［名詞］》で覚えよう。事故や不可抗力，偶然から傷つけること。

2650 □□ **injury** [índʒəri]

名 けが，負傷，被害

- Natalya recovered from **injuries** she suffered in the accident.
  （Natalya は事故で負った**けが**から回復した）

☞《**injury** of＋名詞》《**injury** to＋名詞》で覚えよう。

2651 □□ **wipe** [wáip]

動 ～を軽くこする，～を拭き取る，～を一掃する　名 拭くこと，ぬぐい取ること

- Cleaning staff are **wiping** the floor of the room.
  （清掃スタッフは部屋の床を**拭いています**）

☞《**wipe**＋目的語［名詞］》《**wipe** *A* with *B*》《**wipe** *A* on *B*》《**wipe** *A* off/from *B*》，名詞は《**wipe** of＋名詞》で覚えよう。

2652 □□ **seal** [síːl]

動 ～に判を押す，～を封印する，～をふさぐ，～を締め出す，～を決定する 名 判，印鑑，スタンプ，シール，封印，密閉

- The two companies **sealed** a deal to stream new movies online.
  (両社は，新作映画をネット上でストリーミング配信する契約を**調印した**)
- Products with broken **seals** are not returnable.
  (**封入シール**の破れている製品は返品できません)

☞《**seal**＋目的語［名詞］》，名詞は《**seal** of＋名詞》で覚えよう。

2653 □□ **boom** [búːm]

動 急成長する，活気づく 名 にわか景気，ブーム

- Business has been **booming**, especially in Southeast Asia.
  (特に東南アジアで事業が**活況である**)

☞《**boom**＋副詞》，名詞は《**boom** of＋名詞》《**boom** in＋名詞》で覚えよう。現在分詞形 booming は形容詞としても使う。 □ Japanese food **boom**「日本食ブーム」□ develop into a **boom**「ブームに発展する」

2654 □□ **snap** [snǽp]

動（パシッと）音をたてる，～を（パタンと）閉める，～をプッツリ切る，～をポキッと折る，飛びつく，飛び出す，写真をパチリと撮る 形 急な，不意打ちの 名 ピシャ，パシャ，ポキンと折れる音，元気，天候の急変

- The driver **snapped** pictures of the damage in the car to make an insurance claim.
  (ドライバーは，保険金を請求するために車の損害を**その場で写真に撮った**)
- I always take my time and try not to make **snap** decisions.
  (私は常に時間をかけて考えて，**あわてて**決めることのないようにします)

☞《**snap**＋目的語［名詞］》，名詞は《**snap** of＋名詞》で覚えよう。 □ **snap** judgement「拙速な判断」

2655 □□ **burden** [bə́ːrdn]

名 重い荷物，負担 動 ～に負担を負わせる，～を悩ませる

- Our recycling initiative aims to reduce the **burden** on the environment.
  (当社のリサイクルへの取り組みは，環境への**負荷**を軽減することを目的としている)

☞《**burden** of＋名詞》《**burden** on/to＋人》，動詞は《*be* **burdened** with/by＋名詞》で覚えよう。
□ bear a **burden**「重荷を負う」□ the **burden** of proof「立証責任」

2656 □□ **locate** [lóukeit]

動 本拠地を置く，場所を決める，～を探す

The first step is to **locate** where the leak is occurring.
（まず第一歩は，漏洩が起きている場所を**見つける**ことです）

《**locate**＋目的語［名詞］》《**locate** in/near＋名詞》《*be* **located** in/near＋名詞》で覚えよう。

2657 □□ **location** [loukéiʃən]

名 位置，場所，所在地

I hope we can find a good **location** near the train station.
（駅近くによい**場所**を見つけられるといいですね）

《**location** of＋名詞》で覚えよう。不動産売買や商用建築物について使うことが多い。 □ on **location**「現地撮影で」

2658 □□ **relocate** [rìːlóukeit]

動 ～を移転させる，～を転勤させる，移転する，引っ越しする

The office was temporarily **relocated** to the third floor during renovations.
（改修工事の間，オフィスは一時的に 3 階に**移転された**）

《**relocate**＋目的語［名詞］》《**relocate** *A* to *B*》《**relocate** to＋名詞》で覚えよう。

2659 □□ **relocation** [rìːloukéiʃən]

名 移転，転勤，移住，配置転換

We need to give further details concerning the upcoming **relocation**.
（まもなくの**移転**についての詳細を発表する必要があります）

《**relocation** of＋名詞》《**relocation** to＋名詞》で覚えよう。

2660 □□ **venue** [vénjuː]

名 開催地，発生地，現場，会場

We ask that all staff arrive at the event **venue** no later than 9 A.M.
（スタッフは全員午前 9 時までにイベント**会場**に到着するようにお願いします）

《**venue** of＋名詞》《**venue** for＋名詞》で覚えよう。

2661 □□ **customer** [kʌ́stəmər]

名 顧客，取引先

The regular **customer** orders a coffee and croissant every time.
（その常連**客**は毎回コーヒーとクロワッサンを注文する）

《**customer** of＋名詞》で覚えよう。定期的に店などを利用する客を指す。弁護士や医師などの専門的なサービスを受ける人は client，ホテルなどの施設を利用する人は guest を使う。

2662 □□ **customize** [kʌ́stəmàiz]

動 ～を特別注文する，～を自分の好みに合うように直す，～をカスタマイズする

Purchasers can **customize** a vehicle with optional extras.
（購入者はオプションの追加で車を**カスタマイズできる**）

《**customize**＋目的語［名詞］》で覚えよう。 □ **customized** specifications「特別仕様」 □ **customized** product「特注製品」

2663 □□ **custom-made** [kʌ̀stəmméid]

形 特注の，オーダーメードの

The head office is fitted with **custom-made** furnishings.
（本社オフィスは**特別注文による**家具が備え付けられている）

☞《**custom-made**＋名詞》で覚えよう。

2664 □□ **custom** [kʌ́stəm]

形 特注の，あつらえた 名 風習，習慣

An additional fee will be charged for **custom** orders.
（**特注での**注文には追加料金が請求されるでしょう）

☞《**custom**＋名詞》，名詞は《**custom** of＋名詞》で覚えよう。

2665 □□ **customs** [kʌ́stəmz]

名 税関（手続き），関税

Do I have to declare these items when I go through **customs**?
（**税関**を通る際にこれらの品を申告しなければなりませんか）

☞《**customs** at＋名詞》で覚えよう。 □ clear **customs**「税関に申告して通る」□ at **customs**「税関で」□ through **customs**「税関を通って」

2666 □□ **accustomed to** [əkʌ́stəmd tu]

形 ～に慣れて，～を習慣づけて

We are getting **accustomed to** the American way of doing business.
（私たちはアメリカ的なビジネスの進め方に**慣れつつあります**）

☞《連結動詞＋**accustomed to**＋名詞・動名詞》で覚えよう。

2667 □□ **reveal** [rivíːl]

動 ～を公開する，～を暴露する

Full specs on new products will be **revealed** at the media event.
（新製品の完全な仕様がメディア向けのイベントで**明らかにされる**でしょう）

☞《**reveal**＋目的語［名詞］》《**reveal**＋that 節》《It is **revealed**＋that 節》で覚えよう。

2668 □□ **leak** [líːk]

動 漏れる，～を漏らす，～をリークする 名 流失，漏洩

Word has **leaked** out that ABC Inc. is the target of a takeover bid.
（ABC Inc. 社が株式公開買い付けの対象になっているという情報が**漏れた**）

How can we stop information **leaks** from our supply chains?
（どうすれば供給業者網からの情報**漏洩**を防げるだろうか）

☞《**leak**＋目的語［名詞］（＋to＋名詞）》《**leak** into/from/out of＋名詞》《**leak**＋that 節》，名詞は《**leak** of＋名詞》《**leak** in＋名詞》《**leak** from/out of/to＋名詞》《**leak**＋that 節》で覚えよう。

2669 □□ **document** [dάkjəmənt]

名 文書，書類，記録，資料　動 ～を（文書などで）記録する，～を立証する，出典などを添付する

These **documents** are classified, so they must be securely disposed of.
（これらの**文書**は機密扱いですから，安全に処分してください）

We **document** our progress in order to share it with the manager.
（私たちは進展経過を**文書に記録して**，部長と共有しています）

☞《**document** of＋名詞》《**document** about/on/concerning＋名詞》，動詞は《**document**＋目的語［名詞］》《**document**＋that/wh-/how 節》で覚えよう。

2670 □□ **documentation** [dὰkjəmentéiʃən]

名 証拠書類（の作成［提出］），参照文献

The database system **documentation** is available in PDF format.
（そのデータベースシステムについての**説明文書**は PDF 形式で提供されている）

☞《**documentation** of＋名詞》で覚えよう。

2671 □□ **documentary** [dὰkjəméntəri]

名 記録（映画）　形 文書の，書類の，事実を記録した

I like watching **documentaries** on Wildlife Channel.
（Wildlife Channel で放送される**ドキュメンタリー**を見るのが好きです）

☞《**documentary** of＋名詞》《**documentary** about/on＋名詞》で覚えよう。

2672 □□ **brief** [bríːf]

形 短い，簡潔な　動 ～を要約する，～の概要を伝える

Dimitri gave a **brief** summary of the new safety guidelines.
（Dimitri は新しい安全ガイドラインを**手短に**要約した）

☞《**brief**＋名詞》《連結動詞＋**brief**》，動詞は《**brief**＋目的語［名詞］＋on＋人》で覚えよう。 □ in **brief**「簡潔に」

2673 □□ **briefly** [bríːfli]

副 手短に，簡潔に

Can I **briefly** discuss something with you?
（**手短に**話し合いたいことがあるのですがよろしいですか）

To put it **briefly**, the delay was caused by a machine malfunction.
（**手短に**言えば，この遅延は機械の誤作動が原因でした）

☞《**briefly**＋動詞・形容詞》で覚えよう。 □ **briefly** describe ...「～を簡単に説明する」

2674 □□ **briefcase** [bríːfkèis]

名 ブリーフケース，書類カバン

Your **briefcase** is battered; why don't you get a new one?
（あなたの**ブリーフケース**は傷んでいますね；買い替えてはどうですか）

☞《**briefcase** of＋名詞》で覚えよう。

2675 □□ **prefer** [prifə́ːr]

動 ～のほうを好む，むしろ～を好む，～(人)にしてほしい

◤ If you'd **prefer**, I will come on Friday instead of Thursday.
(**そのほうがよろしければ**，木曜日ではなく金曜日におうかがいします)

☞《**prefer**＋目的語 [名詞]》《**prefer**＋動名詞》《**prefer** *A* to/over *B*》《**prefer**＋that 節》《**prefer**＋(人＋)to 不定詞》で覚えよう。 □ I would **prefer** it if ...「～であればよいと思う」

2676 □□ **preference** [préfərəns]

名 好み，選択，優先権

◤ Which option you choose would be a matter of personal **preference**.
(どの選択肢をお選びになるかは個人的な**好み**の問題でしょう)

☞《**preference** of＋名詞》《**preference** in＋名詞》《**preference** for＋名詞》《**preference** to/over＋名詞》《**preference** about/regarding/as to＋名詞》《**preference** between *A* and *B*》で覚えよう。
□ in **preference** to ...「～よりもむしろ」

2677 □□ **profit** [prɑ́fət]

名 利益，利益率，利点 動 利益を上げる，もうける，～のためになる，～の役に立つ

◤ Our **profits** jumped 23 percent year over year.
(当社の**利益**は対前年比で 23 パーセント伸びた)

☞《**profit** of＋名詞》《**profit** from＋名詞》《**profit** on＋名詞》，動詞は《**profit**＋目的語 [名詞]》で覚えよう。収入から経費を引いた残額を指し，earnings が同義語。 □ for **profit**「利益のために」□ at a **profit**「利益を出して」□ net **profit**「純利益」□ **profit** and loss statement「損益計算書」

2678 □□ **profitable** [prɑ́fətəbl]

形 利益になる，もうかる，有利な，役立つ

◤ Foodies Ltd. has been **profitable** for five straight years.
(Foodies Ltd. 社は 5 年連続で**利益を出して**いる)

☞《**profitable**＋名詞》《連結動詞＋**profitable**》《It is **profitable**＋to 不定詞》で覚えよう。

2679 □□ **elect** [ilékt]

動 (議員・議長など)を選挙する，～を選ぶ 形 選ばれた

◤ The city's residents will **elect** a new mayor next month.
(市民は来月に新しい市長を**選出する**)

☞《**elect**＋人》《**elect**＋人＋to＋名詞》《**elect**＋人＋as＋名詞》《**elect**＋to 不定詞》，形容詞は《名詞＋**elect**》で覚えよう。

2680 □□ **election** [ilékʃən]

名 選挙，当選

◤ The stock market reacted positively to the **election** outcome.
(株式市場は**選挙**結果に前向きに反応した)

☞《**election** of＋名詞》《**election** for＋名詞》《**election** to＋名詞》で覚えよう。 □ by **election**「選挙によって」□ general **election**「総選挙」□ gubernatorial **election**「知事選」□ snap **election**「解散総選挙」□ by-**election**「補選，中間選挙」

2681 □□ **maintain** [meintéin]

動 ～を維持する，～をよい状態にしておく，～を整備する，～を支える，～を主張する

◤ Digital communication helps to **maintain** contact with people abroad.
(デジタル通信が海外在住の人々と連絡を**記憶に留める**うえで役立つ)

☞《**maintain**＋目的語 [名詞]》《**maintain**＋that 節》《It is **maintained**＋that 節》で覚えよう。

2682 □□ **maintenance** [méintənəns]

名 持続，保守管理，整備，保全

The elevators will be down for **maintenance** from 9:00 tonight.
（エレベーターは今夜 9 時から**保守管理**のために停止します）

☞《**maintenance** of＋名詞》で覚えよう。

2683 □□ **sustain** [səstéin]

動 ～を維持する，～を扶養する，～を支える，～を持続させる，～を励ます，～を耐える

Liang's Software has **sustained** its growth in sales for five years.
（Liang's Software 社は 5 年間にわたって販売増を**維持している**）

☞《**sustain**＋目的語［名詞］》で覚えよう。

2684 □□ **retain** [ritéin]

動 ～を持ち続ける，～を失わない，～を記憶する，～を雇い続ける

Taking notes to read afterward helps you to **retain** information.
（メモを取ってあとで読むことは情報を**保持する**うえで役立つ）

☞《**retain**＋目的語［名詞］》《**retain** *A* as *B*》で覚えよう。 □ **retain** ... for future reference「今後の参考のために～を保管する」

2685 □□ **neighborhood** [néibə*r*hùd]

名 近隣，近所（の人），親しさ，界隈

This **neighborhood** is well known for its traditional architecture.
（この**界隈**は伝統的な建築で知られている）

☞《**neighborhood** of＋名詞》で覚えよう。 □ in the **neighborhood**「近隣に」

2686 □□ **neighbor** [néibə*r*]

名 隣人，近所の人 動 隣接する，～と隣り合っている，～の近くに住んでいる

My **neighbor** is kind; she always gives me home-grown vegetables.
（**隣の人**は親切で，いつも自家栽培した野菜をくれます）

☞《**neighbor** of＋名詞》，動詞は《**neighbor**＋目的語［名詞］》《**neighbor** on＋名詞》で覚えよう。形容詞形 neighboring は「隣接している」という意味。

2687 □□ **adjacent** [ədʒéisnt]

形 隣接した，隣り合った

The head office is **adjacent** to a department store.
（本社はデパートに**隣接して**います）

☞《**adjacent**＋名詞》《連結動詞＋**adjacent**》《連結動詞＋**adjacent** to＋名詞》で覚えよう。

2688 □□ **ordinary** [ɔ́ː*r*dənèri]

形 普段の，当たり前の，平凡な

Here's a long list of **ordinary** people who did extraordinary things.
（すばらしいことをやり遂げたごく**普通の**人々の長いリストがこれです）

☞《**ordinary**＋名詞》《連結動詞＋**ordinary**》で覚えよう。 □ out of the **ordinary**「普通でない」

2689 □□ **extraordinary** [ikstrɔ́ːrdənèri]

形 たぐいまれな，異常な，桁外れの

Ms. Kay has demonstrated an **extraordinary** ability as the spokesperson.
（Kay さんは広報担当者として**傑出した**能力を示している）

《**extraordinary**＋名詞》《連結動詞＋**extraordinary**》《It is **extraordinary**＋that 節》《It is **extraordinary**＋to 不定詞》で覚えよう。

2690 □□ **retire** [ritáiər]

動 引き下がる，退職する，撤退する，～を退職させる，～を回収する

Mr. Carlin is **retiring** after 30 years' service.
（Carlin さんは 30 年勤めて**引退します**）

《**retire**＋目的語［名詞］》《**retire** from＋名詞》《**retire** as＋名詞》《**retire** at＋年齢》で覚えよう。

2691 □□ **retirement** [ritáiərmənt]

名 退職，隠居，引退

The airline has introduced an early **retirement** package.
（その航空会社は早期**退職**プランを導入した）

《**retirement** of＋名詞》《**retirement** from＋名詞》《**retirement** as＋名詞》《**retirement** at＋年齢》で覚えよう。 □ in **retirement**「引退して」 □ early **retirement** bonus「早期退職割増手当」

2692 □□ **complex** [kɑ́mpleks, kɑ̀(ː)mpléks]

形 複合物の，複雑な，合成の　名 複合物，複合ビル，集合，コンプレックス

This machine operates based on a **complex** engineering system.
（この機械は**複雑な**工学的システムに基づいて作動する）

《**complex**＋名詞》《連結動詞＋**complex**》，名詞は《**complex** of＋名詞》《**complex** about＋名詞》で覚えよう。

2693 □□ **complexity** [kəmpléksəti]

名 複雑さ，複雑なもの

We can save time and money by cutting unnecessary **complexity**.
（無用な**複雑さ**を削ることで時間と費用を節約できる）

《**complexity** of＋名詞》で覚えよう。

2694 □□ **solid** [sɑ́ləd]

形 固体［形］の，濃い，厚い，実質的な，堅い，堅実な，信頼できる　名 固体，固形

I don't have any **solid** evidence, but I suspect the data was falsified.
（**確かな**証拠はないけれど，そのデータはねつ造されたのではないかと思います）

《**solid**＋名詞》《連結動詞＋**solid**》で覚えよう。

2695 □□ **liquid** [líkwid]

形 液状の，流動性の，いつでも現金化できる　名 液体

How much do we have in **liquid** assets?
（**流動**資産はどれくらいありますか）

I need a dispenser for **liquid** soap.
（**液体**石鹸のディスペンサーが必要です）

《**liquid**＋名詞》《連結動詞＋**liquid**》，名詞は《**liquid** of＋名詞》で覚えよう。

2696 □□ **fluid** [flúːid]

名 液体，流体 形 流動性の，流れるような

One of the machines appears to be leaking **fluid**.
（機械のひとつから**液体**が漏れているようだ）

《**fluid** of＋名詞》《**fluid** in＋名詞》《**fluid** from＋名詞》で覚えよう。

2697 □□ **anxious** [ǽŋkʃəs]

形 心配して，不安な，切望して

I'm **anxious** about my presentation tomorrow.
（あしたのプレゼンテーションのことが**心配で**す）

Karl is **anxious** to get the manager's position.
（Karl は部長の地位に就くことを**切望して**いる）

《**anxious**＋名詞》《連結動詞＋**anxious**》《連結動詞＋**anxious** about/for＋名詞》《連結動詞＋**anxious** ＋that 節》《連結動詞＋**anxious**＋to 不定詞》で覚えよう。

2698 □□ **anxiety** [æŋzáiəti]

名 心配，不安，切望

The company's financial status has caused **anxiety** among investors.
（同社の財務状態は投資家の**不安**を引き起こした）

《**anxiety** of＋名詞》《**anxiety** about/over＋名詞》《**anxiety** for＋名詞》《**anxiety**＋that 節》《**anxiety** ＋to 不定詞》で覚えよう。

2699 □□ **frighten** [fráitn]

動 ～を怖がらせる，ギクリとさせる

A high interest rate may have **frightened** investors.
（高金利は投資家を**おびえさせた**かもしれない）

《**frighten**＋人》で覚えよう。現在分詞形 frightening は「人に恐ろしい思いをさせる」，過去分詞形 frightened は「恐ろしい思いをさせられて」という意味の形容詞としても使う。

2700 □□ **reverse** [rivə́ːrs]

動 逆転する，～を逆転する，～を裏返す，～を入れ替える，～を覆す 形 逆向きの，裏側の
名 逆，裏側，失敗

The court **reversed** the earlier decision on the patent case.
（その特許権訴訟について，裁判所は先の決定を**覆した**）

You can check the nutrition label on the **reverse** side.
（**裏**面で栄養成分ラベルを確認していただけます）

《**reverse**＋目的語［名詞］》，形容詞は《**reverse**＋名詞》，名詞は《**reverse** of＋名詞》で覚えよう。
□ in **reverse**「反対に」

2701 □□ **charm** [tʃɑ́ːrm]

名 魅力，おまじない 動 ～に魔法をかける

The CEO knows how to use the power of his personal **charm**.
（CEO は自分の人としての**魅力**の使い方を心得ている）

《**charm** of＋名詞》，動詞は《**charm**＋人》で覚えよう。

2702 □□ **infection** [infékʃən]

㊔ 感染（症），影響力

Some employees are wearing masks to reduce the risk of **infection**.
（**感染**のリスクを減らすために，従業員の一部はマスクを着用している）

《**infection** of/in＋名詞》で覚えよう。

2703 □□ **sake** [séik]

㊔《for the sake of ..., for *someone's* sake で》～のために

Listen, I'm not just working for the **sake** of money.
（いいですか，私はお金の**ため**だけに働いているわけではありません）

《for the **sake** of＋名詞》《for *someone's* **sake**》で覚えよう。

2704 □□ **tool** [túːl]

名 道具，工具，手段

Our company newsletter is a good communication **tool**.
（当社の社内報はよいコミュニケーションの**道具**になっている）

《**tool** of＋名詞》《**tool** for＋名詞》《**tool**＋to 不定詞》で覚えよう。

2705 □□ **instrument** [ínstrəmənt]

名 楽器，道具，証券

I wish I could have learned to play musical **instruments** when I was young.（若いときに**楽器**の演奏を学んでおけばよかった）

《**instrument** of＋名詞》《**instrument** for＋名詞》《**instrument**＋to 不定詞》で覚えよう。

2706 □□ **device** [diváis]

名 機器，装置，仕掛け，工夫

Please turn off electronic **devices** before entering the laboratory.
（実験室に入る際は電子**機器**のスイッチを切ってください）

《**device** of＋名詞》《**device** for＋名詞》《**device**＋to 不定詞》で覚えよう。

2707 □□ **gadget** [gǽdʒit]

名 ちょっとした機械装置，気のきいた器具，付属品，部品

Bits and Bobs' new tech **gadgets** are sure to be a big hit.
（Bits and Bobs 社の新しいデジタル**周辺機器**は必ずヒット商品になるはずです）

《**gadget** of＋名詞》《**gadget** for＋名詞》《**gadget**＋to 不定詞》で覚えよう。

2708 □□ **commit** [kəmít]

動 ～を委託する，（人）を引き渡す，～を委ねる，～を引き受ける，～を約束する

Kickstarter Corp. has **committed** itself to helping new businesses.
（Kickstarter Corp. 社は新規事業を支援することを**使命と考えている**）

《**commit**＋目的語［名詞］》《**commit** *A* to *B*》《**commit**＋人＋to＋名詞》で覚えよう。過去分詞形 committed は「真剣な，献身的な」という意味の形容詞としても使う。《**committed**＋名詞》《連結動詞＋**committed**》《連結動詞＋**committed** to＋名詞》で覚えよう。

2709 □□ **commitment** [kəmítmənt]

名 深い関与，委託，引き渡し，言質，約束，責任

To attain success, you need to make a strong **commitment**.
（成功を収めるには**本気で取り組む**必要がある）

《**commitment** of＋名詞》《**commitment** to＋名詞》《**commitment** on＋名詞》で覚えよう。

2710 □□ **commission** [kəmíʃən]

動 ～に権限を委託する，～を任命する，～に依頼する 名 委任，委託，任務，依頼，歩合（給）

Linchway **commissioned** a survey to understand the audio book market.
（Linchway 社はオーディオブック市場を理解するために調査を**依頼した**）

《**commission**＋目的語［名詞］》《**commission**＋人＋to 不定詞》，名詞は《**commission** of＋名詞》《**commission** on/for＋名詞》で覚えよう。 □ on **commission**/on a **commission** basis「歩合給で」 □ **commission** on/for ...「～に対する歩合」

2711 □□ **committee** [kəmíti]

名 委員（会）

We have a shareholders' **committee** to appoint and remove partners.
（当社には共同経営者を指名，解任するために株主**委員会**がある）

☞《**committee** of＋名詞》《**committee** on＋名詞》で覚えよう。 □ on a **committee**「委員になって」

2712 □□ **moral** [mɔ́(ː)rl]

形 道徳上の，倫理的な，道徳的な，品行方正な 名 教訓，道徳，品行

It is strictly prohibited to violate the company's **moral** conduct code.
（会社の**道徳的な**行動規範に違反することは厳しく禁じられている）

☞《**moral**＋名詞》，名詞は《**moral** of＋名詞》《**moral** to＋名詞》で覚えよう。

2713 □□ **morale** [mərǽl]

名 士気，意気込み，気力

Open and transparent communication is vital for boosting workplace **morale**.（率直で透明なコミュニケーションが職場の**士気**を高めるために必須です）

☞《**morale** of＋名詞》《**morale** among＋名詞》で覚えよう。

2714 □□ **advantage** [ədvǽntidʒ]

名 利益，長所，優位

Some investors used the volatility in the market to their **advantage**.
（投資家の一部は市場の変動性を**有利**に利用した）

☞《**advantage** of＋名詞》《**advantage** in＋名詞》《**advantage** over＋名詞》《**advantage** to＋名詞》で覚えよう。 □ to *one's* **advantage**「～の助けになるように」□ take **advantage** of ...「～を利用する」

2715 □□ **merit** [mérət]

名（称賛に値する）価値，長所，功績，利点

Allow me to explain the **merits** of establishing a partnership with us.
（当社との提携を築くことの**利点**を説明させてください）

☞《**merit** of＋名詞》《**merit** in＋名詞》《**merit** to＋名詞》《**merit**＋that 節》で覚えよう。

2716 □□ **upside** [ʌ́psàid]

名 上方，上流，上昇傾向，よい面，利点

Did you notice the painting was **upside** down on the wall?
（壁の絵が**上**下逆になっていたことに気づきましたか）

Let's talk about the **upsides** and downsides of the situation we're in.
（私たちが置かれている状況の**よい面**と悪い面を話し合いましょう）

☞《**upside** of＋名詞》で覚えよう。**upside** and downside の組み合わせで覚えよう。

2717 □□ **drawback** [drɔ́ːbæ̀k]

名 欠点，不利益，障害

It appears to be a good plan, but I've found one serious **drawback**.
（よい計画だと思えますが，私はひとつ重大な**欠点**を見つけました）

☞《**drawback** of＋名詞》《**drawback** to/with＋名詞》で覚えよう。

2718 □□ **crisis** [kráisis]

名 危機，重大局面

Many companies are facing a **crisis** caused by a labor shortage.
（多くの企業が人手不足による**危機**に直面している）

《**crisis** of＋名詞》《**crisis** in/over＋名詞》で覚えよう。 □ in (a) **crisis**「危機にあって」

2719 □□ **criticize** [krítəsàiz]

動 ～を非難する，～を酷評する，～のあら探しをする，～を論評する

The government was **criticized** for its inaction on climate change.
（政府は気候変動の対応のなさを**批判された**）

《**criticize**＋目的語［名詞］(＋for＋名詞)》《**criticize**＋目的語［名詞］＋as＋名詞》で覚えよう。誤りを指摘したり，不同意を示す。blame のように間違いや過失を非難して責任を問うニュアンスを含まない。

2720 □□ **criticism** [krítəsìzm]

名 批評，非難，反論

The governor directed **criticism** at power companies.
（知事は電力会社に**批判**を向けた）

《**criticism** of/about/over＋名詞》《**criticism** for/against＋名詞》《**criticism** from/to＋名詞》《**criticism** ＋that 節》で覚えよう。

2721 □□ **critical** [krítikl]

形 批評（家）の，批判的な，危機的な，重大な，重篤な

The television series received **critical** acclaim.
（そのテレビシリーズ番組は**評論家の賞賛**を受けた）

《**critical**＋名詞》《連結動詞＋**critical**》《連結動詞＋**critical** of＋名詞》《連結動詞＋**critical** to＋名詞》《It is **critical**＋that 節》《It is **critical**＋to 不定詞》で覚えよう。 □ in a **critical** condition「危険な状態にあって」

2722 □□ **critic** [krítik]

名 批評家，評論家，批判する者

The film has been praised by movie **critics**.
（その映画は映画**評論家**に**賞賛**されている）

《**critic** of＋名詞》で覚えよう。

2723 □□ **critique** [kritíːk]

動 ～を批評［論評／分析］する 名 批評，論評

Leanne, when you get a chance, can you **critique** my draft?
（Leanne，機会があるときに私の草稿を**批評して**もらえますか）

《**critique**＋目的語［名詞］》，名詞は《**critique** of＋名詞》《**critique** about/regarding＋名詞》で覚えよう。

2724 □□ **crucial** [krúːʃl]

形 きわめて重大な，決定的な，正念場の

Analysts are seeking **crucial** information on the company's finances.
（アナリストたちは，同社の財務に関する**きわめて重要な**情報を求めている）

《**crucial**＋名詞》《連結動詞＋**crucial**》《連結動詞＋**crucial** to/for＋名詞》《連結動詞＋**crucial** in＋名詞》《連結動詞＋**crucial** about＋名詞》《It is **crucial**＋that 節》《It is **crucial**＋to 不定詞》で覚えよう。

2725 □□ **manufacture** [mæ̀njəfǽktʃər]

動（大規模に）～を製造する，～をでっちあげる　名（大規模な）製造，製造業，製品

◤We **manufacture** and sell furniture at competitive prices.
（当社は競争できる価格で家具を**製造**販売しております）

☞《**manufacture**＋目的語［名詞］》，名詞は《**manufacture** of＋名詞》で覚えよう。

2726 □□ **manufacturer** [mæ̀njəfǽktʃərər]

名（大規模な）製造業者，メーカー

◤It would cost less to buy direct from the **manufacturer**.
（**製造業者**から直接に購入すれば安くなります）

☞《**manufacturer** of＋名詞》で覚えよう。

2727 □□ **proper** [prɑ́pər]

形 適した，適性の，正確な，ふさわしい，妥当な，礼儀正しい

◤Please keep these tools in their **proper** place.
（これらの道具は**適切な**場所に保管してください）

☞《**proper**＋名詞》《連結動詞＋**proper**》《連結動詞＋**proper** to＋名詞》《It is **proper**＋that 節》《It is **proper**＋to 不定詞》で覚えよう。

2728 □□ **properly** [prɑ́pərli]

副 適切に，正確に，礼儀正しく

◤Please separate the trash **properly** before storing it in these bins.
（ごみは**適切に**分別してからこれらのごみ箱に入れてください）

☞《**properly**＋動詞・形容詞》で覚えよう。　□ **properly** address ...「～に適切に対処する」

2729 □□ **property** [prɑ́pərti]

名 所有物，資産，不動産物件，地所，特性

◤This road is private **property** owned by ABC Corporation.
（この道路は私的**財産**で，ABC 社の所有になる）

◤EduWise Inc. is determined to protect its intellectual **property** rights.
（EduWise Inc. 社は自社の知的**財産**権を守る決意でいる）

☞《**property** of＋名詞》で覚えよう。　□ tangible **property**「有形財産」□ intangible **property**「無形財産」

2730 □□ **estate** [istéit]

名 地所，土地，財産，遺産

◤Rosa inherited shares in the company as part of her parents' **estate**.
（Rosa は両親の**財産**の一部としてその会社の株式を相続した）

☞《**estate** of＋名詞》で覚えよう。　□ personal **estate**「動産」□ real **estate**「不動産」

2731 □□ **debit** [débit]

動 銀行口座から～を引き落とす，～を借方に記入する　名 借方，負債

◤The payment will be **debited** from my account in two months.
（その支払いは 2 か月後に私の口座から**引き落とされます**）

◤Ursula uses a **debit** card for everyday purchases.
（Ursula は毎日の買い物に**デビット**カードを使っている）

☞《**debit**＋目的語［名詞］》《**debit** *A* from *B*》《**debit** *A* against/to *B*》，名詞は《**debit** of＋名詞》《**debit** from＋名詞》で覚えよう。　□ automatic **debit**「（口座からの）自動引き落とし」

2732 □□ **credit** [krédit]

動 ～を銀行口座に振り込む，～を信用する，～の功績と認める，～に単位を与える　名 クレジット，信用貸し，確信，評判

- The refund will be **credited** to your account.
 (払い戻し金はお客様の銀行口座に**振り込まれます**)
- Gloria was **credited** with the achievement.
 (Gloria は実績を**評価された**)

☞《**credit**＋目的語［名詞］》《**credit** *A* to/with *B*》《**credit**＋人＋with＋名詞》，名詞は《**credit**＋of＋名詞》《**credit**＋for＋名詞》《**credit**＋to＋名詞》で覚えよう。 □ on **credit**「クレジットで」 □ to *someone's* **credit**「～にとって名誉なことに」

2733 □□ **credibility** [krèdəbíləti]

名 信頼性，信憑性

- Keith's inconsistent explanation of the damage strained his **credibility**.
 (その被害に関する Keith の矛盾した説明は彼の**信頼性**を傷つけた)

☞《**credibility** of＋名詞》《**credibility** about＋名詞》《**credibility** as＋名詞》で覚えよう。

2734 □□ **incredible** [inkrédəbl]

形 信じられない，驚くべき，すばらしい

- Rayna made an **incredible** comeback as the marketing director.
 (Rayna はマーケティング部長として**見事な**復帰を遂げた)

☞《**incredible**＋名詞》《連結動詞＋**incredible**》《連結動詞＋**incredible** about＋名詞》《It is **incredible**＋that 節》《It is **incredible**＋to 不定詞》で覚えよう。

2735 □□ **predict** [pridíkt]

動 ～を予測する，～を予知する

- Just as I **predicted**, our sales jumped in April.
 (私が**予測した**とおり，当社の販売は 4 月に著しく伸びた)

☞《**predict**＋目的語［名詞］》《**predict**＋that/wh-/how 節》《**predict**＋if/whether 節》《It is **predicted**＋that 節》《*be* **predicted**＋to 不定詞》で覚えよう。過去の事実や経験などに基づいて「推測する，予測する」という意味。特に根拠なく「推測する，予測する」ときには guess を使う。

2736 □□ **prediction** [pridíkʃən]

名 予測，予報，予知

- Contrary to our **predictions**, George Ferguson stayed on the board.
 (私たちの**予測**とは反対に，George Ferguson さんは取締役に留まった)

☞《**prediction** of＋名詞》《**prediction** about/on＋名詞》《**prediction** for＋名詞》《**prediction**＋that 節》で覚えよう。

2737 □□ **significant** [signífikənt]

形 重要な，意義深い，意味深長な，意味のある，かなりの，著しい，有意な

- Views Publishing enjoyed a **significant** increase in sales last quarter.
 (Views 出版は前四半期に**著しい**販売増を達成した)

☞《**significant**＋名詞》《連結動詞＋**significant**》《連結動詞＋**significant** for＋名詞》《It is **significant**＋that 節》《It is **significant**＋to 不定詞》で覚えよう。

2738 □□ **significantly** [signífikəntli]

副 意味ありげに，著しく，はっきりと，意味深いことには

The number of our missed deadlines has decreased **significantly**.
（締切に間に合わなかった回数が**著しく**減少している）

☞《**significantly**＋動詞・形容詞》で覚えよう。 □ **significantly** increase「著しく増加する」

2739 □□ **significance** [signífikəns]

名 重要性，意味（あること），意義，有意

The board is touting the **significance** of the business alliance.
（取締役会はその企業連合の**重要性**を自賛している）

☞《**significance** of＋名詞》《**significance** for/to＋名詞》《**significance** about＋名詞》で覚えよう。
□ *be* of **significance**「意義がある」

2740 □□ **signify** [sígnəfài]

動 ～を意味する，～を表す，～を意味する，～を物語る，～を示す，～を表明する，～の前兆となる，重要である

The board reshuffle **signified** drastic changes at Moore Marketing.
（Moore Marketing 社での取締役会の刷新は劇的な変化を**意味した**）

☞《**signify**＋目的語［名詞］》《**signify**＋that/wh-/how 節》で覚えよう。

2741 □□ **tight** [táit]

形 きつい，堅い，窮屈な，（予定などが）ぎっしり詰まった 副 堅く，しっかりと

I know it's a **tight** schedule, but I really need the data tomorrow.
（**きつい**スケジュールなのはわかりますが，どうしてもあすにそのデータが必要なのです）

☞《**tight**＋名詞》《連結動詞＋**tight**》，副詞は《動詞＋**tight**》で覚えよう。

2742 □□ **loose** [lú:s]

形 自由な，外れた，緩んだ，たるんだ

We decided to have a **loose** alliance with FunTech.
（FunTech 社と**緩い**提携関係を築くことにしました）

☞《**loose**＋名詞》《連結動詞＋**loose**》で覚えよう。

2743 □□ **due** [djú:]

形 ～するはず［予定］で，当然の，しかるべき，《due to ... で》～が原因で

I still have several bills that are **due** in three days.
（3 日後に支払い**期限になる**請求書がまだいくつかある）

The flight was canceled **due** to bad weather.
（その飛行便は悪天候**のために**キャンセルされた）

☞《**due**＋名詞》《連結動詞＋**due**》《連結動詞＋**due** to＋名詞》《連結動詞＋**due** for＋名詞》《連結動詞＋**due**＋to 不定詞》で覚えよう。 □ **due** to ...「～が原因で」

2744 □□ **overdue** [òuvərdjú:]

形 期限を過ぎた，未払いの，締め切りを過ぎた

The utilities company sent me a bill for my **overdue** payments.
（公益事業会社は私に**期限を過ぎている**支払い分の請求書を送ってきた）

Please refer to the **overdue** guidelines for our library materials.
（当図書館の資料についての**貸し出し期限切れ**用ガイドラインを参照してください）

☞《**overdue**＋名詞》《連結動詞＋**overdue**》《連結動詞＋**overdue** for＋名詞》で覚えよう。

2745 □□ **largely** [lɑ́ːrdʒli]

副 大部分は，主に，大規模に

◤ These problems have been **largely** ignored for a long time.
(これらの問題は長い間，**その多くが**見過ごされてきた)

☞《**largely**＋動詞・形容詞》で覚えよう。 □ **largely** accurate「だいたいが正確な」

2746 □□ **enlarge** [enlɑ́ːrdʒ]

動 ～を増やす，(～を) 拡大する

◤ Could you **enlarge** the images on the new Web site?
(新しいウェブサイト上の画像を**拡大して**いただけますか)

☞《**enlarge**＋目的語［名詞］》《**enlarge** on＋名詞》で覚えよう。

2747 □□ **pardon** [pɑ́ːrdn]

動 ～を許す，～を見逃す，～を大目に見る 名 許し，寛容，恩赦，放免

◤ **Pardon** the mess; I haven't had time to tidy up.
(散らかっていて**お許しください**；片付ける時間がなかったので)

◤ I beg your **pardon**. (**失礼**ですが，もう一度言ってください)

☞《**pardon**＋目的語［名詞］》《**pardon**＋人＋for＋名詞》，名詞は《**pardon** for＋名詞》《**pardon** of＋名詞》で覚えよう。

2748 □□ **scratch** [skrǽtʃ]

動 ～を引っかく，～を走り書きする，～を削除する 名 かすり傷，ひっかく音，かくこと

◤ We have various products to stop cats from **scratching** furniture.
(当社では，猫が家具を**ひっかく**のを防ぐためのさまざまな商品を用意しております)

☞《**scratch**＋目的語［名詞］》《**scratch** at＋名詞》，名詞は《**scratch** of＋名詞》で覚えよう。 □ from **scratch**「何もないところから」

2749 □□ **pose** [póuz]

動 気取る，ポーズを取る，見せかける，～を引き起こす，～を提示する 名 姿勢，気構え

◤ Now we'd like everyone to **pose** for a group photo.
(さあ，皆さんに集合写真で**ポーズを取って**いただきたいと思います)

☞《**pose**＋目的語［名詞］》《**pose** *A* to/for *B*》《**pose** for＋名詞》《**pose** as＋人》，名詞は《**pose** of＋名詞》で覚えよう。

2750 □□ **diet** [dáiət]

名 食事，食習慣，食事療法，国会

◤ I don't have lunch because I'm on a strict **diet**.
(昼食は食べません，厳しい**食事制限**をしていますので)

☞《**diet** of＋名詞》で覚えよう。 □ *be*/go on a **diet**「食事制限をして，食事制限をする」

2751 □□ **chamber** [tʃéimbər]

名 会議場，議院

◤ The city's **Chamber** of Commerce holds a meeting every month.
(この市の商工**会議所**は毎月会議を持つ)

☞《**chamber** of＋名詞》で覚えよう。

2752 □□ **define** [difáin]

動 ～を定義する，～の意味を明確にする，～を限定する，～を明らかにする

We have **defined** our goals for the next three years as follows.
(当社は今後 3 年間の目標を次のように**明確にしました**)

《**define**＋目的語［名詞］》《**define** *A* as *B*》《**define** *A* by *B*》で覚えよう。

2753 □□ **definition** [dèfəníʃən]

名 定義，記述，限定

It is interesting to compare dictionary **definitions** of a word.
(辞書で語の**定義**を比較してみると興味深い)

《**definition** of＋名詞》《**definition** about＋名詞》《**definition**＋that 節》で覚えよう。
□ by **definition**「定義として」 □ under the **definition** of ...「～の定義によれば」

2754 □□ **definite** [défənət]

形 一定の，確定した，明確な，確信した

We will establish a **definite** timeline for the system upgrade.
(当社はシステムアップグレードの**明確な**予定を定めます)

《**definite**＋名詞》《連結動詞＋**definite**》《連結動詞＋**definite** about＋名詞》で覚えよう。

2755 □□ **definitely** [défənətli]

副 明確に，はっきりと，確かに

Their claim is **definitely** unfounded.
(彼らの主張に根拠がないのは**確か**です)

《**definitely**＋動詞・形容詞》で覚えよう。without any doubt という意味。 □ **definitely** recommend「～を強く勧める」

2756 □□ **emerge** [imə́ːrdʒ]

動 (問題・事実などが) 現れる，明らかになる，(水中・暗闇などから) 出てくる，(貧困・苦境から) 抜け出す

Steinberg Ltd. is **emerging** from a period of stagnant business.
(Steinberg Ltd. 社は販売不振から**浮揚しつつある**)

《**emerge** from/out of＋名詞》《**emerge** into＋名詞》《**emerge** as＋名詞》で覚えよう。「急に出てくる」という響きがある。 □ **emerge** as a cause of ...「～の原因として現れる」 □ **emerge** as the hub of ...「～の中心として台頭する」

2757 □□ **emergency** [imə́ːrdʒənsi]

名 緊急事態，救急病棟

Please call this number in an **emergency**.
(**緊急事態**の際はこの番号に電話してください)

《**emergency** of＋名詞》で覚えよう。 □ in case of **emergency**「非常時に」 □ for **emergencies**「非常用に」

2758 □□ **occasion** [əkéiʒən]

名 時，場合，出来事，行事，機会，理由，根拠

Such an **occasion** calls for celebration!
（せっかくの**機会**だからお祝いしましょう）

I don't remember any similar **occasions** in the past.
（過去において似たような**状況**はまったく記憶にありません）

☞《**occasion** of＋名詞》《**occasion** for＋名詞・動名詞》《**occasion**＋that 節》《**occasion**＋to 不定詞》で覚えよう。 □ on **occasion**「ときどき」 □ on the **occasion** of ...「～の機会に」

2759 □□ **occasionally** [əkéiʒənəli]

副 ときどき，ときおり

We do know that such accidents happen **occasionally**.
（このような事故が**ときには**起きることは当社も承知しています）

☞《**occasionally**＋動詞・形容詞》で覚えよう。周期的にではなく，少ない頻度で生じることを表す。□ **occasionally** occur「たまに発生することがある」

2760 □□ **annoy** [ənɔ́i]

動 ～をうるさがらせる，～を困らせる，～を悩ます

The noise from the factory is **annoying** residents.
（工場からの騒音は住民を**悩ませて**いる）

☞《**annoy**＋人》《It **annoys**＋人＋that 節》《It **annoys**＋人＋to 不定詞》で覚えよう。現在分詞 annoying は「人をいやな気持ちにさせる」，過去分詞 annoyed は「いやな気持ちにさせられて」という意味の形容詞としても使う。

2761 □□ **frustrate** [frʌ́streit]

動 ～をいらいらさせる，～を妨げる，～に挫折感を抱かせる

The discussion with upper management left me feeling **frustrated**.
（経営上層部との議論は**不満が残る**気持ちになりました）

☞《**frustrate**＋人》で覚えよう。現在分詞形 frustrating は「人をいらいらさせる」，過去分詞形 frustrated は「いらいらさせられて」という意味の形容詞としても使う。

2762 □□ **cash** [kǽʃ]

名 現金　動 ～を現金化する

What do you think are the advantages of paying with **cash**?
（**現金**で払うことの利点は何だと思いますか）

☞《**cash** of＋名詞》，動詞は《**cash**＋目的語［名詞］》で覚えよう。 □ pay in/by **cash**「現金で支払う」□ **cash** on delivery「現金引き換えで」 □ **cash** upfront「現金前払いで」

2763 □□ **cashier** [kæʃíər]

名 レジ係，現金出納係

The price isn't on this item, so I'll ask the **cashier**.
（この商品には価格がありませんね，**レジ係**の人に聞いてみましょう）

☞《**cashier** of＋名詞》で覚えよう。

2764 □□ **client** [kláiənt]

名 依頼人，顧客リスト

Juanita is responsible for keeping the **client** list updated.
（Juanita には**顧客**リストを常に更新しておく責任がある）

☞《**client** of＋名詞》で覚えよう。本来は「専門的なサービスや助言を受ける人」という意味。

2765 □□ **patron** [péitrən]

名 後援者，常連客，得意客

We provide our **patrons** with the best service possible.
（当店は**得意客**に最良のサービスを提供いたします）

《**patron** of＋名詞》で覚えよう。

2766 □□ **grab** [grǽb]

動 ～を（不意に）つかむ，～をすばやく食べる［飲む］ 名 つかむこと，略奪

Mr. Chen **grabbed** his suitcase and went straight to the elevator hall.
（Chen さんはスーツケースを**つかむ**と，そのままエレベーターホールに進んだ）

《**grab**＋目的語［名詞］》《**grab** *A* from *B*》で覚えよう。 □ **grab** media attention「メディアの注目を浴びる」 □ **grab** a bite (to eat)「軽く食事をとる」

2767 □□ **capture** [kǽptʃər]

動 ～を捕える，～を占拠する，～を勝ち取る 名 捕獲，捕虜

Cube Games' latest release didn't **capture** the interest of teens.
（Cube Games 社の最新作は 10 代の関心を**捉え**られなかった）

《**capture**＋目的語［名詞］》，名詞は《**capture** of＋名詞》で覚えよう。

2768 □□ **seize** [síːz]

動 ～をつかむ，～を握る，～を捕える，～を差し押さえる，押収する

Saira **seized** the opportunity to speak at a conference in Dubai.
（Saira はドバイでの会議で話す機会を**つかんだ**）

《**seize**＋目的語［名詞］（＋from＋名詞）》《*be* **seized** with＋名詞》で覚えよう。

2769 □□ **mental** [méntl]

形 心の，精神（的）の，知能の，知力の，（計算などを）そらでする

Both physical and **mental** strengths are needed to win a game.
（試合に勝つには肉体的な力と**精神的な**力の両方が必要になる）

《**mental**＋名詞》《連結動詞＋**mental**》で覚えよう。 □ **mental** arithmetic「暗算」

2770 □□ **psychological** [sàikəlάdʒikl]

形 心理学の，心の

People maintain physical and **psychological** distance in communication.
（人々はコミュニケーションにおいて肉体的，そして**心理的な**距離を保つ）

《**psychological**＋名詞》《連結動詞＋**psychological**》で覚えよう。

2771 □□ **youth** [júːθ]

名 青年時代，青春時代，若さ，若者

Educating **youth** about healthcare is urgent.
（健康管理について**若者**を教育することは急務である）

《**youth** of＋名詞》で覚えよう。

2772 □□ **youngster** [jʌ́ŋstər]

名 若者，若手

A survey shows that **youngsters** find it hard to manage a budget.
（ある調査では，**若い人々**は予算を管理するのが苦手である）

《**youngster** of＋名詞》で覚えよう。 □ **youngster** psychology「青少年心理学」

2773 □□ **principle** [prínsəpl]

名 原理，原則，主義，道理

I will accept Anya's proposal in **principle**.
（**原則**として Anya の提案を受け入れます）

《**principle** of＋名詞》《**principle** behind＋名詞》《**principle**＋that 節》で覚えよう。 □ in **principle**「原則として」

2774 □□ **principal** [prínsəpl]

形 首位の，主要な 名 （団体の）長，校長

The **principal** aim of running a company is to stay profitable and grow in business.（会社経営の**主な**目的は，利益を出して成長していくことだ）

《**principal**＋名詞》，名詞は《**principal** of/with＋名詞》で覚えよう。

2775 □□ **frame** [fréim]

名 骨組み，フレーム，縁，体格 動 ～の骨組みを作る，～を構成する，～をでっち上げる

Ms. Ribka displays her diplomas in wooden **frames** in her office.
（Ribka さんは自分の学位証明書を木製の**額**に入れてオフィスに飾っている）

《**frame** of＋名詞》，動詞は《**frame**＋目的語［名詞］》で覚えよう。 □ **frame** a conclusion「結論をまとめる」 □ **frame** an idea「考えをまとめる」

2776 □□ **framework** [fréimwə̀ːrk]

名 骨組み，枠組み，体制，構想

We will put a new **framework** in place to handle customer feedback.
（当社は顧客からの意見に対応するために新しい**枠組み**を実行します）

《**framework** of/for＋名詞》で覚えよう。

2777 □□ **stare** [stéər]

動 じっと見る，じろじろ見る 名 じっと見ること，凝視

The client **stared** at me with a disapproving look while checking the estimates.（見積もりを確認しながら，顧客は納得できない目で私を**見つめた**）

《**stare** at＋名詞》《**stare** into/out of＋名詞》《**stare** through/around/across＋名詞》，名詞は《**stare** of＋名詞》《**stare** at/into/through＋名詞》で覚えよう。

2778 □□ **gaze** [géiz]

動 《gaze at ... で》～をじっと見つめる，～を凝視する 名 注視

Coworkers **gazed** at Nadia's demonstration in admiration.
（同僚たちは Nadia の実演を称賛の目で**見た**）

動詞，名詞ともに《**gaze** at/into＋名詞》で覚えよう。

2779 □□ **preserve** [prizə́ːrv]

動 ～を保存する，～を保護する，～を貯蔵する，～を維持する　名 保存，自然保護地域，領域

◤ Fermentation is a brilliant way of **preserving** food.
（発酵は食物を**保存する**ためのすばらしい方法だ）

☞《**preserve**＋目的語［名詞］》，名詞は《**preserve** of＋名詞》で覚えよう。 □ **preserve** a custom「習慣を守る」□ **preserve** an appropriate level of ...「～の適切な水準を維持する」

2780 □□ **defend** [difénd]

動 ～を防御する，～を擁護する，～を支持する

◤ This software effectively **defends** against viruses.
（このソフトウェアは効果的にウィルスから**身を守る**）

☞《**defend**＋目的語［名詞］》《**defend** *A* against/from *B*》で覚えよう。

2781 □□ **defense** [diféns]

名 防御，守り，弁護，弁明，守備

◤ Our legal **defense** maintains the users' improper use of the product.
（当社は法的**防御**として，ユーザの製品の使い方が適切でないと主張いたします）

☞《**defense** of＋名詞》《**defense** against＋名詞》で覚えよう。 □ in **defense** of ...「～を守るために」

2782 □□ **offense** [əféns]

名 犯罪，違反，攻撃，立腹，侮辱

◤ If anyone took **offense** at my comment, that's not what I intended.
（私の発言を**不快**に感じた人がいたなら，それは私が意図したことではありません）

☞《**offense** of＋名詞》《**offense** at/to＋名詞》《**offense** against＋名詞》で覚えよう。 □ take **offense** at ...「～を不快に感じる」□ give **offense** to ...「～を不快に感じさせる」

2783 □□ **violent** [váiələnt]

形 暴力的な，乱暴な，強烈な，激しい，猛烈な

◤ The earthquake brought **violent** tremors.
（その地震は**激しい**揺れをもたらした）

☞《**violent**＋名詞》《連結動詞＋**violent**》《連結動詞＋**violent** to/toward＋名詞》で覚えよう。

2784 □□ **violence** [váiələns]

名 暴力，乱暴，暴行，猛威，激しさ

◤ Some cases of **violence** within medical facilities have been reported.
（医療施設内でいくつかの**暴力**事件が報告されている）

☞《**violence** of＋名詞》《**violence** against＋名詞》《**violence** toward＋名詞》《**violence** between/among/within＋名詞》で覚えよう。

2785 □□ **vision** [víʒən]

名 視力，視覚，洞察力，展望，未来像

◤ We need a global **vision** for further expansions in the future.
（将来的にさらに拡大を続けるための世界的な**未来像**を必要としています）

☞《**vision** of＋名詞》《**vision** for＋名詞》で覚えよう。

2786 □□ **envision** [envíʒən]

動 ～を想像する，～を思い描く，～（である）と見込む

The CEO is **envisioning** the project's success as a crucial step forward.
（CEO はそのプロジェクトの成功が重要な前進になると**見込んでいる**）

☞《**envision**＋目的語［名詞］》《**envision**＋that 節》《It is **envisioned**＋that 節》で覚えよう。今後に起こりそうなポジティブなことを「思い描く」という意味。

2787 □□ **visible** [vízəbl]

形 可視の，目に見える，周知の，明白な，見やすい

Don had no **visible** injuries from the accident.
（Don は事故によって**目に見える**傷は負っていなかった）

☞《**visible**＋名詞》《連結動詞＋**visible**》《連結動詞＋**visible** to＋人》《It is **visible**＋that 節》で覚えよう。

2788 □□ **option** [ápʃən]

名 選択肢

Brad offered a viable **option** when he criticized my proposal.
（Brad は私の提案を批判して，実行可能な**選択肢**を示してくれた）

☞《**option** of＋名詞》《**option** for＋名詞》《**option**＋to 不定詞》で覚えよう。

2789 □□ **optional** [ápʃənl]

形 選択の，任意の

I'd like to know how much the **optional** services cost.
（**選択できる**サービスの料金を知りたいのです）

☞《**optional**＋名詞》《連結動詞＋**optional**》《It is **optional**＋to 不定詞》で覚えよう。

2790 □□ **rough** [rʌ́f]

形 おおよその，大ざっぱな，でこぼこの，ザラザラした，（天候が）荒れた，乱暴な
名 でこぼこの土地，未完成品

I'll have to confirm later, but I can give you a **rough** estimate now.
（のちほど確認する必要がありますが，**大まかな**見積もりはいまお出しすることができます）

☞《**rough**＋名詞》《連結動詞＋**rough**》，名詞は《**rough** of＋名詞》で覚えよう。

2791 □□ **roughly** [rʌ́fli]

副 およそ，だいたい

Roughly half of our managers have been with us since graduation.
（当社の管理職の**およそ**半分は大学卒業以来ずっと勤めている）

☞ □ **roughly** speaking「大まかにいって」

2792 □□ **annual** [ǽnjuəl]

形 年次の，年に一度の，毎年恒例の　名 年報，一年生植物

The organization will hold its **annual** meeting on June 14th.
（その組織は 6 月 14 日に**年次**会議を開催する）

☞《**annual**＋名詞》で覚えよう。「1 年単位で作成される」「1 年に一度行われる」という意味。 □ **annual** report「年次財務報告書」 □ **annual** checkup「年次健康診断」

2793 □□ **annually** [ǽnjuəli]

副 毎年，年一回で

We can save $1 million **annually** by outsourcing manufacturing.
（当社は製造を外注化することで**毎年** 100 万ドルを節約できます）

☞《**annually**＋動詞・形容詞》で覚えよう。 □ **annually** renew ...「～を毎年 1 回更新する」

2794 □□ **accompany** [əkʌ́mpəni]

動 ～に同行する，～に同時に起こる

The CEO is **accompanied** by his aide on a business trip.
（CEO の出張には側近が**同行する**）

☞《**accompany**＋目的語［名詞］》で覚えよう。*A* **accompany** *B* で「*A* が *B* に同行する」という意味。そこから，付録などの形で「*A* が *B* に付属する」という意味もある。

2795 □□ **greet** [gríːt]

動 ～にあいさつする，～を迎える

The delegates warmly **greeted** each other.
（代表団は互いに温かく**あいさつを交わした**）

☞《**greet**＋人》で覚えよう。 □ *be* **greeted** with cheers で「かっさいを浴びる」

2796 □□ **retreat** [ritríːt]

動 後退する，退く，～を後退させる 名 避難，引退，避難所

Growing labor costs forced us to **retreat** from manufacturing.
（人件費の増大により当社は製造から**撤退する**しかなかった）

☞《**retreat**＋目的語［名詞］》《**retreat** from/to/into＋名詞》，名詞は《**retreat** of＋名詞》《**retreat** from/to/into＋名詞》《**retreat** for＋名詞》で覚えよう。

2797 □□ **passenger** [pǽsəndʒər]

名 乗客，搭乗客，旅行者

Many airline **passengers** had to change their travel plans due to the heavy snow.
（大雪のために多くの**旅客**が旅行計画を変更しなければならなかった）

☞《**passenger** of＋名詞》《**passenger** for＋名詞》《**passenger** in/on＋名詞》で覚えよう。

2798 □□ **carbon** [kɑ́ːrbən]

名 炭素，複写，コピー

Many corporations are working to reduce their **carbon** footprints.
（多くの企業は自社の二酸化**炭素**排出量を減らすべく取り組んでいる）

☞《**carbon** of＋名詞》《**carbon** in/from＋名詞》で覚えよう。 □ **carbon**-free/**carbon**-neutral「二酸化炭素を排出しない」

2799 □□ **elderly** [éldərli]

形 年配の，初老の

An increasing number of our **elderly** clients are seeking loans.
（融資を求める**高齢の**顧客が増加している）

☞《**elderly**＋名詞》《連結動詞＋**elderly**》で覚えよう。 □ the **elderly**「高齢者」

2800 □□ **substance** [sʌ́bstəns]

名 物質，もの，趣旨，実体，中身

No toxic **substances** have been found at the construction site.
（その建築現場で有毒**物質**は見つかっていない）

《**substance** of＋名詞》《**substance** in＋名詞》《**substance** to＋名詞》で覚えよう。 □ in **substance**「実質的に」 □ of **substance**「実質のある」 □ without **substance**「虚偽の」

2801 □□ **substantial** [səbstǽnʃl]

形 実体のある，本当の，実力のある，かなりの

Clarence Ltd. has made **substantial** contributions to charities.
（Clarence Ltd. 社は慈善活動に**かなりの**献金をしている）

《**substantial**＋名詞》《連結動詞＋**substantial**》で覚えよう。 □ **substantial** means「かなりの資産」

2802 □□ **substantially** [səbstǽnʃəli]

副 実質的に，だいたいは，十分に，しっかりと

Mr. Mancelli's leadership **substantially** increased the company's profits.
（Mancelli さんの指導力により，会社は**かなり**利益を増やした）

《**substantially**＋動詞・形容詞》で覚えよう。 □ **substantially** increase「かなり増える」

2803 □□ **ignore** [ignɔ́ːr]

動 ～を無視する，～を黙殺する

Our quality control never **ignores** warning signs of product defects.
（当社の品質管理は，製品の欠陥を示す警告サインを**無視する**ことはない）

《**ignore**＋目的語［名詞］》《**ignore**＋that 節》《It is **ignored**＋that 節》で覚えよう。

2804 □□ **neglect** [niglékt]

動 ～を無視する，～を放置する 名 無視，欠如

My complaint about the defective goods was **neglected** for a month.
（欠陥商品についての私の苦情は 1 か月**放置された**）

《**neglect**＋目的語［名詞］》《**neglect**＋that 節》《**neglect**＋to 不定詞》，名詞は《**neglect** of＋名詞》で覚えよう。

2805 □□ **positive** [pɑ́zətiv]

形 肯定の，確かな，前向きな，建設的な，有益な，明確な，積極的な，正の 名 よい面，プラス面，陽画，ポジ，陽性

We are thrilled at the extremely **positive** reaction to our new product.
（当社新製品に対するきわめて**肯定的な**反応に喜んでおります）

I'm **positive** that I put the documents here yesterday.
（きのう，ここに書類を置いたのは**確かです**）

《**positive**＋名詞》《連結動詞＋**positive**》《連結動詞＋**positive** about＋名詞》《連結動詞＋**positive**＋that 節》，名詞は《**positive** of＋名詞》《**positive** for＋名詞》で覚えよう。**positive**/negative の組み合わせで覚えよう。 □ Are you **positive**?「確かですか」 □ I'm **positive**.「間違いありません」 □ test **positive**「検査で陽性となる」

2806 □□ **negative** [négətiv]

形 否定の，否定的な，消極的な，負の　名 否定，欠点，陰画，ネガ，陰性

Online music services had a **negative** impact on CD sales.
（オンライン音楽サービスは CD 販売に**否定的な**影響を与えた）

☞《**negative**＋名詞》《連結動詞＋**negative**》《連結動詞＋**negative** about＋名詞》《連結動詞＋**negative**＋that 節》，名詞は《**negative** of＋名詞》《**negative** for＋名詞》で覚えよう。 □ in the **negative**「否定的に」

2807 □□ **affirmative** [əfə́ːrmətiv]

名 肯定的な表現［答え］　形 肯定的な，断定的な

The attorney responded in the **affirmative**.
（弁護士は**肯定的な回答**をした）

☞《in the **affirmative**》，形容詞は《**affirmative**＋名詞》《連結動詞＋**affirmative**》《連結動詞＋**affirmative** of＋名詞》《連結動詞＋**affirmative** about＋名詞》で覚えよう。**affirmative**/negative の組み合わせで覚えよう。 □ in the **affirmative**「肯定して」

2808 □□ **border** [bɔ́ːrdər]

名 境界線，国境

Border disputes between countries could bring serious consequences.
（国と国の間の**国境**紛争は深刻な結果をもたらしかねない）

☞《**border** of＋名詞》《**border** between/with＋名詞》で覚えよう。 □ across the **border**「国境を越えて」 □ on the **border**「国境に」

2809 □□ **territory** [térətɔ̀ːri]

名 地域，領土，統治領，担当区域，分野，縄張り

The utilities company will review its safety procedures in its service **territory**.（その公益企業は，サービス提供**区域**での安全手続きを見直すことになる）

☞《**territory** of＋名詞》で覚えよう。 □ sales **territory**「営業範囲」

2810 □□ **boundary** [báundəri]

名 境界線，限度，限界

It is desirable to set **boundaries** between public and private.
（公私に**境界線**を設けるのが望ましい）

☞《**boundary** of/between＋名詞》《within/beyond the **boundaries** of＋名詞》で覚えよう。

2811 □□ **revolution** [rèvəljúːʃən]

名（大）革命

More manual labor jobs may be lost to the digital **revolution**.
（さらに多くの手仕事職がデジタル**革命**に奪われることになるだろう）

☞《**revolution** of＋名詞》《**revolution** in＋名詞》《**revolution** against＋名詞》《**revolution** around＋名詞》で覚えよう。

2812 □□ **revolutionize** [revəljúːʃənàiz]

動 ～に大改革をもたらす，～に革命を起こす

This innovation will **revolutionize** the whole digital imaging industry.
（この技術革新はデジタル映像業界全体に**革命を起こす**だろう）

☞《**revolutionize**＋目的語［名詞］》で覚えよう。

2813 □□ **vehicle** [víːəkl]

名（エンジンで動く）乗り物，車，通信手段

Mass production of automotive **vehicles** started in the early 1900s.
（1900 年代初頭に自動**車**の大量生産が始まった）

☞《**vehicle** of＋名詞》《**vehicle** for＋名詞》で覚えよう。エンジンを持つ乗物の総称。

2814 □□ **vessel** [vésl]

名 船舶，大型船，血管

A cargo **vessel** ran aground off the coast in the Indian Ocean.
（インド洋沖で貨物**船**が座礁した）

High blood pressure can damage blood **vessels**.
（高血圧は血**管**を損傷させることがある）

☞《**vessel** of＋名詞》で覚えよう。本来は「液体を入れる容器」という意味。 □ cargo **vessel**「貨物船」 □ blood **vessel**「血管」

2815 □□ **contribute** [kəntríbjuːt]

動 ～を寄付する，～を寄稿する，《contribute to ... で》貢献する，原因となる

Western Corp. **contributed** $10,000 to a charity fund.
（Western Corp. 社は慈善基金に 1 万ドルを**寄付した**）

☞《**contribute**＋目的語［名詞］》《**contribute** *A* to *B*》《**contribute** to/toward＋名詞》で覚えよう。

2816 □□ **contribution** [kὰntribjúːʃən]

名 貢献，寄付，寄稿

Jin wants to make a **contribution** to the project.
（Jin はそのプロジェクトに**貢献**したいと思っている）

☞《**contribution** of＋名詞》《**contribution** to/toward/from＋名詞》で覚えよう。

2817 □□ **contributor** [kəntríbjətər]

名 寄付者，貢献者，寄稿者

Mr. Chen was a key **contributor** to the journal.
（Chen さんはその雑誌への主要な**寄稿者**だった）

☞《**contributor** of＋名詞》《**contributor** to＋名詞》で覚えよう。

2818 □□ **request** [rikwést]

名 依頼（書），要請 動 ～を依頼する，～を要請する

The client made a reasonable **request** that we can accommodate.
（顧客は妥当な**求め**をしてきたので，当社は受け入れることができる）

I would like to **request** an estimate for our house renovations.
（私の家を改修するための見積もり書を**依頼したい**と思います）

☞《**request** for＋名詞》《**request**＋that 節》《**request**＋to 不定詞》《**request** from/to＋人》，動詞は《**request**＋目的語［名詞］（＋from/of＋人）》《**request**＋that 節》《It is **requested**＋that 節》《**request**＋人＋to 不定詞》《*be* **requested**＋to 不定詞》で覚えよう。 □ on **request**「依頼されて」 □ by **request**「依頼により」 □ at *someone's* **request**「～の依頼により」

2819 □□ **beg** [bég]

動 ～に懇願する

Josie **begged** Mr. Edwards for an extension of the deadline.
(Josie は Edwards さんに締め切りの延長を**お願いした**)

☞《**beg**＋目的語［名詞］(＋from＋人)》《**beg**(＋人)＋for＋名詞》《**beg**＋that 節》《**beg**(＋人)＋to 不定詞》で覚えよう。 □ I **beg** your pardon.「もう一度いっていただけますか」□ I **beg** to differ.「残念ながら同意できません」

2820 □□ **appeal** [əpíːl]

動 懇願する，呼びかける，要請する 名 懇願，要請，上訴

The company's clothing brands **appeal** to teenagers in particular.
(同社のその衣服ブランドは特に 10 代に**訴求してい**る)

☞《**appeal** for/against＋名詞》《**appeal** to＋人》《**appeal** to＋人＋to 不定詞》，名詞は《**appeal** for/against＋名詞》《**appeal** from/to＋名詞》《**appeal**＋that 節》《**appeal**＋to 不定詞》で覚えよう。現在分詞形 appealing は「魅力的な，興味をそそる」という意味の形容詞としても使う。

2821 □□ **select** [səlékt]

動 ～を選ぶ，～を選出［選抜／選択］する 形 選んだ，選りすぐりの，高級な

You can **select** a luncheon menu from different options.
(異なるオプションから昼食会用のメニューを**お選びいただけます**)

☞《**select**＋目的語［名詞］》《**select** *A* from *B*》《**select** *A* as *B*》《**select**＋人＋for＋名詞》《**select**＋人＋to 不定詞》で覚えよう。

2822 □□ **selection** [səlékʃən]

名 選択，選抜，精選，選択物，抜粋，選集，淘汰

Bath & Home offers a wide **selection** of goods for your bathroom.
(Bath & Home 社は，バスルーム用に幅広く**選択できる商品**を提供している)

☞《**selection** of＋名詞》《**selection** from＋名詞》《**selection** as＋名詞》《**selection** for＋名詞》で覚えよう。

2823 □□ **slightly** [sláitli]

副 わずかに，少し，細く

Bath Lotions **slightly** lowered prices to attract more customers.
(さらに多くの顧客をつかむために，Bath Lotions 社は価格を**わずかに**引き下げた)

☞《**slightly**＋動詞・形容詞》で覚えよう。 □ **slightly** different「わずかに異なる」

2824 □□ **slight** [sláit]

形 わずかな，少しばかりの，軽い，ほっそりした

There are **slight** differences in power performance among these computer chips.(これらのコンピュータ用集積回路の電力性能には**わずかな**違いがある)

☞《**slight**＋名詞》で覚えよう。

2825 □□ **eager** [íːgər]

形 ～を熱望して，～したいと思って，熱心な

Juan is **eager** to get the new project started.
(Juan は新プロジェクトに着手することを**熱望してい**る)

☞《**eager**＋名詞》《連結動詞＋**eager**》《連結動詞＋**eager**＋to 不定詞》《連結動詞＋**eager** for＋名詞》《連結動詞＋**eager**＋that 節》で覚えよう。

2826 □□ **avid** [ǽvid]

形 熱心な，貪欲な

◤ Ms. LaFayette is an **avid** collector of old package designs.
（LaFayette さんは古いパッケージデザインの**熱心な**収集家です）

☞《**avid**＋名詞》で覚えよう。

2827 □□ **potential** [pəténʃəl]

名 将来性，可能性，見込み　形 可能性がある，潜在能力がある

◤ I see a lot of **potential** in your proposal.
（あなたの提案には多くの**可能性**があります）

◤ Poor Web site design could disappoint our **potential** customers.
（貧弱なウェブサイトのデザインは**潜在**顧客をがっかりさせる可能性がある）

☞《**potential** of＋名詞》《**potential** as＋名詞》《**potential** for＋名詞・動名詞》《**potential**＋that 節》《**potential**＋to 不定詞》，形容詞は《**potential**＋名詞》で覚えよう。

2828 □□ **potentially** [pəténʃəli]

副 潜在的に

◤ We should assess risk when we're in a **potentially** dangerous situation.
（危険な状況に**なりかねない**ときはリスクの程度を評価するべきです）

☞《**potentially**＋動詞・形容詞》で覚えよう。 □ **potentially** improve「改善する可能性はある」

2829 □□ **disaster** [dizǽstər]

名 災害，大惨事，大災難，完全な失敗，失敗作

◤ Our **disaster** control measures protect our business and the local community.（当社の**災害**抑制対策は当社の事業と地域社会を守ります）

☞《**disaster** of＋名詞》《**disaster** for＋名詞》で覚えよう。 □ **disaster**-stricken「被災した，災害に見舞われた」

2830 □□ **flood** [flʌ́d]

動 氾濫する，～を水びたしにする，～に押し寄せる，～をいっぱいにする　名 洪水，殺到

◤ Once we had a big hit, the market was **flooded** with similar products.
（当社が大ヒット商品を出すと，市場は類似商品で**いっぱいになった**）

☞《**flood**＋目的語［名詞］》《**flood** *A* with *B*》《**flood** into＋名詞》，名詞は《**flood** of＋名詞》で覚えよう。

2831 □□ **earthquake** [ə́ːrθkwèik]

名 地震，大激震，変動（＝quake）

◤ The train service has temporarily stopped because of an **earthquake**.
（鉄道交通は**地震**のために一時的に止まった）

☞《**earthquake** in＋名詞》《**earthquake** of＋名詞》で覚えよう。短縮形 quake も使う。

2832 □□ **drought** [dráut]

名 日照り，干ばつ，欠乏

◤ We had a severe **drought** last summer.
（昨年の夏はひどい**干ばつ**があった）

☞《**drought** of＋名詞》で覚えよう。 □ information **drought**「情報不足」

2833 □□ **evacuate** [ivǽkjuèit]

動 ～を避難させる，～を空にする，（危険な場所）から撤退［避難］する

We started to **evacuate** the building once we heard the fire alarm.
（火災警報を聞いてすぐに私たちは建物から**避難し**始めた）

☞《**evacuate**＋目的語［名詞］》《**evacuate**＋人＋from＋名詞》で覚えよう。

2834 □□ **rescue** [réskjuː]

動 ～を救う，～を救助する，～を奪回する　名 救助，救出，救援

Perlman Industries **rescued** the company from its financial crisis.
（Perlman 産業はその会社を財務危機から**救った**）

☞《**rescue**＋目的語［名詞］》《**rescue** *A* from *B*》，名詞は《**rescue** of＋名詞》《**rescue** from＋名詞》で覚えよう。

2835 □□ **recover** [rikʌ́vər]

動 健康を取り戻す，回復する，立ち直る，～を取り戻す，～を償う

We were able to **recover** from the loss more quickly than expected.
（予想よりも早く損失から**回復でき**ました）

Some artifacts were **recovered** from the ancient ruins.
（古代遺跡からいくつかの遺物が**回収された**）

☞《**recover** from＋名詞》《**recover**＋目的語［名詞］》《**recover** *A* from *B*》で覚えよう。

2836 □□ **recovery** [rikʌ́vəri]

名 復帰，回復，修復，立ち直り，回収

I wish you a fast **recovery**.
（早く**回復**なさるようにお祈りしています）

A **recovery** operation of a shipwreck is underway.
（海難船の**復旧**作業が進行している）

☞《**recovery** of＋名詞》《**recovery** from＋名詞》《**recovery** in＋名詞》《**recovery** to＋名詞》で覚えよう。

2837 □□ **previous** [príːviəs]

形 前の，以前の，先の，事前の，先立つ

In my **previous** job, I focused on debugging software codes.
（**前**職で私は，ソフトウェア用プログラムのバグを修正する業務に集中して取り組みました）

☞《**previous**＋名詞》で覚えよう。

2838 □□ **previously** [príːviəsli]

副 前もって，あらかじめ，以前に

I **previously** thought we should cut our prices, but now I think otherwise.
（私は**以前は**価格を引き下げる必要があると考えましたが，今はそうは思いません）

☞《**previously**＋動詞・形容詞》で覚えよう。□ **previously** known as ...「以前は～として知られていた」

2839 □□ **conclude** [kənklúːd]

動 ～という結論を出す，～という判断を下す，～を完結させる，～を締結する

I'd like to **conclude** this meeting by summarizing what we discussed.
（話し合った内容を要約することで，この会議を**終えたい**と思います）

☞《**conclude**＋目的語［名詞］》《**conclude**＋that 節》《It is **concluded**＋that 節》で覚えよう。

2840 □□ **conclusion** [kənklúːʒən]

名 結論，結果，締結

In order to reach a valid **conclusion**, we need all the facts.
（妥当な**結論**に達するために，事実をすべて入手する必要があります）

☞《**conclusion** of＋名詞》《**conclusion** about/regarding＋名詞》《**conclusion**＋that 節》で覚えよう。
□ in **conclusion**「結論として」

2841 □□ **corporate** [kɔ́ːrpərət]

形 法人組織の，企業の，法人格のある，集団の

Ms. Wright practices **corporate** law.
（Wright さんは**企業**弁護士をしている）

☞《**corporate**＋名詞》で覚えよう。 □ **corporate** culture「企業文化」 □ **corporate** identity「企業としてのあり方」

2842 □□ **corporation** [kɔ̀ːrpəréiʃən]

名 法人，民間企業，団体

Not every **corporation** pays corporate tax.
（**企業**のすべてが法人税を納めているわけではない）

☞《**corporation** of＋名詞》で覚えよう。複数の company/firm/business「企業」を傘下に抱える「大企業」を指すことも多い。

2843 □□ **enterprise** [éntərpràiz]

名 事業，企業，企て

After selling his company, Mr. Ali launched an e-commerce **enterprise**.
（Ali さんは自分の会社を売却してから，ネット販売**企業**を立ち上げた）

☞《**enterprise** of＋名詞》で覚えよう。 □ **enterprise** activity「企業活動」 □ **enterprise** advertisement「企業広告」

2844 □□ **endure** [endjúər]

動 ～に耐える，～を持続させる，～を持ちこたえる

Kelly **endured** a series of hardships before starting her own business.
（Kelly は自分で事業を始めるまで一連の困難に**耐えた**）

☞《**endure**＋目的語［名詞］》《**endure**＋動名詞》で覚えよう。

2845 □□ **platform** [plǽtfɔ̀ːrm]

名 プラットホーム，教壇，デッキ，綱領，方式，有利な立場

We'd like all the guests to stand on the **platform**.
（ゲスト全員に**壇**上にのぼっていただきたいと思います）

The express train for Maibara leaves from **platform** zero.
（米原行きの特急列車はゼロ番**ホーム**から出発します）

☞《**platform** of＋名詞》《**platform** for＋名詞》で覚えよう。 □ **platform** for networking「ネットワークの基盤」

2846 □□ **strain** [stréin]

名 緊張，負担　動 ～を引っ張る，～を痛める，～を(無理をして)損ねる，～をろ過する，全力で～する

Severe competition is putting a **strain** on the two companies' relationship.
(厳しい競争が両社の関係に**緊張**をもたらしている)

☞《**strain** of＋名詞》《**strain** for＋名詞》《**strain** on＋名詞》，動詞は《**strain**＋目的語 [名詞]》《**strain** ＋to 不定詞》で覚えよう。 □ under **strain**「緊張して」

2847 □□ **symptom** [símptəm]

名 症状，症候，兆候，しるし

Symptoms of mental disorder include sleep problems and anxiety.
(精神面の不調の**症状**は睡眠障害や不安を含む)

☞《**symptom** of＋名詞》《**symptom**＋that 節》で覚えよう。

2848 □□ **institute** [ínstət/ùːt]

動 ～を設ける，～を制定する，～を開始する　名 学会，協会，研究所

The government will **institute** comprehensive environmental policies.
（政府は包括的な環境政策を**作定する**だろう）

☞《**institute**＋目的語［名詞］》，名詞は《**institute** of/for＋名詞》で覚えよう。

2849 □□ **institution** [ìnstət/úːʃən]

名（公共）機関，施設，団体，制度，制定

Financial **institutions** benefit from higher interest rates.
（金融**機関**は上昇した金利から利益を得る）

☞《**institution** of＋名詞》《**institution** for＋名詞》で覚えよう。

2850 □□ **institutional** [ìnstət/úːʃənl]

形 制度の，機関の，おなじみの

Institutional investors trade securities to generate returns for clients.
（**機関**投資家は証券取引を行って，顧客のための利益を生む）

☞《**institutional**＋名詞》で覚えよう。

2851 □□ **frequently** [fríːkwəntli]

副 高い頻度で，たびたび，頻繁に

Please refer to our Web site's **frequently** asked questions page.
（当社ウェブサイトの**よく**寄せられる質問のページをご覧ください）

☞《**frequently**＋動詞・形容詞》で覚えよう。　□ **frequently** asked questions「よくある質問」(＝FAQs)

2852 □□ **frequent** [fríːkwənt; friːkwént]

形 頻繁な，たびたびの　動 ～によく行く，～に集まる

I felt that the **frequent** use of computer graphics spoiled the film.
（コンピュータグラフィクスの**多**用がその映画をだめにしているように感じた）

☞《**frequent**＋名詞》《連結動詞＋**frequent**》，動詞は《**frequent**＋目的語［名詞］》で覚えよう。

2853 □□ **frequency** [fríːkwənsi]

名 頻度，頻発

The **frequency** of faults with these machines seems to be increasing.
（これらの機械の欠陥の**頻度**は増加しているようだ）

☞《**frequency** of＋名詞》で覚えよう。

2854 □□ **confirm** [kənfə́ːrm]

動 ～を確認する，～を承認する，（決意など）を確かにする

We **confirmed** the details of the report before making a decision.
（決定を下す前に報告書の詳細を**確認した**）

☞《**confirm**＋目的語［名詞］》《**confirm**＋that 節》《It is **confirmed**＋that 節》《*be* **confirmed**＋to 不定詞》で覚えよう。

2855 □□ **confirmation** [kànfərméiʃən]

名 確認（書），立証，承認，支持

After receiving the package, could you send me a **confirmation** email?
（荷物を受け取ったら**確認**のメールを送っていただけますか）

☞《**confirmation** of＋名詞》《**confirmation** about＋名詞》《**confirmation**＋that 節》で覚えよう。

2856 □□ **item** [áitəm]

名 項目，アイテム，品物，記事

OfficeCity usually offers discounts on **items** ordered in bulk.
（OfficeCity 社は通常，大量発注された**商品**の代金を割引く）

☞《**item** of＋名詞》《**item** about/on＋名詞》で覚えよう。 □ **item** by **item**「ひとつずつ，個別に」

2857 □□ **itemize** [áitəmàiz]

動 ～を箇条書きにする，～を項目別にする

Please **itemize** your expenses on the form for submission.
（提出する用紙に経費を**項目別に整理して**ください）

☞《**itemize**＋目的語［名詞］》で覚えよう。

2858 □□ **religion** [rilídʒən]

名 宗教，信条，打ち込んでいるもの

I'm writing a paper on native **religions** in Latin America.
（ラテンアメリカの土着の**宗教**について論文を書いています）

☞《**religion** of＋名詞》で覚えよう。

2859 □□ **religious** [rilídʒəs]

形 宗教上の，信仰深い，厳正な

Our behavior is influenced by our cultural and **religious** traditions.
（私たちの行動は，私たちの文化的，**宗教的な**伝統に影響される）

☞《**religious**＋名詞》《連結動詞＋**religious**》で覚えよう。

2860 □□ **alternative** [ɔːltə́ːrnətiv]

形 代わりの，別の　名 別の可能性，選択肢

Louise suggested an **alternative** method for our quality control process.
（Louise は品質管理の**代替**方法を提案した）

☞《**alternative**＋名詞》，名詞は《**alternative** of＋名詞》《**alternative** for/to＋名詞》で覚えよう。

2861 □□ **alternatively** [ɔːltə́ːrnətivli]

副 代わりに，代替方法として

Alternatively, we could return to the hotel for lunch.
（**あるいは**，昼食のためにホテルに戻ることもできます）

☞ □ or **alternatively**「あるいは」

2862 □□ **alternate** [ɔ́:ltərnət, ǽl-; ɔ́:ltərneit, ǽl-]

形 交互の，代わる代わるの，代替の　動 交替する，（2つのものを交互に）交替させる

The trains were stopped, so I took an **alternate** route.
（電車が止まってしまったので，**代替**ルートを利用しました）

☞《**alternate**＋名詞》，動詞は《**alternate**＋目的語［名詞］》《**alternate** with/between＋名詞》で覚えよう。

2863 □□ **alter** [ɔ́:ltər]

動 ～を変更する，～を変える，～を改める

We **altered** the terms of the contract with our main supplier.
（当社は主要供給業者との契約条件を**変更しました**）

☞《**alter**＋目的語［名詞］》《have/get＋目的語［名詞］＋**altered**》で覚えよう。単に「変える」のではなく，「よりよくする」（＝improve）という意味が加わる。

2864 □□ **rotate** [róuteit]

動 ～を回転させる，～を交代させる，～を循環させる，回転する，交代する，循環する

Employees take the training course on a **rotating** basis.
（従業員は**交代**制で研修コースを受講する）

☞《**rotate**＋目的語［名詞］》《**rotate** around＋名詞》で覚えよう。

2865 □□ **celebrate** [séləbrèit]

動 ～を祝う，祝典をする，～をほめたたえる

Our company is **celebrating** its fifth anniversary this year.
（当社は今年創業５周年を**祝います**）

☞《**celebrate**＋目的語［名詞］》《**celebrate**＋that 節》で覚えよう。

2866 □□ **celebration** [sèləbréiʃən]

名 祝賀，祝祭

A new arrival in your family is definitely a cause for **celebration**.
（新しい子が生まれたことは，ぜひとも**お祝い**すべきですよ）

☞《**celebration** of＋名詞》で覚えよう。 □ cause for **celebration**「祝う理由」□ in **celebration** of ...「～を祝って」

2867 □□ **explore** [iksplɔ́:r]

動（～を）探検する，～を調査する

The managers are **exploring** the possibility of expanding our business.
（部長たちは事業を拡大する可能性を**探っている**）

☞《**explore**＋目的語［名詞］》《**explore** *A* for *B*》で覚えよう。

2868 □□ **explorer** [iksplɔ́:rər]

名 探検家，調査者

The company is named after the **explorer** who discovered the island.
（その会社は，その島を発見した**探検家**にちなんで名づけられている）

☞《**explorer** of＋名詞》《**explorer** in＋名詞》で覚えよう。

2869 □□ **accomplish** [əkámpliʃ]

動 ～を成し遂げる，～を完成させる

◤The new app **accomplished** the aim of getting one million users.
（その新しいアプリはユーザ数 100 万人を得るという目的を**達成した**）

☞《**accomplish**＋目的語［名詞］》で覚えよう。努力した末に仕事や目標を「完成する，達成する」という意味。

2870 □□ **accomplishment** [əkámpliʃmənt]

名 完成，遂行，業績，成果

◤Our R&D staff have made impressive **accomplishments** recently.
（当社の研究開発部員は最近なかなかの**業績**を成し遂げている）

☞《**accomplishment** of＋名詞》《**accomplishment** in＋名詞》で覚えよう。

2871 □□ **attain** [ətéin]

動 ～を到達する，～を成し遂げる，～を獲得する

◤Grosholz Law **attained** remarkable success in the class action lawsuit.
（Grosholz 法律事務所はその集団訴訟で見事な勝利を**得た**）

☞《**attain**＋目的語［名詞］》で覚えよう。

2872 □□ **investigate** [invéstəgèit]

動 ～を調査する，～を研究する，～を捜査する，～を取り調べる

◤We'll get back to you after we **investigate** the cause of the problem.
（問題の原因を**調査して**，すぐにお返事いたします）

☞《**investigate**＋目的語［名詞］》《**investigate** *A* for *B*》で覚えよう。

2873 □□ **investigation** [invèstəgéiʃən]

名 調査，研究，捜査

◤An **investigation** into the product damage caused in transit is underway.
（配送中に生じた商品の破損についての**調査**が進行中です）

☞《**investigation** of＋名詞》《**investigation** into＋名詞》で覚えよう。 □ under **investigation**「調査中で」 □ on **investigation**「調査してみると」

2874 □□ **actual** [ǽktʃuəl]

形 実際の，現実の

◤Do you have **actual** work experience in the field of healthcare?
（ヘルスケアの分野で**実際の**職務経験はお持ちですか）

☞《**actual**＋名詞》で覚えよう。

2875 □□ **actually** [ǽktʃuəli]

副 現実に，本当のところ，実際に

◤**Actually**, the hotel manager allowed us to use our room before check-in time.
（**実は**，ホテルの支配人がチェックイン前に部屋を使うことを許してくれたのです）

☞ 副詞として文全体を修飾する。新しい情報を付け加えたり，意外な事実を強調していうときに使う。

2876 □□ **demonstrate** [démənstrèit]

動 ～を論証する，～を証明する，～を説明する，デモをする

Breeze Inc.'s heaters **demonstrate** efficient heat radiation.
(Breeze Inc. 社のヒーターは効率のよい放熱を**実証している**)

《**demonstrate**＋目的語［名詞］》《**demonstrate**＋that/wh-/how 節》《**demonstrate**＋if/whether 節》で覚えよう。

2877 □□ **demonstration** [dèmənstréiʃən]

名 論証，証明，実証，実物宣伝，デモ，試用

Hands-on **demonstrations** are open to all attendees.
(参加者全員が自分で操作しながら自由に**試用**できる)

《**demonstration** of＋名詞》で覚えよう。

2878 □□ **exact** [igzǽkt]

形 正確な，厳密な，厳格な

Make sure to note down the client's **exact** words.
(顧客の**正確な**ことばを必ず書き留めてください)

《**exact**＋名詞》《連結動詞＋**exact**》で覚えよう。 □ to be **exact**「正確にいうなら」

2879 □□ **exactly** [igzǽktli]

副 正確に，厳密に，正確に言って，そのとおりです

The meeting will start at **exactly** 2 P.M.
(会議は午後 2 時**きっかりに**始まります)

□ Not **exactly**.「必ずしもそうではありません」

2880 □□ **exactness** [igzǽktnəs]

名 正確さ，精密さ

Thorough **exactness** is required when making a prototype.
(試作品を作るときには徹底した**正確さ**が要求される)

《**exactness** of＋名詞》《**exactness** in＋名詞》で覚えよう。

2881 □□ **strategy** [strǽtədʒi]

名 戦略，策略，計画，手段

Mr. Schiller is in charge of developing **strategies** for worldwide sales.
(Schiller さんは，世界規模での販売**戦略**を開発する責任を負う)

《**strategy** of＋名詞》《**strategy** for＋名詞》《**strategy** about/on/toward＋名詞》《**strategy**＋to 不定詞》で覚えよう。

2882 □□ **strategic** [strətíːdʒik]

形 戦略上の，戦略上重要な，戦略的な

We need **strategic** plans to maximize profits.
(利益を最大化するための**戦略的な**計画を必要としています)

《**strategic**＋名詞》《連結動詞＋**strategic**》《連結動詞＋**strategic** in/about＋名詞》で覚えよう。

2883 □□ **tactic** [tǽktik]

名 駆け引き，策略，《tactics で》戦術

We are planning our marketing **tactics** for competing with rivals.
(当社は他社と競合していくためのマーケティング**戦術**を計画中です)

☞《**tactic** of＋名詞》《**tactic** for＋名詞》《**tactic**＋to 不定詞》で覚えよう。

2884 □□ **appreciate** [əpríːʃièit]

動 価値が上がる，～を高く評価する，～を感謝する

E-Tech highly **appreciates** its design team's effort to create new product lines.
(E-Tech 社は新しい製品群を創り上げるためのデザインチームの努力を**高く評価している**)

☞《**appreciate**＋目的語［名詞］》《**appreciate**＋that/wh-/how 節》《**appreciate**＋if/whether 節》《It is **appreciated**＋that 節》で覚えよう。「～のよさを認識する」(＝realize) が基本の意味で，そこから「～の価値を理解する」「～を感謝する」「価値を増す」のように意味が広がる。 □ We would **appreciate** it if you would/could ...「～していただければ助かります」

2885 □□ **appreciation** [əprìːʃiéiʃən]

名 鑑賞すること，評価，認識，感謝，高騰

Viktor was awarded a trophy in **appreciation** of his hard work.
(Viktor は仕事でのがんばりが**評価**されてトロフィーを授与された)

☞《**appreciation** of＋名詞》《**appreciation** about＋名詞》《**appreciation**＋that 節》で覚えよう。
□ in **appreciation** of ...「～に感謝して」

2886 □□ **owe** [óu]

動 (…に) ～を支払う義務がある，～に借りがある，～の恩を受けている

How much do I **owe** you? (いくら**お支払いしなければなりません**か)

I **owe** you an apology. (お詫び**しなければなりません**)

☞《**owe**＋目的語［名詞］(＋to＋人)》《**owe**＋人＋目的語［名詞］》で覚えよう。

2887 □□ **owing to** [óuiŋ tu]

前 ～のせいで，～のおかげで

We hired more people **owing to** our rapidly growing business.
(事業の急成長が**理由となって**，さらに人を採用しました)

☞《**owing** to＋名詞》で覚えよう。owing 単独では「～を借りている，未払いの」という意味の形容詞として使う。

2888 □□ **pregnant** [prégnənt]

形 妊娠して，子を宿して

I'm happy that my daughter is **pregnant** with her first child.
(娘が初めての子を**妊娠した**ことがうれしい)

☞《**pregnant**＋名詞》《連結動詞＋**pregnant**》《連結動詞＋**pregnant** with＋名詞》で覚えよう。

2889 □□ **pregnancy** [prégnənsi]

名 妊娠 (状態／期間)

I wish you a happy and healthy **pregnancy**.
(幸せで健康な**妊娠**期間をお過ごしになりますように)

☞《**pregnancy** of＋名詞》で覚えよう。 □ during **pregnancy**「妊娠中に」

2890 □□ **forgive** [fərgív]

動 ～を許す，～を免除する

Do you think the manager will **forgive** my mistake?
（部長は私のミスを**許して**くれるでしょうか）

☞《**forgive**＋目的語［名詞］》《**forgive**＋人＋for＋名詞》で覚えよう。□ **forgive** interest on a debt「借金の利息を免除する」

2891 □□ **diagram** [dáiəgræ̀m]

名 図形，図式，図解

I'll draw a **diagram** to explain the new organization structure.
（新しい組織構造を説明する**図**を描きましょう）

☞《**diagram** of＋名詞》《**diagram** about＋名詞》で覚えよう。

2892 □□ **breed** [bríːd]

名 種族，品種　動 子を産む，～を繁殖させる，～を養育する

Certain dog **breeds** may not be brought into this country.
（特定の犬**種**はこの国に持ち込むことができない）

☞《**breed** of＋名詞》，動詞は《**breed**＋目的語［名詞］》で覚えよう。

2893 □□ **tap** [tǽp]

名 軽く叩くこと，水道　動（～を）軽くたたく，コツコツと刻む，～を指名する，（画面などを）タップする

Can you really tell the difference between bottled water and **tap** water?
（ボトル入り飲用水と**水道**水の違いがほんとうにわかりますか）

Tap the application icon to launch.
（アプリケーションアイコンを**軽くたたけば**起動します）

☞《**tap** of＋名詞》，動詞は《**tap**＋目的語［名詞］》《**tap** on＋名詞》で覚えよう。□ **tap** water「水道水」

2894 □□ **radical** [rǽdikl]

形 根本的な，急進的な，根治的な　名 急進（主義者）

A **radical** change of leadership is vital for the company to revive.
（同社が再生するためには指導部の**思い切った**変更が重要だ）

☞《**radical**＋名詞》《連結動詞＋**radical**》《連結動詞＋**radical** about＋名詞》《It is **radical**＋to 不定詞》で覚えよう。

2895 □□ **routine** [ruːtíːn]

形 決まりきった，いつもの　名 決められた方法，ルーティーン，繰り返されるもの

Officials are coming for a **routine** inspection of the factory on Friday.
（当局者が金曜日に工場の**定期**点検のために訪れる）

☞《**routine**＋名詞》《連結動詞＋**routine**》《連結動詞＋**routine** about＋名詞》《It is **routine**＋that 節》《It is **routine**＋to 不定詞》，名詞は《**routine** of＋名詞》《**routine** about＋名詞》で覚えよう。

GROUP 60

▶ 2896 - 2943

2896 □□ **colleague** [káli:g]

名 同僚，仲間，同業者

Everyone in the office was impressed with their new **colleagues**.
（オフィスのだれもが新たな**同僚**たちに感心した）

☞《**colleague** of＋名詞》で覚えよう。coworker，fellow worker と同じ。

2897 □□ **coworker** [kóuwə̀:rkər]

名 同僚，仕事仲間

I'm assisting three **coworkers** with their project.
（私はプロジェクトで**同僚** 3 人を手伝っています）

☞《**coworker** of＋名詞》で覚えよう。colleague と同じ。

2898 □□ **fellow** [félou]

形 仲間の　名 同輩，仲間，同志

We're looking for someone to help **fellow** members on the team.
（チームの**仲間**を手伝ってくれる人を探しています）

☞《**fellow**＋名詞》，名詞は《**fellow** of＋名詞》《**fellow** at/with＋名詞》で覚えよう。

2899 □□ **peer** [píər]

名（地位，年齢などが）同等［同格］の者，仲間，対等者，友人

Dr. Kervin's paper is being reviewed by her **peers**.
（Kervin 博士の論文は**同僚**による査読を受けている）

Some children have to cope with **peer** pressure at school.
（一部の子どもは学校で**仲間からの**圧力に対処しなければならない）

☞《**peer** of＋名詞》で覚えよう。 □ **peer** group「同等集団」□ **peer** pressure「同調圧力」□ **peer** review「査読」

2900 □□ **stress** [strés]

名 圧力，重圧，ストレス，緊迫，重点　動 ～を強調する，～を緊張させる，～にストレスをかける

The company provides its staff with **stress**-management programs.
（同社はスタッフに**ストレス**管理プログラムを提供している）

☞《**stress** of＋名詞》《**stress** on＋名詞》，動詞は《**stress**＋目的語［名詞］》《**stress**＋that 節》で覚えよう。過去分詞形 stressed は「精神的に消耗して」という意味の形容詞としても使う。 □ **stressed** out「精神的に疲れ果てて」

2901 □□ **stressful** [strésfl]

形 ストレスの多い，精神的に疲れる

A **stressful** work environment could lower employees' satisfaction levels.（**ストレスの多い**労働環境は従業員の満足度を低下させる可能性がある）

☞《**stressful**＋名詞》《連結動詞＋**stressful**》《It is **stressful**＋to 不定詞》で覚えよう。

2902 □□ **expose** [ikspóuz]

動 ～をさらす，～に触れさせる，～を陳列する，～を暴露する

The investigations **exposed** no election fraud.
（捜査が選挙の不正行為を**あばく**ことはなかった）

☞《**expose**＋目的語［名詞］》《**expose** *A* to *B*》《**expose** *A* as *B*》で覚えよう。

2903 □□ **exposure** [ikspóuʒər]

名 さらされること，暴露，公表，発覚，（写真用語で）露出

Prolonged **exposure** to stressors could affect mental health.
（ストレス因子に長い間**さらされる**と心の健康に影響することがある）

《**exposure** of＋名詞》《**exposure** to＋名詞》《**exposure** as＋名詞》で覚えよう。

2904 □□ **inspire** [inspáiər]

動 ～にひらめきを与える，～にその気を起こさせる，～に元気を与える

Classroom art workshops help **inspire** children's creativity.
（教室での芸術ワークショップは子どもの創造性を**刺激する**うえで役立つ）

《**inspire**＋目的語［名詞］（＋to＋名詞）》《**inspire**＋目的語［名詞］＋to 不定詞》で覚えよう。

2905 □□ **inspiration** [ìnspəréiʃən]

名 刺激，ひらめき，インスピレーション，霊感

Heidi drew **inspiration** for the painting from her childhood experiences.
（Heidi は子ども時代の経験からその絵の**着想**を得た）

《**inspiration** of＋名詞》《**inspiration** for/behind＋名詞》《**inspiration** to＋名詞》《**inspiration**＋to 不定詞》で覚えよう。

2906 □□ **repair** [ripéər]

名 修理（品），修理箇所　動 ～を修理する，～を復興する

I think I can **repair** the damage to the roof myself.
（屋根の損壊は自分で**修理できる**と思います）

We've sent two computers to the manufacturer for **repairs**.
（私たちは**修理**のためにコンピュータ 2 台を製造元に送った）

《**repair** of＋名詞》《**repair** on/to＋名詞》，動詞は《**repair**＋目的語［名詞］》で覚えよう。
□ under **repair**「修理中で」□ beyond **repair**「修理不能で」

2907 □□ **overhaul** [òuvərhɔ́ːl; ⌐⌐⌐]

動 ～を念入りに点検する，～を分解修理する　名 全面的な見直し，総点検

We **overhauled** the entire system to avoid a repeat of this trouble.
（このトラブルの繰り返しを避けるためにシステム全体を**刷新しました**）

《**overhaul**＋目的語［名詞］》，名詞は《**overhaul** of＋名詞》で覚えよう。

2908 □□ **attach** [ətǽtʃ]

動 ～を取り付ける，～を添付する，～を置く

Attached please find our contract draft.
（当社の契約書案を**添付**いたします）

《**attach**＋目的語［名詞］》《**attach** *A* to *B*》で覚えよう。

2909 □□ **attachment** [ətǽtʃmənt]

名 取り付け，付属品，添付ファイル，愛情

Please see the email **attachment** for details about the event.
（イベントについての詳細はメールの**添付ファイル**をご覧ください）

《**attachment** of＋名詞》《**attachment** to/for＋名詞》で覚えよう。

2910 □□ **detach** [ditǽtʃ]

動 ～を引き離す，～を取りはずす，～から距離をおく，分離する

Samuel tried to **detach** himself from the ambitious project.
（その野心的なプロジェクトから Samuel は**距離を置こう**とした）

《**detach**＋目的語［名詞］》《**detach** *A* from *B*》で覚えよう。

2911 □□ **isolate** [áisəlèit]

動 ～を区別する，～を孤立させる，～を切り離す

The maintenance team **isolated** problems related to the network error.
（保守チームはネットワークのエラーに関する問題点を**特定した**）

《**isolate**＋目的語［名詞］》《**isolate** *A* from *B*》で覚えよう。

2912 □□ **engage** [engéidʒ]

動 従事する，～を従事させる，～を引き込む，～を雇う，～を婚約させる，交戦する

People interested in helping with the event are **engaged** to work with the security team.
（そのイベントを手伝いたいと思う人々は警備チームの仕事に**従事して**いる）

《**engage** in/on＋名詞》《**engage** in＋動名詞》《**engage** with＋名詞》《**engage**＋目的語［名詞］＋to 不定詞》《**engage**＋人＋as＋名詞》で覚えよう。

2913 □□ **engagement** [engéidʒmənt]

名 従事，婚約，約束，予定，雇用，交戦

I'm afraid I have a prior **engagement** that I can't miss on Friday.
（残念ながら，金曜日は外せない先**約**があります）

《**engagement** with/in＋名詞》《**engagement** to＋人》で覚えよう。

2914 □□ **fee** [fíː]

名 謝礼，報酬，料金，手数料

Please read our policy regarding cancellation **fees** before booking.
（予約していただく前に当社のキャンセル**料**に関する規定をお読みください）

《**fee** for＋名詞》《**fee** on＋名詞》で覚えよう。「（自分が何かをするための）料金」「（専門職によるサービスを受けるための）費用」という意味で使う。

2915 □□ **fare** [féər]

名 運賃，料金　動 進行する，やっていく

I used digital money to pay my taxi **fare**.
（タクシー**料金**の支払いに電子マネーを使った）

InTech Industries **fared** very well over the last quarter.
（InTech Industries 社は前四半期はとても好調に**推移した**）

《**fare** of＋名詞》《**fare** for＋名詞》，動詞は《**fare**＋副詞》で覚えよう。

2916 □□ **toll** [tóul]

名 通行料金，電話料金，輸送料金，犠牲，損失　動 通行料を徴収する

The company reimbursed me for highway **tolls** I paid on sales visits.
（会社は販売訪問の際に使った高速道路**料金**を払い戻してくれた）

《**toll** of＋名詞》《**toll** on＋名詞》で覚えよう。 □ take a **toll**「被害をもたらす」

2917 □□ **invent** [invént]

動 ～を発明する，～を考案する，～を捏造する

The newly **invented** production method will drastically reduce factory costs.（新たに**考案された**製造方法は工場コストを一気に削減するだろう）

《**invent**＋目的語［名詞］》で覚えよう。

2918 □□ **invention** [invénʃən]

名 発明品，考案，捏造

Jenny sold her **invention** to a company that has large-scale sales channels.（Jenny は自分の**発明品**を大規模な販売チャンネルを持つ企業に売却した）

《**invention** of＋名詞》で覚えよう。

2919 □□ **persuade** [pərswéid]

動 ～を説得する，～を説得して…させる，～を納得させる

We successfully **persuaded** Biker Inc. to sign the agreement.
（私たちは Biker Inc. 社に合意書に署名してくれるように**説得できました**）

《**persuade**＋人＋to 不定詞》《**persuade**＋人＋into/out of＋動名詞》《**persuade**＋人＋of＋名詞》《**persuade**＋人＋that 節》で覚えよう。

2920 □□ **convince** [kənvíns]

動 ～を納得させる，～に確信させる

I tried to **convince** our section chief that the device is really useful.
（私はその機器はほんとうに役立つと課長に**納得して**もらおうとしました）

《**convince**＋人＋of＋名詞》《**convince**＋人＋that 節》《**convince**＋人＋to 不定詞》で覚えよう。現在分詞形 convincing は「納得のいく」，過去分詞形 convinced は「納得して」という意味の形容詞としても使う。

2921 □□ **steady** [stédi]

形 安定した，不変の，間断のない，着実な，規律正しい　動 ～を安定させる，～を落ち着かせる

Byte Drive Tech has enjoyed a **steady** rise in sales this fiscal year.
（Byte Drive Tech 社は今会計年度に**着実な**販売増を達成している）

《**steady**＋名詞》《連結動詞＋**steady**》で覚えよう。

2922 □□ **steadily** [stédili]

副 着実に，どんどん，しっかり

Demand for downtown housing has been **steadily** on the rise.
（都心の住宅への需要は**着実に**増加している）

《**steadily**＋動詞・形容詞》で覚えよう。　□ **steadily** expand「着実に拡大する」

2923 □□ **passion** [pǽʃən]

名 情熱，熱中

Linda has a **passion** for history trivia.
（Linda は歴史に関する雑学知識に**熱中**している）

《**passion** of＋名詞》《**passion** for＋名詞》《**passion**＋to 不定詞》で覚えよう。

2924 □□ **intense** [inténs]

形 強烈な，激しい，集中した，極端な

Intense competition has kept small businesses out of the market.
（**激しい**競争のために小企業は市場に参入できないでいる）

《**intense**＋名詞》《連結動詞＋**intense**》で覚えよう。

2925 □□ **intensive** [inténsiv]

形 集中的な，徹底的な

Neha is currently in **intensive** care with severe injuries.
（Neha は重傷のために現在は**集中**治療中です）

《**intensive**＋名詞》で覚えよう。

2926 □□ **veteran** [vétərən]

名 退役軍人　形 ベテランの，経験豊富な

This online community is for military **veteran** entrepreneurs to share their stories and advice.（このオンラインコミュニティは，**退役軍人**の起業家が体験や助言を共有するためのものです）

《**veteran** of＋名詞》，形容詞は《**veteran**＋名詞》で覚えよう。特にアメリカ英語では「復員軍人」の意味で用いることが多い。

2927 □□ **troop** [trúːp]

名 群れ，大勢，《troops で》軍隊，軍人

The military is helping **troops** and veterans to start small businesses.
（軍は，**軍人**と退役軍人が小規模ビジネスを始めることを支援している）

《**troop** of＋名詞》で覚えよう。　□ deploy **troops**「軍隊を配備する」

2928 □□ **alarm** [əlɑ́ːrm]

動 ～を驚かせる，～に危険を知らせる　名 警報，恐怖

I don’t mean to **alarm** you, but I heard a strange noise.
（**不安な気持ちにさせる**つもりはないけど，妙な雑音がしたよ）

I set my **alarm** for 5 A.M. on weekdays.（平日は朝 5 時に**目覚まし**をかけます）

《**alarm**＋人》，名詞は《**alarm** at/about＋名詞》で覚えよう。現在分詞形 alarming は「人を不安にさせる」，過去分詞形 alarmed は「不安になって」という意味の形容詞としても使う。

2929 □□ **alert** [ələ́ːrt]

動 ～に警告する，～の注意を喚起する　形 油断のない，警戒した　名 警報，警戒

Isabel **alerted** her supervisor to an error in the paperwork.
（Isabel は書類業務の間違いについて上司に**注意を促した**）

《**alert**＋人》《**alert**＋人＋to＋名詞》《**alert**＋that 節》，形容詞は《**alert**＋名詞》《連結動詞＋**alert**》《連結動詞＋**alert** to/for＋名詞》，名詞は《**alert** of＋名詞》《**alert** for＋名詞》で覚えよう。　□ on the **alert** for ...「～に注意して」

2930 □□ **asset** [ǽset]

名 有用な人材，価値あるもの，《assets で》資産

Madeline Rosselini is regarded as an invaluable **asset** to the company.
（Madeline Rosselini さんは会社にとってきわめて貴重な**人材**であると考えられている）

《**asset** of＋名詞》《**asset** to＋名詞》で覚えよう。「財産，資産」という意味では複数形 assets を使う。
□ in **assets**「資産として」 □ **assets** and liabilities「資産と負債」

2931 □□ **fortune** [fɔ́ːrtʃən]

名 (幸) 運，繁栄，成功，富，財産

GRE Corp. spent a **fortune** on upgrading its offices.
(GRE Corp. 社はオフィスの高機能化に**大金**を投じた)

☞《**fortune** of＋名詞》《**fortune** on＋名詞》《**fortune** from＋名詞》で覚えよう。

2932 □□ **fortunate** [fɔ́ːrtʃənət]

形 運のよい，幸運な，幸運をもたらす

I was **fortunate** to participate in this business project.
(このビジネスプロジェクトに参加できて**幸運で**した)

☞《**fortunate**＋名詞》《連結動詞＋**fortunate**》《連結動詞＋**fortunate**＋that 節》《連結動詞＋**fortunate**＋to 不定詞》《連結動詞＋**fortunate** in＋動名詞》《It is **fortunate**＋that 節》《It is **fortunate**＋to 不定詞》で覚えよう。

2933 □□ **fortunately** [fɔ́ːrtʃənətli]

副 幸いにも，幸運にも

Fortunately, I got a flu shot before I contracted the virus.
(**幸いにも**，私はウイルスに感染する前にインフルエンザのワクチン接種を受けていた)

☞ 副詞として文全体を修飾する。

2934 □□ **unfortunately** [ʌ̀nfɔ́ːrtʃənətli]

副 不運にも，あいにく

Unfortunately, I tested positive with the flu.
(**残念ながら**，インフルエンザの検査が陽性でした)

☞ 副詞として文全体を修飾する。

2935 □□ **household** [háushòuld]

形 世帯の，ありふれた　名 家族，世帯

Let's take a look at the updated statistics on **household** income.
(**世帯**収入について最新の統計を見てみましょう)

☞《**household**＋名詞》，名詞は《**household** of＋名詞》で覚えよう。

2936 □□ **in-house** [ínhàus]

形 組織内の，社内の　副 組織内で，社内で

Oceanview Inc. has started providing an **in-house** lunch service.
(Oceanview Inc. 社は**社内向けの**昼食サービスを提供し始めた)

☞《**in-house**＋名詞》，副詞は《動詞＋**in-house**》で覚えよう。

2937 □□ **fulfill** [fulfíl]

動 ～を実行する，～を遂行する，～を果たす，～を満たす

Employees have to **fulfill** their job obligations to stay in the company.
(会社に留まるためには仕事上の義務を**果たさなければ**ならない)

☞《**fulfill**＋目的語 [名詞]》で覚えよう。 □ **fulfill** *one's* duties「任務を果たす」□ **fulfill** *one's* promises「約束を果たす」

2938 □□ **embrace** [embréis]

動 ～を抱きしめる，（考え・申し出・機会など）に喜んで応じる，～をする，～を含む，～を抱擁する 名 受諾，包囲，抱擁

Young people tend to quickly **embrace** new technologies.
（若い人たちは新しい科学技術をすばやく**受け入れる**傾向がある）

☞《**embrace**＋目的語［名詞］》《**embrace**＋that 節》，名詞は《**embrace** of＋名詞》で覚えよう。

2939 □□ **regret** [rigrét]

動 ～を後悔する，～を残念に思う 名 後悔，落胆

I hear that Bob **regrets** leaving the company.
（Bob は退職したことを**後悔している**と聞いています）

I **regret** to say that I could not agree with you.
（**残念ながら**，私はあなたに同意できないと申し上げなければなりません）

Even if this project fails, we won't have any **regrets**.
（たとえこのプロジェクトが失敗しても，**悔い**はありません）

☞《**regret**＋目的語［名詞］》《**regret**＋動名詞》《**regret**＋that 節》《**regret**＋to 不定詞》，名詞は《**regret** of＋名詞》《**regret** about/over/at＋名詞》《**regret** for＋名詞》《**regret**＋that 節》で覚えよう。 □ to *someone's* **regret**「～にとって後悔することは」

2940 □□ **deadline** [dédlàin]

名 締切，期限

We'll need extra staff to meet this **deadline**.
（この**締切**に間に合わせるためには追加のスタッフが必要になるでしょう）

☞《**deadline** of＋名詞》《**deadline** for＋名詞》で覚えよう。 □ meet/make the **deadline**「締切に間に合わせる」

2941 □□ **optimistic** [àptəmístik]

形 楽観的な

The analyst expressed her **optimistic** view of the economy.
（そのアナリストは経済について**楽観的な**考えを述べた）

☞《**optimistic**＋名詞》《連結動詞＋**optimistic**》《連結動詞＋**optimistic** about＋名詞》《連結動詞＋**optimistic**＋that 節》で覚えよう。

2942 □□ **core** [kɔ́ːr]

形 中心になる，核になる 名 芯，中核部，核心 動（果物の芯など）を取り除く

The manufacturer's **core** operations are based in Brazil.
（その製造業者の**中核**事業はブラジルに本拠を置いている）

☞《**core**＋名詞》，名詞は《**core** of＋名詞》，動詞は《**core**＋目的語［名詞］》で覚えよう。 □ at the **core** of ...「～の中心に」 □ to the **core**「完全に，何から何まで」

2943 □□ **raw** [rɔ́ː]

形 生の，加工してない，未熟な

Raw data can be interpreted in a positive or a negative way.
（**加工していない**データはよくも悪くも解釈できます）

I like eating vegetables **raw** whenever possible.
（可能であればいつも野菜は**生で**食べるのが好きです）

☞《**raw**＋名詞》《連結動詞＋**raw**》で覚えよう。

2944 □□ **concentrate** [kánsəntrèit]

動 集中する，～を集中させる，～に専念する，～を濃縮させる

Let's **concentrate** on immediate tasks instead of worrying about the future.（将来について心配するのではなく，いま目の前にある仕事に**集中しよう**）

☞《**concentrate** on＋名詞》《**concentrate** on＋動名詞》《**concentrate**＋in/at＋名詞》《**concentrate**＋目的語［名詞］》《**concentrate** *A* on *B*》《**concentrate** *A* in/at *B*》で覚えよう。

2945 □□ **concentration** [kànsəntréiʃən]

名 集中，専念，集結，濃度

These **concentration** techniques allowed me to become more productive.
（これらの**集中**テクニックは私の生産性を高めてくれました）

☞《**concentration** of＋名詞》《**concentration** on＋名詞》《**concentration** on＋動名詞》で覚えよう。

2946 □□ **fold** [fóuld]

動 ～を折りたたむ，～を組み合わせる，～を包む，折り重なる　名 折ること，たたむこと

Could you **fold** these printouts in half and staple them?
（これらの出力紙を半分に**折って**ホチキスで止めていただけますか）

☞《**fold**＋目的語［名詞］》で覚えよう。

2947 □□ **unfold** [ʌ̀nfóuld]

動 ～を徐々に明らかにする，（包みなど）を広げる，（物語などが）展開する

The travelers are **unfolding** their maps on the bench.
（旅行者たちはベンチで地図を**広げている**）

☞《**unfold**＋目的語［名詞］》で覚えよう。

2948 □□ **global** [glóubl]

形 球状の，全世界の，国際的な

The leader of Khan Group is considering **global** expansion.
（Khan Group 社のリーダーは**世界規模の**展開を検討している）

☞《**global**＋名詞》《連結動詞＋**global**》で覚えよう。

2949 □□ **globe** [glóub]

名 球（状の物），地球

Mr. Billingsworth hopes to travel around the **globe**.
（Billingsworth さんは**地球**を旅して回りたいと考えている）

☞《**globe** of＋名詞》で覚えよう。　□ the **globe**「世界」

2950 □□ **hemisphere** [héməsfiər]

名 半球体，右［左］脳，領域，範囲

Seasons in the Northern **Hemisphere** are opposite to those in the Southern **Hemisphere**.
（北**半球**における季節は南**半球**におけるそれと正反対である）

☞《**hemisphere** of＋名詞》で覚えよう。

2951 □□ **planet** [plǽnit]

名 惑星

Someday humans will live on Mars and other **planets**.
(いつか人間は火星やその他の**惑星**に住むでしょう)

☞《**planet** of＋名詞》で覚えよう。

2952 □□ **satellite** [sǽtəlàit]

形 衛星の［を用いた］，付随する　名（人工）衛星，サテライト，衛星国［都市］

Gloria started to work at a **satellite** office two weeks ago.
(Gloria は 2 週間前に**サテライト**オフィスで働き始めた)

☞《**satellite**＋名詞》，名詞は《**satellite** of＋名詞》で覚えよう。 □ via/by **satellite**「衛星経由で」 □ **satellite** office「遠隔勤務用オフィス」

2953 □□ **surgery** [sə́ːrdʒəri]

名 外科，（外科）手術，外科的処置，手術室

Anthony is working from home after having **surgery** on his knee.
(膝の**手術**を受けたあと，Anthony は在宅勤務をしている)

☞《**surgery** of＋名詞》《**surgery** on/to＋名詞》《**surgery** for＋名詞》で覚えよう。

2954 □□ **surgeon** [sə́ːrdʒən]

名 外科医

Ms. Lowrey's daughter is a resident **surgeon** at Downy Hospital.
(Lowrey さんの娘は Downy 病院で**外科医**として研修中です)

☞《**surgeon** of＋名詞》《**surgeon** at/with＋名詞》で覚えよう。 □ qualified **surgeon**「認定外科医」 □ **surgeon** general「公衆衛生局長官」

2955 □□ **surgical** [sə́ːrdʒikl]

形 外科の，外科的な，外科医の，整形用の

The doctor explained the **surgical** procedure in plain language.
(医師はわかりやすいことばで**手術の**手順を説明した)

☞《**surgical**＋名詞》で覚えよう。

2956 □□ **acknowledge** [əknɑ́lidʒ]

動 ～を認める，～を承認する，～を認識する

Oka Corp. **acknowledged** an issue with its solar panels.
(Oka Corp. 社は自社のソーラーパネルに問題があると**認めた**)

☞《**acknowledge**＋目的語［名詞］》《**acknowledge**＋目的語［名詞］＋as/to be＋名詞》《**acknowledge**＋that 節》《It is **acknowledged**＋that 節》で覚えよう。

2957 □□ **acknowledgment** [əknɑ́lidʒmənt]

名 認知，感謝，謝辞

Peg was encouraged by the grateful **acknowledgment** from her coworkers.
(Peg は，同僚たちからの感謝の**ことば**に力づけられた)

☞《**acknowledgment** of＋名詞》《**acknowledgment**＋that 節》《**acknowledgment** from＋名詞》で覚えよう。

2958 □□ **site** [sáit]

名 用地，敷地，跡，遺跡，現場

Ms. Baker will be visiting the new building **site** for inspection.
(Baker さんは，新しいビルの建築**現場**を訪れて点検を行うことになる)

☞《**site** of＋名詞》《**site** for＋名詞》で覚えよう。

2959 □□ **on-site** [ànsáit]

形 現地の，現場の　副 現地で，現場で

The **on-site** inspection of the bridge is scheduled for March 12th.
(その橋の**現地**調査は 3 月 12 日に予定されている)

☞《**on-site**＋名詞》，副詞は《動詞・形容詞＋**on-site**》で覚えよう。 □ on **site**「現地で，現場で」

2960 □□ **import** [impɔ́ːrt; ímpɔːrt]

動 ～を輸入する，～を持ち込む　名 輸入(品)

Wholesale Foods **imports** rice from Asian countries.
(Wholesale Foods 社はアジアの国から米を**輸入している**)

An **import** ban was placed on beef from that country.
(その国からの牛肉の**輸入**は禁止された)

☞《**import**＋目的語［名詞］》《**import** *A* from/to/into *B*》，名詞は《**import** of＋名詞》《**import** from＋名詞》で覚えよう。 □ **import** images「画像を取り込む」 □ **import** personal feelings into ...「～に個人的感情を持ち込む」

2961 □□ **export** [ikspɔ́ːrt; ékspɔːrt]

動 ～を輸出する，～を持ち出す　名 輸出(品)

We mainly **export** agricultural crops.
(当社は主として農産物を**輸出している**)

Our primary **exports** are beef and lamb.
(当社の主たる**輸出品**は牛肉と子羊の肉である)

☞《**export**＋目的語［名詞］》《**export** *A* to *B*》，名詞は《**export** of＋名詞》《**export** to＋名詞》で覚えよう。 □ for **export**「輸出用に」 □ **export** duty/tax「輸出税」 □ **export** and import「輸出入」

2962 □□ **impress** [imprés]

動 ～に好印象を与える，～に強い影響を与える，～に押し付ける

Aaron **impressed** his supervisor with his quick thinking and wit.
(Aaron は機転が利き，機知に富んでいることを上司に**印象付けた**)

☞《**impress**＋目的語［名詞］》《**impress**＋人＋with/by＋名詞》《**impress**＋目的語［名詞］＋on＋人》で覚えよう。

2963 □□ **impression** [impréʃən]

名 感想，印象，跡

Ms. Wada's keynote speech made a strong **impression** on the audience.
(Wada さんの基調講演は聴衆に強い**印象**を与えた)

☞《**impression** of＋名詞》《**impression** about＋名詞》《**impression** on＋人》《**impression**＋that 節》で覚えよう。 □ *be* under the **impression** that ...「～という印象を持っている」

2964 □□ **impressive** [imprésiv]

形 印象的な，感動的な，すばらしい

The Web-based marketing campaign has produced **impressive** results.
（ウェブ上で行うマーケティングキャンペーンは**好**結果を生んでいる）

《**impressive**＋名詞》《連結動詞＋**impressive**》で覚えよう。

2965 □□ **resign** [rizáin]

動 辞める，～を辞任する，～を放棄する

Did you hear that Barry **resigned** from his job?
（Barry が**辞任した**ことを聞きましたか）

《**resign**＋目的語［名詞］》《**resign** from＋名詞》《**resign** as＋名詞》で覚えよう。

2966 □□ **resignation** [rèzignéiʃən]

名 辞職，辞表

Mr. Hayes submitted his letter of **resignation** yesterday.
（Hayes さんはきのう**辞表**を提出した）

《**resignation** of＋名詞》《**resignation** from＋名詞》《**resignation** as＋名詞》で覚えよう。

2967 □□ **appropriate** [əpróupriət; əpróuprièit]

形 ふさわしい，適切な，妥当な　動 ～を充てる，充当する

We should make **appropriate** responses to customer complaints.
（顧客からの苦情に対して**適切な**回答を返すべきです）

Parliament **appropriated** $2 million for flood control.
（議会は，洪水対策のために 200 万ドルを**充当した**）

《**appropriate**＋名詞》《連結動詞＋**appropriate**》《連結動詞＋**appropriate** for/to＋名詞》《It is **appropriate**＋that 節》《It is **appropriate**＋to 不定詞》，動詞は《**appropriate**＋目的語［名詞］》《**appropriate** *A* for *B*》で覚えよう。

2968 □□ **inappropriate** [ìnəpróupriət]

形 不適切な，不当な，十分でない

Inappropriate use of medicines could damage the user's health.
（薬剤の**不適切な**使用は使用者の健康を損なう可能性がある）

《**inappropriate**＋名詞》《連結動詞＋**inappropriate**》《連結動詞＋**inappropriate**＋for/to＋名詞》《It is **inappropriate**＋that 節》《It is **inappropriate**＋to 不定詞》で覚えよう。

2969 □□ **cancel** [kǽnsl]

動 ～をキャンセルする，～を取りやめる，～を無効にする

We had to **cancel** the meeting at the last minute.
（私たちは会議を土壇場で**取りやめる**しかなかった）

《**cancel**＋目的語［名詞］》で覚えよう。

2970 □□ **cancellation** [kæ̀nsəléiʃən]

名 キャンセル，解除，中止

Non-attendance will incur a full **cancellation** fee.
（無断欠席は全額の**取り消し**費用が発生します）

《**cancellation** of＋名詞》で覚えよう。

2971 □□ **negotiate** [nigóuʃièit]

動 ～を取り決める，～を交渉する

Let's talk with key suppliers and try to **negotiate** a better price.
（主要な部品供給業者と話し合って，よりよい価格を**交渉して**みましょう）

《**negotiate**＋目的語［名詞］》《**negotiate** with/between/among＋人》《**negotiate** about/on/over＋名詞》《**negotiate** for＋名詞》で覚えよう。

2972 □□ **negotiation** [nigòuʃiéiʃən]

名 交渉，折衝

In law school, students learn **negotiation** skills in real-world situations.
（法科大学院で学生は，実社会の状況下での**交渉**技能を学ぶ）

《**negotiation** of＋名詞》《**negotiation** with/between/among＋人》《**negotiation** about/on/over＋名詞》《**negotiation** for＋名詞》で覚えよう。 □ under **negotiation**「交渉中で」

2973 □□ **bargain** [bɑ́ːrgin]

名 特売品，駆け引き 動 交渉する

It's quite a **bargain** to stay at a five-star hotel at this price.
（5つ星ホテルにこの価格で泊まるなら，かなりの**特価**だ）

《**bargain** of＋名詞》《**bargain** about＋名詞》《**bargain** with/between/among＋人》，動詞は《**bargain** about/for/over＋名詞》《**bargain** with＋人》で覚えよう。 □ make/strike a **bargain**「合意する」

2974 □□ **transport** [trænspɔ́ːrt; ´–]

動 ～を運ぶ，～を輸送する 名 輸送機関，交通機関

Companies **transport** goods by air, land and sea.
（企業は商品を空輸，陸送，海運で**輸送する**）

《**transport**＋目的語［名詞］》《**transport** *A* from/to *B*》，名詞は《**transport** of＋名詞》で覚えよう。

2975 □□ **transportation** [trӕnspərtéiʃən]

名 輸送，運輸，運搬，運賃，送料

Most employees use public **transportation** to commute.
（従業員の大半は通勤に公共**交通機関**を使っている）

《**transportation** of＋名詞》《**transportation** from/to＋名詞》で覚えよう。 □ means/mode/method of **transportation**「交通手段」

2976 □□ **transaction** [trænsǽkʃən]

名 取引，経済活動，交流，議事録

More and more people are conducting financial **transactions** over the Internet.（インターネット上で財務**取引**を行う人が増えている）

《**transaction** of＋名詞》《**transaction** with/between/among＋名詞》《**transaction** over＋名詞》で覚えよう。

2977 □□ **transfer** [trænsfə́ːr; trǽnsfəːr]

動 異動する，伝わる，乗り換える，～を移動させる，～を転勤させる，～を伝達する　名 移動，異動，編入，乗り換え駅

Let me **transfer** your call to IT.
（IT 部にこの電話を**おつなぎします**）

Online banking has lowered the cost of money **transfers**.
（オンラインバンキングは**送金**コストを下げている）

☞《**transfer**＋目的語［名詞］》《**transfer** *A* from *B* to *C*》《**transfer** from *A* to *B*》，名詞は《**transfer** of＋名詞》《**transfer** from/to＋名詞》《**transfer** between＋名詞》で覚えよう。

2978 □□ **transform** [trænsfɔ́ːrm]

動 変形する，～を変形する，～を変換する，～を変圧する

Janelle physically **transformed** herself through vigorous exercise.
（Janelle は激しい運動によって肉体的に**変身した**）

☞《**transform**＋目的語［名詞］》《**transform** *A* from *B* into *C*》で覚えよう。

2979 □□ **urban** [ə́ːrbn]

形 都会の，都市在住の，都会風な

Statistics show more primary care physicians work in **urban** areas.
（統計によれば，初期治療を担当する内科医の多くが**都会**で働いている）

☞《**urban**＋名詞》で覚えよう。

2980 □□ **rural** [rúərəl]

形 いなかの，地方の

Rural areas have been particularly affected by labor shortages.
（**田園**地帯は特に労働力不足の影響を受けている）

☞《**rural**＋名詞》で覚えよう。

2981 □□ **suburb** [sʌ́bəːrb]

名 郊外，市外，近郊

Many of our factory personnel drive from the **suburbs** for work.
（当工場職員の多くは**郊外**から車で通勤している）

☞《**suburb** of＋名詞》で覚えよう。

2982 □□ **deserve** [dizə́ːrv]

動 ～に値する，～する価値がある

Brandon **deserves** a reward for his excellent performance.
（Brandon は優れた実績に対する報酬を**受けるに値する**）

☞《**deserve**＋目的語［名詞］》《**deserve**＋to 不定詞》で覚えよう。

2983 □□ **well-deserved** [wèldizə́ːrvd]

形 受けるに値する，当然の

Shelby is on a **well-deserved** vacation after 10 months of hard work.
（10 か月がんばって働いて，Shelby は**それにふさわしい**休暇を過ごしている）

☞《**well-deserved**＋名詞》《連結動詞＋**well-deserved**》で覚えよう。

2984 □□ **council** [káunsl]

名 地方議会，評議会，諮問委員会

The city **council** agreed to redevelop the commercial district.
（市**議会**は商業地区を再開発することに同意した）

《**council** of＋名詞》《**council** for＋名詞》で覚えよう。

2985 □□ **counsel** [káunsl]

動 ～に助言する，～を勧める　名 助言，忠告，相談

I **counseled** Greg not to quit his job.
（私は Greg に仕事を辞めないように**助言した**）

《**counsel**＋目的語［名詞］》《**counsel**＋目的語［名詞］＋to 不定詞》，名詞は《**counsel** of＋名詞》《**counsel** for＋名詞》《**counsel** about＋名詞》で覚えよう。

2986 □□ **counselor** [káunslər]

名 相談役，顧問，カウンセラー

The career **counselor** advised me to acquire marketable skill sets.
（キャリア**カウンセラー**は私に，市場が求める技能をまとめて身につけるように助言してくれた）

《**counselor** of＋名詞》で覚えよう。□ see/talk to a **counselor**「カウンセラーに会って助言を求める」

2987 □□ **craft** [kræft]

動（職人が）～を作る，～を（巧妙に）作り上げる　名 手工業，工芸，飛行機

The leather seats are **crafted** by hand.
（それらの革製の座席は手作業で**作り上げられた**ものです）

《**craft**＋目的語［名詞］》，名詞は《**craft** of＋名詞》で覚えよう。

2988 □□ **cease** [síːs]

動 ～を停止する，～を中止する　名 中断

Outback Communications **ceased** operations late last year.
（Outback Communications 社は昨年末に営業を**停止した**）

《**cease**＋目的語［名詞］》《**cease**＋to 不定詞》《**cease**＋動名詞》，名詞は《**cease** of＋名詞》で覚えよう。

2989 □□ **rumor** [rúːmər]

名 うわさ，風評　動 ～をうわさする

Joyland's president denied the **rumor** that he would retire next year.
（Joyland 社の社長は来年引退するという**うわさ**を否定した）

Rumor has it that Joyland's new gaming console is coming soon.
（**うわさ**によれば，Joyland 社の新しいゲーム機がまもなく登場するという）

《**rumor** of＋名詞》《**rumor** about/concerning/surrounding＋名詞》《**rumor**＋that 節》，動詞は《It is **rumored**＋that 節》《*be* **rumored**＋to 不定詞》で覚えよう。 □ **Rumor** has it that ...「うわさでは～である」

2990 □□ **fancy** [fǽnsi]

形 上品な趣味の，装飾的な，ぜいたくな，空想に基づく，極上の　動 ～を心に描く，～を想像する，～を好む　名 空想，思いつき，好み

The end-of-year party will be at a **fancy** restaurant.
（年末のパーティーは**高級**レストランで行われるでしょう）

☞《**fancy**＋名詞》《連結動詞＋**fancy**》，動詞は《**fancy**＋目的語［名詞］》《**fancy**＋動名詞》《**fancy**＋that 節》，名詞は《**fancy** of＋名詞》《**fancy** for＋名詞》で覚えよう。

2991 □□ **overnight** [òuvərnáit; óuvərnàit]

形 夜どおしの，翌日配達の，一泊の，一夜にしての　副 夜どおし，一泊で，ひと晩のうちに，急に

I'm going on an **overnight** trip to Denver this week.
（今週デンバーまで **1 泊で**行ってきます）

Premium members are entitled to **overnight** delivery.
（プレミアム会員は**翌日**配送をご利用いただけます）

It takes years of hard work to achieve an **overnight** success.
（**一夜にしての**成功を収めるためには何年も懸命に働かなければならない）

☞《**overnight**＋名詞》，副詞は《動詞・形容詞＋**overnight**》で覚えよう。

2992 □□ **furniture** [fə́ːrnitʃər]

名 家具，調度品，付属品

Is it possible to include new office **furniture** in next year's budget?
(新しいオフィス**家具**を来年度の予算に入れることは可能ですか)

《**furniture** of＋名詞》《**furniture** for＋名詞》で覚えよう。不可算名詞なので，複数形は使わない。piece(s)/item(s) of **furniture** を使う。

2993 □□ **furnish** [fə́ːrniʃ]

動 (家具など)を入れる，～に必要なものを備える，～を供給する

Our office is **furnished** with ergonomic chairs.
(当社オフィスには人間工学的にデザインされた椅子が**備えられている**)

《**furnish**＋目的語［名詞］》《**furnish** *A* with *B*》で覚えよう。 □ fully-**furnished**「家具付きの」 □ **furnishings**「家具」

2994 □□ **couch** [káutʃ]

名 長椅子

Couches for guests are available in the reception area.
(受付にお客様のための**長椅子**がございます)

《**couch** in＋名詞》で覚えよう。発音に注意。

2995 □□ **alliance** [əláiəns]

名 同盟(を結ぶこと)，同盟関係

The two tech companies formed an **alliance**.
(テクノロジー企業2社が**提携**した)

《**alliance** of＋名詞》《**alliance** with/between/among＋名詞》で覚えよう。 □ in **alliance** (with ...)「(～と)同盟して」 □ **alliance** against ...「～に対抗するための同盟」

2996 □□ **ally** [ǽlai; əlái]

名 同盟国，協力者，盟友 動 同盟する，提携する

Techgiant Corp. is one of the entrepreneur's powerful **allies**.
(Techgiant Corp. 社はその起業家の強力な**協力社**のひとつである)

《**ally** of＋名詞》《**ally** for/against＋名詞》，動詞は《**ally** *oneself* with＋人》で覚えよう。

2997 □□ **allied** [ǽlaid, əláid]

形 同盟関係にある，共同の，連合国の

The toy brand is now **allied** with a game software company.
(その玩具ブランドは現在，ゲームソフトウェア会社と**提携している**)

《**allied**＋名詞》《*be* **allied** to/with＋名詞》で覚えよう。

2998 □□ **coalition** [kòuəlíʃən]

名 連合，連立，(政治などの)提携

The marketing team calls itself "**Coalition** for Success."
(マーケティングチームは自分たちを「成功への**連合**」と呼んでいる)

《**coalition** of＋名詞》《**coalition** with/between/among＋名詞》で覚えよう。 □ in **coalition** with ...「～と連合して」

2999 □□ **brilliant** [bríljənt]

形 光り輝く，見事な，卓越した，明晰な

▶ Tijana came up with a **brilliant** idea.
(Tijana は**卓越した**アイデアを思いついた)

☞《**brilliant**＋名詞》《連結動詞＋**brilliant**》《連結動詞＋**brilliant** at＋名詞》で覚えよう。

3000 □□ **fabulous** [fǽbjələs]

形 すばらしい，とてつもなく大きい，伝説上の

▶ What a **fabulous** idea, Peter! (Peter，**すばらしい**アイデアですね)

☞《**fabulous**＋名詞》《連結動詞＋**fabulous**》《It is **fabulous**＋that 節》《It is **fabulous**＋to 不定詞》で覚えよう。

3001 □□ **explode** [iksplóud]

動 ～を爆発させる，爆発する

▶ We are increasing production to keep up with **exploding** demand.
(**爆発的な**需要についていくために増産しております)

☞《**explode**＋目的語［名詞］》《**explode** with＋名詞》《**explode** into＋名詞》で覚えよう。

3002 □□ **burst** [bə́ːrst]

動 破裂する，急に起こる，～を破裂させる　名 爆発，破裂

▶ The property bubble could **burst** at any time.
(不動産バブルはいつ**破裂**してもおかしくない)

☞《**burst**＋目的語［名詞］》《**burst** into＋名詞》で覚えよう。□ **burst** into laughter/tears「大笑いする，大泣きする」

3003 □□ **harm** [háːrm]

動 ～を害する，～に危害を加える　名 害，損害

▶ A lack of competition definitely **harms** consumers.
(競争の不在は確実に消費者に**損害を与える**)

▶ The failed negotiation will do serious **harm** to us.
(失敗した交渉は当社に深刻な**打撃**を与えるだろう)

☞《**harm**＋目的語［名詞］》，名詞は《do＋人＋**harm**》で覚えよう。動詞の場合，日常的には *be* bad for ... を使うことが多い。

3004 □□ **harmful** [háːrmfl]

形 有害な，害になって

▶ Any food additives that are **harmful** to humans must be banned.
(人間に**有害な**食品添加物はすべて禁止されなければならない)

☞《**harmful**＋名詞》《連結動詞＋**harmful**》《連結動詞＋**harmful** to＋名詞》で覚えよう。

3005 □□ **resolve** [rizálv]

動 決心する，解決する，～しようと決心する，～を解決する　名 決意，決心，決断

▶ What is the quickest way to **resolve** this issue?
(この問題を**解決する**もっとも手早い方法は何ですか)

☞《**resolve**＋目的語［名詞］》《**resolve**＋that 節》《**resolve**＋to 不定詞》《It is **resolved**＋that 節》で覚えよう。

3006 □□ **resolution** [rèzəlúːʃən]

名 決心，決意，決議，解決，解明

I hope we can work together to find a **resolution** to this problem.
(この問題に対する**解決策**を見つけるために力を合わせましょう)

The proposed shareholder **resolution** was adopted.
(提案された株主**決議**は採択された)

☞《**resolution** of＋名詞》《**resolution** to＋名詞》《**resolution** on＋名詞》《**resolution**＋that 節》《**resolution**＋to 不定詞》で覚えよう。

3007 □□ **convention** [kənvénʃən]

名 大会，代表者会議，条約，協定，しきたり，慣習

We are sending a team of staff to the electronics **convention**.
(当社は電子機器の**大会**にスタッフチームを送ります)

☞《**convention** of＋名詞》《**convention** on＋名詞》で覚えよう。 □ by **convention**「伝統により」

3008 □□ **conventional** [kənvénʃənl]

形 慣習の，従来（型）の，型にはまった，契約上の

This approach processes data much faster than **conventional** methods.
(この取り組み方は，**従来型の**方法よりずっと速くデータを処理する)

☞《**conventional**＋名詞》《連結動詞＋**conventional**》《連結動詞＋**conventional** in＋名詞》《It is **conventional**＋to 不定詞》で覚えよう。 □ **conventional** wisdom「一般常識」

3009 □□ **unconventional** [ʌ̀nkənvénʃənl]

形 しきたりに従っていない，型にはまらない，かなり異色の

We will employ **unconventional** methods instead of traditional ones.
(伝統的な取り組み方ではなく，**従来にない**方法を用います)

☞《**unconventional**＋名詞》《連結動詞＋**unconventional**》で覚えよう。

3010 □□ **convene** [kənvíːn]

動 （会議など）を招集する，～を開催する，会議などが招集される，開催される

The Small Retailer's Association **convenes** twice a year.
(小規模小売業者組合は年に 2 回**会議を招集する**)

☞《**convene**＋目的語［名詞］》で覚えよう。

3011 □□ **conference** [kánfərəns]

名 会議，相談，協議

We hold an annual **conference** in January.
(当社は 1 月に年次**会議**を開催します)

☞《**conference** of＋名詞》《**conference** on＋名詞》《**conference** with＋名詞》で覚えよう。
□ in **conference**「会議中で」 □ **conference** call「電話会議」

3012 □□ **videoconference** [vídioukɑ̀nfərəns]

名 ビデオ［テレビ］会議

The **videoconference** with MGM Inc. is scheduled for Monday.
(MGM Inc. 社との**ビデオ会議**は月曜日に予定されています)

☞《**videoconference** about/on＋名詞》《**videoconference** with/between/among＋名詞》《**videoconference** from＋名詞》で覚えよう。 □ in a **videoconference**「ビデオ会議中で」

3013 □□ **forum** [fɔ́ːrəm]

名 公開討論会，フォーラム，裁判所，法廷，裁き

A public **forum** on the construction project will be held next week.
（その建築計画に関する公開**討論会**が来週に開かれる）

☞《**forum** of＋名詞》《**forum** on＋名詞》《**forum** for＋名詞》で覚えよう。

3014 □□ **seminar** [sémənɑ̀ːr]

名 セミナー，演習，研究集会

BuyersNet is planning a **seminar** for those interested in online marketing.
（BuyersNet 社は，オンラインマーケティングに興味のある人々向けの**セミナー**を企画している）

☞《**seminar** on＋名詞》で覚えよう。

3015 □□ **session** [séʃən]

名 開会，開廷，会議，会合，会期，授業（時間），（集合的な）活動

At the end of the lecture, we will hold a short Q&A **session**.
（講演の最後に短い質疑応答の**時間**を取ります）

☞《**session** of＋名詞》《**session** on＋名詞》で覚えよう。 □ in **session**「会議中で」

3016 □□ **lecture** [léktʃər]

動（～に）講義をする，（～に）説教する 名 講義，講演，説教

The team leader **lectured** us about the importance of being prompt.
（チームリーダーはすぐやることの大切さを私たちに**説いた**）

I look forward to attending Dr. Rowling's **lecture** course.
（Rowling 博士の連続**講義**を受講することを楽しみにしています）

☞《**lecture**（＋人）＋about/on＋名詞》，名詞は《**lecture** about/on＋名詞》《**lecture** to＋人》で覚えよう。

3017 □□ **lecturer** [léktʃərər]

名 講演者，講師

The **lecturer** carefully selected his course topics.
（**講師**はコースのテーマを慎重に選んだ）

☞《**lecturer** on＋名詞》で覚えよう。

3018 □□ **intellectual** [intəléktʃuəl]

形 知的な，頭を使う 名 知識人，文化人

Even this small software is protected by **intellectual** property rights.
（この小さなソフトウェアさえも**知的**財産権によって保護されている）

☞《**intellectual**＋名詞》《連結動詞＋**intellectual**》，名詞は《**intellectual** of＋名詞》で覚えよう。

3019 □□ **intelligence** [intélidʒəns]

名 知能，知性，報道，情報，諜報機関

Some jobs are likely to disappear due to artificial **intelligence**.
（人工**知能**により消滅する仕事があるだろう）

☞《**intelligence** of＋名詞》《**intelligence** in＋名詞》《**intelligence** on＋名詞》《**intelligence**＋that 節》で覚えよう。

3020 □□ **proceed** [prəsíːd]

動 開始する，進行する，進展する　名 収益，利益，売上高

After due consideration, we decided to **proceed** with the project.
（十分に検討した結果，私たちはそのプロジェクトを**進める**ことにした）

☞《**proceed** with＋名詞》《**proceed**＋to 不定詞》，名詞は《**proceed** of＋名詞》《**proceed** from＋名詞》で覚えよう。

3021 □□ **procedure** [prəsíːdʒər]

名 手順，手続き，流儀，やり方

The **procedure** for starting a business is not as difficult as you think.
（会社を興す**手続き**はお考えになるほど難しくありません）

☞《**procedure** of＋名詞》《**procedure** for＋名詞》《**procedure**＋to 不定詞》で覚えよう。

3022 □□ **prove** [prúːv]

動 ～であるとわかる，～を証明する

Minna's handling of the negotiation **proved** her versatility.
（Minna の交渉への対処の仕方は彼女の柔軟性を**証明した**）

☞《**prove**＋目的語［名詞］（＋to＋人）》《**prove**＋that 節》《It is **proven**/**proved**＋that 節》《**prove** to be＋名詞・形容詞》《*be* **proven**/**proved**＋to 不定詞》で覚えよう。

3023 □□ **proof** [prúːf]

名 証明，証拠，校正（ゲラ）　動 ～を検査［校正］する　形 ～に耐えて，～に影響されない

The items you buy from us are returnable if you have **proof** of purchase.
（購入**証明**をお持ちであれば，お買い求めいただいた商品は返品可能です）

☞《**proof** of＋名詞》《**proof** about＋名詞》《**proof**＋that 節》，動詞は《**proof**＋目的語［名詞］》，形容詞は《*be* **proof** against＋名詞》で覚えよう。 □ the burden of **proof**「立証責任」□ water **proof**「耐水性の」

3024 □□ **proofread** [prúːfrìːd]

動 ～を校正する

I would appreciate it if you could **proofread** the whole text.
（全文を**校正して**いただけると助かります）

☞《**proofread**＋目的語［名詞］》で覚えよう。

3025 □□ **occupy** [ákjəpài]

動 ～を占有する，～に（賃借りして）住む，（場所，地位など）を占める，（場所）を占領する，（注意など）をひきつける

All first-class seats are **occupied**.
（ファーストクラスの座席はすべて**使用中で**す）

☞《**occupy**＋目的語［名詞］》《**occupy**＋人＋with＋名詞》で覚えよう。

3026 □□ **occupation** [àkjəpéiʃən]

名 占有（期間），保有，在職，職業，仕事

Could I ask your **occupation**?（**職業**をお尋ねしてよろしいですか）

☞《**occupation** of＋名詞》で覚えよう。 □ hazardous **occupation**「危険な職業」

3027 □□ **occupational** [àkjəpéiʃənl]

形 占領の，占有の，職業の

We are developing advanced **occupational** training programs.
（私たちは上級**職業**訓練プログラムを開発中です）

☞《**occupational**＋名詞》で覚えよう。

3028 □□ **occupant** [ákjəpənt]

名 居住者，乗員

The former **occupant** of the office left a handwritten note to his successor.（そのオフィスの以前の**使用者**は後継者に手書きのメモを残した）

☞《**occupant** of＋名詞》で覚えよう。

3029 □□ **literally** [lítərəli]

副 文字どおり，誇張なしに，本当に

We shouldn't take what Miles says **literally**.
（Miles の言うことを**文字どおりに**受け取るべきではありません）

☞《**literally**＋動詞・形容詞》で覚えよう。 □ **literally** translate ...「～を逐語的に翻訳する」

3030 □□ **literary** [lítərèri]

形 文学の，文語的な，文筆業の

This novel is interesting, though its **literary** style is old-fashioned.
（この小説はおもしろいですよ，**文**体は古くさいけれど）

☞《**literary**＋名詞》で覚えよう。

3031 □□ **literature** [lítərətʃər]

名 文学（作品），著述（業），文献，チラシ，パンフレット

I'm sorry, but we don't have much **literature** on this new product yet.
（申し訳ありませんが，この新製品についての**販売資料**はまだそれほど多くありません）

☞《**literature** of＋名詞》《**literature** on＋名詞》で覚えよう。書籍だけでなく，商品やサービスについての印刷物も含む。

3032 □□ **narrative** [nǽrətiv]

形 物語調の，話術の 名 物語，談話，話術

Jerry's **narrative** report on the training course was informative.
（研修会に関する Jerry の**説明的な**レポートは有益だった）

☞《**narrative**＋名詞》《連結動詞＋**narrative**》，名詞は《**narrative** of＋名詞》《**narrative** about＋名詞》《**narrative**＋that 節》で覚えよう。 □ **narrative** skill「話術」

3033 □□ **memoir** [mémwɑːr]

名 回顧録，伝記

The former CEO published a **memoir** about her days at Devitt Electronics.
（前 CEO は Devitt Electronics 社での日々についての**回顧録**を出版した）

☞《**memoir** of＋名詞》《**memoir** about＋名詞》で覚えよう。

3034 □□ **admire** [ədmáiər]

動 ～を称賛する，～を賛美する

We really **admire** Lin's work ethic and dedication.
(私たちは Lin の労働倫理と献身に心から**敬服しています**)

《**admire**＋目的語［名詞］》《**admire**＋人＋for＋名詞・動名詞》で覚えよう。

3035 □□ **yield** [jíːld]

動 ～を生み出す，～を産出する，～を譲る，降伏する　名 生産量，収益

The new money and resources will help us **yield** better results.
(新たな資金と資源は，私たちがよりよい結果を**生み出す**うえで役立つだろう)

《**yield**＋目的語［名詞］》《**yield** to＋名詞》，名詞は《**yield** of＋名詞》で覚えよう。

3036 □□ **formula** [fɔ́ːrmjələ]

名 決まった言い方，常套句，式，調合法

The **formula** for our new range of fruit juices is kept secret.
(当社のフルーツジュース新製品群の**製法**は秘密にされています)

《**formula** of＋名詞》《**formula** for＋名詞》で覚えよう。

3037 □□ **margin** [mɑ́ːrdʒin]

名 余白，欄外，マージン，(時間，経費などの) 差，誤差，利益幅，縁

We increased our profit **margin** by reducing our labor costs.
(人件費を削減することで利**幅**を増やしました)

《**margin** of＋名詞》《**margin** for＋名詞》《**margin** on＋名詞》で覚えよう。 □ by a **margin** of ...「～の差で」□ **margin** of error「誤差」

3038 □□ **novel** [nɑ́vl]

形 新しい，新奇な　名 小説

The city accepted the architect's **novel** idea to remodel an old school into a hotel. (古い学校を改修してホテルにするというその建築家の**斬新な**アイデアは市に受け入れられた)

《**novel**＋名詞》，名詞は《**novel** about＋名詞》で覚えよう。

3039 □□ **pale** [péil]

形 薄い，青白い，青ざめた

Nancy turned **pale** when she heard the news.
(Nancy はその知らせを聞いて**青ざめた**)

《**pale**＋名詞》《連結動詞＋**pale**》で覚えよう。

3040 □□ **assure** [əʃúər]

動 ～を断言する，～を保証する，～を確約する

The CEO **assured** Ms. Coleman that she would be his successor.
(CEO は Coleman さんに対して，自分の後継者はあなたですと**断言した**)

☞《**assure**＋目的語［名詞］》《**assure**＋人＋of＋名詞》《**assure**＋人＋that 節》《*be* **assured** of＋名詞》《It is **assured**＋that 節》《*be* **assured**＋to 不定詞》で覚えよう。 □ I **assure** you.「保証します」 □ rest **assured** that ...「必ず～なので安心する」

3041 □□ **assurance** [əʃúərəns]

名 保証，請け合い，確約

City Auto gave an **assurance** that its new factories will open as planned.
(City Auto 社は，新工場は予定どおりに開業すると**保証**した)

☞《**assurance** of＋名詞》《**assurance** about＋名詞》《**assurance**＋that 節》《**assurance**＋to 不定詞》で覚えよう。

3042 □□ **pledge** [plédʒ]

動 ～を誓う，～を誓約する 名 誓約，公約，固い約束

The governor **pledged** to revitalize the local economy.
(知事は地域経済を復活させると**誓った**)

The governor honored his **pledge** to cut taxes.
(知事は減税するという**誓約**を守った)

☞《**pledge**＋目的語［名詞］》《**pledge**＋that 節》《**pledge**＋to 不定詞》《*be* **pledged**＋to 不定詞》，名詞は《**pledge** of＋名詞》《**pledge** on＋名詞》《**pledge**＋that 節》《**pledge**＋to 不定詞》で覚えよう。

3043 □□ **excellent** [éksələnt]

形 優秀な，秀でた，卓越した，絶品の

Thank you for your **excellent** service in logistics.
(物流での**すばらしい**サービスをありがとうございます)

☞《**excellent**＋名詞》《連結動詞＋**excellent**》《連結動詞＋**excellent** at/for＋名詞》《It is **excellent**＋that 節》《It is **excellent**＋to 不定詞》で覚えよう。

3044 □□ **excellence** [éksələns]

名 優秀，卓越，長所

We strive for **excellence** in all that we do.
(当社はすべてにおいて**優秀であること**をめざして努力しております)

☞《**excellence** of＋名詞》《**excellence** in＋名詞》で覚えよう。

3045 □□ **excel** [iksél]

動 ～よりすぐれている，～より勝る，秀でている

Tony **excels** at customer interaction.
(トニーは顧客とのやりとりに**秀でている**)

☞《**excel**（＋目的語［名詞］）＋at/in＋名詞》で覚えよう。

3046 □□ **outstanding** [àutstǽndiŋ]

形 突き出た，目立った，傑出した，未払いの，発行済みの

Lisa's presentation was **outstanding** and was well-received by the audience.（Lisa のプレゼンテーションは**見事な**もので，聴衆に好評だった）

☞《**outstanding**＋名詞》《連結動詞＋**outstanding**》で覚えよう。 □ **outstanding** account「未払い勘定」□ **outstanding** amount「負債残高」

3047 □□ **reserve** [rizə́ːrv]

動 ～を予約する，～を取っておく，～を蓄えておく，～を留保する　名 蓄え，予備品，準備金，保留地，予備軍

We decided to **reserve** these funds for future use.
（今後の使用のためにこれらの資金を**留保する**ことにしました）

I **reserved** a ticket on the 12:15 bullet train to Nagoya.
（12 時 15 分名古屋行き新幹線の乗車券を**予約しました**）

☞《**reserve**＋目的語［名詞］(＋for＋人)》，名詞は《**reserve** of＋名詞》で覚えよう。 □ **reserve** the right to *do*「～する権利を留保する」□ in **reserve**「必要に備えて」

3048 □□ **reservation** [rèzərvéiʃən]

名 予約，差し控えること，制限条件，留保

Adrian, I've made a **reservation** at 11:30 for our lunch meeting.
（Adrian，私たちのランチミーティングのために 11 時 30 分に**予約**をしておきました）

☞《**reservation** of＋名詞》《**reservation** for＋名詞》《**reservation** about/over/regarding/concerning＋名詞》で覚えよう。 □ despite **reservation(s)**「懸念があるにもかかわらず」□ with/without **reservation(s)**「懸念しつつ，懸念なく」

3049 □□ **access** [ǽkses]

動 ～にアクセスする，～に接近する，～に接続する　名 アクセス

The Web site is down, and I can't **access** it.
（そのウェブサイトはダウンしていて，**アクセスでき**ません）

☞《**access**＋目的語［名詞］》，名詞は《**access** of＋名詞》《**access** to＋名詞》で覚えよう。

3050 □□ **accessible** [æksésəbl]

形 近づきやすい，利用しやすい

The conference venue is **accessible** by public transport.
（大会会場へは公共交通機関で**行くことができます**）

☞《**accessible**＋名詞》《連結動詞＋**accessible**》《連結動詞＋**accessible** by＋名詞》《連結動詞＋**accessible** from＋名詞》《連結動詞＋**accessible** for＋名詞》《連結動詞＋**accessible** to＋名詞》で覚えよう。

3051 □□ **acquire** [əkwáiər]

動 ～を手に入れる，～を取得する，～を習得する，～を買う

Green Co. **acquired** a stake in an insurance company.
（Green Co. 社は保険会社の株式を**取得した**）

☞《**acquire**＋目的語［名詞］》で覚えよう。過去分詞形 acquired は「後天的な」という意味の形容詞としても使う。

3052 □□ **acquisition** [ækwizíʃən]

名 獲得，取得，習得，企業買収

King Corp. has enough cash on hand to make an **acquisition**.
(King Corp. 社は企業を**吸収**するために十分な現金を持っている)

☞《**acquisition** of＋名詞》で覚えよう。 □ mergers and **acquisitions**「（企業の）吸収合併」(＝M&A)

3053 □□ **gain** [géin]

動 ～を得る，～を増す，利益を得る 名 得ること，利益，増加，増大

The two companies **gained** a powerful ally through their new partnership.
(両社は新たな提携を通して強力な同盟関係を**獲得した**)

Romy, please have the list of profits and **gains** ready for the meeting.
(Romy，会議のために利潤**利益**の一覧を用意しておいてください)

☞《**gain**＋目的語［名詞］》《**gain**（＋目的語［名詞］）＋from＋名詞》，名詞は《**gain** of＋名詞》《**gain** in/from＋名詞》《**gain** to/for＋名詞》で覚えよう。 □ No **gains** without pains.「まかぬ種は生えない，苦労なくして利益なし」

3054 □□ **obtain** [əbtéin]

動（努力して，計画的に）～を得る，～を手に入れる

People must **obtain** permission before they sell goods on the street.
(路上で品物を販売するには，事前に許可を**得なければ**ならない)

☞《**obtain**＋目的語［名詞］（＋from/through＋名詞）》で覚えよう。

3055 □□ **merger** [mə́ːrdʒər]

名（企業，事業の）合併，合同

The corporate **merger** plan hasn't been announced yet.
(その会社の**合併**案はまだ公表されていない)

☞《**merger** of＋名詞》《**merger** with/between/among＋名詞》で覚えよう。

3056 □□ **merge** [mə́ːrdʒ]

動 ～を合併させる，～を溶け合わせる，～を（…に）溶け込ませる，合併する，合流する，合わさる

We should **merge** forces to become more efficient and productive.
(私たちは力を**結集して**，さらに効率的かつ生産的になるべきです)

☞《**merge**＋目的語［名詞］》《**merge** *A* into *B*》《**merge** with/into＋名詞》で覚えよう。

3057 □□ **takeover** [téikòuvər]

名 獲得，企業買収

Belex Corp. is reported to be the target of a hostile **takeover**.
(Belex Corp. 社は敵対的**買収**の対象になっていると報じられている)

☞《**takeover** of＋名詞》で覚えよう。 □ **takeover** bid「株式公開買い付け」 □ hostile **takeover**「敵対的買収」

3058 □□ **logical** [lɑ́dʒikl]

形 理にかなった，筋の通った，論理的な

There has to be a **logical** explanation for the manager's decision.
(責任者が下す決定には**筋の通った**説明が必要である)

☞《**logical**＋名詞》《連結動詞＋**logical**》《It is **logical**＋that 節》《It is **logical**＋to 不定詞》で覚えよう。

3059 □□ **logic** [ládʒik]

名 論理(学)，理屈，必然性

I don't clearly understand the **logic** of your argument.
(主張なさることの**論理**が理解できません)

☞《**logic** of＋名詞》《**logic** behind/in＋名詞》《**logic**＋that 節》《**logic**＋to 不定詞》で覚えよう。

3060 □□ **illogical** [iládʒikl]

形 非論理的な，筋の通らない，不合理な

The text contains **illogical** statements that need to be revised.
(その文章には**非論理的な**記述があるので，修正する必要がある)

☞《**illogical**＋名詞》《連結動詞＋**illogical**》《It is **illogical**＋that 節》《It is **illogical**＋to 不定詞》で覚えよう。

3061 □□ **recommend** [rèkəménd]

動 〜を勧める，〜を推薦する，〜を気に入らせる，〜を委ねる

John only trusts what experts **recommend**.
(John は専門家が**推薦する**ことだけを信用する)

☞《**recommend**＋目的語 [名詞] (＋to＋人)》《**recommend**＋動名詞》《**recommend**＋that 節》《It is **recommended**＋that 節》《**recommend** *A* for *B*》《**recommend**＋人＋for＋名詞》で覚えよう。自分の意見として「強く勧める」ときに使う。

3062 □□ **recommendation** [rèkəmendéiʃən]

名 推薦(すること)，推薦状，推薦するもの，長所

I appreciate you writing me a letter of **recommendation**.
(**推薦**状を書いていただき，ありがとうございました)

☞《**recommendation** of＋名詞》《**recommendation** about＋名詞》《**recommendation** for＋名詞》《**recommendation**＋that 節》《**recommendation**＋to 不定詞》で覚えよう。

3063 □□ **restore** [ristɔ́:r]

動 〜を戻す，〜を元の状態に戻す，〜を修復 [復元] する，〜を復活させる，〜を復興する

After the recall, the automaker is trying to **restore** consumer trust.
(リコールのあと，その自動車メーカーは消費者の信頼を**取り戻す**ことに取り組んでいる)

☞《**restore**＋目的語 [名詞]》《**restore** *A* to *B*》で覚えよう。「〜を元の状態に戻す」という意味。

3064 □□ **restoration** [rèstəréiʃən]

名 復元，回復，取り戻すこと，復旧，修復，返還，還付

Some of the museum artworks have been undergoing **restoration**.
(その美術館の芸術作品の一部は**修復**作業が行われている)

☞《**restoration** of＋名詞》で覚えよう。 □ under **restoration**「修復中で」

3065 □□ **wage** [wéidʒ]

名 (月払いでない) 賃金 動 〜を行う，〜を遂行する

Part-timers earn high **wages** at the new supermarket.
(その新しいスーパーマーケットでは非常勤職員の**賃金**が高い)

☞《**wage** of＋名詞》，動詞は《**wage**＋目的語 [名詞]》で覚えよう。名詞は，固定給ではなく労働時間，労働日数に基づいて計算される「賃金」を表す。 □ minimum **wage**「最低賃金」

3066 □□ **salary** [sǽləri]

名 (月払いの) 給料，俸給

Alberto is negotiating his **salary** with the manager.
(Alberto は自分の**給与**を部長と交渉している)

《**salary** of＋名詞》で覚えよう。基本的に「月給」という意味。 □ on a **salary**「月給で」

3067 □□ **wedding** [wédiŋ]

名 結婚式，婚姻，融合

Tanner and Louise are celebrating their **wedding** anniversary in Hawaii.
(Tanner と Louise は**結婚**記念日を Hawaii で祝っている)

《**wedding** of＋名詞》で覚えよう。 □ attend a **wedding**「結婚式に出席する」

3068 □□ **divorce** [divɔ́ːrs]

名 離婚，分離　動 離婚する，～を離婚させる，～を切り離す

The rate of **divorce** has increased in the last five years.
(**離婚**率は過去 5 年間で増加している)

《**divorce** of＋名詞》，動詞は《**divorce**＋人》《**divorce**＋目的語［名詞］＋from＋名詞》で覚えよう。

3069 □□ **racial** [réiʃl]

形 人種の，民族の

Racial diversity in the tech industry is steadily increasing.
(科学技術の業界では**人種の**多様化が着実に進んでいる)

《**racial**＋名詞》で覚えよう。

3070 □□ **ethnic** [éθnik]

形 民族の，民族特有の，魅惑的で風変わりな

Ethnic restaurants are booming in my neighborhood.
(私の家の近くでは**民族料理の**レストランがにぎわっている)

《**ethnic**＋名詞》で覚えよう。

3071 □□ **severe** [sivíər]

形 厳しい，厳格［厳正／厳密／厳重］な，過酷な，痛烈な，深刻な

Severe stress could cause various physical disorders.
(**深刻な**ストレスはさまざまな身体的な不調を引き起こすことがある)

《**severe**＋名詞》《連結動詞＋**severe**》で覚えよう。

3072 □□ **harsh** [hɑ́ːrʃ]

形 厳しい，手強い，残酷な

We are facing **harsh** competition as more competitors enter the market.
(競合企業がさらに市場に参入しており，当社は**激しい**競争に直面している)

《**harsh**＋名詞》《連結動詞＋**harsh**》《連結動詞＋**harsh** about＋名詞》《連結動詞＋**harsh** on＋名詞》で覚えよう。

3073 □□ **fierce** [fíərs]

形 凶暴な，激しい，断固とした

There has been **fierce** competition among smartphone makers.
（スマートフォンメーカー間で**激烈な**競争が生じている）

☞《**fierce**＋名詞》《連結動詞＋**fierce**》《連結動詞＋**fierce** for＋名詞》《連結動詞＋**fierce** about＋名詞》で覚えよう。

3074 □□ **recall** [rikɔ́:l, rí:kɔ:l]

動 ～を思い出す，～を思い出させる，～を呼び戻す，～を回収する　名 記憶力，回収

HIG Motors **recalled** its vehicles due to faulty brakes.
（HIG Motors 社は不良ブレーキのために車両を**回収した**）

If I **recall** correctly, Dr. Heins used to be a high school teacher.
（私の**記憶**が正しければ，Heins 博士はかつては高校の教師でした）

☞《**recall**＋目的語［名詞］》《**recall**＋動名詞》《**recall**＋that/wh-/how 節》《**recall**＋if/whether 節》で覚えよう。

3075 □□ **withdraw** [wiðdrɔ́:]

動 引き下がる，撤退する，（お金）を引き落とす，～を撤回する

WIRE Inc. **withdrew** its offer of investment at the last minute.
（WIRE Inc. 社は土壇場で投資の申し出を**撤回した**）

I'll go and **withdraw** some cash; it won't take long.
（ちょっと行って現金を**引き出して**きます；すぐに戻ります）

Mr. Tully **withdrew** from his position as the chief accountant.
（Tully さんは主任会計士の地位から**身を引いた**）

☞《**withdraw**＋目的語［名詞］》《**withdraw** *A* from *B*》《**withdraw** from＋名詞》《**withdraw** to/into＋名詞》で覚えよう。

3076 □□ **withdrawal** [wiðdrɔ́:əl]

名 引き下がること，撤退，離脱，撤回，払い戻し

The company officially announced its **withdrawal** from the U.S. market.
（同社は合衆国市場からの**撤退**を正式に発表した）

☞《**withdrawal** of＋名詞》《**withdrawal** from＋名詞》で覚えよう。

3077 □□ **deposit** [dipázət]

動（金，貴重品など）を預ける　名 頭金，保証金，預金

A fixed amount of money is **deposited** into my account every month.
（毎月定額が私の口座に**入金される**）

The hotel requires you to pay a **deposit** when checking in.
（そのホテルではチェックインの際に**預り金**の支払いを求められる）

☞《**deposit**＋目的語［名詞］》《**deposit** *A* with/into *B*》，名詞は《**deposit** of＋名詞》《**deposit** into＋名詞》で覚えよう。□**deposit** balance「預金残高」□**deposit** bank「預金銀行」□**deposit** book「預金通帳」

3078 □□ **facility** [fəsíləti]

[名] 場所，施設，機関，容易さ，器用さ

Our northern campus is known for its up-to-date research **facility**.
（当社の北キャンパスは最新式の研究**施設**で知られている）

☞《**facility** of＋名詞》《**facility** for＋名詞》で覚えよう。個別の施設を指すときは単数形，一般論としての施設や設備，サービスを指すときは複数形を使う。 □ public **facilities**「公共施設」

3079 □□ **facilitate** [fəsílətèit]

[動] ～を容易にする，～を促進する，～の手助けをする

Is it a good time to **facilitate** a meeting with Mr. Halim?
（Halim さんとの会議を**進める**にはよい時期でしょうか）

☞《**facilitate**＋目的語［名詞］》で覚えよう。

3080 □□ **interpret** [intə́ːrprət]

[動] ～を解釈する，～を説明する，～を通訳する

How should we **interpret** the company's statement?
（同社の声明をどのように**解釈する**べきでしょうか）

☞《**interpret**＋目的語［名詞］》《**interpret** *A* as *B*》で覚えよう。

3081 □□ **interpretation** [intə̀ːrprətéiʃən]

[名] 解釈，解説，説明，通訳，翻訳

Ms. Power's **interpretation** of the article was accurate.
（その記事に関する Power さんの**解釈**は正確だった）

☞《**interpretation** of＋名詞》《**interpretation** on/about/over＋名詞》《**interpretation**＋that 節》で覚えよう。

3082 □□ **interpreter** [intə́ːrprətər]

[名] 通訳，解説者

I talked to the company spokesperson through an **interpreter**.
（私は**通訳**を介して同社の広報担当者と話しました）

☞《**interpreter** of＋名詞》《**interpreter** for＋名詞》《**interpreter** in＋名詞》で覚えよう。

3083 □□ **sponsor** [spɑ́nsər]

[動] ～を後援する，～の発起人になる [名] スポンサー，広告主，後援者

We will **sponsor** several sporting events later this year.
（当社は今年後半にいくつかのスポーツイベントを**後援します**）

Few social events are possible without help from corporate **sponsors**.
（**後援**企業の支援なしで実現する社会イベントはほとんどない）

☞《**sponsor**＋目的語［名詞］》，名詞は《**sponsor** of＋名詞》《**sponsor** for＋名詞》で覚えよう。

3084 □□ **infant** [ínfənt]

[形] 乳幼児の，幼い，幼少の [名] 乳児，幼児，未成年

Yappy Media has established an **infant** care facility for working mothers.
（Yappy Media 社は，働く母親のために**乳児**保育施設を設けた）

☞《**infant**＋名詞》，名詞は《**infant** of＋名詞》《**infant** in＋名詞》で覚えよう。

3085 □□ **ward** [wɔ́ːrd]

名 病棟，区，被後見人

Peg started her medical career in a hospital **ward** in her hometown.
(Peg は故郷の病院**棟**で医療の道を進み始めた)

☞《**ward** of＋名詞》で覚えよう。 □ hospital **ward**「病院棟」

3086 □□ **porch** [pɔ́ːrtʃ]

名 屋根付き玄関，ポーチ，ベランダ

The package left on the **porch** was damaged by rain.
(**ポーチ**に放置されていた荷物は雨で傷んでしまった)

☞《**porch** of＋名詞》《**porch** in＋名詞》で覚えよう。 □ covered **porch**「屋根付きポーチ」

3087 □□ **widespread** [wáidsprèd]

形 いっぱいに広がった，広く行きわたった，普及した

There is **widespread** agreement that the number of small families will continue to grow.
(小家族の数が増え続けるだろうということには**広く**意見が一致している)

☞《**widespread**＋名詞》《連結動詞＋**widespread**》《連結動詞＋**widespread** among＋名詞》で覚えよう。

3088 □□ **massive** [mǽsiv]

形 大きい，大規模な，大量の，広く行きわたった

The **massive** outage has halted our manufacturing system.
(**大規模な**停電により，当社の生産システムは停止しました)

☞《**massive**＋名詞》《連結動詞＋**massive**》で覚えよう。

3089 □□ **mass** [mǽs]

形 大衆向けの，大量の，大規模な　名 大きなかたまり，集団，多数，多量　動 ～を集める，ひとかたまりになる，集合する

We should understand our market in order to generate **mass** appeal.
(**一般大衆向けに**訴求するためには自分たちの市場を理解すべきです)

☞《**mass**＋名詞》，名詞は《**mass** of＋名詞》，動詞は《**mass**＋目的語［名詞］》で覚えよう。

3090 □□ **immense** [iméns]

形 広大な，莫大な，計り知れない

Onyx Inc. used an **immense** amount of money to acquire the start-ups.
(Onyx Inc. 社は新興企業を吸収するために**莫大な**金額を使った)

☞《**immense**＋名詞》《連結動詞＋**immense**》で覚えよう。

3091 □□ **relieve** [rilíːv]

動 (不安など) を軽減する，～を安心させる，～に効く

Take two of these tablets to **relieve** your pain.
(痛みを**和らげる**ためにこれらの錠剤を 2 錠飲んでください)

☞《**relieve**＋目的語［名詞］》《**relieve**＋人＋of＋名詞》で覚えよう。困難や苦痛，心配などの「不安要素から解き放つ」という意味。 □ **relieve** concern「不安を解消する」

3092 □□ **relief** [rilíːf]

名 安堵感，(不安などを) 取り除くもの，気晴らし

Much to my **relief**, the meeting hadn't started yet even though I was late. (たいへん**安心**したことに，私は遅れましたが会議はまだ始まっていませんでした)

We're expecting 500 more **relief** workers to come and help us.
(さらに 500 人の**救援**作業員が来て手伝ってくれると思います)

☞《**relief** of＋名詞》《**relief** at＋名詞》《**relief** from＋名詞》《**relief** to＋人》《It is a **relief**＋that 節》《It is a **relief**＋to 不定詞》で覚えよう。 □ to *someone's* **relief**「～が安心したことは」 □ in **relief**「安心して」 □ What a **relief**!「安心しました」

3093 □□ **compose** [kəmpóuz]

動 ～を構成する，～を組み立てる，～を作曲する，《*be* composed of ... で》～から成る

You can **compose** messages in simple text or in rich text.
(メッセージをシンプルテキスト，あるいはリッチテキストの形式で**作成できます**)

☞《**compose**＋目的語［名詞］》《*be* **composed** of＋名詞》で覚えよう。

3094 □□ **composition** [kɑ̀mpəzíʃən]

名 組織，構成，組み立て，合成，作曲，作文

The durability of a paper book is affected by the chemical **composition** of its materials.
(紙書籍の耐久性は素材の化学**構造**に影響される)

☞《**composition** of＋名詞》で覚えよう。

3095 □□ **illustrate** [íləstrèit, ilʌ́streit]

動 ～を説明する，～を解説する

Ryan **illustrated** the key points of his presentation with diagrams.
(Ryan は，自分のプレゼンテーションの主要点を図で**説明した**)

☞《**illustrate**＋目的語［名詞］》《**illustrate**＋that/wh-/how 節》《**illustrate**＋if/whether 節》で覚えよう。□ **illustrate** ... by an example「～を実例を挙げて説明する」

3096 □□ **illustration** [ìləstréiʃən]

名 説明，解説，イラストレーション

Ajit's handout includes colorful **illustrations** and graphs.
(Ajit が用意した配布資料は，色とりどりの**イラストレーション**やグラフを含んでいる)

☞《**illustration** of＋名詞》《**illustration** about＋名詞》《**illustration**＋that 節》で覚えよう。

3097 □□ **faith** [féiθ]

名 信頼，信用，信仰，信条

Customers' **faith** in the company was shaken by the cover-up.
(同社に対する顧客の**忠誠心**は，その隠ぺい工作によって揺らいだ)

☞《**faith** of＋名詞》《**faith** in＋名詞》《**faith**＋that 節》で覚えよう。

3098 □□ **faithfully** [féiθfəli]

副 忠実に，正確に，断固として

The old painting was restored as **faithfully** as possible.
(その古い絵画はできるだけ**忠実に**復元された)

☞《**faithfully**＋動詞・形容詞》で覚えよう。□ **faithfully** execute ...「～を忠実に実行する」

3099 □□ **scheme** [skíːm]

名 計画，企て，案，組織，仕組み　動 ～を企てる，～を策動する，～を計画する

Our marketing team proposed an ambitious **scheme** to increase subscribers.
(マーケティングチームは，定期購読者を増やすための野心的な**仕組み**を提案した)

☞《**scheme** of＋名詞》《**scheme** for/against＋名詞》《**scheme**＋to 不定詞》，動詞は《**scheme**＋to 不定詞》《**scheme** for/against＋名詞》で覚えよう。

3100 □□ **plot** [plɑ́t]

動 ～を企む，～を描く，～の構想を練る　名 策略，陰謀，筋，構想

The locations of hospitals and clinics are **plotted** on this city map.
(病院とクリニックの場所がこの市内地図に**示されている**)

The film has a suspenseful **plot**. (その映画はぞっとする**筋立て**だ)

☞《**plot**＋目的語［名詞］》《**plot** *A* on *B*》《**plot**＋to 不定詞》《**plot** against＋名詞》，名詞は《**plot** of＋名詞》《**plot** against＋名詞》《**plot** by＋名詞》《**plot**＋to 不定詞》で覚えよう。

3101 ☐☐ **precisely** [prisáisli]

副 正確に，的確に，ちょうど

Could you come to Mr. Horst's office at **precisely** eleven o'clock?
(11 時**ちょうどに** Horst さんのオフィスに来ていただけますか)

☞《**precisely**＋動詞・形容詞》で覚えよう。 ☐ **precisely** understand ...「～を正確に理解する」

3102 ☐☐ **precise** [prisáis]

形 正確な，精密な，几帳面な

Taking **precise** measurements is the first step to maintaining quality.
(**正確な**寸法を採ることは品質保持の第一歩である)

☞《**precise**＋名詞》《連結動詞＋**precise**》《連結動詞＋**precise** about/in＋名詞》で覚えよう。

3103 ☐☐ **precision** [prisíʒən]

名 正確，精密

We use **precision** tools in every stage of manufacturing.
(製造のすべての段階で**精密**機械を使用しております)

☞《**precision** of＋名詞》《**precision** in＋名詞》で覚えよう。 ☐ with **precision**「正確に」

3104 ☐☐ **prospect** [práspekt]

名 予想，見通し，前途，見込みのある人物 動 探し求める

Your proven track record offers bright **prospects** for promotion.
(あなたの実績は昇進への明るい**見通し**を提供してくれます)

☞《**prospect** of＋名詞》《**prospect** for＋名詞》《**prospect**＋that 節》《**prospect**＋to 不定詞》，動詞は《**prospect** for＋名詞》で覚えよう。 ☐ in **prospect**「予測されて」

3105 ☐☐ **prospective** [prəspéktiv]

形 将来の，予想される，見込みのある，有望な

From five **prospective** partners, we will choose one.
(5 つの**有望な**提携先企業から 1 社を選びます)

☞《**prospective**＋名詞》で覚えよう。

3106 ☐☐ **promote** [prəmóut]

動 ～を促進させる，～の販売を促進する，～を宣伝する，～を昇進 [昇格] させる

It is expected that lower interest rates will **promote** economic growth.
(金利の引き下げが経済成長を**促進する**と期待されている)

☞《**promote**＋目的語 [名詞]》《**promote** *A* as *B*》《**promote**＋人＋to＋名詞》《**promote**＋that 節》で覚えよう。

3107 ☐☐ **promotion** [prəmóuʃən]

名 促進，振興，昇進，昇格，販売促進

George has been working tirelessly to get a **promotion**.
(George は**昇進**をめざして疲れ知らずで働いている)

Ms. Fromm earned **promotion** through her initiative for energy conservation. (Fromm さんは，エネルギーの節約を主導したことで**昇進**を手にした)

☞《**promotion** of＋名詞》《**promotion** from *A* to *B*》《**promotion**＋to 不定詞》で覚えよう。

3108 □□ **promotional** [prəmóuʃənl]

形 (販売) 促進のための

We post simple how-to videos online for **promotional** purposes.
(当社は**販促**目的でネット上に簡単な解説動画を掲載します)

《**promotional**＋名詞》《連結動詞＋**promotional**》で覚えよう。

3109 □□ **promo** [próumou]

名 宣伝用動画，宣伝広告

The **promo** video claims this copier is the fastest on the market.
(その**プロモーション**ビデオは，このコピー機は市場最速であると主張している)

《**promo** of＋名詞》《**promo** for＋名詞》《**promo** about＋名詞》で覚えよう。 □ **promo** code「販促用コード」

3110 □□ **advocate** [ǽdvəkèit; ǽdvəkət]

名 支持者，提唱者 動 (～を) 支持する，(～を) 提唱する

Mr. Chen is a big **advocate** for the new hiring policy.
(Chen さんは新たな雇用方針の強力な**提唱者**である)

The lawyer has **advocated** for the rights of workers.
(その弁護士は労働者の権利を**提唱している**)

《**advocate** of＋名詞》《**advocate** for＋名詞》，動詞は《**advocate**＋目的語 [名詞]》《**advocate**＋動名詞》《**advocate** for＋名詞》《**advocate**＋that 節》《It is **advocated**＋that 節》で覚えよう。
□ **advocate** tax reform「税制改革を支持する」

3111 □□ **endorse** [indɔ́ːrs]

動 ～を承認する，～を支持する，～を宣伝する

These shoes are **endorsed** by famous basketball players.
(これらの靴は有名なバスケットボール選手たちによって**宣伝されている**)

《**endorse**＋目的語 [名詞]》で覚えよう。

3112 □□ **foster** [fɔ́(ː)stər, fɑ́ːs-]

動 ～を (里子として) 養育する，～を発展させる，～を育成する，(希望など) を抱き続ける
形 育ての，里親の，里子の

This initiative aims to **foster** development in the AI sector.
(この試みは人工知能分野の開発を**支援する**ことを目的としている)

《**foster**＋目的語 [名詞]》，形容詞は《**foster**＋名詞》で覚えよう。

3113 □□ **initial** [iníʃl]

形 最初の，頭文字の 名 頭文字，イニシャル 動 頭文字で署名する

My **initial** impression of the negotiation was quite positive.
(その交渉についての私の**第一**印象はとても前向きなものでした)

《**initial**＋名詞》，名詞は《**initial** of＋名詞》，動詞は《**initial**＋目的語 [名詞]》で覚えよう。

3114 □□ **initially** [iníʃəli]

副 はじめに，最初は

Armand was **initially** supposed to be in charge of publicity.
(Armand は**当初は**宣伝を担当することになっていた)

《**initially**＋動詞・形容詞》で覚えよう。 □ **initially** report that ...「～と当初は報告する」

3115 □□ **initiative** [iníʃətiv, -ʃiə-]

名 手始め，主導権，新提案，イニシアチブ

Claudia took the **initiative** in outsourcing payroll services.
(Claudia は給与支払いサービスの外注化を**主導**している)

☞《**initiative** of＋名詞》《**initiative** for/against＋名詞》《**initiative** on/in＋名詞》《**initiative** by＋人》《**initiative**＋to 不定詞》で覚えよう。

3116 □□ **instruction** [instrʌ́kʃən]

名 指示，取り扱い説明書

Please refer to the **instruction** manual when assembling this product.
(本製品を組み立てるときは取り扱い**説明書**を参照してください)

☞《**instructions** of＋名詞》《**instructions** about/on/as to＋名詞》《**instructions** for＋名詞》《**instructions**＋that 節》《**instructions**＋to 不定詞》で覚えよう。 □ under **instructions** to *do*「～するように指示されて」

3117 □□ **instruct** [instrʌ́kt]

動 ～について指示する，～を指導する，～を教える

The program **instructs** employees how to handle customer complaints.
(そのプログラムは，顧客からの苦情への対処法について従業員を**教育する**)

☞《**instruct**（＋人）＋that 節》《**instruct**＋人＋to 不定詞》《**instruct**＋人＋in＋名詞》《**instruct**＋人＋what/how＋to 不定詞》で覚えよう。「（特定の分野について系統立てて）教える」という意味。

3118 □□ **instructor** [instrʌ́ktər]

名 講師，指導者，インストラクター

We want to find experienced language **instructors**.
(当社は経験豊かな外国語**指導者**を見つけたいと思います)

☞《**instructor** of＋名詞》《**instructor** at＋名詞》で覚えよう。

3119 □□ **essential** [isénʃl]

形 不可欠の，本質的な，理想的な　名 本質的要素，主要点

The equipment on the first floor is **essential** to security operations.
(1 階の機器は警備活動に**必須で**ある)

☞《**essential**＋名詞》《連結動詞＋**essential**》《連結動詞＋**essential** for/to＋名詞》《連結動詞＋**essential** about＋名詞》《It is **essential**＋that 節》《It is **essential**＋to 不定詞》，名詞は《**essentials** of＋名詞》で覚えよう。「本質的に必要であり，きわめて重要な」という意味。

3120 □□ **essentially** [isénʃəli]

副 本質的に，本来，つまるところ

Solar power is **essentially** an unlimited source of energy.
(太陽光発電は**本質的に**無限のエネルギー供給源である)

☞《**essentially**＋動詞・形容詞》で覚えよう。 □ **essentially** similar「本質的に似て」

3121 □□ **fundamental** [fʌ̀ndəméntl]

形 基本的な，根本的な　名《fundamentals で》基本，原理

Ability to use a computer is a **fundamental** skill for our employees.
(コンピュータを使える能力は当社の従業員にとって**基本的な**技能である)

☞《**fundamental**＋名詞》《連結動詞＋**fundamental**》《連結動詞＋**fundamental** to＋名詞》《It is **fundamental**＋that 節》《It is **fundamental**＋to 不定詞》で覚えよう。

3122 □□ **vital** [váitl]

形 生命の，生命にかかわる，活力のある，きわめて重要な，肝要な

Ms. Hagle leads the project that is **vital** for our future.
（Hagle さんが当社の将来にとって**重要な**そのプロジェクトを指揮します）

It is **vital** for a textbook that its content is easy to understand.
（内容が理解しやすいということは，教科書にとって**きわめて重要で**ある）

☞《**vital**＋名詞》《連結動詞＋**vital**》《連結動詞＋**vital** to＋名詞》《連結動詞＋**vital** for＋名詞》《It is **vital**＋that 節》《It is **vital**＋to 不定詞》で覚えよう。 □ **vital** wound「致命傷」□ **vital** question「死活問題」

3123 □□ **imperative** [impérətiv]

形 必要不可欠の，命令的な，避けられない 名 命令，義務，必須事項

It is **imperative** that we start shipping by Thursday.
（木曜日までに出荷を開始することが**必要不可欠で**ある）

☞《**imperative**＋名詞》《連結動詞＋**imperative**》《It is **imperative**＋that 節》《It is **imperative**＋to 不定詞》，名詞は《**imperative** of＋名詞》《**imperative** for＋名詞》で覚えよう。

3124 □□ **interior** [intíəriər]

名 室内（装飾） 形 内部の，国内の

We were happy to see the spacious **interior** of the new office.
（新オフィスのゆったりとした**内装**を見てうれしかった）

☞《**interior** of＋名詞》，形容詞は《**interior**＋名詞》で覚えよう。

3125 □□ **exterior** [ikstíəriər]

名 外部，外観 形 外部の，外観の

The store **exterior** is completely covered in glass.
（店の**外観**は完全にガラスに覆われている）

☞《**exterior** of＋名詞》，形容詞は《**exterior**＋名詞》で覚えよう。

3126 □□ **surface** [sə́ːrfəs]

名 表面，水面，見かけ，面 動 表面化する，浮上する，現れる 形 表面的な，うわべの，地上の

On the **surface**, everything worked out okay.
（**表面**上はすべてうまくいきました）

☞《**surface** of＋名詞》，動詞は《**surface** in＋名詞》，形容詞は《**surface**＋名詞》で覚えよう。 □ on the **surface**「表面上は」□ beneath the **surface**「表面下で」

3127 □□ **accurate** [ǽkjərət]

形 正確な，間違いのない，精密な

The analyst made an **accurate** prediction about recent stock prices.
（そのアナリストは最近の株価について**正確な**予測をした）

☞《**accurate**＋名詞》《連結動詞＋**accurate**》《It is **accurate**＋that 節》《It is **accurate**＋to 不定詞》で覚えよう。

3128 □□ **accuracy** [ǽkjərəsi]

名 正確さ，精密さ，精度

I'm not sure about the **accuracy** of this report.
（この報告書の**正確さ**について私はよくわかりません）

☞《**accuracy** of＋名詞》で覚えよう。 □ with **accuracy**「正確に」

3129 □□ **accurately** [ǽkjərətli]

副 正確に，的確に

Regina **accurately** reported on the incident at the factory.
（Regina は工場での出来事について**正確に**報告した）

☞《**accurately**＋動詞・形容詞》で覚えよう。 □ **accurately** estimate ...「～を正確に見積もる」

3130 □□ **forecast** [fɔ́ːrkæ̀st]

動 ～を予想する，～を予報する 名（天気）予報，予測

Analysts have **forecast** a rise in the yen soon.
（アナリストたちはまもなく円が高騰すると**予測している**）

Have you checked the weather **forecast** for today?
（きょうの天気**予報**を確認しましたか）

☞《**forecast**＋目的語［名詞］》《**forecast**＋that/wh-/how 節》《It is **forecast**＋that 節》《*be* **forecast**＋to 不定詞》，名詞は《**forecast** of＋名詞》《**forecast** for/about＋名詞》《**forecast**＋that 節》で覚えよう。

3131 □□ **swear** [swéər]

動 ～を誓う，～を宣誓する，～を断言する

I've never had such a problem, I **swear**.
（このような問題は経験したことがありません，**誓います**）

☞《**swear**＋目的語［名詞］》《**swear**＋that 節》《**swear**＋to 不定詞》《**swear** to＋人》《**swear** on＋名詞》で覚えよう。 □ *be* **sworn** in「就任する」

3132 □□ **trim** [trím]

動（経費など）を切り詰める，～を刈り込む，（不要部分など）を切り取る 名 刈り込み，切り取り，手入れ，調髪

In an economic slump, people tend to **trim** spending on entertainment.
（不況のときに，人々は娯楽への出費を**削減する**傾向がある）

☞《**trim**＋目的語［名詞］》《**trim** *A* from/off *B*》《**trim** *A* with *B*》，名詞は《**trim** of＋名詞》で覚えよう。

3133 □□ **halt** [hɔ́ːlt]

名 一時的な中止，中断 動 停止する，～を停止させる

We must avoid causing a **halt** in production.
（生産に**中断**をもたらすことは避けなければなりません）

We'd better **halt** assembly lines right away.
（すぐに組み立てラインを**止める**のがよいと思います）

☞《**halt** in/to＋名詞》，動詞は《**halt**＋目的語［名詞］》で覚えよう。 □ come to a **halt**「停止する」 □ call a **halt** (to ...)「（～に）停止を命じる」 □ **halt** a plan「計画を中断する」

3134 □□ **discount** [dískaunt; diskáunt]

名 割引，値引き　動 ～を無視する，～を軽視する，～を割り引く

- We are offering a 20 percent **discount** on all external keyboards.
  (すべての外付けキーボードを 20 パーセント**割引**で提供しております)
- Mr. Curran **discounted** the possibility of relocating the main factory.
  (Curran さんは主要工場を移転する可能性は**低いと考えた**)

☞《**discount** of＋名詞》《**discount** on＋名詞》，動詞は《**discount**＋目的語［名詞］》で覚えよう。

3135 □□ **tender** [téndər]

形（肉などが）やわらかい，敏感な，やさしい，気づかう　動（書類など）を提出する

- Every child deserves **tender** care by their parent.
  (子どもはだれもが，親による**愛情深い**世話を受けてしかるべきだ)
- I feel like having a thick, **tender** steak.
  (厚くて**やわらかい**ステーキを食べたい気分です)
- The managing director **tendered** his resignation this morning.
  (部長はけさ辞表を**提出した**)

☞《**tender**＋名詞》《連結動詞＋**tender**》，動詞は《**tender**＋目的語［名詞］（＋to＋人）》で覚えよう。

GROUP 65

3136 - 3183

3136 □□ **inflate** [infléit]

動 膨らむ，インフレになる，～を膨らませる，～を誇張する

Last fiscal year's result was **inflated** by the one-time capital gains.
（前財政年度の結果は一時的な資本利得によって**膨ら**んだ）

《**inflate**＋目的語［名詞］》で覚えよう。 □ **inflate** the price「価格をつり上げる」□ **inflate** the bad loans「不良債権を増やす」

3137 □□ **inflation** [infléiʃən]

名 膨張，インフレ

What are the projected **inflation** rates for the next five years?
（今後 5 年間の**インフレーション**率の予測値はどれくらいですか）

《**inflation** of＋名詞》で覚えよう。貨幣の価値が下がり，物価が上昇すること。

3138 □□ **internal** [intə́ːrnl]

形 内部の，内側の，国内の

Our CEO has vast knowledge of the **internal** affairs of Asian countries.
（当社の CEO はアジア諸国の**国内**事情について膨大な知識を持っている）

《**internal**＋名詞》で覚えよう。

3139 □□ **external** [ikstə́ːrnl]

形 外部の，外付けの，外側の，外国との

Ms. Nakamoto works for us as an **external** contractor.
（Nakamoto さんは**社外**契約者として当社に勤務している）

《**external**＋名詞》で覚えよう。

3140 □□ **participate** [pɑːrtísəpèit, pər-]

動 参加する，共有する

Today's meeting is mandatory; you have to **participate** in it.
（きょうの会議は全員参加です；**参加する**しかありません）

《**participate** in＋名詞》で覚えよう。日常的には take part を使うことが多い。

3141 □□ **participation** [pɑːrtìsəpéiʃən, pər-]

名 参加，加入

Your **participation** in this project is essential.
（あなたの当プロジェクトへの**参加**が不可欠です）

《**participation** of＋名詞》《**participation** in＋名詞》で覚えよう。

3142 □□ **participant** [pɑːrtísəpənt, pər-]

名 参加者，関係者

Some **participants** couldn't come because of the bad weather.
（**参加者**の一部は悪天候のために来られなかった）

《**participant** of＋名詞》《**participant** in＋名詞》で覚えよう。

3143 □□ **register** [rédʒistər]

動 登録する，署名する，～を（正式に）登録する，～を記名する　名 登録リスト，レジ，記録表

▼ Make sure to **register** in advance for the conference to get a ticket.
（大会への事前**登録**を必ず行ってチケットを入手してください）

▼ That cash **register** isn't working; we need a new one.
（その現金支払い**レジ**は壊れています；新しいのが必要です）

☞《**register** for＋名詞》《**register** with＋名詞》《**register** at＋名詞》《**register**＋目的語［名詞］》《**register** *A* as *B*》，名詞は《**register** of＋名詞》で覚えよう。

3144 □□ **registration** [rèdʒistréiʃən]

名 記載，登録，記名，履修登録，登録者

▼ Voter **registration** data includes party affiliation, age, gender, and more.
（有権者**登録**のデータは所属政党，年齢，性別などを含む）

☞《**registration** of＋名詞》《**registration** for＋名詞》《**registration** with＋名詞》《**registration** by＋名詞》《**registration** as＋名詞》で覚えよう。

3145 □□ **generate** [dʒénərèit]

動 ～を発生させる，（考えなど）を引き起す，（収入など）を生み出す

▼ Shelley **generated** an analytical report on the last quarter's earnings.
（Shelley は前四半期収益の分析報告書を**作成した**）

☞《**generate**＋目的語［名詞］》《**generate** *A* from *B*》で覚えよう。□ **generate** profits「利益をもたらす」

3146 □□ **generator** [dʒénərèitər]

名 発生させる人［もの／状況］

▼ The typhoon is approaching, so we'll prepare the back-up **generator**.
（台風が近づいています，補助**発電機**を用意しましょう）

☞《**generator** of＋名詞》で覚えよう。

3147 □□ **generation** [dʒènəréiʃən]

名 同世代の人々，一世代

▼ A certain **generation** gap exists within the board members.
（取締役の内部にはある種の**世代**差が存在する）

☞《**generation** of＋名詞》で覚えよう。 □ for **generations**「何世代にもわたって」

3148 □□ **trigger** [trígər]

動 ～の引き金を引く，～のきっかけとなる，～を誘発する　名 引き金，きっかけ

▼ The record holiday season sales **triggered** optimism for economic recovery.（年末休暇の時期の記録的な売上は経済回復への楽観論を**引き起こした**）

☞《**trigger**＋目的語［名詞］》，名詞は《**trigger** of＋名詞》《**trigger** for＋名詞》で覚えよう。

3149 □□ **apologize** [əpálədʒàiz]

動 謝罪する，詫びる，弁明する

▼ The company **apologized** to the customers who made complaints.
（同社は苦情を寄せた顧客に**謝罪した**）

☞《**apologize** to＋人》《**apologize** for＋名詞》《**apologize**＋that 節》で覚えよう。

3150 □□ **apology** [əpɑ́lədʒi]

名 謝罪，詫び（状），弁明

The local government issued an **apology** to the landowner.
（自治体はその地主への**謝罪**を表明した）

☞《**apology** of＋名詞》《**apology** from/to＋人》《**apology** for＋名詞》《**apology** about/over＋名詞》《**apology**＋that 節》で覚えよう。□ I owe you an **apology**.「あなたにお詫びしなければなりません」

3151 □□ **stake** [stéik]

名 利害関係，投資，賭け金，賞金　動 ～を賭ける

Management makes decisions for the best interests of **stake** holders.
（経営陣は**利害**関係者にとって最善の利益のために決定を下す）

The company's credibility is at **stake** in its reconstruction process.
（再建の過程において同社への信頼性は**危機**に瀕している）

☞《**stake** of＋名詞》《**stake** in＋名詞》《at **stake**》，動詞は《**stake**＋目的語［名詞］（＋on＋名詞）》で覚えよう。

3152 □□ **bet** [bét]

動 ～を賭ける，～を請け合う，～を主張する

I **bet** Todd will be transferred to the Tokyo branch.
（Todd は東京支店に転勤になる**気がします**）

☞《**bet**＋目的語［名詞］》《**bet**（＋人）＋that 節》《**bet** *A* on *B*》で覚えよう。 □ I **bet** you ...「確かに～です」□ You **bet**.「確かにそうです」

3153 □□ **construct** [kənstrʌ́kt]

動 ～を組み立てる，～を建設する

The company **constructed** a monument to its founder.
（同社は創設者の記念碑を**建てた**）

☞《**construct**＋目的語［名詞］》で覚えよう。

3154 □□ **construction** [kənstrʌ́kʃən]

名 建設，建築，建造物，建設業

An advantage of concrete **construction** is its resistance to earthquakes.
（コンクリート**建築**のひとつの利点はその耐震性です）

Our new headquarters building is under **construction**.
（当社の新しい本社ビルは**建造**中です）

☞《**construction** of＋名詞》で覚えよう。 □ under **construction**「建設中で」□ **construction** site「工事現場」□ poor **construction**「手抜き工事」

3155 □□ **invest** [invést]

動 ～を出資する，～を運用する，（資金，時間などを）投資する

I **invested** considerable effort in becoming a certified accountant.
（公認会計士になるために，かなりの努力を**投資しました**）

☞《**invest**＋目的語［名詞］》《**invest** *A* in *B*》《**invest** for＋名詞》で覚えよう。

3156 □□ **investment** [invéstmənt]

名 投資，出資（金）

Our **investment** in SkyTech's technology achieved high returns.
（SkyTech 社の科学技術に**投資**したことで高い利益を達成できた）

☞《**investment** of＋名詞》《**investment** in＋名詞》《**investment** from＋名詞》で覚えよう。 □ capital **investment**「資本投資」□ attract new **investment**「新規投資を呼び込む」□ minimize **investment**「投資を最小限にする」

3157 □□ **investor** [invéstər]

名 投資家，投資者

We launched a Web site to find **investors** for our new business projects.
（当社は新事業プロジェクトへの**投資家**を見つけるためにウェブサイトを立ち上げました）

☞《**investor** of＋名詞》《**investor** in＋名詞》で覚えよう。 □ **investor** relations「投資家向け広報」

3158 □□ **resist** [rizíst]

動 ～に抵抗する，～に耐える，～を我慢する

The company offered me an opportunity I couldn't **resist**.
（同社は，私がとても**いやと言え**ない機会を与えてくれました）

☞《**resist**＋目的語［名詞］》《**resist**＋動名詞》で覚えよう。

3159 □□ **resistance** [rizístəns]

名 抵抗（力），反対，妨害

BitTech is mounting strong **resistance** against the hostile takeover bid.
（BitTech 社は敵対的な株式公開買い付けに対して強い**抵抗**を見せている）

☞《**resistance** of＋名詞》《**resistance** to/against＋名詞》《**resistance** from＋名詞》で覚えよう。

3160 □□ **commerce** [kámərs]

名 商業，通商

The city's plan to boost local **commerce** went better than expected.
（地元の**商業**を促進するための市の計画は予想以上にうまくいった）

☞《**commerce** of＋名詞》《**commerce** with＋名詞》で覚えよう。 □ chamber of **commerce**「商工会議所」

3161 □□ **commercial** [kəmə́ːrʃl]

形 商業（上）の，営利的な，業務用の　名（テレビ，ラジオ，ネットでの）広告

The local government is hoping to establish a **commercial** zone in this area.（自治体はこの一帯に**商業**地域を作りたいと考えている）

☞《**commercial**＋名詞》《連結動詞＋**commercial**》，名詞は《**commercial** of＋名詞》《**commercial** for＋名詞》《**commercial** about＋名詞》で覚えよう。

3162 □□ **controversial** [kàntrəvə́ːrʃl]

形 論争の的になる，物議をかもす，議論好きの

The financier gave a **controversial** speech on market regulations.
（その投資家は市場規制に関して**論争を引き起こすような**スピーチを行った）

☞《**controversial**＋名詞》《連結動詞＋**controversial**》《連結動詞＋**controversial** about＋名詞》《It is **controversial**＋to 不定詞》で覚えよう。

3163 □□ **controversy** [kántrəvə̀ːrsi]

名 論争，議論，論議

There was **controversy** over the CFO's remarks.
（その CFO の発言をめぐって**論争**が生じた）

《**controversy** of＋名詞》《**controversy** about/over/concerning/surrounding＋名詞》《**controversy** with/between/among＋人》で覚えよう。 □ amid **controversy**「論争の中で」

3164 □□ **volunteer** [vàləntíər]

動 進んで～する，ボランティア活動をする，自発的に申し出る，無償で働く，～を任意に提供する
名 ボランティア，志願者［兵］

Thank you for **volunteering** your time at the community festival.
（地域フェスティバルで**自発的に**時間を**提供して**くださってありがとうございます）

Hundreds of **volunteers** are on their way to the affected areas.
（数百人の**ボランティア**が被災地域へ向かっている）

《**volunteer**＋目的語［名詞］》《**volunteer** for＋名詞》《**volunteer** as＋名詞》《**volunteer**＋to 不定詞》，名詞は《**volunteer** of＋名詞》《**volunteer** for＋名詞》で覚えよう。

3165 □□ **voluntary** [váləntèri]

形 自由意思の，自発的な，任意の　名 自発的行為

The ailing company introduced **voluntary** retirement plans to reduce labor costs.（苦境にある同社は人件費を削減するために**自発的**退職制度を導入した）

《**voluntary**＋名詞》《連結動詞＋**voluntary**》《It is **voluntary**＋to 不定詞》で覚えよう。

3166 □□ **adjust** [ədʒʌ́st]

動 ～を調整する，～を調節する，《adjust to ... で》～に順応する，～に適応する

We had to **adjust** the schedule for the end-of-year party.
（私たちは年末パーティーの予定を**調整しなければ**ならなかった）

《**adjust**＋目的語［名詞］》《**adjust** to＋名詞》で覚えよう。技術や判断に基づいて「違いを調節する」という意味だが，adapt と同じく，状況などに合わせて「柔軟に対応する」という意味でも使う。

3167 □□ **adjustment** [ədʒʌ́stmənt]

名 調整，調節（器具），順応，清算

I forgot to make an **adjustment** to the new time zone.
（新しい時間帯に**調整**するのを忘れてしまった）

《**adjustment** of＋名詞》《**adjustment** in＋名詞》《**adjustment** for＋名詞》《**adjustment** to＋名詞》で覚えよう。

3168 □□ **adjustable** [ədʒʌ́stəbl]

形 調整できる，調節できる，順応できる

If you work at a desk at home, it's good to have an **adjustable** chair.
（自宅でデスクワークをするなら，**調節可能な**椅子を使うとよい）

《**adjustable**＋名詞》《連結動詞＋**adjustable**》《連結動詞＋**adjustable** for＋名詞》で覚えよう。

3169 □□ **calculate** [kǽlkjəlèit]

動 ～を計算する，～を算出する，～を判断する

Bonuses will be **calculated** based on performance.
（賞与は業績に基づいて**計算される**）

《**calculate**＋目的語［名詞］》《**calculate**＋how many/much ...》《**calculate**＋that/wh-/how 節》《It is **calculated**＋that 節》《*be* **calculated** at＋名詞》で覚えよう。現在分詞形 calculating は「計算高い」という意味の形容詞としても使う。

3170 □□ **calculation** [kæ̀lkjəléiʃən]

名 計算，勘定，予測，見積もり

We made some **calculations** before we reached the decision.
（決定を下す前に少し**計算**をしました）

《**calculation** of＋名詞》《**calculation**＋that 節》で覚えよう。 □ by some/many **calculations**「計算によれば」

3171 □□ **calculator** [kǽlkjəlèitər]

名 計算者，計算器，計算表

Miles still likes to carry a pocket **calculator**.
（Miles はいまでも携帯用**計算器**を持ち歩くのが好きだ）

《**calculator** of＋名詞》で覚えよう。

3172 □□ **scholar** [skɑ́lər]

名 学者，奨学金受領者，博学な人

My mentor is a **scholar** of entrepreneurship at a business school.
（私の指導者はビジネススクールで起業を教える**学者**です）

《**scholar** of＋名詞》で覚えよう。

3173 □□ **scholarship** [skɑ́lərʃip]

名 奨学金，育英資金，学問，学識，博学

The Chamber of Commerce sponsors four-year **scholarship** programs.
（商工会議所は 4 年間の**奨学金**を提供している）

《**scholarship** of＋名詞》《**scholarship** to＋名詞》で覚えよう。□ on a **scholarship**「奨学金を受けて」

3174 □□ **drill** [dríl]

動 ～に穴を開ける，厳しい練習をする，～を訓練する，～を鍛え上げる 名 錐，演習，訓練

The professor **drills** his class with difficult math questions.
（教授はクラスの学生に難しい数学の問題を**繰り返し解かせる**）

《**drill**＋目的語［名詞］》《**drill**＋人＋to 不定詞》，名詞は《**drill** for＋名詞》で覚えよう。 □ evacuation **drill**「避難訓練」。

3175 □□ **discipline** [dísəplin]

名 訓練，規律，しつけ，懲戒 動 ～を訓練する，～をしつける

We maintain order and **discipline** in order to accomplish our goals.
（私たちは秩序と**規律**を維持して目標を達成します）

《**discipline** of＋名詞》《**discipline** for＋名詞》，動詞は《**discipline**＋目的語［名詞］》で覚えよう。

3176 □□ **equation** [ikwéiʒən, -ʃən]

名 等しくすること，平均化，均衡，方程式

Customer satisfaction is an essential part of the business **equation**.
（顧客満足度はビジネスの**方程式**の重要な一部である）

☞《**equation** of＋名詞》《**equation** for＋名詞》で覚えよう。

3177 □□ **equivalent** [ikwívələnt]

形 同等の，同義の，相当する，等価の　名 同等のもの

Carbon emissions reduced by our commitments are **equivalent** to three million cars on the street.（当社の取り組みによって削減される炭素排出量は，道を走る自動車 300 万台に**相当し**ます）

☞《**equivalent**＋名詞》《連結動詞＋**equivalent**》《連結動詞＋**equivalent** to＋名詞》，名詞は《**equivalent** of＋名詞》で覚えよう。

3178 □□ **parallel** [pǽrəlèl]

形 平行の，類似した　名 類似点，平行線，並列　動 平行する，～に類似する，～に匹敵する

We enjoyed walking along the path running **parallel** with the coast.
（海岸に**沿って**走る小道を歩いて楽しんだ）

Working in **parallel** on multiple projects could promote efficiency.
（複数のプロジェクトに**並行**して取り組めば効率を高められるかもしれない）

☞《**parallel**＋名詞》《連結動詞＋**parallel**》《連結動詞＋**parallel** with＋名詞》《連結動詞＋**parallel** to＋名詞》，名詞は《**parallel** of＋名詞》《**parallel** with＋名詞》《**parallel** between＋名詞》《**parallel** in/to＋名詞》，動詞は《**parallel**＋目的語［名詞］》で覚えよう。□ without **parallel**「他に類を見ない」

3179 □□ **convert** [kənvə́:rt]

動 変形する［させる］，転向する［させる］，～を換金する

Mr. Miura **converted** 300,000 yen into U.S. dollars.
（Miura さんは 30 万円を米ドルに**替えた**）

☞《**convert**＋目的語［名詞］》《**convert** *A* to/into *B*》《**convert** from/to＋名詞》で覚えよう。

3180 □□ **slice** [sláis]

動 ～を薄く切る　名 薄いひと切れ，一部分，断片

I like sandwiches with **sliced** ham, cheese and lettuce.
（**薄切りの**ハムとチーズ，レタスのサンドイッチが好きです）

I'd like a **slice** of lemon in cold water.
（冷たい水にレモンを**ひと切れ**入れていただけますか）

☞《**slice**＋目的語［名詞］》，名詞は《**slice** of＋名詞》で覚えよう。

3181 □□ **spill** [spíl]

動 ～をこぼす，～を流す，～を漏らす，流出する　名 流出，こぼれたもの

It's no use crying over **spilt** milk.
（**こぼれた**牛乳を嘆いても何にもならない）

The oil **spill** coming from the overturned tanker damaged the environment.（転覆したタンカーからの**流出**石油が環境に被害を与えた）

☞《**spill**＋目的語［名詞］》《**spill** *A* on/over *B*》《**spill** on/onto/over/into＋名詞》，名詞は《**spill** of＋名詞》《**spill** from＋名詞》で覚えよう。

3182 □□ **phase** [féiz]

名 段階，局面，様相　動 ～を段階的に行う

ABC Corp. is going through a difficult **phase** during the downturn.
（景気後退の中で ABC Corp. 社は困難な**局面**を経験している）

《**phase** of＋名詞》《**phase** in＋名詞》，動詞は《**phase**＋目的語［名詞］》で覚えよう。

3183 □□ **pad** [pǽd]

名 用紙，詰め物，当て物　動 ～に詰め物をする

I'd like a **pad** of paper to take notes.
（メモを取るための**用紙**をお願いします）

《**pad** of＋名詞》，動詞は《**pad**＋目的語［名詞］》《**pad** *A* with *B*》で覚えよう。

3184 □□ **formal** [fɔ́ːrml]

形 正式な，公式な，よそよそしい，形式ばった

It will be a **formal** event, so make sure you dress appropriately.
（**改まった**イベントになりますから，適切な服装を心がけてください）

《**formal**＋名詞》《連結動詞＋**formal**》《連結動詞＋**formal** for＋名詞》で覚えよう。

3185 □□ **formally** [fɔ́ːrməli]

副 正式に，公式に，堅苦しく，形式的に

The new employees were **formally** introduced at the staff meeting.
（新規従業員はスタッフ会議で**正式に**紹介された）

《**formally**＋動詞・形容詞》で覚えよう。 □ **formally** announce ...「～を公式に発表する」

3186 □□ **informal** [infɔ́ːrml]

形 形式張らない，堅苦しくない，フォーマルでない，非公式の

I didn't expect such an **informal** atmosphere at the party.
（パーティーがこれほど**くつろいだ**雰囲気だとは予想しませんでした）

《**informal**＋名詞》《連結動詞＋**informal**》《連結動詞＋**informal** for＋名詞》で覚えよう。

3187 □□ **immigration** [ìmigréiʃən]

名 移住，入国管理

All passengers must go through **immigration** upon landing.
（空港に着陸したら，乗客は全員が**入国管理**を通過しなければならない）

《**immigration** from/to＋名詞》で覚えよう。

3188 □□ **immigrant** [ímigrənt]

名 流入移民，移住者

The nation accepts one million legal **immigrants** every year.
（その国は毎年100万人の合法**移民**を受け入れている）

《**immigrant** from/to＋名詞》で覚えよう。

3189 □□ **imply** [implái]

動 ～を暗示する，～をほのめかす，～という意味を含む

Mr. Tesoro's positive remarks **implied** his consent to our proposal.
（Tesoroさんの肯定的な発言は，私たちの提案への同意を**ほのめかしていた**）

《**imply**＋目的語［名詞］》《**imply**＋that 節》《It is **implied**＋that 節》で覚えよう。

3190 □□ **implication** [ìmplikéiʃən]

名 意味合い，含み，暗示，関わり合い，推測

High staff turnover will have serious **implications** for the company's operations.（高い離職率は同社の操業に深刻な**影響**を及ぼすだろう）

《**implication** of＋名詞》《**implication** about＋名詞》《**implication** for＋名詞》《**implication**＋that 節》で覚えよう。

3191 □□ **connotation** [kɑ̀nətéiʃən]

名 言外の意味，含意，内包

We should be careful about using visual materials that could have negative **connotations**.
（否定的な**言外の意味**を含むかもしれない視覚資料の使用には注意すべきである）

☞《**connotation** of＋名詞》《**connotation** about＋名詞》《**connotation**＋that 節》で覚えよう。

3192 □□ **hint** [hínt]

動 ～を暗示する，～をほのめかす，～と遠回しに言う　名 ほのめかし，ヒント，暗示，伏線

At the meeting, the manager **hinted** that our budget would be slashed.
（会議で，部長は私たちの予算は削減されるだろうと**示唆した**）

☞《**hint** at＋名詞》《**hint**＋that 節》《It is **hinted**＋that 節》，名詞は《**hint** of＋名詞》《**hint** about/on/as to＋名詞》《**hint**＋that 節》で覚えよう。

3193 □□ **intonation** [ìntənéiʃən]

名 イントネーション，抑揚

The translation app speaks with good **intonation**, just like a real person.
（その翻訳アプリは，まるでほんとうの人間のように自然な**抑揚**で話す）

☞《**intonation** of＋名詞》で覚えよう。

3194 □□ **neat** [níːt]

形 きちんとした，きれいな，さっぱりした，すてきな

Oh, everything looks **neat** and tidy here!
（ああ，ここは**きれいに**片づいていますね！）

☞《**neat**＋名詞》《連結動詞＋**neat**》で覚えよう。**neat** and tidy の組み合わせで覚えよう。

3195 □□ **tidy** [táidi]

形 整然とした，きれい好きな　動 ～を整える，～を片付ける

I always try to keep my desk area neat and **tidy**.
（いつも机のまわりをきちんと**片付けて**いるようにしています）

☞《**tidy**＋名詞》《連結動詞＋**tidy**》，動詞は《**tidy**＋目的語［名詞］》で覚えよう。neat and **tidy** の組み合わせで覚えよう。

3196 □□ **mess** [més]

名 混乱，ちらかっていること，やっかいなこと，困惑，窮地，汚れもの　動 ～をだいなしにする

I'm a **mess**; I don't know what to do.
（私は**ひどい状態**だ；どうすればよいのかわからない）

☞《**mess** of＋名詞》，動詞は《**mess**＋目的語［名詞］》で覚えよう。 □ in a **mess**「ひどい状態で」

3197 □□ **portion** [pɔ́ːrʃən]

名（一）部分，割り当て，取り分，（食事などの）ひとり分

We could use a **portion** of the office space for storing documents.
（オフィス空間の**一部**を書類保管用に使いたい）

☞《**portion** of＋名詞》で覚えよう。 □ **portion** of the revenue「収益の一部」

3198 □□ **fragment** [frǽgmənt; frægmént]

名 断片，かけら，一片　動（～を）分解する

The vase slipped off the desk and shattered into **fragments**.
（花びんが机から滑り落ちて**粉々**にくだけた）

☞《**fragment** of＋名詞》，動詞は《**fragment**＋目的語［名詞］》で覚えよう。

3199 □□ **segment** [ségmənt]

名 区切り，区分，部分　動 ～を分割する，～を分ける，分かれる

Ms. Winningham is working on a certain **segment** of the proposal.
（Winningham さんは提案書の特定の**部分**に取り組んでいる）

☞《**segment** of＋名詞》，動詞は《**segment**＋目的語［名詞］》で覚えよう。

3200 □□ **fascinate** [fǽsənèit]

動 ～を魅了する，（人の心）を捉える

I've been **fascinated** with machinery since I was a child.
（私は子どものころから機械類に**魅了されている**）

☞《**fascinate**＋目的語［名詞］》《連結動詞＋**fascinated**＋that 節》《連結動詞＋**fascinated**＋to 不定詞》で覚えよう。現在分詞形 fascinating は「人を魅了するような」，過去分詞形 fascinated は「魅了されて」という意味の形容詞としても使う。

3201 □□ **intrigue** [intríːg]

動 ～の好奇心をそそる，興味をひきつける，～を企てる

The way Denise comes up with new ideas **intrigued** me.
（Denise が新しいアイデアを思いつく方法には**興味をそそられました**）

☞《**intrigue**＋目的語［名詞］》《連結動詞＋**intrigued**＋that 節》《連結動詞＋**intrigued**＋to 不定詞》で覚えよう。

3202 □□ **interfere** [ìntərfíər]

動 じゃまをする，妨げる，妨害する

Please stop **interfering** in my private affairs.
（私の個人的な事柄に**口出しする**のはやめてください）

No one can **interfere** with our right to vote.
（だれも私たちの投票権を**妨げる**ことはできない）

☞《**interfere** in＋名詞》《**interfere** with＋名詞》で覚えよう。「（他人に）干渉する」というニュアンスもあり，**interfere** in other people's affairs で「他人のことに口をはさむ」となる。

3203 □□ **interrupt** [ìntərʌ́pt]

動 ～を中断する，（話の）じゃまをする，～をさえぎる，中断される

Olga, sorry to **interrupt** your conversation, but you have a phone call.
（Olga，会話を**じゃまして**申し訳ないけれど，電話ですよ）

☞《**interrupt**＋目的語［名詞］》《**interrupt** *A* with *B*》で覚えよう。

3204 □□ **uninterrupted** [ʌ̀nintərʌ́ptid]

形 連続した，絶え間ない

Our new pillows ensure **uninterrupted** sleep for our customers.
（当社の新しい枕は，お客さまに**妨げられることのない**睡眠を確実にいたします）

☞《**uninterrupted**＋名詞》《連結動詞＋**uninterrupted**》で覚えよう。

3205 □□ **hinder** [híndər]

動 じゃまになる，～を妨げる，～のじゃまをする，～を遅らせる

The typhoon **hindered** the construction work for three days.
（台風は 3 日間にわたって建設作業に**遅れを生じさせた**）

《**hinder**＋目的語［名詞］》《**hinder**＋目的語［名詞］＋from＋動名詞》で覚えよう。「～を難しくする」という意味。prevent は「～を不可能にする」という意味なので，混同に注意しよう。

3206 □□ **intrude** [intrúːd]

動 侵入する，立ち入る，割り込む

I'm sorry to **intrude** into your work, but I'd like to give you some input.
（仕事に**口をはさんで**申し訳ないのですが，お知らせしたいことがあります）

《**intrude** into/on＋名詞》で覚えよう。

3207 □□ **obstruction** [əbstrʌ́kʃən]

名 障害（物），妨げ，妨害すること

The former CEO is being investigated for **obstruction** of justice.
（前 CEO は司法**妨害**で取り調べを受けている）

《**obstruction** of＋名詞》《**obstruction** to/in＋名詞》で覚えよう。

3208 □□ **temporary** [témpərèri]

形 一時的な，当座の　名 臨時雇用の人

We have hired 50 **temporary** workers for the busy season.
（繁忙期に向けて**一時雇用**従業員 50 人を採用しました）

《**temporary**＋名詞》《連結動詞＋**temporary**》で覚えよう。「一時的な」状態や，「期間限定である」ことを指す。 □ on a **temporary** basis「期間限定で」

3209 □□ **temporarily** [tèmpərérəli]

副 一時的に，当面は，仮に

Our online ordering system is **temporarily** out of service.
（当社のオンライン注文システムは**一時的に**ご利用になれません）

《**temporarily**＋動詞・形容詞》で覚えよう。 □ **temporarily** close「一時的に閉まる」

3210 □□ **advice** [ədváis]

名 忠告，助言，勧告，見解

The entrepreneur gave practical **advice** to the new graduates.
（その起業家は新卒者に実践的な**助言**を与えた）

《**advice** of＋名詞》《**advice** about/on＋名詞》《**advice**＋that 節》で覚えよう。不可算名詞なので，複数形は使わない。あえて「ひとつの忠告」といいたいときは a piece/bit/word of **advice** か some **advice** とする。 □ on *someone's* **advice**「～の助言に従って」□ against *someone's* **advice**「～の助言に従わずに」

3211 □□ **advise** [ədváiz]

動 ～に忠告する，～に助言する，～を勧める，～に通知する

Jane **advised** Amy to register at recruitment agencies.
（Jane は Amy に，雇用紹介サービスに登録するように**助言した**）

Please be **advised** that the monthly meeting has been canceled.
（月例会議は中止されたことを**ご承知おき**ください）

《**advise**＋人》《**advise**＋人＋that 節》《**advise**＋人＋to 不定詞》《It is **advised**＋that 節》《*be* **advised**＋to 不定詞》《**advise**＋人＋on/against＋名詞》で覚えよう。 □ Please be **advised** that ...「～であることをご承知おきください」

3212 □□ **advisable** [ədváizəbl]

形 賢明な，望ましい，当を得た

It would be **advisable** to consult with a lawyer.
（弁護士に相談するのが**望ましい**でしょう）

《連結動詞＋**advisable**》《It is **advisable**＋that 節》《It is **advisable**＋to 不定詞》で覚えよう。

3213 □□ **advisor** [ədváizə*r*]

名 忠告者，相談相手，顧問

Ms. Lynch was hired as an **advisor** to the CEO.
（Lynch さんは CEO **顧問**として雇用された）

《**advisor** of＋名詞》《**advisor** on＋名詞》《**advisor** to＋人》で覚えよう。

3214 □□ **advisory** [ədváizəri]

名 勧告，注意　形 助言を与える，諮問の，顧問の

The company issued a safety **advisory** about its key products.
（同社は主要製品について安全に使用するための**勧告**を発表した）

《**advisory** of＋名詞》《**advisory** about/concerning＋名詞》，形容詞は《**advisory**＋名詞》で覚えよう。

3215 □□ **agriculture** [ǽgrikʌ̀ltʃə*r*]

名 農業，農芸

The former CEO now works in the Department of **Agriculture**.
（前 CEO は現在**農務**省で働いている）

《**agriculture** of＋名詞》で覚えよう。 □ agribusiness「農業ビジネス」

3216 □□ **agricultural** [æ̀grikʌ́ltʃərl]

形 農業の，農業で作られる，農芸の

Broadleaf Inc. produces **agricultural** chemicals and insecticides.
（Broadleaf Inc. 社は**農業用**薬剤と殺虫剤を生産している）

《**agricultural**＋名詞》で覚えよう。

3217 □□ **assign** [əsáin]

動 ～を割り当てる，～を配属する，～を任命する

We **assigned** roles to the team members to complete the project.
（このプロジェクトを完了するために，チームメンバーに役割を**割り当てた**）

《**assign**＋目的語［名詞］（＋to＋人）》《**assign**＋人＋目的語［名詞］》《**assign**＋人＋to 不定詞》で覚えよう。

3218 □□ **assignment** [əsáinmənt]

名 割り当て，任務，地位

The team completed their new promotional **assignment**.
（チームは新しい販売促進の**任務**を終えた）

《**assignment** of＋名詞》で覚えよう。法律の分野では「譲渡」という意味でよく使われる。
□ on **assignment**「任務のために」 □ **assignment** agreement「譲渡契約書」

3219 □□ **reassign** [rìəsáin]

動 ～を再び割り当てる，～を再配置する，～を転任させる

If you're too busy, feel free to **reassign** some of your tasks to me.
（忙しすぎたら，遠慮なくご自分の仕事の一部を私に**割り当て直して**ください）

《**reassign**＋目的語［名詞］（＋to＋人）》《**reassign**＋人＋目的語［名詞］》《**reassign**＋人＋to＋名詞》《**reassign**＋人＋to 不定詞》で覚えよう。

3220 □□ **mission** [míʃən]

名 使命，任務，天職，派遣団　動 ～を派遣する

Our **mission** is complete, so let's celebrate!
（私たちの**任務**は完了しました，お祝いしましょう）

《**mission** of＋名詞》《**mission** to＋人》《**mission**＋that 節》《**mission**＋to 不定詞》，動詞は《**mission**＋目的語［名詞］》で覚えよう。 □ on a **mission**「任務に当たって」

3221 □□ **prompt** [prámpt]

動 ～を刺激する，～を促す，～を駆り立てる　形 迅速な

What **prompted** you to quit your high-paying job?
（高給な仕事を辞めようと**促した**理由は何ですか）

Thank you for your **prompt** reply to our request.
（当社の依頼に**迅速な**お返事をいただき，ありがとうございました）

《**prompt**＋目的語［名詞］》《**prompt**＋目的語［名詞］＋to 不定詞》，形容詞は《**prompt**＋名詞》《連結動詞＋**prompt**》で覚えよう。

3222 □□ **promptly** [prámptli]

副 即座に，すぐに，早急に，きっかり

Sally was a little late, but James arrived **promptly** at 3:00.
（Sally は少し遅れたが，James は 3 時**きっかりに**到着した）

《**promptly**＋動詞・形容詞》で覚えよう。 □ **promptly** reply「すぐに返信する」

3223 □□ **swift** [swíft]

形 速い，迅速な，束の間の，即座の

The company issued a statement in a **swift** response to the rumors.
（同社はうわさに対する**迅速な**対応として声明を発表した）

《**swift**＋名詞》《連結動詞＋**swift**》《連結動詞＋**swift**＋to 不定詞》で覚えよう。

3224 □□ **violate** [váiəlèit]

動 ～に違反する，（法など）を犯す，～を汚す，～を侵害する

If either party **violates** the contract, the other can terminate it.
（当事者のどちらか一方が契約に**違反すれば**，もう一方は契約を打ち切ることができる）

《**violate**＋目的語［名詞］》で覚えよう。

3225 □□ **violation** [vàiəléiʃən]

名 違反（行為），妨害，侵害

Violation of copyright is a criminal offense.
（著作権の**侵害**は刑事犯罪です）

《**violation** of＋名詞》《**violation** against＋名詞》で覚えよう。 □ **violation** of a patent「特許侵害」 □ **violation** of copyright「著作権侵害」

3226 □□ **desperately** [déspərətli]

副 必死になって，絶望的に，ひどく，なんとしても

We **desperately** need to reduce our expenses.
（当社は**なんとしても**経費を削減する必要がある）

《**desperately**＋動詞・形容詞》で覚えよう。 □ **desperately** need ...「～をどうしても必要とする」

3227 □□ **desperate** [déspərət]

形 絶望的な，向こう見ずの，ほしくてたまらない，必死の，ひどい

B&D is **desperate** for cash, so it might sell one of its factories.
（B＆D 社は現金を**必死で**求めているので，工場のひとつを売却するかもしれない）

《**desperate**＋名詞》《連結動詞＋**desperate**》《連結動詞＋**desperate** about＋名詞》《連結動詞＋**desperate** for＋名詞》《連結動詞＋**desperate** with＋名詞》《連結動詞＋**desperate**＋that 節》《連結動詞＋**desperate**＋to 不定詞》で覚えよう。

3228 □□ **spray** [spréi]

動 ～にスプレーを吹きかける，しぶきとなって飛び散る 名 しぶき，スプレー，噴霧器

It's time to **spray** the lawn with a weed killer.
（芝生に除草剤を**散布する**時期です）

《**spray**＋目的語［名詞］》《**spray** *A* with *B*》《**spray** *A* on/over *B*》《**spray** from＋名詞》，名詞は《**spray** of＋名詞》で覚えよう。

3229 □□ **laundry** [lɔ́:ndri, lɑ́:n-]

名 洗い物，洗濯（をすること），クリーニング店

I'm too busy to do the **laundry** before work tomorrow.
（あしたは忙しすぎて仕事の前に**洗濯**をする時間がありません）

《**laundry** of＋名詞》で覚えよう。 □ do the **laundry**「洗濯をする」

3230 □□ **intervention** [ìntərvénʃən]

名 介入，市場介入，干渉

A lack of competition is a typical demerit of government **intervention**.
（競争の欠如は，政府による**介入**の典型的な不利益である）

《**intervention** in＋名詞》《**intervention** against＋名詞》《**intervention** from/by＋名詞》で覚えよう。

3231 □□ **crane** [kréin]

名 起重機，鶴 動（首）を伸ばす，起重機で吊り上げる

The furniture was lifted into the apartment by **crane**.
（家具は**起重機**でアパートに運び込まれた）

《**crane** of＋名詞》，動詞は《**crane**＋目的語［名詞］》で覚えよう。

3232 □□ **quantity** [kwántəti]

名 量，分量，数量，多量，多数

When it comes to producing fresh vegetables, Green Hills prefers quality over **quantity**. (野菜の生産となれば，Green Hills 社は**量**よりも質を優先する)

☞《**quantity** of＋名詞》で覚えよう。 □ in **quantity**「大量に」

3233 □□ **quality** [kwáləti]

名 質，品質，本質，資質，上質 形 良質の

We issue a certificate with each purchase to ensure product **quality**.
(当社は，すべてのお買い上げ商品に**品質**を保証する証明書を発行いたします)

☞《**quality** of＋名詞》，形容詞は《**quality**＋名詞》で覚えよう。

3234 □□ **qualify** [kwáləfài]

動 資格を得る，～の資格を与える

Employees **qualify** for paid vacation after working for six months.
(従業員は 6 か月間勤務すれば有給休暇を取得する**資格を得る**)

☞《**qualify** for＋名詞》《**qualify**＋人＋for＋名詞》《**qualify**＋人＋to 不定詞》《**qualify** as＋名詞》で覚えよう。現在分詞形 qualifying は「資格を得るための」，過去分詞形 qualified は「資格を得た」という意味の形容詞としても使う。

3235 □□ **qualified** [kwáləfàid]

形 要件を満たした，資質のある，適任の，制限された

The board agreed that Mr. Bernal was **qualified** for the job.
(Bernal さんはその仕事に**必要な資格を備えている**と取締役会は同意した)

☞《**qualified**＋名詞》《連結動詞＋**qualified**》《連結動詞＋**qualified** for＋名詞》《連結動詞＋**qualified**＋to 不定詞》で覚えよう。

3236 □□ **qualification** [kwàləfikéiʃən]

名 資格，必要条件，能力，留保

Deepa obtained the **qualification** certificate required for the job.
(Deepa はその仕事に必要とされる**資格**証明書を取得した)

☞《**qualification** of＋名詞》《**qualification** for＋名詞》《**qualification** in＋名詞》《**qualification**＋to 不定詞》で覚えよう。

3237 □□ **eligible** [élidʒəbl]

形 選ばれるのにふさわしい，(～する) 資格のある，(法的に) 適格の

Purchasers who spend $100 are **eligible** to win a vacation.
(100 ドル分お買い上げの方には休暇旅行に当選する**資格があります**)

☞《**eligible**＋名詞》《連結動詞＋**eligible**》《連結動詞＋**eligible** for＋名詞》《連結動詞＋**eligible**＋to 不定詞》で覚えよう。

3238 □□ **entitle** [entáitl]

動 ～の権利を与える，～と題する

Our benefits package **entitles** employees to retire at an early age.
(当社の福利厚生プランにより，従業員は早期に退職する**資格を得る**)

☞《*be* **entitled** to＋名詞》《*be* **entitled**＋to 不定詞》《**entitle**＋人＋目的語 [名詞]》《**entitle**＋人＋to 不定詞》で覚えよう。

3239 □□ **recruit** [rikrúːt]

名 新人，新入社員　動 ～を採用する，～を募集する，～に補充する

I have high hopes for this year's group of new **recruits**.
（今年の新規**採用社員**たちに大きな期待を持っている）

The pharmaceutical company is **recruiting** participants for its clinical trials.（その製薬企業は臨床試験の参加者を**募集している**）

《**recruit** of＋名詞》《**recruit** to＋名詞》，動詞は《**recruit**＋人》《**recruit**＋人＋to 不定詞》《**recruit**＋人＋for＋名詞》《**recruit**＋人＋to＋名詞》で覚えよう。 □ **recruit** a replacement「後任を採用する」

3240 □□ **recruitment** [rikrúːtmənt]

名 新規募集［採用］，人員補充，補強

I have a lot of experience with **recruitment**.
（私は**人事採用**の経験が豊富です）

《**recruitment** of＋名詞》《**recruitment** to/into＋名詞》で覚えよう。

3241 □□ **prominent** [prɑ́minənt]

形 人目をひいて，目立って，著名な，突き出して

Dr. Ritter is a **prominent** biologist studying the evolution of species.
（Ritter 博士は**著名な**生物学者で，種の進化を研究している）

《**prominent**＋名詞》《連結動詞＋**prominent**》《連結動詞＋**prominent** in＋名詞》《連結動詞＋**prominent** as＋名詞》で覚えよう。

3242 □□ **eminent** [émənənt]

形 著名な，すぐれた，そびえ立つ

Dr. Takeda is an **eminent** specialist in the field of robotics.
（Takeda 博士はロボット工学の分野で**著名な**専門家である）

《**eminent**＋名詞》《連結動詞＋**eminent**》で覚えよう。

3243 □□ **renowned** [rináund]

形 有名な，名高い，名声がある

Our chief rival is **renowned** for innovation.
（当社の主要な競合企業は革新性で**名高い**）

《**renowned**＋名詞》《連結動詞＋**renowned**》《連結動詞＋**renowned** for＋名詞》《連結動詞＋**renowned** as＋名詞》で覚えよう。

3244 □□ **consequence** [kɑ́nsəkwèns]

名 結果，結論，因果関係

An unfortunate **consequence** of the fire was the hundreds of lost jobs.
（この火災の残念な**結果**は数百の職が失われたことである）

《**consequence** of＋名詞》《**consequence** for/on＋名詞》で覚えよう。 □ as a **consequence** (of ...)「（～の）結果として」 □ in **consequence** (of ...)「（～の）結果として」 □ of great/little/no/any **consequence**「とても重要な，ほとんど／まったく重要でない」

3245 □□ **consequently** [kɑ́nsəkwèntli]

副 したがって，それゆえに，その結果として

The parts arrived late, and, **consequently**, we suspended production.
（部品の到着が遅れて，**結果として**当社は生産を中断した）

副詞として文全体を修飾する。

3246 □□ **emphasis** [émfəsis]

名 強調，重要視，重要とされるもの，強勢

Our company places more **emphasis** on safety.
（当社は安全性をさらに**重視**しております）

☞《**emphasis** on＋名詞》《**emphasis**＋that 節》で覚えよう。

3247 □□ **emphasize** [émfəsàiz]

動 ～を強調する，～を力説する，（語句）を強めて言う，（音・色・形など）を目立たせる

The department chief **emphasized** teamwork for group collaboration.
（グループ間で協業するために，部長はチームワークを**強調した**）

☞《**emphasize**＋目的語［名詞］》《**emphasize**＋that/wh-/how 節》で覚えよう。

3248 □□ **cite** [sáit]

動 ～を引用する，～に言及する，～を召喚する

Jerry **cites** his mother as a major influence from his childhood.
（Jerry は，子ども時代からの大きな影響として母親を**挙げている**）

☞《**cite**＋目的語［名詞］》《**cite** *A* as *B*》《**cite**＋that 節》で覚えよう。

3249 □□ **excerpt** [éksəːrpt]

名 抜粋，引用　動 ～を抜粋する，～を引用する

An **excerpt** from the CEO's biography is available online now.
（その CEO の伝記の**抜粋**がいまオンラインで読めるようになっている）

☞《**excerpt** of/from＋名詞》，動詞は《**excerpt**＋目的語［名詞］》で覚えよう。

3250 □□ **concrete** [kɑ́nkriːt, –́]

形 具体的な，実際の，明確な　名 具体性

We need **concrete** proof of fraud before taking legal action.
（法的措置を講じる前に，詐欺の**具体的な**証拠が必要です）

☞《**concrete**＋名詞》《連結動詞＋**concrete**》《連結動詞＋**concrete** in＋名詞》で覚えよう。

3251 □□ **abstract** [ǽbstrækt, –́]

形 抽象的な，理論上の　名 要約

That's quite an **abstract** idea; we need a more concrete one.
（それはなかなか**抽象的な**アイデアですね；もっと具体的な考えが必要です）

This handout includes **abstracts** of today's speeches.
（この配布資料には今日のスピーチの**要約**が入っています）

☞《**abstract**＋名詞》《連結動詞＋**abstract**》，名詞は《**abstract** of＋名詞》で覚えよう。

3252 □□ **convenient** [kənvíːniənt]

形 便利な，使い勝手がよい，都合のよい

We will find a **convenient** venue for the conference.
（**便利な**大会会場を見つけます）

☞《**convenient**＋名詞》《連結動詞＋**convenient**》《連結動詞＋**convenient** for/to＋名詞》《連結動詞＋**convenient**＋to 不定詞》《It is **convenient**＋that 節》《It is **convenient**＋to 不定詞》で覚えよう。

3253 □□ **conveniently** [kənvíːniəntli]

副 便利に，都合よく，都合がよいことには

▶ You can take your device to any **conveniently** located store for repair.
（機器は**ご都合のよい**場所にある店にお持ちいただいて修理を受けられます）

☞《**conveniently**＋動詞・形容詞》で覚えよう。 □ *be* **conveniently** located「便利な場所に位置している」

3254 □□ **convenience** [kənvíːniəns]

名 便利，好都合，利便性

▶ My apartment is expensive, but that's the cost of **convenience**.
（私のアパートはお金がかかりますが，それは**利便性**の対価です）

☞《**convenience** of＋名詞》《**convenience** for/to＋名詞》で覚えよう。 □ for (*someone's*) **convenience**「(～の)都合のために」□ at *someone's* **convenience**「～の都合のよいときに」□ at your earliest **convenience**「できるだけ早く」

3255 □□ **inconvenience** [ìnkənvíːnjəns]

名 不便，不都合，迷惑　動 ～に不便をかける，～に迷惑をかける

▶ The airline apologized to its passengers for the **inconvenience** caused by the snowstorm.（航空会社は，吹雪により生じた**不便**について旅客に謝罪した）

☞《**inconvenience** of＋名詞》《**inconvenience** for/to＋名詞》，動詞は《**inconvenience**＋目的語［名詞］》で覚えよう。

3256 □□ **inconvenient** [ìnkənvíːnjənt]

形 不便な，都合の悪い，迷惑な

▶ The best hamburger joint in town is located in an **inconvenient** area.
（街で最高のハンバーガー店は**不便な**地区にある）

☞《**inconvenient**＋名詞》《連結動詞＋**inconvenient**》《連結動詞＋**inconvenient** for/to＋名詞》《連結動詞＋**inconvenient**＋to 不定詞》《It is **inconvenient**＋that 節》《It is **inconvenient**＋to 不定詞》で覚えよう。

3257 □□ **amenity** [əménəti]

名 心地よさ，快適さ，(文化的) 施設

▶ The resort hotel we stayed at had many **amenities**.
（私たちが泊まったリゾートホテルには多くの**快適な設備**があった）

☞《**amenities** of＋名詞》で覚えよう。複数形で使うことが多い。

3258 □□ **distribute** [distríbjət]

動 ～を分配する，～を分け与える，～を割り振る，～を流通させる

▶ The organizer **distributed** 5,000 flyers outside the exhibition.
（運営者は展覧会の外で 5,000 枚のチラシを**配った**）

☞《**distribute**＋目的語［名詞］》《**distribute** *A* between/among/to *B*》で覚えよう。

3259 □□ **distribution** [dìstribjúːʃən]

名 分配，流通，分布

▶ We have cut our **distribution** costs by switching shipping companies.
（配送会社を変えることで**流通**コストを削減しました）

☞《**distribution** of＋名詞》《**distribution** between/among/over/throughout/across＋名詞》で覚えよう。 □ **distribution** channel「流通ルート」

3260 □□ **distributor** [distríbjətər]

名 卸業者，代理店，販売業者

▰ We bought the printer from an authorized **distributor**.
（正規**販売代理店**からプリンタを購入しました）

☞《**distributor** of＋名詞》《**distributor** for＋名詞》で覚えよう。

3261 □□ **mutual** [mjúːtʃuəl]

形 相互の，お互いの，共通の，共有の

▰ Both CEOs frankly discussed matters of **mutual** interest.
（両 CEO は**互いの**利益に関する件を率直に話し合った）

▰ Our feelings are **mutual**.（私たちの思いは**共通です**）

☞《**mutual**＋名詞》《連結動詞＋**mutual**》で覚えよう。

3262 □□ **mutually** [mjúːtʃuəli]

副 お互いに，双方にとって

▰ The deal is **mutually** beneficial for both parties.
（その取り決めは両者にとって**互いに**利益となるものだ）

☞《**mutually**＋動詞・形容詞》で覚えよう。 □ **mutually** beneficial「お互いにとって利益のある，互恵的な」

3263 □□ **resemble** [rizémbl]

動 ～に似ている，～のようである，～と共通点がある

▰ Ms. Andretta **resembles** my mother-in-law personality-wise.
（Andretta さんは性格的に私の義母に**よく似ている**）

☞《**resemble**＋目的語［名詞］》で覚えよう。他動詞なので前置詞は不要。

3264 □□ **imitation** [ìmitéiʃən]

名 模造品，偽物，コピー

▰ I hear that many street vendors there sell **imitation** brands.
（そこで多くの路上販売者が**模倣**ブランド品を売っているらしい）

☞《**imitation** of＋名詞》で覚えよう。

3265 □□ **athlete** [ǽθliːt]

名 スポーツ選手，競技者，スポーツ愛好家

▰ For its new campaign, Blaze Design contracted an all-star **athlete**.
（新しいキャンペーンのために，Blaze Design 社は花形**スポーツ選手**と契約を結んだ）

☞《**athlete** of＋名詞》で覚えよう。

3266 □□ **athletic** [æθlétik]

形 運動競技の，運動選手用の，壮健な 名《athletics で》運動競技

▰ Ran Sports is the largest maker of **athletic** supplies in the region.
（Ran Sports 社はその地域で最大の**運動**用品メーカーである）

☞《**athletic**＋名詞》《連結動詞＋**athletic**》，名詞は《**athletics** in＋名詞》で覚えよう。

3267 □□ **fasten** [fǽsn]

動 ～をしっかり留める，～をくくりつける，～に錠をかける

All passengers must **fasten** their seatbelts before take-off.
（乗客全員が離陸前にシートベルトを**締めなければ**ならない）

☞《**fasten**＋目的語［名詞］》《**fasten** *A* with *B*》《**fasten** *A* to *B*》《**fasten** *A* around *B*》《**fasten** *A* on *B*》で覚えよう。反意語は unfasten。

3268 □□ **bind** [báind]

名 苦境　動 ～を縛る，～を結びつける，団結する［させる］

The loss of the Welford deal has put us in a **bind** financially.
（Welford 社との取引を失って，当社は財政的に**苦境**に置かれている）

☞《**bind** of＋名詞》，動詞は《**bind**＋目的語［名詞］＋together》《**bind** with＋名詞》で覚えよう。

3269 □□ **submit** [səbmít]

動 ～を提出する，～を具申する，～を服従させる，服従する

Ida **submitted** her application for the marketing position by email.
（Ida はマーケティングの職への応募を電子メールで**提出した**）

☞《**submit**＋目的語［名詞］》《**submit** *A* to *B*》《**submit** *A* for *B*》《**submit** to＋名詞》で覚えよう。

3270 □□ **submission** [səbmíʃən]

名 服従，言いなりになること，提案，提出

HR has received 300 online **submissions** of résumés.
（人材開発部はオンラインで**提出**された 300 通の履歴書を受け取っている）

☞《**submission** of＋名詞》《**submission** to＋名詞》《**submission** for＋名詞》で覚えよう。

3271 □□ **adapt** [ədǽpt]

動 順応する，適応する，～を順応させる，～を適応させる

A strong company **adapts** to changes in its circumstances.
（強い企業は環境の変化に**適応する**）

☞《**adapt** to＋名詞》《**adapt**＋目的語［名詞］》《**adapt** *A* to/for *B*》で覚えよう。状況などに合わせて「柔軟に対応する」という意味。「（物語などを）脚色する」という意味もある。

3272 □□ **adapter** [ədǽptər]

名 アダプター，補助器具

Can I borrow a power **adapter** for my phone?
（私の電話用に電源**アダプター**を貸してもらえますか）

☞《**adapter** for＋名詞》《**adapter** from/to＋名詞》で覚えよう。adaptor ともつづる。

3273 □□ **consult** [kənsʌ́lt]

動 ～に相談する，～に診察してもらう，（辞書など）を調べる

We are **consulting** an expert to learn more about nanotechnology.
（ナノテクノロジーについてもっと学ぶために私たちは専門家に**相談しています**）

☞《**consult**＋目的語［名詞］（＋about＋名詞）》《**consult** with＋名詞》で覚えよう。特に専門家に助言を求める場合に使うことが多い。

3274 □□ **consultation** [kɑ̀nsəltéiʃən]

名 相談，話し合い

We had a **consultation** with our lawyer concerning the contract.
（その契約に関して当社は弁護士に**相談**しました）

☞《**consultation** of＋名詞》《**consultation** about/on＋名詞》《**consultation** with/between/among＋名詞》で覚えよう。 □ in **consultation** with ...「～と相談して」 □ without **consultation**「相談なく」 □ **consultation** room「診察室」

3275 □□ **consultant** [kənsʌ́ltənt]

名 コンサルタント，顧問

The business **consultant** advises us how to improve our business performance.（その事業**コンサルタント**は業績を改善する方法について助言してくれる）

☞《**consultant** of＋名詞》《**consultant** on/in＋名詞》《**consultant** to＋人》で覚えよう。

3276 □□ **tailor** [téilər]

動（服など）を仕立てる，～をあつらえる，～を調整する 名 仕立て業者

You can choose workout programs **tailored** to your needs.
（ご自分のニーズに**合わせた**運動プログラムを選んでいただけます）

☞《**tailor**＋目的語［名詞］》《**tailor** *A* to *B*》，名詞は《**tailor** in＋名詞》で覚えよう。

3277 □□ **tile** [táil]

動（屋根）をかわらでふく，（床など）にタイルを張る 名 かわら，タイル

Can we get someone to **tile** the walls of the room?
（だれかに頼んで，部屋の壁に**タイルを張って**もらうことはできますか）

Can I see some ceramic **tile** samples?
（セラミック**タイル**の見本を見せてもらえますか）

☞《**tile**＋目的語［名詞］》，名詞は《**tile** of＋名詞》で覚えよう。

3278 □□ **continental** [kɑ̀ntənéntl]

形（ヨーロッパ）大陸の，ヨーロッパ人の 名 大陸に住む人

Our company operates in **continental** Europe.
（当社は欧州**大陸**で事業を行っております）

☞《**continental**＋名詞》《連結動詞＋**continental**》で覚えよう。

3279 □□ **versus** [və́ːrsəs]

前（～）対（～），～に対して

I'm sorry, but I can't answer your chicken-**versus**-egg type of question.
（申し訳ないですが，にわとりが先か**に対して**卵が先かというタイプのあなたの質問には答えられません）

☞《名詞＋**versus**＋名詞》で覚えよう。

3280 □□ **efficient** [ifíʃənt]

形 能率的な，効率のよい，有能な

I hope to find an **efficient** method for sorting these files.
(これらのファイルを分類する**効率的のよい**方法を見つけたいと思います)

《**efficient**＋名詞》《連結動詞＋**efficient**》《連結動詞＋**efficient** in/at/for＋名詞》《It is **efficient**＋to 不定詞》で覚えよう。「かけた労力に見合う成果が出る」という響きがある。

3281 □□ **efficiently** [ifíʃəntli]

副 効率的に，有効に

Our team made the deadline by allocating the work **efficiently**.
(**効率的に**仕事を割り振ることで，私たちのチームは締切に間に合った)

《**efficiently**＋動詞・形容詞》で覚えよう。 □ **efficiently** handle ...「～を効率よく処理する」

3282 □□ **efficiency** [ifíʃənsi]

名 能率，効率，能力

The highly advanced machines will boost **efficiency** in factory output.
(先端機械類は工場生産の**効率**を高めるだろう)

《**efficiency** of＋名詞》《**efficiency** in＋名詞》《**efficiency**＋to 不定詞》で覚えよう。 □ **efficiency** wages「能率給」

3283 □□ **inefficient** [ìnifíʃənt]

形 非効率的な，効果のない，効率の悪い，役に立たない

Mr. Chappell promised to change the **inefficient** management system.
(Chappell さんは**非効率的な**管理システムを変えると約束した)

《**inefficient**＋名詞》《連結動詞＋**inefficient**》《連結動詞＋**inefficient** in/at/for＋名詞》《It is **inefficient**＋to 不定詞》で覚えよう。

3284 □□ **entertain** [èntərtéin]

動 ～を楽しませる，～を接待する

We have a limited budget for **entertaining** our clients.
(顧客を**接待する**予算は限られています)

《**entertain**＋目的語［名詞］(＋with＋名詞)》で覚えよう。

3285 □□ **entertainment** [èntərtéinmənt]

名 もてなし，接待，娯楽

There is **entertainment** space in the building for our employees.
(ビル内には従業員のための**娯楽**スペースがある)

《**entertainment** of＋名詞》で覚えよう。

3286 □□ **irritate** [íritèit]

動 ～をいらいらさせる，～を怒らせる

Mike's lengthy explanations **irritated** some executives.
(マイクの長々とした説明に，経営幹部の一部は**いらだった**)

《**irritate**＋人》《*be* **irritated**＋that 節》《*be* **irritated**＋to 不定詞》《It **irritates**＋人＋that/wh-/how 節》《It **irritates**＋人＋to 不定詞》で覚えよう。現在分詞形 irritating は「人をいらいらさせる」，過去分詞形 irritated は「いらいらさせられて」という意味の形容詞としても使う。

3287 □□ **irritation** [íritéiʃən]

名 いら立ち，いらいらさせるもの，焦燥

The board's **irritation** at the delay in the buyout deal was apparent.
（買収交渉の遅れについての取締役会の**いらだち**は明らかだった）

《**irritation** of＋名詞》《**irritation** at/with＋名詞》《**irritation** about＋名詞》で覚えよう。
□ in **irritation**「いらいらして」

3288 □□ **mature** [mətʃúər]

動 成熟する［させる］ 形（十分に）発達した，分別のある，熟した，成熟した，賢明な，慎重な，満期の

The author assumes that women mentally **mature** faster than men.
（著者は，女性は男性よりも感情面で早く**成熟する**と仮定している）

My son doesn't seem **mature** enough to cope with peer pressure.
（私の息子は同調圧力に対処できるほど**成熟して**いないようだ）

《**mature**＋目的語［名詞］》《**mature** to/into＋名詞》，形容詞は《**mature**＋名詞》《連結動詞＋**mature**》で覚えよう。

3289 □□ **maturity** [mətʃúərəti]

名 成熟（期），円熟（期），（十分な）発達，満期

It is important to display **maturity** during a job interview.
（就職面接時には**おとならしい振る舞い**を示すのが大切だ）

《**maturity** of＋名詞》《**maturity** in＋名詞》で覚えよう。 □ intellectual **maturity**「知的成熟」

3290 □□ **sew** [sóu]

動 ～を縫う，～を縫い合せる，～を縫い付ける

Jasmine can't **sew** a stitch, even though her mother is a fashion designer.
（Jasmine はひと針も**縫う**ことができない，母親はファッションデザイナーなのに）

《**sew**＋目的語［名詞］（＋on/onto/into＋名詞）》で覚えよう。

3291 □□ **sewer** [sú(:)ər]

名 下水道，下水溝，下水本管

Please don't dump trash into the **sewer** system.
（**下水道**システムにごみを捨てないでください）

《**sewer** of＋名詞》で覚えよう。 □ **sewer** line「下水管」

3292 □□ **delicate** [délikət]

形（容姿などが）優美な，（機械などが）精巧な，（体が）虚弱な，（問題などが）細心の注意を要する

Prices respond to a **delicate** balance of supply and demand.
（価格は需要と供給の**微妙な**バランスに反応する）

《**delicate**＋名詞》《連結動詞＋**delicate**》で覚えよう。

3293 □□ **delicately** [délikətli]

副 優美に，微妙に，精巧に

We should handle the current situation **delicately**.
（私たちは現在の状況に**きめ細かく**対処すべきである）

《**delicately**＋動詞・形容詞》で覚えよう。 □ **delicately** handle ...「～を慎重に扱う」

3294 □□ **fragile** [frǽdʒəl]

形 壊れやすい，もろい，脆弱な

This package contains many **fragile** items; please handle it carefully.
（この小包には**壊れやすい**品が多く含まれています；注意して取り扱ってください）

《**fragile**＋名詞》《連結動詞＋**fragile**》で覚えよう。

3295 □□ **stable** [stéibl]

形 安定した，変動のない　名 馬小屋

Mr. Stockwell is in a **stable** condition after the surgery.
（手術後の Stockwell さんは**安定した**状態である）

《**stable**＋名詞》《連結動詞＋**stable**》，名詞は《**stable** of＋名詞》で覚えよう。

3296 □□ **stability** [stəbíləti]

名 安定（性），確固

The decisions made by the new chief brought **stability** to the workplace.
（新部長による決定は職場に**安定性**をもたらした）

《**stability** of＋名詞》で覚えよう。

3297 □□ **unstable** [ʌ̀nstéibl]

形 不安定な

The two companies ended up in an **unstable** relationship.
（その 2 社は**不安定な**関係に陥った）

《**unstable**＋名詞》《連結動詞＋**unstable**》で覚えよう。

3298 □□ **summary** [sʌ́məri]

名 概要，要約

Nathan took notes during the briefing to provide a **summary** afterward.
（あとで**要約**を提供するために Nathan は説明会の間にメモを取った）

《**summary** of＋名詞》《**summary** about＋名詞》で覚えよう。　□ in **summary**「要するに」

3299 □□ **summarize** [sʌ́məràiz]

動 ～を要約する

To conclude, I will briefly **summarize** my argument.
（締めくくりとして，私の論点を手短に**要約します**）

《**summarize**＋目的語［名詞］》《**summarize** *A* as *B*》で覚えよう。　□ to **summarize**「要約すれば」

3300 □□ **outline** [áutlàin]

名 概要，骨子，輪郭　動 ～の要点を述べる，～の輪郭を描く

A brief **outline** of your lecture would be helpful for the audience.
（あなたの講義の簡単な**概略**があれば，聴く人々にとって有用でしょう）

First, I'll **outline** the main points I'll cover in my presentation.
（まず，プレゼンテーションで採り上げる要点を**大まかに述べます**）

《**outline** of/for＋名詞》，動詞は《**outline**＋目的語［名詞］》で覚えよう。

3301 □□ **mechanical** [məkǽnikl]

形 機械的な，機械（仕掛け）の，機械に詳しい，無意識の，自動的な

I'll get you copies of the **mechanical** drawings.
（**機械**図面のコピーをお届けします）

《**mechanical**＋名詞》《連結動詞＋**mechanical**》で覚えよう。

3302 □□ **mechanism** [mékənìzm]

名 機械（仕掛け），機構，仕組み，メカニズム，操作手順

I learned about basic economic **mechanisms** in college.
（私は大学で基本的な経済の**仕組み**について学びました）

《**mechanism** of＋名詞》《**mechanism** for＋名詞・動名詞》《**mechanism**＋to 不定詞》で覚えよう。

3303 □□ **mechanic** [məkǽnik]

名 工匠，機械工，職人，匠，整備士

I'll introduce you to my **mechanic**.（私の**整備士**に紹介しますよ）

《**mechanic** of＋名詞》《**mechanic** in＋名詞》で覚えよう。 □ **mechanics**「機械工学」
□ the **mechanics**「構造，仕組み」

3304 □□ **perceive** [pərsíːv]

動 ～に気づく，～を見抜く，～を理解する

Ms. Arnau is **perceived** to be the leader of the next project.
（Arnau さんが次のプロジェクトを指揮すると**認識されている**）

《**perceive**＋目的語［名詞］》《**perceive** *A* as *B*》《**perceive** *A* to be *B*》《**perceive**＋that 節》《It is **perceived**＋that 節》《*be* **perceived**＋to 不定詞》で覚えよう。

3305 □□ **perception** [pərsépʃən]

名 知覚（力），認識（力），知見，見識

After talking to the engineer, my **perception** of the situation changed.
（そのエンジニアと話した後，状況に対する私の**認識**は変わりました）

《**perception** of＋名詞》《**perception** about＋名詞》《**perception**＋that 節》で覚えよう。

3306 □□ **renew** [rinjúː]

動 ～を更新する，～を延長する，～を再開する，～を新しくする，～を再確認する

I have to **renew** my passport before I attend the conference in Manila.
（マニラでの会議に出席する前に，私はパスポートを**更新する**必要がある）

《**renew**＋目的語［名詞］》で覚えよう。

3307 □□ **renewal** [rinjúːəl]

名 更新，書き換え，復活，一新

I bought an insurance policy with automatic **renewal**.
（私が購入した保険証券は自動的に**更新**される）

《**renewal** of＋名詞》で覚えよう。

3308 □□ **wealthy** [wélθi]

形 裕福な，富裕な，豊富な，富んだ

Since its foundation, Krop Inc. has grown into a **wealthy** company.
(創業以来，Krop Inc. 社は**裕福な**企業へと成長している)

☞《**wealthy**＋名詞》《連結動詞＋**wealthy**》で覚えよう。長期間にわたって裕福な状態が続いているという意味。

3309 □□ **wealth** [wélθ]

名 富，財産，裕福，豊富

Fatima's **wealth** of knowledge of economic trends has been helpful.
(経済動向についての Fatima の**豊富**な知識には助けられている)

☞《**wealth** of＋名詞》で覚えよう。

3310 □□ **penalty** [pénəlti]

名 刑罰，罰則，懲罰，罰金

A **penalty** was imposed on Donald for his absence without leave.
(Donald は無断欠勤のために**罰則**を課された)

☞《**penalty** of＋名詞》《**penalty** for＋名詞》《**penalty** on＋人》で覚えよう。

3311 □□ **penalize** [píːnəlàiz, pé-]

動 ～を罰する，～に不利益を与える，～に罰則を適用する

No employee should feel **penalized** for taking parental leave. (いかなる従業員も，育児休暇を取得することで**罰される**ように感じることがあってはならない)

☞《**penalize**＋人》《**penalize**＋人＋for＋名詞》で覚えよう。「～を罰する」だけでなく「～を不当に扱う」という意味もある。

3312 □□ **appoint** [əpɔ́int]

動 ～を任命する，～を指名する，～を指定する

We are pleased to **appoint** Mr. Bradford as our new commissioner.
(私たちは喜んで Bradford さんを次期委員長に**指名します**)

☞《**appoint**＋人》《**appoint**＋人＋to/as＋名詞》《**appoint**＋人＋to 不定詞》で覚えよう。

3313 □□ **appointment** [əpɔ́intmənt]

名 (面会の) 約束，(人と会うための) 予約，指名，任命

I made an **appointment** with Ms. Aston to discuss this matter.
(この件を話し合うために Aston さんに**面会の約束**を取りました)

☞《**appointment** of＋名詞》《**appointment** with＋人》《**appointment**＋to 不定詞》《**appointment** as＋名詞》《**appointment** to＋名詞》で覚えよう。 □ another/previous **appointment**「先約」□ by **appointment**「予約制で」□ political **appointment**「政治任用」

3314 □□ **designate** [dézignèit]

動 (物・事・場所・地位など) を示す，～を呼ぶ，～を指名する　形 指名された，内定した

I'd like to **designate** Lisa as the leader of this project.
(このプロジェクトのリーダーに Lisa を**指名したい**と思います)

☞《**designate**＋目的語 [名詞]》《**designate** *A* for/as *B*》《**designate**＋人＋to 不定詞》で覚えよう。

3315 □□ **disappoint** [dìsəpɔ́int]

動 ～を失望させる，～をがっかりさせる

Alice's departure **disappointed** the team staff.
(Alice の退職はチームのスタッフを**がっかりさせた**)

☞《**disappoint**＋人》《*be* **disappointed**＋that 節》《*be* **disappointed**＋to 不定詞》で覚えよう。現在分詞形 disappointing は「人をがっかりさせるような」，過去分詞形 disappointed は「がっかりさせられて」という意味の形容詞としても使う。

3316 □□ **disappointment** [dìsəpɔ́intmənt]

名 失望，期待外れ，失望のもと，つまらない人

The CEO voiced **disappointment** about the failed negotiations.
(CEO は交渉の失敗について**失望**を表明した)

☞《**disappointment** of＋名詞》《**disappointment** about/at/with/over＋名詞》《**disappointment** to/for＋人》《**disappointment**＋that 節》で覚えよう。 □ to *someone's* **disappointment**「～にとって残念なことに」

3317 □□ **sympathy** [símpəθi]

名 同情(心)，思いやり，弔問，悔やみ，同感，共鳴

Ms. Dutters extended her **sympathy** to the family of the late CEO.
(Dutters さんは亡くなった CEO の家族に**哀悼の意**を伝えた)

☞《**sympathy** of＋名詞》《**sympathy** for/with＋名詞》《**sympathy** to/toward＋名詞》《**sympathy**＋that 節》で覚えよう。 □ out of **sympathy**「同情から，共感から」 □ in **sympathy** with ...「～に同情／共感して」

3318 □□ **pity** [píti]

名 哀れみ，同情 動 気の毒に思う，哀れむ，(不幸に)同情する

It's a **pity** that the product is no longer in stock.
(その商品はもう在庫がないとは**残念**です)

☞《**pity** of＋名詞》《**pity** for＋名詞》《It is a **pity**＋that 節》《It is a **pity**＋to 不定詞》で覚えよう。

3319 □□ **condolence** [kəndóuləns]

名《condolences で》お悔やみ，追悼，弔辞

I would like to extend my **condolences** to you and your family.
(あなたとご家族に**お悔やみ**を申し上げます)

☞《**condolences** for＋名詞》《**condolences** from/to＋名詞》で覚えよう。複数形で express/extend/give/offer/send/accept などの動詞の目的語として使う。

3320 □□ **amaze** [əméiz]

動 ～をびっくりさせる，～を仰天させる，～を驚嘆させる

Exhibition attendees were **amazed** by the sophisticated industrial robots.
(展示会参加者は精巧な産業ロボットに**驚いた**)

☞《**amaze**＋人(＋by＋名詞)》《*be* **amazed**＋that/wh-/how 節》《*be* **amazed**＋to 不定詞》《It **amazes**＋人＋that/wh-/how 節》《It **amazes**＋人＋to 不定詞》で覚えよう。

3321 □□ **amazing** [əméiziŋ]

形 すばらしい，驚くべき

YogaTech invented an **amazing** new AI technology.
（YogaTech 社は**驚くべき** AI の新技術を発明した）

☞《**amazing**＋名詞》《連結動詞＋**amazing**》《It is **amazing**＋that 節》《It is **amazing**＋to 不定詞》で覚えよう。

3322 □□ **departure** [dipɑ́ːrtʃər]

名 出発，発車，出国

Warren arrived at the **departure** gate in time to catch his flight.
（Warren は**出発**ゲートに着くのが間に合って，飛行機の便に乗れた）

☞《**departure** of＋名詞》《**departure** from/to/for＋名詞》で覚えよう。 □ estimated time of **departure**「出発予定時刻」（＝ETD）

3323 □□ **depart** [dipɑ́ːrt]

動 外れる，逸れる，～を出発する

The bullet train for Osaka is scheduled to **depart** at 11:15.
（大阪行きの新幹線は 11 時 15 分に**出発する**予定だ）

☞《**depart**＋目的語［名詞］》《**depart** from/to/for＋名詞》で覚えよう。

3324 □□ **foresee** [fɔːrsíː]

動 ～を予測する，～を予知する，～だろうと思う

We don't **foresee** any more merger talks this quarter.
（今四半期にこれ以上の合併交渉がある**とは思い**ません）

☞《**foresee**＋目的語［名詞］》《**foresee**＋that/wh-/how 節》《**foresee**＋if/whether 節》《It is **foreseen**＋that 節》で覚えよう。確実性が高い予測について使う。 □ **foresee** trouble「困難を見越す」 □ **foresee** the movements of ...「～の動きを先読みする」 □ in the **foreseeable** future「予見できる将来において」

3325 □□ **syndicate** [síndikèit; síndikət]

動 ～を組織化する，（記事など）を配信する 名 企業組合，評議会

The fashion magazine started to **syndicate** its content globally.
（そのファッション雑誌はコンテンツを世界へ**配信し**始めた）

☞《**syndicate**＋目的語［名詞］》，名詞は《**syndicate** of＋名詞》で覚えよう。

3326 □□ **preview** [príːvjùː]

名 下見，試写（会），内覧 動 ～の試写を行う，～を事前に視聴する

This five-minute video will give you a **preview** of the documentary.
（この 5 分間のビデオでそのドキュメンタリーの**予告**が見られます）

☞《**preview** of＋名詞》，動詞は《**preview**＋目的語［名詞］》で覚えよう。

3327 □□ **intersection** [ìntərsékʃən]

名 交差点，交差すること，関わり，交わり

The gallery is located at the **intersection** of McCully Street and Willow Road.（そのギャラリーは McCully 街と Willow 通りの**交差点**にあります）

☞《**intersection** of＋名詞》で覚えよう。

3328 □□ **translate** [trænsléit]

動 ～を翻訳［通訳］する，～を説明する，～を言い換える，～を解釈する

Could you please **translate** these instructions into Chinese?
（この使用説明を中国語に**翻訳して**いただけますか）

《**translate**＋目的語［名詞］》《**translate** *A* into *B*》で覚えよう

3329 □□ **translation** [trænsléiʃən]

名 翻訳，通訳，訳文，変換

The quality of online **translation** services has been rapidly improving.
（オンライン**翻訳**サービスの質は急速に向上している）

《**translation** of＋名詞》《**translation** from/into＋名詞》で覚えよう。 □ in **translation**「翻訳で」

3330 □□ **translator** [trænsléitər]

名 翻訳者，通訳者，翻訳機，変換機

We are hiring seven professional **translators** for the conference.
（その会議のためにプロの**翻訳者**７人を雇います）

《**translator** of＋名詞》《**translator** from *A* to *B*》で覚えよう。

3331 □□ **transit** [trǽnzət]

名 通過，運搬，輸送，交通，推移，経過

The mass **transit** system in this city is great.
（この街の大規模**交通**システムはすばらしい）

《**transit** of＋名詞》《**transit** between＋名詞》《**transit** from *A* to *B*》で覚えよう。 □ in **transit**「移動中に」

3332 □□ **transition** [trænzíʃən]

名 推移，変遷，転調　動 推移する

I'm happy to help you during your **transition** period into your new job.
（あなたが新しい仕事へ**移行**する間は私が喜んでお手伝いします）

《**transition** of＋名詞》《**transition** from *A* to *B*》《**transition** between＋名詞》，動詞は《**transition** to/into＋名詞》で覚えよう。

3333 □□ **transmission** [trænsmíʃən]

名 送信，伝達，放送，伝染，変速機

Fax **transmission** is still used these days.
（ファクス**送信**は最近もまだ使われている）

Maria's car has a manual **transmission**.
（Maria の車は手動**変速機**を備えている）

Medical personnel stay alert to the risk of disease **transmission**.
（医療現場の人々は**感染**リスクを警戒し続けている）

《**transmission** of＋名詞》《**transmission** from *A* to *B*》《**transmission** by＋名詞》《**transmission** with/between/among＋名詞》《**transmission** through＋名詞》で覚えよう。

3334 □□ **transmit** [trænsmít]

動 伝わる，電波で送信する，～を送る，～を送金する，～を伝える，～を感染させる

Graphic data was **transmitted** swiftly over the new mobile network.
（グラフィックデータは新しい移動通信回線できわめて早く**送信された**）

☞《**transmit**＋目的語［名詞］》《**transmit** *A* from *B* to *C*》で覚えよう。

3335 □□ **evolve** [iválv]

動（計画・論理など）を発展させる，～を展開する，（結論，法則など）を導き出す，発展する

High-tech companies steadily **evolve** and expand the market.
（ハイテク企業は着実に**進化して**，市場を拡大していく）

☞《**evolve**＋目的語［名詞］》《**evolve** from/out of＋名詞》《**evolve** into＋名詞》で覚えよう。
□ **evolve** a new project「新しい計画を発展させる」

3336 □□ **evolution** [èvəlú:ʃən]

名 発展，進展，進化

The electronics field has undergone drastic **evolution** every year.
（電子工学の分野は年々劇的な**進化**を遂げている）

☞《**evolution** of＋名詞》《**evolution** from *A* to *B*》《**evolution** toward＋名詞》で覚えよう。

3337 □□ **cooperation** [kouàpəréiʃən, kòuɑp-]

名 協力，協調，連携

I request your **cooperation** with this investigation.
（この調査にあなたの**協力**を要請します）

☞《**cooperation** of＋名詞》《**cooperation** with/between/among/from＋人》《**cooperation** in/on＋名詞》で覚えよう。 □ in **cooperation** with ...「～と協力して」

3338 □□ **cooperate** [kouápəreit]

動 協力する，協同する，協働する

We need to **cooperate** with the marketing department on this issue.
（この問題について私たちはマーケティング部と**協力する**必要がある）

☞《**cooperate** in/on＋名詞》《**cooperate** with＋人》《**cooperate** ＋to 不定詞》で覚えよう。

3339 □□ **cooperatively** [kouápərətivli]

副 協力的に，協調して

The two groups worked **cooperatively** to raise money for charity.
（その両グループは慈善のための募金集めに**協力して**活動した）

☞《**cooperatively**＋動詞》で覚えよう。 □ **cooperatively** develop ...「～を協力して開発する」

3340 □□ **amuse** [əmjú:z]

動 ～を楽しませる，～をおもしろがらせる

Leo **amuses** himself by playing with new devices.
（Leo は新しい機器で遊んで**楽しむ**）

☞《**amuse**＋人》《*be* **amused**＋that 節》《*be* **amused**＋to 不定詞》《It **amuses**＋人＋that 節》《It **amuses**＋人＋to 不定詞》で覚えよう。

3341 □□ **amusement** [əmjúːzmənt]

㊔ 楽しさ，気晴らし，娯楽

Performers were hired to provide **amusement** for guests.
（演者たちは客へ**娯楽**を提供するために雇われた）

☞《**amusement** of＋名詞》で覚えよう。 □ for **amusement**「楽しむために」□ with/in **amusement**「楽しくて」□ to *someone's* **amusement**「～にとって楽しいことで」□ to the **amusement** of ...「～にとって楽しいことで」

3342 □□ **strict** [stríkt]

㊎ 厳しい，精密な，完全な

As the new CEO, Ms. White introduced **stricter** rules of conduct.
（新 CEO として，White さんはさらに**厳格な**行動規範を導入した）

☞《**strict**＋名詞》《連結動詞＋**strict**》《連結動詞＋**strict** about/with＋名詞》で覚えよう。

3343 □□ **strictly** [stríktli]

㊖ 厳しく，厳密にいえば，厳密に

What we discuss in this meeting is **strictly** confidential.
（この会議で議論する内容は機密として**厳しく**守られなければなりません）

☞《**strictly**＋動詞・形容詞》で覚えよう。 □ **strictly** speaking「厳密に言えば」

3344 □□ **assist** [əsíst]

㊍ ～を支援する，～の助けとなる，～の力となる

Keisha, Mr. Session would like you to **assist** with a new design project.
（Keisha，Session さんが新しいデザイン・プロジェクトをあなたに**手伝って**ほしいそうです）

☞《**assist**＋目的語［名詞］》《**assist**（＋目的語［名詞］）＋with/in＋名詞》で覚えよう。

3345 □□ **assistance** [əsístəns]

㊔ 援助，支援，手伝い

Esther, your **assistance** with marketing was highly appreciated.
（Esther，マーケティングを**手伝って**くれてほんとうにありがとう）

☞《**assistance** of＋名詞》《**assistance** with/in＋名詞》《**assistance** from/to/for＋人》《**assistance**＋to 不定詞》で覚えよう。 □ with the **assistance** of ...「～の協力で」

3346 □□ **assistant** [əsístənt]

㊎ 助手の，補佐の，副～ ㊔ 助手，補佐

Ms. Wilson will be the next **assistant** manager.
（Wilson さんが次の**副**部長です）

☞《**assistant**＋名詞》，名詞は《**assistant** of＋名詞》《**assistant** to＋人》で覚えよう。

3347 □□ **clerk** [kláːrk]

㊔ 事務職員，販売員

Office **clerk** is one of the most common jobs in the country.
（オフィスの**事務職員**は，その国でもっとも一般的な仕事のひとつである）

☞《**clerk** of＋名詞》で覚えよう。本来は「事務職員」という意味。

3348 □□ **charity** [tʃǽrəti]

名 慈善行為 [事業]，義援金

All items donated at the event will be collected for **charity**.
（イベントで寄付された品物はすべて**慈善**のために集められる）

☞《**charity** of＋名詞》で覚えよう。 □ for **charity**「慈善目的で」 □ go to **charity**「寄付される」

3349 □□ **charitable** [tʃǽritəbl]

形 もの惜しみしない，寛大な，慈善を行う

The proceeds from the event were donated to **charitable** organizations.
（イベントからの収益は**慈善**団体に寄付された）

☞《**charitable**＋名詞》《連結動詞＋**charitable**》で覚えよう。

3350 □□ **desirable** [dizáiərəbl]

形 望ましい，必要な，妥当な

Increasing profits by 10 percent is the most **desirable** outcome.
（10 パーセント利益を伸ばすことがもっとも**望ましい**結果である）

☞《**desirable**＋名詞》《連結動詞＋**desirable**》《It is **desirable**＋that 節》《It is **desirable**＋to 不定詞》で覚えよう。

3351 □□ **desire** [dizáiər]

名 願望，要望 動 ～を強く望む，～であると願う

Lockwell Inc. has a burning **desire** to expand its market share.
（Lockwell Inc. 社は市場占有率を伸ばすという強い**願望**を持っている）

☞《**desire** of＋名詞》《**desire** for＋名詞》《**desire**＋that 節》《**desire**＋to 不定詞》，動詞は《**desire**＋目的語 [名詞]》《**desire**＋that 節》《**desire**＋to 不定詞》で覚えよう。動詞としては日常的には want を使うことが多い。

3352 □□ **appetite** [ǽpitàit]

名 食欲，意欲，欲求，興味

Subscribers have an **appetite** for a wider selection of digital content.
（定期会員はもっと幅広いデジタルコンテンツを**求め**ている）

☞《**appetite** of＋名詞》《**appetite** for＋名詞》で覚えよう。

3353 □□ **visual** [víʒuəl]

形 視覚の，目に見える，見てわかる

Effective use of **visual** aids made Tom's presentation look convincing.
（**視覚的な**補助ツールの効果的な使用が，Tom のプレゼンテーションに説得力を持たせた）

☞《**visual**＋名詞》で覚えよう。

3354 □□ **visually** [víʒuəli]

副 視覚的に

The food we produce is delicious and also **visually** appealing.
（当社が製造する食品はおいしくて，**見た目も**魅力的です）

☞《**visually**＋動詞・形容詞》で覚えよう。 □ **visually** appealing「視覚的に魅力のある」

3355 □□ **cardboard** [ká:rdbɔ̀:rd]

名 段ボール，実質のないもの

Cardboard is recycled on Mondays.
（**段ボール**は月曜日に再生用に回収される）
☞《**cardboard** of＋名詞》で覚えよう。

3356 □□ **cupboard** [kʌ́bərd]

名 食器棚，戸棚

The teacups are on a shelf in the **cupboard**.
（ティーカップは**食器棚**の棚にあります）
☞《**cupboard** of＋名詞》で覚えよう。

3357 □□ **consist** [kənsíst]

動《consist of ... で》～から成る，～から成り立つ，《consist in ... で》～に存在する

The team **consists** of 12 members, and 10 of them are here.
（チームは 12 人で**構成されます**が，ここには 10 人が来ています）
☞《**consist** of＋名詞》《**consist** in＋名詞》で覚えよう。**consist** of ... は *be* made up of ... あるいは *be* composed of ... と同じ意味。

3358 □□ **consistent** [kənsístənt]

形 矛盾のない，一貫した，着実な

We do our best to provide **consistent** service quality.
（当社は**一貫した**サービスの質をご提供するように最善を尽くします）
☞《**consistent**＋名詞》《連結動詞＋**consistent**》《連結動詞＋**consistent** in＋名詞》《連結動詞＋**consistent** with＋名詞》で覚えよう。

3359 □□ **consistently** [kənsístəntli]

副 一貫して，変わらずに，着実に

Samuel is **consistently** on time, so I wonder what's happened to him.
（Samuel は**いつも**時間に正確ですから，彼に何が起きたのでしょうか）
☞《**consistently**＋動詞・形容詞》で覚えよう。 □ **consistently** support ...「一貫して～を支持する」

3360 □□ **comprise** [kəmpráiz]

動 ～を含む，～を構成する，《*be* comprised of ... で》～から成る

Auto parts manufacturing **comprises** about 70 percent of our business.
（自動車部品の製造が当社事業の約 70 パーセントを**構成している**）
☞《**comprise**＋目的語［名詞］》《*be* **comprised** of＋名詞》で覚えよう。

3361 □□ **constitute** [kánstətjù:t]

動 ～を制定する，～を構成する

Automobile parts **constitute** a majority of our products.
（自動車部品が当社が製品の大半を**構成しています**）
☞《**constitute**＋目的語［名詞］》で覚えよう。日常的には make up を使うことが多い。

3362 ☐☐ **excessive** [iksésiv]

形 度を越した，過度の，極端な

I'm careful not to eat an **excessive** amount of meat.
（私は**過度な**量の肉を食べないように注意しています）

☞《**excessive**＋名詞》《連結動詞＋**excessive**》で覚えよう。

3363 ☐☐ **excess** [iksés, ékses]

形 超過した　名 超過，過多，不節制

Items exceeding the size limit will be charged an **excess** luggage fee.
（サイズ制限を超える大きさの品物は**超過**手荷物料金を請求されます）

☞《**excess**＋名詞》，名詞は《**excess** of＋名詞》で覚えよう。 ☐ in **excess** of ...「～を上回って」
☐ to **excess**「過度に」

3364 ☐☐ **exceed** [iksíːd]

動 ～を上回る，～を越える，勝る

A new credit card payment may be canceled when your outstanding amount **exceeds** the limit.
（未払い額が限度額を**超える**ときには，新規のクレジットカード払いはキャンセルされるかもしれない）

☞《**exceed**＋目的語［名詞］》で覚えよう。

3365 ☐☐ **edit** [édit]

動 ～を編集する　名 編集，修正

Miranda **edited** the document to add new information.
（Miranda は新情報を加えるために書類を**編集した**）

☞《**edit**＋目的語［名詞］》，名詞は《**edit** of＋名詞》《**edit** from/to＋名詞》《**edit** about＋名詞》で覚えよう。

3366 ☐☐ **edition** [idíʃən]

名 （本などの）版，1 冊，1 部，1 回分

The publisher decided to revise the book for a second **edition**.
（その出版社はその本を改訂して第 2 **版**とすることにした）

☞《**edition** of＋名詞》で覚えよう。

3367 ☐☐ **editorial** [èditɔ́ːriəl]

形 編集の，編集者の，社説の　名 社説，論説

After college, Jewel got an **editorial** job at a local publisher.
（大学卒業後，Jewel は地元の出版社で**編集の**仕事に就いた）

☞《**editorial**＋名詞》，名詞は《**editorial** of＋名詞》《**editorial** about＋名詞》で覚えよう。

3368 ☐☐ **editor** [édətər]

名 編集者，校訂者，（新聞・雑誌の各部門の）部長，論説委員

The newspaper **editor** said the report topic was a great idea.
（新聞の**編集者**はその報道テーマはすばらしい考えだと言った）

☞《**editor** of＋名詞》で覚えよう。

3369 □□ **applaud** [əplɔ́:d]

動 ～を称賛する，～に拍手を送る

Shareholders **applauded** the move toward producing smaller devices.
(小型機器の生産へと向かう動きを株主は**賞賛した**)

《**applaud**＋目的語［名詞］(＋for＋名詞)》で覚えよう。

3370 □□ **applause** [əplɔ́:z]

名 拍手喝采，称賛

Let's have a round of **applause** for Sonia; she did a great job!
(Sonia に**拍手**を送りましょう；彼女はよくやりました)

《**applause** of＋名詞》《**applause** for＋名詞》《**applause** from/to＋名詞》で覚えよう。

3371 □□ **merchandise** [mə́:rtʃəndàiz, -s]

名 商品，在庫　動 ～を売買する，～を商う，～の販売を促進する

Defective **merchandise** must be returned within 30 days of purchase.
(欠陥のある**商品**は購入日から 30 日以内に返品していただかなければなりません)

《**merchandise** of＋名詞》で覚えよう。不可算名詞なので，複数形は使わない。

3372 □□ **merchant** [mə́:rtʃənt]

名 (小売／貿易) 商人，商店主

The city government is considering measures to aid local **merchants**.
(市政府は地元の**販売業者**を支援する方策を検討している)

《**merchant** of＋名詞》で覚えよう。 □ local **merchant**「地元の販売業者」

3373 □□ **royalty** [rɔ́iəlti]

名 印税，王族，皇族

Dennis is still earning **royalties** from a song he wrote 20 years ago.
(Dennis は 20 年前に書いた曲からいまも**印税**を稼いでいる)

《**royalties** of＋名詞》《**royalties** from/on＋名詞》で覚えよう。 □ in **royalties**「印税払いで」

3374 □□ **landfill** [lǽndfìl]

名 埋立地

The property is no longer usable because of toxic waste **landfill**.
(有毒廃棄物による**埋立**であるため，この土地はもはや使用できない)

《**landfill** of＋名詞》で覚えよう。 □ **landfill** site「埋立地」

3375 □□ **pane** [péin]

名 1 枚のガラス，窓枠，羽目板，鏡板

Frosty window **panes** tell you how cold it is outside.
(霜のおりた窓**枠**が外気の冷たさを伝えている)

《**pane** of＋名詞》で覚えよう。

3376 □□ **supervise** [sú:pərvàiz]

動 ～を監督する，～を管理する

With his extensive experience, Adrian was asked to **supervise** the project.
（幅広い経験を有するので，Adrian はそのプロジェクトを**監督する**ように依頼された）

☞《**supervise**＋目的語［名詞］》で覚えよう。

3377 □□ **supervisor** [sú:pərvàizər]

名 監督者，管理者

I will report this issue to my immediate **supervisor**.
（この問題を直属の**上司**に報告いたします）

☞《**supervisor** of＋名詞》で覚えよう。 □ immediate/direct **supervisor**「直属の上司」

3378 □□ **mentor** [méntɔ:r]

名 メンター，指導者，（指導）教師，師 動 ～に助言を与える，～を指導する，～の助言者となる

Sam Elliot is my long-time friend and **mentor**.
（Sam Elliot さんは私の長年の友人であり，**指導者**です）

☞《**mentor** of＋名詞》《**mentor** to/for＋人》，動詞は《**mentor**＋人》で覚えよう。**mentor**/mentee の組み合わせで覚えよう。

3379 □□ **inspect** [inspékt]

動 ～を詳しく調べる，～を綿密に調査する，～を視察する

Items are **inspected** for defects when they come off the production line.（製品は生産ラインからはじかれると欠陥を**調べられる**）

☞《**inspect**＋目的語［名詞］》《**inspect** *A* for *B*》で覚えよう。

3380 □□ **inspection** [inspékʃən]

名 調査，検査，視察

Real estate properties undergo thorough **inspection** when they are sold.
（不動産物件は販売時に徹底的に**検査**される）

☞《**inspection** of＋名詞》で覚えよう。 □ for **inspection**「調査するために」□ on **inspection**「詳しく見てみると」

3381 □□ **inspector** [inspéktər]

名 検査官，調査官，監査人

The **inspector** found some contradictions in the insurance claim process.
（**調査官**は保険金請求の処理過程でいくつかの矛盾を発見した）

☞《**inspector** of＋名詞》《**inspector** for＋名詞》で覚えよう。

3382 □□ **imminent** [ímənənt]

形 差し迫った，目前に迫った

The investment bank is in **imminent** danger of financial collapse.
（その投資銀行は財政破綻の危険が**差し迫って**いる）

☞《**imminent**＋名詞》《連結動詞＋**imminent**》で覚えよう。

3383 □□ **upcoming** [ʌ́pkʌ̀miŋ]

(形) もうすぐやってくる，次回の，今度の

A record turnout is expected for the **upcoming** election.
（**まもなくの**選挙では記録的な投票率が見込まれている）

☞《**upcoming**＋名詞》で覚えよう。

3384 □□ **forthcoming** [fɔ̀ːrθkʌ́miŋ]

(形) やがて来ようとする，今度の，用意された，前向きの

Mr. Kaluya's **forthcoming** book is a history of British castles.
（Kaluya さんの**まもなく刊行される**本はイギリスの城の歴史についてのものだ）

☞《**forthcoming**＋名詞》《連結動詞＋**forthcoming**》《連結動詞＋**forthcoming** about/with＋名詞》で覚えよう。 □ the **forthcoming** conference「次の会議」

3385 □□ **incoming** [ínkʌ̀miŋ]

(形) 入ってくる，（お金などが）受け取ることになっている

Margaret, could you take all **incoming** calls for me while I'm out?
（Margaret，外出している間の私あてに**かかってくる**電話をすべてとっていただけますか）

☞《**incoming**＋名詞》で覚えよう。反意語は outgoing。

3386 □□ **ongoing** [ángòuiŋ]

(形) 現在進行中の，開催している

We don't comment on **ongoing** investigations.
（**進行中の**捜査についてはコメントしません）

☞《**ongoing**＋名詞》で覚えよう。

3387 □□ **advertisement** [æ̀dvərtáizmənt, ədvə́ːrtəs-]

(名) 広告，宣伝

We ran the most expensive television **advertisement** this year.
（今年はいちばん費用がかかったテレビ**広告**を放送しました）

☞《**advertisement** of＋名詞》《**advertisement** for＋名詞》《**advertisement** about＋名詞》で覚えよう。 □ carry/run an **advertisement**「広告を出す」

3388 □□ **advertise** [ǽdvərtàiz]

(動) ～を広告する，～を宣伝する，～を知らせる

The perfume will be **advertised** on television and in magazines.
（その香水はテレビと雑誌で**宣伝される**）

☞《**advertise**＋目的語［名詞］》《**advertise** *A* on *B*》《**advertise** *A* as *B*》《**advertise** for＋名詞》《**advertise**＋that 節》で覚えよう。

3389 □□ **advertising** [ǽdvərtàiziŋ]

(名) 広告（業）

The clothing company hired a celebrity for its **advertising** campaign.
（そのアパレル企業は**広告**キャンペーンに著名人を雇った）

☞《**advertising** of＋名詞》で覚えよう。

3390 □□ **advertiser** [ǽdvərtàizər]

名 広告主，広告者，新聞社

Several agencies helped the **advertiser** to launch a new sales campaign.
(いくつかの代理店が，その**広告主**が新たな販売キャンペーンを開始することに手を貸した)

☞《**advertiser** of＋名詞》で覚えよう。

3391 □□ **ad** [ǽd]

名 広告，宣伝

Tabitha designed the **ad** for the new headphones.
(Tabitha は新しいヘッドフォンの**広告**をデザインした)

☞《**ad** of＋名詞》《**ad** for＋名詞》《**ad** about＋名詞》で覚えよう。

3392 □□ **expire** [ikspáiər]

動 有効期限が切れる，満了する，失効する

The free upgrade offer **expires** on June 15th.
(無料アップグレードの提供は 6 月 15 日で**期限が切れます**)

☞《**expire** in/on/at＋名詞》で覚えよう。「期間が満了する」という意味。

3393 □□ **expiration** [èkspəréiʃən]

名 期限切れ，終了，満了，満期

I'm sorry, but this coupon has passed its **expiration** date.
(申し訳ありませんが，このクーポン券は**有効期限**日を過ぎています)

☞《**expiration** of＋名詞》で覚えよう。 □ **expiration** date「有効期限日」

3394 □□ **pharmaceutical** [fɑ̀ːrməsjúːtikl]

形 製薬の，調剤の　名《pharmaceuticals で》薬品

The **pharmaceutical** company will move on to the clinical trial process.
(その**製薬**企業は臨床試験の過程へ進むことになる)

☞《**pharmaceutical**＋名詞》，名詞は《**pharmaceuticals** of＋名詞》で覚えよう。

3395 □□ **pharmacy** [fɑ́ːrməsi]

名 薬局，薬学

Is there a **pharmacy** near this clinic?
(このクリニックの近くに**薬局**がありますか)

☞《**pharmacy** in/at＋名詞》で覚えよう。**pharmacy**/chemist/drugstore の組み合わせで覚えよう。

3396 □□ **pharmacist** [fɑ́ːrməsist]

名 薬剤師，薬局

I'm going to my **pharmacist** to fill my prescription.
(**薬剤師**のところへ行って処方箋の薬を出してもらいます)

☞《**pharmacist** in＋名詞》で覚えよう。 □ at the **pharmacist**「薬局で」

3397 □□ **innovation** [ìnəvéiʃən]

名 革新，刷新，イノベーション，新たな考え，新制度

Technological **innovations** enabled us to develop this ultra-thin screen.
(科学技術の**革新**のおかげで，この超薄型スクリーンを開発することができた)

☞《**innovation** of＋名詞》《**innovation** in＋名詞》で覚えよう。

3398 □□ **innovative** [ínəvèitiv]

形 革新的な，斬新な

Mr. Escobar uses **innovative** approaches to his retail business.
(Escobar さんは自分の小売り事業に**革新的な**アプローチを用いている)

☞《**innovative**＋名詞》《連結動詞＋**innovative**》で覚えよう。

3399 □□ **overwork** [òuvərwə́ːrk; –́–̀]

動 ～を酷使する 名 過労，余分な仕事

Are you being **overworked**, or are you **overworking** yourself?
(あなたは**働かされすぎている**のですか，それとも自分から**働きすぎている**のですか)

☞《**overwork**＋人》，名詞は《**overwork** of＋名詞》で覚えよう。

3400 □□ **overtime** [óuvərtàim]

名 残業，超過勤務（手当），超過時間 副 時間外に 形 時間外の

It is not permitted to have employees work unpaid **overtime**.
(従業員に無給で**残業**させることは許されていない)

☞《**overtime** of＋名詞》《**overtime** for＋名詞》，形容詞は《**overtime**＋名詞》，副詞は《動詞＋**overtime**》で覚えよう。 □ put in/work **overtime**「残業する」

3401 □□ **congratulate** [kəngrǽtʃəlèit]

動 ～を祝う，～に祝いの言葉を述べる

We **congratulate** you on your promotion to vice president.
(副社長への昇進を**お祝いいたします**)

☞《**congratulate**＋人＋on＋名詞》《**congratulate**＋人＋for＋名詞》で覚えよう。

3402 □□ **congratulations** [kəngrætʃəléiʃənz]

名 祝い，祝辞，おめでとう！

We'd like to offer our **congratulations** to you for this great achievement.
(このすばらしい業績を達成なさったあなたに**お祝い**を申し上げます)

☞《**congratulations** on＋名詞》《**congratulations** from/to＋人》で覚えよう。express/extend/offer/give/send/accept/receive/deserve などの動詞の目的語として使う。

3403 □□ **staple** [stéipl]

動 ～をホチキスで留める 名 主要産物，主成分，ホチキスの針

Could you sort out these copies and **staple** each set?
(これらのコピーを分類して，各セットを**ホチキスで留めて**いただけますか)

☞《**staple**＋目的語［名詞］》《**staple** *A* to *B*》，名詞は《**staple** of＋名詞》で覚えよう。

3404 □□ **stapler** [stéiplər]

名 ホチキス，主要産物商

I want to staple these reports, but I can't find a **stapler**.
(これらの報告書をホチキスで留めたいのに，**ホチキス**が見つからない)

☞《**stapler** from/to＋人》で覚えよう。 □ borrow a **stapler**「ホチキスを借りる」

3405 □□ **recreation** [rèkriéiʃən]

名 レクリエーション，娯楽，保養

Our **recreation** center has a pool and other exercise facilities.
(当社の**レクリエーション**センターにはプールなどの運動施設がある)

I like outdoor **recreation** such as cycling and bird watching.
(私はサイクリングやバードウォッチングのような屋外での**レクリエーション**が好きです)

☞《**recreation** of＋名詞》で覚えよう。 □ for **recreation**「楽しむために」

3406 □□ **recreational** [rèkriéiʃənl]

形 娯楽の，気晴らしの，レクリエーション用の

The **recreational** vehicle I rented has three beds and a full kitchen.
(私が借りた RV 車にはベッド 3 台とフルキッチンが付いている)

☞《**recreational** ＋名詞》で覚えよう。

3407 □□ **beverage** [bévəridʒ]

名 飲み物，飲料

Feel free to get a hot **beverage** before the meeting starts.
(会議が始まる前に遠慮なく温かい**飲み物**をどうぞ)

☞《**beverage** of＋名詞》で覚えよう。特に書きことばで使うフォーマルな語。会話では一般に (something to) drink を使う。

3408 □□ **grocery** [gróusəri]

名 食品雑貨 (店)，日用雑貨 [食料] 品

Green Market operates **grocery** stores throughout the state.
(Green Market 社は州内のいたるところで**食料品**店を営業している)

☞《**groceries** of＋名詞》で覚えよう。「食料品」という意味では通常は複数形で使う。「食料品店」は **grocery** store/**grocer** という。

3409 □□ **cuisine** [kwizíːn]

名 料理 [調理] 法，食事，料理

The government began an initiative to promote the national **cuisine**.
(政府は自国**料理**の売り込みを始めた)

☞《**cuisine** of＋名詞》で覚えよう。

3410 □□ **culinary** [kʌ́lənèri]

形 料理の，台所の

Corey showed his remarkable **culinary** skills as an amateur cook.
(Corey はアマチュアコックとして見事な**料理の**腕を示した)

☞《**culinary**＋名詞》で覚えよう。

3411 □□ **utensil** [ju:ténsl]

名 用具，器具，道具

Shall we get Jane some kitchen **utensils** as a housewarming gift?
（引っ越し祝いに Jane にキッチン**用品**をあげましょうか）

《**utensil** of＋名詞》で覚えよう。 □ kitchen **utensil**「キッチン用品」

3412 □□ **cubicle** [kjú:bikl]

名（間仕切りなどで小さく区切った）執務スペース

No one working in the office **cubicles** is wearing a suit.
（オフィスの**執務スペース**で働く人はだれもスーツを着ていない）

《**cubicle** of＋名詞》で覚えよう。 □ chronic **cubicle** syndrome「慢性執務スペース症候群」

3413 □□ **booth** [bú:θ]

名 小さく仕切った小部屋，ブース

Contrek Corp. will have a **booth** at the upcoming IT fair.
（Contrek Corp. 社はまもなく始まる IT フェアで**ブース**を出す）

《**booth** of＋名詞》で覚えよう。

3414 □□ **compartment** [kəmpá:rtmənt]

名 区画，仕切り（客室）

It seems the CEO keeps secret stuff in a **compartment** in his desk.
（CEO は机の中の**一画**に秘密の品を置いているらしい）

This summer I traveled by myself in a train **compartment** to Rome.
（この夏，私はひとりでローマまで**個室**列車で旅をしました）

《**compartment** of＋名詞》で覚えよう。

3415 □□ **desktop** [désktàp]

名 机の上面，デスクトップ

Many computer users prefer laptops to **desktop** models.
（多くのコンピュータユーザは**デスクトップ**機よりラップトップ機を好む）

《**desktop** of＋名詞》で覚えよう。文字どおりに「机の上」という意味もある。

3416 □□ **sketchy** [skétʃi]

形 スケッチの（ような），うわべだけの，不完全な，大雑把な，煮詰まっていない

The details about the buyout plan are **sketchy** at this point.
（買収計画の詳細は現時点では**はっきりしない**）

《**sketchy**＋名詞》《連結動詞＋**sketchy**》で覚えよう。

3417 □□ **sketch** [skétʃ]

名 スケッチ，写生（図），下絵，素描，略図，概要 動 ～を写す，～の略図を書く

I'd like to give a brief **sketch** of our business relations with Luxidor Inc.
（Luxidor Inc. 社と当社の取引関係について簡単に**説明**いたします）

《**sketch** of＋名詞》，動詞は《**sketch**＋目的語［名詞］》で覚えよう。

3418 □□ **logo** [lóugou]

名 ロゴ（マーク）

The company's **logo** symbolizes its values and vision.
（同社の**ロゴ**はその価値観とビジョンを象徴している）

☞《**logo** for/of＋名詞》で覚えよう。

3419 □□ **brand** [brǽnd]

名 ブランド，銘柄，商標　動 ～を（…と）呼ぶ，～に商標を付ける

We are trying to improve our **brand** awareness among young adults.
（当社は若い成人層での**ブランド**認知度を向上させようとしております）

☞《**brand** of＋名詞》，動詞は《**brand**＋目的語［名詞］》《**brand**＋目的語［名詞］＋as＋名詞》で覚えよう。

3420 □□ **ballroom** [bɔ́:lrù:m]

名 宴会場，舞踏場，ダンスホール

The company held a banquet in the grand **ballroom** of Lake Hotel.
（同社は Lake Hotel の大**宴会場**で晩餐会を催した）

☞《**ballroom** of＋名詞》で覚えよう。

3421 □□ **calligraphy** [kəlígrəfi]

名 書道，習字，書法，装飾文字

I have several pieces of **calligraphy** displayed in my office.
（私はオフィスに数点の**書**を飾っています）

☞《**calligraphy** of＋名詞》で覚えよう。

3422 □□ **anew** [ənjú:]

副 新たに，改めて

January is a good time to start **anew**.
（1 月は**新たに**始めるにはよい月である）

☞《動詞＋**anew**》で覚えよう。副詞であることに注意。

3423 □□ **underway** [ʌ̀ndərwéi]

形 進行中で，始まって

Before we get **underway**, I'd like to briefly explain today's agenda.
（**始める**前に，きょうの議題を簡単に説明いたします）

The investigation into the cause of the accident is **underway**.
（事故原因の調査は**進行中で**ある）

☞《連結動詞＋**underway**》で覚えよう。under way ともつづる。 □ get **underway**「始まる」

Score

Level 730

スコアレベル
730

3424 □□ **author** [ɔ́:θər]

名 著者，作家，起草者　動 ～を執筆する

James Barnes is the **author** of popular political novels.
(James Barnes は人気の高い政治小説の**著者**である)

《**author** of＋名詞》，動詞は《**author**＋目的語［名詞］》で覚えよう。 □ co-**author**「共著者；～を共著する」

3425 □□ **authority** [əθɔ́:rəti]

名 権威（者），権限，当局

Ms. Kim has the **authority** to approve office expenditures.
(Kim さんはオフィス経費を承認する**権限**を持っている)

《**authority** of＋名詞》《**authority** for＋動名詞》《**authority** over＋名詞》《**authority** on＋名詞》《**authority**＋to 不定詞》で覚えよう。 □ in **authority**「権限のある」 □ without *someone's* **authority**「～の許可なく」

3426 □□ **authorize** [ɔ́:θəràiz]

動 ～に権限を与える，～を認可する，～に根拠を与える

The board at Goldstein Inc. **authorized** the sale of its travel business.
(Goldstein Inc. 社の取締役会は旅行事業の売却を**認可した**)

《**authorize**＋目的語［名詞］》《**authorize**＋that 節》《**authorize**＋目的語［名詞］＋to 不定詞》で覚えよう。

3427 □□ **authorization** [ɔ̀:θərəzéiʃən]

名 権限（を与えること），許可，承認

The bank transfer needs proper **authorization** from Mr. Song.
(銀行振替は Song さんの適正な**承認**を必要とする)

《**authorization** of＋名詞》《**authorization** for＋名詞》《**authorization** from＋名詞》で覚えよう。 □ with/without **authorization**「許可を得て，許可を得ずに」

3428 □□ **license** [láisəns]

名 免許（状），認可　動 免許［認可］を取得する

We must obtain a **license** to sell this type of product.
(このタイプの製品を販売するには**免許**を得なければならない)

《**license** of＋名詞》《**license** for＋名詞》《**license** from＋名詞》《**license**＋to 不定詞》，動詞は《*be* **licensed** for＋名詞》《*be* **licensed**＋to 不定詞》で覚えよう。 □ under **license**「免許を有して」

3429 □□ **sanction** [sǽŋkʃən]

動 ～を裁可する，～を認可する，～に対して制裁措置を取る　名 認可，裁可，制裁（措置）

The departmental reform plan was **sanctioned** by the board.
(部署改正案は取締役会によって**認可された**)

The government lifted trade **sanctions** against the countries.
(政府はそれらの国々に対する通商**制裁**を解除した)

《**sanction**＋目的語［名詞］》，名詞は《**sanction** of＋名詞》《**sanction** for＋名詞》《**sanctions** against＋名詞》で覚えよう。

3430 □□ **chair** [tʃéər]

動 ～の議長を務める　名 議長（職），椅子

Ms. Brin has **chaired** several international conferences.
（Brin さんはいくつかの国際会議の**議長を務めて**きた）

☞《**chair**＋目的語［名詞］》，名詞は《**chair** of＋名詞》で覚えよう。chairperson の職責を指す。

3431 □□ **chairperson** [tʃéərpə̀ːrsn]

名 議長，司会者

The **chairperson** of Tasty Tacos values creativity in cooking.
（Tasty Tacos 社の**会長**は料理の創造性に価値を置いている）

☞《**chairperson** of＋名詞》で覚えよう。

3432 □□ **apply** [əplái]

動 適用される，申し込む，～を適用する，～を塗る

For passports, please **apply** in person using the appropriate form.
（パスポートは，適切な用紙を用いて自ら直接**申請**してください）

☞《**apply**＋目的語［名詞］》《**apply** for＋名詞》《**apply** to＋名詞》《**apply** to *A* for *B*》《**apply** *A* to *B*》で覚えよう。

3433 □□ **application** [æplikéiʃən]

名 適用，応用，出願（書），申請（書）

Rosa filled out an online **application** form to apply for a vacancy.
（Rosa は空席に申し込むためにオンラインで**申し込み**用紙に記入した）

☞《**application** of＋名詞》《**application** for＋名詞》《**application** to＋名詞》《**application**＋to 不定詞》で覚えよう。 □ on **application** (to ...)「（～へ）申し込むことで」

3434 □□ **applicant** [ǽplikənt]

名 応募者，出願者，志願者

I think Tomoko is the most qualified **applicant** of them all.
（全員の中で Tomoko がもっとも資格を備えた**応募者**だと思います）

☞《**applicant** of＋名詞》《**applicant** for＋名詞》で覚えよう。 □ successful **applicant**「採用される（可能性のある）応募者」

3435 □□ **applicable** [əplíkəbl, ǽplikəbl]

形 適用できる，当てはまる，適切な

The following rules are **applicable** to full-time staff.
（以下の規則は常勤スタッフに**適用され**ます）

☞《**applicable**＋名詞》《連結動詞＋**applicable**》《連結動詞＋**applicable** to＋名詞》で覚えよう。

3436 □□ **appliance** [əpláiəns]

名 器具，装置，電気製品

Sales of household **appliances** have been increasing.
（家庭用**電化製品**の販売が伸びている）

☞《**appliance** of＋名詞》《**appliance** for＋名詞》で覚えよう。特に「大型家電製品」という意味で使うことが多い。 □ kitchen **appliance**「台所用家電製品」 □ **appliance** store「家電量販店」

3437 □□ **conservative** [kənsə́ːrvətiv]

形 控えめな，保守的な，保守主義の　名 保守的な人

- **Conservative** estimates show we lost $5 million in those investments.
(**控えめな**見積もりでは，当社はそれらの投資で500万ドルを失った)
- Greg's **conservative** manner helps in negotiations.
(**控えめな** Greg のやり方は交渉で役立つ)

☞《**conservative**＋名詞》《連結動詞＋**conservative**》《連結動詞＋**conservative** in/about＋名詞》で覚えよう。

3438 □□ **conservation** [kɑ̀nsərvéiʃən]

名 保存，維持

- The **conservation** group works to preserve old buildings in the city.
(**保全**団体は市の古い建物を保存するために活動している)

☞《**conservation** of＋名詞》で覚えよう。

3439 □□ **liberal** [líbərl]

形 豊富な，寛大な，進歩的な，リベラルな　名 自由主義者

- The writer of this report makes **liberal** use of technical terms.
(この報告書を書いた人は専門用語を**遠慮なく**使う)

☞《**liberal**＋名詞》《連結動詞＋**liberal**》《連結動詞＋**liberal** on＋名詞》《連結動詞＋**liberal** with＋名詞》で覚えよう。

3440 □□ **moderate** [mɑ́dərət; mɑ́dərèit]

形 節度のある，中くらいの，並みの，手ごろな　動 ～を節制する，～をやわらげる，～の進行役をする，やわらぐ　名 穏健な人，温和主義者

- The **moderate** climate in the southwest makes the resorts there popular.
(南西部の**温暖な**気候のおかげで，現地の保養地は人気が高い)

☞《**moderate**＋名詞》《連結動詞＋**moderate**》，動詞は《**moderate**＋目的語［名詞］》，名詞は《**moderate** of＋名詞》で覚えよう。

3441 □□ **quote** [kwóut]

名 見積もり書，時価　動 ～を引用する，～を引き合いに出す，～を見積もる，引用する，見積もる

- I will ask several movers for a **quote** for the relocation work.
(引っ越し作業の価格を引っ越し業者数社に**見積もって**もらいます)

☞《**quote**＋目的語［名詞］》《**quote** *A* for *B*》《**quote**＋人＋on＋名詞》《**quote**＋人＋as saying＋that 節》《**quote** *A* from *B*》《**quote** *A* as *B*》で覚えよう。　□ **quote** ... unquote「引用開始…引用終わり」
□ **quote** a low price「安い価格を見積もる」

3442 □□ **quotation** [kwoutéiʃən]

名 引用（文／句），時価，相場，見積もり

- Shana obtained a **quotation** from the florist for a lobby centerpiece.
(Shana は花屋からロビー用装飾の**見積もり書**を入手した)

☞《**quotation** of＋名詞》《**quotation** for＋名詞》《**quotation** from＋名詞》で覚えよう。

3443 □□ **afford** [əfɔ́:rd]

(動) ～する [～を買う] 余裕がある，～できる状態にある，～を提供する

I wish I could **afford** to buy a private jet.
（個人用ジェット機を買えるだけの**余裕があれば**よいのですが）

《cannot **afford**＋to 不定詞》《cannot **afford**＋目的語 [名詞]》で覚えよう。「～(するだけの) 余裕がない」という否定の意味で使うことが多い。cannot の代わりに hardly，barely などの準否定語を使うこともある。肯定の意味では well や easily などの副詞とともに使う。

3444 □□ **affordable** [əfɔ́:rdəbl]

(形) 手ごろな価格の

We provide Internet service at an **affordable** price.
（当社は**手ごろな**価格でインターネットサービスを提供いたします）

《**affordable**＋名詞》《連結動詞＋**affordable** (＋to＋人)》《連結動詞＋**affordable**＋to 不定詞》で覚えよう。reasonable「安価な，手ごろな」とほぼ同じ意味だが，**affordable** のほうがフォーマルに響く。

3445 □□ **compete** [kəmpí:t]

(動) 競争する，立ち向かう，匹敵する

We **compete** with other companies by using our advanced technology.
（当社は先進的な科学技術を用いて他社と**競います**）

《**compete** with/against＋名詞》《**compete** for＋名詞》《**compete** in/at＋名詞》《**compete**＋to 不定詞》で覚えよう。

3446 □□ **competition** [kɑ̀:mpətíʃən]

(名) 競争，試合，競争相手，競合商品

Friendly **competition** among employees would increase motivation.
（従業員間の友好的な**競争**はやる気を高めるでしょう）

《**competition** of＋名詞》《**competition** with/against＋名詞》《**competition** between/among＋名詞》《**competition** for＋名詞》《**competition** in＋名詞》《**competition**＋to 不定詞》で覚えよう。
□ in **competition** with ...「～と競って」

3447 □□ **competitive** [kəmpétətiv]

(形) 競合する，競争の激しい

Bill's **competitive** nature works for and against him at work.
（Bill の**競争を好む**性格は仕事で得にも損にもなっている）

《**competitive**＋名詞》《連結動詞＋**competitive**》《連結動詞＋**competitive** with＋名詞》で覚えよう。

3448 □□ **competitor** [kəmpétətər]

(名) 競争相手，競合相手

How can we take customers away from our biggest **competitor**?
（当社最大の**競合企業**からどのようにして顧客を奪えるだろうか）

《**competitor** of＋名詞》《**competitor** for＋名詞》《**competitor**＋to 不定詞》で覚えよう。

3449 □□ **competent** [kámpətnt]

(形) 有能な，能力がある，資格がある

Thomas is arguably the most **competent** member of the sales team.
（Thomas は販売チームでもっとも**有能な**メンバーとされている）

《**competent**＋名詞》《連結動詞＋**competent**》《連結動詞＋**competent** in＋名詞》《連結動詞＋**competent**＋to 不定詞》で覚えよう。

3450 □□ **competence** [kɑ́mpətns]

㊔ 資格，能力

◤ We need to demonstrate **competence** in working under pressure.
（重圧の中で仕事ができる**能力**を示す必要がある）

☞《**competence** of＋名詞》《**competence** in＋名詞》《**competence**＋to 不定詞》で覚えよう。

3451 □□ **concept** [kɑ́nsept]

㊔ 構想，発想，概念

◤ We seem to lack some innovative **concepts** for a new-generation TV network.（私たちは新世代 TV ネットワークについての斬新な**アイデア**を欠いているようだ）

☞《**concept** of＋名詞》《**concept**＋that 節》《**concept**＋to 不定詞》で覚えよう。

3452 □□ **conceive** [kənsíːv]

㊍（～を）心に描く，（～を）思いつく，（～と）考える

◤ I just **conceived** an idea about how to reduce the production cost.
（製造コストを削減する方法についてのアイデアを**思いつきました**）

☞《**conceive**＋目的語［名詞］》《**conceive** *A* as/to be *B*》《**conceive**＋that/wh-/how 節》
《It is **conceived**＋that 節》《**conceive** of＋名詞・動名詞》《**conceive** of *A* as *B*》で覚えよう。

3453 □□ **rely** [rilái]

㊍《rely on ... で》～を頼る，～を信用する

◤ We can always **rely** on Douglas to fix the network problems.
（ネットワークの問題を解決することについてはいつも Douglas に**頼ります**）

☞《**rely** on＋名詞（＋for＋名詞）》《**rely** on＋名詞＋to 不定詞》で覚えよう。

3454 □□ **reliable** [riláiəbl]

㊒ 信頼性のある，頼りになる

◤ I have **reliable** sources of information concerning this investigation.
（この調査に関しては**信頼できる**情報源を持っています）

☞《**reliable**＋名詞》《連結動詞＋**reliable**》《連結動詞＋**reliable** as＋名詞》で覚えよう。

3455 □□ **reliability** [rilàiəbíləti]

㊔ 信頼できること，確実性

◤ How are you going to assess the **reliability** of this data?
（このデータの**信頼性**はどのようにして評価しますか）

☞《**reliability** of＋名詞》で覚えよう。

3456 □□ **unreliable** [ʌ̀nriláiəbl]

㊒ 信頼できない，頼りない，信頼性を欠く

◤ We have to either verify or ignore the information coming from **unreliable** sources.
（入手した情報の出所が**信頼できない**場合は，検証するか無視することです）

☞《**unreliable**＋名詞》《連結動詞＋**unreliable**》《連結動詞＋**unreliable** as＋名詞》で覚えよう。

3457 □□ **shortage** [ʃɔ́ːrtidʒ]

名 不足，払底

The service sector has been troubled by a chronic labor **shortage**.
(サービス業の分野は慢性的な人手**不足**に苦しめられている)

《**shortage** of/in＋名詞》で覚えよう。 □ labor **shortage**「人手不足」

3458 □□ **shortcut** [ʃɔ́ːrtkʌ̀t]

名 近道，手っ取り早い方法

Turn left at the next corner if you want to take a **shortcut**.
(**近道**をするなら次の角を左に曲がりなさい)

《**shortcut** to/through＋名詞》《**shortcut** for＋名詞》で覚えよう。

3459 □□ **shortcoming** [ʃɔ́ːrtkʌ̀miŋ]

名 短所，欠点

The analyst pointed out several minor **shortcomings** in our methods.
(そのアナリストは，私たちが用いた手法の小さな**欠点**をいくつか指摘した)

《**shortcoming** of/in＋名詞》《**shortcoming**＋that 節》で覚えよう。

3460 □□ **log** [lɔ́(ː)g, lág]

動 記録を取る，（ある時間）を費やす 名（乗り物などの）記録，ログ，丸太

If you have trouble **logging** on to your computer, please let me know.
(コンピュータへの**ログ**インに問題があれば，知らせてください)

《**log**＋目的語［名詞］》《**log** in/on（to）＋名詞》《**log** off/out＋名詞》，名詞は《**log** of＋名詞》で覚えよう。

3461 □□ **stem** [stém]

動 ～を止める，（～から）生じる，（～から）起こる，（～に）由来する 名 幹，（果実の）軸，（グラスの）脚

Part of our losses **stemmed** from disposal of excess inventory.
(当社の損失の一部は過剰在庫の処分から**生じました**)

The woman is tying a ribbon around the rose **stem**.
(その女性はバラの**幹**にリボンを結びつけている)

《**stem**＋目的語［名詞］》《**stem** from＋名詞》，名詞は《**stem** of＋名詞》で覚えよう。 □ **stem** cell「幹細胞」

3462 □□ **allege** [əlédʒ]

動 ～を断言する，～を主張する，～を申し立てる

It is **alleged** that two companies engaged in price fixing.
(2 社が価格協定に関わっていると**言われて**いる)

《**allege**＋目的語［名詞］》《**allege**＋that 節》《*be* **alleged**＋to 不定詞》《It is **alleged**＋that 節》で覚えよう。「正しいという確証はないが～と伝える」という意味。

3463 □□ **undergo** [ʌ̀ndərgóu]

動 ～を経験する，～に耐える，（検査，手術など）を受ける

Ted is scheduled to **undergo** surgery, so I'm covering for him.
(Ted は手術を**受ける**予定で，私が彼に代わります)

《**undergo**＋目的語［名詞］》で覚えよう。変化や苦痛，困難などの「好ましくないことを経験する」という意味。

3464 □□ **tempt** [témpt]

動 ～を誘惑する，～をそそのかす，～を…する気にさせる，～に立ち向かう

We added new colors to our handbag collection to **tempt** customers.
（顧客を**引き寄せる**ために，当社のハンドバッグコレクションに新色を追加しました）

《**tempt**＋目的語［名詞］》《**tempt**＋目的語［名詞］＋into＋動名詞》《**tempt**＋目的語［名詞］＋to 不定詞》で覚えよう。

3465 □□ **treasure** [tréʒər]

動 ～を大切にする，～をためておく，～を心に刻む 名 宝物，貴重品，大切なもの［人］

I will **treasure** my memories of mountaineering in the Alps.
（アルプスの山に登った思い出を**大切にします**）

Our city's cultural **treasures** deserve more funds for preservation.
（当市の文化**財**には，もっと保存のための資金を用意してしかるべきである）

《**treasure**＋目的語［名詞］》，名詞は《**treasure** of＋名詞》で覚えよう。

3466 □□ **grin** [grín]

動 にこっと笑う，にやりとする 名 にこっと笑うこと

Ethel cheerfully **grinned** when she was named project leader.
（プロジェクトリーダーに指名されて Ethel は明るく**にっこりと笑った**）

《**grin** at＋人》，名詞は《**grin** of＋名詞》《**grin** at＋人》で覚えよう。

3467 □□ **clip** [klíp]

動 ～をクリップで留める，～を切り抜く 名 切り抜き，クリップ

Seiji **clipped** the invoice copies together before filing them.
（Seiji は請求書のコピーを**クリップで留めて**からファイルした）

《**clip**＋目的語［名詞］》《**clip** *A* with/into/onto *B*》《**clip** *A* off/from/out of *B*》，名詞は《**clip** of＋名詞》で覚えよう。 □ **clip** a nail「爪を切る」

3468 □□ **profile** [próufail]

名 プロフィール，略歴，輪郭，注目度 動 ～の輪郭を描く，～を特集する

A wide range of company **profiles** are available on professional networking services.
（職業ネットワーキングサービスでは幅広い会社**紹介情報**が入手できる）

《**profile** of＋名詞》《**profile** about＋名詞》，動詞は《**profile**＋目的語［名詞］》で覚えよう。 □ in **profile**「横顔で」

3469 □□ **venture** [véntʃər]

名 ベンチャー，投機，危険，思惑 動 危険を承知で進む，あえて（～と）言う，～を危険にさらす，思い切って～する

I'm getting involved in a new business **venture**.
（新しい**ベンチャー**事業に携わります）

I'd **venture** to say that this sales projection is optimistic.
（**思い切って**申し上げますが，この販売予測は楽観的です）

《**venture** of＋名詞》，動詞は《**venture**＋目的語［名詞］》《**venture**＋that 節》《**venture**＋to 不定詞》で覚えよう。名詞は「リスクを伴う新しい事業」という意味。

3470 □□ **context** [kɑ́ntekst]

名 前後関係，文脈，状況

Please don't take my words out of **context** to criticize him.
（彼を批判するために，私のことばを**文脈**から抜き出さないでください）

☞《**context** of＋名詞》で覚えよう。 □ in **context**「状況に合わせて，文脈の中で」□ in the **context** of ...「～の状況に合わせて，～の文脈の中で」□ out of **context**「文脈を無視して」

3471 □□ **phenomenon** [fənɑ́mənɑ̀n]

名 現象，事象，出来事，逸材

How can you explain this strange **phenomenon**?
（この不思議な**現象**はどのように説明できますか）

☞《**phenomenon** of＋名詞》で覚えよう。複数形は phenomena。

3472 □□ **refugee** [réfjudʒìː]

名 難民，避難者，亡命者

We have free language classes for **refugees**.
（私たちは**難民**向けの無料言語クラスを用意しています）

☞《**refugee** of＋名詞》《**refugee** from＋名詞》で覚えよう。

3473 □□ **plausible** [plɔ́ːzəbl]

形 もっともらしい，口先が上手な，見込みのある

Brad's explanation sounds **plausible**, but I'm still skeptical.
（Brad の説明は**もっともらしく**聞こえるが，私はそれでも懐疑的です）

☞《**plausible**＋名詞》《連結動詞＋**plausible**》《It is **plausible**＋that 節》《It is **plausible**＋to 不定詞》で覚えよう。

3474 □□ **pro** [próu]

名 賛成論，支持者

We will carefully consider the **pros** and cons of the offer.
（その申し出についての**賛**否を慎重に考えましょう）

the **pros** and cons の組み合わせで覚えよう。

3475 □□ **con** [kán]

名 反対論，反対者

Before we decided, we weighed the pros and **cons** of every option.
（決定を下す前に，すべての選択肢の長所と**短所**を比較検討しました）

the pros and **cons** の組み合わせで覚えよう。

3476 □□ **contest** [ká(:)ntest; kəntést]

名 競技会　動 争う，～に異議を唱える，～に反対する

Rico entered the **contest** to win a new car.
（Rico は新車を手に入れるために**コンテスト**に参加した）

《**contest** of＋名詞》《**contest** for/against＋名詞》《**contest** with/between/among＋名詞》，動詞は《**contest**＋目的語［名詞］》で覚えよう。

3477 □□ **contestant** [kəntéstənt]

名 出場者，競技者，異議申し立て人

The winning **contestant** in the race set a new record.
（レースに勝利した**出場者**は新記録を打ち立てた）

《**contestant** of＋名詞》《**contestant** in＋名詞》で覚えよう。

3478 □□ **gene** [dʒíːn]

名 遺伝子

Practicing law is in the Beaufort family's **genes**; they have six generations of lawyers.
（弁護士の仕事は Beaufort 家の**遺伝子**です；6 代続けて弁護士なのです）

《**gene** of＋名詞》《**gene** for＋名詞》で覚えよう。

3479 □□ **genetic** [dʒənétik]

形 発生の，起源の，遺伝子の

Blocks Inc. is a company that focuses on **genetic** engineering.
（Blocks Inc. 社は**遺伝子**工学に専念している企業です）

《**genetic**＋名詞》《連結動詞＋**genetic**》で覚えよう。

3480 □□ **complicated** [kámpləkèitid]

形 複雑な，込み入った，分かりにくい

This is a **complicated** situation, so we should address it carefully.
（この状況は**複雑で**すから，慎重に対処しましょう）

《**complicated**＋名詞》《連結動詞＋**complicated**》で覚えよう。形容詞 complex よりフォーマルに響く。

3481 □□ **complicate** [kɑ́mpləkèit]

動 ～を複雑にする，～を込み入らせる，～を悪化させる

Making too many complaints may just **complicate** the situation.
(不平を言いすぎると事態を**複雑にする**だけかもしれません)

《**complicate**＋目的語［名詞］》で覚えよう。

3482 □□ **complication** [kɑ̀mplikéiʃən]

名 複雑，紛糾，厄介な問題，合併症

I canceled my trip because of the unpredictable **complication**.
(予測できなかった**複雑な状況**のために旅行を中止しました)

《**complication** of＋名詞》《**complication** from＋名詞》で覚えよう。

3483 □□ **legislation** [lèdʒisléiʃən]

名 立法，法令，法律(制定)

The **legislation** will have an impact on our entire business.
(その**法律**は当社の事業全体に影響するでしょう)

《**legislation** of＋名詞》《**legislation** on＋名詞》《**legislation** for/against＋名詞》《**legislation**＋to 不定詞》で覚えよう。不可算名詞なので，複数形は使わない。

3484 □□ **legitimate** [lidʒítəmət; lidʒítəmeit]

形 合法的な，理論的な，正真正銘の　動 ～を合法化する，～を正当化する

Whatever news reports say, we run a **legitimate** business.
(ニュース報道が何を言おうと，当社は**合法的な**事業を営んでいます)

《**legitimate**＋名詞》《連結動詞＋**legitimate**》《It is **legitimate**＋to 不定詞》で覚えよう。

3485 □□ **jury** [dʒúəri]

名 陪審(員団)

Ms. Lloyd is off today because she was called for **jury** duty.
(Lloyd さんはきょうは出社しません，**陪審員**の責務に呼ばれましたから)

《**jury** of＋名詞》で覚えよう。　□ grand **jury**「大陪審」

3486 □□ **witness** [wítnəs]

動 証言する，～を目撃する，～を経験する　名 証人，目撃者，証言

My superior **witnessed** the economic collapse 30 years ago.
(上司は 30 年前に経済の崩壊を**目撃した**)

《**witness**＋目的語［名詞］》《**witness**＋目的語［名詞］＋動名詞》，名詞は《**witness** of＋名詞》《**witness** to＋名詞》《**witness** about＋名詞》で覚えよう。

3487 □□ **dominate** [dɑ́mənèit]

動 ～を支配する，～に強く影響を及ぼす，権勢を振るう，威圧する，優位に立つ

While Rockwell Inc. **dominates** the market, some companies are rapidly growing. (Rockwell 社が市場を**独占している**ものの，急速に成長している企業もある)

《**dominate**＋目的語［名詞］》で覚えよう。

3488 □□ **dominant** [dámənənt]

形 支配的な，優勢な，有力な，顕性の　名 顕性，顕性遺伝子

This new technology is having a **dominant** influence on the industry.
（この新科学技術は業界に**支配的な**影響を与えている）

☞《**dominant**＋名詞》《連結動詞＋**dominant**》《連結動詞＋**dominant** in＋名詞》で覚えよう。
□ **dominant** firm「圧倒的な支配力のある企業」

3489 □□ **priority** [praiɔ́(ː)rəti]

名 先であること，優先すること，優先事項　形 優先する，より重要な

We have to work efficiently, but safety is the top **priority**.
（私たちは効率よく働く必要があるが，安全は**最優先事項**である）

☞《**priority** of＋名詞》《**priority** over＋名詞》《**priority** about＋名詞》《**priority**＋to 不定詞》，形容詞は《**priority**＋名詞》で覚えよう。

3490 □□ **prior** [práiər]

形 前の，事前の，重要な，優先する

Prior to joining this firm, I worked in a law office.
（この会社に入る**前に**，私は法律事務所で働きました）

☞《**prior**＋名詞》《**prior** to＋名詞》で覚えよう。

3491 □□ **distinguish** [distíŋgwiʃ]

動（～を）見分ける，（～を）区別する，～を認める，～を際立たせる

It is difficult to **distinguish** between the old parts and the new ones.
（古い部品と新しい部品を**区別する**のは難しい）

☞《**distinguish**＋目的語［名詞］》《**distinguish** *A* from *B*》《**distinguish** between/among＋名詞》で覚えよう。

3492 □□ **distinction** [distíŋkʃən]

名 差異，区別，特徴，卓越

These two parts look similar, but there's an important **distinction**.
（これらの 2 つの部品は同じように見えるが，重要な**違い**がある）

☞《**distinction** of＋名詞》《**distinction** between/among＋名詞》《**distinction**＋that 節》で覚えよう。

3493 □□ **distinct** [distíŋkt]

形 明確に異なる，否定できない，注目すべき

There is a **distinct** possibility that the problem will fix itself.
（その問題が自然に修復する可能性は**確かに**ある）

☞《**distinct**＋名詞》《連結動詞＋**distinct**》《連結動詞＋**distinct** from＋名詞》で覚えよう。

3494 □□ **recession** [riséʃən]

名 不景気，不況，景気後退

Consumer confidence has declined due to the economic **recession**.
（**景気後退**が原因となって，消費者信頼感は減少している）

☞《**recession** of＋名詞》で覚えよう。　□ in **recession**「景気が後退して」

3495 □□ **recess** [ríːses, risés]

名 休憩時間，休暇，休廷　動 中断する，休会する

We will take a 30-minute **recess** and resume at two o'clock.
（30 分間**休会**して 2 時に再開しましょう）

《**recess** of＋名詞》，動詞は《**recess** from/until＋名詞》で覚えよう。議会や法廷，学校などでのまとまった長さの「休憩」を指す。 □ in **recess**「休会して」

3496 □□ **amend** [əménd]

動 ～を修正する，～を改正する，～を改める

Adeline **amended** the document to show the correct numbers.
（Adeline は正確な数字を示すために書類を**修正した**）

《**amend**＋目的語［名詞］》で覚えよう。

3497 □□ **amendment** [əméndmənt]

名 改正（案），修正（案）

Hazel Inc. filed an **amendment** to its tax returns.
（Hazel Inc. 社は確定申告の**修正**を提出した）

《**amendment** of＋名詞》《**amendment** to＋名詞》《**amendment** about/regarding/concerning＋名詞》で覚えよう。

3498 □□ **assemble** [əsémbl]

動 ～を招集する，～を組み立てる，集合する

Craig was asked to **assemble** the accounting team for a meeting.
（Craig は会議のために会計チームを**招集する**ように頼まれた）

《**assemble**＋目的語［名詞］》で覚えよう。

3499 □□ **assembly** [əsémbli]

名 集合，会合，議会，組み立て

Mr. Wayne called for an urgent **assembly** this afternoon.
（Wayne さんはきょうの午後に緊急**集会**を呼びかけた）

《**assembly** of＋名詞》で覚えよう。 □ **assembly** line「（工場の）組み立てライン」

3500 □□ **gather** [gǽðər]

動 ～を集める，～を引きつける，～を推測する，集まる

Could you **gather** the materials we'll need for our presentation?
（プレゼンテーションに必要な資料を**集めて**いただけますか）

《**gather**＋目的語［名詞］》《**gather**＋that 節》で覚えよう。現在分詞形 gathering は「集まり」という意味の名詞としても使う。

3501 □□ **possess** [pəzés]

動 ～を所有する，～を保有する，～に取りつく

Some specialists **possess** poor knowledge outside of their specialty.
（専門家には，専門外の知識はそれほど**持って**いない人もいる）

《**possess**＋目的語［名詞］》で覚えよう。

3502 □□ **possession** [pəzéʃən]

名 所有（権／物），占有，財産

Please keep all your personal **possessions** inside your desk drawer.
（個人の**所有物**はすべて机の引き出しの中にしまっておいてください）

☞《**possession** of＋名詞》で覚えよう。 □ in **possession** of ...「～を所有して」

3503 □□ **approximately** [əprɑ́ksimətli]

副 おおよそ，だいたい，～前後

Ordered meat is cut to **approximately** the right amount.
（注文された肉は**ほぼ**正しい量にカットされる）

☞ 特定の数字よりわずかに多いか少ないことを意味する。approx. と略すことがある。
□ **approximately** double「ほぼ倍になる」

3504 □□ **approximate** [əprɑ́ksimət; əprɑ́ksəmèit]

形 おおよその，ほぼ正確な 動 おおよそ～と見積もる

We set an **approximate** budget for the factory expansion.
（当社は工場拡張のための**概算費**予算を設定しました）

The total labor costs for this year **approximate** to 600 million yen.
（今年の人件費総額は**およそ** 6 億円**に達する**）

☞《**approximate**＋名詞》《連結動詞＋**approximate**》，動詞は《**approximate** to＋名詞》で覚えよう。
特定の数字よりわずかに多いか少ないことを意味する。

3505 □□ **biology** [baiɑ́(ː)lədʒi]

名 生物学，生体

I majored in **biology**, but now I work as a chemist.
（私は**生物学**を専攻しましたが，いまは化学者として働いています）

☞《**biology** of＋名詞》で覚えよう。

3506 □□ **biological** [bàiəlɑ́dʒikl]

形 生物学的な，生物上の

Both environmental and **biological** factors can affect mental health.
（環境的要因，**生物学的**要因のどちらも精神衛生に影響する可能性がある）

☞《**biological**＋名詞》《連結動詞＋**biological**》で覚えよう。 □ **biological** parent「血縁関係のある父／母」 □ adoptive parent「養父／養母」

3507 □□ **grateful** [gréitfl]

形 感謝して，ありがたく思って，謝意を表して

We are **grateful** for the opportunity to offer you quality electronics.
（当社は高品質の電子機器を皆さまに提供できる機会に**感謝して**おります）

☞《**grateful**＋名詞》《連結動詞＋**grateful**》《連結動詞＋**grateful** for＋名詞》《連結動詞＋**grateful** to＋人》《連結動詞＋**grateful**＋that 節》《連結動詞＋**grateful**＋to 不定詞》で覚えよう。 □ I would be **grateful** if you could/would ...「～していただけると助かります」

3508 □□ **gratitude** [grǽtətjùːd]

名 感謝の気持ち

Selena expressed her **gratitude** to the collaborators of the project.
（Selena はそのプロジェクトに協力してくれた人々に**感謝**の気持ちを伝えた）

☞《**gratitude** for＋名詞》《**gratitude** to/toward＋人》で覚えよう。 □ in **gratitude** for ...「～に感謝して」 □ with **gratitude**「感謝とともに」

3509 □□ **suspend** [səspénd]

動 ～をつるす，～を掛ける，～を一時停止する，～をしばらく見合わせる，～を保留する，～を停職［停学］処分にする

The restaurant chain temporarily **suspended** its expansion into Asia.
（そのレストランチェーンはアジアへの拡大を一時的に**中止した**）

☞《**suspend**＋目的語［名詞］》《**suspend** *A* from *B*》で覚えよう。

3510 □□ **freeze** [fríːz]

動 凍る，凍りつく，固まる，～を凍らせる，～を凍結する 名 凍結（状態），氷結，寒波，中断

The company has temporarily **frozen** its layoff plans.
（同社はレイオフ計画を一時的に**凍結した**）

A **freeze** is expected today, with temperatures dropping below zero.
（きょうは**寒波**になり，気温は氷点下になると予想されている）

☞《**freeze**＋目的語［名詞］》，名詞は《**freeze** of＋名詞》《**freeze** on＋名詞》で覚えよう。

3511 □□ **adjourn** [ədʒə́ː*r*n]

動（～を）延期する，（～を）休会する，（～を）中断する

We have decided to **adjourn** the meeting until next Monday.
（次の月曜日まで会議を**休会する**ことにしました）

☞《**adjourn**＋目的語［名詞］》で覚えよう。stop for a short time という意味。

3512 □□ **derive** [diráiv]

動 ～を引き出す，～を受け継ぐ，～に由来する

These graphs are **derived** from the data we collected last year.
（これらのグラフは昨年に当社が収集したデータから**来ています**）

☞《**derive**＋目的語［名詞］》《**derive** *A* from *B*》で覚えよう。

3513 □□ **envy** [énvi]

動 ～をうらやむ，～を妬む 名 羨望，嫉妬，妬み

Kevin gets paid well, but do you **envy** his lifestyle?
（ケビンはよい給料をもらっていますが，彼のライフスタイルを**うらやましいと思い**ますか）

☞《**envy**＋目的語［名詞］》《**envy**＋目的語［名詞］（＋for）＋名詞》《**envy**＋目的語［名詞］＋動名詞》，名詞は《**envy** of＋名詞》《**envy** at/for＋名詞》で覚えよう。

3514 □□ **cargo** [kɑ́ː*r*gou]

名 貨物，積荷

The company chartered a ship to transport the **cargo** to Europe.
（同社はヨーロッパにその**貨物**を運ぶために船をチャーターした）

☞《**cargo** of＋名詞》で覚えよう。

3515 □□ **tag** [tǽg]

名 付け札，ハッシュタグ (=hashtag)　動 ～に付け札 [タグ] を付ける，～の後にぴったりとつく

Our Black Friday sale items carry specific price **tags**.
(当店のブラックフライデー用バーゲン品には特定の値**札**が付いています)

☞《**tag** of＋名詞》，動詞は《**tag**＋目的語 [名詞]》《*be* **tagged** (as)＋動詞》で覚えよう。 □ security **tag**「安全タグ」□ ID **tag**「身分証明バッジ」

3516 □□ **mortgage** [mɔ́ːrgidʒ]

名 抵当，担保，(抵当を入れた) 借金，住宅ローン

Nine more **mortgage** payments and the house will belong to us.
(あと 9 回**住宅ローン**を払ったら，家は私たちのものだ)

☞《**mortgage** of＋名詞》《**mortgage** on＋名詞》で覚えよう。抵当を入れた借金を指し，「住宅ローン」とほぼ同じ意味。 □ **mortgage** bond「抵当債券」

3517 □□ **privilege** [prívəlidʒ]

名 特権，恩恵，名誉　動 ～に特権を与える，～を免責する

I had the **privilege** of having an one-on-one meeting with the governor.
(知事と一対一で面会できて**光栄**でした)

☞《**privilege** of＋名詞・動名詞》《**privilege**＋to 不定詞》，動詞は《**privilege**＋目的語 [名詞]》で覚えよう。

3518 □□ **outfit** [áutfit]

名 ひとそろいの衣服，用具　動 ～に衣服を着せる，～に (装備，用具など) を取り付ける

Our new work **outfit** has been well-received by the showroom staff.
(当社の新しい制**服**はショールームのスタッフに好評です)

☞《**outfit** of＋名詞》《**outfit** for＋名詞》，動詞は《**outfit**＋目的語 [名詞]》《**outfit** *A* with/in *B*》で覚えよう。

3519 □□ **ladder** [lǽdər]

名 はしご，手段，伝線

Sally is committed to climbing the **ladder** of success.
(Sally は成功への**階段**を登ると心に決めている)

☞《**ladder** of＋名詞》《**ladder** to＋名詞》で覚えよう。

3520 □□ **breeze** [bríːz]

名 そよ風，微風，楽な仕事　動 そよ風が吹く，楽々と進む

I enjoyed resting with the ocean **breeze** on my face.
(海**風**を顔に受けながらゆっくりと休みました)

☞《**breeze** of＋名詞》，動詞は《**breeze** in/into＋名詞》で覚えよう。

3521 □□ **skeptical** [sképtikl]

形 懐疑的な，疑い深い，信用しないで

I'm **skeptical** that the vacation time I requested will be approved.
(私が申請した休暇の時期は承認され**ないのではないかと思います**)

☞《**skeptical**＋名詞》《連結動詞＋**skeptical**》《連結動詞＋**skeptical** about/of＋名詞》《連結動詞＋**skeptical**＋that 節》《連結動詞＋**skeptical**＋if/whether 節》で覚えよう。doubtful と同じ意味。

3522 □□ **fond** [fάnd]

形 好んで，好ましい

I'm **fond** of animals, so I'm happy to work for this safari park.
(私は動物が**大好き**なので，この野生動物公園に勤務できてうれしいです)

《連結動詞＋**fond** of＋名詞》で覚えよう。

3523 □□ **ultimately** [ʌ́ltəmətli]

副 最終的に，究極的には，結局は

A supervisor is **ultimately** held responsible for their subordinates' mistakes.（部下による間違いには監督者が**最終的に**責任を負う）

《**ultimately**＋動詞・形容詞》で覚えよう。副詞として文全体を修飾する働きもある。 □ **ultimately** succeed「最終的に成功する」

3524 □□ **modify** [mádəfài]

動 ～を修正する，～を（部分的に）変更する，～を緩和する，～を（部分的に）改造する，～を修飾する

Before **modifying** plans, we should consult with the department head.
（計画を**修正する**前に部長に相談するべきです）

☞《**modify**＋目的語［名詞］》で覚えよう。

3525 □□ **modification** [màdəfikéiʃən]

名 変更，修正，緩和，加減，調節，改造

The latest **modification** made the whole system more energy efficient.
（最新の**修正**によって，システム全体のエネルギー効率が高まった）

☞《**modification** of＋名詞》《**modification** to＋名詞》《**modification** in＋名詞》で覚えよう。

3526 □□ **postpone** [pousɪpóun]

動 ～を延期する，～を遅らせる，～を先送りする，～を見合わせる，～を持ち越す

Maybe we should **postpone** signing the contract for a while.
（当社はその契約書に署名することをしばらく**延期する**べきかもしれません）

☞《**postpone**＋目的語［名詞］》《**postpone**＋動名詞》で覚えよう。「予定された日時を遅らせる」という意味。

3527 □□ **delay** [diléi]

名 延期，遅れ　動 ～を延期する，～を遅らせる

A shipping **delay** affected the product launch.
（出荷の**遅れ**が製品の発売に影響した）

A shortage of processors **delayed** the release of the game console.
（プロセッサの不足がゲーム機の発売を**遅らせた**）

☞《**delay** of＋名詞》《**delay** in/to＋名詞》，動詞は《**delay**＋目的語［名詞］（＋for＋数字）》《**delay**＋動名詞》《**delay** *A* until *B*》で覚えよう。「別の機会まで実行しない」という意味。 □ without **delay**「遅れずに」

3528 □□ **insight** [ínsàit]

名 洞察（力），本質を見抜くこと

The manager gave us helpful **insight** as to how to analyze sales data.
（部長は，販売データの分析方法について有益な**洞察**を与えてくれた）

☞《**insight** about/as to＋名詞》《**insight** into＋名詞》《**insight**＋that 節》で覚えよう。

3529 □□ **insightful** [ínsàitfl]

形 洞察力のある，明確な

The survey gave us an **insightful** look into what needs improvement.
（その調査は，何が改善を必要としているかについて**洞察に富む**分析を与えてくれた）

☞《**insightful**＋名詞》《連結動詞＋**insightful**》《連結動詞＋**insightful** about＋名詞》で覚えよう。

3530 □□ **obligation** [àbləgéiʃən]

名 義務，責務，拘束（力），恩義，感謝，債務

We are under contractual **obligation** to protect technical information.
（当社には技術情報を守るという契約上の**義務**がある）

《**obligation** of＋名詞》《**obligation** to＋人》《**obligation**＋to 不定詞》で覚えよう。 □ under an **obligation** to *do*「～する義務のもとで」 □ without **obligation**「義務はなく」

3531 □□ **obligate** [ábligèit]

動 ～を（約束・契約などで）束縛する，～する義務がある

We are **obligated** to meet the requirements stated in the contract.
（当社にはその契約書に述べられている要件を満たす**義務がある**）

《**obligate**＋人＋to 不定詞》《*be*/feel **obligated**＋to 不定詞》《*be*/feel **obligated** to＋人》で覚えよう。

3532 □□ **obliged** [əbláidʒd]

形 感謝して，ありがたく思って

I am much **obliged** to you for all your support.
（ご支援にたいへん**感謝して**おります）

《*be*/feel **obliged**＋to 不定詞》で覚えよう。

3533 □□ **pollute** [pəlúːt]

動 ～を汚染する，～を汚す

It is reported that the factory has been **polluting** the river.
（その工場は川を**汚染している**と報じられている）

《**pollute**＋目的語［名詞］》《**pollute** *A* with *B*》で覚えよう。

3534 □□ **pollution** [pəlúːʃən]

名 汚染，公害

Air **pollution** is a serious concern of the rapidly growing city.
（大気**汚染**は，急速に発展するその都市の深刻な懸念材料である）

《**pollution** of＋名詞》で覚えよう。 □ environmental **pollution**「環境汚染」

3535 □□ **contaminate** [kəntǽminèit]

動 ～を汚す，～を汚染する

Some chemicals have **contaminated** the river.
（化学物質がその川を**汚染している**）

《**contaminate**＋目的語［名詞］》で覚えよう。

3536 □□ **drain** [dréin]

動 流れ出る，～を流し出す，水を抜く，～を枯渇させる 名 下水管，流失，枯渇

This new project is **draining** money from the company.
（この新プロジェクトは会社から資金を**流失させている**）

《**drain**＋目的語［名詞］》《**drain** *A* from *B*》，名詞は《**drain** of＋名詞》《**drain** on＋名詞》で覚えよう。現在分詞形 draining は「くたくたにさせるような」，過去分詞形 drained は「くたくたになって」という意味の形容詞としても使う。

3537 □□ **drainage** [dréinidʒ]

名 排水，水はけ，下水溝，排水路

It rained so much that the **drainage** ditch couldn't hold all the water.
（大雨が降り，水が**排水**溝からあふれ出た）

☞《**drainage** of＋名詞》で覚えよう。

3538 □□ **exhibit** [igzíbit]

動 ～を展示する，～を発表する，～を示す　名 展示品，展示会，証拠物件

Interviewees often **exhibit** some tension at first.
（面接を受ける人々はまず最初に**緊張**を示すことが多い）

☞《**exhibit**＋目的語［名詞］》，名詞は《**exhibit** of/on＋名詞》で覚えよう。

3539 □□ **exhibition** [èksəbíʃən]

名 展示会，展覧会，展示物，博覧会

Ms. Hutt attended the opening of the art **exhibition**.
（Hutt さんは美術**展覧会**の開会式に出席した）

☞《**exhibition** of/on＋名詞》で覚えよう。 □ **exhibition** and sale「展示即売会」□ **exhibition** space「催事場」

3540 □□ **freight** [fréit]

名 積荷，輸送　動（荷物を）輸送する，～に積載する

How much are the **freight** charges from the U.S. to Japan?
（合衆国から日本まで送る場合の**貨物**料金はいくらですか）

☞《**freight** of＋名詞》，動詞は《**freight**＋目的語［名詞］》で覚えよう。 □ **freight** bill「運賃請求書」□ **freight** a ship「船に荷物を積み込む」

3541 □□ **freighter** [fréitər]

名 貨物船，荷送人，運送業者

My brother spends a lot of time at sea working on a **freighter**.
（兄は**貨物船**で働いて，多くの時間を海で過ごしている）

☞《**freighter** of＋名詞》で覚えよう。 □ **freighter** load「貨物船の積み荷」

3542 □□ **garbage** [gɑ́ːrbidʒ]

名 生ごみ，くず，つまらないもの

The company office utilizes energy made from recyclable **garbage**.
（同社のオフィスは資源**ごみ**から作られるエネルギーを活用している）

☞《**garbage** of＋名詞》《**garbage** from＋名詞》で覚えよう。不可算名詞なので，複数形は使わない。pieces/piles of **garbage** を使う。

3543 □□ **trash** [trǽʃ]

名 ごみ，がらくた，くだらないもの　動 ～を壊す，～を処分する

This **trash** compactor reduces the number of **trash** bags we use.
（この**ごみ**圧縮機は，私たちが使用する**ごみ**袋の数を減らしてくれる）

I always **trash** spam emails without opening them.
（迷惑メールはいつも開封しないで**ごみ箱に送ります**）

☞《**trash** of＋名詞》，動詞は《**trash**＋目的語［名詞］》で覚えよう。

3544 □□ **broom** [brúːm]

㊔ ほうき

Do we keep a dustpan and **broom** in the office?
（オフィス内にちり取りと**ほうき**を置いてありますか）

☞《**broom** of＋名詞》で覚えよう。dustpan and **broom** の組み合わせで覚えよう。

3545 □□ **bin** [bín]

㊍ ～を捨てる，～を廃棄する　㊔ 容器，ゴミ箱

After many discussions, Jenny's idea was eventually **binned**.
（議論の末に Jenny のアイデアは結局**破棄された**）

☞《**bin**＋目的語［名詞］》，名詞は《**bin** of＋名詞》で覚えよう。

3546 □□ **discard** [diskáːrd]

㊍ ～を捨てる，～を放棄する

We **discarded** the old tires as industrial waste.
（古いタイヤは産業廃棄物として**処分しました**）

☞《**discard**＋目的語［名詞］》で覚えよう。

3547 □□ **relevant** [réləvənt]

㊎ 関連のある，関係があって

I'm afraid that information is not **relevant** to today's discussion topic.
（申し訳ないですが，その情報はきょうの議題には**関係あり**ません）

☞《**relevant**＋名詞》《連結動詞＋**relevant**》《連結動詞＋**relevant** to＋名詞》で覚えよう。反意語は irrelevant。

3548 □□ **irrelevant** [iréləvənt]

㊎ 無関係の，不適切な，重要でない

Let's stop spending time talking about **irrelevant** topics.
（**関係のない**話題を話すことに時間を使うのはやめましょう）

☞《**irrelevant**＋名詞》《連結動詞＋**irrelevant**》《連結動詞＋**irrelevant** to＋名詞》で覚えよう。

3549 □□ **thorough** [θə́ːrou]

㊎ 完全な，綿密な，徹底的な

We have done a **thorough** review of all applications.
（応募書類はすべて**徹底的に**見直しました）

☞《**thorough**＋名詞》《連結動詞＋**thorough**》で覚えよう。

3550 □□ **thoroughly** [θə́ːrəli, θə́ːrou-]

㊓ 完全に，十分に，徹底的に

I just worked an 18-hour shift, so I'm **thoroughly** exhausted.
（18 時間の交代勤務を終えたばかりなので疲れ**果てて**います）

☞《**thoroughly**＋動詞・形容詞》で覚えよう。 □ **thoroughly** review「～を徹底的に見直す」

3551 □□ **diminish** [dimíniʃ]

動 減少する［させる］, 衰える, ～を損なう

This graph shows that our sales are **diminishing** gradually.
（このグラフが示しているように, 当社の販売は徐々に**減少しています**）

《**diminish** ＋目的語［名詞］》で覚えよう。徐々に減る響きがある。 □ **diminish** anxiety「不安を減らす」 □ **diminish** a reputation「評判を傷つける」

3552 □□ **curtail** [kərtéil]

動 ～を切り詰める, ～を短縮する, ～を削減する

The company plans to **curtail** expenditures on business trips.
（会社は出張費を**減らす**計画である）

《**curtail**＋目的語［名詞］》で覚えよう。 □ **curtail** overtime「残業を減らす」

3553 □□ **stimulate** [stímjəlèit]

動 ～を刺激する, ～を激励する, ～を鼓舞する, ～を興奮させる

Grape Inc. released new products in May to **stimulate** its summer sales.
（夏の販売を**刺激する**ために, Grape Inc. 社は 5 月に新商品を発売した）

《**stimulate**＋目的語［名詞］》《**stimulate**＋目的語［名詞］＋to 不定詞》で覚えよう。

3554 □□ **stimulus** [stímjələs]

名 刺激, 激励, 鼓舞

Suit Brothers' overseas sales served as a profit **stimulus** this quarter.
（Suit Brothers 社の海外販売は今四半期の利益への**刺激剤**となった）

《**stimulus** of＋名詞》《**stimulus** to＋名詞》《**stimulus** for＋名詞》《**stimulus**＋to 不定詞》で覚えよう。複数形は stimuli。

3555 □□ **ample** [ǽmpl]

形 有り余る, 十二分な, 広々とした

We have **ample** time to complete the project.
（プロジェクトを完了させるために**十分な**時間があります）

《**ample**＋名詞》《連結動詞＋**ample**》《連結動詞＋**ample** for＋名詞》《連結動詞＋**ample**＋to 不定詞》で覚えよう。「必要とする以上にある」という意味で使う。

3556 □□ **generous** [dʒénərəs]

形 気前のよい, 寛大な, 豊富な

Hartford Accounting accepted a **generous** business merger offer.
（Hartford 会計事務所は事業統合のための**気前のよい**申し出を受け入れた）

《**generous**＋名詞》《連結動詞＋**generous**》《連結動詞＋**generous** to＋人》《連結動詞＋**generous** with＋名詞》《連結動詞＋**generous** about＋名詞》《連結動詞＋**generous**＋to 不定詞》《It is **generous** ＋to 不定詞》《It is **generous** of＋人＋to 不定詞》で覚えよう。

3557 □□ **abundant** [əbʌ́ndənt]

形 豊かな, 豊富な

The firm has left **abundant** evidence of its insider trading.
（同社はインサイダー取引の**多くの**証拠を残した）

《**abundant**＋名詞》《連結動詞＋**abundant**》で覚えよう。

3558 ☐☐ **numerous** [njúːmərəs]

形 多数の，おびただしい，大勢の

We have **numerous** competitors in our business areas.
（当社の事業分野には**無数の**競合企業がある）

☞《**numerous**＋名詞》《連結動詞＋**numerous**》で覚えよう。日常的には a lot of ... を使うことが多い。

3559 ☐☐ **sufficient** [səfíʃənt]

形 十分な，足りる

HR provides **sufficient** information about all new positions opening up.
（新たに生じた空席のすべてについて，人材開発部は**十分な**情報を提供する）

☞《**sufficient**＋名詞》《連結動詞＋**sufficient**》《連結動詞＋**sufficient** for＋名詞》《連結動詞＋**sufficient**＋to 不定詞》《It is **sufficient**＋that 節》《It is **sufficient**＋to 不定詞》で覚えよう。 ☐ self-**sufficient**「自給自足で」

3560 ☐☐ **insufficient** [ìnsəfíʃənt]

形 不十分な，足りない，不足の

The bank notified me that I have **insufficient** funds to complete the transfer.（銀行は私に対して，送金を完了するための資金が**十分にない**と通告してきた）

☞《**insufficient**＋名詞》《連結動詞＋**insufficient**》《連結動詞＋**insufficient** for＋名詞》《連結動詞＋**insufficient**＋to 不定詞》《It is **insufficient**＋that 節》《It is **insufficient**＋to 不定詞》で覚えよう。

3561 ☐☐ **entice** [entáis]

動 ～の気をひく，～をそそのかして…させる，～を誘い込む

The discount package will help **entice** new customers to join.
（その割引プランは新規顧客を**誘い込む**うえで役立つだろう）

☞《**entice**＋目的語［名詞］》《**entice** *A* into/from *B*》《**entice**＋目的語［名詞］＋to 不定詞》で覚えよう。

3562 ☐☐ **flourish** [flə́ːriʃ]

動 繁栄する，繁盛する，活躍する

Blue Safety has continued to **flourish** despite the economic downturn.
（不況にもかかわらず，Blue Safety 社は**繁栄し**続けている）

☞《**flourish**＋副詞》で覚えよう。 ☐ **flourishing** economy「繁栄している経済」

3563 ☐☐ **speculate** [spékjəlèit]

動 思いをめぐらす，～を推測する，投機をする

With only limited information, we had to **speculate** about what happened.
（情報には限りがあり，何が起きたのか**推測する**しかなかった）

☞《**speculate**＋that/wh-/how 節》《**speculate**＋if/whether 節》《**speculate** on/about＋名詞》《**speculate** in/on＋名詞》《It is **speculated**＋that 節》《*be* **speculated**＋to 不定詞》で覚えよう。

3564 ☐☐ **underlie** [ʌ̀ndərlái]

動 ～の基礎となる，～の根拠となる

I wonder if any emotional factors **underlie** his problematic behaviors.
（彼の問題行動には何か感情的な要因が**根底にある**のでしょうか）

☞《**underlie**＋目的語［名詞］》で覚えよう。

3565 □□ **elaborate** [ilǽbərèit; ilǽbərət]

動 ～を念入りに作る，（文章・考案など）を練る，詳しく述べる　形 苦心して作り上げた

Could you **elaborate** on the manufacturing process?
（製造工程を**詳しく説明して**いただけますか）

Ken has an **elaborate** plan to get his proposal accepted.
（Ken には自分の提案を受け入れてもらうための**入念な**計画がある）

☞《**elaborate**＋目的語［名詞］》《**elaborate** on＋名詞》，形容詞は《**elaborate**＋名詞》で覚えよう。

3566 □□ **tow** [tóu]

動 ～をけん引する　名 けん引，引くこと，けん引車

After the accident, José had his car **towed** to the garage.
（事故のあと，José は自分の車を修理工場まで**引いていって**もらった）

☞《**tow**＋目的語［名詞］》，名詞は《**tow** from/to＋名詞》で覚えよう。

3567 □□ **precede** [prisíːd]

動 ～に先に起こる［生じる］

Each paper in this journal is **preceded** by a brief summary.
（この雑誌のすべての論文に簡潔な要約が**前に付いている**）

☞《**precede**＋目的語［名詞］》で覚えよう。

3568 □□ **pierce** [píərs]

動（～に）穴を開ける，（～を）貫通する，～を突き通す

The included parts may **pierce** the wrapping if it's not thick enough.
（十分に厚く梱包しないと，中身の部品が**突き出る**かもしれない）

☞《**pierce**＋目的語［名詞］》《**pierce** through＋名詞》で覚えよう。

3569 □□ **curb** [kə́ːrb]

名（歩道の）縁石，制限　動 ～に縁石をつける，～を阻止する，～を抑制する

I stepped off the **curb** and nearly got hit by a car.
（**歩道**から降りて，私は危うく車にひかれるところだった）

The new measures are to **curb** political influence on the market.
（新たな方策は，市場に対する政治的影響を**抑制する**ためのものである）

☞《**curb** of＋名詞》《**curb** on＋名詞》，動詞は《**curb**＋目的語［名詞］》で覚えよう。

3570 □□ **tissue** [tíʃuː]

名（細胞が構成する）組織，ティッシュペーパー

According to the doctor, no **tissue** damage was found.
（医師によると，**組織**の損傷はなかった）

☞《**tissue** of＋名詞》で覚えよう。

3571 □□ **jewelry** [dʒúːəlri]

名 宝石，宝飾類

The exhibition will showcase our new line of **jewelry**.
（展示会で当社の**宝石**の新商品を一挙に発表します）

☞《**jewelry** of＋名詞》で覚えよう。不可算名詞なので，複数形は使わない。piece(s)/item(s) of **jewelry** を使う。

3572 □□ **fleet** [flíːt]

㊔ 集団，艦隊

A **fleet** of taxis are coming to take our guests to the conference hall.
（招待客を会議場に届けるために**多くの**タクシーが参ります）

《**fleet** of＋名詞》で覚えよう。

3573 □□ **presumably** [prizjúːməbli]

㊖ おそらく，たぶん

The urgent meeting was **presumably** called for legal purposes.
（**おそらく**法的な目的のために緊急会議が招集された）

《**presumably**＋動詞・形容詞》で覚えよう。副詞として文全体を修飾する働きもある。

3574 □□ **enthusiastic** [enθjùːziǽstik]

形 熱のこもった，夢中になって

The doctors had an **enthusiastic** discussion about medical technology.
（医師らは医療科学技術に関して**熱のこもった**議論を交わした）

☞《**enthusiastic**＋名詞》《連結動詞＋**enthusiastic**》《連結動詞＋**enthusiastic** about/in＋名詞》《連結動詞＋**enthusiastic**＋that 節》《連結動詞＋**enthusiastic**＋to 不定詞》で覚えよう。

3575 □□ **enthusiastically** [enθjùːziǽstikli]

副 熱狂的に，熱中して

We discussed our new investment strategy **enthusiastically**.
（私たちは新たな投資戦略について**熱心に**議論しました）

☞《**enthusiastically**＋動詞・形容詞》で覚えよう。 □ **enthusiastically** talk「熱心に話す」

3576 □□ **enthusiasm** [enθjúːziæ̀zm]

名 熱中，熱狂，熱意

We welcome workers who have **enthusiasm** for our field of business.
（当社の事業分野に**熱意**を持つ従業員を歓迎いたします）

☞《**enthusiasm** of＋名詞》《**enthusiasm** for/about＋名詞》で覚えよう。

3577 □□ **enthusiast** [enθjúːziæ̀st]

名 熱心な人，ファン

This online video package is popular with classic movie **enthusiasts**.
（このオンラインビデオプランは古い映画が**大好きな人々**に人気がある）

☞《**enthusiast** of＋名詞》《**enthusiast** for＋名詞》で覚えよう。

3578 □□ **keen** [kíːn]

形 鋭い，熱心な，夢中になって

Ms. Lehman wasn't very **keen** on my ideas about sales promotion.
（Lehman さんは販促についての私のアイデアにあまり**乗り気で**なかった）

☞《**keen**＋名詞》《連結動詞＋**keen**》《連結動詞＋**keen** on/for/about＋名詞》《連結動詞＋**keen** on＋動名詞》《連結動詞＋**keen**＋to 不定詞》《連結動詞＋**keen**＋that 節》で覚えよう。

3579 □□ **tackle** [tǽkl]

動（問題など）に取り組む 名 用具，道具，タックル

Sarah tries to **tackle** problems with effective measures.
（Sarah は効果的な方法で問題に**取り組もう**とする）

☞《**tackle**＋目的語［名詞］》，名詞は《**tackle** of＋名詞》《**tackle** from＋名詞》で覚えよう。日本語の「～にチャレンジする」にぴったりの動詞。 □ **tackle** an urgent problem「緊急の問題に取り組む」

3580 □□ **cope** [kóup]

動《cope with ... で》うまく処理する，対応する，対抗する

Breaks are essential to help employees **cope** with heavy workloads.
（従業員が多大な業務に**対処できる**ようにするうえで休憩は大切である）

☞《**cope** with＋名詞》で覚えよう。困難な問題や状況に対処するという意味で使う。

3581 □□ **utility** [juːtíləti]

名 有用，実用性，公共施設，《utilities で》公共事業（体），公共料金

- It is useful to learn words that have high **utility** in many contexts.
（多くの文脈で**実用性**の高い語を学ぶことは役に立つ）
- How much do you pay for **utilities**?（**光熱費**はどれくらい払っていますか）

☞《**utility** of＋名詞》で覚えよう。複数形 utilities は「役に立つもの，公共事業」という意味でガス，電気，水道などを指す。 □ public **utility**「公共事業（体）」

3582 □□ **utilize** [júːtəlàiz]

動 ～を利用する，～を役立たせる

- Employees are encouraged to **utilize** their skills whenever they can do so.（従業員は，可能ならいつでも自分の技能を**活用する**ことを奨励されている）

☞《**utilize**＋目的語［名詞］》で覚えよう。

3583 □□ **install** [instɔ́ːl]

動 就任する，～に任命する，～を取り付ける，インストールする

- Please refer to the manual when you **install** the software.
（ソフトウェアを**インストールする**場合はマニュアルを参照してください）

☞《**install**＋目的語［名詞］》《**install** *A* in/on *B*》で覚えよう。

3584 □□ **installation** [ìnstəléiʃən]

名 取り付け，装置，任命［任官］式

- These parts are designed for factory **installation**.
（これらの部品は工場段階で**取り付け**るように設計されている）

☞《**installation** of＋名詞》で覚えよう。

3585 □□ **installment** [instɔ́ːlmənt]

名 連載 1 回分，（分割払いの）支払い 1 回分，任命

- Our **installment** plan allows you to comfortably pay hospital expenses.
（当社の**分割払い**プランにより，余裕を持って病院費用を支払うことができます）

☞《**installment** of＋名詞》で覚えよう。 □ in **installments**「分割払いで」

3586 □□ **plug** [plʌ́g]

動 ～をふさぐ，～を詰まらせる，（～に）埋め込む，（～に）差し込む　名 プラグ，差し込み，コンセント

- Don't forget to **plug** in the printer.
（プリンタの電源コードを**刺す**のを忘れないで）
- Do you have an extension cord for this power **plug**?
（この電源**プラグ**用の延長コードはありますか）

☞《**plug**＋目的語［名詞］》《**plug** in/into＋名詞》，名詞は《**plug** of＋名詞》で覚えよう。**plug**/unplug の組み合わせで覚えよう。

3587 □□ **unplug** [ʌ̀nplʌ́g]

動 ～の栓を抜く，～のプラグを抜く

- If you **unplug** the machine, the temporarily stored data will disappear.
（機械の**電源を抜く**と，一時的に保存されたデータは消えてしまう）

☞《**unplug**＋目的語［名詞］》で覚えよう。

3588 □□ **devastate** [dévəstèit]

動 ～を荒廃させる，～を壊滅させる，～に打撃を与える

People were **devastated** by the news of the large-scale disaster.
（その大規模な災害の知らせに人々は**衝撃を受けた**）

☞《**devastate**＋目的語［名詞］》で覚えよう。現在分詞形 devastating は「人の心をずたずたにするような」，過去分詞形 devastated は「心をずたずたにされて」という意味の形容詞としても使う。

3589 □□ **demolish** [dimɑ́liʃ]

動 ～を破壊する，～を覆す，～を廃止する

The building next door will be **demolished** next month.
（隣のビルは来月に**解体される**）

☞《**demolish**＋目的語［名詞］》で覚えよう。

3590 □□ **artificial** [ɑ̀ːrtifíʃl]

形 人工の，人工的な，人為的な，不自然な

The rise of **artificial** intelligence has given us a business boost.
（**人工**知能の隆盛は当社のビジネスに追い風となっている）

☞《**artificial**＋名詞》《連結動詞＋**artificial**》《It is **artificial**＋to 不定詞》で覚えよう。

3591 □□ **artifact** [ɑ́ːrtəfæ̀kt]

名 人工物，工芸品，遺物，埋蔵物

Rosetta Corp. keeps a Stone Age **artifact** in its lobby for decoration.
（Rosetta Corp. 社は石器時代の**遺物**を装飾としてロビーに置いている）

☞《**artifact** of＋名詞》で覚えよう。可算名詞。

3592 □□ **depress** [diprés]

動 ～を意気消沈させる，～を落胆させる，～を低下させる，～を弱める

Businesses claim the regulations are **depressing** consumer demand.
（企業は，それらの規制は消費者の需要を**低下させる**と主張している）

☞《**depress**＋目的語［名詞］》で覚えよう。

3593 □□ **depression** [dipréʃən]

名 意気消沈，不況，不振，景気減退

The economy hasn't been this bad since the last economic **depression**.
（前回の経済**不況**以来，これほど経済が落ち込んだことはない）

☞《**depression** of＋名詞》《**depression** in＋名詞》で覚えよう。

3594 □□ **perspective** [pərspéktiv]

名 見方，視点，展望，遠近法

A good manager tries to keep the needs of their staff in **perspective**.
（よい管理者は，スタッフの要望をきちんと**把握**しているようにする）

☞《**perspective** of＋名詞》《**perspective** on＋名詞》《**perspective** in＋名詞》《**perspective**＋that 節》で覚えよう。 □ from *someone's* **perspective**「～の視点から」□ put ... into **perspective**「～を合理的に判断する」

3595 □□ **outlook** [áutlùk]

名 将来の見通し，景色

I know you’re disappointed, but try to have a positive **outlook**.
(落ち込むのはわかるけど，なるべく前向きな**考え方**をすることです)

《**outlook** of＋名詞》《**outlook** on＋名詞》《**outlook** for＋名詞》《**outlook**＋that 節》で覚えよう。

3596 □□ **reinforce** [rìːinfɔ́ːrs]

動 ～を強化する，～を補強する，～を強める

We need to **reinforce** our argument with facts and data.
(私たちは自らの主張を事実とデータで**強化する**べきです)

《**reinforce**＋目的語［名詞］》で覚えよう。

3597 □□ **reinforcement** [rìːinfɔ́ːrsmənt]

名 補強，強化

Our rewards system is aimed at encouraging positive **reinforcement** among customers.
(当社の報奨制度は，顧客の間に前向きの刷り込み**強化**を促進することが目的です)

《**reinforcement** of＋名詞》《**reinforcement** for＋名詞》で覚えよう。

3598 □□ **adequate** [ǽdikwət]

形 十分な，適正な，適切な

This safety gear is **adequate** for working in low temperatures.
(この安全服は低温での作業に**十分適して**いる)

《**adequate**＋名詞》《連結動詞＋**adequate**》《連結動詞＋**adequate** for＋名詞》《連結動詞＋**adequate**＋to 不定詞》《It is **adequate**＋that 節》《It is **adequate**＋to 不定詞》で覚えよう。

3599 □□ **inadequate** [inǽdəkwət]

形 不十分な，不適切な，適切でない

Ms. Quan is working hard to improve the **inadequate** customer service.
(Quan さんは**不十分な**顧客サービスを改善することに懸命に取り組んでいる)

《**inadequate**＋名詞》《連結動詞＋**inadequate**》《連結動詞＋**inadequate** for＋名詞》《連結動詞＋**inadequate**＋to 不定詞》《It is **inadequate**＋to 不定詞》で覚えよう。

3600 □□ **caution** [kɔ́ːʃən]

名 注意，警戒　動 ～に警告する，～を戒める

The deal with Sanderson’s should be handled with **caution**.
(Sanderson’s 社との取引は**慎重**に扱うべきです)

I **cautioned** Mr. Palk to consult a lawyer before signing the document.
(私は Palk さんに，その文書に署名する前に弁護士に相談するように**注意した**)

《**caution** of＋名詞》《**caution** about＋名詞》《**caution** for/against＋名詞》，動詞は《**caution**（＋人）＋about＋名詞》《**caution**（＋人）＋for/against＋名詞》《**caution**＋人＋that 節》《**caution**＋人＋to 不定詞》で覚えよう。 □ with **caution**「慎重に」

3601 □□ **cautious** [kɔ́ːʃəs]

形 用心深い，慎重な

Jerry takes a **cautious** approach when negotiating with new clients.
（新しい顧客と交渉するとき，Jerry は**慎重な**方法をとる）

☞《**cautious**＋名詞》《連結動詞＋**cautious**》《連結動詞＋**cautious** about/of＋名詞》《連結動詞＋**cautious**＋that 節》《連結動詞＋**cautious**＋to 不定詞》で覚えよう。

3602 □□ **coordinate** [kouɔ́ːrdənèit]

動 連携する，一体となって動く，～を調整する　形 同格の，等位の

I worked with Wendy to **coordinate** the event.
（私は Wendy と協力してイベントを**統括しました**）

☞《**coordinate**＋目的語［名詞］》《**coordinate** with＋名詞》，形容詞は《**coordinate**＋名詞》で覚えよう。

3603 □□ **coordinator** [kouɔ́ːrdənèitər]

名 コーディネーター，取りまとめ役

Ms. Yang is the production **coordinator** for the television commercial.
（Yang さんはそのテレビ CM の制作**統括責任者**です）

☞《**coordinator** of/for＋名詞》で覚えよう。

3604 □□ **dedicate** [dédikèit]

動 ～を捧げる，～に打ち込む，～を献呈する

This book is **dedicated** to a good friend of mine, Michael Bernard.
（本書は私のよき友人，Michael Bernard に**捧げます**）

☞《**dedicate**＋目的語［名詞］》《**dedicate** *A* to/for *B*》で覚えよう。

3605 □□ **dedication** [dèdikéiʃən]

名 献身，献呈，奉納，除幕式

Few people have the **dedication** needed to master computer programming.
（コンピュータプログラミングを習得することに**専心**できる人は少ない）

☞《**dedication** of＋名詞》《**dedication** to＋名詞》《**dedication**＋to 不定詞》で覚えよう。

3606 □□ **devote** [divóut]

動（時間など）を充てる，～を捧げる，～を委ねる，《devote *oneself* to ... で》～に専念する，～に打ち込む

Outside of the office, Moshim **devotes** all of his time to his family.
（仕事を離れると，Moshim は自分のすべての時間を家族に**捧げている**）

☞《**devote**＋目的語［名詞］》《**devote** *A* to *B*》《**devote** *oneself* to＋名詞》で覚えよう。 □ **devote** a lot of effort「多大な努力を払う」□ **devote** all *one's* attention to ...「～に専念する」

3607 □□ **hesitate** [hézitèit]

動 ためらう，二の足を踏む，気が進まない

If there's anything I can do for you, please don't **hesitate** to ask.
（何かお手伝いできることがあれば，**遠慮し**ないでおっしゃってください）

☞《**hesitate** about/in/over＋名詞》《(not) **hesitate**＋to 不定詞》で覚えよう。 □ Please don't **hesitate** to *do*「遠慮せずに～してください」

3608 □□ **hesitation** [hèzitéiʃən]

名 ためらい，及び腰

Jake's **hesitation** to speak in front of the executives was visible.
（重役の前で話すことへの Jake の**ためらい**は明らかだった）

《**hesitation** of＋名詞》《**hesitation** about/over＋名詞》《**hesitation** in＋動名詞》《**hesitation**＋to 不定詞》で覚えよう。 □ **after** hesitation「ためらった末に」 □ without **hesitation**「ためらいなく」

3609 □□ **hesitant** [hézitənt]

形 ためらって，おじけづいて，及び腰で

Don't feel **hesitant** during brainstorming sessions.
（ブレインストーミングで話し合うときに**ためらう**気持ちは無用です）

《**hesitant**＋名詞》《連結動詞＋**hesitant**》《連結動詞＋**hesitant** about＋名詞》《連結動詞＋**hesitant** in＋名詞》《連結動詞＋**hesitant**＋to 不定詞》で覚えよう。

3610 □□ **reluctant** [rilʌ́ktənt]

形 いやいやながらの，しぶしぶ，気乗りしない

I was **reluctant** to move out in the first place.
（そもそも私は引っ越して出ることは**いやで**した）

《**reluctant**＋名詞》《連結動詞＋**reluctant**》《連結動詞＋**reluctant** about＋名詞》《連結動詞＋**reluctant** to＋名詞》《連結動詞＋**reluctant**＋to 不定詞》で覚えよう。

3611 □□ **convey** [kənvéi]

動 ～を運ぶ，～を運搬する，～を伝達する，～を譲渡する

The email was worded to **convey** a sense of urgency.
（その電子メールは緊急性を**伝える**文言となっていた）

《**convey**＋目的語［名詞］（＋to＋人）》《**convey**＋that/wh-/how 節》で覚えよう。

3612 □□ **patent** [pǽtnt, péitnt]

動 ～の特許を取る 名 特許（品） 形 特許を有する

We must **patent** our inventions if we want to protect our rights.
（当社の権利を守りたければ発明品の**特許を取ら**なければなりません）

《**patent**＋目的語［名詞］》，名詞は《**patent** of＋名詞》《**patent** on/for＋名詞》，形容詞は《**patent**＋名詞》で覚えよう。

3613 □□ **attribute** [ǽtribjuːt; ətríbjət]

名 特性，特質，属性 動《attribute *A* to *B* で》*A* は *B* の結果と考える，*A* を *B* に帰する

Our engineers find creativity to be a valuable **attribute**.
（当社のエンジニアは，創造性が貴重な**特性**であることを理解しています）

We can **attribute** our success to the help from the marketing team.
（私たちの成功は，マーケティングチームからの支援の**おかげです**）

《**attribute** of＋名詞》，動詞は《**attribute** *A* to *B*》で覚えよう。

3614 □□ **outlet** [áutlèt]

名 排気［水］口，出口，直販店，コンセント，河口

Here's an electrical **outlet** you can use to plug in your computer.
（パソコンの電源をつなぐなら，ここに**コンセント**があります）

《**outlet** of＋名詞》《**outlet** for＋名詞》で覚えよう。

3615 □□ **stack** [stǽk]

名 積み重なり，山積み，たくさん 動 ～を積み重ねる，積み重なる

Could you help me file the **stack** of papers on my desk?
（私の机の上の書類の**山**をファイルするのを手伝っていただけますか）

《**stack** of＋名詞》，動詞は《**stack**＋目的語［名詞］》《*be* **stacked** with＋名詞》で覚えよう。

3616 □□ **behalf** [bihǽf]

名 味方，利益

I am writing this email on **behalf** of my supervisor, Mr. Wright.
（私の上司である Wright さん**に代わって**このメールを書いております）

《on **behalf** of＋人》《on *someone's* **behalf**》で覚えよう。

3617 □□ **cluster** [klʌ́stər]

名 房，集団，群れ 動 群がる，密集する

The **cluster** of desks is used for brainstorming purposes.
（そこの机の**まとまり**はブレインストーミングの目的で使われる）

《**cluster** of＋名詞》，動詞は《**cluster**＋副詞》で覚えよう。

3618 □□ **pension** [pénʃən]

名 年金

Tom comfortably lives on his company **pension** and his savings.
（Tom は会社の**年金**と貯金で不自由なく暮らしている）

《**pension** of＋名詞》で覚えよう。 □ on a **pension**「年金で生活して」□ pensioner「年金生活者」

3619 □□ **hardship** [hɑ́ːrdʃip]

名 困難，困窮，苦難の原因

Our organization supports people suffering from financial **hardship**.
（当組織は財政的**困難**に苦しむ人々を支援しています）

《**hardship** of＋名詞》で覚えよう。

3620 □□ **orientation** [ɔ̀ːrəntéiʃən, -rien-]

名 順応，オリエンテーション，方向付け，姿勢

You can set the page **orientation** to either portrait or landscape.
（印刷する用紙の**方向**は縦，横のどちらか一方に設定できます）

《**orientation** of＋名詞》《**orientation** to/toward＋名詞》で覚えよう。

3621 □□ **discretion** [diskréʃən]

名 分別，思慮深さ，裁量，（判断などの）自由

The budget allocation is at the **discretion** of the department chief.
（予算配分は部長の**自由裁量**に任されている）

《**discretion** of＋名詞》《**discretion** over/as to＋名詞》《**discretion**＋to 不定詞》で覚えよう。
□ at the **discretion** of ...「～の考えるとおりに」

3622 □□ **marvelous** [má:rvələs]

形 すばらしい

The merger plan sounds **marvelous** in theory.
（その合併計画は考えとしては**すばらしく**思える）

《**marvelous**＋名詞》《連結動詞＋**marvelous**》《It is **marvelous**＋that 節》《It is **marvelous**＋to 不定詞》で覚えよう。

3623 □□ **overhead** [óuvərhèd]

名 間接費，諸経費，天井の照明　副 頭上に

It's hard to cut our labor costs, but we could reduce our **overheads**.
（人件費を削減するのは難しいですが，**間接費**は削れるでしょう）

《**overhead** of＋名詞》《**overhead** for＋名詞》，副詞は《動詞・形容詞＋**overhead**》で覚えよう。
□ **overhead** costs「間接費用，一般諸経費」

3624 □□ **nominate** [námənèit]

動 ～を指名する，～を推薦する，～を任命する，～を（…に）決める，～を指定する

Mariana Hahn was **nominated** for Director of the Year.
（Mariana Hahn さんは今年度の最優秀監督賞に**指名された**）

《**nominate**＋人》《**nominate**＋人＋for＋名詞》《**nominate**＋人＋as＋名詞》《**nominate**＋人＋to＋名詞》《**nominate**＋人＋to 不定詞》で覚えよう。

3625 □□ **nomination** [nàmənéiʃən]

名 指名，推薦，任命（権）

Congratulations on your **nomination** for the special award!
（特別賞に**指名**されておめでとうございます）

《**nomination** of＋名詞》《**nomination** for＋名詞》《**nomination** as＋名詞》《**nomination** to＋名詞》《**nomination**＋to 不定詞》で覚えよう。

3626 □□ **maximum** [mǽksəməm]

形 最大（限度）の，最高の　名 最大（限），最大値

Please order seafood beforehand to ensure **maximum** freshness.
（新鮮さを**最大**に保つために，水産物は事前に注文なさってください）

《**maximum**＋名詞》，名詞は《**maximum** of＋名詞》で覚えよう。 □ to (the) **maximum**「最大限に」

3627 □□ **maximize** [mǽksəmàiz]

動 ～を最大［極大］化する

We've installed a new system in order to **maximize** efficiency.
（効率を**最大化する**ために当社は新しいシステムを導入しました）

《**maximize**＋目的語［名詞］》で覚えよう。

3628 □□ **minimum** [mínimәm]

形 最小の，最小限の　名 最小（限），最少値

The **minimum** requirements for the position are as follows.
（その職へ応募するための**最小限の**必要条件は次のとおりです）

《**minimum**＋名詞》，名詞は《**minimum** of＋名詞》で覚えよう。 □ to (the) **minimum**「最小限に」

3629 □□ **minimize** [mínəmàiz]

動 ～を最小［極小］化する，～を見くびる

As a leading automaker, we are committed to **minimizing** our impact on the environment.
（主要自動車製造企業として，当社は環境への影響を**最小化する**ことに努めてまいります）

《**minimize**＋目的語［名詞］》で覚えよう。

3630 □□ **minimal** [mínəml]

形 最小（限度）の，極小の，極微の

We'll ask Gladys to translate this; her translations require **minimal** revision.（Gladys にこれを翻訳してくれるように頼みましょう；彼女の翻訳は**最小限の**修正しか必要としませんから）

《**minimal**＋名詞》《連結動詞＋**minimal**》で覚えよう。ほとんど無に近い程度，量を意味する。
□ **minimal** amount「必要最低限の量」

3631 □□ **nominal** [námənl]

【形】名ばかりの，わずかな，額面（上）の，名目の

The company charged us only a **nominal** fee considering our long-standing relationship.
（長い関係を考慮して，同社は私たちに対しては**最小の**料金を請求した）

☞《**nominal**＋名詞》《連結動詞＋**nominal**》で覚えよう。

3632 □□ **monument** [mánjəmənt]

【名】記念碑，記念建造物，遺跡，遺物，記念物，不朽の業績，金字塔，他に類のないもの

Many tourists to this city enjoy visiting historical **monuments**.
（この街を訪れる多くの観光客は歴史的**遺跡**を訪れて楽しむ）

☞《**monument** of＋名詞》《**monument** to＋名詞》で覚えよう。

3633 □□ **landmark** [lǽndmɑ̀ːrk]

【名】目印，（画期的な）出来事

According to the CEO, the company's **landmark** achievement has yet to come.（CEOによれば，同社はまだ**歴史に残る**偉業を達成していない）

☞《**landmark** of＋名詞》《**landmark** in＋名詞》《**landmark** for＋名詞》で覚えよう。

3634 □□ **landscape** [lǽn*d*skèip]

【名】風景，眺望，状況　【動】～を美化［造園］する

The economic **landscape** is uncertain and makes investors nervous.
（経済的な**状況**は不確かで，投資家を不安にさせている）

☞《**landscape** of＋名詞》《**landscape** from＋名詞》，動詞は《**landscape**＋目的語［名詞］》で覚えよう。

3635 □□ **prescribe** [priskráib]

【動】～を指示する，～を規定する，～を処方する

Doctors commonly **prescribe** these medicines for preventive purposes.
（医師は一般にこれらの薬を予防の目的で**処方する**）

☞《**prescribe**＋目的語［名詞］（＋to＋人）》《**prescribe**＋人＋目的語［名詞］》《**prescribe** *A* for *B*》《**prescribe** *A* as *B*》《**prescribe**＋that/wh-/how 節》で覚えよう。

3636 □□ **prescription** [priskrípʃən]

【名】指示，規定，処方（箋）

I wonder if you could fill the **prescription** for these medicines.
（これらの薬を**処方箋**に従って出していただけますか）

☞《**prescription** of＋名詞》《**prescription** for＋名詞》《**prescription**＋that/wh-/how 節》《**prescription**＋to 不定詞》で覚えよう。□ by **prescription**「処方されて」□ without **prescription**「処方箋なしで」

3637 □□ **retail** [ríːteil]

【名】小売り販売　【動】小売りされる，～を小売りする

Our **retail** section is enjoying a massive increase in online sales.
（当社の**小売り**部門はオンライン販売の大幅な増加に喜んでいる）

☞《**retail** at/for＋名詞》，動詞は《**retail**＋目的語［名詞］》《**retail** at/for＋数字》で覚えよう。
□ **retail** price「小売価格」

3638 □□ **retailer** [rí:teilər]

名 小売り業者

As fashion trends change rapidly, some **retailers** try hard to follow them.
（服装の流行は急激に変化するので，一部の**小売り業者**はなんとかしてその変化についていこうとする）

☞《**retailer** of＋名詞》で覚えよう。

3639 □□ **wholesale** [hóulsèil]

形 卸売りの，大量販売の　副 卸売りで　名 大量販売，卸売り

Wholesale gas prices are on the rise.
（ガソリンの**卸売り**価格は上昇している）

☞《**wholesale**＋名詞》，副詞は《動詞＋**wholesale**》，名詞は《**wholesale** of＋名詞》で覚えよう。

3640 □□ **wholesaler** [hóulsèilər]

名 卸売り業者，問屋

We added CityApparel to our list of licensed **wholesalers**.
（CityApparel 社を当社の認可済み**卸売り業者**のリストに加えました）

☞《**wholesaler** of＋名詞》で覚えよう。distributor/supplier/**wholesaler**/retailer の組み合わせで覚えよう。

3641 □□ **chat** [tʃǽt]

名 おしゃべり，チャット　動 おしゃべりする，チャットする

I had a **chat** with friends about how we were doing.
（私は友人たちと近況について**話し**ました）

☞ 名詞，動詞ともに《**chat** about/with/to＋名詞》で覚えよう。形容詞形 chatty は「おしゃべり好きな」

3642 □□ **chatter** [tʃǽtər]

動 ペチャクチャしゃべる，くだらないことをしゃべる　名 くだらないおしゃべり

The executives **chattered** excitedly about their new flagship product.
（取締役たちは興奮しながら新たな主力商品について**あれこれ話し**ていた）

☞《**chatter** about＋名詞》，名詞は《**chatter** of＋名詞》《**chatter** about＋名詞》で覚えよう。

3643 □□ **compile** [kəmpáil]

動 ～を集める，～を編集する，～を編纂する

To write a status report, the manager **compiled** all data available.
（現状報告を書くために，部長は入手可能なすべてのデータを**まとめた**）

☞《**compile**＋目的語［名詞］》《**compile** *A* from/for *B*》で覚えよう。

3644 □□ **compilation** [kàmpəléiʃən]

名 編集（したもの），編纂物

Our **compilation** album of relaxation music is selling very well.
（リラクセーション用の音楽曲を**まとめた**私たちのアルバムはとてもよく売れています）

☞《**compilation** of＋名詞》で覚えよう。

3645 □□ **portfolio** [pɔːrtfóuliòu]

名 書類カバン，書類，作品集，ポートフォリオ，資産（一覧），有価証券

For the interview, could you bring a **portfolio** of your recent work?
（面接の際に，最近の仕事の**作品一覧**をお持ちいただけますか）

☞《**portfolio** of＋名詞》で覚えよう。

3646 □□ **genuine** [dʒénjuin]

形 本物の，心からの，誠実な

The interns are showing a **genuine** interest in our company.
（研修生たちは当社に対して**心からの**興味を示している）

☞《**genuine**＋名詞》《連結動詞＋**genuine**》《連結動詞＋**genuine** about＋名詞》で覚えよう。

3647 □□ **authentic** [ɔːθéntik]

形 本物の，正真正銘の，信頼のおける，信憑性のある

Our traditional salsa dip offers an **authentic** taste of Mexico.
（当社の伝統的なサルサディップはメキシコの**本物の**味わいを提供いたします）

☞《**authentic**＋名詞》《連結動詞＋**authentic**》で覚えよう。日常的には real を使うことが多い。

3648 □□ **superior** [supíəriər]

名 上司　形 上位の，上級の，すぐれた，優勢な

I will discuss this issue with Ms. Hoover, my direct **superior**.
（この件は，私の直属の**上司**である Hoover さんと話し合います）

When it comes to making calculations, computers are **superior** to humans.（計算をするとなると，コンピュータは人間より**すぐれて**いる）

☞《**superior**＋名詞》《連結動詞＋**superior**》《連結動詞＋**superior** to＋名詞》《連結動詞＋**superior** in＋名詞》，名詞は《**superior** of＋名詞》で覚えよう。比較級，最上級は使わない。 □ immediate/direct **superior**「直属の上司」

3649 □□ **superb** [supə́ːrb]

形（他を引き離すほど）すばらしい，見事な

Superb pieces of craftsmanship are available for sale in our store.
（**すばらしい**工芸品を当店で販売しております）

☞《**superb**＋名詞》《連結動詞＋**superb**》で覚えよう。excellent と同じく extremely good という意味なので，比較級，最上級は使わない。

3650 □□ **motivate** [móutəvèit]

動 ～に動機を与える，～に興味を起こさせる，～に動機を与える

Strong communication skills are helpful in **motivating** employees.
（従業員の**やる気を引き出す**には，しっかりしたコミュニケーション技能が役立つ）

☞《**motivate**＋目的語［名詞］》《**motivate**＋目的語［名詞］＋to 不定詞》で覚えよう。現在分詞形 motivating は「人をやる気にさせる」，過去分詞形 motivated は「やる気になって」という意味の形容詞としても使う。

3651 □□ **motivation** [mòutəvéiʃən]

名 動機（づけ），刺激，やる気

The successful candidate will be a team player with strong **motivation**.
（採用される候補者はチームで仕事ができて，**やる気**に満ちた人物です）

☞《**motivation** of＋名詞》《**motivation** for/in＋名詞》《**motivation** behind＋名詞》《**motivation**＋to 不定詞》で覚えよう。

3652 □□ **incentive** [inséntiv]

名 インセンティブ，誘因，奨励，報奨金

Quickset Cable offers extra days off to staff as a sales **incentive**.
(Quickset Cable 社はスタッフに，販売活動への**報奨**として特別休暇を与えている)

《**incentive** of＋名詞》《**incentive** to＋名詞》《**incentive**＋to 不定詞》で覚えよう。

3653 □□ **rebate** [ríːbeit]

名 払い戻し金，割引金，手数料

Our tax **rebate** this year should be big enough to fund a vacation.
(今年の税**還付**は休暇に充当するのに十分な額であるはずです)

《**rebate** on＋名詞》《**rebate** for＋名詞》で覚えよう。

3654 □□ **preliminary** [prilímənèri]

形 予備の，準備の 名 準備，予備 (試験)，予選

The **preliminary** report about the accident will be released this week.
(その事故の**予備**報告は今週に公表される)

《**preliminary**＋名詞》《連結動詞＋**preliminary**》《連結動詞＋**preliminary** to＋名詞》，名詞は《**preliminary** of＋名詞》《**preliminary** to＋名詞》で覚えよう。

3655 □□ **interim** [íntərim]

形 中間の，一時的な，暫定的な 名 しばらくの間，暫定措置

Mr. Jenkins is serving as **interim** director until a successor is appointed.
(後任が任命されるまで Jenkins さんが**暫定**取締役を務めている)

《**interim**＋名詞》，名詞は《in the **interim**》で覚えよう。 □ in the **interim**「その間に」

3656 □□ **tentative** [téntətiv]

形 仮の，暫定的な，不確かな 名 試案

This is a **tentative** title; I'll let you know when I've got the final one.
(これは**仮の**タイトルです；最終決定したらお知らせします)

《**tentative**＋名詞》《連結動詞＋**tentative**》で覚えよう。

3657 □□ **evaluate** [ivǽljuèit]

動 ～の価値を見きわめる，～を評価する，～の数値を求める

These benchmarks will help to **evaluate** the performance of all new models. (これらの基準値はすべての新機種の性能を**評価する**のに役立つだろう)

《**evaluate**＋目的語 [名詞]》《**evaluate**＋wh-/how 節》《**evaluate**＋if/whether 節》で覚えよう。ものや人の価値を「評価する」という意味。

3658 □□ **evaluation** [ivæ̀ljuéiʃən]

名 評価，査定

To correctly understand the situation, we need an **evaluation** checklist.
(状況を正しく理解するために，私たちには**評価**用チェックリストが必要です)

《**evaluation** of＋名詞》《**evaluation** about＋名詞》《**evaluation**＋that 節》で覚えよう。
□ under **evaluation**「評価中で」

3659 □□ **delight** [diláit]

名 大喜び，楽しみを与えるもの　動 ～を大喜びさせる

It was a **delight** meeting you.（お会いできて**うれしかった**です）

《**delight** of＋名詞》《**delight** in/at＋名詞》《**delight** to＋名詞》《a **delight**＋to 不定詞》《It is a **delight**＋to 不定詞》，動詞は《**delight**＋人（＋with＋名詞）》で覚えよう。 □ in/with **delight**「喜んで」□ to *someone's* **delight**「喜んで」□ take **delight** in ...「～して喜ぶ」

3660 □□ **delighted** [diláitid]

形 喜んで，楽しそうな

I'd be **delighted** to attend the gala.（祝祭には**喜んで**参加いたします）

《**delighted**＋名詞》《連結動詞＋**delighted**》《連結動詞＋**delighted** with/by/at＋名詞》《連結動詞＋**delighted**＋that 節》《連結動詞＋**delighted**＋to 不定詞》で覚えよう。

3661 □□ **delightful** [diláitfl]

形 人を愉快にさせる，楽しい

I've had a **delightful** evening.（とても**楽しい**夜でした）

《**delightful**＋名詞》《連結動詞＋**delightful**》《It is **delightful**＋to 不定詞》で覚えよう。

3662 □□ **clap** [klǽp]

動 ～をぴしゃりと閉める，拍手する，平手で軽く叩く　名 拍手（の音）

The audience **clapped** their hands and welcomed the keynote speaker.
（聴衆は手を**叩いて**基調演説者を歓迎した）

《**clap**＋目的語［名詞］》，名詞は《**clap** of＋名詞》で覚えよう。

3663 □□ **rack** [rǽk]

名 棚，ラック　動 ～を苦しめる，～を悩ます

This wooden spice **rack** looks good on the kitchen wall.
（この木製のスパイス**棚**は台所の壁によく合う）

We're **racking** our brains trying to come up with new ideas.
（私たちは新しいアイデアを考え出そうと頭を**絞っています**）

《**rack** of/for＋名詞》，動詞は《**rack**＋目的語［名詞］》で覚えよう。 □ off the **rack**「既製品で」

3664 □□ **friction** [fríkʃən]

名 衝突，軋轢，不和　動 ～をこする，～を摩擦する

Jacob's comment caused some **friction** between the two managers.
（Jacob のコメントは部長 2 人の間に多少の**摩擦**を生み出した）

《**friction** of＋名詞》《**friction** with/between/among＋名詞》で覚えよう。

3665 □□ **scope** [skóup]

名 範囲，視野，余地

I was advised to widen the **scope** of our research on human psychology.
（人間の心理に関して研究の**範囲**を広げるよう助言された）

《**scope** of＋名詞》《**scope** for＋名詞》で覚えよう。within/beyond/outside との組み合わせで覚えよう。 □ ample **scope** for improvement「十分な改善の余地」

3666 □□ **warehouse** [wéərhàus]

名 倉庫，商品保管所

LogBev Inc.'s growth calls for an expansion of its **warehouse** facility.
(LogBev Inc. 社は成長に伴って**倉庫**施設の拡張を必要としている)

☞《**warehouse** of＋名詞》で覚えよう。 □ distribution **warehouse**「流通倉庫」

3667 □□ **fatigue** [fətíːg]

名 疲労，倦怠感

Chronic **fatigue** can be caused by imbalanced organs.
(慢性**疲労**は内臓系のバランスの乱れによって引き起こされることがある)

☞《**fatigue** of＋名詞》《**fatigue** from＋名詞》で覚えよう。 □ with **fatigue**「疲労して」□ from **fatigue**「疲労が原因で」

3668 □□ **wrinkle** [ríŋkl]

名 しわ，ひだ，欠点 動 しわができる，～にしわを寄せる

The **wrinkles** on his forehead showed Boris was angry.
(額の**しわ**が Boris は腹を立てていることを示していた)

☞《**wrinkle** of＋名詞》《**wrinkle** in＋名詞》《**wrinkle** on＋名詞》，動詞は《**wrinkle**＋目的語［名詞］》で覚えよう。

3669 □□ **sole** [sóul]

形 唯一の

Lipstone closed its subsidiary for the **sole** purpose of generating profits.
(利益を生み出すことを**唯一の**目的として，Lipstone 社は子会社を閉鎖した)

☞《**sole**＋名詞》で覚えよう。

3670 □□ **random** [rǽndəm]

形 でたらめな，無作為の

Respondents are selected at **random** by computer.
(回答者はコンピュータで**無作為**に選ばれる)

☞《**random**＋名詞》《連結動詞＋**random**》で覚えよう。 □ at **random**「無作為に，でたらめに」

3671 □□ **fiscal** [fískl]

形 財政上の，会計の，国庫の

The end of the **fiscal** year is approaching. (**会計**年度末が近づいています)

☞《**fiscal**＋名詞》で覚えよう。

3672 □□ **organic** [ɔːrgǽnik]

形 有機栽培［飼育］の，有機的な，本質的な，有機体の

I majored in **organic** chemistry at college. (私は大学で**有機**化学を専攻しました)

☞《**organic**＋名詞》《連結動詞＋**organic**》で覚えよう。

3673 □□ **slim** [slím]

形 ほっそりした，ほんのわずかな

We still have a **slim** chance of filling the sales quota.
(販売ノルマを達成する**わずかな**可能性がまだあります)

☞《**slim**＋名詞》《連結動詞＋**slim**》で覚えよう。

3674 □□ **regulate** [régjəlèit]
動 ～を取り締まる，～を統制［規制］する
Employees must **regulate** their conduct at work.
（従業員は就業中の自分の行動を**律し**なければならない）
☞《**regulate**＋目的語［名詞］》で覚えよう。

3675 □□ **regulation** [règjəléiʃən]
名 取り締まり，規制，条例
The organization oversees safety **regulations** for consumer products.
（その組織は消費者向け製品の安全**規制**を監督する）
☞《**regulation** of＋名詞》《**regulation** on＋名詞》《**regulation** by＋名詞》《**regulation** about/concerning/regarding＋名詞》で覚えよう。

3676 □□ **restrict** [ristríkt]
動 ～を制限する
We should **restrict** access to the project schedule.
（プロジェクト予定表へのアクセスは**制限する**べきです）
☞《**restrict**＋目的語［名詞］》《**restrict**＋目的語［名詞］＋from＋動名詞》《**restrict** *A* to *B*》で覚えよう。

3677 □□ **restriction** [ristríkʃən]
名 制約，制限，規制
New **restrictions** have been placed on company expenses.
（会社経費に新たな**制限**が設けられている）
☞《**restriction** of＋名詞》《**restriction** on/against＋名詞》《**restriction**＋that 節》で覚えよう。

3678 □□ **output** [áutpùt]
名 生産量，生産物，生産すること，出力，発電量　動 ～を産出する，～を出力する
Our **output** has been declining for three years.
（当社の**生産量**は 3 年間落ちています）
☞《**output** of＋名詞》，動詞は《**output**＋目的語［名詞］》で覚えよう。

3679 □□ **input** [ínpùt]
名 入力，情報，インプット　動 ～を入力する，（情報など）を提供する，インプットする
We appreciate your valuable **input** on our decision.
（当社の決定に関するあなたの貴重な**ご意見**に感謝いたします）
☞《**input** about/on＋名詞》《**input** to/into/from＋名詞》《**input** by＋人》，動詞は《**input**＋目的語》《**input** *A* to *B*》で覚えよう。

3680 □□ **refine** [rifáin]
動 ～を純化する，～を磨く，～に磨きをかける，～を改良する
Your presentation format is good, but you could **refine** it a little.
（あなたのプレゼンテーションは，形式はよいので，少し**洗練させて**はどうでしょうか）
☞《**refine**＋目的語［名詞］》《**refine** *A* into *B*》で覚えよう。

3681 □□ **refinery** [rifáinəri]

名 精製所，製油所，精製装置

The oil **refinery** has been shut down since the accident.
(その事故以来，石油**精製所**は閉鎖されている)

☞《**refinery** in＋名詞》で覚えよう。 □ oil **refinery**「石油精製所」

3682 □□ **crude** [krúːd]

形 自然のままの，加工されていない，未処理の

The price of **crude** oil is currently rising. (**原**油価格は現在上昇している)

☞《**crude**＋名詞》《連結動詞＋**crude**》で覚えよう。

3683 □□ **accelerate** [əksélərèit, æk-]

動 ～を加速させる，加速する，～を前倒しにする

We hope to **accelerate** growth this year. (今年は成長を**加速させ**たい)

☞《**accelerate**＋目的語［名詞］》で覚えよう。

3684 □□ **expedite** [ékspədàit]

動 ～をはかどらせる，～を早める，～を促進する

For purchases from abroad, the seller charges an extra $3 to **expedite** shipping. (海外からの購入について，販売者は配送を**迅速化する**ために 3 ドルの追加料金を請求する)

☞《**expedite**＋目的語［名詞］》で覚えよう。 □ **expedite** procedures「手続きの迅速化を図る」 □ **expedite** decision-making「意思決定を円滑に行う」

3685 □□ **architecture** [ɑ́ːrkətèktʃər]

名 建築（物），建築様式，建築学

The church is known for its Gothic **architecture**.
(その教会はゴシック**建築**で知られる)

☞《**architecture** of＋名詞》で覚えよう。事物の「構造」という意味でも使う。

3686 □□ **architect** [ɑ́ːrkitèkt]

名 建築家，設計士

The famous **architect**, Gerard Jones, will come on board for planning.
(有名な**建築家**の Gerard Jones さんが計画立案に加わります)

☞《**architect** of＋名詞》で覚えよう。アイデアや計画の「発案者」という意味でも使う。

3687 □□ **architectural** [ɑ̀ːrkitéktʃərl]

形 建築（学）の，建築上の

Mathis Durand is an **architectural** genius who designed the City Library.
(Mathis Durand さんは卓越した**建築の**技能を持ち，市立図書館をデザインしました)

☞《**architectural**＋名詞》で覚えよう。

3688 □□ **barrier** [bǽriər]

名 柵，障壁 動 ～を防壁で囲む

Ms. Wynn broke **barriers** by becoming our first female CEO.
(Wynn さんは**障壁**を打ち破って当社初の女性 CEO になった)

☞《**barrier** of＋名詞》《**barrier** to/against＋名詞》《**barrier** between＋人》で覚えよう。

3689 □□ **embargo** [embáːrgou, im-]

名 出入港禁止，通商禁止　動 ～との通商を禁止する，～の出版［報道］を禁止する

The government has imposed a trade **embargo** on these countries.
（政府はこれらの国々に対して**禁輸措置**を課した）

☞《**embargo** on/against＋名詞》，動詞は《**embargo**＋目的語［名詞］》で覚えよう。

3690 □□ **subsequent** [sʌ́bsəkwənt]

形 その次の，その後の，続いて起こる

Subsequent to the meeting, Kurt was asked to rewrite the proposal.
（会議の**後で**，Kurt は提案書を書き直すように頼まれた）

☞《**subsequent**＋名詞》《連結動詞＋**subsequent** to＋名詞》で覚えよう。

3691 □□ **subsequently** [sʌ́bsəkwəntli]

副 その後に，後に続いて

Isla spoke with Mr. Robbins and **subsequently** decided to join his firm.
（Isla は Robbins さんと話し，**そのあとで**彼の会社に入ることにした）

☞《**subsequently**＋動詞・形容詞》で覚えよう。　□ **subsequently** cancel ...「～をあとになってキャンセルする」

3692 □□ **assess** [əsés]

動 ～を評価する，～を査定する，～を課する，～を見積もる

The company must **assess** the merits of the proposed partnership.
（同社は提案された提携関係の利点を**評価しなければ**ならない）

☞《**assess**＋目的語［名詞］》《**assess**＋that/wh-/how 節》《**assess**＋if/whether 節》《**assess**＋人＋as＋名詞》《**assess** *A* at *B*》で覚えよう。

3693 □□ **assessment** [əsésmənt]

名 評価，査定

HR is making an **assessment** of staffing needs before hiring.
（人事部は採用する前にスタッフ補充の必要度を**査定**している）

☞《**assessment** of＋名詞》《**assessment** about/regarding/concerning＋名詞》《**assessment**＋that/wh-/how 節》《**assessment**＋if/whether 節》で覚えよう。

3694 □□ **appraisal** [əpréizl]

名 評価，鑑定，査定

Zhang will receive his six-month performance **appraisal** this month.
（Zhang は今月に半年間の業績**評価**を受ける）

☞《**appraisal** of＋名詞》《**appraisal**＋that 節》で覚えよう。

3695 □□ **gauge** [géidʒ]

動 ～を正確に計る，～を評価する　名 規格，尺度

The marketing team **gauged** the board's reaction while giving the presentation.
（マーケティングチームはプレゼンテーションを行いながら取締役会の反応を**計った**）

☞《**gauge**＋目的語［名詞］》《**gauge**＋wh-/how 節》《**gauge**＋if/whether 節》，名詞は《**gauge** of＋名詞》で覚えよう。

3696 □□ **compliment** [kɑ́(ː)mpləmènt; -mənt]

動 ～に賛辞を述べる，～をほめる，～にお世辞を言う 名 ほめ言葉，称賛

Richard and Larry **complimented** each other on the successful project.
(Richard と Larry は成功したプロジェクトについて互いを**ほめた**)

☞《**compliment**＋目的語［名詞］》《**compliment**＋目的語［名詞］＋on＋名詞》，名詞は《**compliment** of＋名詞》《**compliment** about/from/to＋名詞》《**compliment** on＋名詞》《**compliment**＋that 節》で覚えよう。

3697 □□ **complimentary** [kɑ̀(ː)mpləméntəri]

形 称賛の，無料の，優遇の，お祝いの

For long-haul flights, airlines serve passengers a **complimentary** meal.
(長時間の飛行便のために，航空会社は旅客に**無料の**食事を提供する)

☞《**complimentary**＋名詞》《連結動詞＋**complimentary**》《連結動詞＋**complimentary** about＋名詞》で覚えよう。

3698 □□ **comprehensive** [kɑ̀mprihénsiv]

形 理解力のある，包括的な，総合的な

We conducted a **comprehensive** study of business in Eastern Europe.
(東欧での事業について**包括的な**調査を行いました)

☞《**comprehensive**＋名詞》《連結動詞＋**comprehensive**》《連結動詞＋**comprehensive** about＋名詞》で覚えよう。

3699 □□ **comprehension** [kɑ̀mprihénʃən]

名 理解，理解力，知識，含有

I read the report twice, but it's still beyond my **comprehension**.
(報告書を 2 度読みましたが，やはり私の**理解**を超えています)

☞《**comprehension** of＋名詞》《**comprehension** about＋名詞》で覚えよう。 □ beyond *someone's* **comprehension**「～の理解を超えて」 □ without **comprehension**「理解することなく」

3700 □□ **comprehend** [kɑ̀mprihénd]

動 (～を) 理解する，(～を) 把握する，～を含む

It's hard to **comprehend** the complicated solutions to this problem.
(この問題への複雑な解決策を**理解する**のは難しい)

☞《**comprehend**＋目的語［名詞］》《**comprehend** about＋名詞》《**comprehend**＋that/wh-/how 節》《**comprehend**＋if/whether 節》で覚えよう。

3701 □□ **infer** [infə́ːr]

動 ～を推測する，～を察する，～を暗示する

Cleo's new job is to **infer** shopping trends from the recent data.
(Cleo の新しい仕事は最近のデータから買い物の傾向を**推測する**ことだ)

☞《**infer**＋目的語［名詞］》《**infer** about＋名詞》《**infer** from＋名詞》《**infer** *A* from *B*》《**infer**＋that/wh-/how 節》《**infer**＋if/whether 節》《It is **inferred**＋that 節》で覚えよう。

3702 □□ **inference** [ínfərəns]

名 推測，推論，推定

To predict market trends, Sadie made **inferences** from the three-year sales data. (市場の動向を予測するために，Sadie は 3 年間の販売データを元に**推測**した)

☞《**inference** of＋名詞》《**inference** about＋名詞》《**inference** from＋名詞》《**inference**＋that/wh-/how 節》《**inference**＋if/whether 節》で覚えよう。

3703 □□ **prohibit** [prouhíbət]

動 (法などで) ～を禁止する，(人の行動) を妨げる，(人の行動) をじゃまする

It is **prohibited** to comment on future products and services.
(今後の製品やサービスについてコメントすることは**禁じられている**)

☞《**prohibit**＋目的語 [名詞]》《**prohibit**＋目的語 [名詞]＋from＋動名詞》《It is **prohibited**＋to 不定詞》で覚えよう。

3704 □□ **ban** [bǽn]

名 禁止　動 ～を禁止する

The company placed a temporary **ban** on parking around its building.
(同社はビル周辺での駐車を一時的に**禁止**した)

Parking has been temporarily **banned** around the building.
(ビルの周辺では一時的に駐車が**禁止されている**)

☞《**ban** of＋名詞》《**ban** on＋名詞》，動詞は《**ban**＋目的語 [名詞]》《**ban**＋動名詞》《**ban**＋人＋from＋名詞・動名詞》で覚えよう。

3705 □□ **forbid** [fərbíd, fɔːr-]

動 ～を禁じる，～を許さない，～を妨げる

Entry is **forbidden** to unauthorized personnel.
(許可を得ていない職員の立ち入りは**禁じられています**)

☞《**forbid**＋目的語 [名詞]》《**forbid**＋動名詞》《**forbid**＋人＋to 不定詞》《**forbid**＋人＋from＋動名詞》《**forbid**＋that 節》《It is **forbidden**＋to 不定詞》で覚えよう。

3706 □□ **chronic** [kránik]

形 慢性の，常習的な

Liam still plays golf every Sunday despite his **chronic** arthritis.
(**慢性的な**関節炎にもかかわらず，Liam はいまも毎日曜日にゴルフをしている)

☞《**chronic**＋名詞》《連結動詞＋**chronic**》で覚えよう。

3707 □□ **chronicle** [kránikl]

動 ～を (年代順に) 記録する　名 年代記，壮大な物語

Kiyomi is writing a book that **chronicles** the history of women in power.
(Kiyomi は権力の座に着いた女性の歴史を**時系列で記録する**本を執筆している)

☞《**chronicle**＋目的語 [名詞]》，名詞は《**chronicle** of＋名詞》《**chronicle** about＋名詞》で覚えよう。

3708 □□ **archive** [áːrkaiv]

名 アーカイブ，公文書 (保管所)　動 ～をアーカイブに保管する

Could you file these reports in the sales record **archives**?
(これらの報告書を今年の販売記録**アーカイブ**に保管していただけますか)

☞《**archive** of＋名詞》，動詞は《**archive**＋目的語 [名詞]》で覚えよう。 □ electronic **archive**「電子保存文書」□ image **archive**「画像アーカイブ」

3709 □□ **overlook** [òuvərlúk]

動 ～を見逃す，～を見過ごす，～を監督する，～を見渡す

I can't **overlook** the serious mistake you made this time.
(今回あなたが冒した重大な誤りを**見逃す**ことはできません)

☞《**overlook**＋目的語 [名詞]》で覚えよう。

3710 □□ **oversee** [òuvərsí:]

動 ～を監督する，～を監視する

My next assignment will be **overseeing** construction projects.
（私の次の任務は建設計画を**監督する**ことになるでしょう）

☞《**oversee**＋目的語［名詞］》で覚えよう。名詞形 oversight には「監督」と「見落とし」の意味がある。

3711 □□ **overview** [óuvərvjù:]

名 概説，要約，要旨

Richard gave me an **overview** of the project.
（Richard はプロジェクトの**概要**を説明してくれました）

☞《**overview** of＋名詞》《**overview** on＋名詞》で覚えよう。

3712 □□ **linger** [líŋgər]

動 居残る，手間取る，なかなか消えない，だらだら過ごす

Some participants **lingered** after the conference.
（参加者の一部は会議のあとも**そのまま残っていた**）

☞《**linger** on/over＋名詞》で覚えよう。

3713 □□ **expel** [ikspél]

動 ～を除名する，～を追い出す［払う］，～を駆逐する，～を免職する

Green Acre's plants **expel** waste in a bio-safe manner.
（Green Acre 社の工場は生物学的に安全な方法で廃棄物を**排出する**）

☞《**expel**＋目的語［名詞］（＋from＋名詞）》《**expel**＋目的語［名詞］＋for＋名詞》で覚えよう。

3714 □□ **prop** [prάp]

動 ～を支える　名 支え，支持者

The man is **propping** the door open with his suitcase.
（男性はドアが閉まらないようにスーツケースで**支えている**）

☞《**prop**＋目的語［名詞］》《**prop** *A* against/on *B*》，名詞は《**prop** of＋名詞》で覚えよう。

3715 □□ **paralyze** [pǽrəlàiz]

動 ～を麻痺させる，～を無力にする

I was **paralyzed** with fear when the huge tornado hit.
（巨大な竜巻が襲ってきて，私は恐怖で**身がすくんで**しまった）

☞《**paralyze**＋目的語［名詞］》で覚えよう。

3716 □□ **destination** [dèstənéiʃən]

名 目的地，運送先，最終目的

This resort is a popular **destination** for people who want to relax.
（このリゾート地はゆっくりしたい人々に人気の**目的地**だ）

☞《**destination** of＋名詞》《**destination** for＋名詞》で覚えよう。

3717 □□ **pottery** [pátəri]

名 陶器，陶磁器，窯業

We mainly import **pottery** and textiles from the Middle East.
（当社は主に中東から**陶器**と織物を輸入しております）

《**pottery** of＋名詞》《**pottery** from＋名詞》で覚えよう。 □ **pottery** class「陶芸教室」

3718 □□ **luxury** [lʌ́kʃəri]

名 ぜいたく，ぜいたく品，高級品

There are only a few **luxury** hotels in this area.
（この地域には**高級な**ホテルは数えるほどしかない）

《**luxury** of＋名詞》で覚えよう。

3719 □□ **premise** [prémis]

名《premises で》敷地，根拠，前提，前述事項

Employees and visitors must wear an ID badge on the **premises**.
（従業員と来訪者は会社の**敷地**内では身分証明バッジを着用しなければならない）

《**premise** of＋名詞》で覚えよう。「敷地」という意味では複数形で使う。「前提」という意味では《**premise**＋that 節》で覚えよう。 □ on the **premises**「構内では」 □ off the **premises**「構外では」

3720 □□ **bulk** [bʌ́lk]

名 容積，大部分，束

Buying printers for the office in **bulk** will be more cost-effective.
（オフィス用プリンタを**まとめて**購入すれば，さらに費用効率がよいだろう）

《**bulk** of＋名詞》で覚えよう。 □ in **bulk**「まとめて，一括して」 □ **bulk** order/purchase/buying「まとめ買い，一括購入」

3721 □□ **nap** [nǽp]

名 うたた寝，昼寝 動 うたた寝する，昼寝する

Many scientists agree that a quick **nap** could improve productivity.
（さっと**仮眠**をとることは生産性を高める，と多くの科学者が認めている）

《**nap** of＋名詞》《**nap** during＋名詞》，動詞は《**nap**＋副詞》で覚えよう。 □ have/take a **nap**「仮眠を取る」

3722 □□ **verbal** [və́ːrbl]

形 言葉による，口頭の，文字どおりの

We've reached a **verbal** agreement and will sign the contract soon.
（私たちは**口頭での**合意に達し，まもなく契約書に署名します）

《**verbal**＋名詞》《連結動詞＋**verbal**》で覚えよう。

3723 □□ **intact** [intǽkt]

形 傷のない，完全なままの，そのままの

Despite comprehensive restructuring, our section remained **intact**.
（包括的な企業再編にもかかわらず，私たちの部署は**手つかずで**残った）

《連結動詞＋**intact**》《動詞＋目的語［名詞］＋**intact**》で覚えよう。

3724 □□ **dairy** [déəri]

名 乳製品，搾乳場，乳製品販売店

The **dairy** products are transported by refrigerator truck.
(**乳製品**は冷蔵トラックで輸送される)

☞《**dairy** of＋名詞》《**dairy** from＋名詞》で覚えよう。

3725 □□ **livestock** [láivstɑ̀k]

名 家畜（類）

This land is being used to raise **livestock**.
(この土地は**家畜**を飼うために使われている)

☞《**livestock** of＋名詞》で覚えよう。 □ **livestock** farming「酪農」

3726 □□ **scan** [skǽn]

動 ～を入念に調べる，～をざっと見る［読む］，スキャンする 名 じっと見ること，細かく調べること，ざっと見る［読む］こと，スキャン

Every morning, Yolanda **scans** the business section of the newspaper.
(毎朝 Yolanda は新聞のビジネス欄に**注意深く目を通す**)

☞《**scan**＋目的語［名詞］》《**scan** *A* for *B*》《**scan** *A* into *B*》，名詞は《**scan** of＋名詞》で覚えよう。

3727 □□ **skim** [skím]

動（液体など）の上澄みをすくう，～を拾い読みする，～をざっと読む，滑るように進む
名 拾い読み

I **skimmed** the Web site for information on renewable energy options.
(私は，再生可能エネルギーの選択肢に関する情報を求めてウェブサイトを**拾い読みしました**)

☞《**skim**＋目的語［名詞］》《**skim** *A* off/from *B*》《**skim** over/through＋名詞》で覚えよう。

3728 □□ **disrupt** [disrʌ́pt]

動 ～を中断させる，～をじゃまする，～を混乱させる

The fire alarm **disrupted** Sarah's work.
(火災警報が Sarah の仕事を**中断させた**)

☞《**disrupt**＋目的語［名詞］》で覚えよう。

3729 □□ **disruption** [disrʌ́pʃən]

名 分裂，途絶，崩壊

A blackout caused a **disruption** in our production line.
(停電により当社の生産ラインは**中断**された)

☞《**disruption** of＋名詞》《**disruption** to/in＋名詞》で覚えよう。

3730 □□ **donate** [dóuneit]

動 ～を贈与する，～を寄付する，（臓器）を提供する

Shoppers Inc. agreed to **donate** $5,000 to the annual charity drive.
(Shoppers Inc. 社は例年の慈善募金活動に 5,000 ドルを**献金する**ことに同意した)

☞《**donate**＋目的語［名詞］》《**donate** *A* to *B*》で覚えよう。

3731 □□ **donation** [dounéiʃən]

名 寄付（金），寄進物

The **donation** will be used to establish a new computer lab.
（**献金**は新たなコンピュータ研究室を設立するために使われるだろう）

《**donation** of＋名詞》《**donation** from/to＋名詞》で覚えよう。 □ in **donations**「寄付として」

3732 □□ **accumulate** [əkjúːmjəlèit]

動（～を）蓄積する，～を積み重ねる，～を貯める

The company has spent the last few years **accumulating** capital.
（同社はこの数年間を資本の**蓄積**に費やしてきた）

《**accumulate**＋目的語［名詞］》で覚えよう。 □ **accumulate** funds「資金を集める」□ **accumulate** experience in ...「～の経験を積む」

3733 □□ **accumulation** [əkjùːmjəléiʃən]

名 蓄積，累積，積み立て

The **accumulation** of many years of research facilitated this achievement.
（長年の研究の**蓄積**がこの達成への道を開いた）

《**accumulation** of＋名詞》で覚えよう。

3734 □□ **cumulative** [kjúːmjələtiv]

形 しだいに増加する，累積的な，蓄積する，度重なる

The **cumulative** effect of these changes cut costs by 20 percent.
（これらの変更の**累積**効果はコストを 20 パーセント削減した）

《**cumulative**＋名詞》《連結動詞＋**cumulative**》で覚えよう。 □ **cumulative** benefit「蓄積効果（利益）」□ **cumulative** debt「累積債務」

3735 □□ **baggage** [bǽgidʒ]

名 旅行手荷物

Aloha Air doesn't charge a **baggage** fee for a second stored bag.
（Aloha 航空は 2 つめの預け入れ荷物には**旅行手荷物**料金を請求しない）

《**baggage** of＋名詞》で覚えよう。不可算名詞なので，複数形は使わない。数えるときは piece(s)/item(s) of **baggage** のようにいう。航空会社や鉄道会社に預ける「（大型）手荷物」について使うことが多い。 □ **baggage** claim「（空港の）手荷物受取所」□ carry-on **baggage**「機内持ち込み手荷物」□ excess **baggage**「重量制限超過手荷物」

3736 □□ **luggage** [lʌ́gidʒ]

名 旅行手荷物

Passengers can take one piece of carry-on **luggage** on the plane.
（機内には持ち込み用**手荷物**ひとつを携帯できる）

《**luggage** of＋名詞》で覚えよう。不可算名詞なので，複数形は使わない。数えるときは piece(s)/item(s) of **luggage** のようにいう。自分で持ち運ぶ「旅行手荷物」について使うことが多い。

3737 □□ **dense** [déns]

形 濃い，深い，密集した

Mercury is a **dense** liquid that sinks in water.
（水銀は**高密度の**液体で，水に沈む）

《**dense**＋名詞》《連結動詞＋**dense**》《連結動詞＋**dense** with＋名詞》で覚えよう。

3738 □□ **density** [dénsəti]

名 濃度，密度，比重

What is the population **density** of this region?
（この地域の人口**密度**はどれくらいですか）

☞《**density** of＋名詞》で覚えよう。

3739 □□ **valid** [vǽlid]

形 有効な，正当な，期限の切れていない

You can enter this country without a visa if your passport is **valid**.
（パスポートが**有効で**あれば，ビザなしでこの国に入国できます）

☞《**valid**＋名詞》《連結動詞＋**valid**》《連結動詞＋**valid** for＋名詞》で覚えよう。

3740 □□ **validate** [vǽlidèit]

動 ～を有効にする，～を確認する，～を認証する

We will conduct follow-up research to **validate** these findings.
（これらの発見を**確認する**ために追跡調査を行います）

Can you **validate** parking without purchase?
（買い物をしなくても駐車を**認めて**もらえますか）

☞《**validate**＋目的語［名詞］》《**validate**＋that 節》で覚えよう。 □ **validate** a decision「決定を有効とする」□ **validate** a hypothesis「仮説を立証する」

3741 □□ **verify** [vérəfài]

動 ～を立証する，～を確かめる，～を検証［点検］する

This software program uses a 3D facial image to **verify** a person's identity.（このソフトウェアは 3 次元の顔面画像を使って個人の身元を**検証します**）

☞《**verify**＋目的語［名詞］》《**verify**＋that/wh-/how 節》《**verify**＋if/whether 節》《*be* **verified**＋to 不定詞》《It is **verified**＋that 節》で覚えよう。単なる確認ではなく「証拠をもとに真実であるかどうかを確かめる」という意味。 □ **verify** accuracy「正確性を立証する」□ **verify** identity「本人であることを確かめる」

3742 □□ **audition** [ɔːdíʃən]

名 オーディション，審査　動 ～にオーディションをする，～のオーディションを受ける

We consider a three-month trial period to be an in-house **audition**.
（私たちは 3 か月の試用期間は社内**オーディション**と考えています）

☞《**audition** of＋名詞》《**audition** for＋名詞》，動詞は《**audition**＋目的語［名詞］》《**audition** for＋名詞》で覚えよう。

3743 □□ **audit** [ɔ́ːdit]

名 監査，会計検査（報告書）　動 ～を監査する

No matter the business, every company must submit to a tax **audit**.
（業種を問わず，企業は税務**監査**へ申告しなければならない）

☞《**audit** of＋名詞》，動詞は《**audit**＋目的語［名詞］》で覚えよう。

3744 □□ **auditor** [ɔ́ːditər]

名 監査役，会計監査官

Bernstein Accounting Firm is hiring for the position of tax **auditor**.
（Bernstein 会計事務所は税務**監査担当者**を募集している）

☞《**auditor** of＋名詞》で覚えよう。

3745 □□ **circulate** [sə́ːrkjəlèit]

動 ～を巡回する，（デマなどが）広まる，広める，流通する，～を流通させる

The newspaper always tries to **circulate** news that's fit to print.
（その新聞は常に，報じる価値のあるニュースを**広め**ようとしている）

《**circulate**＋目的語［名詞］》《**circulate** *A* among/to *B*》で覚えよう。

3746 □□ **circulation** [sə̀ːrkjəléiʃən]

名 流通，発行部数，貨幣，血行循環

The **circulation** of money helps to keep the local economy growing.
（お金を**循環**させることは地域経済の成長維持に役立つ）

《**circulation** of＋名詞》《**circulation** among/to＋名詞》で覚えよう。 □ in **circulation**「流通して」

3747 □□ **interactive** [ìntərǽktiv]

形 双方向の，インタラクティブ，相互作用のある

The **interactive** format promoted open discussion at the seminar.
（**双方向の**形式がセミナーでの自由な議論を促した）

《**interactive**＋名詞》《連結動詞＋**interactive**》《連結動詞＋**interactive** with＋名詞》で覚えよう。

3748 □□ **interaction** [ìntərǽkʃən]

名 交流，意思の疎通，相互作用

International conferences facilitate **interaction** with colleagues around the world.
（国際会議は，世界中の同業者との**交流**を促進する）

《**interaction** of＋名詞》《**interaction** with/between/among/within＋名詞》で覚えよう。

3749 □□ **correspond** [kɔ̀(ː)rəspɑ́nd]

動《correspond with ... で》～に一致する，～と文通する，《correspond to ... で》～に対応する，該当する

The red dots on this map **correspond** to where fire extinguishers are placed.（この地図の赤い点は消火器が置かれている位置に**該当している**）

《**correspond** with/to＋名詞》《**correspond** with＋人》で覚えよう。

3750 □□ **correspondence** [kɔ̀(ː)rəspɑ́ndəns]

名 文通，往復書簡，一致，対応

I'm re-reading my email **correspondence** with the head office.
（私は本社との間のメールでの**連絡**を読み返しています）

《**correspondence** of＋名詞》《**correspondence** about/on/concerning/regarding＋名詞》《**correspondence** with/between/among/from＋名詞》で覚えよう。 □ in **correspondence** with ...「～と連絡を取り合って」

3751 □□ **corresponding** [kɔ̀(ː)rəspɑ́ndiŋ]

形 一致する，対応する，通信関係の

Corresponding information about error messages is as follows.
（エラーメッセージに**関連する**情報は以下のとおりです）

《**corresponding**＋名詞》で覚えよう。すでに述べた情報に「関連する」「相当する」という意味。

3752 □□ **distract** [distrǽkt]

動 (気持ち，注意など) を散らす，紛らわせる，動転させる

◤ These rules sometimes **distract** our staff from addressing issues immediately.
(これらの規則は，当社のスタッフがすぐに問題に対処するのを**妨げる**こともある)

☞《**distract**＋目的語［名詞］》《**distract**＋人＋from＋名詞・動名詞》で覚えよう。

3753 □□ **distraction** [distrǽkʃən]

名 気を散らすこと［もの］，気晴らし，動揺

◤ Employees need a workspace without **distractions**.
(従業員は**気を散らすもの**がない就業空間を必要とする)

☞《**distraction** of＋名詞》《**distraction** from＋名詞》で覚えよう。

3754 □□ **flexible** [fléksəbl]

形 曲げやすい，しなやかな，融通のきく，順応性のある

◤ I have a **flexible** schedule, so I could meet with you tomorrow.
(私のスケジュールは**柔軟に変更できます**ので，あしたでもお会いできます)

☞《**flexible**＋名詞》《連結動詞＋**flexible**》《連結動詞＋**flexible** about/in＋名詞》《連結動詞＋**flexible**＋to 不定詞》で覚えよう。 □ have a **flexible** schedule「予定は柔軟に変更できる」□ work **flexible** hours「柔軟な勤務時間で働く」

3755 □□ **flexibility** [flèksəbíləti]

名 曲げやすいこと，柔軟性，適応性，すなおさ

◤ Could you possibly show a little more **flexibility** regarding the price?
(価格に関してもう少し**柔軟性**を示していただくことは可能ですか)

☞《**flexibility** of＋名詞》《**flexibility** in/over＋名詞》《**flexibility**＋to 不定詞》で覚えよう。

3756 □□ **revise** [riváiz]

動 ～を見直す，～を改定［改訂／改正］する

◤ Could I ask you to **revise** the proposal draft by Wednesday?
(水曜日までに提案書草稿を**修正して**いただけますか)

☞《**revise**＋目的語［名詞］》《**revise** *A* from *B* to *C*》で覚えよう。 □ **revise** ... upward/downward「～を上方修正する，～を下方修正する」

3757 □□ **revision** [rivíʒən]

名 改定，改正，改訂 (版)

◤ Increasing fuel costs call for **revisions** of international delivery rates.
(燃料コストの上昇は国際配送料金の**見直し**を必要としている)

☞《**revision** of＋名詞》《**revision** to＋名詞》《**revision** in＋名詞》で覚えよう。

3758 □□ **accommodate** [əkámədèit]

動 ～に便宜を図る，～に対応する，～を収納する

◤ Most Web sites **accommodate** visitors who use text-to-speech software.
(大半のウェブサイトは，音声読み上げソフトを使う閲覧者に**対応している**)

☞《**accommodate**＋目的語［名詞］》で覚えよう。

3759 □□ **accommodation** [əkɑ̀mədéiʃən]

名 収容施設，宿泊施設

Comfortable **accommodation** is available for conference attendees.
（会議参加者のために快適な**宿泊施設**を用意しております）

☞《**accommodation** of＋名詞》《**accommodation** for＋名詞》で覚えよう。複数形で，宿泊などを目的とする「施設」という意味で使うことが多い。

3760 □□ **fabric** [fǽbrik]

名 布地，織物，（社会などの）構造

These suits are made of synthetic **fabric**.
（これらのスーツは合成**繊維**でできている）

☞《**fabric** of＋名詞》で覚えよう。

3761 □□ **fabricate** [fǽbrikèit]

動 ～を（根拠なく）作り上げる，～を偽造する，～を製作する

An investigation of the **fabricated** report is underway.
（**作り上げられた**報告書についての調査が進行中である）

☞《**fabricate**＋目的語［名詞］》で覚えよう。「（手の込んだもの）を作る」という意味から「～を捏造する，～を偽造する」という意味でも使う。

3762 □□ **prolong** [prəlɔ́(ː)ŋ]

動 ～を引き延ばす，（病気など）を長引かせる

Careful maintenance of the equipment will help **prolong** its life.
（入念な保守管理が機材を**長持ちさせる**ために役立つだろう）

Prolonged use of keyboards could trigger physical problems.
（**長時間の**キーボードの使用は肉体的な問題を生じさせる可能性がある）

☞《**prolong**＋目的語［名詞］》で覚えよう。

3763 □□ **undertake** [ʌ̀ndərtéik]

動 ～を引き受ける，～を始める

When **undertaking** duties, we are expected to give our best effort.
（義務を**引き受ける**なら，最善の努力を尽くすことが期待される）

☞《**undertake**＋目的語［名詞］》《**undertake**＋to 不定詞》で覚えよう。

3764 □□ **embark** [embɑ́ːrk]

動 船に乗り込む，開始する，～を乗船させる，～を積み込む，～を（事業に）乗り出させる

Kylie **embarked** on a journey across Europe.
（Kylie はヨーロッパ横断の旅を**開始した**）

☞《**embark** on＋名詞》《**embark**＋目的語［名詞］》で覚えよう。

3765 □□ **articulate** [ɑːrtíkjəlèit; ɑːrtíkjələt]

動 ～を明瞭に話す，～を明確に表現する　形 考えをはっきり述べる，明瞭な，明確な

Sanjay is able to **articulate** his thoughts clearly.
（Sanjay は自分の考えを明確に**表現できる**）

☞《**articulate**＋目的語［名詞］》《**articulate**＋that 節》，形容詞は《**articulate**＋名詞》《連結動詞＋**articulate**》《連結動詞＋**articulate** about＋名詞》で覚えよう。

3766 □□ **heritage** [hérətidʒ]

名 世襲財産［地位］，遺産，（歴史的／文化的／自然）遺産

Our company's **heritage** dates back generations.
（当社が受け継いでいる**遺産**は何世代にもさかのぼる）

☞《**heritage** of＋名詞》で覚えよう。

3767 □□ **credential** [krədénʃl]

名《credentials で》資格，資質，信任状，認証情報

The second candidate has excellent **credentials**.
（2 番目の候補者には立派な**実績**がある）

☞《**credentials** of＋名詞》《**credentials** for/as＋名詞》《**credentials**＋to 不定詞》で覚えよう。

3768 □□ **ethics** [éθiks]

名 倫理（学），《ethic で》道義，道徳

The decision must first be approved by the **ethics** committee.
（その決定はまず**倫理**委員会に承認されなければならない）

☞《**ethics** of＋名詞》《**ethics** about＋名詞》で覚えよう。 □ corporate **ethics**「企業倫理」

3769 □□ **drape** [dréip]

名 厚地のカーテン，ドレープ 動 ～を掛ける，～を覆う，緩やかに［優美に］覆う

I pulled the **drapes** closed so that everyone could clearly see the screen.
（私は**カーテン**を閉めて，全員が画面を見やすくした）

☞《**drape** of＋名詞》，動詞は《**drape**＋目的語［名詞］》《**drape** *A* with *B*》《**drape** *A* over/around/across *B*》で覚えよう。

3770 □□ **cosmetic** [kɑzmétik]

形 美顔用の，表面の，見た目の 名《cosmetics で》化粧品

There are minor **cosmetic** differences between the two mobile phones.
（その 2 つの携帯電話機種には小さな**見た目の**違いがある）

☞《**cosmetic**＋名詞》，名詞は複数形 **cosmetics** で覚えよう。

3771 □□ **clumsy** [klʌ́mzi]

形 不器用な，ぎこちない

Linda is **clumsy** at talking to people she's never met before.
（Linda は初対面の人と話すことが**苦手**です）

☞《**clumsy**＋名詞》《連結動詞＋**clumsy**》《連結動詞＋**clumsy** at/in/with＋名詞》で覚えよう。

3772 □□ **extinct** [ikstíŋkt]

形 絶滅した，活動を停止した

Here are some lists of endangered and **extinct** animals.
（絶滅危惧種と**絶滅**動物のリストは次のとおりです）

☞《**extinct**＋名詞》《連結動詞＋**extinct**》で覚えよう。

3773 □□ **via** [váiə, ví:ə]

前 ～を通って，～を経由して

I don't feel safe doing my banking **via** the Internet.
（インターネット**経由で**銀行口座を処理することには安心できません）

☞《**via**＋名詞》で覚えよう。経由地や方法を表す。by way of ... が本来の意味。

3774 **compensate** [kámpənsèit]

動 (〜を) 償う，(〜に) 埋め合わせをする，〜に補償する

It was our fault, so we will **compensate** the customers for their losses.
(当社の過失でしたので，顧客の損失を**埋め合わせる**ことにします)

《**compensate** for＋名詞》《**compensate** with＋名詞》《**compensate**＋人＋for＋名詞》で覚えよう。

3775 **compensation** [kɑ̀mpənséiʃən]

名 補償，埋め合わせ，対価，報酬

Rodney will receive substantial **compensation** for his hard work.
(Rodney は努力した仕事に対してかなりの**報酬**を受け取るだろう)

《**compensation** of＋名詞》《**compensation** for＋名詞》《**compensation** from＋名詞》で覚えよう。
□ in/as **compensation**「補償として」

3776 **reward** [riwɔ́ːrd]

動 〜に報いる，〜に見返りを与える　名 ほうび，謝礼 (金)，恩恵

The company **rewarded** my efforts with a generous pay increase.
(会社は私の努力に**報いて**，給与を思い切って増額してくれました)

I'm sure your hard work will bring you rich **rewards**.
(あなたはがんばって働いているのだから，たくさんの**報酬**を得られるはずです)

《**reward**＋目的語 [名詞]》《**reward** *A* with *B*》《**reward**＋人＋for＋名詞》, 名詞は《**reward** of＋名詞》《**reward** for＋名詞》で覚えよう。

3777 **premium** [príːmiəm]

名 報奨金，保険料，割増金　形 高級な，質の高い

How much should I pay for the insurance **premium**?
(保険**料**はいくらですか)

The law firm rents **premium** office space in a skyscraper.
(その法律事務所は超高層ビルの**高級な**オフィススペースを賃借している)

《**premium** for＋名詞》《**premium** on＋名詞》《**premium** of＋名詞》，形容詞は《**premium**＋名詞》で覚えよう。

778 **erase** [iréis, iréiz]

動 〜を消す，〜を抹消する，〜を消去する，〜を削除する

Greg completely **erased** the data from the internal drive.
(Greg は内蔵ドライブからデータを完全に**消去した**)

《**erase**＋目的語 [名詞]》《**erase** *A* from *B*》で覚えよう。

779 **delete** [dilíːt]

動 〜を削除する

The company **deleted** all records that include privacy information.
(同社は個人情報を含む全記録を**削除した**)

《**delete**＋目的語 [名詞]》《**delete** *A* from *B*》で覚えよう。

3780 □□ **offset** [ɔ̀(ː)fsét]

動 ～を償う，～を相殺する

The growing online movie business has **offset** the decline in DVD sales.
（オンライン映画ビジネスの成長が DVD 販売の減少を**相殺している**）

☞《**offset**＋目的語［名詞］》《**offset** *A* by *B*》《**offset** *A* against *B*》で覚えよう。

3781 □□ **integrate** [íntəgrèit]

動（～を）統合する，～をまとめる

The report **integrates** financial data from the last three years.
（その報告書は過去 3 年間の財務データを**まとめた**ものです）

☞《**integrate**＋目的語［名詞］》《**integrate** (*A*) into/with *B*》で覚えよう。 □ **integrate** into the existing system「既存のシステムに統合する」

3782 □□ **incorporate** [inkɔ́ːrpərèit]

動 ～を合体する，～を組み込む，～を法人化する，～を具体化する

Our chef **incorporates** traditional and unconventional cooking styles.
（当店のシェフは，伝統的な調理スタイルと従来にないスタイルを**組み合わせて**おります）

☞《**incorporate**＋目的語［名詞］》《**incorporate** *A* in/into *B*》《**incorporate** *A* within *B*》《**incorporate** *A* as *B*》で覚えよう。 □ **incorporate** a company「会社を法人組織にする」

3783 □□ **debt** [dét]

名 借金，負債，恩義

Most consumers have credit card **debt**.
（消費者の大半はクレジットカード**負債**がある）

☞《**debt** of＋名詞》で覚えよう。 □ in/out of **debt** (to *someone*)「（～に）借金して，（～に）借金せずに」

3784 □□ **bankrupt** [bǽŋkrʌpt]

形 破産した 動 ～を破産させる

It was quite a surprise that Jolt Publishing went **bankrupt**.
（Jolt 出版が**破産**したことはかなりの驚きだった）

☞《**bankrupt**＋名詞》《連結動詞＋**bankrupt**》，動詞は《**bankrupt**＋目的語［名詞］》で覚えよう。
□ go **bankrupt**「破産する」 □ be declared **bankrupt**「破産を宣告される」

3785 □□ **bankruptcy** [bǽŋkrʌp*t*si]

名 破産，倒産，失墜

The efforts of everyone involved helped Sitter Fabrics to avoid **bankruptcy**.
（関係者全員の努力のおかげで，Sitter Fabrics 社は**倒産**を避けることができた）

☞《**bankruptcy** of＋名詞》で覚えよう。

3786 □□ **inquire** [inkwáiər]

動 ～を尋ねる，～を問う，～に尋ねる

I am writing to **inquire** about the job posting on your Web site.
（御社のウェブサイトに掲載されている求人情報について**お尋ねしたい**と思って書いております）

☞《**inquire**＋目的語［名詞］（＋of＋人）》《**inquire** about＋名詞》《**inquire**＋wh-/how 節》《**inquire**＋if/whether 節》で覚えよう。単に「尋ねる」のではなく，具体的に「問い合わせる」という響きがある。

3787 □□ **inquiry** [inkwáiəri, íŋkwəri]

名 質問，問い合わせ，照会

I couldn’t make an **inquiry** about my account before the bank closed.
(銀行が閉まる前に自分の口座について**問い合わせ**ることができなかった)

☞《**inquiry** about＋名詞》《**inquiry** into＋名詞》《**inquiry** from＋人》で覚えよう。

3788 □□ **curious** [kjúəriəs]

形 好奇心をそそる，好奇心の強い，興味深い

Ralph threw a **curious** look at the robot.
(Ralph はそのロボットを**好奇の**目で見つめた)

☞《**curious**＋名詞》《連結動詞＋**curious**》《連結動詞＋**curious** about/as to＋名詞》《連結動詞＋**curious**＋to 不定詞》《It is **curious**＋that 節》《It is **curious**＋to 不定詞》で覚えよう。

3789 □□ **residence** [rézidəns]

名 住宅，邸宅，本社，居住すること，在住期間

Liu has permanent **residence** in Japan.
(Liu さんは日本の**永住権**を持っている)

This private **residence** will be converted into office space.
(この個人用**住宅**はオフィススペースに転用される)

☞《**residence** of＋名詞》で覚えよう。 □ in **residence**「(一時的に) 居住して」

3790 □□ **resident** [rézidənt]

名 居住者，入居者，駐在員

Local **residents** were surveyed about the planned development.
(計画されている開発について地元**住民**への意見調査が行われた)

☞《**resident** of＋名詞》で覚えよう。

3791 □□ **residential** [rèzidénʃəl]

形 住宅の，住居の，宿泊施設のある

A plan to build a factory near a **residential** area will never be accepted.
(**住宅**地域の近くに工場を建設する計画はけっして受け入れられないだろう)

☞《**residential**＋名詞》で覚えよう。

3792 □□ **surplus** [sə́ːrplʌs]

名 余り，過剰，剰余金 形 余った，余分の

The nation’s trade **surplus** in the last year was smaller than expected.
(その国の昨年の貿易**黒字**は予想より少なかった)

☞《**surplus** of＋名詞》《**surplus** in＋名詞》，形容詞は《**surplus**＋名詞》《連結動詞＋**surplus**》で覚えよう。 □ in **surplus**「黒字で」

3793 □□ **deficit** [défəsit]

名 不足，赤字，不利，債務超過

The government is trying to reduce its budget **deficit**.
(政府は**赤字**予算を削減しようとしている)

☞《**deficit** of＋名詞》《**deficit** in＋名詞》で覚えよう。 □ in **deficit**「赤字で」

3794 □□ **contradict** [kɑ̀ntrədíkt]

動 矛盾する，～を否認する，～に反論する

◤ The company's finances **contradict** the CEO's claim that all is well.
（会社の財政は，すべて順調であるという CEO の主張と**矛盾している**）

☞《**contradict**＋目的語［名詞］》で覚えよう。 □ **contradict** each other「相反する，整合性がとれていない」

3795 □□ **contradiction** [kɑ̀ntrədíkʃən]

名 否認，反駁，矛盾（するものこと）

◤ Helen noticed a **contradiction** in the policy stated in the handbook.
（Helen は手引書に書かれている方針の中の**矛盾**に気づいた）

☞《**contradiction** of＋名詞》《**contradiction** to/with＋名詞》《**contradiction** between/among＋名詞》《**contradiction**＋that 節》で覚えよう。 □ in **contradiction** to/with ...「～に反して」

3796 □□ **discrepancy** [diskrépənsi]

名 食い違い，相違

◤ A **discrepancy** was uncovered in the accounts for last year.
（昨年の収支に**食い違い**が発見された）

☞《**discrepancy** of＋名詞》《**discrepancy** in＋名詞》《**discrepancy** with/between/among＋名詞》で覚えよう。

3797 □□ **withhold** [wiðhóuld]

動 ～を差し控える，～を自制する，～を与えないでおく，～を源泉徴収する

◤ I **withheld** the information from my supervisor until I confirmed it was true.（私は，その情報が真実だと確認するまで上司には**知らせずにおいた**）

☞《**withhold**＋目的語［名詞］》で覚えよう。

3798 □□ **withstand** [wiðstǽnd]

動 ～に抵抗する，～を持ちこたえる，～を我慢する

◤ Russell can **withstand** extreme pressure from management.
（Russell には経営陣からの極度のプレッシャーに**耐える**力がある）

☞《**withstand**＋目的語［名詞］》で覚えよう。

3799 □□ **comply** [kəmplái]

動《comply with ... で》～に従う，～に応じる

◤ We must **comply** with new regulations to keep our export license valid.
（輸出許可を有効にしておくために当社は新たな規正に**従わなければ**ならない）

☞《**comply** with＋名詞》で覚えよう。

3800 □□ **compliance** [kəmpláiəns]

名 法令遵守，応諾，追従

◤ Employees must stay in **compliance** with company policy.
（従業員は会社の方針に**従わなければ**なりません）

☞《**compliance** of＋名詞》《**compliance** with＋名詞》で覚えよう。 □ in **compliance** with ...「～に従って」

3801 □□ **conform** [kənfɔ́ːrm]

動《conform to ... で》～に従う，～を守る，～に従わせる，～に一致させる

Every business must **conform** to the safety standards.
（すべての事業所は安全基準に**従わなければ**ならない）

《**conform** to/with＋名詞》で覚えよう。

3802 □□ **abide** [əbáid]

動《abide by ... で》（規則など）に従う，我慢する

A fine may be imposed if we don't **abide** by the rules.
（規則に**従わなければ**罰金を課されるかもしれない）

《**abide** by＋名詞》で覚えよう。

3803 □□ **defective** [diféktiv]

形 欠点のある，不完全な，欠けている

Defective products can be returned within 90 days of purchase.
（**不良**品は購入後 90 日以内であれば返品できます）

《**defective**＋名詞》《連結動詞＋**defective**》で覚えよう。

3804 □□ **defect** [díːfekt, difékt]

名 欠点，欠陥，短所，不足

This PC has a cosmetic **defect**, but it works fine.
（このパソコンは外見上の**欠陥**はあるが，問題なく動く）

《**defect** of＋名詞》《**defect** in＋名詞》で覚えよう。

3805 □□ **flaw** [flɔ́ː]

名 傷，ひび，（性格などの）欠点，（文書などの）不備

The prototype was a failure due to a fundamental **flaw** in the design.
（その試作品が失敗したのはデザインの根本的な**欠陥**が原因だった）

《**flaw** of＋名詞》《**flaw** in＋名詞》で覚えよう。 □ **flaw** in a system「システムの欠陥」□ **flaw** in the legislation「法の不備」

3806 □□ **enroll** [enróul]

動 名前を登録する，入学［入会］する，～を入学［入会］させる

Joan **enrolled** in an evening language course.
（Joan は夜の言語コースを受講**登録した**）

《**enroll**＋目的語［名詞］》《**enroll** in＋名詞》で覚えよう。 □ **enroll** in a study「研究に参加する」 □ **enroll** as a member「会員登録をする」

3807 □□ **enrollment** [enróulmənt]

名 入学，加入，登録

What's the **enrollment** date for the marketing seminar?
（マーケティングセミナーの参加**登録**日はいつですか）

《**enrollment** of＋名詞》《**enrollment** in＋名詞》で覚えよう。 □ on **enrollment**「登録時に」

3808 □□ **omit** [oumít]

動 ～を省略する，～し忘れる

Certain details were **omitted** from the released document.
(公表された文書からは特定の詳細が**削除されていた**)

☞《**omit**＋目的語［名詞］》《**omit** *A* from *B*》《**omit**＋to 不定詞》で覚えよう。

3809 □□ **skip** [skíp]

動 跳ね回る，～を省略する，～を休む，～を跳び越す　名 軽く跳ぶこと，省略

Some staff members were allowed to **skip** part of the training program.
(スタッフには研修プログラムの一部を**省略する**ことが認められた者もいた)

☞《**skip**＋目的語［名詞］》，名詞は《**skip** of＋名詞》《**skip** about/from＋名詞》で覚えよう。

3810 □□ **enclose** [enklóuz]

動 ～を囲む，～を同封する，～を含む

Enclosed please find a check with this letter as payment.
(このレターに支払い用の小切手を**同封いたします**)

☞《**enclose**＋目的語［名詞］》《**enclose** *A* in/within *B*》で覚えよう。□ **Enclosed** please find .../ Please find **enclosed** ...「～を同封いたします」

3811 □□ **enclosure** [enklóuʒər]

名 包囲，同封，囲われた土地，囲うもの，（レターなどの）同封物

The prototype of the vehicle is kept in a glass **enclosure**.
(試作車はガラスの**覆い**に囲われている)

☞《**enclosure** of＋名詞》《**enclosure** in＋名詞》で覚えよう。

3812 □□ **downsize** [dáunsàiz]

動 ～を小型化する，（人員など）を削減する

We'll be **downsizing** our staff because the market is shrinking.
(市場が縮小しているので，スタッフを**削減する**でしょう)

☞《**downsize**＋目的語［名詞］》で覚えよう。

3813 □□ **cater** [kéitər]

動 料理を出す，仕出しをする，応じる，満たす

Our products **cater** to the basic needs of the elderly demographic.
(当社製品は高齢者層の基本的な必要に**応じる**ものです)

☞《**cater** for/to＋名詞》で覚えよう。

3814 □□ **inventory** [ínvəntɔ̀ːri]

名 目録，在庫，棚卸し

Could you take an **inventory** of the products in the warehouse?
(倉庫にある商品の**在庫**を調べていただけますか)

☞《**inventory** of＋名詞》で覚えよう。□ in the **inventory**「在庫中に」□ on the **inventory**「在庫表に」

3815 □□ **entrepreneur** [ɑ̀ːntrəprənə́ːr]

名 起業家，起業家，事業家，仲介（業）者

This grant was established to support young **entrepreneurs**.
(この助成金は若い**起業家**たちを支援するために設立された)

☞《**entrepreneur** of＋名詞》で覚えよう。

3816 □□ **spouse** [spáus]

名 配偶者，伴侶

People with a working **spouse** tend to eat out more often.
（職を持つ**配偶者**がいる人々は外食する機会が増える傾向にある）

☞《**spouse** of＋名詞》で覚えよう。 □ **spouse's** earnings「配偶者収入」

3817 □□ **faculty** [fǽkəlti]

名 職員，教員，学部教授陣，才能

Boris has been a **faculty** member at King College for over 20 years.
（Boris が King College の**教職員**となって 20 年以上になる）

☞《**faculty** of＋名詞》《**faculty** for＋名詞》で覚えよう。

3818 □□ **upbringing** [ʌ́pbrìŋiŋ]

名 しつけ，育て方

Marty had a middle-class **upbringing**, and he's very down to earth.
（Marty は中産階級の**育ち**で，とても地に足がついた人物です）

☞《**upbringing** of＋名詞》で覚えよう。 □ conventional **upbringing**「伝統的なしつけ」

3819 □□ **aisle** [áil]

名 通路

Please keep the **aisle** clear of baggage and other items.
（**通路**には手荷物などを置かないでください）

☞《**aisle** of＋名詞》で覚えよう。 □ **aisle** seat「通路側の席」

3820 □□ **pier** [píər]

名 さん橋，埠頭，防波堤

Our shipment of parts got lost somewhere at the **pier**.
（当社の部品配送分は**埠頭**のどこかで紛失された）

☞《**pier** of＋名詞》《**pier** in＋名詞》で覚えよう。 □ fishing **pier**「釣り場」

3821 □□ **fertilizer** [fə́ːrtəlàizər]

名 肥料，豊かにする人

Our firm produces a range of organic **fertilizers**.
（当社ではさまざまな有機**肥料**を製造しております）

☞《**fertilizer** for＋名詞》《**fertilizer** on＋名詞》で覚えよう。

3822 □□ **stain** [stéin]

名 しみ，汚れ，傷，汚点 動 ～にしみをつける，～を傷つける，～に着色する，～を汚す，汚れる，しみになる

How can I remove a coffee **stain** from a woolen shirt?
（ウールのシャツに付いたコーヒーの**しみ**はどのようにして取り除けますか）

☞《**stain** of＋名詞》《**stain** on＋名詞》，動詞は《**stain**＋目的語［名詞］》《**stain** *A* with *B*》で覚えよう。

3823 □□ **firsthand** [fə̀ːrsthǽnd]

形 直接の，じかの

Ginny has **firsthand** experience with that, so why don't you ask her?
（Ginny はそれを**直接**体験していますから，彼女に尋ねてはどうですか）

☞《**firsthand**＋名詞》で覚えよう。

3824 □□ **susceptible** [səséptəbl]

形 感受性の強い，～を受けやすい，～に影響されやすい，～に感染しやすい

Some wireless devices were **susceptible** to unauthorized access.
（ワイヤレス機器の一部は不正アクセスの影響を**受けやすかった**）

☞《**susceptible**＋名詞》《連結動詞＋**susceptible**》《連結動詞＋**susceptible** to＋名詞》で覚えよう。

3825 □□ **liable** [láiəbl]

形 (法的に) 責任を負うべき，～しがちな，～しやすい

Plastic casing is **liable** to break.（プラスチックのケースは破損**しやすい**）

☞《**liable**＋名詞》《連結動詞＋**liable**》《連結動詞＋**liable** for/to＋名詞》《連結動詞＋**liable**＋to 不定詞》で覚えよう。好ましくない行動や事態について使うことが多い。

3826 □□ **liability** [làiəbíləti]

名 責任，義務，負債，債務，不利益になるもの［人］

We do not accept any **liability** for theft of personal property.
（当社は個人所有物の盗難に対しては**責任**を負いません）

☞《**liability** of＋名詞》《**liability** for/to＋名詞》《**liability**＋to 不定詞》で覚えよう。

3827 □□ **implement** [ímpləmènt]

動 ～を実行する，～を実施する，～を執行する　名 道具，用具，手段

We develop and **implement** business plans that work best for you.
（当社は御社にとって最良の事業計画を開発し，**実行いたします**）

☞《**implement**＋目的語［名詞］》で覚えよう。

3828 □□ **implementation** [ìmpləmentéiʃən]

名 履行，実施，遂行

The **implementation** date of the new company policy is April 1.
（会社の新方針の**実施**日は４月１日です）

☞《**implementation** of＋名詞》で覚えよう。

3829 □□ **terminate** [tə́ːrmənèit]

動 終わる，～を終わらせる，～を打ち切る

The insurer retains the right to **terminate** the contract.
（保険提供者は契約を**解除する**権利を留保する）

☞《**terminate**＋目的語［名詞］》で覚えよう。

3830 □□ **termination** [tə̀ːrmənéiʃən]

名 終了させること，結末，結果

Mr. Lingle received substantial payment upon the **termination** of employment.（Lingle さんは雇用**打ち切り**に際してかなりの支払いを受け取った）

☞《**termination** of＋名詞》で覚えよう。

3831 □□ **dispose** [dispóuz]

動 ～を配置する，《dispose of ... で》～を処分する

Please use a paper shredder to **dispose** of office documents.
（オフィスの文書を**処分する**にはシュレッダを使ってください）

《**dispose**＋目的語［名詞］》《**dispose** of＋名詞》で覚えよう。自動詞は前置詞 of を必要とする。

3832 □□ **disposal** [dispóuzl]

名 処分，廃棄，売却，自由に使えること

Kent is in charge of promoting our eco-friendly waste **disposal** systems.
（Kent は当社の環境にやさしいゴミ**処理**システムを促進する責任者です）

《**disposal** of＋名詞》で覚えよう。 □ at *someone's* **disposal**「～の自由になって」

3833 □□ **supplement** [sʌ́pləmənt]

名 補足，追加，付録，サプリメント 動 ～を補う，～を追加する

We're going to expand our lines of nutritional **supplements**.
（当社は栄養**補助食品**の商品群を拡大いたします）

I work as a part-time translator to **supplement** my income.
（私は収入を**補う**ためにパートタイムで翻訳者の仕事をしています）

《**supplement** of＋名詞》《**supplement** to＋名詞》《**supplement** for＋名詞》《**supplement** on＋名詞》，動詞は《**supplement**＋目的語［名詞］》《**supplement** *A* by/with *B*》で覚えよう。

3834 □□ **appendix** [əpéndiks]

名 付録，付属書，別表，盲腸

The sources for the data are included in the **appendix**.
（データの出典は**付録**に収録されている）

《**appendix** of＋名詞》《**appendix** to＋名詞》で覚えよう。

3835 □□ **vacant** [véikənt]

形 空の，空いている，使われていない，欠員がある，うつろな

A growing number of houses are left **vacant** in rural areas.
（田園地帯では**放置されて**いる住宅が増えている）

《**vacant**＋名詞》《連結動詞＋**vacant**》で覚えよう。

3836 □□ **vacancy** [véikənsi]

名 空き，空室，空虚さ

The hotel's **vacancy** rate increases in the off-season.
（閑散期にはそのホテルの**空室**率は上がる）

《**vacancy** of＋名詞》《**vacancy** for＋名詞》で覚えよう。

3837 □□ **vacate** [véikeit, vəkéit]

動 身を引く，～を辞任する，～を立ち退く

We demand that you **vacate** the premises because of unpaid rent.
（家賃の未払いにより，家を**明け渡して**いただきます）

《**vacate**＋目的語［名詞］》で覚えよう。

3838 □□ **diagnose** [dàiəgnóus]

動 ～を（…と）診断する，（原因など）を突き止める

If **diagnosed** early, many serious diseases can be effectively treated.
（早期に**診断されれば**，多くの深刻な病気は効果的に治療できる）

☞《**diagnose**＋目的語［名詞］》《**diagnose** *A* as *B*》《**diagnose**＋人＋as＋（having）名詞》で覚えよう。

3839 □□ **diagnostic** [dàiəgnɑ́(:)stik]

形 診断に関する，兆候を示す

The **diagnostic** software helped us to detect file directory problems.
（その**診断用**ソフトウェアのおかげで，ファイルディレクトリの問題を検知できました）

☞《**diagnostic**＋名詞》《連結動詞＋**diagnostic**》で覚えよう。

3840 □□ **exempt** [igzémpt]

動 ～を（…から）免除する，～を（…から）適用しない　形 免除されて

Professional drivers will be **exempted** from the proposed mileage tax.
（職業ドライバーは提案されている自動車走行距離税を**免除される**だろう）

New hires are **exempt** from the staff meeting on Friday.
（新規採用者は金曜日のスタッフミーティングを**免除されて**いる）

☞《**exempt**＋目的語［名詞］（＋from＋名詞）》，形容詞は《連結動詞＋**exempt**》《連結動詞＋**exempt** from＋名詞》で覚えよう。 □ **exempt** from taxes「免税されて，非課税扱いで」

3841 □□ **exemption** [igzémpʃən]

名 免税（品），控除，課税控除額

You are eligible for a tax **exemption** if you meet the following requirements.（次の要件を満たす場合には税**免除**の資格があります）

☞《**exemption** from＋名詞》《**exemption** on＋名詞》で覚えよう。

3842 □□ **refund** [ríːfʌ̀nd; rifʌ́nd]

名 払い戻し　動 ～に（…を）返済する，～に（…を）払い戻す

If you want to claim a tax **refund** for the year, please fill out this form.
（今年度の税金の**還付**を請求なさりたい場合は，この用紙に記入してください）

We will **refund** you the money if you have a receipt.
（領収書をお持ちであれば代金を**返金いたします**）

☞《**refund** of＋名詞》《**refund** for/on＋名詞》《**refund** to＋人》，動詞は《**refund**＋目的語［名詞］（＋to＋人）》《**refund**＋人＋目的語［名詞］》で覚えよう。

3843 □□ **redeem** [ridíːm]

動 ～を改善する，～を商品に換える，～を買い戻す，～を履行する，（名誉など）を回復する

I will **redeem** this voucher at the company's online store.
（私は同社のオンラインストアでこの商品券を**商品に換えます**）

☞《**redeem**＋目的語［名詞］》で覚えよう。

3844 □□ **remittance** [rimítəns]

名 送金（方法），送金額

The bank charges a service fee for international **remittances**.
（その銀行は国際**送金**にサービス料を請求する）

☞《**remittance** of＋名詞》で覚えよう。 □ on **remittance** of ...「～の送金が届いて」

3845 □□ **seam** [sí:m]

名 縫い目，継ぎ目，縫い跡　動 ～を縫い合わせる，～にしわを生じさせる，～に傷をつける

There are fine **seam** lines on the wallpaper.
（その壁紙には細かな**裂け目**がある）

Without sufficient financial support, the project came apart at the **seams**.
（十分な財政支援を得られずに，そのプロジェクトは**失敗**した）

《**seam** of＋名詞》，動詞は《**seam**＋目的語［名詞］》で覚えよう。 □ come/fall apart at the **seams**「あちらこちらから崩壊する」

3846 □□ **garment** [gɑ́:rmənt]

名 衣服

Mr. Yokoyama is taking a **garment** bag to the airport.
（Yokoyama さんは**衣類**用バッグを持って空港に向かっています）

《**garment** of＋名詞》《**garment** for＋名詞》で覚えよう。日常的には clothes（複数名詞）を使うことが多い。

3847 □□ **attire** [ətáiər]

名 衣装，正装

The dress code requires formal business **attire** at all times.
（服装規定は，常にフォーマルな仕事**着**の着用を求めている）

《**attire** of＋名詞》《**attire** for＋名詞》で覚えよう。clothes のフォーマルな表現。不可算名詞なので，複数形は使わない。

3848 □□ **enrage** [enréidʒ]

動 ～をひどく怒らせる，～を激怒させる

The tax reform **enraged** middle-class people.
（税制改革は中間所得層を**怒らせた**）

《**enrage**＋目的語［名詞］》で覚えよう。

3849 □□ **furious** [fjúəriəs]

形 ひどく立腹した，怒り狂った，（活動が）激しい

If we don't meet the deadline, the client will be **furious**.
（納期に間に合わなければ，顧客は**激怒**するでしょう）

《**furious**＋名詞》《連結動詞＋**furious**》《連結動詞＋**furious** at/about＋名詞》《連結動詞＋**furious** with＋人》《連結動詞＋**furious**＋that 節》《連結動詞＋**furious**＋to 不定詞》で覚えよう。

3850 □□ **hazard** [hǽzərd]

名 危険（要素）　動 ～を危険にさらす，危険を冒す，思い切って言う

Environmental **hazards** include exposure to toxins such as mercury.
（環境に関する**危険**には，水銀のような有害物質にさらされることも含まれる）

《**hazard** of＋名詞》《**hazard** to/for＋名詞》で覚えよう。

3851 □□ **hazardous** [hǽzərdəs]

形 有害な，危険な

News about our financial standing can be **hazardous** to our reputation.
（当社の財務状況に関する報道は，当社の評判にとって**有害**になりかねない）

《**hazardous**＋名詞》《連結動詞＋**hazardous**》《連結動詞＋**hazardous** to/for＋名詞》《It is **hazardous**＋to 不定詞》で覚えよう。

3852 □□ **adhere** [ədhíər]

動《adhere to ... で》～に従う，～に固執する，～に付着する

In this case we will **adhere** to company policy.
（この場合は，私たちは会社の方針に**従います**）

☞《**adhere** to＋名詞》で覚えよう。

3853 □□ **adhesive** [ədhíːsiv, æd-]

形 粘着性の，接着性の，くっついて離れない　名 接着剤

This substance has weak **adhesive** properties.（この物質には弱い**接着**力がある）

☞《**adhesive**＋名詞》，名詞は《**adhesive** of＋名詞》で覚えよう。　□ instant **adhesive**「瞬間接着剤」

3854 □□ **glue** [glúː]

名 接着剤，のり，結びつける力　動 ～を接着剤でつける

Could you hand me the spray **glue**?（スプレー**糊**を取っていただけますか）

☞《**glue** of＋名詞》《**glue** on＋名詞》《**glue** to＋名詞》，動詞は《**glue**＋目的語［名詞］》《**glue** *A* onto/to *B*》で覚えよう。

3855 □□ **constrain** [kənstréin]

動 ～を強いる，～を抑制する，～を拘束する，～を抑圧する

Fear of making a mistake will **constrain** our ability to innovate.
（誤りを犯すことを恐れるなら，革新を生み出す能力に**制約を加える**ことになるでしょう）

☞《**constrain**＋目的語［名詞］》《**constrain**＋目的語［名詞］＋from＋動名詞》で覚えよう。

3856 □□ **constraint** [kənstréint]

名 強制，抑制，制限

Don't let our financial **constraints** discourage our innovations.
（当社に財政的な**制約**があるからといって，そのために革新をめざす気持ちを失わないようにしよう）

☞《**constraint** of＋名詞》《**constraint** on＋名詞》で覚えよう。　□ within a **constraint**「制約の中で」　□ without **constraint**「制約なしで」

3857 □□ **certificate** [sərtífikət]

名 証明（書），免許状

Milke Jeweler's issues a **certificate** of authenticity for rare jewels.
（Milke 宝石店は希少な宝石の鑑定**書**を発行する）

☞《**certificate** of/for＋名詞》《**certificate**＋that 節》《**certificate**＋to 不定詞》で覚えよう。

3858 □□ **certification** [sə̀ːrtifikéiʃən]

名 証明（書），認可

New managers completed the management **certification** course.
（新管理職者は全員が経営管理**認定**コースを修了しました）

☞《**certification** of/for＋名詞》《**certification**＋that 節》《**certification**＋to 不定詞》で覚えよう。

3859 □□ **certify** [sə́ːrtifài]

動 ～を証明する，～を認証する，～の証明書を発行する

At Glass Houses, we **certify** each product we make.
（Glass Houses 社では，製造する全製品に**証明書を発行いたします**）

☞《**certify**＋目的語［名詞］》《**certify**＋人＋as＋名詞》《**certify**＋that 節》で覚えよう。

3860 □□ **voucher** [váutʃər]

名 証明書，領収書，引換券，割引券

- We don't have that item in stock, but I can give you a **voucher**.
（その品は在庫がありませんが，**引換券**をお渡しできます）
- These **vouchers** are redeemable at our online store.
（これらの**商品券**は当社のオンラインストアで商品に交換できます）

☞《**voucher** of＋名詞》で覚えよう。特定の目的のために現金として使える「券」を指す。 □ redeem a **voucher**「商品券を使う」

3861 □□ **elevate** [éləvèit]

動 ～を高める，（声・視線など）を上げる，～を持ち上げる，（値，量など）を上昇させる

- Air pollution **elevates** the risk of respiratory illnesses.
（空気汚染は呼吸器疾患のリスクを**高める**）

☞《**elevate**＋目的語［名詞］》《**elevate** *A* to *B*》で覚えよう。

3862 □□ **outnumber** [àutnʌ́mbər]

動 ～より数が多い，～に数で勝る

- ACME's sales staff has been growing and has **outnumbered** ours.
（ACME 社の販売スタッフは増えており，当社のスタッフを**数でしのいでいる**）

☞《**outnumber**＋目的語［名詞］》《**outnumber** *A* by *B*》で覚えよう。

3863 □□ **incur** [inkə́ːr]

動 （結果として負債，損失など）を被る，責任を負う

- Home delivery **incurs** an additional fee, but I ordered anyway.
（自宅配送には取り扱い手数料が**生じます**が，とにかく注文しました）

☞《**incur**＋目的語［名詞］》で覚えよう。

3864 □□ **solicit** [səlísət]

動 ～を誘う，～を求める，～に懇願する，～にせがむ，～に声をかける

- The seminar is an opportunity to **solicit** investors for the new project.
（そのセミナーは新規プロジェクトへの出資者を**募る**機会です）

☞《**solicit**＋目的語［名詞］》《**solicit** *A* from *B*》《**solicit**＋人＋to 不定詞》で覚えよう。 □ No **soliciting**.「勧誘禁止，セールスお断り」

3865 □□ **fluctuate** [flʌ́ktʃuèit]

動 上下する，変動する

- Vegetable prices have **fluctuated** recently.
（野菜の価格はこのところ**大きく変動している**）

☞《**fluctuate**＋副詞》で覚えよう。 □ **fluctuating** stock prices「変動する株価」

3866 □□ **packet** [pǽkət]

名 小さな包み，パック，パケット

- I'll get a **packet** of postcards to send to my friends.
（友人たちに送るために絵はがき１**パック**を買います）

☞《**packet** of＋名詞》で覚えよう。

3867 □□ **statistics** [stətístiks]

名 統計（学）

According to **statistics**, we normally need seven hours of sleep per day.
（**統計**によれば，通常は一日 7 時間の睡眠が必要です）

☞《**statistics** of＋名詞》《**statistics** on＋名詞》《**statistics** for＋名詞》で覚えよう。「統計学」という意味では単数扱い，「統計数字」という意味では複数扱い。

3868 □□ **quota** [kwóutə]

名 分配，割り当て，定数

Greg was was able to meet his sales **quota** for the month.
（Greg は月の販売**ノルマ**を達成できた）

☞《**quota** of＋名詞》《**quota** on＋名詞》《**quota** for＋名詞》で覚えよう。

3869 □□ **stationery** [stéiʃənèri]

名 文房具

I bought some office supplies at a **stationery** store.
（**文房具**店でオフィス用品をいくらか買いました）

☞《**stationery** of＋名詞》で覚えよう。不可算名詞なので，複数形は使わない。 □ office **stationery**「会社用文具」

3870 □□ **tuition** [tju(ː)íʃən]

名 指導，授業，授業料

More institutions are offering **tuition**-free education.
（**授業料**無料の教育を提供する機関が増えている）

☞《**tuition** of＋名詞》《**tuition** for＋名詞》で覚えよう。 □ pay **tuition**「授業料を支払う」

3871 □□ **intake** [íntèik]

名 摂取量，採用者（数），取り込み□

Monitoring calorie **intake** is an important part of a successful diet.
（カロリー**摂取量**の観察管理はダイエット成功の重要要素です）

☞《**intake** of＋名詞》で覚えよう。

3872 □□ **pedestrian** [pədéstriən]

名 歩行者　形 歩行者の，徒歩の

The sidewalks are crowded and are not safe for **pedestrians** and cyclists.
（歩道は混雑しており，**歩行者**や自転車に乗る人々にとって安全ではない）

☞《**pedestrian** of＋名詞》《**pedestrian** in/on＋名詞》，形容詞は《**pedestrian**＋名詞》で覚えよう。**pedestrians** and motorists の組み合わせで覚えよう。

3873 □□ **excursion** [ikskə́ːrʒən]

名 小旅行，遠足，脱線

A company-sponsored **excursion** is expected in May.
（5 月に会社の費用負担での**小旅行**が予定されています）

☞《**excursion** to＋名詞》で覚えよう。 □ on an **excursion**「小旅行で」

3874 □□ **compatible** [kəmpǽtəbl]

形 相性がよい，矛盾のない，両立できる，互換性のある

The new hire doesn’t seem **compatible** with the company’s culture.
（その新入社員は社風と**合わ**ないようだ）

《**compatible**＋名詞》《連結動詞＋**compatible**》《連結動詞＋**compatible** with＋名詞》で覚えよう。

3875 □□ **incompatible** [ìnkəmpǽtəbl]

形 気が合わない，両立しない，互換性がない

VirusAway software proved **incompatible** with older operating systems.
（VirusAway ソフトウェアは古い基本制御システムと**互換性がない**ことがわかった）

《**incompatible**＋名詞》《連結動詞＋**incompatible**》《連結動詞＋**incompatible** with＋名詞》で覚えよう。

3876 □□ **turnaround** [tə́ːrnəràund]

名 方向転換，建て直し，転換，逆転，（思想などの）転向

The economy has made a significant **turnaround** in the second quarter.
（第 2 四半期に経済は著しく**好転**した）

《**turnaround** of＋名詞》《**turnaround** in＋名詞》《**turnaround** for＋名詞》で覚えよう。

3877 □□ **turnout** [tə́ːrnàut]

名 出席者，観客数，実投票者数，生産高

Voter **turnout** has declined in the last three national elections.
（過去 3 回の国政選挙で**投票者数**は減少している）

《**turnout** of＋名詞》《**turnout** for＋名詞》で覚えよう。通常は単数形で使う。

3878 □□ **turnover** [tə́ːrnòuvər]

名 回転率，労働移動率，離職率，転覆

Improved employee benefits led to a lower employee **turnover** rate.
（従業員の福利厚生を改善したことが**離職**率の引き下げにつながった）

《**turnover** of＋名詞》《**turnover** in＋名詞》で覚えよう。

3879 □□ **soar** [sɔ́ː(r)]

動 急に舞い上がる，急騰する，急上昇する，膨らむ，高まる　名 急上昇すること，空高く舞い上がること

Though its debt **soared** two years ago, Travelers Inc. is doing better now.
（負債は 2 年前に**膨らんだ**が，Travelers Inc. 社の業績はいまは改善している）

《**soar**＋副詞》《**soar** from *A* to *B*》《**soar** above/through/over＋名詞》，名詞は《**soar** of＋名詞》で覚えよう。

3880 □□ **ascend** [əsénd]

動 上昇する，（～を）登る，高い地位に就く

William is **ascending** the corporate ladder quickly.
（William はすばやく出世の階段を**登っている**）

《**ascend**＋目的語［名詞］》《**ascend** from/to/into＋名詞》で覚えよう。 □ in **ascending** order「昇順で」

3881 □□ **descend** [disénd]

動 下降する，（～を）下る，（祖先から／子孫へと）伝わる

If this sharp currency drop continues, our economy will **descend** into chaos.（この貨幣価値の著しい下落が続けば，経済は混乱に**陥る**だろう）

☞《**descend**＋目的語［名詞］》《**descend** from/to/into＋名詞》で覚えよう。 □ in **descending** order「降順で」

3882 □□ **downturn** [dáuntə̀ːrn]

名 下降，悪化，低迷，沈滞，低下

I believe our business will survive this economic **downturn**.
（当社の事業はこの経済**不況**を乗り越えると信じております）

☞《**downturn** of＋名詞》《**downturn** in＋名詞》で覚えよう。

3883 □□ **humid** [hjúːmid]

形 湿気のある，湿った，多湿の

I can't stand this **humid** weather.
（これほどに**蒸し暑い**天気には耐えられません）

☞《**humid**＋名詞》《連結動詞＋**humid**》で覚えよう。

3884 □□ **humidity** [hjuːmídəti]

名 湿度，湿り気

What is intolerable about the weather here is the **humidity**.
（ここの天気についていちばん耐えられないのは**湿度**です）

☞《**humidity** of＋名詞》《**humidity** in＋名詞》で覚えよう。

3885 □□ **standpoint** [stǽndpɔ̀int]

名 立場，見地，観点

I'd like to take a look at this problem from a different **standpoint**.
（この問題を異なる**観点**から見てみます）

☞《**standpoint** of＋名詞》《**standpoint**＋that 節》で覚えよう。

3886 □□ **standstill** [stǽndstìl]

名 停止，行き止まり，行き詰まり

The negotiations are at a **standstill**; how can we get them moving?
（交渉は**行き詰まり**の状態です；進めるために何ができるでしょうか）

☞《**standstill** in＋名詞》で覚えよう。 □ come to a **standstill**「行き詰まる」□ bring ... to a **standstill**「～を行き詰まらせる」

3887 □□ **diversity** [dəvə́ːrsəti, dai-]

名 多様性，相違点

Cultural **diversity** is an essential element of a creative work environment.
（文化的**多様性**は創造性豊かな職場環境に不可欠の要素です）

☞《**diversity** of＋名詞》で覚えよう。

3888 □□ **diversify** [dəvə́ːrsəfài, dai-]

動 (～を) 多様化する，(～を) 多角化する

◤ Lydon Press has **diversified** into several different fields.
(Lydon Press 社はいくつかの異なる分野へと事業を**多角化している**)

☞《**diversify**＋目的語［名詞］》《**diversify** into/from＋名詞》で覚えよう。名詞形 diversification は金融では「分散投資」を意味する。

3889 □□ **miscellaneous** [mìsəléiniəs]

形 種々雑多な (ものから成る)，多方面の

◤ **Miscellaneous** work keeps me busy every day.
(**雑多な**仕事で毎日忙しくしています)

☞《**miscellaneous**＋名詞》で覚えよう。

3890 □□ **subscribe** [səbskráib]

動 定期購読する

◤ New users who **subscribe** to the movie channel can get a free trial.
(その映画チャンネルを**定期契約する**新規ユーザーには無料のお試し期間が与えられる)

☞《**subscribe** to＋名詞》で覚えよう。

3891 □□ **subscription** [səbskrípʃən]

名 (定期) 購読，会員，賛同，署名

◤ Ms. Maran took out a one-year **subscription** to *Business Times*.
(Maran さんは *Business Times* 誌の 1 年間の**定期購読**を申し込んだ)

☞《**subscription** of＋名詞》《**subscription** to＋名詞》で覚えよう。

3892 □□ **subscriber** [səbskráibər]

名 購読者，加入者，サービス利用者

◤ The monthly newsletter was redesigned to gain more **subscribers**.
(月刊ニューズレターは**定期購読者**を増やすために刷新された)

☞《**subscriber** of＋名詞》《**subscriber** to＋名詞》で覚えよう。

3893 □□ **allocate** [ǽləkèit]

動 ～を割り当てる，～を配置する

◤ The CEO **allocated** more resources to the product design team.
(CEO は，製品デザインチームにさらに多くの経営資源を**割り当てた**)

☞《**allocate**＋目的語［名詞］(＋to＋名詞)》で覚えよう。

3894 □□ **allot** [əlát]

動 ～を割り当てる，～を分配する

◤ I think we should **allot** more hours to this project.
(私たちはこのプロジェクトにもっと時間を**充てる**べきだと思います)

☞《**allot**＋目的語［名詞］(＋to＋名詞)》で覚えよう。

3895 □□ **earmark** [íərmɑ̀ːrk]

動 ～に目印をつける，（金など）を取っておく［充てる］ 名 耳印，目印

These funds are **earmarked** for product research and development.
（これらの資金は製品の研究開発に**充てる**）

☞《**earmark**＋目的語［名詞］》《**earmark** *A* for *B*》《**earmark** *A* as *B*》，名詞は《**earmark** of＋名詞》《**earmark** for＋名詞》で覚えよう。

3896 □□ **commute** [kəmjúːt]

動 通勤する，通学する

It takes me an hour to **commute** to work.
（**通勤する**ために１時間かかります）

☞《**commute** from/to/between＋名詞》で覚えよう。

3897 □□ **commuter** [kəmjúːtər]

名 通勤者

When buying a **commuter** pass, please make sure to save the receipt.
（**通勤**定期券を買うときは必ず領収書を取っておいてください）

☞《**commuter** from/to/between＋名詞》で覚えよう。

3898 □□ **haste** [héist]

名 急ぎ，急ぐこと

We'd better be careful not to agree to anything in **haste**.
（何に対しても**性急**に同意しないように注意しましょう）

☞《**haste** of＋名詞》《**haste**＋to 不定詞》で覚えよう。日常的には hurry を使うことが多い。
□ in **haste**「すぐに，急いで」 □ without **haste**「急ぐことなく，ゆっくりと」

3899 □□ **hastily** [héistili]

動 急いで，急に

The topic of conversation was **hastily** changed to budgeting.
（会話の話題は**急いで**予算編成へと切り替えられた）

☞《**hastily**＋動詞》で覚えよう。□ **hastily** repair「～を急いで修理する」

3900 □□ **hasten** [héisn]

動 急いで～する，～を急がせる，～を急きたてる

We met with our clients to **hasten** the negotiation process.
（交渉過程を**早める**ために顧客と会いました）

☞《**hasten**＋目的語［名詞］》《**hasten**＋to 不定詞》で覚えよう。

3901 □□ **virus** [váiərəs]

名 ウイルス，ウイルス性疾患，害悪，コンピュータウイルス

Virus protection software continues to evolve, but so do the **viruses**.
（**ウイルス**防御ソフトウェアは進化し続けているが，**ウイルス**もまた進化している）

☞《**virus** of＋名詞》で覚えよう。 □ **virus** infection「ウイルス感染」

3902 □□ **vaccination** [væksənéiʃən]

名 ワクチン接種，予防接種

Mandatory **vaccination** might be required of visitors from abroad.
(海外からの訪問者には義務化された**予防接種**が必要とされるかもしれない)

《**vaccination** of＋名詞》《**vaccination** against＋名詞》で覚えよう。

3903 □□ **broker** [bróukər]

動 ～を仲介する 名 仲買人，仲介業者，影の実力者

After much discussion, Linh **brokered** a deal with Van Corp.
(多くの話し合いを重ねて，Linh は Van Corp. 社との取引を**仲介できた**)

《**broker**＋目的語［名詞］》，名詞は《**broker** for/between＋名詞》で覚えよう。

3904 □□ **brokerage** [bróukəridʒ]

名 仲買業務，仲買業者，仲買手数料

My immediate superior worked for a large **brokerage** firm in the city.
(私の直属の上司は市内の大きな**仲買**企業で働いていました)

《**brokerage** of＋名詞》で覚えよう。broker として営む事業のこと。

3905 □□ **commemorate** [kəmémərèit]

動 ～を祝う，～を記念する，記念となる，祝う

We would like to **commemorate** today's event with a group photo.
(集合写真を撮って今日のイベントを**記念したい**と思います)

《**commemorate**＋目的語［名詞］》で覚えよう。

3906 □□ **commemorative** [kəmémərèitiv, -rə-]

形 記念の，記念して

Session participants were asked to gather for a **commemorative** photo.
(セッション参加者は**記念**写真のために集まるようにいわれた)

《**commemorative**＋名詞》《連結動詞＋**commemorative**》《連結動詞＋**commemorative** of＋名詞》で覚えよう。

3907 □□ **realtor** [ríːəltər, -tɔ̀ːr]

名 不動産業者

In property sales, a client will pay their **realtor** a commission.
(不動産の売買では，顧客は**不動産業者**に手数料を支払う)

《**realtor** of＋名詞》で覚えよう。real estate agent ともいう。

3908 □□ **condominium** [kɑ̀ndəmíniəm]

名 分譲マンション，共同統治

Martha got money to start her business by selling her **condominium**.
(Martha は**分譲マンション**を売却して起業資金を得た)

《**condominium** of＋名詞》で覚えよう。日本語の「分譲マンション」を指し，短縮形の condo を使うことも多い。

3909 □□ **long-term** [lɔ̀(ː)ŋtə́ːrm]

形 長期の，長期的な，長期間の

The unexpected results will lead us to change our **long-term** plan.
(予想外の結果で当社は**長期**計画を変更することになるでしょう)

《**long-term**＋名詞》で覚えよう。 □ in the **long term**「長期的に」

3910 □□ **short-term** [ʃɔ̀ːrttə́ːrm]

形 短期の，短期的な，短期間の

I'm looking for **short-term** employment opportunities to work until May.
(5 月まで働ける**短期の**就職口を探しています)

《**short-term**＋名詞》で覚えよう。 □ in the **short term**「短期的に」

3911 □□ **petition** [pətíʃən]

名 請願(書)，嘆願(書)，申請(書)，陳情(書) 動 ～に請願する，～に嘆願する

You can sign the online **petition** to request Ms. Delmar's reinstatement.
(Delmar さんの復職を求める**請願**にオンラインで署名していただけます)

《**petition** of＋名詞》《**petition** for/against＋名詞》《**petition** in favor of＋名詞》《**petition** on behalf of＋人》《**petition** by/from＋人》《**petition**＋that 節》《**petition**＋to 不定詞》，動詞は《**petition** for/against＋名詞》《**petition**＋that 節》《**petition**（＋人）＋to 不定詞》で覚えよう。

3912 □□ **invoice** [ínvɔis]

名 請求(明細)書，インボイス，送り状

Could you send me the **invoice** at your earliest convenience?
(**請求明細書**をできるだけ早く送っていただけますか)

《**invoice** of＋名詞》《**invoice** for＋名詞》《**invoice** from/to＋名詞》で覚えよう。

3913 □□ **vendor** [véndər]

名 供給業者，販売会社

We will request quotes from several **vendors**.
(いくつかの**販売業者**に見積もりを依頼します)

《**vendor** of＋名詞》で覚えよう。 □ hardware/software **vendor**「ハードウェア／ソフトウェア販売業者」

3914 □□ **plumber** [plʌ́mər]

名 配管工

Let's call a **plumber** to unclog the sink.
(**配管業者**に電話して，流しの詰まりを取ってもらいましょう)

《**plumber** in＋名詞》で覚えよう。 □ local **plumber**「地元の配管業者」

3915 □□ **courier** [kúriər, kə́ːriər]

名 配達人，配達業者，密使 動 (書類など)を配達する

The package was sent by **courier**. (その小包は**宅配便**で送られた)

《**courier** of＋名詞》，動詞は《**courier**＋目的語［名詞］》で覚えよう。 □ by **courier**「宅配便で」

3916 □□ **hygiene** [háidʒiːn]

名 衛生状態，健康法

Good **hygiene** is crucial for preventing illness in the workplace.
(職場での病気を予防するためには良好な**衛生**環境が不可欠です)

☞《**hygiene** of＋名詞》《**hygiene** in＋名詞》で覚えよう。

3917 □□ **detergent** [ditə́ːrdʒənt]

名 合成洗剤

Only a strong **detergent** will be able to remove that stain.
(強力な**洗剤**だけがそのシミを取り除けるだろう)

☞《**detergent** for＋名詞》で覚えよう。

3918 □□ **plaque** [plǽk]

名 飾り額，(記念) 盾，バッジ

Samuel received a **plaque** from the company for doubling his sales.
(自分の売り上げを倍増させたことで，Samuel は会社から**飾り盾**を贈られた)

☞《**plaque** of＋名詞》で覚えよう。

3919 □□ **polytechnic** [pɑ̀litéknik]

名 技術系専門学校，ポリテクニック

Riya studied civil engineering at a **polytechnic** in India.
(Riya はインドの**技術系専門学校**で土木工学を学んだ)

☞《**polytechnic** of＋名詞》で覚えよう。 □ **polytechnic** student「技術系専門学校生」

3920 □□ **prestigious** [prestídʒiəs]

形 名声のある，一流の，高名な

George joined the firm after graduating from a **prestigious** university.
(George は**名声のある**大学を卒業後にその会社に入った)

☞《**prestigious**＋名詞》で覚えよう。

3921 □□ **hectic** [héktik]

形 熱狂した，多忙を極めた，消耗性の

The holiday season is so **hectic** that our store phone is always ringing.
(年末休暇の時期は**猛烈に忙しく**，当店の電話は鳴りやみません)

☞《**hectic**＋名詞》《連結動詞＋**hectic**》で覚えよう。extremely busy という意味。 □ **hectic** schedule「忙殺的な予定」 □ **hectic** day「あわただしい一日」

3922 □□ **spicy** [spáisi]

形 香辛料のきいた，ピリッとした，きわどい

Extremely **spicy** food isn't for me; I like mild food.
(**香辛料の効き**すぎた食べ物は好みません；ほどよい食べ物が好きです)

☞《**spicy**＋名詞》《連結動詞＋**spicy**》で覚えよう。

Score

Level 860

スコアレベル
860

3923 □□ **subtract** [səbtrǽkt]

動 ～を減じる，～を引く

You can find out your net worth by **subtracting** your debts from your assets.（資産から負債を**減じる**ことで正味価値を計算できます）

《**subtract**＋目的語［名詞］》《**subtract** *A* from *B*》で覚えよう。

3924 □□ **deduct** [didʌ́kt]

動 ～を差し引く，～を控除する，～を推定する

Make sure to **deduct** expenses from the revenue.
（必ず収益から経費を**差し引いて**ください）

《**deduct**＋目的語［名詞］》《**deduct** *A* from *B*》で覚えよう。 □ **deduct** tax「税金を差し引く」

3925 □□ **deduction** [didʌ́kʃən]

名 差し引き，控除，推論

You can get a tax **deduction** on the computer you use for work.
（仕事で使うコンピュータには税**控除**が受けられます）

《**deduction** of＋名詞》《**deduction** for＋名詞》《**deduction** from＋名詞》《**deduction** about＋名詞》《**deduction**＋that 節》で覚えよう。 □ by **deduction**「推論して」

3926 □□ **reimburse** [rìːimbə́ːrs]

動 ～を払い戻す，～を返金する，～に賠償する

The company doesn't **reimburse** expenses for commuting.
（その会社は通勤費を**払い戻し**ません）

《**reimburse**＋目的語［名詞］》《**reimburse**＋人＋for＋名詞》で覚えよう。

3927 □□ **reimbursement** [rìːimbə́ːrsmənt]

名 返済，償還

Please refer to the contract for details on our **reimbursement** policy.
（当社の**払い戻し**方針の詳細については契約書を参照してください）

《**reimbursement** of＋名詞》で覚えよう。

3928 □□ **warrant** [wɔ́(ː)rənt]

動 ～を正当化する，～を保証する，～に認可を与える　名 認可（書），根拠，保証

The company's financial status isn't poor enough to **warrant** downsizing.（同社の財務状況は人員削減の**理由となる**ほどには悪くない）

《**warrant**＋目的語［名詞］》《**warrant**＋目的語［名詞］＋動名詞》《**warrant**＋that 節》，名詞は《**warrant** of＋名詞》《**warrant** for＋名詞》《**warrant**＋to 不定詞》で覚えよう。

3929 □□ **warranty** [wɔ́(ː)rənti]

名 認可，根拠，保証書

All of SoKal's products come with a two-year **warranty**.
（SoKal 製品のすべてに 2 年間の**保証**が付いている）

《**warranty** of＋名詞》《**warranty** on＋名詞》《**warranty** for/against＋名詞》で覚えよう。 □ under **warranty**「保証されて」

3930 □□ **fluent** [flúːənt]

形 流ちょうな，堪能な，雄弁な

Ms. Shimazaki is a **fluent** speaker of English and German.
（Shimazaki さんは英語とドイツ語を**流ちょうに**話す）

☞《**fluent**＋名詞》《連結動詞＋**fluent**》《連結動詞＋**fluent** in＋名詞》で覚えよう。 □ speak **fluent** Chinese「流ちょうな中国語を話す」

3931 □□ **eloquent** [éləkwənt]

形 雄弁な，能弁な，聴衆に強く訴える，表情豊かな

Marie gave an **eloquent** speech on climate change at the convention.
（Marie は会議で気候変動について**雄弁な**スピーチをした）

☞《**eloquent**＋名詞》《連結動詞＋**eloquent**》《連結動詞＋**eloquent** about/on＋名詞》で覚えよう。

3932 □□ **proficiency** [prəfíʃənsi]

名 上達，熟練，熟達

Colleen demonstrated her **proficiency** in Spanish through her impromptu speech.（Colleen は即興でスピーチをして，スペイン語に**堪能**であることを示した）

☞《**proficiency** of＋名詞》《**proficiency** in＋名詞》で覚えよう。

3933 □□ **dispatch** [dispǽtʃ]

動 ～を発送する，～を派遣する　名 発送，派遣，公文書

Additional workers will be **dispatched** to the building site tomorrow.
（追加の労働者があすに建築現場に**派遣される**だろう）

☞《**dispatch**＋目的語［名詞］》《**dispatch** *A* to *B*》，名詞は《**dispatch** of＋名詞》《**dispatch** from/to＋名詞》で覚えよう。

3934 □□ **consignment** [kənsáinmənt]

名 引き渡すこと，委ねること，委託販売，引き渡したもの

A new facility to allow imports on **consignment** has been introduced.
（輸入**委託販売**を可能にするための新たな施設が導入された）

☞《**consignment** of＋名詞》《**consignment** for＋名詞》で覚えよう。 □ on **consignment**「販売を委託された」

3935 □□ **subsidy** [sʌ́bsədi]

名 助成金，補助金

The medical researchers receive generous **subsidies** from the government.
（医学研究者らは政府から潤沢な**助成金**を受けている）

☞《**subsidy** of＋名詞》《**subsidy** for＋名詞》《**subsidy** on＋名詞》《**subsidy** to＋名詞》で覚えよう。

3936 □□ **subsidiary** [səbsídièri, -əri]

名 子会社，補助者　形 補助する，従属的な

Warner Educational was established as a **subsidiary** of Warner Media.
（Warner Educational 社は，Warner Media 社の**子会社**として設立された）

☞《**subsidiary** of＋名詞》，形容詞は《**subsidiary**＋名詞》《連結動詞＋**subsidiary**》《連結動詞＋**subsidiary** to＋名詞》で覚えよう。

3937 □□ **subsidize** [sʌ́bsədàiz]

(動) ～に助成金を支給する

Brighton Chemicals decided to **subsidize** Dr. Warren's research.
(Brighton Chemicals 社は Warren 博士の研究に**助成金を支給する**ことを決めた)

《**subsidize**＋目的語［名詞］》で覚えよう。

3938 □□ **uphold** [ʌphóuld]

(動) ～を支持する，～を守る，～を維持する

Upholding traditions helps to maintain corporate culture.
(伝統を**守る**ことは企業文化を維持するうえで役立つ)

《**uphold**＋目的語［名詞］》《**uphold**＋that 節》で覚えよう。

3939 □□ **refurbish** [rifə́ːrbiʃ]

(動) ～を一新する，～を改装する，～を磨き直す

We are planning to **refurbish** this office later this year.
(今年後半にこのオフィスを**改装する**予定です)

《**refurbish**＋目的語［名詞］》で覚えよう。

3940 □□ **enact** [enǽkt]

(動) ～を制定する，～を法律にする，～を実行に移す

More reforms need to be **enacted** for gender equality.
(社会・文化的な性差を解消するためには，さらに多くの改革が**立法化される**必要がある)

《**enact**＋目的語［名詞］》《**enact**＋that 節》で覚えよう。

3941 □□ **opt** [ɑ́pt]

(動) 選択する

Every user has the right to **opt** out of the company's free services.
(すべてのユーザは，同社の無料サービスを利用しないことを**選ぶ**権利を有する)

《**opt** for＋名詞》《**opt**＋to 不定詞》で覚えよう。 □ **opt** in to ...「～に加わる」□ **opt** out of ...「～から抜ける」

3942 □□ **inaugurate** [inɔ́ːgjərèit]

(動) ～を開設する，～を始動させる，～を就任させる

Rocca Hotels **inaugurated** a new booking system last week.
(Rocca Hotels 社は先週に新しい予約システムを**始動させた**)

《**inaugurate**＋目的語［名詞］》《**inaugurate**＋人＋as＋名詞》で覚えよう。

3943 □□ **waive** [wéiv]

(動) ～を放棄する，～を断念する，～を撤回する，～を無効にする

Some hotels are **waiving** cancellation fees for a limited period of time.
(一部のホテルは期間限定でキャンセル料を**放棄している**)

《**waive**＋目的語［名詞］》で覚えよう。

3944 □□ **clasp** [klǽsp]

(動) ～を（留め金で）留める，～を握りしめる，～を抱きしめる

Megan **clasped** her bag and hurried to the door.
(Megan はバッグを**つかむ**とドアへ急いだ)

《**clasp**＋目的語［名詞］》で覚えよう。

3945 □□ **contemplate** [kɑ́ntəmplèit]

動 ～をよく考える，～を熟考する，～を熟視する

Harold is **contemplating** the future of his business.
(Harold は自分の事業の将来を**じっくり考えている**)

《**contemplate**＋目的語［名詞］》《**contemplate**＋動名詞》《**contemplate**＋that/wh-/how 節》《**contemplate**＋if/whether 節》で覚えよう。

3946 □□ **acclaim** [əkléim]

動 ～を称賛する，～を喝采して迎える　名 喝采

The new device has been **acclaimed** by reviewers and consumers.
(その新しいデバイスは評論家と消費者から**称賛されている**)

《**acclaim**＋目的語［名詞］(＋for＋名詞)》で覚えよう。「公の場でほめる」という意味。

3947 □□ **embody** [embɑ́di]

動 (思想・感情など) を具体化する，～を組織化する，～を含む

The award is given to the employee who best **embodies** the ideals of the company. (その賞は，同社の理想をもっともよく**体現する**従業員に贈られる)

《**embody**＋目的語［名詞］》で覚えよう。

3948 □□ **emit** [imít]

動 (熱・音など) を出す，(言葉など) を口に出す，(意見など) を述べる

Electronic devices **emit** electromagnetic waves. (電子機器は電磁波を**放つ**)

《**emit**＋目的語［名詞］》で覚えよう。

3949 □□ **concoct** [kɑnkɑ́kt]

動 ～を混ぜて作る，～を巧みに作る，～をでっち上げる

I don't mean to **concoct** an excuse for the failure of the plan.
(その計画の失敗について言い訳を**作り上げる**つもりはありません)

《**concoct**＋目的語［名詞］》で覚えよう。

3950 □□ **sear** [síər]

動 ～を (さっと) 焼く，～を焦がす

The failure of the project was **seared** in Greg's memory.
(そのプロジェクトの失敗は Greg の記憶に**焼きついた**)

《**sear**＋目的語［名詞］》《**sear** in/into＋名詞》で覚えよう。

3951 □□ **bias** [báiəs]

名 歪み，偏見，先入観，ひいき，好み　動 ～に偏りを生じさせる

Mr. Gupta seems to have a **bias** toward technology-related proposals.
(Gupta さんはテクノロジー関連の提案を**好む**ようだ)

《**bias** of＋名詞》《**bias** toward/against/in favor of＋名詞》《**bias**＋that 節》，動詞は《**bias**＋目的語［名詞］》で覚えよう。

3952 □□ **onset** [ɑ́nsèt]

名 開始，着手，出だし

These foods are said to help delay the **onset** of aging.
(これらの食品は老化の**始まり**を遅らせると言われている)

《**onset** of＋名詞》で覚えよう。 □ at the **onset** of ...「～の始まりに」

3953 ☐☐ **induction** [indʌ́kʃən]

名 誘導，導入，加盟

Ms. Marrin received an **induction** notice into the business owner's club.
(Marrin さんは事業経営者クラブへの**入会**の通知を受け取った)

☞《**induction** of＋名詞》《**induction** to/into＋名詞》で覚えよう。

3954 ☐☐ **default** [difɔ́:lt]

名 債務不履行，既定事項，初期設定　動 債務を返済できなくなる

We can set the **default** Web browser as follows.
(次のようにして**既定の**ウェブブラウザを設定できます)

The number of customers **defaulting** on their loans is rising.
(ローンが**債務不履行となった**顧客数が上昇している)

☞《**default** of＋名詞》《**default** in＋名詞》，動詞は《**default** on＋名詞》で覚えよう。「義務を怠る」というニュアンスから，「(裁判に) 欠席する」「(試合に) 欠場する，棄権する」などの意味もあり，win by **default** で「不戦勝する」となる。 ☐ in **default**「支払い不能で」 ☐ in **default** of ...「～が欠如しているために」

3955 ☐☐ **criterion** [kraitíəriən]

名 基準，規範，尺度

This incident meets the **criterion** for an urgent task.
(この出来事は緊急課題とされる**基準**に合致している)

☞《**criterion** of＋名詞》《**criterion** for＋名詞》で覚えよう。複数形 criteria で使うことが多い。

3956 ☐☐ **homage** [*h*ɑ́midʒ]

名 敬意，尊敬

We visited the site to pay **homage** to our cultural heritage.
(私たちはその場所を訪れて，文化遺産に**敬意**を示した)

☞《**homage** to＋名詞》で覚えよう。

3957 ☐☐ **surveillance** [sə:rvéiləns]

名 監視，見張り，監督

The suspect was under close **surveillance** by the police.
(容疑者は警察によってしっかり**監視**されていた)

☞《**surveillance** of＋名詞》で覚えよう。 ☐ under **surveillance**「監視されて」

3958 ☐☐ **apprentice** [əpréntis]

名 徒弟，見習い　動 ～を徒弟に出す，見習いにする

Mario became an **apprentice** tailor to take over his family's business.
(家業を継ぐために，Mario はテーラーの**見習い**になりました)

☞《**apprentice** of＋名詞》，動詞は《*be* **apprenticed** to＋人》で覚えよう。いわゆる「研修生，見習い」。

3959 ☐☐ **brisk** [brísk]

形 活発な，爽快な，活況の

According to our data, sales were **brisk** throughout the last quarter.
(当社のデータによれば，販売は前四半期を通じて**活況で**した)

☞《**brisk**＋名詞》《連結動詞＋**brisk**》で覚えよう。

3960 □□ **punctual** [pʌ́ŋktʃuəl]

形 時間を守る，定時の

Being five minutes early for everything is a good way to be **punctual**.
(何事も 5 分早く用意をしておくことは**時間を厳守する**よい方法だ)

《**punctual**＋名詞》《連結動詞＋**punctual**》《連結動詞＋**punctual** for＋名詞》で覚えよう。

3961 □□ **lucrative** [lú:krətiv]

形 もうかる，利益の上がる

The project turned out to be more **lucrative** than expected.
(そのプロジェクトは予想以上に**もうかる**事業になった)

《**lucrative**＋名詞》《連結動詞＋**lucrative**》で覚えよう。

3962 □□ **integral** [íntəgrl]

形 なくてはならない，不可欠の，完全な

Computer literacy is an **integral** part of career development.
(コンピュータ技能はキャリアを伸ばすうえで**不可欠な**部分である)

《**integral**＋名詞》《連結動詞＋**integral**》《連結動詞＋**integral** to＋名詞》で覚えよう。

3963 □□ **apprehensive** [æ̀prihénsive]

形 懸念して，心配して，理解の早い

Jordan wasn't **apprehensive** about joining the new project.
(Jordan は新プロジェクトに参加することについて**不安を感じて**いなかった)

《**apprehensive**＋名詞》《連結動詞＋**apprehensive**》《連結動詞＋**apprehensive** about/of＋名詞》《連結動詞＋**apprehensive**＋that 節》《連結動詞＋**apprehensive**＋to 不定詞》で覚えよう。

3964 □□ **futile** [fjú:tl, -tail]

形 むだな，無益な，(人が) つまらない，無能の

Reducing staff was a **futile** attempt at turning the company around.
(スタッフの削減は同社の業績を好転させるための**むなしい**試みだった)

《**futile**＋名詞》《連結動詞＋**futile**》《It is **futile**＋to 不定詞》で覚えよう。「成功の見込みがまったくない」という意味。

3965 □□ **fulsome** [fúlsəm]

形 過度の，度を越した，不快な

The journalist expressed **fulsome** praise for the new design.
(新デザインに対して，そのジャーナリストは**過剰なほどの**称賛を示した)

《**fulsome**＋名詞》《連結動詞＋**fulsome**》で覚えよう。

3966 □□ **conceited** [kənsí:tid]

形 うぬぼれが強い，自負心の強い，突飛な思いつきをする

Judy is a bit **conceited**, but she's a reliable person.
(Judy は多少**うぬぼれが強い**けれど頼りになる人です)

《**conceited**＋名詞》《連結動詞＋**conceited**》で覚えよう。

3967 □□ **feasible** [fíːzəbl]

形 実行できる，実現可能な，適した

If we can secure the funding, this idea is **feasible**.
（資金を確保できるなら，このアイデアは**実行可能です**）

☞《**feasible**＋名詞》《連結動詞＋**feasible**》《連結動詞＋**feasible**＋to 不定詞》《It is **feasible**＋that 節》《It is **feasible**＋to 不定詞》で覚えよう。 □ **feasible** explanation「もっともらしい説明」

3968 □□ **feasibility** [fìːzəbíləti]

名 実行できること，実現の可能性

What is the **feasibility** of manufacturing everything in-house?
（自社ですべて製造できる**可能性**はどれくらいですか）

☞《**feasibility** of＋名詞》《**feasibility**＋to 不定詞》で覚えよう。

3969 □□ **sluggish** [slʌ́giʃ]

形 緩やかな，不活発な，機能の低い，不景気な

Despite a **sluggish** start, the stock price rose to an all-time high.
（**緩慢な**出足ではあったが，その株価は最高値まで上昇した）

☞《**sluggish**＋名詞》《連結動詞＋**sluggish**》で覚えよう。

3970 □□ **slump** [slʌ́mp]

名 暴落，不景気，不評 動 落ちる，ばったり倒れる，暴落する，急に衰える

The company is struggling to overcome the stock market **slump**.
（同社は株式市場の**低迷**を乗り越えようと努力している）

☞《**slump** in＋名詞》，動詞は《**slump** to＋名詞》で覚えよう。 □ in a **slump**「低迷して」

3971 □□ **blackout** [blǽkàut]

名 停電，報道管制，（一時的な）意識不明

A massive **blackout** struck the city.（大規模な**停電**が市を**襲った**）

☞《**blackout** of＋名詞》で覚えよう。

3972 □□ **collapse** [kəlǽps]

動 崩壊する，失敗する，衰弱する，～を折りたたむ 名 崩壊，決裂，挫折

Talks between labor and management have **collapsed**.
（従業員と経営陣との会談は**決裂した**）

☞《**collapse**＋目的語［名詞］》，名詞は《**collapse** of/in＋名詞》で覚えよう。

3973 □□ **collaborate** [kəlǽbərèit]

動 共同して取り組む，共同研究する，共同して働く

Dawn is **collaborating** with her old client on a new logo.
（Dawn は古くからの顧客と新ロゴのために**共同作業をしている**）

☞《**collaborate** on/in＋名詞》《**collaborate** with＋名詞》《**collaborate**＋to 不定詞》で覚えよう。

3974 □□ **collaboration** [kəlæ̀bəréiʃən]

名 協力，協同，共同研究

The two cosmetics companies will announce a **collaboration** this fall.
（両化粧品会社はこの秋に**協力関係**を発表するだろう）

☞《**collaboration** of＋名詞》《**collaboration** with/between/among＋名詞》《**collaboration**＋to 不定詞》で覚えよう。 □ in **collaboration** with ...「～と協力して」

3975 □□ **drastic** [drǽstik]

形 劇的な，過激な，抜本的な

Remote working has had a **drastic** effect on motivation.
（在宅勤務は士気に**劇的な**影響をもたらした）

☞《**drastic**＋名詞》《連結動詞＋**drastic**》で覚えよう。

3976 □□ **drastically** [drǽstikli]

副 抜本的に，大々的に，劇的に

Our sales **drastically** improved after price reductions.
（価格を引き下げた後，当社の販売は**劇的に**改善した）

☞《**drastically**＋動詞・形容詞》で覚えよう。 □ **drastically** increase「激増する」

3977 □□ **retract** [ritrǽkt]

動 ～を撤回する，～を格納する，後戻りする

Our main competitor **retracted** its bid at the last minute.
（当社の主要な競合企業は最後の段階で入札を**取り下げた**）

☞《**retract**＋目的語［名詞］》で覚えよう。

3978 □□ **retraction** [ritrǽkʃən]

名 撤回，取り消し

The company demanded a **retraction** of the magazine report.
（同社はその雑誌報道の**撤回**を要求した）

☞《**retraction** of＋名詞》で覚えよう。

3979 □□ **backlog** [bǽklɔ̀(ː)g]

名 未処理分，在庫 動 ～を予備として確保する

Our sales team is wading through the **backlog** of orders.
（当社の販売チームは注文未**処理分**の処理に追われている）

☞《**backlog** of＋名詞》で覚えよう。

3980 □□ **congestion** [kəndʒéstʃən]

名 密集，過密，うっ血

When the new freeway opens, it should relieve traffic **congestion**.
（新しい高速道路が開通すれば，交通**渋滞**を緩和するはずです）

☞《**congestion** of＋名詞》で覚えよう。 □ traffic **congestion**「交通渋滞」

3981 □□ **prototype** [próutətàip]

名 試作品，プロトタイプ

This is a **prototype**; the final product might look different.
（これは**試作品**です；最終的な製品は外見が異なるかもしれません）

☞《**prototype** of/for＋名詞》で覚えよう。

3982 □□ **protocol** [próutəkɑ̀l]

㊔ 礼儀作法，協定，議定書，（一連の）手続き

Sophisticated security **protocols** are used to protect computer networks.
（コンピュータネットワークを守るために高度な安全**通信規約**が使われている）

☞《**protocol** of＋名詞》《**protocol** for＋名詞》で覚えよう。

3983 □□ **clink** [klíŋk]

㊍ ～をチリン［カチン］と鳴らす　㊔ チリン［カチン］という音

Let's **clink** our glasses together for a toast!
（全員でグラスを**合わせて**乾杯しましょう）

☞《**clink**＋目的語［名詞］》，名詞は《**clink** of＋名詞》で覚えよう。

3984 □□ **disperse** [dispə́ːrs]

㊍ 分散する，～を分散させる，～をまき散らす，～を普及させる

Police officers blocked the site to **disperse** the crowd.
（警察官は群衆を**追い払う**ために現場を封鎖した）

☞《**disperse**＋目的語［名詞］》で覚えよう。

3985 □□ **abbreviate** [əbríːvièit]

㊍ ～を省略する，～を簡潔にする

This name is too long; let's **abbreviate** it to CWC.
（この名前は長すぎます；CWC に**省略しましょう**）

☞《**abbreviate**＋目的語［名詞］》《**abbreviate** *A* to *B*》で覚えよう。**abbreviated** word で「略語」となる。CDC［sìdìsí］のようにアルファベットひと文字ずつ発音するもの（initial）と，NASA［nǽsə］のように全体で１語として発音するもの（acronym）がある。

3986 □□ **nourish** [nə́ːriʃ]

㊍ ～を養う，～に滋養物を与える，～に肥料をやる，～を奨励する，～を育成する

Healthy food **nourishes** your body properly.
（健康によい食事は体に適切に**栄養を与えて**くれる）

☞《**nourish**＋目的語［名詞］》で覚えよう。現在分詞形 nourishing は「栄養を与える」，過去分詞形 nourished は「栄養を与えられて」という意味の形容詞としても使う。

3987 □□ **stipulate** [stípjəlèit]

㊍ ～を規定する，～を明記する

Ms. Cohen's assets were distributed as **stipulated** in her will.
（Cohen さんの資産は遺言書に**定められている**とおりに分配された）

☞《**stipulate**＋目的語［名詞］》《**stipulate**＋that 節》《It is **stipulated**＋that 節》で覚えよう。

3988 □□ **retrieve** [ritríːv]

㊍ ～を取り戻す，～を回収する，～を検索する，～を回復する，～を償う

The new system will locate and **retrieve** data files much faster.
（新システムはずっと速くデータファイルを検索して**取り出す**ことができる）

☞《**retrieve**＋目的語［名詞］》《**retrieve** *A* from *B*》で覚えよう。

3989 □□ **embed** [imbéd]

動 ～を埋め込む，～を（心・記憶などに）深くとどめる，（球根などを）苗床に植える

Hans **embedded** a video clip in his new blog post.
（Hans は自分の新しいブログ記事にビデオクリップを**埋め込んだ**）

《**embed**＋目的語［名詞］》《**embed** *A* in/within *B*》で覚えよう。

3990 □□ **align** [əláin]

動 ～を整列する，～を一直線に並べる，～を提携させる

We will **align** our goals across all levels of the organization.
（私たちは，組織の全体に同じ目標を**一貫して据え**ます）

《**align**＋目的語［名詞］》《**align** *A* with *B*》で覚えよう。

3991 □□ **gravitate** [grǽvətèit]

動 引きつけられる，引き寄せられる

As an investor, I tend to **gravitate** to small businesses and start-ups.
（投資家として，私は小企業や新興企業に**引き寄せられる**ところがある）

《**gravitate** to/toward＋名詞》で覚えよう。

3992 □□ **requite** [rikwáit]

動 ～に報いる

The company **requited** its chief designer's effort with generous stock options.
（その主任デザイナーの努力に対して，同社は巨額のストックオプションで**報いた**）

《**requite**＋目的語［名詞］》《**requite** *A* with *B*》で覚えよう。

3993 □□ **orchestrate** [ɔ́ːrkəstrèit]

動 ～を結集する，～を調整する，～を練り上げる，～を管弦楽に作曲する

The promotion team **orchestrated** an event to announce new products.
（販促チームは，新製品を告知するイベントを**準備した**）

《**orchestrate**＋目的語［名詞］》で覚えよう。

3994 □□ **savor** [séivər]

動 ～を味わう，香りがする，賞味する　名 香り，風味，味わい，興味，おもしろさ

Ulanowski Law Firm **savored** its victory in the libel lawsuit.
（Ulanowski 法律事務所はその名誉棄損訴訟で勝利を**味わった**）

《**savor**＋目的語［名詞］》，名詞は《**savor** of＋名詞》で覚えよう。

3995 □□ **clutter** [klʌ́tər]

名 がらくた，散乱物，乱雑，騒音　動 ～を散らかす，騒音をたてる

We just removed the excess **clutter** from the office.
（私たちは不要の**散らかった品**をオフィスから処分したばかりです）

《**clutter** of＋名詞》，動詞は《*be* **cluttered** with＋名詞》で覚えよう。過去分詞形 cluttered は「散らかって」という意味の形容詞としても使う。

3996 □□ **hub** [hʌ́b]

名 中心，中枢，拠点

Our city needs a **hub** airport for further development.
(さらなる発展のために，当市は**国際拠点**となる空港を必要としている)

☞《**hub** of＋名詞》で覚えよう。 □ **hub** of industry「産業の中心地」□ **hub** of commerce「商業の中心地」

3997 □□ **advent** [ǽdvent]

名 出現，到来，降臨

Network computing became affordable in the **advent** of the Internet age.
(インターネット時代の**到来**でネットワークを活用したコンピュータ技術は安価になった)

☞《**advent** of＋名詞》で覚えよう。

3998 □□ **gist** [dʒíst]

名 要点，趣旨

Hayley understood the **gist** of the request the customer made in Chinese.
(Hayley は顧客の中国語での依頼の**要点**は理解した)

☞《**gist** of＋名詞》で覚えよう。 □ catch the **gist**「要点を理解する」

3999 □□ **paradigm** [pǽrədàim]

名 範例，思考の枠組み，パラダイム

We have been witnessing a **paradigm** shift in news media.
(私たちは報道メディアの**構造的な大変動**な変化を目にしている)

☞《**paradigm** of＋名詞》《**paradigm**＋that 節》で覚えよう。

4000 □□ **query** [kwíəri]

名 質問，疑念　動 ～に質問する，～を疑う

The sales staff have been occupied with customer **queries**.
(販売スタッフは顧客からの**問い合わせ**に忙殺されている)

☞《**query** of＋名詞》《**query** about/on/regarding/concerning＋名詞》《**query** from/to＋名詞》，動詞は《**query**＋目的語》《**query**＋人＋about＋名詞》《**query**＋if/whether 節》で覚えよう。 □ **query** analysis「質問分析」

4001 □□ **diploma** [diplóumə]

名 (高校，大学の) 卒業証書，学位，免許状

Gwen holds a **diploma** in business management.
(Gwen は企業経営学の**学位**を持っている)

☞《**diploma** of＋名詞》《**diploma** in＋名詞》《**diploma** from＋名詞》で覚えよう。

4002 □□ **demographic** [dèməgrǽfik]

名 特定人口集団　形 人口統計の

What is the target **demographic** for this product?
(この製品はどんな**人口集団**を対象としていますか)

☞《**demographic** of＋名詞》，形容詞は《**demographic**＋名詞》で覚えよう。名詞は **demographics** で「人口動態」という意味になる。

4003 □□ **paralegal** [pǽrəlìːgəl]

名 パラリーガル，法務助手

Ms. Melton started as a **paralegal** and eventually became a lawyer.
（Melton さんは**法務助手**として働き始め，最終的には弁護士になった）

《**paralegal** in/at＋名詞》《**paralegal** for＋名詞》で覚えよう。

4004 □□ **prevalent** [prévələnt]

形 広く行きわたった，普及した

These symptoms are especially **prevalent** among elderly people.
（これらの症状は特に高齢者に**多く見られる**）

《**prevalent**＋名詞》《連結動詞＋**prevalent**》《連結動詞＋**prevalent** in/among＋名詞》で覚えよう。

4005 □□ **numerical** [njuːmérikl]

形 数字の，数字で表した

All reports submitted to me should include **numerical** data.
（私に提出する報告書はすべて**数値**データを含めてください）

《**numerical**＋名詞》《連結動詞＋**numerical**》で覚えよう。

4006 □□ **akin** [əkín]

形 血族の，同族の，類似した

I felt something **akin** to guilt and grief at the news.
（その知らせを聞いて，私は罪悪感と悲しみに**似た**思いを抱いた）

《連結動詞＋**akin** to＋名詞》で覚えよう。

4007 □□ **forthright** [fɔ́ːrθràit]

形 率直な，直進の

Gabrielle responds to questions and requests in a **forthright** manner.
（Gabrielle は質問や依頼に**率直に**対応する）

《**forthright**＋名詞》《連結動詞＋**forthright**》《連結動詞＋**forthright** about＋名詞》で覚えよう。

4008 □□ **edible** [édəbl]

形 食用の

Edible flowers are available at Karen's shop.
（Karen の店では**食用**植物を販売している）

《**edible**＋名詞》《連結動詞＋**edible**》で覚えよう。 □ Is this **edible**?「これって食べられるの」

4009 □□ **flammable** [flǽməbl]

形 可燃性の，燃えやすい

Our labs store highly **flammable** substances.
（当社の実験室はきわめて**引火性の高い**物質を保管している）

《**flammable**＋名詞》《連結動詞＋**flammable**》で覚えよう。inflammable は同意語，nonflammable は反意語である。

4010 □□ **eclectic** [ikléktik]

形 折衷的な，多岐に渡る，（趣味などが）広い

The CEO's residence is filled with an **eclectic** collection of art.
（その CEO の住まいは**よりすぐった**芸術コレクションがいっぱいにある）

《**eclectic**＋名詞》《連結動詞＋**eclectic**》《連結動詞＋**eclectic** in＋名詞》で覚えよう。

索引

A

D

F

G

索引
語法リスト

H

S

U

Y

Z

語法リスト

A

□ **affirmative** 798

名《in the **affirmative**》

形《**affirmative**＋名詞》

《連結動詞＋**affirmative**》

《連結動詞＋**affirmative** of＋名詞》

《連結動詞＋**affirmative** about＋名詞》

□ **afford** 897

動《cannot **afford**＋to 不定詞》

《cannot **afford**＋目的語［名詞］》

□ **affordable** 897

形《**affordable**＋名詞》

《連結動詞＋**affordable**（＋to＋人）》

《連結動詞＋**affordable**＋to 不定詞》

□ **afraid** 435

形《連結動詞＋**afraid**》

《連結動詞＋**afraid** of＋名詞》

《連結動詞＋**afraid**＋that 節》

《連結動詞＋**afraid**＋to 不定詞》

□ **afterward** 586

副《動詞＋**afterward**》

□ **against** 361

前《**against**＋名詞》

□ **age** 443

名《**age** of＋名詞》

動《**age**＋副詞》

□ **agency** 502

名《**agency** of＋名詞》

□ **agenda** 659

名《**agenda** of/for＋名詞》

□ **agent** 502

名《**agent** of＋名詞》

《**agent** for＋名詞》

□ **aggressive** 737

形《**aggressive**＋名詞》

《連結動詞＋**aggressive**》

□ **ago** 362

副《（数字＋）名詞＋**ago**》

□ **agree** 644

動《**agree** about/to＋名詞》

《**agree** with＋人》

《**agree** on＋名詞》

《**agree**＋that 節》

《It is **agreed**＋that 節》

《**agree**＋to 不定詞》

□ **agreement** 644

名《**agreement** of＋名詞》

《**agreement** on/about/over＋名詞》

《**agreement**＋that 節》

《**agreement**＋to 不定詞》

《**agreement** with/between/among＋人》

□ **agricultural** 862

形《**agricultural**＋名詞》

□ **agriculture** 862

名《**agriculture** of＋名詞》

□ **ahead** 414

副《**ahead** of＋名詞》

《動詞＋**ahead**》

□ **aid** 671

名《**aid** of＋名詞》

《**aid** for＋名詞》

動《**aid**＋目的語［名詞］》

《**aid**＋目的語［名詞］＋with/in＋名詞・動名詞》

□ **aim** 703

名《**aim** of＋名詞》

《take **aim** at＋名詞》

動《**aim**＋目的語［名詞］》

《**aim**＋目的語［名詞］＋at＋人》

《**aim**＋to 不定詞》

《**aim** at/for＋名詞・動名詞》

□ **air** 420

動《**air**＋目的語［名詞］》

名《**air** of＋名詞》

□ **aircraft** 420

名《**aircraft** from/to/for＋名詞》

□ **airfare** 421

名《**airfare** from/to/for＋名詞》

□ **airline** 420

名《**airline** from/to＋名詞》

□ **airplane** 420

名《**airplane** from/to/for＋名詞》

□ **airport** 420

名《**airport** in＋名詞》

□ **airway** 421

名《**airway** of＋名詞》

□ **aisle** 953

名《**aisle** of＋名詞》

□ **akin** 981

形《連結動詞＋**akin** to＋名詞》

□ **always** 362

副《be 動詞・助動詞＋**always**》

《**always**＋動詞》

□ **amaze** 877

動《**amaze**＋人（＋by＋名詞）》

《*be* **amazed**＋that/wh-/how 節》

《*be* **amazed**＋to 不定詞》

《It **amazes**＋人＋that/wh-/how 節》

《It **amazes**＋人＋to不定詞》

□ **amazing** 878

形《**amazing**＋名詞》

《連結動詞＋**amazing**》

《It is **amazing**＋that 節》

《It is **amazing**＋to不定詞》

□ **ambassador** 568

名《**ambassador** of＋名詞》

《**ambassador** to＋名詞》

《**ambassador** for＋名詞》

□ **ambitious** 595

形《**ambitious**＋名詞》

《連結動詞＋**ambitious**》

《連結動詞＋**ambitious** for＋名詞》

《連結動詞＋**ambitious**＋to 不定詞》

□ **amend** 905

動《**amend**＋目的語［名詞］》

□ **amendment** 905

名《**amendment** of＋名詞》

《**amendment** to＋名詞》

《**amendment** about/regarding/concerning＋名詞》

□ **amenity** 868

名《**amenities** of＋名詞》

□ **amount** 676

名《**amount** of＋名詞》

動《**amount** to＋名詞》

□ **ample** 914

形《**ample**＋名詞》

《連結動詞＋**ample**》

《連結動詞＋**ample** for＋名詞》

《連結動詞＋**ample**＋to 不定詞》

□ **amuse** 880

動《**amuse**＋人》

《*be* **amused**＋that 節》

《*be* **amused**＋to 不定詞》

《It **amuses**＋人＋that 節》

《It **amuses**＋人＋to不定詞》

□ **amusement** 881

名《**amusement** of＋名詞》

□ **analysis** 674

名《**analysis** of＋名詞》

《**analysis**＋that/wh-/how 節》

《**analysis**＋if/whether 節》

□ **analyst** 675

名《**analyst** of＋名詞》

□ **analyze** 675

動《**analyze**＋目的語［名詞］》

《**analyze**＋that/wh-/how 節》

《**analyze**＋if/whether 節》

□ **anchor** 561

動《**anchor**＋目的語［名詞］》

《**anchor** *A* to/in *B*》

名《**anchor** of＋名詞》

□ **ancient** 598

形《**ancient**＋名詞》

□ **anew** 892

副《動詞＋**anew**》

□ **anger** 437

名《**anger** of＋名詞》

《**anger** at/over/against/toward＋名詞》

動《**anger**＋人（＋by/at＋名詞）》

□ **angle** 521

名《**angle** of＋名詞》

《**angle** between＋名詞》

《**angle** to＋名詞》

□ **angry** 437

形《**angry**＋名詞》

《連結動詞＋**angry**》

《連結動詞＋**angry** about/over＋名詞》

《連結動詞＋**angry** with/at＋人》

《連結動詞＋**angry**＋that 節》

□ **anniversary** 708

名《**anniversary** of＋名詞》

□ **announce** 686

動《**announce**＋目的語［名詞］》

《**announce**＋目的語［名詞］＋as＋名詞》

《**announce**＋that 節》

《It is **announced**＋that 節》

□**announcement** 686

名《**announcement** about/of＋名詞》

《**announcement** by/from＋名詞》

《**announcement**＋that 節》

□**annoy** 791

動《**annoy**＋人》

《It **annoys**＋人＋that 節》

《It **annoys**＋人＋to不定詞》

□**annual** 795

形《**annual**＋名詞》

□**annually** 796

副《**annually**＋動詞・形容詞》

□**anticipate** 632

動《**anticipate**＋目的語［名詞］》

《**anticipate**＋動名詞》

《**anticipate**＋that/wh-/how 節》

《It is **anticipated**＋that節》

《*be* **anticipated**＋to不定詞》

□**antique** 598

形《**antique**＋名詞》

《連結動詞＋**antique**》

□**anxiety** 781

名《**anxiety** of＋名詞》

《**anxiety** about/over＋名詞》

《**anxiety** for＋名詞》

《**anxiety**＋that 節》

《**anxiety**＋to 不定詞》

□**anxious** 781

形《**anxious**＋名詞》

《連結動詞＋**anxious**》

《連結動詞＋**anxious** about/for＋名詞》

《連結動詞＋**anxious**＋that 節》

《連結動詞＋**anxious**＋to 不定詞》

□**anymore** 365

副《動詞・形容詞＋**anymore**》

□**anytime** 365

副《動詞・形容詞＋**anytime**》

□**anywhere** 365

副《動詞・形容詞＋**anywhere**》

□**apart** 699

副《動詞・形容詞＋**apart**》

□**apartment** 698

名《**apartment** in＋名詞》

□**apologize** 851

動《**apologize** to＋人》

《**apologize** for＋名詞》

《**apologize**＋that 節》

□**apology** 852

名《**apology** of＋名詞》

《**apology** from/to＋人》

《**apology** for＋名詞》

《**apology** about/over＋名詞》

《**apology**＋that 節》

□**apparel** 504

名《**apparel** of＋名詞》

《**apparel** for＋名詞》

□**apparent** 638

形《**apparent**＋名詞》

《連結動詞＋**apparent**》

《連結動詞＋**apparent** to＋人》

《It is **apparent**＋that 節》

□**appeal** 800

動《**appeal** for/against＋名詞》

《**appeal** to＋人》

《**appeal** to＋人＋to不定詞》

名《**appeal** for/against＋名詞》

《**appeal** from/to＋名詞》

《**appeal**＋that 節》

《**appeal**＋to 不定詞》

□**appear** 638

動《**appear**＋(to be) 形容詞》

《**appear**＋to 不定詞》

《It **appears**＋that 節》

□**appearance** 638

名《**appearance** of＋名詞》

□**appendix** 955

名《**appendix** of＋名詞》

《**appendix** to＋名詞》

□**appetite** 882

名《**appetite** of＋名詞》

《**appetite** for＋名詞》

□**applaud** 885

動《**applaud**＋目的語［名詞］(＋for＋名詞)》

□**applause** 885

名《**applause** of＋名詞》

《**applause** for＋名詞》

《**applause** from/to＋名詞》

□**attach** 813

動《**attach**＋目的語［名詞］》

《**attach** *A* to *B*》

□**attachment** 813

名《**attachment** of＋名詞》

《**attachment** to/for＋名詞》

□**attack** 443

名《**attack** of＋名詞》

《**attack** on/against/by＋名詞》

動《**attack**＋目的語［名詞］(＋with＋名詞)》

《**attack**＋人＋for＋名詞》

□**attain** 808

動《**attain**＋目的語［名詞］》

□**attempt** 641

動《**attempt**＋目的語［名詞］》

《**attempt**＋to 不定詞》

名《**attempt** of＋名詞》

《**attempt**＋to 不定詞》

《**attempt** at＋動名詞》

□**attend** 669

動《**attend**＋目的語［名詞］》

《**attend** to＋名詞》

□**attendance** 669

名《**attendance** of＋名詞》

《**attendance** at＋名詞》

□**attendant** 670

名《**attendant** of＋名詞》

□**attendee** 670

名《**attendee** of＋名詞》

□**attention** 669

名《**attention** of＋名詞》

《**attention** to＋名詞》

□**attire** 957

名《**attire** of＋名詞》

《**attire** for＋名詞》

□**attitude** 729

名《**attitude** of＋名詞》

《**attitude** to/about＋名詞》

《**attitude**＋that 節》

□**attorney** 630

名《**attorney** of＋名詞》

□**attract** 762

動《**attract**＋目的語［名詞］》

《**attract**＋目的語［名詞］＋to＋名詞》

□**attraction** 762

名《**attraction** of＋名詞》

□**attractive** 762

形《**attractive**＋名詞》

《連結動詞＋**attractive**》

《連結動詞＋**attractive** to＋人》

□**attribute** 923

名《**attribute** of＋名詞》

動《**attribute** *A* to *B*》

□**auction** 599

名《**auction** of＋名詞》

動《**auction**＋目的語［名詞］》

□**audience** 714

名《**audience** of＋名詞》

□**audit** 942

名《**audit** of＋名詞》

動《**audit**＋目的語［名詞］》

□**audition** 942

名《**audition** of＋名詞》

《**audition** for＋名詞》

動《**audition**＋目的語［名詞］》

《**audition** for＋名詞》

□**auditor** 942

名《**auditor** of＋名詞》

□**auditorium** 603

名《**auditorium** of＋名詞》

□**authentic** 929

形《**authentic**＋名詞》

《連結動詞＋**authentic**》

□**author** 894

名《**author** of＋名詞》

動《**author**＋目的語［名詞］》

□**authority** 894

名《**authority** of＋名詞》

《**authority** for＋動名詞》

《**authority** over＋名詞》

《**authority** on＋名詞》

《**authority**＋to 不定詞》

□**authorization** 894

名《**authorization** of＋名詞》

《**authorization** for＋名詞》

《**authorization** from＋名詞》

□ **beverage** *890*

名《**beverage** of＋名詞》

□ **beware** *622*

動《**beware** of＋名詞》

□ **bewilder** *744*

動《**bewilder**＋目的語［名詞］》

□ **beyond** *362*

前《**beyond**＋名詞》

副《動詞＋**beyond**》

□ **bias** *973*

名《**bias** of＋名詞》

《**bias** toward/against/in favor of＋名詞》

《**bias**＋that 節》

動《**bias**＋目的語［名詞］》

□ **bicycle** *375*

名《**bicycle** with＋名詞》

動《**bicycle** from/to＋名詞》

□ **bid** *599*

名《**bid** of＋名詞》

《**bid** for＋名詞》

《**bid**＋to 不定詞》

動《**bid**＋目的語［名詞］》

《**bid** *A* for *B*》

《**bid** for＋名詞》

□ **bike** *375*

動《**bike** from/to＋名詞》

名《**bike** with＋名詞》

□ **bill** *630*

名《**bill** of＋名詞》

《**bill** for＋名詞》

動《**bill**＋人＋for＋名詞》

□ **bin** *913*

動《**bin**＋目的語［名詞］》

名《**bin** of＋名詞》

□ **bind** *870*

名《**bind** of＋名詞》

動《**bind**＋目的語［名詞］＋together》

《**bind** with＋名詞》

□ **biography** *471*

名《**biography** of＋名詞》

□ **biological** *906*

形《**biological**＋名詞》

《連結動詞＋**biological**》

□ **biology** *906*

名《**biology** of＋名詞》

□ **birth** *537*

名《**birth** of＋名詞》

□ **bistro** *613*

名《**bistro** in＋名詞》

□ **bit** *412*

名《**bit** of＋名詞》

副《a **bit**＋形容詞》

□ **bite** *556*

名《**bite** of＋名詞》

動《**bite**＋目的語［名詞］》

□ **bitter** *524*

形《**bitter**＋名詞》

《連結動詞＋**bitter**》

《連結動詞＋**bitter** about＋名詞》

□ **blackout** *976*

名《**blackout** of＋名詞》

□ **blame** *733*

動《**blame**＋人＋for＋名詞・動名詞》

《**blame**＋目的語［名詞］＋on＋人》

名《**blame** of＋名詞》

《**blame** for＋名詞》

□ **blanket** *599*

名《**blanket** of＋名詞》

動《**blanket**＋目的語［名詞］》

《**blanket** *A* with/in *B*》

形《**blanket**＋名詞》

□ **blend** *576*

動《**blend**＋目的語［名詞］》

《**blend** *A* and *B*》

《**blend** with＋名詞》

名《**blend** of＋名詞》

□ **bless** *752*

動《**bless**＋人》

《*be* **blessed** with＋名詞》

□ **blind** *537*

名《**blind** of＋名詞》

形《**blind**＋名詞》

《連結動詞＋**blind**》

《連結動詞＋**blind** to＋名詞》

□ **block** *488*

動《**block**＋目的語［名詞］》

名《**block** of＋名詞》

□ **blockbuster** *488*

名《**blockbuster** of＋名詞》

□ **bloom** *601*

名《**bloom** of＋名詞》

動《**bloom**＋副詞》

□**brainstorm** 515
動《**brainstorm**＋目的語［名詞］》
名《**brainstorm** about/on＋名詞》
《**brainstorm** with＋人》

□**brake** 495
名《**brake** of＋名詞》
《**brake** on＋名詞》
動《**brake**＋副詞》

□**branch** 753
名《**branch** of＋名詞》
動《**branch** into＋名詞》

□**brand** 892
名《**brand** of＋名詞》
動《**brand**＋目的語［名詞］》
《**brand**＋目的語［名詞］＋as＋名詞》

□**break** 447
名《**break** of＋名詞》
《**break** for＋名詞》
《**break** from＋名詞》
動《**break**＋目的語［名詞］》
《**break**＋形容詞・副詞》

□**breakdown** 447
名《**breakdown** of/in＋名詞》

□**breakfast** 371
名《**breakfast** of/for＋名詞》

□**breakthrough** 447
名《**breakthrough** of＋名詞》
《**breakthrough** in＋名詞》

□**breakup** 447
名《**breakup** of＋名詞》
《**breakup** with/between/among＋名詞》

□**breast** 558
名《**breast** of＋名詞》

□**breath** 757
名《**breath** of＋名詞》

□**breathe** 757
動《**breathe**＋目的語［名詞］》

□**breed** 811
名《**breed** of＋名詞》
動《**breed**＋目的語［名詞］》

□**breeze** 908
名《**breeze** of＋名詞》
動《**breeze** in/into＋名詞》

□**brick** 573
名《**brick** of＋名詞》

□**bridge** 367
名《**bridge** between/to/over＋名詞》
動《**bridge**＋目的語［名詞］》

□**brief** 777
形《**brief**＋名詞》
《連結動詞＋**brief**》
動《**brief**＋目的語［名詞］＋on＋人》

□**briefcase** 777
名《**briefcase** of＋名詞》

□**briefly** 777
副《**briefly**＋動詞・形容詞》

□**bright** 377
形《**bright**＋名詞》
《連結動詞＋**bright**》

□**brilliant** 828
形《**brilliant**＋名詞》
《連結動詞＋**brilliant**》
《連結動詞＋**brilliant** at＋名詞》

□**bring** 426
動《**bring**＋目的語［名詞］(＋to＋人)》
《**bring**＋人＋目的語［名詞］》

□**brisk** 974
形《**brisk**＋名詞》
《連結動詞＋**brisk**》

□**broad** 771
形《**broad**＋名詞》
《連結動詞＋**broad**》

□**broadcast** 771
名《**broadcast** of＋名詞》
動《**broadcast**＋目的語［名詞］》

□**broaden** 771
動《**broaden**＋目的語［名詞］》

□**brochure** 577
名《**brochure** of＋名詞》
《**brochure** for＋名詞》
《**brochure** about/on＋名詞》

□**broker** 965
動《**broker**＋目的語［名詞］》
名《**broker** for/between＋名詞》

□**brokerage** 965
名《**brokerage** of＋名詞》

□ **cafeteria** 590

名《**cafeteria** at＋名詞》

□ **cage** 553

名《**cage** of＋名詞》

動《**cage**＋目的語［名詞］》

□ **calculate** 855

動《**calculate**＋目的語［名詞］》

《**calculate**＋how many/much ...》

《**calculate**＋that/wh-/how 節》

《It is **calculated**＋that 節》

《*be* **calculated** at＋名詞》

□ **calculation** 855

名《**calculation** of＋名詞》

《**calculation**＋that 節》

□ **calculator** 855

名《**calculator** of＋名詞》

□ **calendar** 382

名《**calendar** of＋名詞》

□ **call** 395

名《**call** of＋名詞》

《**call** for/from/to＋人》

《**call** for＋名詞》

《**call** for＋人＋to 不定詞》

動《**call**＋人》

《**call**＋人＋名詞》

《**call**＋目的語［名詞］》

《**call** for＋名詞》

□ **caller** 395

名《**caller** from/to＋名詞》

□ **calligraphy** 892

名《**calligraphy** of＋名詞》

□ **calm** 533

形《**calm**＋名詞》

《連結動詞＋**calm**》

動《**calm**＋人》

名《**calm** of＋名詞》

□ **camp** 488

名《**camp** of＋名詞》

動《**camp**＋副詞》

□ **campaign** 488

名《**campaign** of＋名詞》

《**campaign** for/against＋名詞》

動《**campaign** for/against＋名詞》

□ **campus** 488

名《**campus** of＋名詞》

□ **canal** 493

名《**canal** of＋名詞》

《**canal** from/to＋名詞》

□ **cancel** 822

動《**cancel**＋目的語［名詞］》

□ **cancellation** 822

名《**cancellation** of＋名詞》

□ **candid** 756

形《**candid**＋名詞》

《連結動詞＋**candid**》

《連結動詞＋**candid** about＋名詞》

《連結動詞＋**candid** with＋人》

□ **candidate** 756

名《**candidate** of＋名詞》

《**candidate** for＋名詞》

《**candidate**＋to 不定詞》

□ **canyon** 494

名《**canyon** of＋名詞》

□ **cap** 538

名《**cap** of＋名詞》

《**cap** on＋名詞》

動《**cap**＋目的語［名詞］》

□ **capability** 424

名《**capability** of＋名詞・動名詞》

《**capability** for＋名詞》

《**capability**＋to 不定詞》

□ **capable** 424

形《**capable**＋名詞》

《連結動詞＋**capable** of＋名詞・動名詞》

□ **capacity** 424

名《**capacity** of＋名詞》

《**capacity** for＋名詞・動名詞》

《**capacity**＋to 不定詞》

□ **cape** 494

名《**cape** of＋名詞》

□ **capital** 649

名《**capital** of/for＋名詞》

□ **capture** 792

動《**capture**＋目的語［名詞］》

名《**capture** of＋名詞》

□ **carbon** 796

名《**carbon** of＋名詞》

《**carbon** in/from＋名詞》

□ **cardboard** 883

名《**cardboard** of＋名詞》

□ **caution** 921

名《**caution** of＋名詞》

《**caution** about＋名詞》

《**caution** for/against＋名詞》

動《**caution**（＋人）＋about＋名詞》

《**caution**（＋人）＋for/against＋名詞》

《**caution**＋人＋that 節》

《**caution**＋人＋to 不定詞》

□ **cautious** 922

形《**cautious**＋名詞》

《連結動詞＋**cautious**》

《連結動詞＋**cautious** about/of＋名詞》

《連結動詞＋**cautious**＋that 節》

《連結動詞＋**cautious**＋to 不定詞》

□ **cease** 825

動《**cease**＋目的語［名詞］》

《**cease**＋to 不定詞》

《**cease**＋動名詞》

名《**cease** of＋名詞》

□ **ceiling** 561

名《**ceiling** of＋名詞》

《**ceiling** on＋名詞》

□ **celebrate** 807

動《**celebrate**＋目的語［名詞］》

《**celebrate**＋that 節》

□ **celebration** 807

名《**celebration** of＋名詞》

□ **cell** 498

名《**cell** of＋名詞》

□ **cement** 615

動《**cement**＋目的語［名詞］》

名《**cement** of＋名詞》

□ **central** 491

形《**central**＋名詞》

《連結動詞＋**central** to＋名詞》

□ **cereal** 599

名《**cereal** for＋名詞》

□ **ceremony** 708

名《**ceremony** of＋名詞》

□ **certain** 631

形《**certain**＋名詞》

《連結動詞＋**certain**》

《連結動詞＋**certain** about/of＋名詞》

《連結動詞＋**certain**＋that/wh-/how 節》

《連結動詞＋**certain**＋if/whether 節》

《It is **certain**＋that 節》

《*be* **certain**＋to 不定詞》

□ **certificate** 958

名《**certificate** of/for＋名詞》

《**certificate**＋that 節》

《**certificate**＋to 不定詞》

□ **certification** 958

名《**certification** of/for＋名詞》

《**certification**＋that 節》

《**certification**＋to 不定詞》

□ **certify** 958

動《**certify**＋目的語［名詞］》

《**certify**＋人＋as＋名詞》

《**certify**＋that 節》

□ **chain** 560

名《**chain** of＋名詞》

動《**chain**＋目的語［名詞］（＋to＋名詞）》

□ **chair** 895

動《**chair**＋目的語［名詞］》

名《**chair** of＋名詞》

□ **chairperson** 895

名《**chairperson** of＋名詞》

□ **challenge** 733

名《**challenge** of＋名詞・動名詞》

《**challenge** from/to＋名詞》

《**challenge** for＋名詞》

《**challenge**＋that 節》

《**challenge**＋to 不定詞》

動《**challenge**＋目的語［名詞］》

《**challenge** for＋名詞》

《**challenge**＋人＋on＋名詞》

《**challenge**＋人＋to＋名詞》

《**challenge**＋人＋to不定詞》

□ **chamber** 789

名《**chamber** of＋名詞》

□ **champion** 589

動《**champion**＋目的語［名詞］》

名《**champion** of＋名詞》

□ **championship** 589

名《**championship** of＋名詞》

□**chance** 472

名《**chance** of/for/at＋名詞》

《**chance**＋to 不定詞》

《**chance** of＋動名詞》

《**chance**＋that 節》

動《**chance**＋目的語［名詞］》

《**chance**＋動名詞》

□**change** 406

動《**change**（from＋名詞）＋to/into＋名詞》

《**change**＋目的語［名詞］（＋to/into＋名詞）》

名《**change** of/in＋名詞》

《**change** from＋名詞（＋to＋名詞）》

《**change** for＋金額》

□**channel** 521

動《**channel**＋目的語［名詞］》

《**channel** *A* into/through *B*》

名《**channel** of＋名詞》

《**channel** for＋名詞》

□**chapter** 754

名《**chapter** of/in＋名詞》

《**chapter** about/on＋名詞》

□**character** 691

名《**character** of＋名詞》

□**characteristic** 691

名《**characteristic** of＋名詞》

形《**characteristic**＋名詞》

《連結動詞＋**characteristic**》

《連結動詞＋**characteristic** of＋名詞》

□**characterize** 691

動《**characterize**＋目的語［名詞］＋as (being)＋名詞》

□**charge** 637

名《**charge** of＋名詞》

《**charge** for＋名詞》

《in **charge** of＋名詞》

《**charge** against/of＋名詞》

《**charge**＋that 節》

動《**charge**＋人＋金額（＋for＋名詞）》

《**charge** for＋名詞》

《**charge**＋人＋with＋名詞》

《**charge**＋that 節》

□**charitable** 882

形《**charitable**＋名詞》

《連結動詞＋**charitable**》

□**charity** 882

名《**charity** of＋名詞》

□**charm** 781

名《**charm** of＋名詞》

動《**charm**＋人》

□**chart** 498

名《**chart** of＋名詞》

□**chase** 697

動《**chase**＋目的語［名詞］》

《**chase** after＋名詞》

名《**chase** of＋名詞》

□**chat** 928

名動《**chat** about/with/to＋名詞》

□**chatter** 928

動《**chatter** about＋名詞》

名《**chatter** of＋名詞》

《**chatter** about＋名詞》

□**cheap** 763

形《**cheap**＋名詞》

《連結動詞＋**cheap**》

《連結動詞＋**cheap**＋to 不定詞》

《It is **cheap**＋to 不定詞》

□**check** 650

動《**check**＋目的語［名詞］》

《**check**＋that/wh-/how 節》

《**check**＋if/whether 節》

《**check**（＋名詞）＋for＋名詞》

《**check** *A* against/with *B*》

《**check** with＋名詞》

名《**check** of＋名詞》

《**check** on＋名詞》

《**check** for＋名詞》

□**checkup** 650

名《**checkup** of＋名詞》

《**checkup** on＋名詞》

《**checkup** with＋人》

□**cheer** 752

名《**cheer** of＋名詞》

《**cheer** for＋名詞》

《**cheer** from＋名詞》

動《**cheer**＋目的語［名詞］》

□**chef** 605

名《**chef** of＋名詞》

索引

語法リスト

□**communication** 571

名《communication of＋名詞》

《communication with/between/among＋名詞》

□**community** 571

名《community of＋名詞》

□**commute** 964

動《commute from/to/between＋名詞》

□**commuter** 964

名《commuter from/to/between＋名詞》

□**compact** 605

形《compact＋名詞》

《連結動詞＋compact》

名《compact of＋名詞》

動《compact＋目的語［名詞］》

□**company** 625

名《company of＋名詞》

《company with＋人》

□**compare** 688

動《compare＋目的語［名詞］》

《compare *A* with *B*》

《compare *A* to *B*》

□**comparison** 688

名《comparison of＋名詞》

《comparison with/between/among＋名詞》

□**compartment** 891

名《compartment of＋名詞》

□**compatible** 961

形《compatible＋名詞》

《連結動詞＋compatible》

《連結動詞＋compatible with＋名詞》

□**compel** 623

動《compel＋目的語［名詞］》

《compel＋目的語［名詞］＋to 不定詞》

《*be* compelled＋to 不定詞》

□**compensate** 947

動《compensate for＋名詞》

《compensate with＋名詞》

《compensate＋人＋for＋名詞》

□**compensation** 947

名《compensation of＋名詞》

《compensation for＋名詞》

《compensation from＋名詞》

□**compete** 897

動《compete with/against＋名詞》

《compete for＋名詞》

《compete in/at＋名詞》

《compete＋to 不定詞》

□**competence** 898

名《competence of＋名詞》

《competence in＋名詞》

《competence＋to 不定詞》

□**competent** 897

形《competent＋名詞》

《連結動詞＋competent》

《連結動詞＋competent in＋名詞》

《連結動詞＋competent＋to 不定詞》

□**competition** 897

名《competition of＋名詞》

《competition with/against＋名詞》

《competition between/among＋名詞》

《competition for＋名詞》

《competition in＋名詞》

《competition＋to 不定詞》

□**competitive** 897

形《competitive＋名詞》

《連結動詞＋competitive》

《連結動詞＋competitive with＋名詞》

□**competitor** 897

名《competitor of＋名詞》

《competitor for＋名詞》

《competitor＋to 不定詞》

□**compilation** 928

名《compilation of＋名詞》

□**compile** 928

動《compile＋目的語［名詞］》

《compile *A* from/for *B*》

□**complain** 730

動《complain about/of/at＋名詞》

《complain＋that 節》

《complain to＋人》

□ **complaint** 730

名《**complaint** about/of/at＋名詞》

《**complaint**＋that 節》

《**complaint** from/to＋人》

□ **complete** 659

動《**complete**＋目的語［名詞］》

《**complete**＋動名詞》

形《**complete**＋名詞》

《連結動詞＋**complete**》

《連結動詞＋**complete** with＋名詞》

□ **completely** 659

副《**completely**＋動詞・形容詞》

□ **completion** 660

名《**completion** of＋名詞》

□ **complex** 780

形《**complex**＋名詞》

《連結動詞＋**complex**》

名《**complex** of＋名詞》

《**complex** about＋名詞》

□ **complexity** 780

名《**complexity** of＋名詞》

□ **compliance** 950

名《**compliance** of＋名詞》

《**compliance** with＋名詞》

□ **complicate** 903

動《**complicate**＋目的語［名詞］》

□ **complicated** 902

形《**complicated**＋名詞》

《連結動詞＋**complicated**》

□ **complication** 903

名《**complication** of＋名詞》

《**complication** from＋名詞》

□ **compliment** 936

動《**compliment**＋目的語［名詞］》

《**compliment**＋目的語［名詞］＋on＋名詞》

名《**compliment** of＋名詞》

《**compliment** about/from/to＋名詞》

《**compliment** on＋名詞》

《**compliment**＋that 節》

□ **complimentary** 936

形《**complimentary**＋名詞》

《連結動詞＋**complimentary**》

《連結動詞＋**complimentary** about＋名詞》

□ **comply** 950

動《**comply** with＋名詞》

□ **component** 723

名《**component** of＋名詞》

《**component** in＋名詞》

□ **compose** 842

動《**compose**＋目的語［名詞］》

《*be* **composed** of＋名詞》

□ **composition** 843

名《**composition** of＋名詞》

□ **compound** 689

動《**compound**＋目的語［名詞］》

《*be* **compounded** of/from＋名詞》

名《**compound** of＋名詞》

形《**compound**＋名詞》

□ **comprehend** 936

動《**comprehend**＋目的語［名詞］》

《**comprehend** about＋名詞》

《**comprehend**＋that/wh-/how 節》

《**comprehend**＋if/whether 節》

□ **comprehension** 936

名《**comprehension** of＋名詞》

《**comprehension** about＋名詞》

□ **comprehensive** 936

形《**comprehensive**＋名詞》

《連結動詞＋**comprehensive**》

《連結動詞＋**comprehensive** about＋名詞》

□ **comprise** 883

動《**comprise**＋目的語［名詞］》

《*be* **comprised** of＋名詞》

□ **compromise** 712

名《**compromise** of＋名詞》

《**compromise** with/between/among＋名詞》

《**compromise** on/over＋名詞》

動《**compromise** with＋名詞》

《**compromise** on/over＋名詞》

□ **compute** 606

動《**compute**＋目的語［名詞］》

□ **computerize** 606

動《**computerize**＋目的語［名詞］》

□ **confident** 772

形《**confident**＋名詞》

《連結動詞＋**confident**》

《連結動詞＋**confident** of/about/in＋名詞》

《連結動詞＋**confident**＋that 節》

《連結動詞＋**confident**＋to 不定詞》

□ **confidential** 772

形《**confidential**＋名詞》

《連結動詞＋**confidential**》

□ **confirm** 805

動《**confirm**＋目的語［名詞］》

《**confirm**＋that 節》

《It is **confirmed**＋that 節》

《*be* **confirmed**＋to不定詞》

□ **confirmation** 806

名《**confirmation** of＋名詞》

《**confirmation** about＋名詞》

《**confirmation**＋that 節》

□ **conflict** 710

名《**conflict** of＋名詞》

《**conflict** about/over＋名詞》

《**conflict** with/within/between/among＋名詞》

動《**conflict** with＋名詞》

□ **conform** 951

動《**conform** to/with＋名詞》

□ **confront** 710

動《**confront**＋目的語［名詞］》

《*be* **confronted** with＋名詞》

《**confront**＋人＋with/about＋名詞》

□ **confuse** 743

動《**confuse**＋目的語［名詞］》

《**confuse** *A* with/for *B*》

□ **confusion** 744

名《**confusion** of＋名詞》

《**confusion** about/over/as to＋名詞》

《**confusion** with/between＋名詞》

□ **congestion** 977

名《**congestion** of＋名詞》

□ **congratulate** 889

動《**congratulate**＋人＋on＋名詞》

《**congratulate**＋人＋for＋名詞》

□ **congratulations** 889

名《**congratulations** on＋名詞》

《**congratulations** from/to＋人》

□ **connect** 720

動《**connect**＋目的語［名詞］》

《**connect** *A* to/with *B*》

□ **connection** 720

名《**connection** of＋名詞》

《**connection** to＋名詞》

《**connection** with/between/among＋名詞》

□ **connotation** 859

名《**connotation** of＋名詞》

《**connotation** about＋名詞》

《**connotation**＋that 節》

□ **consecutive** 731

形《数詞＋**consecutive**＋名詞》

□ **consent** 645

名《**consent** of＋名詞》

《**consent** for＋名詞》

《**consent** about＋名詞》

《**consent**＋to 不定詞》

動《**consent** to＋名詞》

《**consent**＋to 不定詞》

□ **consequence** 866

名《**consequence** of＋名詞》

《**consequence** for/on＋名詞》

□ **conservation** 896

名《**conservation** of＋名詞》

□ **conservative** 896

形《**conservative**＋名詞》

《連結動詞＋**conservative**》

《連結動詞＋**conservative** in/about＋名詞》

□ **consider** 647

動《**consider**＋目的語［名詞］》

《**consider**＋動名詞》

《**consider**＋that/wh-/how 節》

《**consider**＋if/whether 節》

《It is **considered**＋that 節》

《**consider** *A* (to be) *B*》

《**consider** *A* as *B*》

□ **considerable** 648

形《**considerable**＋名詞》

□ **considerably** 648

副《**considerably**＋動詞・形容詞》

□ **considerate** 648

形《**considerate**＋名詞》

《連結動詞＋**considerate**》

《連結動詞＋**considerate** towards＋名詞》

《It is **considerate** of＋人＋to 不定詞》

□ **consideration** 648

名《**consideration** of＋名詞》

《**consideration** on/about＋名詞》

《**consideration**＋that 節》

《**consideration** for＋名詞》

□ **consignment** 971

名《**consignment** of＋名詞》

《**consignment** for＋名詞》

□ **consist** 883

動《**consist** of＋名詞》

《**consist** in＋名詞》

□ **consistent** 883

形《**consistent**＋名詞》

《連結動詞＋**consistent**》

《連結動詞＋**consistent** in＋名詞》

《連結動詞＋**consistent** with＋名詞》

□ **consistently** 883

副《**consistently**＋動詞・形容詞》

□ **constant** 541

形《**constant**＋名詞》

《連結動詞＋**constant**》

□ **constantly** 541

副《**constantly**＋動詞・形容詞》

□ **constitute** 883

動《**constitute**＋目的語［名詞］》

□ **constrain** 958

動《**constrain**＋目的語［名詞］》

《**constrain**＋目的語［名詞］＋from＋動名詞》

□ **constraint** 958

名《**constraint** of＋名詞》

《**constraint** on＋名詞》

□ **construct** 852

動《**construct**＋目的語［名詞］》

□ **construction** 852

名《**construction** of＋名詞》

□ **consult** 870

動《**consult**＋目的語［名詞］（＋about＋名詞）》

《**consult** with＋名詞》

□ **consultant** 871

名《**consultant** of＋名詞》

《**consultant** on/in＋名詞》

《**consultant** to＋人》

□ **consultation** 871

名《**consultation** of＋名詞》

《**consultation** about/on＋名詞》

《**consultation** with/between/among＋名詞》

□ **consume** 767

動《**consume**＋目的語［名詞］》

□ **consumer** 767

名《**consumer** of＋名詞》

□ **consumption** 767

名《**consumption** of＋名詞》

□ **contact** 680

動《**contact**＋人》

名《**contact** of＋名詞》

《**contact** with/between/among＋人》

□ **contain** 674

動《**contain**＋目的語［名詞］》

□ **container** 674

名《**container** of/for＋名詞》

□ **contaminate** 911

動《**contaminate**＋目的語［名詞］》

□ **contemplate** 973

動《**contemplate**＋目的語［名詞］》

《**contemplate**＋動名詞》

《**contemplate**＋that/wh-/how 節》

《**contemplate**＋if/whether 節》

□ **contemporary** 693

名《**contemporary** of＋名詞》

形《**contemporary**＋名詞》

《連結動詞＋**contemporary**》

《連結動詞＋**contemporary** with＋名詞》

□ **contend** 694

動《**contend** with＋名詞》

《**contend** for＋名詞》

《**contend**＋that 節》

《It is **contended**＋that 節》

☐ **convenient** 867

形《**convenient**＋名詞》

《連結動詞＋**convenient**》

《連結動詞＋**convenient** for/to＋名詞》

《連結動詞＋**convenient**＋to 不定詞》

《It is **convenient**＋that 節》

《It is **convenient**＋to 不定詞》

☐ **conveniently** 868

副《**conveniently**＋動詞・形容詞》

☐ **convention** 829

名《**convention** of＋名詞》

《**convention** on＋名詞》

☐ **conventional** 829

形《**conventional**＋名詞》

《連結動詞＋**conventional**》

《連結動詞＋**conventional** in＋名詞》

《It is **conventional**＋to 不定詞》

☐ **conversation** 503

名《**conversation** of＋名詞》

《**conversation** about/on＋名詞》

《**conversation** with/between/among＋人》

☐ **convert** 856

動《**convert**＋目的語［名詞］》

《**convert** *A* to/into *B*》

《**convert** from/to＋名詞》

☐ **convey** 923

動《**convey**＋目的語［名詞］（＋to＋人）》

《**convey**＋that/wh-/how 節》

☐ **convince** 815

動《**convince**＋人＋of＋名詞》

《**convince**＋人＋that 節》

《**convince**＋人＋to 不定詞》

☐ **cookery** 613

名《**cookery** of＋名詞》

☐ **cooperate** 880

動《**cooperate** in/on＋名詞》

《**cooperate** with＋人》

《**cooperate** ＋to 不定詞》

☐ **cooperation** 880

名《**cooperation** of＋名詞》

《**cooperation** with/between/among/from＋人》

《**cooperation** in/on＋名詞》

☐ **cooperatively** 880

副《**cooperatively**＋動詞》

☐ **coordinate** 922

動《**coordinate**＋目的語［名詞］》

《**coordinate** with＋名詞》

形《**coordinate**＋名詞》

☐ **coordinator** 922

名《**coordinator** of/for＋名詞》

☐ **cope** 918

動《**cope** with＋名詞》

☐ **copier** 507

名《**copier** in/at＋名詞》

☐ **copy** 507

動《**copy**＋目的語［名詞］》

《**copy** *A* from/into *B*》

名《**copy** of＋名詞》

☐ **copyright** 507

名《**copyright** on＋名詞》

《**copyright** for＋名詞》

形《**copyright**＋名詞》

《連結動詞＋**copyright**》

動《**copyright**＋目的語［名詞］》

☐ **cord** 377

名《**cord** of＋名詞》

☐ **cordless** 378

形《**cordless**＋名詞》

☐ **core** 818

形《**core**＋名詞》

名《**core** of＋名詞》

動《**core**＋目的語［名詞］》

☐ **corporate** 803

形《**corporate**＋名詞》

☐ **corporation** 803

名《**corporation** of＋名詞》

☐ **correct** 699

動《**correct**＋目的語［名詞］》

形《**correct**＋名詞》

《連結動詞＋**correct**》

《連結動詞＋**correct** in＋名詞》

《連結動詞＋**correct**＋that 節》

《連結動詞＋**correct**＋to 不定詞》

《It is **correct**＋that 節》

《It is **correct**＋to 不定詞》

□**correction** 699
名《**correction** of＋名詞》
《**correction** from/to＋名詞》
《**correction** about＋名詞》

□**correctly** 699
副《**correctly**＋動詞・形容詞》

□**correspond** 943
動《**correspond** with/to＋名詞》
《**correspond** with＋人》

□**correspondence** 943
名《**correspondence** of＋名詞》
《**correspondence** about/on/concerning/regarding＋名詞》
《**correspondence** with/between/among/from＋名詞》

□**corresponding** 943
形《**corresponding**＋名詞》

□**corridor** 472
名《**corridor** of＋名詞》
《**corridor** from/to＋名詞》

□**cosmetic** 946
形《**cosmetic**＋名詞》

□**cost** 639
動《**cost**＋（人＋）金額》
《**cost**＋人＋名詞》
名《**cost** of＋名詞》
《**cost** in＋名詞》

□**costly** 639
形《**costly** ＋名詞》
《連結動詞＋**costly**》
《連結動詞＋**costly** for/in＋名詞》
《連結動詞＋**costly** to＋人》
《It is **costly**＋to 不定詞》

□**costume** 504
名《**costume** of＋名詞》
《**costume** for＋名詞》

□**cottage** 541
名《**cottage** in＋名詞》

□**couch** 827
名《**couch** in＋名詞》

□**cough** 544
動《**cough**＋副詞》
名《**cough** of＋名詞》

□**council** 825
名《**council** of＋名詞》
《**council** for＋名詞》

□**counsel** 825
動《**counsel**＋目的語［名詞］》
《**counsel**＋目的語［名詞］＋to 不定詞》
名《**counsel** of＋名詞》
《**counsel** for＋名詞》
《**counsel** about＋名詞》

□**counselor** 825
名《**counselor** of＋名詞》

□**count** 474
動《**count**（up）＋目的語［名詞］》
《**count**＋人＋as＋名詞》
《**count**＋副詞》

□**counter** 759
動《**counter**＋目的語［名詞］》
形《**counter**＋名詞》
《連結動詞＋**counter** to＋名詞》
名《**counter** to＋名詞》

□**country** 410
名《**country** of＋名詞》

□**countryside** 410
名《**countryside** of＋名詞》

□**county** 410
名《**county** of＋名詞》

□**couple** 451
名《a **couple** of＋名詞》
動《**couple** *A* to/with *B*》

□**coupon** 614
名《**coupon** of＋名詞》
《**coupon** for＋名詞》

□**courier** 966
名《**courier** of＋名詞》
動《**courier**＋目的語［名詞］》

□**course** 418
名《**course** of＋名詞》
《**course** in/on＋名詞》

□**court** 630
名《**court** of＋名詞》

□**courtesy** 725
名《**courtesy** of＋名詞》
《**courtesy** to＋名詞》
《**courtesy**＋to 不定詞》

□**cousin** 366
名《**cousin** of/to＋人》

□**debate** 659

名《**debate** of＋名詞》

《**debate** on/about/over＋名詞》

《**debate** with/between/among＋名詞》

《**debate**＋if/whether 節》

動《**debate**＋名詞》

《**debate**＋wh-/how 節》

《**debate**＋if/whether 節》

《**debate** with＋人》

□**debit** 786

動《**debit**＋目的語［名詞］》

《**debit** *A* from *B*》

《**debit** *A* against/to *B*》

名《**debit** of＋名詞》

《**debit** from＋名詞》

□**debt** 948

名《**debt** of＋名詞》

□**decade** 657

名《during/in/over/for/within/throughout a **decade**》

□**decide** 650

動《**decide**＋目的語［名詞］》

《**decide** on＋名詞》

《**decide** in favor of/against＋名詞・動名詞》

《**decide**＋that/wh-/how 節》

《**decide**＋if/whether 節》

《**decide**＋to 不定詞》

□**decision** 650

名《**decision** of＋名詞》

《**decision** about/on/as to＋名詞》

《**decision**＋that/wh-/how 節》

《**decision**＋if/whether 節》

《**decision**＋to 不定詞》

□**deck** 581

名《**deck** of＋名詞》

□**declare** 672

動《**declare**＋目的語［名詞］》

《**declare** *A* to be *B*》

《**declare**＋that 節》

《It is **declared**＋that 節》

□**decline** 702

動《**decline**＋目的語［名詞］》

《**decline**＋to 不定詞》

名《**decline** of＋名詞》

《**decline** in＋名詞》

□**decorate** 579

動《**decorate**＋目的語［名詞］》

《**decorate** *A* with *B*》

□**decoration** 579

名《**decoration** of＋名詞》

□**decrease** 651

動《**decrease**＋目的語［名詞］》

《**decrease**＋目的語［名詞］＋by＋数字》

《**decrease** (*A*) from/to *B*》

《**decrease** in＋名詞》

《**decrease** with＋名詞》

名《**decrease** of＋名詞》

《**decrease** in＋名詞》

《**decrease** to＋名詞》

□**dedicate** 922

動《**dedicate**＋目的語［名詞］》

《**dedicate** *A* to/for *B*》

□**dedication** 922

名《**dedication** of＋名詞》

《**dedication** to＋名詞》

《**dedication**＋to 不定詞》

□**deduct** 970

動《**deduct**＋目的語［名詞］》

《**deduct** *A* from *B*》

□**deduction** 970

名《**deduction** of＋名詞》

《**deduction** for＋名詞》

《**deduction** from＋名詞》

《**deduction** about＋名詞》

《**deduction**＋that 節》

□**deep** 546

形《**deep**＋名詞》

《連結動詞＋**deep**》

副《動詞＋**deep**》

□**deeply** 546

副《**deeply**＋動詞・形容詞》

□**default** 974

名《**default** of＋名詞》

《**default** in＋名詞》

動《**default** on＋名詞》

□**defeat** 538

名《**defeat** of＋名詞》

《**defeat** in＋名詞》

《**defeat** against＋名詞》

《**defeat** by＋名詞》

動《**defeat**＋目的語［名詞］》

《**defeat** *A* by *B*》

□**defect** 951
名《**defect** of＋名詞》
《**defect** in＋名詞》

□**defective** 951
形《**defective**＋名詞》
《連結動詞＋**defective**》

□**defend** 794
動《**defend**＋目的語［名詞］》
《**defend** *A* against/from *B*》

□**defense** 794
名《**defense** of＋名詞》
《**defense** against＋名詞》

□**deficit** 949
名《**deficit** of＋名詞》
《**deficit** in＋名詞》

□**define** 790
動《**define**＋目的語［名詞］》
《**define** *A* as *B*》
《**define** *A* by *B*》

□**definite** 790
形《**definite**＋名詞》
《連結動詞＋**definite**》
《連結動詞＋**definite** about＋名詞》

□**definitely** 790
副《**definitely**＋動詞・形容詞》

□**definition** 790
名《**definition** of＋名詞》
《**definition** about＋名詞》
《**definition**＋that 節》

□**degree** 711
名《**degree** of＋名詞》
《**degree** in＋名詞》
《**degree**＋that 節》

□**delay** 910
名《**delay** of＋名詞》
《**delay** in/to＋名詞》
動《**delay**＋目的語［名詞］（＋for＋数字）》
《**delay**＋動名詞》
《**delay** *A* until *B*》

□**delegate** 682
動《**delegate**＋目的語［名詞］（＋to＋人）》
《*be* **delegated**＋to不定詞》
名《**delegate** of＋名詞》
《**delegate** from/to＋名詞》

□**delete** 947
動《**delete**＋目的語［名詞］》
《**delete** *A* from *B*》

□**delicate** 873
形《**delicate**＋名詞》
《連結動詞＋**delicate**》

□**delicately** 873
副《**delicately**＋動詞・形容詞》

□**delicious** 753
形《**delicious**＋名詞》
《連結動詞＋**delicious**》

□**delight** 931
名《**delight** of＋名詞》
《**delight** in/at＋名詞》
《**delight** to＋名詞》
《a **delight**＋to 不定詞》
《It is a **delight**＋to不定詞》
動《**delight**＋人（＋with＋名詞）》

□**delighted** 931
形《**delighted**＋名詞》
《連結動詞＋**delighted**》
《連結動詞＋**delighted** with/by/at＋名詞》
《連結動詞＋**delighted**＋that 節》
《連結動詞＋**delighted**＋to 不定詞》

□**delightful** 931
形《**delightful**＋名詞》
《連結動詞＋**delightful**》
《It is **delightful**＋to不定詞》

□**deliver** 741
動《**deliver**＋目的語［名詞］》
《**deliver** *A* to *B*》
《**deliver** *A* by/via *B*》

□**delivery** 741
名《**delivery** of＋名詞》
《**delivery** from/to＋名詞》

□**demand** *676*

動《**demand**＋目的語［名詞］》

《**demand** *A* of/from *B*》

《**demand**＋目的語［名詞］＋to 不定詞》

《**demand**＋that 節》

《It is **demanded**＋that 節》

名《**demand** of＋名詞》

《**demand** for＋名詞》

《**demand**＋to 不定詞》

《**demand**＋that 節》

□**democratic** *498*

形《**democratic**＋名詞》

《連結動詞＋**democratic**》

□**demographic** *980*

名《**demographic** of＋名詞》

形《**demographic**＋名詞》

□**demolish** *920*

動《**demolish**＋目的語［名詞］》

□**demonstrate** *809*

動《**demonstrate**＋目的語［名詞］》

《**demonstrate**＋that/wh-/how 節》

《**demonstrate**＋if/whether 節》

□**demonstration** *809*

名《**demonstration** of＋名詞》

□**dense** *941*

形《**dense**＋名詞》

《連結動詞＋**dense**》

《連結動詞＋**dense** with＋名詞》

□**density** *942*

名《**density** of＋名詞》

□**dental** *600*

形《**dental**＋名詞》

□**dentist** *601*

名《**dentist** at/in＋名詞》

□**deny** *685*

動《**deny**＋目的語［名詞］》

《**deny**＋動名詞》

《**deny**＋that 節》

《It is **denied**＋that 節》

□**depart** *878*

動《**depart**＋目的語［名詞］》

《**depart** from/to/for＋名詞》

□**department** *655*

名《**department** of＋名詞》

□**departmental** *655*

形《**departmental**＋名詞》

□**departure** *878*

名《**departure** of＋名詞》

《**departure** from/to/for＋名詞》

□**depend** *715*

動《**depend** on＋名詞（＋to 不定詞・動名詞）》

《It **depends** on＋wh-/how 節》

《It **depends** on＋if/whether 節》

□**dependable** *716*

形《**dependable**＋名詞》

《連結動詞＋**dependable**》

□**dependence** *716*

名《**dependence** of＋名詞》

《**dependence** on＋名詞》

《**dependence** in＋名詞》

□**dependent** *716*

形《**dependent**＋名詞》

《連結動詞＋**dependent**》

《連結動詞＋**dependent** on＋名詞》

名《**dependent** of＋名詞》

□**deposit** *839*

動《**deposit**＋目的語［名詞］》

《**deposit** *A* with/into *B*》

名《**deposit** of＋名詞》

《**deposit** into＋名詞》

□**depress** *920*

動《**depress**＋目的語［名詞］》

□**depression** *920*

名《**depression** of＋名詞》

《**depression** in＋名詞》

□**depth** *547*

名《**depth** of＋名詞》

□**deputy** *737*

名《**deputy** of＋名詞》

《**deputy**＋名詞》

《**deputy** to＋人》

□**derive** *907*

動《**derive**＋目的語［名詞］》

《**derive** *A* from *B*》

□**descend** *962*

動《**descend**＋目的語［名詞］》

《**descend** from/to/into＋名詞》

□ **determine** 740

動《**determine**＋目的語［名詞］》

《**determine**＋that/wh-/how 節》

《**determine**＋if/whether 節》

《**determine**＋to 不定詞》

《It is **determined**＋that 節》

□ **devastate** 920

動《**devastate**＋目的語［名詞］》

□ **develop** 650

動《**develop**＋目的語［名詞］》

《**develop** into＋名詞》

《**develop** from＋名詞》

□ **developer** 650

名《**developer** of＋名詞》

□ **development** 650

名《**development** of/in＋名詞》

□ **device** 783

名《**device** of＋名詞》

《**device** for＋名詞》

《**device**＋to 不定詞》

□ **devote** 922

動《**devote**＋目的語［名詞］》

《**devote** *A* to *B*》

《**devote** *oneself* to＋名詞》

□ **diagnose** 956

動《**diagnose**＋目的語［名詞］》

《**diagnose** *A* as *B*》

《**diagnose**＋人＋as＋(having) 名詞》

□ **diagnostic** 956

形《**diagnostic**＋名詞》

《連結動詞＋**diagnostic**》

□ **diagram** 811

名《**diagram** of＋名詞》

《**diagram** about＋名詞》

□ **dialogue** 503

名《**dialogue** of＋名詞》

《**dialogue** about＋名詞》

《**dialogue** with/between/among＋名詞》

□ **diameter** 587

動《**diameter** of＋名詞》

□ **diet** 789

名《**diet** of＋名詞》

□ **differ** 619

動《**differ** from＋名詞》

《**differ** between/among＋名詞》

《**differ** with＋人》

《**differ** in＋名詞》

《**differ** about/on/over＋名詞》

□ **difference** 619

名《**difference** of＋名詞》

《**difference** between/among＋名詞》

《**difference** from＋名詞》

《**difference** in＋名詞》

《**difference** with＋名詞》

《**difference**＋that 節》

□ **different** 619

形《**different**＋名詞》

《連結動詞＋**different**》

《連結動詞＋**different** from/than＋名詞》

□ **differentiate** 619

動《**differentiate**＋目的語［名詞］》

《**differentiate** *A* from *B*》

《**differentiate** between/among＋名詞》

□ **differently** 619

副《動詞・形容詞＋**differently**》

□ **difficult** 465

形《**difficult**＋名詞》

《連結動詞＋**difficult**》

《連結動詞＋**difficult**＋to 不定詞》

《It is **difficult**＋to 不定詞》

□ **difficulty** 465

名《**difficulty** of＋名詞》

《**difficulty** in＋名詞》

《**difficulty** with＋名詞》

□ **dig** 521

動《**dig**＋目的語［名詞］》

□ **digital** 609

形《**digital**＋名詞》

《連結動詞＋**digital**》

□ **dimension** 587

名《**dimension** of＋名詞》

《**dimension** to＋名詞》

□ **diminish** 914

動《**diminish** ＋目的語［名詞］》

□ **dine** 576

動《**dine** with＋人》

□ **diner** 576

名《**diner** in＋名詞》

□ **dinner** 371
名《**dinner** of/for＋名詞》

□ **diploma** 980
名《**diploma** of＋名詞》
《**diploma** in＋名詞》
《**diploma** from＋名詞》

□ **direct** 492
形《**direct**＋名詞》
《連結動詞＋**direct**》
動《**direct**＋目的語［名詞］》
《**direct** *A* at/toward *B*》
《**direct**＋人＋to 不定詞》
《**direct**＋that 節》
副《動詞＋**direct**》

□ **direction** 492
名《**direction** of＋名詞》
《**directions** for＋名詞》
《**directions** to＋名詞》
《**directions** about＋名詞》
《**directions**＋that 節》
《**directions**＋to 不定詞》

□ **directly** 492
副《**directly**＋動詞・形容詞》
《**directly** from/to＋名詞》

□ **director** 492
名《**director** of＋名詞》

□ **directory** 492
名《**directory** of＋名詞》

□ **dirty** 487
形《**dirty**＋名詞》
《連結動詞＋**dirty**》

□ **disable** 424
動《**disable**＋目的語［名詞］（＋from＋名詞・動名詞）》

□ **disagree** 644
動《**disagree** with＋人》
《**disagree** about/on/over＋名詞》

□ **disagreement** 645
名《**disagreement** of＋名詞》
《**disagreement** with/between/among＋人》
《**disagreement** about/on/over＋名詞》
《**disagreement**＋that 節》
《**disagreement**＋to 不定詞》

□ **disappear** 639
動《**disappear** from＋名詞》
《**disappear** into/behind/under＋名詞》

□ **disappearance** 639
名《**disappearance** of＋名詞》
《**disappearance** from＋名詞》

□ **disappoint** 877
動《**disappoint**＋人》
《*be* **disappointed**＋that 節》
《*be* **disappointed**＋to 不定詞》

□ **disappointment** 877
名《**disappointment** of＋名詞》
《**disappointment** about/at/with/over＋名詞》
《**disappointment** to/for＋人》
《**disappointment**＋that 節》

□ **disaster** 801
名《**disaster** of＋名詞》
《**disaster** for＋名詞》

□ **discard** 913
動《**discard**＋目的語［名詞］》

□ **discharge** 638
名《**discharge** of＋名詞》
《**discharge** from＋名詞》
動《**discharge**＋目的語［名詞］（＋from＋名詞）》
《**discharge** *A* into *B*》

□ **discipline** 855
名《**discipline** of＋名詞》
《**discipline** for＋名詞》
動《**discipline**＋目的語［名詞］》

□ **disclose** 413
動《**disclose**＋目的語［名詞］》
《**disclose** *A* to *B*》
《**disclose**＋that/wh-/how 節》
《**disclose**＋if/whether 節》
《It is **disclosed**＋that 節》

□ **disconnect** 720
動《**disconnect**＋目的語［名詞］》
《**disconnect** *A* from *B*》
名《**disconnect** of＋名詞》
《**disconnect** with/between/among＋名詞》

□ **discontinue** 635
動《**discontinue**＋目的語［名詞］》
《**discontinue**＋動名詞》

□**discount** 849

名《**discount** of＋名詞》

《**discount** on＋名詞》

動《**discount**＋目的語［名詞］》

□**discover** 479

動《**discover**＋目的語［名詞］》

《**discover**＋目的語［名詞］＋（to be）形容詞》

《**discover**＋人＋動名詞》

《**discover**＋that/wh-/how 節》

《**discover**＋if/whether 節》

《It was **discovered**＋that 節》

□**discovery** 480

名《**discovery** of＋名詞》

《**discovery** about＋名詞》

《**discovery**＋that 節》

□**discrepancy** 950

名《**discrepancy** of＋名詞》

《**discrepancy** in＋名詞》

《**discrepancy** with/between/among＋名詞》

□**discretion** 924

名《**discretion** of＋名詞》

《**discretion** over/as to＋名詞》

《**discretion**＋to 不定詞》

□**discuss** 658

動《**discuss**＋目的語［名詞］（＋with＋人）》

《**discuss**＋wh-/how 節》

《**discuss**＋if/whether 節》

□**discussion** 658

名《**discussion** of/about/on＋名詞》

《**discussion** with/between/among＋人》

《**discussion**＋if/whether 節》

□**disease** 479

名《**disease** of＋名詞》

□**disgust** 752

名《**disgust** of＋名詞》

《**disgust** at/over/with＋名詞》

動《**disgust**＋人（＋by＋名詞）》

《*be* **disgusted**＋that 節》

《*be* **disgusted**＋to 不定詞》

□**dish** 538

名《**dish** of＋名詞》

□**dishwasher** 539

名《**dishwasher** at/in＋名詞》

□**disk** 612

名《**disk** of＋名詞》

□**dislike** 387

名《**dislike** of＋名詞》

動《**dislike**＋目的語［名詞］》

《**dislike**＋動名詞》

□**dismiss** 765

動《**dismiss**＋目的語［名詞］》

《**dismiss** *A* as *B*》

《**dismiss**＋人＋from/for＋名詞》

□**disorder** 624

名《**disorder** of＋名詞》

□**dispatch** 971

動《**dispatch**＋目的語［名詞］》

《**dispatch** *A* to *B*》

名《**dispatch** of＋名詞》

《**dispatch** from/to＋名詞》

□**disperse** 978

動《**disperse**＋目的語［名詞］》

□**display** 529

名《**display** of＋名詞》

動《**display**＋目的語［名詞］》

□**disposal** 955

名《**disposal** of＋名詞》

□**dispose** 955

動《**dispose**＋目的語［名詞］》

《**dispose** of＋名詞》

□**dispute** 694

動《**dispute**＋目的語［名詞］》

《**dispute**＋that 節》

《**dispute**＋with＋人》

名《**dispute** of＋名詞》

《**dispute** about/over＋名詞》

《**dispute** with/between/among＋名詞》

□**disrupt** 940

動《**disrupt**＋目的語［名詞］》

□**disruption** 940

名《**disruption** of＋名詞》

《**disruption** to/in＋名詞》

□**dissatisfy** 557

動《**dissatisfy**＋目的語［名詞］》

□ **distance** 569

名《**distance** of＋名詞》

《**distance** from/between＋名詞》

動《**distance** *oneself* from＋名詞》

□ **distant** 569

形《**distant**＋名詞》

《連結動詞＋**distant**》

《連結動詞＋**distant** from＋名詞》

□ **distinct** 904

形《**distinct**＋名詞》

《連結動詞＋**distinct**》

《連結動詞＋**distinct** from＋名詞》

□ **distinction** 904

名《**distinction** of＋名詞》

《**distinction** between/among＋名詞》

《**distinction**＋that 節》

□ **distinguish** 904

動《**distinguish**＋目的語［名詞］》

《**distinguish** *A* from *B*》

《**distinguish** between/among＋名詞》

□ **distract** 944

動《**distract**＋目的語［名詞］》

《**distract**＋人＋from＋名詞・動名詞》

□ **distraction** 944

名《**distraction** of＋名詞》

《**distraction** from＋名詞》

□ **distribute** 868

動《**distribute**＋目的語［名詞］》

《**distribute** *A* between/among/to *B*》

□ **distribution** 868

名《**distribution** of＋名詞》

《**distribution** between/among/over/throughout/across＋名詞》

□ **distributor** 869

名《**distributor** of＋名詞》

《**distributor** for＋名詞》

□ **district** 703

名《**district** of＋名詞》

□ **disturb** 720

動《**disturb**＋目的語［名詞］》

□ **dive** 581

動《**dive** from/into＋名詞》

《**dive** off＋名詞》

名《**dive** from/into＋名詞》

□ **diversify** 963

動《**diversify**＋目的語［名詞］》

《**diversify** into/from＋名詞》

□ **diversity** 962

名《**diversity** of＋名詞》

□ **divide** 700

動《**divide**＋目的語［名詞］》

《**divide** *A* into *B*》

《**divide** *A* from *B*》

《**divide** *A* by *B*》

《**divide**＋目的語［名詞］＋between/among＋名詞》

名《**divide** of＋名詞》

《**divide**＋between/among＋名詞》

《**divide** in＋名詞》

□ **dividend** 701

名《**dividend** of＋名詞》

《**dividend** on＋名詞》

□ **division** 701

名《**division** of＋名詞》

《**division** about＋名詞》

《**division** between/among/within＋名詞》

□ **divorce** 838

名《**divorce** of＋名詞》

動《**divorce**＋人》

《**divorce**＋目的語［名詞］＋from＋名詞》

□ **dock** 594

名《**dock** of＋名詞》

動《**dock**＋目的語［名詞］》

《**dock** *A* to/into/with *B*》

《**dock** in/at＋名詞》

□**document** 777

名《**document** of＋名詞》

《**document** about/on/concerning＋名詞》

動《**document**＋目的語［名詞］》

《**document**＋that/wh-/how 節》

□**documentary** 777

名《**documentary** of＋名詞》

《**documentary** about/on＋名詞》

□**documentation** 777

名《**documentation** of＋名詞》

□**domestic** 554

形《**domestic**＋名詞》

《連結動詞＋**domestic**》

□**dominant** 904

形《**dominant**＋名詞》

《連結動詞＋**dominant**》

《連結動詞＋**dominant** in＋名詞》

□**dominate** 903

動《**dominate**＋目的語［名詞］》

□**donate** 940

動《**donate**＋目的語［名詞］》

《**donate** *A* to *B*》

□**donation** 941

名《**donation** of＋名詞》

《**donation** from/to＋名詞》

□**dose** 736

名《**dose** of＋名詞》

動《**dose**＋人＋with＋名詞》

□**double** 512

形《**double**＋名詞》

動《**double**＋目的語［名詞］》

名《**double** of＋名詞》

副《動詞＋**double**》

□**doubt** 699

動《**doubt**＋目的語［名詞］》

《**doubt**＋that 節》

《**doubt**＋if/whether 節》

名《**doubt** of＋名詞》

《**doubt** about/as to＋名詞》

《**doubt**＋that 節》

《**doubt**＋if/whether 節》

□**down** 360

形《連結動詞＋**down**》

《**down**＋名詞》

副《動詞・形容詞＋**down**》

□**download** 611

動《**download**＋目的語［名詞］》

名《**download** of＋名詞》

□**downsize** 952

動《**downsize**＋目的語［名詞］》

□**downstairs** 551

副《動詞＋**downstairs**》

形《**downstairs**＋名詞》

名《**downstairs** of＋名詞》

□**downtown** 559

形《**downtown**＋名詞》

副《動詞＋**downtown**》

名《**downtown** of＋名詞》

□**downturn** 962

名《**downturn** of＋名詞》

《**downturn** in＋名詞》

□**dozen** 375

形《**dozen(s)** of＋名詞》

□**draft** 745

動《**draft**＋目的語［名詞］》

名《**draft** of＋名詞》

□**drag** 697

動《**drag**＋目的語［名詞］》

□**drain** 911

動《**drain**＋目的語［名詞］》

《**drain** *A* from *B*》

名《**drain** of＋名詞》

《**drain** on＋名詞》

□**drainage** 912

名《**drainage** of＋名詞》

□**dramatic** 565

形《**dramatic**＋名詞》

《連結動詞＋**dramatic**》

《It is **dramatic**＋to不定詞》

□**dramatically** 566

副《動詞・形容詞＋**dramatically**》

□**drape** 946

名《**drape** of＋名詞》

動《**drape**＋目的語［名詞］》

《**drape** *A* with *B*》

《**drape** *A* over/around/across *B*》

□**drastic** 977

形《**drastic**＋名詞》

《連結動詞＋**drastic**》

□**drastically** 977

副《**drastically**＋動詞・形容詞》

□ **efficient** 872

形《**efficient**＋名詞》

《連結動詞＋**efficient**》

《連結動詞＋**efficient** in/at/for＋名詞》

《It is **efficient**＋to不定詞》

□ **efficiently** 872

副《**efficiently**＋動詞・形容詞》

□ **effort** 670

名《**effort** of＋名詞》

《**effort** at/in＋名詞》

《**effort**＋to 不定詞》

□ **either** 430

副《**either** *A* or *B*》

形《**either**＋単数名詞》

名《**either** of＋複数名詞》

□ **elaborate** 916

動《**elaborate**＋目的語［名詞］》

《**elaborate** on＋名詞》

形《**elaborate**＋名詞》

□ **elderly** 796

形《**elderly**＋名詞》

《連結動詞＋**elderly**》

□ **elect** 778

動《**elect**＋人》

《**elect**＋人＋to＋名詞》

《**elect**＋人＋as＋名詞》

《**elect**＋to 不定詞》

形《名詞＋**elect**》

□ **election** 778

名《**election** of＋名詞》

《**election** for＋名詞》

《**election** to＋名詞》

□ **electric** 543

形《**electric**＋名詞》

《連結動詞＋**electric**》

□ **electrical** 543

形《**electrical**＋名詞》

□ **electrician** 543

名《**electrician** for＋名詞》

□ **electricity** 543

名《**electricity** for＋名詞》

□ **electronic** 548

形《**electronic**＋名詞》

□ **electronically** 549

副《**electronically**＋動詞・形容詞》

□ **elegant** 590

形《**elegant**＋名詞》

《連結動詞＋**elegant**》

□ **element** 723

名《**element** of/in＋名詞》

□ **elementary** 723

形《**elementary**＋名詞》

《連結動詞＋**elementary**》

□ **elevate** 959

動《**elevate**＋目的語［名詞］》

《**elevate** *A* to *B*》

□ **eligible** 865

形《**eligible**＋名詞》

《連結動詞＋**eligible**》

《連結動詞＋**eligible** for＋名詞》

《連結動詞＋**eligible**＋to 不定詞》

□ **eliminate** 741

動《**eliminate**＋目的語［名詞］》

《**eliminate** *A* from *B*》

□ **eloquent** 971

形《**eloquent**＋名詞》

《連結動詞＋**eloquent**》

《連結動詞＋**eloquent** about/on＋名詞》

□ **else** 363

副《some-/every-/any-/no-/wh-＋**else**》

□ **embargo** 935

名《**embargo** on/against＋名詞》

動《**embargo**＋目的語［名詞］》

□ **embark** 945

動《**embark** on＋名詞》

《**embark**＋目的語［名詞］》

□ **embarrass** 770

動《**embarrass**＋人》

□ **embassy** 568

名《**embassy** of＋名詞》

□ **embed** 979

動《**embed**＋目的語［名詞］》

《**embed** *A* in/within *B*》

□ **embody** 973

動《**embody**＋目的語［名詞］》

□ **embrace** 818

動《**embrace**＋目的語［名詞］》

《**embrace**＋that 節》

名《**embrace** of＋名詞》

□**emerge** 790
動《**emerge** from/out of＋名詞》
《**emerge** into＋名詞》
《**emerge** as＋名詞》

□**emergency** 790
名《**emergency** of＋名詞》

□**eminent** 866
形《**eminent**＋名詞》
《連結動詞＋**eminent**》

□**emit** 973
動《**emit**＋目的語［名詞］》

□**emotion** 759
名《**emotion** of＋名詞》

□**emotional** 759
形《**emotional**＋名詞》
《連結動詞＋**emotional**》
《連結動詞＋**emotional** about＋名詞》

□**emphasis** 867
名《**emphasis** on＋名詞》
《**emphasis**＋that 節》

□**emphasize** 867
動《**emphasize**＋目的語［名詞］》
《**emphasize**＋that/wh-/how 節》

□**employ** 747
動《**employ**＋目的語［名詞］》
《**employ**＋人＋as＋名詞》

□**employee** 747
名《**employee** of＋名詞》
《**employee** at/with＋名詞》

□**employer** 747
名《**employer** of＋名詞》

□**employment** 747
名《**employment** of＋名詞》

□**empty** 514
動《**empty**＋目的語［名詞］》
形《**empty**＋名詞》
《連結動詞＋**empty**》
《連結動詞＋**empty** of＋名詞》

□**enable** 423
動《**enable**＋目的語［名詞］》
《**enable**＋目的語［名詞］＋to 不定詞》

□**enact** 972
動《**enact**＋目的語［名詞］》
《**enact**＋that 節》

□**enclose** 952
動《**enclose**＋目的語［名詞］》
《**enclose** *A* in/within *B*》

□**enclosure** 952
名《**enclosure** of＋名詞》
《**enclosure** in＋名詞》

□**encounter** 736
動《**encounter**＋目的語［名詞］》
名《**encounter** with/between/among＋名詞》

□**encourage** 672
動《**encourage**＋人》
《**encourage**＋動名詞》
《**encourage**＋人＋to 不定詞》
《**encourage**＋人＋in＋名詞》

□**end** 402
動《**end**＋目的語［名詞］》
《**end** with＋名詞》
《**end** by＋動名詞》
名《**end** of＋名詞》
《**end**＋that 節》

□**endeavor** 670
動《**endeavor**＋to 不定詞》
名《**endeavor** of＋名詞》
《**endeavor** for＋名詞》
《**endeavor**＋to 不定詞》

□**endorse** 845
動《**endorse**＋目的語［名詞］》

□**endure** 803
動《**endure**＋目的語［名詞］》
《**endure**＋動名詞》

□**energetic** 603
形《**energetic**＋名詞》
《連結動詞＋**energetic**》
《連結動詞＋**energetic** in＋名詞》

□**energy** 603
名《**energy** of＋名詞》

□**enforce** 623
動《**enforce**＋目的語［名詞］（＋on＋人）》

□**engage** 814
動《**engage** in/on＋名詞》
《**engage** in＋動名詞》
《**engage** with＋名詞》
《**engage**＋目的語［名詞］＋to 不定詞》
《**engage**＋人＋as＋名詞》

□ **engagement** 814

名《**engagement** with/in＋名詞》

《**engagement** to＋人》

□ **engineer** 513

名《**engineer** of＋名詞》

《**engineer** at＋名詞》

動《**engineer**＋目的語［名詞］》

□ **enhance** 748

動《**enhance**＋目的語［名詞］》

□ **enjoy** 456

動《**enjoy**＋名詞》

《**enjoy**＋動名詞》

《**enjoy** *oneself*》

□ **enjoyable** 456

形《**enjoyable**＋名詞》

《連結動詞＋**enjoyable**》

《連結動詞＋**enjoyable**＋to 不定詞》

《It is **enjoyable**＋to不定詞》

□ **enlarge** 789

動《**enlarge**＋目的語［名詞］》

《**enlarge** on＋名詞》

□ **enormous** 704

形《**enormous**＋名詞》

《連結動詞＋**enormous**》

□ **enough** 412

形《**enough**＋複数名詞・不可算名詞》

《連結動詞＋**enough**》

副《動詞・形容詞・副詞＋**enough**（＋for＋名詞／＋to 不定詞）》

名《**enough** of＋名詞》

□ **enrage** 957

動《**enrage**＋目的語［名詞］》

□ **enrich** 481

動《**enrich**＋目的語［名詞］》

□ **enroll** 951

動《**enroll**＋目的語［名詞］》

《**enroll** in＋名詞》

□ **enrollment** 951

名《**enrollment** of＋名詞》

《**enrollment** in＋名詞》

□ **ensure** 406

動《**ensure**＋目的語［名詞］》

《**ensure**＋that 節》

□ **enter** 692

動《**enter**＋目的語［名詞］》

《**enter** into＋名詞》

□ **enterprise** 803

名《**enterprise** of＋名詞》

□ **entertain** 872

動《**entertain**＋目的語［名詞］（＋with＋名詞）》

□ **entertainment** 872

名《**entertainment** of＋名詞》

□ **enthusiasm** 918

名《**enthusiasm** of＋名詞》

《**enthusiasm** for/about＋名詞》

□ **enthusiast** 918

名《**enthusiast** of＋名詞》

《**enthusiast** for＋名詞》

□ **enthusiastic** 918

形《**enthusiastic**＋名詞》

《連結動詞＋**enthusiastic**》

《連結動詞＋**enthusiastic** about/in＋名詞》

《連結動詞＋**enthusiastic**＋that 節》

《連結動詞＋**enthusiastic**＋to 不定詞》

□ **enthusiastically** 918

副《**enthusiastically**＋動詞・形容詞》

□ **entice** 915

動《**entice**＋目的語［名詞］》

《**entice** *A* into/from *B*》

《**entice**＋目的語［名詞］＋to 不定詞》

□ **entire** 730

形《**entire**＋名詞》

□ **entirely** 730

副《**entirely**＋動詞・形容詞》

□ **entitle** 865

動《*be* **entitled** to＋名詞》

《*be* **entitled**＋to 不定詞》

《**entitle**＋人＋目的語［名詞］》

《**entitle**＋人＋to 不定詞》

□ **entrance** 692

名《**entrance** of＋名詞》

《**entrance** to/into＋名詞》

□ **entrepreneur** 952

名《**entrepreneur** of＋名詞》

□ entrust *717*

動《**entrust**＋目的語［名詞］（＋to＋人）》

《*be* **entrusted** with＋名詞》

□ entry *692*

名《**entry** of＋名詞》

《**entry** to/into＋名詞》

□ entryway *693*

名《**entryway** of＋名詞》

《**entryway** to＋名詞》

□ envelope *547*

名《**envelope** of＋名詞》

□ environment *555*

名《**environment** of＋名詞》

《**environment** for＋名詞》

□ environmental *555*

形《**environmental**＋名詞》

□ environmentally *555*

副《**environmentally**＋動詞・形容詞》

□ envision *795*

動《**envision**＋目的語［名詞］》

《**envision**＋that 節》

《It is **envisioned**＋that 節》

□ envy *907*

動《**envy**＋目的語［名詞］》

《**envy**＋目的語［名詞］（＋for）＋名詞》

《**envy**＋目的語［名詞］＋動名詞》

名《**envy** of＋名詞》

《**envy** at/for＋名詞》

□ episode *567*

名《**episode** of/in/from＋名詞》

《**episode** about＋名詞》

□ equal *525*

形《**equal**＋名詞》

《連結動詞＋**equal**》

《連結動詞＋**equal** to＋名詞》

動《**equal**＋目的語［名詞］》

名《the **equal** of＋名詞》

《**equal** in＋名詞》

□ equation *856*

名《**equation** of＋名詞》

《**equation** for＋名詞》

□ equip *773*

動《**equip**＋目的語［名詞］》

《**equip** *A* with *B*》

《*be* **equipped** with＋名詞》

《**equip**＋目的語［名詞］＋to 不定詞》

《*be* **equipped**＋to 不定詞》

□ equipment *773*

名《**equipment** of＋名詞》

《**equipment** for＋名詞》

□ equivalent *856*

形《**equivalent**＋名詞》

《連結動詞＋**equivalent**》

《連結動詞＋**equivalent** to＋名詞》

名《**equivalent** of＋名詞》

□ era *759*

《**era** of＋名詞》

□ erase *947*

動《**erase**＋目的語［名詞］》

《**erase** *A* from *B*》

□ error *409*

名《**error** in＋名詞》

□ escape *649*

動《**escape**＋目的語［名詞］》

《**escape**＋動名詞》

《**escape** from＋名詞》

名《**escape** from＋名詞》

□ escort *528*

動《**escort**＋人（＋to/through/around＋名詞）》

名《**escort** of＋名詞》

□ especially *466*

副《**especially**＋動詞・形容詞》

□ essay *587*

名《**essay** of＋名詞》

《**essay** on/about＋名詞》

□ essential *846*

形《**essential**＋名詞》

《連結動詞＋**essential**》

《連結動詞＋**essential** for/to＋名詞》

《連結動詞＋**essential** about＋名詞》

《It is **essential**＋that 節》

《It is **essential**＋to 不定詞》

名《**essentials** of＋名詞》

□ essentially *846*

副《**essentially**＋動詞・形容詞》

□**examine** 534

動《**examine**＋目的語［名詞］》

《**examine**＋wh-/how 節》

《**examine**＋if/whether 節》

《**examine** *A* for *B*》

《**examine**＋人＋on＋名詞》

□**example** 570

名《**example** of＋名詞》

《**example** to＋人》

□**exceed** 884

動《**exceed**＋目的語［名詞］》

□**excel** 834

動《**excel**（＋目的語［名詞］）＋at/in＋名詞》

□**excellence** 834

名《**excellence** of＋名詞》

《**excellence** in＋名詞》

□**excellent** 834

形《**excellent**＋名詞》

《連結動詞＋**excellent**》

《連結動詞＋**excellent** at/for＋名詞》

《It is **excellent**＋that 節》

《It is **excellent**＋to不定詞》

□**except** 568

前《**except**＋名詞》

《**except** for＋名詞》

《**except**＋that 節》

《**except**＋to 不定詞》

動《**except**＋目的語［名詞］（＋from＋名詞）》

□**exception** 568

名《**exception** of＋名詞》

《**exception** to＋名詞》

《**exception**＋that 節》

□**exceptional** 568

形《**exceptional**＋名詞》

《連結動詞＋**exceptional**》

《It is **exceptional**＋that 節》

《It is **exceptional**＋to 不定詞》

□**excerpt** 867

名《**excerpt** of/from＋名詞》

動《**excerpt**＋目的語［名詞］》

□**excess** 884

形《**excess**＋名詞》

名《**excess** of＋名詞》

□**excessive** 884

形《**excessive**＋名詞》

《連結動詞＋**excessive**》

□**exchange** 610

動《**exchange**＋目的語［名詞］》

《**exchange** *A* for *B*》

名《**exchange** of＋名詞》

《**exchange** for＋名詞》

《**exchange** about/over＋名詞》

《**exchange** with/between/among＋名詞》

□**excite** 540

動《**excite**＋目的語［名詞］》

□**excitement** 540

名《**excitement** of＋名詞》

《**excitement** at＋名詞》

□**exciting** 540

形《**exciting**＋名詞》

《連結動詞＋**exciting**》

《It is **exciting**＋that 節》

《It is **exciting**＋to 不定詞》

《**excited**＋名詞》

《連結動詞＋**excited**》

《連結動詞＋**excited** about/by/at＋名詞》

《連結動詞＋**excited**＋that 節》

《連結動詞＋**excited**＋to 不定詞》

□**exclude** 634

動《**exclude**＋目的語［名詞］》

《**exclude** *A* from *B*》

《**exclude**＋that 節》

□**exclusive** 634

形《**exclusive**＋名詞》

《連結動詞＋**exclusive**》

《連結動詞＋**exclusive** to＋名詞》

□**exclusively** 634

副《**exclusively**＋動詞･形容詞》

□**excursion** 960

名《**excursion** to＋名詞》

□**excuse** 474

動《**excuse**＋人＋for＋名詞》

《**excuse**＋人＋for＋動名詞》

《**excuse**＋人＋from＋名詞》

名《**excuse** for/about＋名詞》

《**excuse**＋to 不定詞》

□**executive** 695

形《**executive**＋名詞》

名《**executive** of＋名詞》

□ **expiration** 888
名《**expiration** of＋名詞》

□ **expire** 888
動《**expire** in/on/at＋名詞》

□ **explain** 634
動《**explain**＋目的語［名詞］（＋to＋人）》
《**explain** about＋名詞》
《**explain**＋that/wh-/how 節》
《**explain**＋if/whether 節》
《It is **explained**＋that 節》

□ **explanation** 634
名《**explanation** of/for＋名詞》
《**explanation** about/as to＋名詞》
《**explanation** from＋人》
《**explanation**＋that/wh-/how 節》
《**explanation**＋if/whether 節》

□ **explanatory** 635
形《**explanatory**＋名詞》

□ **explode** 828
動《**explode**＋目的語［名詞］》
《**explode** with＋名詞》
《**explode** into＋名詞》

□ **explore** 807
動《**explore**＋目的語［名詞］》
《**explore** *A* for *B*》

□ **explorer** 807
名《**explorer** of＋名詞》
《**explorer** in＋名詞》

□ **export** 821
動《**export**＋目的語［名詞］》
《**export** *A* to *B*》
名《**export** of＋名詞》
《**export** to＋名詞》

□ **expose** 812
動《**expose**＋目的語［名詞］》
《**expose** *A* to *B*》
《**expose** *A* as *B*》

□ **exposure** 813
名《**exposure** of＋名詞》
《**exposure** to＋名詞》
《**exposure** as＋名詞》

□ **express** 479
動《**express**＋目的語［名詞］》
《**express** *A* as/in *B*》
《**express**＋that/wh-/how 節》
名《**express** from/to/for＋名詞》
形《**express**＋名詞》

□ **expression** 479
名《**expression** of＋名詞》

□ **extend** 758
動《**extend**＋目的語［名詞］》
《**extend** *A* for/by/until *B*》
《**extend** *A* to *B*》
《**extend** *A* from *B* to *C*》
《**extend** to/beyond＋名詞》
《**extend**＋目的語［名詞］＋to＋人》

□ **extension** 758
名《**extension** of＋名詞》
《**extension** to＋名詞》

□ **extensive** 758
形《**extensive**＋名詞》
《連結動詞＋**extensive**》

□ **extensively** 758
副《**extensively**＋動詞・形容詞》

□ **extent** 758
名《**extent** of＋名詞》
《**extent**＋that 節》

□ **exterior** 847
名《**exterior** of＋名詞》
形《**exterior**＋名詞》

□ **external** 850
形《**external**＋名詞》

□ **extinct** 946
形《**extinct**＋名詞》
《連結動詞＋**extinct**》

□ **extra** 628
形《**extra**＋名詞》
《連結動詞＋**extra**》
名《**extra** for＋名詞》
副《動詞＋**extra**》
《**extra**＋形容詞・副詞》

□ **extract** 741
動《**extract**＋目的語［名詞］》
《**extract** *A* from *B*》
名《**extract** of＋名詞》
《**extract** from＋名詞》

□ **extraordinary** 780
形《**extraordinary**＋名詞》
《連結動詞＋**extraordinary**》
《It is **extraordinary**＋that 節》
《It is **extraordinary**＋to 不定詞》

□ **extreme** 764
形《**extreme**＋名詞》
《連結動詞＋**extreme**》
名《**extreme** of＋名詞》

□ **extremely** 764
副《**extremely**＋形容詞》

F

□ **fabric** 945
名《**fabric** of＋名詞》

□ **fabricate** 945
動《**fabricate**＋目的語［名詞］》

□ **fabulous** 828
形《**fabulous**＋名詞》
《連結動詞＋**fabulous**》
《It is **fabulous**＋that 節》
《It is **fabulous**＋to不定詞》

□ **face** 418
動《**face**＋目的語［名詞］》
《*be* **faced** with＋名詞》
名《**face** of＋名詞》

□ **face-to-face** 418
形《**face-to-face**＋名詞》
副《動詞＋**face-to-face**（＋with＋人）》

□ **facilitate** 840
動《**facilitate**＋目的語［名詞］》

□ **facility** 840
名《**facility** of＋名詞》
《**facility** for＋名詞》

□ **fact** 409
名《**fact** of＋名詞》
《**fact** about＋名詞》
《**fact**＋that 節》

□ **factor** 409
名《**factor** of＋名詞》
《**factor** in＋名詞》
《**factor** behind＋名詞》

□ **factory** 631
名《**factory** of＋名詞》

□ **factual** 409
形《**factual**＋名詞》
《連結動詞＋**factual**》

□ **faculty** 953
名《**faculty** of＋名詞》
《**faculty** for＋名詞》

□ **fade** 639
動《**fade** from＋名詞》
《**fade** into＋名詞》

□ **fail** 677
動《**fail** in＋名詞》
《**fail**＋to 不定詞》

□ **failure** 677
名《**failure** of＋名詞》
《**failure** in＋名詞》
《**failure**＋to 不定詞》

□ **fair** 503
形《**fair**＋名詞》
《連結動詞＋**fair**》
《連結動詞＋**fair** to＋名詞》
《It is **fair**＋that 節》
《It is **fair**＋to 不定詞》

□ **fairly** 503
副《**fairly**＋動詞・形容詞》

□ **faith** 843
名《**faith** of＋名詞》
《**faith** in＋名詞》
《**faith**＋that 節》

□ **faithfully** 843
副《**faithfully**＋動詞・形容詞》

□ **fall** 434
動《**fall** from/to＋名詞》
《**fall** into＋名詞》
《**fall** on/onto＋名詞》
《**fall** within＋名詞》
《**fall** under＋名詞》
名《**fall** in/from/to＋名詞》
《**fall** of＋名詞》

□ **false** 436
形《**false**＋名詞》
《連結動詞＋**false**》

□ **famed** 495
形《**famed**＋名詞》
《連結動詞＋**famed**》
《連結動詞＋**famed** for＋名詞》

□ **familiar** 731
形《**familiar**＋名詞》
《連結動詞＋**familiar**》
《連結動詞＋**familiar** to＋人》
《連結動詞＋**familiar** with＋名詞》

□ **familiarity** 731
名《**familiarity** with＋名詞》
《**familiarity** of＋名詞》

□**familiarize** 731

動《**familiarize**＋人＋with＋名詞》

□**family-owned** 443

形《**family-owned**＋名詞》

□**famous** 495

形《**famous**＋名詞》

《連結動詞＋**famous**》

《連結動詞＋**famous** for＋名詞》

《連結動詞＋**famous** as＋名詞》

□**fancy** 826

形《**fancy**＋名詞》

《連結動詞＋**fancy**》

動《**fancy**＋目的語［名詞］》

《**fancy**＋動名詞》

《**fancy**＋that 節》

名《**fancy** of＋名詞》

《**fancy** for＋名詞》

□**fantastic** 588

形《**fantastic**＋名詞》

《連結動詞＋**fantastic**》

《It is **fantastic**＋that 節》

《It is **fantastic**＋to不定詞》

□**far** 412

形《**far**＋名詞》

《連結動詞＋**far**》

《連結動詞＋**far**（away）from＋名詞》

副《動詞＋**far**》

《**far**＋比較級》

□**fare** 814

名《**fare** of＋名詞》

《**fare** for＋名詞》

動《**fare**＋副詞》

□**farewell** 616

名《**farewell** to＋名詞》

□**farm** 589

名《**farm** of＋名詞》

動《**farm**＋目的語［名詞］》

□**farmer** 589

名《**farmer** of＋名詞》

□**farming** 589

名《**farming** of＋名詞》

□**fascinate** 860

動《**fascinate**＋目的語［名詞］》

《連結動詞＋**fascinated**＋that 節》

《連結動詞＋**fascinated**＋to 不定詞》

□**fashion** 604

名《**fashion** of＋名詞》

《**fashion** for＋名詞》

□**fashionable** 604

形《**fashionable**＋名詞》

《連結動詞＋**fashionable**》

《It is **fashionable**＋to 不定詞》

□**fast** 494

副《動詞＋**fast**》

形《**fast**＋名詞》

《連結動詞＋**fast**》

□**fasten** 870

動《**fasten**＋目的語［名詞］》

《**fasten** *A* with *B*》

《**fasten** *A* to *B*》

《**fasten** *A* around *B*》

《**fasten** *A* on *B*》

□**fat** 520

形《**fat**＋名詞》

《連結動詞＋**fat**》

□**fatigue** 932

名《**fatigue** of＋名詞》

《**fatigue** from＋名詞》

□**fault** 753

名《**fault** of＋名詞》

《**fault** in＋名詞》

動《連結動詞＋**fault**＋目的語［名詞］》

□**faulty** 753

形《**faulty**＋名詞》

《連結動詞＋**faulty**》

□**favor** 725

名《**favor** of＋名詞》

《do＋人＋a **favor**》

動《**favor**＋目的語［名詞］》

《**favor** *A* over *B*》

《連結動詞＋**favored**＋to 不定詞》

□**favorable** 725

形《**favorable**＋名詞》

《連結動詞＋**favorable**》

《連結動詞＋**favorable** for/to＋名詞》

□ **flu** 616

名《the **flu** from/to＋人》

□ **fluctuate** 959

動《**fluctuate**＋副詞》

□ **fluent** 971

形《**fluent**＋名詞》

《連結動詞＋**fluent**》

《連結動詞＋**fluent** in＋名詞》

□ **fluid** 781

名《**fluid** of＋名詞》

《**fluid** in＋名詞》

《**fluid** from＋名詞》

□ **fly** 454

動《**fly** from/to/for/out of/in＋名詞》

□ **flyer** 455

名《**flyer** for＋名詞》

《**flyer** about＋名詞》

□ **focus** 665

動《**focus** on＋名詞》

《**focus**＋目的語［名詞］》

《**focus** *A* on *B*》

名《**focus** of＋名詞》

《**focus** on＋名詞》

□ **fog** 588

名《**fog** of＋名詞》

動《**fog**＋目的語［名詞］》

□ **fold** 819

動《**fold**＋目的語［名詞］》

□ **folk** 531

形《**folk**＋名詞》

名《**folk** of＋名詞》

□ **follow** 426

動《**follow**＋目的語［名詞］》

□ **fond** 909

形《連結動詞＋**fond** of＋名詞》

□ **footwear** 614

名《**footwear** of＋名詞》

□ **forbid** 937

動《**forbid**＋目的語［名詞］》

《**forbid**＋動名詞》

《**forbid**＋人＋to 不定詞》

《**forbid**＋人＋from＋動名詞》

《**forbid**＋that 節》

《It is **forbidden**＋to不定詞》

□ **force** 623

動《**force**＋目的語［名詞］》

《**force**＋目的語［名詞］＋to 不定詞》

《**force**＋目的語［名詞］＋into＋名詞》

名《**force** of＋名詞》

□ **forecast** 848

動《**forecast**＋目的語［名詞］》

《**forecast**＋that/wh-/how節》

《It is **forecast**＋that 節》

《*be* **forecast**＋to 不定詞》

名《**forecast** of＋名詞》

《**forecast** for/about＋名詞》

《**forecast**＋that 節》

□ **foreign** 484

形《**foreign**＋名詞》

《連結動詞＋**foreign** to＋目的語》

□ **foremost** 616

形《**foremost**＋名詞》

《連結動詞＋**foremost**》

□ **foresee** 878

動《**foresee**＋目的語［名詞］》

《**foresee**＋that/wh-/how 節》

《**foresee**＋if/whether 節》

《It is **foreseen**＋that 節》

□ **forest** 473

名《**forest** of＋名詞》

□ **forever** 537

副《動詞・形容詞＋**forever**》

□ **forget** 405

動《**forget**＋目的語［名詞］》

《**forget** about＋名詞》

《**forget** ＋that/wh-/how節》

《**forget** ＋if/whether 節》

《**forget** ＋動名詞》

《**forget** ＋to 不定詞》

□ **forgive** 811

動《**forgive**＋目的語［名詞］》

《**forgive**＋人＋for＋名詞》

□ **form** 421

動《**form**＋目的語［名詞］》

名《**form** of＋名詞》

□ **formal** 858

形《**formal**＋名詞》

《連結動詞＋**formal**》

《連結動詞＋**formal** for＋名詞》

□ **formally** 858

副《**formally**＋動詞・形容詞》

□ **freedom** 444

名《**freedom** of＋名詞》

《**freedom** from＋名詞》

《**freedom**＋to 不定詞》

□ **freelance** 444

形《**freelance**＋名詞》

副《動詞＋**freelance**》

動《**freelance** for＋名詞》

□ **freeze** 907

動《**freeze**＋目的語［名詞］》

名《**freeze** of＋名詞》

《**freeze** on＋名詞》

□ **freight** 912

名《**freight** of＋名詞》

動《**freight**＋目的語［名詞］》

□ **freighter** 912

名《**freighter** of＋名詞》

□ **frequency** 805

名《**frequency** of＋名詞》

□ **frequent** 805

形《**frequent**＋名詞》

《連結動詞＋**frequent**》

動《**frequent**＋目的語［名詞］》

□ **frequently** 805

副《**frequently**＋動詞・形容詞》

□ **fresh** 527

形《**fresh**＋名詞》

《連結動詞＋**fresh**》

《連結動詞＋**fresh** from＋名詞》

《連結動詞＋**fresh** to＋名詞》

《連結動詞＋**fresh**＋to 不定詞》

□ **freshness** 528

名《**freshness** of＋名詞》

□ **friction** 931

名《**friction** of＋名詞》

《**friction** with/between/among＋名詞》

□ **fridge** 582

名《**fridge** in＋名詞》

□ **friendliness** 519

名《**friendliness** of＋人》

□ **friendly** 519

形《**friendly**＋名詞》

《連結動詞＋**friendly**》

《連結動詞＋**friendly** to/toward/with＋人》

□ **friendship** 519

名《**friendship** with/between/among＋人》

□ **frighten** 781

動《**frighten**＋人》

□ **front** 453

形《（at/in＋）the **front** of＋名詞》

《in **front** of＋名詞》

形《**front**＋名詞》

□ **frustrate** 791

動《**frustrate**＋人》

□ **fry** 607

動《**fry**＋目的語［名詞］》

□ **fuel** 681

動《**fuel**＋目的語［名詞］》

名《**fuel** for＋名詞》

□ **fulfill** 817

動《**fulfill**＋目的語［名詞］》

□ **full** 540

形《**full**＋名詞》

《連結動詞＋**full**》

《連結動詞＋**full** of＋名詞》

□ **full-time** 540

形《**full-time**＋名詞》

副《動詞＋**full-time**》

□ **fully** 540

副《**fully**＋動詞・形容詞》

□ **fulsome** 975

形《**fulsome**＋名詞》

《連結動詞＋**fulsome**》

□ **fun** 441

名《**fun** for＋人》

形《**fun**＋名詞》

□ **function** 750

動《**function**＋副詞》

名《**function** of＋名詞》

《**function** for＋名詞》

《**function** as＋名詞》

□ **functional** 750

形《**functional**＋名詞》

《連結動詞＋**functional**》

□ **fund** 734

動《**fund**＋目的語［名詞］》

名《**fund** of＋名詞》

《**fund** for＋名詞》

□**gear** 773

動《*be* **geared** up＋to不定詞》

名《**gear** of＋名詞》

《**gear** for＋名詞》

□**gender** 739

名《**gender** of＋名詞》

《**gender** in＋名詞》

□**gene** 902

名《**gene** of＋名詞》

《**gene** for＋名詞》

□**general** 629

形《**general**＋名詞》

□**generalization** 629

名《**generalization** of/about＋名詞》

《**generalization**＋that 節》

□**generate** 851

動《**generate**＋目的語［名詞］》

《**generate** *A* from *B*》

□**generation** 851

名《**generation** of＋名詞》

□**generator** 851

名《**generator** of＋名詞》

□**generic** 630

形《**generic**＋名詞》

□**generous** 914

形《**generous**＋名詞》

《連結動詞＋**generous**》

《連結動詞＋**generous** to＋人》

《連結動詞＋**generous** with＋名詞》

《連結動詞＋**generous** about＋名詞》

《連結動詞＋**generous**＋to不定詞》

《It is **generous**＋to不定詞》

《It is **generous** of＋人＋to 不定詞》

□**genetic** 902

形《**genetic**＋名詞》

《連結動詞＋**genetic**》

□**genre** 579

名《**genre** of＋名詞》

□**gentle** 563

形《**gentle**＋名詞》

《連結動詞＋**gentle**》

《連結動詞＋**gentle** with＋人》

□**gently** 563

副《**gently**＋動詞・形容詞》

□**genuine** 929

形《**genuine**＋名詞》

《連結動詞＋**genuine**》

《連結動詞＋**genuine** about＋名詞》

□**geographical** 605

形《**geographical**＋名詞》

□**gesture** 566

名《**gesture** of＋名詞》

動《**gesture** to/at＋人》

《**gesture** for＋人＋to不定詞》

□**get rid of** 721

動《**get rid of**＋名詞》

□**giant** 703

名《**giant**＋名詞》

名《**giant** of＋名詞》

□**gift** 380

名《**gift** of＋名詞》

《**gift** for＋名詞》

《**gift** from/to＋名詞》

□**gist** 980

名《**gist** of＋名詞》

□**give** 393

動《**give**＋人＋目的語［名詞］》

《**give**＋目的語［名詞］＋to＋人》

□**glad** 456

形《連結動詞＋**glad**》

《連結動詞＋**glad** about＋名詞》

《連結動詞＋**glad** of＋名詞》

《連結動詞＋**glad** for＋人》

《連結動詞＋**glad**＋that 節》

《連結動詞＋**glad**＋to 不定詞》

□**glance** 658

動《**glance** at＋名詞》

名《**glance** of＋名詞》

《**glance** at＋名詞》

□ **gravitate** 979

動《**gravitate** to/toward＋名詞》

□ **greatly** 595

副《**greatly**＋動詞・形容詞》

□ **greet** 796

動《**greet**＋人》

□ **grill** 607

動《**grill**＋目的語［名詞］》

《**grill**＋人＋about/on＋名詞》

□ **grin** 900

動《**grin** at＋人》

名《**grin** of＋名詞》

《**grin** at＋人》

□ **grocery** 890

名《**groceries** of＋名詞》

□ **ground** 459

名《**grounds** for＋名詞》

《**grounds**＋to 不定詞》

□ **grow** 429

動《**grow** by＋数字》

《**grow** from *A* (to *B*)》

《**grow** in＋名詞》

《**grow** to/into＋名詞》

《**grow**＋形容詞》

《**grow**＋目的語［名詞］》

《**grow**＋to 不定詞》

□ **growth** 429

名《**growth** in/of＋名詞》

□ **guarantee** 736

動《**guarantee**（＋人）＋目的語［名詞］》

《**guarantee**＋that 節》

《It is **guaranteed**＋that 節》

《**guarantee**＋to 不定詞》

《*be* **guaranteed**＋to 不定詞》

《**guarantee** *A* against *B*》

名《**guarantee** of＋名詞》

《**guarantee** about＋名詞》

《**guarantee** for/against＋名詞》

《**guarantee** on＋名詞》

《**guarantee**＋that 節》

《**guarantee**＋to 不定詞》

□ **guard** 505

動《**guard**＋目的語［名詞］》

《**guard** *A* against *B*》

名《**guard** of＋名詞》

《**guard** against/over ＋名詞》

□ **guess** 618

動《**guess**＋目的語［名詞］》

《**guess**＋that/wh-/how 節》

《It is **guessed**＋that 節》

《**guess**＋if/whether 節》

《**guess** at＋名詞》

《**guess** from＋名詞》

名《**guess** about/at/as to＋名詞》

《**guess**＋that 節》

□ **guest** 464

名《**guest** of＋名詞》

□ **guidance** 523

名《**guidance** of＋名詞》

《**guidance** about/on/as to＋名詞》

□ **guide** 523

名《**guide** to＋名詞》

動《**guide**＋人＋into/toward/through/along/on＋名詞》

□ **guideline** 523

名《**guideline** for＋名詞》

《**guideline** about/on＋名詞》

《**guideline** from＋名詞》

□ **guilty** 679

形《**guilty**＋名詞》

《連結動詞＋**guilty**》

《連結動詞＋**guilty** about/at＋名詞》

《連結動詞＋**guilty** of＋名詞》

□ **gulf** 493

名《**gulf** of/between＋名詞》

□ **gym** 381

名《**gym** for＋名詞》

H

□ **habit** 538

名《**habit** of＋動名詞》

□ **habitual** 538

形《**habitual**＋名詞》

《連結動詞＋**habitual** with＋人》

□ **half** 428

名《**half** of＋名詞》

形《**half** a/the＋名詞》

副《**half**＋形容詞》

□ **impose** 623

動《**impose**＋目的語［名詞］》

《**impose** *A* on *B*》

□ **impossible** 515

形《**impossible**＋名詞》

《連結動詞＋**impossible**》

《It is **impossible**＋that 節》

《It is **impossible**＋to 不定詞》

□ **impress** 821

動《**impress**＋目的語［名詞］》

《**impress**＋人＋with/by＋名詞》

《**impress**＋目的語［名詞］＋on＋人》

□ **impression** 821

名《**impression** of＋名詞》

《**impression** about＋名詞》

《**impression** on＋人》

《**impression**＋that 節》

□ **impressive** 822

形《**impressive**＋名詞》

《連結動詞＋**impressive**》

□ **improve** 748

動《**improve**＋目的語［名詞］》

《**improve** on＋名詞》

□ **improvement** 748

名《**improvement** of＋名詞》

《**improvement** in/on/to＋名詞》

□ **in spite of** 509

前《**in spite of**＋名詞》

□ **in-house** 817

形《**in-house**＋名詞》

副《動詞＋**in-house**》

□ **inadequate** 921

形《**inadequate**＋名詞》

《連結動詞＋**inadequate**》

《連結動詞＋**inadequate** for＋名詞》

《連結動詞＋**inadequate**＋to 不定詞》

《It is **inadequate**＋to 不定詞》

□ **inappropriate** 822

形《**inappropriate**＋名詞》

《連結動詞＋**inappropriate**》

《連結動詞＋**inappropriate**＋for/to＋名詞》

《It is **inappropriate**＋that 節》

《It is **inappropriate**＋to 不定詞》

□ **inaugurate** 972

動《**inaugurate**＋目的語［名詞］》

《**inaugurate**＋人＋as＋名詞》

□ **incentive** 930

名《**incentive** of＋名詞》

《**incentive** to＋名詞》

《**incentive**＋to 不定詞》

□ **incidence** 743

名《**incidence** of＋名詞》

□ **incident** 743

名《**incident** of＋名詞》

《**incident** in/at＋名詞》

《**incident** about/concerning＋名詞》

□ **incidentally** 743

副《動詞＋**incidentally**》

□ **include** 634

動《**include**＋目的語［名詞］》

《**include** *A* in/on/among *B*》

《**include**＋動名詞》

《**include**＋that 節》

□ **inclusive** 634

形《**inclusive**＋名詞》

《連結動詞＋**inclusive**》

《連結動詞＋**inclusive** of＋名詞》

□ **income** 762

名《**income** of＋名詞》

《**income** from＋名詞》

□ **incoming** 887

形《**incoming**＋名詞》

□ **incompatible** 961

形《**incompatible**＋名詞》

《連結動詞＋**incompatible**》

《連結動詞＋**incompatible** with＋名詞》

□ **incomplete** 660

形《**incomplete**＋名詞》

《連結動詞＋**incomplete**》

□ **inconvenience** 868

名《**inconvenience** of＋名詞》

《**inconvenience** for/to＋名詞》

動《**inconvenience**＋目的語［名詞］》

☐**industrial** 667

[形]《**industrial**＋名詞》

☐**industry** 667

[名]《**industry** of＋名詞》

☐**inefficient** 872

[形]《**inefficient**＋名詞》

《連結動詞＋**inefficient**》

《連結動詞＋**inefficient** in/at/for＋名詞》

《It is **inefficient**＋to不定詞》

☐**inexpensive** 763

[形]《**inexpensive**＋名詞》

《連結動詞＋**inexpensive**》

《連結動詞＋**inexpensive**＋to 不定詞》

《It is **inexpensive**＋to 不定詞》

☐**inexperience** 653

[名]《**inexperience** in＋名詞》

☐**infant** 840

[形]《**infant**＋名詞》

[名]《**infant** of＋名詞》

《**infant** in＋名詞》

☐**infection** 782

[名]《**infection** of/in＋名詞》

☐**infer** 936

[動]《**infer**＋目的語［名詞］》

《**infer** about＋名詞》

《**infer** from＋名詞》

《**infer** *A* from *B*》

《**infer**＋that/wh-/how 節》

《**infer**＋if/whether 節》

《It is **inferred**＋that 節》

☐**inference** 936

[名]《**inference** of＋名詞》

《**inference** about＋名詞》

《**inference** from＋名詞》

《**inference**＋that/wh-/how 節》

《**inference**＋if/whether 節》

☐**inflate** 850

[動]《**inflate**＋目的語［名詞］》

☐**inflation** 850

[名]《**inflation** of＋名詞》

☐**influence** 718

[動]《**influence**＋目的語［名詞］》

《**influence**＋目的語［名詞］＋to 不定詞》

[名]《**influence** of＋名詞》

《**influence** on/over＋名詞》

《**influence** from＋名詞》

《**influence** in＋名詞》

《**influence** with＋名詞》

☐**influential** 718

[形]《**influential**＋名詞》

《連結動詞＋**influential**》

《連結動詞＋**influential** in＋名詞》

☐**inform** 478

[動]《**inform**＋人＋of/about＋名詞》

《**inform**＋人＋that 節》

☐**informal** 858

[形]《**informal**＋名詞》

《連結動詞＋**informal**》

《連結動詞＋**informal** for＋名詞》

☐**information** 478

[名]《**information** about/on＋名詞》

《**information**＋that/wh-/how 節》

《**information**＋if/whether 節》

☐**informative** 478

[形]《**informative**＋名詞》

《連結動詞＋**informative**》

《連結動詞＋**informative** about/on＋名詞》

☐**ingredient** 724

[名]《**ingredient** of＋名詞》

《**ingredient** for＋名詞》

《**ingredient** in＋名詞》

☐**initial** 845

[形]《**initial**＋名詞》

[名]《**initial** of＋名詞》

[動]《**initial**＋目的語［名詞］》

☐**initially** 845

[副]《**initially**＋動詞・形容詞》

☐**initiative** 846

[名]《**initiative** of＋名詞》

《**initiative** for/against＋名詞》

《**initiative** on/in＋名詞》

《**initiative** by＋人》

《**initiative**＋to 不定詞》

☐**injure** 773

[動]《**injure**＋目的語［名詞］》

☐**injury** 773

[名]《**injury** of＋名詞》

《**injury** to＋名詞》

□**inner** *560*

形《**inner**＋名詞》

□**innocent** *680*

形《**innocent**＋名詞》

《連結動詞＋**innocent**》

《連結動詞＋**innocent** of＋名詞》

□**innovation** *889*

名《**innovation** of＋名詞》

《**innovation** in＋名詞》

□**innovative** *889*

形《**innovative**＋名詞》

《連結動詞＋**innovative**》

□**input** *933*

名《**input** about/on＋名詞》

《**input** to/into/from＋名詞》

《**input** by＋人》

動《**input**＋目的語》

《**input** *A* to *B*》

□**inquire** *948*

動《**inquire**＋目的語［名詞］（＋of＋人）》

《**inquire** about＋名詞》

《**inquire**＋wh-/how 節》

《**inquire**＋if/whether 節》

□**inquiry** *949*

名《**inquiry** about＋名詞》

《**inquiry** into＋名詞》

《**inquiry** from＋人》

□**insert** *608*

動《**insert**＋目的語［名詞］》

《**insert** *A* in/into/between *B*》

□**inside** *366*

形《**inside**＋名詞》

副《動詞・形容詞＋**inside**》

名《the **inside** of＋名詞》

□**insight** *910*

名《**insight** about/as to＋名詞》

《**insight** into＋名詞》

《**insight**＋that 節》

□**insightful** *910*

形《**insightful**＋名詞》

《連結動詞＋**insightful**》

《連結動詞＋**insightful** about＋名詞》

□**insist** *663*

動《**insist** on＋名詞・動名詞》

《**insist**＋that 節》

□**inspect** *886*

動《**inspect**＋目的語［名詞］》

《**inspect** *A* for *B*》

□**inspection** *886*

名《**inspection** of＋名詞》

□**inspector** *886*

名《**inspector** of＋名詞》

《**inspector** for＋名詞》

□**inspiration** *813*

名《**inspiration** of＋名詞》

《**inspiration** for/behind＋名詞》

《**inspiration** to＋名詞》

《**inspiration**＋to 不定詞》

□**inspire** *813*

動《**inspire**＋目的語［名詞］（＋to＋名詞）》

《**inspire**＋目的語［名詞］＋to 不定詞》

□**install** *919*

動《**install**＋目的語［名詞］》

《**install** *A* in/on *B*》

□**installation** *919*

名《**installation** of＋名詞》

□**installment** *919*

名《**installment** of＋名詞》

□**instance** *633*

名《**instance** of＋名詞》

《**instance**＋when/where 節》

□**instead** *391*

副《**instead** of＋名詞》

《動詞・形容詞＋**instead**》

□**institute** *805*

動《**institute**＋目的語［名詞］》

名《**institute** of/for＋名詞》

□**institution** *805*

名《**institution** of＋名詞》

《**institution** for＋名詞》

□**institutional** *805*

形《**institutional**＋名詞》

□**instruct** *846*

動《**instruct**（＋人）＋that 節》

《**instruct**＋人＋to 不定詞》

《**instruct**＋人＋in＋名詞》

《**instruct**＋人＋what/how＋to 不定詞》

□ **instruction** 846

名《**instructions** of＋名詞》

《**instructions** about/on/as to＋名詞》

《**instructions** for＋名詞》

《**instructions**＋that 節》

《**instructions**＋to 不定詞》

□ **instructor** 846

名《**instructor** of＋名詞》

《**instructor** at＋名詞》

□ **instrument** 783

名《**instrument** of＋名詞》

《**instrument** for＋名詞》

《**instrument**＋to 不定詞》

□ **insufficient** 915

形《**insufficient**＋名詞》

《連結動詞＋**insufficient**》

《連結動詞＋**insufficient** for＋名詞》

《連結動詞＋**insufficient**＋to 不定詞》

《It is **insufficient**＋that 節》

《It is **insufficient**＋to 不定詞》

□ **insurance** 755

名《**insurance** on/for＋名詞》

《**insurance** against＋名詞》

□ **insure** 756

動《**insure**＋目的語［名詞］》

《**insure** (*A*) against *B*》

《**insure**＋目的語［名詞］＋for＋数字》

《**insure**＋that 節》

□ **intact** 939

形《連結動詞＋**intact**》

《動詞＋目的語［名詞］＋**intact**》

□ **intake** 960

名《**intake** of＋名詞》

□ **integral** 975

形《**integral**＋名詞》

《連結動詞＋**integral**》

《連結動詞＋**integral** to＋名詞》

□ **integrate** 948

動《**integrate**＋目的語［名詞］》

《**integrate** (*A*) into/with *B*》

□ **intellectual** 830

形《**intellectual**＋名詞》

《連結動詞＋**intellectual**》

名《**intellectual** of＋名詞》

□ **intelligence** 830

名《**intelligence** of＋名詞》

《**intelligence** in＋名詞》

《**intelligence** on＋名詞》

《**intelligence**＋that 節》

□ **intend** 772

動《**intend**＋目的語［名詞］》

《**intend**＋that 節》

《**intend**＋to 不定詞》

《*be* **intended** for＋名詞》

《It is **intended**＋that 節》

□ **intense** 816

形《**intense**＋名詞》

《連結動詞＋**intense**》

□ **intensive** 816

形《**intensive**＋名詞》

□ **intention** 772

名《**intention** of＋名詞》

《**intention** behind＋名詞》

《**intention**＋that 節》

《**intention**＋to 不定詞》

□ **intently** 772

副《**intently**＋動詞・形容詞》

□ **interaction** 943

名《**interaction** of＋名詞》

《**interaction** with/between/among/within＋名詞》

□ **interactive** 943

形《**interactive**＋名詞》

《連結動詞＋**interactive**》

《連結動詞＋**interactive** with＋名詞》

□ **interest** 448

名《**interest** in＋名詞》

《*be* of **interest** to＋人》

《**interest** on＋名詞》

動《**interest**＋人＋in＋名詞》

《**interest**＋人＋to 不定詞》

□ **interested** 448

形《**interested**＋名詞》

《連結動詞＋**interested**》

《連結動詞＋**interested** in＋名詞・動名詞》

《連結動詞＋**interested**＋to 不定詞》

索引

語法リスト

□ **learn** *415*

動《**learn**＋目的語［名詞］》

《**learn** about/of＋名詞》

《**learn**＋that/wh-/how 節》

《**learn**＋if/whether 節》

《**learn**＋目的語［名詞］(＋from＋人)》

《**learn** (how) ＋to 不定詞》

《**learn** from＋名詞》

《**learn** through＋名詞》

□ **lease** *573*

動《**lease**＋目的語［名詞］(＋from/to＋人)》

名《**lease** of/on＋名詞》

□ **least** *357*

副《the **least**＋形容詞＋名詞》

形《the **least**＋名詞》

代《the **least** of＋名詞》

□ **leather** *383*

名《**leather** of＋名詞》

□ **leave** *403*

動《**leave**＋目的語［名詞］》

《**leave** for/from＋名詞》

《**leave**＋目的語［名詞］＋to 不定詞》

《**leave**＋目的語［名詞］＋動名詞》

《**leave**＋人＋to＋名詞》

《**leave**＋名詞＋形容詞》

《**leave**＋名詞＋to/with/for＋人》

名《**leave** of＋名詞》

《**leave**＋to 不定詞》

《形容詞＋**leave**》

□ **lecture** *830*

動《**lecture** (＋人) ＋about/on＋名詞》

名《**lecture** about/on＋名詞》

《**lecture** to＋人》

□ **lecturer** *830*

名《**lecturer** on＋名詞》

□ **leg** *484*

名《**leg** of＋名詞》

□ **legal** *760*

形《**legal**＋名詞》

《連結動詞＋**legal**》

《It is **legal**＋that 節》

《It is **legal**＋to 不定詞》

□ **legislation** *903*

名《**legislation** of＋名詞》

《**legislation** on＋名詞》

《**legislation** for/against＋名詞》

《**legislation**＋to 不定詞》

□ **legitimate** *903*

形《**legitimate**＋名詞》

《連結動詞＋**legitimate**》

《It is **legitimate**＋to不定詞》

□ **leisure** *604*

名《**leisure** of＋名詞》

□ **lend** *572*

動《**lend**＋目的語［名詞］＋to＋人》

《**lend**＋人＋目的語［名詞］》

□ **length** *516*

名《**length** of＋名詞》

□ **lengthy** *516*

形《**lengthy**＋名詞》

□ **less** *357*

副《**less**＋形容詞 (＋than＋名詞)》

形《**less**＋名詞》

名《**less** of＋名詞》

□ **lessen** *358*

動《**lessen**＋目的語［名詞］》

□ **lesson** *371*

名《**lesson** of/about/in/on＋名詞》

《**lesson** to＋人》

《**lesson**＋that 節》

□ **let** *394*

動《**let**＋目的語［名詞］＋原形動詞》

□ **letterhead** *614*

名《**letterhead** of＋名詞》

□ **level** *467*

名《**level** of＋名詞》

《above/below the **level**》

形《**level**＋名詞》

《連結動詞＋**level**》

《連結動詞＋**level** with＋名詞》

動《**level**＋目的語［名詞］》

□ **liability** *954*

名《**liability** of＋名詞》

《**liability** for/to＋名詞》

《**liability**＋to 不定詞》

□ **log** 899

動《**log**＋目的語［名詞］》

《**log** in/on (to)＋名詞》

《**log** off/out＋名詞》

名《**log** of＋名詞》

□ **logic** 837

名《**logic** of＋名詞》

《**logic** behind/in＋名詞》

《**logic**＋that 節》

《**logic**＋to 不定詞》

□ **logical** 836

形《**logical**＋名詞》

《連結動詞＋**logical**》

《It is **logical**＋that 節》

《It is **logical**＋to 不定詞》

□ **logo** 892

名《**logo** for/of＋名詞》

□ **long-term** 966

形《**long-term**＋名詞》

□ **look** 389

動《**look** at＋名詞》

《**look** for＋名詞》

《**look** in/into＋名詞》

《**look** like＋名詞》

《**look**＋形容詞》

《It **looks** like/as if/as though＋節》

名《**look** of＋名詞》

《**look** at＋名詞》

□ **loose** 788

形《**loose**＋名詞》

《連結動詞＋**loose**》

□ **lose** 449

動《**lose**＋目的語［名詞］》

《**lose** against＋名詞》

□ **loss** 449

名《**loss** of＋名詞》

《**loss** to/for＋名詞》

□ **lot** 411

名《(a) **lot** of＋名詞》

《**lots** of＋名詞》

副《動詞＋a **lot**》

□ **loud** 532

形《**loud**＋名詞》

《連結動詞＋**loud**》

□ **loudly** 532

副《動詞＋**loudly**》

□ **lounge** 604

名《**lounge** of＋名詞》

動《**lounge**＋副詞》

□ **lovely** 542

形《**lovely**＋名詞》

《連結動詞＋**lovely**》

《It is **lovely**＋that 節》

《It is **lovely**＋to 不定詞》

《It is **lovely** of＋人＋to 不定詞》

□ **low** 461

形《**low**＋名詞》

《連結動詞＋**low**》

《連結動詞＋**low** in＋名詞》

名《**low** of＋名詞》

副《動詞＋**low**》

□ **lower** 461

動《**lower**＋目的語［名詞］》

《**lower** *A* to/into/onto *B*》

形《**lower**＋名詞》

《連結動詞＋**lower** than＋名詞》

□ **loyal** 583

形《**loyal**＋名詞》

《連結動詞＋**loyal**》

《連結動詞＋**loyal** to＋名詞》

□ **loyalty** 583

名《**loyalty** of＋名詞》

《**loyalty** from/to/toward＋名詞》

《**loyalty** for＋名詞》

□ **luck** 535

名《**luck** of＋名詞》

《**luck** in＋名詞》

□ **lucky** 535

形《**lucky**＋名詞》

《連結動詞＋**lucky**》

《連結動詞＋**lucky**＋that 節》

《連結動詞＋**lucky** (enough)＋to 不定詞》

《連結動詞＋**lucky**＋if 節》

《連結動詞＋**lucky** with＋名詞》

《It is **lucky**＋that 節》

《It is **lucky**＋to 不定詞》

□ **lucrative** 975

形《**lucrative**＋名詞》

《連結動詞＋**lucrative**》

□ **luggage** 941

名《**luggage** of＋名詞》

□**manufacture** 786
動《**manufacture**＋目的語［名詞］》
名《**manufacture** of＋名詞》

□**manufacturer** 786
名《**manufacturer** of＋名詞》

□**map** 367
名《**map** of＋名詞》
《**map** to＋名詞》

□**margin** 833
名《**margin** of＋名詞》
《**margin** for＋名詞》
《**margin** on＋名詞》

□**mark** 368
動《**mark**＋目的語［名詞］》
《**mark** *A* with *B*》
《**mark** *A* on *B*》
《**mark** *A* as *B*》
《**mark** *A* for *B*》
名《**mark** of＋名詞》
《**mark** for＋名詞》

□**market** 462
動《**market**＋目的語［名詞］（＋for/to＋人）》
《**market** *A* as *B*》
《**market** *A* through *B*》
名《**market** of＋名詞》
《**market** for＋名詞》
《**market** in＋名詞》

□**marketable** 463
形《**marketable**＋名詞》
《連結動詞＋**marketable**》

□**marketing** 462
名《**marketing** of/for＋名詞》

□**marketplace** 463
名《**marketplace** of/for＋名詞》

□**marriage** 508
名《**marriage** of＋人》
《**marriage** for＋名詞》
《**marriage** to/with＋人》
《**marriage** between＋人》

□**marry** 508
動《get **married**（＋to＋人）》
《**marry**＋人＋to＋人》

□**marvelous** 925
形《**marvelous**＋名詞》
《連結動詞＋**marvelous**》
《It is **marvelous**＋that節》
《It is **marvelous**＋to不定詞》

□**mask** 382
動《**mask**＋目的語［名詞］》
《**mask** *A* with *B*》
名《**mask** of/over＋名詞》

□**mass** 842
形《**mass**＋名詞》
名《**mass** of＋名詞》
動《**mass**＋目的語［名詞］》

□**massive** 842
形《**massive**＋名詞》
《連結動詞＋**massive**》

□**master** 508
動《**master**＋目的語［名詞］》
名《**master** of＋名詞》
《**master** at＋名詞》

□**match** 689
動《**match**＋副詞》
《**match**＋目的語［名詞］》
《**match** *A* to/with *B*》
名《**match** for/against＋名詞》
《**match** between＋名詞》

□**mate** 531
名《**mate** of＋名詞》

□**material** 637
名《**material** of＋名詞》
《**material** for＋名詞》
《**material** on＋名詞》

□**mathematical** 597
形《**mathematical**＋名詞》
《連結動詞＋**mathematical**》

□**mathematics** 597
名《**mathematics** of＋名詞》
《**mathematics** in＋名詞》

□**matter** 637
名《**matter** of＋名詞》
《**matter** for＋名詞》
動《**matter** to＋人》
《It **matters** about＋名詞》
《It **matters**＋that/wh-/how 節》
《It **matters**＋if/whether 節》

□**mature** 873
動《**mature**＋目的語［名詞］》
《**mature** to/into＋名詞》
形《**mature**＋名詞》
《連結動詞＋**mature**》

□ **memo** 580

名《**memo** of＋名詞》

《**memo** from/to＋名詞》

《**memo** about/on＋名詞》

□ **memoir** 832

名《**memoir** of＋名詞》

《**memoir** about＋名詞》

□ **memorandum** 580

名《**memorandum** of＋名詞》

《**memorandum** from/to＋名詞》

《**memorandum** about/on＋名詞》

□ **memorize** 594

動《**memorize**＋目的語［名詞］》

□ **memory** 594

名《**memory** of＋名詞》

《**memory** for＋名詞》

□ **mental** 792

形《**mental**＋名詞》

《連結動詞＋**mental**》

□ **mention** 663

動《**mention**＋目的語［名詞］（＋to＋人）》

《**mention**＋that 節》

《It is **mentioned**＋that 節》

□ **mentor** 886

名《**mentor** of＋名詞》

《**mentor** to/for＋人》

動《**mentor**＋人》

□ **menu** 383

名《**menu** of＋名詞》

□ **merchandise** 885

名《**merchandise** of＋名詞》

□ **merchant** 885

名《**merchant** of＋名詞》

□ **mere** 550

形《**mere**＋名詞》

□ **merely** 550

副《**merely**＋動詞・形容詞》

□ **merge** 836

動《**merge**＋目的語［名詞］》

《**merge** *A* into *B*》

《**merge** with/into＋名詞》

□ **merger** 836

名《**merger** of＋名詞》

《**merger** with/between/among＋名詞》

□ **merit** 784

名《**merit** of＋名詞》

《**merit** in＋名詞》

《**merit** to＋名詞》

《**merit**＋that 節》

□ **mess** 859

名《**mess** of＋名詞》

動《**mess**＋目的語［名詞］》

□ **message** 488

名《**message** of＋名詞》

《**message** from/to/for＋人》

《**message** about＋名詞》

《**message**＋that 節》

《**message**＋to 不定詞》

□ **messenger** 489

名《**messenger** of＋名詞》

《**messenger** from/to/for＋人》

□ **metal** 516

形《**metal**＋名詞》

名《**metal** of＋名詞》

□ **method** 722

名《**method** of/for＋名詞》

□ **metro** 580

名《**metro** in＋名詞》

□ **metropolitan** 580

形《**metropolitan**＋名詞》

□ **microscope** 592

名《**microscope** of＋名詞》

《**microscope** for＋名詞》

□ **microwave** 592

名《**microwave** in＋名詞》

《**microwave** for＋名詞》

動《**microwave**＋目的語［名詞］》

□ **middle** 451

形《**middle**＋名詞》

名《**middle** of＋名詞》

□ **midnight** 567

名《**midnight** of＋名詞》

《**midnight** on＋名詞》

□ **midway** 616

形《**midway**＋名詞》

副《**midway** between＋名詞》

《**midway** through＋名詞》

□**neat** 859

形《**neat**＋名詞》

《連結動詞＋**neat**》

□**necessarily** 691

副《**necessarily**＋動詞・形容詞》

□**necessary** 691

形《**necessary**＋名詞》

《連結動詞＋**necessary**》

《連結動詞＋**necessary** for＋名詞》

《It is **necessary**＋that 節》

《It is **necessary**＋to不定詞》

《make it **necessary**＋to 不定詞》

□**necessity** 692

名《**necessity** of＋名詞》

《**necessity** for＋名詞》

《**necessity**＋that 節》

《**necessity** ＋to 不定詞》

□**neck** 535

名《**neck** of＋名詞》

□**need** 404

名《**need** of＋名詞》

《**need** for＋名詞》

《**need**＋to 不定詞》

動《**need**＋目的語［名詞］》

《**need** *A* for *B*》

《**need**＋to 不定詞》

《**need**＋目的語［名詞］＋to 不定詞》

《**need**＋目的語［名詞］＋過去分詞》

《**need**＋動名詞》

□**needy** 405

形《**needy**＋名詞》

《連結動詞＋**needy**》

□**negative** 798

形《**negative**＋名詞》

《連結動詞＋**negative**》

《連結動詞＋**negative** about＋名詞》

《連結動詞＋**negative**＋that 節》

名《**negative** of＋名詞》

《**negative** for＋名詞》

□**neglect** 797

動《**neglect**＋目的語［名詞］》

《**neglect**＋that 節》

《**neglect**＋to 不定詞》

名《**neglect** of＋名詞》

□**negotiate** 823

動《**negotiate**＋目的語［名詞］》

《**negotiate** with/between/among＋人》

《**negotiate** about/on/over＋名詞》

《**negotiate** for＋名詞》

□**negotiation** 823

名《**negotiation** of＋名詞》

《**negotiation** with/between/among＋人》

《**negotiation** about/on/over＋名詞》

《**negotiation** for＋名詞》

□**neighbor** 779

名《**neighbor** of＋名詞》

動《**neighbor**＋目的語［名詞］》

《**neighbor** on＋名詞》

□**neighborhood** 779

名《**neighborhood** of＋名詞》

□**neither** 431

副《**neither** *A* nor *B*》

形《**neither**＋単数名詞》

名《**neither** of＋複数名詞》

□**nerve** 715

名《**nerve** of＋名詞》

《**nerve** in＋名詞》

《**nerve** to＋名詞》

《the **nerve**＋to 不定詞》

□**nervous** 715

形《**nervous**＋名詞》

《連結動詞＋**nervous**》

《連結動詞＋**nervous** about/at/of＋名詞》

《連結動詞＋**nervous**＋that 節》

《連結動詞＋**nervous**＋to 不定詞》

□**nest** 560

名《**nest** of＋名詞》

動《**nest**＋目的語［名詞］》

□**net** 766

形《**net**＋名詞》

動《**net**＋目的語［名詞］》

名《**net** of＋名詞》

□**nevertheless** 433

副《（節＋）**nevertheless**＋節》

□**newly** 581

副《**newly**＋動詞・形容詞》

□ **newsletter** 577
名《**newsletter** of＋名詞》
《**newsletter** for＋名詞》
《**newsletter** about/on＋名詞》

□ **next** 411
形《**next**＋名詞》
《**next** to＋名詞》
副《動詞＋**next**》
《the **next**＋形容詞最上級》
名《the **next**＋to 不定詞》

□ **nice** 383
形《**nice**＋名詞》
《連結動詞＋**nice**》
《連結動詞＋**nice** about＋名詞》
《連結動詞＋**nice** to＋人》
《It is **nice**＋that 節》
《It is **nice**＋to 不定詞》
《It is **nice** of＋人＋to不定詞》
《It is **nice**＋動名詞》

□ **noble** 735
形《**noble**＋名詞》
《連結動詞＋**noble**》
《It is **noble**＋to 不定詞》
《It is **noble** of＋人＋to 不定詞》

□ **noise** 583
名《**noise** of＋名詞》
《**noise** from＋名詞》

□ **noisy** 583
形《**noisy**＋名詞》
《連結動詞＋**noisy**》

□ **nominal** 927
形《**nominal**＋名詞》
《連結動詞＋**nominal**》

□ **nominate** 926
動《**nominate**＋人》
《**nominate**＋人＋for＋名詞》
《**nominate**＋人＋as＋名詞》
《**nominate**＋人＋to＋名詞》
《**nominate**＋人＋to 不定詞》

□ **nomination** 926
名《**nomination** of＋名詞》
《**nomination** for＋名詞》
《**nomination** as＋名詞》
《**nomination** to＋名詞》
《**nomination**＋to 不定詞》

□ **none** 365
代《**none** of＋名詞》

□ **nonetheless** 433
副《(節＋) **nonetheless**＋節》

□ **noon** 379
名《**noon** on＋名詞》

□ **nor** 431
接《neither *A* **nor** *B*》

□ **normal** 518
形《**normal**＋名詞》
《連結動詞＋**normal**》
《連結動詞＋**normal** for＋名詞》
《It is **normal**＋that 節》
《It is **normal**＋to 不定詞》
名《above/below/near **normal**》

□ **note** 646
動《**note**＋目的語［名詞］》
《**note**＋that/wh-/how 節》
《It is **noted**＋that 節》
名《**note** of＋名詞》
《**note** on＋名詞》

□ **notice** 643
動《**notice**＋目的語［名詞］》
《**notice**＋that/wh-/how 節》
《**notice**＋if/whether 節》
《**notice**＋目的語［名詞］＋動名詞》
名《**notice** of＋名詞》
《**notice** about＋名詞》
《**notice** from/to＋名詞》
《**notice**＋that 節》
《**notice**＋to 不定詞》

□ **notify** 643
動《**notify**＋目的語［名詞］(＋to＋人)》
《**notify**＋人＋of＋名詞》
《**notify**＋人＋that 節》
《**notify**＋人＋to 不定詞》

□ **notion** 646
名《**notion** of＋名詞》
《**notion**＋that 節》

□ **notwithstanding** 509
前《**notwithstanding**＋名詞》

□ **nourish** 978
動《**nourish**＋目的語［名詞］》

□ **novel** 833
形《**novel**＋名詞》
名《**novel** about＋名詞》

□ **operational** 740

形《**operational**＋名詞》

《連結動詞＋**operational**》

□ **operator** 740

名《**operator** of＋名詞》

□ **opinion** 674

名《**opinion** of＋名詞》

《**opinion** about/on/as to＋名詞》

《**opinion**＋that 節》

□ **opponent** 719

名《**opponent** of＋名詞》

《**opponent** against＋名詞》

□ **opportunity** 473

名《**opportunity** of＋名詞》

《**opportunity** for＋名詞》

《**opportunity**＋to 不定詞》

□ **oppose** 719

動《**oppose**＋目的語［名詞］》

《**oppose**＋動名詞》

《*be* **opposed** to＋名詞》

□ **opposite** 718

形《**opposite**＋名詞》

《連結動詞＋**opposite**》

《連結動詞＋**opposite** to＋名詞》

名《the **opposite** of＋名詞》

《the **opposite** to＋名詞》

前《**opposite**＋名詞》

□ **opposition** 719

名《**opposition** of＋名詞》

《**opposition** from/to＋名詞》

□ **opt** 972

動《**opt** for＋名詞》

《**opt**＋to 不定詞》

□ **optimistic** 818

形《**optimistic**＋名詞》

《連結動詞＋**optimistic**》

《連結動詞＋**optimistic** about＋名詞》

《連結動詞＋**optimistic**＋that 節》

□ **option** 795

名《**option** of＋名詞》

《**option** for＋名詞》

《**option**＋to 不定詞》

□ **optional** 795

形《**optional**＋名詞》

《連結動詞＋**optional**》

《It is **optional**＋to 不定詞》

□ **orchestrate** 979

動《**orchestrate**＋目的語［名詞］》

□ **order** 623

動《**order**＋目的語［名詞］(＋from＋名詞)》

《**order**＋人＋to 不定詞》

《**order**＋that 節》

名《**order** of＋名詞》

《**order** for＋名詞》

《**order**＋that 節》

《**order**＋to 不定詞》

□ **orderly** 624

形《**orderly**＋名詞》

《連結動詞＋**orderly**》

□ **ordinary** 779

形《**ordinary**＋名詞》

《連結動詞＋**ordinary**》

□ **organic** 932

形《**organic**＋名詞》

《連結動詞＋**organic**》

□ **organization** 710

名《**organization** of＋名詞》

□ **organizational** 711

形《**organizational**＋名詞》

《連結動詞＋**organizational**》

□ **organize** 710

動《**organize**＋目的語［名詞］》

□ **organizer** 711

名《**organizer** of＋名詞》

□ **orientation** 924

名《**orientation** of＋名詞》

《**orientation** to/toward＋名詞》

□ **origin** 569

名《**origin** of＋名詞》

□ **original** 568

形《**original**＋名詞》

《連結動詞＋**original** (＋to＋名詞)》

名《**original** of＋名詞》

□ **originally** 568

副《**originally**＋動詞・形容詞》

□**originate** 569
動《**originate** from＋名詞》
《**originate** in＋名詞》
《**originate** with＋名詞》
《**originate** as＋名詞》

□**other** 362
形《**other**＋名詞》
《the **other**＋名詞》

□**otherwise** 537
副《動詞＋**otherwise**》
形《連結動詞＋**otherwise**》

□**ought** 498
動《**ought**＋to 不定詞》

□**out** 360
副《動詞＋**out**》
《連結動詞＋**out**》
《**out** of＋名詞》

□**outcome** 640
名《**outcome** of＋名詞》
《**outcome**＋that 節》

□**outdated** 477
形《**outdated**＋名詞》
《連結動詞＋**outdated**》

□**outdoor** 591
形《**outdoor**＋名詞》

□**outdoors** 592
副《動詞・形容詞＋**outdoors**》

□**outfit** 908
名《**outfit** of＋名詞》
《**outfit** for＋名詞》
動《**outfit**＋目的語［名詞］》
《**outfit** *A* with/in *B*》

□**outlet** 923
名《**outlet** of＋名詞》
《**outlet** for＋名詞》

□**outline** 874
名《**outline** of/for＋名詞》
動《**outline**＋目的語［名詞］》

□**outlook** 921
名《**outlook** of＋名詞》
《**outlook** on＋名詞》
《**outlook** for＋名詞》
《**outlook**＋that 節》

□**outnumber** 959
動《**outnumber**＋目的語［名詞］》
《**outnumber** *A* by *B*》

□**output** 933
名《**output** of＋名詞》
動《**output**＋目的語［名詞］》

□**outside** 366
形《**outside**＋名詞》
副《動詞・形容詞＋**outside**》
名《the **outside** of＋名詞》

□**outstanding** 835
形《**outstanding**＋名詞》
《連結動詞＋**outstanding**》

□**oval** 595
形《**oval**＋名詞》
《連結動詞＋**oval**》
名《**oval** of＋名詞》

□**oven** 592
名《**oven** of＋名詞》

□**over** 361
前《**over**＋名詞》
副《動詞＋**over**》
《連結動詞＋**over**》

□**overall** 543
形《**overall**＋名詞》

□**overcharge** 638
動《**overcharge**＋人》
名《**overcharge** to＋人》

□**overcome** 759
動《**overcome**＋目的語［名詞］》
《連結動詞＋**overcome** with＋名詞》

□**overdue** 788
形《**overdue**＋名詞》
《連結動詞＋**overdue**》
《連結動詞＋**overdue** for＋名詞》

□**overestimate** 732
動《**overestimate**＋目的語［名詞］》

□**overhaul** 813
動《**overhaul**＋目的語［名詞］》
名《**overhaul** of＋名詞》

□**overhead** 925
名《**overhead** of＋名詞》
《**overhead** for＋名詞》
副《動詞・形容詞＋**overhead**》

□**overlook** 937
動《**overlook**＋目的語［名詞］》

□**overnight** 826
形《**overnight**＋名詞》
副《動詞・形容詞＋**overnight**》

□ **overpay** 627

動《**overpay**＋目的語［名詞］》

□ **overseas** 554

副《動詞・形容詞＋**overseas**》

形《**overseas**＋名詞》

□ **oversee** 938

動《**oversee**＋目的語［名詞］》

□ **overtime** 889

名《**overtime** of＋名詞》

《**overtime** for＋名詞》

形《**overtime**＋名詞》

副《動詞＋**overtime**》

□ **overview** 938

名《**overview** of＋名詞》

《**overview** on＋名詞》

□ **overwork** 889

動《**overwork**＋人》

名《**overwork** of＋名詞》

□ **owe** 810

動《**owe**＋目的語［名詞］（＋to＋人）》

《**owe**＋人＋目的語［名詞］》

□ **owing to** 810

前《**owing** to＋名詞》

□ **own** 405

動《**own**＋目的語［名詞］》

形《名詞所有格＋**own**＋名詞》

□ **owner** 405

名《**owner** of＋名詞》

□ **ownership** 405

名《**ownership** of＋名詞》

P

□ **pace** 567

名《**pace** of＋名詞》

動《**pace**＋副詞》

□ **pack** 726

動《**pack**＋目的語［名詞］》

《**pack** *A* in/into *B*》

《**pack** in/into＋名詞》

《*be* **packed** with＋名詞》

名《**pack** of＋名詞》

□ **package** 726

名《**package** of＋名詞》

動《**package**＋目的語［名詞］》

□ **packet** 959

名《**packet** of＋名詞》

□ **pad** 857

名《**pad** of＋名詞》

動《**pad**＋目的語［名詞］》

《**pad** *A* with *B*》

□ **page** 625

動《**page**＋人》

名《**page** of＋名詞》

□ **paid** 626

形《**paid**＋名詞》

□ **pain** 707

名《**pain** of＋名詞》

《**pain** in＋名詞》

□ **paint** 480

動《**paint**＋目的語［名詞］（＋色）》

《**paint** *A* with *B*》

《**paint** *A* as *B*》

名《**paint** on＋名詞》

□ **pair** 482

名《**pair** of＋名詞》

動《*be* **paired** with＋人》

□ **pale** 833

形《**pale**＋名詞》

《連結動詞＋**pale**》

□ **pamphlet** 576

名《**pamphlet** of＋名詞》

《**pamphlet** about/on＋名詞》

□ **pan** 752

名《**pan** of＋名詞》

□ **pane** 885

名《**pane** of＋名詞》

□ **panel** 545

名《**panel** of＋名詞》

□ **panic** 653

名《**panic** about/over＋名詞》

動《**panic**＋人》

《**panic**＋人＋into＋動名詞》

□ **paperwork** 600

名《**paperwork** of＋名詞》

《**paperwork** for＋名詞》

□ **parade** 559

動《**parade**＋副詞》

《**parade**＋目的語［名詞］》

名《**parade** of＋名詞》

□ **paradigm** 980

名《**paradigm** of＋名詞》

《**paradigm**＋that 節》

□ **paralegal** 981

名《**paralegal** in/at＋名詞》

《**paralegal** for＋名詞》

□ **pastry** 613

名《**pastry** of＋名詞》

《**pastry** with＋名詞》

□ **patent** 923

動《**patent**＋目的語［名詞］》

名《**patent** of＋名詞》

《**patent** on/for＋名詞》

形《**patent**＋名詞》

□ **path** 546

名《**path** of＋名詞》

《**path** from/to/through/for＋名詞》

□ **patience** 672

名《**patience** of＋名詞》

《**patience** with/for＋名詞》

《**patience**＋to 不定詞》

□ **patient** 672

形《**patient**＋名詞》

《連結動詞＋**patient**》

《連結動詞＋**patient** about＋名詞》

《連結動詞＋**patient** with/for＋名詞》

《連結動詞＋**patient**＋to 不定詞》

名《**patient** of＋名詞》

□ **patron** 792

名《**patron** of＋名詞》

□ **pattern** 459

名《**pattern** of＋名詞》

《**pattern** in/for/on＋名詞》

□ **pause** 594

動《**pause** for＋名詞》

《**pause**＋to 不定詞》

《**pause**＋目的語［名詞］》

名《**pause** of＋名詞》

《**pause** for＋名詞》

《**pause** in/between＋名詞》

□ **pay** 626

動《**pay**＋目的語［名詞］》

《**pay** for＋名詞》

《**pay**＋人＋for＋名詞》

《**pay**＋人＋目的語［名詞］》

《**pay**＋目的語［名詞］＋to＋人》

名《**pay** of＋名詞》

《**pay** for＋名詞》

□ **payable** 626

形《連結動詞＋**payable** to＋人》

《連結動詞＋**payable** by＋人》

《連結動詞＋**payable** on＋名詞》

□ **paycheck** 626

名《**paycheck** of＋名詞》

《**paycheck** for＋名詞》

□ **payment** 626

名《**payment** of＋名詞》

《**payment** for＋名詞》

《**payment** in＋名詞》

《**payment** from/to＋人》

□ **payroll** 626

名《**payroll** of＋名詞》

□ **peace** 475

名《**peace** of＋名詞》

《**peace** with/between/among＋名詞》

□ **peak** 549

動《**peak** at＋名詞》

名《**peak** of＋名詞》

《**peak** at＋名詞》

形《**peak**＋名詞》

□ **pedestrian** 960

名《**pedestrian** of＋名詞》

《**pedestrian** in/on＋名詞》

形《**pedestrian**＋名詞》

□ **peer** 812

名《**peer** of＋名詞》

□ **penalize** 876

動《**penalize**＋人》

《**penalize**＋人＋for＋名詞》

□ **penalty** 876

名《**penalty** of＋名詞》

《**penalty** for＋名詞》

《**penalty** on＋人》

□ **pension** 924

名《**pension** of＋名詞》

□ **per** 483

前《**per**＋名詞》

□ **perceive** 875

動《**perceive**＋目的語［名詞］》

《**perceive** *A* as *B*》

《**perceive** *A* to be *B*》

《**perceive**＋that 節》

《It is **perceived**＋that 節》

《*be* **perceived**＋to不定詞》

□**percentage** 383

[名]《**percentage** of＋名詞》

□**perception** 875

[名]《**perception** of＋名詞》

《**perception** about＋名詞》

《**perception**＋that 節》

□**perfect** 527

[形]《**perfect**＋名詞》

《連結動詞＋**perfect**》

《連結動詞＋**perfect** for＋名詞》

[動]《**perfect**＋目的語［名詞］》

□**perfectly** 527

[副]《**perfectly**＋動詞・形容詞》

□**perform** 730

[動]《**perform**＋目的語［名詞］》

□**performance** 730

[名]《**performance** of＋名詞》

《**performance** from＋名詞》

《**performance** as＋名詞》

《**performance** on＋名詞》

□**performer** 731

[名]《**performer** of＋名詞》

□**period** 477

[名]《**period** of＋名詞》

《**period** from *A* to *B*》

《**period** between *A* and *B*》

□**periodic** 478

[形]《**periodic**＋名詞》

□**periodical** 477

[形]《**periodical**＋名詞》

《連結動詞＋**periodical**》

[名]《**periodical** of＋名詞》

《**periodical** on/about＋名詞》

□**periodically** 478

[副]《動詞・形容詞＋**periodically**》

□**permanent** 566

[形]《**permanent**＋名詞》

《連結動詞＋**permanent**》

□**permanently** 566

[副]《**permanently**＋動詞・形容詞》

□**permission** 654

[名]《**permission** of＋名詞》

《**permission** for＋名詞》

《**permission** from＋名詞》

《**permission**＋that 節》

《**permission**＋to 不定詞》

□**permit** 654

[動]《**permit**＋目的語［名詞］》

《**permit**＋人＋to 不定詞》

《It is **permitted**＋to不定詞》

[名]《**permit** of＋名詞》

《**permit** for＋名詞》

《**permit**＋to 不定詞》

□**person** 496

[名]《**person** of＋名詞》

□**personal** 496

[形]《**personal**＋名詞》

《連結動詞＋**personal**》

□**personality** 497

[名]《**personality** of＋名詞》

□**personalize** 497

[動]《**personalize**＋目的語［名詞］》

□**personally** 496

[副]《**personally**＋動詞・形容詞》

□**personnel** 497

[形]《**personnel** in/at/of/for＋名詞》

□**perspective** 920

[名]《**perspective** of＋名詞》

《**perspective** on＋名詞》

《**perspective** in＋名詞》

《**perspective**＋that 節》

□**persuade** 815

[動]《**persuade**＋人＋to 不定詞》

《**persuade**＋人＋into/out of＋動名詞》

《**persuade**＋人＋of＋名詞》

《**persuade**＋人＋that 節》

□**petition** 966

[名]《**petition** of＋名詞》

《**petition** for/against＋名詞》

《**petition** in favor of＋名詞》

《**petition** on behalf of＋人》

《**petition** by/from＋人》

《**petition**＋that 節》

《**petition**＋to 不定詞》

[動]《**petition** for/against＋名詞》

《**petition**＋that 節》

《**petition**（＋人）＋to不定詞》

□ **porch** 841
名《**porch** of＋名詞》
《**porch** in＋名詞》

□ **port** 737
名《**port** of＋名詞》

□ **portable** 589
形《**portable**＋名詞》
《連結動詞＋**portable**》

□ **portfolio** 929
名《**portfolio** of＋名詞》

□ **portion** 859
名《**portion** of＋名詞》

□ **portrait** 584
名《**portrait** of＋名詞》

□ **portray** 584
動《**portray**＋目的語［名詞］》
《**portray** *A* as *B*》

□ **pose** 789
動《**pose**＋目的語［名詞］》
《**pose** *A* to/for *B*》
《**pose** for＋名詞》
《**pose** as＋人》
名《**pose** of＋名詞》

□ **position** 459
名《**position** of＋名詞・動名詞》
《**position** on＋名詞》
《**position** as＋名詞》
《**position** in/between/among＋名詞》
《**position**＋that 節》
《**position**＋to 不定詞》
動《**position**＋目的語［名詞］＋副詞》

□ **positive** 797
形《**positive**＋名詞》
《連結動詞＋**positive**》
《連結動詞＋**positive** about＋名詞》
《連結動詞＋**positive**＋that 節》
名《**positive** of＋名詞》
《**positive** for＋名詞》

□ **possess** 905
動《**possess**＋目的語［名詞］》

□ **possession** 906
名《**possession** of＋名詞》

□ **possibility** 515
名《**possibility** of/for＋名詞》
《**possibility**＋that 節》
《**possibility**＋to 不定詞》

□ **possible** 515
形《**possible**＋名詞》
《連結動詞＋**possible**》
《It is **possible**＋that 節》
《It is **possible**＋to 不定詞》

□ **post** 678
動《**post**＋目的語［名詞］》
名《**post** of＋名詞》
《**post** as＋名詞》

□ **postage** 679
名《**postage** of＋名詞》
《**postage** on/for＋名詞》

□ **postal** 678
形《**postal**＋名詞》

□ **poster** 382
名《**poster** of/for＋名詞》

□ **postpone** 910
動《**postpone**＋目的語［名詞］》
《**postpone**＋動名詞》

□ **pot** 567
名《**pot** of＋名詞》
動《**pot**＋目的語［名詞］》

□ **potential** 801
名《**potential** of＋名詞》
《**potential** as＋名詞》
《**potential** for＋名詞・動名詞》
《**potential**＋that 節》
《**potential**＋to 不定詞》
形《**potential**＋名詞》

□ **potentially** 801
副《**potentially**＋動詞・形容詞》

□ **pottery** 939
名《**pottery** of＋名詞》
《**pottery** from＋名詞》

□ **pour** 712
動《**pour**＋目的語［名詞］》
《**pour** *A* into/down *B*》
《**pour**＋人＋目的語［名詞］》
《**pour** into/from/out of＋名詞》

□ **poverty** 481
名《**poverty** of/in＋名詞》

□**power** 509

動《**power**＋目的語［名詞］》

名《**power** of＋名詞》

《**power** over＋名詞》

《**power** for＋名詞》

《**power**＋to 不定詞》

□**powerful** 509

形《**powerful**＋名詞》

《連結動詞＋**powerful**》

□**practical** 473

形《**practical**＋名詞》

《連結動詞＋**practical**》

《It is **practical**＋to不定詞》

《It is **practical**＋that 節》

□**practice** 473

動《**practice**＋目的語［名詞］》

《**practice**＋動名詞》

《**practice** for＋名詞》

《**practice**＋目的語［名詞］＋on＋人》

《**practice** as＋名詞》

名《**practice** of＋名詞》

《**practice** at/in＋名詞》

□**praise** 533

動《**praise**＋目的語［名詞］(＋for＋名詞)》

名《**praise** of＋名詞》

《**praise** about＋名詞》

《**praise** for＋名詞》

《**praise** from/to＋名詞》

□**pray** 580

動《**pray** for＋名詞》

《**pray** to＋人》

《**pray**＋that 節》

□**precede** 916

動《**precede**＋目的語［名詞］》

□**precise** 844

形《**precise**＋名詞》

《連結動詞＋**precise**》

《連結動詞＋**precise** about/in＋名詞》

□**precisely** 844

副《**precisely**＋動詞・形容詞》

□**precision** 844

名《**precision** of＋名詞》

《**precision** in＋名詞》

□**predict** 787

動《**predict**＋目的語［名詞］》

《**predict**＋that/wh-/how 節》

《**predict**＋if/whether 節》

《It is **predicted**＋that 節》

《*be* **predicted**＋to 不定詞》

□**prediction** 787

名《**prediction** of＋名詞》

《**prediction** about/on＋名詞》

《**prediction** for＋名詞》

《**prediction**＋that 節》

□**prefer** 778

動《**prefer**＋目的語［名詞］》

《**prefer**＋動名詞》

《**prefer** *A* to/over *B*》

《**prefer**＋that 節》

《**prefer**＋(人＋) to 不定詞》

□**preference** 778

名《**preference** of＋名詞》

《**preference** in＋名詞》

《**preference** for＋名詞》

《**preference** to/over＋名詞》

《**preference** about/regarding/as to＋名詞》

《**preference** between *A* and *B*》

□**pregnancy** 810

名《**pregnancy** of＋名詞》

□**pregnant** 810

形《**pregnant**＋名詞》

《連結動詞＋**pregnant**》

《連結動詞＋**pregnant** with＋名詞》

□**preliminary** 930

形《**preliminary**＋名詞》

《連結動詞＋**preliminary**》

《連結動詞＋**preliminary** to＋名詞》

名《**preliminary** of＋名詞》

《**preliminary** to＋名詞》

□**premise** 939

名《**premise** of＋名詞》

《**premise**＋that 節》

□**premium** 947

名《**premium** for＋名詞》

《**premium** on＋名詞》

《**premium** of＋名詞》

形《**premium**＋名詞》

□ **preparation** *686*

名《**preparation** of＋名詞》

《**preparation** for＋名詞》

《**preparation**＋to 不定詞》

□ **prepare** *686*

動《**prepare**＋目的語［名詞］》

《**prepare** for＋名詞》

《**prepare**（＋人）＋to 不定詞》

《**prepare** *A* for *B*》

《**prepare** *oneself* for＋名詞》

《**prepare**＋人＋for＋名詞》

《*be* **prepared** for＋名詞》

《*be* **prepared**＋to 不定詞》

□ **prescribe** *927*

動《**prescribe**＋目的語［名詞］（＋to＋人）》

《**prescribe**＋人＋目的語［名詞］》

《**prescribe** *A* for *B*》

《**prescribe** *A* as *B*》

《**prescribe**＋that/wh-/how 節》

□ **prescription** *927*

名《**prescription** of＋名詞》

《**prescription** for＋名詞》

《**prescription**＋that/wh-/how 節》

《**prescription**＋to 不定詞》

□ **presence** *455*

名《**presence** of＋名詞》

□ **present** *455*

動《**present**＋目的語［名詞］（＋to＋人）》

《**present**＋人＋with＋名詞》

形《**present**＋名詞》

《連結動詞＋**present**》

《連結動詞＋**present** at/in＋名詞》

名《**present** of＋名詞》

《**present** from/to＋名詞》

□ **presentation** *455*

名《**presentation** of＋名詞》

《**presentation** about/on＋名詞》

□ **presenter** *455*

名《**presenter** of＋名詞》

□ **preserve** *794*

動《**preserve**＋目的語［名詞］》

名《**preserve** of＋名詞》

□ **president** *618*

名《**president** of＋名詞》

□ **presidential** *618*

形《**presidential**＋名詞》

□ **press** *485*

動《**press**＋目的語［名詞］》

《**press** for＋名詞》

《**press**＋人＋to 不定詞》

《**press**＋人＋for/into＋名詞》

《**press**＋目的語［名詞］＋on＋人》

名《**press** of＋名詞》

□ **pressure** *485*

名《**pressure** of＋名詞》

《**pressure** for＋名詞》

《**pressure** on/against＋人》

《**pressure**＋to 不定詞》

□ **prestigious** *967*

形《**prestigious**＋名詞》

□ **presumably** *917*

副《**presumably**＋動詞・形容詞》

□ **pretend** *704*

動《**pretend**＋目的語［名詞］》

《**pretend**＋that 節》

《**pretend**＋to 不定詞》

□ **pretty** *443*

副《**pretty**＋形容詞》

形《**pretty**＋名詞》

《連結動詞＋**pretty**》

□ **prevalent** *981*

形《**prevalent**＋名詞》

《連結動詞＋**prevalent**》

《連結動詞＋**prevalent** in/among＋名詞》

□ **prevent** *732*

動《**prevent**＋目的語［名詞］》

《**prevent**＋目的語［名詞］＋from＋動名詞》

□ **preview** *878*

名《**preview** of＋名詞》

動《**preview**＋目的語［名詞］》

□ **previous** *802*

形《**previous**＋名詞》

□ **previously** 802
副《**previously**＋動詞・形容詞》

□ **price** 468
名《**price** of/for＋名詞》
動《*be* **priced** at＋数字》

□ **pricey** 468
形《**pricey**＋名詞》
《連結動詞＋**pricey**》

□ **pride** 525
名《**pride** of＋名詞》
《**pride** in＋名詞》
動《**pride** *oneself* on＋名詞》

□ **primary** 726
形《**primary**＋名詞》
名《**primary** in＋名詞》

□ **prime** 726
形《**prime**＋名詞》
名《**prime** of＋名詞》

□ **principal** 793
形《**principal**＋名詞》
名《**principal** of/with＋名詞》

□ **principle** 793
名《**principle** of＋名詞》
《**principle** behind＋名詞》
《**principle**＋that 節》

□ **print** 528
動《**print**＋目的語［名詞］》
名《**print** of＋名詞》

□ **printer** 528
名《**printer** in＋名詞》

□ **prior** 904
形《**prior**＋名詞》
《**prior** to＋名詞》

□ **priority** 904
名《**priority** of＋名詞》
《**priority** over＋名詞》
《**priority** about＋名詞》
《**priority**＋to 不定詞》
形《**priority**＋名詞》

□ **private** 497
形《**private**＋名詞》
《連結動詞＋**private**》

□ **privilege** 908
名《**privilege** of＋名詞・動名詞》
《**privilege**＋to 不定詞》
動《**privilege**＋目的語［名詞］》

□ **prize** 533
名《**prize** of＋名詞》
《**prize** for＋名詞》
《**prize** in＋名詞》
動《**prize**＋目的語［名詞］》

□ **probability** 622
名《**probability** of/for＋名詞》
《**probability** of＋動名詞》
《**probability**＋that 節》
《**probability**＋to 不定詞》

□ **probable** 621
形《**probable**＋名詞》
《連結動詞＋**probable**》
《It is **probable**＋that 節》

□ **probably** 621
副《**probably**＋動詞・形容詞》

□ **problem** 408
名《**problem** of＋名詞》
《**problem** about/with＋名詞》
《**problem** for＋人》
《**problem**＋that 節》

□ **procedure** 831
名《**procedure** of＋名詞》
《**procedure** for＋名詞》
《**procedure**＋to 不定詞》

□ **proceed** 831
動《**proceed** with＋名詞》
《**proceed**＋to 不定詞》
名《**proceed** of＋名詞》
《**proceed** from＋名詞》

□ **process** 466
動《**process**＋目的語［名詞］》
名《**process** of＋名詞》
《**process** for＋名詞》

□ **produce** 461
動《**produce**＋目的語［名詞］》
《**produce** *A* with/from *B*》
名《**produce** of＋名詞》

□ **product** 461
名《**product** of＋名詞》

□ **production** 461
名《**production** of＋名詞》

□ **productive** 461
形《**productive**＋名詞》
《連結動詞＋**productive**（＋of＋名詞）》

□ **productively** 462
副《動詞＋**productively**》

□ **productivity** 462
名《**productivity** of/in＋名詞》

□ **profession** 770
名《**profession** of＋名詞》

□ **professional** 769
形《**professional**＋名詞》
《連結動詞＋**professional**》
《連結動詞＋**professional** in/about＋名詞》
名《**professional** in＋名詞》
《**professional** for＋名詞》

□ **professionally** 770
副《**professionally**＋動詞・形容詞》

□ **proficiency** 971
名《**proficiency** of＋名詞》
《**proficiency** in＋名詞》

□ **profile** 900
名《**profile** of＋名詞》
《**profile** about＋名詞》
動《**profile**＋目的語［名詞］》

□ **profit** 778
名《**profit** of＋名詞》
《**profit** from＋名詞》
《**profit** on＋名詞》
動《**profit**＋目的語［名詞］》

□ **profitable** 778
形《**profitable**＋名詞》
《連結動詞＋**profitable**》
《It is **profitable**＋to不定詞》

□ **program** 450
動《**program**＋目的語［名詞］＋to 不定詞》
名《**program** of＋名詞》
《**program** about/on＋名詞》
《**program** for＋名詞》
《**program**＋to 不定詞》

□ **progress** 665
動《**progress** with＋名詞》
《**progress** from *A* to *B*》
《**progress** toward＋名詞》
《**progress** beyond＋名詞》
名《**progress** of＋名詞》
《**progress** with＋名詞》
《**progress** in/on＋名詞》
《**progress** toward＋名詞》
《**progress** through＋名詞》
《**progress** from *A* to *B*》

□ **prohibit** 937
動《**prohibit**＋目的語［名詞］》
《**prohibit**＋目的語［名詞］＋from＋動名詞》
《It is **prohibited**＋to不定詞》

□ **project** 700
動《**project**＋目的語［名詞］》
《**project**＋that 節》
《It is **projected**＋that 節》
《*be* **projected**＋to不定詞》
名《**project** of＋名詞》
《**project** on＋名詞》
《**project**＋to 不定詞》

□ **projection** 700
名《**projection** of＋名詞》
《**projection** about＋名詞》
《**projection** for＋名詞》
《**projection**＋that 節》

□ **projector** 700
名《**projector** of＋名詞》
《**projector** for＋名詞》

□ **prolong** 945
動《**prolong**＋目的語［名詞］》

□ **prominent** 866
形《**prominent**＋名詞》
《連結動詞＋**prominent**》
《連結動詞＋**prominent** in＋名詞》
《連結動詞＋**prominent** as＋名詞》

□ **promise** 468
動《**promise**＋目的語［名詞］》
《**promise**＋that 節》
《**promise**＋to 不定詞》
《**promise**＋人＋目的語［名詞］》
《**promise**＋目的語［名詞］＋to＋人》
《**promise**＋人＋that 節》
《**promise**＋人＋to 不定詞》
名《**promise** of＋名詞》
《**promise** about＋名詞》
《**promise**＋that 節》
《**promise**＋to 不定詞》
《**promise** to＋人》

□ **promising** 469
形《**promising**＋名詞》
《連結動詞＋**promising**》

□ **promo** 845

名《**promo** of＋名詞》

《**promo** for＋名詞》

《**promo** about＋名詞》

□ **promote** 844

動《**promote**＋目的語［名詞］》

《**promote** *A* as *B*》

《**promote**＋人＋to＋名詞》

《**promote**＋that 節》

□ **promotion** 844

名《**promotion** of＋名詞》

《**promotion** from *A* to *B*》

《**promotion**＋to 不定詞》

□ **promotional** 845

形《**promotional**＋名詞》

《連結動詞＋**promotional**》

□ **prompt** 863

動《**prompt**＋目的語［名詞］》

《**prompt**＋目的語［名詞］＋to 不定詞》

形《**prompt**＋名詞》

《連結動詞＋**prompt**》

□ **promptly** 863

副《**promptly**＋動詞・形容詞》

□ **proof** 831

名《**proof** of＋名詞》

《**proof** about＋名詞》

《**proof**＋that 節》

動《**proof**＋目的語［名詞］》

形《*be* **proof** against＋名詞》

□ **proofread** 831

動《**proofread**＋目的語［名詞］》

□ **prop** 938

動《**prop**＋目的語［名詞］》

《**prop** *A* against/on *B*》

名《**prop** of＋名詞》

□ **proper** 786

形《**proper**＋名詞》

《連結動詞＋**proper**》

《連結動詞＋**proper** to＋名詞》

《It is **proper**＋that 節》

《It is **proper**＋to 不定詞》

□ **properly** 786

副《**properly**＋動詞・形容詞》

□ **property** 786

名《**property** of＋名詞》

□ **proportion** 646

名《**proportion** of＋名詞（＋to＋名詞）》

《**proportion** as＋節》

□ **proposal** 744

名《**proposal** of＋名詞》

《**proposal** for＋名詞》

《**proposal** about/concerning＋名詞》

《**proposal**＋that 節》

《**proposal**＋to 不定詞》

□ **propose** 744

動《**propose**＋目的語［名詞］》

《**propose**＋that 節》

《**propose**＋to 不定詞》

《**propose**＋動名詞》

《**propose**＋人＋for＋名詞》

《It is **proposed**＋that 節》

□ **prospect** 844

名《**prospect** of＋名詞》

《**prospect** for＋名詞》

《**prospect**＋that 節》

《**prospect**＋to 不定詞》

動《**prospect** for＋名詞》

□ **prospective** 844

形《**prospective**＋名詞》

□ **protect** 675

動《**protect**＋目的語［名詞］》

《**protect** *A* from/against *B*》

《**protect** against＋名詞》

□ **protection** 675

名《**protection** of＋名詞》

《**protection** for＋名詞》

《**protection** from/against＋名詞》

□ **protective** 675

形《**protective**＋名詞》

《連結動詞＋**protective**》

《連結動詞＋**protective** of/toward＋名詞》

□ **protein** 585

名《**protein** of＋名詞》

《**protein** in/from＋名詞》

□ **protest** 730

動《**protest** against/at/about/over＋名詞》

《**protest**＋目的語［名詞］》

《**protest**＋that 節》

《**protest** to＋人》

名《**protest** of＋名詞》

《**protest** against/at/about/over＋名詞》

《**protest**＋that 節》

《**protest** from/to＋人》

□ **protocol** 978

名《**protocol** of＋名詞》

《**protocol** for＋名詞》

□ **prototype** 977

名《**prototype** of/for＋名詞》

□ **proud** 525

形《**proud**＋名詞》

《連結動詞＋**proud**》

《連結動詞＋**proud** of＋名詞》

《連結動詞＋**proud**＋that 節》

《連結動詞＋**proud**＋to 不定詞》

□ **prove** 831

動《**prove**＋目的語［名詞］(＋to＋人)》

《**prove**＋that 節》

《It is **proven/proved**＋that 節》

《**prove** to be＋名詞･形容詞》

《*be* **proven/proved**＋to 不定詞》

□ **provide** 677

動《**provide**＋目的語［名詞］》

《**provide**＋目的語［名詞］＋for＋人》

《**provide**＋人＋with＋名詞》

《**provide** for＋名詞》

《**provide**＋that 節》

《It is **provided**＋that 節》

□ **psychological** 792

形《**psychological**＋名詞》

《連結動詞＋**psychological**》

□ **public** 446

形《**public**＋名詞》

名《**public** of＋名詞》

□ **publication** 446

名《**publication** of＋名詞》

《**publication** about/on＋名詞》

□ **publicity** 446

名《**publicity** for＋名詞》

《**publicity** about/over＋名詞》

《**publicity** for＋名詞》

《**publicity**＋that 節》

□ **publicize** 446

動《**publicize**＋目的語［名詞］》

《**publicize**＋that 節》

《It is **publicized**＋that 節》

□ **publish** 446

動《**publish**＋目的語［名詞］》

《**publish**＋that 節》

□ **publisher** 446

名《**publisher** of＋名詞》

□ **pull** 450

動《**pull**＋目的語［名詞］》

《**pull** *A* into/from/away from/over/out of *B*》

名《**pull** of＋名詞》

□ **punctual** 975

形《**punctual**＋名詞》

《連結動詞＋**punctual**》

《連結動詞＋**punctual** for＋名詞》

□ **purchase** 752

動《**purchase**＋目的語［名詞］》

名《**purchase** of＋名詞》

□ **pure** 560

形《**pure**＋名詞》

《連結動詞＋**pure**》

□ **purpose** 703

名《**purpose** of＋名詞》

《**purpose** in＋動名詞》

□ **purse** 590

名《**purse** of＋名詞》

□ **pursue** 709

動《**pursue**＋目的語［名詞］》

□ **push** 450

動《**push**＋目的語［名詞］》

《**push**＋目的語［名詞］＋to 不定詞》

《**push**＋目的語［名詞］＋into＋動名詞》

《**push** for＋名詞》

《**push**＋目的語［名詞］＋on＋人》

名《**push** for/against/toward＋名詞》

《**push**＋ to 不定詞》

□**put** 394
動《**put**＋目的語［名詞］》

Q

□**qualification** 865
名《**qualification** of＋名詞》
《**qualification** for＋名詞》
《**qualification** in＋名詞》
《**qualification**＋to 不定詞》

□**qualified** 865
形《**qualified**＋名詞》
《連結動詞＋**qualified**》
《連結動詞＋**qualified** for＋名詞》
《連結動詞＋**qualified**＋to 不定詞》

□**qualify** 865
動《**qualify** for＋名詞》
《**qualify**＋人＋for＋名詞》
《**qualify**＋人＋to 不定詞》
《**qualify** as＋名詞》

□**quality** 865
名《**quality** of＋名詞》
形《**quality**＋名詞》

□**quantity** 865
名《**quantity** of＋名詞》

□**quarter** 715
名《**quarter** of＋名詞》

□**quarterly** 715
副《動詞・形容詞＋**quarterly**》
形《**quarterly**＋名詞》
名《**quarterly** with＋名詞》

□**query** 980
名《**query** of＋名詞》
《**query** about/on/regarding/concerning＋名詞》
《**query** from/to＋名詞》
動《**query**＋目的語》
《**query**＋人＋about＋名詞》
《**query**＋if/whether 節》

□**question** 418
動《**question**＋目的語［名詞］》
《**question**＋wh-/how 節》
《**question**＋if/whether 節》
《**question**＋人＋about/on/in connection with＋名詞》
名《**question** of＋名詞》
《**question** about/on/over/concerning/regarding/as to＋名詞》
《**question** for＋名詞》
《**question**＋wh-/how 節》
《**question**＋if/whether 節》

□**questionnaire** 610
名《**questionnaire** of＋名詞》
《**questionnaire** about/on/concerning/regarding＋名詞》

□**quick** 470
形《**quick**＋名詞》
《連結動詞＋**quick**》
《連結動詞＋**quick** about/on/at＋名詞》
《連結動詞＋**quick**＋to 不定詞》

□**quickly** 470
副《**quickly**＋動詞・形容詞》

□**quiet** 496
形《**quiet**＋名詞》
《連結動詞＋**quiet**》
《連結動詞＋**quiet** about＋名詞》

□**quietly** 496
副《**quietly**＋動詞・形容詞》

□**quit** 665
動《**quit**＋目的語［名詞］》
《**quit**＋動名詞》

□**quite** 427
副《連結動詞＋**quite**＋形容詞》
《動詞＋**quite**＋副詞》
《**quite** a（＋形容詞）＋名詞》

□**quota** 960
名《**quota** of＋名詞》
《**quota** on＋名詞》
《**quota** for＋名詞》

□**quotation** 896
名《**quotation** of＋名詞》
《**quotation** for＋名詞》
《**quotation** from＋名詞》

□**quote** 896
名《**quote**＋目的語［名詞］》
《**quote** *A* for *B*》
《**quote**＋人＋on＋名詞》
《**quote**＋人＋as saying＋that 節》
《**quote** *A* from *B*》
《**quote** *A* as *B*》

R

□**ready** 452

形《連結動詞＋**ready**》

《連結動詞＋**ready** for＋名詞》

《連結動詞＋**ready** with＋名詞》

《連結動詞＋**ready**＋to 不定詞》

《have＋目的語［名詞］＋**ready**》

動《**ready**＋目的語［名詞］＋for＋名詞》

□**ready-made** 452

形《**ready-made**＋名詞》

□**real** 390

形《**real**＋名詞》

《連結動詞＋**real**》

□**realistic** 390

形《**realistic**＋名詞》

《連結動詞＋**realistic**》

《連結動詞＋**realistic** about＋名詞》

《連結動詞＋**realistic** in＋名詞》

《It is **realistic**＋that 節》

《It is **realistic**＋to 不定詞》

□**reality** 390

名《**reality** of/about＋名詞》

《**reality**＋that 節》

□**realize** 390

動《**realize**＋目的語［名詞］》

《**realize**＋that/wh-/how 節》

□**really** 390

副《**really**＋動詞・形容詞》

□**realtor** 965

名《**realtor** of＋名詞》

□**rear** 453

名《**rear** of＋名詞》

形《**rear**＋名詞》

□**rearrange** 768

動《**rearrange**＋目的語［名詞］》

□**reason** 620

名《**reason** of＋名詞》

《**reason** for＋名詞》

《**reason** behind＋名詞》

《**reason** against＋名詞》

《**reason**＋why 節》

《**reason**＋that 節》

《**reason**＋to 不定詞》

《**reason** for＋動名詞》

動《**reason**＋目的語［名詞］》

《**reason**＋that 節》

□**reasonable** 621

形《**reasonable**＋名詞》

《連結動詞＋**reasonable**》

《It is **reasonable**＋that 節》

《It is **reasonable**＋to 不定詞》

□**reasonably** 621

副《**reasonably**＋動詞・形容詞》

□**reassign** 863

動《**reassign**＋目的語［名詞］（＋to＋人）》

《**reassign**＋人＋目的語［名詞］》

《**reassign**＋人＋to＋名詞》

《**reassign**＋人＋to 不定詞》

□**rebate** 930

名《**rebate** on＋名詞》

《**rebate** for＋名詞》

□**rebuild** 445

動《**rebuild**＋目的語［名詞］》

□**recall** 839

動《**recall**＋目的語［名詞］》

《**recall**＋動名詞》

《**recall**＋that/wh-/how 節》

《**recall**＋if/whether 節》

□**receipt** 660

名《**receipt** of＋名詞》

《**receipt** for＋名詞》

□**receive** 660

動《**receive**＋目的語［名詞］（＋from＋人）》

□**recent** 702

形《**recent**＋名詞》

□**recently** 702

副《**recently**＋動詞・形容詞》

□**reception** 661

名《**reception** of＋名詞》

《**reception** to＋名詞》

《**reception** for＋人》

《**reception** from/by＋人》

□**receptionist** 661

名《**receptionist** at＋名詞》

□**recess** 905

名《**recess** of＋名詞》

動《**recess** from/until＋名詞》

□**religion** 806
名《**religion** of＋名詞》

□**religious** 806
形《**religious**＋名詞》
《連結動詞＋**religious**》

□**relocate** 775
動《**relocate**＋目的語［名詞］》
《**relocate** *A* to *B*》
《**relocate** to＋名詞》

□**relocation** 775
名《**relocation** of＋名詞》
《**relocation** to＋名詞》

□**reluctant** 923
形《**reluctant**＋名詞》
《連結動詞＋**reluctant**》
《連結動詞＋**reluctant** about＋名詞》
《連結動詞＋**reluctant** to＋名詞》
《連結動詞＋**reluctant**＋to 不定詞》

□**rely** 898
動《**rely** on＋名詞（＋for＋名詞）》
《**rely** on＋名詞＋to不定詞》

□**remain** 642
動《**remain**＋名詞・形容詞》
《**remain** as＋名詞》
《**remain** at/in/with＋名詞》
《**remain** to be＋過去分詞》
名《**remains** of＋名詞》

□**remainder** 642
名《**remainder** of＋名詞》

□**remark** 767
名《**remark** of＋名詞》
《**remark** about/on/concerning＋名詞》
《**remark** from/to/by＋人》
《**remark**＋that 節》
動《**remark**＋目的語》
《**remark**＋that 節》
《**remark** on＋名詞》
《**remark** to＋人》

□**remarkable** 767
形《**remarkable**＋名詞》
《連結動詞＋**remarkable**》
《連結動詞＋**remarkable** for＋名詞》
《It is **remarkable**＋that 節》

□**remember** 405
動《**remember**＋目的語［名詞］》
《**remember** *A* for/as *B*》
《**remember**＋that/wh-/how 節》
《**remember**＋if/whether 節》
《**remember**（＋人）＋動名詞》
《**remember**＋to 不定詞》

□**remind** 687
動《**remind**＋人＋of＋名詞》
《**remind**＋人＋of＋wh-/how 節》
《**remind**＋人＋about＋名詞》
《**remind**＋人＋that 節》
《**remind**＋人＋to 不定詞》

□**reminder** 688
名《**reminder** of＋名詞》
《**reminder** about＋名詞》
《**reminder** to＋人》
《**reminder**＋that 節》
《**reminder**＋to 不定詞》

□**remittance** 956
名《**remittance** of＋名詞》

□**remodel** 708
動《**remodel**＋目的語［名詞］》

□**remote** 569
形《**remote**＋名詞》
《連結動詞＋**remote**》
《連結動詞＋**remote** from＋名詞》
名《**remote** of＋名詞》

□**removal** 741
名《**removal** of＋名詞》
《**removal** from＋名詞》

□**remove** 741
動《**remove**＋目的語［名詞］》
《**remove** *A* from *B*》

□**renew** 875
動《**renew**＋目的語［名詞］》

□**renewal** 875
名《**renewal** of＋名詞》

□**renovate** 708
動《**renovate**＋目的語［名詞］》

□**renovation** 708
名《**renovation** of＋名詞》
《**renovation** to＋名詞》

□ **resolve** *828*

動《**resolve**＋目的語［名詞］》

《**resolve**＋that 節》

《**resolve**＋to 不定詞》

《It is **resolved**＋that 節》

□ **resort** *520*

名《**resort** to＋名詞》

《**resort** of＋名詞》

動《**resort** to＋名詞》

□ **resource** *678*

名《**resource** of＋名詞》

動《**resource**＋目的語［名詞］》

□ **respect** *719*

名《**respect** of＋名詞》

《**respect** for＋名詞》

動《**respect**＋人＋for＋名詞》

《**respect**＋人＋as＋名詞》

□ **respond** *738*

動《**respond** to＋名詞》

《**respond** by＋名詞》

《**respond** with＋名詞》

《**respond**＋that 節》

□ **respondent** *738*

名《**respondent** of＋名詞》

《**respondent** to＋名詞》

□ **response** *738*

名《**response** of＋名詞》

《**response** from/to＋名詞》

《**response**＋that 節》

□ **responsibility** *738*

名《**responsibility** of＋名詞》

《**responsibility** for＋名詞》

《**responsibility** for＋動名詞》

《**responsibility** to＋人》

《**responsibility**＋to 不定詞》

□ **responsible** *738*

形《**responsible**＋名詞》

《連結動詞＋**responsible**》

《連結動詞＋**responsible** for＋名詞・動名詞》

《連結動詞＋**responsible** to＋人》

《連結動詞＋**responsible** with＋名詞》

《連結動詞＋**responsible**＋that 節》

□ **rest** *625*

動《**rest**＋目的語［名詞］》

《**rest** *A* on/against *B*》

《**rest** on＋名詞》

名《**rest** from＋名詞》

《**rest** of＋名詞》

□ **restatement** *620*

名《**restatement** of＋名詞》

□ **restoration** *837*

名《**restoration** of＋名詞》

□ **restore** *837*

動《**restore**＋目的語［名詞］》

《**restore** *A* to *B*》

□ **restrict** *933*

動《**restrict**＋目的語［名詞］》

《**restrict**＋目的語［名詞］＋from＋動名詞》

《**restrict** *A* to *B*》

□ **restriction** *933*

名《**restriction** of＋名詞》

《**restriction** on/against＋名詞》

《**restriction**＋that 節》

□ **restroom** *551*

名《**restroom** of＋名詞》

□ **restructure** *761*

動《**restructure**＋目的語［名詞］》

□ **result** *640*

動《**result** in＋名詞》

《**result** from＋名詞》

名《**result** of＋名詞》

《**result** from＋名詞》

《**result**＋that 節》

□ **resume** *766*

動《**resume**＋目的語［名詞］》

《**resume**＋動名詞》

名《**resume**/résumé of＋名詞》

□ **retail** *927*

名《**retail** at/for＋名詞》

動《**retail**＋目的語［名詞］》

《**retail** at/for＋数字》

□ **retailer** *928*

名《**retailer** of＋名詞》

□ **retain** *779*

動《**retain**＋目的語［名詞］》

《**retain** *A* as *B*》

□ **retire** 780

動《**retire**＋目的語［名詞］》

《**retire** from＋名詞》

《**retire** as＋名詞》

《**retire** at＋年齢》

□ **retirement** 780

名《**retirement** of＋名詞》

《**retirement** from＋名詞》

《**retirement** as＋名詞》

《**retirement** at＋年齢》

□ **retract** 977

動《**retract**＋目的語［名詞］》

□ **retraction** 977

名《**retraction** of＋名詞》

□ **retreat** 796

動《**retreat**＋目的語［名詞］》

《**retreat** from/to/into＋名詞》

名《**retreat** of＋名詞》

《**retreat** from/to/into＋名詞》

《**retreat** for＋名詞》

□ **retrieve** 978

動《**retrieve**＋目的語［名詞］》

《**retrieve** *A* from *B*》

□ **return** 442

動《**return** from/to＋名詞》

《**return**＋目的語［名詞］》

《**return** *A* to *B*》

名《**return** of＋名詞》

《**return** from/to＋名詞》

《**return** on＋名詞》

□ **reunion** 678

名《**reunion** of＋名詞》

《**reunion** with/between/among＋名詞》

《**reunion** for＋名詞》

□ **reveal** 776

動《**reveal**＋目的語［名詞］》

《**reveal**＋that 節》

《It is **revealed**＋that 節》

□ **revenue** 762

名《**revenue** of＋名詞》

《**revenue** from＋名詞》

□ **reverse** 781

動《**reverse**＋目的語［名詞］》

形《**reverse**＋名詞》

名《**reverse** of＋名詞》

□ **review** 673

名《**review** of＋名詞》

《**review** by＋名詞》

動《**review**＋目的語［名詞］》

□ **revise** 944

動《**revise**＋目的語［名詞］》

《**revise** *A* from *B* to *C*》

□ **revision** 944

名《**revision** of＋名詞》

《**revision** to＋名詞》

《**revision** in＋名詞》

□ **revolution** 798

名《**revolution** of＋名詞》

《**revolution** in＋名詞》

《**revolution** against＋名詞》

《**revolution** around＋名詞》

□ **revolutionize** 798

動《**revolutionize**＋目的語［名詞］》

□ **reward** 947

動《**reward**＋目的語［名詞］》

《**reward** *A* with *B*》

《**reward**＋人＋for＋名詞》

名《**reward** of＋名詞》

《**reward** for＋名詞》

□ **rewrite** 407

動《**rewrite**＋目的語［名詞］》

□ **rich** 481

形《**rich**＋名詞》

《連結動詞＋**rich**》

《連結動詞＋**rich** in＋名詞》

□ **ride** 458

動《**ride**＋目的語［名詞］》

名《**ride** from/to＋名詞》

《**ride** in/on＋名詞》

□ **right** 395

形《**right**＋名詞》

《連結動詞＋**right**》

《連結動詞＋**right** about＋名詞》

《連結動詞＋**right** in＋名詞》

《連結動詞＋**right** for＋名詞》

《連結動詞＋**right**＋to 不定詞》

《It is **right**＋that 節》

《It is **right**＋to 不定詞》

名《**right** of＋名詞》

《**right** to＋名詞》

《**right**＋to 不定詞》

□**rise** 636

動《**rise** by＋数字》

《**rise** from *A* to *B*》

《**rise** above＋名詞》

《**rise** against＋名詞》

名《**rise** of＋名詞》

《**rise** in＋名詞》

《**rise** from *A* to *B*》

□**risk** 517

名《**risk** of/in＋名詞》

《**risk** to＋名詞》

《**risk** by/from＋名詞》

《**risk**＋to 不定詞》

《**risk**＋that 節》

動《**risk**＋目的語［名詞］》

《**risk**＋動名詞》

《**risk** *A* on *B*》

□**risky** 517

形《**risky**＋名詞》

《連結動詞＋**risky**》

《It is **risky**＋to 不定詞》

□**rival** 560

名《**rival** of＋名詞》

《**rival** for＋名詞》

《**rival** in＋名詞》

《**rival** to＋名詞》

動《**rival**＋目的語［名詞］》

□**roadwork** 615

名《**roadwork** of＋名詞》

《**roadwork** on＋名詞》

□**rock** 651

動《**rock**＋目的語［名詞］》

名《**rock** of＋名詞》

□**role** 633

名《**role** of＋名詞》

《**role** as＋名詞》

《**role** in＋名詞》

《**role** at＋名詞》

《**role** for＋名詞》

□**roll** 474

動《**roll**＋目的語［名詞］》

名《**roll** of＋名詞》

□**roof** 561

名《**roof** of＋名詞》

動《*be* **roofed** with＋名詞》

□**room** 419

名《**room** of＋名詞》

《**room** in＋名詞》

《**room** for＋名詞》

《**room**＋to 不定詞》

□**root** 649

名《**root** of＋名詞》

《**root** in＋名詞》

動《*be* **rooted** in＋名詞》

□**rotate** 807

動《**rotate**＋目的語［名詞］》

《**rotate** around＋名詞》

□**rough** 795

形《**rough**＋名詞》

《連結動詞＋**rough**》

名《**rough** of＋名詞》

□**route** 546

名《**route** of＋名詞》

《**route** from *A* to *B*》

《**route** between＋名詞》

《**route** through＋名詞》

動《**route**＋目的語［名詞］》

□**routine** 811

形《**routine**＋名詞》

《連結動詞＋**routine**》

《連結動詞＋**routine** about＋名詞》

《It is **routine**＋that 節》

《It is **routine**＋to 不定詞》

名《**routine** of＋名詞》

《**routine** about＋名詞》

□**row** 731

名《**row** of＋名詞》

動《**row**＋目的語［名詞］》

□**royalty** 885

名《**royalties** of＋名詞》

《**royalties** from/on＋名詞》

□**rubber** 573

名《**rubber** of＋名詞》

□**rug** 588

名《**rug** of＋名詞》

□**ruin** 712

動《**ruin**＋目的語［名詞］》

名《**ruin** of＋名詞》

□**rule** *451*

名《**rule** of＋名詞》

《**rule** about/on/concerning/regarding＋名詞》

《**rule** for＋名詞》

《**rule**＋that 節》

《**rule**＋to 不定詞》

動《**rule**＋目的語［名詞］》

《**rule** over＋名詞》

《**rule** on＋名詞》

《**rule**＋that 節》

《It is **ruled**＋that 節》

□**rumor** *825*

名《**rumor** of＋名詞》

《**rumor** about/concerning/surrounding＋名詞》

《**rumor**＋that 節》

動《It is **rumored**＋that 節》

《*be* **rumored**＋to 不定詞》

□**run** *421*

動《**run**＋目的語［名詞］》

《**run** on＋名詞》

《**run** for＋名詞》

《**run** against＋名詞》

名《**run** of＋名詞》

《**run** for＋名詞》

□**runway** *421*

名《**runway** of＋名詞》

□**rural** *824*

形《**rural**＋名詞》

□**rush** *714*

動《**rush** to/into＋名詞》

《**rush** through＋名詞》

《**rush** *A* to *B*》

《**rush**＋to 不定詞》

《**rush**＋人＋into＋名詞》

名《**rush** of＋名詞》

《**rush** for＋名詞》

《**rush**＋to 不定詞》

S

□**sad** *519*

形《**sad**＋名詞》

《連結動詞＋**sad**》

《連結動詞＋**sad** about＋名詞》

《連結動詞＋**sad**＋that 節》

《連結動詞＋**sad**＋to 不定詞》

《It is **sad**＋that 節》

《It is **sad**＋to 不定詞》

《It is **sad**＋if 節》

□**safe** *539*

形《**safe**＋名詞》

《連結動詞＋**safe**》

《連結動詞＋**safe** from＋名詞》

《連結動詞＋**safe**＋to 不定詞》

《連結動詞＋**safe** for＋名詞・動名詞》

《It is **safe**＋that 節》

《It is **safe**＋to 不定詞》

名《**safe** for＋名詞》

□**safely** *539*

副《動詞・形容詞＋**safely**》

□**safety** *539*

名《**safety** of＋名詞》

《**safety** from＋名詞》

□**sail** *497*

動《**sail**＋目的語［名詞］》

《**sail** from *A* to *B*》

《**sail** for＋名詞》

名《**sail** from/to/for＋名詞》

□**sake** *782*

名《for the **sake** of＋名詞》

《for *someone's* **sake**》

□**salary** *838*

名《**salary** of＋名詞》

□**sale** *464*

名《**sale** of＋名詞》

□**salesperson** *464*

名《**salesperson** at/for＋名詞》

□**salon** *615*

名《**salon** of＋名詞》

□**salt** *552*

動《**salt**＋目的語［名詞］》

名《**salt** in＋名詞》

□**same** *411*

形《the **same**＋名詞（＋as＋名詞）》

名《the **same**（as＋名詞）》

□**sample** *570*

名《**sample** of＋名詞》

《**sample** from＋名詞》

動《**sample**＋目的語［名詞］》

□ **scope** 931

名《**scope** of＋名詞》

《**scope** for＋名詞》

□ **score** 672

名《**score** of＋名詞》

《**score** for＋名詞》

動《**score**＋目的語［名詞］》

《**score** for/against＋名詞》

□ **scratch** 789

動《**scratch**＋目的語［名詞］》

《**scratch** at＋名詞》

名《**scratch** of＋名詞》

□ **scream** 521

動《**scream** at＋名詞》

《**scream** for＋名詞》

名《**scream** of＋名詞》

《**scream** for＋名詞》

□ **screen** 505

名《**screen** of＋名詞》

《**screen** for＋名詞》

動《**screen**＋目的語［名詞］》

《**screen** ＋人＋for＋名詞》

《**screen** *A* from *B*》

□ **sculptor** 600

名《**sculptor** of＋名詞》

□ **sculpture** 600

名《**sculpture** of＋名詞》

《**sculpture** by＋人》

□ **seal** 774

動《**seal**＋目的語［名詞］》

名《**seal** of＋名詞》

□ **seam** 957

名《**seam** of＋名詞》

動《**seam**＋目的語［名詞］》

□ **sear** 973

動《**sear**＋目的語［名詞］》

《**sear** in/into＋名詞》

□ **search** 534

名《**search** of＋名詞》

《**search** for＋名詞》

動《**search**＋目的語［名詞］》

《**search** for＋名詞》

《**search** *A* for *B*》

□ **season** 372

名《**season** of/for＋名詞》

動《**season**＋目的語［名詞］》

《**season** *A* with *B*》

□ **seasonal** 372

形《**seasonal**＋名詞》

□ **seat** 369

名《**seat** of＋名詞》

《**seat** in/on＋名詞》

《**seat** for＋名詞》

動《**seat**＋人》

□ **second** 422

動《**second**＋目的語［名詞］》

形《**second**＋名詞》

《**second**＋最上級形容詞＋名詞》

名《数字＋**second(s)**》

□ **secondary** 422

形《**secondary**＋名詞》

《連結動詞＋**secondary** to＋名詞》

□ **secret** 490

形《**secret**＋名詞》

《連結動詞＋**secret**》

《連結動詞＋**secret** about＋名詞》

《連結動詞＋**secret** from＋名詞》

名《**secret** of＋名詞》

《**secret** about＋名詞》

《**secret** behind＋名詞》

《**secret** from＋名詞》

《**secret** to＋名詞》

《It is a **secret**＋that 節》

□ **secretarial** 470

形《**secretarial**＋名詞》

□ **secretary** 470

名《**secretary** of＋名詞》

《**secretary** to/for＋名詞》

□ **section** 655

名《**section** of＋名詞》

□ **sector** 655

名《**sector** of＋名詞》

□ **secure** 671

動《**secure**＋目的語［名詞］》

《**secure** *A* against *B*》

《**secure** *A* to *B*》

形《**secure**＋名詞》

《連結動詞＋**secure**》

《連結動詞＋**secure** from＋名詞》

《連結動詞＋**secure** for/against＋名詞》

《連結動詞＋**secure** in＋名詞》

□ **securely** 671

副《**securely**＋動詞》

□ **security** 671

名《**security** of＋名詞》

《**security** for/against＋名詞》

□ **see** 389

動《**see**＋目的語［名詞］》

《**see**＋that/wh-/how 節》

《**see**＋if/whether 節》

《**see**＋目的語［名詞］＋原形動詞》

《**see**＋目的語［名詞］＋現在分詞》

《**see** *A* as *B*》

《**see**＋人＋about＋名詞》

□ **seed** 526

名《**seed** of＋名詞》

動《**seed**＋目的語［名詞］》

□ **seek** 708

動《**seek**＋目的語［名詞］》

《**seek** for＋名詞》

《**seek**＋that 節》

《**seek**＋to 不定詞》

□ **seem** 393

動《**seem**（to be）＋名詞・形容詞》

《**seem** like＋名詞》

《**seem**＋to 不定詞》

《It **seems**（＋to＋人）＋that 節》

《It **seems**＋形容詞＋that 節》

《It **seems** as if/as though/like＋節》

□ **segment** 860

名《**segment** of＋名詞》

動《**segment**＋目的語［名詞］》

□ **seize** 792

動《**seize**＋目的語［名詞］（＋from＋名詞）》

《*be* **seized** with＋名詞》

□ **select** 800

動《**select**＋目的語［名詞］》

《**select** *A* from *B*》

《**select** *A* as *B*》

《**select**＋人＋for＋名詞》

《**select**＋人＋to 不定詞》

□ **selection** 800

名《**selection** of＋名詞》

《**selection** from＋名詞》

《**selection** as＋名詞》

《**selection** for＋名詞》

□ **self-addressed** 734

形《**self-addressed** envelope》

□ **sell** 463

動《**sell**＋目的語［名詞］（＋to＋人）》

《**sell**＋人＋目的語［名詞］》

《**sell**＋目的語［名詞］＋for/at＋金額》

□ **seller** 464

名《**seller** of＋名詞》

□ **semester** 591

名《**semester** of＋名詞》

□ **seminar** 830

名《**seminar** on＋名詞》

□ **send** 455

動《**send**＋目的語［名詞］（＋to＋人）》

《**send**＋人＋目的語［名詞］》

《**send**＋人＋to＋名詞》

□ **sender** 455

名《**sender** of＋名詞》

□ **senior** 516

形《**senior**＋名詞》

《連結動詞＋**senior** to＋名詞》

□ **sense** 629

動《**sense**＋目的語［名詞］》

《**sense**＋目的語［名詞］＋動名詞》

《**sense**＋that/wh-/how 節》

《**sense**＋if/whether 節》

名《**sense** of＋名詞》

《**sense** in＋名詞》

《**sense**＋that 節》

□ **sensitive** 629

形《**sensitive**＋名詞》

《連結動詞＋**sensitive**》

《連結動詞＋**sensitive** to/about＋名詞》

□ **sentence** 434

名《**sentence** of＋名詞》

《**sentence** for＋名詞》

動《**sentence**＋人＋to＋名詞》

□ **silent** *539*

形《**silent**＋名詞》

《連結動詞＋**silent**》

《連結動詞＋**silent** about/on＋名詞》

□ **silently** *539*

副《**silently**＋動詞・形容詞》

□ **silly** *527*

形《**silly**＋名詞》

《連結動詞＋**silly**》

《It is **silly** of＋人＋to不定詞》

□ **similar** *696*

形《**similar**＋名詞》

《連結動詞＋**similar**》

《連結動詞＋**similar** to＋名詞》

《連結動詞＋**similar** in＋名詞》

□ **similarity** *696*

名《**similarity** of＋名詞》

《**similarity** with/between/among＋名詞》

《**similarity** to＋名詞》

《**similarity** in＋名詞》

□ **similarly** *696*

副《**similarly**＋動詞・形容詞》

□ **simple** *486*

形《**simple**＋名詞》

《連結動詞＋**simple**》

《連結動詞＋**simple**＋to不定詞》

《It is **simple**＋to不定詞》

□ **simplify** *486*

動《**simplify**＋目的語［名詞］》

□ **since** *419*

接《**since**＋節》

前《**since**＋名詞》

副《動詞＋**since**》

□ **sincere** *606*

形《**sincere**＋名詞》

《連結動詞＋**sincere**》

《連結動詞＋**sincere** in＋名詞》

□ **sincerely** *606*

副《**sincerely**＋動詞・形容詞》

□ **single** *512*

形《**single**＋名詞》

《連結動詞＋**single**》

□ **sink** *536*

動《**sink**＋目的語［名詞］》

《**sink** into/to＋名詞》

名《**sink** of＋名詞》

□ **sit** *410*

動《**sit** on/in/by/at/behind/beside/around＋名詞》

□ **site** *821*

名《**site** of＋名詞》

《**site** for＋名詞》

□ **situate** *642*

動《**situate**＋目的語［名詞］》

《**situate** *A* in *B*》

《*be* **situated** for＋名詞》

□ **situation** *642*

名《**situation** of＋名詞》

《**situation**＋that節》

□ **sizable** *605*

形《**sizable**＋名詞》

《連結動詞＋**sizable**》

□ **size** *605*

名《**size** of＋名詞》

動《**size**＋目的語［名詞］》

□ **skeptical** *908*

形《**skeptical**＋名詞》

《連結動詞＋**skeptical**》

《連結動詞＋**skeptical** about/of＋名詞》

《連結動詞＋**skeptical**＋that節》

《連結動詞＋**skeptical**＋if/whether節》

□ **sketch** *891*

名《**sketch** of＋名詞》

動《**sketch**＋目的語［名詞］》

□ **sketchy** *891*

形《**sketchy**＋名詞》

《連結動詞＋**sketchy**》

□ **skill** *533*

名《**skill** of＋名詞》

《**skill** in/at＋名詞》

□ **skilled** *534*

形《**skilled**＋名詞》

《連結動詞＋**skilled**》

《連結動詞＋**skilled** at/in/with＋名詞》

□ **skim** *940*

動《**skim**＋目的語［名詞］》

《**skim** *A* off/from *B*》

《**skim** over/through＋名詞》

□ **skin** 490

名《**skin** of＋名詞》

動《**skin**＋目的語［名詞］》

□ **skip** 952

動《**skip**＋目的語［名詞］》

名《**skip** of＋名詞》

《**skip** about/from＋名詞》

□ **sleep** 444

動《**sleep**＋副詞》

名《**sleep** of＋名詞》

□ **sleepy** 444

形《**sleepy**＋名詞》

《連結動詞＋**sleepy**》

□ **sleeve** 609

名《**sleeves** of＋名詞》

□ **slice** 856

動《**slice**＋目的語［名詞］》

名《**slice** of＋名詞》

□ **slide** 518

名《**slide** of＋名詞》

《**slide** in/into/toward＋名詞》

動《**slide** across/down/into＋名詞》

□ **slight** 800

形《**slight**＋名詞》

□ **slightly** 800

副《**slightly**＋動詞・形容詞》

□ **slim** 932

形《**slim**＋名詞》

《連結動詞＋**slim**》

□ **slip** 518

動《**slip**＋目的語［名詞］》

《**slip** on/into＋名詞》

名《**slip** of＋名詞》

□ **slope** 574

名《**slope** of＋名詞》

動《**slope**＋up/down》

□ **slot** 608

名《**slot** of＋名詞》

動《**slot**＋目的語［名詞］》

□ **slow** 494

動《**slow**＋目的語》

形《**slow**＋名詞》

《連結動詞＋**slow**》

《連結動詞＋**slow**＋to 不定詞》

《連結動詞＋**slow** in＋動名詞》

□ **slowdown** 495

名《**slowdown** in＋名詞》

□ **slowly** 494

副《動詞＋**slowly**》

□ **sluggish** 976

形《**sluggish**＋名詞》

《連結動詞＋**sluggish**》

□ **slump** 976

名《**slump** in＋名詞》

動《**slump** to＋名詞》

□ **small** 366

形《**small**＋名詞》

《連結動詞＋**small**》

《連結動詞＋**small** for＋名詞》

《連結動詞＋**small** in＋名詞》

□ **smart** 681

形《**smart**＋名詞》

《連結動詞＋**smart**》

《連結動詞＋**smart**＋to 不定詞》

《It is **smart**＋that 節》

《It is **smart**＋to 不定詞》

《It is **smart** of＋人＋to 不定詞》

□ **smell** 526

動《**smell**＋目的語［名詞］》

《**smell**＋形容詞》

《**smell** of＋名詞》

《**smell** like＋名詞》

名《**smell** of＋名詞》

《**smell** from＋名詞》

□ **smooth** 556

名《**smooth**＋名詞》

《連結動詞＋**smooth**》

□ **smoothly** 556

副《動詞＋**smoothly**》

□ **snack** 590

名《**snack** of＋名詞》

動《**snack**＋副詞》

□ **snap** 774

動《**snap**＋目的語［名詞］》

名《**snap** of＋名詞》

□ **snowy** 378

形《**snowy**＋名詞》

《連結動詞＋**snowy**》

□**spacious** 613

形《**spacious**＋名詞》

《連結動詞＋**spacious**》

《連結動詞＋**spacious** enough＋to 不定詞》

□**spaciousness** 613

名《**spaciousness** of＋名詞》

□**span** 517

名《**span** of＋名詞》

動《**span**＋目的語［名詞］》

□**spare** 629

形《**spare**＋名詞》

動《**spare**（＋人）＋目的語［名詞］》

《名詞＋to **spare**》

□**speak** 452

動《**speak**＋目的語［名詞］》

《**speak** about/of＋名詞》

《**speak** to/with＋人（＋about＋名詞）》

《**speak** in favor of/for/against＋名詞》

□**speaker** 452

名《**speaker** of＋名詞》

《**speaker** at＋名詞》

□**special** 465

形《**special**＋名詞》

《連結動詞＋**special**》

《連結動詞＋**special** about＋名詞》

《連結動詞＋**special** for＋名詞》

《It is **special**＋that 節》

《It is **special**＋to 不定詞》

□**specialist** 465

名《**specialist** in/on＋名詞》

《**specialist** of＋名詞》

□**specialize** 465

動《**specialize** in＋名詞》

□**specially** 466

副《**specially**＋動詞・形容詞》

□**specialty** 466

名《**specialty** of＋名詞》

□**species** 574

名《**species** of＋名詞》

□**specific** 749

形《**specific**＋名詞》

《連結動詞＋**specific**》

《連結動詞＋**specific** about＋名詞》

《連結動詞＋**specific** to＋名詞》

□**specifically** 749

副《**specifically**＋動詞・形容詞》

□**specification** 749

名《**specifications** of＋名詞》

□**specify** 749

動《**specify**＋目的語［名詞］》

《**specify**＋that/wh-/how 節》

《**specify**＋if/whether 節》

□**specimen** 750

名《**specimen** of＋名詞》

□**spectacular** 714

形《**spectacular**＋名詞》

《連結動詞＋**spectacular**》

《連結動詞＋**spectacular** about＋名詞》

《連結動詞＋**spectacular** in/at＋名詞》

□**spectator** 714

名《**spectator** of＋名詞》

□**speculate** 915

動《**speculate**＋that/wh-/how 節》

《**speculate**＋if/whether 節》

《**speculate** on/about＋名詞》

《**speculate** in/on＋名詞》

《It is **speculated**＋that 節》

《*be* **speculated**＋to 不定詞》

□**speech** 452

名《**speech** of＋名詞》

《**speech** about/on＋名詞》

《**speech** to＋人》

□**speed** 368

名《**speed** of＋名詞》

□**spell** 521

名《**spell** of＋名詞》

動《**spell**＋目的語［名詞］》

《**spell** *A* as *B*》

□**spend** 442

動《**spend**＋目的語［名詞］》

《**spend** *A* on *B*》

□**spicy** 967

形《**spicy**＋名詞》

《連結動詞＋**spicy**》

□ **spill** 856

動《**spill**＋目的語［名詞］》

《**spill** *A* on/over *B*》

《**spill** on/onto/over/into＋名詞》

名《**spill** of＋名詞》

《**spill** from＋名詞》

□ **spin** 529

動《**spin**＋副詞》

名《**spin** of＋名詞》

□ **spirit** 522

名《**spirit** of＋名詞》

□ **split** 698

動《**split**＋目的語［名詞］（＋with/between/among＋名詞）》

《**split** *A* into *B*》

《**split** from＋名詞》

《**split** into＋名詞》

《**split** over＋名詞》

名《**split** of＋名詞》

《**split** in/within＋名詞》

《**split** with/between/among＋名詞》

《**split** over＋名詞》

□ **spokesperson** 452

名《**spokesperson** for＋名詞》

□ **sponsor** 840

動《**sponsor**＋目的語［名詞］》

名《**sponsor** of＋名詞》

《**sponsor** for＋名詞》

□ **spot** 482

名《**spot** of＋名詞》

《**spot** for＋名詞》

動《**spot**＋目的語［名詞］》

《**spot**＋人＋動名詞》

《**spot**＋that/wh-/how 節》

□ **spouse** 953

名《**spouse** of＋名詞》

□ **spray** 864

動《**spray**＋目的語［名詞］》

《**spray** *A* with *B*》

《**spray** *A* on/over *B*》

《**spray** from＋名詞》

名《**spray** of＋名詞》

□ **spread** 712

動《**spread**＋目的語［名詞］》

《**spread** *A* on/over/across *B*》

《**spread** through/over/among＋名詞》

《**spread** from *A* to *B*》

名《**spread** of＋名詞》

《**spread** between/among＋名詞》

□ **spreadsheet** 712

名《**spreadsheet** of＋名詞》

□ **square** 490

名《**square** of＋名詞》

形《**square**＋名詞》

《連結動詞＋**square**》

《連結動詞＋**square** with＋名詞》

動《**square**＋目的語［名詞］》

□ **stability** 874

名《**stability** of＋名詞》

□ **stable** 874

形《**stable**＋名詞》

《連結動詞＋**stable**》

名《**stable** of＋名詞》

□ **stack** 924

名《**stack** of＋名詞》

動《**stack**＋目的語［名詞］》

《*be* **stacked** with＋名詞》

□ **stadium** 603

名《**stadium** in＋名詞》

□ **staff** 695

名《**staff** of＋名詞》

動《**staff**＋目的語［名詞］》

《*be* **staffed** by/with＋名詞》

□ **staffer** 695

名《**staffer** of＋名詞》

□ **stage** 474

名《**stage** of/in＋名詞》

《**stage** for＋名詞》

動《**stage**＋目的語［名詞］》

□ **stain** 953

名《**stain** of＋名詞》

《**stain** on＋名詞》

動《**stain**＋目的語［名詞］》

《**stain** *A* with *B*》

□ **stair** 472

名《**stairs** of＋名詞》

《**stairs** from/to＋名詞》

□ **stake** *852*

名《**stake** of＋名詞》

《**stake** in＋名詞》

《at **stake**》

動《**stake**＋目的語［名詞］(＋on＋名詞)》

□ **stamp** *547*

動《**stamp**＋目的語［名詞］》

《**stamp** *A* on *B*》

《**stamp** *A* with *B*》

名《**stamp** of＋名詞》

□ **stance** *658*

名《**stance** of＋名詞》

《**stance** on＋名詞》

《**stance** for/against＋名詞》

《**stance**＋that 節》

□ **stand** *426*

動《**stand**＋副詞》

《cannot **stand**＋名詞》

名《**stand** on＋名詞》

《**stand** for/against＋名詞》

□ **standard** *502*

名《**standard** of＋名詞》

《**standard** in＋名詞》

形《**standard**＋名詞》

《連結動詞＋**standard**》

□ **standpoint** *962*

名《**standpoint** of＋名詞》

《**standpoint**＋that 節》

□ **standstill** *962*

名《**standstill** in＋名詞》

□ **staple** *889*

動《**staple**＋目的語［名詞］》

《**staple** *A* to *B*》

名《**staple** of＋名詞》

□ **stapler** *890*

名《**stapler** from/to＋人》

□ **star** *625*

動《**star** in＋名詞》

《**star** as＋名詞》

《**star**＋人＋as＋名詞》

名《**star** of＋名詞》

□ **stare** *793*

動《**stare** at＋名詞》

《**stare** into/out of＋名詞》

《**stare** through/around/across＋名詞》

名《**stare** of＋名詞》

《**stare** at/into/through＋名詞》

□ **start** *400*

動《**start**＋目的語［名詞］》

《**start**＋to 不定詞》

《**start**＋動名詞》

《**start**＋人＋動名詞》

《**start** with＋名詞》

《**start** as＋名詞》

《**start**（＋目的語［名詞］）＋by＋動名詞》

《**start** at/from＋数字》

名《**start** of/to＋名詞》

□ **state** *619*

動《**state**＋目的語［名詞］》

《**state**＋that 節》

《It is **stated**＋that 節》

名《**state** of＋名詞》

□ **statement** *620*

名《**statement** of＋名詞》

《**statement** about/on＋名詞》

《**statement**＋that 節》

□ **station** *474*

動《**station**＋目的語［名詞］》

名《**station** in＋名詞》

《**station** of＋名詞》

□ **stationery** *960*

名《**stationery** of＋名詞》

□ **statistics** *960*

名《**statistics** of＋名詞》

《**statistics** on＋名詞》

《**statistics** for＋名詞》

□ **statue** *600*

名《**statue** of＋名詞》

□ **status** *686*

名《**status** of＋名詞》

《**status** as＋名詞》

《**status**＋to 不定詞》

□ **stay** *410*

動《**stay**＋形容詞》

《**stay**＋副詞》

名《**stay** in/at＋名詞》

□ **steadily** *815*

副《**steadily**＋動詞・形容詞》

□**steady** 815

形《**steady**＋名詞》

《連結動詞＋**steady**》

□**steal** 606

動《**steal**＋目的語［名詞］》

《**steal** *A* from *B*》

名《**steal** at＋名詞》

□**steel** 515

名《**steel** of＋名詞》

□**steer** 587

動《**steer**＋目的語［名詞］》

《**steer** for/toward＋名詞》

《**steer**＋目的語［名詞］＋toward/away from＋名詞》

□**stem** 899

動《**stem**＋目的語［名詞］》

《**stem** from＋名詞》

名《**stem** of＋名詞》

□**step** 442

名《**step** of＋名詞》

《**step** in＋名詞》

《**step** to/toward＋名詞》

動《**step** forward/back》

□**stick** 677

動《**stick**＋目的語［名詞］》

《**stick** *A* on/to *B*》

《**stick** *A* in/into/through *B*》

《**stick** to/with＋名詞》

名《**stick** of＋名詞》

□**sticker** 677

名《**sticker** of＋名詞》

□**still** 392

副《**still**＋動詞》

《be 動詞・助動詞＋**still**》

形《**still**＋名詞》

《連結動詞＋**still**》

□**stimulate** 914

動《**stimulate**＋目的語［名詞］》

《**stimulate**＋目的語［名詞］＋to 不定詞》

□**stimulus** 914

名《**stimulus** of＋名詞》

《**stimulus** to＋名詞》

《**stimulus** for＋名詞》

《**stimulus**＋to 不定詞》

□**stipulate** 978

動《**stipulate**＋目的語［名詞］》

《**stipulate**＋that 節》

《It is **stipulated**＋that 節》

□**stir** 720

動《**stir**＋目的語［名詞］》

《**stir** *A* with *B*》

《**stir** *A* in/into *B*》

《**stir**＋人＋to 不定詞》

名《**stir** in＋名詞》

《**stir** about/over＋名詞》

《**stir** among＋人》

□**stock** 664

名《**stock** of＋名詞》

動《**stock**＋目的語［名詞］》

《**stock** *A* with *B*》

□**stockbroker** 664

名《**stockbroker** for＋名詞》

□**stockholder** 664

名《**stockholder** of＋名詞》

《**stockholder** in＋名詞》

□**stomach** 535

名《**stomach** of＋名詞》

《**stomach** for＋名詞》

□**stop** 368

動《**stop**＋目的語［名詞］》

《**stop**＋動名詞》

《**stop**＋人（＋from）＋動名詞》

《**stop**＋to 不定詞》

《**stop** for＋名詞》

名《**stop** to/at/on＋名詞》

□**storage** 653

名《**storage** of＋名詞》

□**store** 653

動《**store**＋目的語［名詞］》

名《**store** of＋名詞》

□**storeroom** 653

名《**storeroom** of＋名詞》

□**storm** 378

名《**storm** of＋名詞》

動《**storm**＋目的語［名詞］》

《**storm** into/out of＋名詞》

□**story** 419

名《**story** of/about＋名詞》

《数字＋**story**》

□ **straight** 641

形《**straight**＋名詞》

《連結動詞＋**straight**》

《連結動詞＋**straight** with＋人》

副《動詞＋**straight**》

《**straight**＋前置詞＋名詞》

□ **strain** 804

名《**strain** of＋名詞》

《**strain** for＋名詞》

《**strain** on＋名詞》

動《**strain**＋目的語［名詞］》

《**strain**＋to 不定詞》

□ **strange** 469

形《**strange**＋名詞》

《連結動詞＋**strange**》

《連結動詞＋**strange** about＋名詞》

《連結動詞＋**strange** to＋人》

《It is **strange**＋that/wh-/how 節》

《It is **strange**＋to 不定詞》

□ **stranger** 469

名《**stranger** in/from＋名詞》

《**stranger** to＋名詞》

□ **strategic** 809

形《**strategic**＋名詞》

《連結動詞＋**strategic**》

《連結動詞＋**strategic** in/about＋名詞》

□ **strategy** 809

名《**strategy** of＋名詞》

《**strategy** for＋名詞》

《**strategy** about/on/toward＋名詞》

《**strategy**＋to 不定詞》

□ **stream** 765

名《**stream** of＋名詞》

動《**stream** in/through/from＋名詞》

□ **streamline** 765

動《**streamline**＋目的語［名詞］》

□ **street** 356

名《**street** of＋名詞》

《**street** from/to＋名詞》

□ **strength** 562

名《**strength** of＋名詞》

《**strength** in＋名詞》

《**strength**＋to 不定詞》

□ **strengthen** 563

動《**strengthen**＋目的語［名詞］》

《**strengthen** against＋名詞》

□ **stress** 812

名《**stress** of＋名詞》

《**stress** on＋名詞》

動《**stress**＋目的語［名詞］》

《**stress**＋that 節》

□ **stressful** 812

形《**stressful**＋名詞》

《連結動詞＋**stressful**》

《It is **stressful**＋to不定詞》

□ **stretch** 673

動《**stretch**＋目的語［名詞］》

《**stretch** into/over/on＋名詞》

名《**stretch** of＋名詞》

□ **strict** 881

形《**strict**＋名詞》

《連結動詞＋**strict**》

《連結動詞＋**strict** about/with＋名詞》

□ **strictly** 881

副《**strictly**＋動詞・形容詞》

□ **strike** 659

動《**strike**＋目的語［名詞］》

《**strike**＋人》

《It **strikes**＋人＋that 節》

《It **strikes**＋人＋as＋名詞・形容詞》

《**strike** on/at＋名詞》

名《**strike** of＋名詞》

《**strike** against/on/over＋名詞》

□ **string** 522

名《**string** of＋名詞》

□ **stripe** 595

名《**stripe** of＋名詞》

□ **stroke** 659

名《**stroke** of＋名詞》

□ **strong** 562

形《**strong**＋名詞》

《連結動詞＋**strong**》

《連結動詞＋**strong**（enough）＋to 不定詞》

□ **strongly** 562
副《**strongly**＋動詞・形容詞》

□ **structural** 761
形《**structural**＋名詞》
《連結動詞＋**structural**》

□ **structure** 761
名《**structure** of＋名詞》
動《**structure**＋目的語［名詞］》

□ **struggle** 657
動《**struggle** with＋名詞》
《**struggle** for/against＋名詞》
《**struggle**＋to 不定詞》
名《**struggle** of＋名詞》
《**struggle** with＋名詞》
《**struggle** over＋名詞》
《**struggle** for/against＋名詞》
《**struggle** with/between/among＋名詞》
《**struggle**＋to 不定詞》

□ **student** 370
名《**student** at/of＋名詞》

□ **studio** 374
名《**studio** of＋名詞》

□ **study** 415
動《**study**＋目的語［名詞］》
《**study** at＋名詞》
《**study** for＋名詞》
《**study**＋wh-/how 節》
《**study** under＋人》
名《**study** of/on/into＋名詞》
《**study** for＋名詞》

□ **stuff** 637
動《**stuff**＋目的語［名詞］》
《**stuff** *A* into/in *B*》
《*be* **stuffed** with＋名詞》
名《**stuff** of＋名詞》
《**stuff** like＋名詞》

□ **stupid** 527
形《**stupid**＋名詞》
《連結動詞＋**stupid**》
《It is **stupid** of＋人＋to 不定詞》

□ **style** 475
名《**style** of＋名詞》

□ **subject** 661
名《**subject** of＋名詞》
形《*be* **subject** to＋名詞》
動《**subject**＋目的語［名詞］＋to＋名詞》

□ **submission** 870
名《**submission** of＋名詞》
《**submission** to＋名詞》
《**submission** for＋名詞》

□ **submit** 870
動《**submit**＋目的語［名詞］》
《**submit** *A* to *B*》
《**submit** *A* for *B*》
《**submit** to＋名詞》

□ **subscribe** 963
動《**subscribe** to＋名詞》

□ **subscriber** 963
名《**subscriber** of＋名詞》
《**subscriber** to＋名詞》

□ **subscription** 963
名《**subscription** of＋名詞》
《**subscription** to＋名詞》

□ **subsequent** 935
形《**subsequent**＋名詞》
《連結動詞＋**subsequent** to＋名詞》

□ **subsequently** 935
副《**subsequently**＋動詞・形容詞》

□ **subsidiary** 971
名《**subsidiary** of＋名詞》
形《**subsidiary**＋名詞》
《連結動詞＋**subsidiary**》
《連結動詞＋**subsidiary** to＋名詞》

□ **subsidize** 972
動《**subsidize**＋目的語［名詞］》

□ **subsidy** 971
名《**subsidy** of＋名詞》
《**subsidy** for＋名詞》
《**subsidy** on＋名詞》
《**subsidy** to＋名詞》

□ **substance** 797
名《**substance** of＋名詞》
《**substance** in＋名詞》
《**substance** to＋名詞》

□ **substantial** 797
形《**substantial**＋名詞》
《連結動詞＋**substantial**》

□ **substantially** 797
副《**substantially**＋動詞・形容詞》

□substitute 735

名《**substitute** of＋名詞》

《**substitute** for＋名詞》

動《**substitute**＋目的語［名詞］》

《**substitute** *A* for *B*》

《**substitute** for＋名詞》

□subtract 970

動《**subtract**＋目的語［名詞］》

《**subtract** *A* from *B*》

□suburb 824

名《**suburb** of＋名詞》

□subway 579

名《**subway** from/to＋名詞》

□succeed 536

動《**succeed** in＋名詞》

《**succeed** at/with＋名詞》

《**succeed** as＋名詞》

《**succeed**＋目的語［名詞］》

《**succeed**＋人＋as＋名詞》

□success 536

名《**success** of＋名詞》

《**success** in＋名詞》

《**success** in＋動名詞》

《**success** with＋名詞》

《**success** as＋名詞》

□successful 536

形《**successful**＋名詞》

《連結動詞＋**successful**》

《連結動詞＋**successful** in＋名詞》

《連結動詞＋**successful** at＋名詞》

《連結動詞＋**successful** as＋名詞》

□successfully 536

副《**successfully**＋動詞・形容詞》

□successor 536

名《**successor** of＋人》

《**successor** to＋名詞》

《**successor** as＋名詞》

□such 411

形《**such**＋名詞》

《**such** as＋名詞》

代《as **such**》

□sudden 478

形《**sudden**＋名詞》

《連結動詞＋**sudden**》

□suddenly 478

副《**suddenly**＋動詞・形容詞》

□sue 760

動《**sue**＋目的語［名詞］》

《**sue** *A* for *B*》

《**sue** *A* over *B*》

□suffer 707

動《**suffer**＋目的語［名詞］》

《**suffer** from＋名詞》

□sufficient 915

形《**sufficient**＋名詞》

《連結動詞＋**sufficient**》

《連結動詞＋**sufficient** for＋名詞》

《連結動詞＋**sufficient**＋to 不定詞》

《It is **sufficient**＋that 節》

《It is **sufficient**＋to不定詞》

□suggest 656

動《**suggest**＋目的語［名詞］》

《**suggest**＋動名詞》

《**suggest**（＋to＋人）＋that/wh-/how 節》

《It is **suggested**＋that 節》

《**suggest**（＋to＋人）＋if/whether 節》

□suggestion 656

名《**suggestion** of＋名詞》

《**suggestion** about/on/concerning/regarding＋名詞》

《**suggestion** for＋名詞》

《**suggestion**＋that 節》

□suit 692

動《**suit**＋目的語［名詞］（＋副詞）》

《**suit** *A* to *B*》

名《**suit** of＋名詞》

《**suit** over＋名詞》

《**suit** against＋名詞》

□suitable 692

形《**suitable**＋名詞》

《連結動詞＋**suitable**》

《連結動詞＋**suitable** for＋名詞》

《連結動詞＋**suitable** to＋名詞》

《連結動詞＋**suitable** as＋名詞》

《連結動詞＋**suitable**＋to 不定詞》

《It is **suitable**＋to 不定詞》

□suitcase 382

名《**suitcase** of＋名詞》

□**suite** 609

名《**suite** of＋名詞》

□**sum** 676

名《**sum** of＋名詞》

動《**sum** up＋目的語［名詞］》

□**summarize** 874

動《**summarize**＋目的語［名詞］》

《**summarize** *A* as *B*》

□**summary** 874

名《**summary** of＋名詞》

《**summary** about＋名詞》

□**sunny** 578

形《**sunny**＋名詞》

《連結動詞＋**sunny**》

□**sunscreen** 578

名《**sunscreen** on＋名詞》

□**sunset** 578

名《**sunset** of＋名詞》

□**sunshine** 578

名《**sunshine** of＋名詞》

□**superb** 929

形《**superb**＋名詞》

《連結動詞＋**superb**》

□**superior** 929

名《**superior**＋名詞》

《連結動詞＋**superior**》

《連結動詞＋**superior** to＋名詞》

《連結動詞＋**superior** in＋名詞》

名《**superior** of＋名詞》

□**supervise** 886

動《**supervise**＋目的語［名詞］》

□**supervisor** 886

名《**supervisor** of＋名詞》

□**supplement** 955

名《**supplement** of＋名詞》

《**supplement** to＋名詞》

《**supplement** for＋名詞》

《**supplement** on＋名詞》

動《**supplement**＋目的語［名詞］》

《**supplement** *A* by/with *B*》

□**supplier** 677

名《**supplier** of＋名詞》

《**supplier** to＋名詞》

□**supply** 677

名《**supply** of＋名詞》

《**supply** to＋名詞》

動《**supply**＋目的語［名詞］（＋to/for＋人）》

《**supply**＋人＋with＋名詞》

□**support** 644

動《**support**＋目的語［名詞］》

《**support**＋動名詞》

《**support**＋人＋in＋名詞》

《**support**＋人＋by＋名詞》

名《**support** of＋名詞》

《**support** for＋名詞》

《**support** from＋名詞》

《**support** between/among＋名詞》

《**support**＋to 不定詞》

□**supporter** 644

名《**supporter** of＋名詞》

□**suppose** 618

動《**suppose**＋that 節》

《It is **supposed**＋that 節》

《**suppose**＋目的語［名詞］＋（to be）名詞・形容詞》

《*be* **supposed**＋to不定詞》

□**surcharge** 638

名《**surcharge** of＋名詞》

《**surcharge** on/for＋名詞》

□**sure** 406

形《**sure**＋名詞》

《連結動詞＋**sure** about/of/as to＋名詞》

《連結動詞＋**sure**＋that/wh-/how 節》

《連結動詞＋**sure**＋if/whether 節》

《*be* **sure**＋to 不定詞》

《make **sure**＋that 節》

《make **sure** of＋名詞》

□**surely** 406

副《**surely**＋動詞・形容詞》

□**surface** 847

名《**surface** of＋名詞》

動《**surface** in＋名詞》

形《**surface**＋名詞》

□**surgeon** 820

名《**surgeon** of＋名詞》

《**surgeon** at/with＋名詞》

□**surgery** 820

名《**surgery** of＋名詞》

《**surgery** on/to＋名詞》

《**surgery** for＋名詞》

□ surgical 820
形《**surgical**＋名詞》

□ surplus 949
名《**surplus** of＋名詞》
《**surplus** in＋名詞》
形《**surplus**＋名詞》
《連結動詞＋**surplus**》

□ surprise 684
動《**surprise**＋人》
《It **surprises**＋人＋that/wh-/how 節》
《It **surprises**＋人＋to不定詞》
名《**surprise** of＋名詞》
《**surprise** at＋名詞》
《**surprise** to/for＋人》

□ surprising 684
形《**surprising**＋名詞》
《連結動詞＋**surprising**》
《It is **surprising**＋that/wh-/how 節》
《It is **surprising**＋to不定詞》

□ surprisingly 684
副《**surprisingly**＋形容詞》

□ surround 689
動《**surround**＋目的語［名詞］》
《*be* **surrounded** by＋名詞》

□ surveillance 974
名《**surveillance** of＋名詞》

□ survey 610
名《**survey** of＋名詞》
《**survey** on＋名詞》
《**survey** into＋名詞》
動《**survey**＋目的語［名詞］》

□ survival 756
名《**survival** of＋名詞》
《**survival** from＋名詞》
《**survival** as＋名詞》

□ survive 756
動《**survive**＋目的語［名詞］》
《**survive** on＋名詞》
《**survive** from＋名詞》
《**survive** as＋名詞》
《**survive** through＋名詞》
《**survive** until＋名詞・節》

□ susceptible 954
形《**susceptible**＋名詞》
《連結動詞＋**susceptible**》
《連結動詞＋**susceptible** to＋名詞》

□ suspect 700
動《**suspect**＋目的語［名詞］》
《**suspect**＋that 節》
《**suspect**＋人＋of＋名詞》
名《**suspect** of＋名詞》
《**suspect** for/in＋名詞》

□ suspend 907
動《**suspend**＋目的語［名詞］》
《**suspend** *A* from *B*》

□ suspicious 700
形《**suspicious**＋名詞》
《連結動詞＋**suspicious**》
《連結動詞＋**suspicious** of＋名詞》
《連結動詞＋**suspicious** about＋名詞》
《連結動詞＋**suspicious**＋that 節》

□ sustain 779
動《**sustain**＋目的語［名詞］》

□ swap 610
動《**swap**＋目的語［名詞］(＋with＋人)》
《**swap** *A* for/with *B*》
名《**swap** of＋名詞》
《**swap** with＋名詞》
《**swap** between/among＋名詞》

□ swear 848
動《**swear**＋目的語［名詞］》
《**swear**＋that 節》
《**swear**＋to 不定詞》
《**swear** to＋人》
《**swear** on＋名詞》

□ sweep 721
動《**sweep**＋目的語［名詞］》
《**sweep** across/through/into＋名詞》

□ sweet 524
形《**sweet**＋名詞》
《連結動詞＋**sweet**》
《連結動詞＋**sweet** to＋人》
《It is **sweet**＋of＋人＋to不定詞》

□ swift 863
形《**swift**＋名詞》
《連結動詞＋**swift**》
《連結動詞＋**swift**＋to不定詞》

□**target** 518

名《**target** of＋名詞》

《**target** for＋名詞》

動《**target**＋目的語［名詞］》

《**target** *A* on/at *B*》

□**task** 673

名《**task** of＋名詞》

《**task** for＋名詞》

《**task** in＋名詞》

動《*be* **tasked** with＋名詞》

□**taste** 753

動《**taste**＋形容詞》

《**taste**＋目的語［名詞］》

《**taste** of＋名詞》

《**taste** like＋名詞》

名《**taste** of＋名詞》

《**taste** in＋名詞》

《**taste** for＋名詞》

□**tasty** 753

形《**tasty**＋名詞》

《連結動詞＋**tasty**》

□**tax** 449

名《**tax** on＋名詞》

動《**tax**＋目的語［名詞］(＋at＋数字)》

《**tax**＋人＋on＋名詞》

□**taxable** 449

形《**taxable**＋名詞》

《連結動詞＋**taxable**（＋to＋人)》

□**teach** 416

動《**teach**＋目的語［名詞］(＋to＋人)》

《**teach**＋人＋目的語［名詞］》

《**teach**＋人＋about＋名詞》

《**teach**＋人（＋how）＋to 不定詞》

《**teach**＋人＋that 節》

□**tear** 648

名《**tear** of＋名詞》

《**tear** in＋名詞》

動《**tear**＋目的語［名詞］》

《**tear**＋目的語［名詞］＋off》

《**tear**＋目的語［名詞］＋apart》

□**technical** 596

形《**technical**＋名詞》

《連結動詞＋**technical**》

□**technician** 596

名《**technician** of＋名詞》

□**technique** 596

名《**technique** of/for＋名詞》

《**technique** in＋名詞》

□**technological** 596

形《**technological**＋名詞》

《連結動詞＋**technological**》

□**technologically** 596

副《**technologically**＋動詞・形容詞》

□**technology** 596

名《**technology** of＋名詞》

《**technology** for＋名詞》

□**telecommunications** 379

名《**telecommunications** for＋名詞》

□**telephone** 379

名《**telephone** from/to＋人》

動《**telephone**＋人》

□**television** 379

名《**television** about＋名詞》

□**tell** 389

動《**tell**＋目的語［名詞］(＋to＋人)》

《**tell**＋人＋目的語［名詞］》

《**tell**＋人＋about/of＋名詞》

《**tell**＋人＋that/wh-/how 節》

《**tell**＋人＋to 不定詞》

《**tell**＋人＋wh-/how＋to 不定詞》

《**tell**＋wh-/how 節》

《**tell**＋if/whether 節》

《**tell** *A* from *B*》

□**teller** 389

名《**teller** of＋名詞》

□**temperature** 505

名《**temperature** of＋名詞》

《**temperature** above/below＋数字》

□**temporarily** 861

副《**temporarily**＋動詞・形容詞》

□**temporary** 861

形《**temporary**＋名詞》

《連結動詞＋**temporary**》

☐**tempt** 900

動《**tempt**＋目的語［名詞］》

《**tempt**＋目的語［名詞］＋into＋動名詞》

《**tempt**＋目的語［名詞］＋to 不定詞》

☐**tenant** 612

名《**tenant** of＋名詞》

☐**tend** 736

動《**tend**＋to 不定詞》

《**tend** toward＋名詞》

☐**tendency** 736

名《**tendency** of＋名詞》

《**tendency** for＋名詞》

《**tendency** to/toward＋名詞》

《**tendency**＋to 不定詞》

☐**tender** 849

形《**tender**＋名詞》

《連結動詞＋**tender**》

動《**tender**＋目的語［名詞］（＋to＋人）》

☐**tension** 544

名《**tension** of＋名詞》

《**tension** in/within＋名詞》

《**tension** with/between/among＋名詞》

《**tension** about/over＋名詞》

☐**tentative** 930

形《**tentative**＋名詞》

《連結動詞＋**tentative**》

☐**term** 591

名《**term** of＋名詞》

《**term** for＋名詞》

《in **terms** of＋名詞》

動《**term**＋目的語［名詞］》

☐**terminal** 591

名《**terminal** of＋名詞》

形《**terminal**＋名詞》

☐**terminate** 954

動《**terminate**＋目的語［名詞］》

☐**termination** 954

名《**termination** of＋名詞》

☐**terrible** 706

形《**terrible**＋名詞》

《連結動詞＋**terrible**》

《連結動詞＋**terrible** for＋名詞》

《連結動詞＋**terrible** about＋名詞》

《It is **terrible**＋that 節》

《It is **terrible**＋to 不定詞》

☐**terrific** 706

形《**terrific**＋名詞》

《連結動詞＋**terrific**》

《連結動詞＋**terrific** for＋名詞》

《連結動詞＋**terrific** about＋名詞》

《It is **terrific**＋that 節》

《It is **terrific**＋to 不定詞》

☐**territory** 798

名《**territory** of＋名詞》

☐**test** 367

動《**test**＋目的語［名詞］》

《**test**＋人＋on/for＋名詞》

《**test** *A* on *B*》

《**test** *A* against *B*》

《**test** for＋名詞》

《**test**＋形容詞》

名《**test** of/on/in/for＋名詞》

☐**text** 577

動《**text**＋人（＋目的語［名詞］）》

名《**text** of＋名詞》

《**text** about/on＋名詞》

☐**textbook** 578

形《**textbook**＋名詞》

名《**textbook** of＋名詞》

《**textbook** on＋名詞》

☐**than** 391

前《**than**＋名詞》

接《**than**＋節》

☐**thank** 428

動《**thank**＋人》

《**thank**＋人＋for＋名詞》

名《**thanks** for＋名詞》

《**thanks** to＋名詞》

☐**thankful** 428

形《連結動詞＋**thankful** for＋名詞》

《連結動詞＋**thankful** to＋人》

《連結動詞＋**thankful**＋that 節》

《連結動詞＋**thankful**＋to 不定詞》

□trigger 851
動《**trigger**＋目的語［名詞］》
名《**trigger** of＋名詞》
《**trigger** for＋名詞》

□trim 848
動《**trim**＋目的語［名詞］》
《**trim** *A* from/off *B*》
《**trim** *A* with *B*》
名《**trim** of＋名詞》

□trip 457
名《**trip** of＋名詞》
《**trip** from/to/for＋名詞》
動《**trip** over/on＋名詞》

□triple 512
動《**triple**＋目的語［名詞］》
形《**triple**＋名詞》
名《**triple** of＋名詞》

□troop 816
名《**troop** of＋名詞》

□tropical 595
形《**tropical**＋名詞》
《連結動詞＋**tropical**》

□trouble 408
動《**trouble**＋目的語［名詞］》
《**trouble**＋人＋with＋名詞》
名《**trouble** of＋名詞》
《**trouble** with＋名詞》
《**trouble** for＋名詞》
《**trouble**＋to 不定詞》
《**trouble**＋動名詞》

□truck 368
名《**truck** from/to＋名詞》

□true 436
形《**true**＋名詞》
《連結動詞＋**true**》
《連結動詞＋**true** of/for/with/about＋名詞》
《連結動詞＋**true** to＋名詞》
《It is **true**＋that 節》

□truly 436
副《**truly**＋動詞・形容詞》

□trust 717
動《**trust**＋目的語［名詞］》
《**trust**＋目的語［名詞］＋to 不定詞》
《**trust**＋that 節》
名《**trust** of＋名詞》
《**trust** in＋名詞》
《**trust** for＋名詞》
《**trust** between/among＋名詞》

□trustworthy 717
形《**trustworthy**＋名詞》
《連結動詞＋**trustworthy**》

□truth 436
名《**truth** of/about/in/behind＋名詞》
《**truth**＋that 節》

□truthfully 436
副《**truthfully**＋動詞》

□try 398
動《**try**＋目的語［名詞］》
《**try**＋to 不定詞》
《**try**＋動名詞》
名《**try** at＋名詞》

□tube 529
名《**tube** of/for＋名詞》

□tuition 960
名《**tuition** of＋名詞》
《**tuition** for＋名詞》

□tune 374
名《**tune** of＋名詞》
動《**tune**＋目的語［名詞］》
《**tune** *A* to *B*》
《**tune** into/for＋名詞》

□tunnel 574
名《**tunnel** of＋名詞》
動《**tunnel**＋目的語［名詞］》

□turn 402
動《**turn**＋目的語［名詞］》
《**turn**＋形容詞》
《**turn**＋副詞》
《**turn** to＋名詞》
《**turn** into＋名詞》
名《**turn** of＋名詞》
《**turn**＋to 不定詞》

□turnaround 961
名《**turnaround** of＋名詞》
《**turnaround** in＋名詞》
《**turnaround** for＋名詞》

□turnout 961
名《**turnout** of＋名詞》
《**turnout** for＋名詞》

□turnover 961
名《**turnover** of＋名詞》
《**turnover** in＋名詞》

□ **undertake** 945

動《**undertake**＋目的語［名詞］》

《**undertake**＋to 不定詞》

□ **underway** 892

形《連結動詞＋**underway**》

□ **unemployed** 747

形《**unemployed**＋名詞》

《連結動詞＋**unemployed**》

□ **unemployment** 748

名《**unemployment** of＋名詞》

□ **unexpected** 632

形《**unexpected**＋名詞》

《連結動詞＋**unexpected**》

《It is **unexpected**＋that 節》

□ **unfamiliar** 731

形《**unfamiliar**＋名詞》

《連結動詞＋**unfamiliar**》

《連結動詞＋**unfamiliar** to＋人》

《連結動詞＋**unfamiliar** with＋名詞》

□ **unfold** 819

動《**unfold**＋目的語［名詞］》

□ **unhappy** 519

形《**unhappy**＋名詞》

《連結動詞＋**unhappy**》

《連結動詞＋**unhappy** about/at/with＋名詞》

《連結動詞＋**unhappy**＋that 節》

《連結動詞＋**unhappy**＋to 不定詞》

□ **uniform** 574

形《**uniform**＋名詞》

《連結動詞＋**uniform**》

名《**uniform** of＋名詞》

□ **uninterrupted** 860

形《**uninterrupted**＋名詞》

《連結動詞＋**uninterrupted**》

□ **union** 678

名《**union** of＋名詞》

《**union** with/between/among＋名詞》

□ **unique** 588

形《**unique**＋名詞》

《連結動詞＋**unique**》

《連結動詞＋**unique** to＋名詞》

□ **unit** 475

名《**unit** of＋名詞》

□ **unite** 678

動《**unite**＋目的語［名詞］》

《**unite** behind/against＋名詞》

《**unite** ＋to 不定詞》

□ **universal** 571

形《**universal**＋名詞》

《連結動詞＋**universal**》

《連結動詞＋**universal** in/among＋名詞》

《It is **universal**＋that 節》

《It is **universal**＋to不定詞》

□ **universe** 571

名《**universe** of＋名詞》

□ **university** 370

名《**university** of＋名詞》

□ **unknown** 386

形《**unknown**＋名詞》

《連結動詞＋**unknown**》

《連結動詞＋**unknown** to＋人》

《It is **unknown**＋that/wh-/how 節》

《It is **unknown**＋if/whether 節》

□ **unless** 435

接《**unless**＋節》

□ **unlike** 388

前《**unlike**＋名詞》

□ **unlikely** 388

形《**unlikely**＋名詞》

《連結動詞＋**unlikely**》

《*be* **unlikely**＋to 不定詞》

《It is **unlikely**＋that 節》

□ **unlimited** 495

形《**unlimited**＋名詞》

《連結動詞＋**unlimited**》

□ **unload** 765

動《**unload**＋目的語［名詞］》

《**unload** *A* from *B*》

《**unload** *A* on/onto *B*》

□ **unlock** 532

動《**unlock**＋目的語［名詞］》

□ **unnecessary** 692

形《**unnecessary**＋名詞》

《連結動詞＋**unnecessary**》

《連結動詞＋**unnecessary** for＋名詞》

《It is **unnecessary**＋that 節》

《It is **unnecessary**＋to 不定詞》

□ **unpaid** 627

形《**unpaid**＋名詞》

《連結動詞＋**unpaid**》

□ **unpleasant** 542

形《**unpleasant**＋名詞》

《連結動詞＋**unpleasant**》

《連結動詞＋**unpleasant** for/to＋人》

《It is **unpleasant**＋to 不定詞》

□ **unplug** 919

動《**unplug**＋目的語［名詞］》

□ **unreal** 391

形《**unreal**＋名詞》

《連結動詞＋**unreal**》

□ **unreliable** 898

形《**unreliable**＋名詞》

《連結動詞＋**unreliable**》

《連結動詞＋**unreliable** as＋名詞》

□ **unspecified** 749

形《**unspecified**＋名詞》

《連結動詞＋**unspecified**》

□ **unstable** 874

形《**unstable**＋名詞》

《連結動詞＋**unstable**》

□ **unsure** 406

形《**unsure**＋名詞》

《連結動詞＋**unsure**》

《連結動詞＋**unsure** about/of/as to＋名詞》

《連結動詞＋**unsure**＋that/wh-/how 節》

《連結動詞＋**unsure**＋if/whether 節》

□ **until** 414

前《**until**＋名詞》

接《**until**＋節》

□ **unused** 398

形《**unused**＋名詞》

《連結動詞＋**unused**》

《連結動詞＋**unused** to＋名詞》

《連結動詞＋**unused** to＋動名詞》

□ **unusual** 526

形《**unusual**＋名詞》

《連結動詞＋**unusual**》

《It is **unusual**＋that 節》

《It is **unusual**＋to 不定詞》

□ **unusually** 526

副《**unusually**＋動詞・形容詞》

□ **up** 359

副《動詞＋**up**》

形《連結動詞＋**up**》

□ **upbringing** 953

名《**upbringing** of＋名詞》

□ **upcoming** 887

形《**upcoming**＋名詞》

□ **update** 611

動《**update**＋目的語［名詞］》

《**update**＋人＋on＋名詞》

名《**update** of＋名詞》

《**update** on/about/regarding＋名詞》

《**update** to＋名詞》

□ **upgrade** 611

動《**upgrade**＋目的語［名詞］》

《**upgrade** *A* to *B*》

《**upgrade** *A* with *B*》

《**upgrade** from *A* to *B*》

名《**upgrade** of＋名詞》

《**upgrade** from *A* to *B*》

□ **uphold** 972

動《**uphold**＋目的語［名詞］》

《**uphold**＋that 節》

□ **upper** 460

形《**upper**＋名詞》

□ **upset** 633

形《**upset**＋名詞》

《連結動詞＋**upset**》

《連結動詞＋**upset** by/about/at＋名詞》

《連結動詞＋**upset** with＋人》

《連結動詞＋**upset**＋that 節》

《連結動詞＋**upset**＋to 不定詞》

動《**upset**＋目的語［名詞］》

□ **upside** 784

名《**upside** of＋名詞》

□ **upstairs** 551
副《動詞＋**upstairs**》
形《**upstairs**＋名詞》
名《**upstairs** of＋名詞》

□ **urban** 824
形《**urban**＋名詞》

□ **urge** 739
動《**urge**＋目的語［名詞］(＋on＋人)》
《**urge**＋that 節》
《**urge**＋人＋to 不定詞》
名《**urge** of/for＋名詞》
《**urge**＋to 不定詞》

□ **urgent** 739
形《**urgent**＋名詞》
《連結動詞＋**urgent**》
《It is **urgent**＋that 節》
《It is **urgent**＋to 不定詞》

□ **urgently** 739
副《**urgently**＋動詞・形容詞》

□ **usage** 398
名《**usage** of＋名詞》

□ **use** 397
動《**use**＋目的語［名詞］》
《**use** *A* for *B*》
《**use** *A* as *B*》
名《**use** of＋名詞》
《**use** for＋名詞》
《It is no **use**＋to 不定詞・動名詞》

□ **used** 398
形《**used**＋名詞》
《連結動詞＋**used**》
《連結動詞＋**used** to＋名詞》
《連結動詞＋**used** to＋動名詞》
動《**used** to＋原形動詞》

□ **useful** 397
形《**useful**＋名詞》
《連結動詞＋**useful**》
《連結動詞＋**useful** for/to＋名詞》
《It is **useful**＋that 節》
《It is **useful**＋to 不定詞》

□ **user** 398
名《**user** of＋名詞》

□ **usual** 525
形《**usual**＋名詞》
《連結動詞＋**usual**》
《It is **usual**＋to 不定詞》

□ **usually** 525
副《**usually**＋動詞・形容詞》

□ **utensil** 891
名《**utensil** of＋名詞》

□ **utility** 919
名《**utility** of＋名詞》

□ **utilize** 919
動《**utilize**＋目的語［名詞］》

V

□ **vacancy** 955
名《**vacancy** of＋名詞》
《**vacancy** for＋名詞》

□ **vacant** 955
形《**vacant**＋名詞》
《連結動詞＋**vacant**》

□ **vacate** 955
動《**vacate**＋目的語［名詞］》

□ **vacation** 520
名《**vacation** of＋名詞》

□ **vaccination** 965
名《**vaccination** of＋名詞》
《**vaccination** against＋名詞》

□ **vacuum** 589
動《**vacuum**＋目的語［名詞］》
名《**vacuum** in＋名詞》

□ **valid** 942
形《**valid**＋名詞》
《連結動詞＋**valid**》
《連結動詞＋**valid** for＋名詞》

□ **validate** 942
動《**validate**＋目的語［名詞］》
《**validate**＋that 節》

□ **valuable** 683
形《**valuable**＋名詞》
《連結動詞＋**valuable**》
《連結動詞＋**valuable** as＋名詞》
《連結動詞＋**valuable** to/for＋名詞》
《連結動詞＋**valuable** in＋名詞》
《It is **valuable**＋that 節》
《It is **valuable**＋to 不定詞》

W

□ **wage** 837

名《**wage** of＋名詞》

動《**wage**＋目的語［名詞］》

□ **wait** 422

動《**wait** for＋名詞》

《**wait** until/till＋名詞》

《**wait**＋to 不定詞》

《**wait** for＋名詞＋to 不定詞》

名《**wait** for＋名詞》

□ **waitstaff** 423

名《**waitstaff** at＋名詞》

□ **waive** 972

動《**waive**＋目的語［名詞］》

□ **wake** 742

動《**wake**＋目的語［名詞］》

《**wake** to＋名詞》

名《in the **wake** of＋名詞》

□ **walk** 416

動《**walk**＋目的語［名詞］》

《**walk**＋副詞》

《**walk** from/to＋名詞》

《**walk**＋人＋to＋名詞》

名《**walk** from/to/through/across＋名詞》

《**walk** of＋名詞》

□ **walkway** 416

名《**walkway** from/to＋名詞》

□ **wall** 367

名《**wall** of＋名詞》

動《**wall**＋目的語》

□ **wallet** 590

名《**wallet** of＋名詞》

□ **wander** 759

動《**wander** in/through/around＋名詞》

□ **want** 393

動《**want**＋目的語［名詞］》

《**want**＋to 不定詞》

《**want**＋目的語［名詞］＋to 不定詞》

《**want**＋目的語［名詞］＋過去分詞》

《**want** for＋名詞》

名《for **want** of＋名詞》

□ **ward** 841

名《**ward** of＋名詞》

□ **warehouse** 932

名《**warehouse** of＋名詞》

□ **warm** 476

形《**warm**＋名詞》

《連結動詞＋**warm**》

動《**warm**＋目的語［名詞］》

□ **warn** 649

動《**warn**＋目的語［名詞］》

《**warn**＋人＋about/of/against＋名詞》

《**warn**＋人＋that 節》

《**warn**＋人＋to 不定詞》

□ **warrant** 970

動《**warrant**＋目的語［名詞］》

《**warrant**＋目的語［名詞］＋動名詞》

《**warrant**＋that 節》

名《**warrant** of＋名詞》

《**warrant** for＋名詞》

《**warrant**＋to 不定詞》

□ **warranty** 970

名《**warranty** of＋名詞》

《**warranty** on＋名詞》

《**warranty** for/against＋名詞》

□ **wash** 490

動《**wash**＋目的語［名詞］》

名《**wash** of＋名詞》

□ **waste** 742

名《**waste**＋目的語［名詞］》

《**waste** *A* on *B*》

名《**waste** of＋名詞》

□ **watch** 390

動《**watch**＋目的語［名詞］》

《**watch**＋目的語［名詞］＋原形動詞》

《**watch**＋目的語［名詞］＋現在分詞》

《**watch**＋wh-/how 節》

《**watch** for＋名詞》

《**watch** over＋人》

名《**watch** of＋名詞》

《**watch** on/over＋名詞》

□ **wave** 494

動《**wave**＋目的語［名詞］》

《**wave** to/at＋名詞》

名《**wave** of＋名詞》

□worker 396

名《**worker** in/at＋名詞》

□workforce 397

名《**workforce** of＋名詞》

□workload 396

名《**workload** of＋名詞》

□workout 397

名《**workout** for＋名詞》

□workplace 396

名《**workplace** of＋名詞》

□worksheet 396

名《**worksheet** on＋名詞》

□workshop 397

名《**workshop** for＋名詞》

《**workshop** on＋名詞》

□workstation 397

名《**workstation** for＋名詞》

□worldwide 454

副《動詞＋**worldwide**》

形《**worldwide**＋名詞》

《連結動詞＋**worldwide**》

□worried 438

形《**worried**＋名詞》

《連結動詞＋**worried**》

《連結動詞＋**worried** about/over＋名詞》

《連結動詞＋**worried** by＋名詞》

《連結動詞＋**worried**＋that 節》

□worry 438

動《**worry**＋人》

《**worry** about/over/for＋名詞》

《**worry**＋that 節》

名《**worry** about/over＋名詞》

《**worry**＋that 節》

《**worry** to＋人》

□worsen 749

動《**worsen**＋目的語［名詞］》

□worth 687

前《**worth**＋名詞・動名詞（＋to＋人）》

名《**worth** of＋名詞》

《**worth** to＋人》

□worthwhile 687

形《**worthwhile**＋名詞》

《連結動詞＋**worthwhile**》

《It is **worthwhile**＋to 不定詞》

《It is **worthwhile**＋動名詞》

□worthy 687

形《**worthy**＋名詞》

《連結動詞＋**worthy**》

《連結動詞＋**worthy** of＋名詞・動名詞》

《連結動詞＋**worthy**＋to 不定詞》

□wound 707

動《**wound**＋目的語［名詞］》

名《**wound** in/to＋名詞》

□wrap 704

動《**wrap**＋目的語［名詞］》

《**wrap** *A* in *B*》

《**wrap** *A* around *B*》

名《**wrap** of＋名詞》

□wrinkle 932

名《**wrinkle** of＋名詞》

《**wrinkle** in＋名詞》

《**wrinkle** on＋名詞》

動《**wrinkle**＋目的語［名詞］》

□write 407

動《**write**＋目的語［名詞］》

《**write**＋that/wh-/how 節》

《**write**＋if/whether 節》

《**write** about/on＋名詞》

《**write** for＋名詞》

《**write** to＋人》

《**write** in/with＋名詞》

□wrong 395

形《**wrong**＋名詞》

《連結動詞＋**wrong**》

《連結動詞＋**wrong** about＋名詞》

《連結動詞＋**wrong** with＋名詞》

《連結動詞＋**wrong** for＋人》

《It is **wrong**＋that 節》

《It is **wrong**＋to 不定詞》

Y

□yard 367

名《**yard** of＋名詞》

Z

David Thayne（デイビッド・セイン）

アメリカ合衆国出身。AtoZ English 英会話学校代表。株式会社 AtoZ English 代表取締役。

証券会社勤務後に来日。豊富な英語指導の実績を生かし，英会話学校の運営，英語学習書の執筆・企画・編集・制作，通訳，翻訳，校正，Web コンテンツ制作など，英語教育関連事業を幅広く手掛ける。累計 400 万部を超える著書を刊行し，多くがベストセラーとなっている。

ホームページ
https://www.smartenglish.co.jp

【執筆協力】
小松アテナ（株式会社 AtoZ English）

TOEIC® L&R テスト
TOEIC® S&W テスト
わかる・使える 4000 単語

2022 年 7 月 15 日　初版第 1 刷発行

著　者　デイビッド・セイン
制　作　ツディブックス株式会社
発行者　田中 稔
発行所　株式会社 語研
〒 101–0064
東京都千代田区神田猿楽町 2–7–17
電　話 03–3291–3986
ファクス 03–3291–6749
組　版　ツディブックス株式会社
印刷・製本　シナノ書籍印刷株式会社

ISBN978-4-87615-374-9 C0082
書名　トーイック エルアンドアールテスト
トーイック エスアンドダブリューテスト
ワカル ツカエル ヨンセンタンゴ
著者　デイビッド・セイン

株式会社語研
語研ホームページ https://www.goken-net.co.jp/

本書の感想は
スマホから ↓